RESPONSABILIDADE CIVIL

O GEN | Grupo Editorial Nacional – maior plataforma editorial brasileira no segmento científico, técnico e profissional – publica conteúdos nas áreas de concursos, ciências jurídicas, humanas, exatas, da saúde e sociais aplicadas, além de prover serviços direcionados à educação continuada.

As editoras que integram o GEN, das mais respeitadas no mercado editorial, construíram catálogos inigualáveis, com obras decisivas para a formação acadêmica e o aperfeiçoamento de várias gerações de profissionais e estudantes, tendo se tornado sinônimo de qualidade e seriedade.

A missão do GEN e dos núcleos de conteúdo que o compõem é prover a melhor informação científica e distribuí-la de maneira flexível e conveniente, a preços justos, gerando benefícios e servindo a autores, docentes, livreiros, funcionários, colaboradores e acionistas.

Nosso comportamento ético incondicional e nossa responsabilidade social e ambiental são reforçados pela natureza educacional de nossa atividade e dão sustentabilidade ao crescimento contínuo e à rentabilidade do grupo.

ARNALDO RIZZARDO

RESPONSABILIDADE CIVIL

8.ª edição
Revista, atualizada
e reformulada

- A EDITORA FORENSE se responsabiliza pelos vícios do produto no que concerne à sua edição (impressão e apresentação a fim de possibilitar ao consumidor bem manuseá-lo e lê-lo). Nem o autor assumem qualquer responsabilidade por eventuais danos ou perdas a pessoa ou bens, decorrentes do uso da presente obra.

- Nas obras em que há material suplementar *on-line*, o acesso a esse material será disponibilizado somente durante a vigência da respectiva edição. Não obstante, a editora poderá franquear o acesso a ele por mais uma edição.

- Todos os direitos reservados. Nos termos da Lei que resguarda os direitos autorais, é proibida a reprodução total ou parcial de qualquer forma ou por qualquer meio, eletrônico ou mecânico, inclusive através de processos xerográficos, fotocópia e gravação, sem permissão por escrito do autor e do editor.

Impresso no Brasil – *Printed in Brazil*

- Direitos exclusivos para o Brasil na língua portuguesa
Copyright © 2019 by
EDITORA FORENSE LTDA.
Uma editora integrante do GEN | Grupo Editorial Nacional
Travessa do Ouvidor, 11 – Térreo e 6º andar – 20040-040 – Rio de Janeiro – RJ
Tel.: (21) 3543-0770 – Fax: (21) 3543-0896
faleconosco@grupogen.com.br | www.grupogen.com.br

- O titular cuja obra seja fraudulentamente reproduzida, divulgada ou de qualquer forma utilizada poderá requerer a apreensão dos exemplares reproduzidos ou a suspensão da divulgação, sem prejuízo da indenização cabível (art. 102 da Lei n. 9.610, de 19.02.1998). Quem vender, expuser à venda, ocultar, adquirir, distribuir, tiver em depósito ou utilizar obra ou fonograma reproduzidos com fraude, com a finalidade de vender, obter ganho, vantagem, proveito, lucro direto ou indireto, para si ou para outrem, será solidariamente responsável com o contrafator, nos termos dos artigos precedentes, respondendo como contrafatores o importador e o distribuidor em caso de reprodução no exterior (art. 104 da Lei n. 9.610/98).

- Capa: Fabricio Vale

- Data de fechamento: 26.02.2019

- **CIP – BRASIL. CATALOGAÇÃO NA FONTE.**
SINDICATO NACIONAL DOS EDITORES DE LIVROS, RJ.

R533r
Rizzardo, Arnaldo

Responsabilidade civil / Arnaldo Rizzardo. – 8. ed. – Rio de Janeiro: Forense, 2019.

Inclui bibliografia
ISBN 978-85-309-8588-2

1. Direito civil – Brasil. 2. Responsabilidade (Direito) – Brasil. I. Título.

19-55472   CDU: 347(81)

Vanessa Mafra Xavier Salgado – Bibliotecária – CRB-7/6644

Obras do Autor

Condomínio Edilício e Incorporação Imobiliária. 7. ed., Rio de Janeiro, Forense, 2019.

Prescrição e Decadência. 3. ed., Rio de Janeiro, Forense, 2018.

Direito do Agronegócio. 4. ed., Rio de Janeiro, Forense, 2018.

Contratos. 18. ed., Rio de Janeiro, Forense, 2019.

Direito das Sucessões. 11. ed., Rio de Janeiro, Forense, 2019.

Direito de Empresa. 7. ed., Rio de Janeiro, Forense, 2019.

Direito de Família. 10. ed., Rio de Janeiro, Forense, 2019.

Direito das Obrigações. 9. ed., Rio de Janeiro, Forense, 2018.

Introdução ao Direito e Parte Geral do Código Civil. 8. ed., Rio de Janeiro, Forense, 2016.

Direito das Coisas. 8. ed., Rio de Janeiro, Forense, 2016.

Comentários ao Código de Trânsito Brasileiro. 10. ed., São Paulo, Revista dos Tribunais, 2015.

Títulos de Crédito. 5. ed., Rio de Janeiro, Forense, 2015.

Responsabilidade Civil. 8. ed., Rio de Janeiro, Forense, 2019.

A Reparação nos Acidentes de Trânsito. 13. ed., São Paulo, Revista dos Tribunais, 2014.

Ação Civil Pública e Ação de Improbidade Administrativa. 3. ed., Rio de Janeiro, Forense, 2014.

Servidões. 2. ed., Rio de Janeiro, Forense, 2014.

Promessa de Compra e Venda e Parcelamento do Solo Urbano – Lei nº 6.766/79. 10. ed., São Paulo, Revista dos Tribunais, 2014.

Contratos de Crédito Bancário. 10. ed., São Paulo, Revista dos Tribunais, 2013.

O "Leasing" – Arrendamento Mercantil no Direito Brasileiro. 6. ed., São Paulo, Revista dos Tribunais, 2011.

Limitações do Trânsito em Julgado e Desconstituição da Sentença. Rio de Janeiro, Forense, 2009.

Factoring. 3. ed., São Paulo, Revista dos Tribunais, 2004.

Planos de Assistência e Seguros de Saúde (em coautoria com Eduardo Heitor Porto, Sérgio B. Turra e Tiago B. Turra). Porto Alegre, Livraria do Advogado Editora, 1999.

Casamento e Concubinato – Efeitos Patrimoniais. 2. ed., Rio de Janeiro, Aide Editora, 1987.

O Uso da Terra no Direito Agrário (Loteamentos, Desmembramentos, Acesso às Terras Rurais, Usucapião Especial – Lei nº 6.969). 3. ed., Rio de Janeiro, Aide Editora, 1986.

Reajuste das Prestações do Banco Nacional da Habitação. Porto Alegre, Sérgio Antônio Fabris Editor, 1984.

Da Ineficácia dos Atos Jurídicos e da Lesão no Direito. Rio de Janeiro, Forense, 1983.

Prólogo

A responsabilidade civil vem tratada pelo Código Civil no Título IX do Livro I da Parte Especial, a partir do art. 927 e indo até o art. 954. Evidentemente, em outros dispositivos do estatuto civil, encontram-se regras a respeito, como nos arts. 186 a 188, que versam sobre a culpa e os atos ilícitos, elementos estes que constituem pressupostos para consideráveis casos da responsabilidade. A bem da verdade, necessário observar que, ao longo do Código Civil, em quaisquer institutos jurídicos encontram-se dispositivos que repercutem na responsabilidade civil. Desde o momento em que se estabelecem regras sobre a totalidade dos campos da conduta, das relações, dos bens e das atividades humanas, está sendo aplicado o instituto em questão. Em todos os campos do direito estão inseridos direitos e obrigações, daí decorrendo a imposição para o devido cumprimento e as consequências reparatórias ou ressarcitórias se não honradas as manifestações de vontade. Assim no direito de família, se, *v.g.*, houver violação dos deveres atribuídos aos cônjuges ou companheiros; no direito das coisas, quando, também exemplificativamente, verificar-se o atentado à posse ou propriedade de terceiros; no direito das sucessões, caso não observada exação nas exigências da administração do espólio pelo inventariante, e se forem sonegados bens do autor da herança.

No direito constitucional, no direito administrativo, no direito tributário, para citar apenas alguns ramos da ordem legal positiva, incontáveis as cominações que advêm das relações disciplinadas, resumidas na seguinte máxima: sempre que se ordena uma obrigação e se garante um direito, deve o transgressor responder por seus atos e assegura-se ao lesado a competente reparação. Em suma, a responsabilidade está regulada em seus princípios gerais e em alguns tópicos especiais pelo Código Civil, sendo inesgotável, no entanto, a sua abrangência e disseminando-se em todos os ordenamentos jurídicos, porquanto se revelam ineficazes as leis se não carregadas de coercibilidade, que se faz presente quando impostas cominações e assegurada a imposição.

De outra parte, impossível a apreciação exaustiva da matéria, ou a integral abordagem, posto que, de um lado, revela-se tão ampla quanto o número de diplomas legais existentes, sendo que, na sua maioria, traz aspectos concernentes a direitos e obrigações; de outro, novas situações constantemente assumem o cenário jurídico, num perene vir a ser de casos antes inexistentes, criados pelo natural evoluir da vida, pelo progresso, pelas formas de conduta que aparecem. Nesse quadro, até algumas décadas atrás não se falava em responsabilidade nos planos de saúde, nas operações bancárias, nos danos ecológicos e nucleares, nas práticas de esportes, revelando-se, outrossim, bastante recente a responsabilidade ditada pelo direito do consumidor. Em verdade, ao longo do Século XX, profunda a evolução verificada neste campo, com mudanças radicais no enfrentamento das questões pertinentes ao assunto. O progresso técnico e científico, a evolução da máquina, o crescimento do domínio de equipamentos na fabricação de produtos e na prestação de serviços, importaram numa revolução dos conceitos e da natureza da responsabilidade, que passou a conceber-se preponderantemente como objetiva, nascendo as obrigações pelo mero fato do dano. Numa fase inicial, apareceram como arautos dos avanços e das novas concepções os franceses Savatier, Planiol e Ripert, Saleilles, os Mazeaud, Josserand, Capitant, e uma grande plêiade de outros autores, que abstraíram a responsabilidade dos fatos causados por culpa, e que a assentam pela simples ocorrência do dano. Já numa etapa mais adiantada, passou-se à prática das inovações, despontando, no Brasil, como maior expoente, José de Aguiar Júnior, o primeiro grande sistematizador do estudo da responsabilidade civil.

A responsabilidade objetiva se expandiu em diversas ramificações, sempre partindo do afastamento da culpa, bastando a prova do dano e o nexo causal para resultar no dever de reparar. O fundamento está na teoria do risco, levando a assentar a obrigação indenizatória no fato do exercício de uma atividade ou da propriedade do bem causador. Mostra-se coerente, no entanto, essa justificação quando da atividade ou do uso do bem exsurge implícito o perigo, não se desvinculando da pesquisa da culpa do lesado.

A base no risco desdobrou-se em algumas especificações. Assim, existem os que argumentam em torno do *risco-proveito*, sustentando a reparação desde que se tenha algum proveito ou vantagem do fato que provocou a lesão. Também encontra grande presença o denominado *risco profissional*, acarretando o dever de ressarcir sempre que decorrente o dano de uma atividade ou profissão. O *risco criado* encontrou expressiva acolhida, impondo-se a indenização se a atividade ou o instrumento encerram algum risco, sem ater-se à conduta culposa da vítima. O chamado *risco excepcional* importa em admitir a responsabilidade se o afastamento do dano não está no âmbito da capacidade comum do lesado. Por último, há a corrente que defende o *risco integral*, isto é, o dever de indenizar sempre que surgir o dano, não questionando a presença da culpa nem o nexo causal.

O Código de 2002 manteve a responsabilidade subjetiva e confirmou a objetiva nos casos especificados em lei. Enveredou para a teoria do risco, em consonância com o parágrafo único do art. 927, nas situações em que a atividade normalmente desenvolvida implicar, por sua natureza, risco para os direitos de outrem. Por outros termos, sempre que a atividade ou a manipulação de bens ou aparelhos contiver algum perigo, como nas construções de prédios, nas pinturas, no manejo de máquinas, motores, emerge *ipso facto* a obrigação indenizatória. Todavia, não se afastou a pesquisa da culpa de parte do lesado, que é fator arredante ou atenuante da responsabilidade. Dentre outras inovações, merecem destaque a responsabilidade subsidiária do incapaz, a proporcionalidade da indenização à gravidade da culpa, a quantificação da indenização em formas mais genéricas que o sistema anterior, a possibilidade do pagamento da indenização em uma só vez.

A obra, desdobrada em 66 capítulos, que se apresenta como uma sequência das demais do mesmo autor que tratam do Código Civil, procura dar uma visão da responsabilidade dentro da realidade vigente e das transformações operadas, sempre enfatizando as interpretações que preponderam, mormente na visão dos pretórios pátrios, com base na sólida construção doutrinária. Não teve a pretensão de absorver a totalidade das situações que geram responsabilidade, até porque ninguém ainda conseguiu tal intento, e nem se conseguirá em face da dinâmica da matéria, sem dúvida uma das mais debatidas e de maior incidência na apreciação da Justiça.

Os capítulos estão distribuídos em doze partes, agrupados de acordo com a pertinência das matérias.

Em vista do Código de Processo Civil aprovado pela Lei nº 13.105, de 16.03.2015, fez-se, nesta obra, a devida referência, sempre quando abordado o diploma processual civil.

Índice Sistemático

PARTE 1

TEORIA GERAL DA RESPONSABILIDADE

Capítulo I – A Culpa 3

    1. Noção de culpa e dolo 3

    2. Formas de culpa 5

    3. Culpa e ato ilícito 6

    4. Classificação da culpa 7

    5. Graus da culpa 8

    6. Culpa concorrente 11

Capítulo II – O Dano 15

    1. Conceito. Aspectos gerais 15

    2. O dano e a tutela da ordem jurídica 16

    3. Dano patrimonial 16

    4. Dano moral 18

    5. Dano contratual e extracontratual 19

    6. Dano direto e dano indireto 19

    7. Dano coletivo 23

Capítulo III – A Responsabilidade 25

    1. A posição da responsabilidade no Código Civil 25

    2. Culpa, ato ilícito e responsabilidade subjetiva e objetiva 26

    3. Aplicação da responsabilidade objetiva e subjetiva 28

    4. Visão histórica da responsabilidade 30

5.	Pressupostos da responsabilidade subjetiva e objetiva	33
6.	Responsabilidade no risco-criado	34
7.	Responsabilidade e imputabilidade	37
8.	Responsabilidade contratual e extracontratual	38
9.	Responsabilidade pré-contratual	40
10.	Responsabilidade civil e penal	43
11.	Responsabilidade por fato próprio	44

Capítulo IV – Nexo Causal na Responsabilidade 47

1.	O nexo causal como condição para a atribuição da responsabilidade	47
2.	Concausa ou causa superveniente	49
	2.1. Teorias explicativas	49
	2.2. A causa ligada ao dano direto e imediato	51
3.	Causalidade comum	53
4.	Causalidade alternativa e responsabilidade	54
5.	Causalidade concorrente	55

Capítulo V – Situações Excludentes da Responsabilidade 57

1.	Causas que afastam a responsabilidade	57
2.	A legítima defesa	58
	2.1. Legítima defesa da propriedade e proporcionalidade dos meios empregados	59
3.	O exercício regular de um direito reconhecido	60
4.	O estado de necessidade	62
5.	O estrito cumprimento do dever legal	64
6.	Caso fortuito ou força maior	65
	6.1. Conceito	66
	6.2. Ausência de culpa	67
	6.3. Inevitabilidade do fato e impossibilidade da obrigação	68
	6.4. Hipóteses de não reconhecimento do caso fortuito ou força maior	70
	6.5. Caso fortuito, ou força maior, na responsabilidade objetiva	71
	6.6. Situações especiais verificáveis para efeitos de incidência do caso fortuito ou força maior	72
	a) Furto ou desapossamento violento de bens	72
	b) Fato de terceiro e causa estranha	72
	c) Defeito mecânico	73
	d) Estouro de pneu	74
	e) A derrapagem	75

Índice Sistemático • **XI**

f) Ofuscamento 75

g) Pedra lançada pelas rodas do veículo 75

h) Acidentes provocados por mal súbito de quem dirige 76

i) Acidentes provocados por animais espantados por veículos 76

j) Acidentes provocados por fatos naturais 76

7. Culpa exclusiva da vítima 77

8. Absolvição criminal e responsabilidade civil 77

Capítulo VI – Impossibilidade do Cumprimento da Prestação na Espécie Ajustada ... 81

1. Impossibilidade de cumprimento e incumprimento voluntário 81

2. Falta de cumprimento na obrigação pela deterioração da coisa, pela sua não entrega, ou se não for encontrada ou reclamada em poder de terceiro reclamante 82

3. Falta de cumprimento na obrigação de fazer infungível 84

4. Falta de cumprimento na obrigação de não fazer 85

Capítulo VII – Responsabilidade por Abuso do Direito 91

1. Significação de abuso do direito 91

2. Situações que revelam abuso do direito 91

3. Abusos em pedidos, pretensões e acusações judiciais ou administrativas 92

4. O abuso na previsão do Código Civil 94

5. O abuso no Código de Defesa do Consumidor 95

6. O abuso no Direito Processual Civil 96

PARTE 2

REPARAÇÃO

Capítulo VIII – A Reparação ou Ressarcimento 101

1. Conceito e espécies 101

2. Causas da reparação 102

3. Reparação por perdas e danos 103

4. Liberdade na escolha da forma de reparação 105

5. Reparação e intensidade da culpa 106

6. A reparação pela estimativa dos danos materiais através de orçamentos 108

7. Estimativa e incidência dos lucros cessantes 111

8. A reparação específica, ou mediante a entrega de outro bem 113

9. Perda da chance e indenização por uma provável vantagem frustrada 113

XII • Responsabilidade Civil | *Arnaldo Rizzardo*

10. Apuração dos danos em liquidação de sentença 117

11. Prescrição de pretensão indenizatória 118

Capítulo IX – Natureza da Obrigação de Indenizar 121

1. Alimentos ou indenização 121

2. Natureza da indenização e prescrição 123

3. Natureza da indenização frente aos benefícios previdenciários, ao seguro facultativo e ao seguro obrigatório 124

Capítulo X – Indenização por Obrigação Indeterminada 127

1. Pedido certo ou determinado e pedido genérico 127

2. Obrigações indeterminadas 129

3. Formas de apuração do valor da obrigação indeterminada 130

Capítulo XI – Legitimidade para Pedir e para Suportar a Reparação 133

1. Os parentes da vítima e os dependentes econômicos 133

2. Legitimidade para buscar a reparação em favor das pessoas vinculadas pela união de fato 135

3. Os chamados a responder pela reparação 137

Capítulo XII – Os Bens dos Responsáveis e Garantias da Indenização 141

1. Incidência da reparação nos bens do responsável 141

2. Responsabilidade dos coautores do dano 142

3. Garantia através da constituição de capital 143

4. Formas de constituição do capital 145

5. Substituição da constituição de capital por outras garantias 147

6. Fixação dos alimentos em salário-mínimo e modificação nas condições econômicas 149

Capítulo XIII – Transmissão Hereditária do Direito e da Obrigação de Reparação do Dano 155

1. Ação indenizatória proposta por herdeiros 155

2. Condição para a transmissão do direito de receber a indenização 156

3. Ajuizamento pelos credores do lesado 157

4. Transmissão das obrigações do falecido 158

Capítulo XIV – Os Juros na Reparação 161

1. Termo inicial da incidência e espécies 161

2. A taxa de juros 163

3. Juros compostos 166

PARTE 3

RESPONSABILIDADE CIVIL E DANO

Capítulo XV – Responsabilidade e Reparação por Dano Moral 171

1. Dano patrimonial e dano moral 171

2. Reflexos do dano moral no dano patrimonial e indenização por dano moral puro 173

3. Espécies e linha evolutiva 176

4. Caráter e extensão do dano moral 177

5. Dano moral consistente na humilhação da pessoa 179

6. Reconhecimento do dano moral em favor das pessoas jurídicas 180

7. Dano moral decorrente de protesto de títulos ou de inscrição do nome em bancos de dados de devedores 182

    7.1. Regramento básico para o cadastramento negativo 183

    7.2. O indevido protesto ou lançamento no cadastro negativo e o dano.... 184

    7.3. A responsabilidade pela reparação dos danos 185

    7.4. O montante da reparação 187

8. Dano moral por assédio sexual 188

9. Dano moral em favor de incapazes de percepção ou de sentir 190

10. A prova do dano moral 191

11. A reparação por dano moral, sua quantificação e pagamento 193

12. Competência para a demanda indenizatória por dano moral decorrente de relação empregatícia 201

13. Juros e correção monetária incidentes na reparação por dano moral 201

Capítulo XVI – Legitimidade para Pedir a Reparação por Dano Moral 203

1. Os legitimados a buscar a reparação 203

2. Os familiares ou parentes próximos da vítima 204

3. A transmissão do direito à reparação por dano moral 205

4. Direito dos credores em prosseguir na ação 207

Capítulo XVII – A Responsabilidade por Danos Físicos 209

1. Indenização das despesas e da incapacidade 209

2. Redução da capacidade laborativa 210

3. Reparação nos casos em que o ofendido era incapaz de exercer atividade laborativa antes do acidente 211

4. Reparação e percepção de benefícios previdenciários 211

5. Pagamento da indenização em uma só vez 213

XIV • Responsabilidade Civil | *Arnaldo Rizzardo*

Capítulo XVIII – A Responsabilidade pelo Dano Estético.................................... 215

1. Aparência física e significação econômica...................................... 215

2. Dano estético e prejuízos na atividade exercida............................. 216

3. Indenização por dano estético e dano moral.................................. 216

Capítulo XIX – Responsabilidade por Danos à Afetividade no Direito de Família e União Estável... 223

1. Sentimentos de afetividade como valor tutelável........................... 223

2. Responsabilidade no rompimento de promessa de casamento ou de união estável.. 224

3. Responsabilidade por falta de convivência familiar de um dos pais............. 229

4. Responsabilidade nas ofensas e ilícitos praticados por cônjuge ou companheiro... 231

Capítulo XX – Responsabilidade por Dano Ecológico e Nuclear....................... 235

1. Dano ecológico ou ao meio ambiente.. 235

2. Resenha da legislação... 236

3. Responsabilidade por danos ao meio ambiente.............................. 237

4. Responsabilidade por dano nuclear... 239

5. O nexo causal.. 240

6. Responsabilidade na restauração ou recuperação do meio ambiente............. 241

7. Responsabilidade do Poder Público.. 242

PARTE 4

RESPONSABILIDADE CIVIL POR FATO ALHEIO

Capítulo XXI – Responsabilidade por Fato de Outrem...................................... 247

1. Fato de outrem.. 247

2. Sistema de acordo com o Código Civil de 1916............................. 248

3. Sistema de acordo com o direito vigente... 249

4. Responsabilidade dos pais pelos atos dos filhos menores.............. 251

5. Responsabilidade dos tutores e curadores....................................... 254

6. Responsabilidade dos empregadores ou comitentes....................... 254

    6.1. O fundamento da responsabilidade....................................... 256

    6.2. Elementos configuradores da responsabilidade................... 258

Índice Sistemático • **XV**

7. Responsabilidade dos donos de hotéis, de estabelecimentos de albergue e de ensino 259

8. Responsabilidade pela participação gratuita em produto de crime 262

9. Limites da responsabilidade dos incapazes 263

10. Direito a reaver o valor pago por aquele que ressarce o dano causado por outrem 264

Capítulo XXII – Responsabilidade e Fato de Terceiro 267

1. Responsabilidade do causador direto 267

2. A ação regressiva contra o terceiro 268

3. Ação direta contra o terceiro 269

4. Fato de terceiro e causa estranha 270

5. Responsabilidade e participação em uma conduta perigosa 271

6. Dispensa da denunciação na responsabilidade objetiva 273

Capítulo XXIII – A Responsabilidade do Proprietário do Bem pelo Dano Provocado por Terceiro e Presunção em Favor da Vítima 275

1. Responsabilidade do proprietário e do terceiro que provocou o acidente 275

2. Razões que impõem a responsabilidade do proprietário 275

3. Responsabilidade do proprietário e ausência de culpa no fato da entrega do bem ao causador direto 276

4. Responsabilidade e venda do bem não transcrita no Registro de Títulos e Documentos 277

5. Responsabilização do denunciado para indenizar a vítima 280

6. Presunção em favor da vítima 283

Capítulo XXIV – Responsabilidade pelo Fato das Coisas 285

1. Prejuízos causados pelas coisas 285

2. Guarda e propriedade da coisa 286

3. Responsabilidade objetiva no Código Civil 287

4. Responsabilidade pela ruína de edifício 288

5. Responsabilidade pela queda ou lançamento de coisas dos prédios 291

Capítulo XXV – Responsabilidade pelos Danos Causados por Animais 295

1. Presunção da responsabilidade do proprietário 295

2. Excludentes de responsabilidade 297

3. Furto ou apossamento ilícito do animal 298

4. Sujeito passivo na ação de ressarcimento 299

PARTE 5

RESPONSABILIDADE CIVIL DO ESTADO E DAS PESSOAS JURÍDICAS

Capítulo XXVI – Responsabilidade Civil das Pessoas Jurídicas e dos Grupos Sociais 305

1. Princípios gerais na incidência da responsabilidade 305
2. Responsabilidade das pessoas jurídicas de direito público 306
3. Responsabilidade das pessoas jurídicas de direito privado 308
4. Responsabilidade dos administradores e sócios pelas obrigações das pessoas jurídicas 309
5. Responsabilidade dos sócios pelas obrigações fiscais das pessoas jurídicas privadas 314
6. Obrigações pessoais dos sócios 317
7. Responsabilidade pelos danos causados por grupos sociais 318

Capítulo XXVII – Responsabilidade Civil do Estado 321

1. Visão histórica 321
2. A responsabilidade do Estado por atos de seus agentes 324
3. A responsabilidade subjetiva 325
4. A responsabilidade objetiva e risco administrativo 326
5. Risco integral 328
6. A responsabilidade na omissão do Estado 330
7. A responsabilidade por fatos da natureza 334
8. A responsabilidade por atos lícitos 334
9. Responsabilidade das pessoas jurídicas de direito privado prestadoras de serviços públicos 336
10. A responsabilidade nos danos causados por obras públicas 337
11. Responsabilidade estatal pelos danos causados por movimentos multitudinários 338
12. Responsabilidade do Estado por atos legislativos 341
13. Responsabilidade pela atividade jurisdicional 344
    13.1. Casos de incidência da responsabilidade dos juízes 345
    13.2. A responsabilidade com base no art. 37, § 6º, da Constituição Federal ... 350
    13.3. Responsabilidade por erro judiciário e por excesso de cumprimento de pena 352
14. Responsabilidade por danos causados pelos cartórios judiciais e extrajudiciais 353
    14.1. Atos de escrivães de cartórios judiciais e oficiais de justiça 353

14.2. Atos de notários e de oficiais dos registros públicos 355

15. Responsabilidade na atividade do Ministério Público 357

16. Ação contra os agentes públicos e direito de regresso 358

17. Responsabilidade e restrição de direitos pelo Poder Público 360

Capítulo XXVIII – Responsabilidade das Empresas Prestadoras de Serviços Públicos 363

1. Empresas prestadoras de serviços públicos 363

2. A responsabilidade na prestação de serviços de ordem pública 364

3. Situações comuns de incidência da responsabilidade 365

4. Suspensão no fornecimento de bens ou serviços de natureza pública 368

PARTE 6

RESPONSABILIDADE CIVIL NAS RELAÇÕES ENTRE O CONSUMIDOR E O EMPRESÁRIO, O FABRICANTE, O COMERCIANTE E AS INSTITUIÇÕES BANCÁRIAS

Capítulo XXIX – Responsabilidade Civil do Empresário Individual e das Empresas 373

1. Conceitos e distinções 373

2. A responsabilidade objetiva pelos danos causados pelos produtos 376

3. Outras situações de responsabilidade objetiva do empresário e das empresas 377

4. Causas de isenção de responsabilidade 378

5. Ineficiência do produto 379

Capítulo XXX – Responsabilidade do Fabricante e do Comerciante 381

1. Elementos exigidos dos produtos fabricados 381

2. A responsabilidade objetiva para efeitos de indenização na fabricação de produtos 382

3. Situações que afastam a responsabilidade do fabricante 383

4. Responsabilidade do comerciante 385

Capítulo XXXI – Responsabilidade Civil nas Relações de Consumo 387

1. Incidência do Código de Defesa do Consumidor 387

   a) Relações de consumo 388

   b) Destinatário final 388

   c) Consumidor 389

   d) Fornecedor 389

   e) Produto 389

   f) Serviço 390

2.	Responsabilidade pelo fato do produto e do serviço	390
	a) Quanto ao produto	391
	b) Quanto ao serviço	393
3.	Responsabilidade subsidiária do comerciante	395
4.	Responsabilidade por vício do produto e do serviço	396
5.	Responsabilidade nos serviços de turismo	400
6.	Excludentes de responsabilidade	401
7.	Dever de segurança na entrega do produto e na prestação do serviço	403
8.	Responsabilidade solidária	404
9.	Cláusula de exclusão de responsabilidade	405
10.	Decadência do direito e prescrição da pretensão à indenização	406

Capítulo XXXII - Responsabilidade pelos Danos Decorrentes do Tabagismo ... 411

1.	Danos à saúde causados por consumo do fumo	411
2.	A liberdade de opção	413
3.	Da indução ao vício pela propaganda e defeito do produto	415
4.	Atribuição de culpa ao produtor ou fabricante	417
5.	A prova do nexo causal e início do prazo prescricional	418

Capítulo XXXIII – Responsabilidade das Instituições Bancárias ... 425

1.	Função das instituições bancárias	425
2.	Incidência do Código de Defesa do Consumidor nas atividades bancárias	426
3.	Regras preponderantes aplicáveis nas relações de consumo	428
4.	Situações mais comuns de incidência da responsabilidade	429
	4.1. Abertura de conta bancária com documento falsificado	429
	4.2. Aluguel de cofre	431
	4.3. Apresentação do cheque fora do prazo e falta de fundos na conta do correntista	433
	4.4. Apropriação de valores do correntista	434
	4.5. Assalto a banco e roubo de malotes	435
	4.6. Depósito bancário	439
	4.7. Encaminhamento ao cadastro de cheque sem fundos quando já encerrada a conta	441
	4.8. Endosso falso de cheque	441
	4.9. Extravio de talão de cheques enviado por banco	442
	4.10. Extravio, perda ou roubo do cartão de crédito	443
	4.11. Falha no lançamento automático de débito do cliente	447
	4.12. Falsificação grosseira de cheque	447

Índice Sistemático • **XIX**

4.13. Falta de repasse de quantia recebida pelo banco 448

4.14. Fornecimento de cartão de crédito não solicitado 448

4.15. Incômodos causados pela porta giratória................................. 449

4.16. Indevida restrição do crédito.. 450

4.17. Indevido protesto de título pago ou sua inscrição em órgãos de devedores 451

4.18. Lançamento antecipado de débito em conta............................. 453

4.19. Lançamento do nome em cadastro de devedores e dívida discutida em juízo... 454

4.20. Negativa de pagamento de cheque regular 454

4.21. Omissão no recolhimento de talonário na emissão de cheque sem fundos... 455

4.22. Pagamento de cheque falso.. 456

4.23. Pagamento do cheque desobedecendo contraordem do sacador........ 457

4.24. Perda do cartão magnético, fornecimento da senha a estranho e clonagem de cartão de crédito 457

4.25. Recusa de renovação de contrato de abertura de crédito ou redução do limite do crédito 459

4.26. Recusa em receber pagamento através de cheque 460

4.27. Recusa injusta na concessão de financiamento........................... 461

4.28. Registro em cadastro negativo de cotitular de conta 463

4.29. Responsabilidade do Banco Central pela falta de fiscalização nas instituições financeiras... 463

4.30. Responsabilidade da instituição bancária por invasão *on-line* das contas de clientes 465

4.31. Responsabilidade da instituição que financiou imóvel por defeito de construção 466

PARTE 7

RESPONSABILIDADE MÉDICA

Capítulo XXXIV – Responsabilidade dos Hospitais, dos Laboratórios, das Farmácias e dos Fabricantes de Remédios.. 469

1. Deficiência na prestação de serviços hospitalares e na atuação dos médicos e funcionários... 469

2. Incidência da responsabilidade hospitalar 471

3. Responsabilidade hospitalar objetiva... 472

4. Infecção hospitalar... 474

XX • Responsabilidade Civil | *Arnaldo Rizzardo*

5. Responsabilidade na deficiência de exames laboratoriais 475

6. Responsabilidade das farmácias 476

7. Responsabilidade dos fabricantes de remédios.. 478

Capítulo XXXV – Responsabilidade Médica... 479

1. Atividades de meio e atividades de resultado.. 479

2. A atividade médica.. 480

3. Natureza contratual da atividade médica 481

4. Obrigação de meio e não de resultado, e o pressuposto da culpa 482

5. Erro de diagnóstico ou erro profissional, erro de tratamento e erro cirúrgico... 485

6. Responsabilidade por fato de outrem e pelo fato da coisa............................ 488

7. Responsabilidade do médico anestesista 489

8. Responsabilidade pelo Código de Defesa do Consumidor............................. 490

9. Responsabilidade dos cirurgiões-dentistas... 492

Capítulo XXXVI – Responsabilidade do Cirurgião Plástico......................... 495

1. Espécies de cirurgias plásticas 495

2. Prevalência da obrigação de meio... 495

3. Situações que fazem prevalecer a obrigação de resultado 496

Capítulo XXXVII – Responsabilidade nos Planos de Saúde.......................... 501

1. Seguro-saúde e planos de assistência.. 501

2. Responsabilidade pelo não cumprimento da obrigação de assistência.......... 502

3. Responsabilidade pela deficiência do serviço.. 503

4. Responsabilidade dos prestadores de serviços profissionais de saúde 505

5. Responsabilidade nas doenças e lesões preexistentes.................................. 506

6. Responsabilidade nos casos de urgência.. 508

PARTE 8

RESPONSABILIDADE CIVIL NO DIREITO IMOBILIÁRIO

Capítulo XXXVIII – Responsabilidade do Construtor e do Empreiteiro........ 511

1. O contrato de construção por empreitada 511

2. Obrigação de resultado 512

3. Espécies de contrato de construção por empreitada 512

4. Obrigações e responsabilidade do construtor empreiteiro............................. 514

5. Obrigações e responsabilidade do dono da obra ou empreitante.................. 517

6.	Responsabilidade por vícios de solidez ou segurança	518
7.	Responsabilidade por defeitos e imperfeições	520
8.	Responsabilidade solidária pelos danos causados a terceiros	521
9.	Responsabilidade do empreiteiro nos acidentes do trabalho	523
10.	Responsabilidade segundo o Código de Defesa do Consumidor	524
11.	Responsabilidade dos engenheiros e arquitetos	525
12.	Responsabilidade na subempreitada	526

Capítulo XXXIX – Responsabilidade na Incorporação Imobiliária 527

1.	O contrato de incorporação	527
2.	Responsabilidade do incorporador e do titular do terreno na falta de registro da incorporação	528
3.	Responsabilidade do proprietário do terreno se não formalizada a incorporação	531
4.	Obrigações, responsabilidades e direitos do incorporador	532
5.	Obrigações, responsabilidades e direitos do adquirente	535
6.	Responsabilidade do incorporador e do construtor	537
7.	Responsabilidade do incorporador pelas unidades não vendidas	538
8.	Responsabilidade do corretor que participa da alienação de unidades	538
9.	Incidência das normas do Código de Defesa do Consumidor	539

Capítulo XL – Responsabilidade na Locação e na Administração de Locações 541

1.	Conceituação	541
2.	Responsabilidade do locatário	541
3.	Responsabilidade do locador	542
4.	Responsabilidade do fiador	543
5.	Locação de veículos	546
6.	Administração de locações	547

Capítulo XLI – Responsabilidade no Condomínio Edilício 549

1.	O condomínio edilício	549
2.	Responsabilidade pelas despesas das unidades não vendidas	551
3.	Convenção não registrada e responsabilidades dos condôminos	551
4.	Responsabilidade pelo pagamento das despesas por todos os condôminos	552
5.	Responsabilidade pelas despesas de obras que favorecem os condôminos	553
6.	Transferência da unidade condominial e responsabilidade pelos encargos pendentes	555
7.	Indenização por danos ocorridos em unidades condominiais	557

XXII • Responsabilidade Civil | *Arnaldo Rizzardo*

Capítulo XLII – Responsabilidade Indenizatória no Direito de Vizinhança 559

1. Direitos de vizinhança 559
2. Ação para impedir as interferências negativas 560
3. Responsabilidade pelos danos decorrentes das construções 560
4. Indenização nas interferências negativas de interesse público 561
5. Responsabilidade na construção e conservação de tapumes divisórios 562
6. Responsabilidade indenizatória na passagem de canos e tubulações 563
7. Responsabilidade indenizatória na canalização de águas 564
8. Indenização pela passagem de águas que procedem do prédio superior 564
9. Indenização na passagem forçada 566
10. Responsabilidade do proprietário de unidade pelos danos causados em outras unidades e sua transmissão 566

PARTE 9

RESPONSABILIDADE CIVIL NOS CONTRATOS

Capítulo XLIII – Cláusula Penal e Indenização na Responsabilidade por Descumprimento das Obrigações Contratuais 571

1. Descumprimento das obrigações e resolução dos contratos 571
2. Cláusula penal e indenização em face do total inadimplemento 572
3. Previsão contratual da cláusula penal e da indenização suplementar 573

Capítulo XLIV – Cláusula de Não Indenizar 575

1. Cláusula de não indenizar e cláusula de irresponsabilidade 575
2. Situações de proibição da cláusula de não indenizar e de outras decorrências diante do inadimplemento das obrigações 576
3. Hipóteses de validade da cláusula de não indenizar 577

Capítulo XLV – A Responsabilidade na Compra e Venda e na Promessa de Compra e Venda 579

1. A responsabilidade pelos riscos da coisa 579
2. Responsabilidade pelos riscos na compra e venda com reserva de domínio .. 581
3. Responsabilidades sobre débitos anteriores ao momento da compra e venda 581
4. Responsabilidade nas promessas de compra e venda 582

Capítulo XLVI – A Responsabilidade no Comodato 585

1. Responsabilidades do comodatário 585
2. Responsabilidade do comodante 586

Índice Sistemático • **XXIII**

3. Responsabilidade solidária do comodatário e do comodante frente a terceiros.... 587

4. Responsabilidade pelo risco no uso da coisa 587

Capítulo XLVII – Responsabilidade no Depósito... 589

1. Caracterização do depósito 589

2. A responsabilidade decorrente do descumprimento das obrigações de depositário.. 590

3. A responsabilidade pelo depósito resultante do contrato de hospedagem 594

4. A responsabilidade no depósito mercantil 596

5. Responsabilidade pela perda da coisa.. 597

Capítulo XLVIII – Responsabilidade Indenizatória na Distribuição ou Concessão Comercial, e na Agência ou Representação Comercial...................................... 599

1. A distribuição 599

2. A concessão comercial... 600

3. Distinção entre distribuição e concessão 601

4. Aplicação do regime legal da concessão comercial à distribuição 602

5. A agência ou representação comercial.. 603

6. Ressarcimento na rescisão imotivada do contrato de distribuição ou concessão 604

7. Ressarcimento na rescisão imotivada do contrato de agência ou representação comercial 606

Capítulo XLIX – Contrato de Transporte e Responsabilidade 609

1. O contrato de transporte e a natureza da obrigação 609

2. Responsabilidade no transporte de pessoas 610

    2.1. Bagagem do passageiro e direito de retenção..................................... 611

    2.2. Obrigações do transportador.. 612

    2.3. Obrigações do passageiro 615

    2.4. A culpa da vítima no transporte oneroso 616

    2.5. O transporte gratuito, por amizade ou cortesia.................................. 618

    2.6. Transporte e culpa de terceiro... 621

    2.7. Recusa de passageiro 622

    2.8. Rescisão do contrato 622

    2.9. Interrupção e cancelamento da viagem.. 623

    2.10. Queda de surfista ferroviário, desembarque com o veículo em movimento e transporte de passageiros pendurados 624

3. Responsabilidade no transporte de coisas... 625

    3.1. Conhecimento 626

    3.2. Informação inexata ou falsa descrição e mercadoria com embalagem inadequada 627

3.3.	Recusa ao transporte	628
3.4.	Limites e extensão da responsabilidade	629
3.5.	Impossibilidade, impedimento e retardamento do transporte	631
3.6.	Entrega das mercadorias ao destinatário	632
3.7.	Obrigações e responsabilidades do remetente, do transportador e do destinatário	633
	a) Do remetente	633
	b) Do transportador	635
	c) Do destinatário	636
3.8.	Prazo de duração da responsabilidade do transportador	637
3.9.	Prazo decadencial e prescricional em questões de transporte	637
3.10.	Exoneração de responsabilidade através de cláusula contratual	638
4.	Responsabilidade no transporte cumulativo	639
5.	Responsabilidade no transporte aéreo	640
5.1.	Responsabilidade quanto aos danos causados ao passageiro e à bagagem ou carga	641
5.2.	Responsabilidade quanto aos danos causados a terceiros	644
5.3.	Responsabilidade decorrente do abalroamento aéreo	646
5.4.	Prazo de prescrição para a ação de reparação	647
5.5.	A responsabilidade segundo a Convenção de Varsóvia e o Código Brasileiro de Aeronáutica	647
5.6.	Responsabilidade na perda ou extravio e na destruição de bagagem ou carga em acidente aeronáutico	651
5.7.	Responsabilidade no atraso de horários e da entrega de mercadorias e cancelamento de viagem	653
6.	Transporte marítimo de mercadorias	655
	a) Vistoria ou exame quando da descarga para resguardar-se de responsabilidades e para assegurar direitos	656
	b) Protesto contra avarias nas mercadorias	657
	c) Responsabilização direta do transportador	657
	d) Inteligência que dispensa a vistoria ou o protesto	658
	e) Transporte marítimo e regulação de avaria grossa	660

Capítulo L – Responsabilidade no Seguro 663

1.	Contrato de seguro e responsabilidade	663
2.	Limites da responsabilidade e elementos da apólice	664
3.	Responsabilidade assumida por cosseguro	668
4.	Responsabilidade e boa-fé nas declarações	669
5.	Responsabilidade no seguro de danos	672

a)	Limites no seguro	672
b)	Abrangência do seguro	673
c)	Vigência da garantia no seguro de transporte	673
d)	Novo seguro sobre o mesmo interesse	674
e)	Redução proporcional da indenização no sinistro parcial	674
f)	Vício intrínseco da coisa segurada	674
g)	Transferência do contrato ou do bem segurado a terceiros	674
h)	Sub-rogação do segurador nos direitos e ações que competirem ao segurado	676
i)	Seguro de responsabilidade civil e danos causados a terceiro	677
j)	Seguros de responsabilidade obrigatória	678

6. Responsabilidade no seguro de pessoa 679

a)	Amplitude do seguro de pessoa, inclusive abrangendo os danos morais	681
b)	Seguro sobre a vida de outros	681
c)	Substituição de beneficiário	682
d)	Falta de indicação de beneficiário	682
e)	Indicação de companheiro	683
f)	Capital estipulado e dívidas e herança do segurado	684
g)	Nulidade da transação para reduzir o pagamento do capital	685
h)	Prazo de pagamento do prêmio e decorrências na falta de pagamento	685
i)	Prazo de carência	686
j)	O pagamento do seguro e o suicídio	687
k)	O seguro e a prática de atividades que trazem risco de vida	689
l)	Proibição da sub-rogação da seguradora nos seguros de pessoas	689
m)	Estipulação do seguro por pessoa natural ou jurídica em proveito de um grupo	690

7. Obrigações do segurado e responsabilidade 691

8. Obrigações do segurador e responsabilidade 694

9. Responsabilidade durante a mora no pagamento do prêmio 695

10. Responsabilidade pelos atos dos agentes autorizados do segurador 698

Capítulo LI – Responsabilidade no Arrendamento Mercantil 699

1. Conceito 699

2. As modalidades de arrendamento mercantil 700

a)	O *leasing* operacional	700
b)	O arrendamento mercantil financeiro	701

XXVI • Responsabilidade Civil | *Arnaldo Rizzardo*

    c)   Arrendamento mercantil contratado com o próprio vendedor 701

    d)   Arrendamento mercantil contratado com empresas integrantes do mesmo grupo financeiro 702

3.   Responsabilidade por ato lesivo do arrendatário 703

4.   Responsabilidade da sociedade arrendante por fato de terceiro sem culpa do arrendatário 706

Capítulo LII – Responsabilidade na Alienação Fiduciária........................... 709

1.   Alienação fiduciária em garantia 709

2.   Finalidade da transferência da propriedade 710

3.   Incidência da responsabilidade na pessoa do alienante pelos danos causados... 712

Capítulo LIII – Responsabilidade no *Franchising* e no *Factoring* 713

1.   Franquia ou *franchising* 713

2.   Responsabilidade no *franchising* 714

3.   *Factoring*.. 715

4.   Responsabilidade no *factoring*.. 716

PARTE 10

RESPONSABILIDADE CIVIL E ACIDENTES

Capítulo LIV – Responsabilidade por Danos Causados no Trânsito de Veículos.......... 721

1.   A culpa na conduta do causador do acidente de trânsito 721

2.   Presunção da culpa do condutor 722

3.   Condutas exigidas pelo Código de Trânsito Brasileiro..................... 723

    3.1.   Observância das boas condições do veículo 723

    3.2.   Domínio do veículo e condições pessoais durante a condução 724

    3.3.   Imposições na circulação de veículos................................. 726

        a)   Circulação pelo lado direito da via................................ 726

        b)   Distância a ser mantida entre os veículos....................... 727

        c)   Preferência em cruzamento nos locais não sinalizados............. 727

        d)   Faixas de circulação no tráfego em via com várias pistas.......... 729

        e)   Permissão para o tráfego de veículos sobre passeios, calçadas e acostamentos 729

        f)   Prioridade dos veículos precedidos de batedores....................... 730

        g)   Preferência dos veículos que prestam serviços de interesse público.......... 730

	h)	Livre parada dos veículos prestadores de serviços de utilidade pública	732
	i)	Cautelas a serem observadas na ultrapassagem de veículos	733
	j)	Preferências no deslocamento dos veículos sobre trilhos	735
	k)	Cuidados na transposição de faixas	736
	l)	Hierarquia a ser observada na circulação entre os veículos	736
3.4.		Deveres dos condutores de veículos ao serem ultrapassados	737
3.5.		Ultrapassagem por veículo de transporte coletivo	738
3.6.		Pontos e locais de ultrapassagem proibidos	738
3.7.		Realização de manobras sem perigo aos demais usuários da via	739
3.8.		Sinalização para o deslocamento lateral do veículo	740
3.9.		Preferência a ser dada no ingresso na via	741
3.10.		Cautelas na realização de conversões e retornos	741
3.11.		Ingresso à direita ou à esquerda de outra via ou em lotes lindeiros	742
3.12.		Retorno nas vias urbanas	743
3.13.		Uso das luzes do veículo	743
	a)	Uso dos faróis	744
	b)	Uso das luzes de posição	745
	c)	Uso do pisca-alerta	745
3.14.		Freagem brusca do veículo	746
3.15.		Cuidados ao regular a velocidade	746
3.16.		Prudência na aproximação de cruzamentos	748
3.17.		Imobilização temporária do veículo na via	748
3.18.		Embarque e desembarque do veículo	749
3.19.		Condução de veículos de tração animal	749
3.20.		Circulação de animais nas vias	750
3.21.		Circulação de motocicletas, motonetas, ciclomotores e bicicletas	751
	a)	Quanto aos condutores	751
	b)	Quanto ao transporte de passageiros	751
	c)	Quanto à condução de ciclomotores	751
	d)	Quanto à circulação de bicicletas	752
3.22.		Uso obrigatório do cinto de segurança	752
4.		Situações comuns em acidentes de trânsito e responsabilidade	753
4.1.		Abalroamentos sucessivos	754
4.2.		Ação direta do lesado contra o Estado no acidente causado por seu preposto	755
4.3.		Acidentes em faixas de segurança de pedestres	756
4.4.		Acidentes por defeitos na pista	757

4.5.	Ampla visibilidade do motorista em cruzamentos não sinalizados	758
4.6.	Atropelamento de pedestres em vias urbanas de grande movimentação....	758
4.7.	Presunção de veracidade relativa do boletim de ocorrência	760
4.8.	Colisão por trás	761
4.9.	Convergência à esquerda sobre a pista	762
4.10.	Conversão à esquerda em pista com sinal do semáforo aberto...........	762
4.11.	Culpa do causador do acidente na ação de regresso do Estado	763
4.12.	Dano causado por veículo projetado por outro veículo	764
4.13.	Dano em veículo estacionado irregularmente.............................	765
4.14.	Defeito mecânico e responsabilidade do condutor	766
4.15.	Derrapagem........................	767
4.16.	Estacionamento com porta aberta	767
4.17.	Estouro de pneu e quebra da barra da direção	768
4.18.	Excesso de velocidade	769
4.19.	Falta de conservação das estradas. Responsabilidade do Poder Público....	770
4.20.	Guarda do veículo em estacionamento	771
4.21.	Imprudência de pedestres.............................	773
4.22.	Ingresso à esquerda.......................	774
4.23.	Ingresso em via preferencial......................	775
4.24.	Ingresso na contramão da pista.....................	776
4.25.	Limite do valor da indenização ao bem danificado.....................	777
4.26.	Lucros cessantes pela não utilização do veículo acidentado	777
4.27.	Manobra de marcha à ré........................	778
4.28.	Manobras de risco.....................	779
4.29.	Não compensação da indenização civil pelos benefícios previdenciários....................	781
4.30.	Obstrução da pista por veículo com defeito....................	781
4.31.	Ofuscamento	782
4.32.	Omissão no dever de vigilância por empresa que administra a rodovia.....	783
4.33.	Pedestre que surge abruptamente na pista	784
4.34.	Preferência em cruzamento não sinalizado........................	785
4.35.	Responsabilidade nos acidentes ocorridos no interior de estacionamento	786
4.36.	Saída da calçada.....................	787
4.37.	Saída do acostamento.....................	788
4.38.	Semáforo com defeito ou não funcionando	788
4.39.	Semáforo com luz amarela	789
4.40.	Semáforo no amarelo, com pisca alerta intermitente....................	790

Índice Sistemático • **XXIX**

4.41. Subtração de veículo mediante violência e responsabilidade civil de quem exerce a guarda 791

4.42. Sucessão na indenização por dano moral 791

4.43. Transporte de pessoas em carroceria de veículo de carga 792

4.44. Travessia de pedestres em vias férreas 792

4.45. Ultrapassagem 793

4.46. Ultrapassagem pela direita 794

Capítulo LV – A Responsabilidade Civil por Acidente do Trabalho 795

1. A indenização acidentária 795

2. A indenização civil 797

3. A presença do elemento culpa e atividade de risco 798

4. Relação de causalidade 801

5. Ônus da prova da culpa 802

6. Concorrência de culpa 806

7. Elementos que afastam a culpa do empregador 807

8. O montante da indenização 808

9. A comprovação dos prejuízos 809

10. Compensação da indenização com salários e benefícios 810

11. Prescrição para reclamar a reparação 811

12. A competência para conhecer e julgar as ações que envolvem acidentes do trabalho 812

Capítulo LVI – Responsabilidade por Danos Ocorridos durante a Prática e a Assistência de Esportes 815

1. Danos sofridos por atletas profissionais e árbitros 815

2. Danos sofridos por pessoas que assistem a espetáculos esportivos 817

3. Danos em pessoas que participam de atividades recreativas ou esportivas 822

PARTE 11

RESPONSABILIDADE CIVIL NO PROCESSO

Capítulo LVII – Responsabilidade e Promoção de Ação Cível ou Penal sem Justa Causa 827

1. Responsabilidade da parte promovente 827

2. Responsabilidade do advogado da parte 830

3. A imunidade profissional do advogado 832

XXX • Responsabilidade Civil | *Arnaldo Rizzardo*

Capítulo LVIII – Indenização contra Aquele que Demanda a Cobrança de Dívida Não Vencida e Dívida já Paga 835

1. Caracterização do vencimento antecipado e do pagamento 835

2. A demanda por dívida não vencida 836

3. A demanda por dívida já paga 837

4. A responsabilidade baseada na culpa para a incidência das sanções na cobrança antecipada ou de dívida já paga 839

5. Desistência da ação e dispensa das penalidades 841

Capítulo LIX – Responsabilidade do Advogado 843

1. A necessidade da culpa para a configuração da responsabilidade 843

2. Situações que evidenciam a culpa 844

3. A aferição da culpa para a indenização 848

4. A medida da responsabilidade 848

PARTE 12

RESPONSABILIDADE CIVIL NO DIREITO PENAL

Capítulo LX – A Responsabilidade por Morte 857

1. A morte provocada ou homicídio 857

2. Despesas de tratamento, de luto, de funerais e de outras espécies 858

3. A indenização na forma de prestação de alimentos 860

4. Período de duração da indenização 861

5. A correspondência da prestação em função dos rendimentos da vítima 865

6. Ausência do direito à reparação patrimonial se inexistente dano econômico ... 866

7. Indenização por dano patrimonial e por dano moral 868

8. O *quantum* da reparação por dano moral 870

9. Indenização pela morte do nascituro 873

10. Finalidade repressiva da condenação por dano moral e situação econômica dos envolvidos 876

Capítulo LXI – Responsabilidade no Furto e Roubo e na Entrega de Bens a Terceiros 879

1. Responsabilidade pelos danos causados por bens furtados ou roubados 879

2. Indenização por furto de veículos em áreas destinadas a estacionamentos ... 881

3. Responsabilidade e danos provocados por oficinas, postos de lavagem, garagens e outros estabelecimentos do gênero 886

4. Responsabilidade nos danos e furtos ocorridos em estacionamentos de restaurantes, hotéis, clubes e casas de lazer.. 889

5. Responsabilidade pelos danos e furtos verificados nos condomínios edilícios 890

6. Furto de veículo em estacionamento pago de logradouros públicos 891

Capítulo LXII – A Responsabilidade por Usurpação ou Esbulho................................. 893

1. Usurpação ou esbulho 893

2. Decorrências indenizatórias e restituição da coisa.. 894

3. Estimativa do preço na inexistência da coisa.. 894

Capítulo LXIII – A Responsabilidade por Injúria, Difamação ou Calúnia.................... 897

1. Conceitos.. 897

2. Dano material e dano moral 898

3. A reparação pela Lei de Imprensa... 899

Capítulo LXIV – A Responsabilidade por Ofensa à Liberdade.................................... 903

1. Direito à liberdade.. 903

2. Situações consideradas ofensivas à liberdade pessoal...................................... 904

3. Decretação da prisão e posterior absolvição... 908

4. Estimativa da indenização.. 910

Capítulo LXV – Transmissão da AIDS e Responsabilidade.. 911

1. Responsabilidade na transmissão do vírus... 911

2. Culpa concorrente da vítima e indenização 912

3. Indenização por restrições ou discriminações.. 913

4. Cobertura da AIDS nos planos de saúde.. 915

Capítulo LXVI – Responsabilidade na Usurpação de Direitos Autorais, de Programa de Computador, de Direitos de Propriedade Industrial e no Uso da Internet.............. 917

1. Direito de propriedade 917

2. Direitos patrimoniais... 918

3. Direitos morais.. 919

4. Responsabilidade por violações dos direitos autorais... 920

5. Responsabilidade por violação ao direito da própria imagem........................... 924

6. Responsabilidade na usurpação de programa de computador 927

7. Responsabilidade na usurpação de direitos de propriedade industrial 928

8. Responsabilidade no uso da Internet.. 930

BIBLIOGRAFIA 937

PARTE 1

TEORIA GERAL DA RESPONSABILIDADE

I

A Culpa

1. NOÇÃO DE CULPA E DOLO

Primeiramente, repete-se a colocação de Cristiano Chaves de Farias, Felipe Peixoto Braga Netto e Nelson Rosenvald, de que "a culpa é elemento nuclear da responsabilidade civil e justificativa filosófica da teoria subjetiva. Ela ocupa papel nevrálgico na etiologia do ilícito, pois quando a ele fazemos alusão, sempre estarão compreendidos os modelos da culpa e do dolo". [1]

Seguem algumas considerações sobre a culpa e o dolo, ou sobre a culpa em lato senso.

Para Capitant, ela consiste no "ato ou omissão constituindo um descumprimento intencional ou não, quer de uma obrigação contratual, quer de uma prescrição legal, quer do dever que incumbe ao homem de se comportar com diligência e lealdade nas suas relações com os seus semelhantes". [2]

É difícil definir a culpa. Os maiores mestres temem dar um conceito, como sucedeu com Ripert, que abertamente o declara e sustenta nem existir uma definição legal. E Savatier, outro grande francês, parte da ideia do dever para caracterizá-la. A culpa (*faute*, palavra que os franceses não deram um significado exato, e que é tida igualmente como 'falta') "é a inexecução de um dever que o agente podia conhecer e observar. Se efetivamente o conhecia e deliberadamente o violou, ocorre o delito civil ou, em matéria de contrato, o dolo contratual. Se a violação do dever, podendo ser conhecida e violada, é involuntária, constitui a culpa simples, chamada, fora da matéria contratual, de quase delito". [3]

Outros franceses (como Mazeaud e Mazeaud) afastam a noção de dever, que emerge no conceito de Capitant, para ressaltar um novo conteúdo, manifestado no erro de conduta. E erro de conduta ocorre toda vez que nos afastamos do procedimento tido como padrão. Desrespeitando a conduta-padrão, diante de circunstâncias externas que envolvem o fato, incorre o agente em culpa. O erro de conduta não aconteceria se traçássemos o procedimento de acordo com as regras jurídicas.

---

[1] Novo Tratado de Responsabilidade Civil, São Paulo, Editora Atlas S. A., 2015, p. 172.

[2] Miguel M. de Serpa Lopes, *Vocabulaire Juridique, apud Curso de Direito Civil*, 2ª ed., Rio de Janeiro, Freitas Bastos, 1962, vol. V, p. 197.

[3] José de Aguiar Dias, T*raité de la Responsabilité Civile*, tomo I, nº 4, p. 5, *in Da Responsabilidade Civil*, 4ª ed., Rio de Janeiro, Forense, 1960, tomo I, p. 137.

Noção semelhante à de Savatier, encontramos em Caio Mário da Silva Pereira que, de início, não admite a diferenciação entre dolo e culpa, dizendo que nosso direito fundiu os conceitos; considera a última como a quebra do dever a que o agente está adstrito, onde se assenta o fundamento primário da reparação. A palavra culpa revela um sentido amplo, salienta, "abrangente de toda espécie de comportamento contrário ao direito, seja intencional ou não".[4] Trata-se da violação de uma obrigação preexistente, a qual consiste no dever de não prejudicar ninguém.

Os autores alemães situam a culpa como fenômeno fundamentalmente moral. É a vontade dirigida para um resultado ilícito, com ciência da ilicitude e da infração do dever. Neste sentido, corresponde ao dolo. No aspecto restrito, não se afasta do conceito comum, ou seja, a omissão de cuidados e diligência impostos na vida das pessoas. Não aconteceria o evento ilícito se o agente procedesse com as cautelas e a aplicação recomendadas normalmente. Aproximando-se do sistema objetivo, sustenta-se que o ato ilícito é reconhecido mesmo sem ter o agente consciência da ofensa à regra jurídica.

Os italianos (Impallomeni e Carrara) falam em omissão ou inobservância da diligência na apreciação dos resultados dos atos; ou na transgressão da norma de conduta. Mas emerge uma lesão não proposital ou prevista na mente do causador.

Já o dolo corresponde à prática voluntária de uma infração à lei. Age a pessoa deliberadamente no rompimento da ordem natural das coisas ou do equilíbrio no relacionamento humano. A infração é pretendida, repercutindo maior gravidade nas consequências e no combate pela lei.

Não cabe, aqui, a sua identificação com o dolo no sentido de vício ou defeito da vontade, disciplinado nos arts. 145 e seguintes do Código Civil, que se define como o ardil ou expediente astucioso empregado com a finalidade de levar outrem à prática de um negócio prejudicial, em proveito do agente do dolo ou de outra pessoa. Utiliza-se nos contratos ou negócios da órbita civil.

Embora não exclua aquela espécie, tem-se o dolo, *in casu*, no significado de voluntariedade da conduta, verificando-se nos casos em que o agente quer o resultado ou assume os riscos de produzi-lo, nutrindo a consciência da antijuridicidade. Se quer o resultado, aceitando a consequência e não retrocedendo no intento, diz-se direto o dolo; já se unicamente assume, sendo que se lhe afigura viável ocorrer o prejuízo, embora não o queira diretamente, denomina-se eventual o dolo, ou indireto.

A sua distinção relativamente à culpa remonta ao direito romano. De um lado, deparamo-nos com a violação intencional de uma norma de conduta, ou de um dever, em que há a vontade na contrariedade do direito[5] de outro, nota-se apenas uma negligência, ou imprudência, ou imperícia não escusável, em relação ao direito alheio.

Ou verifica-se o pleno conhecimento do mal e ocorre a direta intenção de o praticar; ou a violação de um dever que o agente podia conhecer e acatar é a tônica, simplifica Barros Monteiro.[6]

Os mestres franceses Mazeaud e Mazeaud empregam as expressões 'delito' e 'quase delito'. A primeira equivale ao dolo; a segunda se equipara à culpa.

Culpa delitual ou dolo, ou falta intencional, e culpa quase delitual, ou simplesmente culpa, envolvem conteúdos diversos, mas refletem, em direito civil, consequências semelhantes. É

---

[4] *Instituições de Direito Civil*, 4ª ed., Rio de Janeiro, Forense, 1974, vol. I, p. 566.

[5] Pontes de Miranda, *Tratado de Direito Privado*, 3ª ed., Rio de Janeiro, Borsoi, 1971, vol. XXIII, p. 72, § 2.789, nº 2.

[6] *Curso de Direito Civil, Direito das Obrigações*, 3ª ed., São Paulo, Saraiva, 1962, vol. II, p. 408.

como colocam João Agnaldo Donizeti Gandini e Diana Paola da Silva Salomão: "A culpa, para a responsabilização civil, é tomada pelo seu vocábulo *lato sensu*, abrangendo, assim, também o dolo, ou seja, todas as espécies de comportamentos contrários ao direito, sejam intencionais ou não, mas sempre imputáveis ao causador do dano."[7] O legislador brasileiro do texto de 1916 e do atual desprezou a distinção. Nem definiu o conceito de culpa, no que agiu com prudência. Mas no texto do art. 186 se vislumbram as duas espécies: "Aquele que, por ação ou omissão voluntária, negligência ou imprudência, violar direito e causar dano a outrem, ainda que exclusivamente moral, comete ao ilícito." Outra forma veio aportada pelo Código Civil de 2002, no art. 187, na realização de ato ilícito, verificada quando, no exercício de um direito, há manifesto excesso dos limites impostos pelo seu fim econômico ou social, pela boa-fé ou pelos bons costumes: "Também comete ato ilícito o titular de um direito que, ao exercê-lo, excede manifestamente os limites impostos pelo seu fim econômico ou social, pela boa-fé ou pelos bons costumes." Nessa situação se enquadra aquele que, no uso de sua propriedade, provoca distúrbios aos vizinhos; ou, para defender um bem próprio, destrói o dos outros; ou, visando as vantagens econômicas de sua atividade, acarreta males à natureza, prejudicando a atmosfera e ao meio ambiente; ou, na repulsa de agressão, pratica atos e revides além dos necessários, como se, ao receber um empurrão, o indivíduo retruca com uma facada. Conforme se extrai das condutas, o excesso também envolve algum grau de culpa, ou de desrespeito aos direitos alheios.

Ao mencionar ação ou omissão voluntária, está conceituando, ou introduzindo a definição de dolo; falando em negligência ou imprudência, classifica a culpa. De um lado, envolve o elemento interno, que reveste o ato da intenção de causar o resultado; de outro, a vontade é dirigida ao fato causador do dano, mas o resultado não é querido pelo agente. Há a falta de diligência em se observar a norma de conduta.

Diante de tais colocações, pode-se considerar a culpa no sentido estrito como aquela que marca a conduta imprudente ou negligente; e no sentido lato, verificada na prática consciente e deliberada de um ato prejudicial e antissocial, configurando, então, o dolo.

2. FORMAS DE CULPA

É do conhecimento geral que a culpa propriamente dita, e não o dolo, é formada por dois elementos, na previsão do art. 186 do Código Civil em vigor: negligência e imprudência. No entanto, a palavra abrange outras formas, ou ostenta-se através de caracteres diferentes dos referidos. A imperícia é prevista como mais um elemento integrante, assim como também podemos falar em descuido, distração, leviandade, indolência etc.

As espécies se entrelaçam. A negligência traz tonalidades de imprevisão. A imprudência envolve desprezo pela diligência. Imperícia e negligência se confundem, em vários pontos, pois o incapaz de dirigir é insensato na observância dos requisitos para o exercício da função.

Por isso, ao expressar a culpa, no art. 186, o Código Civil teve em vista mais o ato ilícito, assim como ocorria com o art. 159 do Código anterior. Previu uma ação contrária ao direito, como doutrinava Aguiar Dias. É o resultado danoso que interessa. Conclui-se que não se deixa de considerar o resultado se a parte não frisou rigorosamente a espécie de culpa pela qual demandou o réu. Não podemos nos fixar na literalidade dos termos.

---

[7] "A responsabilidade civil do Estado por conduta omissiva", em Revista da *AJURIS* – Associação dos Juízes do RGS, Porto Alegre, nº 94, p. 146, jun. 2004.

Imperícia demanda mais falta de habilidade exigível em determinado momento, e observável no desenrolar normal dos acontecimentos. Já negligência consiste na ausência da diligência e prevenção, do cuidado necessário às normas que regem a conduta humana. Não são seguidas as normas que ordenam operar com atenção, capacidade, solicitude e discernimento. Omitem-se as precauções exigidas pela salvaguarda do dever a que o agente está obrigado; é o descuido no comportamento, por displicência, por ignorância inaceitável e impossível de justificar.

A imprudência revela-se na precipitação de uma atitude, no comportamento inconsiderado, na insensatez e no desprezo das cautelas necessárias em certos momentos. Os atos praticados trazem consequências ilícitas previsíveis, embora não pretendidas, o que, aliás, sucede também nas demais modalidades de culpa.

Os significados dos termos não se esgotam nessas meras palavras. Para quem conhece a língua pátria, não é difícil chegar ao sentido que as palavras envolvem.

Tanto se misturam as noções que é mais prático fixar-se a ideia da culpa, inspiradora das três espécies, e compreendida como inobservância das disposições regulamentares, das regras comuns seguidas na praxe e que orientam a ordem e a disciplina impostas pelas circunstâncias.

3. CULPA E ATO ILÍCITO

O ato ilícito não se constitui prescindido de culpa, que é apenas um de seus elementos. Sem ela, não se revela, vindo a formar o seu elemento anímico. Surge porque preexistiu a transgressão de uma norma. Mas, nota-se, como afirma com autoridade Aguiar Dias,[8] ele surge quando a culpa traz efeito material, ou quando passa do plano puramente moral para a execução material. Então, se há a repercussão do ato ilícito no patrimônio de outrem, e aí está a consumação do ato ilícito, concretiza-se a responsabilidade civil.

Culpa materializada redunda em ato ilícito, o qual desencadeia a obrigação. Não se pode falar em ato ilícito sem a culpa, ou defender que se manifesta pela mera violação à lei. Acontece que o elemento subjetivo já existe com a infringência da lei, que desencadeia a responsabilidade se traz efeitos patrimoniais ou pessoais de fundo econômico.

Vale transcrever, a respeito, de J. M. de Carvalho Santos, coadjuvado por José de Aguiar Dias:

"Ato ilícito é o fato violador de obrigação ou dever preexistente, que o agente podia ou devia observar. Seu *substractum* é a culpa. Esta o qualifica... O ato ilícito acarreta, de si só e originariamente, o vínculo da obrigação. São seus requisitos objetivos: o ato contra direito, isto é, praticado de maneira ilícita; o resultado danoso; a relação causal entre ele e o dano. Os requisitos subjetivos consistem na imputabilidade e no procedimento culposo. Os dois elementos subjetivos se ligam tão estreitamente que o segundo não pode existir sem o primeiro. E o conceito de imputabilidade é o de capacidade, forjada nestes elementos: inteligência, liberdade e vontade. Assim, é lição de Savatier, não há ato ilícito sem culpabilidade, como não há culpabilidade sem imputabilidade. De forma que a culpa pressupõe, não só a violação de dever como também a possibilidade de observá-lo, noção que postula necessariamente a liberdade humana."[9]

---

[8] *Da Responsabilidade Civil*, 4ª ed., Rio de Janeiro, Forense, 1960, vol. I, p. 136.
[9] *Repertório Enciclopédico do Direito Brasileiro*, Rio de Janeiro, Editor Borsoi, 1947, vol. V, p. 16.

Mas, embora não seja este o momento, ressalve-se que a responsabilidade não decorre necessariamente do ato ilícito, posto ser ela provocada igualmente pelo fato em si mesmo, não portador de ilicitude, constituindo a responsabilidade objetiva, ou a responsabilidade pelo risco da atividade que se exerce.

4. CLASSIFICAÇÃO DA CULPA

Admitem-se vários tipos de culpa, sendo importante a classificação para efeitos de verificação de sua presença nos atos humanos. Apresentaremos os principais, resumidamente:

a) Culpa *in eligendo*: É a forma segundo a qual o agente não procede com acerto na escolha de seu preposto, empregado, representante, ou não exerce um controle suficiente sobre os bens usados para uma determinada atividade. Os erros cometidos na direção de um veículo, ou trafegar nele quando não reúne condições mecânicas de segurança, provocam a responsabilidade pelo dano superveniente.

b) Culpa *in vigilando*: Caracteriza-se com a falta de cuidados e fiscalização de parte do proprietário ou do responsável pelos bens e pelas pessoas. Exemplificando, não se acompanha o desenvolvimento das atividades dos empregados; admite-se que uma pessoa despreparada execute certo trabalho; abandona-se veículo, com a chave de ignição ligada, em local frequentado por crianças; não são vistoriados os veículos pelo dono; dirige-se um carro com defeitos nos freios e com pneus gastos.

c) Culpa *in comitendo*: É a culpa que exsurge da prática de uma atividade determinadora de um prejuízo, como nos acidentes automobilísticos, na demolição de um prédio em local muito frequentado, sem o afastamento dos transeuntes.

d) Culpa *in omitendo*: Na culpa com esta feição, o agente tinha a obrigação de intervir em uma atividade, mas nada faz. Depara-se o culpado com a responsabilidade dada a sua falta de iniciativa. Há um socorro a prestar, mas queda-se inativa a pessoa.

e) Culpa *in custodiendo*: É a ausência de atenção e cuidado com respeito a alguma coisa, facilmente verificável em relação aos animais, que ficam soltos pelas estradas.

f) Culpa grave ou lata, leve e levíssima: Do direito antigo nos advém esta classificação. A primeira se avizinha do dolo civil. Envolve uma crassa desatenção e a violação de dever comum de cuidado relativamente ao mundo no qual vivemos. Alcança dimensões maiores quando a violação é consciente, embora não almejado o resultado. No dizer de Pontes de Miranda, "é a culpa magna, nímia, como se dizia, que tanto pode haver no ato positivo como no negativo, é a culpa ressaltante, a culpa que denuncia descaso, temeridade, falta de cuidado indispensável. Quem devia conhecer o alcance do seu ato positivo ou negativo incorre em culpa grave".[10]

A culpa leve se expressa na falta que poderia ser evitada com uma atenção comum e normal no procedimento da pessoa.

Levíssima ela se denomina quando evitável o erro com uma atenção especial e muito concentrada. O ser humano carece de habilidades e conhecimentos na realização de um mister, ou incide em fatos danosos devido à ausência de um maior discernimento na apreciação da realidade. É o acidente de veículo que acontece por causa da falta de capacidade para manobrar quando o carro se encontra entre outros dois.

---

[10] *Tratado de Direito Privado*, 3ª ed., Rio de Janeiro, Editor Borsoi, 1971, tomo XXIII, p. 72, nº 2.790, 1.

g) Culpa contratual e extracontratual: A primeira consiste na violação de um dever determinado, inerente a um contrato. Nasce da violação dos deveres assumidos, como no desempenho do mandato recebido e do depósito, quando os titulares da obrigação não se esmeram em diligência e cuidado. São negligentes na defesa de interesses alheios, ou não se portam com a seriedade que revelariam se a coisa lhes pertencesse. Exemplo de culpa contratual ocorre nos contratos de transporte, cuja responsabilidade é regida pelo Decreto nº 2.681, de 7.12.1912 (regulamenta a responsabilidade civil das estradas de ferro).

Ela é conhecida com o nome de extracontratual na ofensa de um dever fundado no princípio geral do direito, desrespeitando-se as normas, ferindo os bens alheios e as prerrogativas da pessoa. Por isso, diz-se que são vulneradas as fontes das obrigações. É a chamada culpa aquiliana, nome oriundo da *Lex Aquilia*, do direito romano, pelo qual o dever de reparar o dano por fato culposo se fundava naquele texto. É a culpa que nasce dos atos ilícitos.

Caio Mário da Silva Pereira fala, também, em culpa *in contrahendo*, caracterizada no ilícito que se localiza na conduta do agente que leva o lesado a sofrer prejuízo no próprio fato de celebrar o contrato. Não resulta de um dever predefinido em contrato, mas nasce do fato de criar o agente uma situação em que a celebração do ajuste é a causa do prejuízo. Admitida no direito alemão, configura-se quando uma das partes induzir a outra à celebração do negócio, muito embora sabedora da impossibilidade da prestação.[11] Destituída de interesse prático, confunde-se mais com a culpa aquiliana.

5. GRAUS DA CULPA

Já se observou, na classificação acima, a existência de culpa grave, leve ou levíssima, em consonância com a intensidade maior, média ou menor da negligência, ou imprudência, ou imperícia na conduta que desencadeia um dano. Aprofundando-se o que se referiu acima, pode-se evidenciar a primeira na inobservância crassa e imperdoável das regras comuns exigidas nas atividades, no proceder comum, na prática de um ato, como na condução de um veículo quando a pessoa se encontra em estado de embriaguez, ou na imposição de um trabalho sem equipamentos de segurança, ou no atravessar uma pista em local não sinalizado e de intensa circulação de carros. Já a culpa leve se configura em situações de inadvertência, de falta de uma concentração maior, de distração não plena, verificáveis na direção de veículo estando a conversar o condutor, ou no uso de equipamento de segurança com defeito, no desleixe de regras comuns de atenção. Por último, a culpa levíssima emerge no procedimento comum, mas com pequena falha em obedecer às regras impostas no momento do fato. É a hipótese de colidir atrás de um veículo, que para com certa instantaneidade, frente a um obstáculo que surge à frente do mesmo; ou da realização de uma obra, com um pequeno defeito num detalhe, que a desmerece no seu aspecto; ou na imposição de exercícios físicos com demasiada rapidez, provocando uma distensão muscular de alguém que o pratica.

Normalmente, o grau de culpa não importa em maior ou menor peso na indenização, cujo critério para a fixação é medido pela extensão do dano. Embora gravíssima a culpa,

---

[11] *Instituições de Direito Civil*, 4ª ed., Rio de Janeiro, Forense, 1974, vol. I, p. 567.

ou tenha o causador agido com dolo, não ultrapassará a indenização o dano provocado, em obediência ao art. 944 do Código Civil, que trouxe regra que não constava no estatuto civil revogado: "A indenização mede-se pela extensão do dano."

Regra semelhante encontra-se no art. 403 do mesmo Código: "Ainda que a inexecução resulte de dolo do devedor, as perdas e danos só incluem os prejuízos efetivos e os lucros cessantes por efeito dela direto e imediato, sem prejuízo do disposto na lei processual."

Em princípio, tal a diretriz na fixação do montante indenizatório. Entrementes, também em inovação quanto ao Código anterior, se verificada a desproporção da culpa e o montante do prejuízo, contempla o parágrafo único do art. 944 a redução da indenização: "Se houver excessiva desproporção entre a gravidade da culpa e o dano, poderá o juiz reduzir, equitativamente, a indenização." Transparece a oportunidade da previsão, que viabiliza a distribuição da justiça em consonância com a gravidade da falta. Não se afigura justo impor uma pesada condenação por uma falta mínima. Os efeitos dos atos não podem direcionar sempre o montante da condenação. Nesta ótica, num acidente de trabalho, se o empregador orientava o empregado, fornecendo-lhe equipamentos de segurança, e ele, desobedecendo ordens ou regras estabelecidas, embora na presença de seu chefe, não usa os equipamentos, parece injusto impor a indenização na exata dimensão dos danos, até porque presente a culpa concorrente. E mesmo que não constatada essa concorrência de falhas ou desvios de conduta, é autorizada a redução da indenização. Num acidente de trânsito, malgrado a extensão dos danos, o atropelamento de um pedestre que se encontra rente à calçada por causa do forte ofuscamento pelos faróis de um outro veículo que vinha em sentido contrário, leva a pautar a indenização em face de tal circunstância. O vazamento de um cano subterrâneo, provocando umidade em um prédio contíguo, também sujeita a mensuração da quantia indenizatória à insignificância da culpa.

Não que seja possível graduar a indenização de acordo com a gravidade da culpa. Todavia, afigurando-se diminuto o grau de culpa, passou a se admitir a redução da indenização.

A questão não é singela e já mereceu profundo estudo do eminente magistrado paulista Yussef Said Cahali, bem antes do atual Código Civil.[12] O autor lembra a doutrina de Agostinho Alvim, enfatizando que, em direito civil, interessa pouco a intenção do autor, o dolo ou a simples culpa. Na doutrina da indenização, segue explicando, o que se procura é avaliar o prejuízo para se medir, por ele, o ressarcimento: "A maior ou menor gravidade da falta não influi sobre a indenização, a qual só se medirá pela extensão do dano causado. A lei não olha para o causador do prejuízo, a fim de medir-lhe o grau de culpa, e sim para o dano... A classificação da infração pode influir no sentido de atribuir-se ou não responsabilidade ao autor do dano, o que é diferente."[13]

Isto não acontece no direito italiano, como revelava Pontes de Miranda, relativamente ao seu art. 1.225 do CC: "Tem-se, portanto, em direito italiano, de se entrar em indagação subjetiva, com as distinções entre dolo, culpa grave e culpa leve. No direito brasileiro não há tal regra discriminativa do que se há de indenizar. No art. 1.057, lê-se que, nos contratos unilaterais, responde por simples culpa o contraente a quem o contrato aproveita, e só por dolo aquele a quem não favoreça... Nem aí se gradua a culpa, para se determinar a indenização. Apenas se pré-exclui a responsabilidade se não há dolo."[14] O citado art. 1.057 equivale ao art. 392 do atual Código.

---

[12] *Dano e Indenização*, São Paulo, Editora Revista dos Tribunais, 1980, pp. 122 e segs.
[13] *Dano e Indenização*, ob. cit., p. 124.
[14] *Tratado de Direito Privado*, 2ª ed., Rio de Janeiro, 1958, vol. XXIII, p. 74.

Há estados de coisas em que a lei, além da hipótese do parágrafo único do art. 944, não é de todo insensível à intensidade da culpa. Observava Yussef S. Cahali, sob o Código de 1916: "Ora, perante o nosso direito, casos haverá em que: a) a determinação da responsabilidade do agente não prescinde do dolo, a que se equipara a culpa grave, da má-fé, da malícia...; em outros, será suficiente a simples culpa, ainda que levíssima, havendo mesmo aqueles em que o dever de se indenizar exsurge ainda que sem dolo e sem culpa do agente (responsabilidade objetiva, risco, proveito etc.); b) a presença do elemento subjetivo do dolo ou da culpa determina o agravamento da responsabilidade, com a adição de um *plus* à indenização ressarcitória."[15]

Algumas hipóteses vêm discriminadas, com apenações civis mais rigorosas diante da gravidade da culpa, caracterizada no dolo, na má-fé, no injustificável engano, na inadvertência grosseira, culpa grave, malícia evidente, desejo de enriquecimento, vontade de extorquir etc., como:

a) Repetição de dívida – art. 940: aquele que demandar por dívida já paga, no todo ou em parte, sem ressalvar as quantias recebidas, ficará obrigado a pagar ao devedor o dobro do que houver cobrado.

b) Para se estampar a figura dos sonegados, o dolo é requisito necessário – art. 1.992.

c) Na forma do art. 295, na cessão por título gratuito, o cedente ficará responsável perante o cessionário pela existência do crédito, se tiver procedido de má-fé.

Impõe, ainda, o direito civil, em certos casos, uma diligência maior no cuidado de uma coisa, com o fim de evitar-lhe um dano. Assim, dentro dos parâmetros do art. 582, o comodatário é obrigado a conservar como se sua própria fora a coisa emprestada, não podendo usá-la senão de acordo com o contrato ou a natureza dela, sob pena de responder por perdas e danos. E em consonância com o art. 629, o depositário empregará, na guarda e conservação da coisa depositada, o cuidado e a diligência que costuma ter com o que lhe pertence. Por força do art. 667, exige-se do mandatário aplicar toda a sua diligência habitual na execução do mandato, e a indenização de qualquer prejuízo causado por culpa sua ou daquele a quem substabeleceu, sem autorização, poderes que devia exercer pessoalmente. Manda o art. 866 que o gestor envidará toda a sua diligência habitual na administração do negócio. Na forma do art. 569, I, o locatário deverá servir-se da coisa alugada para os usos convencionados, ou presumidos, conforme a natureza dela e as circunstâncias, bem como tratá-la com o mesmo cuidado como se sua fosse. Outros dispositivos encontram-se no diploma civil, recomendando uma maior responsabilidade no cumprimento de deveres e encargos, mas sem atribuir uma indenização proporcional à intensidade da culpa.

Afora as situações analisadas, ainda perdura a observação de Serpa Lopes: "Se, do ponto de vista moral, sensível é a diferença entre aquele que age dolosamente e o que procede com absoluta negligência, entretanto, em relação aos efeitos, são de gravidade idêntica, em razão do que muito natural a exigência de uma idêntica repressão civil."[16]

---

[15] *Dano e Indenização*, ob. cit., p. 125.
[16] *Curso de Direito Civil*, Editora Freitas Bastos, 1962, vol. II, p. 375.

6. CULPA CONCORRENTE

A indenização reparte-se quando há concorrência de culpas. E a concorrência é determinada pela presença de duas ou mais causas originadoras do evento. As causas são os comportamentos culposos. Somam-se as culpas determinantes do dano, aparecendo o vínculo de causalidade entre elas e os prejuízos. Não basta, assim, o procedimento culposo, mas deve apresentar-se o liame da causa e do efeito entre as culpas e o dano. É preciso que o mal sofrido seja consequência do ato culposo. Expressa Luiz Cláudio Silva: "Tem-se como concorrente a culpa quando os envolvidos no evento danoso concorrem para o seu acontecimento. Assim, a responsabilidade é dividida entre eles, de acordo com a concorrência de culpa de cada um, sendo os prejuízos experimentados rateados nessa proporcionalidade."[17]

O Código Civil de 2002, sanando omissão do Código de 1916, trouxe norma específica sobre o assunto, no art. 945: "Se a vítima tiver concorrido culposamente para o evento danoso, a sua indenização será fixada tendo-se em conta a gravidade de sua culpa em confronto com a do autor do dano."

Num acidente, o motorista que, à noite e em pista molhada, desenvolvendo velocidade excessiva e cometendo imprudências nas ultrapassagens, derrapa ao frear, fato este que leva o veículo que vem atrás a colidir nele, não suportará sozinho toda a responsabilidade, pois competia ao outro condutor manter uma distância regulamentar entre o seu carro e o que seguia na frente. De igual modo, se dois automóveis disputam carreira em pista de movimento, impedindo a passagem de um terceiro carro no sentido contrário, que acaba saindo da estrada e batendo num obstáculo, ambos os motoristas responderão pela indenização. E assim na hipótese de uma pessoa dirigir embriagada, em velocidade incompatível, provocar danos juntamente com outro proprietário que não respeita o sinal preferencial. Incontáveis são as situações. A culpa dá origem ao dano, mas porque há o vínculo causal entre o fato e o resultado. Ainda, no acidente de trabalho, se o empregado não obedece às regras de segurança, enquanto o empregador mostra-se omisso na imposição da observância, fazendo vistas grossas à inobservância.

Como aquilatar a responsabilidade? Pelo grau ou gravidade da culpa? A resposta afirmativa parece ser a mais correta, frente ao citado art. 945. No entanto, Tunc e os Mazeaud ponderavam que se deve observar a causalidade, "y no, en si, la gravedad de la culpa. La gravedad de la culpa no es sino un elemento de su causalidad. Con frecuencia es un elemento determinante en particular, en caso de choque de vehiculos o de atropello de un peatón por un vehículo. Sin embargo, no es el único elemento de la causalidad... La gravedad intrínseca de su culpa no es lo que importa; sino la importancia de su culpa en la realización del daño".[18]

Seja como for, a gravidade da causalidade importa em gravidade da culpa. Se, num acidente, o veículo não pode desviar do outro no qual colidiu em decorrência de pedras e material de construção lançados na pista por terceiro, cuja culpa se acentua na medida em que prolonga a permanência do material na via, não deixa de ser causa principal do fato a velocidade desenfreada e inadequada do veículo que provocou a colisão. Mas isto

---

[17] *Responsabilidade Civil – Teoria e Prática das Ações*, Rio de Janeiro, Forense, 1998, p. 15.

[18] *Tratado Teórico Y Práctico de la Responsabilidad Civil*, trad. ao espanhol e publicação de Ediciones Jurídicas Europa-América, Buenos Aires, 1963, vol. II, tomo II, p. 26, nº 1.443.

em virtude da intensidade da culpa que, na verdade, será o fator que dimensionará a fixação da indenização de cada parte.

Sobre a distribuição da responsabilidade, orienta Sérgio Cavalieri Filho: "Havendo culpa concorrente, a doutrina e a jurisprudência recomendam dividir a indenização, não necessariamente pela metade, como querem alguns, mas proporcionalmente ao grau de culpabilidade de cada um dos envolvidos."[19]

A culpa da vítima surte um efeito necessário sobre a condenação do demandado. Neste sentido vem decidindo e firmando a jurisprudência, amparada na doutrina. A condenação "debe ser proporcional a la respectiva gravedad de las culpas cometidas. Si las culpas les parecen iguales, dividen por la mitad; pero, si una les parece más caracterizada que la otra, emplean toda la gama de las fracciones: condenan al demandado a reparar 1/10, 1/8, 1/5, 1/4, 1/3, 2/3, 3/4, etcétera, del daño".[20]

Inúmeras são as hipóteses da chamada culpa recíproca, sempre fixando-se a indenização proporcionalmente ao grau de culpa, como quando ambos os motoristas inobservam regras elementares de tráfego, ou o motorista desenvolve uma velocidade inadequada para o local e a vítima atravessa indevidamente a pista, de grande movimento. Igualmente, em situações frequentes, se o condutor diminui a velocidade repentinamente, e o carro que está atrás não guarda uma distância regulamentar. A dificuldade está em fixar o grau de culpa, para determinar o *quantum* da indenização. Aquele que paga dois terços, por exemplo, das despesas, por não ter inculcada contra si a total responsabilidade, e por se admitir também contra o outro alguma parcela, tem assegurado o direito de pleitear, posteriormente, o recebimento correspondente ao grau de culpa atribuído a este, calculado sobre os danos incidentes em seu veículo.

Até aí não se oferecem maiores dificuldades. Existindo, porém, um terceiro lesado, e dois ou mais indivíduos que, de modo culposo, tenham provocado o dano, como se repartirá a responsabilidade? Obrigar-se-ão eles, solidariamente, pelos prejuízos? Indaga-se, outrossim, se é facultado ao lesado, a seu critério, acionar apenas um ou os dois, simultaneamente; ou se a obrigação é dividida proporcionalmente, de conformidade com a medida da culpa, a cada um dos envolvidos.

O problema aventado não é dos mais simples.

No art. 275, vem delineada a seguinte regra: "O credor tem o direito a exigir e receber de um ou alguns dos devedores, parcial ou totalmente, a dívida comum; se o pagamento tiver sido parcial, todos os demais devedores continuam obrigados, solidariamente, pelo resto." Completa o art. 942: "Os bens do responsável pela ofensa ou violação do direito de outrem ficam sujeitos à reparação do dano causado; e, se tiver mais de um autor a ofensa, todos responderão solidariamente pela reparação."

Pode o credor, diante de tais normas, demandar o pagamento contra um, ou alguns, ou todos, à sua escolha. Acionado um devedor isolado, conserva intacto o seu direito quanto aos demais, como claramente se colhe da lição de Barros Monteiro, ainda atual,

---

[19] *Programa de Responsabilidade Civil*, 4ª ed., São Paulo, Malheiros Editores, 2003, p. 63.
[20] Henri e Léon Mazeaud e André Tunc, *Tratado Teórico Y Práctico de la Responsabilidad Civil*, trad. ao espanhol e publicação de Ediciones Jurídicas Europa-América, Buenos Aires, 1963, vol. XX, tomo II, p. 107, nº 1.512. A distribuição da reparação segundo o grau de culpa já estava assente pacificamente na jurisprudência mais antiga: *RT*, 443/340; *Lex, Jurisprudência do Supremo Tribunal Federal*, 23/217; *RTJ*, 76/933.

porquanto idêntico o tratamento pelo anterior e pelo atual Código.[21] O devedor demandado não se socorre da faculdade de exigir a presença dos demais, para repartir equitativamente a indenização a pagar. Quanto muito, possível estabelecer-se a denunciação à lide, para, posteriormente, exercer-se a ação de regresso. Assim pensavam os autores Mazeaud e Tunc: "En el caso de daño causado por la culpa del demandado y por la de un tercero, los tribunales sientan la regla de la solidariedad o, por lo menos, de la obligación, *in solidum*, de los coautores; con ello admiten, desde luego, que el autor de una de las culpas debe ser condenado por todo, y las sentencias justifican esa solución basándose sobre que cada una de las culpas es causa del daño en su totalidad; admiten además que quien haya sido condenado a la totalidad puede repetir contra los autores de las restantes culpas, teniendo en cuenta la gravedad respectiva de las culpas cometidas."[22]

Como se vê, quem paga tem garantido o direito de regresso contra os coautores, segundo a importância respectiva das culpas.

Uma vez verificado o resultado lesivo, a sua gravidade poderá evoluir por comportamento culposo posterior da vítima. As consequências igualmente se acentuam, aumentando as despesas e dando causa ao pedido de uma reparação maior. Na eventualidade da mesma não buscar imediatamente o tratamento recomendado, ou descuidar-se das precauções aconselhadas, ou expor-se à influência de fatores que a tomam passível de processos infecciosos, há a sua concorrência no prolongamento da lesão corporal, na incapacidade para o trabalho por um período de tempo mais extenso e na elevação dos gastos exigidos para a recuperação. Não raramente estas hipóteses acontecem. Há pessoas que simplesmente se recusam a procurar um médico, não acolhem o diagnóstico dado e ficam aguardando a recuperação natural.

Ao agente do dano será cominada uma responsabilização proporcional ao resultado; se o prejudicado não trabalhou em um número excessivo de dias; ou se o mal foi agravado por sua descura e imprudência, é de todo viável uma perícia, que conduzirá a apurar o período do tempo previsível para o restabelecimento físico e a aferir o motivo que provocou a debilitação do organismo.

Há culpa recíproca, mas no sentido de que o mal sofreu agravamento em face da conduta culposa da vítima. Incide o princípio da compensação de culpas, pois esta, consoante afirma Hedemann, "no procuró por los medios exigidos a su alcance evitar o aminorar el daño... El que ha sufrido una lesión corporal causada por otro, podía quedar curado con una operación quirúrgica, o al menos notablemente corregido. Pero, bien por miedo o por ser refractario a las operaciones, rehusa ser operado. Se le puede exigir que se deje operar? El RG se mostró reacionario en un principio a la afirmativa; sin embargo, posteriormente optó, en ciertas circunstancias, por exigir del lesionado que consintiese la operación... Y en caso de insistir en su negativa perdería el derecho a la indemnización de daños".[23]

Não é possível permitir à vítima faça do mal um expediente para angariar algum dinheiro, ou se sirva do acontecimento para explorar o agente do acidente.

---

21 *Curso de Direito Civil, Direito das Obrigações*, 2ª ed., 1962, vol. II, p. 194.
22 *Tratado Teórico y Práctico de la Responsabilidad Civil*, vol. II, tomo II, p. 27.
23 *Derecho de Obligaciones*, trad. ao espanhol por Jaime Santos Briz, Madrid, Editorial Revista de Derecho Privado, 1958, vol. III, p. 127.

II
O Dano

1. CONCEITO. ASPECTOS GERAIS

O dano é o pressuposto central da responsabilidade civil. Para De Cupis, "no significa más que nocimiento o perjuicio, es decir, aminoración o alteración de una situación favorable. Las fuerzas de la naturaleza, actuadas por el hombre, al par que pueden crear o incrementar una situación favorable, pueden también destruirla o limitarla",[24] e por isso, em princípio, o seu conceito é muito amplo. Mas, no sentido jurídico, importa restringi-lo ao fato humano.

Para Orgaz, desdobra-se em dois aspectos. No primeiro, se identifica com a lesão de um direito ou de um bem jurídico qualquer. "La acción u omisión ilícitas entrañan siempre una invasión en la esfera jurídica de otra persona y en este sentido general puede decirse que esta persona sufre un daño, aunque el hecho no haya lesionado sus valores económicos ni afectado su honor o sus afecciones íntimas tuteladas por la ley", ao passo que na segunda dimensão envolve simplesmente "el menoscabo de valores económicos o patrimoniales, en ciertas condiciones (daño material...), o bien, en hipótesis particulares, la lesión al honor o a las afecciones legítimas (daño moral...)".[25] Não haverá ato punível, para os efeitos da responsabilidade civil, sem o dano causado. Daí a sua importância, em qualquer dos aspectos vistos.

Envolve um comportamento contrário ao jurídico. A nota da antijuridicidade o caracteriza, de modo geral. Mas não emana, necessariamente, de um desrespeito à lei ou de uma conduta antijurídica. Possível que nenhuma infração se consuma, e nasça o dever de reparação. Isto porque simplesmente apareceu um dano, a que a lei obriga o ressarcimento. Melhor explica De Cupis: "Puede suceder también que el derecho considere a cierto interés digno de prevalecer, pero preocupándose, por otro lado, de establecer consecuencias dirigidas a compensar al titular del interés sacrificado. Tiene logar entonces, concretamente, esta situación: El daño que afecta al interés sacrificado por el derecho no es antijurídico, y la reacción que a él corresponde, no es una sanción, por la mera razón de que con ella el derecho pretende no garantizar tan sólo la prevalencia de un interés, sino, más aún, compensar al sujeto del interés que por él ha resultado sacrificado".[26] Se

---

[24] *El Daño*, tradução ao espanhol de Angel Martínez Sarrión, Barcelona, Bosch, 1975, p. 81.
[25] *El Daño Resarcible*, Buenos Aires, Editorial Bibliográfica Argentina, 1952, p. 38.
[26] *El Daño*, ob. cit., p. 93.

alguém persegue um animal em propriedade alheia, e causa danos, não é cominada de antijuridicidade a ação, mas os danos provocados devem ser reparados. A lesão determinada por uma conduta impelida pelo estado de necessidade não isenta da indenização, apesar da ausência da ilicitude, como veremos mais aprofundadamente. No inadimplemento de um contrato, a lei não prevê uma condenação por conduta antijurídica, mas a obrigação de ressarcir é uma consequência lógica. E assim em inúmeras hipóteses, máxime nos casos de responsabilidade objetiva.

Neste sentido, o art. 186 do Código Civil emprega as expressões "violar direito ou causar dano a outrem". No dano contratual, não se fala em infração de norma jurídica, mas em inadimplemento de uma obrigação inserida na convenção.

O antijurídico não equivale ao delito. Muitos atos se revestem de antijuridicidade porque violaram uma regra de direito. Entrementes, não passaram para o campo do ilícito. Há infrações que nascem de meras inobservâncias de mandamentos legais, mas não atingem a esfera do delito. Se a culpa macula o ato, originando o dano, aí entramos no mundo do delito. No simples rompimento de um contrato, não há previsão legal de tipicidade penal, embora se configure a antijuridicidade em decorrência do descumprimento de um artigo de lei. O ato não é jurídico mas também não é ilícito.

2. O DANO E A TUTELA DA ORDEM JURÍDICA

De Cupis, com acerto, afirma: "Lo que el derecho tutela, el daño vulnera".[27] A palavra direito indica um conjunto de normas ou de regras jurídicas dispostas com a finalidade de dirigir o comportamento humano, coordenar os interesses e solucionar os conflitos que surgem entre os indivíduos. O complexo de ações ou negócios ajustados ao direito integram a esfera dos atos lícitos, enquanto a soma dos antijurídicos forma os atos ilícitos, ressalvadas as situações traçadas no subtítulo anterior.

A norma jurídica regula as ações humanas não no sentido individualista, mas de modo geral, impondo-se a todos. Daí, o seu caráter social. O direito tem por fim uma utilidade comum. Estende seu conteúdo a todos os seres humanos. Em contrapartida, não exclui a proteção dos interesses individuais. Mas estes interesses, quando conformados com a norma, realizam o interesse comum. O ideal dos sistemas jurídicos está aí. O interesse, assim entendido, é o objeto da tutela da lei. E o que fere o interesse em si é o dano. Por meio dele, se impede a possibilidade de que o bem satisfaça uma necessidade humana, ou se retira a aptidão geral para satisfazer um valor almejado e procurado pelo homem.

3. DANO PATRIMONIAL

De acordo com o interesse protegido nasce a espécie de dano.

No dano patrimonial, há um interesse econômico em jogo. Consuma-se o dano com o fato que impediu a satisfação da necessidade econômica. O conceito de patrimônio envolve qualquer bem exterior, capaz de classificar-se na ordem das riquezas materiais, valorizável por sua natureza e tradicionalmente em dinheiro. Deve ser idôneo para satisfazer uma necessidade econômica e apto de ser usufruível.

---

[27] *El Daño*, ob. cit., p. 109.

O dano diminui o patrimônio da pessoa, ou, como diz Aguiar Dias, citando Fischer, pressupõe sempre ofensa ou diminuição de certos valores econômicos.[28] "Son daños patrimoniales los que producen un menoscabo valorable en dinero sobre intereses patrimoniales del perjudicado", continua o espanhol Jaime Santos Briz.[29]

Os efeitos do ato ou negócio danoso incidem no patrimônio atual, em geral. Mas é possível que se reproduzam em relação ao futuro, impedindo ou diminuindo o patrimônio do lesado. Chamado também de dano material, Alfredo Orgaz retrata perfeitamente a espécie: "El daño material, en suma, es simplemente el que menoscaba el patrimonio como conjunto de valores económicos, y que, portanto, es susceptible de apreciacón pecuniaria...; en esta categoria se comprenden los perjuicios producidos en los valores patrimoniales ya existentes, como también, según dijimos, los que afectan las facultades o aptitudes de la persona, consideradas como fuentes de futuras ventajas económicas (vida, salud, integridad física, belleza corporal etc.); e, inclusive, los que resultan de la lesión del honor o de los sentimientos, en la medida en que ella repercuta sobre la capacidad de trabajo o sobre la atención de los negocios. A la inversa, cuando el acto ilícito no comporta por si ningún menoscabo para el patrimonio, en su contenido actual o en sus posibilidades futuras, pero hace sufrir a la persona molestándola en su seguridad personal, o en el goce de sus bienes, o hiriendo sus afecciones legítimas... se tiene un daño moral o no patrimonial".[30]

Quando os efeitos atingem o patrimônio atual, acarretando uma perda, uma diminuição do patrimônio, o dano denomina-se emergente *damnum emergens*; se a pessoa deixa de obter vantagens em consequência de certo fato, vindo a ser privada de um lucro, temos o lucro cessante *lucrum cessans*. É a hipótese do atraso no atendimento de uma obrigação, resultando prejuízos ao credor, que se vê privado de um bem necessário em sua atividade lucrativa. No primeiro tipo, simplesmente acontecendo a perda de determinado bem, o prejudicado não sofre diminuição em seus negócios.

Sobre o assunto, estabelece o art. 402 do Código Civil: "Salvo as exceções expressamente previstas em lei, as perdas e danos devidas ao credor abrangem, além do que ele efetivamente perdeu, o que razoavelmente deixou de lucrar". Explicava Carvalho Santos: "O verdadeiro conceito de dano contém em si dois elementos, pois se representam toda a diminuição do patrimônio do credor, é claro que tanto ele se verifica com a perda sofrida, ou seja, a perda ou diminuição que o credor sofreu por efeito de inexecução da obrigação – *damnum emergens*, como também com a privação de um ganho que deixou de auferir, ou de que foi privado em consequência daquela inexecução ou retardamento – *lucrum cessans*".[31]

Ilustram Planiol-Ripert, também com peculiar saber: "La indemnización debe representar tan exactamente como sea posible el daño realmente sufrido por el acreedor debido al incumplimiento o retraso. Ese daño puede componerse de dos elementos distintos, que se hallan indicados en el art. 1.149: por un lado, lá perdida, es decír, el empobrecimiento sufrido por el patrimonio del acreedor – damnum emergens; por otro, la garancia frustrada – *lucrum cessans*. Por ejemplo, si un cantante, contratado para un concierto falta a su compromiso y el concierto no puede celebrarse, el artista tendrá que indemnizar el empresario del espectáculo con quien ha contratado, por un lado, por los desemolsos ya realizados en los preparativos del concierto y por outro por el beneficio que hubiera obtenido como resultado del concierto".[32]

---

28   *Da Responsabilidade Civil*, 4ª ed., Rio de Janeiro, Editora, Forense, 1962, vol. II, p. 760.
29   *La Responsabilidad Civil*, 2ª ed., Madrid, Montecorvo, 1977, p. 140.
30   *El Daño Resarcible*, ob. cit., pp. 43-44.
31   *Código Civil Brasileiro Interpretado*, 8ª ed., Editora Freitas Bastos, 1964, vol. XIV, p. 255.
32   *Tratado Práctico de Derecho Civil Francés, Las Obligaciones*, Havana, 2ª parte, trad. ao espanhol por Mario Diaz Cruz, Editora Cultural, 1946, tomo 7º, pp. 165 e 166.

Frequentemente os dois efeitos surgem concomitantemente com o dano. Há uma diminuição do patrimônio real, existente no momento, e uma frustração dos resultados positivos decorrentes pelo uso do bem material. Um acidente de trânsito, ao proprietário de táxi, acarreta os estragos do veículo com a batida e o valor não percebido pela paralisação do trabalho de transporte. Vem a propósito a lição de Chironi, ao considerar o dano no seu duplo resultado, consistindo "en la disminución efectiva sufrida por el patrimonio, y el aumento no efectuado a consecuencia del incumplimiento de la obligación".[33]

4. DANO MORAL

A matéria é objeto de capítulo em separado, dada a sua importância e a extensão. Por isso, mais por questão de método, fornece-se apenas a ideia de dano moral.

Além do prejuízo patrimonial ou econômico, há o sofrimento psíquico ou moral, isto é, as dores, os sentimentos, a tristeza, a frustração etc. Em definição de Gabba, lembrada por Agostinho Alvim, dano moral ou não patrimonial é o dano causado injustamente a outrem, que não atinja ou diminua o seu patrimônio.[34] Constitui-se no que pode se denominar de "... a lesão da honra, da estima, dos vínculos de afetos legítimos, de todo direito que pertença ao estatuto jurídico da personalidade" (tradução livre).[35]

Para Wilson Melo da Silva, "danos morais são as lesões sofridas pelo sujeito físico ou pessoa natural de direito em seu patrimônio ideal, entendendo-se por patrimônio ideal, em contraposição ao patrimônio material, o conjunto de tudo aquilo que não seja suscetível de valor econômico".[36] Em ideia com lastro na doutrina de Ruggiero, estabeleceu o Superior Tribunal de Justiça que "basta a perturbação feita pelo ato ilícito nas relações psíquicas, na tranquilidade, nos sentimentos, nos afetos de uma pessoa, para produzir uma diminuição no gozo do respectivo direito".[37]

Revela a expressão um caráter negativo, que é não ser patrimonial, atingindo o ofendido como ser humano, sem alcançar seus bens materiais.

Dano moral, ou não patrimonial, ou ainda extrapatrimonial, reclama dois elementos, em síntese, para configurar-se: o dano e a não diminuição do patrimônio. Apresenta-se como aquele mal ou dano – que atinge valores eminentemente espirituais ou morais, como a honra, a paz, a liberdade física, a tranquilidade de espírito, a reputação, a beleza etc.

Há um estado interior que atinge o corpo ou espírito, isto é, fazendo a pessoa sofrer porque sente dores no corpo, ou porque fica triste, ofendida, magoada, deprimida. A dor física é a que decorre de uma lesão material do corpo, que fica com a integridade dos tecidos ou do organismo humano ofendida; a moral ou do espírito fere os sentimentos, a alma, com origem em uma causa que atinge as ideias.

---

[33] *La Culpa*, citação de Martinho Garcez Neto, *in Prática de Responsabilidade Civil*, 3ª ed., São Paulo, Saraiva, p. 44.

[34] *In Da Inexecução das Obrigações e suas Consequências*, 5ª ed., São Paulo, Saraiva, 1980, p. 219.

[35] G. P. Chironi, *La Colpa nel Diritto Civile Odierno*, ob. cit., nº 411, p. 320. Texto original: "... la lesion dell'onore, dell'estimazione, dei vincoli di legittimi affetti, di ogni diritto che allo stato giuridico della personalità s'appartenga".

[36] *O Dano Moral e sua Reparação*, 3ª ed., Rio de Janeiro, Editora Forense, 1999, p. 1.

[37] REsp. nº 608.918/RS, da 1ª Turma, j. em 20.05.2004.

5. DANO CONTRATUAL E EXTRACONTRATUAL

No primeiro caso, o prejuízo deflui do inadimplemento de um compromisso contratual. O descumprimento de um dever contratual é o fator humano mais decisivo na provocação de danos. É a obrigação o liame jurídico entre dois ou mais sujeitos, que tem por objeto uma prestação determinada. O credor sofre um prejuízo com o proceder da outra parte, que desrespeita o conteúdo da obrigação.

Uma das características básicas deste dano é a possibilidade de substituição da declaração de vontade, negada pelo devedor, por sentença judicial.

O dano extracontratual, ao contrário, consuma-se com a infração de um dever legal. Nele, a antijuridicidade se produz como consequência do ataque a um direito absoluto do prejudicado. Envolve o desrespeito à lei, às normas que traçam a conduta humana e está fundado na culpa aquiliana. Corresponde a qualquer desrespeito a um direito de um terceiro, ou a infrações com resultados negativos em relação às partes que se relacionam com o causador. Em tese, há a lesão a uma norma jurídica. Enquanto a norma disciplina um direito, a antijuridicidade se exterioriza como contrariedade à sua aplicação. Este requisito, a contrariedade, obviamente, traz resultados negativos ao patrimônio alheio.

Equivale o dano a qualquer prejuízo que não deriva do inadimplemento de uma obrigação, mas é produzido por um fato que fere a regra jurídica, à qual todos se encontram subordinados. Anota Jaime Santos Briz que ele nasce da violação genérica do princípio *neminem laedere*:[38] qualquer fato do homem provocador de dano a outrem obriga o ressarcimento. O fato humano que o produz é antijurídico e revela contrariedade às normas específicas e aos princípios gerais do direito. Por sua vez, o ato humano consistente no inadimplemento de um dever gera o dano contratual.

6. DANO DIRETO E DANO INDIRETO

De modo simples, o dano direto compreende o resultado imediato da ação, que recai sobre um bem e o ofende, resultando o mesmo com um *deficit* econômico. Trata-se do resultado da ação que atinge um valor, sem um grau de intermediação, ou que não decorre posteriormente. Corresponde aos resultados causados pela ação direta do ofensor. Na lição de Antônio Lindbergh C. Montenegro, "é o que se produz imediatamente no bem, aquele que se contém no prejuízo consumado, permitindo uma pronta aferição do seu conteúdo e extensão".[39] Tem-se o prejuízo que aparece em seguida, e não de outras circunstâncias que se interpõem, embora tenham a origem remota em um fato anterior. Como diz Antunes Varela, existem aquelas circunstâncias sem as quais não se desencadearia o dano, e que são suas causas imediatas.[40] E o dano direto é aquele que tem ligação direta ou imediata com tais circunstâncias.

Já quanto ao indireto, costuma-se dizer que um mal nunca vem só, mas, com muita frequência, acarreta outro que, por sua vez, pode determinar um terceiro, e assim sucessivamente.

---

[38] *La Responsabilidad Civil*, ob. cit., p. 135.
[39] *Ressarcimento de Danos*, 4ª ed., Rio de Janeiro, Âmbito Cultural Edições Ltda., 1992, p. 30.
[40] *Das Obrigações em Geral*, 3ª ed., Coimbra, Liv. Almedina, 1980, vol. I, p. 753.

Não interessa o resultado imediato ou direto do acidente, como os danos materiais ou físicos. Importa a indagação sobre as consequências remotas e indiretas, *v. g.*, os percalços advindos após o fato, a impossibilidade em atender certo compromisso, a não realização de um negócio combinado antecipadamente, entre outras hipóteses. Equivale às consequências remotas, mas que entre elas e o fato primeiro se coloca uma outra causa. Karl Larenz é um dos mais esclarecedores: "El daño indirecto comprende aquellos menoscabos que sobrevienen más tarde o que, como lá pérdida de capacidad para el trabajo, actúan permanentemente, o que, como las adquisiciones no efectuadas a causa de la infracción, no se manifestan en el mismo objeto que sufrió el daño, sino únicamente en el patrimonio del perjudicado". Distinguindo quanto ao dano direto: "A diferencia del daño directo, no concluye con la terminación del suceso que lo produjo, sino que con frecuencia comienza a desarrollarse después, sin que en la mayoria de los casos se pueda decir antecipadamente qué volumen alcanzará".[41]

Ante tais colocações, a obrigação de indenizar restringe-se aos lucros cessantes e aos danos materiais imediatos do acidente? Não cabe declarar a responsabilidade em relação a todas as decorrências, inclusive às mais remotas? O vínculo de causalidade entre o fato e o resultado vai desaparecendo paulatinamente, até sumir por completo?

Em geral, as partes não preveem mais que as perdas e danos que o credor poderá sofrer referentemente à coisa não obtida ou danificada. Exemplificativamente, aventa-se uma compra e venda de qualquer mercadoria, não vindo ela a ser entregue. O compromitente vendedor está obrigado a indenizar o montante pago a mais pela coisa da mesma qualidade, adquirida de uma terceira pessoa. Se por falta do produto, porém, deixa-se de lucrar ou receber pagamentos, não se conclui que surja o ônus de reparar por lucros cessantes. Esta circunstância qualifica-se como causa estranha ao objeto do contrato, não prevista ou assumida pelos envolvidos. E na hipótese de, num acidente de trânsito, fugindo o motorista, é perseguido por um policial que também provoca um acidente? Igualmente não responde o motorista, porquanto, embora sua conduta determinasse a perseguição, não condicionou o carro do policial a uma velocidade inadequada e perigosa.

No direito francês antigo, já ensinava Pothier que o autor de uma culpa não deve reparar as consequências indiretas, senão as imediatas. Esta ideia foi conservada pelo art. 1.151 do Código Napoleônico, que expressa: "Inclusive no caso em que o não cumprimento da convenção resulte do dolo do devedor, os danos e prejuízos não devem compreender, com respeito às perdas sofridas pelo credor e à garantia da qual fora privado, senão aqueles que sejam consequência imediata e direta do inadimplemento da convenção".

Os autores, especialmente os Mazeaud, Tunc e Capitant, dissertando sobre o dispositivo, indagam quanto à extensão de sua abrangência. A rigor, ele se restringe à convenção, pelos termos empregados, constituindo um preceito especial aplicável à responsabilidade contratual. A regra não se estenderia ao inadimplemento doloso ou culposo, nascido do ato ilícito.

Para uma exegese correta do art. 1.151, há de se observar a parte do texto legal que diz: "Inclusive no caso em que o não cumprimento da convenção resulte do dolo do devedor". Este detalhe, ponderam Mazeaud e Tunc, determina a não limitar à esfera contratual a regra estatuída no preceito legal, sob pena de agirmos contrariamente à

---

[41] *Derecho de Obligaciones*, trad. ao espanhol por Jaime Santos Briz, Madrid, Editorial Revista de Derecho Privado, 1959, t. I, p. 194.

equidade. Pois, como admitir-se que o devedor dolosamente culposo, tendo faltado com sua obrigação no contrato, seja tratado melhor que o autor de uma simples culpa delitual, materializada em negligência ou imprudência? O ditame acima "no es sino la aplicación de los principios generales de la responsabilidad civil, que se enlazan con la necesidad de un vínculo de causalidad. Si el perjuicio indireto no debe ser reparado por el deudor, es por no poseer un vínculo de causalidad suficiente con la culpa cometida por ese deudor con el incumplimiento de la obligación".[42]

O que realmente importa é a análise do vínculo de causalidade, que efetivamente pode livrar o demandado do ônus da reparação dos danos indiretos. Indiferente é o fato do direito perseguido se relacionar a um contrato ou a um ato ilícito.

Em princípio, importa visualizar a causa primeira que desencadeia a consequência. Se a culpa inicial não desempenhou um papel suficientemente decisivo na consumação do dano, ou se ausente a culpa inicial não adviria a lesão, o autor não responde pela cadeia de prejuízos remotos e ocorríveis após o evento, como veremos adiante.

O direito civil brasileiro, ao regular a matéria, foi mais feliz que o Código Civil Francês. O art. 403 do Código Civil não fala em convenção: "Ainda que a inexecução resulte de dolo do devedor, as perdas e danos só incluem os prejuízos efetivos e os lucros cessantes por efeito dela direto e imediato, sem prejuízo do disposto na lei processual". Como norma geral, a indenização há de ser a mais completa possível, preconiza o art. 402. É o que já se encontrava na lição de A. Von Tuhr: "El autor del acto ilícito, verbigracia de las lesiones o las averias, si se trata de un objeto, es responsable de todas las consecuencias que del acto se derivan para el patrimonio del lesionado. Quien infringe sus deberes contractuales, viene obligado a resarcir todos los daños que de esta conducta ilegítima se derivan para el acreedor".[43]

Mas o art. 403 tempera o rigor da lei e delimita o alcance ou a extensão da indenização. As perdas e danos, segundo padrões do direito francês, professados pelo nosso direito, não incluem mais que os prejuízos efetivos e os lucros cessantes, mas por efeito direto e imediato da inexecução ou do dano. Vale dizer, é essencial não somente a existência da obrigação ou da lesão, e sim, precipuamente, de uma relação de causa e efeito na inexecução do contrato, ou na prática de um ato delituoso. "Ha de tratarse siempre de daños que sean realmente consecuencia del acto ilícito o de la infracción contractual, ya que entre el hecho que es fuente de responsabilidad y el perjuicio cuya indemnización se reclama tiene que mediar la relación de causa y efecto: es el requisito a que suele darse el nombre de conexión causal", bem esclarece Von Tuhr.[44]

Quando desponta uma nova consequência, ou quando o dano não é efeito direto e imediato de um ato ilícito?

Este é o ponto cruciante da questão. Carvalho Santos esboçava uma resposta: "Quando, para não agravar os danos resultantes do inadimplemento, ocorre uma série prolongada de atos ou eventos, que não são efeitos necessários do inadimplemento".[45] Não é possível tomar em consideração os prejuízos que só têm uma remota ligação com a inexecução.

---

[42] *Tratado Teórico y Práctico de la Responsabilidad Civil*, trad. ao espanhol, Ediciones Jurídicas Europa-América, Buenos Aires, tomo II, vol. 2º, 1962, nº 1.670, p. 255.

[43] *Tratado de las Obligaciones*, 1ª ed., trad. ao espanhol por W. Roces, Madrid, Editorial Reus, 1934, tomo I, p. 61.

[44] *Tratado de las Obligaciones*, tomo I, p. 61.

[45] *Código Civil Brasileiro Interpretado*, vol. XIV, p. 257.

Em geral, as partes não preveem mais que as perdas e danos que o credor poderá sofrer referentemente à coisa não obtida, ou danificada. Exemplificativamente, tomando-se hipótese semelhante à citada por Pothier, se contrato a compra e venda de uma mercadoria, vindo ela a não ser entregue, o compromitente vendedor está obrigado a indenizar o montante pago a mais pela coisa da mesma qualidade, adquirida de uma terceira pessoa. Se por falta do produto, porém, deixo de lucrar ou receber pagamentos, não se extrai surja o ônus de reparar por lucros cessantes. Esta circunstância qualifica-se como causa estranha ao objeto do contrato, não prevista ou assumida pelos envolvidos.

Se adquiro uma rês e ela está infeccionada por moléstia contagiosa, vindo a morrer e a contaminar outros animais, nasce o imperativo do ressarcimento, no valor estipulado para cada animal. Deixando de lavrar as terras com aquele evento, decorre naturalmente o encargo de indenizar pelos lucros perdidos com a não cultivação do solo? Absolutamente. O efeito é remoto. Não desponta o requisito do dano imediato. Cumpria ao proprietário providenciar outros animais para lavrar, ou tomar medidas adequadas à substituição daqueles dizimados.

Se um motorista incide em uma infração, vindo a ser perseguido por um policial, que provoca um acidente, não responde pelos danos havidos na colisão. Determinou ele a perseguição policial, mas não condicionou o desempenho do carro abalroado a uma velocidade inadequada e perigosa.

Não é essa a solução no direito alemão, segundo as diretrizes traçadas por Von Tuhr: "El autor no responde solamente del daño causado de un modo directo por el hecho dañoso, sino que es también responsable de cuantas consecuencias se produzcan por la concurrencia de otras circunstancias ulteriores. Así, por ejemplo, en caso de deterioro de una máquina, el daño inmediato es la disminución de valor que la máquina sufre, pero de esto pueden derivarse consecuencias ulteriores, a saber: el paro de la industria, con el conseguinte perjuicio de ganancias malogradas, y puede también sobrevenir el vencimiento de una pena convencional que el fabricante haya de abonar a un cliente por demora en la entrega de la mercancia. La rotura de una pierna, que es daño inmediato, puede llevar aparejada, como daño indirecto, la rotura de la otra pierna, causada por el paciente... en virtud de la falta de la primera. Las circunstancias que sobrevienen al daño originario y lo agrandan pueden consistir en accidentes naturales, en actos de terceras personas o en la propia conducta del lesionado".[46]

Como está visto, o dano indireto é aceito irrestritamente.

Aceitando-se, porém, o dano por este sistema, situações insustentáveis aconteceriam. A vítima, embora não faça do veículo um meio de subsistência, teria justificativas e argumentos para reclamar ressarcimento de despesas de táxi, de locação de carros, quando desnecessárias, porquanto outros meios de locomoção mais baratos se ofereciam.

A definição da expressão 'imediato e direto' é de grande relevância para chegarmos ao alcance ou à extensão do ressarcimento.

Com profundidade, Agostinho Alvim, apoiado na doutrina francesa e italiana, explicava o conceito daqueles termos, dizendo que nada mais significam senão o nexo causal necessário estabelecido entre o fato e as consequências.[47] Suposto certo dano, considera-se causa dele a que lhe é próxima e está diretamente ligada a ele. Subordinando-se a lesão

---

[46] *Tratado de las Obligaciones*, tomo I, p. 62.
[47] *Da Inexecução das Obrigações e suas Consequências*, ob. cit, p. 360.

a uma causa, desde que seja necessária, conduz à indenização. Não se outra opera, por si, o dano. Reclama a lei a existência do liame entre o inadimplemento da obrigação e o dano, de modo que aquele origine o último. Portanto, é o dano consequência direta e imediata de certo ato quando entre ele e o ato se estabeleça uma relação de causa e efeito. A causa remota dificilmente tem o poder de provocar o dano sem o aparecimento de causas próximas ou mais imediatas. Exemplificando, na hipótese salientada por Agostinho Alvim, "se o comprador, após receber a coisa comprada, verifica que a mesma tem defeito oculto, e, tomando dela, vai ter como vendedor, a fim de obter outra, e se se dá o caso que, em caminho, é atropelado por um veículo, responderá o vendedor da coisa por este dano? Não responderá.[48] O comportamento do vendedor surge como causa remota. Desponta a interferência de outros agentes, como a própria culpa do comprador ou do condutor do veículo. Este elemento foi o provocador do evento, rompendo o liame ou o nexo entre o dano e a venda lesiva.

Nesta linha de raciocínio, se um veículo, culposamente, atropela um animal utilizado para lavrar a terra, e o incapacita para o trabalho, teríamos, neste acontecimento, um fator determinante do descalabro econômico do produtor. Entretanto, se indenizado não busca outros meios de preparar a terra, a causa imediata do prejuízo é a falta de iniciativa do agricultor, e não o acidente. Como se observa, o aparecimento de uma nova causa é que rompe o nexo entre o fato lesivo e a obrigação de reparar.

Suponha-se a hipótese da mudança de mobiliário de uma casa para outra, por ordem do proprietário, que afastou o inquilino injustamente. No caminho, a chuva danifica os móveis. Quem suportará os prejuízos? O próprio lesado ou o transportador. Ao locador não se atribui alguma parcela de culpa. Os elementos favoráveis aos estragos, como a precipitação de água e o descuido do transportador ou da sedizente vítima, tornaram-se causa mais próxima relativamente à atitude do locador.

Em síntese, ao primeiro fato determinante de um comportamento sobrevém novo fator, que faz nascer uma atitude ou consequência nova. Interrompe-se o nexo, libertando o causador do primeiro dano da responsabilidade da lesão subsequente, eis que uma terceira pessoa se interpõe no desencadear dos resultados, que passa a ordenar o rumo das ações.

Esta é a teoria defendida por Tomaso Mosca, de grande êxito, bem aceita por Agostinho Alvim. Há a interrupção do nexo causal pela superveniência de um novo fato, fazendo cessar a obrigação do autor da primeira causa, que passa a ser remota.[49]

7. DANO COLETIVO

O dano é coletivo quando prejudica concomitantemente várias pessoas, havendo um vínculo de interesse ou proximidade de classe entre elas, como nas profissões, nas associações, na vizinhança.

Eis o esclarecimento de Planiol e Ripert: "El daño colectivo existe, según la jurisprudência, siempre que el acto reprobado sea de naturaleza tal que pueda causar a los miembros de la profesión, como tales, um perjuicio de cualquier género: por ejemplo, el que resulta de la competencia, el que nace de la inobservancia de las leyes sobre protec-

---

[48] *Da Inexecução,* ob. cit., pp. 360 e 361.

[49] "Nuovi Studi e Nuova Dottrina sulla Colpa nel Diritto Civile, Penale ed Administrativo", *in Da Inexecução,* de A. Alvim, ob. cit., 1896, p. 346.

ción de los obreros, de la usurpación por terceros de la propiedad y aún el que consiste simplesmente en el descrédito lanzado sobre la profesión o sus miembros por la imputación de actos punibles o aún sólo reprensibles moralmente, o realizando, uno mismo, en el ejercicio de la profesión, actos punibles".[50]

Ferem-se os interesses de uma classe, fato comum no direito do trabalho. Não se concedem os reajustes de remuneração, de acordo com os índices de perdas salariais em função do processo inflacionário.

Atingindo os danos à entidade em si, a própria associação, se for o caso, desde que devidamente constituída, está legitimada a ingressar com a competente ação, no que dá guarida o art. 5º, inc. XXI, da Carta Magna: "As entidades associativas, quando expressamente autorizadas, têm legitimidade para representar seus filiados judicial ou extrajudicialmente".

---

[50] *Tratado Práctico de Derecho Civil*, tomo 6º, p. 902.

III

A Responsabilidade

1. A POSIÇÃO DA RESPONSABILIDADE NO CÓDIGO CIVIL

Primeiramente, cumpre esclarecer que a responsabilidade civil vem disciplinada no Livro I da Parte Especial do Código Civil, que trata das obrigações. O regramento está no Título IX, Capítulos I e II – 'Da obrigação de indenizar' e 'Da indenização' –, iniciando no art. 927 e com término no art. 954. No Código Civil de 1916, também fazia parte do direito das obrigações, que integrava o Livro III da Parte Especial, compreendendo a matéria contida nos Títulos VII e VIII – Capítulos I e II – 'Das obrigações por atos ilícitos' e 'Da liquidação das obrigações' –, com início no art. 1.518 e término no art. 1.553. Não mais consta a liquidação das obrigações no vigente Código, eis que a matéria é mais de cunho processual.

Entrementes, ao longo do Código Civil e na maioria dos diplomas do direito positivo encontram-se normas tratando a respeito da responsabilidade civil, a qual, no seu conteúdo, corresponde às obrigações decorrentes da conduta da pessoa. Pode-se dizer sem temor que em cada ramo do direito está inerente considerável parcela tratando da responsabilidade.

Dada a extensão e repercussão desse campo do direito, impõe-se o estudo em obra separada, seguindo a praxe adotada pela maioria dos doutrinadores.

A culpa constitui um dos elementos da responsabilidade civil subjetiva, que impõe o seu estudo para própria caracterização desta última. No entanto, nos últimos tempos adquiriu realce a responsabilidade objetiva, decorrente do fato em si, em especial nas situações que envolvem atividades de risco.

A intenção é apresentarmos uma visão sistematizada da matéria, uma das mais vastas e que nasceu com o próprio direito. Constitui, sem dúvida, o assunto que absorveu a atenção dos maiores juristas, tendo merecido o exame que notabilizou obras de valor e profundidade incontestáveis.

Útil lembrar que incide a disciplina da lei vigente ao tempo da ocorrência do fato que ensejou a responsabilidade, embora exercido o direito sob a égide de nova lei, no que bem revela a exegese o presente aresto do STF: "Os contratos submetem-se, quanto ao seu estatuto de regência, ao ordenamento normativo vigente à época de sua celebração. Mesmo os efeitos futuros oriundos de contratos anteriormente celebrados não se expõem ao domínio normativo de leis supervenientes. As consequências jurídicas que emergem de um ajuste negocial válido são regidas pela legislação em vigor no momento de sua pactuação. Os contratos – que se qualificam como atos jurídicos perfeitos – acham-se

26 • Responsabilidade Civil | *Arnaldo Rizzardo*

protegidos, em sua integralidade, inclusive quanto aos efeitos futuros, pela norma de salvaguarda consoante o art. 5º, XXXVI, da CF/1988. A incidência imediata da lei nova sobre os efeitos futuros de um contrato preexistente, precisamente por afetar a própria causa geradora do ajuste negocial, reveste-se de caráter retroativo – retroatividade injusta de grau mínimo –, achando-se desautorizada pela cláusula constitucional que tutela a intangibilidade das situações jurídicas definitivamente consolidadas".[51]

2. CULPA, ATO ILÍCITO E RESPONSABILIDADE SUBJETIVA E OBJETIVA

Sabe-se que a culpa no sentido estrito equivale à ação ou omissão involuntária que causa danos, e que se dá por negligência ou imprudência, no que se expande em sentidos equivalentes, como descuido, imperícia, distração, indolência, desatenção e leviandade. No sentido lato, abrange o dolo, isto é, a ação ou omissão voluntária, pretendida, procurada, almejada, que também traz danos. Em ambas as dimensões, desrespeita-se a ordem legal estabelecida pelo direito positivo. Pelos prejuízos ou danos que decorrem das condutas acima, a pessoa responde, isto é, torna-se responsável, ou deve arcar com os resultados ou as consequências A ação humana eivada de tais máculas, isto é, de culpa no sentido estrito ou lato, denomina-se 'ato ilícito', porque afronta a ordem jurídica, ou desrespeita o que está implantado pela lei. E a responsabilidade consiste na obrigação de sanar, ou recompor, ou ressarcir os males e prejuízos que decorrem de mencionadas ações.

Da exposição vista conclui-se que a responsabilidade nasce, ainda hoje, e apesar do espaço que passou a ocupar a responsabilidade objetiva, fundamentalmente da culpa. Com precisão, diz Chironi: "A culpa, em seu sentido geral, mais amplo, ou melhor, a violação culposa dos direitos dos outros, gera a responsabilidade que se converte na reparação dos efeitos diretamente produzidos pela injúria; e se não tiver sido causado dano, a reparação determina a obrigação de repor o direito lesado no estado em que se encontrava antes da ofensa; e se houver dano, a reparação se converte em compensação" (tradução livre).[52]

Originariamente, da culpa independia a responsabilidade, do que se valeram os opositores para formular a teoria da responsabilidade objetiva. Em tese, porém, toda obrigação se origina da culpa. É a prevalência da responsabilidade subjetiva. Sem culpa, não decorrem obrigações, impera no direito alemão. Eis o ensinamento de Larenz, sistematizando uma doutrina clássica solidificada universalmente: "Para la fundamentación del deber de indemnización no basta, sin embargo, en general que el daño se base en una acción o en una omisión que según su carácter objetivo sea antijurídica, sino que además ha de añadirse un factor o elemento subjetivo: al agente le ha de alcanzar la culpabilidad. El requisito de la culpa se deriva del principio de la responsabilidad personal. Este afirma que el hombre se reconoce idéntico con su acción, se identifica con ella (como su autor espontaneo), que él juzga del mérito o demérito de sus obras (juicio que es ineludible)

---

[51] AgR no AI nº 340.709-6/SP, Ac. unânime da 2ª Turma, *DJU* de 22.11.2002, *in ADCOAS* 8214174, *Boletim de Jurisprudência ADCOAS*, nº 6, p. 86, fev. 2003.

[52] *La Colpa nel Diritto Civile Odierno, Colpa Extracontrattual*, 2ª ed., Torino, Fratelli Bocca, 1906, vol. II, p. 306, nº 402. No original: "La colpa, nel suo significato generale, più lato, o meglio, la colposa violazione del diritto altrui, genera la responsabilità che si converte nella riparazione degli effetti direttamente prodotti dalla commessa ingiuria; e se danno non fu cagionato, la riparazione determina l'obbligo di riporre il diritto leso nello stato in cui era prima dell'ifesa; e se danno vi fu, la riparazione si converte nel risarcimento".

y que acepta (o ha de aceptar sobre si) las consecuencias de su acción como algo que a él le concierne directamente...".[53]

Pela teoria da responsabilidade subjetiva, só é imputável, a título de culpa, aquele que praticou o fato culposo possível de ser evitado. Não há responsabilidade quando o agente não pretendeu e nem podia prever, tendo agido com a necessária cautela. Não se pode, de maneira alguma, ir além do ato ilícito para firmar a responsabilidade subjetiva, contrariamente ao que alguns pretendem, com superficialidade, a ponto de ver em tudo o que acontece a obrigação de indenizar, sustentando que, verificado o dano, nasce tal obrigação, sem indagar da culpa do lesado, e impondo, como único pressuposto, o nexo causal entre o fato e o dano.

No sentir de Caio Mário da Silva Pereira, "a conduta humana pode ser obediente ou contraveniente à ordem jurídica. O indivíduo pode conformar-se com as prescrições legais, ou proceder em desobediência a elas. No primeiro caso, encontram-se os atos jurídicos... No segundo, estão os atos ilícitos, concretizados em um procedimento em desacordo com a ordem legal".[54]

O ato jurídico submete-se à ordem constituída e respeita o direito alheio, ao passo que o ato ilícito é lesivo ao direito de outrem. Daí que se impõe a obrigatoriedade da reparação àquele que, transgredindo a norma, causa dano a terceiro.

O ato ilícito decorre da conduta antissocial do indivíduo, manifestada intencionalmente ou não, bem como por comissão ou omissão, ou apenas por descuido ou imprudência. Vale afirmar que o ato ilícito nasce da culpa, no sentido amplo, abrangendo o dolo e a culpa propriamente dita, distinção não importante para a reparação do dano. Por isso, a indenização é imposta a todo aquele que, por ação ou omissão voluntária, negligência ou imprudência, violar direito ou causar prejuízo. A conduta antijurídica se realiza com o comportamento contrário ao direito, provocando o dano. A formação do nexo causal entre aquela conduta e a lesão provocada enseja a responsabilidade. Mais aprofundadamente, no conceito de Orlando Soares (*Responsabilidade Civil no Direito Brasileiro*, Editora Forense, 1996, citado por Luiz Cláudio Silva), "a responsabilidade subjetiva se baseia na capacidade de entendimento ético-jurídico e determinação volitiva (vontade), adequada (a certo fato), que constitui pressuposto necessário para a aplicação de determinada sanção, com fundamento na culpabilidade".[55]

É ela responsabilidade por fato próprio se o agente provoca o dano. Diz-se por fato de terceiro, se existe vínculo jurídico causal com o terceiro; e denomina-se pelo fato das coisas quando o dano é causado por um objeto ou animal, cuja vigilância ou guarda é imposta a uma pessoa.

A par da responsabilidade em razão de ato ilícito, há a responsabilidade desvinculada do pressuposto da conduta antijurídica, não se questionando a respeito da culpa. É a responsabilidade objetiva, pela qual a obrigação de reparar o dano emerge da prática ou da ocorrência do fato. Veio introduzida mais claramente no Código Civil de 2002, tendo a regra matriz no parágrafo único do art. 927, que preceitua: "Haverá obrigação de reparar o dano, independentemente de culpa, nos casos especificados em lei, ou quando a atividade

---

[53] *Derecho de Obligaciones*, trad. ao espanhol por Jaime Santos Briz, Madrid, Editorial Revista de Derecho Privado, 1959, tomo II, p. 569.
[54] *Instituições de Direito Civil*, ob. cit., vol. I, pp. 561-562.
[55] *Responsabilidade Civil – Teoria e Prática das Ações*, ob. cit., p. 9.

normalmente desenvolvida pelo autor do dano implicar, por sua natureza, risco para os direitos de outrem". Foi uma imposição dos acontecimentos da vida o seu aparecimento.

Isto porque o conceito de culpa é insuficiente para justificar o dever de satisfazer muitos prejuízos. Nem todos os males que acontecem se desencadeiam por motivo de atitudes desarrazoadas ou culposas. Basta, para obrigar, a causalidade entre o mal sofrido e o fato provocador.

Fundamentalmente, é a tese que defende o dever de indenizar pela simples verificação do dano, sem necessidade de se cogitar do problema da imputabilidade do evento à culpa do agente.

Os acontecimentos prejudiciais aos interesses e ao patrimônio do lesado não encontram explicação em uma conduta censurável do agente. A vida, cada vez mais complexa, nos põe diante de inúmeras situações sem que em relação a elas influa o proceder da pessoa. Não é aceitável ficar o homem a descoberto dos prejuízos advindos. É o caso do acidente de trabalho, do prejuízo provocado pela queda de uma parede sobre a propriedade do vizinho, ou sobre um bem de terceiros.

Hipóteses há em que o elemento culpa é tão leve e imperceptível que passa quase desapercebido. É muito perigoso deixar ao arbítrio do seu exame, das limitações do indivíduo, a sua constatação. No acidente provocado por animal, tem-se entendido que a simples fuga do interior de um cercado já é suficiente para tipificar a culpa *in vigilando*, mesmo revelando o proprietário cuidados e diligência incomuns nas medidas atinentes à segurança alheia.

Os autores justificam a sua existência com a teoria do risco. Todo aquele que dispõe de um bem deve suportar o risco decorrente, a que se expõem os estranhos. Com maior razão, quando o bem é instrumento que oferece perigo.

Diante da abrangência da responsabilidade, que é obrigação de reparar prejuízos ocorridos por atos eivados de culpa ou não, pode-se adotar a definição de Josserand, lembrada por Afrânio Lyra, considerando-a como "a obrigação de suportar o dano".[56]

3. APLICAÇÃO DA RESPONSABILIDADE OBJETIVA E SUBJETIVA

Nos meados do século XIX esboçou-se o movimento jurídico contrário à fundamentação subjetiva da responsabilidade. Sentiu-se que a culpa não abarcava os numerosos casos que exigiam reparação. Não trazia solução para as várias situações excluídas do conceito de culpa. Foi a origem da teoria objetiva, que encontrou campo favorável na incipiente socialização do direito, em detrimento do individualismo incrustado nas instituições. De certa forma, partiu-se de um pressuposto largamente aceito hoje em dia, que é o da responsabilidade do proprietário pelos danos provocados por seus bens, ou pelo risco da atividade que exerce, organiza e patrocina. Assumiu relevância a questão quando se observava, numa progressão espantosa, o incremento de instrumentos industrializados, cujo uso também aumentava as potencialidades humanas, mas oferecendo certo perigo não só aos que os manuseavam, como também a terceiros, que involuntariamente se envolviam com eles. Pelo fato de dispor das vantagens e dos resultados produzidos, entendeu-se decorrer a responsabilidade por todas as consequências, independentemente da questão da

---

[56] *Responsabilidade Civil*, 2ª ed., São Paulo, Livraria Jurid Vellenich Ltda., p. 40.

culpa. Foi o que os juristas chamaram de risco-proveito. A só existência da máquina já coloca o proprietário numa atitude de obrigação perante a vítima atingida por seus efeitos. Pondo-a em funcionamento, surgem os riscos de prejuízos para estranhos, dando margem ao dever de suportar o justo ônus dos encargos. Chega-se a uma situação de tamanho massacre do homem pelo desenvolvimento da técnica e da ciência que somos forçados a assegurar, com a maior amplitude, a indenização das vítimas, cada vez mais numerosas.

No caso do direito brasileiro fulcrado no Código Civil de 1916, a responsabilidade fundamentava-se primordialmente na teoria da culpa subjetiva. O art. 159 do CC rezava: "Aquele que, por ação ou omissão voluntária, negligência ou imprudência, violar direito ou causar prejuízo a outrem, fica obrigado a reparar o dano...". Não se inseriu um conceito de culpa, mas os termos conduziam ao conteúdo embasador da responsabilidade, o que também acontece com o art. 186 do atual Código Civil, embora conduza este último a dispositivos explicitando e definindo especificamente a responsabilidade objetiva.

No sistema anterior, no entanto, a reparação do dano tinha como pressuposto básico a prática do ato ilícito. Ele gerava a obrigação de ressarcir o prejuízo causado. A menor desatenção, a mais insignificante falta, ocorrendo resultado nocivo, determinavam a indenização, o que ainda persiste, e até com mais ênfase, mas disciplinadamente, como no caso do dano causado por culpa levíssima, quando a indenização será equitativamente reduzida (parágrafo único do art. 944).

Mas, mesmo durante o Século passado não foi abandonado o sistema objetivo, o que está certo, pois ambos os fundamentos, unilateralmente aplicados, são insuficientes para a solução da problemática da responsabilidade. Ora encontramos amparo numa das teorias, ora na outra. Há obrigações provocadas pelo fato em si, como no acidente de trabalho. Em outras situações, mesmo se o proprietário empresta o veículo a pessoa experiente e habilitada, é ele chamado a responder pelos estragos causados por meio de seu carro. Não importa a inexistência de culpa no ato do empréstimo. Interessa a ação do condutor, reveladora de culpa no evento. Pelos atos dos filhos menores, a responsabilidade dos pais é a consequência natural. A noção de culpa mostra-se insuficiente para dar cobertura a todos os casos de danos. Observa-se que ações lesivas a terceiros podem ser cometidas por aqueles, sem possibilidade de cominar-se a menor culpa aos pais. Daí por que há manifestações como a de Marton, verberando a teoria subjetiva, por não ter conseguido corresponder à ideia de uma responsabilidade sã e vigorosa.[57] Os civilistas franceses Saleilles e Josserand voltam-se frontalmente contra este sistema, apregoando, sem maiores rodeios, a necessidade de substituir a culpa pela causalidade, embora restrinja o último sua doutrina às coisas inanimadas.

Entre nós, Alvino Lima, grande precursor da responsabilidade objetiva atual, peremptoriamente ousava alardear: "Os problemas da responsabilidade são tão somente os da reparação de perdas. Os danos e a reparação não devem ser aferidos pela medida da culpabilidade, mas devem emergir do fato causador da lesão de um bem jurídico, a fim de se manterem incólumes a interesses em jogo, cujo desequilíbrio é manifesto se ficarmos dentro dos estreitos limites de uma responsabilidade subjetiva".[58]

O risco está na base de tudo, prosseguiam os objetivistas de outrora. Saleilles argumentava que era mais equitativo e mais conforme à dignidade humana que cada qual

---

[57] *Les Fondaments de la Responsabilité Civile*, Paris, 1958, nº 58, p. 151.

[58] *Da Culpa ao Risco*, São Paulo, 1938, p. 101.

assumisse os riscos de sua atividade voluntária e livre.[59] Nessa linha se inclinou o Código de 2002, preponderando o parágrafo único do art. 927, no que era omisso o Código anterior: "Haverá obrigação de reparar o dano, independentemente de culpa, nos casos especificados em lei, ou quando a atividade normalmente desenvolvida pelo autor do dano implicar, por sua natureza, risco para os direitos de outrem".

Pode-se dizer que a responsabilidade objetiva pela prática de atividade naturalmente arriscada tem importância social, não se restringindo à realização da justiça entre as partes envolvidas. Leva a constituir um referencial no desemprenho de atividades perigosas. Atua como um mecanismo de controle social, buscando resolver pontos de tensão e de perigo criados por um grande número de serviços e de bens que foram aumentando na medida da evolução da ciência. Tem como grande elemento de imposição o ideal de uma vivência segura que vai além ou ultrapassa o mero non laedere, chamando à responsabilidade todos quantos representam fatores de perigo na segurança social.

A aceitação plena e incondicionada, porém, compromete a teoria, levando-a ao extremismo. Estabelecer o dever de indenizar pelo simples fato da causalidade, é chegar-se às maiores incongruências. É provocar verdadeiro desassossego à vida. Todos os prejuízos conduziriam à reparação. O comerciante melhor contemplado, em certo ponto de comércio, seria obrigado a indenizar outro prejudicado pela concorrência. A condenação, por um crítico, de determinado livro implicaria no dever de reparar a pouca vendagem. A propaganda contra o fumo provocaria o direito do fabricante a pedir o ressarcimento pela redução na comercialização etc.

Em síntese, a responsabilidade objetiva configura-se mais quando o Código Civil e leis específicas asseguram a indenização, como nos seguros, nos acidentes do trabalho, no transporte.

Nos acidentes de trânsito, a culpa é a força máxima que desencadeia a responsabilidade. Mas o fato em si, nesse campo, tem importante relevância, pendendo a presunção sempre em favor da vítima. Ao agente causador do evento compete demonstrar a ausência de culpa. A situação acontecida é considerada a favor do lesado. Prevalece a aparência da culpabilidade do agente provocador.

Em verdade, ambas as teorias se completam, uma não dispensando a outra, de acordo com o pensamento de Miguel Reale, transcrito por Carlos Roberto Gonçalves: "Responsabilidade subjetiva, ou responsabilidade objetiva? Não há que fazer essa alternativa. Na realidade, as duas formas de responsabilidade se conjugam e dinamizam. Deve ser reconhecida, penso eu, a responsabilidade subjetiva como norma, pois o indivíduo deve ser responsabilizado, em princípio, por sua ação ou omissão, culposa ou dolosa. Mas isto não exclui que, atendendo à estrutura dos negócios, se leve em conta a responsabilidade objetiva. Este é um ponto fundamental".[60]

4. VISÃO HISTÓRICA DA RESPONSABILIDADE

É incontroverso que a responsabilidade, numa fase inicial das comunidades, não passava de um direito à vingança. A pessoa que sofria um mal podia, pelo próprio arbítrio,

---

[59] *Apud Da Responsabilidade Civil*, de Aguiar Dias, vol. I, p. 70, ob. cit.
[60] *Responsabilidade Civil*, 8ª ed., São Paulo, Editora Saraiva, 2003, p. 24.

Cap. III | A Responsabilidade • **31**

ir à desforra, ou buscar fazer justiça pelas próprias forças, no que não era reprimida pelo poder estatal que então existia.

A forma de reparação ou de fazer justiça ficava entregue ao lesado. O próprio Evangelho retrata essa organização de justiça, como na parábola do mau devedor, contada por Cristo, que, perdoado em muito pelo credor, não soube relegar pequena quantia que um servo lhe devia. Em consequência, seu credor o prendeu, mandou castigá-lo, mantendo-o sob algemas até pagar toda a dívida (Mateus, Cap. 18, vers. 23 a 35).

Mesmo assim, o sentimento de culpa não dominava a reação contra os atos injustos e ofensivos à moral então existente. Nos primórdios das civilizações, tinha-se em conta apenas o mal praticado, pouco relevando o caráter da voluntariedade, ou de culpa, das ações prejudiciais ou ofensivas. A reação era imediata, sem maiores indagações na equivalência entre o mal e a penalização.

A evolução levou ao estágio da correspondência, ou à lei do talião, do 'olho por olho, dente por dente', questionada por Cristo, que aponta para a solução da misericórdia.

Ainda na antiguidade clássica, buscou-se o caminho do ressarcimento, ou da composição.

Sintetiza Alvino Lima que a vingança vem a ser substituída pela composição, a qual, porém, é estabelecida por critério exclusivo do lesado.[61] Introduz-se uma tarifação aos danos. Aparece um quadro de compensações. Para cada ofensa vinha convencionada uma pena, ou uma retribuição. Responsabiliza-se o ofensor por seus atos, assinalando Orlando Soares que "o princípio da responsabilização do autor da injúria, injustiça, lesão, ofensa ou dano, aparece nos mais antigos textos legais, dentre os babilônios, gregos, romanos e astecas. Vinha a previsão da reparação, prossegue o mesmo autor, exemplificando com o Código de Hamurabi: "Se seu escravo roubasse um boi, uma ovelha, um asno, um porco ou uma barca, caso pertencesse a um deus ou palácio, deveria pagar até trinta vezes mais; se pertencesse a um cidadão livre, dentre as classes dos proprietários, soldados, pastores e outros, restituiria até dez vezes mais. Se o ladrão não tivesse com que restituir, seria morto".[62]

Esse sistema já constava na Lei das XII Tábuas, e remanesce, ainda hoje, em certas regiões de origem islâmica, onde se preveem diferentes penas corporais para delitos de furto, de estupro, de morte, de lesões.

No direito romano encontra-se um sistema de distinção entre penas e reparação, conforme a ofensa tinha caráter público ou privado. Aquela que atingia os costumes, a segurança, a integridade física, o patrimônio, isto é, a ordem pública, importava em pena, consistente no recolhimento de quantia aos cofres públicos, ou na imposição de castigos, e até na morte; já a reparação restringia-se às ofensas entre pessoas, mais de caráter econômico.

Rememora Carlos Roberto Gonçalves: "É na Lei Aquília que se esboça, afinal, um princípio geral regulador da reparação do dano. Embora se reconheça que não continha ainda uma regra de conjunto, nos moldes do direito moderno, era, sem nenhuma dúvida, o germe da jurisprudência clássica com relação à injúria, e fonte direta da moderna concepção da culpa aquiliana, que tomou da Lei Aquília o seu nome característico.

Malgrado a incerteza que ainda persiste sobre a injúria a que se referia a *Lex Aquilia* no *damnum injuria datum*, consiste no elemento caracterizador da culpa. Não paira

---

[61] *Da Culpa ao Risco*, São Paulo, 1938, p. 10.

[62] *Responsabilidade Civil no Direito Brasileiro*, 1ª ed., Rio de Janeiro, Editora Forense, p. 1.

dúvida de que, sob o influxo dos pretores e da jurisprudência, a noção de culpa acabou por deitar raízes na própria *Lex Aquilia*".[63]

Sob a influência cristã, a responsabilidade fundada na culpa evoluiu, ao mesmo tempo em que foram sendo abandonadas as situações de composição obrigatória e as indenizações tarifadas. Ficou consolidada a possibilidade de reparação sempre que existente a culpa, ainda que em grau leve. Já ao tempo do Código de Napoleão, ficou destacada a responsabilidade civil da penal, a contratual da extracontratual, com a inserção de regras sobre tais espécies.

No curso da Revolução Industrial, as injustiças sociais e a exploração do homem pelo homem levaram à inspiração de ideias de cunho social, favorecendo o aprofundamento e a expansão da teoria da responsabilidade objetiva, com vistas a atenuar os males decorrentes do trabalho e a dar maior proteção às vítimas de doenças e da soberania do capital. Realmente, pela segunda metade do Século XIX iniciou a se firmar essa responsabilidade, desenvolvendo-se sobretudo na França, consolidando-se com a doutrina de expoentes como Saleilles, Josserand, Ripert, Demogue, Savatier, Mazeaud e Mazeaud. No Brasil, teve seus defensores de grande envergadura, citando-se Clóvis Beviláqua, Alvino Lima, Agostinho Alvim, José de Aguiar Dias, Orlando Gomes e San Tiago Dantas.

Nas últimas décadas, tem adquirido importância a teoria do risco, que assenta a responsabilidade no mero fato de exercer uma atividade perigosa, ou de utilizar instrumentos de produção que oferecem risco pela sua manipulação ou controle. Exemplo dessa concepção determinante da responsabilidade está no art. 2.050 do Código Civil italiano: "Qualquer pessoa que cause danos a terceiros no exercício de uma atividade perigosa, pela sua natureza ou pela natureza dos meios utilizados, é responsável pela compensação se não provar ter tomado todas as medidas apropriadas para evitar o dano" (tradução nossa).[64]

Vai evoluindo e se impondo a responsabilidade objetiva, que se subdivide em teoria do risco e teoria do dano objetivo. Em consonância com a primeira, advindo dano na prática de atividade de risco, desencadeia-se o dever de reparar ou indenizar. Já pela segunda, o ressarcimento decorre automaticamente pela verificação do dano.

O que se verifica é a tendência de dar proeminência ao instituto da reparação, que decorre do mero exercício de uma atividade de risco, ou do aparecimento de um dano. Entretanto, mantém-se a responsabilidade subjetiva, que se coloca ao lado da objetiva, naqueles desdobramentos.

Assim, o Código Civil de 2002 contempla a proteção com base na culpa e no desempenho de atividade de risco. No art. 186, tem-se toda a pujança da base da responsabilidade subjetiva: "Aquele que, por ação ou omissão voluntária, negligência ou imprudência, violar direito e causar dano a outrem, ainda que exclusivamente moral, comete ato ilícito". No art. 187, quando há excesso no exercício de direitos: "Também comete ato ilícito o titular de um direito que, ao exercê-lo, excede manifestamente os limites impostos pelo seu fim econômico ou social, pela boa-fé ou pelos bons costumes". Igualmente no art. 927, impondo a reparação com amparo na culpa: "Aquele que, por ato ilícito (arts. 186 e 187), causar dano a outrem, fica obrigado a repará-lo".

---

[63] *Responsabilidade Civil*, ob. cit., p. 5.

[64] No original: "Chiunque cagiona danno ad altri nello svolgimento di un'attività pericolosa, per sua natura o per la natura dei mezzi adoperati, è tenuto al risarcimento se non prova di avere adottato tutte le misure idonee a evitare il danno".

Já a responsabilidade objetiva, máxime no pertinente ao risco, mereceu destaque em vários dispositivos, sobressaindo o parágrafo único do art. 927: "Haverá obrigação de reparar o dano, independentemente de culpa, nos casos especificados em lei, ou quando a atividade normalmente desenvolvida pelo autor do dano implicar, por sua natureza, risco para os direitos de outrem". Está-se diante da atividade potencialmente perigosa, que leva a impor a reparação pela mera ocorrência do dano ou da lesão, caso se verificar durante o seu exercício. Mas, embora não na intensidade dessa previsão, há outros cânones. Assim, o art. 936, quanto aos donos de animais; o art. 937, relativamente ao titular de edifício ou construção; o art. 938, no pertinente ao que habita prédio ou parte dele, fazem recair a responsabilidade pelos danos provocados pelos animais ou outros bens, e que ocorrerem na ruína, na falta de reparos, na queda de objetos, dentre outros eventos. Está-se diante da culpa presumida, ficando afastada a obrigação somente se ficar demonstrada a interferência de outra causa.

Nessa linha, estão os arts. 932 e 933 responsabilizando os pais pelos atos lesivos dos filhos que estiverem sob sua autoridade e em sua companhia; do tutor e do curador, pelos pupilos e curatelados que se encontrarem nas mesmas condições dos filhos; do empregador ou comitente pelos atos dos empregados, serviçais e prepostos; dos donos de hotéis e estabelecimentos do gênero, bem como de casas de ensino, pelos prejuízos que causarem os respectivos hóspedes, moradores ou educandos; dos que participam gratuitamente nos produtos do crime.

Depreende-se a adoção da teoria da responsabilidade objetiva ampla, abrangendo o risco pelo exercício de atividade perigosa, culpa presumida, e a responsabilidade por atos de terceiros.

Vários diplomas especiais também contemplam a responsabilidade objetiva, envolvendo o transporte de passageiros, o transporte aéreo, os acidentes de trabalho, o seguro obrigatório de veículos, dentre outras hipóteses.

Não se pode olvidar, no entanto, que sobressai a responsabilidade subjetiva, ou com base na culpa, que sempre deve predominar, devendo existir extrema cautela na imposição da obrigação de indenizar com base na mera ocorrência do dano.

5. PRESSUPOSTOS DA RESPONSABILIDADE SUBJETIVA E OBJETIVA

Já se definiu que a responsabilidade subjetiva se funda na culpa, a qual, trazendo efeitos concretos, se concretiza em ato ilícito. A trajetória, desde o início até o final, do ato ilícito, cuja consequência está na responsabilidade, envolve os seguintes passos:

a) A ação ou omissão do agente, investindo contra alguém, ou deixando de atuar, ferindo seu direito ou o patrimônio. Opera-se por ato próprio essa ação ou omissão, com a atuação direta do agente, que ataca uma pessoa, ou destrói seus bens, ou investe contra sua honra, ou descumpre uma obrigação de proteção; ou por ato de terceiros, como nos danos causados pelos filhos, pelos tutelados e curatelados, pelos empregados, pelos hóspedes, pelos educandos, ficando responsáveis os pais, o tutor ou curador, o empregador, o hoteleiro, o educador; ou pelo fato dos bens ou coisas que se encontram na guarda e poder de uma pessoa, e, assim, pelos prejuízos provocados pelos animais, pelos veículos, pela máquina.

b) Que a conduta ou omissão de conduta do agente seja culposa, e que se expanda pela violação de um dever jurídico de observar ou de não transgredir uma regra. Essa conduta ou omissão se manifesta de forma voluntária, e, então, caracteriza-se o dolo; ou de forma não voluntária, importando na culpa propriamente dita. Assim colhe-se do seguinte texto do art. 186: "Aquele que, por ação ou omissão voluntária, negligência ou imperícia".

c) O nexo causal, revelado na relação entre a violação da norma e o dano. O desrespeito ao dever traz o prejuízo, vindo este elemento no verbo 'causar' que está no mesmo dispositivo acima. Não se perfectibiliza a responsabilidade se o resultado negativo não decorre daquela violação específica da norma. Assim, dirigindo o motorista cautelosa e corretamente, e a vítima precipita-se na frente do veículo, está ausente a relação de causalidade; igualmente nos acidentes de trabalho, quando, embora certo grau de perigo que oferece a atividade, a obediência a uma série de cuidados e cautelas importa em não ocorrer o dano.

d) O dano ou resultado negativo que atinge a pessoa ou seu patrimônio, e que se encontra nas seguintes expressões do citado preceito: 'violar direito' ou 'causar dano a outrem', bastando uma das alternativas. Se, embora verificada a violação de um dever jurídico, e configurada a culpa ou o dolo, não surgir qualquer prejuízo, nenhuma indenização é devida. Praticando o motorista, na condução de seu veículo, várias atropelias, as cominações restringem-se ao âmbito administrativo, desimportando a ilicitude da conduta.

Daí se conclui que o conjunto dos elementos discriminados desencadeia a responsabilidade, ou a obrigação de reparar, por força do conteúdo do art. 927.

Quanto à responsabilidade objetiva, unicamente um dos pressupostos acima retira-se, que é o da culpa, não apenas pela dificuldade de ser conseguida em certas situações especiais, mas porque a atividade ou o trabalho importa em indenizar se desencadear algum dano. Está-se diante da teoria do risco, ou da teoria do risco criado, comum em profissões perigosas, e que está implícita na sua execução a probabilidade do dano. Os demais elementos – ação ou omissão, relação de causalidade e dano – devem estar presentes.

6. RESPONSABILIDADE NO RISCO-CRIADO

O risco-criado constitui uma variante da responsabilidade objetiva, na qual responde uma pessoa simplesmente porque ocorreu o fato.

Existem atividades geradoras de riscos, ou que contêm, pela simples prática, risco de prejuízos inerentes e inafastáveis. Embora as providências que se adotam para a proteção daqueles que as executam, não afastam ou eliminam a potencialidade de risco ou perigo. Sempre permanece a viabilidade de dano. Nunca se consegue imunizá-las da perniciosidade à saúde física ou mental. Assim quem trabalha em uma mina de minérios, especialmente de carvão, ou em uma fábrica de explosivos, ou em uma plataforma de extração de petróleo, ou em uma base de fabricação e lançamento de foguetes, ou em sofisticado engenho de transmissões elétricas, ou em uma linha de máquinas e motores suscetíveis de curtos circuitos e rompimentos de peças, ou em transporte aéreo, ou no uso de veículos, ou na navegação marítima.

Embora a incessante evolução da indústria, jamais se consegue extirpar a eventualidade do dano, que é intrínseca à própria coisa com a qual se está trabalhando. Por maiores que sejam os cuidados e as providências de proteção contra os danos, jamais se encontra uma conduta, ou um equipamento, que arrede com toda segurança a perspectiva de dano. São as atividades que, na visão de Carlos Roberto Gonçalves, "seja pela sua natureza (fabricação de explosivos e de produtos químicos, produção de energia nuclear etc.), seja pelos meios empregados (substâncias, máquinas, aparelhos e instrumentos perigosos, transportes etc.)", e que comportam, então, um tratamento especial em que não se cogita da subjetividade do agente para a sua responsabilização pelos danos ocorridos".[65] Na expressão ou realização de atividade não se encontram elementos da culpa, não se vislumbra a incúria, e nem aparece alguma infração às normas de segurança. Justamente porque certos fatos acontecem independentemente da ação ou da omissão da pessoa, decorrendo do tipo de atividade exercida ou da espécie de máquina utilizada, surgiu a teoria do risco-criado, ou do risco-proveito, cujas primeiras sustentações se encontram nos franceses Saleilles, Lalou, Josserand, que as expuseram no final do Século XIX e começo do Século XX, vindo, bem mais tarde, a ser defendida na doutrina brasileira, sendo o maior expoente Alvino Lima, que a defendeu arduamente, para quem decorre o risco de um princípio lógico, natural e humano.[66] Dentre tantos outros argumentos, justifica-se que nem sempre se consegue descobrir o elemento subjetivo 'culpa', não se apresentando justo que a vítima fique à mercê de qualquer indenização. Encontra-se, ainda, respaldo no fato de procurar o ser humano uma vantagem na atividade prestada, impondo-se a reciprocidade de reparar os danos causados, em obediência ao princípio do direito romano *ubi emolumentum, ibi onus*. Na síntese de Ari Brandão de Oliveira, "qualquer atividade criadora de risco para outrem faz o seu autor responsável pelo prejuízo causado, sem a necessidade de se apurar ou não com culpa".[67]

Nesse campo, diante dos riscos introduzidos em proveito do dono do bem, responde ele pelo simples exercício da atividade perigosa. Pode-se dizer que a culpa, se é que se precisa falar nesse elemento, está no fato de ter uma coisa perigosa, ou tem-se a culpa *in re ipsa*.

A tais atividades se dirige a parte final do parágrafo único do art. 927 do Código Civil, nos seguintes termos: "Haverá obrigação de reparar o dano, independentemente de culpa, nos casos especificados em lei, ou quando a atividade normalmente desenvolvida pelo autor do dano implicar, por sua natureza, risco para os direitos de outrem".

A jurisprudência adotou a teoria mesmo antes do vigente Código:

"É responsável aquele que causa dano a terceiro no exercício de atividade perigosa, sem culpa da vítima. Ultimamente, vem conquistando espaço o princípio que se assenta na teoria do risco, ou do exercício de atividade perigosa, daí há de se entender que aquele que desenvolve tal atividade responderá pelo dano causado. A atividade de transporte de valores cria um risco para terceiros. Neste quadro, conforme o acórdão estadual, não parece razoável mandar a família do pedestre atropelado reclamar, dos autores não identificados do latrocínio, a indenização devida, quando a vítima foi morta pelo veículo da ré, que explora atividade sabidamente perigosa, com o fim de lucro. Inexistência de caso fortuito".[68]

---

[65] *Responsabilidade Civil*, ob. cit., pp. 254 e 256.
[66] *Da Culpa ao Risco*, 2ª ed., São Paulo, Editora Revista dos Tribunais, p. 195.
[67] *A responsabilidade civil das pessoas jurídicas de direito*, em *Revista de Direito Civil*, nº 41, p. 34.
[68] REsp. nº 185.659/SP, da 3ª Turma do STJ, j. em 26.06.2000, *DJU* de 18.09.2000.

Mesmo provando o agente ou titular do bem que adotou todas as medidas possíveis para evitar o dano, arcará com as consequências, a menos que fique evidenciada a ocorrência por culpa inescusável da vítima, pois desaparece a relação de causa e efeito entre o ato do agente e o prejuízo resultante.

Em acidente do trabalho, no entanto, a solução é diferente, pois indispensável a prova da culpa ou dolo do empregador, em decorrência do art. 7º, inc. XXVIII, da Constituição Federal, que se sobrepõe ao parágrafo único do art. 927 da lei civil. Encontra a exegese respaldo em jurisprudência: "Tem-se admitido, em hipóteses como aquela regulada no art. 1.527 do CC/1916), ou no caso de atividades classificadas perigosas, a responsabilidade objetiva do patrão, seja por aplicação da teoria do risco criado, ou do risco empresarial, ou do enriquecimento sem causa, segundo as quais a culpa decorreria da própria circunstância em que se deu o evento.

Contudo, a responsabilidade objetiva só opera no plano da culpa, transferindo para o réu o ônus de provar que não se houve com culpa. Mesmo em tal hipótese, ao autor incumbe provar o dano e o nexo causal entre este e a conduta do agente (Sérgio Cavalieri Filho, *Programa de Responsabilidade Civil*, São Paulo, Malheiros, 1998, p. 43)".[69] Recorda-se que o nomeado art. 1.527 equivale ao art. 936 do atual diploma civil.

Em mais exemplos: "Circunstância em que o motorista que transportava carga de bebidas, ao descer da serra, detectou problemas com o sistema de freios, perdendo o controle do veículo, o que o levou a saltar para fora do mesmo, vindo a sofrer consequências graves em razão da queda.

Em se tratando de normas de segurança do trabalho, compete ao empregador demonstrar tê-las implementado na empresa, cabendo-lhe, ainda, zelar pelo seu efetivo cumprimento, bem como pela eliminação de riscos no ambiente laboral, especialmente aqueles que cercam a atividade do empregado. Não comprovada essa diligência por parte do primeiro, fica caracterizada a sua omissão culposa, resultando o dever de indenizar, desde que estabelecido o nexo causal entre esta e os danos sofridos pelo último".[70]

"A responsabilidade civil do empregador exige a prova do dano, do nexo causal e da culpa, incluída sua interpretação à luz da teoria do risco criado, onde não se dispensa a prova de ter-se aquele havido com todas as cautelas exigíveis".[71]

Há somente uma presunção de responsabilidade, insiste-se: "Presume-se a culpa do empregador, o que é diverso de responsabilidade objetiva, quando este não comprove ter adotado todas as cautelas que lhe eram exigíveis, relativamente à segurança do trabalhador, o que inclui, além da conservação do material entregue ao mesmo, para desempenho de suas atividades, a orientação sobre os riscos oferecidos por estas e cuidados específicos respectivos, além da supervisão da execução, o que não significa, por óbvio, acompanhamento individual de cada trabalhador...".[72]

De acordo com Jayme Aparecido Tortorello, somente se provada a integral ausência de culpa do empregador – hipóteses de caso fortuito ou força maior, ou exclusiva culpa do acidentado – ficará ele isento do pagamento da indenização fundada em direito comum.[73]

A matéria é objeto de capítulo específico sobre a responsabilidade no acidente do trabalho.

---

[69] Apel. Cível nº 70004755757, da 9ª Câmara Cível do Tribunal de Justiça do RGS, de 19.05.2004.
[70] Apel. Cível nº 70007127707, da 10ª Câmara Cível do Tribunal de Justiça do RGS, de 22.04.2004.
[71] Apel. Cível nº 70003329943, da 9ª Câmara Cível do Tribunal de Justiça do RGS, de 05.12.2001.
[72] Apel. Cível nº 598.162.097, da 10ª Câmara Cível do Tribunal de Justiça do RGS, de 15.04.1999.
[73] *Acidentes do Trabalho*, São Paulo, Editora Saraiva, 1996, p. 88.

7. RESPONSABILIDADE E IMPUTABILIDADE

A imputabilidade significa a atribuição de responsabilidade. Envolve o conjunto de condições pelas quais se pode inculcar em alguém a responsabilidade. Constitui o elemento constitutivo da culpa, dela dependendo a responsabilidade. Para que o ato seja reputado ilícito, urge que represente um resultado de uma livre determinação da parte de seu autor. O ato deve proceder de uma vontade soberana. Pressupõe que toda pessoa tenha consciência de sua obrigação em se abster da prática de uma ação que possa acarretar um prejuízo injustificado a outrem, atingindo a vida, ou a saúde, ou a liberdade de alguém, explica Serpa Lopes.[74]

Para se concretizar a imputabilidade, o comportamento se exterioriza com a transgressão deliberada das regras impostas pela ordem social e jurídica. Tal violação acontece ou voluntariamente, com dolo, ou culposamente, com negligência ou imprudência. Em outras palavras, urge que o fato lesivo seja voluntário, que se impute ao agente por meio de uma ação ou omissão voluntária, ou então apresente negligência ou imprudência.

De outro lado, não se limita exclusivamente à pessoa provocadora do dano, mas se estende àquele que deve responder pelo comportamento de outrem, como nos prejuízos causados por menores, débeis mentais, filhos etc. Neste sentido, pondera Aguiar Dias: "De qualquer forma, seja o menor imputável ou não, o ato ilícito que tenha praticado acarreta ou a responsabilidade substitutiva ou a responsabilidade coexistente de outra pessoa, aquela a quem incumbia a sua guarda".[75]

Nesta visão, sabe-se que os menores de dezesseis anos não são responsáveis por seus atos, eis que incapazes, em consonância com o art. 3º, do Código Civil. Assumem a responsabilidade por seus atos os pais, diante do art. 932, inc. I, desde que se encontrem sob sua autoridade e em sua companhia.

Já em relação ao menor relativamente incapaz, e que se encontra na faixa etária entre dezesseis e dezoito anos, a mesma norma incide, dada a redação do art. 932, inc. I, encerrando a responsabilidade dos pais pelos atos dos filhos menores. Não importa se a menoridade é absoluta ou relativa. Não se afasta, porém, o próprio menor da responsabilidade, desde que possível, como constava previsto no art. 156 do Código Civil anterior, no que se revelou omisso o atual diploma. No entanto, o Estatuto da Criança e do Adolescente (Lei nº 8.069, de 13.07.1990), no art. 116, obriga ao adolescente (menor na idade de 12 a 18 anos), na prática de ato infracional, a restituir a coisa, ou a promover o ressarcimento do dano, ou, por outra forma, a compensar o prejuízo da vítima. Mesmo pelo teor do art. 927 impõe-se a responsabilidade, seja o agente relativa ou totalmente incapaz: "Aquele que, por ato ilícito (arts. 186 e 187), causar dano a outrem, fica obrigado a repará-lo". Ou seja, qualquer pessoa torna-se obrigada a ressarcir o dano que causou, não importando a idade, e sob a condição do art. 928: "O incapaz responde pelos prejuízos que causar, se as pessoas por ele responsáveis não tiverem obrigação de fazê-lo ou não dispuserem de meios suficientes". A matéria, no entanto, será desenvolvida em item apartado.

Já o inc. II do art. 932 torna o tutor e o curador responsáveis pelos pupilos e curatelados que se acharem sob sua autoridade e em sua companhia, valendo as disposições referidas acima, em especial se tiverem tais incapazes bens.

---

[74] *Curso de Direito Civil*, 2ª ed., Rio de Janeiro, Freitas Bastos, 1962, vol. V, p. 227.
[75] *Da Responsabilidade Civil*, ob. cit., vol. II, p. 435, nº 157.

Pelos incisos III, IV e V, recai a responsabilidade na pessoa do empregador ou comitente pelos atos lesivos dos empregados, serviçais e prepostos, desde que cometidos durante o exercício do trabalho subordinado; na pessoa dos donos de hotéis, hospedarias, casas ou estabelecimentos onde se albergue por dinheiro, mesmo para fins de educação, pelos seus hóspedes, moradores e educandos; na pessoa dos que gratuitamente houverem participado nos produtos do crime, até a concorrente quantia.

Nessas previsões, deparamo-nos com a existência da imputabilidade objetiva, independentemente da vontade do agente e da pessoa que responde pelos atos daquele, quando imputável. Por isso, a noção de imputabilidade se ajusta melhor ao conceito de Iturraspe, "significando no una capacidad delictual, sino un factor de atribución que se adiciona a la acción o comportamiento humano para generar, dados los restantes presupuestos, responsabilidad civil".[76]

A responsabilidade subsiste em numerosos casos, malgrado a ausência de culpa na ação do obrigado a indenizar, como foi abordado atrás. No entanto, contém uma noção mais ampla que a imputabilidade. Resume-se na obrigação de alguém responder perante outrem, com a sanção de reparar um dano. A imputabilidade diz respeito às condições pessoais daquele que praticou o ato. Todos os elementos desta se encontram subsumidos por aquela, visto que não pode atribuir a alguém uma obrigação sem a configuração da violação de algum preceito legal ou dever para com terceiro.[77]

8. RESPONSABILIDADE CONTRATUAL E EXTRACONTRATUAL

Antiga divisão da responsabilidade é a que a distingue em contratual e extracontratual, conforme deriva de um contrato ou da mera conduta culposa. Na primeira, dá-se a infração de um dever contratual, enquanto na segunda a violação deriva da desobediência a um dever legal.

Havendo convenção das partes, ou um contrato, com a discriminação de direitos e deveres, decorre a obrigatoriedade no cumprimento. Se verificada a falta de cumprimento do dever, trazendo prejuízos à outra parte, advém a decorrência da reparação. Há uma norma convencional que determina o comportamento dos contratantes. Assim no contrato de transporte, em que se encontra ínsita a cláusula de incolumidade, pela qual o transportador se obriga a conduzir as pessoas sãs e salvas ao destino almejado. Se, porém, surge um ato ilícito, ou nasce a obrigação de um ditame da lei, também enseja-se a reparação, mas não em razão de um contrato. É a lei que a determina, embora, no fundo, sempre se dá a desobediência à lei, inclusive na violação contratual, porquanto a lei é que determina a obrigatoriedade de suas cláusulas. Efetivamente, a culpa decorre da infração às imposições legais e da desobediência das manifestações da vontade. A norma impõe, numa e em outra hipótese, o comportamento a ser trilhado. A distinção, no entanto, mais para fins didáticos, é da tradição de nosso direito, havendo dispositivos do Código Civil que trata de uma e de outra.

Nesta visão, por seus conteúdos, os arts. 186, 187, 927, 932, dentre outros, disciplinam a responsabilidade extracontratual, enquanto os arts. 389 a 400 são dirigidos mais para disciplinar as obrigações contratuais. Explicitando-se, incluem-se na responsabilidade

---

[76] *Responsabilidad por Daños*, Buenos Aires, Argentina, 1971, Parte General, p. 104, nº 44.
[77] Serpa Lopes, *Curso de Direito Civil*, ob. cit., vol. V, p. 191.

contratual o inadimplemento e a mora de obrigações decorrentes das declarações de vontade, enquanto pertencem mais ao ramo da responsabilidade extracontratual a violação dos deveres que emanam de regras comportamentais, a omissão em praticar um ato exigível, ou o dever de abster-se de uma conduta nociva ou prejudicial.

Quem deixa de pagar as prestações em uma promessa de compra e venda infringe o contrato; a invasão em uma propriedade alheia, ou a falta de restituição de um bem que se encontra em depósito, revelam a violação da lei. Em última instância, porém, há a ilicitude ou surge o efeito da responsabilidade porque assim permite ou ordena a lei. Cumpre notar, ademais, que as obrigações contratuais são exigíveis em face da permissão legal. Não se pode impor no contrato estipulações ofensivas à lei ou ao direito. Em grande parte das vezes, as obrigações que as partes assumem também constam na lei. É exemplo a relação de obrigações que está na Lei nº 8.245, de 18.10.1991, que disciplina as locações. Os deveres concernentes ao pagamento, ao uso do imóvel para a finalidade contratada, ao prazo de duração, incluídos no contrato, também são discriminados na lei, de modo que as pessoas convencionam aquilo que já impõe a lei.

Em vista dessa realidade é que muitos defendem a existência de uma unidade da responsabilidade, sem delongas em tipificar uma ou outra espécie. Tanto isto que, para a configuração, reclamam-se idênticas condições, e que são a infração, a causalidade e o dano.

Embora existam aspectos comuns, não se olvidam os contornos privativos e especiais, e inclusive com regras próprias de cada tipo. Se contratual a responsabilidade, incide, dentre outras normas características, a exceção do contrato não cumprido – *exceptio non adimpleti contractus*, estabelecida no art. 476, e a onerosidade excessiva, prevista no art. 478.

Mais distinções despontam. Na contratual, assenta a responsabilidade normalmente em face dos prejuízos trazidos pelo inadimplemento, comportando também a anulação da espécie, e incumbindo-se que se faça a prova da mera falta de cumprimento; já na extracontratual, requer-se a prova da culpa e dos danos, tarefa que incumbe ao ofendido.

Em outra diferenciação, a responsabilidade extracontratual deriva da lei, ou do dever de não lesar – *neminem laedere*, com apoio no art. 186; a contratual tem sua causa na convenção, ou nas cláusulas contratuais.

Para ensejar a responsabilidade, nos contratos as partes devem ser capazes. A fim de surtir direitos e obrigações, mister que se faça o contrato com pessoa capaz, cuidado que se exige mutuamente. Nos atos ilícitos, nada impede que se dê a prática por menor, sujeitando-se ele às consequências, por força do art. 928, sem regra equivalente no Código antigo, juntamente com seu responsável, se era mantido sob sua autoridade e em sua companhia.

Na responsabilidade contratual, já existe um liame ou um vínculo previamente estabelecido. As partes celebraram uma relação, em torno de um bem, com a especificação de obrigações e direitos. Sendo extracontratual a responsabilidade, não existe alguma ligação entre o autor do dano e o ofendido. A partir da prática do ato ilícito nasce a relação obrigacional. Realmente, o dever de indenizar, que aparece com a ofensa, cria a relação entre o obrigado e o titular do direito.

Normalmente, a responsabilidade extracontratual é fundada na culpa, o que a torna subjetiva. Os casos de dispensa da culpa, e que importam na obrigação pelo fato do risco, não constituem a maioria, constando assinalados, em geral, na lei, como no acidente do trabalho. Já nos contratos desponta a violação do dever jurídico de adimplir, de portar-se segundo o combinado, de executar a atividade. Para ensejar a responsabilidade, parece que é condição a culpa. Não se cumpre o contrato em razão de ato da vontade, ou por negligência e imprudência. Há a omissão culposa no cumprimento das avenças.

Diferenciam-se os pressupostos da responsabilidade extracontratual e da contratual.

Quanto à primeira, já foram estudados, constituindo-se da ação ou omissão do agente, da conduta ou omissão de conduta do agente de forma culposa, do nexo causal, do dano ou resultado negativo.

Em relação à contratual, reclamam-se maiores informações.

O primeiro pressuposto está na existência do contrato válido, que liga o devedor e o credor e constitui a norma de onde nascem os direitos e obrigações. Vinculam-se obrigatoriamente os envolvidos aos seus comandos, isto é, às suas regras, tendo força e irreversibilidade, e gerando efeitos. Para tanto, não pode padecer de vício de origem, ou seja, deverá estar formado por indivíduos capazes, que agiram livremente, envolvendo objeto lícito, possível, determinado ou determinável, e externando-se pela forma prescrita ou não defesa pela lei.

O pressuposto seguinte está na falta de cumprimento ou inexecução. Somente se verificar-se o inadimplemento, ou a mora, ou se não atendidas suas imposições é que decorre a responsabilidade, que se materializa pela resolução, ou pela pretensão executória, ou pela busca do crédito resultante. Realmente, o fato de não ser cumprido o contrato, total ou parcialmente, dá ensanchas a exigir o cumprimento, ou ao seu rompimento, acompanhado de indenização por perdas e danos, por força do art. 476: "A parte lesada pelo inadimplemento pode pedir a resolução do contrato, se não preferir exigir-lhe o cumprimento, cabendo, em qualquer dos casos, indenização por perdas e danos".

Entrementes, não se caracteriza falta de cumprimento propriamente dita se o inadimplemento encontra causas justificáveis, e aí têm-se, dentre outras, o caso fortuito e de força maior, a onerosidade excessiva, a lesão de uma das partes, a nulidade, algum vício do consentimento, a simulação.

Deve haver, ainda, o nexo causal, ou a relação de causalidade, de sorte que a responsabilidade tenha como origem ou fonte o descumprimento do contrato. Apenas se o dano decorre da falta de cumprimento nasce a responsabilidade, encontrando-se respaldo no art. 403: "Ainda que a inexecução resulte de dolo do devedor, as perdas e danos só incluem os prejuízos efetivos e os lucros cessantes por efeito dela direto e imediato, sem prejuízo do disposto na lei processual". Devem, pois, as perdas e danos resultarem do descumprimento.

Por último, imprescindível que haja o dano. É óbvio que a inadimplência faz despontar a responsabilidade desde que tenham resultado prejuízos de ordem moral ou econômica.

9. RESPONSABILIDADE PRÉ-CONTRATUAL

No caminho percorrido pelos contratantes para a formação do contrato, torna-se possível demonstrar duas fases fundamentais, a saber:

a) Uma fase negociatória, integrada pelos atos preparatórios realizados sem intenção vinculante marcante, desde os primeiros contatos das partes, até a formação de uma proposta contratual definitiva;

b) Uma fase decisória, constituída por duas declarações de vontade vinculativas, quer dizer, a proposta e a aceitação do contrato.

Na maioria dos negócios, há a fase preliminar ou preparatória do contrato, em que as partes formalizam as intenções e providenciam a confecção do contrato definitivo. Verifica-se uma simples promessa de contratar. Procede-se uma estipulação preliminar dos termos em que o contrato virá a ser outorgado, em data posterior. Os interessados realizam um trabalho de aproximação e exame das condições e exigências da relação que se desenvolverá.

As situações inequívocas de contratar se manifestam em propostas, contrapropostas, acertos de detalhes, dissipação de dúvidas, condições, preços, prazos e estabelecimento de particularidades do negócio em si, desde que não fiquem apenas no plano verbal. Uma das partes promete à outra, por meio de documentos, a execução de atos precisos, com vistas à contratação. Há uma reciprocidade de troca de documentos preliminares. Estudam--se as condições a se incluírem nas cláusulas contratuais, posteriormente apresentadas à apreciação dos pretendentes, mormente no que se relaciona a preço, prazos, deveres e outras particularidades.

Enquanto faltam dados para o instrumento contratual, ou o pretenso comprador providenciar na cobertura da parcela que pagará, há a figura em exame, materializada, não raras vezes, documentalmente, estipulando as obrigações e direitos.

Assinalava Antônio Chaves, em monografia sobre o tema: "Se frequentemente a oferta é feita com toda precisão do objeto e das condições do contrato, prevista para ser aceita, outras vezes somente estipula os tópicos essenciais, e mesmo, alguns deles. Surgem, então, as negociações preliminares, que podem verificar-se na eventualidade de uma oferta que se completa se, com relação a alguns de seus extremos, o destinatário tiver feito contraproposta ou tiver pedido algumas modificações... As negociações são as propostas e contrapropostas que as partes elaboram, cada uma no próprio interesse, para tirar as maiores vantagens da convenção futura na discussão que se antepõe à confecção do contrato. Clauder, com aprovação de Carrara, define as negociações como propostas que precedem a convenção, por meio das quais as partes, sem intenção de se obrigarem, comunicam-se reciprocamente a intenção de contratar".[78]

Formulada a manifestação, obriga o preponente.

Observa Sérgio A. Frazão do Couto: "Qualquer ato que demonstre uma intenção inequívoca de negociar com outra parte vale como meio de provar uma predisposição contratual dos interessados, fato que, embora ainda não constitua contrato, em sua mais ampla acepção, vale como pré-contrato. Esses atos e fatos devem ser interpretados restritivamente. Sempre se devem levar em consideração os aspectos subjetivos do negócio, quando se iniciarem as providências com vista a um pacto final. Isto gera responsabilidades pré-contratuais para ambos os interessados no negócio".[79]

Deve excluir-se, liminarmente, a hipótese de a situação *sub examen* configurar um contrato de promessa, aspecto este bem distinto. As partes não assinam um contrato prometendo realizar um outro contrato futuro. Trata-se de desenvolver puras negociações preliminares, quer dizer, destituídas de eficácia contratual específica.

Nasce uma responsabilidade evidente na fase pré-contratual. Para Jefferson Daibert, o dever de indenizar, no caso, segundo alguns, explica-se pela teoria da culpa *in contrahendo*: "Aquele que é ilaqueado em sua boa-fé, frustrado na sua fundada esperança

---

[78] *Responsabilidade Pré-Contratual*, Rio de Janeiro, Editora Forense, 1959, p. 56.
[79] *Manual Teórico e Prático do Parcelamento Urbano*, Rio de Janeiro, Editora Forense, 1981, p. 278.

de contratar, tem direito à reparação dos prejuízos sofridos, isto é, ao interesse contratual negativo – *negativevertrag interest* – de acordo com a explicação de Jhering, nos diz Orlando Gomes. Há, segundo outros autores, o abuso do direito (mesmo que nessa fase não se entenda já existir direitos), e para alguns deve haver boa-fé e lealdade recíprocas, princípio no qual alicerçam o direito à indenização.

Entendemos nós que, desde que se possa provar prejuízos patrimoniais e que sejam originários de culpa ou dolo de uma das partes, ao prejudicado caberá o ressarcimento equivalente. Não será o fato de ser uma fase preliminar que irá elidir a aplicação dos princípios gerais de direito, dentre eles o do locupletamento ilícito ou do enriquecimento sem causa".[80]

Carvalho Santos exemplifica claramente as hipóteses de indenização: "Em alguns casos, é certo, uma das partes poderá ser obrigada a indenizar à outra o valor da sua contribuição, consistente em despesas e trabalhos de quem ficou logrado na sua expectativa, para realizar o contrato com outra pessoa. Se, por exemplo, depois de estar de posse dos estudos, plantas e detalhes de uma construção, obra de uma pessoa, contrata com outra a construção, aproveitando-se dos serviços da primeira, já feitos e entregues em confiança. Mas aí, é preciso convir, não se trata propriamente de responsabilidade pré-contratual, e se a parte é obrigada a indenizar à outra o valor dos seus serviços é com fundamento no enriquecimento ilícito, que se produziu com o aproveitamento daqueles serviços".[81]

O jurista luso Mário Júlio de Almeida Costa, abordando um acórdão da mais alta corte de justiça de Portugal, diz: "A indenização do interesse negativo, do mesmo modo que do interesse positivo, abrange o dano emergente e o lucro cessante. Consequentemente, inclui não só diminuição de valores existentes suportados pelo lesado com os preliminares do contrato e a sua ruptura, mas também benefícios que deixou de obter... A obrigação a que nos reportamos pode compreender, em síntese, danos que representem desvalorizações ou perdas patrimoniais e danos que se configurem como não desvalorização ou frustrações de ganhos. O que importa é que tais prejuízos derivados da ruptura das negociações se liguem, numa relação etiológica, à confiança; quer dizer, devem ter-se verificado depois e por causa da própria confiança do lesado, que alicerça a responsabilidade pré-contratual do lesante".

E, prosseguindo, quanto à fixação do valor indenizável: "Atribui-se ao lesado, a título de indenização, o equivalente às vantagens que obteria com o gozo da coisa, objeto do negócio, equiparando-se o interesse negativo e o interesse positivo".[82]

O fundamento do ressarcimento está na própria responsabilidade objetiva e no dever imposto às partes de procederem segundo os ditames da boa-fé, do respeito à mútua confiança e aos interesses alheios. O Código Civil italiano tratou especificamente do assunto, no art. 1.337: "Le parti, nello svalgimento delle trattative e nella formazione del contratto, devono comportarsi secondo buona fede".

Antônio Chaves, após analisar inúmeras teorias sobre o assunto, apresenta as razões de indenizar: "Embora não se concorde com a possibilidade prática do reconhecimento da existência de um vago e indeterminado contrato de caráter social entre duas esferas

---

[80] *Dos Contratos*, 3ª ed., Rio de Janeiro, Editora Forense, 1980, p. 23.
[81] *Código Civil Brasileiro Interpretado*, 7ª ed., 1964, vol. XV, p. 57.
[82] *Responsabilidade Civil pela Ruptura nas Negociações Preparatórias de um Contrato*, Coimbra Editora Limitada, 1984, pp. 76, 77 e 79.

de interesses contínuos, independentemente da instauração de uma relação jurídica entre uma e outra parte, não há que convir que o fato de se considerar o início das negociações como instaurando entre as partes uma relação jurídica, que, embora não componha uma conexão contratual, já constitui uma ligação de confiança, com obrigações recíprocas de conteúdo positivo, leva a aproximar a *culpa in contrahendo* à imputabilidade contratual, isto é, àquela imputabilidade, àquela culpa que se ajusta numa relação de obrigação.

Trata-se, em último caso, de mais uma aplicação do milenar princípio do *neminem laedere*, inspirado na consideração de que o prejuízo não teria sido ocasionado se aquele que se retira das negociações tivesse posto todo o cuidado e toda a diligência que eram de se esperar no desenvolvimento das conversações". A responsabilidade, acrescenta, "está subentendida na teoria de uma responsabilidade eventual, suscetível de se produzir mesmo no decorrer das primeiras negociações, e que todavia não repousa forçosamente sobre uma imprudência ou uma culpa propriamente dita do autor da retirada ou da ruptura das negociações. Não se trata de um fato decorrente do risco na verdadeira acepção do termo, mas de um fato prejudicial realizado em tais condições que aquele do qual emana deve reparar certas consequências suscetíveis de lhe serem atribuídas por uma relação direta de causalidade. Isso supõe, bem entendido, que já o fato de entrar em negociações não deixe mais indene a situação respectiva das partes, e que é suscetível de acarretar, em certos casos e sob determinadas condições, sua própria responsabilidade".[83]

Entre nós, a Lei nº 6.766, de 1979, que trata do parcelamento do solo urbano, no art. 27, dispôs especificamente sobre a força coercitiva do pré-contrato de promessa de compra e venda: "Se aquele que se obrigou a concluir contrato de promessa de venda ou cessão não cumprir a obrigação, o credor poderá notificar o devedor para outorga do contrato ou oferecimento de impugnação no prazo de 15 (quinze) dias, sob pena de proceder-se ao registro do pré-contrato, passando as relações entre as partes a serem regidas pelo contrato-padrão".

Quanto aos lucros cessantes, desde que verificados, no dizer de Vitor Fernandes Gonçalves, ficam "limitados ao valor da perda de outra oportunidade, como referido. Este entendimento parte da consideração de que é realmente inquestionável a afirmação de que a vítima de um determinado prejuízo de confiança não tem direito a ter o lucro que teria se o negócio em que confiou tivesse persistido, da forma esperada, no universo fático. Mas pode pedir o reembolso da perda de uma outra oportunidade, porque, já que se pretende restituí-lo ao estado anterior, não se pode desprezar o que de concreto, nesse estado anterior, ele teria feito".[84]

10. RESPONSABILIDADE CIVIL E PENAL

Naturalmente entende-se que a responsabilidade civil decorre da falta de cumprimento das leis civis e dos contratos, enquanto a penal advém da infração de leis penais, que cominam a incidência de sanções e restrições de direitos e da liberdade, como o encarceramento, a proibição de certas atividades, o pagamento de cifras e dinheiro, a prestação de serviços, e a limitação no exercício de categorias determinadas de direitos.

---

[83] *Responsabilidade Pré-Contratual*, ob. cit., pp. 150, 151 e 153.
[84] *Responsabilidade Civil por Quebra da Promessa*, Brasília, Livraria e Editora Brasília Jurídica Ltda., 1997, p. 41.

No âmbito geral, acontece um desrespeito da norma jurídica, dela desviando-se a conduta humana. Como existem normas civis e normas penais, restam, na violação, lesadas a ordem privada ou a ordem pública, acarretando, respectivamente, a responsabilidade civil ou penal. Para Afrânio Lyra, "a responsabilidade penal é perante a sociedade. A responsabilidade civil, conquanto fundada também no interesse social, é perante o lesado".[85]

Embora ambas as ordens importem em violação de um dever jurídico ou na infração da lei, no ilícito penal desponta um maior nível de gravidade, de lesividade, de imoralidade, desestruturando e enfraquecendo a sociedade. O ilícito penal revela um teor ofensivo superior que o civil, derruindo valores de maior relevância, e impondo efeitos nefastos e de nocividade em nível mais elevado que as infrações civis.

Uma conduta pode, no entanto, acarretar a violação civil e penal, trazendo, assim, dupla ilicitude. Ao mesmo tempo em que está cominada uma sanção penal, consta prevista a responsabilidade civil, impondo a indenização. Num acidente de trânsito, provocado em uma ultrapassagem indevida ou em local impróprio, quando vinha um veículo em sentido contrário, importa em condenação penal, por lesões corporais ou homicídio culposo. Traz, ao mesmo tempo, infração de ordem civil, porquanto desrespeitadas as leis de trânsito e acarretados danos materiais e corporais. Haverá uma dupla sanção, isto é, uma penal, com a imposição de pena privativa de liberdade ou restritiva de direitos; e outra civil, consistente na reparação dos danos havidos.

De certa forma, todas as infrações a leis penais desencadeiam a sanção penal e a reparação civil. Mesmo nos crimes contra o patrimônio, além da pena restritiva de liberdade ou de direitos, traz a possibilidade da indenização. Sempre é aberta ao ofendido a possibilidade de ressarcir-se. Tanto é assim que a sentença na esfera penal faz coisa julgada no cível, autorizando o direito de buscar a indenização, conforme desponta dos arts. 91, inc. I, do Código Penal, que torna certo o direito de buscar a indenização do dano causado pelo crime; e o art. 63 do Código de Processo Penal, prevendo que, transitada em julgado a sentença condenatória, abre-se o caminho para promover a execução, no juízo cível, da reparação. Mesmo o art. 935 do Código Civil traz a repercussão da sentença penal no cível, pois não mais se tolera a discussão sobre a existência do fato e a autoria, quando tais questões se acharem decididas no juízo criminal, no que é aplicado pela jurisprudência: "Transitada em julgado a sentença penal condenatória, não há como se reabrir qualquer discussão a respeito da culpa do preposto da recorrente. A sentença, que reconheceu a presença do muar na pista e suas consequências para o evento, é título executivo extrajudicial, restando ao juízo cível apenas a questão do *quantum* da reparação".[86]

11. RESPONSABILIDADE POR FATO PRÓPRIO

Tem-se, no caso, a responsabilidade por fato praticado pela própria pessoa. Ela desencadeia o evento prejudicial, por ação ou omissão. Responde porque é a autora direta do ato ilícito, ou considera-se a proprietária do instrumento ou da atividade que produziu o dano, ou porque desrespeitou uma cláusula contratual. A regra matriz que institui a responsabilidade por fato próprio vem proclamada no art. 927 do Código: "Aquele que, por ato ilícito (arts. 186 e 187), causar dano a outrem, fica obrigado a repará-lo".

---

[85] *Responsabilidade Civil*, ob. cit., p. 40.
[86] REsp. nº 416.846/SP, da 3ª Turma do STJ, j. em 05.11.2002, *DJU* de 07.04.2003.

Trata-se da situação mais comum e normal que desencadeia a responsabilidade civil, pois decorre do princípio natural e universal de que todos devem responder pelos próprios atos, dada a liberdade que a cada pessoa se reconhece de decidir por seus atos e dirigir a sua vida em consonância com a própria vontade.

A estrutura da responsabilidade por ato próprio é a mesma da responsabilidade comum, podendo decorrer de culpa no sentido amplo ou do fato em si, na hipótese de impor-se a responsabilidade objetiva.

O ponto básico ou inicial está na infração de um dever que o agente podia e devia conhecer, observar ou abster-se de violá-lo. Assim, incidem os pressupostos comuns da ação ou omissão, da culpa, do nexo causal e do dano para desencadear a responsabilidade. Ou depara-se a pessoa com o dever de indenizar pela ocorrência do próprio fato em si, em especial nas atividades perigosas ou de risco, e nas previsões expressas da lei.

Deve responder aquele que, na direção de um veículo, pratica um acidente com danos, se configurada a culpa. Quem propaga fatos inverídicos e ofensivos à honra também pode ser chamado a reparar a ofensa moral. A falta de cumprimento de um trabalho contratado desencadeia o direito de pedir o ressarcimento. E, assim, em infindáveis de situações, como no transporte com danos ou insegurança, na construção de um prédio com defeitos, nas vendas de produtos deteriorados, na morte causada em situações que não tipificam a legítima defesa, no excesso quando do exercício de um direito, no erro profissional, na agressão imotivada, no pagamento através da apresentação de documentos grosseiramente falsificados, na inscrição indevida de nome em cadastro de devedores, na produção de bens defeituosos, na propagação de doença, na guarda desidiosa de bens, na precariedade da defesa de clientes por advogados, na divulgação de fato inverídico, na promessa incumprida de serviços, na cobrança de valor indevido, na contaminação de produtos alimentícios, na apropriação ilegal de bens, no abandono de mercadorias, na falta de vigilância de coisas, na entrega de produtos a pessoas não credenciadas ou autorizadas, no receitar errado de medicamentos, na recusa injustificada de cumprimento das obrigações, na mora do pagamento de dívidas e no cumprimento das obrigações contratuais, e, assim, em inúmeros outros casos.

Para definir a responsabilidade, o primeiro passo está em investigar a existência de culpa; ou da configuração de uma atividade, de uma profissão, de um ofício que tem inerente o risco, que oferece perigo, ou cujo exercício a lei expressamente obriga a garantia, e, ocorrendo danos, impõe o ressarcimento. Verifica-se, em passo seguinte, a presença ou não de nexo causal, isto é, se o dano decorreu do ato do executor ou do desempenho da atividade. 'Por último, parte-se para a aferição do dano, que constitui o pressuposto inderrogável para indenizar. Não há responsabilidade sem dano, embora sabe-se e já se analisou que existe responsabilidade sem culpa, como na imposição de atividade perigosa. É possível a verificação de culpa, ou a prática de ato ofensivo, mas que não traz a indenização se não desencadeou prejuízos.

IV

Nexo Causal na Responsabilidade

1. O NEXO CAUSAL COMO CONDIÇÃO PARA A ATRIBUIÇÃO DA RESPONSABILIDADE

O dano pode atingir a universalidade de bens existentes, como o patrimônio material ou econômico da pessoa física ou jurídica, os seus valores espirituais e interiores, o nome, a boa fama, o conceito social, a paz, a liberdade, a honra, a intimidade, a normalidade corporal, a apresentação ou integridade física, as relações sociais, a amizade, a tranquilidade pessoal, e assim outros bens de ordem espiritual e mesmo físicos que entram na esfera de direitos e são importantes, senão necessários, para a normalidade da vida, a possibilidade da coexistência e a realização do ser humano nas mais diversas esferas da existência humana.

Outrossim, o acervo de bens ou de valores existente deve revelar estimativa e ser protegido pelos sistemas jurídicos, ou amparado nos ordenamentos legais, de sorte que a sua violação ou ofensa importe em infringir a lei, ou em atentar contra o estado de direito, sujeitando-se o infrator às cominações decorrentes.

Por último, faz-se necessário a verificação de uma relação, ou um liame, entre o dano e o causador, o que torna possível a sua imputação a um indivíduo.

Constatada, pois, essa triangulação coordenada de fatores, decorre a configuração da responsabilidade civil.

Por outros termos, para ensejar e buscar a responsabilidade, é preciso que haja ou se encontre a existência de um dano, o qual se apresenta antijurídico, ou que não seja permitido ou tolerado pelo direito, ou constitua espécie que importe em reparação pela sua mera verificação, e que se impute ou atribua a alguém que o causou ou ensejou a sua efetivação. Em três palavras resume-se o nexo causal: o dano, a antijuridicidade e a imputação.

Está-se diante do nexo de causalidade, que é a relação verificada entre determinado fato, o prejuízo e um sujeito provocador. Apura-se o fato, que, às vezes, não se opõe à ordem jurídica, como acontece na responsabilidade objetiva, o qual é imputado a determinado indivíduo, que passa a responder pelas suas consequências.

Importante que esse nexo causal seja adequado, como escreve o Des. rio-grandense Paulo de Tarso Vieira Sanseverino, em julgamento do qual foi relator:

"Trata-se de aplicação concreta da teoria da causalidade adequada, que orienta as normas sobre o nexo causal na responsabilidade civil no direito brasileiro.

A teoria da causalidade adequada, que é a prevalente no âmbito da responsabilidade civil (diferentemente da responsabilidade penal onde tem prevalência a teoria da equivalência dos antecedentes por força do art. 13 do Código Penal), restringe o conceito de causa, estabelecendo como tal apenas a condição que, formulado um juízo abstrato, se apresenta adequada à produção de determinado resultado. Após a verificação concreta de um determinado processo causal, deve-se formular um juízo de probabilidade com cada uma das múltiplas possíveis causas, de acordo com a experiência comum, em um plano abstrato. Se após a análise de certo fato for possível concluir que era provável a ocorrência do evento, deve-se reconhecer a relação de causa e efeito entre eles.

A causa é aquela condição que demonstrar melhor aptidão ou idoneidade para causação de um resultado lesivo. Nesta perspectiva, causa adequada é aquela que apresenta como consequência normal e efeito provável a ocorrência de outro fato."[87]

Não é suficiente a prática de um fato *contra legem* ou *contra jus*, ou que contrarie o padrão jurídico das condutas. Muitos erros de conduta, ou violações de leis, se não trazem consequências negativas, ou se não ofendem os direitos, são irrelevantes à responsabilidade, como aquele que transgride às leis de trânsito, ou que ingresse em imóvel alheio, sem que importe em prejuízo para terceiros. Muito menos interessa a verificação de danos a bens ou pessoas, se não fica apurada a individualidade de seu autor. De sorte que, para a responsabilidade surgir, dá-se a ligação entre o fato, a lesão e o causador ou autor. Daí surge a relação de causalidade, ou o vínculo causal.

Entrementes, em vários casos enumerados pela lei, nem sempre a obrigação de reparar os danos pressupõe a sua prática pela pessoa que é chamada a indenizar. Há fatos que não são obrigatoriamente resultantes da atuação da pessoa responsabilizada. Outras pessoas praticam os fatos, mas estão elas ligadas àquele a quem se imputa a responsabilidade. Tal acontece, exemplificativamente, com os pais relativamente aos danos causados pelos filhos menores, ou com os curadores, os tutores, o empregador ou comitente, os donos de hotéis, os participantes, mesmo que gratuitamente, nos produtos do crime, de acordo com o rol do art. 932 do Código Civil. Existe uma subordinação do autor do fato àquele do qual se exige a responsabilidade, já que a lei lhe atribui o dever de vigilância.

Outrossim, a culpa não se coloca como condição para se firmar a responsabilidade. Com frequência, a pessoa fica coagida a indenizar porque assim a lei o determina, sendo exemplo os acidentes de trânsito; ou porque a atividade desenvolvida pela vítima do dano oferece risco, tal acontecendo quando a atividade se desenvolve em máquinas ou instrumentos aptos a trazer lesões ou prejuízos. Tem-se aí a responsabilidade objetiva em si, ou pelo risco, quando a pessoa fica obrigada a reparar independentemente da culpa. Prescinde-se da culpa nas atividades ligadas a riscos. Os danos acontecidos durante a execução de certos serviços, como os de transporte de coisas ou de pessoas, acarretam o dever de indenizar, figurando como exemplo os acidentes de trânsito. A empresa de mudanças suportará os danos ocasionados em eventuais tempestades, por força dos arts. 749 e 750 do Código Civil, e ainda do Decreto nº 2.681, de 1912, em seu art. 1º, item 4.

No caso de transporte de pessoas, não se leva em consideração o fato de terceiro, se tido como risco próprio da atividade – arts. 734 e 735 da lei civil.

---

[87] Apelação Cível nº 70003579968, 9ª Câmara Cível do Tribunal de Justiça do Rio Grande do Sul, julgada em 14.08.2002.

Nessa ótica, não se indaga do elemento culpa, decorrendo a responsabilidade pela mera ocorrência do fato, o que veio reforçado pelo Código de 2002, em seu art. 927, parágrafo único, em relação às atividades cujo desenvolvimento trazem implicitamente o risco de danos. Todavia, mesmo assim há o liame que vincula o dano ao responsável, que é mais por imposição da lei.

2. CONCAUSA OU CAUSA SUPERVENIENTE

Uma das questões mais delicadas no âmbito da reparação relaciona-se à concausa, ou à causa superveniente, que agrava a lesão provocada pelo acidente, ou conduz ao resultado letal. Não é raro receber o paciente um tratamento médico defeituoso, insuficiente, equivocado, que leva à paraplegia definitiva ou até à morte. O acidente não causou, por si, a morte. O término da vida foi consequência do tratamento médico ou hospitalar deficiente, a que se submeteu o lesionado. O médico não empregou a perícia e a técnica próprias e normalmente exigidas para a hipótese. O hospital negligenciou no internamento e nos cuidados que estava em condições de oferecer. Ao ser examinado, o doente não teve diagnosticada uma fratura craniana, que desencadeia uma hemorragia interna e leva à morte. O profissional descura dos exames recomendados para o caso, como a exigência de radiografias, o estudo da pressão arterial, ignorando a ruptura de um órgão interno, que traz o desenlace fatal.

Uma situação mais palpitante é colocada pelo Prof. Fernando Noronha: "Suponha-se que alguém fica gravemente ferido entre a lataria de um veículo, num acidente de trânsito. Outra pessoa corre a socorrê-la e consegue retirá-lo precisamente no momento em que o carro se incendeia, pelo que também acaba sofrendo queimaduras. Um e outro são levados ao hospital, e ali ficam em tratamento por algumas semanas. Durante o tratamento, um deles (não importa qual) pega uma infecção hospitalar, que agrava o seu estado. Quando lhe é dada alta, está incapacitado para o trabalho devido às lesões sofridas no acidente, mais as sequelas da infecção hospitalar. Anos depois ainda tem uma recaída, consequência das mesmas lesões.

E, ainda nesse exemplo, são cogitáveis outros danos para os sinistrados e para outras pessoas. Suponha-se que um deles, por causa do internamento, deixou de fazer negócio lucrativo, ou que sua esposa sofreu um ataque cardíaco ao saber da notícia de que o marido estava no hospital, ou ainda que ele era artista a caminho de uma apresentação e que os seus fãs, ignorando o sucedido e exasperados pelo tempo de espera, iniciaram um processo de quebra-quebra...

Em relação a todos os danos descritos, pode-se afirmar que nenhum se teria verificado, se não houvesse acontecido o acidente de trânsito. O responsável por este terá de responder por todos eles?".[88]

2.1. Teorias explicativas

Visando a solução de problemas de tal ordem, surgiram teorias no mundo jurídico, merecendo destaque a da equivalência das condições, a da causalidade necessária e a causalidade adequada.

---

[88] "Nexo de causalidade na responsabilidade civil", em *Revista ESMESC* – Escola Superior da Magistratura de Santa Catarina, Florianópolis, vol. 15, pp. 126 e 127, jul. 2003.

Pela primeira – *equivalência das condições*, também conhecida como da *condictio sine qua non* – estabelece como causa do dano todas as condições sem as quais o mesmo não aconteceria. Segue na explicação Fernando Noronha: "De acordo com essa teoria, seria indiferente falar em causas ou em condições do dano. Um acontecimento deveria ser considerado causa de um dano sempre que se pudesse afirmar que este não teria acontecido se aquele não tivesse ocorrido... A pessoa responsável pela *condictio sine qua non* deveria responder pelo dano subsequente, porque, nas condutas comissivas, este não teria acontecido caso ela se tivesse abstido de agir, ou caso tivesse agido de outra forma; nas condutas omissivas, porque ela se omitiu, quando o dano não teria acontecido caso tivesse agido."[89]

Assim, responde o agente por tudo o que provocou o evento, sejam quais forem os danos. No caso do acidente, aquele que o provocou arcará pelos eventos sucedâneos que aconteceram em razão do acidente. Além disso, todos os que influíram no dano arcam com as decorrências.

Já a teoria da *causalidade necessária*, outrora defendida no Brasil por Agostinho Alvim, busca justificar a responsabilidade na causa mais apropriada ou causa eficiente, na causa primeira, encontrada naquele evento que importou no surgimento do dano. O nexo de causalidade consiste numa relação necessária entre o fato gerador e o evento danoso, mas não continuando a abranger as perdas e danos mesmo em razão de outro evento. A causa necessária é a que explica o dano, continuando a produzir efeitos ou consequências, até que advenha um outro fato. Nessa visão, a colisão com um veículo traz prejuízos materiais, impondo a sua recuperação. Entrementes, a causa está na culpa que ensejou o acidente, o que pode levar a indenizar todos os demais prejuízos. Aparecendo novas lesões, deve-se encontrar aquela causa que importou na produção do novo dano que surgiu. Assim, se enquanto é socorrido uma pessoa que sofreu um ferimento num ataque desferido contra ela, e vem a ser vítima de um acidente, sofrendo novas lesões, arcará com a responsabilidade o causador do acidente envolvendo a ambulância. Muitas confusões decorrem, no entanto, da teoria, consistindo a principal em destacar qual dos vários acontecimentos pode ser considerado causa necessária. Numa briga de casal, decorrente a refrega da embriaguez do marido, exemplo que é citado na doutrina, a mulher condena o seu comportamento. Reage o marido, e fere a mulher. Na procura de tratamento médico, resta ela com uma infecção, que lhe traz graves transtornos. Onde está a causa dos danos causados? Pela teoria da causa necessária, vê-se que vários os antecedentes, e qualquer um deles pode ser invocado. Assim, não se tem uma solução segura.

De modo que não define com segurança esta teoria a solução da causa.

Tem-se, de outro lado, a *causalidade adequada*, que também deixa situações desprovidas de solução. Há um certo subjetivismo na determinação da causa. Por meio dela, deve-se buscar a causa que seria apta para produzir o dano. Se um veículo derrapa e causa um acidente de proporções, deve-se pesquisar se a causa consistiu no veículo que vinha em sentido contrário, ocupando parte do centro da pista, ou na súbita e exagerada freada imprimida pelo condutor. A causa adequada é a que se mostra capaz de originar o evento.

Alguém desfere uma leve batida na cabeça de uma pessoa, cujo osso craniano já se encontrava com fraturas, vindo, por isso, a falecer. Não é adequada a causa para produzir a morte. Não responderá, por isso, por esse último resultado.

---

[89] "Nexo de causalidade na responsabilidade civil", trabalho citado, p. 128.

As teorias revelam fragilidade, permitindo o subjetivismo, embora, em vários casos, ajudem a apontar a causa.

No direito brasileiro, verificaram-se posições que ora preponderam em uma, ora em outra posição, ou mesmo pendem para soluções diversas. Martinho Garcez Neto, um dos antigos estudiosos da matéria, apoiado em doutrina bastante clássica, não desliga o evento prejudicial do fato primitivo, que é o acidente, considerando-o o causador do dano. O médico e o hospital ficam liberados da responsabilidade. Lembra o ensinamento de Enneccerus-Lehman: "O dever de indenizar em consequência de uma lesão corporal, estende-se, também, em princípio, às consequências de um tratamento médico defeituoso."[90] Não é mister que o nexo causal seja imediato, bastando a causalidade mediata. O nexo causal entre um ato e um resultado por ele produzido não se destrói simplesmente pelo fato de que este resultado seja consequência posterior de outra circunstância, reforçava o tratadista Alvino Lima, ousando, ainda, sustentar a responsabilidade do agente da lesão pela morte provocada por uma anestesia ou septicemia. É que o autor da lesão tornou possível aquele resultado. Há uma condicionalidade que vincula o resultado último ao fato primitivo. O agravamento do quadro clínico, as circunstâncias concorrentes na produção do dano não têm a virtude de excluir a existência daquele nexo causal. Em termos concretos, se um processo infeccioso desencadeia a morte, revelando-se o sintoma do mal na pneumonia traumática, o acontecimento não apareceria se a pleura e o pulmão da vítima não houvessem sofrido lesões. Mesmo que o ferimento, por si mesmo, seja incapaz de provocar o desenlace, mas verificando-se o resultado pelas decorrências responde o autor da lesão. Pouco interessa a imperícia do médico. Seguindo-se a doutrina de Savatier,[91] de Von Tuhr,[92] De Page,[93] pode-se ir mais além, incutindo-se a obrigação ao agente mesmo que a morte promane de um incêndio do hospital, ou de um acidente operatório, desde que a vítima tenha se internado por motivo da lesão.

2.2. A causa ligada ao dano direto e imediato

Não permite a prática alinhar-se aos entendimentos ou teorias acima.

O Código Civil brasileiro adotou a causa do dano direto e imediato, com amparo no art. 403, preceituando: "Ainda que a inexecução resulte de dolo do devedor, as perdas e danos só incluem os prejuízos efetivos e os lucros cessantes por efeito dela direto e imediato, sem prejuízo do disposto na lei processual."

Interessa, no caso, o dano que é efeito direto e imediato do fato causador, e não o remoto, ou o advindo de novas causas. Apenas aqueles danos que têm relação com o fato ocorrido, e não outros que aparecerem. No acidente de trânsito, circunscreve-se a indenização à reparação dos danos resultantes naquele acidente, e não dos que aparecem por deficiente tratamento médico, ou por infecção hospitalar. O alcance da indenização não ultrapassará as medidas ditadas pela natureza do ferimento. Se o ato desencadeou uma alteração anatômica do organismo humano, mas se uma segunda causa agrava esta alteração, a conclusão é que surge um fenômeno superveniente, o qual determina um se-

---

[90]   *Tratado de Derecho Civil, Derecho de Obligaciones*, vol. 1º, tomo 2, p. 72, nota 13, *in Prática da Responsabilidade Civil*, de Martinho Garcez Neto, 3ª ed., São Paulo, Editora Saraiva, 1975, p. 31.

[91]   *Traité*, ob. cit., vol. 2º, p. 17, nº 444.

[92]   *Tratado de las Obligaciones*, ob. cit., vol. I, p. 63.

[93]   *Traité*, vol. 2.º, nº 961, pp. 908-909.

gundo resultado, a que deve responder o provocador. Não sendo assim, estaremos dando um tratamento diferenciado e injusto aos agentes, cujas ações são distintas em gravidade e em consequências. Como admitir-se equidade se inculcarmos o peso da indenização ao causador do acidente, se de seu comportamento advém uma simples lesão, a qual, mal cuidada pelo médico, conduz a um processo infeccioso de nefastos males?

Maria Helena Diniz retira a seguinte passagem de uma decisão do STF, no voto da lavra do então Min. Moreira Alves: "Ora, em nosso sistema jurídico, como resulta do disposto no art. 1.060 do CC, a teoria adotada quanto ao nexo de causalidade é a teoria do dano direto e imediato, também denominada teoria da interrupção do nexo causal. Não obstante aquele dispositivo da codificação civil diga respeito à impropriamente denominada responsabilidade contratual, aplica-se ele também à responsabilidade extracontratual, inclusive à objetiva, até por ser aquela que, sem quaisquer condições de ordem subjetiva, afasta o inconveniente das outras duas teorias existentes: a da equivalência das condições e a da causalidade adequada (cf. Wilson de Melo da Silva, *Responsabilidade sem culpa*, nos 78 e 79, pp. 128 e ss, São Paulo, Editora Saraiva, 1974)."[94]

O art. 1.060 referido equivale ao art. 403 do CC de 2002.

Muito apropriadamente sustentava Orgaz faltar o nexo causal "en el caso de que la predisposición del sujeto determine un daño manifestamente desproporcionado en el resultado normal de la acción antijurídica: así, en el ejemplo antes señalado de la lesión leve que produce la muerte a causa de la hemofilia que padecía la víctima, o del ligero golpecillo dado en la cabeza y que determina la muerte en razón de que el sujeto padecía de una debilidad de los huesos craneanos... En estos casos, la acción del agente no puede considerarse adecuada para producir la muerte, y ésta se reputa meramente casual o fortuita. Pero si la acción era por sí misma adecuada para ese resultado, es indiferente que éste se haya producido con la colaboración de las predisposiciones de la víctima".[95]

A responsabilidade do autor direto mede-se de acordo com a natureza da lesão. Pelos eventos que aparecerem, provocados por causas outras, o responsável é a pessoa que os originou por sua culpa.

Não se indenizam os efeitos remotos ou distantes, ou aqueles que permitem concluir que derivam de outras causas. Se adquirida uma mercadoria alimentícia contaminada ou estragada, o seu custo torna-se indenizável, e mais os prejuízos que causou, como o tratamento médico de quem ingeriu, o lucro perdido porque não realizada a venda. Não, porém, as supostas perdas porque não pôde o comerciante comprar outro bem com o lucro que conseguiria, ou por ficar impossibilitado de expandir seu negócio, ou pelo fato de não pagar as suas dívidas.

Na eventualidade de um abalroamento do veículo, ressarcem-se os custos para a recuperação, os lucros cessantes em face do não uso ou dos dias paralisados, ou as despesas pela locação de outro veículo. Não entram na indenização as perdas por haver perdido negócios de transporte, ou em razão de dívidas pendentes que não puderam ser satisfeitas.

Ainda em caso de acidente automobilístico, acrescenta Carlos Roberto Gonçalves, "no instante em que se dirigia ao aeroporto para uma viagem de negócios, pode responsabilizar o motorista causador do dano pelos prejuízos que resultarem direta e imediatamente do sinistro, como as despesas médico-hospitalares e os estragos do veículo, bem como

---

[94] *Dicionário Jurídico*, São Paulo, Editora Saraiva, 1998, pp. 522 e segs.
[95] *El Daño Resarcible*, ob. cit., p. 149.

os lucros cessantes, referentes aos dias de serviço perdidos. Mas não poderá cobrar os danos remotos, atinentes aos eventuais lucros que poderia ter auferido, se tivesse viajado e efetuado os negócios que tinha em mente".[96]

A falta de pagamento de uma dívida importa no direito de cobrá-la, sem dar amparo a pedir o reembolso dos custos de um empréstimo bancário que o credor se viu obrigado a contratar.

Pode-se aproveitar, em situações especiais, em parte a teoria da equivalência das causas, exposta por Mazeaud e Mazeaud, de Von Buri, segundo a qual todos os acontecimentos que concorreram para a produção do dano são causas do mesmo, diremos que respondem pela indenização não apenas quem deu o primeiro passo para o evento, mas igualmente aqueles que participaram para o desenlace final. No entanto, cumpre notar, desde que os agentes procederam culposamente e as ações puderem ser destacadas, com um papel decisivo, verdadeiramente efetivo na lesão. Eis por que interessa, também, neste ponto, a teoria da causalidade adequada, de Von Kries, pela qual a relação entre o acontecimento e o dano resultante deve ser adequada, cabível, apropriada.

Não se atribuindo toda a responsabilidade ao que desencadeou o fato, mas a todos os que atuaram com ações adequadas ao resultado, cada partícipe reparará apenas "les consequences naturelles et probables de la faute",[97] ou de sua ação.

Isto desde que não se delire ou se desborde da realidade. O dano é tamanho, às vezes, que as decorrências acontecem necessariamente e abrangem outros problemas. Suponha-se o paciente que recebe um tratamento equivocado ministrado por médico, que torne seu organismo sem defesas de agentes externos, como de fungos e outras doenças de fundo viral. Posteriormente, quando de novo internamento hospitalar, vindo a sofrer novos baques, com outras infecções, mantém-se o nexo causal que responsabiliza o médico pelo tratamento equivocado. Ocorre que as doenças subsequentes decorreram dos efeitos do primeiro tratamento médico.

3. CAUSALIDADE COMUM

Trata-se da autoria coletiva na produção de danos. Duas ou mais pessoas concorrem de forma associada e imbuídas do mesmo intento no resultado lesivo. Há a cooperação na produção do dano, ou uma pluralidade de agentes, agindo os causadores coletivamente, sendo, pois, coautores.

Está-se diante de figura equivalente à coautoria ou ao concurso de agentes do direito penal.

É necessário que intervenham dois ou mais agentes, que estejam eles voltados para o mesmo propósito, isto é, para a realização do fim comum, e que colaborem na execução do evento que repercute negativamente junto a terceiros, considerados vítimas. Acrescenta-se a ilicitude dos atos, contrariando o direito e aptos a resultarem ofensa ao patrimônio material e mora de alguém.

---

[96] *Responsabilidade Civil*, ob. cit., p. 525.
[97] Henri e Léon Mazeaud, *Traité Théorique et Pratique de la Responsabilité Civile*, 4ª ed., Paris, Editora Sirey, 1949, tomo II, p. 358, nº 1.441.

54 • Responsabilidade Civil | Arnaldo Rizzardo

Resulta o dano da ação ilícita (ou até lícita na responsabilidade objetiva) cometida em conjunto, ensejando a responsabilidade conjunta e solidária de todas as pessoas que atuaram na obtenção do resultado. Por outros termos, todos os que participaram e cada um por si respondem pelo dano total, mesmo que menor a participação de um ou alguns dos indivíduos que ajudaram no fato ou ato.

4. CAUSALIDADE ALTERNATIVA E RESPONSABILIDADE

A apresentação de vários exemplos facilita a compreensão do tema. Lembra-se que o assunto se relaciona ao nexo causal, haja vista que se procura encontrar o vínculo entre o fato que redundou no prejuízo e a sua autoria.

Duas ou mais pessoas desferem disparos a esmo, atingindo um dos projéteis uma pessoa que circulava nas proximidades, e que não fora percebida pelos autores dos disparos.

Dois veículos disputam em desenfreada velocidade uma corrida, vindo um deles a atropelar um pedestre, sem que venha a ser identificado.

Alguns vendedores de produtos do mesmo gênero colocam pesticidas na plantação, procedendo posteriormente a venda. As hortaliças provocam forte indisposição estomacal nos compradores, impondo o internamento hospitalar. Não se logra êxito em individuar o elo entre um vendedor específico e o comprador.

Certa quantidade de pessoas despeja resíduos poluentes na água de um córrego, que, ingerida, produz grave intoxicação.

Três ou mais pessoas atiram objetos em determinada direção, causando danos em um veículo que se encontrava estacionado.

Em uma festa de confraternização, os convidados são afetados por alimento estragado, vindo-se a descobrir, posteriormente, que dois eram os produtos nesse estado, sem que se possibilite saber qual deles foi ingerido.

Na casuística acima, não se logra êxito em se chegar ao causador individual do dano. Como, todavia, os fatos ou atos praticados eram propícios a causar o dano, a responsabilidade recai em todos quantos efetuaram os atos ou fatos que produziram o dano.

Incide a chamada responsabilidade na causalidade alternativa. Sintetizava Pontes de Miranda: "Há causalidade alternativa quando o dano pode ter sido causado e o foi pelo ato de A ou B, sem se poder determinar com certeza qual dos dois o causou."[98] Como todas as pessoas praticaram o ato capaz de alcançar o resultado verificado, recai a responsabilidade civil nelas. O fundamento da responsabilidade está na participação de propósito e de ações. Não basta a presença junto à pessoa que efetivamente atingiu a vítima. É indispensável a prática de um ato igual àquele que provocou o dano. As pessoas praticaram condutas de perigo. Dá-se a responsabilidade porque criaram ou favoreceram situação de perigo. Não é relevante a falta de conhecimento sobre quem é o autor do dano, entre os vários indivíduos possíveis. Suficiente que se comprove que todos praticaram a ação que conduziu ao resultado que uma delas perpetrou.

Em resumo, os partícipes que se encontravam no grupo são considerados responsáveis solidários pelo evento perpetrado por um deles contra a vítima porque praticaram fato

---

[98] *Tratado de Direito Privado*, 3ª ed., 2ª reimpressão, São Paulo, Editora Revista dos Tribunais, 1984, vol. XXII, p. 192.

ou ato capaz de causar o efeito. Mesmo que o autor do fato seja uma só pessoa, nasce a responsabilidade solidária até porque todos os participantes silenciam a respeito do culpado, revelando uma concordância, e, assim, participação indireta no resultado. Há um conjunto de pessoas no qual qualquer uma delas poderia causar o dano, tendo executado ações próprias para tanto.

5. CAUSALIDADE CONCORRENTE

Não revela complexidade a causação concorrente, revelando-se clara a explicação de Orlando Gomes: "Quando duas ou mais pessoas causam o mesmo dano mediante ato que realizam independentemente uma da outra, mas de tal modo que o dano se verificaria com a mesma extensão pelo ato isolado de qualquer uma delas."[99]

Não se trata, pois, de coautoria, ou de participação conjunta na perpetração de um resultado negativo e ofensivo aos direitos de outrem, pois a ação de cada um se opera isoladamente. Duas pessoas, uma ignorando a ação da outra, e sem que haja um vínculo subjetivo que as unem no objetivo perseguido, atiram concomitantemente contra um desafeto, e lhe causam a morte. Apurando-se, penalmente, que os disparos de uma delas é que provocaram a morte, e que os do outro apenas resultaram em ferimentos, aquele responde por homicídio e o último por tentativa de homicídio. Civilmente, porém, os danos são procurados indistintamente contra qualquer um dos agressores ou contra ambos. Vários produtores de hortaliças lavam os ingredientes onde eram colocados produtos tóxicos em um córrego, cujas águas abastecem famílias ribeirinhas. Pelos males decorrentes todos são responsáveis, ou qualquer um deles, porquanto tal procedimento de qualquer dos produtores já era suficiente para o resultado verificado.

Nota-se que a causação é comum, intervindo dois ou mais indivíduos, mas sendo suficiente a ação de qualquer deles para atingir o resultado nocivo advindo.

---

[99] *Obrigações*, 5ª ed., Rio de Janeiro, Editora Forense, 1978, p. 338.

V
Situações Excludentes da Responsabilidade

1. CAUSAS QUE AFASTAM A RESPONSABILIDADE

Há situações que provocam prejuízos ao direito de outrem, mas não constituem atos ilícitos. Porque incluídos no rol de direitos subjetivos, relacionados à ordem jurídica, são sancionados e protegidos pela lei. Enquadram-se no exercício do direito garantido às pessoas, não podendo, pois, sofrer a repulsa nas suas consequências. Mesmo que presente o dano, e embora verificada a relação de causalidade entre a ação do agente e o dano a uma pessoa ou aos bens alheios, não decorre o dever de indenizar. A ação humana torna-se legítima, não sofrendo recriminação legal. As hipóteses que se enquadram na isenção de responsabilidade aparecem contempladas em lei, que retira dos atos a qualificação de ilicitude. São previsões legais escusativas, vindo arroladas no art. 188 do Código Civil, na seguinte redação: "Não constituem atos ilícitos:

I – os praticados em legítima defesa ou no exercício regular de um direito reconhecido;
II – a deterioração ou destruição da coisa alheia, ou a lesão à pessoa, a fim de remover perigo iminente."

Constam previstos atos cujos conteúdos são tão importantes e necessários que sobressaem às consequências, ficando legitimados ou não comportando a repulsa.

De outro lado, o art. 65 do Código de Processo Penal expressa que faz coisa julgada no cível a sentença penal que reconhecer ter sido o ato praticado em legítima defesa, no exercício regular de direito, em estado de necessidade e em estrito cumprimento de dever legal (sendo que o estado de necessidade não está contemplado no art. 188 do Código Civil como de isenção de responsabilidade).

Como se percebe, o texto legal usa a expressão 'coisa julgada'. Quis o legislador considerar, para efeitos civis, como irrefragavelmente provados a legítima defesa, o exercício regular de um direito reconhecido e o estado de necessidade. No entanto, outras previsões existem que refletem no afastamento ou atenuação da responsabilidade, como o caso fortuito ou o motivo de força maior, a culpa exclusiva da vítima e a absolvição em processo criminal.

Todas essas causas de exclusão, no entanto, devem manter-se nos parâmetros estabelecidos no art. 187 da lei civil: "Também comete ato ilícito o titular de um direito que, ao exercê-lo, excede manifestamente os limites impostos pelo seu fim econômico ou social, pela boa-fé ou pelos bons costumes." O ato, pois, não excederá os estritos limites necessários recomendados para a prática do direito, de modo a não importar em um prejuízo maior que se não fosse realizado. Nem violará outros valores até mais importantes, como no caso de, para se defender um bem material, se destrua um outro de maior valor, ou simplesmente se exceda o que se impunha para a sua defesa, como se, ao receber um empurrão, o indivíduo retruca com uma facada. Ainda, visando as vantagens econômicas da atividade do executor, se acarretem males à natureza, prejudicando a atmosfera e ao meio ambiente. Conforme se extrai das condutas, o excesso envolve algum grau de culpa, ou de desrespeito aos direitos alheios.

Segue-se a análise discriminada de cada uma das situações que, embora os prejuízos que provocam, excepcionalmente não reclamam a sanção legal, ou o ressarcimento.

2. A LEGÍTIMA DEFESA

O art. 188, inc. I considera não ilícitos os atos praticados em legítima defesa ou no exercício regular de um direito reconhecido.

Reconhecida a legítima defesa pela sentença penal que transitou em julgado, em face das disposições acima, não é possível reabrir a discussão sobre essa excludente de criminalidade, no âmbito civil. O juiz civil aceita aquilo que ficou reconhecido no juízo penal: "A absolvição baseada no requisito da legítima defesa vincula o juiz civil, pois o ato praticado em legítima defesa é também considerado lícito na esfera civil...".[100]

Não se pense, porém, que a excludente necessita do prévio reconhecimento no juízo penal para valer em matéria cível. Independentes são os campos, podendo vir alegada em qualquer esfera, e prevalecendo se perfeitamente provada.

O indivíduo exerce um direito ao defender a sua pessoa ou os bens que lhe pertencem, direito que emana diretamente da personalidade ou da natureza humana. De acordo com Carvalho Santos, cujos ensinamentos mantêm-se atuais, pois equivalentes as disposições do anterior Código ao vigente, para valer a isenção de responsabilidade devem concorrer os seguintes requisitos, que provêm do direito penal, onde é tratada a legítima defesa: "a) Agressão atual; b) impossibilidade de prevenir ou obstar a ação ou invocar e receber socorro de autoridade pública; c) ausência de provocação que ocasionasse a agressão, ou, em outros termos, a injustiça da agressão".[101] Mais especificamente, com base em Nelson Hungria, Serpa Lopes aponta os elementos assim descritos: "a) agressão atual ou iminente e injusta; b) preservação de um direito, próprio ou de outro; c) emprego moderado dos meios necessários à defesa".[102]

A legítima defesa pode ser própria ou de outrem, não se limitando à proteção da vida, e sim compreendendo todos os direitos aptos a serem lesados. Mas, tratando-se da honra, modifica-se a situação: não se exclui a indenização. É evidente que, no âmbito do direito civil, não se considera a ofensa simplesmente moral como conceito da mesma espécie que o homicídio, perpetrado ou tentado. Trata-se de valores incomensuráveis, insuscetíveis de medida comum por intermédio de critérios racionais.

---

[100] *Revista Trimestral de Jurisprudência*, 83/649.
[101] *Código Civil Brasileiro Interpretado*, 10ª ed., vol. III, p. 333.
[102] *Curso de Direito Civil*, vol. I, p. 481.

Cap. V | Situações Excludentes da Responsabilidade • 59

Quando o ato praticado em legítima defesa faz resultar lesão em pessoa estranha à agressão, a responsabilidade para com esta subsiste. Lembra Carvalho Santos, reportando-se ao dano sofrido por um estranho à agressão injusta que deu causa à repulsa: "'A' agride 'B'; 'B' defende-se. Mas o golpe desferido por ele em 'A' vai atingir também 'C', que passava pelo local. 'B' fica obrigado a indenizar 'C', muito embora o ato se considere crime justificável."[103]

Pontes de Miranda é do mesmo parecer: "O dano a terceiro, ou coisa de terceiro (não só a coisa, art. 1.520, parágrafo único), é ressarcível; porque é contrário a direito, defendendo-se de 'A', lesar 'B'; aí, não há defesa."[104] O citado art. 1.520, parágrafo único, está reproduzido no art. 930, parágrafo único, do Código em vigor.

Outrossim, cabe a ação de indenização contra o terceiro agressor, que provocou a reação que redundou em dano. O causador direto do dano, ou da lesão, não responde civilmente pelos prejuízos. Entrementes, aquele que fez surgir a reação do causador coloca-se no polo passivo na ação ressarcitória, conforme viabiliza a parágrafo único do art. 930: "A mesma ação competirá contra aquele em defesa de quem se causou o dano (art. 188, inciso I)."

Para uma melhor compreensão, transcreve-se o *caput* do art. 930: "No caso do inciso II do art. 188, se o perigo ocorrer por culpa de terceiro, contra este terá o autor do dano ação regressiva para haver a importância que tiver ressarcido ao lesado." Eventuais indenizações feitas pelo causador do dano são reembolsáveis junto ao terceiro.

As indenizações tornam-se postuláveis se atingida terceira pessoa na defesa do direito, e não aquele que provocou a situação de perigo, ensejadora da reação. Nessa dimensão a inteligência do art. 930, no tópico que condiciona o direito de regresso ao ressarcimento feito em favor do lesado. Unicamente em relação a terceiros ou estranhos, ou em qualquer caso se houver excesso na ação que repele a agressão, assegura-se a indenização, nos termos do parágrafo único do art. 188.

A legítima defesa putativa, isto é, o erro de fato sobre a existência de situação de legítima defesa, não é legítima defesa se houve negligência na apreciação errônea dos fatos, o que resta evidente, como nota o provecto autor.

2.1. Legítima defesa da propriedade e proporcionalidade dos meios empregados

O constante aumento da criminalidade leva a se buscarem inovações e aperfeiçoamentos nos meios de defesa, de modo a impedir ataques e invasões de propriedades particulares, em especial residências, hotéis, estabelecimentos comerciais e industriais, instituições financeiras e locais de prestação de serviços.

No intento de afastar ou repelir arrombadores, assaltantes e toda corja de malfeitores, utilizam-se vários aparelhos preventivos, equipamentos eletrônicos e engenhos mecânicos, como visores eletrônicos, cercas eletrificadas, muros com pedaços de vidro, sistemas de alarmes, grades com lanças ou pontas de ferro, fossos, pistolas automáticas, entrelaçamento de arame farpado, e armadilhas de vários tipos, de modo a embaraçar ou dificultar ao extremo o acesso ou a invasão na propriedade.

---

[103] *Código Civil Brasileiro Interpretado*, vol. III, p. 333.
[104] *Tratado de Direito Privado*, 4ª ed., São Paulo, Editora Revista dos Tribunais, 1974, vol. II, p. 885.

São legítimos esses meios de defesa, conhecidos pela expressão *offendicula*, ou defesas predispostas, instalados em propriedades particulares, de modo a afugentar os que deles se aproximam, e mesmo impedir a invasão ou os arrombamentos?

O assunto já mereceu grandes debates, defendendo uma corrente que constituem formas do exercício regular de direito, enquanto outra pende para enquadrá-los como legítima defesa.

Em princípio, a todos se permite o exercício regular do direito de se defender, ou a legítima defesa pessoal e da propriedade. Não se impede a instalação de equipamentos ou aparelhos de proteção, e que visem impedir as invasões e as ofensas à pessoa e aos bens próprios.

Deve-se levar em conta o disposto no art. 187 da lei civil: "Também comete ato ilícito o titular de um direito que, ao exercê-lo, excede manifestamente os limites impostos pelo seu fim econômico ou social, pela boa-fé ou pelos bons costumes."

Ou seja, deve-se levar em conta a proporcionalidade, a ponto de não excederem, em consequências, os limites ou a necessidade da defesa pessoal ou do patrimônio. Se a finalidade visa impedir a escalada em muros, parece suficiente o uso de setas pontiagudas, ou de pedaços de vidro, ou que se energize eletricamente a cerca, em uma potência de força suficiente para repelir o invasor. Não carece, para a finalidade, que se instalem dispositivos que acionem pistolas automáticas, cujos projéteis, acertando pontos nevrálgicos do organismo humano, provocam inapelavelmente a morte. Despropositada afigura-se, também, que se coloquem detonadores camuflados ou não perceptíveis, os quais, tocados, explodem atingindo as pessoas próximas.

Já expunha José Frederico Marques, citado por Rui Stoco, que, estando o aparelho "disposto de modo que só funcione no momento necessário e com a proporcionalidade a que o proprietário era pessoalmente obrigado, nada impede a aplicação da legítima defesa. Se as condições desta não forem respeitadas, não se poderá invocar a legítima defesa em favor de quem haja usado o aparelho".[105]

Para tanto, e a fim de bem prevenir, mister se aponham avisos em letreiros ou cartazes, advertindo do perigo em escalar o muro, ou em adentrar no interior do pátio, ou no arrombamento de portas e janelas. Desde que se proporcione a cientificação preventiva do perigo, e não se empreguem meios de defesa que tragam resultados que ultrapassem o limite do razoável, legítimo o uso de tais sistemas de defesa. A todos se reconhece o direito de cercar a propriedade com aparelhos e equipamentos que assegurem a inviolabilidade e a defesa contra a injusta agressão.

Nessa mesma visão se garante a manutenção de cães no interior da propriedade, mesmo os de raça e instinto ferozes, que representem verdadeira ameaça à vida de invasores, desde que se previna a sua existência através de avisos colocados nos muros ou cercas.

3. O EXERCÍCIO REGULAR DE UM DIREITO RECONHECIDO

Os atos cometidos no exercício regular de um direito reconhecido constam previstos no inc. I do art. 188 do Código Civil, sob a afirmação de que não constituem delitos, ou não são ilícitos.

Para a doutrina, não há exercício regular de direito se decorre transgressão à lei. Adverte Aguiar Dias: "No exercício regular de direito reconhecido será preciso indagar

---

[105] *Tratado de Direito Penal*, 2ª ed., São Paulo, Editora Saraiva, 1965, vol. II, p. 136.

se não está ele, por uma das muitas razões que justificam a aplicação da doutrina objetiva, submetido a critério mais largo que o da culpa, para constituição da obrigação de reparar."[106] Nota-se a tendência em determinar a indenização, na hipótese de acontecer, eventualmente, uma situação de ofensa a um bem de outrem, apesar de praticada com apoio em tal princípio. De modo um tanto forte, sentencia Cunha Gonçalves: "O exercício do direito não é obrigatório; o seu titular ou sujeito pode realizá-lo, ou não, ou exercê-lo só em parte ou do modo que lhe aprouver. Excetuam-se os direitos que são também deveres, como o poder familiar, a tutela etc.".[107]

É a linha de Cristiano Chaves de Farias, Felipe Peixoto Braga Netto e Nelson Rosenvald: "o exercício regular de direito não é excludente da responsabilidade civil do Estado. Mesmo se a atividade foi regular e lícita, o deve de indenizar poderá se impor se presente o nexo causal entre a ação e omissão estatal e o dano".[108]

Pondera Carvalho Santos que o exercício do direito, embora possa gozar da mais ampla liberdade, não pode ir além de um justo limite: "Por isso que todo direito acaba onde começa o direito de outrem."[109] Sintetizando a doutrina francesa, lembra que "todo direito deve ter por limite a satisfação de um interesse sério e legítimo". Para ser legítimo, cumpre que seja normal.

Pontes de Miranda explica como há de se considerar a hipótese para excluir a ilicitude: "Se há dano, o que exercia o direito comete ato ilícito, salvo se regularmente o exercia, donde o ônus da prova, no direito brasileiro, ir ao culpado do dano, e não ao que sofreu, pois a esse somente incumbe provar o dano e a culpa, apontando a contrariedade do direito. O que alega ter sido o ato praticado no exercício regular do direito é que tem de provar esse exercício e essa regularidade."[110]

Por conseguinte, se o exercício de um direito provocar dano e não era praticado regularmente, constitui abuso de direito, entrando no mundo dos atos ilícitos. Em síntese, ou há abuso de direito, ou a justiça aconselha a indenização pelo critério da responsabilidade objetiva. Não é coerente sofra a vítima, inocentemente, lesões em seus bens, ou na sua pessoa porque o ofensor agiu com respaldo em um direito seu reconhecido pela lei. É possível que inexista a ilicitude, mas sem subtrair o dever de indenizar o dano resultante.

A autoridade de Jorge Giorgi dá força a esta exegese: "El critério que vamos buscando consiste únicamente en investigar si de parte del ofendido existia un derecho por el que le estaba garantido lo que perdió. En verdad, no hay derecho contra derecho; y es absurdo que el ejercicio del derecho propio pueda conducir a la violación del derecho ajeno, no pudiendo proteger la ley contemporáneamente el interés del perjudicado y el interés contrario del que causa el perjuicio. Por no haber reflexionado en esta verdad de buen sentido, algunos escritores han caído en el absurdo de reducir a puro juego de palabras al axioma qui iure suo utitur, nemini iniuria facit; sin comprender que la violación del derecho ajeno no puede nunca justificarse como ejercicio de derecho propio, porque no es legítima."[111]

---

[106] *Da Responsabilidade Civil*, vol. II, p. 885.
[107] *Tratado de Direito Civil*, São Paulo, Max Limonad, 1957, vol. I, tomo I, p. 475.
[108] *Novo Tratado de Responsabilidade Civil, ob. cit., p. 1.036.*
[109] *Código Civil Brasileiro Interpretado*, vol. III, p. 340.
[110] *Tratado de Direito Privado*, vol. II, p. 291.
[111] *Teoría de las Obligaciones*, trad. ao espanhol da 7ª edição italiana, Madrid, Editora Reus, 1929, vol. 5º, p. 264.

Com respaldo neste ensinamento, que se generaliza no conceito da doutrina mais abalizada, indaga-se da possibilidade de acontecerem acidentes de trânsito amparados no excludente do exercício regular do direito. O condutor será envolvido em alguma situação lesiva a terceiros unicamente porque o exercício de um direito o obrigou?

É difícil acontecer a hipótese. Suponha-se que se pratique um abalroamento para salvar a sua vida. A salvação da vida é um direito garantido a todas as pessoas. Mas aí a figura converte-se em estado de necessidade. Embora se livre a pessoa da responsabilidade criminal, a indenização civil é um dever inderrogável. Em outras circunstâncias da vida, há casos de isenção de responsabilidade, como ilustra o já citado Giorgio: "Por derecho natural y civil a un tiempo es lícito disponer y usar de las cosas propias, así como de nuestra actividad, como nos parezca, aun en perjuicio de los intereses ajenos, siempre que no se viole un derecho de tercero. Quien excava en su terreno y corta la vena de agua al pozo el vecino; quien cultivando el terreno propio rompe las raíces a los árboles del colidante...; quien levanta un edificio, o planta un árbol a la distancia legal, pero haciendo esto quita luces o vistas al vecino que no goza de una servidumbre, no comete injuria, ni queda tenido a indemnización de daños, porque usa de su derecho."[112] Não incide o dever de indenizar, nas hipóteses mencionada, porque a lei permite o exercício do direito. No entanto, não havendo a isenção expressa da lei, cabe o ressarcimento.

4. O ESTADO DE NECESSIDADE

Expunha Hélio Tornaghi: "Quanto ao estado de necessidade, convém lembrar que nem sempre ele torna o ato danoso civilmente lícito, mas apenas na hipótese do art. 160, II, e sob as condições do parágrafo único desse mesmo artigo. Portanto, é também sem importância, a não ser na hipótese do art. 160, II, do CC, que haja ou não coisa julgada na esfera penal sobre o estado de necessidade."[113] O dispositivo invocado corresponde ao art. 188, inc. II, do vigente Código Civil.

A previsão de mencionado dispositivo consiste na deterioração ou destruição da coisa alheia, a fim de remover perigo iminente. O parágrafo único do art. 188 restringe a aplicação da exceção aos casos em que as circunstâncias tornarem o ato absolutamente necessário, e desde que não se excedam os limites do indispensável para a remoção do perigo: "No caso do inciso II, o ato será legítimo somente quando as circunstâncias o tornarem absolutamente necessário, não excedendo os limites do indispensável para a remoção do perigo."

Salienta-se que o art. 929 prescreve que assiste à pessoa lesada, ou ao dono da coisa, a indenização pelo prejuízo sofrido, se não forem culpados do perigo, previsão que praticamente afasta situações desamparadas da proteção: "Se a pessoa lesada, ou o dono da coisa, no caso do inciso II do art. 188, não forem culpados do perigo, assistir-lhes-á direito à indenização do prejuízo que sofrerem." Já o art. 930 garante ao autor do dano o direito de regresso contra o terceiro provocador do mal, para haver a importância que tiver ressarcido ao dono da coisa: "No caso do inciso II do art. 188, se o perigo ocorrer

---

[112] *Teoría de las Obligaciones*, vol. 5º, p. 262.
[113] *Comentários ao Código de Processo Civil*, São Paulo, Editora Revista dos Tribunais, 1976, vol. I, tomo 2º, p. 138.

por culpa de terceiro, contra este terá o autor do dano ação regressiva para haver a importância que tiver ressarcido ao lesado."

O estado de necessidade, lecionava Cunha Gonçalves, "é uma situação de fato, em que uma pessoa, para se livrar de um perigo desencadeado, sacrifica outra pessoa ou coisa alheia".[114] No plano dos interesses, há um conflito, desencadeando-se o ferimento do direito de outrem, que foi posto em colisão com o do autor da lesão. Aí, sempre se assegura o direito de indenização, a menos que o lesado tenha provocado o perigo. Por isso, "o que pratica o ato em estado de necessidade tem de indenizar o dano que cause, não porque o seu ato seja ilícito (art. 159), não o é (art. 160, II), pois que se lhe preexcluiu a própria contrariedade a direito. Há colisão de interesses, a que o legislador teve de dar solução; e aprouve-lhe meter tais atos no rol dos atos-fatos. Este o ponto cientificamente mais importante. O dever de indenizar cabe ao agente, e só a ele, ainda que outrem tivesse salvo os seus interesses em virtude ou por causa do ato em estado de necessidade".[115] Os dispositivos 159 e 160, I, referidos no texto, correspondem aos arts. 186 e 188, inc. I, do atual diploma civil.

Na linguagem do emérito jurista, o que pratica o ato em estado de necessidade é como quem respira, ou anda, ou se senta, ou se deita. O dever de reparar é eficácia do ato-fato jurídico, e não de ato ilícito. O dono da coisa, que sofreu prejuízo, portanto, tem o direito à indenização, por força do art. 919 do Código Civil. E o autor do dano poderá acionar o terceiro, se for o caso, isto é, se este foi culpado, para haver a importância despendida no ressarcimento ao titular da coisa.

Martinho Garcez, em primorosa obra sobre a responsabilidade civil, lembra antiga jurisprudência no sentido de que, na esfera civil, o estado de necessidade não evita a reparação do prejuízo que causar a outrem.[116]

O extinto Tribunal de Alçada do Rio Grande do Sul tinha decisão no seguinte sentido: "Se alguém, para livrar-se do perigo iminente, causa dano aos bens de outrem, por certo não pratica ato ilícito. Nem por isso, porém, desobriga-se perante o prejudicado. Daí a regra do art. 1.520 do CC. O autor imediato do dano solve a obrigação e fica com ação regressiva contra o terceiro culpado, para dele haver a importância que tiver ressarcido ao dono da coisa."[117] O art. 1.520 tem seu conteúdo reproduzido pelo art. 930 do Código em vigor.

Em outro aresto: "O causador do dano que age em estado de necessidade responde perante a vítima inocente, ficando com ação regressiva contra o terceiro que causou o perigo."[118]

O Supremo Tribunal Federal: "Sentença absolutória no juízo criminal. Ainda que tenha reconhecido o estado de necessidade ou ausência de culpa criminal, não arrebata ao causador de grave dano o dever de indenizá-lo." Na fundamentação do acórdão: "O que causou o dano, se a culpa não foi do ofendido, é obrigado a indenizar, ainda que o ato praticado seja lícito, com fundamento no estado de necessidade... ou em defesa de

---

[114] *Tratado de Direito Civil*, vol. I, tomo I, p. 318.
[115] Pontes de Miranda, *Tratado de Direito Privado*, 4ª ed., 1974, vol. II, p. 299.
[116] *Prática da Responsabilidade Civil*, 3ª ed., São Paulo, Editora Saraiva, 1975, p. 222.
[117] *Julgados do Tribunal de Alçada do RGS*, 342/272.
[118] *RT*, 454/86.

outrem... O estado de necessidade não dá lugar, ele mesmo, a um direito autônomo, que tenha por conteúdo o poder de realizar um ato que viole o direito alheio."[119]

O STJ: "O motorista do veículo simplesmente arremessado contra outro não tem sua conduta inserida na relação causal e por isso não responde pelos danos causados, devendo a ação indenizatória ser dirigida diretamente contra quem, culposamente, causou o primeiro abalroamento. Diferente é a situação do motorista que em estado de necessidade para se salvar de perigo posto por outrem, vem a causar o cheque com terceiro. Neste caso, ele responde, com direito de regresso contra o culpado (art. 1.520 do CC). Reconhecida no acórdão a primeira situação, não viola a lei a decisão que julga improcedente ação promovida contra o proprietário cujo veículo foi jogado contra os automóveis dos autores. Inexistência de ofensa aos princípios sobre a coisa julgada, pela simples menção à decisão adotada em outros processos, sobre o mesmo fato."[120] O art. 1.520 acima mencionado equivale ao art. 930 do Código de 2002.

"A empresa cujo preposto, buscando evitar atropelamento, procede à manobra evasiva que culmina no abalroamento de outro veículo, causando danos, responde civilmente pela sua reparação, ainda que não se configure, na espécie, a ilicitude do ato, praticado em estado de necessidade. Direito de regresso assegurado contra terceiro culpado pelo sinistro."[121]

Assinalou Aguiar Dias: "O estado de necessidade, ato ilícito, por sua natureza, não afasta, só por isso, a obrigação de indenizar. O caráter da responsabilidade civil, resultante do ato praticado em estado de necessidade, é objetivo e não subjetivo."[122]

De modo que transparece a unanimidade de entendimento da obrigação de indenizar, se o dono da coisa lesada não for culpado do perigo. Nesta ordem, se para evitar um acidente, o motorista corta bruscamente a frente de outro veículo, responderá pelos danos, pois não é justo que a vítima suporte os prejuízos físicos e materiais a pretexto da ausência de culpa de parte do autor direto do evento. Este procurará acionar o provocador de seu ato, chamando-o a juízo posteriormente, para que indenize não somente a soma entregue à vítima, mas também a lesão por ele suportada em seu veículo.

5.   O ESTRITO CUMPRIMENTO DO DEVER LEGAL

Com respeito ao estrito cumprimento do dever legal, embora reconhecida a causa de exclusão pela justiça criminal, com força de coisa julgada, isto não impede ao juízo cível conhecer do fato, para que se meça a extensão da agressão ou da conduta lesiva, e se avalie o grau de culpa com que o ato tenha sido praticado. Este o magistério de Hélio Tornaghi: "É absolutamente irrelevante no juízo cível que no criminal se haja decidido ter sido o ato danoso praticado no estrito cumprimento do dever legal. Tal circunstância exclui a ilicitude penal, mas não a civil. Nem do art. 159, nem do art. 160 do CC se infere a licitude civil do ato praticado no estrito cumprimento do dever legal. Ao contrário, o que é justo e razoável é que o dano seja ressarcido ou reparado. Na maioria dos casos (aqueles a que os alemães chamam *polizeinot stand*), o problema cai naquele outro das

---

[119]   *Revista Trimestral de Jurisprudência*, 81/542.
[120]   REsp. nº 81.631/SP, da 4ª Turma, j. em 05.03.1996.
[121]   REsp. nº 124.527/SP, da 4ª Turma, j. em 04.05.2000.
[122]   *Da Responsabilidade Civil*, vol. II, p. 884.

indenizações em direito público."[123] Os arts. 159 e 160 retrocitados equivalem aos arts. 186 e 188 do vigente Código Civil.

Com razão indaga Aguiar Dias, mantendo-se a atualidade da colocação: "Que dever legal é, de fato, o que pode causar dano impune? Compreende-se que isente de responsabilidade criminal, mas dá-lo sempre como causa de exoneração da responsabilidade civil é desconhecer o que está hoje assentado na consciência jurídica universal: todo dano injusto deve ser reparado."[124]

Diante destes doutos ensinamentos, chega-se à conclusão de que são indenizáveis os danos provocados pelo policial que, em perseguição a um meliante, projeta a viatura contra pedestre, saindo da pista por não conseguir controlar a direção, em virtude da velocidade desenfreada desenvolvida. Justifica-se o comportamento do ponto de vista funcional, mas não sob o âmbito civil e mesmo criminal.

De maneira idêntica, no tiroteio entre agentes da segurança e criminosos, em local público, não se exime o Estado da responsabilidade pelos danos decorrentes nas pessoas que foram atingidas e nas coisas prejudicadas.

A ambulância que apressadamente conduz o doente ao hospital, vindo a colidir em outro veículo, em razão de manobra imprudente efetuada, não se livra do dever de reparar o montante apurado dos danos, apesar da urgência do atendimento médico que exigiu o excesso de velocidade.

6. CASO FORTUITO OU FORÇA MAIOR

Matéria importante, de grandes repercussões práticas, sobre o afastamento da responsabilidade, traz o art. 393: "O devedor não responde pelos prejuízos resultantes de caso fortuito ou força maior, se expressamente não se houver por eles responsabilizado."

Por sua vez, o parágrafo único traz a definição de caso fortuito ou força maior: "O caso fortuito ou de força maior verifica-se no fato necessário, cujos efeitos não era possível evitar, ou impedir."

Inicialmente, salienta-se que trata o Código de situações em que é admitido o não cumprimento. Está-se diante do incumprimento não imputável ao devedor. Arrolam-se alguns casos, mas existem várias outras situações, que também serão abordadas.

Há impossibilidades de cumprimento, que afastam a exigibilidade. Já chamava a atenção Francisco de Paula Lacerda de Almeida: "A possibilidade da prestação constitui um dos elementos essenciais da obrigação, e assim, como a prestação impossível impede, em princípio, a formação do vínculo obrigatório por falta de objeto, assim também e pelo mesmo motivo a impossibilidade superveniente, suprimindo um elemento essencial da obrigação, acarreta a extinção desta."[125]

Efetivamente, importa, como condição primordial, a possibilidade do cumprimento. Não é sensato que alguém contrate com um trabalhador rural uma atividade incompatível com sua condição. A respeito, o Código Civil, no art. 104, ergue como condições para a validade do ato jurídico o agente capaz, o objeto lícito, possível, determinado ou deter-

---

[123] *Comentários ao Código de Processo Civil*, vol. I, tomo 2º, p. 138.
[124] *Da Responsabilidade Civil*, vol. II, p. 885.
[125] *Obrigações*, 2ª ed., Rio de Janeiro, Typographia Revista dos Tribunais, 1916, p. 345.

minável, e a forma prescrita ou não defesa em lei. No âmbito de objeto lícito, possível, determinado ou determinável, inclui-se o objeto realizável, existente, encontrando-se no comércio. Não há obrigação quando o objeto é impossível, o que pode ocorrer por duas razões: ou porque está fora do comércio, ou porque é inatingível. De outro lado, tem-se a impossibilidade física e jurídica. Na primeira, aquilo que se promete cumprir nunca existiu e nem poderá existir. Quanto à segunda, a lei impede que seja contratado, e, nesta órbita, a compra e venda de direitos indisponíveis, como da tutela, da curadoria, do poder familiar, e até quanto a bens, como a venda de um imóvel público ou de imóvel que já é do pretendido comprador. Em todas essas situações, incogitável procurar perdas e danos em face do não cumprimento.

6.1. Conceito

No presente item, restringe-se o estudo à responsabilidade na impossibilidade da prestação proveniente de circunstâncias estranhas à vontade do devedor, e não imputáveis a ele, mas relativamente ao caso fortuito ou a uma circunstância de força maior. Verificando-se uma dessas hipóteses, não incidem as perdas e danos.

Os conceitos sobre referidas causas de isenção estão bem difundidos na doutrina, não se fazendo desnecessária a abordagem das teorias que durante longo tempo martirizaram os aplicadores do direito. Importa perscrutar os traços comuns na sua identificação. Nesta ordem, perdura a importância do ensinamento de Arnoldo Medeiros da Fonseca, um dos que melhor trataram do assunto, para quem caracterizam a força maior ou o caso fortuito, expressões que encerram o mesmo sentido, o elemento objetivo, que é a inevitabilidade do evento, e o elemento subjetivo, considerado como a ausência de culpa no comportamento.[126]

Relativamente às expressões, Pontes de Miranda trouxe à tona a distinção que já havia feito Lacerda de Almeida: "Força maior diz-se mais propriamente de acontecimento insólito, de impossível ou difícil previsão, tal uma extraordinária seca, uma inundação, um incêndio, um tufão; caso fortuito é um sucesso previsto, mas fatal como a morte, a doença etc..."[127] Em seguida, porém, adverte: "A distinção entre força maior e caso fortuito só teria de ser feita, só seria importante, se as regras jurídicas a respeito daquela e desse fossem diferentes."[128] O que não se verifica, pois o Código empresta o mesmo significado às expressões, como ocorria com o Código de 1916. Considera a força maior ou o caso fortuito o acontecimento, previsível ou não, que causa danos e cujas consequências são inevitáveis. Ou, o que vem a dar no mesmo, ocorre um fato sem que o homem, especialmente o devedor, tenha dado causa. De ordinário, é de acontecimento natural que se trata. Mais para bem entender essas excludentes de responsabilidade, vale transcrever a distinção feita por Mário Júlio de Almeida Costa: "... O caso fortuito representa o desenvolvimento de forças naturais a que se mantém estranha a ação do homem (inundações, incêndios, a morte etc.), e o caso de força maior consiste num facto de terceiro (a prisão, o roubo, uma ordem da autoridade etc.). De acordo com o critério talvez mais difundido, o conceito de força maior tem subjacente a ideia de inevitabilidade: será todo o acontecimento natural ou ação humana que, embora previsível ou até prevenido, não se pode evitar, nem em si mesmo nem nas suas consequências Ao passo que o conceito

---

[126] *Caso Fortuito e Teoria da Imprevisão*, 3ª ed., Rio de Janeiro, Editora Forense, 1958, p. 147.
[127] *Tratado de Direito Privado*, 3ª ed., Editora Borsoi, 1971, vol. XXIII, p. 78.
[128] *Idem*, p. 79.

de caso fortuito assenta na ideia da imprevisibilidade: o facto não se pode prever, mas seria evitável se tivesse sido previsto".[129] Exemplo de caso fortuito revela-se nesta ementa: "Inexiste a responsabilidade civil do Município pelo dano causado em veículo por queda de árvore em consequência de fortes chuvas, se comprovado que o dano se deu exclusivamente pelo fato da natureza, sem nenhum nexo causal entre a atuação do Estado e a lesão produzida, pois nos termos do art. 1.058 do CC o caso fortuito ou de força maior, por imprevisível e inevitável, exclui o dever de indenizar".[130] Lembra-se que o art. 1.058 equivale ao art. 393 do atual Código Civil.

Enquanto Arnoldo Medeiros acentuava os dois requisitos acima para isentar de responsabilidade o ato humano, Aguiar Dias reduzia tudo a uma questão de causalidade. A supressão de causalidade exime da obrigação: "Esta noção atende melhor ao que se procura expressar com a noção de caso fortuito ou de força maior e prova do mesmo passo que a ausência de culpa não satisfaz como critério capaz de caracterizar essas causas de isenção."[131]

No entanto, situando-nos mais no primeiro autor, tendo presentes os dois elementos identificados, o conceito envolve todo o acontecimento inevitável, necessário, "a cujos efeitos não seria dado a nenhum homem prudente prevenir ou obstar",[132] no que se coaduna com o Código Civil vigorante.

6.2. Ausência de culpa

Não se comporta o caso fortuito ou de força maior com a culpa. Não se admite a presença de alguma possibilidade de culpa, pois aí já se depreende que houve a participação do sujeito da obrigação.

Apresenta-se como inevitável o evento se aponta uma causa estranha à vontade do obrigado, irresistível e invencível, o que sói acontecer caso não tenha concorrido culposamente o agente. Não agindo precavidamente, desponta a culpa, o que leva a deduzir não ter sido inevitável.

A inevitabilidade está ligada à ausência de culpa. Um requisito não subsiste sem o outro. Presentes os dois, há impossibilidade de impedir o acontecimento.

O conceito de culpa é amplo. Vindo incrustada no comportamento, desaparece a inevitabilidade. Ou o fato, pela sua imprevisibilidade, se tornou irresistível, aparecendo como inevitável, o que equivale à impossibilidade; ou o autor tinha meios de resistir ao evento, mesmo que imprevisível, conduzindo à configuração da culpa, se não resistir. Na eventualidade de estar munido de meios de resistir ao evento, mesmo que imprevisível, conduz à configuração da culpa se não resistir. O fato súbito e inesperado forma elemento integrante do caso fortuito quando não pode ser evitado, dentro das possibilidades do devedor. O que não acontece no furto de mercadorias do interior de um veículo que as transporta, diante da realidade atual de delinquência generalizada em que vive o País: "Se a transportadora, mesmo sabendo dos riscos que envolve o transporte de mercadorias relativamente valiosas e cobiçadas por ladrões, aceita fazer o transporte, não pode depois,

---

[129] *Direito das Obrigações*, 3ª ed., Coimbra, Livraria Almedina, 1979, p. 773.
[130] Apel. Cível nº 1.412-5/6, da 5ª Câmara Cível do TJ de São Paulo, de 31.07.1997, em *RT*, 746/217.
[131] *Da Responsabilidade Civil*, 4ª ed., Rio de Janeiro, Forense, 1960, vol. II, p. 723.
[132] *Caso Fortuito e Teoria da Imprevisão*, ob. cit., p. 147.

realizado o sinistro, ser liberada da indenização pelos prejuízos que tal fato, plenamente previsível, causou. A transportadora, tendo celebrado com a denunciada seguro facultativo de responsabilidade civil do transportador por desaparecimento de carga, tem direito a receber da seguradora o reembolso da reparação que terá de pagar às seguradas da proprietária da carga."[133]

6.3. Inevitabilidade do fato e impossibilidade da obrigação

A inevitabilidade do fato constitui um elemento imprescindível, mas de relativa concepção. Não há fatos que possam, *a priori*, ser sempre considerados casos fortuitos. É que a inevitabilidade existe hoje e amanhã já poderá desaparecer. Para determinado cidadão, ela se apresenta, e diante de outra pessoa, numa posição diferente, não raro acontece o contrário. A fim de que ela seja completa e plenamente comprovada, a obrigação há de ser impossível. Só então não acontece a culpa e o fato é necessário.

Quanto à impossibilidade, de certa maneira está ligada à pessoa, como na contingência ou falta de condições da pessoa, mas configura-se mais se verificada em relação ao fato. De qualquer sorte, deve ser absoluta, não bastando a mera dificuldade. E revela-se absoluta quando o obrigado não conclui um trabalho contratado porque sobrevém uma doença, que o incapacita para o trabalho. Não é a dificuldade que desonera das perdas e danos, nem um problema posterior e inesperado, como a falta de dinheiro para adquirir a matéria-prima necessária à fabricação. Competia ao agente prever o custo e as exigências do compromisso aceito com a devida antecedência.

Há impossibilidade no cumprimento de uma obrigação porque aparece um acontecimento inevitável. É inevitável quando for superveniente. Nestas condições, se o contrato vem a ser celebrado durante uma guerra, não se admite ao devedor alegar, depois, as dificuldades oriundas desta mesma guerra para furtar-se às obrigações.

A inevitabilidade reclama que seja o evento irresistível, fora do alcance do poder humano. Desde que seja impossível a remoção pela vontade do devedor, não há de se cogitar da culpa deste pelo inadimplemento da obrigação, pois independe de qualquer previsão da pessoa o fato. Assim no assalto com arma de fogo, no que bem ponderou o STJ: "Roubo com o emprego de arma de fogo... Força maior. Inevitabilidade... A responsabilidade de indenizar, na ausência de pactuação em contrário, pode ser afastada pela prova da ocorrência da força maior, como tal se qualificando o roubo de objeto sob a guarda do devedor. Segundo qualificada doutrina, que encontrou eco nesta Corte, caso fortuito 'é o acidente produzido por força física ininteligente, em condições que não podiam ser previstas pelas partes', enquanto a força maior 'é o fato de terceiro que criou, para a inexecução da obrigação, um obstáculo, que a boa vontade do devedor não pode vencer', com a observação de que o traço que os caracteriza não é a imprevisibilidade, mas a inevitabilidade."[134]

Apesar da evidência acima, destoando do bom-senso, encontram-se decisões que atribuem a responsabilidade ao transportador, como se fosse possível munir cada comboio ou unidade de transporte de uma força militar, ou de uma guarda com poderosas armas de combate. Mediante estéreis construções envolvendo direito do consumidor e uma

---

[133] Apel. Cível nº 584.372-1, da 11ª Câmara Civil do 1º TACiv.-SP, de 03.01.1995, em *RT*, 725/258.
[134] REsp. nº 258.707-SP, da 4ª Turma, *DJU* de 25.09.2000, rel. Min. Sálvio de Figueiredo Teixeira.

legislação do início do século passado, quando totalmente diferente a realidade, ousa-se denegrir o engenho intelectual através de colocações como a presente: "Se as permissionárias de serviço público não cumpre a disciplina do Código de Defesa do Consumidor, no que concerne à sua obrigação de segurança, deixando seus passageiros sem qualquer proteção que se possa esperar durante a prestação de serviço, em especial a incolumidade, demonstra que o serviço foi defeituoso, devendo ser responsabilizada."[135]

Mesmo que previsíveis os assaltos, não é afastada a força maior, no que bem andou o STJ, ao uniformizar o entendimento de que o fato de serem comuns os assaltos nos meios de transporte não são bastantes para se atribuir responsabilidade à transportadora.[136]

O mesmo acontece se uma guerra surge após feito o contrato, impossibilitando o atendimento das obrigações, o que libera o devedor do adimplemento. De idêntica forma, se há o bloqueio de um porto, ou se uma autoridade proíbe o trânsito em determinada região, não permitindo, assim, que uma mercadoria chegue ao destino. Cai uma geada em região onde não ocorria tal fenômeno, inutilizando toda uma plantação; ou sendo sancionada uma lei, proibindo a exportação de um produto; ou acontecendo a queda de uma ponte, interrompendo o caminho para certo local; ou uma doença acamando o construtor, entre outros eventos, constituem fatos inevitáveis, que a vontade humana não está apta a superá-los ou removê-los, justificando a impossibilidade no cumprimento do compromisso contratado.

Envolvem a mesma liberação os seguintes fenômenos: se uma obrigação deixa de ser atendida em virtude de uma greve deflagrada, atingindo todos os empregados; a falta da matéria-prima no mercado, indispensável para a fabricação de um bem encomendado; o desaparecimento de uma espécie de semente para uma cultura agrícola. A impossibilidade advinda é absoluta. Mas há situações melindrosas. Muitos acontecimentos não determinam, propriamente, a impossibilidade no adimplir da obrigação assumida em um contrato. No entanto, a tornam extremamente difícil e onerosa, exigindo tamanhos sacrifícios que assume o aspecto de impossibilidade.

No caso de um contrato envolvendo a remessa de mercadorias para uma localidade servida de ferrovia, e danificando-se os trilhos, não está constrangido o devedor a adquirir caminhões, ou a fretá-los de terceiro, a qualquer preço, não havendo serviço regular de transporte em estrada de rodagem.

No entanto, os problemas que surgem imprevistamente no mundo dos negócios, como o repentino retraimento de créditos bancários, o cancelamento de um empréstimo prometido, não escusam o devedor. Comum é este expediente usado para justificar o não pagamento de uma dívida. A falta de recursos financeiros para aquisição de matéria-prima necessária a uma obra encaminhada; a crise econômica vigente; a insolvência ou falência; a inflação causadora da elevação do preço de um produto; a súbita alta de tarifas; o prejuízo provocado pela política cambial do governo relativamente a um bem importado e indispensável à fabricação de uma mercadoria contratada, formam hipóteses não identificadoras da impossibilidade, embora contenham certo grau de inevitabilidade. É que o risco, o aleatório, a viabilidade de prejuízos integram a natureza do ajuste, e constituem ingredientes da maioria dos ajustes negociais.

---

[135] Apel. Cível nº 2002.001.24.077, da 5ª Câmara Cível do TJ do Rio de Janeiro, j. em 29.04.2003, em *Revista Forense*, 370/345.

[136] REsp. nº 435.865/RJ, rel. Min. Barros Monteiro, j. em 09.10.2002.

Nem o retraimento na procura de compra de imóveis se enquadra na causa de exclusão de responsabilidade: "O insucesso das vendas de unidades do edifício incorporado e a consequente falta de recurso para a sua construção, não sendo fatos necessários e inevitáveis, não constituem caso fortuito ou força maior, capaz de excluir a responsabilidade da empresa incorporadora e construtora da obra, por seu inadimplemento."[137]

6.4. Hipóteses de não reconhecimento do caso fortuito ou força maior

O Código Civil de 1916, no art. 1.058, não tolerava o caso fortuito ou a força maior nas hipóteses dos arts. 955, 956 e 957, ou seja: na mora do devedor que não efetuasse o pagamento, e do credor que o não quisesse receber no tempo, lugar e forma convencionados; no prejuízo a que respondesse o devedor pela mora que provocou; na impossibilidade da prestação advinda durante a mora, a menos que provasse o devedor a ausência de culpa no atraso da prestação, ou que o dano ocorreria ainda que a obrigação fosse desempenhada oportunamente. Em suma, em havendo mora era arredada a invocação da causa excludente de responsabilidade.

No entanto, não se impunha a referência. Desde que presente a mora, é possível entender-se que o caso fortuito ou de força maior surgiu quando da mora, não existindo ao tempo da previsão do cumprimento. Daí a desnecessidade da previsão daquelas hipóteses excludentes, no que agiu corretamente o Código em vigor.

Mas existem algumas situações especiais. Pelo art. 246, antes da escolha de coisa incerta, "não poderá o devedor alegar perda ou deterioração da coisa, ainda que por força maior ou caso fortuito". No art. 583, referente ao comodato: "Se, correndo risco o objeto do comodato justamente com outros do comodatário, antepuser este a salvação dos seus abandonando o do comodante, responderá pelo dano ocorrido, ainda que se possa atribuir a caso fortuito, ou força maior."

Na locação, conforme o art. 575, "se, notificado o locatário, não restituir a coisa, pagará, enquanto a tiver em seu poder, o aluguel que o locador arbitrar, e responderá pelo dano que ela venha a sofrer, embora proveniente de caso fortuito".

Pelo art. 667, § 1º, "se, não obstante proibição do mandante, o mandatário se fizer substituir na execução do mandato, responderá ao seu constituinte pelos prejuízos ocorridos sob a gerência do substituto, embora proveniente de caso fortuito, salvo provando que o caso teria sobrevindo, ainda que não tivesse havido subestabelecimento".

Na forma do art. 862, "se a gestão for iniciada contra a vontade manifesta ou presumível do interessado, responderá o gestor até pelos casos fortuitos, não provando que teriam sobrevindo, ainda quando se houvesse abstido. Consoante o art. 868, temos que "o gestor responde pelo caso fortuito quando fizer operações arriscadas, ainda que o dono costumasse fazê-las, ou quando preterir interesse deste em proveito de interesses seus".

---

[137] Apel. Cível nº 1.114/97, da 1ª Câmara Cível do TJ do Rio de Janeiro, de 06.06.1997, em *COAD – Direito Imobiliário*, nº 35, p. 258, dez. 1997.

6.5. Caso fortuito, ou força maior, na responsabilidade objetiva

Costuma-se distinguir o caso fortuito ou força maior em interno ou externo para definir a responsabilidade na sua ocorrência.

Considera-se interno quando surge da própria coisa, de sua fabricação, fazendo parte da atividade do fornecedor; já se tem como externo quando não se encontra qualquer relação entre a sua verificação e a coisa ou a atividade. O prejuízo que acontece é estranho ao produto ou serviço. Melhor explicam Carlos Alberto Menezes Direito e Sérgio Cavalieri Filho: "Entende-se por fortuito interno o fato imprevisível, e por isso inevitável que se liga à organização da empresa, relaciona-se com os riscos da atividade desenvolvida pelo transportador. O estouro de pneu do ônibus, o incêndio do veículo, o mal súbito do motorista etc. são exemplos do fortuito interno; por isso que não obstante acontecimentos imprevisíveis, estão ligados à organização do negócio explorado pelo transportador...

O fortuito externo é também fato imprevisível e inevitável, mas estranho à organização do negócio. É o fato que não guarda nenhuma ligação com a empresa, como fenômeno da natureza: tempestades, enchentes etc. Duas são, portanto, as características do fortuito externo: autonomia em relação aos riscos da empresa e inevitabilidade, razão pela qual alguns autores o denominam força maior."[138]

Tudo, pois, que é inerente à coisa em si, à atividade, inclui-se no fortuito interno, como os rompimentos da coisa, a explosão de uma máquina, as derivações da matéria que está sendo manipulada. Diferentemente, se provém de uma causa que não tem qualquer relação com o bem ou o serviço que se executa, e nesta categoria a súbita intempérie, a queda de um objeto que está no espaço, a irrupção de um assaltante no interior da fábrica que desfere tiros nos trabalhadores, o lançamento de pedra no ônibus por um malfeitor, não fazem incidir a responsabilidade.

Nessa visão se revela a posição do Superior Tribunal de Justiça: "O roubo da mercadoria em trânsito, uma vez comprovado que o trabalhador não se desviou das cautelas e precauções a que está obrigado, configura força maior, suscetível, portanto, de excluir a responsabilidade."[139]

Situação bem caracterizadora da responsabilidade objetiva está no parágrafo único do art. 927 do Código Civil, emergindo o dever de reparar o dano independentemente de culpa nos casos previstos em lei ou se a atividade desenvolvida implicar em risco para os direitos de outrem.

De sorte que, se perigosa a atividade, como no transporte de valores mobiliários, na fabricação de explosivos, na queda de um edifício, do operário atingido por um repentino golpe de vento, a responsabilidade é uma consequência necessária. Também qualquer evento no seguro obrigatório, no acidente do trabalho, quando a indenização sempre é devida, não importando a causa. Incide a responsabilidade na queda de coisa do interior de moradia, ou que for lançada de seu interior.

Todavia, se irrompe a explosão por causa da queda de um raio de trovão que incendeia os explosivos, ou se cai objeto do edifício porque ocorre um tremor de terra (causas estranhas), não se reconhece a responsabilidade. Já o desastre com uma aeronave que é atingida por raio ou tempestade desencadeia a obrigação reparatória, pois inerente ao transporte aéreo o dano por tais fenômenos.

---

[138] *Comentários ao Novo Código Civil* – da responsabilidade civil, das preferências e privilégios creditórios –, coordenação de Sálvio de Figueiredo Teixeira, Editora Forense, 2004, vol. XIII, p. 88.

[139] REsp. nº 43.756-3/SP, da 4ª Turma, de 13.06.1994, *DJU* de 1º.08.1994.

6.6. Situações especiais verificáveis para efeitos de incidência do caso fortuito ou força maior

Algumas situações especiais merecem o exame mais detalhado, especialmente voltadas a veículos, a fim de caracterizá-las ou não como caso fortuito ou de força maior.

a) Furto ou desapossamento violento de bens

Em tese, o furto de veículos é considerado como caso fortuito. Se o proprietário não autorizou a circulação e foi diligente na custódia, mas, a despeito de sua vontade, o terceiro, condutor do automóvel, dele se apoderou ilegalmente, este fato do terceiro é causa exoneradora da responsabilidade do proprietário, de acordo com antiga doutrina, representada por Alvino Lima.[140]

O guardião de coisa perigosa, "diligente na custódia e que, não obstante, é desapossado da coisa, mediante violência (roubo), não é responsável pelos danos que ela venha a produzir após o evento criminoso".[141]

"Roubo com o emprego de arma de fogo... Força maior. Inevitabilidade... A responsabilidade de indenizar, na ausência de pactuação em contrário, pode ser afastada pela prova da ocorrência da força maior, como tal se qualificando o roubo de objeto sob a guarda do devedor. Segundo qualificada doutrina, que encontrou eco nesta Corte, caso fortuito 'é o acidente produzido por força física ininteligente, em condições que não podiam ser previstas pelas partes', enquanto a força maior 'é o fato de terceiro que criou, para a inexecução da obrigação, um obstáculo, que a boa vontade do devedor não pode vencer', com a observação de que o traço que os caracteriza não é a imprevisibilidade, mas a inevitabilidade."[142]

b) Fato de terceiro e causa estranha

O fato de terceiro não é caso fortuito. Ele se verifica quando aquele projeta o seu veículo contra o do causador direto, ou realiza manobras determinantes do acidente. Quanto muito, admite-se o direito de regresso contra o causante indireto, para haver o montante da indenização.[143]

Mas afasta a responsabilidade quando um malfeitor lança uma pedra, de inopino, "contra o para-brisa de um veículo, furtando a visão do motorista e motivando a colisão com outro veículo".[144]

Em outros exemplos:

"Responsabilidade civil. Carro que, atingido por pedrada, colide com poste. morte do motorista e ferimentos graves nos passageiros autores da ação indenizatória. Ato de terceiro e estranho aos deveres da ferrovia. O ato de terceiro que colhe uma pedra do leito da ferrovia e arremessa contra um carro causando acidente e danos graves é estranho aos riscos e deveres inerentes à atividade desenvolvida pela estrada de ferro. Ausência de responsabilidade."[145]

---

[140] *A Responsabilidade Civil por Fato de Outrem*, 1ª ed., Rio de Janeiro, Forense, 1973, p. 303.

[141] *RT*, 505/41.

[142] REsp. nº 258.707/SP, da 4ª Turma do STJ, *DJU* de 25.09.2000, rel. Min. Sálvio de Figueiredo Teixeira.

[143] Julgados do Tribunal de Alçada do RGS 16/297, 24/219 e 36/478.

[144] Julgados do Tribunal de Alçada do RGS 16/297.

[145] REsp. nº 204.826/RJ, da 4ª Turma do STJ, j. em 03.12.2002, *DJU* de 19.05.2003.

"A presunção de culpa da transportadora pode ser ilidida pela prova de ocorrência de fato de terceiro, comprovadas a atenção e cautela a que está obrigada no cumprimento do contrato de transporte a empresa. O arremesso de objeto, de fora para dentro do veículo, não guarda conexidade com a atividade normal do transportador. Sendo ato de terceiro, exclui a responsabilidade do transportador pelo dano causado ao passageiro."

Realmente, não há meio de evitar a conduta de terceiros, que não se encontram no veículo. E o arremesso de pedra por pessoa de fora de ônibus que fere alguém dentro do veículo constitui ato de terceiro, sendo que a empresa de transporte não pode ser responsabilizada, como está reconhecido no REsp. nº 247.349, da 4ª Turma do STJ.

Não havendo conexidade entre o fato de terceiro e a atividade do transportador, afasta-se a responsabilidade, ficou expresso no *decisum*: "Com efeito, a 2ª Seção desta Corte assentou entendimento no sentido de que o fato de terceiro que não exonera o transportador de responsabilidade é o que guarda conexidade com a atividade, inserindo-se nos riscos próprios do deslocamento."[146]

"O transportador não está investido no poder estatal de garantir a segurança pública, e, assim, não pode evitar ou impedir a morte dos passageiros do ônibus, ainda que se lamente o fato ocorrido e suas consequências Caso fortuito ou de força maior caracterizado, não ensejando indenização pelos prejuízos deles resultantes."[147]

"Civil. Responsabilidade civil. Explosão de bomba em composição ferroviária. Fato de terceiro. caso fortuito.

O depósito de artefato explosivo na composição ferroviária por terceiro não é fato conexo aos riscos inerentes do deslocamento, mas constitui evento alheio ao contrato de transporte, não implicando responsabilidade da transportadora."[148]

Há, nestas circunstâncias, um fato súbito e imprevisível, alheio às preocupações normais do condutor e aos perigos correntes do trânsito.

A presente situação constitui o que Aguiar Dias denomina de causa estranha, e Savatier a entende como a força que suprime a vontade de liberdade de ação, a tal ponto que ao motorista não resta qualquer manobra salvadora no evento. Mas tal força tem o condão de eximir de responsabilidade se estranha ao trânsito. Não há de se considerar a hipótese, mesmo em acontecimentos nos quais não resta nenhuma opção ao causador direto da lesão, como quando seu carro é impelido ou lançado contra o veículo da vítima por um terceiro carro que o abalroa.

c) Defeito mecânico

O defeito do veículo, em algum de seus componentes, que provoca o acidente, não se enquadra ao conceito de caso fortuito, ou força maior. Esta a orientação da jurisprudência: "O fato de o veículo ter apresentado falha mecânica não exclui a responsabilidade civil daquele a quem cumpre zelar pelo seu bom funcionamento."[149]

Seja qual for o defeito, não se tipifica a fortuidade, mesmo na condução que tem quebrada a ponta de eixo, porque fatos assim soem acontecer, e quem dirige assume os riscos decorrentes, situados dentro do nível da previsibilidade. "Quem põe em circulação veículo automotor assume, só por isso, a responsabilidade pelos danos, que do uso da coisa

---

[146] REsp. nº 231.137-RS, da 3ª Turma do STJ, j. em 29.10.2003, *DJ* de 17.11.2003, em *RT*, 823/158.
[147] Apel. Cível nº 2000.001.10048, da 15ª Câmara Cível do TJ do Rio de Janeiro, j. em 08.02.2001.
[148] REsp. nº 589.051/SP, da 4ª Turma do STJ, j. em 23.03.2004, *DJU* de 13.09.2004.
[149] *RT*, 421/317.

74 • Responsabilidade Civil | *Arnaldo Rizzardo*

resultarem para terceiros. Os acidentes, inclusive os determinados pela imprudência de outros motoristas, ou por defeitos da própria máquina, são fatos previsíveis e representam um risco que o condutor de automóveis assume, pela só utilização da coisa, não podendo servir de pretexto para eximir o autor do dano do dever de indenizar."[150]

Os franceses Mazeaud e Tunc, sobre o assunto, doutrinam: "En lo que concierne a los accidentes debidos a la rotura de una pieza del coche (barra de dirección, frenos, hoja de ballestra etc.), aunque se habían estimado en otro tiempo que podían constituir un caso fortuito, la jurisprudencia está fijada hoy en dia claramente en sentido contrario... El requisito de exterioridad pesa sin duda alguna sobre su resolución."[151]

d) Estouro de pneu

Os autores acima mencionados respondem negativamente à indagação de constituir ou não força maior o estouro de pneu.

Muitas razões forçam esta solução, como o mau estado externo, as imperfeições dos elementos componentes, o excesso de velocidade. Mas há casos em que a fortuidade ou a força maior conduzem ao acidente. Um pedaço de vidro, ou uma pedra cortante, ou outro objeto qualquer provocam o acidente, sem culpa do condutor, em algumas ocasiões. Por isso, os autores aventam a possibilidade de isentar os agentes do evento da obrigação de indenizar. Se o veículo se encontrava em perfeitas condições mecânicas, trafegando em velocidade normal, não haveria culpa.[152]

É possível a ausência de culpa na ocorrência do acidente, embora difícil. O fato acima sempre é possível e deve prevê-lo o motorista, adaptando a velocidade de modo a não perder o controle na eventualidade de estouro do pneu. Na hipótese de não haver a menor culpa, incide a responsabilidade objetiva, decorrente unicamente do ônus da propriedade do veículo. Há de ser assim. Injusto e contrário à equidade se negue o direito ao ressarcimento em favor do prejudicado, livrando o causador da obrigação da reparação.

Sobre a matéria, tem aplicação o pensamento de Savatier, em tradução de nossa parte: "Não há falta em utilizar um objeto que possa comportar um perigo? Não, se as necessidades da vida social e os usos legitimam a utilização do objeto... É o caso dos automóveis, das armas de fogo, das máquinas a vapor. A responsabilidade de direito que deriva hoje de seu uso, em virtude do art. 1.384 não repousa, pois, sobre uma falta. Até que a jurisprudência tivesse reconhecido esta responsabilidade independente, o vício ou a força própria de tais objetos constituía um caso fortuito, desde que o mal causado fosse imprevisível e inevitável para o dono da coisa. Tal podia ser, para o automóvel, a ruptura de uma mola, de um freio ou da direção, a projeção de pedregulhos pelas rodas, o estouro de um pneu. Estes fatos não permitiam subsistir uma responsabilidade a não ser que as circunstâncias tivessem sido previsíveis e evitáveis, e sua causa, seus efeitos. Mas, desde que o art. 1.384 pôs a cargo do dono da coisa o vício ou o fato próprio desta, estes fenômenos, ainda que imprevisíveis e inevitáveis por eles não afastam mais sua responsabilidade. Do mesmo modo, os tribunais mostram hoje mais hesitação em considerá-los como casos fortuitos, mesmo relativamente ao art. 1.382.

---

[150] *RJTJRS*, 18/304.

[151] *Tratado Teórico y Práctico de la Responsabilidad Civil*, trad. ao espanhol e publicação de Ediciones Jurídicas Europa-América, Buenos Aires, tomo II, vol. XX, 1963, nº 1.601, tomo II, vol. II, p. 215.

[152] Mazeaud e Tunc, *Tratado Teórico y Práctico de la Responsabilidad Civil*, ob. cit., tomo II, vol. II, nº 1.600, p. 214.

Em todo o caso, o dono da coisa não pode invocar nenhum caso fortuito se estivesse em condições de prever e evitar o mal. Isto é o bastante para impedir, em geral, de tratar como caso fortuito seja a derrapagem de um automóvel provocada pelo estado do solo do qual o condutor teria o dever de desconfiar, seja o ofuscamento, pelos faróis de outro veículo, incidente muito frequentemente por não ser previsível, e que se deve ter como inofensivo, diminuindo a marcha ou parando, seja, com mais forte razão ainda, a má visibilidade ou a manutenção defeituosa da estrada sobre a qual o veículo circula."[153]

e) A derrapagem

A derrapagem igualmente não ilide o dever de indenizar, embora prove o motorista as más condições da estrada, o solo assentado com material impróprio, a pista escorregadia etc. A ele cabe neutralizar todas estas adversidades e estar preparado para superá-las.

Os danos causados em virtude da derrapagem, na verdade, são decorrência da velocidade inadequada, da falta de perícia no momento ou de outros fatores e falhas do motorista. Indaga-se se a regra aplica-se também quando o fato se dá por motivo de uma freada brusca, exigida para evitar um atropelamento ou desviar de outro veículo que invade a mão de direção contrária. A resposta é afirmativa, eis que, nestas situações, um fato de terceiro é o agente mediato, cabendo ao autor direto a ação regressiva tão somente, como já foi decidido.[154]

Não muda a posição ou diminui a responsabilidade se a via se encontra molhada. Mas, em hipóteses anormais, como se foi derramado óleo na pista asfáltica, tornando-se derrapante e perigosa, o acidente é inevitável, se a velocidade mantinha-se regular e fosse possível controlar o carro na ausência daquele produto.

O que cumpre seja observado é superveniência ou não de um fator estranho, alterando as condições comuns, e favorecendo, com a sua presença, um resultado diferente.

f) Ofuscamento

Com maior razão, o ofuscamento é fato corriqueiro, plenamente previsível e evitável, que a todo motorista deve apresentar-se como normal e perfeitamente controlável.

Tal fenômeno é provocado pela luz do sol e pela luminosidade irradiada por outros veículos, que demandam em sentido contrário, à noite. Ao condutor cabe diminuir a velocidade, de modo a manter sob controle o carro, ao enfrentar este obstáculo. As condições necessárias ao que possui habilitação abrangem a capacidade de manter a máquina sob domínio seguro, na pista e mão de direção corretas. Mais que uma justificativa, a alegação de deslumbramento mostra não portar o autor do acidente a perícia exigida para enfrentar um acontecimento frequente e comum nas ruas, avenidas e estradas.

g) Pedra lançada pelas rodas do veículo

A pedra lançada pela roda em outro veículo, ou em pessoa, não isenta do dever de ressarcir, dada a frequência do evento e da previsibilidade dos danos ocasionáveis. Não se discute, nestas situações, a culpa. Incide o fundamento da responsabilidade objetiva. Não é justo suporte a vítima os efeitos nefastos de tais incidentes, sob o argumento de ser impossível evitar o fato. Está, aí, mais uma razão para concluirmos o quanto insuficiente é o princípio da culpa para embasar o dever de indenizar.

---

[153] René Savatier, *Traité de la Responsabilité Civile*, Deuxième Édition, Paris, Librairie Générale du Droit et Jurisprudence, 1951, tome I, pp. 233-234, nº 188.

[154] *RF*, 134/172; 173/269; *RT*, 461/183.

h) Acidentes provocados por mal súbito de quem dirige

O mal súbito que faz perder os sentidos, ou provoca a morte, importa em indenização pelos danos advindos, não se enquadrando, pois, na excludente de responsabilidade. É, em si, um caso fortuito. Entretanto, para efetivar-se a justiça, cumpre não se deixe a vítima prejudicada, na hipótese de ser atingida pelo veículo desgovernado.

i) Acidentes provocados por animais espantados por veículos

O professor argentino Antonio Cammarota bem coloca a questão e dá a resposta: "Acaso el transito de un camión cargado de varillas de hierro, que se chocan entre si y espantan a un caballo, que al desbocarse embieste y mata a un transeúnte, podría constituir fuerza mayor? Igualmente si se asusta por el paso de un escuadrón, de un vehículo? La solución negativa se impone", pois se trata de "hechos comunes..., propios de los medios en que se producen, que obligan al propietario a preverlos y a no introducir animales sin la suficiente docilidad para suportalos. No se trata que el animal esté amansado, sino de que lo esté en la medida indispensable para que pueda transitar sin reacciones perniciosas para los demás, por causas en si mismas generales y perfectamente previsibles".[155]

Como ensina o mestre, o proprietário ou o motorista não respondem pelos males oriundos dos animais que se assustam diante do trânsito de veículos.

j) Acidentes provocados por fatos naturais

Os autores, conceituando o caso fortuito, ou de força maior, como o evento que não depende de ato ou omissão da vontade humana, discriminam alguns fatos naturais com o caráter irresistível e imprevisível: o terremoto, a inundação, o raio, o tufão, o desmoronamento.[156] Se a obrigação não é atendida em virtude de algum destes fenômenos, evidentemente há uma excludente justificável.

Nos acidentes de trânsito, se danos em outros veículos, ou em pessoas ocorrerem porque o motorista trafega em local onde há inundação, ou durante uma tempestade, ou quando se abate sobre a terra um tufão, não se reconhece a isenção da responsabilidade. A culpa exsurge da conduta imprudente em dirigir sem condições de segurança.

Na verdade, tomando a lição de Savatier, a figura em exame dificilmente acontece. De modo geral, embora isento de culpa o comportamento, a indenização torna-se exigível por imposição da justiça e pela equidade Mas não é fora de cogitação a presença da espécie em casos de emprego de máquinas e instrumentos que comportam perigo.[157] Basta que se demonstre que o mal causado era imprevisível e inevitável. Saber se o acidente resultou de um caso fortuito ou de força maior é uma questão de fato concreto, somente apurável através da análise das circunstâncias afloradas no curso da ação intentada.

Na situação em exame, um raio que atinge subitamente uma condução, provocando a perda da direção do motorista e danos, não determina qualquer obrigação por parte deste. Percebe-se que o evento natural é uma causa estranha, não se relacionando ao veículo, o que não sucede na eventualidade de soltar-se o pino do embuchamento da direção, impossibilitando o controle. Nesta hipótese, como se observou, cabe a indenização.

---

[155] *Responsabilidad Extracontratual*, Buenos Aires, Depalma, 1947, vol. II, pp. 554-555.
[156] Oliveira e Silva, *Das Indenizações por Acidentes*, 2ª ed., Freitas Bastos, 1958, p. 38.
[157] *Traité de la Responsabilité Civile*, tomo I, p. 234.

Cap. V | Situações Excludentes da Responsabilidade • **77**

7. CULPA EXCLUSIVA DA VÍTIMA

É causa que afasta a responsabilidade o fato da vítima, ou a sua culpa exclusiva. A sua conduta desencadeia a lesão, ou se constitui no fato gerador do evento danoso, sem qualquer participação de terceiros, ou das pessoas com a qual convive e está subordinada. Se ela, *v. g.*, se atira sob um veículo, ou se lança de uma altura considerável para o solo, ou introduz a mão em um instrumento contundente, sem que exerce com ele alguma atividade, o dano advindo não é gerador de responsabilidade.

A solução está, aliás, no art. 945 do Código Civil: "Se a vítima tiver concorrido culposamente para o evento danoso, a sua indenização será fixada tendo-se em conta a gravidade de sua culpa em confronto com a do autor do dano." Naturalmente, se culpa alguma se pode imputar a terceiro, decorre a nenhuma participação em efeitos indenizatórios. Admitindo o Código a atenuação, impõe-se concluir que nada se pode exigir de terceiros se exclusivamente ao lesado se deveu o dano.

A toda a evidência, não se configura a causalidade, ou não se firma o nexo causal entre a vítima e uma terceira pessoa. Não cabe atribuir ao dono da coisa a causa que serviu de instrumento na perpetração da lesão. Se o empregado, contrariando o bom-senso e as orientações das normas de segurança, simplesmente retira as luvas das mãos, ou os equipamentos que isolam contatos diretos com condutores de eletricidade; ou se voluntariamente não desliga uma máquina antes de proceder um conserto; ou se assume a direção de um veículo encontrando-se embriagado, e vindo a acontecer danos, o nexo causal não se localiza na atividade em si, mas na assunção de uma conduta atípica que conduziu ao resultado lesivo.

Em acidentes de trânsito surgem hipóteses que afastam qualquer vinculação do condutor ao dano, como se o pedestre atravessa a via correndo instantes antes de ser colhido; se o ciclista está no meio da pista, em momento de densa neblina; se um outro condutor se distrai e invade a pista contrária. O fato causador naturalmente é de terceiro, não percutindo obrigação indenizatória.

Não incide a indenização com base na responsabilidade comum, o que não impede que se dê a cobertura dos danos por força de contrato de seguro, que estabelece a reparação independentemente da culpa, ou em face da verificação do mero dano.

8. ABSOLVIÇÃO CRIMINAL E RESPONSABILIDADE CIVIL

Emana do direito a disposição de que a isenção de responsabilidade criminal não implica a da responsabilidade civil. Com efeito, pontifica o art. 66 do Código de Processo Penal: "Não obstante a sentença absolutória no juízo criminal, ação civil poderá ser proposta quando não tiver sido, categoricamente, reconhecida a inexistência material do fato." E no art. 67, temos: "Não impedirão igualmente a propositura da ação civil:

I – o despacho de arquivamento do inquérito ou das peças de informação;

II – a decisão que julgar extinta a punibilidade;

III – a sentença absolutória que decidir que o fato imputado não constitui crime."

Para absolver, o juiz encontra um dos seguintes fundamentos, segundo previsto no art. 386 da lei adjetiva penal:

I – estar provada a inexistência do fato;

II – não haver prova da existência do fato;

III – não constituir o fato infração penal;

IV – estar provado que o réu não concorreu para a infração penal (redação da Lei nº 11.690, de 9.06.2008);

V – não existir prova de ter o réu concorrido para a infração penal (redação da Lei nº 11.690, de 9.06.2008);

VI – existirem circunstâncias que excluam o crime ou isentem o réu de pena (arts. 20, 21, 23, 26 e § 1º do art. 28, todos do Código Penal), ou mesmo se houver fundada dúvida sobre sua existência (redação da Lei nº 11.690, de 9.06.2008);

VII – não existir prova suficiente para a condenação (redação da Lei nº 11.690, de 9.06.2008).

Os arts. 20, 21, 23, 26 e § 1º do art. 28 estão na redação da Lei nº 7.209, de 1984.

Primeiramente, cabe esclarecer que o juiz criminal julga o crime. Quando fala em culpa, evidentemente está se referindo à culpa no âmbito criminal. Os princípios da valoração da prova na esfera cível e penal são basicamente diversos. No juízo criminal, nenhuma presunção, por mais veemente que seja, autoriza a aplicação da lei penal. No juízo cível, bastam presunções, indícios concordantes, para que se impute a alguém a responsabilidade pelos danos causados. Na dúvida, sobrevém a absolvição no direito penal. Tratando-se de decisão cível, este mesmo motivo tem significado diferente, ou seja, a vítima é favorecida. A presunção é de que está inocente. Já dominava na jurisprudência entendimento como o seguinte: "Não faz coisa julgada no cível a decisão criminal no tocante ao reconhecimento da ausência da culpabilidade do agente que foi o causador material do fato...",[158] pois a mais leve culpa enseja a reparação econômica, quando no juízo criminal a participação do agente deve ser considerável.

Em tese, os fundamentos absolutórios do art. 386 não eximem de responsabilidade o autor do acidente.

As exceções vêm configuradas no art. 935 da lei civil, *ipsis litteris:* "A responsabilidade civil é independente da criminal, não se podendo questionar mais sobre a existência do fato, ou sobre quem seja o seu autor, quando estas questões se acharem decididas no juízo criminal."

Duas questões resolvidas no crime, pois, decidem no cível: a definidora quanto à existência do fato e a relativa ao reconhecimento do autor.

Quanto à existência ou não do fato, está em sintonia com o art. 66 do CPP.

À luz dos arts. 66, 67 e 386 do diploma processual penal, conjugados com o art. 935 do Código Civil, a decisão criminal faz coisa julgada, impedindo o procedimento civil, nos seguintes casos:

I – se declarar a inexistência do fato;

II – se declarar outro autor do fato criminoso que não o réu.

De nenhuma importância, por conseguinte, reconhecer-se que o fato não constitui infração penal (art. 386, III, do CPP), diante da ordem em contrário do art. 67, III, já transcrito.

A circunstância da ação não tipificar crime não firma a liberação em reparar o dano resultante. A sentença criminal pode, reconhecendo a existência do evento e da autoria, absolver o agente por não se completarem os elementos integrantes da responsabilidade penal.

---

[158] *RTJ*, 80/279, RE nº 85.384.

Com maior razão, a absolvição com outros embasamentos do art. 386 não tolhem a procura do juízo civil.

De observar que, à luz de antiga orientação pretoriana, fulcrada no art. 1.525 do CC de 1916, cujo sentido está no art. 935 do vigente diploma civil, "o fato de dispor o CC que se não pode questionar sobre a existência do fato, ou quem seja o seu autor, quando estas questões se acharem decididas no crime, não quer dizer que a absolvição do responsável pelo dano importe, sempre, em irresponsabilidade civil e consequente ao ato. Não são reparáveis somente os prejuízos decorrentes de atos puníveis. O art. 1.525 estabelece a independência das responsabilidades civil e criminal: assim, se a decisão do juiz criminal reconhece a existência do fato, pode não negar que tenha sido praticado pelo réu absolvido...".[159]

Nesta mesma linha, com base no mesmo dispositivo do Código anterior, cujo teor foi acolhido pelo atual art. 935, embora sentenciando o juiz criminal que não houve culpa na conduta do agente, a decisão não repercute alguma consequência na esfera civil: "... o art. 1.525 do CC só impede que, no cível, se questione, para efeito da responsabilidade civil, sobre a existência do fato e de sua autoria, quando estas questões se acharem decididas no crime. Ora, entre tais exceções não se configura a relativa à determinação da ocorrência, ou não, de culpa do réu, razão por que é de aplicar-se a regra geral contida no citado dispositivo: a responsabilidade civil é independente da criminal. Com efeito, ao aludir o CC, em seu art. 1.525, a questão de quem seja o autor do fato, está ele se referindo ao problema do nexo de causalidade entre a ação e o dano decorrente – elementos objetivos do ato ilícito – e não à culpabilidade do autor da ação, a qual é um dos elementos da ilicitude...".[160]

De forma que, como entendia Aguiar Dias, não há coisa julgada no cível por causa da sentença criminal absolutória, pois cada jurisdição encara o fato com critério diferente. "O direito penal exige, para aplicar suas sanções, a integração de condições mais rigorosas, e, além disso, compreendidas em padrões taxativos *nulla poena sine lege*. São essas condições examinadas com maior prudência... O direito civil já parte de pressupostos diversos. Considera precipuamente o dano, e aquele estado de espírito apriorístico se volta em favor da vítima do prejuízo. A decisão proferida só atinge o patrimônio do responsável, do mesmo modo que protege a vítima, podendo, pois, ter eficácia em bases muito mais amplas."[161]

---

[159] Julgados do Tribunal de Alçada do RGS, 16/233, reproduzindo pensamento de Pontes de Miranda.
[160] *RTJ*, 80/279.
[161] *Da Responsabilidade Civil*, 4ª ed., Rio de Janeiro, Forense, 1960, tomo II, p. 878.

VI

Impossibilidade do Cumprimento da Prestação na Espécie Ajustada

1. IMPOSSIBILIDADE DE CUMPRIMENTO E INCUMPRIMENTO VOLUNTÁRIO

Trata diferentemente o Código a impossibilidade do cumprimento e o incumprimento voluntário.

A primeira espécie está no art. 947 do Código Civil: "Se o devedor não puder cumprir a prestação na espécie ajustada, substituir-se-á pelo seu valor, em moeda corrente." Não decorre a falta de cumprimento da vontade do devedor, ou daquele que assumiu a obrigação.

Diferente parece afigurar-se a situação do art. 389: "Não cumprida a obrigação, responde o devedor por perdas e danos, mais juros e atualização monetária segundo índices oficiais regularmente estabelecidos, e honorários de advogados."

Na primeira modalidade, não há culpa do devedor. Surgiu uma impossibilidade independente de sua vontade. Não procedeu por causa de um fator que ele não deu causa, como a doença, a inexistência de matéria-prima, a proibição por ordem legal, a suspensão de importação de um produto utilizado na fabricação, a morte do devedor. Assim acontece com o pintor, o escultor, o músico, que adoecem, ou, empreendendo uma viagem, se acidentam, ou desaparecem os meios de transporte antes existentes.

No segundo tipo de incumprimento, surge o elemento vontade, ou a culpa, e não por causa estranha e exógena ao indivíduo obrigado.

As consequências entre uma espécie e outra de descumprimento são palpáveis. Em face dos dispositivos acima, delineiam-se as seguintes diretrizes:

a) Não sendo imputável a inexecução ao devedor, não responderá ele por perdas e danos, cabendo-lhe somente repor o que recebeu, ou, mais precisamente, substituir a prestação pelo seu valor;

b) Se imputável ao devedor, não se cumprindo, pois, o contrato por sua culpa, incide, além da reposição da significação econômica, a indenização por perdas e danos.

Nem cabe ao credor demandar que seja o devedor compelido a cumprir a prestação a que se obrigou, dado o caráter pessoal que a reveste. Certas obrigações de fazer não se prestam à execução compulsória, e assim se exemplificam as de elaborar um projeto técnico de construção, a fazer uma pintura, a erguer uma estátua, a confeccionar uma roupa, a lançar um parecer, a apresentar um arranjo musical. Indo mais longe, ninguém pode ser forçado a prestar um fato que imponha a intervenção física ou corporal do próprio devedor. Admite-se, isto sim, a ordem de prestar um fato de manifestação de vontade, como elaborar uma escritura pública, ou celebrar um contrato a que se comprometera. Dando-se a omissão, substitui-se a vontade por um ato judicial, como uma ordem materializada em alvará, ou um mandado de cumprimento, ou uma simples decisão substituindo a prestação omitida pelo teor da sentença.

Não revelando caráter pessoal a obrigação, torna-se viável que uma terceira pessoa, ou o próprio credor, a faça ou a elabore, cobrando do devedor o custo, além das perdas e danos. São exemplos a construção de um muro, o conserto de um veículo, e inclusive a apresentação de um parecer técnico ou de uma obra de arte.

Dentro dos parâmetros acima, algumas espécies de incumprimento existem, merecendo o devido destaque.

2. FALTA DE CUMPRIMENTO NA OBRIGAÇÃO PELA DETERIORAÇÃO DA COISA, PELA SUA NÃO ENTREGA, OU SE NÃO FOR ENCONTRADA OU RECLAMADA EM PODER DE TERCEIRO RECLAMANTE

Problema bastante verificável, na espécie, consiste na inexistência do bem. Como se fará a execução? A resposta evidente leva à conversão do bem em numerário. Deve-se estabelecer um sucedâneo estimado monetariamente, o que se consegue através de arbitramento ou perícia. Há uma mudança de rumos da execução. Ao invés de continuar como de entrega, passa para a execução de quantia certa.

Se imputáveis ao devedor a deterioração, a falta de entrega, e ainda quando não for encontrada ou não for reclamada em poder de terceiro adquirente, além da substituição pelo valor agregam-se as perdas e danos, nos termos do art. 389 do CC.

Temos o art. 809 do Código de Processo Civil, que estabelece o direito: "O exequente tem direito a receber, além de perdas e danos, o valor da coisa, quando essa se deteriorar, não lhe for entregue, não for encontrada ou não for reclamada do poder de terceiro adquirente". Luiz Guilherme Marinoni, Sérgio Cruz Arenhart e Daniel Mitidiero reconhecem que ao exequente assiste o direito de opção entre reclamar a coisa ou o seu valor: "Não tendo obtido a tutela específica da obrigação, o exequente tem direito à tutela ressarcitória do valor da coisa e à tutela reparatória por perdas e danos, caso a coisa não lhe tenha sido entregue ou tenha se deteriorado por culpa do executado... Assiste-lhe idêntico direito se optara por não reclamar a coisa de terceiro adquirente da coisa litigiosa".[162]

Em face do art. 947 do Código Civil, as perdas e danos ingressam como indenização na eventualidade falta de cumprimento por impossibilidade do devedor.

Quatro os casos que autorizam se converta a execução: não há a entrega, a coisa se deteriorou, não foi ela encontrada, e não se reclamou junto ao terceiro adquirente o credor. As previsões são exemplificativas. Outras aparecem, como a venda de bem inalienável, pois pertencente ao domínio público, sem que o credor soubesse; ou a promessa de venda de um imóvel já alienado; ou a locação de imóvel de outrem.

---

[162] *Novo Código de Processo Civil Comentado,* Thomson Reuters – Revista dos Tribunais. São Paulo, 2015, p. 771.

Salienta-se a permissão de não reclamar a coisa junto a terceiro, caso vendida. O art. 808 do CPC autoriza a expedição de mandado para a retomada. Mas, em vista do art. 809 do mesmo estatuto, tal providência não é obrigatória. Leciona Araken de Assis, sobre a matéria, lembrando que os arts. 808 e 809 correspondem aos 626 e 627 do CPC/1973: "O art. 627, *caput*, possibilita ao credor não reclamar a coisa em 'poder de terceiro adquirente'. Subentende-se que houve alienação de coisa litigiosa... Em sentido inverso, o art. 626 estatui que, constatada a alienação da coisa litigiosa, expedir-se-á mandado de imissão de posse ou de busca e apreensão, nos termos do art. 625, contra o adquirente. Este 'somente será ouvido depois de depositá-la', reza o art. 626, *in fine*, ou seja, seus embargos pressupõem garantia do juízo (art. 737, II).

Evidentemente, constitui inconcussa faculdade do credor não investir contra o adquirente. Tal o princípio consagrado no art. 627, que inclui, entre as causas de frustração do desapossamento, a falta de 'reclamação' da coisa. Mas as vantagens da execução específica podem induzir a opção contrária, regulada no art. 626."[163] Refere o autor também os arts. 625 e 737, II, do CPC/1973, sendo que o primeiro não encontra regra equivalente no CPC/2015, enquanto o segundo restou revogado pela Lei nº 11.382/2006.

Nas situações salientadas, permite o Código que se transforme a execução para a entrega de bem em execução de quantia, a qual deverá ser calculada. Basta um mero pedido embutido no processo para ensejar a mudança.

No entanto, se não definido o valor, imprescindível se faça a liquidação, por arbitramento ou perícia técnica. Primeiramente, o próprio credor fornecerá o valor da obrigação. Unicamente na hipótese de impugnação, ou de falta de demonstração, parte-se para o arbitramento ou a perícia.

Eis a redação do § 1º do art. 809 do CPC: "Não constando do título o valor da coisa e sendo impossível sua avaliação, o exequente apresentará estimativa, sujeitando-a ao arbitramento judicial."

De modo que, não se operando o oferecimento do bem em depósito, e sem resultado o mandado de imissão na posse ou de busca e apreensão, fornece-se uma estimativa do valor, ou pede-se o arbitramento e outras formas de se chegar à avaliação, para, então, citar-se novamente o devedor, a fim de que satisfaça a quantia devida, em quinze dias, sob pena de penhora e avaliação. Se procedida a penhora, segue a execução o procedimento estabelecido para a execução de quantia certa.

Em se tratando de coisa incerta, no caso de não localização, ou alienada a coisa para terceiro, ou mesmo tendo-se perdido (possibilidade esta remota, por envolver geralmente bem fungível), nos moldes do art. 809 e seu § 1º, procede-se à liquidação da obrigação, em geral por arbitramento, transformando-se, depois, em execução ou cumprimento de sentença por quantia certa contra devedor solvente. Dispensa-se o arbitramento ou liquidação por perícia se há estimativa idônea, ou se possível a simples avaliação.

Por envolver, em geral, a obrigação de dar coisa incerta, bens fungíveis, inexiste possibilidade de perda, e mesmo de melhoramentos ou deteriorações. Daí a inaplicabilidade das disposições do art. 810 do CPC, estabelecendo: "Havendo benfeitorias indenizáveis feitas na coisa pelo executado ou por terceiros de cujo poder ela houver sido tirada, a liquidação prévia é obrigatória.

---

[163] *Manual do Processo de Execução*, 3ª ed., São Paulo, Editora Revista dos Tribunais, 1996, pp. 352 e 353.

Parágrafo único. Havendo saldo:

I – em favor do executado ou de terceiros, o exequente o depositará ao requerer a entrega da coisa;

II – em favor do exequente, esse poderá cobrá-lo nos autos do mesmo processo".

3. FALTA DE CUMPRIMENTO NA OBRIGAÇÃO DE FAZER INFUNGÍVEL

Obrigação infungível é aquela que não pode ser sub-rogável. Normalmente, na convenção ou contrato estipula-se que o devedor a executará pessoalmente, envolvendo aspectos pessoais, ou qualidades tais que não serão reproduzidas por pessoas outras que a contratada. De acordo com o art. 247 do Código Civil, "incorre na obrigação de indenizar perdas e danos o devedor que recusar a prestação a ele só imposta, ou só por ele exequível". Tem respaldo o ditame também no art. 389.

O conteúdo está repetido no art. 821 do Código de Processo Civil. Caberá, então, a execução consubstanciada em uma petição, dirigida ao juiz, onde se pede que mande o devedor fazer o prometido, num determinado prazo, sob pena de pagar as perdas e danos decorrentes. O prazo será razoável, estipulando-se conforme a natureza da obrigação.

Cita-se o devedor, que poderá comparecer aos autos para simplesmente expor que não lhe interessa desempenhar a obrigação, ou embargar, tendo, para tanto, o lapso de dez dias.

Não se pode esquecer o disposto no art. 947 do Código Civil: na impossibilidade do cumprimento, dá-se apenas a substituição da obrigação de fazer pelo seu valor econômico, estimado segundo a praxe local.

Como tipos da obrigação pessoal ou *intuitu personae* encontram-se aqueles que envolvem as qualidades especiais do executor, ou determinados dotes artísticos e profissionais superiores aos de outros especialistas. Assim a obra de pintura, ou a escultura, ou a história para um filme ou novela, ou mesmo obras literárias e científicas. Evidentemente, existindo, *v. g.*, um determinado autor que tratou de assuntos sobre licitações, tornando-se conhecida sua obra, é fundamental à editora que o comentário de lei nova seja feito por tal escritor.

A execução, pois, do contrato não pode se dar através de terceiro. Converte-se em perdas e danos. Mesmo que terceiro escreva o livro, e a venda não logrando a expectativa esperada, permite-se a indenização pelos prejuízos havidos. Certos serviços ou fornecimento de bens há, no entanto, que não primam pela pessoalidade, mas pelo monopólio de quem os executa. Assim os de água, energia elétrica e telefonia. Como por lei unicamente a União os pode explorar, e o faz através de concessões, configura-se a infungibilidade. A negativa de prestá-los, entrementes, nem sempre resolve-se em perdas e danos. Através de comando judicial, impõe-se o atendimento aos usuários, inclusive sob pena de processo por crime de desobediência. Se persiste o desatendimento da ordem do juiz, a execução do fornecimento efetua-se mediante a atividade de terceiro, que faz a ligação da rede.

Existem, de outro lado, obrigações que embora não demandem um conhecimento técnico ou artístico insubstituível, unicamente pelas pessoas contratadas ou indicadas na lei é possível o cumprimento. Nesta ordem a exibição de livros; o desempenho de incumbências judiciais, como de tutor; a prestação de informações necessárias para o esclarecimento de fatos; a entrega de coisas cujo local onde se encontram unicamente o obrigado sabe.

Há obrigações impossíveis de serem realizadas, eis que dependem de terceira pessoa. Alcides de Mendonça Lima arrolava exemplos: "Em certos casos, o obrigado depende da

Cap. VI | Impossibilidade do Cumprimento da Prestação na Espécie Ajustada • 85

colaboração de terceiro, sem a qual fica impedido de cumprir a obrigação, como, v. g., o tratamento médico; a fotografia de outrem; prestação de contas quando os documentos se acham em poder alheio, que não está obrigado a exibi-los; a conservação e limpeza de uma casa também habitada por outras pessoas etc."[164]

Como fazer, nestas últimas hipóteses, ou quando, por circunstância alheia à vontade do devedor, há impossibilidade material da execução? Sem dúvida, resolve-se a obrigação, dentro do previsto no art. 248 da lei civil, como já analisado, arcando o devedor com a indenização por perdas e danos se a impossibilidade decorreu de culpa do mesmo.

O parágrafo único do art. 821 do CPC traça as normas para o ressarcimento: "Havendo recusa ou mora do executado, sua obrigação pessoal será convertida em perdas e danos, caso em que se observará o procedimento de execução por quantia certa."

Mais correto seria o dispositivo se indicasse a aplicação do contido no parágrafo único do art. 816, eis que neste insere-se que as perdas e danos serão apuradas em liquidação, seguindo-se a execução para cobrança de quantia certa. Nesse sentido Luiz Guilherme Marinoni, Sérgio Cruz Arenhart e Daniel Mitidiero: "O valor das perdas e danos será apurado em liquidação (arts. 509 e segs, CPC), salvo se constante do título cláusula penal ára o caso de total inacimplemento (art. 419, CC)".[165]

Portanto, a obrigação deverá ser convertida em cifra monetária, o que se faz por meio de liquidação. Avalia-se a obra ou o serviço, através de arbitramento ou perícia, com a possibilidade de participação das partes, intimando-se o devedor se está presente nos autos através de procurador. Tudo se processa nos próprios autos da execução.

4. FALTA DE CUMPRIMENTO NA OBRIGAÇÃO DE NÃO FAZER

No Código Civil há vários institutos que levam a obrigar-se alguém a respeitar os direitos, e, portanto, a omitir atos positivos. A título de exemplos, parte-se da servidão, considerada a figura clássica da obrigação de não fazer. Com efeito, estatui o art. 1.378 do Código Civil, quanto ao proprietário do prédio serviente: "A servidão proporciona utilidade para o prédio dominante, e grava o prédio serviente, que pertence a diverso dono, e constitui-se mediante declaração expressa dos proprietários, ou por testamento, e subsequente registro no Cartório de Registro de Imóveis." Porque proporciona utilidade a um outro prédio, decorre a obrigação de permitir a utilização. O cerne da obrigação de não fazer está justamente em abster-se de impedir o proveito da utilidade do prédio serviente. Também o art. 1.383 da lei civil revela tipicidade neste tipo de obrigação: "O dono do prédio serviente não poderá embaraçar de modo algum o exercício legítimo da servidão."

Já na própria locação, nos diplomas que a regulam, sempre aparece a proibição de ceder ou sublocar, como reza o art. 13 da Lei nº 8.245, de 1991: "A cessão da locação, a sublocação e o empréstimo do imóvel, total ou parcialmente, dependem do consentimento prévio e escrito do locador."

Relativamente às sociedades simples, não pode o sócio ceder a estranhos a sua quota sem o consentimento dos demais sócios, na redação do art. 1.003 do Código Civil: "A

---

[164] *Comentários ao CPC*, ob. cit., vol. VI, t. II, p. 751.
[165] *Novo Código de Processo Civil Comenetado*, ob. cit., p. 778.

cessão total ou parcial de quota, sem a correspondente modificação do contrato social com o consentimento dos demais sócios, não terá eficácia quanto a estes e à sociedade."

Mesmo no depósito, há a proibição de utilização do bem e de dar a depósito de outrem, art. 640 do mesmo Código: "Sob pena de responder por perdas e danos, não poderá o depositário, sem licença expressa do depositante, servir-se da coisa depositada, nem a dar em depósito a outrem."

No contrato de seguro, de acordo com o art. 768, na sua vigência "o segurado perderá o direito à garantia se agravar intencionalmente o risco objeto do contrato", o que importa no dever de abster-se das condutas que propiciam o risco, como frequentar locais de perigo, ou estacionar o veículo em via infestada de marginais.

Há obrigações de não fazer que são impossíveis de serem cumpridas. Ou não está no devedor o não fazer, a abstenção, a passividade. Sendo alguém obrigado a não permitir a presença de parentes no imóvel locado, não vingará tal cláusula contratual se é ele coagido a dar moradia a um familiar. Num contrato de depósito, comprometendo-se o depositário a não receber outros produtos de igual natureza, deixará de vingar a imposição se aparecer um caso fortuito que o obrigue a colocar outra mercadoria no local, como incêndio no depósito onde se encontrava. A concessão na representação comercial de um produto com exclusividade a uma única empresa será rompida caso verificado o desaparecimento de produtos similares no comércio, impondo a distribuição de grande quantidade daquele da representação exclusiva. Conforme exemplo geralmente citado na doutrina, o dever de não dificultar a passagem de pedestres em certo atravessadouro cessa com a imposição emanada da autoridade pública para fechar o caminho.

Em hipóteses como as acima, cessa a obrigação de não fazer, ou de abster-se, segundo norma do art. 250 da lei civil: "Extingue-se a obrigação de não fazer, desde que, sem culpa do devedor, se lhe torne impossível abster-se do ato, que se obrigou a não praticar."

Provém a impossibilidade de um caso fortuito ou de força maior. Não há culpa de parte do devedor.

Se, porventura, o credor adiantara algum pagamento pela abstenção pretendida, resta-lhe unicamente postular a restituição.

Se o devedor praticar o ato, decorre ao credor o direito de exigir o desfazimento, à custa daquele, e de procurar o ressarcimento pelas perdas e danos. O art. 251 não enseja dúvidas: "Praticado pelo devedor o ato, a cuja abstenção se obrigara, o credor pode exigir dele que o desfaça, sob pena de se desfazer à sua custa, ressarcindo o culpado perdas e danos."

Basicamente, pois, duas as decorrências asseguradas ao prejudicado: desfazer o ato e exigir a indenização por perdas e danos. Havendo a proibição em construir um muro em terreno do vizinho, à custa do devedor se fará a demolição. Tendo um autor de projeto arquitetônico vendido a planta para outra pessoa, mais coerente aí reservar-se apenas a indenização, se o proprietário ignorava o trato com a pessoa que contratara tal projeto, e se já desenvolvida a obra, na esteira da lição de Caio Mário da Silva Pereira: "Se não for mais possível desfazer o ato, ou se não for mais oportuno, dá-se a sub-rogação da dívida no *id quod interest*, isto é, o devedor sujeita-se à reparação do prejuízo."[166]

---

[166] *Instituições de Direito Civil*, ob. cit., vol. II, p. 61.

Há casos em que é totalmente impossível reverter à situação anterior. Assim na hipótese de um funcionário de fábrica revelar a uma concorrente os segredos da composição de um produto, já tendo esta colocado no comércio a mercadoria. Nada mais resta senão buscar o ressarcimento. Ainda, quando é vendida a mesma invenção para duas pessoas, ou um cantor faz duas apresentações em locais distintos, quando se comprometera a comparecer em uma única sociedade recreativa.

Desde o momento da prática do ato nasce a mora. Fica o devedor já responsável pelas perdas e danos, com a incidência de juros, a partir da quebra da abstenção, consoante o art. 390: "Nas obrigações negativas, o devedor é havido por inadimplente desde o dia em que executou o ato de que se devia abster."

De ressaltar que a indenização não se restringe unicamente às hipóteses de impossibilidade de desconstituir o ato. Mesmo que se desfaça, a indenização cobrirá os respectivos custos e as perdas e danos, se verificadas.

A disciplina das consequências da obrigação de não fazer está nos arts. 822 e 823 do Código de Processo Civil, e não regulamenta a imposição de uma omissão, mas as decorrências no caso de ter o devedor infringido tal omissão a que se comprometera em respeitar. Dispõe o art. 822: "Se o executado praticou ato a cuja abstenção estava obrigado por lei ou por contrato, o exequente requererá ao juiz que assine prazo ao executado para desfazê-lo."

Como se percebe do art. 822 do CPC, acima transcrito, a execução objetiva o retorno da ação do devedor à situação anterior. Procura-se desfazer os efeitos materiais da obrigação. Por isso, ingressa-se com um pedido para que o juiz ordene e determine um prazo para o desfazimento da obra. Descrevem-se a obrigação negativa a que estava atrelado o devedor e, malgrado isto, a sua realização. Como houve a prática, e devendo ser desfeita, a execução se transformará em fazer, isto é, a "fazer" os atos que a destruam. Daí, resume Alcides de Mendonça Lima, em conclusão aplicável, pois equivalente o texto do art. 822 ao art. 642 do CPC/1973, que regia a matéria, "passa a obrigação de 'não fazer' para a de 'fazer'".[167]

Portanto, encaminhando a execução, e descrevendo o que ocorreu e aquilo que se pretende, requer-se a execução, consistente em desfazer, num prazo razoável e suficiente para desmanchar, ou demolir, ou destruir, ou desconstituir a ação ou obra indevidamente levada a efeito. Mas ao juiz cabe aferir o prazo, delongando-o, se necessário.

Até aí não surgem maiores dificuldades. Lançado o pedido, e recebendo a ordem o devedor, poderá atender a determinação. Mostrando-se satisfeito o credor, dá-se o cumprimento, extinguindo-se o processo, como estabelece o art. 924, II, do CPC.

Uma vez não atendido por inteiro o ordenado, ou dando-se o incumprimento insatisfatoriamente, irá o credor completar o que falta. Seguem-se os trâmites do art. 823 do CPC).

Naturalmente, imprescindível que venha o título executável, consistente de uma sentença, formado em ação de conhecimento, ou de um contrato. Assim, há o título judicial ou extrajudicial. Quanto ao segundo, revela-se na estipulação expressa inserida numa disposição de vontade, como de não erguer uma parede, ou de não impedir a passagem de pedestres em um caminho, ou de não prestar serviços a um concorrente do credor.

---

[167] *Comentários ao CPC*, ob. cit., vol. VI, t. II, p. 765.

Dada a infração ao pactuado, executa-se para o devedor colocar por terra a parede, ou para retirar os entulhos da passagem, ou para interromper incontinente a atividade que desenvolve em favor do concorrente.

Mesmo em uma norma legal permite-se o embasamento da execução. Se o dever à abstenção decorre de uma servidão, a infração enseja que se execute com base no dispositivo do Código Civil que manda o prédio serviente servir ao dominante – art. 1.383.

No despacho do juiz, ficará constando, além do prazo, a cominação ou a consequência no caso de desobediência ao ordenado: o desfazimento se procederá pelo credor, às expensas dele, devedor, com exigibilidade das perdas e danos; ou responderá o devedor pelo ressarcimento, se impossível o desfazimento. O teor do ordenado se trasladará no mandado, a fim de que fique cientificado o destinatário do que lhe cabe.

Outrossim, imprescindível se advirta do prazo para os competentes embargos, matéria que se desenvolverá no próximo capítulo.

Torna-se complexa a execução caso recusar-se o devedor a obedecer ou a atender o mandado. Aí cabe ao credor desfazer, ou simplesmente buscar as perdas e danos.

Como se desenvolverá, então, a execução?

Observa-se, por primeiro, o art. 823 da lei processual civil: "Havendo recusa ou mora do executado, o exequente requererá ao juiz que mande desfazer o ato à custa daquele, que responderá por perdas e danos."

O credor simplesmente mandará desfazer o que realizou ou praticou o devedor?

É necessário que se faça uma vistoria, ou verificação *in loco*, para constatar e estimar os custos. Mais acertado será a avaliação através de perícia, com a participação do devedor, se não se fez revel, isto é, se está representado nos autos. De maneira alguma, no entanto, se pense que incide a tramitação desenvolvida no art. 817 e seu parágrafo único do Código processual, porquanto disciplinado aí o procedimento para a obrigação de fazer prestada por terceiro, por conta do exequente. Nem comportaria tal complexidade, quando se cuida de um mero desfazer, ou destruir, ou busca a interrupção de um serviço ou obra.

De qualquer forma, o montante apurável e necessário não fica ao critério único do credor. Será estabelecido por meios sérios e idôneos, como a perícia ou o arbitramento.

Uma vez chegando-se ao *quantum* necessário, não se impõe que siga de imediato e se desfaça a obra. Não se impede a cobrança prévia da soma apurada, mediante execução por quantia certa, para depois levar-se a termo o ato material.

Se trouxe a inobservância da abstenção prejuízos ao credor, faculta-se-lhe buscar, também, a indenização por perdas e danos. Nesta previsão enquadra-se o caso de deterioração de mercadorias porque interrompida uma servidão de passagem. Cabe ao titular da servidão o competente ressarcimento, o que se fará por artigos, ou mesmo arbitramento. Uma vez encontrado o valor, também será buscado mediante execução por quantia certa.

Mas, se impossível desfazer o ato, a única solução assenta-se sempre na indenização por perdas e danos, como preconiza o parágrafo único do art. 823: "Não sendo possível desfazer-se o ato, a obrigação resolve-se em perdas e danos, caso em que, após a liquidação, se observará o procedimento de execução por quantia certa."

Não se confundem as perdas e danos aqui tratadas com aquelas previstas no *caput* do art. 823. Dizem respeito, conforme a redação da regra, às decorrentes da impossibilidade de desfazer o ato. Exemplificando, nem sempre é conveniente a demolição de um prédio porque penetrou em uma parcela do terreno vizinho. Mais conveniente a correspondente indenização. Há, porém, casos de total inviabilidade de desfazer. Assim quando o artista que, rompendo um contrato, se apresenta em mais de um local; ou quando um fotógrafo exclusivo de uma empresa jornalística entrega material para outra, que fez a publicação.

Entretanto, as perdas e danos não se restringem à impossibilidade da execução do desfazimento. Se preferir o credor, ao invés de procurar que se desfaça o ato ou a obra, assiste-lhe o direito de pleitear unicamente a indenização. Se lhe for conveniente tal forma de justiça, ao contrário de, *v. g.*, tentar a demolição de beiral do telhado da casa vizinha que despeja águas em seu terreno – art. 1.300 do Código Civil – nada pode lhe impedir a opção.

Indispensável, no entanto, a liquidação do valor por meio de perícia.

VII
Responsabilidade por Abuso do Direito

1. SIGNIFICAÇÃO DE ABUSO DO DIREITO

O abuso do direito envolve excessos ou desmandos no exercício do direito. A pessoa extrapola os limites necessários na sua defesa, ou na satisfação dos direitos que lhe são legítimos.

Como é apregoado no direito francês, *le droit cesse où l'abus commence.*

Aparentemente, haveria uma incongruência na denominação, pois o exercício do direito não encontra limites, afigurando-se inapropriado falar-se em abuso no proveito de algo plenamente permitido pela lei ou pela ordem jurídica.

Deixando de lado as controvérsias que grassam em torno da matéria, a ideia envolve o exagero no exercício dos direitos, ou, mais hodiernamente, a aplicação literal da lei e a imposição de normas feitas para a proteção de uma classe, fatores que sufocam os direitos primordiais da pessoa humana. Revela-se a figura quando o titular do direito leva outrem a malefício ou a prejuízos, e não quando a execução de uma obrigação atendeu a todos os requisitos legais. O abuso está na forma de agir, nos excessos empregados. No gozo ou exercício de um direito provoca-se uma grave injustiça, incorrendo na máxima romana *summum jus, summa injuria*, o que se verifica quando se acumulam cláusulas abusivas em contratos de adesão, ou se executam medidas violentas para a proteção de eventual direito. Consoante analisa Everardo da Cunha Luna, "a ilicitude é a essência do abuso de direito, o que implica afirmar ser o ato abusivo uma das muitas variedades do ato ilícito – esse o fundamento para detenção de um seguro conceito do abuso".[168]

Sempre que verificada hipótese que excede os limites do tolerável, é reconhecida a responsabilidade, obrigando-se o autor do abuso a indenizar os prejuízos.

2. SITUAÇÕES QUE REVELAM ABUSO DO DIREITO

Incontáveis as situações que revelam abuso. Apontam-se ilustrativamente a pretensão de cobrar uma dívida, não importando que tal importe em apropriação do imóvel residencial do devedor; a prisão de uma pessoa que alienou fiduciariamente um veículo, por se ter desfeito do mesmo, enquanto se encontrava em sua posse; a viabilidade das instituições

---

[168] *Abuso de Direito*, 2ª ed., Rio de Janeiro, Editora Forense, 1988, pp. 73 e 74.

92 • Responsabilidade Civil | *Arnaldo Rizzardo*

financeiras em cobrar juros em níveis estratosféricos, no financiamento de um bem, a ponto de superar a dívida várias vezes o valor do bem financiado; o protesto de título cambial quando não preenche os requisitos legais; a retirada de um inquilino do imóvel sem o devido prazo para providenciar outra moradia; na reparação por dano moral em cifras que constituam um enriquecimento sem causa; a fixação de alimentos em montante desproporcional à necessidade do alimentando e à capacidade econômica do alimentante; o pedido abusivo da falência de um devedor, como favorece o art. 101 da Lei nº 11.101, de 09.02.2005; nos direitos de vizinhança, quando o mau uso da propriedade redunda em graves perturbações ou desassossego aos moradores próximos (art. 1.277 do CC vigente); a reiterada purgação da mora em ações de despejo; a despedida de empregado por mero capricho do empregador, ou sem qualquer razão aparente, substituindo-o por outra pessoa; a simples interrupção na permissão em retirada de águas, provocando a perda de safra; a proibição aos avós em visitar os netos; a colocação de detritos em local de frequência popular; a propositura de demanda judicial injustificável, sem a necessária aferição de sua viabilidade, escrevendo, a respeito, Pedro Baptista Martins: "O exercício da demanda não é um direito absoluto, pois que se acha, também, condicionado a um motivo legítimo. Quem recorre às vias judiciais, deve ter um direito a reintegrar, um interesse legítimo a proteger, ou, pelo menos, como se dá nas ações declaratórias, uma razão séria para invocar a tutela jurídica. Por isso, a parte que intenta ação vexatória incorre em responsabilidade, porque abusa de seu direito".[169]

De modo que perdeu a pujança de outrora o princípio romano *qui suo iure utitur neminem laedit* (quem usa de seu direito a ninguém prejudica).

3. ABUSOS EM PEDIDOS, PRETENSÕES E ACUSAÇÕES JUDICIAIS OU ADMINISTRATIVAS

O abuso encontra-se também na busca de direitos nas várias esferas judiciais ou administrativas.

Assim, quanto ao pedido abusivo de falência, sendo útil transcrever o art. 101 da Lei nº 11.101, de 9.02.2005: "Quem por dolo requerer a falência de outrem será condenado, na sentença que julgar improcedente o pedido, a indenizar o devedor, apurando-se as perdas e danos em liquidação de sentença".

Sobre a extensão da responsabilidade, tem-se no § 1º: "Havendo mais de um autor do pedido de falência, serão solidariamente responsáveis aqueles que se conduziram na forma prevista no *caput* deste artigo".

O parágrafo 2º, quanto ao terceiro prejudicado: "Por ação própria, o terceiro prejudicado também pode reclamar indenização dos responsáveis".

Explicava Everardo da Cunha Luna, sobre o então art. 20 do Decreto-lei nº 7.661, equivalente ao atual art. 101: "Como se vê, no *caput* do art. 20, a lei se ocupa do requerimento doloso da falência; e no parágrafo único, refere-se ao requerimento por culpa ou abuso. Em ambos os casos, obriga-se o agente a indenizar os prejuízos que causou, sendo condenado ora na sentença que denegar a falência, ora na ação própria, promovida pelo prejudicado".[170]

---

[169] *O Abuso do Direito e o Ato Ilícito*, 3ª ed., Rio de Janeiro, Forense, 1997, p. 71.
[170] *Abuso de Direito*, ob. cit., p. 127.

Acontecem os abusos nas acusações criminais descabidas, nas denúncias infundadas, na lavratura de ocorrências policiais de fatos incomprovados: "O abuso no exercício de um direito gera a obrigação de indenizar o dano moral decorrente. A atribuição de prática de ato delituoso, que gera ação policial enérgica e repercussão na vizinhança, constitui ilícito, passível de indenização".[171] "Responde pela indenização por danos morais aquele que falsamente imputa a prática de crime a outrem, levando o fato ao conhecimento da autoridade policial, em cujo inquérito concluiu pelo não indiciamento".[172] "Quem leva à autoridade policial a notícia da prática de crime apenas para tentar impedir outrem de buscar seus direitos junto ao Poder Judiciário, adota conduta antijurídica, por agir em desrespeito à dignidade humana, um dos princípios basilares da República Federativa do Brasil, conforme art. 1º, III, da CF, devendo responder pela ilicitude. Além do mais, embora o dano moral seja inquestionável, é necessário que a vítima obtenha uma satisfação para compensar o dissabor padecido, devendo o *quantum* ser arbitrado em obediência aos critérios de proporcionalidade e da razoabilidade".[173]

No direito administrativo, vasto o campo de abusos. Na estruturação dos organismos estatais – órgãos do governo, autarquias, repartições públicas nos mais variados setores – surgem leis de favorecimento às diversas classes, permitindo soma de benefícios, cumulação de vencimentos, cômputo de tempo de serviço em dobro, pagamentos de licenças-prêmio, incorporação de gratificações, vinculações de vencimentos dos mais diversos tipos disfarçadas em isonomias salariais, efetivações de classes de servidores contratados – tudo bem sedimentado, organizado e fundamentado em um enredo de leis e diplomas, cuja intrincada combinação de artigos, parágrafos, incisos e alíneas conduz a elevar vencimentos, vantagens, prêmios que, após algum tempo, transforma a remuneração do servidor ou funcionário em uma pequena fortuna mensal, quando o retorno econômico ou prático da atividade exercida não representa nem um centésimo de seu custo.

Em todas as situações acima, existe o amparo em alguma norma ou princípio de direito. Entretanto, extrapolam-se seus limites, indo-se além do necessário e obtendo efeitos excessivamente pesados.

No campo das instituições bancárias, exemplo flagrante está na apropriação de saldos credores na conta do depositante para abater dívidas, de acordo com o seguinte exemplo: "Conta corrente. Apropriação do saldo pelo banco credor. Numerário destinado ao pagamento de salários. Abuso de direito. Boa-fé. Age com abuso de direito e viola a boa-fé o banco que, invocando cláusula contratual constante do contrato de financiamento, cobra-se lançando mão do numerário depositado pela correntista em conta destinada ao pagamento de salários de seus empregados, cujo numerário teria sido objeto junto ao BNDES. A cláusula que permite esse procedimento é mais abusiva que a cláusula mandato, pois enquanto esta autoriza apenas a constituição do título, aquela permite a cobrança pelos próprios meios do credor, nos valores e no momento por ele escolhidos".[174] O não pagamento de obrigações por empresas, levando a evidente enriquecimento de seus diretores,

---

[171] Apel. Cível nº 599.382.744, da 10ª Câmara Cível do TJ do Rio Grande do Sul, j. em 12.08.1999, em *ADV Jurisprudência*, nº 42, p. 666, out. 1999.

[172] Apel. Cível nº 599.369.592, da 10ª Câmara Cível do TJ do Rio Grande do Sul, j. em 12.08.1999, em *ADV Jurisprudência*, nº 42, p. 666, out. 1999.

[173] Apel. Cível nº 324.487-0, da 3ª Câmara Cível do TJ de Minas Gerais, *DJ* de 02.08.2001, *in ADCOAS* 8204860, *Boletim de Jurisprudência ADCOAS*, nº 11, p. 166, mar. 2002.

[174] REsp. nº 250.523-SP, da 4ª Turma do STJ, *DJU* de 18.02.2000.

ostenta modalidade clara de abuso de direito, pois busca-se a proteção de um ato ilícito no manto da pessoa jurídica distinta da sociedade.

Mesmo que uma lei dê apoio ao ser humano, sua desatualização ou o evidente caráter protetivo em favor de uma classe ou um grupo conduz ao abuso. Lembra-se que o direito não se revela unicamente na lei, mas encontra terreno fértil no costume, na doutrina, na jurisprudência, dentre outras fontes. Em princípio, a lei poderá servir como roteiro, itinerário, linha de referência, enquanto o direito se direciona aos critérios de justiça, aos interesses sociais e individuais, às finalidades supremas da vida, da saúde, da harmonia humana.

Não significa, porém, que envolvam abuso o simples exercício de direitos, a execução de uma dívida contra uma pessoa pobre, o protesto normal de um título, o interdito possessório, a antecipação da tutela, a concessão de cautelar, a apreensão de pessoas e coisas, posto que as hipóteses encontram-se permitidas na lei, desde que não executadas violentamente, e não se respeite do direito da outra parte envolvida no litígio. Embora o exercício do direito segundo os padrões e trâmites normais, sempre há um prejuízo ou dano para a pessoa atingida, que é o resultado inevitável ao exercício do direito, mas caracterizando abuso.

4. O ABUSO NA PREVISÃO DO CÓDIGO CIVIL

O direito civil brasileiro contém regras de onde se retiram matérias a respeito do assunto. Do parágrafo único do art. 188 extraem-se elementos significativos da espécie. Necessário, para bem perceber o conteúdo, transcrever todo o artigo 188: "Não constituem atos ilícitos: I – Os praticados em legítima defesa ou no exercício regular de um direito reconhecido; II – a deterioração ou destruição da coisa alheia, ou a lesão a pessoa, a fim de remover perigo iminente". O parágrafo único coloca limites para considerar-se legítimo o ato: "No caso do inciso II, o ato será legítimo somente quando as circunstâncias o tornarem absolutamente necessário, não excedendo os limites do indispensável para a remoção do perigo". Nota-se a exigência do ato no exato limite do necessário.

O art. 1.277 também revela caráter de proteção contra o abuso: "O proprietário ou o possuidor de um prédio têm o direito de fazer cessar as interferências prejudiciais à segurança, ao sossego e à saúde dos que o habitam, provocadas pela utilização de propriedade vizinha".

O art. 187, inspirado no art. 334 do Código Civil português, encerra norma específica sobre o abuso do direito: "Também comete ato ilícito o titular de um direito que, ao exercê-lo, excede manifestamente os limites impostos pelo seu fim econômico ou social, pela boa-fé ou pelos bons costumes".

Analisando a redação ainda quando da previsão no Projeto, escreveu o magistrado trabalhista Cléber Lúcio de Almeida: "Os critérios – fim econômico e social, boa-fé e bons costumes – utilizados no Projeto, permitem ao juiz, pela sua generalidade e abstração, decidir se o titular do direito agiu de conformidade com a realidade que o cerca e também atender à constante evolução social... A alusão somente à finalidade econômica e social, à boa-fé e aos costumes permite afirmar que o Projeto adotou a teoria objetiva, deixando de incluir a intenção de causar dano a outrem entre os requisitos para a configuração do abuso do direito... O dano, no Projeto, não foi alçado à condição de requisito da configuração do abuso, mas uma de suas consequências possíveis, o que equivale dizer que o abuso pode ser punido ainda que nenhuma lesão ocorra. Para o projeto, o abuso do direito é o seu exercício com manifesto desrespeito aos limites impostos pelo seu fim econômico ou social, pela boa-fé e pelos bons costumes".[175]

Em antiga monografia de Pedro Baptista Martins, atualizada por José da Silva Pacheco, aponta-se mais a hipótese do art. 572 do Código anterior, cuja redação está no art. 1.299 do atual: "Consoante o disposto no art. 572, o direito que assiste ao proprietário de construir em seu terreno está condicionado não só aos regramentos administrativos, senão também ao direito dos seus vizinhos. Além das limitações definidas pelos artigos subsequentes, o direito de construir comporta outras limitações não definidas casuisticamente em lei".

Em seguida, o autor aborda o sentido do art. 875 também do Código de 1916, encontrando-se o mesmo texto no art. 244 do Código em vigor, ensejando o equilíbrio nas prestações: "A preocupação de assegurar a equivalência das prestações e, com ela, o equilíbrio dos interesses em conflito, transformando a regra jurídica num meio eficiente de conciliação, transparece com clareza do preceito enfeixado no art. 875 do Código Civil, onde se atribui ao devedor, nos casos omissos, o direito à escolha, quando a sua prestação consistir em coisas determinadas, não qualitativamente, mas apenas pelo gênero e quantidade. Esse direito de escolha não é, todavia, absoluto, pois que o último período do dispositivo legal o limita e o condiciona à observância de uma justa medida: '... mas não poderá dar a coisa pior, nem era obrigado a prestar a melhor'".[176]

Nos arts. 939 e 940, encontram-se normas aplicando sanções ao credor que demanda abusivamente o devedor antes do vencimento da dívida, ou que procura receber valor já pago.

5. O ABUSO NO CÓDIGO DE DEFESA DO CONSUMIDOR

O Código de Defesa do Consumidor (Lei nº 8.078/1990) encerra várias normas de proteção contra abusos do direito, como a que permite a revisão de cláusulas que estabeleçam obrigações desproporcionais (art. 6º, inc. V); a que manda, antes de lançar o nome de devedor em cadastro, a prévia comunicação do mesmo por escrito (art. 43, § 2º); a que discrimina as cláusulas abusivas (art. 51) e exageradas (art. 51, § 1º); a que proíbe a previsão da perda das importâncias pagas por consumidor, em razão de inadimplemento (art. 53); a que limita o valor das multas a 2% do valor da prestação (art. 52, § 1º); a que ordena a redução proporcional dos juros e demais encargos na liquidação antecipada do débito (art. 52, § 2º); a que condiciona a inserção de cláusula resolutória desde que alternativa, cabendo a escolha ao consumidor (art. 54, § 2º).

Exemplo clássico de abuso, condenado pelo Código de Defesa do Consumidor, é a cláusula de decaimento, em promessas de compra e venda. A matéria já mereceu exame pela jurisprudência: "O Código de Defesa do Consumidor traz previsão específica de abusividade das cláusulas de perda total das prestações pagas. O art. 53 dispõe: 'Nos contratos de compra e venda de móveis ou imóveis, mediante pagamento em prestações, bem como nas alienações fiduciárias em garantia, consideram-se nulas de pleno direito as cláusulas que estabeleçam a perda total das prestações pagas em benefício do credor e que, em razão do inadimplemento, pleiteia a resolução do contrato e a retomada do produto alienado'.

---

[175] "Abuso do Direito no Projeto do Código Civil", em *Revista Forense*, nº 347, pp. 440 e 441.
[176] *O Abuso do Direito e o Ato Ilícito*, ob. cit., p. 98.

Como se observa, a própria norma do Código de Defesa do Consumidor aproxima o regime dos contratos de consórcio e das promessas de compra e venda de imóveis, no que se refere à abusividade de referidas cláusulas.

A norma geral do art. 51, IV, do Código de Defesa do Consumidor esclarece o motivo de tal nulidade e da reação negativa do direito. Considera abusivas as cláusulas que: 'Estabeleçam obrigações consideradas iníquas, abusivas, que coloquem o consumidor em desvantagem exagerada ou sejam incompatíveis com a boa-fé ou a equidade'.

No caso em tela, estamos frente a uma cláusula, prevendo a perda total das prestações já pagas em benefício dos credores.

O § 1º do art. 51 do Código de Defesa do Consumidor fornece ajuda para que se verifique, no caso concreto, o exagero da desvantagem.

Efetivamente, a cláusula de decaimento assegura uma vantagem exagerada a uma das partes. Condena o contratante que rescinde o contrato, com causa ou sem causa, não a suportar os prejuízos que eventualmente decorrem, mas à perda total das prestações, a renunciar a todas as expectativas legítimas ligadas ao contrato, assegurando ao outro contratante o direito de receber duas vezes pelo mesmo fato".[177]

Pedro Baptista Martins destaca mais dois exemplos: "No período pré-contratual pode manifestar-se o abuso do direito quando o comerciante recusa, sem motivo sério e legítimo, a oferta do pretendente. A recusa abusiva de contratar pode ocorrer nas locações de imóveis, destinados a fins comerciais.... Os estabelecimentos que expõem os seus artigos, oferecendo-os aos consumidores mediante o pagamento de um certo preço, não poderão recusar-se a vendê-los, desde que a oferta esteja de acordo com as condições anunciadas".[178]

Também na resolução do contrato, se mínimo o inadimplemento, ou escassa a importância devida, configura-se o abuso, valendo transcrever Ruy Rosado de Aguiar Júnior: "O contrato não pode ser resolvido se a inexecução de uma das partes tiver escassa importância, levando em consideração o interesse da outra".[179]

Totalmente injusto resolver-se uma promessa de compra e venda por ficarem sem pagamento algumas prestações de um grande número, ou admitir-se a execução hipotecária, com a adjudicação do bem, num contrato de financiamento da casa própria, também pelo não pagamento de algumas parcelas.

6. O ABUSO NO DIREITO PROCESSUAL CIVIL

No direito processual civil encontram-se normas coibindo o abuso do direito, expondo Humberto Theodoro Júnior, relativamente ao diploma anterior: "O Código de 1973... evitou a invocação genérica dos vícios do ato processual à luz da nomenclatura do direito civil (dolo, coação, simulação, fraude etc.). Deu, porém, maior expressão ao *dever de veracidade*, ampliando-o, subjetivamente, para a conduta não só das partes, mas de todos os que intervêm na relação processual, e alargando as dimensões do *dever de probidade*, pela definição de várias condutas vedadas aos sujeitos processuais. Com isso, o amplo *princípio*

---

[177] Apelação nº 3.655/97, da 2ª Câmara Cível do Tribunal de Justiça do Rio de Janeiro, de 1997, em *Direito Imobiliário – COAD*, acórdãos selecionados, p. 21, jan. 1998.

[178] *O Abuso do Direito e o Ato Ilícito*, ob. cit., p. 39.

[179] *Extinção dos Contratos por Incumprimento do Devedor* (Resolução), Rio de Janeiro, Aide Editora, 1991, p. 130.

da probidade foi estendido 'a todos que intervêm no processo: Juiz, Ministério Público, auxiliares da justiça, testemunhas' (Alcides de Mendonça Lima, *Probidade Processual e Finalidade do Processo*, Uberaba, Ed. Vitória, 1978, nº 11, p. 21)".[180]

Vários os preceitos processuais que apontam os deveres das partes, destacando-se os arts. art. 77, 78, 79, 80, 81, 146, §§ 4º e 5º, 776, 774 e seu parágrafo único, do CPC/2015. Transcreve-se o art. 77, dos mais importantes sobre o assunto: "Além de outros previstos neste Código, são deveres das partes, de seus procuradores e de todos aqueles que de qualquer forma participem do processo:

I – expor os fatos em juízo conforme a verdade;

II – não formular pretensão ou de apresentar defesa quando cientes de que são destituídas de fundamento;

III – não produzir provas e não praticar atos inúteis ou desnecessários à declaração ou à defesa do direito;

IV – cumprir com exatidão as decisões jurisdicionais, de natureza provisória ou final, e não criar embaraços à sua efetivação;

V – declinar, no primeiro momento que lhes couber falar nos autos, o endereço residencial ou profissional onde receberão intimações, atualizando essa informação sempre que ocorrer qualquer modificação temporária ou definitiva;

VI – não praticar inovação ilegal no estado de fato de bem ou direito litigioso".

Pode-se delinear alguns requisitos, que deverão aparecer no reconhecimento do abuso de direito:

a) A pessoa deve ter assegurado um direito, que lhe é reconhecido por lei, ou dele está revestida juridicamente. Assim, *v. g.*, é titular do direito de retomar a posse de um bem;

b) A conduta é praticada durante o exercício do direito, como na defesa da propriedade, na repulsa de uma agressão, na prática de uma atividade profissional;

c) Há excesso manifesto dos limites impostos pelo seu fim econômico ou social, ou pela boa-fé ou pelos bons costumes. Quem executa ou realiza seu direito vai além do que permite o próprio valor econômico do bem objeto do exercício;

d) Violação do direito alheio. Inconcebível que se destrua um prédio porque traz umidade aos prédios vizinhos, ou que se inutilizem os móveis de uma residência quando de sua retomada em uma ação de despejo; ou que, na repulsa de uma simples agressão, se atente contra a vida do agressor;

e) Dispensa-se a pesquisa do elemento culpa, porquanto o abuso pressupõe a existência do elemento subjetivo. Inconcebível pensar em excesso, ou em abuso, desvinculadamente da culpa. Se o sujeito ativo vai além do que se lhe permitia no momento, procedeu com culpa, por mais leve que seja a sua manifestação.

A boa-fé e os costumes também ditam as medidas que devem ter os atos. Nos negócios, quando alguém se aproveita da credibilidade ou da confiança da outra parte, comete ato ilícito, sendo exemplo as compras e vendas cujo pagamento é feito a prazo, exigindo o vendedor encargos elevados ou procedendo anotações de produtos sem conferir com a realidade, ou cobrando valores que fogem à realidade vigente na localidade.

---

[180] "Abuso de Direito Processual no Ordenamento Jurídico Brasileiro", em *Revista Forense*, nº 344, p. 46.

PARTE 2

REPARAÇÃO

VIII

A Reparação ou Ressarcimento

1. CONCEITO E ESPÉCIES

Uma vez provado o dano, cabe a ação de reparação. Realça Aguiar Dias que tem direito de pedir a reparação toda pessoa que demonstre um prejuízo e a sua injustiça.[1] Leva-se a efeito a reparação com a atribuição de uma quantidade de dinheiro suficiente para que compense, por sub-rogação, a um interesse, expõe De Cupis,[2] observando que existem dois modos de reparar o dano: de um lado, está o ressarcimento, que consiste na recomposição da situação anterior, mediante a compensação de uma soma pecuniária equivalente; de outra parte, vem a reparação específica, ou a integração, pela qual a obrigação ressarcitória se concretiza com a restituição ao sujeito do estado anterior ao dano.

Na última forma, mesmo não cancelando o dano no mundo dos fatos, é criada uma realidade materialmente correspondente à que existia antes de produzir-se a lesão.

O ressarcimento propriamente dito, diferentemente, estabelece uma situação econômica equivalente àquela que foi comprometida pelo dano, através de uma indenização em dinheiro. Está contemplada esta maneira no Código Civil, Capítulo II, Título IX do Livro I da Parte Especial, iniciando no art. 944 e indo até o art. 954. Revelando caráter pecuniário, se expressa na prestação, ao prejudicado, de uma soma, em dinheiro, adequada para originar um estado de coisas equivalente ao anterior. Para Serpa Lopes, ao prejudicado assiste o direito de exigir uma importância destinada a reequilibrar a sua posição jurídica, "de modo a tanto quanto possível retornar ao estado em que se encontraria, se o devedor houvesse realizado a prestação no tempo e forma devidas".[3]

O citado autor, reproduzindo a doutrina moderna, da mesma forma que De Cupis, ressalta que duas são as modalidades da reparação: a específica (reintegração em forma específica), e a apurada mediante a estimação das perdas e danos, realizando-se a composição em dinheiro. Aquela se processa *in specie, ad rem ipsam*, com maior aplicação naqueles sistemas jurídicos onde prepondera o princípio de que *dies interpellat pro homine*, como no direito francês.

---

[1] *Da Responsabilidade Civil*, vol. II, p. 841.
[2] *El Daño,* ob. cit., p. 748.
[3] *Curso de Direito Civil*, vol. II, p. 423.

Iturraspe denomina esta modalidade de reparação com a expressão "reposição das coisas em seu estado anterior".[4]

Para Serpa Lopes, além da reparação por perdas e danos, e específica ou compulsória, há uma terceira, a sub-rogatória da vontade do devedor. Ocorre quando o devedor se nega a prestar declaração de vontade. Condenado a emitir um ato jurídico, e negando-se, a sentença substitui sua vontade e dá o ato por declarado. De modo especial, nos contratos preliminares de compra e venda, recusando-se o compromitente vendedor a conceder o título, a decisão representa a vontade do recusante, e serve de título para os devidos fins, como o registro imobiliário.[5]

O Código Civil, no art. 947, contempla as duas espécies, isto é, o ressarcimento e o retorno à situação anterior, ou a reparação específica: "Se o devedor não puder cumprir a prestação na espécie ajustada, substituir-se-á pelo seu valor, em moeda corrente."

Por último, a reparação há de ser a mais completa possível, não se atenuando em face da situação econômica da parte. Assim orientam Planiol e Ripert: "La indemnización se destina a reparar el perjuicio y no está subordinada a la condición de que la víctima se encuentre en estado de penuria económica."[6]

2. CAUSAS DA REPARAÇÃO

Fundamentalmente, duas as causas que provocam o direito à indenização, imposto como obrigação legal.

A primeira nasce do inadimplemento, pelo devedor, de um dever de dar, fazer ou não fazer. É a reparação por dano contratual. A lei protege o credor e o cerca de meios legais a fim de que o obrigado satisfaça aquilo a que se comprometera. Busca-se dar ao titular do direito subjetivo a prestação prometida. Ensinam Planiol e Ripert que "si el deudor no cumple su obligación cuando y como debiera, el acreedor tiene el derecho de obtener una indemnización por daños y perjuicios, es decir, una suma en dinero equivalente al provecho que hubiera obtenido del cumplimiento efectivo y exacto de la obligación, a título de indemnización por el perjuicio sufrido".[7]

É a indenização assinalada no art. 389 da lei civil: "Não cumprida a obrigação, responde o devedor por perdas e danos, mais juros e atualização monetária segundo índices oficiais regularmente estabelecidos, e honorários de advogado."

Cumpre, porém, sejam observadas as peculiaridades do direito. Em certos casos, a resolução contratual aparece como forma de reparação. O art. 475 reza que a parte lesada pelo inadimplemento pode requerer a resolução do contrato, se não preferir exigir-lhe o cumprimento, cabendo, em qualquer dos casos, indenização por perdas e danos. Nas promessas de compra e venda, o caminho mais correto para a execução é a resolução da avença, precedida pela notificação que oportuniza o pagamento. Por isso, Serpa Lopes, acertadamente, acentuava que, descumprido o contrato, "ou há uma resolutória expressa ou uma resolutória tácita, em razão do que o credor tem uma situação alternativa a seu dispor: ou pedirá a execução direta ou *in natura* da prestação, ou se valerá das perdas e

---

[4] *Responsabilidad por Daños*, ob. cit., tomo I, Parte Geral, p. 228.
[5] *Curso de Direito Civil*, vol. II, p. 425.
[6] *Tratado de Práctico de Derecho Civil*, tomo 6º, ob. cit., p. 927.
[7] *Tratado Práctico de Derecho Civil Francés*, tomo VII, parte 2ª, p. 132.

danos".[8] Em nosso direito, pois, a partir do momento em que se dá o inadimplemento de uma obrigação líquida e certa do contrato, surge para o credor o direito à resolução do contrato, "donde seguir-se ter ele a alternativa de pedir rescisão com perdas e danos, ou, se lhe for conveniente, a execução direta ou específica", arremata o mestre.[9]

Em segundo lugar, a prática de um ato ilícito determina o ressarcimento dos danos, o que se verifica com a reposição das coisas em seu estado anterior. Se há a impossibilidade para a reposição, ao prejudicado resta a opção da indenização em dinheiro por perdas e danos.

Constitui o campo mais amplo da indenização, abrangendo todos os prejuízos derivados dos atos ilícitos por violação das normas de direito e por infrações dos deveres impostos pela conduta humana.

Não só os atos ilícitos são fonte de indenização. Há a responsabilidade objetiva ou decorrente do risco, instituída pelo Código Civil e por leis especiais, onde não se questiona a respeito da licitude ou ilicitude do evento que desencadeia o dano.

A reparação assume contornos próprios, segundo a causa que a faz nascer. Às vezes, os prejuízos são devidos porque o compromisso definitivo restou descumprido. Há impossibilidade de satisfação. Em outras ocasiões, o atendimento se verifica após certa demora, mais ou menos prolongada, a qual produz prejuízos. No primeiro caso, temos a reparação compensatória; no segundo, ela é moratória. Nada impede a acumulação de ambos os modos, quando o atraso no atendimento, primeiramente observado, se transforma em inobservância definitiva.

3. REPARAÇÃO POR PERDAS E DANOS

O dano é o corolário natural que leva à responsabilidade civil. Para gerar a reparação, mesmo no caso de culpa presumida, é obrigada a vítima a comprovar o prejuízo sofrido com o ato perpetrado contra ela. Planiol e Ripert acentuam: "El acreedor no podrá obtener indemnización alguna si no demuestra que el incumplimiento o el retraso en el cumplimiento de la obligación le han ocasionado un daño."[10]

A reparação, uma vez provado o dano, o normal é que tenha por objeto a reposição das coisas como eram antes do evento causador. "Si el dañador ha ocasionado un menoscabo en la esfera jurídica de otra persona, es lógico que la reparación debida consista en reintegrar esa esfera lesionada a su estado anterior a la causación del daño. Solamente cuando no es posible esa reintegración al estado originario se acude a verificar la reparación en dinero, entregando al perjudicado una equitativa indemnización en dinero", nota sabiamente Jaime Santos Briz.[11] As perdas e danos são a forma da reparação para os casos em que a mesma não se torna possível *in specie,* ou não se processa *in natura.* Tal modo de recompor o prejuízo constitui o que se denomina de indenização das perdas e danos, por meio de dinheiro, abarcando os danos patrimoniais e os extrapatrimoniais, os contratuais ou extracontratuais, os nascidos da antijuridicidade objetiva ou subjetiva. O termo

---

[8]   *Curso de Direito Civil*, vol. II, p. 425.
[9]   *Idem*, p. 425.
[10]   *Tratado Práctico de Derecho Civil Francés*, tomo VII, parte 2ª, p. 141.
[11]   *La Responsabilidad Civil*, ob. cit., pp. 260-261.

ressarcimento, a nosso ver, envolve dimensão mais extensa, empregando-se para denominar a reparação específica, *in natura,* e a concretizada mediante dinheiro, por perdas e danos.

A indenização através do pagamento das perdas e danos é representada por uma soma em dinheiro equivalente ao valor da prestação descumprida e aos prejuízos sofridos com o inadimplemento. Não é a reparação natural, mas substitutiva do bem ou do valor que o lesado perdeu. É efetivada com a composição dos danos, ou por meio do pagamento de uma soma pecuniária, repondo-se o credor num estado de equilíbrio mais perfeito possível. Para se chegar a esta perfeição, computam-se tudo quanto ele efetivamente perdeu (dano emergente) e aquilo que deixou de ganhar (lucro cessante). Esta a dimensão do art. 402 do diploma civil, ditando que as perdas e danos devidos ao credor abrangem, além do que efetivamente perdeu, o que razoavelmente deixou de lucrar: "Salvo as exceções expressamente previstas em lei, as perdas e danos devidas ao credor abrangem, além do que ele efetivamente perdeu, o que razoavelmente deixou de lucrar."

Carvalho Santos apontava três requisitos para que se verifique o ressarcimento das perdas e danos pelo inadimplemento das obrigações, ou ao não cumprimento do contrato, continuando atual o ensinamento, dada a identidade de conteúdo entre o atual e o anterior Código Civil: "a) o inadimplemento da obrigação, ainda que parcial, bastando um princípio de inadimplemento; b) que esse inadimplemento seja consequência de culpa ou dolo do devedor; c) e tenha causado um dano ao credor".[12]

Convém notar que, em certas obrigações, embora possível a execução *in specie,* ela se converte em perdas e danos. A natureza da prestação e as consequências no plano econômico ou social conduzem à resolução em um pagamento em dinheiro. Se o cumprimento da obrigação em forma específica se torna muito oneroso para o devedor, "constituindo uma verdadeira iniquidade a sua exigência, aquela dificuldade constituiria uma justa causa para autorizá-lo a liberar-se por meio equivalente".[13] A doutrina, amparada em Pothier, costuma citar o exemplo de uma pessoa que se compromete a vender as madeiras provenientes de sua casa, a ser demolida. Sobrevindo, mais tarde, mudança na deliberação anterior do proprietário, que o leva a não mais demolir a casa, a recusa em entregar os referidos materiais redunda no direito do credor em executar o contrato, com a demolição do prédio para o fim específico de receber as madeiras tratadas? A resposta é negativa. Nesta hipótese, a excessiva onerosidade da obrigação leva a uma solução que se materializa em perdas e danos. Embora a impossibilidade seja relativa, o direito não tolera uma injustiça, mesmo se encontre o credor apoiado na lei.

O Código Civil alemão, no art. 251, autoriza expressamente a conversão da obrigação em indenização monetária quando a reposição na forma específica resultar exageradamente cara para o devedor, ou demandar um gasto desproporcionado. Nesta linha segue também o art. 2.058, última parte, do Código Civil italiano. Iturraspe, sobre o assunto, aduz: "Importará un ejercicio abusivo del derecho a la reparación de los daños sufridos perseguir una gravosa reposición material del precedente estado de cosas si el costo de ella resultase muy superior al valor de la brecha patrimonial que el acto ilícito hubiese causado...; el capricho de querer que se lo repare *in natura,* a un costo excesivo, contraria la finalidad de la norma."[14]

---

[12] *Cód. Civil Brasileiro Interpretado,* ob. cit., 8ª ed., 1964, vol. XIV, p. 250.
[13] Carvalho Santos, *idem,* pp. 250-251.
[14] *Responsabilidad por Daños,* ob. cit., tomo I, p. 247.

Muitos atos ilícitos com danos tornam impossível a reparação específica, fixando-se a indenização em dinheiro. Quando se trata de danos produzidos nas pessoas, em seu estado físico ou moral, como em homicídios, lesões, afecções estéticas, deformidades físicas etc., ou mesmo nas coisas ou nos bens, com a sua destruição ou desaparecimento em virtude de fato danoso, e nas situações de perda de oportunidades, de ganhos previstos, a reparação resolve-se igualmente em perdas e danos. Cuida-se de uma impossibilidade objetiva, e não meramente subjetiva do devedor ou responsável.

4. LIBERDADE NA ESCOLHA DA FORMA DE REPARAÇÃO

Como se examinou, a reparação essencialmente equivale à reposição das coisas em seu estado anterior, salvo quando é impossível, em face das circunstâncias do caso, ou quando a prudência e o bom-senso ordenam a conversão em perdas e danos, evitando-se agravar desnecessariamente a situação do devedor.

Indaga-se, agora, da permissão legal em se conceder a indenização em perdas e danos por vontade exclusiva do credor.

Uns têm entendido afirmativamente a resposta, pois a reparação natural pode ser, em múltiplas hipóteses, contrária aos interesses do credor ou lesado. Precipuamente nas obrigações de fazer, quando o devedor não é a pessoa mais indicada para satisfazer os prejuízos motivados por sua incúria ou má-fé. De igual modo, não ensejaria cabalmente a devolução do bem, além da circunstância do titular do direito precisar mais do dinheiro que a reintegração no estado de coisas primitivo.

A solução será determinada de acordo com o que mais favorece o devedor. O juiz resolverá atendendo os ditames da equidade e considerará o que for menos oneroso para o obrigado. Se a coisa pretendida não se reveste da mesma utilidade para este, não é justo forçá-lo a permanecer com ela, recompondo o valor com dinheiro.

Identicamente em relação ao que deve, nem sempre é justo lhe conceder pleno arbítrio na eleição da reparação em espécie ou em pecúnia. Obstado a devolver um bem, ou consistindo a condenação em uma obrigação de fazer ou não fazer, ao credor é viável que não o contente uma soma em dinheiro, por lhe ser fundamental determinado ato ou bem.

O ensinamento de Aguiar Dias vem a propósito e se aplica às colocações em exame. A reparação específica pode não ser possível porque não proporciona ao prejudicado a compensação suficiente. "Em hipótese contrária, pode, porém, a reparação natural exceder, com proveito para o queixoso, a situação anterior ao dano, o que sucede toda vez que, por ter destruído coisa velha, consista a prestação do demandado na substituição daquela por uma nova. Assim o indivíduo que danifica ou destrói roupa, móvel usado ou a encadernação de um livro: a reparação natural trará ao prejudicado a vantagem representada pela roupa, móvel ou encadernação novos, em relação aos objetos substituídos. Se se admitir a substituição em termos absolutos, ocorrerá, muitas vezes, que a vítima se locupletará à custa do autor do dano, o que ofende os princípios da reparação do dano, que se destinam a restaurar e não são, pois, normas autorizadoras de proventos. Duas soluções se deparam aqui ao julgador: ou repele a reparação natural como incompatível...; não pode a vítima do dano obter objeto novo em troca de velho, nem mesmo indenizando responsável da vantagem correspondente à diferença entre um e outro objeto, com o que fica obrigada a aceitar a indenização pecuniária; ou decreta a reparação natural, mas impõe ao prejudicado obrigação de, por sua vez, repetir ao indenizante a vantagem auferida em virtude da diferença do objeto novo sobre o velho."[15] Conclui o autor aconselhando a solução que mais se coaduna com a equidade e que não leve ao enriquecimento indevido. Mas revela preferência para a segunda alternativa, lembrando que se um desequilíbrio ocorrer, a vantagem deve caber ao prejudicado.

O Código Civil, porém, na reparação por inadimplemento, garante o arbítrio ao credor em eleger a forma de reparação, como externa o art. 475: "A parte lesada pelo inadimplemento pode pedir a resolução do contrato, se não preferir exigir-lhe o cumprimento, cabendo, em qualquer dos casos, indenização por perdas e danos."

5. REPARAÇÃO E INTENSIDADE DA CULPA

É possível graduar a indenização de acordo com a gravidade da culpa?

A questão não é singela e já mereceu profundo estudo do eminente magistrado paulista Yussef Said Cahali,[16] ainda ao tempo em que era omisso o Código a respeito. O autor lembra a doutrina de Agostinho Alvim, enfatizando que, em direito civil, interessa pouco a intenção do autor, o dolo ou a simples culpa. Na doutrina da indenização, o que se procura é avaliar o prejuízo para se medir, por ele, o ressarcimento. O Código revogado não estabelecia graduação da culpa, para efeito de alterar a indenização. "A maior ou menor gravidade da falta não influi sobre a indenização, a qual só se medirá pela extensão do dano causado. A lei não olha para o causador do prejuízo, a fim de medir-lhe o grau de culpa, e sim para o dano... A classificação da infração pode influir no sentido de atribuir-se ou não responsabilidade ao autor do dano, o que é diferente."[17]

Isto não acontecia no direito italiano, como revelou Pontes de Miranda, relativamente ao art. 1.225 do CC: "Tem-se, portanto, em direito italiano, de se entrar em indagação subjetiva, com as distinções entre dolo, culpa grave e culpa leve. No direito brasileiro não há tal regra discriminativa do que se há de indenizar. No art. 1.057, lê-se que, nos contratos unilaterais, responde por simples culpa o contraente a quem o contrato aproveita, e só por dolo aquele a quem não favoreça... Nem aí se gradua a culpa, para se determinar a indenização. Apenas se pré-exclui a responsabilidade se não há dolo."[18] Recorda-se que o art. 1.057, acima apontado, equivale ao art. 392 do Código de 2002.

Já anteriormente ao diploma civil atual era lembrado estado de coisas em que a lei não era de todo insensível à intensidade da culpa. Observa Yussef S. Cahali: "Ora, perante o nosso direito, casos haverá em que: a) a determinação da responsabilidade do agente não prescinde do dolo, a que se equipara a culpa grave, da má-fé, da malícia...; em outros, será suficiente a simples culpa, ainda que levíssima, havendo mesmo aqueles em que o dever de se indenizar exsurge ainda que sem dolo e sem culpa do agente (responsabilidade objetiva, risco, proveito etc.); b) a presença do elemento subjetivo do dolo ou da culpa determina o agravamento da responsabilidade, com a adição de um *plus* à indenização ressarcitória."[19]

---

[15] *Da Responsabilidade Civil*, ob. cit., vol. II, pp. 769-770.
[16] *Dano e Indenização*, São Paulo, Editora Revista dos Tribunais, 1980, pp. 122 e segs.
[17] *Dano e Indenização*, ob. cit., p. 124.
[18] *Tratado de Direito Privado*, 2ª ed., Rio de Janeiro, 1958, vol. XXIII, p. 74.
[19] *Dano e Indenização*, ob. cit., p. 125.

Com o Código de 2002, ficou em parte regulada a matéria no art. 944 e em seu parágrafo único, colocando como norte da indenização a extensão do dano, mas assegurando a redução se manifesta a desproporção entre a gravidade da culpa e o dano. Realmente, eis o preceito do art. 944: "A indenização mede-se pela extensão do dano." Já o parágrafo único: "Se houver excessiva desproporção entre a gravidade da culpa e o dano, poderá o juiz reduzir, equitativamente, a indenização."

De modo que, embora a gravidade do dano, se diminuta a culpa, resta a faculdade da redução do montante da indenização.

A par das regras acima, algumas hipóteses vêm discriminadas, com apenações civis mais rigorosas diante da gravidade da culpa, caracterizada no dolo, na má-fé, no injustificável engano, na inadvertência grosseira, culpa grave, malícia evidente, desejo de enriquecimento, vontade de extorquir etc., como:

a) Repetição de dívida – art. 940: aquele que demandar por dívida já paga, no todo ou em parte, sem ressalvar as quantias recebidas, ficará obrigado a pagar ao devedor o dobro do que houver cobrado.

b) Para se estampar a figura dos sonegados, o dolo é requisito necessário, tanto que o art. 1.992 requer o conhecimento da sua existência, e a voluntária omissão em descrevê-los.

c) Na forma do art. 295, na cessão por título gratuito, o cedente ficará responsável perante o cessionário pela existência do crédito, se tiver procedido de má-fé.

Nos acidentes de trânsito, ao tempo do regime anterior da lei civil, nenhuma relevância tinha a graduação da culpa. Não se media a indenização pela gravidade do elemento subjetivo. Nem interferia a configuração do dolo ou da culpa. Importava a constatação do ato ilícito, que é o fato contrário ao direito, provocador do dano. Embora no art. 159 da lei substantiva de outrora (o que também se vislumbra no art. 186 do CC em vigor) se percebessem as duas espécies – dolo, como ação ou omissão voluntária, e culpa, como negligência ou imprudência – havia a concepção de culpa genérica para o pressuposto da responsabilidade. Não interessava se o ato estava ou não revestido da intenção de causar o resultado (dolo) isto é, se a vontade não pretendera a lesão, incorrendo apenas na falta de diligência na observância da norma de conduta (culpa), no que vinha ao encontro da regra do art. 1.060 do CC de 1916, que vigorava, e que praticamente se repete no art. 403 do Código de 2002: "Ainda que a inexecução resulte de dolo do devedor, as perdas e danos só incluem os prejuízos efetivos e os lucros cessantes por efeito dela direto e imediato, sem prejuízo do disposto na lei processual."

Lembrava Serpa Lopes que "se, do ponto de vista moral, sensível é a diferença entre aquele que age dolosamente e o que procede com absoluta negligência, entretanto, em relação aos efeitos, são de gravidade idêntica, em razão do que muito natural a exigência de uma idêntica repressão civil".[20] Entrementes, não se pode seguir tal orientação, frente ao vigente parágrafo único do art. 944. Abrindo ensanchas para a redução da indenização, se excessiva a desproporção entre a gravidade da culpa e o dano, permite que se coadune, ou se tempere, o montante exigido ao grau de culpa.

---

[20] *Curso de Direito Civil*, ob. cit., vol. II, p. 375.

Ademais, o nosso direito civil, em certos casos, para a responsabilização, impõe uma diligência maior no cuidado de uma coisa, com o fim de evitar-lhe um dano, denotando, pois, que leva em conta a gravidade da culpa. Assim, dentro dos parâmetros da primeira parte do art. 582, o comodatário é obrigado a conservar como se sua própria fora a coisa emprestada, não podendo usá-la senão de acordo com o contrato ou a natureza dela, sob pena de responder por perdas e danos. E em consonância com o art. 629, o depositário empregará, na guarda e conservação da coisa depositada, o cuidado e a diligência que costuma ter com o que lhe pertence. Por força do art. 667, exige-se do mandatário aplicar toda a sua diligência habitual na execução do mandato, e a indenização de qualquer prejuízo causado por culpa sua ou daquele a quem substabeleceu, sem autorização, poderes que devia exercer pessoalmente. Manda o art. 866 que o gestor envidará toda a sua diligência habitual na administração do negócio. Na forma do art. 569, II, o locatário deverá servir-se da coisa alugada para os usos convencionados, ou presumidos, conforme a natureza dela e as circunstâncias, bem como tratá-la com o mesmo cuidado como se sua fosse. Outros dispositivos encontram-se no diploma civil, recomendando uma maior responsabilidade no cumprimento de deveres e encargos, mas sem atribuir uma indenização proporcional à intensidade da culpa.

6. A REPARAÇÃO PELA ESTIMATIVA DOS DANOS MATERIAIS ATRAVÉS DE ORÇAMENTOS

Em grande número dos casos, especialmente nos acidentes de trânsito, os danos acontecem apenas nos bens, sem consequências físicas nas pessoas envolvidas. Por isso, a maior parte das lides pendentes nos juízos cíveis dizem respeito a prejuízos materiais verificados. Embora a questão aparentemente revele simplicidade, muitas situações e vários aspectos reclamam um exame pormenorizado.

Acontecendo atentados contra as coisas, o correto é a restituição do bem no estado em que se encontrava antes do acidente. Vem a ser o modo mais perfeito de emendar o dano. Tal acontece se conseguirmos "restituir la cosa sustraída, reparar los estragos, volver a poner las lindes en el punto de donde fueron removidos, restituir la libertad, el crédito, el honor a la persona encarcelada, difamada, injuriada; derribar la obra dañosa, esto es, sin duda, la reparación más perfecta que el juez podría sancionar".[21]

Mas, entre as várias espécies de danos, existem alguns que não permitem volver as coisas ao seu estado anterior, como sucede nos homicídios, em certos ferimentos que deixam sinais permanentes, no desaparecimento de coisas destruídas e que não se encontram mais na mesma espécie. Para reparar, nestes casos, completamente o dano, a lei estabelece a indenização pecuniária que, embora menos perfeita do que a reparação específica, é, de outra parte, a única possível e mais usada na prática, se adaptando melhor em grande parte das situações.

E para encontrarmos o equivalente, necessitamos avaliar o dano. A liquidação compreende justamente a avaliação, no sentido estrito da palavra.

Nos danos materiais, em geral, a solução consiste na recomposição da coisa. A substituição por outra só é viável na impossibilidade da reposição e da recuperação de peças danificadas. A forma comumente empregada, no direito brasileiro, é encontrada na avalia-

---

[21] Jorge Giorgi, *Teoría de las Obligaciones*, vol. 5º, ob. cit., p. 355.

ção dos estragos logo após o evento, antes do ingresso, em juízo, da ação indenizatória. A avaliação visa chegar a apurar a soma de dinheiro a título de danos ou prejuízos. Ela determina a indenização calculada em função do valor do dano. Torna-se necessária para dimensionar a extensão da quantia exigida para a reposição do bem. A vítima providenciará no conserto dos estragos, mas previamente fará a estimativa do dispêndio total, através de orçamentos, colhidos em mais de uma casa especializada. Os pretórios tradicionalmente têm consagrado que, na falta de perícia preambular, os danos sejam estimados mediante três orçamentos de firmas idôneas e capacitadas. De posse da previsão dos gastos, está apto o interessado a ingressar em juízo, independentemente de ter levado a efeito a reparação. Dispensa-se, conforme orientação uniforme da jurisprudência, a liquidação para chegar-se ao montante despendido ou exigido.

Não apenas nos acidentes com carros se utilizam os orçamentos. Em outras espécies, como nas depreciações pelos usos de imóveis alugados, uma vez não verificada a reconstituição equivalente ao estado existente quando do início da ocupação, constitui praxe a apresentação de três orçamentos como elementos de prova para a cobrança do valor da reforma, a qual envolve pinturas e pequenos reparos. A fim de viabilizar ampla oportunidade, notificam-se o locatário e os fiadores a comparecerem em data previamente designada, acompanhados de técnicos, se for de seu interesse, para acompanharem os levantamentos e mesmo procederem a contabilização dos valores exigidos para a recuperação.

Os orçamentos devem expressar a realidade dos danos. Através deles temos o "confronto entre o patrimônio realmente existente após o dano e o que possivelmente existiria, se o dano não se tivesse produzido".[22] A soma indicada para a recuperação constitui a cifra necessária para verificarmos o valor existente antes do sinistro. Representa, outrossim, a depreciação provocada pelo acontecimento.

É a avaliação uma operação altamente significativa para especificar o dano patrimonial e revelar o montante da diminuição de certos valores econômicos. Constitui o instrumento que permite reduzir a uma unidade de valor as danificações produzidas nos bens materiais. Não exige seja feita através de perícia porque demandaria inevitável perda de tempo e oneroso dispêndio. Para evitar que as partes fiquem aguardando por demorado tempo é que a jurisprudência firmou posição no sentido de autorizar a substituição por comparação de orçamentos, elaborados por diversas e especializadas firmas do ramo. Se estabelecesse a dependência de perícia, o direito do lesado ficaria condicionado, no tempo, à tramitação da confecção da prova.

Mas uma realidade, facilmente constatável, determina a relatividade deste meio de comprovação dos prejuízos. Com frequência, verifica-se a prévia combinação entre os que prestam serviços e os usuários, especialmente em oficinas mecânicas, com a finalidade de elevarem os preços artificialmente, não vindo a expressar a verdade os documentos. Mesmo as oficinas entre si realizam tramas fraudulentas, elevando os preços acima da realidade.

O que fazer para contornar este fenômeno?

Aconselhar o interessado a acompanhar a elaboração dos orçamentos? Impraticável, eis que o lesado é livre para buscar as fontes de consulta onde melhor entender, não se viabilizando a presença daquele. Postular a produção antecipada de prova, via perícia, nos termos dos arts. 381 e seguintes do Código de Processo Civil – Lei nº 13.105, de 16.03.2015, igualmente não se coaduna com a eficiência ou a consecução de um resultado

---

[22] Aguiar Dias, *Da Responsabilidade Civil*, vol. II, ob. cit., p. 709.

positivo. O responsável somente terá acesso aos orçamentos quando aforada já a questão, e, neste momento, as reparações já se encontram efetuadas. Levar-se a efeito a perícia após o conserto, é de certeza relativa se consiga apurar alguma coisa.

Por isso, embora o costume generalizado de se ingressar em juízo com os orçamentos confeccionados, alguma disposição legal haveria de disciplinar a forma de se eleger o procedimento para a elaboração do plano de despesas. Ao obrigado caberia dar-se oportunidade para participar nos exames que determinarão o montante a ser pago. A vítima competiria, *v. g.*, promover a notificação do causador para indicar as prestadoras de serviços de consertos onde se estimariam os prejuízos e a soma necessária para a reconstituição.

A fim de se firmar certeza no tocante aos elementos técnicos da reparação, convém ilustrar os orçamentos com as notas fiscais ou os recibos, relativamente às despesas efetivadas.

Uma presunção em favor da seriedade dos dados técnicos, significativos dos gastos nos serviços de recuperação, diz respeito à fonte que forneceu os orçamentos. Se forem elaborados por estabelecimentos especializados (no caso de veículos por revendedores autorizados), aptos a reporem os bens nas condições anteriores, têm preferência sobre outros, provenientes de prestadores não categorizados. Evidentemente, o conceito, a organização interna dos serviços, a divisão de setores para cada ramo de atividade, a independência entre as funções, de modo que um funcionário discrimine determinados trabalhos relativos à sua especialização, e outro os concernentes ao seu ramo, vindo o setor de preços a estabelecer o montante dos custos de peças e serviços, tudo induz a emprestar alta credibilidade ao orçamento, mesmo porque se torna difícil, ou muito complexa, qualquer tentativa de embuste ou adulteração de valores.

A parte não está obrigada a oferecer necessariamente três orçamentos. Mesmo um já é suficiente, desde que não seja impugnado pelo litigante contrário e não se apresente exagerado ou dissociado aos demais elementos da prova. Ocorrendo impugnação, nem sempre, pois, é de se indeferir a avaliação, mormente se corroborados os valores consignados por listas de outras casas do gênero, mesmo que trazidos ao processo posteriormente.[23]

Em geral, vem sendo admitida a apresentação de duas cotações de valores, principalmente quando não discrepam muito entre si. Mas, seja qual for a quantidade, para emprestar-lhes validade, devem conter minuciosa e completa descrição das partes a serem substituídas, dos serviços a precisarem de execução e dos materiais obrigatórios reclamados em lugar de outros, com particularização e discriminação dos respectivos valores. A referência a serviços gerais, ou a custeio de peças, arbitrando-se sumariamente uma importância, sem justificação, não comporta a aceitação. Pelo contrário, invalida o quadro demonstrativo dos prejuízos. Em obra específica sobre veículos, da autoria de Wladimir Valler, é enfatizado que os orçamentos, a fim de merecerem acolhimento, "devem ser específicos, consignando-se as peças necessárias e os serviços pertinentes para a reposição no *status quo ante*. De outra forma, estaria sendo dada ensanchas à proliferação da chamada indústria do orçamento, capaz de transformar a ação reparativa numa fonte inexaurível de enriquecimentos indevidos".[24]

---

[23] *RT*, 470/241.
[24] *Responsabilidade Civil e Criminal nos Acidentes Automobilísticos*, 1ª ed., São Paulo, Julex, 1981, vol. I, p. 132.

Uma questão de grande relevância relaciona-se a qual dos orçamentos deve ser eleito, para determinar a indenização. Em princípio, escolhe-se o de menor valor, dentre os que instruem o feito. A lei prevê unicamente a reparação, e não que se faça do processo um instrumento de enriquecimento indevido. Destarte, mesmo que o conserto tenha sido consumado por outra prestadora, a condenação será com base no que apresentar menos sacrifícios ao obrigado.

Mas, não raras vezes, os orçamentos de valor mais conveniente não atendem os justos reclamos do ofendido. Embora deixe o veículo perfeitamente apto para trafegar, ou fique o bem em pleno funcionamento, a qualidade dos trabalhos é de classe inferior, e mesmo as peças substituídas destoam do padrão original. Levando em conta o princípio de que a reparação há de se apresentar a mais cabal possível, visto nascer da obrigação *ex delicto,* segundo orientação que remonta a milênios e foi estruturada na *Lex Aquilia,* nada impede que se prefira um orçamento de montante maior, desde que deixe o veículo em melhores condições. Não é de se constranger a pessoa a consertar pelo mais baixo valor, se não inspira confiança o trabalho recomendado ao que presta os serviços. Nessa ótica, não se pode obrigar o lesado a aceitar o conserto em prestador de serviços menos categorizado: "O condutor do veículo abalroado pode pleitear a reparação deste, apesar de não ser seu proprietário, uma vez que tem interesse legítimo em ajuizar a ação de reparação contra o responsável pelo dano. Reconhecida a responsabilidade pelos danos causados no veículo do autor, este não pode ser compelido a fazer os reparos em oficina não autorizada."[25]

7. ESTIMATIVA E INCIDÊNCIA DOS LUCROS CESSANTES

Quem exerce uma atividade rendosa com o bem, a indenização é dupla: pelo conserto da máquina e pela perda do lucro decorrente da interrupção do trabalho dependente da coisa. Bem explica Pontes de Miranda: "Se 'B' quebra a máquina que pertence a 'A', ou está alugada ou emprestada a 'A', o dano pode consistir no conserto da máquina (ou na prestação do valor correspondente à diminuição do valor da máquina), mais o que resultou de perda de lucro pela interrupção na exploração da máquina (ou na prestação do que medeou de perda de lucro devido à interrupção da exploração). Há, assim, o dano imediato e o mediato."[26]

Se, pois, o objeto acidentado servia de instrumento para o desempenho de atividade lucrativa, a reparação envolverá os lucros cessantes pelo período de tempo de inutilização. Compreenderá a liquidação em apurar o montante que a vítima efetivamente perdeu e o que razoavelmente deixou de lucrar. Com frequência a hipótese acontece nos acidentes com veículos de transporte de passageiros e de carga. Em geral, a liquidação é procedida em execução de sentença, por arbitramento ou por procedimento comum (arts. 509, incs. I e II, do CPC). Há necessidade de se chegar à renda líquida percebida antes do evento, o que se alcança mediante um exame comparativo em relação a outros veículos, ou dos valores auferidos nos meses precedentes.

Casos acontecem envolvendo situações especiais.

---

[25] Apel. Cível nº 408.953-6, da 8ª Câmara Cível do TA de Minas Gerais, *DJ* de 23.12.2003, *ADCOAS* 8224860, *Boletim de Jurisprudência ADCOAS,* nº 12, abril de 2004, p. 182.

[26] *Tratado de Direito Privado,* 1971, vol. XXII, p. 215, § 2.722, nº 3.

Se a empresa ou a pessoa substituir o bem por outro que dispõe para esta finalidade, é procedente a indenização pelos dias sem atividade?

A jurisprudência se formou admitindo a viabilidade: "O fato de uma empresa de transporte coletivo dispor de veículos de reserva, não lhe tira o direito aos lucros cessantes, quando um dos que estão em circulação for avariado por culpa de outrem."[27] Argumenta-se que, em matéria de responsabilidade civil, a indenização há de ser a mais completa possível, abrangendo, evidentemente, os lucros cessantes. O objetivo da constituição da frota de reserva, principalmente no que tange ao transporte coletivo, é o atendimento da demanda de condução pelo povo, e não para suavizar a indenização devida por eventual autor de ato ilícito. O problema, entretanto, não se esgota na situação proposta. A empresa há de provar que o bem usado na substituição do danificado não pode ser aproveitado em outro setor, o que provocou induvidoso prejuízo. Pouco influi permaneça parada uma ou outra condução. Não se afigura, desta sorte, equânime o pensamento esposado pelo julgado acima. É que os lucros cessantes devem ser cumpridamente demonstrados, não se admitindo presunção alusiva, vindo a calhar melhor julgamento neste sentido: "Tratando-se de firma proprietária de vários carros, tem de comprovar os lucros cessantes alegados por ter ficado parado um de seus veículos. O simples fato de ter ficado um deles fora de serviço não é suficiente, como não basta provar quanto rende um dos táxis em atividade. Pode haver um carro parado e, contudo, pela substituição, manter-se constante a quantidade média de carros em atividade."[28]

E na circunstância de uma pessoa desempenhar sua profissão utilizando bem próprio ou do empregador?

Há de se provar a viabilidade ou não do exercício da profissão sem o bem.

Cuidando-se de vendedor que percorre determinada região sem transportar mercadoria, mas que realiza o percurso através de condução particular, embora servida a região de transporte coletivo, em execução de sentença, preferentemente, procurar-se-á apurar o decréscimo ou não de vendas, em virtude do uso de veículo coletivo. Assim deve ser. A solução é sempre onerar da menor maneira possível o responsável. Se a locação do bem não condiz com os lucros ou a necessidade de atendimento dos fregueses, indeniza-se a diminuição de renda auferida no período de paralisação. A perícia especificará as flutuações dos lucros na época da existência do bem e na época em que o profissional não contava com o mesmo.

De outro lado, mesmo que uma pessoa apenas se serve do carro para deslocar-se ao seu trabalho, sendo a utilização uma constante em sua vida, não é coerente impor a mudança de comportamento, passando a usar veículo de transporte público. O causador não fica a salvo da indenização. Premiar-se-ia, em caso contrário, a sua conduta culposa. Serão ressarcidos os dispêndios feitos com os serviços de automóvel de aluguel, durante o tempo de retenção do meio de transporte próprio na oficina mecânica.

Argumentar-se-á, em relação ao vendedor acima referido, que as soluções são antagônicas, e que o fato é o mesmo. A resposta é negativa. Na primeira hipótese, o ônus é menor em se indenizando a simples queda de vendas, ao invés de se custear a locação permanente de um bem. Ademais, na última situação, o uso do automóvel independe da atividade lucrativa.

---

[27] *RT*, 425/69.
[28] Julgados do Tribunal de Alçada do RGS 12/266.

8. A REPARAÇÃO ESPECÍFICA, OU MEDIANTE A ENTREGA DE OUTRO BEM

Parte-se da lição de Pontes de Miranda: "Em vez do restabelecimento do estado anterior, que é a reparação em natura, pode o ofendido exigir a quantia necessária a isso, desde que não superior ao valor (ainda estimativo) do bem lesado."[29] Na prática, em se tratando de veículos, tantos são os exageros das oficinas mecânicas na avaliação dos danos que o montante ultrapassa o valor do veículo no mercado. Um simples afundamento da lataria acarreta considerável despesa, tornando-se uma forma de espoliar o autor. Mas, os danos emergentes não devem ser maiores do próprio valor da coisa lesada.

Quando o prejuízo se afigurar elevado, superior ao preço do bem, a solução está em substituí-lo por outro com os mesmos característicos, o que se tornou comum nas decisões dos tribunais, desde tempos antigos: "Se o conserto do veículo danificado foi avaliado em quantia que chega ao dobro do valor do mesmo veículo, seria antieconômico e desarrazoado mandar consertá-lo. Em tais condições, é correta a sentença que manda pagar a indenização de danos materiais na quantia que representa o custo para a aquisição de outro veículo idêntico ao sinistrado."[30] E a doutrina: "Quando os orçamentos para o conserto atingem valores superiores ao do próprio veículo, torna-se antieconômico e desarrazoado mandar consertá-lo. Em tais casos a indenização deve corresponder à quantia que represente o custo para a aquisição de outro idêntico ao sinistrado."[31]

A indenização cumpre a finalidade de recompor o patrimônio do lesado, de modo que, através dela, o bem danificado adquira o seu estado anterior, e venha a existir como se o evento não houvesse ocorrido. Há, pois, de encontrar limitação no valor da coisa lesada.

A simples entrega de outro objeto realiza a mais perfeita das reparações. Não se encontrando um da mesma qualidade, se outro for colocado à disposição do credor, é natural que seja devolvida a parte do preço que exceder o valor do bem danificado. Cumpre esclarecer, ainda, a necessidade, na reposição da situação anterior, de se computar a estimação do preço da coisa acidentada, que virou sucata. Seu valor será abatido da soma total a que se obrigou a pagar o responsável.

No entanto, mesmo se o custo para o conserto for superior ao preço de um bem equivalente, tem o Superior Tribunal de Justiça se inclinado para a reposição no estado anterior: "A indenização deve corresponder ao montante necessário para repor o veículo nas condições em que se encontrava antes do sinistro, ainda que superior ao valor de mercado; prevalece aí o interesse de quem foi lesado. Embargos de divergência conhecidos e recebidos."[32]

9. PERDA DA CHANCE E INDENIZAÇÃO POR UMA PROVÁVEL VANTAGEM FRUSTRADA

Criou-se uma justificativa para conceder uma indenização quando há a perspectiva de um sucesso, de uma vantagem, de um ganho, de um prêmio, e, posteriormente, se retira ou se frustra essa previsão. É o que se convencionou denominar "teoria da perda da

---

[29] *Tratado*, ob. cit., vol. XXII, p. 209, § 2.722, nº 2.

[30] *RT*, 503/212. Igualmente em *RJTJSP*, 36/136, 41/110 e 56/91.

[31] Wladimir Valler, *Responsabilidade Civil e Criminal nos Acidentes Automobilísticos*, ob. cit., vol. I, p. 132.

[32] EREsp. nº 324.137/DF, do STJ, *DJU* de 09.06.2003.

chance", pela qual se concede uma indenização em favor daquele que perde a viabilidade da vantagem, ou pela frustração de uma oportunidade, de uma esperança.

Responsabiliza-se aquele que priva alguém da oportunidade de se obter uma vantagem. Diferente é buscar a indenização da perda da oportunidade de obter uma vantagem da indenização da perda da própria vantagem. Não que seja certa a vantagem que obteria a pessoa, pois, aí, a indenização corresponderia ao dano efetivo, se ocorrido. Tinha ela forte expectativa em conseguir um benefício, um prêmio, ou de vencer em uma participação, em um certame, em um concurso. Nem sempre decorrem prejuízos e perdas a quem participa ou concorre, pois nada perde. Unicamente retira-se a probabilidade de um ganho.

Para reconhecer o direito, deve, pois, despontar uma certa previsão, uma possibilidade de ganho, não se exigindo certeza. Indeniza-se porque se frustrou uma possibilidade existente, ou se impediu a participação em um evento que poderia levar ao ganho. A possibilidade de obter lucro ou evitar prejuízo deve encontrar esteio em bons fundamentos, visto que a indenização se refere à própria chance, não ao lucro ou perda que dela era objeto. Não serve para condenar o mero dano potencial ou incerto. Indeniza-se, v. g., aquele que se encaminha para um concurso e é impedido de chegar ao local em razão de um acidente de veículo provocado por terceiro. Propaga-se uma campanha difamatória contra um candidato, que infunde nos eleitores conceitos negativos a respeito de sua pessoa. Deixa o médico de socorrer uma pessoa doente, que vem a falecer. Fornecem-se informações inverídicas a respeito de um profissional, levando a afastar os clientes. Omite-se o advogado de interpor um recurso processual em uma ação, tirando a oportunidade de reverter a decisão proferida em instância inferior. Nos exemplos, não se pode afirmar com certeza que se conseguiria um resultado diferente não fossem as interposições dos eventos narrados. Todavia, existia chance de conseguir o intento almejado.

Não é recente a criação do embasamento jurídico que leva a indenizar, tendo surgido na França (*compensation pour la perte d'une chance*) na primeira década depois da metade do século passado, expandindo-se para países europeus, como na Espanha, na Itália e nos Estados Unidos.

Nas lides judiciais é levada em consideração a perda da chance. Concedem-se indenizações, em valores proporcionais ou coerentes com os objetivos desejados. Não equivalerá o valor deferido ao montante que conseguiria a pessoa que teve a chance perdida. Ou seja, citando-se apenas alguns casos dos acima citados, na hipótese da frustração em participar do concurso, não corresponderá ao montante do que deixou de ganhar se obtivesse a aprovação. Nem será igual à remuneração que receberia o candidato contra o qual se levantaram suspeitas. Muito menos alcançará um patamar igual ao valor da pretensão judicial perseguida. Nem se cogitará do ressarcimento, em favor dos parentes, pelo valor que conseguiria, no resto de sua vida, a pessoa que faleceu. É que existia somente uma probabilidade, uma chance de obter certo bem ou resultado.

Na prática jurisprudencial, têm sido aventadas situações, como as seguintes, que bem revelam quando incide a teoria:

"Os Embargos de Declaração são corretamente rejeitados se não há omissão, contradição ou obscuridade no acórdão embargado, tendo a lide sido dirimida com a devida e suficiente fundamentação.

As Turmas que compõem a Segunda Seção desta Corte vêm reconhecendo a possibilidade de indenização pelo benefício cuja chance de obter a parte lesada perdeu, mas que tinha possibilidade de ser obtida.

Aplica-se a teoria da perda de uma chance ao caso de candidato a Vereador que deixa de ser eleito por reduzida diferença de oito votos após atingido por notícia falsa publicada por jornal, resultando, por isso, a obrigação de indenizar.

Tendo o Acórdão recorrido concluído, com base no firmado pelas provas dos autos, no sentido de que era objetivamente provável que o recorrido seria eleito vereador da Comarca de Carangola, e que esse resultado foi frustrado em razão de conduta ilícita das rádios recorrentes, essa conclusão não pode ser revista sem o revolvimento do conteúdo fático-probatório dos autos, procedimento vedado em sede de Recurso Especial, nos termos da Súmula nº 7 desta Corte. Recurso Especial improvido."[33]

"A responsabilidade do advogado na condução da defesa processual de seu cliente é de ordem contratual. Embora não responda pelo resultado, o advogado é obrigado a aplicar toda a sua diligência habitual no exercício do mandato.

Ao perder, de forma negligente, o prazo para a interposição de apelação, recurso cabível na hipótese e desejado pelo mandante, o advogado frustra as chances de êxito de seu cliente. Responde, portanto, pela perda da probabilidade de sucesso no recurso, desde que tal chance seja séria e real. Não se trata, portanto, de reparar a perda de 'uma simples esperança subjetiva' nem, tampouco, de conferir ao lesado a integralidade do que esperava ter caso obtivesse êxito ao usufruir plenamente de sua chance.

A perda da chance se aplica tanto aos danos materiais quanto aos danos morais.

A hipótese revela, no entanto, que os danos materiais ora pleiteados já tinham sido objeto de ações autônomas e que o dano moral não pode ser majorado por deficiência na fundamentação do recurso especial."[34]

"A relação entre médico e paciente é contratual e encerra, de modo geral (salvo cirurgias plásticas embelezadoras), obrigação de meio, sendo imprescindível para a responsabilização do referido profissional a demonstração de culpa e de nexo de causalidade entre a sua conduta e o dano causado, tratando-se de responsabilidade subjetiva.

O Tribunal de origem reconheceu a inexistência de culpa e de nexo de causalidade entre a conduta do médico e a morte da paciente, o que constitui fundamento suficiente para o afastamento da condenação do profissional da saúde.

A chamada *teoria da perda da chance*, de inspiração francesa e citada em matéria de responsabilidade civil, aplica-se aos casos em que o dano seja real, atual e certo, dentro de um juízo de probabilidade, e não de mera possibilidade, porquanto o dano potencial ou incerto, no âmbito da responsabilidade civil, em regra, não é indenizável.

In casu, o v. acórdão recorrido concluiu haver mera possibilidade de o resultado morte ter sido evitado caso a paciente tivesse acompanhamento prévio e contínuo do médico no período pós-operatório, sendo inadmissível, pois, a responsabilização do médico com base na aplicação da *teoria da perda da chance*.

Recurso especial provido."[35]

O voto do relator desenvolve a teoria:

"Na realidade, a denominada '*teoria da perda da chance*', de inspiração francesa e adotada em matéria de responsabilidade civil, considera que aquele que perde a oportunidade de proporcionar algum benefício ou evitar algum prejuízo a alguém, responde por isso.

---

[33] REsp. nº 821.004/MG, da 3ª Turma do STJ, de 19.08.2010, DJe de 24.09.2010, rel. Min. Sidnei Beneti.

[34] REsp. nº 1.079.185/MG, da 3ª Turma do STJ, j. em 11.11.2008, DJe de 04.08.2009, rel.ª Ministra Nancy Andrighi.

[35] REsp. nº 1.104.665/RS, da 3ª Turma do STJ, j. em 9.06.2009, *DJe* de 04.08.2009, rel. Min. Massami Uyeda.

Bem de ver que 'a doutrina francesa, aplicada com frequência pelos nossos Tribunais, fala na perda de uma chance (*perte d'une chance*), nos casos em que o ato ilícito tira da vítima a oportunidade de obter uma situação futura melhor, como progredir na carreira artística ou no trabalho, conseguir um novo emprego, deixar de ganhar uma causa pela falha do advogado etc. É preciso, todavia, que se trate de uma chance real e séria, que proporcione ao lesado efetivas condições pessoais de concorrer à situação futura esperada' (DIREITO, Carlos Alberto Menezes; e CAVALIERI FILHO, Sérgio. *Comentários ao novo Código Civil*. Rio de Janeiro: Forense, 2004, vol. XIII, p. 95).

A propósito do tema, ainda, importante deixar assente o trecho do voto do eminente Ministro Fernando Gonçalves, no julgamento do REsp. nº 788.459/BA, *DJ* de 13.3.2006: 'Há forte corrente doutrinária que coloca a perda da chance como um terceiro gênero de indenização, ao lado dos lucros cessantes e dos danos emergentes, pois o fenômeno não se amolda nem a um nem a outro segmento'. (...) Caio Mário da Silva Pereira (...) observa: 'É claro, então, que, se a ação se fundar em mero dano hipotético, não cabe reparação. Mas esta será devida se se considerar, dentro da ideia de perda de uma oportunidade (*perte d'une chance*) e puder situar-se na certeza do dano'. Vimos, no capítulo inicial deste volume, que a denominada *perda de chance* pode ser considerada uma terceira modalidade nesse patamar, a meio caminho entre o dano emergente e o lucro cessante. Não há dúvida de que, de futuro, o legislador irá preocupar-se com o tema, que começa a fluir com maior frequência também em nossos tribunais. (...) Também, como anota a doutrina com insistência, o dano deve ser real, atual e certo. Não se indeniza, como regra, por dano potencial ou incerto. A afirmação deve ser vista hoje com *granum salis*, pois, ao se deferir uma indenização por perda de chance, o que se analisa, basicamente, é a potencialidade de uma perda' (...).

Como afirma Jaime Santos Briz (...), 'entre um extremo e outro cabe uma graduação que haverá de se fazer, em cada caso, com critério equitativo distinguindo a mera *possibilidade* da *probabilidade*, e tendo em conta que talvez em algum caso seja indenizável a mera *possibilidade*, se bem que em menor quantidade do que a *probabilidade*, base dos lucros cessantes propriamente ditos.

Em muitas oportunidades, ao ser concedida indenização por lucros cessantes, os tribunais indenizam, ainda que em nosso país não se refiram ordinariamente à expressão, à perda de oportunidade ou perda de chance (...) A oportunidade, como elemento indenizável, implica a perda ou frustração de uma expectativa ou probabilidade'.

Tendo por base o entendimento doutrinário e jurisprudencial, conclui-se que a aplicação da *teoria da perda da chance* ao atendimento do pleito indenizatório está adstrita aos casos em que o dano seja real, atual e certo, dentro de um juízo de probabilidade e não de mera possibilidade, porquanto o dano potencial ou incerto, no âmbito da responsabilidade civil, em regra, não é indenizável."

A aplicação da teoria tem ido um tanto longe demais, havendo decisões que a estendem à falta de atendimento médico-hospitalar e ao erro médico.[36] Ocorre que, em situações tais, a indenização vai além da pura perda de chance de período de vida mais longo ou de cura. O arbitramento do valor fica excessivamente subjetivo, pois não se tem em conta o real prejuízo ocorrido com mencionadas falhas de atendimento.

---

[36] REsp. nº 1.254.141/PR, da 3ª Turma do STJ, j. em 04.12.2012, *DJe* de 20.02.2013, rel. Min. Nancy Andrighi; REsp. nº 1.335.622/DF, da 3ª Turma do STJ, j. em 18.12.2012, *DJe* de 27.02.2013, rel. Min. Ricardo Villas Bôas Cueva.

10. APURAÇÃO DOS DANOS EM LIQUIDAÇÃO DE SENTENÇA

Apresentando-se tendenciosos os orçamentos, ou não oferecendo esclarecimentos convincentes, aconselha-se a remeter o cálculo do valor à liquidação em execução de sentença. Mesmo na hipótese de ser anexada apenas uma estimativa, o que enseja dúvidas quanto à seriedade dos serviços, a apuração do *quantum* deve ser levada a efeito após a decisão final.

Não explicitando os orçamentos os defeitos ou estragos originados do acidente; ou denotando inidoneidade técnica e falta de capacitação da pessoa que os elaborou, o mais prudente é exigir uma melhor prova, através de perícia pormenorizada, possível de realização mediante arbitramento ou por artigos.

Mas, na eventualidade de se tornar difícil a constatação posterior, pela descrição dos estragos chega-se a uma ideia da situação do veículo. Então, com tais elementos é procedida a avaliação. Procura-se encontrar uma estimativa no estado a que foi reduzido. Concluindo-se um determinado preço, compara-se o valor com a apreciação de um bem ou equipamento da mesma marca, de idêntico ano e características semelhantes. A indenização é determinada pelo cálculo da diferença entre o preço de mercado anterior ao acidente e o valor a que se chegou após o sinistro.

Para viabilizar esta solução, os prejuízos hão de constar provados e ser inferiores ao preço de um bem, ou um carro, se for o caso, do mesmo ano e em condições de funcionamento regular. Se a diferença apurada é superior, surgiria um prejuízo para o responsável e não seria viável a reconstituição.

Seja como for, desprovidos de validade os orçamentos, ou não efetuados, em execução de sentença colhem-se os elementos existentes para determinar o custo da reparação. Vários dados servem de base para o cálculo, como as notas fiscais, os recibos pela prestação de serviços, o exame comparativo entre os valores pagos e os cobrados por oficina diferente, para idênticos trabalhos.

Mas há uma questão controvertida. Indicando o autor um valor certo e específico, mesmo amparado em um único orçamento, é vedado ao juiz proferir sentença ilíquida, dentro dos cânones do art. 492 do CPC, sob pena de ficar inquinado de nulidade o ato. No processo, instaurado com a petição inicial, assume o autor o ônus de provar não apenas a responsabilidade do réu, mas também, e desde logo, o montante da indenização. E, na sentença, o juiz decidirá sobre a obrigação do agente do dano e sobre o valor da prestação. Na eventualidade de não se lograr tal prova, a demanda será julgada improcedente.[37]

Esta exegese vem sendo contrariada por nova orientação: "No que tange ao valor dos danos, merece reparos, contudo, o venerável decisório de primeiro grau. A jurisprudência tem admitido, na ausência de prova pericial, que os danos sejam estimados através de três orçamentos de firmas idôneas e especializadas, com opção pelo de menor preço. No caso, o autor pretende obter a reparação... com base num só e único orçamento... Em tais condições, na falta de elementos suficientes a possibilitar uma conclusão convincente a respeito do montante necessário à recuperação do veículo sinistrado, a operação do *quantum*, a tal título, deve ser levada a efeito em liquidação de sentença."[38]

---

[37] Wladimir Valler, *Responsabilidade Civil e Criminal nos Acidentes Automobilísticos*, ob. cit., vol. I, p. 131.

[38] Julgados do Tribunal de Alçada do RGS 35/278.

Cumpre se dê o real alcance da norma.

A proibição de proferir sentença ilíquida, sendo o pedido certo, há de ser vista comedidamente, com o significado de se dar uma solução rápida à lide, realizando-se desde logo o direito do autor e afastando os inconvenientes de um longo processo de liquidação. Em princípio, proíbe-se ao juiz relegar a apuração do *quantum* à liquidação. Mas a aplicação literal e rigorosa da lei leva a soluções injustas e anula o fim precípuo da norma objetiva, que é a economia processual e o dever de evitar a sujeição das partes às protelações de liquidações demoradas e desnecessárias.

Nas ações de reparação por acidente de trânsito, a praxe é admitir a certeza da dívida pelo orçamento, no qual está amparada. Se fundamentadamente impugnado, no entanto, cede passo à perícia, a qual costuma ser efetivada em liquidação de sentença, depois de estabelecida a obrigação de indenizar. O dispositivo legal fala em pedido certo. O conteúdo da palavra não se limita à liquidez. Envolve significado mais amplo, como coisa ou quantia determinável ou determinada. É o que faz ver antiga decisão do extinto Tribunal de Alçada do Rio Grande do Sul: "A ação de reparação de dano causado por veículo automotor, pela sua própria natureza, não permite, de regra, determinar, de modo definitivo, as consequências do fato ilícito... Nessas ações, somente se pode cogitar de pedido de quantia certa ou determinada quando tenha havido acordo prévio para essa fixação ou perícia judicial...".[39]

O escopo do art. 492 está na orientação de não se dissociar, sempre que possível, o *quantum* do *an debeatur*. A interpretação dentro de uma literalidade pura leva ao absurdo de ser o juiz obrigado a negar a indenização somente porque encontrou defeitos nos orçamentos, quando, por uma questão de consciência e justiça, deveria ordenar a apuração dos danos em liquidação. Onde chegaríamos se pensássemos ser admissível a reparação, mas ficando impelido o juiz a julgar improcedente a ação só por causa da ausência de uma certeza quanto ao valor dos danos pleiteados na inicial? Seria negar a própria justiça, limitando-a a formalidades adjetivas. O julgador há de buscar sempre a solução justa, e nesta procura, não é coerente se prenda, em demasia, a regras instrumentais. Dentro do possível, cabe a ele tomar todas as providências pertinentes à instrução do processo, inclusive conduzindo-o a definir o montante dos danos. Consoante orientação do Superior Tribunal de Justiça, "não estando o juiz convencido da procedência da extensão do pedido certo formulado pelo autor, pode reconhecer-lhe o direito, remetendo as partes para a liquidação. Interesse recursal em arguir a nulidade da decisão restrito ao demandante".[40]

11. PRESCRIÇÃO DE PRETENSÃO INDENIZATÓRIA

De três anos o prazo para intentar a reparação civil, conforme está no art. 206, § 3º, inc. V, do Código Civil. Pelo vigente estatuto, todas as ações indenizatórias que visam a reparação de qualquer dano têm o prazo limitado em três anos para o ajuizamento.

Uma vez provado o dano, cabe a ação de reparação. Tem o direito de pedir a reparação toda a pessoa que demonstre um prejuízo e sua injustiça. Leva-se a efeito a reparação com a atribuição de uma quantidade de dinheiro suficiente para que compense, por sub-rogação, a um interesse.

---

[39] Julgados do Tribunal de Alçada do RGS 16/354.
[40] REsp. nº 162.194/SP, da 4ª Turma, j. em 07.12.1999, *DJU* de 20.03.2000.

Cap. VIII | A Reparação ou Ressarcimento • **119**

Existem dois modos de reparar o dano: de um lado, está o ressarcimento, que consiste na recomposição da situação anterior, mediante a compensação de uma soma pecuniária equivalente; de outra parte, vem a reparação específica, ou a integração, pela qual a obrigação ressarcitória se concretiza com a restituição ao sujeito do estado anterior ao dano. Mesmo não cancelando o dano no mundo dos fatos, cria uma realidade materialmente correspondente à que existia antes de se produzir a lesão. O ressarcimento, diferentemente, estabelece uma situação econômica equivalente àquela que foi comprometida pelo dano, através de uma indenização em dinheiro. Revelando caráter pecuniário, se expressa na prestação, ao prejudicado, de uma soma, em dinheiro, adequada para originar um estado de coisas equivalente ao anterior. Ao prejudicado assiste o direito de exigir uma importância destinada a reequilibrar a sua posição jurídica.

Importa, mais que as distinções subjetivas, que seja restaurado o prejuízo causado.

Fundamentalmente, duas causas provocam o direito à indenização, imposto como obrigação legal.

A primeira nasce do inadimplemento, pelo devedor, de um dever de dar, fazer ou não fazer. É a reparação pelo dano contratual. A lei protege o credor e o cerca de meios legais a fim de que o obrigado satisfaça aquilo a que se comprometera. Busca-se dar ao titular do direito subjetivo a prestação prometida.

Em segundo lugar, a prática de um ato ilícito determina o ressarcimento dos danos, o que se verifica com a reposição das coisas em seu estado anterior. Se há a impossibilidade para a reposição, ao prejudicado resta a opção da indenização em dinheiro por perdas e danos.

Todavia, de observar que não só os atos ilícitos são fonte de indenização. Há a responsabilidade objetiva, ou decorrente do risco, instituída por leis especiais, onde não se questiona a respeito da licitude ou ilicitude do evento que desencadeia o dano.

A reparação assume contornos próprios, segundo a causa que a faz nascer. Às vezes, os prejuízos são devidos porque o compromisso definitivo restou descumprido. Há impossibilidade de satisfação. Em outras ocasiões, o atendimento se verifica após certa demora, mais ou menos prolongada, a qual produz prejuízos. No primeiro caso, temos a reparação compensatória; no segundo, ela é moratória. Nada impede a acumulação de ambos os modos, quando o atraso no atendimento, primeiramente observado, se transforma em inobservância definitiva.

Opera-se a reparação através do pagamento das perdas e danos, representado por uma soma em dinheiro equivalente ao valor da prestação descumprida, ou aos prejuízos sofridos com o inadimplemento, ou equivalente à perda do bem acarretada pelo ato ilícito, advindo por determinação legal independente da culpa, que enseja a responsabilidade objetiva.

Uma vez ocorrido o dano, nasce o direito à reparação, começando a correr o prazo de prescrição de três anos.

Quando a ação se originar de fato que deva ser apurado no juízo criminal, não correrá a prescrição antes da respectiva sentença definitiva. Assim está no art. 200 do Código Civil: "Quando a ação se originar de fato que deva ser apurado no juízo criminal, não correrá a prescrição antes da respectiva sentença definitiva." Já se entendia assim ao tempo do regime anterior: "Se o ato pelo qual pode exsurgir a responsabilidade civil do Estado está sendo objeto de processo criminal, o termo inicial da prescrição da ação de reparação de danos inicia, excepcionalmente, da data do trânsito em julgado da sentença penal."[41]

---

[41] REsp. nº 137.942/RJ, da 2ª Turma do STJ, j. em 05.02.1998.

Aduz Misael Montenegro Filho: "Interpretando o artigo em questão, tenho sustentado que a presença do verbo 'deva' não deixa margem a qualquer dúvida, entendendo-se que o artigo em destaque se aplica às hipóteses de crimes de iniciativa pública (ação penal pública), nas quais o fato deve ser apurado e proposta a correspondente ação por parte do Ministério Público, guiado pelo princípio da obrigatoriedade (art. 244 do CPP)."[42]

Ao titular do direito se faculta aguardar o trânsito em julgado da sentença condenatória, e promover a execução no juízo cível, conforme também permite o art. 63 do Código de Processo Penal. Não se conclua que se o fato ensejador de um direito comportar uma ação penal, necessariamente se deva aguardar o julgamento do juízo criminal. Assim, numa pretensão indenizatória por acidente de trânsito, não se suspende a ação cível até que se chegue ao final do processo-crime. Unicamente se já decidida a controvérsia sobre quem seja o autor é que, no cível, não mais se discutirá sobre o assunto. Comprovado, no processo criminal, que o demandado na ação cível não foi o autor da ação lesiva, essa definição fará coisa julgada também no cível, por determinação do art. 935 do Código Civil. E se no processo-crime é discutido assunto que influirá no juízo cível, à parte é facultado o pedido de suspensão da lide, não correndo a prescrição durante esse interregno. De igual modo não fluirá se não ingressar o lesado com a demanda, pois faculta-se esperar a decisão no crime.

Não há de se cogitar da incidência do prazo de cinco anos, previsto no art. 27 do Código de Defesa do Consumidor, eis que não se cuida de relação consumerista, mas sim de situação enfrentada com base na responsabilidade civil. É como decide o Superior Tribunal de Justiça:

"Consoante entendimento desta Corte, não incide a prescrição quinquenal prevista no art. 27 do Código de Defesa do Consumidor em ações de reparação de danos com fundamento em responsabilidade civil. Precedentes."[43]

Apontam-se mais decisões no curso do voto:

"Acidente ferroviário. Danos materiais e morais. Prescrição vintenária.

Ocorrendo acidente durante o transporte de passageiro, por via férrea, que lhe causou sofrimento físico e moral, constituindo circunstância extraordinária à relação de consumo, insere-se o fato no campo da responsabilidade civil, ficando, assim, a ação sujeita à prescrição vintenária do art. 177 do Código Civil, e não à do art. 27 da Lei nº 8.078/1990."[44]

"Por defeito de serviço, na previsão do art. 14, parágrafo 1º, incisos I a III, do CDC, há de se entender, no caso de transporte de passageiros, aquele inerente ao curso comum da atividade comercial, em tal situação não se compreendendo acidente que vitima fatalmente passageira do coletivo, uma vez que constitui circunstância extraordinária, alheia à expectativa do contratante, inserindo-se no campo da responsabilidade civil e, assim, sujeita à prescrição vintenária do art. 177 do Código Substantivo, e não ao art. 27 da Lei nº 8.078/90. Recurso especial conhecido e provido para afastar a prescrição quinquenal e determinar o julgamento do mérito da ação no grau monocrático."[45]

Corresponde o art. 177 mencionado ao art. 205 do atual CC.

De notar que, diante do vigente Código Civil, dada a previsão do prazo de três anos (206, § 3º, inc. V), não tem incidência o prazo de dez anos que está no art. 205.

---

[42] *Ação de Indenização na Prática*, Recife, Edições Bagaço, 2002, p. 113.

[43] Agravo Regimental no Agravo de Instrumento nº 585.235/RJ, da 4ª Turma, j. em 05.08.2004, *DJU* de 23.08.2004.

[44] REsp. nº 447.286/RJ, *DJU* de 16.06.2003.

[45] REsp. nº 280.473/RJ, *DJU* de 4.02.2002. Ainda, em igual inteligência, REsp. nº 234.725/RJ, *DJU* de 20.08.2001.

IX
Natureza da Obrigação de Indenizar

1. ALIMENTOS OU INDENIZAÇÃO

Em antigos julgados, colhia-se a exegese de que a indenização por ato ilícito, que se resolvia e se resolve em pensão, tinha caráter alimentar para a vítima ou seus dependentes, e, assim, cessaria com o falecimento daquela, remaridação da viúva, ou casamento de filha menor, ou, ainda, quando esta, atingida a maioridade, exercesse profissão lucrativa A indenização por ato ilícito não visava a um enriquecimento ou melhoria de padrão de vida, mas se cingia a atender um prejuízo ocorrido, durante o tempo em que a pessoa tinha a assistência daquele que faleceu.

Era comum limitar a pensão ao sobrevivente enquanto vivesse e enquanto não se remaridasse.

Parte-se de que a responsabilidade é estabelecida em decorrência de um ato ilícito ou mesmo lícito que acarreta danos. Este é o fato gerador da indenização; não a necessidade de alimentos. Fosse assim, segundo Carvalho Santos, isso importaria em denegar o princípio geral que "obriga o causador do dano a indenizá-lo".[46] Sob tal inspiração, chegar-se-ia à absurda consequência de que se a vítima é pessoa de abastados recursos, nenhuma indenização deverá ser paga pelo delinquente, precisamente porque a família daquela não precisa dos alimentos para a sua subsistência. Em um antigo aresto, bem observou-se: "Se fossem ricos ou abastados os parentes do extinto, ficariam privados das indenizações e os culpados livres de responsabilidade civil. Ora, a indenização decorrente de ato ilícito decorre do art. 159 do CC, e só o critério indenizatório é que se regula pelo art. 1.537, II, do CC, inaplicando-se, pois, o art. 399, do mesmo Código."[47] Lembra-se que os citados arts. 159, 1.537, II, e 399 equivalem aos arts. 186, 948, II, e 1.695 do Código Civil de 2002.

Estabelece-se a pensão, ou a condenação, para indenizar a perda da vida, ou a incapacidade para o trabalho, ou compensar um prejuízo fisiológico ou moral. Sobrevindo a morte do dependente da vítima, ou do cônjuge supérstite, a pensão passa aos herdeiros. O direito acompanha o cônjuge viúvo, se vier a convolar novas núpcias, no que Pontes de Miranda está de acordo, embora, em face do entendimento da época, se restrinja à mulher: "Nem cessa a prestação à mulher do falecido se ela contrai novas núpcias."[48] Indenizam-

---

[46] *Código Civil Brasileiro Interpretado*, 7ª ed., ob. cit., vol. XXI, p. 90.
[47] *Julgados do Tribunal de Alçada do RGS* 39/341.
[48] *Tratado*, 1967, vol. 54, p. 286, § 5.573, nº 1.

-se os prejuízos surgidos com o evento, independentemente de necessitarem ou não os herdeiros. O que importa aos interessados é que sejam dependentes, ligados à vítima por liame de parentesco próximo, como ascendência, descendência ou marital, relação que proporciona, ou pelo menos garante, em geral, vantagens efetivas ou mesmo potenciais.

A propósito, já assentava antigo aresto do STF: "Mesmo quando a indenização deriva de homicídio, caso em que a alusão a alimentos, contida no inc. II do art. 1.537 do CC, dá lugar a controvérsias, o Supremo Tribunal Federal tem entendido que a obrigação de indenizar não se converte em obrigação de prestar alimentos, servindo a remissão a estes de simples ponto de referência para o cálculo de indenização e para determinação dos beneficiários (RE nº 8.388, *RT* 185/986; RE 11.300, *DJ* de 20.07.1951; RE nº 30.752, *Jur. Mineira* 42/241; RE nº 60.720, *RTJ* 46/728)."[49] O art. 1.537, inc, II, acima referido, corresponde ao art. 948, inc. II, do diploma civil em vigor.

Aguiar Dias colocou a questão nos devidos termos. O direito à reparação "é parte integrante do patrimônio do prejudicado. Por ocasião do dano, considera-se como retirada desse patrimônio a parcela que, regularmente avaliada e afinal convertida em numerário, a ele volta, para reintegrá-lo, em forma de indenização. A privação de alimentos é, sem nenhuma dúvida, uma consequência do dano. Mas, além de não ser a única consequência, não é o próprio dano: este é a supressão, acarretada pelo ato prejudicial, do complexo de bens materiais e morais que representa a existência do ente querido. A vida humana representa em si mesma um bem, cuja consideração não pode estar sujeita ao fato de possibilitar, ou não, alimentos àquele que sofreu por vê-la desaparecer".[50]

Garcez Neto expressa o mesmo pensamento: "A ação de reparação do dano é outorgada *iure proprio,* não se revestindo de caráter hereditário, nem alimentar, posto que cabe exercê-la, na qualidade de sujeito ativo, não somente ao lesado, mas a todos os lesados, isto é, a todas as pessoas prejudicadas pelo ato danoso."[51]

A autoridade de Pontes de Miranda reforça o entendimento, argumentando em torno do art. 1.537, inc. II, do Código revogado, cujo sentido encontra-se no art. 948, inc. II, do CC em vigor: "A expressão 'alimentos', no art. 1.537, II, do CC, de modo nenhum se refere somente às dívidas de alimentos conforme o direito de família. Alimentos são, aí, apenas, o elemento que se há de ter em conta para o cálculo da indenização. Donde a morte do filho menor dá direito à indenização aos pais... Não se tem de apurar se a morte deste já retirou algo do patrimônio do legitimado ativo." E logo adiante: "Alimentos (no sentido de indenização) são devidos mesmo se o legitimado ativo não poderia, então, mover ação de alimentos por ter meios para a própria manutenção."[52] Trata-se de indenização a título de alimentos e não de alimentos propriamente ditos.

Qual o período de tempo para calcular a pensão indenizatória?

Tem-se por limite a sobrevida provável da vítima, no que comunga Pontes: "A indenização por alimentos é por tempo correspondente à duração provável da vida da vítima... Não se leva em consideração qualquer mudança nos haveres do legitimado ativo. Não cessa a prestação... nem com a maioridade quem, ao exigi-los judicialmente, por morte de alguém, era menor...".[53]

---

[49] *RTJ* 83/513, RE nº 85.575.
[50] *Da Responsabilidade Civil*, ob. cit., vol. II, p. 836.
[51] *Prática da Responsabilidade Civil*, ob. cit., p. 21.
[52] *Tratado de Direito Privado*, 1967, vol. 54, pp. 284 e 285, § 5.573, nº 1.
[53] *Tratado*, 1967, vol. 54, p. 286, § 5.573, nº 1.

2. NATUREZA DA INDENIZAÇÃO E PRESCRIÇÃO

A definição quanto à natureza tem grande importância relativamente ao lapso prescricional em que pode ser exercido o direito para reclamar a indenização.

Se considerarmos as pensões com o caráter de alimentos somente, a prescrição consuma-se em dois anos, por força do art. 206, § 2º do Código Civil. Dando-lhe a natureza de indenização, vige o art. 206, § 3º, inc. V, do mesmo diploma, considerando-se a prescrição em três anos: "Prescreve: ... § 3º três anos: ... V – a pretensão de reparação civil." Anteriormente, quando do Código de 1916, operava-se a prescrição em vinte anos, por incidência do então art. 177.

Conforme foi amplamente analisado no subcapítulo anterior, não se trata da obrigação de prestar alimentos. A referência a estes, pelo art. 948, inc. II, estatuindo que a indenização, no caso de homicídio, consiste na prestação de alimentos às pessoas a quem o morto os devia, serve apenas de critério ao julgador, quando este tem de precisar o *quantum* da indenização. A sua menção visa dar a forma para a liquidação.

Aguiar Dias, com a profundidade de sempre, mantendo-se a argumentação válida com o Código de 2002, sustenta que, se a "indenização não constitui, juridicamente, prestação de alimentos, se a referência a estes só visa dar fórmula para a liquidação, o prejuízo imposto, nesse caso, ao sujeito ativo do crédito reparatório é sumamente injusto e não deve prevalecer", na hipótese de considerarmos prescritas as prestações até dois anos anteriores à ação.[54] É que, prossegue, "a indenização do dano, em qualquer caso, tem caráter de reparação, isto é, o título a que são pagas as quantias ao prejudicado é o de ressarcimento, objeto da ação de responsabilidade civil, que prescreve em 30 anos. Só se justificaria, pois, a aplicação do art. 178, § 10, I, se o título em que se funda o pedido e a natureza da obrigação de responsável fossem, respectivamente, o que corresponde ao direito de alimentos, e a apresentada pelo dever de alimentante. Como é inadmissível sustentar que o responsável civil seja alimentante e que a ação de reparação do dano tenha base no direito de pedir alimentos, dada a ausência de relação de parentesco que o autoriza, de nenhuma consistência é esse ponto de vista".[55] Anota-se que, anteriormente ao atual Código, já havia sido reduzido o prazo para vinte anos, de modo a estar desatualizada a referência da prescrição em trinta anos. Outrossim, o citado art. 178, § 10, inc. I, equivale, quanto ao Código de 2002, ao art. 206, § 2º.

A jurisprudência antiga já se filiara a esta inteligência, a começar pela emanada do Supremo Tribunal Federal, tornando a lembrar que os arts. 177, 178, § 10, I, e 1.537, II, que vão citados, equivalem aos arts. 206, § 3º, V (no atinente à prescrição da pretensão à reparação civil), 206, § 2º, e 948, II, do diploma vigente: "Responsabilidade civil. Acidente ferroviário. Indenização sob a forma de pensão mensal à vítima inabilitada para o trabalho. Prescrição regulada pelo art. 177, e não pelo art. 178, § 10, I, do CC, dado que não se trata de obrigação de prestar alimentos." E na fundamentação: "Mesmo quando a indenização deriva de homicídio, caso em que a alusão a alimentos, contida no inciso II do art. 1.537 do CC, dá lugar a controvérsias, o Supremo Tribunal Federal tem entendido que a obrigação de indenizar não se converte em obrigação de prestar alimentos, servindo a remissão a estes de simples ponto de referência para o cálculo da indenização e para a determinação dos beneficiários."[56]

---

[54] *Da Responsabilidade Civil*, tomo II, p. 739.
[55] *Da Responsabilidade Civil*, tomo II, pp. 739-740.
[56] *RTJ* 83/513.

3. NATUREZA DA INDENIZAÇÃO FRENTE AOS BENEFÍCIOS PREVIDENCIÁRIOS, AO SEGURO FACULTATIVO E AO SEGURO OBRIGATÓRIO

Justamente em face do caráter indenizatório da responsabilidade não se dá a compensação com outras quantias que recebe a vítima, ou que passam para os dependentes da mesma.

Trata-se de um dos assuntos mais pacíficos na jurisprudência e na doutrina, consagrando-se, à unanimidade, a soma de indenizações previdenciárias, como pensão, seguro, verba recebida a título de acidente de trabalho, com a indenização determinada pelo ato determinante da indenização.

As diferentes indenizações demandam de causas distintas, apresentando, pois, naturezas próprias, não se confundindo uma com a outra. A reparação por acidente de trabalho, devida se a vítima foi colhida enquanto estava a serviço do empregador, emerge do seguro social. A pensão, a cargo da Previdência Social, corresponde a prestações descontadas por ela. Nem o valor do seguro particular é dedutível, porque decorre dos prêmios ou contribuições que o falecido recolhia à entidade. De forma que os benefícios concedidos pelos órgãos previdenciários são correspectivos das contribuições pagas pela vítima. Devem reverter em favor de seus beneficiários, e não do ofensor, mitigando a sua responsabilidade.

Diversas sendo as fontes de que procedem as contribuições, não se destinam a reembolsar os prejuízos pelo fato ilícito, pois foram estabelecidas para favorecer o lesado ou seus dependentes, e não o causador do dano.

Aguiar Dias explica a distinção entre uma espécie e outra, justificando as razões impeditivas do abatimento: "Finalmente, a propósito da liquidação do dano, é de ponderar que a circunstância de perceber o beneficiário uma pensão, por morte da vítima, a título de assistência social, como ocorre no caso do funcionário ou dos contribuintes das caixas beneficentes em geral, não pode ser alegada pelo responsável, no sentido de influir no *quantum* a prestar, a título reparatório, como não poderia, tampouco, pretender satisfazer indenização menor, pelo fato de haver a vítima deixado seguro de vida. A razão é simples. Tais pensões, benefícios ou indenizações de seguro são correspectivos de prestações da vítima. Não é lícito ao responsável beneficiar-se da previdência da vítima, que não teve essa intenção, isto é, não pode deixar de ressarcir o dano à custa do prejudicado ou daquele que o representa."[57]

A jurisprudência, desde a época de formação do direito sobre a matéria, tem aplicado uniformemente o princípio da acumulação: "A pensão previdenciária e a devida por ato ilícito são acumuláveis, pois a pensão previdenciária tem origem diferente, visto que promana de acumulação das contribuições feitas ao INPS pelo defunto, e a segunda, ora questionada, provém da indenização por ato ilícito. Uma e outra são acumuláveis; não se tem como vislumbrar *bis in eadem* em tal cumulação, visto que são diversas... as fontes de tais direitos, e as pensões, na espécie *sub judice,* são pagas a uma pessoa economicamente fraca."[58]

---

[57] *Da Responsabilidade Civil*, vol. II, p. 832. Pontes de Miranda (*Tratado de Direito Privado*, 2ª ed., vol. 26, pp. 54-55) e Washington de Barros Monteiro (*Curso de Direito Civil, Direito das Obrigações*, 2, 3ª ed., 1962, ob. cit., p. 435), entre outros, também se manifestam no mesmo sentido.

[58] *RTJ* 80/536. Igualmente 58/528, e na *RF* 144/266, 149/282; *RT* 138/173, 186/647, 197/264, 200/390, 285/274, 434/281, entre outros exemplos.

Uma pensão não dispensa a outra. Entretanto, há um aspecto importante a ser considerado: na indenização por acidente de trânsito, com danos pessoais, ou na pensão estipulada a ser paga pelo autor do evento, o valor proveniente do seguro facultativo contratado pelo responsável abate ou não o montante da referida indenização ou pensão? A resposta é afirmativa, pela razão principal de que tal seguro é consequência de obrigações assumidas e pagas pelo autor do acidente. Justamente para atenuar a sua responsabilidade é que a lei determina ou possibilita o contrato de seguro. Necessária a distinção fundamental em relação à pensão previdenciária, consistente na pessoa que paga as prestações, que é a vítima, o que impede venha o culpado da lesão a se favorecer. Não é sem razão que Enneccerus-Kipp-Wolff já afirmavam: "Las prestaciones de entidades aseguradoras y mutualidades de toda clase en que el muerto estuviera asegurado contra el accidente, se han de imputar en la prestación de indemnización...".[59]

De outro lado, recebendo a vítima o valor máximo do seguro indenizatório, e dando plena quitação à companhia, não significa que tenha renunciado ao direito de complementação relativa à diferença resultante do valor do montante exato dos danos sofridos com a quantia embolsada pelo seguro. Ultrapassando a soma dos danos o *quantum* econômico assegurado pelo contrato, a vítima não fica impossibilitada de postular a importância faltante. Eis o magistério de Wilson Melo da Silva: "Assim, pois, superior o montante dos prejuízos sofridos pela vítima do acidente automobilístico àquele *quantum* ressarcitório *forfaitaire* estabelecido na lei do seguro compulsório pela Resolução em teia, impedido não se encontraria o lesado de vir a acionar o autor do dano para o recebimento do restante do prejuízo experimentado, inclusive quanto ao dano estético e aos danos morais, para a estimação dos quais já até existem tabelas minudentes e atuais, facilitadoras do cálculo...".[60]

Mas convém observar: fora e além da responsabilidade estatuída pela lei do seguro, vige a responsabilidade subjetiva, dependente da presença da culpa. Não aparecendo o provocador do prejuízo revestido de culpa, isenta-se do dever de complementar a quantia necessária para recompor integralmente o dano. Há, pois, necessidade de se pesquisar o comportamento do autor, para aferir se deu ou não causa ao resultado.

Quanto ao seguro obrigatório, porém, não se dá o abatimento.

Sobre o assunto, decidiu a Primeira Câmara Civil do Tribunal de Justiça de São Paulo: "A indenização decorrente do seguro obrigatório não afasta aquela devida pelo Direito comum, demonstrada a culpa do causador do atropelamento."[61] Na fundamentação do aresto assinala-se: "É certo que a Seção Civil desta Corte assentou, no prejulgado instaurado nos embargos infringentes 255.040, desta Capital, que a verba do seguro obrigatório deverá ser deduzida quando do pagamento da indenização do Direito comum. Nesse sentido, aliás, o entendimento sempre manifestado pelo Des. Sylvio do Amaral, citado na sentença. Contudo, é ponto pacífico que a indenização, decorrente do seguro obrigatório, não afasta aquela devida pelo Direito comum, demonstrada a culpa do causador do atropelamento. E, no caso, essa culpa restou patenteada nos autos, sendo certo que o réu também já foi

---

[59] *Tratado de Derecho Civil*, vol. II, tomo II; *Derecho de Obligaciones*, p. 736. § 245.

[60] *Da Responsabilidade Civil Automobilística*, 3ª ed., ob. cit., 1980, p. 561. Em última análise, o pensamento do autor equivale a dizer que "a indenização decorrente do seguro obrigatório deve ser deduzida daquela devida pelo responsável por atropelamento em via pública", eis que a indenização é uma só e devida pelo mesmo fato; "se a vítima houvesse sofrido apenas ferimentos leves e a indenização securitária houvesse dado para cobrir as despesas resultantes do dano pessoal, o segurado não estaria obrigado a qualquer outra prestação" (*RT* 444/131).

[61] *RT* 518/106.

condenado criminalmente em primeira instância. Basta ressaltar que a infeliz vítima foi atingida pelo carro por ele dirigido quando já estava com um dos pés na calçada; e que a velocidade imprimida não era compatível com a situação, tanto que uma tira de borracha foi arrancada do pneu do carro do réu, pelo atrito com a guia da calçada."

Em outras decisões:

"O seguro obrigatório não pode ser objeto de dedução, no caso. Com efeito, os autores não foram beneficiados com o seu pagamento. Isso se verifica com o v. acórdão de fls., que extinguiu o processo, formado com a finalidade de obter-se tal benefício. Não se pode deduzir nada, se pagamento algum não ocorreu a esse título."[62]

"Relativamente ao desconto da importância eventualmente recebida em decorrência do seguro obrigatório, não cabe a pretensão da apelante, uma vez que esse se destina a cobrir despesas médico-hospitalares, com funeral e a acudir a vítima e/ou seus familiares no fragor da desdita, para fazer face a despesas urgentes. São importâncias fixas, determinadas e iguais para qualquer vítima, seja qual for a classe social a que pertença ou os vencimentos que perceba. Não guarda, assim, qualquer semelhança, quanto à natureza ou destinação, com a indenização decorrente de ato ilícito, em que se apura a responsabilidade subjetiva ou objetiva de alguém por sua verificação tarifando-se a indenização segundo a extensão do dano físico e na proporção da incapacidade da vítima, para continuar percebendo a mesma renda que sua integridade física permitia, antes dos fatos."[63]

"Não obstante respeitáveis pronunciamentos em contrário, a melhor orientação está com os que não admitem a dedução do *quantum* devido pelo seguro obrigatório, em casos (como o destes autos) de responsabilidade civil a autorizar indenização pelo direito comum, a exemplo do que ocorre com os benefícios previdenciários (*RT* 558/161, 551/231). Esse, por sinal, tem sido o entendimento desta E. Câmara em hipóteses semelhantes, mesmo porque diversos são os fundamentos autorizadores de cada indenização (prática de ato ilícito, e legislação específica sobre seguros e acidentes); na reparação pelo direito comum, com efeito, a responsabilidade é definida pelo reconhecimento da culpa, que absolutamente não precisa ser investigada em se tratando de seguro obrigatório" (1º TACSP, Ap. nº 300.703, 1ª C., j. 15.03.1983, v. u., rel. juiz Pinto de Sampaio).[64]

---

[62] 1º TACSP, Ap. nº 297.572, 2ª C., j. 15.12.1982, v. u., rel. Juiz Roque Komatsu.
[63] 1º TACSP, Ap. nº 697, 5ª Câmara, j. em 22.12.1982, v. u., rel. Juiz Jorge Tannus.
[64] *Em Acidente de Trânsito e Responsabilidade Civil, Conceitos de Jurisprudência e Acórdãos*, de Orlando Gandolfo, Editora Revista dos Tribunais, 1985, pp. 495-498.

X
Indenização por Obrigação Indeterminada

1. PEDIDO CERTO OU DETERMINADO E PEDIDO GENÉRICO

Sabe-se que o pedido vem a ser o objeto da ação, ou o que se pretende conseguir através da prestação da tutela jurisdicional.

De acordo com o art. 324 e seu § 1º do Código de Processo Civil, "O pedido deve ser determinado.

§ 1º É lícito, porém, formular pedido genérico:

I – nas ações universais, se o autor não puder individuar os bens demandados;

II – quando não for possível determinar, desde logo, as consequências do ato ou do fato;

III – quando a determinação do objeto ou do valor da condenação depender de ato que deva ser praticado pelo réu."

No tocante às ações universais, são aquelas que envolvem uma universalidade, ou uma quantidade de coisas sem destacá-las ou identificá-las. Costuma-se separar as universalidades em dois tipos: as de fato, que são o conjunto de bens, as pluralidades, as coletividades, como um rebanho, um enxame, uma biblioteca, uma coleção de quadros, um armazém; e as de direito, referindo-se a um conjunto ou coletividade fundada em uma regulamentação que lhe dá estrutura, como a herança, a massa falida, um pecúlio, o regime de comunhão, a sub-rogação em direitos, abrangendo um complexo de bens ou proveitos que tem um formato legal. Por impossibilidade de quantificar as universalidades, torna-se inviável o pedido certo ou determinado.

No inciso II, considera-se genérico o pedido se não for possível determinar desde logo a extensão do ato ou fato que determinou a ação, como se não dimensionados os prejuízos futuros, já que irão ocorrer. É a situação dos danos corporais ou físicos, quando prolonga-se a cura no tempo, com sucessivas cirurgias e restaurações plásticas de órgãos ou partes do corpo humano. José Joaquim Calmon de Passos ilustra a situação: "Alguém que sofreu dano em sua pessoa, ou em bem de sua propriedade, ou pelo qual seja responsável, reclama, em juízo, o ressarcimento desses danos, mas, ao formular sua inicial, ainda não pode determinar o montante exato da indenização, ou porque ainda não conhece, com precisão, todas as consequências do ato ou fato ilícito, ou porque ainda não dispõe de todos os elementos para determinar a extensão das perdas e danos. Ignora-se se o dano tornou a coisa imprestável, ou qual o custo de sua recuperação; não se tem certeza se a lesão causará a morte ou a invalidez permanente ou temporária da vítima etc. Nesses casos, o pedido genérico é uma imposição que deriva da própria natureza das coisas. O pedido será formulado no sentido da condenação do réu ao ressarcimento dos danos que vierem a ser apurados na execução, se ao autor não parecer conveniente aguardar o momento em que eles sejam conhecidos em sua extensão e em seu valor."[65]

Dentro desse campo, inúmeras as ações indenizatórias que não permitem definir, desde logo, o montante que corresponde às perdas e danos, como a ressarcitória por prejuízos em imóveis, por defeitos de construção, por esbulho possessório, por abalroamentos, por danos morais, por abalo de crédito etc.

Por último, impõe-se o pedido genérico se a lide destina-se a conseguir do réu a prática ou realização de um fato, ou a prestação de um fato. Assim acontece quando se pede que o réu preste contas da administração de um negócio do autor, ou deva realizar uma atividade peculiar de sua capacidade, como uma escultura, o enredo de uma peça teatral, a elaboração de um texto, de uma planta de construção, de um desenho.

Necessário esclarecer, outrossim, que 'pedido certo ou determinado' não quer significar que já venha colocado o montante da indenização, ou apurado o *quantum debeatur*. À parte é reservada a faculdade de relegar para a liquidação a definição do valor ou da expressão econômica da pretensão. Mais que a definição de números ou cifras, 'pedido certo ou determinado' constitui aquele definido, extremado de outro, caracterizado e bem descrito. A inicial da ação manifestará qual a pretensão; na hipótese de indenização, exporá o seu objeto, ou qual o dano que a justifica, e como se constituirá, será encontrada. O cálculo, ou a demonstração do *quantum*, pode ficar para a liquidação.

De notável importância o disposto no art. 491 e em seus parágrafos da lei processual civil: "Na ação relativa à obrigação de pagar quantia, ainda que formulado pedido genérico, a decisão definirá desde logo a extensão da obrigação, o índice de correção monetária, a taxa de juros, o termo inicial de ambos e a periodicidade da capitalização dos juros, se for o caso, salvo quando:

I – não for possível determinar, de modo definitivo, o montante devido;

II – a apuração do valor devido depender da produção de prova de realização demorada ou excessivamente dispendiosa, assim reconhecida na sentença.

§ 1º Nos casos previstos neste artigo, seguir-se-á a apuração do valor devido por liquidação.

§ 2º O disposto no caput também se aplica quando o acórdão alterar a sentença."

Em princípio, deve ficar definida a indenização. Todavia, se maior a certeza que se alcançará com a liquidação, não fica eivada de nulidade a sentença se remete a esse procedimento a definição do *quantum*, situação que acontece com frequência nas demandas indenizatórias. A interpretação do dispositivo acima se fará, pois, com liberalidade, em obediência à orientação da jurisprudência criada em torno do art. 459 do diploma processual anterior, que corresponde, em parte, ao vigente art. 491: "Nas ações de indenização por ato ilícito, como estimativa da indenização pleiteada, necessariamente não constitui certeza do *quantum* a ressarcir, vez que a obrigação do réu, causador do dano, é de valor abstrato, que depende, quase sempre, de estimativas e arbitramento judicial. Montante da indenização há de ser apurado mediante liquidação de sentença."[66]

---

[65] *Comentários ao Código de Processo Civil*, 1ª ed., Rio de Janeiro, Editora Forense, vol. III, pp. 150 e 160.

[66] REsp. nº 136.588/SP, da 3ª Turma do STJ, j. em 07.04.1998, *DJU* de 1º.06.1998.

2. OBRIGAÇÕES INDETERMINADAS

O Código Civil cuidou da obrigação indeterminada no art. 946: "Se a obrigação for indeterminada, e não houver na lei ou no contrato disposição fixando a indenização devida pelo inadimplente, apurar-se-á o valor das perdas e danos na forma que a lei processual determinar."

Como primeiro passo, há uma obrigação indeterminada, mas não externada em um pedido indeterminado. Não pode a exordial omitir o *an debeatur*, ou seja, aquilo que é devido, com a necessária descrição. O *quantum debeatur* – o quanto é devido – será encontrado em momento posterior ao processo de conhecimento, que é a liquidação, oportunizando uma certeza mais técnica do montante da indenização.

Alguns casos de indeterminação ficaram evidenciados no item anterior, constando incluídos no art. 324 do CPC, mas não importando que somente sejam aqueles. No referido dispositivo, elencaram-se as hipóteses de pedidos genéricos, que não coincidem com as obrigações indeterminadas. Estas podem resultar em pedido genérico, se se enquadrarem na tipicidade daquelas.

Todos os pedidos que requerem uma atenção mais apurada na montagem da obrigação, se não preferir o credor proceder-se a apuração durante a instrução, vão para a liquidação.

A indeterminação não corresponde à falta de especificação. É imprescindível que se delineie o pedido, ou se diga em que consiste, ou se refira qual a indenização que se busca, sob pena de inépcia da inicial. Incabível que se descreva na petição uma situação de prejuízos acarretada por um esbulho, e se culmine com uma simples postulação de indenização. Em um acidente de trânsito, a singela descrição do evento, com a menção dos danos havidos, não é suficiente. As perdas e danos que apareceram em razão do atraso na entrega de uma obra constarão minuciosamente especificadas. A peça endereçada para buscar a reparação deve apontar os danos resultantes ou causados, nomeando-os, e dimensionando-os, se possível. Não apenas isso: descrevem-se os elementos indicadores de cada dano, de modo a ficar ostentada a sua extensão. Ao se procurar a reparação por dano moral, destacam-se os pontos que feriram a subjetividade e o grau de sensação de dor, de tristeza, de ausência, de saudade.

Postergam-se para um momento futuro, ou na fase processual da instrução, a apuração e a delimitação do dano.

De outro lado, não encerra a lei uma grandeza ou um indicativo da indenização, como acontece na decorrente de homicídio.

Nessas eventualidades, e mesmo na omissão do contrato a respeito, procura-se a solução para se estabelecer a significação econômica no Código de Processo Civil, e que consiste normalmente na liquidação, embora não se inviabilize que se faça na instrução, através de perícia.

O Superior Tribunal de Justiça, em várias ocasiões, enfatizou a possibilidade do pedido genérico: "Admite-se o pedido genérico na ação de indenização por dano moral (REsp. n. 125.417/RJ, rel. Min. Eduardo Ribeiro, j. em 26.06.1997, não conheceram, v. u., *DJU*, 18.08.1997, p. 37.967); isto, 'por não ser possível quando do ajuizamento da ação, determinar-se o *quantum debeatur*'."[67]

---

[67] Agravo de Instrumento nº 376.671/SP-AgRg, da 3ª Turma, j. em 10.03.2002, *DJU* de 15.04.2002.

"Desnecessária, na ação de indenização por dano moral, a formulação, na exordial, de pedido certo relativamente ao montante da indenização postulada pelo autor."[68]

De sorte que, se ausente uma previsão no contrato, ou não se localizando na lei a fixação, torna-se imperativa a determinação na liquidação de sentença. Essas são as situações que levam à liquidação, e não as do art. 324 do CPC.

3. FORMAS DE APURAÇÃO DO VALOR DA OBRIGAÇÃO INDETERMINADA

Desde, pois, que indeterminada a obrigação, e nem venha no contrato a fixação, "apurar-se-á o valor das perdas e danos na forma que a lei processual determinar" – arremata o art. 946 do diploma civil.

Não importa em concluir que, no caso, se vá buscar a definição obrigatoriamente em liquidação de sentença. Busca-se a lei processual se necessária a liquidação, já que não definido o valor na própria ação de conhecimento.

O mais comum, porém, é utilizar-se da liquidação, a qual se faz após o trânsito em julgado da sentença, seguindo-se as regras dos arts. 509 a 512 e 524 do CPC, que admitem três modalidades: por cálculo, por arbitramento e por procedimento comum.

Pressuposto básico é a demonstração do prejuízo no processo de conhecimento, sob pena de impossibilidade da liquidação. Realmente, para a liquidação, pressupõe-se a existência de um crédito definido, embora não calculado. Daí que, para o cumprimento, indispensável a existência de uma sentença, traçando as diretrizes para apurar o valor, se já não encontrado.

Ingressa-se com o pedido de cumprimento de sentença, que é distribuído em apenso e por dependência à ação de conhecimento.

No pedido, busca-se a liquidação, que se processa de três formas: por arbitramento, pelo procedimento comum e pelo cálculo.

Tratando-se de liquidação por arbitramento, cabe às partes, num primeiro momento, trazerem os elementos necessários para a definição do quantum. Efetuar-se-á perícia unicamente se inviável a decisão de plano, de acordo com o art. 510 do CPC: "Na liquidação por arbitramento, o juiz intimará as partes para a apresentação de pareceres ou documentos elucidativos, no prazo que fixar, e, caso não possa decidir de plano, nomeará perito, observando-se, no que couber, o procedimento da prova pericial". Em um primeiro momento, o credor, em petição, indicará os dados que possui, e pedirá diligências para instruir a forma de encontrar o valor pretendido.

Para a liquidação pelo procedimento comum, que se impõe quando a sentença não determinar o devido valor e for necessário alegar e provar fato novo (art. 509, II, do CPC), inicia-se com a apresentação de pedido detalhado, expondo os fatos, a sentença, os elementos que devem ser provados, como se fosse uma inicial de ação, seguindo-se a intimação do devedor, através de seu procurador, nos termos do art. 511 do CPC: "Na liquidação pelo procedimento comum, o juiz determinará a intimação do requerido, na pessoa de seu advogado ou da sociedade de advogados a que estiver vinculado, para, querendo, apresentar contestação no prazo de 15 (quinze) dias, observando-se, a seguir, no que couber, o disposto no Livro I da Parte Especial deste Código."

---

[68] REsp. nº 175.362/RJ, da 4ª Turma, j. em 07.10.1999, *DJU* de 06.12.1999.

Na liquidação por cálculo, basta a apresentação do mesmo, acompanhado da memória discriminada e atualizada (art. arts. 509 e 524 do CPC). Permitida a conferência por contador do juízo, em obediência ao § 2º do art. 524: "Para a verificação dos cálculos, o juiz poderá valer-se de contabilista do juízo, que terá o prazo máximo de 30 (trinta) dias para efetuá-la, exceto se outro lhe for determinado."

Em princípio, pois, o próprio credor instruirá o feito com a prova, a menos que os elementos que possibilitam o cálculo se encontrem em poder do devedor ou de terceiro. No caso, em obediência aos §§ 3º e 4º do art. 524 do CPC, o juiz mandará apresentar os dados. De observar os textos dos dispositivos:

§ 3º: "Quando a elaboração do demonstrativo depender de dados em poder de terceiros ou do executado, o juiz poderá requisitá-los, sob cominação do crime de desobediência".

§ 4º: "Quando a complementação do demonstrativo depender de dados adicionais em poder do executado, o juiz poderá, a requerimento do exequente, requisitá-los, fixando prazo de até 30 (trinta) dias para o cumprimento da diligência."

Na falta de apresentação dos elementos pelo devedor, ou de justificativa coerente, consideram-se corretos os cálculos apresentados pelo credor (§ 5º do art. 524).

Se não forem apresentados pelo terceiro, configurar-se-á a situação prevista no art. 403 e em seu parágrafo único, ou seja, investe-se o juiz de poderes para providências coercitivas, visando ao cumprimento:

"Se o terceiro, sem justo motivo, se recusar a efetuar a exibição, o juiz ordenar-lhe-á que proceda ao respectivo depósito em cartório ou em outro lugar designado, no prazo de 5 (cinco) dias, impondo ao requerente que o ressarça pelas despesas que tiver.

Parágrafo único. Se o terceiro descumprir a ordem, o juiz expedirá mandado de apreensão, requisitando, se necessário, força policial, sem prejuízo da responsabilidade por crime de desobediência, pagamento de multa e outras medidas indutivas, coercitivas, mandamentais ou sub-rogatórias necessárias para assegurar a efetivação da decisão."

Especificam-se mais as espécies de liquidação por arbitramento e através do procedimento comum.

Na liquidação por arbitramento (quando determinado pela sentença, convencionado pelas partes ou exigido pela natureza do objeto da liquidação, ou, mais precisamente, quando não existirem elementos para a apuração do valor), e na pelo procedimento comum (quando houver necessidade de alegar e provar fato novo), seguem-se os trâmites próprios da perícia. No entanto, havendo uma parte líquida da obrigação, é admitida a sua imediata exigibilidade por aplicação do § 1º do art. 509: "Quando na sentença houver uma parte líquida e outra ilíquida, ao credor é lícito promover simultaneamente a execução daquela e, em autos apartados, a liquidação desta."

Em suma, pois, no procedimento comum e, em havendo necessidade, na liquidação por arbitramento, realiza-se a perícia. É nomeado perito, que apresentará o laudo apurando os danos ou o fato-objeto da perícia, com obediência ao regramento dos arts. 464 e seguintes do CPC. Manifestar-se-ão as partes, com a possibilidade de se designar audiência de instrução e julgamento, caso necessário.

Sempre cabe ao liquidante o ônus da prova, destacando o objeto da condenação, e já trazendo todos os elementos de prova possíveis. Existe a sentença, que definiu a obrigação de indenizar, ou de cumprir outra obrigação, não mais se discutindo sobre o *an debeatur*, mas sobre o *quantum debeatur*. Deve-se produzir a prova, como, *v. g.*, sobre o montante da lesão, ou dos prejuízos, o que constitui o fato novo que a lei assinala. Naturalmente, a existência de danos virá decidida no processo de conhecimento.

A falta de êxito na produção da prova desencadeará a improcedência da liquidação.

Procede-se à realização de perícia unicamente quando imprescindível para a apuração de valores indenizatórios, ou o montante dos danos, como nos acidentes de trânsito com lesões e sequelas que perduram no tempo, nas ruínas de prédios, nos desmoronamentos, nos defeitos de construção e dos produtos, nas perdas e danos decorrentes de invasão de imóveis, dentre outras espécies. No entanto, não cabe rediscutir a lide no pertinente ao que se encontra decidido, e nem modificar aquilo que a sentença julgou, por ordem do art. 509, § 4º, do CPC: "Na liquidação é vedado discutir de novo a lide ou modificar a sentença que a julgou."

Julgada a liquidação, com o trânsito em julgado, segue o cumprimento, segundo as modalidades próprias de cada obrigação, isto é, segundo o cumprimento de obrigação de fazer, não fazer, de dar ou entregar, ou o cumprimento de obrigação por quantia certa ou já fixada em liquidação, com a expropriação e alienação de bens, para a satisfação do crédito, se for o caso.

XI

Legitimidade para Pedir e para Suportar a Reparação

1. OS PARENTES DA VÍTIMA E OS DEPENDENTES ECONÔMICOS

Quem pode requerer a reparação?

A resposta é óbvia: a própria vítima, a pessoa que suportou o prejuízo ou foi lesada no relacionamento com outra, seja patrimonial, pessoal ou moral o dano. Orgaz sintetiza muito bem a questão. "Desde luego, el damnificado direto, o sea, la persona titular del derecho o bien jurídico inmediatamente lesionado por el acto ilícito: em los hechos ilícitos contra la persona, la libertad o el honor, es el sujeto herido o privado de liberdad o lesionado en su honor, etcétera; en los delitos, o cuasidelitos contra la propiedad, es el propietario de la cosa, en primer término; eventualmente, pueden serlo también el poseedor, el depositario etc., si estos derechos han sido inmediatamente violados por el responsable."[69]

A problemática apresenta contornos especiais quando falecer a vítima. Pela reparação, busca-se repor ao patrimônio da pessoa a parcela que lhe foi subtraída, recompondo-se a situação anterior. Com o ato prejudicial, houve a supressão de um complexo de bens materiais ou morais. Através de um processo de liquidação e avaliação, converte-se em numerário a parcela desfalcada. A ideia de prejuízo desponta como primordial e firma o direito à ação.

Os primeiros legitimados ao direito são os parentes mais próximos da vítima, ou seja, o cônjuge, os descendentes, os ascendentes. Em relação à família, "o prejuízo se presume, de modo que o dano, tanto material como moral, dispensa qualquer demonstração, além do fato puro e simples da morte do parente".[70]

Sendo casado o falecido, o cônjuge e os filhos estão autorizados a agir judicialmente.

Incluem-se como titulares os pais, ainda que o filho morto seja menor e incapaz de trabalhar. Embora consorciado o mesmo e deixando descendentes sustentados por ele, os ascendentes alinham-se como autores da ação, desde que eram ajudados na manutenção e se provarem a necessidade. Em caso contrário, a pensão concentra-se em torno dos primeiros.

Os irmãos participam quando a vida em comum com o falecido evidencia ter a morte deste redundado em dano; o que acontece nas hipóteses de incapacidade daqueles, doença, interdição, situações determinantes do amparo econômico. Sintetizando, a ação cabe não somente ao lesado, mas a todos quantos forem prejudicados pelo ato danoso.

---

[69] *El Daño Resarcible,* ob. cit., pp. 131-132.
[70] Aguiar Dias, *Da Responsabilidade Civil*, vol. II, p. 837.

Além das pessoas acima especificadas, é comum afetar o dano a outros indivíduos, que passam a sofrer as decorrências do ato. Se alguém mata culposamente um terceiro, prejudica possivelmente os pais, a esposa, os filhos, os irmãos e também estranhos ao parentesco, como sócios que mantinham vinculação econômica com o falecido ou lesado direto. Esta a lição de Aguiar Dias, para quem a indenização socorre, dentre os que suportam as lesões, o empregador, por ver-se privado do operário, além do "sócio, a quem atinge, em ricochete, o dano sofrido pelo outro... O dano material, provocado pela morte ou incapacidade do devedor ou pela destruição do bem deste, incide no crédito, cujas possibilidades de satisfação diminui".[71]

No entanto, há de redundar em verdadeiro prejuízo econômico. As repercussões de um dano podem refletir em uma grande série de pessoas. De Cupis aponta exemplos: "o homicídio de um artista provoca também o direito à reparação em favor dos admiradores e dos empresários? A morte de um médico determina a responsabilidade relativamente aos interesses dos clientes? A lei tutela a dor do marido que tem a mulher agravada em sua liberdade sexual? Poderá ele postular o ressarcimento"?[72]

A solução está no art. 403 do diploma civil: "Ainda que a inexecução resulte de dolo do devedor, as perdas e danos só incluem os prejuízos efetivos e os lucros cessantes por efeito dela direto e imediato, sem prejuízo do disposto na lei processual."

Já abordamos o assunto no Capítulo sobre o dano indireto, a que nos reportamos.

Mas, salienta-se, quanto à primeira indagação, a obrigatoriedade em ressarcir o empresário se no contrato com o artista vinha assinalada a cláusula de uma multa ou indenização na eventualidade de não cumprimento dos compromissos assumidos. Em princípio, o único interesse protegido diretamente é o do credor; os demais só aparecem tutelados de forma indireta, mas a lesão não produz responsabilidade. Daí por que nada pode almejar o cliente pelo falecimento do médico ou o marido pela afronta à sua mulher. "Los intereses indirectos que respecto de la prestación puedan ostentar otros sujetos son jurídicamente indiferentes para el deudor al ser su lesión improductiva de obligación de resarcimiento."[73] No ensinamento de De Cupis sobre o assunto, exclusivamente se decorre prejuízo nos interesses de terceiros se faculta a indenização. No aluguel de um prédio onde deveriam ser realizadas obras, permite-se ao inquilino acionar a pessoa que provocou a morte do encarregado, junto ao locador, para a realização dos trabalhos, desde que a demora na conclusão traga prejuízos? A resposta é negativa. Cabe-lhe acionar o proprietário, que terá legitimidade para agir contra o responsável pelo evento que determinou a paralisação das obras.

Orgaz, analisando os sistemas jurídicos estrangeiros, observa que no direito francês a reparação abrange um interesse imediato ou mediato. No direito italiano, o interesse tutelado é apenas imediato. No ordenamento inglês, o autor de um delito só fica constrangido a indenizar o cônjuge, os descendentes e os ascendentes da pessoa morta. Excluem-se os demais parentes. O direito alemão, mantendo as diretrizes básicas do sistema italiano e inglês, autoriza o exercício da ação em favor dos parentes acima mencionados e dos terceiros para os quais o falecido se encontrava eventualmente obrigado à manutenção. Estende-se a aplicação aos casos de lesões e privação da liberdade. Mister é, porém, provar que a vítima a eles estava ligada pelo dever legal de prestar-lhes serviços.[74]

---

[71] *Da Responsabilidade Civil*, vol. II, p. 853.
[72] *El Daño,* ob. cit., p. 600.
[73] De Cupis, *El Daño*, ob. cit., p. 602.
[74] *El Daño Resarcible*, ob. cit., p. 125.

As outras pessoas não ligadas à relação provocadora do direito nada podem reclamar.

Fosse o contrário, grande parte das mortes acarretaria uma verdadeira torrente de direitos. Aqueles que são privados do trabalho do profissional; os aficcionados de um artista que abruptamente é assassinado ou vem a falecer em um acidente de trânsito; a pessoa que contratou os préstimos de alguém que não concluiu a obra em virtude do ato criminoso de um terceiro; os amigos do companheiro muito estimado, pela dor moral resultante da morte; os titulares de créditos devidos pelo falecido e que por causa da morte ficam privados de terem seus direitos satisfeitos, já que os bens deixados não cobrem as dívidas –, todos estariam amparados legalmente para acionar os provocadores dos males que indiretamente se estenderam sobre eles.

Haveria um verdadeiro caos na ordem jurídica social.

Nas lesões corporais, além da ação do ferido, viabiliza-se a dos parentes e terceiros que tenham sofrido pessoalmente um dano patrimonial certo, como consequência das lesões infligidas na vítima. Normalmente, ela própria, como lesada direta, incluirá em sua pretensão o dano causado a terceiros, junto aos quais restou obrigada. Mas, não agindo por omissão ou qualquer outra causa, não se impede a ação própria dos danificados indiretamente.

2. LEGITIMIDADE PARA BUSCAR A REPARAÇÃO EM FAVOR DAS PESSOAS VINCULADAS PELA UNIÃO DE FATO

Toda a pessoa que prove um prejuízo ou uma injustiça em um ato ilícito tem direito de pedir a reparação. Quer se trate de dano patrimonial ou moral, não se condiciona a ação de indenização a privilégio de parentesco. O laço de parentesco não é decisivo para a admissibilidade da ação de reparação, já observava Aguiar Dias.

Diante destes princípios, a doutrina e a jurisprudência são remansosas em conceder a indenização em favor da pessoa unida à vítima pela união de fato. Lecionava Washington de Barros Monteiro, ao tempo do concubinato se confundir com a união de fato, ser essa relação "a união entre o homem e a mulher sem casamento", ou "a ausência de matrimônio para o casal que viva como marido e mulher", ressaltando-lhe as características, a fim de distingui-lo das meras ligações de ordem sexual: a vida prolongada em comum, sob o mesmo teto, com aparência de casamento.[75]

Não se trata, aqui, da hipótese do cônjuge adúltero, que pode manter convívio, no lar, com o outro cônjuge e, fora, ter encontros amorosos com outra pessoa. Não é o amásio ou a amásia quem se beneficia, e que reparte, com o cônjuge, as atenções e a assistência material do marido ou da mulher. Não se cuida da amante, da pessoa do lar clandestino, oculto, velado aos olhos da sociedade, que possibilita a prática da bigamia de fato. O direito protege o companheiro ou a companheira, a quem se juntou outra pessoa que rompeu a vida conjugal que anteriormente mantinha. Vivendo sempre uma união *more uxorio*, onde somente faltam as *justae nuptiae*, a qual se prolongou por muitos anos, a mulher ou o homem, tidos um ou outro inicialmente como concubina ou concubino, se transformou em companheira ou companheiro do falecido.

---

[75] *Curso de Direito Civil, Direito de Família*, ob. cit., p. 15.

O convívio dos dois no estado de casados, assim considerados no ambiente social onde passaram parte da vida, forma o direito à indenização em favor do companheiro ou da companheira.

De longa data as leis e os sistemas jurídicos protegem as uniões de fato, sendo repensados os dogmas concernentes à intangibilidade do matrimônio. Operam os mandamentos legais uma ampla abertura para o protecionismo dos nominados casamentos de fato. Constitui injustiça flagrante relegar aquele que participou da vida e das tribulações da vítima, em favor do cônjuge que há longa data nada mais significou em sua existência. A jurisprudência, espelhando uma sólida interpretação pretoriana, se firmou desde época mais antiga no reconhecimento dos direitos primeiramente da concubina, mas no sentido de companheira: "A verdade é que é hoje dominante o entendimento de que a concubina tem direito à indenização pela morte do concubino, causada por terceiro. A propósito, leciona Moura Bittencourt que: 'o art. 159 do CC pátrio dispõe que aquele que, por ação ou omissão voluntária, negligência ou imprudência, violar direito ou causar prejuízo a outrem, fica obrigado a reparar o dano. Não fala o Código de prejuízo, que decorra de situação jurídica. Fala, simplesmente, em prejuízo. Se esse prejuízo não fosse todo o interesse, mas precisasse ser o decorrente de direito lesado, haveria por certo redundância, porque o texto já se refere à violação de direito. A duplicidade da expressão violar direito e causar prejuízo está a indicar que o interesse não necessita provir de uma situação jurídica, mas pode defluir de qualquer situação de fato. Destarte, em face da lei brasileira, a concubina lesada, vale dizer, quando a união concubinária era estável e certa a assistência do companheiro falecido, pode demandar ressarcimento de danos contra terceiros, na hipótese versada' (*O Concubinato no Direito,* nº 234). Vejam-se ainda Aguiar Dias (*Da Responsabilidade Civil,* vol. II/841 e 852) e volumosa jurisprudência (*RT* 294/594, 360/395 e 362/438), inclusive deste Tribunal de Justiça (*RT* 230/112, 237/173, 338/161 e 389/214), do Tribunal Federal de Recursos (*RT* 255/536) e do Supremo Tribunal Federal (*RT* 279/867, 295/688, 339/514 e 341/490)."[76] O art. 159 mencionado no texto corresponde ao art. 186 do vigente diploma civil.

De observar que, num estágio inicial da formação do direito, alguns julgados ressaltavam a necessidade de provar a inexistência de impedimentos para o concubinato. Serpa Lopes espelhava este pensamento: "Entendemos que, em se tratando de relações adulterinas, não é possível atribuir qualquer direito à indenização, nada obstante todos os caracteres de publicidade e de durabilidade apresentados por um tal concubinato."[77] Outros não faziam restrição. A melhor doutrina, entrementes, estava em Aguiar Dias, que colocava a tônica na necessidade da prova do dano certo, independentemente do fato de ser a vítima casada ou não: "Toda pessoa lesada pelo dano tem direito à indenização, desde que seu interesse possa ser protegido pela lei... A proteção de um interesse legítimo é suficiente para autorizar o pedido de reparação", não podendo depender a indenização "do simples fato de não ter havido casamento, devendo o juiz considerar se a concubina que se apresenta no pretório sofreu, ou não, um dano certo, com a morte do companheiro com quem vivia como marido e mulher..."[78] Entendimento este que expressava mais justiça, pois fundado no dano, o que realmente interessa. Por isso, não mais tem incidência prática a Súmula 35 do Supremo Tribunal Federal, na sua condição contida no final: "Em caso de acidente

---

[76] *RT* 419/165. *Idem*, 438/105; *RTJ* 59/626; *Julgados do Tribunal de Alçada do RGS*, 16/180.
[77] *Curso de Direito Civil*, 2ª ed., Editora Freitas Bastos, 1962, vol. V, p. 377.
[78] *Da Responsabilidade Civil*, vol. II, p. 851, nº 249.

do trabalho ou de transporte, a concubina tem direito de ser indenizada pela morte do amásio, se entre eles não havia impedimento para o matrimônio."

Finalmente, *quid juris* se a vítima, malgrado viver com a companheira ou o companheiro, paga alimentos para o cônjuge? Somente o último permanecerá com o direito à indenização?

Absolutamente.

A reparação equivalerá ao pagamento do valor correspondente à renda mensal da vítima, calculada até a época em que atingisse a idade de setenta anos, limite este considerado de vida normal do ser humano. Encontrado o montante, apurar-se-á a soma que caberá ao cônjuge e aos filhos, em proporção com a pensão que pagava a tais pessoas em vida, sobre seus rendimentos que percebia o falecido. O restante tocará para a companheira ou o companheiro.

3. OS CHAMADOS A RESPONDER PELA REPARAÇÃO

Aquele que causou o dano deve responder pela indenização. Esse é o princípio geral, porquanto não cabe acionar um terceiro ou estranho, que nada tem a ver com a situação. Todavia, existem várias particularidades ou ramificações da regra.

Na eventualidade de exsurgir como solidária a obrigação, abre-se ao credor a faculdade de promover a pretensão contra um devedor, contra todos ou contra apenas alguns deles, no que encontra respaldo no art. 275 do Código Civil: "O credor tem direito a exigir e receber de um ou de alguns dos devedores, parcial ou totalmente, a dívida comum; se o pagamento tiver sido parcial, todos os demais devedores continuam obrigados solidariamente pelo resto." Cabe, pois, nessa eventualidade, ao titular de um crédito optar contra quem vai acionar, sequer reservando-se ao devedor convocado rebelar-se, mas ficando com a faculdade de reembolsar-se, proporcionalmente à quota de cada um, perante os demais coobrigados.

Existem os terceiros responsáveis por fato de outrem, ou aqueles que assumem as obrigações relativas a atos praticados por outrem. A previsão está sobretudo no art. 932 da lei civil, com o seguinte texto: "São também responsáveis pela reparação civil:

I – os pais, pelos filhos menores que estiverem sob sua autoridade e em sua companhia;

II – o tutor e o curador, pelos pupilos e curatelados, que se acharem nas mesmas condições;

III – o empregador ou comitente, por seus empregados, serviçais e prepostos, no exercício do trabalho que lhes competir, ou em razão dele;

IV – os donos de hotéis, hospedarias, casas ou estabelecimentos onde se albergue por dinheiro, mesmo para fins de educação, pelos seus hóspedes, moradores e educandos;

V – os que gratuitamente houverem participado nos produtos do crime, até a concorrente quantia."

Por sua vez, o art. 933 dá grande ênfase à responsabilidade objetiva: "As pessoas indicadas nos incisos I a V do artigo antecedente, ainda que não haja culpa de sua parte, responderão pelos atos praticados pelos terceiros ali referidos."

O assunto já restou no capítulo que cuidou da responsabilidade objetiva por fato de outrem.

Merece destaque, ainda, o art. 928, no tocante à responsabilidade do incapaz: "O incapaz responde pelos prejuízos que causar, se as pessoas por ele responsáveis não tiverem obrigação de fazê-lo ou não dispuserem de meios suficientes."

A falta de obrigação corresponde à inexistência de uma determinação legal, como se não se houver o responsável com culpa na prática, pelo incapaz, de ato que trouxe prejuízo a uma terceira pessoa. O mero fato do prejuízo não importa necessariamente em responsabilidade. Há de existir descura, ou negligência, na educação ou vigilância. Além disso, falece a responsabilidade se o incapaz não se encontrar sob a autoridade dos pais ou do tutor ou curador, em razão do art. 932, incisos I e II, do Código Civil.

Também suportará o incapaz a obrigação se os responsáveis não dispuserem de meios suficientes para responder pelas obrigações decorrentes de sua conduta. Vivendo eles em estado de pobreza, ou dada a precariedade econômica frente ao volume de despesas exigido pelo incapaz, é este chamado a assumir as consequências de seus atos atentatórios ao patrimônio alheio.

No entanto, desponta a atenuação da responsabilidade contemplada no parágrafo único do mesmo art. 928: "A indenização prevista neste artigo, que deverá ser equitativa, não terá lugar se privar do necessário o incapaz ou as pessoas que dele dependem."

A matéria já ficou analisada no item sobre limites da responsabilidade dos incapazes.

O dono ou proprietário do bem é chamado a suportar a responsabilidade por fato de terceiro. O fundamento, aqui, está na titularidade do bem que desencadeou, mesmo por ação de terceiro, o dano, exceto se configurado o caso fortuito ou força maior.

Leciona Alvino Lima que dois sujeitos passivos responsáveis se deparam perante a vítima, pelo ressarcimento do dano: "De um lado o agente, o autor do fato material ou da omissão lesivos do direito de outrem; de outro lado, os civilmente responsáveis pelas consequências do ato do autor material do dano, nos casos prefixados, limitativamente, em dispositivo legal. Esta responsabilidade assume aspectos diversos: 1º – O responsável civilmente responde pelos efeitos do ato do autor material do dano, havendo, sem dúvida, uma responsabilidade pelo fato material de outrem, mas, em virtude de culpa própria presumida *juris tantum*. Trata-se da responsabilidade dos genitores, tutores, mestres, curadores, diretores de colégios etc...; 2º – O civilmente responsável pelo fato de outrem, em face de uma presunção irrefragável de culpa, segundo a doutrina mais acolhida, mas criticada amplamente e substituída por outras... Trata-se da responsabilidade dos patrões, comitentes etc., pelos atos ilícitos dos seus prepostos, cometidos etc., desde que existam os requisitos legais daqueles atos ilícitos."[79]

O terceiro, autor da lesão, e o proprietário do bem, ou o empregador, ou o comitente, respondem solidariamente perante a vítima.

Há a responsabilidade imputada a alguém em face de fato de outrem, sem levar em conta a propriedade do bem em nome do causador direto, ou a responsabilidade que surge do acontecimento alheio, independente, na maioria das vezes, da culpa do civilmente responsável, mas sem prescindir da culpa do terceiro que levou, por sua conduta, uma outra pessoa a praticar um dano. Assim quando se dá um abalroamento de veículos porque o que colide subitamente teve de desviar de outro veículo que se interceptou à sua frente.

Decorre o acidente com dano de um fato de terceiro.

De modo geral, a circunstância de afigurar-se, no desencadeamento dos fatos, culpa de terceiro, não libera o autor direto do dano do dever jurídico de indenizar. Na sistemática do direito brasileiro, art. 930 do Código Civil, concede-se a ação regressiva, em

---

[79] *A Responsabilidade Civil pelo Fato de Outrem*, ob. cit., pp. 22-23.

favor do autor do prejuízo, contra o terceiro que criou a situação de perigo, para haver a importância despendida no ressarcimento ao dono da coisa. Eis a norma: "No caso do inciso II do art. 188, se o perigo ocorrer por culpa de terceiro, contra este terá o autor do dano ação regressiva para haver a importância que tiver ressarcido ao lesado."

Para bem entender a situação, mister transcrever o inc. II do art. 188: "Não constituem atos ilícitos: ... II – a deterioração ou destruição da coisa alheia, ou a lesão a pessoa, a fim de remover perigo iminente."

Quem põe um bem em atividade, o que é comum no caso de veículos, assume a responsabilidade pelos danos emergentes pelo seu uso.

Se falecer o causador do dano, posiciona-se como parte passiva na demanda a sucessão hereditária ou espólio, que suportará a obrigação exigida até as forças da herança. É proposta a demanda contra a universalidade da herança, que é citada através do inventariante. Na eventualidade de não aberto o inventário, propõe-se a ação contra os herdeiros, com a devida citação pessoal de todos eles.

XII

Os Bens dos Responsáveis e Garantias da Indenização

1. INCIDÊNCIA DA REPARAÇÃO NOS BENS DO RESPONSÁVEL

Sempre gerou grande preocupação a garantia da indenização. Um dos grandes problemas constitui o fato da realização da reparação. Para lograr êxito nesse intento, tem o espírito humano engendrado esforços, inclusive com a criação de teorias, como a da desconsideração da personalidade jurídica das empresas, ou do *disregard of legal entity*. Ante suspeitas fundadas de que o administrador da empresa jurídica, quando nela incide a obrigação, agiu de má-fé, com fraude a interesses de credores e com prova de abuso de direito, desconsidera-se, embora momentaneamente, a personalidade jurídica da empresa, permitindo-se a apropriação de bens particulares para atender as dívidas contraídas por uma das formas acima.

Há, também, instrumentos processuais colocados à disposição do credor, como a antecipação ou a cautelaridade dos efeitos da tutela provisória de urgência pretendida (arts. 294 e segs. do CPC), com o pedido antecedente ou incidente à ação, sendo materializada através de medidas de arresto, sequestro, busca e apreensão, arrolamento de bens, registro de protesto contra alienação de bem e qualquer outra medida idônea para asseguração do direito e garantir a indenização futura.

Mesmo assim, a série de direitos reconhecidos às pessoas de modo geral, especialmente a impenhorabilidade dos salários, dos instrumentos de trabalho, do imóvel residencial, da pequena propriedade rural (Lei nº 8.009, de 29.03.1990, art. 833 do CPC –, e art. 5º, inc. XXVI, da Constituição Federal), não raramente torna ineficaz a condenação do responsável. O cumprimento de sentença de condenação, de modo a conseguir a efetivação da reparação, constitui a verdadeira *via crucis* da vítima, que não raramente padece durante anos na busca da satisfação de seu direito, ficando submetida a toda sorte de percalços processuais e condutas temerárias engendradas pelos devedores, que se aproveitam do excesso de liberalismo de nosso sistema processual, da fragilidade e impotência do Poder Judiciário, e da ineficiência de sua estrutura organizacional.

A lei, embora um tanto timidamente, oferece alguns elementos para garantir a reparação. Assim o art. 942 do Código Civil assenta a garantia nos bens do devedor: "Os bens do responsável pela ofensa ou violação do direito de outrem ficam sujeitos à reparação do dano causado; e, se a ofensa tiver mais de um autor, todos responderão solidariamente pela reparação".

142 • Responsabilidade Civil | *Arnaldo Rizzardo*

Tratando da matéria, observava Carvalho Santos: "Os bens do responsável são a garantia da indenização devida à vítima. Muito tem preocupado aos mestres o problema da reparação, que não oferece maiores dificuldades quando tenha o responsável com que atender aos encargos derivados da responsabilidade civil, mas que encontra obstáculos insuperáveis quando o autor do dano não tenha com que satisfazer à indenização".[80]

Realmente, o grande problema está na inexistência de bens do obrigado, fator que importa em sensação de impunidade, e torna inútil a condenação em indenizar.

2. RESPONSABILIDADE DOS COAUTORES DO DANO

Nos termos da segunda parte do art. 942 da lei civil, causada a ofensa por mais de um autor, todos responderão solidariamente pela reparação. Havendo a coautoria, decorre a corresponsabilidade solidária, instituto que autoriza a vítima a acionar um, vários ou todos os causadores do evento danoso.

Elencou Carvalho Santos as condições para a pluralidade de responsáveis solidários: "É o resultado de pluralidade subjetiva ativa ato ilícito: a) quando seja de autoria de duas ou mais pessoas; b) quando provenha da combinação do ato de um com o ato de outro; c) quando seja um, com omissão de outros; d) quando seja um, mais outro o culpado, por não haver evitado as consequências É culpada, tanto a pessoa que colabora na consumação do delito de outrem, como a que não preserva a vítima das consequências do ato de terceiro".[81]

O que se deve depreender da regra é uma garantia mais ampla na consecução da reparação do dano havido, embora se saiba que o fundamento da solidariedade reside no inter-relacionamento das ações que levaram ao prejuízo.

Assim, mais pessoas tornam-se imputáveis na ocorrência lesiva, posto a contemporânea lesão ao direito por todas elas, danificando um mesmo bem, e também atingindo uma ou mais vítimas comuns.

O parágrafo único do citado dispositivo faz referência a situações concretas de solidariedade: "São solidariamente responsáveis com os autores os coautores e as pessoas designadas no art. 932".

Na verdade, há a repetição de uma parte do art. 942, na passagem que refere a existência de mais de um autor da ofensa, que nada mais equivale que a coautoria. Efetivamente, se existir mais de um autor, há coautoria. E, nesse âmbito, tanto se faculta ao lesado acionar um dos causadores do dano, como todos eles em conjunto.

Também enquadra o parágrafo único na posição de coautores as pessoas escaladas no art. 932, e que são as seguintes:

I – os pais, pelos filhos menores que estiverem sob sua autoridade e em sua companhia;

II – o tutor e o curador, pelos pupilos e curatelados, que se acharem nas mesmas condições;

III – o empregador ou comitente, por seus empregados, serviçais e prepostos, no exercício do trabalho que lhes competir, ou em razão dele;

IV – os donos de hotéis, hospedarias, casas ou estabelecimentos onde se albergue por dinheiro, mesmo para fins de educação, pelos seus hóspedes, moradores e educandos;

V – os que gratuitamente houverem participado nos produtos do crime, até a concorrente quantia.

---

[80] *Código Civil Brasileiro Interpretado*, 7ª ed., 1961, vol. XX, p. 202.
[81] *Código Civil Brasileiro Interpretado*, 7ª ed., 1961, vol. XX, p. 202.

Além, pois, dos causadores diretos (menores; pupilos e curatelados; empregados, serviçais e prepostos; hóspedes, moradores e educandos; os que praticaram os crimes) respondem as pessoas acima indicadas, sendo indireta a sua responsabilidade, decorrendo do dever que pesa sobre elas de vigilância, de cuidado, de acompanhamento, de controle. Normalmente, o fundamento de sua responsabilidade está na culpa *in vigilando*, *in negligendo* ou *in eligendo*. Todas as regras da solidariedade se aplicam, e assim quanto ao direito de reclamar junto àquele em cujo favor efetuou o pagamento o reembolso da quantia desembolsada, nos termos do art. 934, salvo se o fez em nome de descendente seu, absoluta ou relativamente incapaz.

De observar que as pessoas colocadas sob o controle ou o comando de outras não podem ficar indenes à reparação, arcando com seu patrimônio, desde que demonstrem condições.

3. GARANTIA ATRAVÉS DA CONSTITUIÇÃO DE CAPITAL

A matéria é de ordem processual.

Preceitua o art. 533 do CPC: "Quando a indenização por ato ilícito incluir prestação de alimentos, caberá ao executado, a requerimento do exequente, constituir capital cuja renda assegure o pagamento do valor mensal da pensão."

Nas indenizações por morte e incapacidade temporária ou permanente, uma das cominações impostas ao agente é o pagamento de pensão correspondente ao valor mensal que percebia a vítima.

Não basta a mera condenação. Importa sobremaneira o cumprimento da obrigação, com o que se preocupou o legislador, dando origem ao dispositivo citado, que rememora a tradição de nosso direito processual civil desde os primeiros códigos.

O termo "alimentos" vem ao longo do tempo empregado de forma genérica. Lembrava Alcides de Mendonça Lima: "Desde o Código de 1939 que o intuito do legislador – então como novidade no ordenamento processual – foi o de uniformizar o modo de liquidação de obrigações decorrentes de atos ilícitos, conforme o art. 1.537 ao art. 1.540 do CC, envolvendo prestação alimentícia, no sentido amplo, à própria vítima ou a seus dependentes legalmente."[82] O art. 1.537 referido corresponde ao art. 948 do vigente Código Civil, que não traz, de outro lado, um preceito equivalente ao art. 1.540 do diploma anterior.

A constituição de capital, pois, envolve qualquer pensão com o caráter de alimentos e não originada de um dever fundado em direito de família. Escreve, corroborando, Amílcar de Castro: "O art. 602, com a nova redação, que lhe foi dada pela Lei nº 5.925, de 01.10.1973, refere-se exclusivamente à prestação de alimentos incluída na indenização por ato ilícito (arts. 1.537, nº II, e 1.539 do CC). Não compreende os alimentos devidos a título de parentesco, ou com base no direito de família, nem os alimentos provisionais (art. 296 e segs. do CC, e art. 732 *et seq.* deste CPC)."[83] Esclareça-se que o art. 602 do CPC foi substituído pelo art. 475-Q no CPC/1973, o qual equivale ao art. 533 do CPC em vigor. O art. 732 do CPC/1973 não tem correspondência no CPC/2015. Os arts. 1.537, inc. II, e 1.539, do Código Civil anterior equivalem aos arts. 948, inc. II, e 950 do

---

[82] *Comentários ao CPC*, 1ª ed., Rio de Janeiro, Forense, 1974, vol. VI, tomo II, p. 560.
[83] *Comentários ao CPC*, São Paulo, Editora Revista dos Tribunais, 1974, vol. VII, p. 110.

Código Civil ora em vigor. Já os arts. 296 e segs. do CC/1916 não têm correspondência no atual diploma civil.

De outro lado, a prestação nasce do ato ilícito, mas não se afasta a garantia se decorre a obrigação da culpa contratual ou da responsabilidade objetiva. Não está circunscrita ao crime de homicídio e ao de lesões corporais graves ou leves, mas a todo ato lesivo, visando a garantia atender à reparação dos prejuízos causados por tais delitos e por outros eventos lesivos, tendo proeminência, no entanto, os cânones dos arts. 948 a 950. Seja doloso ou culposo o fato, ou decorra da responsabilidade objetiva, interessa a verificação do dano.

As prestações vincendas têm aplicação à espécie, ou seja, às que se vencerem no futuro, como orienta a jurisprudência: "A execução de pensão alimentícia vincenda, decorrente de ato ilícito, é procedida de acordo com o art. 602 do CPC."[84] O conteúdo do art. 602 referido está no art. 533 do vigente diploma processual civil.

Em um pronunciamento do STJ: "Nas ações indenizatórias, o objetivo de constituir-se um capital é o de dar à parte lesada a segurança de que não seja frustrada quanto ao efetivo recebimento das prestações futuras a que faz jus. Regra aplicável, pois, à relação entre devedor e credor da lide principal."[85]

A quantia devida até a sentença fica subordinada à execução comum, como no caso de qualquer outro valor certo, seguindo os passos da penhora, avaliação e arrematação. Compreende a quantia calculada entre a data da cessação da atividade pela prática do ato ilícito e o dia da sentença condenatória transitada em julgado. Abrange os acessórios, computando-se os juros, a correção monetária, as custas e os honorários. O capital a ser formado se relaciona às prestações futuras, num lapso de tempo correspondente à vida provável da vítima, se falecida, ou ao longo de seus dias, se restou incapacitada definitivamente.

Tem defendido o Superior Tribunal de Justiça que a constituição deve vir ordenada na sentença proferida em processo de conhecimento: "A condenação prevista no art. 602, *caput*, do CPC, deve constar da sentença proferida no processo de conhecimento, não podendo ser postulada na fase de liquidação ou no processo de execução."[86] Entrementes, não se encontra regra impondo esse momento. Desde que surjam motivos para exigir a garantia posteriormente, concede-se sua instituição. Se em dado momento as circunstâncias não ensejavam a providência, não havia porque buscá-la. Surgindo uma situação que enseja o colapso financeiro do obrigado, com prenúncios de insolvência, o direito que consolidou a obrigação permite que se estabeleça a garantia.

Pela Súmula 313 do STJ, passou a considerar-se obrigatória a constituição de capital: "Em ação de indenização, procedente o pedido, é necessária a constituição de capital ou caução fidejussória para a garantia de pagamento de pensão, independentemente da situação financeira do demandado."

Lembra-se que a mera inclusão do credor em folha de pagamento não basta, e nem sempre enseja garantia do cumprimento. Adverte o STJ: "Diante da realidade da economia dos nossos dias, não há razão suficiente para substituir a constituição do capital prevista no art. 602 do CPC pela inclusão em folha de pagamento".[87] Em outros pronunciamen-

---

[84] *RT* 496/58.
[85] Ag. nº 274.106 – AgRg-Edcl, da 3ª Turma, j. em 16.08.2001, *DJU* de 24.09.2001.
[86] REsp. nº 268.666/RJ, da 4ª Turma, j. em 05.10.2000, *DJU* de 20.11.2000.
[87] REsp. nº 302.304/RJ, da 2ª Seção, j. em 22.05.2002, *DJU*, de 22.05.2005, *in RSTJ*, 95/315.

Cap. XII | Os Bens dos Responsáveis e Garantias da Indenização • **145**

tos: "Ainda que se trate de empresa concessionária de serviço público, é indispensável que seja reconhecida a sua solvabilidade. Caso contrário, não se admite a substituição da constituição de capital, prevista no art. 602, CPC, pela inclusão da vítima em folha de pagamento."[88] "Em face da realidade econômica do país, que não mais permite supor a estabilidade, longevidade e saúde empresariais, de modo a permitir a dispensa de garantia, a Segunda Seção deste Tribunal, no julgamento do Recurso Especial nº 302.304/RJ pacificou posição, afirmando a impossibilidade da substituição da constituição de capital, prevista na lei processual civil, pela inclusão do beneficiário de pensão em folha de pagamento."[89] Recorda-se que o art. 602 acima citado foi substituído pelo 475-Q no CPC/1973, sendo que, no atual diploma processual, a regra vem prevista no art. 533.

Encontram-se decisões admitindo a dispensa da providência "quando se trate o devedor de pessoa jurídica de direito público ou pessoa jurídica de direito privado de reconhecida idoneidade".[90]

4. FORMAS DE CONSTITUIÇÃO DO CAPITAL

Prescreve o § 1º do art. 533 do CPC: "O capital a que se refere o caput, representado por imóveis ou por direitos reais sobre imóveis suscetíveis de alienação, títulos da dívida pública ou aplicações financeiras em banco oficial, será inalienável e impenhorável enquanto durar a obrigação do executado, além de constituir-se em patrimônio de afetação."

Explicava Alcides de Mendonça Lima, com base em dispositivo equivalente no regime do CPC/1973: "Capital constituído. Será a fonte da renda para ser atendido ao cumprimento da obrigação a que foi condenado o devedor. Os bens não se transmitem ao credor, mas continuam na propriedade do devedor. Apenas sofrem limitações na sua disponibilidade. O capital, aliás, se circunscreve, apenas, a produzir renda mensal equivalente aos alimentos devidos à vítima e, na sua falta, a seus dependentes."[91]

Especificam-se determinados bens para garantir a dívida. Não são transferidos ao credor. Permanecem na propriedade do devedor, mas sofrendo limitações no poder de disponibilidade. O objetivo da medida é a produção de uma renda mensal equivalente à pensão devida e tributada à vítima ou a seus dependentes. Devem garantir os estipêndios exigidos para a cura, a medicação, o tratamento médico e hospitalar, a moradia, o sustento, a educação (sendo menor o dependente) etc. Em última instância, leva-se em conta a necessidade de compensar o valor perdido e auferido antes pela vítima, o que há de estar calculado previamente.

A constituição de capital não se restringe à reserva de bens que redundem uma renda mensal correspondente aos ganhos do falecido. Possível que nenhum aproveitamento econômico consiga. Sobreleva considerar o valor patrimonial e econômico que expressam. Uma vez não honrando o responsável o compromisso da pensão mensal, a execução ou a transformação em dinheiro reverterá em uma soma equivalente ao total da pensão calculada. Mister observar que, não oferecendo rendimento mensal, deverão os bens apresentar uma

---

[88] REsp. nº 299.690/RJ, da 4ª Turma do STJ, j. em 13.03.2001, *DJU* de 07.05.2001.

[89] REsp. nº 416.846/SP, da 3ª Turma do STJ, j. em 05.11.2002, *DJU* de 07.04.2003.

[90] Apel. nº 1.027.934-6, da 3ª Câmara do 1º TA Cível de SP. *ADCOAS* 8212953, *Boletim de Jurisprudência ADCOAS*, p. 9, dez. 2002/jan. 2003.

[91] *Comentários ao CPC*, vol. VI, tomo II, p. 564.

estimativa econômica não inferior ao total da indenização devida e previamente arbitrada. Se produzirem frutos, interessa levar em conta o índice de rentabilidade mensal, que acompanhará o valor da pensão.

Fica o titular do direito protegido contra uma súbita e eventual insolvência do devedor, pois os bens que formam o capital tornam-se inalienáveis e impenhoráveis. Estas cláusulas perduram enquanto não solvida a obrigação. Ocorrendo o falecimento do acidentado, transmite-se o direito aos dependentes e herdeiros, na seguinte ordem: cônjuge, descendentes, ascendentes, irmãos, colaterais etc. Existindo uma dessas pessoas, na condição de dependente, a obrigação do devedor persistirá.

De muitas formas efetua-se a constituição. O § 1º do art. 533 do CPC, acima reproduzido, parece limitar a três modalidades: por meio de imóveis ou direitos reais sobre imóveis suscetíveis de alienação, títulos da dívida pública e aplicações financeiras em banco oficial.

A jurisprudência formada na época do CPC de 1973 já entendia como mais viável e seguro o depósito bancário e em caderneta de poupança de certa quantia, a render juros e correção monetária. O depósito, procedido em entidade creditícia de caráter oficial, bloqueadas as retiradas, salvo as pensões do credor, atende, em linha de princípio, os reclamos de solvência e garantia. Como, todavia, não é possível um cálculo exato sobre os lucros derivados do capital, pela constante variação da pensão, dos juros e da correção, de bom alvitre seja depositado um *quantum* capaz de ensejar razoável grau de segurança, e cujas retiradas não o consumam, de modo a suportar as naturais alterações salariais e a decadência incessante do valor de nossa moeda. Por isso, de se aproveitar o ensinamento colhido de um julgamento: "De outra parte, o depósito tem que ser resguardado contra a consumição do capital, o que aconteceria se as retiradas o diminuíssem, sem as capitalizações da correção, no todo ou em parte, e, também, sem temperamento, ficaria defasado, em termos de futuro próximo, face às variações salariais."[92] Se os pagamentos descapitalizam o depósito, o que é certo, o juiz deferirá o pedido de reforço.

A consecução da renda é alcançada, outrossim, pela constituição do capital em letras financeiras, em títulos de renda fixa ou variável da dívida pública, e mesmo em ações, numa quantidade tal de molde a assegurar o pagamento da pensão.

Outra forma de garantia é através de imóveis. Ocorre uma espécie de hipoteca legal, ou de direito real sobre coisa alheia. Aproveitam-se as rendas do bem, que satisfarão as prestações na medida em que vencerem. Dando ou não rendimentos, fica cerceada a disponibilidade da coisa, que se sujeita, por vínculo real, ao cumprimento da obrigação, dentro dos parâmetros do art. 1.419 do Código Civil. Os imóveis ou já trazem rendimentos, como nas hipóteses de locações e arrendamentos, quando mais facilmente se consegue a garantia, ou podem ser aproveitados em algum lucro que atenderá a obrigação.

Alguns defendiam a efetivação da penhora e o consequente praceamento, para transformar o bem em moeda que proporcionasse uma renda mensal equivalente à pensão. Isto ao tempo do diploma processual de 1973, com base nos §§ 1º e 2º do então art. 475-Q (atualmente no art. 533, § 2º, do CPC/2015). Parece coerente essa posição, que deve manter-se, e vinha defendida pela jurisprudência: "Assim, se o devedor não pleiteia a prestação da caução facultada pelo § 2º, no prazo legal, efetivar-se-á a penhora em bens daquele, necessários à constituição do capital mencionado no *caput* e no § 1º do citado

---

[92] *Julgados do Tribunal de Alçada do RGS* 19/218.

dispositivo da lei processual. Nada impede, porém, que antes da arrematação dos bens penhorados, a apelante, com fundamento no art. 668, requeira a substituição dos bens penhorados, por imóveis ou títulos da dívida pública, suficientes à produção de renda necessária ao pagamento da pensão mensal, durante o período determinado... O que não se torna possível é a suspensão do processo de execução, a fim de aguardar-se a tomada de uma dessas providências, por parte do executado."[93] O referido art. 668 corresponde ao art. 847 do CPC/2015.

Propugna-se a viabilidade da transformação de um bem em dinheiro que origine a renda.

No entanto, entende-se que se deva emprestar uma exegese elástica ao atual art. 533, que corresponde ao art. 475-Q do CPC/1973. A reserva do capital não visa propriamente a produção de uma renda. O objetivo é a garantia de satisfazer a dívida total no caso de inadimplência do devedor nas prestações mensais. Se estas, v. g., aumentam em face das correções salariais, naturalmente acompanhará uma valorização correspondente do capital. Se isto não ocorre, a solução vem descrita no § 3º do mencionado artigo. No julgamento nomeado, Apelação Cível nº 243.654, da 6ª Câmara Civil do Tribunal de Justiça de São Paulo, que ainda se mantém coerente, teve destaque o voto vencido do Desembargador Camargo Sampaio, que não apoia aquela solução, aconselhando que se clausulem os bens de impenhorabilidade e inalienabilidade, enquanto durar a obrigação do devedor. Exigir--se que o executado venha a depositar, em juízo, o capital que produza como renda a pensão fixada e atualizada, envolve certa dificuldade, em vista das alterações contínuas das prestações. Solvendo-se os alimentos mensalmente, não interessa se os bens dão ou não renda. Importante é se, executados, se transformem na soma devida à vítima ou a seus dependentes. Interpretação esta adotada em outras decisões, como se verifica na Apelação Cível nº 274.240, da 4ª Câmara Civil do Tribunal de Justiça citado.[94] O imóvel simplesmente permanecerá onerado, para o que se deve expedir mandado de registro ao ofício imobiliário competente, com a finalidade de evitar a menor probabilidade de venda por parte do devedor.

Ao credor assiste o direito de escolha nos meios que se oferecem para a garantia da obrigação. A sentença não definirá a espécie. Facultará a possibilidade de opção entre a constituição de capital ou a reserva de títulos da dívida pública, ou outra maneira de satisfazer a necessidade de segurança.

5. SUBSTITUIÇÃO DA CONSTITUIÇÃO DE CAPITAL POR OUTRAS GARANTIAS

Faculta o art. 533, § 2º, do CPC que "o juiz poderá substituir a constituição do capital pela inclusão do exequente em folha de pagamento de pessoa jurídica de notória capacidade econômica ou, a requerimento do executado, por fiança bancária ou garantia real, em valor a ser arbitrado de imediato pelo juiz."

Percebe-se que são oferecidas alternativas para a garantia do pagamento. A novidade está na possibilidade de substituição da constituição do capital pela inclusão do exequente em folha de pagamento, desde que revele idoneidade a empresa devedora. Também permite a fiança bancária ou garantia real, em valor que o juiz arbitrará.

---

[93] *RT* 496/58.
[94] *RT* 518/120.

Quanto à fiança bancária, não passa de uma caução. Já a garantia real importa hipoteca. Sempre foi da tradição de nosso direito o oferecimento de caução.

Caução, segundo as definições, quer expressar a cautela que se tem ou se toma, em virtude da qual certa pessoa oferece a outrem a garantia ou segurança para o cumprimento de alguma obrigação. Tem origem no termo latino *cautio,* traduzido ao vernáculo pelas palavras "precaução ou ação de acautelar". Indica garantia que possa ser dada pelo devedor ou exigida pelo credor, para fiel cumprimento da obrigação assumida em razão de contrato ou de algum ato que tenha sido praticado por uma pessoa.

Entre as várias espécies, destaca-se a caução fidejussória, aceita para garantir a obrigação do devedor e definida como "a fiança pessoal prestada por uma terceira pessoa, perante o credor, para garantia da dívida ou da obrigação do devedor, no caso em que ele não a pague, ou não a cumpra. E se diz fidejussória, de *fide* e *jubere,* porque justamente significa fiança prestada por outrem. É a caução por fiança de terceiro, que assume todo encargo de fiador e, nestas condições, se solidariza com o devedor pelo pagamento da dívida ou cumprimento da obrigação".[95] Ulderico Pires dos Santos, como o fazem outros autores de nomeada, ilustra: "Caução fidejussória é prestada por terceiros alheios à demanda. Consolida-se por meio de garantia pessoal; por isso, põe-se em paralelo com a fiança. Se o afiançado não satisfaz a obrigação, o prestador será constrangido a cumpri-la, uma vez que ao prestá-la se responsabiliza por certo ato, como por exemplo, pelo dano iminente, pelo dano eventual, *de oper demolidendo,* nos embargos de terceiros, na sucessão provisória etc. Destina-se, pois, a cobrir riscos eventuais que possam vir a correr."[96] O ensinamento é reforçado por Sérgio S. Fadel: "A caução fidejussória não pode ser prestada pela própria parte, porquanto, tratando-se de garantia pessoal, não teria sentido o litigante ser fiador de si mesmo; mas se a caução for real, nada impede que a preste o próprio interessado porque a garantia está *in re ipsa...*".[97]

Corresponde à fiança, ou à garantia pessoal. Necessita ser idônea e pode consistir em dinheiro ou em um termo de fiança. O terceiro assume uma posição paralela a de um fiador. Responsabiliza-se pelo risco do inadimplemento. Se vier a materializar-se em papéis de crédito da União ou do Estado; ou em títulos nominativos da dívida pública, pedras e metais preciosos, equipara-se ao penhor, o que também acontece em outros bens móveis. Se for prestada em dinheiro, significa depósito. Será feita em importância correspondente ao valor do bem ou do direito que se está reparando, ou no montante fixado pelo juiz.

Cumpre advertir, entretanto, que o *nomen juris* passa a ser caução real se cair sobre bens móveis ou imóveis, pois a fidejussória é equiparada à fiança, qualificando-se como simples garantia pessoal.

Explica Sérgio S. Fadel: "A caução é real quando garantida por uma coisa, *res.* Pode, assim, constituir-se por meio de penhor, hipoteca, anticrese ou mesmo depósito de dinheiro ou de títulos...", podendo ser "prestada pelo autor".[98] É bem claro Ulderico Pires dos Santos: "Ela é real quando prestada mediante hipoteca, depósito em dinheiro, papéis de crédito, títulos da União, dos Estados etc. Neste caso, a própria parte pode prestá-la, o mesmo fazendo um terceiro em seu prol."[99]

---

[95] De Plácido e Silva, *Vocabulário Jurídico,* 1ª ed., Rio de Janeiro, Forense, 1963, vol. I, p. 320.
[96] *Medidas Cautelares,* São Paulo, Saraiva, 1979, pp. 127-128.
[97] *Código de Processo Civil Comentado,* Rio de Janeiro, José Konfino, 1974, tomo IV, p. 251.
[98] *Código de Processo Civil Comentado,* tomo IV, ob. cit., p. 249.
[99] *Medidas Cautelares,* ob. cit., p. 128.

6. FIXAÇÃO DOS ALIMENTOS EM SALÁRIO-MÍNIMO E MODIFICAÇÃO NAS CONDIÇÕES ECONÔMICAS

O § 4º do art. art. 533 do CPC permite a fixação dos alimentos tomando por base o salário-mínimo: "A prestação alimentícia poderá ser fixada tomando por base o salário-mínimo."

Outrossim, consta do § 3º do mesmo artigo: "Se sobrevier modificação nas condições econômicas, poderá a parte requerer, conforme as circunstâncias, redução ou aumento da prestação."

O assunto deve ser corretamente entendido. Consoante observava Alcides de Mendonça Lima, lembrando que a disposição já vinha no Código de Processo Civil de 1973, a regra não expressa que "se o devedor pode pagar mais do que antes, cumpre-lhe fazê-lo"; ou, "se somente pode pagar menos, não deve ser onerado". E "se o credor não mais precisa de tanto, deverá receber menos, independentemente da situação do devedor, que será então aliviado".[100] Nem se cogita de uma permissão legal no sentido de se agravar a obrigação do devedor na proporção das necessidades do titular do crédito.

A situação econômica a ser levada em conta não é a do devedor ou do credor, mas a da rentabilidade do capital ou da caução. Não se compara o dispositivo à norma do art. 1.699 da lei civil, que se refere à mudança de fortuna de quem presta alimentos ou de quem os recebe. Irrelevante se a pessoa obrigada teve diminuído seu capital. Interessa, isto sim, a alteração da renda ou do valor do imóvel, ou de outro bem dado em garantia, a ponto de não mais oferecer segurança ao crédito da vítima ou do dependente. O capital, formado por imóveis ou títulos da dívida pública, ou ações, *v. g.*, pode dar ensejo a que não mais garanta a satisfação da dívida, em virtude de alteração de seu valor econômico. E é bem possível uma valorização desproporcional dos bens, ou uma elevação inesperada da renda, de modo a tornar excessivo o montante reservado. Em tais circunstâncias, é justo se proceda ao aumento ou à redução do encargo, ou do gravame que onera o bem.

Este o pensamento que já vinha de Pontes de Miranda: "O capital que consiste em bens imóveis pode dar ensejo a que a sua renda não mais dê para a satisfação das dívidas de alimentos. O Código a isso não se referiu, mas, mesmo assim, exigiu o cabal cumprimento, o que suscita, na interpretação do art. 602, § 3º, que se cogite das modificações no plano econômico, relativas aos alimentos (*e. g.*, cresceram os preços) e também das modificações no plano econômico que atinjam a renda do capital... Assim, pode o alimentando, ou quem o represente, pedir o aumento, ou o prestante pedir a redução (*e. g.*, o prédio que era alugado por X foi aproveitado para hotel, que paga X mais Y)."[101] O art. 602, § 3º, foi substituído pelo art. 475-Q, § 3º, do CPC/1973, e, no CPC/2015, o conteúdo se encontra no art. 533, § 3º.

O certo, todavia, é que a interpretação tendeu para viabilizar a revisão da indenização de caráter alimentar, desde que aumentarem as necessidades, ou se decrescerem as possibilidades do devedor.

O STJ reconhece a revisão se surgir, no decurso do tempo, aumento de necessidade da vítima, e desde que comporte a possibilidade econômica do obrigado. Também abre ensanchas para a revisão se ficar reduzida a possibilidade do devedor. A rigor, considerando

---

[100] *Comentários ao CPC*, vol. VI, tomo II, p. 568.
[101] *Comentários ao CPC,* Rio de Janeiro, Forense, 1976, tomo IX, p. 498.

que a indenização abrange alimentos, estende-se à indenização civil por ato ilícito os mesmos pressupostos, quanto à revisão, estabelecidos para os alimentos de natureza familiar.

Nesta dimensão a seguinte ementa:

"Direito civil e processual civil. Recurso especial. Ação de exoneração com pedido sucessivo de revisão de alimentos decorrentes de indenização por ato ilícito. Coisa julgada. Hipóteses autorizadoras da revisão.

A coisa julgada material se forma sobre a sentença de mérito, mesmo que contenha decisão sobre relações continuativas; todavia, modificadas as situações fáticas ou jurídicas sobre as quais se formou a anterior coisa julgada material, tem-se uma nova ação, fundada em novos fatos ou em novo direito.

Considerando que a indenização se mede pela extensão do dano (art. 944 do CC/02), ao julgador é dado fixar-lhe o valor, quando dele resultar lesão ou outra ofensa à saúde, com base nas despesas de tratamento e nos lucros cessantes até o fim da convalescença, além de algum outro prejuízo que o ofendido prove haver sofrido (art. 949 do CC/2002). E se da ofensa resultar incapacidade física, a indenização incluirá pensão correspondente à importância do trabalho para que a vítima se inabilitou, ou da depreciação que sofreu (art. 950 do CC/2002).

As duas únicas variações que abrem a possibilidade de alteração do valor da prestação de alimentos decorrentes de indenização por ato ilícito são: (i) o decréscimo das condições econômicas da vítima, dentre elas inserida a eventual defasagem da indenização fixada; (ii) a capacidade de pagamento do devedor: se houver acréscimo, possibilitará o pedido de revisão para mais, por parte da vítima, até atingir a integralidade do dano material futuro; se sofrer decréscimo, possibilitará pedido de revisão para menos, por parte do próprio devedor, em atenção a princípios outros, como a dignidade da pessoa humana e a própria faculdade então outorgada pelo art. 602, § 3º, do CPC (atual art. 475-Q, § 3º, do CPC).

Entendimento em sentido contrário puniria a vítima do ilícito por ter, mediante esforço sabidamente incomum, revertido situação desfavorável pelas limitações físicas sofridas, com as quais teve que aprender a conviver e, por meio de desafios diários, submeter-se a uma nova vida em que as superações das adversidades passam a ser encaradas sob uma perspectiva totalmente diversa da até então vivenciada. Enfrentar as dificuldades e delas extrair aprendizado é a nova tônica.

Ou ainda, premiar o causador do dano irreversível, pelos méritos alcançados pela vítima que, mediante sacrifícios e mudanças de hábitos, conseguiu alcançar êxito profissional com reflexos patrimoniais, seria, no mínimo, conduta ética e moralmente repreensível, o que invariavelmente faria aumentar o amplo espectro dos comportamentos reprováveis que seguem impunes.

Recurso especial não conhecido."[102]

O referido art. 475-Q, § 3º, corresponde ao art. 533, § 3º, do CPC/2015.

Merecem destaque os argumentos do voto da relatora, que aponta para precedentes: "A 3ª Turma do STJ, ao enfrentar o tema, definiu que 'embora não se confundam com os alimentos devidos em razão do Direito de Família, tendo caráter indenizatório, de ressarcimento, sujeitam-se a revisão, havendo modificação nas condições econômicas, consoante dispõe o artigo 602, § 3º, do CPC' (REsp. nº 22.549/SP, rel. Ministro Eduardo Ribeiro, *DJ* de 05.04.1993; em igual sentido e seguindo a orientação adotada, o REsp. nº 207.740/SP, rel. Ministro Carlos Alberto Menezes Direito, *DJ* de 16.02.2004).

Em ambos os julgados acima mencionados, a 'modificação nas condições econômicas' que autorizou a revisão do encargo derivou da circunstância de que o indexador adotado deixou

---

[102] REsp. nº 913.431/RJ, da 3ª Turma, j. em 27.11.2009, *DJU* de 26.11.2008, rel.ª Ministra Nancy Andrighi.

de refletir a realidade econômica, em razão da desvalorização da moeda. Desse modo, a situação fática que deu ensejo à possibilidade de revisão do pensionamento foi a defasagem da indenização fixada, ou seja, o fato de não mais cobrir as despesas dos credores, vítimas de atos ilícitos.

Sob essa ótica é que há de se pautar o presente julgamento, congregando-se a interpretação dos então vigentes arts. 602, § 3º, do CPC e 159 do CC/1916 (correspondência atual: arts. 475-Q, § 3º, do CPC, e 186 do CC/2002).

Considerando que a indenização se mede pela extensão do dano (art. 944 do CC/02), ao julgador é dado fixar-lhe o valor, quando dele resultar lesão ou outra ofensa à saúde, com base nas despesas de tratamento e nos lucros cessantes até o fim da convalescença, além de algum outro prejuízo que o ofendido prove haver sofrido (art. 949 do CC/2002). E se da ofensa resultar incapacidade física, a indenização incluirá pensão correspondente à importância do trabalho para que a vítima se inabilitou, ou da depreciação que sofreu (art. 950 do CC/2002). Ao tecer considerações acerca do dano patrimonial com efeitos que se reproduzem em relação ao futuro – lucros cessantes –, Alfredo Orgaz, citado por Arnaldo Rizzardo, retrata a questão da seguinte forma:

'El daño material, en suma, es simplesmente el que menoscaba el patrimônio como conjunto de valores económicos, y que, portanto, es suscetible de apreciacón pecuniaria...; en esta categoría se comprenden los perjuicios producidos en los valores patrimoniales ya existentes, como también, según dijimos, los que afectan las facultades o aptitudes de la persona, consideradas como fuentes de futuras ventajas económicas (vida, salud, integridad física, belleza corporal etc.); e, inclusive, los que resultan de la lesión del honor o de los sentimientos, en la medida en que ella repercuta sobre la capacidad de trabajo o sobre la atención de los negocios' (*A Reparação nos Acidentes de Trânsito*, 9ª ed., São Paulo, Editora Revista dos Tribunais, 2002, p. 31).

Sob tais premissas, inserida na esfera dos lucros cessantes, figura a pensão mensal decorrente de ato ilícito que produziu na vítima deficiência física a ensejar necessidades e cuidados especiais. (...)

Definidas as diretrizes para a fixação das sequelas do dano, passa-se à análise das hipóteses em que é conferida a possibilidade de revisão das prestações de alimentos decorrentes de indenização por ato ilícito.

A alteração das condições econômicas do beneficiário da pensão, que deixa de receber o quantitativo necessário para fazer frente às despesas com o tratamento de saúde exclusivamente surgido em decorrência da depreciação física sofrida, é fator de indiscutível abertura da via revisional do pensionamento, conforme atestam os precedentes desta Turma já mencionados. Note-se que a possibilidade de revisão do encargo é conferida ante a diminuição das condições econômicas daquele que sofreu redução em sua capacidade física, por ato ilícito contra ele perpetrado. Por outro lado, havendo modificação na capacidade de pagamento do causador do dano, o valor da pensão pode ser alterado, tanto para aumentar o valor fixado no sentido de alcançar a integralidade da reparação pelos lucros cessantes quanto para reduzi-lo, em hipótese de comprovada diminuição das condições econômicas do devedor, sem o que haverá prejuízo de seu próprio sustento.

Jamais, contudo, a tão só ascensão patrimonial da vítima do evento danoso poderá dar ensejo à diminuição ou até mesmo exoneração do encargo, porque a reparação do dano deve ser integral e independe, tanto inicialmente quanto no curso do pagamento da pensão, de quaisquer variações positivas no patrimônio do credor.

Na excepcional hipótese de o valor ser fixado aquém do necessário para a integral reparação do dano, persiste para o credor a possibilidade de a qualquer tempo buscar a plena reparação que lhe assegura o ordenamento jurídico, bastando para tanto a constatação de aumento na capacidade de pagamento do ofensor.

152 • Responsabilidade Civil | *Arnaldo Rizzardo*

Não vejo outra maneira possível de interpretação do art. 602, § 3º, do CPC, atual art. 475-Q, § 3º, do CPC, prioritariamente criado pelo legislador para beneficiar a vítima do ato ilícito, notadamente quando verificada a necessidade de majoração da verba indenizatória fixada. E mesmo diante desse raciocínio, a possibilidade de revisar a pensão alimentar decorrente de ato ilícito provocou um certo desvirtuamento do instituto da responsabilidade civil, porquanto, como já mencionado, a indenização é mensurada pela extensão do dano, o que inegavelmente se contrapõe à abertura da via revisional ante a modificação das condições econômicas.

Sobre o tema, J. Franklin Alves Felipe ponderou que 'não teria sentido que, na fixação, se desconsiderasse a situação patrimonial das partes e, depois, na revisão, tais circunstâncias fossem pesadas' (*Indenização nas Obrigações por Ato Ilícito*, 3ª ed., Del Rey, Belo Horizonte, 2000, p. 91).

Trata-se de celeuma cujos matizes ainda não foram totalmente esmiuçados, cabendo a esta Corte definir seus contornos. Seguindo a linha até aqui traçada, entendo que são duas únicas as variações que abrem a possibilidade de alteração do valor da prestação de alimentos decorrentes de indenização por ato ilícito:

i) o decréscimo das condições econômicas da vítima, dentre elas inserida a eventual defasagem da indenização fixada, conforme precedentes citados;

ii) a capacidade de pagamento do devedor: se houver acréscimo, possibilitará o pedido de revisão para mais, por parte da vítima, até atingir a integralidade do dano material futuro; se sofrer decréscimo, possibilitará pedido de revisão para menos, por parte do próprio devedor, em atenção a princípios outros, como a dignidade da pessoa humana e a própria faculdade outorgada pelo atual art. 475-Q, § 3º, do CPC.

Entendimento em sentido contrário, puniria a vítima do ilícito, por ter, mediante esforço sabidamente incomum, revertido situação desfavorável pelas limitações físicas sofridas, com as quais teve que aprender a conviver e, por meio de desafios diários, submeter-se a uma nova vida em que as superações das adversidades passam a ser encaradas sob uma perspectiva totalmente diversa da até então vivenciada. Enfrentar as dificuldades e delas extrair aprendizado é a nova tônica.

Ou ainda, premiar o causador do dano irreversível, pelos méritos alcançados pela vítima que, mediante sacrifícios e mudanças de hábitos, conseguiu alcançar êxito profissional com reflexos patrimoniais, seria, no mínimo, conduta ética e moralmente repreensível, o que invariavelmente faria aumentar o amplo espectro dos comportamentos reprováveis que seguem impunes."

O referido art. 602, § 3º, correspondia ao art. 475-Q, § 3º, do CPC/1973, e corresponde atualmente ao art. 533, § 3º, do CPC/2015.

Em precedente bem anterior, propugnava-se a mesma revisão, sempre observando a correspondência do art. 602, § 3º, revogado e substituído o conteúdo pelo art. 475-Q, ao art. 533, § 3º, do vigente estatuto processual civil:

"Indenização por ato ilícito. Possibilidade de revisão. Art. 602, § 3º, do Código de Processo Civil. Precedente da Corte.

Nos termos do art. 602, § 3º, do Código de Processo Civil e na linha de precedente da Corte é possível pedir a revisão de pensão decorrente de ato ilícito. Recurso especial conhecido e provido."[103]

O voto do relator, Ministro Carlos Alberto Menezes Direito, explicita a matéria:

"Tenho que o especial merece ser conhecido e provido tanto pela violação do art. 602, § 3º, do Código de Processo Civil quanto pelo dissídio. De fato, não existe nenhuma vedação a que

---

[103] REsp. nº 207.740/SP, da 3ª Turma, j. em 29.10.2003, DJU de 16.02.2004.

Cap. XII | Os Bens dos Responsáveis e Garantias da Indenização • **153**

seja ajuizada ação de revisão de indenização decorrente de ato ilícito, dependendo, é claro, dos pressupostos que autorizam a revisão. Embora tenha o acórdão recorrido feito menção de que a pensão levou em conta os efetivos ganhos da vítima na época do acidente, o certo é que decretou a carência de ação ao fundamento de ser incabível a revisão de pensão decorrente de ato ilícito."

Ainda, com a mesma visão:

"Ato ilícito. Indenização. Alimentos. Embora não se confundam com os alimentos devidos em razão do direito de família, tendo caráter indenizatório, de ressarcimento, sujeitam-se à revisão, havendo modificação nas condições econômicas, consoante dispõe o artigo 602, § 3º, do CPC. Hipótese em que o indexador utilizado teria levado a que prestações devidas sofressem sensível redução seu valor real."[104]

A exegese a que tendeu o art. art. 533, § 3º, do CPC conduz a oportunizar a revisão da pensão devida pela prática de ato ilícito sempre que não se mantiver a força aquisitiva da quantia estabelecida na indenização, ou se diminuírem as condições econômicas do obrigado. Não se reduz o valor, entrementes, se melhorarem as condições econômicas da pessoa contemplada com a indenização. Muito menos se cogita, na espécie, de redução da indenização por danos materiais diferentes do pensionamento. Nem cabe aumentar o valor da pensão, contrariamente a que permite interpretar o voto do relator da primeira decisão citada, se melhorar a condição econômica daquele que presta a obrigação, exceto se viabilizar a antecipação do cumprimento. Acontece que a quantificação do montante indenizatório fez parte da decisão que fixou a obrigação.

---

[104] REsp. nº 22.549/SP, da 3ª Turma, j. em 23.03.1993, DJU de 05.04.1993.

XIII

Transmissão Hereditária do Direito e da Obrigação de Reparação do Dano

1. AÇÃO INDENIZATÓRIA PROPOSTA POR HERDEIROS

Produzida a morte, ou outro evento prejudicial, determinadas pessoas estão legitimadas para, atuando *iure proprio,* obter o ressarcimento do dano que têm sofrido. Nem só a vítima tem direito à indenização, como igualmente seus herdeiros, se falecida aquela. O art. 943 da lei civil vem ao encontro desta afirmação: "O direito de exigir a reparação e a obrigação de prestá-la transmitem-se com a herança." Usando as palavras de Aguiar Dias, afirma-se que "a ação de indenização se transmite como qualquer outra ação ou direito aos sucessores da vítima".[105] Se o fato lesivo implica uma agressão à vítima, com repercussão negativa e consequências econômicas, por esta circunstância surge imediatamente, em prol do desfavorecido, o direito de reclamar a recomposição integral do prejuízo. E os herdeiros da vítima, à qual não pode ver reparado o mal sofrido, habilitam-se a receber o que era devido àquela, se já procurada a indenização. Um filho sucede ao pai, que foi paciente de um atropelamento, e lhe fora concedida a indenização. O filho, a mulher ou outros herdeiros farão jus à indenização que se atribuir à vítima.

De modo que, proposta a ação pela vítima, a indenização que lhe foi ou vier a ser reconhecida, passa para os herdeiros. Acontece que a exercício da ação já se operara. Não interessa que se dê o falecimento antes da sentença, ou de receber o montante pretendido e que se conceder.

Caso não promovida a lide, poderão intentá-la os herdeiros?

A resposta é afirmativa. No entanto, há de se ponderar a condição para os herdeiros estarem capacitados a pedir essa reparação, se o lesado direto não a postulou: a existência de prejuízo que tiveram ou vierem a suportar. Dentro da orientação clara de Serpa Lopes, "são incluídos entre os que, sucessores, podem pedir essa indenização, aqueles que recebiam da vítima um auxílio necessário à sua própria subsistência. Por isso, figuram, em primeiro lugar, os filhos menores, que ficam desprovidos em relação aos elementos financeiros indispensáveis à sua sobrevivência e educação. Por conseguinte, os descendentes só têm direito a esta indenização pelo período da menoridade e dentro dos limites prováveis de vida do *de cujus*. No tocante às filhas, a despeito de certa jurisprudência

---

[105] *Da Responsabilidade Civil*, vol. II, p. 854, nº 251.

em sentido contrário, igualmente entendemos limitados os seus direitos até o momento em que contraem núpcias ou se estabelecem de um modo independente. No mesmo caso estão os ascendentes quando viviam de alimentos prestados pelo *de cujus*".[106]

A lição do autor acima, pelas mesmas razões, aplica-se aos irmãos, se dependentes economicamente do falecido.

É também o que ensinam Ripert-Boulanger, revelando que os princípios acima têm significação universal: "Si bien los herederos no pueden acionar en nombre de su autor, los parientes tienen derecho a demandar, en su nombre personal, una reparación del perjuicio material que les ha sido causado con esa muerte. Este perjuicio resulta de la pérdida de la ayuda que el difunto acordaba o hubiese podido acordar a sus parientes (ver, para el derecho antiguo, Dubois, *Pretium doloris,* tesis, Lyon, 1935) o también de la pérdida de la ventaja material que debia beneficiar al difunto y que el heredero no puede obtener por derecho propio (sucesión de los abuelos del hijo natural: cass. crim., 18 de enero de 1956, JCP 1956, 9285, nota Carel). Sin embargo, los parientes no pueden accionar sino cuando la responsabilidad del autor del acto queda establecida en las mismas condiciones en que lo seria con respecto a la víctima... Ese derecho de accionar existe ciertamente para los parientes en línea directa que son acreedores de la obligación alimentaria. Pero debe ser admitido igualmente para aquellos que estaban de hecho a cargo de la víctima, por ejemplo, un hermano o una hermana que vivia de la ayuda de la víctima..., o aun un hijo natural no reconocido, pero ayudado materialmente."[107]

2. CONDIÇÃO PARA A TRANSMISSÃO DO DIREITO DE RECEBER A INDENIZAÇÃO

A questão não é simples.

O direito à indenização, isto é, de postular a indenização, e naquilo que redundou em prejuízo, dentro da linha de raciocínio acima, transmite-se unicamente se o herdeiro necessitava. Todavia, se a vítima percebia uma compensação mensal, e vier a falecer, sua mulher e outros herdeiros sucederão no que resta do montante da reparação, independentemente se dependentes daquela.

No caso de não concedida a reparação, e nem ajuizada a ação, o cônjuge e os filhos buscarão a indenização correspondente ou em proporção ao que era percebido pelo pai e repassado para eles. Vindo a falecer o pai ou a mãe, eles terão direito a ser pensionados, em representação dos ascendentes, mas no montante que lhes era destinado pelos responsáveis. Não na eventualidade de não precisarem de tal verba, e se já eram mantidos por outros meios.

O pensionamento limita-se ao montante da indenização concedida à vítima.

Como se observa, o fulcro determinante para a indenização é o prejuízo patrimonial. E este prejuízo continuará como elemento decisivo para efeito de transmissão hereditária.

Para resumir, aproveitamos as palavras de De Cupis: "Se el titular del derecho no ha alcanzado tal utilidad, ésta pueda ser conseguida por sus sucesores patrimoniales."[108] Mas desde que provem a condição da dependência.

---

[106] *Curso de Direito Civil*, vol. V, p. 376.
[107] *Tratado de Derecho Civil*, Buenos Aires, La Ley, 1965, tomo V (*Obligaciones,* segunda parte), p. 92, nº 995.
[108] *El Daño,* ob. cit., p. 668.

Também para o dano não patrimonial causado ao morto, pela dor padecida, deve admitir-se a legitimação hereditária se já procurada a reparação pela vítima, porquanto este direito se transmite aos herdeiros. Aceitando-se que a possibilidade jurídica de obter dinheiro da dor já existia no patrimônio do *de cujus,* constituindo um elemento do mesmo, não é justo que fique ela fora da sucessão. O ressarcimento diz respeito ao dano moral experimentado pelo morto, o qual passa aos parentes próximos supérstites. "Transmisión admitida ya que el derecho al resarcimiento del daño no patrimonial deriva de una agresión a la vida del *de cujus.* Tal hecho hace nacer inmediatamente en la víctima el derecho al resarcimiento del daño incluso del no patrimonial y al entrar en su patrimonio se transmite a sus herederos. De aqui que éstos puedan reclamar el resarcimiento del daño no patrimonial causado al muerto."[109]

Concluindo, aproveitamos as palavras de Carvalho Santos: "Em qualquer hipótese, como já tivemos oportunidade de esclarecer, a ação de indenização intentada pela própria vítima pode ser, no caso de falecimento desta, prosseguida pelos seus herdeiros."[110]

Há de se acrescentar a seguinte condição, também reconhecida pelo mesmo autor, para o caso de iniciarem os herdeiros a ação: desde que tenham sido diretamente lesados pelo resultado do acidente.[111]

3. AJUIZAMENTO PELOS CREDORES DO LESADO

Outra questão bastante delicada: os credores da vítima estão habilitados a intentar a ação? Parece fora de dúvida que a resposta é afirmativa se os atos ilícitos atingiram os bens do devedor, ou se redundaram em um *deficit* patrimonial. Não na eventualidade do crédito dos parentes se fundar em dano exclusivamente moral. Mas, o que não é possível pôr em dúvida, é o direito incontestável do titular do crédito de fazer penhorar a quantia que o devedor tiver recebido como indenização dos prejuízos sofridos, ou que seus dependentes receberem, mesmo que o valor seja pago por razões de ordem moral. Esta importância, entrando para o patrimônio do devedor, passa a formar, com os outros bens já em sua posse, a garantia comum dos credores.

O direito advém do art. 1.821: "É assegurado o direito de pedir o pagamento das dívidas reconhecidas, nos limites das forças da herança."

Os credores não se revestem de legitimidade para acionar por dano moral porque este é de natureza puramente pessoal. Se existe ou não dor moral é a vítima que poderá determinar, transmitindo-se aos herdeiros a ação se ela já houver manifestado a pretensão de ser indenizada.[112]

O assunto já havia sido examinado por Giorgí: "Pero la acción en resarcimiento puede ser ejercitada por los acreedores del ofendido en virtud del art. 1.234? En otra ocasión examinamos el asunto, y dijimos que por regla general puede ser ejercitada cuando el hecho delictivo haya tenido por objeto el patrimonio del deudor, no cuando el objeto haya sido su persona. Manifestamos, por otra parte, que sobre la materia se encuentran opiniones discordes entre los autores... Completando hoy el desarrollo de la cuestión, resta por decir

---

[109] De Cupis, *El Daño*, ob. cit., p. 668.
[110] *Código Civil Brasileiro Interpretado*, vol. XX, ob. cit., p. 318.
[111] Carvalho Santos, *idem*, vol. XX. p. 316.
[112] Carvalho Santos, *idem*, vol. XX, p. 316.

158 • Responsabilidade Civil | *Arnaldo Rizzardo*

que, si bien no faltan los que afirman esta última parte de la regla sin restricciones..., sin embargo, la doctrina más racional y admitida distingue los hechos delictivos contra la persona que prodúce daños materiales, de aquellos que únicamente producen daños morales, y adopta la negativa sólo con relación a éstos últimos."[113]

4. TRANSMISSÃO DAS OBRIGAÇÕES DO FALECIDO

Desde tempos antigos assentava-se como princípio fundamental que a herança responde pelo pagamento das dívidas do falecido; mas, feita a partilha, só respondem os herdeiros na proporção da parte que na herança lhes couber. Assim, Na hipótese de se encontrar obrigada uma pessoa a fornecer uma obra, ou uma prestação de serviço, e vindo ela a falecer, os herdeiros são obrigados ao atendimento, sob pena de converter-se em indenização o dever, até o montante suportável pelas forças da herança.

Vem a imposição do art. 1.997 do Código vigente: "A herança responde pelo pagamento das dívidas do falecido; mas, feita a partilha, só respondem os herdeiros, cada qual em proporção da parte que na herança lhe coube." Decorre o princípio, também, do art. 943, proclamando que a obrigação se transmite com a herança.

Realmente, há a responsabilidade do espólio até o limite do seu montante. Se partilhados os bens, a obrigação dos herdeiros não pode ultrapassar os respectivos quinhões, limite que ratificado pelo art. 1.792: "O herdeiro não responde por encargos superiores às forças da herança; incumbe-lhe, porém, a prova do excesso, salvo se houver inventário que a escuse, demonstrando o valor dos bens herdados."

Antes da partilha, a responsabilidade assenta-se na herança; uma vez efetuada ou definida a divisão entre os herdeiros, cada um deles responde individualmente, na proporção da quota que recebeu, ficando definido, então, o encargo que deverá satisfazer. A responsabilidade atém-se a um modo justo de arcar, não podendo ser *ultra vires hereditatis*.

O direito dos credores buscarem seus créditos está no art. 1.821: "É assegurado aos credores o direito de pedir o pagamento das dívidas reconhecidas, nos limites das forças da herança."

O Código de Processo Civil cuida, em uma seção específica – arts. 642 e segs. –, do pagamento das dívidas originadas de créditos, que se formaliza em um processo que será distribuído por dependência, ficando em apenso ao próprio inventário. Traça o procedimento para o reconhecimento e a satisfação dos créditos devidos pelo espólio.

Dentro de uma série de obrigações ou dívidas que podem ser exigidas, destacam-se as seguintes, todas aptas a desencadear o procedimento específico para a exigibilidade: as dívidas cobradas antes da partilha, vencidas e mesmo por vencerem; as tributárias ou relativas a impostos; as garantidas com hipoteca ou penhor, ou privilegiadas; aquelas que decorrem de indenizações por atos ilícitos, ou do incumprimento de um contrato; as resultantes do não adimplemento de uma obrigação de dar, fazer ou não fazer; as provenientes das despesas ou encargos do espólio ou do monte; as dívidas pessoais dos herdeiros.

Ressalte-se que existem obrigações de ordem estritamente pessoal, que não se transferem, como, por exemplo, um contrato de fazer uma obra de arte (pintura, escultura, um texto escrito). Planiol e Ripert observam, a respeito: "Sin embargo, existen ciertas

---

[113] *Teoría de las Obligaciones*, Madrid, publicação espanhola pela Reus, 1929, vol. 5º, p. 303, nº 190.

obligaciones del difunto que no se transmiten a sus herederos. Son las derivadas de los contratos de tracto sucesivo que obligan al deudor a realizar determinados actos durante más o menos tiempo. Eses contratos quedan resueltos por la muerte de cualquiera de las partes, siempre que hayan sido celebrados en consideración a la persona, por ejemplo: il arrendamiento de serviços, la sociedad, el mandato. Los herederos no quedan obligados a continuar la ejecución de esos contratos, pero los efectos ya cumplidos en la persona del difunto subsisten y los sucesores quedan sujetos a las obligaciones que resultaran para aquél, como, por ejemplo, en caso di ejecución incompleta o defectuosa."[114]

---

[114] *Tratado Práctico de Derecho Civil Francés*, tomo 4°, pp. 409 e 410.

XIV

Os Juros na Reparação

1. TERMO INICIAL DA INCIDÊNCIA E ESPÉCIES

Qual o termo inicial para a contagem dos juros, na indenização pelos atos ilícitos?

O art. 398 do Código Civil encerra: "Nas obrigações provenientes de ato ilícito, considera-se o devedor em mora desde que o praticou".

No Código anterior, previa-se a prática de delito, mas no significado de ato ilícito. Era a ideia que vinha de Von Thur, passando por Teixeira de Freitas, Clóvis, Orozimbo Nonato, e sufragada por autores mais atuais.

O princípio vem dos romanos, tanto que Coelho da Rocha, citado em uma decisão, nas suas *Instituições* (8ª ed., I, 1917) ensinava, baseado na doutrina jurídica de Roma, o seguinte: "O ladrão é reputado em mora desde o furto, L. 8, § 1º, e L. ... Na verdade, assim é de ser entendido, porque, devendo o causador do ato ilícito reparar de modo completo as perdas e danos que decorrem do seu comportamento injurídico, a reparação deixa de ser integral se os juros não forem contados a partir do fato que constitui a fonte da obrigação de indenizar, pois o desfalque do patrimônio daquele que sofreu o ato ilícito não é apenas da quantia representativa do prejuízo, mas, também, de tudo quanto ela deixou de render para o credor, inclusive o lucro cessante".[115]

Se o dano é verificável de logo, como resultado do ilícito, e se a quantia que lhe corresponde é de pronto liquidável, o crédito indenizatório vence automaticamente desde que se produz o dano. Ademais, se a despeito disso ficou inadimplente o devedor, juridicamente justificável é impor-lhe a obrigação de pagar os juros desde o tempo do ilícito, isto é, a partir do momento em que se tornou moroso. Portanto, se o autor do fato ilícito não paga, no dia do evento, a quantia reparadora, deve pagar, contados desse tempo, os juros de tal dívida, pois esta, bem ponderada sua natureza, nada mais é do que a prestação de um devedor inadimplente a partir do momento em que praticou o ilícito.

Essa é a orientação do Superior Tribunal de Justiça, sintetizada na Súmula nº 54, formada ao tempo do Código revogado, mantendo-se sob o atual Código, eis que, no ponto, se manteve o tratamento: "Os juros moratórios fluem a partir do evento danoso, em caso de responsabilidade extracontratual". Entendimento reiterado pela jurisprudência da Corte.[116]

---

[115] *RTJ* 85/149, RE nº 80.796.
[116] REsp. nº 89.785/RJ, da 4ª Turma, j. em 09.09.1996, *DJU* de 07.10.1996.

162 • Responsabilidade Civil | *Arnaldo Rizzardo*

Aos que praticarem ato ilícito, a Súmula 186 do STJ admite a exigibilidade de juros compostos: "Nas indenizações por ato ilícito, os juros compostos somente são devidos por aquele que praticou o crime".

De outro lado, quanto aos juros de mora em obrigações não provenientes de atos ilícitos, lemos no art. 405: "Contam-se os juros de mora desde a citação inicial".

São os juros previstos para o caso de mora, que se constituem como pena imposta ao devedor pelo atraso no adimplemento da prestação. Explica Carlos Alberto Bittar: "Aos juros moratórios ficam sujeitos os devedores inadimplentes, ou em mora, independentemente de alegação de prejuízo. Defluem, portanto, conforme a lei, pelo simples fato da inobservância do prazo para o adimplemento, ou, não havendo, da constituição do devedor em mora pela notificação, protesto, interpelação, ou pela citação em ação própria, esta quando ilíquida a obrigação".[117]

Na indenização por ato ilícito, não deixa de haver a mora desde que perpetrado o dano.

No entanto, a mora contemplada pelo art. 405 é a decorrente do não pagamento no devido tempo de obrigação contratada, no que assente o Superior Tribunal de Justiça.[118]

A mora corresponde, pois, ao não pagamento no tempo marcado. A obrigação deve executar-se oportunamente, salienta Caio Mário da Silva Pereira.[119] Realmente, interessa ao credor o recebimento no tempo combinado.

Insta observar que a mora alarga seu campo, envolvendo também a falta de cumprimento no lugar e na forma combinados, como assinala o art. 394.

São os juros que incidem também nas indenizações por responsabilidade objetiva: "Na linha da jurisprudência da Corte, os juros moratórios, em se tratando de responsabilidade objetiva, apenas começam a fluir a partir da data da citação inicial".[120]

Os juros de mora classificam-se em duas espécies: os legais e os convencionados.

A própria denominação leva a concluir que ou decorrem de lei ou da convenção das partes. Aqueles, na lição de Pontes de Miranda, se produzem em virtude de regra jurídica legal, em cujo suporte fático pode estar ato jurídico, porém não houve vontade de estipulá-los (juros moratórios; juros processuais, que são, no direito brasileiro, juros moratórios que não correm da mora, art. 1.064; os juros das indenizações por atos ilícitos, que o art. 962 reputa moratórios...)".[121] Os mencionados arts. 1.064 e 962 equivalem aos arts. 407 e 398 do diploma civil vigente.

Constam tais juros ordenados em lei, não podendo ultrapassar determinada taxa. Não se restringem a moratórios propriamente ditos, mas aparecendo também previstos em certas figuras constantes do Código Civil, como se verá adiante.

Os convencionais requerem a manifestação das vontades das partes. O normal é aparecerem em contrato, acompanhando sempre uma obrigação principal. Os contratantes celebram a obrigação principal e a acessória, ou seja, o empréstimo e as amortizações pelo pagamento, acompanhadas da taxa de juros. São os juros bancários, os juros nos investimentos, nos financiamentos, que extrapolam a taxa máxima constante na lei.

---

[117] *Curso de Direito Civil*, Rio de Janeiro, FU – Forense Universitária, 1994, vol. I, p. 419.
[118] REsp. nº 327382/RJ, da 4ª Turma, j. em 19.03.2002, *DJU* de 10.06.2002.
[119] *Instituições de Direito Civil*, 5ª ed., Rio de Janeiro, Editora Forense, 1978, vol. II, p. 266.
[120] AGREsp. nº 250.237/SP, da 4ª Turma do STJ, j. em 03.08.2000, *DJU* de 11.09.2000.
[121] *Tratado de Direito Privado*, ob. cit., vol. XXIV, p. 23.

Cumpre destacar uma distinção quanto aos juros compensatórios ou remuneratórios, que possuem a função básica de remunerar o capital mutuado, equiparando-se aos frutos. "Representam um valor que se paga para a aquisição temporal da titularidade do dinheiro. Constituem eles um preço devido pela disponibilidade do numerário, durante certo tempo", aprofunda Francisco Cláudio de Almeida Santos.[122] São aqueles pagos como compensação por ficar o credor privado da disposição de seu capital. "Integram o *quantum* da indenização, por isso que sua finalidade é o ressarcimento do proprietário pela perda do bem".[123] Incidem desde o momento da perda da posse ou do uso do bem. Na desapropriação, a contar da imissão na posse: "Os juros compensatórios são devidos desde a imissão provisória na posse, em nada interessando, para este fim, o fato de o imóvel expropriado estar, ou não, produzindo alguma renda". Interessa, para a incidência, segue o julgado, que "o dano resultante da privação, imposta ao proprietário, está *in re ipsa*... O imóvel, em mãos do dono, pode, a qualquer momento, ser usado, receber proposta para arrendamento ou venda, o que não ocorre achando-se ele fora do comércio".[124]

2.   A TAXA DE JUROS

No regime do Código de 1916, quanto aos juros não convencionados, ficavam em seis por cento ao ano, como se extraía de seu art. 1.062: "A taxa dos juros moratórios, quando não convencionada (art. 1.262), será de 6% (seis por cento) ao ano". Havia a referência, no art. 1.062, ao art. 1.262, que tratava dos juros convencionados compensatórios ou remuneratórios, estabelecendo: "É permitido, mas só por cláusula expressa, fixar juros ao empréstimo de dinheiro ou de outras coisas fungíveis.

Esses juros podem fixar-se abaixo ou acima da taxa legal (art. 1.062), com ou sem capitalização".

No vigente Código, há dois dispositivos disciplinando os juros. Em primeiro lugar, aparece o art. 591. Eis o texto: "Destinando-se o mútuo a fins econômicos, presumem-se devidos juros, os quais, sob pena de redução, não poderão exceder a taxa a que se refere o art. 406, permitida a capitalização anual".

Está-se diante dos juros remuneratórios ou compensatórios. Retira-se da regra que não poderão exceder a taxa a que se refere o art. 406.

Em segundo lugar, vem o art. 406, redigido para disciplinar os juros de mora, ou pelo atraso na solução das obrigações, e os juros devidos pela prática de atos ilícitos. É o seguinte seu teor: "Quando os juros moratórios não forem convencionados, ou o forem sem taxa estipulada, ou quando provierem de determinação da lei, serão fixados segundo a taxa que estiver em vigor para a mora do pagamento de impostos devidos à Fazenda Nacional".

Conforme se disse, a disciplina restringe-se aos juros remuneratórios (compensatórios), isto é, àqueles decorrentes do mútuo destinado a fins econômicos, e aos moratórios, ou devidos em face do atraso no adimplemento da obrigação, abrangendo os exigidos pela

---

[122]   *Os Juros Compensatórios no Mútuo Bancário*, em *Revista de Direito Bancário e do Mercado de Capitais*, São Paulo, Editora Revista dos Tribunais, ano I, nº 2, p. 70, maio-ago. 1998.

[123]   Reexame Necessário nº 22.832/2/BA, do TRF, 1ª Região, de 22.04.1997.

[124]   Apel. Cível nº 72.321/3, da 5ª Câmara Cível do TJ de Minas Gerais, de 20.03.1997, rel. Des. Bady Curi, em *Revista dos Tribunais*, 748/364.

prática de ato ilícito. Em relação aos primeiros, não podem exceder a taxa a que se refere o art. 406, que passa a valer para os juros não convencionados, ou, embora contratada a incidência, não vier estabelecida a taxa, ou quando a imposição decorrer de lei. Qual a taxa? Será a dos juros exigidos nos impostos devidos à Fazenda Nacional, assunto que virá abordado abaixo.

Essa taxa é a constante no art. 161, § 1º, do Código Tributário Nacional (Lei nº 5.172/1966): "Se a lei não dispuser de modo diverso, os juros de mora são calculados à taxa de 1% (um por cento) ao mês".

Muito se tem discutido sobre a taxa de juros exigida pela Fazenda Nacional, entendendo certa corrente que é a taxa SELIC, isto é, a taxa referencial do Sistema Especial de Liquidação e Custódia para títulos federais, por força do art. 84, inc. I, Lei nº 8.981, com a seguinte redação: "Os tributos e contribuições sociais arrecadados pela Secretaria da Receita Federal, cujos fatos geradores vierem a ocorrer a partir de 1º de janeiro de 1995, não pagos nos prazos previstos na legislação serão acrescidos de:

I – juros de mora, equivalentes à taxa média mensal de captação do Tesouro Nacional relativa à Dívida Mobiliária Federal Interna".

Ora, essa taxa média mensal paga na captação é a taxa SELIC, tendo sido aplicada aos tributos e contribuições pelo art. 13 da Lei nº 9.065, de 20.06.1995, e, também, com a aplicação expressa ao Imposto de Renda, nos termos do art. 16 da Lei nº 9.250, de 26.12.1995: "O valor da restituição do Imposto sobre a Renda da pessoa física, apurado em declaração de rendimentos, será acrescido de juros equivalentes à taxa referencial do Sistema Especial de Liquidação e de Custódias – SELIC para títulos federais, acumulada mensalmente, calculados a partir da data prevista para a entrega da declaração de rendimentos até o mês anterior ao da liberação da restituição e de 1% (um por cento) ao mês em que o recurso for calculado no banco à disposição do contribuinte".

A taxa SELIC é composta de juros remuneratórios e correção monetária. Representa a taxa média de remuneração dos títulos públicos registrados no Sistema Especial de Liquidação e Custódia – SELIC.

Vários os títulos públicos existentes para a captação, destacando-se as Notas do Tesouro Nacional (NTN), as Letras do Tesouro Nacional (LTN), os Bônus do Tesouro Nacional (BTN), as Letras do Banco Central (LBC) e as Notas do Banco Central (NBC). Lançam--se tais letras no mercado interno ou externo, visando a captação de recursos necessários para o desempenho das funções do Estado. A remuneração de cada fonte de captação é estabelecida de modo próprio.

Não se pode concluir que o Código Civil, ao formalizar os critérios acima para a taxa de juros, teve em conta a legislação especial que criou e implantou a taxa SELIC, porquanto o texto aprovado manteve-se desde o encaminhamento do projeto de lei original, de 1975. Tinha-se em conta, na época, o art. 161, § 1º, do Código Tributário Nacional, que continua em vigência.

Aduz Leônidas Cabral Albuquerque: "Tal parâmetro continua atual, pois ainda vigora o mesmo Código Tributário, mantendo-se inalterada a previsão de juros moratórios de 1% ao mês. A disposição legal diversa, que a norma prevê e de que se utiliza a Fazenda Nacional, é o retromencionado art. 84, *caput*, inciso I, da Lei nº 8.981, de 1995, que autoriza a utilização da taxa SELIC. Mas, conforme demonstrado acima, essa taxa só é útil e necessária para a Fazenda Nacional – para a promoção do equilíbrio entre arrecadação tributária e fiscal e as despesas orçamentárias –, o que não ocorre relativamente às obrigações comuns".[125]

Aliás, a legalidade ou constitucionalidade da taxa SELIC tem recebido duras críticas, porquanto a fixação do valor não resulta de dispositivo de lei, mas de simples ato administrativo, violando os princípios constitucionais da anterioridade, legalidade e indelegabilidade de competência. Observa Carlos Vaz Gomes Corrêa que, em mantendo-se a sua aplicação, teríamos "a absurda ilegalidade de normas administrativas revogando taxas estabelecidas no CTN, afrontando o art. 5º, II, da Constituição Federal. Tal entendimento contamina, em tese, também, as normas dos arts. 406 e 591 do novo Código Civil".

Em seguida, lembra a posição do STJ sobre o assunto: "O STJ expressou seu entendimento no sentido de que, para fins tributários, a taxa SELIC é a um tempo inconstitucional e ilegal. Mesmo inexistindo pronunciamento da Corte Especial que no REsp. nº 215.881/PR não conheceu da arguição de inconstitucionalidade o STJ entende que a utilização da taxa SELIC como remuneração de título é perfeitamente legal, mas quando se transplanta idêntico critério para o terreno tributário, sem estipulação em lei, estaria sendo criada a figura anômala de 'tributo rentável'. No REsp. nº 291.257/SC, o voto vencedor da 2ª Turma declara que:

'Determinando a lei, sem mais esta ou aquela, a aplicação da taxa SELIC em tributo, sem precisa determinação da sua exteriorização quântica, escusado obtemperar que moralmente feridos de frente se quedam os princípios tributários da legalidade, da anterioridade e da segurança jurídica. Fixada a taxa da SELIC por ato unilateral da Administração, além desses princípios fica também vergastado o princípio da indelegabilidade de competência tributária'".[126]

Os juros podem trazer um encargo insuportável, se prevalecer o critério da sua correspondência à taxa SELIC. Com efeito, se fixada esta última cumulativamente em, *v. g.*, 25% ao ano, e previstos os juros moratórios e compensatórios, sujeitará o devedor a um acréscimo, só neste fator, em 50% ao ano. Adotando-se a diretriz do art. 161, § 1º, do Código Tributário Nacional, o máximo que atingirão as duas taxas é 24% ao ano de aumento, o que importa em certa razoabilidade, viabilizando o cumprimento.

Situação bastante complexa, a que não se chegou, ainda, a um consenso, está no limite permitido se convencionada a taxa. Para bem se conscientizar da questão, torna-se a lembrar o texto do art. 406: "Quando os juros não forem convencionados, ou o forem sem taxa estipulada, ou quando provierem de determinação da lei, serão fixados segundo a taxa que estiver em vigor para a mora do pagamento de imposto devidos à Fazenda Nacional". Depreende-se que o limite colocado restringe-se à hipótese de falta de convenção, ou de omissão em se determinar a taxa, ou na proveniência de lei. Não alcança os casos de convenção dos juros, ou da taxa, ou se não provenientes de lei.

Nesses casos, há total liberdade em se estabelecer a taxa? Ou não se pode falar em sua limitação?

O assunto merece um exame cuidadoso. Não é admissível que matéria tão importante na economia nacional e na vida negocial das pessoas não tenha um paradigma, ou um

---

[125] Considerações sobre os juros legais no novo Código Civil, publicação no boletim *Síntese Jornal*, Porto Alegre, nº 77, p. 9, julho 2003.

[126] A questão dos juros após a edição do novo Código Civil Brasileiro, publicação no *Boletim ADCOAS*, nº 5, p. 161, maio 2003.

parâmetro, ou uma disciplina. A omissão conduziria a abusos incontroláveis, e à exploração contra aqueles que se socorrem do mútuo pelos que detêm o poder econômico.

Tem-se defendido que o Decreto-lei nº 22.626, de 07.04.1933 perdeu a vigência com o atual Código Civil. Todavia, é mister fazer a distinção. Alguns de seus dispositivos realmente não mais perduram, porquanto a matéria passou a ser tratada pelo Código Civil. Aquelas regras não atingidas, porém, pelo referido Código permanecem. Nessa exceção está o art. 1º, que preceitua: "É vedado, e será punido nos termos desta Lei, estipular em quaisquer contratos taxas de juros superiores ao dobro da taxa legal".

Há no art. 406 o regramento restritamente à taxa na falta de convenção, ou de taxa na convenção, ou na proveniência de lei. Se manifestada a convenção, ou colocada a taxa, ou se não se originam de lei, revelou-se omisso o Código. Nenhuma norma aportou disciplinando a taxação. Daí manter-se vigente o Decreto nº 22.626, impondo a aplicação de seu art. 1º, porquanto insustentável defender a permissão em adotarem-se taxas livres, mesmo que resultem em vantagem extremamente desproporcional.

3. JUROS COMPOSTOS

Juro composto é o juro somado ao capital anualmente, sobre o qual será calculado novo juro. Em outros termos, é a capitalização do juro. "Ao cabo de cada ano, os juros, capitalizando-se, integram o capital, sobre o qual serão computados novos juros", vem explicado na *Enciclopédia Saraiva de Direito*.[127] O cálculo é dado através da seguinte fórmula: $j = c(1 + r)n - c$, em que 'j' é o juro; 'c', o capital; 'r', significa a taxa de juro, no caso sempre fixada em 6% ao ano; e 'n' equivale ao número de períodos de tempo.

A norma que introduziu os juros compostos no direito material civil estava no art. 1.544 do Código de 1916. O art. 4º do Decreto 22.626, de 1933, igualmente autorizava e autoriza a capitalização, desde que anual: "É proibido contar juros dos juros; esta proibição não compreende a acumulação de juros vencidos aos saldos líquidos em conta corrente de ano a ano".

O Código Civil em vigor, no art. 591, cuja transcrição se fez acima, autoriza a capitalização anual em qualquer espécie de juros.

Dentro do ordenado pelo sistema vigente, que abrange a regra do art. 4º do Decreto nº 22.626, é incabível a incidência da capitalização de juros sobre juros em períodos diferentes. A prática constituiria o que se convencionou chamar de anatocismo.

Qual o significado de anatocismo? O português Mário Júlio de Almeida Costa explica o sentido do termo: "Designa-se pelo termo técnico 'anatocismo' o fenômeno da capitalização dos juros, ou de juros de juros. Refere-se ao tema o art. 560º, que estabelece a seguinte disciplina: 'O anatocismo é proibido em relação aos juros devidos por um período inferior a um ano'. Quanto aos outros, permite a lei que possa haver juros de juros, a partir da notificação judicial feita ao devedor para capitalizar os juros vencidos ou proceder ao seu pagamento...".[128] Em outras palavras, é o juro cobrado sobre juros vencidos não pagos, em períodos inferiores a um ano, e que são tidos por incorporados ao capital desde o dia do vencimento.

---

[127] V. 47, 1977, São Paulo, verbete 'Juros'.
[128] *Direito das Obrigações,* 3ª ed., Coimbra, Livraria Almedina, 1979, pp. 510 e 511.

A diferença relativamente ao art. 591 é que, nos casos regulados por este, a capitalização aplica-se ao valor devido pelo responsável, incorporando-se ao capital de ano a ano, seja título de reparação ou de empréstimo de dinheiro.

Há exceções relativamente a períodos menores de um ano em leis especiais. Assim o Decreto-lei nº 167, de 1967, no art. 5º, que disciplina o crédito rural: "As importâncias fornecidas pelo financiador vencerão juros às taxas que o Conselho Monetário Nacional fixar e serão exigíveis em 30 de junho e 31 de dezembro, ou no vencimento das prestações, se assim acordado entre as partes; no vencimento do título e na liquidação, ou por outra forma que vier a ser determinada por aquele Conselho, podendo o financiador, nas datas previstas, capitalizar tais encargos na conta vinculada à operação". Em idêntica redação o art. 5º do Decreto-lei nº 413, de 1969, versando sobre o crédito industrial. Igualmente as Leis nºs 6.313, de 1975, e 6.840, de 1980, tratando do crédito à exportação e do comercial, mandando aplicar o Decreto-lei nº 413/1969. As previsões beneficiam as instituições financeiras, nelas incluídas as cooperativas, que atuam em operações regradas por aqueles diplomas, conforme decidido.

A capitalização permitida, nestes casos específicos, é semestral, malgrado a Súmula nº 93 do STJ, vazada nestes termos: "A legislação sobre cédulas de crédito rural, comercial e industrial admite o pacto de capitalização de juros". A origem parte de inúmeros julgados que admitiu a capitalização mensal, desde que pactuada, como o seguinte, dentre os mais antigos do STJ: "Capitalização mensal de juros. Possibilidade, no caso de financiamento rural (Decreto-lei nº 167/67, art. 5º). Precedentes do STJ, entre outros o REsp. nº 11.843. Recurso Especial conhecido e provido".[129]

Por constar no art. 5º do Decreto-lei nº 167/1967, dentre as alternativas previstas, 'ou por outra forma que vier a ser determinada por aquele Conselho', é que decorreu a inteligência que culminou na capitalização mensal. Entrementes, se prepondera tal inteligência, é de se exigir sempre a expressa autorização do Conselho Monetário Nacional, como consta literalmente no dispositivo. Mas não encontra fulcro na redação do preceito. Primeiramente, ressaltam-se as datas semestrais; em seguida, possibilita-se a escolha de outras datas, como no vencimento das prestações, ou quando da liquidação, e pela forma em que convierem as partes. Pensa-se que a liberdade é admitida dentro do núcleo da regra, isto é, obedecendo a semestralidade. Se houvesse liberdade de escolha, por evidente que a pessoa obrigada elegeria o prazo mais dilatado, eis que não iria preferir períodos breves, em seu próprio prejuízo. A inserção de períodos mensais ou inferiores a seis meses representa um constrangimento ou imposição. Nem colocaria o legislador aquelas datas já marcadas se, depois, desse total liberdade para a imposição de períodos diferentes ou inferiores. Não haveria razão que justificasse uma disposição ambivalente.

Dentre os raros casos de capitalização permitidos por lei, cita-se também a dívida decorrente de financiamento imobiliário regido pela Lei nº 9.514, de 20.11.1997, distinto do antigo Sistema Financeiro da Habitação. O art. 5º, inciso III, da apontada lei, autoriza a capitalização dos juros da dívida contraída para a aquisição de imóvel.

No mais, em não existindo previsão legal, não é permitida a capitalização, tendo, ainda, plena aplicação a antiga Súmula nº 121 do STF: "É vedada a capitalização de juros, ainda que expressamente convencionada". O Superior Tribunal de Justiça tem reiterado a proibição, sempre quando não há lei que a possibilite: "Somente nas hipóteses em que

---

[129] REsp. nº 23.844-8/RS, de 01.09.1992, da 3ª Turma, rel. Min. Nilson Naves.

168 • Responsabilidade Civil | *Arnaldo Rizzardo*

expressamente autorizada por lei específica, a capitalização de juros se mostra admissível. Nos demais casos é vedada, mesmo quando pactuada, não tendo sido revogado pela Lei nº 4.595/64 o art. 4º do Decreto nº 22.626/33. O anatocismo, repudiado pelo verbete nº 121 da Súmula do Supremo Tribunal Federal, não guarda relação com o enunciado nº 596 da mesma Súmula".[130] Ainda: "Somente se admite a capitalização dos juros havendo norma legal que excepcione a regra proibitória estabelecida no art. 4º do Dec. nº 22.626/33 (Lei de Usura)".[131]

No entanto, tratando-se de dívida contraída perante as instituições bancárias, há a Medida Provisória nº 2.170-36, de 23.08.2001, cujo art. 5º passou a autorizar a capitalização, nos seguintes termos: "Nas operações realizadas pelas instituições integrantes do Sistema Financeiro Nacional, é admissível a capitalização de juros com periodicidade inferior a um ano". Surgiu, daí, a Súmula nº 539/STJ: "É permitida a capitalização de juros com periodicidade inferior à anual em contratos celebrados com instituições integrantes do Sistema Financeiro Nacional a partir de 31/3/2000 (MP n. 1.963-17/2000, reeditada como MP n. 2.170-36/2001), desde que expressamente pactuada."

Finalmente, empregada a denominação 'juros compostos' quando não se calcular diariamente a cumulação de juros sobre juros, reservando-se o termo 'capitalização' se for diária.

---

[130] REsp. nº 122.777, de 27.05.1997, 4ª Turma, rel. Min. Sálvio de Figueiredo. Dentre outros casos, lembram-se, ainda, o REsp. nº 3.894, de 28.08.1990, rel. Min. Nilson Naves; e REsp. nº 46.515, de 13.06.1996, rel. Min. Eduardo Ribeiro.

[131] *DJU*, 125, p. 24.052, de 01.07.1996, e, mesmo sentido, *DJU*, 74, p. 13.954, de 18.04.1997, em *Revista dos Tribunais*, 749/291.

PARTE 3

RESPONSABILIDADE CIVIL E DANO

XV
Responsabilidade e Reparação por Dano Moral

1. DANO PATRIMONIAL E DANO MORAL

O dano moral, até alguns anos atrás, constituía assunto de grande controvérsia. Presentemente, não há mais novidade nesse campo do direito, aliás um dos mais explorados. A própria Constituição Federal prevê a reparação, quando atingida a honra, no art. 5º, inciso V: "É assegurado o direito de resposta, proporcional ao agravo, além da indenização por dano material, moral ou à imagem." Também no inciso X do mesmo artigo, com relevo para a imagem e a honra das pessoas, é contemplada a proteção. Em verdade, mesmo anteriormente à atual Constituição dominava o princípio de que o ressarcimento deveria ser o mais amplo possível, abrangendo todo e qualquer prejuízo. O Código Civil de 2002 colocou de forma explícita a reparação por dano moral, juntamente com a reparação por dano patrimonial: "Aquele que, por ação ou omissão voluntária, negligência ou imprudência, violar direito e causar dano a outrem, ainda que exclusivamente moral, comete ato ilícito."

Arnaldo Marmitt, com sua clareza peculiar, trazia a seguinte explicação de dano moral: "No dano moral, o ressarcimento identifica-se com a compensação. É uma reparação compensatória. O patrimônio moral é formado de bens ideais ou inatos, ou direitos naturais, muito embora sua reparação tenha a característica de reparação comum. Em várias passagens nossa lei reconhece o ressarcimento do dano moral. Tal sucede com os arts. 76, 1.537, 1.538, 1.543, 1.548, 1.549, 1.550, e com o próprio art. 159, que não distingue entre dano moral e dano patrimonial. Figurada que está em lei, a reparação torna-se imperativa. Nem a extinção da punibilidade do ofensor apaga essa viabilidade reparatória na esfera cível."[1] Esclareça-se que os citados arts. 76, 1.548 e 1.549 não encontram regras equivalentes no Código Civil em vigor, enquanto os arts. 1.537, 1.538, 1.543 e 1.550 correspondem respectivamente aos arts. 948, 949, parágrafo único do art. 952, e 954 do diploma civil atual.

Além do prejuízo patrimonial ou econômico, há o sofrimento psíquico ou moral, isto é, as dores, os sentimentos, a tristeza, a frustração etc. Em definição de Gabba, lembrada por Agostinho Alvim, dano moral ou não patrimonial é o dano causado injustamente a outrem, que não atinja ou diminua o seu patrimônio.[2] Constitui-se no que pode se denominar de "a lesão da honra, da estima, dos vínculos de afetos legítimos, de todo direito

---

[1] *Perdas e Danos*, 2ª ed., Rio de Janeiro, Editora Aide, 1992, p. 131.
[2] *Da Inexecução das Obrigações e suas Consequências*, 5ª ed., 1980, São Paulo, Saraiva, p. 219.

que pertença ao estatuto jurídico da personalidade" (tradução livre).[3] Já para Wilson Melo da Silva, "os danos morais dizem respeito ao foro íntimo do lesado. Seu patrimônio ideal é marcadamente individual, e seu campo de incidência o mundo interior de cada um de nós" (tradução nossa).[4]

Revela a expressão um caráter negativo, que é não ser patrimonial. Eis o sentido que lhe dá Yussef Said Cahali, em seu judicioso trabalho sobre a matéria: "A caracterização do dano extrapatrimonial tem sido deduzida na doutrina sob a forma negativa, na sua contraposição ao dano patrimonial; assim, 'danno non patrimoniale, conformemente alla sua negativa espressione letterale, è ogni danno privato che non rientra nel danno patrimoniale, avendo per oggetto un interesse non patrimoniale, vale a dire relativo a bene non patrimoniale' (Chironi, De Cupis, nº 10, p. 51); ou como anota Aguiar Dias, 'quando ao dano não correspondem as características de dano patrimonial, dizemos que estamos em presença do dano moral'".[5]

Para Pontes de Miranda, o dano patrimonial é aquele que alcança o patrimônio do ofendido; moral, é o dano que só atinge o ofendido como ser humano, sem repercussão no patrimônio."[6] Esclarecedora também a distinção de Afrânio Lyra: "Sendo o dano material o prejuízo decorrente da depreciação ou perda de bens materiais ou da integridade física da pessoa atingida, segue-se que o dano moral consiste no prejuízo infligido aos sentimentos, à reputação, à honra, à integridade moral, em resumo, do indivíduo."[7]

Em suma, o dano moral é aquele que atinge valores eminentemente espirituais ou morais, como a honra, a paz, a liberdade física, a tranquilidade de espírito, a reputação etc. É o puro dano moral, sem qualquer repercussão no patrimônio, atingindo aqueles valores que têm um valor precípuo na vida, e que são a paz, a tranquilidade de espírito, a liberdade individual, a integridade física, a honra e os demais sagrados afetos.[8] Cumpre notar, no entanto, que não alcança, no dizer do Superior Tribunal de Justiça, "os simples aborrecimentos triviais aos quais o cidadão encontra-se sujeito", que "devem ser considerados como os que não ultrapassem o limite do razoável, tais como: a longa espera em filas para atendimento, a falta de estacionamentos públicos suficientes, engarrafamentos etc.".[9]

Pode o dano moral decorrer tanto de situações tratadas pela responsabilidade subjetiva como pela responsabilidade objetiva, embora a previsão, pelo Código Civil, se limite à primeira, posto que contemplada apenas no seu art. 186. Acontece que o mesmo Código adotou o sistema dual de responsabilidade civil, contendo cláusulas gerais de responsabilidade subjetiva e objetiva, e sendo várias as previsões de indenização por fatos ocorridos independentemente da culpa. Nesta dimensão, de notar que a norma do *caput* do art. 927, ao prever a obrigação de reparar o dano, ainda que exclusivamente moral, causado por ato ilícito, não exclui a indenização se advier o dano de ato não ilícito. Importa ter em conta que a lesão causadora de dano desencadeia o direito à proteção do bem tutelado no interesse da pessoa humana, ultrapassando a esfera da existência ou não de culpa na sua provocação.

---

[3] G. P. Chironi, *La Colpa nel Diritto Civile Odierno*, nº 411, p. 320. No original: "la lesion dell'onore, dell'estimazione, dei vincoli di legittimi affetti, di ogni diritto che allo stato giuridico della personalità s'appartenga".

[4] *O Dano Moral e sua Reparação*, 3ª ed., 1999, p. 649.

[5] *Dano e Indenização*, São Paulo, Editora Revista dos Tribunais, 1980, p. 6.

[6] *Tratado de Direito Privado*, vol. XXVI, ob. cit., § 3.108, p. 30.

[7] *Responsabilidade Civil*, ob. cit., pp. 103 e 104.

[8] Yussef Said Cahali, *Dano e Indenização*, ob. cit., p. 7.

[9] REsp. nº 608.918/RS, da 1ª Turma, j. em 20.05.2004.

2. REFLEXOS DO DANO MORAL NO DANO PATRIMONIAL E INDENIZAÇÃO POR DANO MORAL PURO

Dano moral, ou não patrimonial, ou ainda extrapatrimonial, reclama dois elementos, em síntese, para configurar-se: o dano e a não diminuição do patrimônio. Apresenta-se como aquele mal ou dano que atinge valores eminentemente espirituais ou morais, como a honra, a paz, a liberdade física, a tranquilidade de espírito, a reputação, a beleza etc.

Mas, é difícil indenizar o dano puramente moral. Observava Agostinho Alvim, um dos mais antigos defensores na análise do assunto, que existia uma corrente na doutrina e na jurisprudência que apregoava a indenização do dano moral puro, ao passo que outra, bastante realista, ponderava a grande dificuldade para chegar-se ao montante a pagar: "As dificuldades que os juízes encontram para decidir sem uma fórmula e a repugnância louvável de lançar mão do arbítrio constituem a causa principal dessa relutância dos tribunais."[10] Exemplificando, como chegar ao valor da reparação requerida pelo cônjuge enganado, e que perde o companheiro para a concubina? A medida da indenização é puramente aleatória. Apresenta-se difícil encontrar algum critério seguro para estabelecer o montante justo e coerente. Não é possível fundar-se, *v. g.*, na intensidade ou qualidade da dor.

Uma coisa, no entanto, é certa: os sistemas jurídicos nunca vedam a reparação por tal dano, mesmo que especificamente relacionado aos contratos, e venha acompanhado de prejuízos materiais. Os prejuízos são indenizáveis porque têm repercussão patrimonial. Os franceses Planiol e Ripert, argumentando a favor da indenização, já reconheciam a dificuldade e admitiam a controvérsia em torno do assunto: "En materia de contratos, en cambio, la cuestión es mucho más discutida. Frecuentemente se considera que el contrato sólo afecta los intereses de carácter pecuniario; su objeto, en ese sentido, no podría consistir en un simple interés moral. Por consiguiente, los daños causados al acreedor por el incumplimiento no podrán tomarse en cuenta y dar lugar a su reparación sino en la medida en que constituyan un daño pecuniario. Muchos tratadistas, conformándose a este razonamiento, estiman que el incumplimiento de una obligación contractual no da lugar al abono de los daños y perjuicios, cuando solamente resulte de él un perjuicio moral."[11]

Em muitas situações, o dano moral tem reflexos no patrimônio. Um homem atropelado por veículo, sofrendo dor e incapacidade de locomoção, promoverá a indenização porque deixou de trabalhar. O profundo padecimento moral sofrido com a morte de uma criança em acidente traz graves consequências: o pai fica impossibilitado de trabalhar por certo espaço de tempo; aquela criança não concorrerá para o sustento da família. Observa-se que o traumatismo moral que domina os familiares acarreta a impossibilidade dos pais ao trabalho. Por conseguinte, a indenização reveste-se de um cunho altamente patrimonial.

O Código Civil oferece muitos exemplos de prejuízos morais, mas que, em última instância, não passam de danos patrimoniais presumidos.

O art. 939 prevê as decorrências do credor que demanda dívida ainda não vencida. Ordena que se espere o vencimento e se proceda o desconto dos juros pelo tempo que faltava, com o pagamento das custas em dobro.

---

[10] *Da Inexecução das Obrigações e suas Consequências,* ob. cit., p. 225.
[11] *Tratado Práctico de Derecho Civil Francés,* tomo 7º, nº 857, p. 168.

Embora, no sentir de alguns, as cominações visem recompor o abalo moral, não resta dúvida que a ação produz abalo de crédito e obriga o demandado a tomar várias providências, com perda de tempo e desgaste econômico.

O que pleiteia dívida já saldada sujeita-se a pagar o dobro da exigida. Mas os transtornos ocasionados refletem nas atividades e nos interesses do requerido. Há, pois, lesão patrimonial, mesmo indiretamente.

O art. 953 e seu parágrafo único da lei substantiva civil sugerem uma das hipóteses bastante evidentes de ligação de indenização por dano moral ao prejuízo econômico. Eis os textos: Art. 953 – "A indenização por injúria, difamação ou calúnia consistirá na reparação do dano que delas resulte ao ofendido." O parágrafo único – "Se o ofendido não puder provar prejuízo material, caberá ao juiz fixar, equitativamente, o valor da indenização, na conformidade das circunstâncias do caso." Como é difícil chegar ao prejuízo patrimonial, vem estabelecido o critério capaz de apurar o montante. Mesmo assim, no fundo, embora a ofensa seja moral, há uma dimensão patrimonial.

Nas ofensas ligadas ao agravo da liberdade – art. 954, capitula-se a reparação concernente ao patrimônio lesado. Sem dúvida, pressupõe o direito à recomposição do mal experimentado uma lesão ou um ultraje moral. Daí a conclusão de muitos de que se trata de um dano moral. Mas são casos em que a apuração do prejuízo se socorre de elementos materiais para chegar ao *quantum*. Não se afirme, como explanava Agostinho Alvim, que a lesão moral sucumba em face da patrimonial. Sucede que "há, sem dúvida, uma série de casos nos quais o prejuízo material e o moral se confundem, traduzindo-se o dano moral por uma diminuição atual ou futura do patrimônio (Ripert, cf. *La Règle Morale dans les Obligations Civiles*, nº 181)".[12]

Eis o pensamento de Cunha Gonçalves, em lição de grande atualidade: "Não deve, também, supor-se que o dano moral é, sempre, extrapatrimonial... Além disto, há diversas classes de danos morais, a saber: a) Os que necessariamente se refletem no crédito e, por isso, no patrimônio da vítima – injúria, difamação, usurpação de nome, firma ou marca; b) os que, produzindo a privação do amparo econômico e moral de que a vítima gozava, prejudicam também o seu patrimônio; c) os que, representando a possível privação do incremento duma eventual sucessão, constituem, igualmente, um atentado patrimonial; d) os que, determinando grande choque moral, equivalem ou excedem a graves ofensas corporais, ainda mais do que uma difamação ou calúnia, por serem feridas incuráveis; e esse choque moral, debilitando a resistência física ou a capacidade de trabalho, e, podendo abreviar a existência de quem o sofreu, produz efeitos reflexos de caráter patrimonial. Enfim, todos estes danos, sendo suscetíveis de avaliação e indenização pecuniária, não devem ser havidos como extrapatrimoniais. Por isso, dano material é o prejuízo resultante da depreciação ou perda duma cousa ou da integridade física duma pessoa. Dano moral é o prejuízo resultante de ofensa à integridade psíquica ou à personalidade moral, com possível ou efetivo prejuízo do patrimônio...".[13]

Mesmo assim, não se descarta a indenização unicamente pelo dano moral, inclusive se não surgir o menor reflexo patrimonial.

---

[12] *Da Inexecução*, ob. cit. p. 230.
[13] *Tratado de Direito Civil*, 1ª ed. brasileira, São Paulo, Max Limonad, 1957, vol. XII, tomo II, pp. 539-540.

Nos acidentes de trânsito, uma hipótese ressalta como das mais importantes: a morte do filho menor. Com frequência, mormente nas famílias de baixa renda, o filho, mesmo que menor, coopera na manutenção e na economia do lar. E para justificar a reparação, uns alicerçavam o fundamento no dano patrimonial provocado pela morte. Outros se atinham unicamente ao sentido moral, enfatizando a tristeza e a dor trazidas pela perda do familiar. A reparação moral pura busca compensar este estado de espírito.

Encarado o problema sob a ótica da lesão patrimonial, desapareceria a base para o exercício do direito se o filho não é partícipe da economia familiar, o que é verificável em apenas se dedicando aos estudos, assim prosseguindo até os vinte e cinco anos, quando geralmente as pessoas contraem casamento e cessam de cooperar no sustento dos parentes próximos. Igualmente não se ensejaria aos pais abastados, cujos filhos são vitimados, interesse para ingressarem em juízo. Diante destes raciocínios, há razões óbvias em favor dos defensores da teoria que concebe o dano como moral nos casos de morte do familiar. A indenização é sempre exigível, independentemente da colaboração prestada quando em vida, como constatamos na tradição jurisprudencial.[14] Proclamou-se, em época que iniciou a firmar o direito à indenização pura: "Na verdade, a jurisprudência buscando emprestar conteúdo real à lei, encaminha-se no sentido da reparação do dano moral, proveniente da dolorosa sensação vivida pelos pais de um menor vítima de ato ilícito. Embora, em princípio, não haja equivalência entre a perda sofrida e o ressarcimento, a indenização guarda, sobremodo, o caráter de satisfação à pessoa lesada, como ensinam Mazeaud e Mazeaud. Conquanto não se alcance um ressarcimento em sentido estrito, tem-se uma sanção civil e sobretudo, uma satisfação pelo dano sofrido. É o ressarcimento a título de composição do dano moral."[15]

Em outra oportunidade: "Na ausência de lucros cessantes, parecia-me razoável admitir atendendo até a evolução de nosso direito no sentido da ampla admissão do dano moral – que o dano moral pudesse ser reparado. Procurei demonstrar que, nesse sentido, se inclinava a jurisprudência desta Corte, admitindo, por vezes, expressamente (assim no RE nº 59.940, *RTJ* 39/38 e segs., e no RE nº 74.317, *RTJ* 67/182 e segs.) a reparação do dano moral em caso de perda do filho menor que não exercia trabalho remunerado. E mais: que mesmo quando esta Corte, em inúmeros acórdãos, e nesse sentido é a Súmula 491, declarou que devia ser reparado o dano potencial causado às famílias modestas com a morte do filho menor que, embora por ocasião da morte só fosse fonte de despesas, porque representava uma expectativa de ajuda futura, tais decisões não só haviam afastado o óbice do nº II do art. 1.537 (tanto que mandavam calcular esse dano potencial por arbitramento, ou seja, na forma prevista no art. 1.553), mas também, em verdade, davam um colorido econômico a um dano que era puramente moral."[16] Os citados arts. 1.53, nº II, e 1.553 equivalem aos arts. 948, inc. II, e 946 do vigente Código Civil.

De modo geral, todo filho é uma expectativa de amparo aos pais. Embora não exerça e nem venha a praticar uma profissão lucrativa, diante de compromissos com estudos, durante o tempo presumido que permaneceria solteiro, ou porque a boa situação econômica dos pais afasta a menor necessidade de amparo, ninguém sabe, argumentam os doutos, se esse estado de coisas continuará, e se no futuro não surgirão contingências que modifiquem a realidade privilegiada vivida quando da morte.

---

[14]   *RTJ* 39/38, 67/182, 86/560 e Súmula nº 491.
[15]   *RTJ* 67/182.
[16]   *RTJ* 86/565.

É um argumento válido. Mas há filhos que não contribuem e nunca contribuirão com a menor parcela nas despesas da família. Dentro da realidade de uma organização familiar estável e economicamente sólida, a perspectiva é a desnecessidade de qualquer apoio monetário do filho. Por esta razão, a indenização por morte, e assim outras indenizações, encontram como maior base, para justificá-la, nos fundamentos de ordem puramente moral.

Concede-se a reparação a título da pura dor moral. No plano dos direitos, pois, existem duas indenizações: uma pela perda patrimonial, e outra por motivo de compensação moral. À primeira é dada uma razão patrimonial para pedir, enquanto na segunda domina somente o estado interior abalado.

3. ESPÉCIES E LINHA EVOLUTIVA

Para Miguel Reale, há o dano moral objetivo e o dano moral subjetivo: o primeiro é "aquele que atinge a dimensão moral da pessoa no meio social em que vive, envolvendo o de sua imagem"; o segundo "se correlaciona com o mal sofrido pela pessoa em sua subjetividade, em sua intimidade psíquica, sujeita a dor ou sofrimento intransferíveis porque ligados a valores de seu ser subjetivo, que o ato ilícito veio penosamente subverter".[17]

No entanto, a melhor classificação, que revela toda a extensão, desenvolve em quatro espécies o dano moral:

a) o dano que representa a privação ou diminuição de um valor precípuo da vida da pessoa, e que se revela na ofensa à paz, à tranquilidade de espírito, à liberdade individual;

b) o dano que alcança a parte social do patrimônio moral, atingindo a personalidade, ou a posição íntima da pessoa consigo mesma, como a honra, a estima, o apreço, a consideração, a reputação, a fama;

c) o dano que atinge o lado afetivo, ao estado interior, exemplificado na dor, tristeza, saudade, no sentimento;

d) aquele que tem influência no patrimônio, e que envolve a conceituação íntima relacionada ao aspecto ou postura física externa, com prejuízos para a beleza, a aparência, a postura, a simetria corporal, e aí se encontram a cicatriz, o aleijão, a deformidade.

Em qualquer das hipóteses, embora a última esteja ligada mais diretamente a influências patrimoniais, não há o ressarcimento ou a indenização. O valor que se paga tem o caráter de satisfação, de reparação, justamente porque é desnecessária a prova do prejuízo, de desfalque patrimonial. Talvez admissível o prejuízo moral, a perda de sentimentos ou sensação de bem-estar, de alegria, de autoestima, advindo a dor, a lágrima, a frustração.

Daí o erro que se formou e evoluiu ao longo do tempo na jurisprudência, desde o começo do reconhecimento da reparação, tida como indenização. No início, os doutrinadores que precederam e vieram logo após à vigência do Código Civil de 1916 não reconheciam a reparação por dano moral. Ligava-se a indenização por morte ao então art. 1.537 (que no Código atual corresponde ao seu art. 948), e restrita aos danos materiais e às prestações de alimentos. Mas foi o inciso II do mesmo artigo que levou a partir para a reparação moral,

---

[17] "O dano moral no direito brasileiro", em *Temas de Direito Positivo*, São Paulo, Editora Revista dos Tribunais, 1992, p. 23.

quando ordenava que, no caso de homicídio, a indenização envolveria também a prestação de alimentos. Deste ponto avançou-se para a indenização do dano causado pela morte de filho menor – marco inicial para a evolução do direito nesse campo, e chegando-se à Súmula nº 491 do STF: "É indenizável o acidente que causa a morte de filho menor, ainda que não exerça trabalho remunerado." Havia um misto de embasamento patrimonial e moral. O primeiro porque os pais perdiam a expectativa de colaboração do filho no custeio das despesas da família; o segundo, e aí forçando a imposição de se indenizar, diante do sofrimento com a perda. Mesmo que não exercesse alguma profissão o filho, reconhecia-se o direito à indenização, fazendo-se tamanha confusão, que ainda hoje persiste, ao ponto de se limitar o pagamento até a idade presumível do casamento, quando, normalmente, se ponderava que passaria a se preocupar apenas com a sua pessoa e a da família então formada.

Num último estágio, tornou-se pacífica a reparação pelo dano moral puro, sem vinculação com o patrimonial, considerada distintamente ao ressarcimento. De sorte que, ao lado da pensão por morte dos pais, ou daquela pelo que deixaram de auferir os pais se o filho perde a vida, estabelece-se outra soma, de cunho totalmente reparatório, e devida pelo fato só da morte. Não interessa a existência de lucros cessantes. Com isso, resolvem-se as situações em que os filhos em nada contribuíam e nem passariam a contribuir aos parentes que ficaram. A Súmula nº 37, do STJ, resume a atual tendência: "São cumuláveis as indenizações por dano material e dano moral oriundas do mesmo fato."

4. CARÁTER E EXTENSÃO DO DANO MORAL

Revela duplo caráter a indenização, inclusive ressarcitório, na lição de Caio Mário da Silva Pereira: a) o punitivo, no sentido de que o causador do dano, pelo fato da condenação, se veja castigado pela ofensa que praticou; b) o ressarcitório junto à vítima, que receberá uma soma que lhe proporcione prazeres como contrapartida do mal sofrido.[18]

Não cabe, de outro lado, confundir o dano estético com o moral. O primeiro está regrado no art. 950, mas forma-se em vista dos prejuízos resultantes do defeito estético. Já o segundo, e unicamente se houver dano estético, como aleijão ou deformidade, tinha amparo no § 1º do art. 1.538 do Código pretérito. Nem sempre, porém, absorvia o preceito os danos estéticos, dada a existência de casos de cicatrizes que não comportavam despesas elevadas, embora ficasse marcada para sempre a fisionomia da pessoa. Presentemente, após um interregno de inteligência da absorção dos danos morais nos danos estéticos, firmou-se a possibilidade da concessão de ambas as verbas. Lembra Sérgio Cavalieri Filho: "Prevaleceu na Corte Superior de Justiça o entendimento de que o dano estético é algo distinto do dano moral, correspondendo o primeiro ao em uma alteração morfológica de formação corporal que agride à visão, causando desagrado e repulsa; e o segundo ao sofrimento mental – dor da alma, aflição e angústia a que a vítima é submetida. Um é de ordem puramente psíquica, pertencente ao foro íntimo; outro é visível, porque concretizado na deformidade. O dano estético dá causa a uma indenização especial, na forma do § 1º do art. 1.538 do Código Civil de 1916 (REsp. nº 65.393-RJ, rel. Min. Ruy Rosado de Aguiar; REsp. 84.752-RJ, rel. Min. Ari Pargendler)."[19] O citado § 1º do art. 1.538 não veio reproduzido no CC/2002.

---

[18] *Responsabilidade Civil*, Rio de Janeiro, Forense, 1989, p. 62.
[19] *Programa de Responsabilidade Civil*, ob. cit., p. 116.

Em todos os campos reconhecem-se, presentemente, a reparação por perdas e danos e a compensação por danos morais. Não apenas quanto à perda de entes queridos ou próximos. Na divulgação de notícia equivocada, no protesto indevido de títulos mercantis, na suspensão infundada de direitos creditórios, nas ofensas através da imprensa e na irrogada em juízo, estabelecem-se formas de reparação que não mais ensejam dúvidas. Quanto ao cadastro de nomes de devedores em órgãos de registro para fins de comunicação a terceiros, é reiterado o direito à reparação, máxime se previamente não avisada a pessoa, conforme este exemplo: "Constitui ilícito, imputável à empresa de banco, abrir o cadastro no SERASA sem comunicação ao consumidor (art. 43, § 2º, da Lei nº 8.078/90). O atentado aos direitos relacionados à personalidade, provocados pela inscrição em banco de dados, é mais grave e mais relevante do que lesão a interesses materiais. A prova do dano moral, que se passa no interior da personalidade, contenta-se a existência do ilícito, segundo precedente do Superior Tribunal de Justiça. Liquidação do dano moral que atenderá ao duplo objetivo de compensar a vítima e afligir, razoavelmente, o autor do dano."[20]

Entretanto, não se admitem exageros, e banalizar o instituto da indenização por dano moral, vendo em qualquer contratempo ou incômodo razão para a concessão.

Apropriada, a respeito, a advertência de já antiga jurisprudência:

"Indevida a indenização por dano moral, por não compreendida a hipótese de defeito em ar condicionado nas situações usualmente admitidas para concessão da verba, que não se confundem com percalços da vida comum. Precedentes.

Recursos especiais conhecidos em parte e, nessa extensão, providos."[21]

De acordo com o voto do relator, que tratou de caso de aquisição de veículo, "os defeitos, ainda que em época de garantia de fábrica, são comuns. Haveria razoabilidade no deferimento de danos materiais, que na hipótese dos autos não foram comprovados, quando as sucessivas visitas à concessionária provocam a realização de despesas com o deslocamento, tais como combustível, aluguel de outros veículos, táxi, etc., porque a perda momentânea do uso do automóvel, guardadas certas proporções, é evidente; mas daí assemelhar esse desconforto a um dano moral, lesivo à vida e personalidade do incomodado, é um excesso. Ou seja, possível a indenização por danos materiais, mas os incômodos ou dissabores não chegam a configurar dano moral. Não tenho, pois, como inserida a hipótese *sub judice*, na judiciosa síntese de Yussef Said Cahali, *litteris*:

'Parece mais razoável, assim, caracterizar o dano moral pelos seus próprios elementos; portanto, como a privação ou diminuição daqueles bens que têm um valor precípuo na vida do homem e que são a paz, a tranquilidade de espírito, a liberdade individual, a integridade individual, a integridade física, a honra e os demais sagrados afetos; classificando-se, desse modo, em dano que afeta a parte social do patrimônio moral' (honra, reputação etc.) e dano que molesta a parte afetiva do patrimônio moral (dor, tristeza, saudade etc.); dano moral que provoca direta ou indiretamente dano patrimonial (cicatriz deformante etc.) e dano moral puro (dor, tristeza etc.). Ou, como assinala Carlos Bittar, 'qualificam-se como morais os danos em razão da esfera da subjetividade, ou do plano valorativo da pessoa na sociedade, em que repercute o fato violador, havendo-se como tais aqueles que atingem os aspectos mais íntimos da personalidade humana (o da intimidade e da

---

[20] Apel. Cível nº 597.118.926, da 5ª Câmara Cível do TJ do Rio Grande do Sul, de 07.08.1997, rel. Des. Araken de Assis, em *Revista de Jurisprudência do TJ-RS* 184/367.

[21] REsp. nº 750.735/RJ, da 4ª Turma do STJ, j. em 04.06.2009, *DJe* de 17.08.2009, rel. Min. Aldir Passarinho Junior.

Cap. XV | Responsabilidade e Reparação por Dano Moral • **179**

consideração pessoal), ou o da própria valoração da pessoa no meio em que vive e atua (o da reputação ou da consideração social).

Na realidade, multifacetário o ser anímico, tudo aquilo que molesta gravemente a alma humana, ferindo-lhe gravemente os valores fundamentais inerentes à sua personalidade ou reconhecidos pela sociedade em que está integrado, qualifica-se, em linha de princípio, como dano moral; não há como enumerá-los exaustivamente, evidenciando-se na dor, na angústia, no sofrimento, na tristeza pela ausência de um ente querido falecido; no desprestígio, na desconsideração social, no descrédito à reputação, na humilhação pública, no devassamento da privacidade; no desequilíbrio da normalidade psíquica, nos traumatismos emocionais, na depressão ou no desgaste psicológico, nas situações de constrangimento moral' (*Dano Moral*, 2ª ed., São Paulo, Editora Rev. dos Tribunais, pp. 20-21).

Em precedente semelhante, do qual fui relator, este Colegiado sufragou o mesmo entendimento: (...) 'Indevida a indenização por dano moral, por não compreendida a hipótese em comento nas situações usualmente admitidas de concessão da verba, que não se confundem com percalços da vida comum, cujos incômodos, aqui, foram grandemente atenuados ou eliminados pelo uso de outros meios rápidos e eficientes de transporte, cujo ressarcimento foi igualmente determinado pelo Tribunal estadual.

III. Recurso conhecido e, em parte, provido' (4ª Turma, REsp. nº 217.916/RJ, rel. Min. Aldir Passarinho Junior, unânime, *DJU* de 11.12.2000)".

5. DANO MORAL CONSISTENTE NA HUMILHAÇÃO DA PESSOA

Inúmeros fatos acontecem que atingem o respeito, a honestidade, o conceito da pessoa, levantando suspeitas contra ela, ou desmerecendo sua posição no seio da comunidade.

Nesse campo citam-se as ofensas, as calúnias, as difamações, as injúrias, as maledicências, as invenções de inverdades, as atribuições de fatos negativos, a divulgação de situações pejorativas, a propagação de defeitos ou do caráter típico de alguém, das tendências de ordem sexual, de fatos do passado humilhante. Consideram-se desprestigiosas as providências de ordem policial, a indevida detenção, a colocação de algemas, o procedimento de revista, a retirada de um indivíduo do interior de um recinto, a abrupta interpelação ou advertência em público, a destemperada reação a um simples incidente, a recusa diante de pessoas no fornecimento de crédito ou da aceitação de cheque, a colocação de apelidos aviltantes. Constrangedoras são as desconfianças levantadas contra clientes ou abordagens inadequadas; as discriminações por motivo de raça, cor, idade, saúde ou defeitos físicos, condição econômica, cultural e social; as indagações sobre o passado, o proferimento de palavras acintosas e ofensivas.

A indevida abordagem em supermercados é uma situação que amiúde acontece: "A abordagem inadequada e equivocada procedida pelo empregado do supermercado, levantando suspeita de furto de mercadorias, logo após o cliente efetuar e pagar suas compras, expondo-a a situação de vexame e humilhação na presença de várias pessoas, caracteriza ilícito civil justificador de indenização por danos morais, cujo valor deverá ser fixado levando-se em conta as circunstâncias em que ocorreram os fatos, a capacidade econômica do ofensor e da vítima, o grau de culpa pelo evento e a participação de cada um deles, objetivando compensar o injusto e servindo de admoestação ao seu causador."[22]

---

[22] JE Cív./DF, Apel. nº 2002.01.1.060189-4, da 2ª Turma Recursal, *DJ* de 27.06.2003, *ADCOAS* 8220333, *Boletim de Jurisprudência ADCOAS*, nº 41, p. 646, out. 2003.

Igualmente a revista de pessoas, incutindo desconfiança e implícita suspeita da prática de delito: "Cabe indenização por dano moral pela revista pessoal determinada por empresa a empregado, mediante sorteio na saída do local de trabalho. Evidência de constrangimento, ofensa, desconforto, angústia e abalo psíquico, motivadores do reconhecimento do dano moral. Desinfluência da tese da empresa, no sentido de que o empregado sabia do procedimento da empresa a este respeito, pois tal não elide os vexames sofridos e os mais acima mencionados. Abuso de direito de sobejo evidenciado."[23]

"Cabe ação de reparação de danos morais por constrangimento ilegal devido à revista em estabelecimento comercial de cliente, ordenando que retirasse as suas roupas."[24]

Em suma, todo desrespeito enseja o direito à devida reparação, inclusive com amparo no art. 5º, inc. X, da Carta Magna.

Dentro do quadro acima, cita-se o disparo indevido de alarme antifurto: "Por força do art. 1.521, III, do CC, o estabelecimento comercial será civilmente responsável por ato negligente de seu funcionário que, de forma descuidada, não retira o selo magnético de segurança da mercadoria adquirida pelo consumidor, submetendo-o, via de consequência, a situação de elevado constrangimento público, em razão do acionamento do alarme antifurto localizado no interior da loja."[25] O citado art. 1.521, III, equivale ao art. 932, III, do atual Código Civil.

Ainda, a discussão travada em local público, com ofensas: "Agressões verbais recíprocas entre gerente e cliente de agência bancária em face da demora no atendimento. Um erro não justifica outro, devendo o banco indenizar em face da deficiência do serviço."[26]

6. RECONHECIMENTO DO DANO MORAL EM FAVOR DAS PESSOAS JURÍDICAS

Inclusive às pessoas jurídicas é reconhecido o direito quando ofendido seu nome ou a honra objetiva, como se extrai do seguinte aresto: "I – A honra objetiva da pessoa jurídica pode ser ofendida pelo protesto indevido de título cambial. II – Cabível a ação de indenização, por dano moral, sofrido por pessoa jurídica, visto que a proteção dos atributos morais da personalidade não está reservada somente às pessoas físicas."

No curso do voto, com base no art. 5º, incs. V e X, da Constituição Federal, que admite a indenização por dano moral sem distinguir a pessoa física da jurídica, e com escólios em autores do renome de Yussef Said Cahali, Arnaldo Marmit, José de Aguiar Dias, Wilson Melo da Silva, destaca-se a seguinte passagem, que bem demonstra a juridicidade dos fundamentos: "Bem é verdade que a pessoa jurídica não sente, não sofre com uma ofensa à sua honra, à sua imagem, o que é inerente somente à pessoa natural, consubstanciando-se num direito de personalidade. Entretanto, ao acontecimento de dano à empresa, haverá a ofensa à reputação, ao nome da empresa, o que merece ser tutelado pelo direito."

---

[23] Apel. Cível nº 2003.001.02089, da 4ª Câmara Cível do TJ do Rio de Janeiro, *DJ* de 28.08.2003, *ADCOAS* 8221748, *Boletim de Jurisprudência ADCOAS*, nº 47, p. 742, nov. 2003.

[24] Apel. Cível nº 1.157/2003, da 2ª Câmara Cível do TJ do Sergipe, j. em 09.12.2003, *ADCOAS* 8224876, *Boletim de Jurisprudência ADCOAS*, nº 12, p. 182, abr. 2003.

[25] Apel. Cível nº 358.029-8, da 4ª Câmara Cível do Tribunal de Alçada de MG, *DJ* de 18.09.2002, *ADCOAS* 8214694, *Boletim de jurisprudência ADCOAS*, nº 9, p. 136, mar. 2003.

[26] AC-JE 2001.01.1.056741-9, da 1ª Turma do TJDF, *DJU* de 07.05.2002.

Transcrevem-se precedentes da Quarta Turma do mesmo Pretório (*Recursos Especiais* n°s 45.889-7/SP e 60.032-2/MG): "Quando se trata de pessoa jurídica, o tema da ofensa à honra propõe uma distinção inicial: a *honra subjetiva*, inerente à pessoa física, que está no psiquismo de cada um e pode ser ofendida com atos que atinjam a sua dignidade, respeito próprio, autoestima, etc., causadores de dor, humilhação, vexame; a *honra objetiva*, externa, que consiste no respeito, admiração, apreço, consideração que os outros dispensam à pessoa. Por isso se diz ser a injúria um ataque à honra subjetiva, à dignidade da pessoa, enquanto que a difamação é ofensa à reputação que o ofendido goza no âmbito social onde vive. A pessoa jurídica, criação de ordem legal, não tem capacidade de ter emoção e dor, estando por isso desprovida de honra subjetiva e imune à injúria. Pode padecer, porém, de ataque à honra objetiva, pois goza de uma reputação junto a terceiros, passível de ficar abalada por atos que afetam o seu bom nome no mundo civil ou comercial onde atua.

Esta ofensa pode ter seu efeito limitado à diminuição do conceito público que goza no seio da comunidade, sem repercussão direta e imediata sobre o seu patrimônio. Assim, ... trata-se de verdadeiro dano extrapatrimonial, que existe e pode ser mensurado através de arbitramento... E a moderna doutrina francesa recomenda a utilização da via indenizatória para a sua proteção: 'A proteção dos atributos morais da personalidade para a propositura da ação de responsabilidade não está reservada somente às pessoas físicas. Aos grupos personalizados tem sido admitido o uso dessa via para proteger seu direito ao nome ou para obter a condenação de autores de propostas escritas ou atos tendentes à ruína de sua reputação. A pessoa moral pode mesmo reivindicar a proteção, senão de sua vida privada, ao menos do segredo dos negócios' (*Traité de Droit Civil*, Viney, 'Les Obligations – La Responsabilité', 1982, vol. II, p. 321)."[27]

Essa *ratio* passou a dominar, propagando-se em outros pronunciamentos, já vindo adotada em tribunais inferiores: "A Constituição Federal, ao garantir indenização por dano moral, não fez qualquer distinção entre pessoas físicas ou jurídicas, não se podendo deslembrar da parêmia no sentido de que onde a lei não distingue não cabe ao intérprete distinguir.

E mais: deixou a Carta Magna palmar no art. 5º, incisos V e X, que a ofensa moral está intimamente ligada às agressões e danos causados à intimidade, à vida privada, à honra, à imagem das pessoas e outras hipóteses.

Não se pode negar que a honra e a imagem estão intimamente ligadas ao bom nome das pessoas (sejam físicas ou jurídicas); ao conceito que projetam exteriormente."[28]

De modo especial incide a indenização quando atingido o conceito de empresas por atos de protesto de títulos de crédito mercantis, ou pela divulgação de informações desprestigiosas. Passou a formar-se um consenso, consubstanciado na Súmula nº 227 do STJ: "A pessoa jurídica pode sofrer dano moral."

Mesmo admitindo certa controvérsia, já que não tem a pessoa jurídica capacidade afetiva e sensorial, a verdade é que o bom nome ou o conceito social, a reputação, o prestígio, a confiança do público, que integram a honra objetiva, constituem um patrimônio. Bem lembra Américo Luís Martins da Silva: "Vale no momento destacar que se

---

[27] REsp. nº 58.660-7/MG, rel. Min. Valdemar Zveiter, da 3ª Turma do STJ, publicado no *DJU* de 22.09.1997, p. 46.440.

[28] Embargos de Declaração nº 740.114-5/01, da 10ª Câmara de Férias do 1º TACiv./SP, de 02.09.1997, em *Revista dos Tribunais*, 751/282.

a pessoa jurídica, como pessoa abstrata que é (só existe no mundo jurídico), não pode ser vítima de algum sofrimento físico ou espiritual, ainda assim ela pode sofrer danos à sua imagem, à sua credibilidade junto aos fornecedores e ao público de um modo geral. Portanto, a reparabilidade do dano moral também se estende à pessoa jurídica, desde que o dano reparável não se refira a dor física ou espiritual, mas apenas à sua imagem empresarial (honra objetiva)."[29]

A existência da pessoa jurídica é atacada, sem referência aos que a constituem. Indiretamente, porém, são eles atingidos. Advindo prejuízos materiais, procurar-se-á aquilatá-los, mas distintamente dos danos morais. Ademais, é como diz Luís Alberto Thompson Flores Lenz: "Há entidades abstratas, previstas no inciso I do art. 16 do CC, que não têm fim econômico – sociedades civis, religiosas, pias, morais, científicas ou literárias, associações de utilidade pública, fundações, nosocômios, centros de pesquisa universidades –, que, apesar de não objetivarem lucro ou donativos, sofrem severos prejuízos em seu conceito e em sua credibilidade em razão dos ataques acima referidos."[30] Corresponde o inc. I do art. 16 citado ao art. 44, incisos I, II e III, do atual Código.

De qualquer forma, se o nome integra o patrimônio e tem relevância no meio social, a ofensa à sua integridade moral é mensurável. Do contrário, é abrir carta-branca para todo tipo de ataques infundados e injustos. Nem tanto leva-se ao extremo de ver na sociedade uma pura abstração, porquanto, hoje, cada vez mais, vem preponderando a desconsideração da personalidade jurídica.

7. DANO MORAL DECORRENTE DE PROTESTO DE TÍTULOS OU DE INSCRIÇÃO DO NOME EM BANCOS DE DADOS DE DEVEDORES

Seguramente, nas últimas décadas um dos fatores de grande incidência de ações judiciais reparatórias está no protesto indevido de título de crédito ou de inscrição do nome de pessoas em órgãos de cadastro de nomes de devedores. As consequências do protesto ou da inclusão do nome em cadastros negativos geram transtornos e prejuízos, como a restrição ao crédito, o fechamento de financiamentos a negócios com pagamentos parcelados, a queda de credibilidade, a ideia da falta de seriedade e honestidade, a descrença na capacidade econômica, a presunção de insolvência.

Não que se coíba a existência de bancos de dados de devedores, ou de entidades de cadastro de inadimplentes, e muito menos é cerceado o registro de atos que visam o recebimento de créditos, conforme decidiu o Tribunal de Justiça do Piauí: "Não há falar em indenização por dano moral pelo fato de a instituição financeira ter procedido à inscrição do nome do devedor nos serviços de proteção ao crédito, uma vez que a existência do débito é pacífica e, portanto, lícita a conduta do banco."[31]

Unicamente depois de devidamente verificada a inadimplência é aceita a providência de registrar o nome do inadimplente. Assim, quanto ao protesto de título de crédito, a Lei nº 9.492, de 10.09.1997, em seu art. 1º, somente autoriza o ato depois de completamente

---

[29] "As agências de proteção ao crédito e o dano moral", em *Revista Forense*, nº 371, p. 20.

[30] "Dano Moral contra a Pessoa Jurídica", em *AJURIS/69, Revista da Associação dos Juízes do Rio Grande do Sul*, Porto Alegre, nº 69, p. 426, mar. 1997.

[31] Apel. Cível nº 99.001093-7, da 2ª Câmara Cível do TJ do Piauí, j. em 14.08.2002, em *Revista dos Tribunais*, 812/322.

caracterizado o inadimplemento da obrigação: "O protesto é o ato formal e solene pelo qual se prova a inadimplência e o descumprimento de obrigação originada em títulos e outros documentos de dívida." O art. 15 da mesma lei impõe a prévia intimação. Já a Lei nº 8.078, de 11.09.1990 (Código de Defesa do Consumidor), no art. 43, § 2º, ordena que "a abertura de cadastro, ficha, registro e dados pessoais e de consumo deverá ser comunicada por escrito ao consumidor, quando não solicitada por ele".

No entanto, a mesma lei, além de regular o funcionamento de tais órgãos, no § 4º do citado artigo dá o caráter público aos bancos de dados e cadastros relativos a consumidores, aos serviços de proteção ao crédito e entidades congêneres. Em suma, são legais e regulares os lançamentos dos nomes dos inadimplentes em cadastros, impondo-se a medida como instrumento de defesa dos comerciantes e de todos quantos lidam com a concessão do crédito.

Vários os órgãos instituídos para armazenar as relações ou nominatas de inadimplentes. Já na década que iniciou em 1950 se formou o primeiro órgão para tal finalidade, denominado Serviço de Proteção ao Crédito – SPC, na cidade de Porto Alegre, expandindo-se, em seguida, para outros grandes centros. Já as instituições financeiras organizaram uma entidade apropriada para o registro de devedores empresariais e individuais no setor bancário, a SERASA – Centralização de Serviços dos Bancos S. A., o que ocorreu em 1968, que é uma sociedade anônima prestadora de serviços de informações aos seus associados através de um grande banco de dados de devedores junto o sistema creditício bancário. Existe, ainda, o CADIN – Cadastro Informativo do Banco Central, para devedores de obrigações de contraídas junto às instituições bancárias e obrigações de natureza pública, além de outros órgãos próprios de proteção ao crédito. Ilustra mais Américo Luís Martins da Silva: "O CADIN foi criado pelo Decreto nº 1.006, de 09.12.1994, e regulamentado então pela Portaria nº 78, de 1994, do então Ministério da Fazenda, atualmente denominado Ministério da Economia, em razão da Medida Provisória nº 870/2019, e pela Circular nº 2.407, de 1994, do Banco Central do Brasil... Trata-se de cadastro de informações quanto a inadimplentes junto aos órgãos públicos, cujos débitos ultrapassem 300 (trezentas) UFIRs, vencidas e não extintas há mais de vinte dias. Os bancos públicos possuem acesso às informações do CADIN, sendo seus dados alimentados pelos próprios órgãos públicos que dele se utilizam. Havendo informação existente no CADIN, o agente financeiro acha-se impedido de operar com o devedor. É obrigatória a consulta ao CADIN para a realização de operações de crédito, inclusive concessão de garantias (carta de fiança), concessão de incentivos fiscais e financeiros, celebração de convênios e acordos, que envolvam desembolso de recursos financeiros."[32]

7.1. Regramento básico para o cadastramento negativo

Algumas regras básicas devem ser observadas para o lançamento do nome do devedor em cadastro de devedores, ditadas pelo Código de Defesa do Consumidor em seus arts. 43 e 44, e parágrafos, assim destacadas por Américo Luís Martins da Silva:[33]

---

[32] "As agências de proteção ao crédito e o dano moral", em *Revista Forense*, nº 371, p. 24.
[33] "As agências de proteção ao crédito e o dano moral", trabalho citado, p. 25.

a) O consumidor deve ter acesso às informações existentes em cadastros, fichas, registros e dados pessoais e de consumo arquivadas sobre ele nas agências de banco de dados e cadastros, bem como sobre as suas respectivas fontes.

b) Os cadastros e dados de consumidores devem ser objetivos, claros, verdadeiros e em linguagem de fácil compreensão, não podendo conter informações negativas referentes a período superior cinco anos (§ 1º do art. 43).

c) A abertura de cadastro, ficha, registro e dados pessoais e de consumo deve ser comunicada por escrito ao consumidor pela agência de informações, quando não solicitada por ele (§ 2º do art. 43). Sobre o prazo, foi emitida a Súmula nº 323 do STJ: "A inscrição de inadimplente pode ser mantida nos serviços de proteção ao crédito por, no máximo, cinco anos."

d) O consumidor, sempre que encontrar inexatidão nos seus dados e cadastros, pode exigir sua imediata correção, devendo o arquivista, no prazo de cinco dias úteis, comunicar a alteração aos eventuais destinatários das informações incorretas (§ 3º do art. 43).

e) Os bancos de dados e cadastros relativos a consumidores, os serviços de proteção ao crédito e congêneres são considerados entidades de caráter público (§ 4º do art. 43).

f) Consumada a prescrição relativa à cobrança de débitos do consumidor, não são fornecidas, pelos respectivos Sistemas de Proteção ao Crédito, quaisquer informações que possam impedir ou dificultar novo acesso ao crédito junto aos fornecedores (§ 5º do art. 43).

g) Todas as informações devem ser disponibilizadas ao consumidor em formatos acessíveis, inclusive para a pessoa com deficiência, mediante solicitação do consumidor (§ 6º do art. 43, incluído pela Lei nº 13.146/2015).

h) Os órgãos públicos de defesa do consumidor devem manter cadastros atualizados de reclamações fundamentais contra fornecedores de produtos e serviços, devendo divulgá-los pública e anualmente. A divulgação deve indicar se a reclamação foi atendida ou não pelo fornecedor (art. 44).

i) É facultado o acesso às informações constantes dos cadastros de reclamações administrativas pelos órgãos públicos de defesa do consumidor para orientação e consulta por qualquer interessado (§ 1º do art. 44).

7.2. O indevido protesto ou lançamento no cadastro negativo e o dano

Importa, aqui, observar que o lançamento do nome de pessoas em tais cadastros quando ainda não definitivamente constituída a dívida, ou antes da prévia ciência de tal medida, pode levar à obrigação de reparar as consequências materiais ou o dano moral, especialmente em vista do princípio protetor do art. 5º, inc. X, da Carta Maior, que reza: "São invioláveis a intimidade, a vida privada, a honra e a imagem das pessoas, assegurado o direito à indenização pelo dano material ou moral decorrente de sua violação."

O prematuro ou indevido protesto e a inscrição de devedores em cadastros negativos ensejam danos de ordem patrimonial e extrapatrimonial.

No lado patrimonial está especialmente o abalo de crédito, que é a perda de credibilidade, ou a diminuição do normal conceito econômico de uma pessoa, de modo a gerar desconfiança, ou presunção de falta de capacidade no cumprimento de obrigações. O abalo de crédito, conclui Flori Antônio Tasca, "causa normalmente danos patrimoniais, consistentes na paralisação de negócios, retração de fornecedores ou de clientela, desamparo de recursos bancários, dentre inúmeros outros".[34]

Em consequência, não consegue a pessoa um crédito, e fica cerceada em seus negócios, inclusive quanto à retração no fornecimento de matérias-primas na sua indústria, ou na entrega de mercadorias para a comercialização. Advindo prejuízos materiais, e se devidamente dimensionados, busca-se o ressarcimento.

O dano extrapatrimonial, ou moral, compreende os reflexos negativos no conceito de quem foi protestado ou teve a negativação do nome em cadastros aos quais têm acesso os consulentes. Todavia, o abalo de crédito, presentemente, é visto sob esse ângulo, no entender de Flori Antônio Tasca, que assim concluiu após o exame da doutrina vigorante: "Atualmente, a maioria da doutrina que trata da temática da reparabilidade de danos extrapatrimoniais admite o abalo de crédito como uma espécie de dano não material, considerando que o crédito, em sua acepção denominada 'moral', caracteriza-se como um legítimo direito de personalidade." É óbvia esta concepção se não quantificados os prejuízos materiais. Do contrário, a reparação comporta, além de recompor o que se perdeu no plano patrimonial, a compensação pelo agravo moral.

7.3. A responsabilidade pela reparação dos danos

A responsabilidade pelos danos acarretados pelo indevido protesto ou pela negativação descabida do nome em cadastros de devedores tornou-se, há mais de duas décadas, matéria pacífica, assentada em sólida jurisprudência.

Em princípio, a responsabilidade recai na entidade ou pessoa que encaminha o nome à negativação.

Apenas exemplificativamente, transcrevem-se as seguintes ementas do STJ, refletindo o tratamento que vigora: "Responsabilidade civil. Banco. Dano moral e dano material. Prova. O banco que promove a indevida inscrição de devedor no SPC e em outros bancos de dados responde pela reparação do dano moral que decorre dessa inscrição. A existência de prova de dano moral (extrapatrimonial) se satisfaz com a demonstração da existência da inscrição irregular. Já a indenização pelo dano material depende de prova de sua existência, a ser produzida ainda no processo de conhecimento."[35]

"Protesto de títulos. Como assentado na jurisprudência, não é necessário provar o prejuízo em casos como o presente, mas, apenas, a existência do fato capaz de gerar constrangimento, sofrimento, perturbação psíquica. O valor do dano moral pode ser fixado ao prudente arbítrio do juiz."[36]

Inclusive na apresentação de cheque pré-datado antes da data assinalada importa em reparação, visto que pode resultar em providência de negativação do nome do emitente, além de trazer dano psicológico ao autor: "Como já decidiu a Corte, a prática comercial de emissão de cheque com data futura de apresentação, popularmente conhecido como

---

[34] *Responsabilidade Civil – dano extrapatrimonial por abalo de crédito*, Curitiba, Juruá Editora, 1998, p. 128.

[35] REsp. nº 51.118/SP, da 4ª Turma, j. em 27.03.1995.

[36] REsp. nº 233.597/MG, da 3ª Turma, *DJU* de 30.10.2000.

cheque 'pré-datado', não desnatura a sua qualidade de cambiariforme, representando garantia de dívida com a consequência de ampliar o prazo de apresentação. A empresa que não cumpre o ajustado deve responder pelos danos causados ao emitente."

Justifica-se, no desenrolar do voto, que tal cheque é "de uso corrente no mercado de varejo, constando da publicidade das lojas para atrair clientela. A alegação de que a Lei nº 7.357/1985 ampara o pagamento do cheque apresentado antes do dia indicado como data de emissão, não tem força para derrubar a interpretação acolhida pela Corte..., sendo que a circunstância de haver sido aposta no cheque data futura, embora possua relevância na esfera penal, no âmbito dos direitos civil e comercial traz como única consequência prática a ampliação real do prazo de apresentação (REsp. nº 16.855/SP, *DJU* de 07.06.1993; REsp. nº 195.748/PR, *DJU* de 16.08.1999; REsp. nº 223.486/MG)."[37]

Veio consolidado o entendimento na Súmula nº 370, proclamada pela Segunda Seção do STJ, em sessão de 16.02.2009, publicada no *DJe* de 25.02.2009, nos seguintes termos: "Caracteriza dano moral a apresentação antecipada de cheque pré-datado."

Se desatendidas as normas impostas para o registro do cadastro, a responsabilidade recai contra a entidade de proteção do crédito. A desobediência às normas descritas no item 7.1 acima serve de exemplo para a responsabilização, consoante bem explica Américo Luís Martins da Silva: "Todavia, algumas vezes o erro pode ser da entidade de proteção ao crédito e não do credor, deixando, assim, de cumprir sua obrigação principal, que é fornecer àqueles que consultam seus dados informações concretas e verdadeiras. Nesta hipótese, o Banco de Dados responde pela reparação do dano moral ou patrimonial. Por exemplo, tendo o credor comunicado expressamente que o devedor negativado quitou a sua dívida de maneira indiscutível e integral, mas não processando essa informação em seus registros a entidade de proteção ao crédito. Neste caso, a informação decorre de alto culposo do Banco de Dados, de maneira que a ação de ressarcimento deve ser dirigida contra ele e não contra o credor."[38]

Nesta visão, a falta de prévio aviso é suficiente para acarretar a indenização, estendendo a responsabilidade ao cadastrador:

"SERASA. Inscrição de nome de devedora. Falta de comunicação. A pessoa natural ou jurídica que tem seu nome inscrito em cadastro de devedores tem o direito de ser informada do fato. A falta dessa comunicação poderá acarretar a responsabilidade da entidade que administra o banco de dados."

No voto, estende-se a fundamentação: "A existência de protesto é um fato atribuível a quem levou o título ao cartório; a irregularidade do seu lançamento deve ser atribuída ao Oficial; a criação do título sem causa ao seu emitente; mas a responsabilidade pela inscrição desse fato no cadastro de tratamento de dados é do cadastrador. No caso, a SERASA, que deixou de fazer a comunicação que a lei determina (art. 43 do CDC). É certo que todo o registro efetuado por informação de terceiro acarreta também a responsabilidade deste pela inscrição indevida (credor, cobrador, etc.), mas isto não afasta nem diminui a obrigação do cadastrador pelo que se trata, preferencialmente antes da prática do seu ato, mas sempre antes de qualquer efeito danoso ao título dos dados."[39]

---

[37] REsp. nº 237.376/RJ, da 3ª Turma, j. em 25.05.2000, *DJU* de 1º.08.2000.
[38] "As agências de proteção ao crédito e o dano moral", trabalho citado, p. 27.
[39] REsp. nº 285.401/SP, da 4ª Turma, *DJU* de 11.06.2001. Na mesma linha: REsp. nº 165.727/MG, *DJU* de 21.09.1998; e REsp. nº 273.250/CE, *DJU* de 19.02.2001.

7.4. O montante da reparação

O assunto, mais extensamente, virá abordado em item adiante.

Não existe uma previsão na lei sobre a quantia a ser fixada ou arbitrada. No entanto, consolidaram-se alguns critérios.

Domina a teoria do duplo caráter da reparação, que se estabelece na finalidade da digna compensação pelo mal sofrido e de uma correta punição do causador do ato. Devem preponderar, ainda, as situações especiais que envolvem o caso, e assim a gravidade do dano, a intensidade da culpa, a posição social das partes, a condição econômica dos envolvidos, a vida pregressa da pessoa que tem o título protestado ou o nome negativado. Assim orienta o extinto Tribunal de Alçada de Minas Gerais: "Embora a avaliação dos danos morais para fins indenizatórios seja das tarefas mais difíceis impostas ao magistrado, cumpre-lhe atentar, em cada caso, para as condições da vítima e do ofensor, para o grau de dolo ou culpa presente na espécie, bem como para a extensão dos prejuízos morais sofridos pelo ofendido, tendo em conta a finalidade da condenação, que é punir o causador do dano, de forma a desestimulá-lo à prática futura de atos semelhantes, e propiciar ao ofendido meios para minorar seu sofrimento, evitando, sempre, que o ressarcimento se transforme numa fonte de enriquecimento injustificado, ou que seja inexpressivo a ponto de não retribuir o mal causado pela ofensa."[40]

Não se pode olvidar, de outro lado, a consolidada inteligência de não se impor a prova do dano ou repercussões espirituais negativas – matéria que se analisará mais alentadamente em item *infra*, lembrando, por ora, o seguinte parâmetro orientador do Superior Tribunal de Justiça: "Protesto de títulos. Como assentado na jurisprudência, não é necessário provar o prejuízo em casos como o presente, mas, apenas, a existência do fato capaz de gerar constrangimento, sofrimento, perturbação psíquica. O valor do dano moral pode ser deixado ao prudente arbítrio do juiz."[41]

É natural que não se elevará em cifra considerável a quantia se a vida econômica da pessoa não depende de negócios, de financiamentos, da concessão constante de crédito. Muito menos terá significação especial o ato indevido se o indivíduo revela-se contumaz inadimplente, com processos de cobrança ajuizados, protestos de títulos já lavrados e o nome já colocado no cadastro de devedores.

Aliás, o devedor contumaz não merece indenização por dano moral em razão do envio de seu nome para os cadastros de restrição de crédito, apesar de não dever ou não ter sido notificado sobre o envio. Realmente, não há que se falar em dano moral quando a pessoa mostra-se devedora contumaz, existindo várias outras inscrições negativas de seu nome em cadastros de restrição ao crédito.

Nesta visão, cumpre esclarecer que a jurisprudência se inclinou no sentido de não se conceder a indenização se a pessoa já tem o nome inscrito no cadastro negativo de devedores. Ocorre que os eventuais efeitos negativos emergiram dos anteriores ou concomitantes cadastros. O STJ, pacificando o assunto, expediu a Súmula nº 385, impedindo o pagamento de indenização por danos morais àqueles que já se encontram com o nome inscrito no banco de dados: "Da anotação irregular em cadastro de proteção ao crédito,

---

[40] Apel. Cível nº 292.692, da 3ª Câmara Cível, *DJ* de 28.06.2000, *in Revista Síntese de Direito Civil e Processual Civil*, nº 7, Porto Alegre, p. 116, set.-out. 2000.

[41] REsp. nº 233.597/MG, da 3ª Turma, *DJU* de 30.10.2000.

não cabe indenização por dano moral quando preexistente legítima inscrição, ressalvado o direito ao cancelamento."

Num dos julgados que adota o entendimento acima sintetiza-se o entendimento na seguinte ementa:

"Ao julgar o REsp. nº 1.002.985/RS, relator o e. Ministro Ari Pargendler, a Segunda Seção desta Corte adotou orientação no sentido de que a existência de registros anteriores nos serviços de proteção ao crédito afasta a pretensão indenizatória, entendimento aplicável à espécie por analogia, considerando que no caso concreto havia protestos pendentes contra o acionante.

Ausentes das razões do recurso de Apelação discussão acerca da intimação do protesto, pois abordada qual seria a correta contagem de prazo para efetivação da constrição, não há que se conhecer do inconformismo ora deduzido por falta de prequestionamento. Ainda que assim não fosse, restou prejudicada qualquer alegação de ofensa ao artigo 12 da Lei nº 9.492/97 com o afastamento da responsabilidade civil. Agravo regimental improvido".[42]

O contrário decidir-se-á na hipótese de atuar o lesado no comércio, ou estando constituído como empresário, dependendo seus negócios da lisura de sua conduta e do bom conceito operante as instituições financeiras e fornecedores de produtos.

Um critério adotado, mormente em decisões dos Juizados Especiais, tem em vista o valor do título protestado ou lançado no rol dos devedores. Fixa-se a quantia indenizatória em cifra igual à do título, se não ultrapassa ao equivalente de um até dez salários-mínimos. Se diminuta a importância, multiplica-se a mesma em certo número de vezes, até alcançar um total correspondente a alguns salários-mínimos. Na eventualidade de elevadas as cifras dos títulos, não parece despropositado o arbitramento em até um percentual módico, de modo a não servir a ação para um expediente ou caminho a fim de conseguir o enriquecimento indevido.

Vinga a opinião de não se pedir uma quantia definida, atribuindo-se o arbitramento ao juiz. Embora a prudência deste critério, corre-se o risco de sequer se viabilizar o recurso se não satisfazer a fixação, posto que não se vislumbra decaimento do pedido. Ademais, tudo o que fica ao arbítrio sujeita-se ao subjetivismo, às influências pessoais do julgador, às preferências e experiências próprias, sem esquecer que, não raramente, o juiz não tem experiência alguma, ou é imaturo, ou formaliza juízos desconectados da realidade. O arbítrio sempre envolve uma certa dose de arbitrariedade.

De sorte que mais coerente e afeito à prudência atribuir uma significação econômica certa a postulação reparatória, com a exposição dos motivos, ou justificando a razão do valor procurado.

8. DANO MORAL POR ASSÉDIO SEXUAL

O assédio sexual revela-se em um ato que atenta contra a liberdade e a dignidade da pessoa. Não que sejam proibidas as aproximações, a demonstração de interesse de uma pessoa pela outra de sexo diferente, a simpatia e a natural inclinação afetiva que se sente em relação a um ser humano. Consideram-se manifestações normais os galanteios, as insistentes atenções devotadas a alguém, os pedidos de aceitação de um relacionamento, e outras maneiras de expressar os sentimentos de afeto e mesmo as investidas para

---

[42] AgRg no Ag. nº 1.067.232/SP, da 3ª Turma, j. em 05.03.2009, *DJe* de 24.03.2009.

a conquista amorosa. É próprio da mulher ser cortejada e procurada, e está na índole do homem a tendência de se aproximar e insistir até vencer resistências.

O que não é aceitável e provoca constrangimento, fere suscetibilidades e ofende a autoestima é a prática solerte de buscar um relacionamento sexual em função de cargo ocupado, ou de uma posição de hierarquia, ou do estado econômico superior. Sempre existiu a tendência de se aproveitar de circunstâncias do trabalho, de funções especiais ocupadas, da chefia exercida, para conseguir a aceitação de um relacionamento, o qual não se faz acompanhar de sentimentos íntimos especiais que conduzem à aquiescência. Maior a gravidade quando se insinuam ameaças veladas na recusa às pretensões indecorosas.

Em suma, por imposição à consideração e ao respeito que todos merecem, não compactua o direito com as atitudes de tal jaez, que acontecem amiúde nas repartições públicas, nos escritórios, nos hospitais, nas fábricas, nas esferas políticas, procurando os chefes, os patrões, os profissionais valer-se da situação para conquistar a secretária, a funcionária, a empregada.

Vários os meios e expedientes utilizados para assediar, sendo comuns os galanteios, os elogios constantes e forçados, os gestos insinuantes, os toques e exagerados abraços, os convites para jantares, os gracejos, as insinuações, as propostas de recompensas e promoções, os presentes, as viagens e as gratificações. Na visualização jurisprudencial, caracteriza-se "quer através de palavras, quer de atos. Tais manifestações constituem-se em propostas de relações sexuais, com promessas de presentes, viagens, vantagens materiais. Nada provado contra a honestidade da mulher, sua palavra merece maior crédito, máxime se a prova testemunhal também depõe neste sentido. Caracterizado o assédio, cabe indenização por dano moral".[43]

Requisito indispensável para caracterizar a figura é o aproveitamento da condição da superioridade hierárquica, também colocada como condição para a tipificação da figura penal do art. 216-A do Código Penal, introduzida pela Lei nº 10.224/2001, nos seguintes termos: "Constranger alguém com o intuito de obter vantagem ou favorecimento sexual, prevalecendo-se o agente da sua condição de superior hierárquico ou ascendência inerentes ao exercício de emprego, cargo ou função. Pena – detenção, de 1 (um) a 2 (dois) anos."

A pena é aumentada de um terço se a vítima for menor de dezoito anos, consoante o parágrafo único, incluído pela Lei nº 12.015/2009.

No âmbito penal, para a caracterização do delito, apontam-se três requisitos: a) o constrangimento ilícito, que se define como compelir, obrigar, determinar, impor algo contra a vontade da vítima etc.; b) a finalidade especial que é a vantagem ou o favorecimento sexual; c) o abuso de uma posição de superioridade laboral. No entanto, na área cível a mera importunação com propostas indecorosas, ou o dissabor provocado por conduta insensata e destemperada, é suficiente para impor a reparação. É que toda conduta causadora de sensação desagradável, de insatisfação, de moléstia, de humilhação dá ensejo à reparação.

Além da indenização por danos patrimoniais, desde que comprovados, como os decorrentes da injusta despedida do emprego, ou rebaixamento de posição na empresa, a reparação moral é plenamente justificável, no que se manifesta pacífica a jurisprudência: "Danos morais. Assédio sexual. Superior hierárquico que se aproveita da situação de fun-

---

[43] Apel. Cível nº 19.560/2001, da 6ª Câmara Cível do TJ do Rio de Janeiro, *DJ* de 23.05.2002, *in ADCOAS* 8208764, *Boletim de Jurisprudência ADCOAS*, nº 33, p. 517, ago. 2002.

cionária subordinada para dirigir-lhe propostas indecorosas e toques pessoais. Cabimento, reduzindo-se, no entanto, o *quantum* indenizatório de 300 para 50 salários-mínimos."[44]

"Assédio sexual... Dano moral... Empregada, balconista de estabelecimento comercial, submetida a constrangimento por seu patrão, em reiterado assédio sexual, fatos ocorridos na presença de fregueses e empregados. Prova testemunhal eficiente, não deixando dúvidas quanto ao imoral comportamento do réu, patrão da autora, que provocou violenta reação desta, confirmada por testemunhas. Dano moral plenamente caracterizado."[45]

Outrossim, se algum preposto do empregador incorrer na prática, a fim de importar em responsabilidade indenizatória deste, é necessário que ocorram os fatos durante o exercício do trabalho: "Responsabilidade do patrão por ato do preposto. Ilegitimidade passiva. A responsabilidade do patrão, por ato do preposto, somente se configura se o ato é praticado no exercício do trabalho que lhe competir, ou por ocasião dele... Sendo ausentes tais pressupostos não há como reconhecer-se a responsabilidade do patrão pelo ato do empregado, com o que descabe ser aquele demandado na ação de indenização. Ilegitimidade passiva reconhecida."[46]

9. DANO MORAL EM FAVOR DE INCAPAZES DE PERCEPÇÃO OU DE SENTIR

Trata-se de estabelecer a possibilidade ou não da reparação em favor de pessoas totalmente incapazes de sentirem a dor espiritual, ou de sofrerem interiormente em face de um acontecimento desagradável, como a morte de parentes, a ofensa, o estigma da deformidade. Incluem-se nessa categoria os menores impúberes de tenra idade, os nascituros, os amentais como os completamente loucos (e não os deficientes mentais), os portadores de arteriosclerose, os alienados da realidade que não são atingidos pelos acontecimentos do mundo externo.

Primeiramente, examina-se o assunto sob o prisma da finalidade da reparação do dano moral, que é compensar uma dor, um padecimento, uma ausência, ou a perda de um valor que se apresenta como um bem da vida. Nessa visão, se o dano vier a tolher ou cercear um proveito, uma presença, um valor importante na vida do incapaz, naturalmente cabe o direito à reparação. Mesmo que não tenha a percepção mental, ou a compreensão do significado da perda, é instintiva a carência que resulta o desaparecimento de um familiar para a criança recém-nascida. Futuramente sofrerá com mais agruras a ausência, dada a necessidade inata da presença de membros familiares, mormente se mãe ou pai. No caso de pessoa alienada, que não distingue os familiares de outros indivíduos, ficará sem o amparo, a assistência, a proteção do familiar. Embora não compreenda o mal causado, e nem a dimensão das consequências, fica a sensação da falta da assistência. Quem sabe, mais dolorosa a abrupta retirada do familiar, pois rompe-se o liame que lhe dava confiança, segurança, amparo. Mesmo os desprovidos de completa razão se adaptam a determinado ser humano, ficando ele ligado afetivamente.

Toda sorte de traumas, sequelas psicossomáticas, frustrações, inseguranças, pode marcar para sempre a vida do incapaz.

---

[44] Apel. Cível nº 75.940-4, da 6ª Câmara de Direito Privado do TJSP, j. em 25.03.1999.
[45] Apel. Cível nº 13.387/1999, da 13ª Câmara Cível do TJ do Rio de Janeiro, j. em 16.03.2000.
[46] Apel. Cível nº 599250636, da 10ª Câmara Cível do TJ do RGS, j. em 20.05.1999.

Inclusive isto ao nascituro, se um dos progenitores falecer por ato ilícito de outrem, pois ficará marcada indefinidamente a ausência, gerando insegurança e a sensação de falta.

Com certeza, não repercutem em seu íntimo, nem influem na sensação puramente emotiva e sensitiva alguns fatos que se erigem em causas de dano moral em relação a outras pessoas, como a falsa acusação, a ofensa injuriosa, a publicação de notícia desabonatória, dada a falta de percepção.

Especialmente se, por causa de um acidente ou ato ilícito de outrem, resultar aleijão, deformidade, limitação da capacidade dos membros, perdurando indelevelmente essas marcas, o dano moral mais justifica, no que se revela incisivo Carlos Roberto Gonçalves: "Malgrado a criança de tenra idade e o deficiente mental não possam sentir e entender o significado de um xingamento, de uma injúria ou de outra espécie equivalente de ofensa moral, evidentemente experimentarão um grande transtorno, constrangimento e incômodo se, em virtude de algum acidente ou ato praticado pelo causador do dano, ficarem aleijados ou deformados por toda a vida, obrigados, por exemplo, a usar cadeira de roda, ou de perderem o sentido da visão."[47]

É da própria natureza a necessidade de pai, de mãe, e faz parte do normal crescimento e desenvolvimento de qualquer ser vivo a companhia de irmãos e outros membros da família. A ausência de um deles, em maior ou menor grau, importa em uma redução de valores e de proveitos. Mesmo que o pai ou a mãe venham a formar uma nova união, ou que o incapaz seja cuidado por outras pessoas, nunca se substituirá as pessoas que os acompanhavam desde o nascimento.

Afora tais aspectos, a personalidade civil da pessoa começa do nascimento com vida, protegendo-se desde a concepção os direitos do nascituro, diante do art. 2º do Código Civil. Por isso, em respeito aos direitos assiste a reparação por dano moral.

10. A PROVA DO DANO MORAL

Existem fatos cuja ocorrência basta para a prova do dano moral. São os fatos notórios, que são aqueles conhecidos por todos, ou os que, junto com outras hipóteses, a quase generalidade das pessoas admite, constando do art. 374 do Código de Processo Civil: "Não dependem de prova os fatos: I – notórios."

São os eventos que todos conhecem, que a experiência comum ou o bom-senso admitem, como a dor pela morte de um ente querido, de um amigo, do cônjuge. Não se exige prova do sofrimento, da dor, da tristeza. Quem não sabe do sofrimento por que passam as pessoas ante a morte de um parente próximo? Não há como ignorar as evidências da humilhação e do sentimento de baixa estima em face de ofensas morais proferidas por outros seres humanos. Assim, a dor moral dos pais em decorrência da perda de um filho é de presunção irrefragável, uma presunção *hominis*, dispensando meios de prova, porquanto as relações humanas entre pais e filhos é inegavelmente presunção de vida. Por outras palavras, a perda de um filho, de um pai, de uma mãe, de um irmão produz, sempre, um intenso sofrimento, que se considera uma reação humana que acontece com todos. Presume-se a lesão do pai como decorrência necessária da morte do filho. Mesmo no protesto indevido, depreende-se que não causa boa repercussão a ciência de que uma empresa é devedora, a ponto de sofrer protesto oficial.

---

[47] *Responsabilidade Civil*, ob. cit., p. 545.

O Superior Tribunal de Justiça dita a orientação nesse sentido: "A concepção atual da doutrina orienta-se no sentido de que a responsabilização do agente causador do dano moral opera-se por força do simples fato da violação (*damnum in re ipsa*). Verificado o evento danoso, surge a necessidade da reparação, não havendo que se cogitar da prova do prejuízo, se presentes os pressupostos legais para que haja a responsabilidade civil (nexo de causalidade e culpa)."[48]

"Comprovada a existência do fato que gerou a dor, o sofrimento, os sentimentos íntimos que o ensejam impõe-se a condenação ao pagamento de indenização por dano moral, independente da comprovação de prejuízo material... Agravo regimental desprovido."[49]

"Não há falar em prova do dano moral, mas, sim, na prova do fato que gerou a dor, o sofrimento, sentimentos íntimos que o ensejam. Provado, assim, o fato, impõe-se a condenação, sob pena de violação ao art. 334 do CPC."[50] O referido art. 334 corresponde ao art. 374 do CPC/2015.

"A jurisprudência desta Corte está consolidada no sentido de que, na concepção moderna do ressarcimento por dano moral, prevalece a responsabilização do agente por força do simples fato da violação, de modo a tornar-se desnecessária a prova do prejuízo em concreto, não contrário do que se dá quanto ao dano material.

'O valor da indenização por dano moral não pode escapar ao controle do Superior Tribunal de Justiça' (REsp. nº 53.321/RJ, Min. Nilson Naves).

Fixação da condenação em valores razoáveis, considerando as peculiaridades da espécie."[51]

Nos tribunais inferiores:

"Ato ilícito consistente na inscrição indevida do nome do autor no cadastro de devedores inadimplentes do SPC. Ausência de demonstração pelo credor da origem da dívida inscrita. Ausência de prova da notificação do devedor (art. 43, § 2º, do CDC). Desnecessidade de prova do dano moral (*re ipsa loquitur*). Indenização arbitrada em valor correspondente a 50 salários-mínimos nacionais. Sentença de improcedência reformada. Apelação provida."[52]

"A existência do resultado ou prejuízo, no caso o dano moral, prescinde da comprovação do reflexo patrimonial do prejuízo, como é predominantemente na doutrina e na jurisprudência pátrias, bem como a repercussão do ato ilícito sair ou não da esfera do conhecimento das partes. O simples aborrecimento devido às dificuldades de revisão em seu veículo, consequência natural do insucesso de negócio da concessionária de veículos relativa à marca de seu carro, não se enquadra no conceito de dano moral, o qual envolve dor e sofrimento profundos, sentimentos esses situados na esfera íntima do lesado. Recurso conhecido e improvido."[53]

Nesse mesmo campo, tem importância o art. 375 do estatuto acima citado, quanto àquilo que decorre da experiência comum, e que todos têm noção pela sabedoria da vida: "O juiz aplicará as regras de experiência comum subministradas pela observação do que ordinariamente acontece e, ainda, as regras de experiência técnica, ressalvado, quanto a estas, o exame pericial."

Entrementes, despontam situações que carecem de comprovação.

---

[48] REsp. nº 23.575/DF, da 4ª Turma, j. em 09.06.1997, *DJU* de 1º.09.1997.
[49] STJ – *AGA* 435.504/SP, da 3ª Turma, *DJU* de 26.08.2002.
[50] REsp. nº 86.271/SP, da 3ª Turma, *DJU* de 09.12.1997.
[51] REsp. nº 611.973/PB, da 4ª Turma do STJ, j. em 23.03.2004, *DJU* de 13.09.2004.
[52] Apel. Cível nº 70003090529, da 1ª C.Cív. do TJRGS, j. em 6.03.2002.
[53] Ap. Cível nº 016.760, da 1ª C. Cív. do TJMA, j. em 26.05.2003.

Uma pessoa física ou jurídica que possui vários protestos lavrados, ou inúmeras ações contra si movidas na justiça, ou o nome lançado já em cadastros de devedores, não sofrerá grandes danos por mais um protesto, mesmo que indevido.

A morte de um parente que convivia com os pais desperta, em princípio, uma sensação de perda bem mais aguda e profunda que a morte de um filho que não mantinha laços de amizade, ou se encontrava afastado dos mesmos há longo tempo.

Um cônjuge nem sempre está intimamente ligado ao outro, de sorte que a morte pode representar intensidade diferente de dor para cada caso.

Se os irmãos não se relacionavam com o falecido, ou pouco conviviam, de pouca monta o sentimento de perda.

A publicação de notícia desabonatória sobre uma pessoa já condenada e de péssimos antecedentes pouco ou nada representa de desprestígio. Já a divulgação de desvios de conduta de um profissional que depende do bom conceito de seu nome pode representar um dano de grande monta.

Diante desses diferentes quadros de casos práticos, que repercutem no montante da indenização, fica óbvio a necessidade de se produzir a prova. Constitui-se um dado irrefutável que toda perda de parente, ou ofensa à Pessoa, redunda em dano moral, entrementes a prova elucidará a quantificação do dano para fins de definir a quantia compensatória.

11. A REPARAÇÃO POR DANO MORAL, SUA QUANTIFICAÇÃO E PAGAMENTO

Na verdade, a reparação não passa de uma compensação que se faz em face da dor, da tristeza, do sentimento de ausência, do vexame sofrido, da humilhação, do descrédito resultante de informes inverídicos divulgados, do abalo do ânimo que determinados fatos trazem às pessoas. Não existe um *minus* patrimonial, mas a sensação desagradável, dolorida, amarga, frustrante, o sentimento de falta ou ausência, a perda da credibilidade, o abalo da disposição, e outros estados anímicos, que se procura não afastar, nem substituir, e sim colocar ao lado deles, em benefício de quem vive essa experiência ou sensação, para que se desfaça a situação criada ou se encontre uma outra motivação em sua vida, e, assim, retome a normalidade dentro do possível.

Em todo dano provocado, caso não se conseguir o retorno à situação anterior, ou ao *status quo ante*, procura-se a indenização, que corresponderá aos lucros cessantes e aos danos emergentes, o que se aplica mais para os prejuízos materiais. Se restritamente de fundo moral o dano, como se referiu, há a reparação que se concretiza pela compensação mediante a entrega de um bem, que normalmente é dinheiro.

Não se pense que inexistam outras formas de reparar os danos morais, mesmo que cumulativamente com a reparação mediante a compensação econômica. Se atingida uma pessoa em sua honra, tem amparo para exigir que a compensação se realize através de uma obrigação de fazer, como se desculpar publicamente ou perante o círculo de pessoas sabedoras dos impropérios. Tendo como canal do malefício divulgado a imprensa, tem o amparo de buscar a publicação da sentença condenatória no mesmo veículo.

Tem-se em conta a plenificação da reparação, como asseguram o art. 5º, incisos V e X, da Constituição Federal, e o art. 944 do Código Civil. Deverá a vítima endereçar pedido de condenação de pagamento em dinheiro e, se praticada a ofensa pela imprensa, e de publicação da sentença condenatória no mesmo periódico ou em outro. Com isso, concede-se uma prestação que recomporá o bem da vida violado pela prática de ilícito civil.

A finalidade da reparação é bem exposta por Wilson Melo da Silva, que dá realce ao dinheiro como fator para se chegar a tal escopo: "O dinheiro, pois, entra na reparação dos danos morais como um compensador, indireto, dos sofrimentos sentidos pelo lesado.

Graças ao seu papel econômico, facilita a aquisição de tudo aquilo que possa concorrer para trazer ao ofendido uma compensação, em alegrias, por suas angústias e sofrimentos.

Por via dele, mediatamente, se chega a pôr em confronto bens da mesma natureza moral: sentimentos interiores, não econômicos, a dor e a alegria.

Os prazeres que o dinheiro proporcionaria teriam relevante papel nesse apaziguamento da dor. Ajudariam no esbatimento da ideia, da representação mental, na linguagem dos psicólogos, geradora de todos os fenômenos da angústia e da depressão."[54]

E para a quantificação dessa compensação não existe uma regulamentação específica, ou um critério que imponha tarifas, montantes, valores. Nem se reclama que a parte faça o pedido específico do montante, na linha de orientação bem colocada pelo STJ: "Processo civil. Danos morais. Os danos morais são arbitrados pelo juiz segundo as circunstâncias do caso concreto, e por isso a petição inicial da respectiva ação de indenização não precisa quantificar o pedido – até porque, se isso fosse feito, o autor corre o risco de sucumbir em parte, suportando, nessa medida, os honorários de advogado do réu, com o consequente desvio de finalidade da demanda."[55]

Alguns dispositivos do Código Civil indicam o caminho para a fixação, em espécies que se caracterizam mais como dano moral, como se constata na indenização por injúria, difamação ou calúnia – art. 953; e na indenização por ofensa à liberdade pessoal – art. 954. Já a reparação no caso de morte, ou de lesão à saúde, ou de prejuízo estético, está disciplinada de modo próprio pelos arts. 948, 949 e 950. Se se procurar a reparação por dano moral, não aparecem delineamentos de critérios ou parâmetros.

Em tese, mas sem o caráter de obrigatoriedade, nos danos morais que atingem a honra, externados pela imprensa através da injúria, da difamação e da calúnia, incide a Lei nº 5.250/1967, que, efetivamente, dá a quantificação por meio de cifras equivalentes ao salário-mínimo. O assunto virá estudado em item separado, no Capítulo sobre a responsabilidade por injúria, difamação ou calúnia. Todavia, antecipa-se que a vigente Constituição não recepcionou a citada Lei.[56]

Em suma, não oferece o Código uma linha indicativa do montante da compensação pelo padecimento moral. Não se conhece antecipadamente o valor objeto do pagamento, o que equivale a afirmar que não se têm noção exata das consequências da prática dos atos atentatórios à ofensa moral.

Impõe-se o arbitramento, que é o critério adotado pelo art. 946 do Código Civil: "Se a obrigação for indeterminada, e não houver na lei ou no contrato disposição fixando a indenização devida pelo inadimplemento, apurar-se-á o valor das perdas e danos na forma que a lei processual determinar." De acordo com a lei processual, leva-se a termo a liquidação por arbitramento e pelo procedimento comum (arts. 509, incs. I e II, do CPC).

---

[54] *O Dano Moral e sua Reparação*, ob. cit., 3ª ed., 1999, 615.
[55] REsp. nº 134.197/SP, da 3ª Turma, j. em 07.11.2000, *DJU* de 18.12.2000, rel. Min. Ari Pargendler.
[56] STF, ADPF 130-7, Pleno, j. em 30.04.2009, *DJE* de 06.11.2009, rel. Min. Ayres Britto.

No entanto, dentro do possível, e especialmente em se tratando de danos morais, na própria sentença se definirá o montante da compensação, como já ilustrava o Min. Athos Gusmão Carneiro: "Tanto quanto possível, ainda que mais incômodo para o juiz da causa, deve ser evitada sentença que necessite de liquidação para ser executada. A sentença já deve ser proferida de modo a valer por si mesma, ter eficácia imediata, ser exequível, independentemente de qualquer outra formalidade. Desde que declarada a violação a um direito, o autor tem interesse em obter, incontinenti, a sua efetivação; e o Poder Judiciário, em nome de sua autoridade e de seu prestígio, tem igualmente interesse em conceder a reparação ao credor o mais rápido possível."[57]

Na fixação, levam-se em conta vários princípios, sobressaindo os seguintes:

- a intensidade do sofrimento moral, da dor física, da depressão resultante do ato ofensivo;
- a gravidade do ato que acarretou a dor moral, como a morte do progenitor, do filho, ou do irmão, ou de outro parente mais distante;
- o grau de relacionamento da pessoa que suporta a dor e a vítima que faleceu, ou a amizade e coabitação do falecido com o parente que ficou;
- o teor da ofensa, como se injúria, ou calúnia ou difamação, e se atinge a honra subjetiva, isto é, valores morais, ou meras qualidades externas;
- o alcance da ofensa, isto é, se chegou ao conhecimento de algumas pessoas ou do público em geral;
- o grau de maldade ou de dolo do ofensor, e inclusive se houve ou não culpa concorrente, seguindo-se o seguinte parâmetro: "O reconhecimento da culpa concorrente tem o condão de reduzir o valor da indenização, sabido, outrossim, que, entre outros critérios, o grau de culpa deve ser observado no arbitramento do dano moral;"[58]
- o estado econômico do ofensor e do ofendido, porquanto de pouca significação se o impropério partiu de alguém econômica, profissional ou socialmente inferior ao ofendido; já aumenta a gravidade se partiu o mal de pessoa do mesmo nível ou superior do ofendido; assim, o que satisfaz uma pessoa de baixa renda nem sempre atende as pretensões de um alguém em patamar mais elevado;
- não seguir uma tarifação, posto que acarreta a desconsideração das peculiaridades de caso a caso;
- não se pode converter o dano moral como uma fonte de lucro, pois perderia o caráter meramente compensatório, que é a sua natureza;
- o princípio da razoabilidade importa em não se conceder um dano moral superior à indenização por dano material, de modo que, no protesto indevido de um título, ou a sua inscrição em cadastro de devedores, comporta a reparação no equivalente à cifra do título, se de valor médio, ou a uma proporção, se de significativa expressão econômica;
- embora se deva objetivar o desestimular das ofensas (*theory of deterrance* do direito inglês), não se deve imprimir à reparação o exagerado caráter de punição, ou valorizar demais o sentido de *exemplary demages*, que excepciona a regra geral de que as

---

[57] "A sentença ilíquida e o art. 459, parágrafo único, do Código de Processo Civil", em AJURIS – *Revista da Associação dos Juízes do RGS*, nº 5, p. 166.

[58] REsp. nº 403940/TO, da 4ª Turma do STJ, j. em 02.05.2002, *DJU* de 12.08.2002.

perdas e danos servem apenas para reparar o prejuízo causado; mesmo que inerente a dupla finalidade de punição do agente e compensação pela dor sofrida, impõe-se dar realce ao segundo fator, que é o que se busca com a demanda;

– assim como não pode servir de fonte de enriquecimento, não se arbitra uma quantia simbólica, pois não atingiria a sua finalidade de compensação, segundo orientação do STJ: "A indenização por danos morais deve ser fixada em termos razoáveis, não se justificando que a reparação venha a constituir-se em enriquecimento sem causa, com manifestos abusos e exageros, devendo o arbitramento operar-se com moderação, proporcionalmente ao grau de culpa e ao porte econômico das partes, orientando-se o juiz pelos critérios sugeridos pela doutrina e pela jurisprudência com razoabilidade, valendo-se de sua experiência e do bom-senso, atento à realidade da vida e às peculiaridades de cada caso. Ademais, deve ela contribuir para desestimular o ofensor a repetir o ato, inibindo sua conduta antijurídica;"[59]

– na inviabilidade de se dar um parâmetro com base no valor do dano material, ou do título, segue-se o critério da fixação em salários-mínimos, sendo um critério do conhecimento geral, tendo merecido a aceitação e se coadunado à cultura brasileira, tanto que ensejou a formulação da Súmula nº 490 do STF: "A pensão correspondente à indenização oriunda de responsabilidade civil deve ser calculada com base no salário-mínimo vigente ao tempo da sentença e ajustar-se às variações ulteriores."

Carlos Roberto Gonçalves aponta alguns critérios: "a) a condição social, educacional, profissional e econômica do lesado; b) a intensidade de seu sofrimento; c) a situação econômica do ofensor e os benefícios que obteve com o ilícito; d) a intensidade do dolo ou o grau de culpa; e) a gravidade e a repercussão da ofensa; f) as peculiaridades e circunstâncias que envolveram o caso, atendendo-se para o caráter antissocial da conduta lesiva".[60]

O Min. Paulo de Tarso Sanseverino, em decisão que ficou conhecida pela abrangência da matéria, louvando-se em obra de sua autoria, toma como base dois fatores para a fixação do valor, em um método que chama de bifásico:

"O método mais adequado para um arbitramento razoável da indenização por dano extrapatrimonial resulta da reunião dos dois últimos critérios analisados (valorização sucessiva tanto das circunstâncias como do interesse jurídico lesado).

Na primeira fase, arbitra-se o valor básico ou inicial da indenização, considerando-se o interesse jurídico lesado, em conformidade com os precedentes jurisprudenciais acerca da matéria (grupo de casos). Assegura-se, com isso, uma exigência da justiça comutativa que é uma razoável igualdade de tratamento para casos semelhantes, assim como que situações distintas sejam tratadas desigualmente na medida em que se diferenciam.

Na segunda fase, procede-se à fixação definitiva da indenização, ajustando-se o seu montante às peculiaridades do caso com base nas suas circunstâncias. Partindo-se, assim, da indenização básica, eleva-se ou reduz-se esse valor de acordo com as circunstâncias particulares do caso (gravidade do fato em si, culpabilidade do agente, culpa concorrente da vítima, condição econômica das partes) até se alcançar o montante definitivo.

Procede-se, assim, a um arbitramento efetivamente equitativo, que respeita as peculiaridades do caso. Chega-se, com isso, a um ponto de equilíbrio em que as vantagens

---

[59] REsp. nº 265.133-0/RJ, da 4ª Turma, *DJU* de 23.10.2000.
[60] *Da Responsabilidade Civil*, ob. cit., p. 577.

dos dois critérios estarão presentes. De um lado, será alcançada uma razoável correspondência entre o valor da indenização e o interesse jurídico lesado, enquanto, de outro lado, obter-se-á um montante que corresponda às peculiaridades do caso com um arbitramento equitativo e a devida fundamentação pela decisão judicial."[61]

No pertinente ao dano moral por morte de parente, o assunto está desenvolvido na parte que trata da indenização por morte.

Levando-se em conta os princípios acima, fica claro que, se resultar a invalidez, além da indenização por dano material, arbitra-se uma considerável importância para a compensação da perda da normalidade da expressão de seu corpo, devendo consistir, no mínimo, em trezentos salários-mínimos.

Assim, em caso de paraplegia, o STJ estipulou a indenização equivalente a 500 (quinhentos) até 1500 (mil e quinhentos) salários-mínimos, como demonstram os arestos seguintes:

"Responsabilidade civil. Dano moral. Indenização. Incapacidade permanente. Sucumbência parcial. Custas e honorários. Fixação do valor do dano moral sofrido pelo autor, que ficou paraplégico, em valor equivalente a 500 s/m. Vencido em parte o relator, que deferiu R$ 150.000,00.

Com a sucumbência parcial, as custas devem ser repartidas e reduzida a verba honorária devida ao patrono do autor. Art. 21 do CPC. Não conhecimento do recurso quanto à matéria de fato."[62] O referido art. 21 corresponde ao art. 86 do CPC/2015.

"O valor da indenização por dano moral sujeita-se ao controle do Superior Tribunal de Justiça, desde que o *quantum* contrarie a lei ou o bom-senso, mostrando-se manifestamente exagerado, ou irrisório, distanciando-se das finalidades da lei. Na espécie, levando em consideração a situação econômico-social das partes, a atividade ilícita exercida pelo réu segundo recorrente, de ganho fácil, o abalo físico, psíquico e social sofrido pelo autor, o elevado grau da agressão, a ausência de motivo e a natureza punitiva e inibidora que a indenização, no caso, deve ter, mostrou-se insuficiente o valor fixado pelo Tribunal de origem a título de danos morais, a reclamar majoração (...).

Fixação da indenização por dano moral em 1.500 (hum mil e quinhentos) salários--mínimos."[63]

"Agravo regimental. Recurso especial não admitido. Acidente. Indenização. Danos moral e estético. Precedentes.

Possível a cumulação das indenizações por danos moral e estético, se distintas as causas.

No tocante ao valor do dano moral, sopesados todos os elementos constantes dos autos, dentre eles a natureza gravíssima das lesões sofridas, os traumas psicológicos e limitações físicas decorrentes, bem como a idade da vítima (22 anos), não se pode considerar elevada a indenização fixada.

Agravo regimental desprovido" (o valor foi estabelecido em 570 salários-mínimos).[64]

---

[61] Recurso Especial nº 1.152.541, da Terceira Turma, j. em 13.09.2011, DJe de 21.09.2011, em RJTJRS, vol. 285, p. 41; e RSTJ, vol. 224, p. 379.

[62] REsp nº 250.979/SP, rel. Min. Ruy Rosado de Aguiar, unânime, j. em 22.08.2000, *DJU* de 23.10.2000.

[63] REsp. nº 183.508/RJ, rel. Min. Sálvio de Figueiredo Teixeira, unânime, j. em 05.02.2002, *DJU* de 10.06.2002.

[64] AGA. nº 469.137/RS, rel. Min. Carlos Alberto Menezes Direito, 3ª Turma, unânime, j. em 08.05.2003, *DJU* de 16.06.2003.

Tem o STJ sustentado que o valor da indenização, em face da repercussão que sofrerá a vítima pelo resto da vida, deverá estar em um patamar bem superior ao do valor concedido por danos morais em caso de morte:

"A gravidade e a perpetuação das lesões que atingiram a vítima transformam inteiramente a sua vida e a priva para, sozinha, praticar atos simples da vida. Para casos como esse, não se utilizam como paradigma hipóteses de falecimento de entes queridos.

A fixação do valor do dano moral sofrido pelo autor, que ficou paraplégico e se viu condenado a permanecer indefinidamente em uma cadeira de rodas, no montante de R$40.000,00 (quarenta mil reais) encontra-se em dissonância com as balizas desta Corte para casos análogos.

Recurso especial parcialmente provido para majorar o *quantum* indenizatório para R$ 250.000,00 (duzentos e cinquenta mil reais)."[65]

Fortes os motivos declinados na sustentação do voto da Relatora:

"Por outro lado, são poucos os precedentes desta Corte que versam acerca do valor do dano moral, em casos nos quais resulte à vitima incapacidade permanente para o trabalho, decorrente de tetraplegia, paraplegia ou outra lesão, ou seja, nas hipóteses em que se busca compensar a própria vítima por sequela que irá carregar pelo resto de sua vida.

Esta C. 3ª Turma, em julgamento unânime (REsp. nº 951.514/SP, de minha relatoria, *DJ* de 31.10.2007), entendeu por manter o montante de R$ 1.140.000,00 (um milhão, cento e quarenta mil reais) a título de danos morais em favor de policial de 24 anos que ficou tetraplégico após ser baleado dentro de agência bancária por vigilante terceirizado, que promoveu disparos desnecessários durante procedimento de repressão a assalto. Na ocasião, destaquei, considerando 'o potencial econômico de um dos réus – que sabidamente é a maior instituição financeira privada do país – somado à profunda gravidade da lesão', não ser 'razoável reduzir a indenização fixada para os patamares usualmente praticados por esta Corte para ilícitos dos quais decorre a morte da vítima." O fundamento para a adoção desse entendimento extrai-se de meu voto, do qual transcrevo o seguinte excerto, por oportuno:

'Não é despropositado dizer que a aflição causada a essa vítima, ao próprio acidentado, não pode ser comparada, em termos de grandeza, com a perda de um ente querido. Para a morte dos que nos são próximos, estamos, sempre, de um modo ou de outro, preparados. A morte de nossos pais, de nossos irmãos, por mais dolorida que seja, por mais que deixe sequelas para sempre, não é, ao menos necessariamente, tão limitadora quanto a abrupta perda de todos os movimentos, capacidade sexual e controle sobre as funções urinárias e intestinais. O cidadão também se acostuma a esta nova condição. Mas sua vida estará, tanto do ponto de vista subjetivo como do ponto de vista objetivo, irremediavelmente modificada'.

Merecem destaque ainda os seguintes precedentes desta Corte: AgRG no Ag nº 853.854/RJ (1ª Turma, rel. Min. Denise Arruda, *DJ* de 29.06.2007), REsp. nº 1.065.747/PR (4ª Turma, rel. Min. Fernando Gonçalves, *DJe* de 23.11.2009), REsp. nº 1.044.416/RN (2ª Turma, rel. Min. Mauro Campbell Marques, *DJe* de 16.09.2009) e REsp. nº 1.148.514/SP (2ª Turma, rel. Min. Castro Meira, *DJe* de 24.02.2010). No primeiro caso, a C. 1ª Turma

---

[65] REsp. nº 1.189.465/SC, da 3ª Turma, j. em 26.10.2010, *DJe* de 09.11.2010, rel.ª Min.ª Nancy Andrighi.

entendeu razoável o valor arbitrado pelo Tribunal de Origem de R$ 360.000,00 a título de danos morais para vítima de erro médico que ficou tetraplégica e em estado vegetativo.

Ao segundo recurso, por sua vez, a C. 4ª Turma reduziu o valor para R$ 250.000,00, em outro caso de erro médico que resultou em tetraplegia. Por fim, nos dois últimos precedentes citados, a C. 2ª Turma manteve a condenação do réu ao pagamento de danos morais, respectivamente, no montante de R$ 500.000,00 para militar que ficou tetraplégico em razão de exercício de treinamento e de 1000 salários-mínimos para adolescente que ficou paraplégico e em estado vegetativo e para sua genitora."

Em outras situações o STJ fixou valores, servindo de exemplos os que seguem, e podendo servir de orientação.

No caso de morte de filho no parto:

"A morte do filho no parto, por negligência médica, embora ocasione dor indescritível aos genitores, é evidentemente menor do que o sofrimento diário dos pais que terão de cuidar sempre do filho inválido, portador de deficiência mental irreversível.

Reformado o acórdão recorrido para fixar o valor do dano moral em 500 (quinhentos) salários-mínimos, diante das circunstâncias fáticas da demanda."[66]

Na publicação de fotografia sem autorização:

"A publicação de fotografia, sem autorização, por coluna social veiculando notícia não verdadeira, causa grande desconforto e constrangimento, constituindo ofensa à imagem da pessoa e, consequentemente, impondo o dever de indenizar (dano moral)."[67]

No protesto indevido de título:

"Ação de indenização. Dano moral. Protesto de cheque no valor de R$ 1.333,00 falsificado por terceiros. Falha na prestação de serviço ao consumidor. Protesto indevido. Recursos especiais. Redução do quantum indenizatório, fixado em R$ 133.000,00 para R$ 20.000,00.

A pretensão recursal de rever o entendimento das instâncias ordinárias a respeito da responsabilidade da recorrente esbarra no óbice da Súmula nº 7/STJ.

As circunstâncias da lide não apresentam nenhum motivo que justifique a fixação do quantum indenizatório em patamar especialmente elevado, devendo, portanto, ser reduzido para se adequar aos valores aceitos e praticados pela jurisprudência desta Corte.

Recurso especial da instituição financeira provido. Recurso especial da empresa de turismo parcialmente provido."[68]

No caso de alarme antifurto:

"Direito civil e processual civil. Recurso especial. Reparação por danos morais. Falsa imputação de furto. Constrangimento e humilhação a que é submetido o consumidor, em via pública, para retornar ao estabelecimento comercial e ser revistado. Embargos de declaração.

Omissão e prequestionamento ausentes. Vedação do revolvimento do substrato fático e probatório em recurso especial. Valor dos danos morais. Proporcionalidade e razoabilidade. (...)

---

66   REsp. nº 1.024.693/SP, da 2ª Turma, j. em 06.08.2009, *DJe* de 21.08.2009, rel.ª Min.ª Eliana Calmon.
67   REsp. nº 1.053.534/RN, da 4ª Turma, j. em 23.09.2008, *DJe* de 06.10.2008.
68   REsp. nº 792.051/AL, da 3ª Turma, j. em 27.05.2008, *DJe* de 20.06.2008.

O valor dos danos morais, indiscutivelmente sofridos pelo consumidor, fixado em R$ 7.000,00, não destoa da jurisprudência do STJ, em julgamentos de situações similares, que manteve a condenação em patamares inclusive superiores ao estabelecido no acórdão impugnado. Houve, portanto, razoabilidade e proporcionalidade no arbitramento da condenação, consideradas as peculiaridades do processo."[69]

É difícil, no entanto, traçar parâmetros em valores fixos para as diversas hipóteses de dano moral, como para a compensação de danos físicos, de protesto indevido de título, de ofensas pessoais, de lançamento do nome em cadastro de devedores etc, pois há de se examinar cada situação particular, as circunstâncias especiais, a posição social e econômica das pessoas envolvidas, o tipo de bem ou valor da pessoa atingido. No arbitramento, leva-se em conta caso a caso, o que impede uma prévia tarifação de cifras para gamas equivalentes de ocorrências.

Em reiterados pronunciamentos, avoca o Superior Tribunal de Justiça a si a função de controle da quantia arbitrada, conforme o seguinte exemplo:

"Cabe ao Superior Tribunal de Justiça o controle do valor fixado a título de indenização por dano moral, que não pode ser ínfimo ou abusivo, diante das peculiaridades de cada caso, mas sim proporcional à dúplice função deste instituto: reparação do dano, buscando minimizar a dor da vítima, e punição do ofensor, para que não volte a reincidir.

Quantia de 100 (cem) salários-mínimos a título de indenização por dano moral, que se apresenta razoável, na hipótese de entrega indevida de talonário de cheques a pessoa estranha, sem identificação, levando em conta ainda ser a correntista senhora idosa, com problemas de saúde, submetida a investigação policial por falha da instituição bancária.

Fixação do quantum que se harmoniza com os parâmetros costumeiramente utilizados pelas Terceira e Quarta Turmas desta Corte".[70]

Em outra decisão:

"O Superior Tribunal de Justiça consolidou orientação no sentido de que a revisão do valor da indenização somente é possível quando exorbitante ou insignificante a importância arbitrada, em flagrante violação dos princípios da razoabilidade e da proporcionalidade. No particular, o Tribunal de origem, ao considerar as circunstâncias do caso concreto, as condições econômicas das partes e a finalidade da reparação, entendeu por bem reduzir o valor fixado em sentença, de R$ 450 mil para cada um dos recorrentes, genitores da criança para R$ 50 mil para cada um deles. A pretensão trazida no especial não se enquadra nas exceções que permitem a interferência desta Corte, uma vez que o valor arbitrado não é irrisório em face dos parâmetros adotados por esta Corte para casos semelhantes. Incidência da Súmula nº 7/STJ."[71]

Faz-se o pagamento da indenização em uma só vez, pois não se destina a servir de alimentos, mas corresponde a uma compensação, conforme orienta o Superior Tribunal de Justiça: "A indenização por danos morais deve ser paga de uma só vez, preferencialmente, e não em forma de pensionamento."[72]

---

[69] REsp. nº 1.042.208/RJ, da 3ª Turma, j. em 26.08.2008, *DJe* de 11.09.2008.

[70] REsp. nº 474.786/RS, da 2ª Turma, j. em 1º.04.2004, *DJU* de 07.06.2004.

[71] REsp. nº 1.094.525/SP, da 1ª Turma, j. em 20.10.2009, *DJe* de 23.10.2009, rel. Min. Benedito Gonçalves.

[72] REsp. nº 403.940/TO, da 4ª Turma, j. em 02.05.2002, *DJU* de 12.08.2002.

12. COMPETÊNCIA PARA A DEMANDA INDENIZATÓRIA POR DANO MORAL DE-CORRENTE DE RELAÇÃO EMPREGATÍCIA

Firmou-se o entendimento de que o empregado ou ex-empregado deve promover a ação reparatória por dano moral na Justiça do Trabalho.

A matéria é bem descrita por Misael Montenegro Filho: "Houve certa hesitação atinente à fixação de competência em demandas em que ex-empregado pleiteava verba relativa a danos morais em face de ex-empregador, chegando o Superior Tribunal de Justiça a afirmar, em época não tão distante, que a demanda em questão não teria qualquer vinculação com o contrato de trabalho (Conflito de Competência nº 29.071/RJ, 2ª Seção, rel. Min. Antônio de Pádua Ribeiro, j. em 23.08.2000).

Na atualidade, e através de julgados recentes, fixou-se a competência da Justiça Obreira em situações como a narrada, vislumbrando-se que mesmo referindo-se a ação a fato ocorrido após o rompimento do contrato de trabalho, persiste a competência da Justiça Especializada, pois abrange matéria originária do contrato de trabalho."[73]

Vem apontado um aresto do STJ, sobre a competência: "Conflito de competência. Ação de indenização por dano moral. Empregado. Competência da Justiça do Trabalho. É competente a Justiça do Trabalho para processar e julgar ação de indenização por danos morais promovida por ex-empregado contra seu empregador que teria praticado, por ocasião da resolução do contrato e por muitos meses depois, atos lesivos à sua honra. Embora grande parte das ações consideradas ofensivas tenham sido cometidas depois da despedida, não se pode deixar de vincular tal comportamento ao contrato de trabalho. Conflito de competência conhecido e declarada a competência da Vara do Trabalho."[74]

Não parece correta a inteligência dada sobre a competência. Há de se ater à matéria versada, que não revela natureza empregatícia. Não se discute sobre relações trabalhistas, ou obrigações e direitos derivados do contrato de trabalho. Nem entra na órbita de enfrentamento matéria tratada pelas leis trabalhistas. A responsabilidade civil está em discussão, e não a responsabilidade trabalhista. Foge da esfera do exame qualquer enfoque vinculado a deveres ou direitos de trabalho. A eventual ofensa moral, que enseja a reparação, tem um exame totalmente distinto e separado da gama de relações originadas do contrato de trabalho.

13. JUROS E CORREÇÃO MONETÁRIA INCIDENTES NA REPARAÇÃO POR DANO MORAL

Na reparação por danos morais, prepondera a jurisprudência na fixação dos juros a partir da citação, consoante os seguintes exemplos: "Embargos Declaratórios. Apelação Cível. Indenização. Acidente de Trabalho. Juros e Correção monetária. Termo inicial. Omissão. Juros fixados em 1% a.m. Correção monetária pelo IGP-M. Termo inicial a partir da citação atendendo às peculiaridades do caso. Acolheram parcialmente os embargos para suprir a omissão. Unânime."[75]

---

[73] *Ação de Indenização na Prática*, ob. cit., pp. 34 e 35.
[74] Conflito de Competência nº 30.149/PR, da 2ª Seção, rel. Min. Ruy Rosado de Aguiar, j. em 25.04.2001.
[75] Embargos de Declaração nº 70015584253, da 9ª Câmara Cível do TJRGS, j. em 26.07.2006.

"Apelação Cível. Reexame necessário. Acidente de trabalho... Auxílio-acidente. Existência de redução da capacidade laboral. Autor apto ao trabalho... Tratando-se de reexame necessário, a devolutividade é plena, não podendo a reforma restringir-se ao benefício da Fazenda Nacional, o que seria inconstitucional por ferir a isonomia das partes. Pedido implícito. O art. 293, do CPC, investe o Juiz do poder de pronunciar-se sobre juros, ainda quando inexiste pedido expresso do demandante. Destarte, *a fortiori*, pode o Magistrado ou Tribunal conceder outro percentual. Juros moratórios no percentual de 12% ao ano, a incidir desde a citação, conforme orientação jurisprudencial do STJ."[76] O citado dispositivo processual corresponde ao art. 322, § 1º, do CPC/2015.

"Consoante dispõe o artigo 405 do Código Civil, em se tratando de responsabilidade civil contratual, o termo inicial para cômputo dos juros de mora é a citação do devedor."[77]

Realmente, a mora inicia com o ato citatório, momento em que o obrigado é chamado a atender determinada pretensão. Não há que se falar em ofensa à Súmula nº 54 do STJ, a qual fixa o momento inicial dos juros a contar do fato danoso. Em se cuidando de dano moral, o arbitramento tem em vista certos critérios, nos quais se louva o juiz para a fixação, sendo relevante a dimensão da ofensa, aquilatada justamente no momento da sentença ou acórdão. Em certos casos, os lesados ingressam com a ação após considerável espaço de tempo, importando os juros, se iniciar a contagem da data do fato ofensivo, em vultosa soma, como que se o causador fosse responsável pela demora na formalização do pleito. Deve atribuir-se ao autor da pretensão o ônus pelo retardamento, pois ele deu causa ao inadimplemento no devido tempo, não se admitindo que seja premiado pela sua inércia.

No pertinente à correção monetária, tem dominado o início da contagem no momento da fixação, que representa a estimativa do valor compensatório. Tanto que o STJ consolidou o entendimento na Súmula nº 362, que assim dispõe: "A correção monetária do valor da indenização do dano moral incide desde a data do arbitramento." A sua aplicação revela-se pacífica, consoante se colhe dos seguintes julgados: "Correção monetária que flui a partir da data do acórdão estadual, quando estabelecido, em definitivo, o montante da indenização."[78]

"O Superior Tribunal de Justiça sufragou entendimento de que o *dies a quo* de incidência da correção monetária sobre o montante fixado a título de indenização por dano moral decorrente de ato ilícito é o da prolação da decisão judicial que a quantifica."[79]

"Nas ações de reparação de danos morais, o termo inicial de incidência da correção monetária é a data do arbitramento do valor da indenização. A respeito do tema, a Corte Especial editou recentemente a Súmula nº 362/STJ: 'A correção monetária do valor da indenização do dano moral incide desde a data do arbitramento'."[80]

---

[76] Apelação Cível nº 70015316169, da 9ª Câmara Cível do TJRGS, j. em 26.07.2006.
[77] REsp. nº 914.654/RJ, da 2ª Turma do STJ, j. em 03.06.2008, *DJU* de 19.06.2008.
[78] REsp. nº 566.714/RS, da 4ª Turma do STJ, j. em 06.05.2004, *DJU* de 09.08.2004.
[79] REsp. nº 862.346/SP, da 4ª Turma do STJ, j. em 27.03.2007, *DJU* de 23.04.2007.
[80] REsp. nº 813.067/PR, da 1ª Turma do STJ, j. em 25.11.2008, *DJU* de 16.02.2009.

XVI

Legitimidade para Pedir a Reparação por Dano Moral

1. OS LEGITIMADOS A BUSCAR A REPARAÇÃO

Indaga-se quem pode buscar a reparação por danos morais.

Por evidente que, em uma primeira resposta, estão habilitados aqueles que sofreram de frente os danos, e, assim, os lesados corporalmente, os atingidos pela ofensa à honra, os acusados injustamente, os que tiveram maculado o nome, os que sofreram aleijão ou deformidade, e são portadores de deformidade física, os enquadrados como devedores sem o ser, enfim, todas as pessoas que suportaram na própria alma ou no espírito, na sua sensibilidade, nos recônditos de seu interior, o sofrimento, a humilhação, a dor, a tristeza, o vexame, o desterro da sociedade, a reprovação alheia.

Aparecem, em segundo lugar, aqueles sobre os quais refletem os acontecimentos, embora outras as pessoas atingidas diretamente. Nesse rol encontram-se os pais pela morte dos filhos, e estes pelo decesso daqueles; o cônjuge que fica viúvo, ou o companheiro que perde seu par. Mesmo os irmãos sofrem danos morais com a morte de um irmão. Os avós são atingidos no falecimento dos netos.

Em outros termos, há o dano moral por fato que atinge a própria pessoa, e aquele que chega e afeta terceiro por ricochete, ou, no francês, par réfléchis.

Neste norte, os próprios lesados diretos e os parentes ou lesados indiretos revestem-se de legitimidade para buscar a reparação por dano moral. Entrementes, os que sofrem por fato que atingiu o parente próximo, o cônjuge, o companheiro, ficam habilitados a buscar a reparação máxime se o fato se trata de morte. Não cabe, de modo geral, a indenização em favor de pessoa diferente em face do dano estético sofrido pelo pai, ou pelo protesto indevido de uma dívida do cônjuge, muito menos pela ofensa assacada contra o familiar. Apenas em situações muito especiais os familiares próximos, afora as situações de morte, que também sofrem pelo evento que atingiu alguém, estão autorizados a buscar a reparação a esse título. Realmente, raros os casos em que se vislumbra esse direito. Seria, numa exceção, a reparação que os pais buscam pelo sofrimento moral, pela ânsia, ao verem o filho em perigo de vida. É o que se chama de dano reflexo, ou por ricochete. Caso típico colhe-se no desconforto e nos sentimentos de tristeza dos pais, irmãos e filhos da vítima que fica lesionada em ato ilícito praticado por outra pessoa. Especialmente se os familiares convivem com a vítima, sendo obrigados a atendê-la, a prestar-lhes serviços e cuidados pessoais, a acompanhá-la até a sua recuperação. Com certeza, os parentes próximos sofrem interiormente vendo o familiar imobilizado, lesionado, padecendo de dores.

O Superior Tribunal de Justiça aponta um exemplo: "Resultando para os pais, de quem sofreu graves lesões, consideráveis padecimentos morais, tem direito à reparação. Isso não se exclui em razão de o ofendido também pleitear indenização a esse título."

Vem exposta a situação no voto: "No caso em exame, segundo o relato da inicial, a vítima teve seu corpo atingido em três lugares, daí resultando o risco de vida, havendo permanecido por quarenta e oito horas em estado comatoso e hospitalizado durante sete dias, sofrendo duas paradas cardíacas. Ainda estaria dependendo de tratamento médico, afetado psicologicamente pelo ocorrido.

Tenho como inquestionável que tais padecimentos por que passou causaram intensa aflição aos pais. Não carece de ser demonstrado que o risco de vida e os males infligidos ao filho acarretam sério sofrimento a seus pais, representando dano moral. E esse merece ser reparado, nada importando que a vítima direta esteja igualmente pleiteando indenização. Não se trata, aqui, ademais, daquelas hipóteses em que se pretende alargar de modo indiscutível o número daqueles a que se reconhece direito à reparação. A pretensão é de seus pais, que são as pessoas mais próximas do ofendido, que é solteiro."[81]

Em princípio, somente a vítima legitima-se para pleitear a reparação. E, em verdade, mesmo no caso de morte decorrente de ato ilícito, os parentes próximos da vítima sofrem no próprio ser os efeitos da perda do ente querido. São eles atingidos porque parentes, o que revela certa relatividade em se entender como indireto o dano.

2. OS FAMILIARES OU PARENTES PRÓXIMOS DA VÍTIMA

Exclusivamente aos familiares e às pessoas afetivamente ligadas reconhece-se a legitimidade para demandar a reparação. Há uma ordem de possíveis sujeitos a quem se admite o direito, e que se restringe ao círculo familiar, isto é, aos pais, aos filhos, aos irmãos, aos avós se conviverem com o familiar, ao cônjuge, ao companheiro. Não existe uma previsão legal definindo as pessoas que podem se habilitar ao pleito, contrariamente ao previsto no Código Civil Português, cujo art. 496, nº 2, reserva a faculdade ao cônjuge e aos descendentes da vítima; na falta destes, desloca-se o direito aos pais ou outros ascendentes; se inexistirem, favorecidos ficam os irmãos e sobrinhos.

Nem se toma por empréstimo a ordem erigida para a sucessão hereditária, pois distintos os pressupostos para admitir o dano moral, sendo eles o vínculo do amor, da afeição, da amizade, do entrelaçamento de sentimentos, da vida em comum, de modo a cada um sentir na própria carne aquilo que acontece com o outro. Não se mostra aceitável estender indefinidamente essa rede de ligações, de sorte a buscarem danos todos os parentes, os amigos, os admiradores, os aficionados pela pessoa, como na morte de um cantor ou artista popular. Prestar-se-ia o evento ao desencadeamento de ações indenizatórias em cascata, propiciando a criar focos de aproveitadores e interessados em enriquecimento fácil.

Todavia, cada titular reveste-se de direito próprio, visto que pessoal e própria a dor moral. É explícito, sobre o assunto, Carlos Alberto Bittar, ao referir que "não há solidariedade entre os envolvidos, cabendo, ao revés, a cada um direito independente, que pode ser demandado separadamente e cujos efeitos se restringem às decisões proferidas nas ações correspondentes. É que, em casos de pluralidade de vítimas, a regra básica é a da plena autonomia do direito de cada lesado, de sorte que, nas demandas do gênero

---

[81] REsp. nº 122.573/PR, da 3ª Turma do STJ, de 23.06.1998, *DJU* de 18.12.1998.

se atribuem indenizações próprias e individualizadas aos interessados: assim acontece, por exemplo, quanto à mulher e ao filho, com respeito à morte provocada do marido ou pai; na inexecução de contrato de transporte, o expedidor e o destinatário podem invocar, pessoalmente, danos ressarcíveis. Nada impede que se faça sob litisconsórcio o pleito judicial, quando admissível, mas cada demandante faz jus a indenização compatível com a sua posição".[82]

Quanto aos irmãos, encontram-se decisões que reconhecem o direito: "Requerimento da verba pelos irmãos da vítima. Possibilidade. Pretensão fundamentada na dor da perda, sendo irrelevante a circunstância de a viúva e os filhos demandarem indenização da mesma natureza. Hipótese, ademais, em que, havendo ou não a possibilidade de reunião dos processos, há de ser aferida a situação de cada pretendente em relação ao falecido, a fim de valorar-se adequadamente os danos. Extinção do processo afastada."[83]

"A indenização por dano moral tem natureza extrapatrimonial e origem, em caso de morte, no sofrimento e no trauma dos familiares próximos das vítimas. Irrelevante, assim, que os autores do pedido não dependessem economicamente da vítima. No caso, em face das peculiaridades da espécie, os irmãos e sobrinhos possuem legitimidade para postular a reparação pelo dano moral."[84]

3. A TRANSMISSÃO DO DIREITO À REPARAÇÃO POR DANO MORAL

Não se pode olvidar o âmbito que atinge o dano moral, que é o foro íntimo do lesado, já que inerente à pessoa. Daí outra decorrência: a impossibilidade de transmissão hereditária dos direitos ao dano moral. Não se reconhece aos herdeiros do ofendido demandar a reparação pelas tristezas, ofensas, angústias, dores, sensações de ausência e outros estados interiores deprimentes que sentiu, vivenciou ou experimentou, eis que inerentes à sua personalidade, e dependente a iniciativa do direito à sua individualidade. É possível que o fato, embora comportasse reparação para os herdeiros, não merecera essa dimensão para o ofendido. Se não pretendeu a recompensa pelo mal sofrido, nada existe para ser transmitido. Unicamente se já exercitado o direito, ou promovida a competente lide, opera-se a sucessão hereditária, porquanto concretizada a expectativa do direito. Não existe, no ponto, a incidência do art. 943 do Código Civil: "O direito de exigir a reparação e a obrigação de prestá-la transmitem-se com a herança." Considerado subjetivo o conceito de ofensa moral, não se dá a transmissão, se não manifestado o direito à reparação.

Apesar dessa *ratio*, entendeu o Superior Tribunal de Justiça que se opera o direito de promover a ação pelos pais, em caso de divulgação de fato que maculou o nome do filho, considerando o direito de mover a ação por dano moral de natureza patrimonial:

"Os pais estão legitimados, por terem interesse jurídico, para acionarem o Estado na busca de indenização por danos morais sofridos por seu filho, em razão de atos administrativos praticados por agentes públicos que deram publicidade ao fato de a vítima ser portadora do vírus HIV.

---

[82]   *Reparação Civil por Danos Morais*, São Paulo, Editora Revista dos Tribunais, 1993, p. 150.

[83]   Apelação nº 0811496-9, da 3ª Câmara Civil do 1º Tribunal de Alçada Civil de São Paulo, j. em 24.10.2000.

[84]   REsp. nº 239.009/RJ, da 4ª Turma do STJ, j. em 13.06.2000, *DJU* de 04.09.2000.

Os autores, no caso, são herdeiros da vítima, pelo que exigem indenização pela dor (dano moral) sofrida, em vida, pelo filho já falecido, em virtude de publicação de edital, pelos agentes do Estado-réu, referente à sua condição de portador do vírus HIV.

O direito que, na situação analisada, poderia ser reconhecido ao falecido, transmite--se, induvidosamente, aos seus pais.

A regra, em nossa ordem jurídica, impõe a transmissibilidade dos direitos não personalíssimos, salvo exceção legal.

O direito de ação por dano moral é de natureza patrimonial e, como tal, transmite-se aos sucessores da vítima (*RSTJ*, vol. 71/183). A perda de pessoa querida pode provocar duas espécies de dano: o material e o moral.

O herdeiro não sucede por sofrimento da vítima. Não seria razoável admitir-se que o sofrimento do ofendido se prolongasse ou se estendesse ao herdeiro e este, fazendo sua a dor do morto, demandasse o responsável, a fim de ser indenizado da dor alheia. Mas é irrecusável que o herdeiro sucede ao direito de ação que o morto, quando ainda vivo, tinha contra o autor do dano. Se o sofrimento é algo entranhadamente pessoal, o direito de ação de indenização do dano moral e de natureza patrimonial e, como tal, transmite-se aos sucessores."[85]

A única interpretação que calha para justificar a decisão está no sofrimento dos pais pela divulgação indevida do nome do filho, autorizando-os a buscar a compensação.

O princípio que domina, no entanto, está em admitir a transmissão quando já pleiteada a reparação pela vítima, consolidado por vasta jurisprudência: "Na ação de reparação por danos morais, podem os herdeiros da vítima prosseguirem no polo ativo da demanda por ele proposta. Precedentes."

Desenvolvendo longamente a matéria, e sintetizando as correntes que defendem pontos de vista divergentes, inclina-se o acórdão por admitir a transmissão se já proposta a ação porque, "nesse caso, o objeto mediato não será a indenização pelo fato que, com a morte do antecessor, poderá vir em seu proveito, enriquecendo seu patrimônio material... Este sodalício já se manifestou sobre a matéria em inúmeros precedentes, dentre os quais destaco: REsp. nº 469.191/RJ, rel. Min. Sálvio de Figueiredo, *DJ* de 23.06.2003; REsp. nº 440.626/SP, rel. Min. Ruy Rosado de Aguiar, *DJ* de 19.12.2002; e REsp. nº 343.654/SP, rel. Min. Carlos Alberto Menezes Direito, *DJ* de 1º.07.2002, este último assim ementado:

'Responsabilidade civil. Ação de indenização em decorrência de acidente sofrido pelo *de cujus*. Legitimidade ativa do espólio.

Dotado o espólio de capacidade processual (art. 12, V, do Código de Processo Civil), tem legitimidade ativa para postular em juízo a reparação de dano sofrido pelo *de cujus*, direito que se transmite com a herança'".[86] O referido art. 12, V, corresponde ao art. 75, inc. VII, do CPC/2015.

Aceitando-se que a possibilidade jurídica de obter dinheiro da dor já existia no patrimônio do *de cujus,* constituindo um elemento do mesmo, não é justo que fique ela fora da sucessão. O ressarcimento diz respeito ao dano moral experimentado pelo morto e sofrido pelos parentes próximos supérstites. "Transmisión admitida ya que el derecho al resarcimiento del daño no patrimonial deriva de una agresión a la vida del *de cujus*. Tal

---

[85] REsp. nº 324.886/PR, da 1ª Turma do STJ, *DJU* de 03.09.2001.
[86] REsp. nº 577.787/RJ, da 3ª Turma do STJ, j. em 24.08.2004, *DJU* de 20.09.2004.

hecho hace nacer inmediatamente en la víctima el derecho al resarcimiento del daño incluso del no patrimonial y al entrar en su patrimonio se transmite a sus herederos. De aqui que éstos puedan reclamar el resarcimiento del daño no patrimonial causado al muerto."[87]

Concluindo, aproveitamos as palavras de Carvalho Santos: "Em qualquer hipótese, como já tivemos oportunidade de esclarecer, a ação de indenização intentada pela própria vítima pode ser, no caso de falecimento desta prosseguida pelos seus herdeiros."[88]

Não afeta esta limitação se a ofensa atingiu os parentes, que sofreram com a morte do parente. No caso, promovem a exigibilidade da reparação por direito próprio, pois neles incidiu o sentimento de perda e ausência.

4. DIREITO DOS CREDORES EM PROSSEGUIR NA AÇÃO

Outra questão bastante delicada: os credores da vítima estão habilitados a intentar a ação? Parece fora de dúvida que a resposta é afirmativa se os atos ilícitos atingiram os bens do devedor, ou se redundaram em um *deficit* patrimonial. Não na eventualidade do crédito dos parentes se fundar em dano exclusivamente moral. Mas, o que não é possível pôr em dúvida, é o direito incontestável do titular do crédito de fazer penhorar a quantia que o devedor tiver recebido como indenização dos prejuízos sofridos, ou que seus dependentes receberem, mesmo que o valor seja pago por razões de ordem moral. Esta importância, entrando para o patrimônio do devedor, passa a formar, com os outros bens já em sua posse, a garantia comum dos credores.

Os credores não se revestem de legitimidade para acionar por dano moral porque este é de natureza puramente pessoal. Se existe ou não dor moral é a vítima que poderá determinar, transmitindo-se aos herdeiros a ação se ela já houver manifestado a pretensão de ser indenizada.[89]

O assunto já havia sido examinado por Giorgi: "Pero la acción en resarcimiento puede ser ejercitada por los acreedores del ofendido en virtud del art. 1.234? En otra ocasión examinamos el asunto, y dijimos que por regla general puede ser ejercitada cuando el hecho delictivo haya tenido por objeto el patrimonio del deudor, no cuando el objeto haya sido su persona. Manifestamos, por otra parte, que sobre la materia se encuentran opiniones discordes entre los autores... Completando hoy el desarrollo de la cuestión, resta por decir que, si bien no faltan los que afirman esta última parte de la regla sin restricciones..., sin embargo, la doctrina más racional y admitida distingue los hechos delictivos contra la persona que prodúce daños materiales, de aquellos que únicamente producen daños morales, y adopta la negativa sólo con relación a éstos últimos."[90]

---

[87] De Cupis, *El Daño*, ob. cit., p. 668.
[88] *Código Civil Brasileiro Interpretado*, vol. XX, p. 318.
[89] Carvalho Santos, *idem*, vol. XX, p. 316.
[90] *Teoría de las Obligaciones*, Madrid, Editora Reus, 1929, vol. 5º, p. 303, nº 190.

XVII
A Responsabilidade por Danos Físicos

1. INDENIZAÇÃO DAS DESPESAS E DA INCAPACIDADE

No art. 949 trata o Código Civil da ofensa à saúde: "No caso de lesão ou outra ofensa à saúde, o ofensor indenizará o ofendido das despesas do tratamento e dos lucros cessantes, até o fim da convalescença, além de algum outro prejuízo que o ofendido prove haver sofrido."

Do dispositivo compreendemos cabível a indenização por lesão corporal e pela doença, pois a expressão 'ofensa à saúde' envolve quaisquer alterações orgânicas e distúrbios mórbidos que exigem tratamento para a recuperação da saúde. Assim, *v. g.*, na tentativa de um envenenamento, quando a emoção forte for provocadora de hipertensão ou descontrole emocional.

Não cogita o dispositivo diretamente da redução da capacidade, apesar da extensão de sua parte final, que envolve qualquer outro prejuízo.

A reparação terá em vista todos os gastos feitos pela vítima com o tratamento necessário para se refazer das lesões sofridas, incluindo-se as cirurgias, as internações, a assistência dos médicos, os aparelhos ortopédicos, a fisioterapia, os remédios, os deslocamentos etc. Abrange, outrossim, os demais prejuízos verificados, mesmo que de cunho patrimonial, como lucros cessantes em face da impossibilidade de desenvolver suas atividades profissionais, perda de clientela, danos em bens e sofrimento moral.

No concernente ao que deixou de lucrar, consoante já impunha a doutrina de outrora, incide a condenação com a simples dificuldade do ofendido em se locomover, retendo-o o mal em casa, e não podendo desenvolver, na plenitude normal, as atividades antes exercidas. Inclusive quanto ao cônjuge, mesmo desempenhando emprego fora do lar, incide a obrigação da lei na indenização dos serviços caseiros, desde que substituído, nestas lides, por terceira pessoa remunerada.[91]

A indenização pelos lucros cessantes perdura até que o ofendido obtenha alta do tratamento a que se submeteu, ou até ficar em condições de retornar ao trabalho normal.

O seguinte aresto bem revela a extensão da reparação: "Restando incontroverso nos autos que o consumidor foi vítima de acidente dentro de estabelecimento comercial, deve ser indenizado na medida do dano sofrido, como tal entendido o custeio com tratamento

---

[91] *RTJ* 78/322.

médico, inclusive fisioterapêutico e a aquisição dos medicamentos necessários ao seu restabelecimento. Havendo incapacidade temporária para o trabalho, deverá ser indenizado pelo tempo necessário ao seu pronto restabelecimento. Sobrevindo, em razão de ato ilícito, perturbação nas relações psíquicas, na tranquilidade e nos afetos de uma pessoa, configura-se o dano moral passível de indenização. Defluindo da prova dos autos que o acidente não causou aleijão ou quaisquer outras sequelas permanentes, indefere-se o dote e a pensão vitalícia."[92]

2. REDUÇÃO DA CAPACIDADE LABORATIVA

O que mais interessa é a indenização do art. 950, embora o conteúdo já decorra da parte final do art. 949: "Se da ofensa resultar defeito pelo qual o ofendido não possa exercer o seu ofício ou profissão, ou se lhe diminua a capacidade de trabalho, a indenização, além das despesas do tratamento e lucros cessantes até ao fim da convalescença, incluirá pensão correspondente à importância do trabalho para que se inabilitou, ou da depreciação que ele sofreu."

Como proclamavam Ripert-Boulanger, "la persona herida puede reclamar los gastos ocasionados por la herida: honorários de médicos, medicamentos, gastos de hospital. Puede reclamar una compensación por la incapacidad para el trabajo que resulte de su herida".[93]

As consequências da lesão trazem prejuízos duradouros à capacidade laborativa do ofendido, e, às vezes, vão a ponto de impedir totalmente o exercício do trabalho. Dependendo do grau de limitação, variará a indenização, "que será sempre correspondente à inabilitação para o trabalho, ou à depreciação sofrida, conforme a hipótese, ressaltava antiga doutrina".[94] Mesmo se o trabalho desempenhado não sofrer, na prática, diminuição na qualidade e intensidade, o dano precisa ser ressarcido, eis que a limitação para as atividades humanas é inconteste. Talvez continue no mesmo trabalho, mas é viável que resulte a impossibilidade para a admissão em outro que propicie igual padrão de rendimentos.

A jurisprudência do STF já enfatizava essa linha: "Responsabilidade civil. Danos decorrentes de acidente automobilístico. Redução da capacidade laborativa da vítima. Pensão correspondente."[95] E na fundamentação do voto do relator: "A incapacidade física resultante do ilícito, quando menos, restringiu o campo de escolha de trabalho do exequente, e o dano disso proveniente é de ser indenizado."

Em tese, se a redução da capacidade desceu em torno de 65%, fixa-se uma indenização na mesma proporção, sempre atenta ao montante dos rendimentos usufruídos pelo lesado, seguindo a mesma oscilação. Se a vítima, em razão de um acidente, ficara com uma lesão permanente avaliada em 40% da perda da função do membro atingido, o que impõe seja apurado em liquidação, por arbitramento, perquire-se o grau de incapacidade total para o trabalho que essa diminuição de função acarreta, daí chegando-se ao valor da pensão mensal a ser pago pela inabilitação correspondente, tendo-se em vista, sempre, a renda mensal ou a equivalente. Pois nada impede que a limitação de função atinja graus

---

[92] Apel. Cível nº 2003.008945.4.0000-00, da 3ª Turma do TJ-MS, *DJ* de 28.04.2004, em *ADCOAS* 8227669, *Boletim de Jurisprudência ADCOAS*, nº 25, p. 393, jul. 2004.

[93] *Tratado de Derecho Civil*, tomo V, 2ª parte, p. 90, nº 992.

[94] Carvalho Santos, ob. cit., vol. XXI, p. 141.

[95] *RTJ* 73/849.

determinados; mas redundando na incapacidade total da profissão, conduz a uma reparação equivalente aos ganhos pelo exercício da atividade que foi obrigada a abandonar.

O lesado há de comprovar os rendimentos, para chegar-se à percentagem da depreciação em seu poder laborativo, eis que a obrigação do devedor atém-se ao pagamento de uma pensão proporcional ao *quantum* que deixou de usufruir. Se não lograr a demonstração, o valor reduz-se a uma percentagem sobre o salário-mínimo.

Mas, não conseguindo evidenciar qualquer renda, por não desempenhar atividade alguma, como resolver-se-á a questão? Tal contingência não tolhe o direito. O direito à indenização, sob forma de pensão vitalícia que compense a incapacidade, independe da prova de que a vítima exercia atividade remunerada, pois decorre, de um lado, do direito- -dever, inerente a todo homem, de prover à sua subsistência no nível das suas possibili- dades, e de outro lado, da expectativa normal de que para tanto todos estão capacitados.

3. REPARAÇÃO NOS CASOS EM QUE O OFENDIDO ERA INCAPAZ DE EXERCER ATIVIDADE LABORATIVA ANTES DO ACIDENTE

Se a pessoa, além de não desenvolver algum trabalho, era incapaz de realizar ativi- dade lucrativa, e sem perspectivas de mudança nesta situação, como na hipótese de uma senhora de oitenta anos de idade, evidentemente nenhum prejuízo lhe trouxe a incapa- cidade, no tocante a lucros cessantes. Pelo contrário, dependendo ela de terceiros, e não colaborando economicamente para o seu sustento sequer com pequenos trabalhos, não há prejuízos. Por carecer de capacidade laboral, as perdas morfológicas e outras sequelas não se reduzem em lucros cessantes. Restringe-se a reparação às despesas consequentes e necessárias para a recuperação.

No exame de tais situações, importa se ter "especialmente en consideración las cir- cunstáncias personales del lesionado: su edad, su sexo, su estado de familia, su estado de salud, la disminución de su porvenir económico como consecuencia del acto ilícito, la índole del trabajo a que se dedicaba etc. Sólo mediante la consideración de todos estos elementos puede establecerse el daño que efectivamente ha sufrido el titular de la indemnización".[96]

E se a incapacidade atinge uma atividade, sem prejuízo de outras?

Arbitram-se as verbas indenizatórias em função da incapacidade para as lides im- pedida de serem exercidas, não cabendo a ampliação para as atividades cujo exercício pode ser desenvolvido.

A reparação alcança exclusivamente o setor das ocupações que a vítima se viu obri- gada a abandonar.

4. REPARAÇÃO E PERCEPÇÃO DE BENEFÍCIOS PREVIDENCIÁRIOS

Se a incapacidade não diminuiu os ganhos, por ser, *v. g.*, aposentada a pessoa, ou porque se encontra em gozo de benefício previdenciário, parte-se para o exame dos pre- juízos em outros campos de sua vida, como no lar, ou em serviços suplementares, que passam a ser executados por terceiros.

---

[96] Alfredo Orgaz, *El Daño Resarcible*, ob. cit., p. 148.

Na eventualidade do paciente vir a ser aposentado pela redução de capacidade, qual a reparação que incide? Paralelamente ao valor que receberá, assiste-lhe outra indenização?

A solução, para alguns, é simples: complementa-se com uma parcela determinada o benefício previdenciário, de modo a perdurar a renda que vinha recebendo anteriormente. Justificam ser esta a conclusão a que se chega diante dos termos da lei, que coaduna a indenização ao grau de depreciação da remuneração paga pelo trabalho a que a doença ou o ferimento inabilitou.

No entanto, cumpre se dê o exato alcance do art. 950. A reparação consistirá na taxação de um percentual correspondente à incapacidade resultante. Nada mais que isso. Apurando os peritos que a diminuição da habilitação para o trabalho foi de 30%, compensa-se tal *deficit* com uma pensão do mesmo percentual, calculada sobre os rendimentos apurados. Os benefícios concedidos pela Previdência Social são correspectivos das contribuições pagas pela vítima, revertendo em favor dela própria, ou de seus beneficiários, e não de seu ofensor, que não pode, por isso, ter mitigada a sua responsabilidade, como amplamente reporta a melhor doutrina, apoiada pela jurisprudência.[97] Não haverá diminuição, do total apurado, da quantia paga pela Previdência Social ou pelo seguro.

A pensão pela redução da capacidade de trabalho, quando paga à própria vítima do acidente, alonga-se por toda a vida e não pelo tempo de vida provável. Enquanto viver, ela terá direito. A limitação de pensão desta natureza ao tempo de vida provável da vítima só tem pertinência naqueles casos em que o beneficiário da pensão não é a própria vítima do dano, como na situação do cônjuge que recebe pensão pela morte do outro cônjuge.

Endossa o direito à cumulação entre indenização pelo dano civil e a pensão previdenciária a unanimidade da jurisprudência, sendo exemplos as seguintes decisões:

"O Superior Tribunal de Justiça entende que 'o benefício previdenciário é diverso e independente da indenização por danos materiais ou morais, porquanto têm origens distintas. O primeiro assegurado pela Previdência; e a segunda, pelo direito comum. A indenização por ato ilícito é autônoma em relação a qualquer benefício previdenciário que a vítima receba' (AgRg no REsp 1.388.266/SC, Rel. Ministro Humberto Martins, Segunda Turma, julgado em 10.05.2016, DJe 16.05.2016)."[98]

"A jurisprudência desta Corte é disposta no sentido de que o benefício previdenciário é diverso e independente da indenização por danos materiais ou morais, porquanto têm origens distintas. O primeiro, assegurado pela Previdência; e a segunda, pelo direito comum. A indenização por ato ilícito é autônoma em relação a qualquer benefício previdenciário que a vítima receba."[99]

"Conforme a orientação jurisprudencial do Supremo Tribunal Federal e do Superior Tribunal de Justiça, é possível a cumulação da pensão previdenciária pós-morte com outra de natureza indenizatória."[100]

Em manifestações mais antigas do mesmo do STJ:

"A indenização previdenciária é diversa e independente da contemplada no direito comum, inclusive porque têm elas origens distintas: uma, sustentada pelo direito aciden-

---

[97] Pontes de Miranda, *Tratado de Direito Privado*, 2ª ed., vol. 26, pp. 54-55. Aguiar Dias, *Da Responsabilidade Civil*, vol. II, ob. cit., p. 385; *RT* 434/281.

[98] REsp. nº 1676264/PI, da 2ª Turma do STJ, j. em 5.09.2017, DJe de 13.09.2017.

[99] AgRg. no REsp. 1452630/SP, da 2ª Turma do STJ, j. em 15.11.2015, DJe de 28.03.2016.

[100] AgRg. no REsp. 1333073/MG, da 2ª Turma do STJ, j. em 4.10.2012, DJe 11.10.2012.

tário; a outra, pelo direito comum, uma não excluindo a outra (enunciado nº 229/STF), podendo, inclusive, cumularem-se."[101]

"De natureza diversa, os benefícios previdenciários não devem ser descontados do pensionamento devido à família pela perda da contribuição financeira em decorrência de ato ilícito."[102]

5. PAGAMENTO DA INDENIZAÇÃO EM UMA SÓ VEZ

Em disposição nova relativamente ao Código de 1916, faculta o parágrafo único do art. 950 a exigibilidade de uma só vez da indenização: "O prejudicado, se preferir, poderá exigir que a indenização seja arbitrada e paga de uma só vez."

Uma vez apurados ou definidos os danos, tornam-se exigíveis, o que não constitui nenhuma novidade. Realmente, nada pode obrigar a delonga na satisfação.

Quanto aos danos contemplados no art. 949, é normal que nasce o direito a buscá-los tão logo verificados, não fazendo diferença que consistam de despesas de tratamento ou de lucros cessantes, ou de outra natureza.

Já em relação aos do art. 950, faz-se necessário a distinção. Se corresponderem às despesas de tratamento e lucros cessantes até o fim da convalescença, desde que efetuados, ensejam o direito ao pronto recebimento. Se, todavia, têm sua causa na inabilitação para o trabalho, ou na sua depreciação, importando a indenização em pensão que vai se prolongando no tempo, não cabe a pretensão ao imediato pagamento, envolvendo as prestações futuras. Todas as quantias vencidas importam na faculdade de reclamar o pagamento de uma só vez. Todavia, as pensões que se protraem no futuro somente oportunizam a sua postulação na medida em que vencerem.

Fosse o contrário, não viria consignada a satisfação através de pensão, cujo termo expressa o valor ou uma renda que se paga periodicamente. Mesmo que ocorra o perigo de insolvência no futuro, e, assim, fique comprometido ou duvidoso o cumprimento, não se altera a situação. Na hipótese, assiste ao credor postular e providenciar a garantia, através da constituição de capital, na forma da lei civil, conforme já abordado.

Incumbe ao causador do dano, segundo mandamento que está no art. art. 533 do CPC, para garantir o pagamento da pensão, fornecer um capital, que ficará inalienável e impenhorável, para que a renda assegure o cumprimento da obrigação. Se alguma eventualidade de perigo de desvio de bens despontar, a parte lesada ajuizará a medida judicial apropriada (tutela provisória cautelar de urgência de caráter antecedente ou incidental, e mesmo um mero pedido nos autos) para que perdure hígida a garantia.

---

[101] REsp. nº 299.690/RJ, da 4ª Turma do STJ, j. em 13.03.2001, *DJU* de 07.05.2001.
[102] REsp. nº 416.846/SP, da 3ª Turma do STJ, j. em 05.11.2002, *DJU* de 07.04.2003.

XVIII

A Responsabilidade pelo Dano Estético

1. APARÊNCIA FÍSICA E SIGNIFICAÇÃO ECONÔMICA

Dano estético é aquele que atinge o aspecto físico da pessoa. Compreende o aleijão, que é amputação ou perda de um braço, de uma perna, de dedos, de um órgão que é o canal do sentido. Já a deformidade envolve a cicatriz, a ferida, a marca deixada pelo ferimento.

Uma ou outra situação enfeia a pessoa, prejudica a aparência, causa o desequilíbrio na disposição do corpo humano, prejudicando sua integridade, e infunde uma sensação de desagradabilidade.

A palavra "estético" tem sua origem na palavra grega *aisthesis*, que significava "sensação", evoluindo para o assunto que trata da beleza, da harmonia das formas externas do corpo humano, ensejando a visão do belo.

Duas características definem o dano: a deformidade física ou a carência de um órgão ou sentido, e o lado moral do indivíduo, que se sente diminuído na integridade corporal e na estética de sua imagem externa. É integrado por elementos do dano moral e do dano patrimonial, explica Aguiar Dias.[103] Vai além de uma lesão meramente corporal, para atingir o íntimo moral do ser humano. Yussef Said Cahali, em uma bela citação de Griot, lembra que faz parte da "integridade corporal a integridade da aparência, da imagem, principalmente os traços da face e os movimentos habituais a uma pessoa (Die integrität de äussern Erscheinung, des Bildes der Person – hauftamtlich gesichtszüge Nd die Person, eigentümlichen Bewegungen);... Cada ser humano vem ao mundo envolvido na forma de seu corpo; ele será julgado, em grande parte, conforme a sua aparência física, que lhe pode atrair, à primeira vista, a simpatia ou a antipatia; é por sua aparência física que uma pessoa marca desde o início seu círculo de ação, e esta aparência pode favorecer ou prejudicar o desenvolvimento de sua personalidade".[104]

Diríamos que a aparência é de capital importância no sucesso de muitas profissões. Para a própria realização como pessoa, no lado humano, pessoal, psíquico e social, o porte, os traços fisionômicos, a simetria corporal e outras características significam o sucesso ou a frustração em muitos setores da vida. De modo que um indivíduo prejudicado no aspecto estético encontra maior dificuldade na subsistência em um mundo que se apega

---

[103] *Da Responsabilidade Civil*, vol. II, p. 782, nº 228.
[104] *Dano e Indenização*, ob. cit., p. 70.

excessivamente a valores exteriores. Tornam-se mais difíceis as condições de trabalho, diminuem as probabilidades de colocação em funções que exigem o contato com o público e desaparecem as oportunidades para atividades onde a expressão corporal é primordial.

Sem exagerar, podemos afirmar que há uma redução do próprio valor existencial.

Daí a significação do assunto em exame.

2. DANO ESTÉTICO E PREJUÍZOS NA ATIVIDADE EXERCIDA

A deformidade física com prejuízos materiais constitui um dano patrimonial. Tornando-se mais difíceis para a vítima "as probabilidades de colocação ou de exercício da atividade a que se dedica, constitui, sem nenhuma dúvida, um dano patrimonial", expõe Aguiar Dias.[105] Se a aparência era condição necessária para a profissão exercida, o *deficit* resultante força uma compensação indenizatória. Dois os dispositivos básicos do Código Civil que amparam o prejudicado:

No art. 949: "No caso de lesão ou outra ofensa à saúde, o ofensor indenizará o ofendido das despesas do tratamento e dos lucros cessantes, até o fim da convalescença, além de algum outro prejuízo que o ofendido prove haver sofrido."

No art. 950: "Se da ofensa resultar defeito pelo qual o ofendido não possa exercer o seu ofício ou profissão, ou se lhe diminua a capacidade de trabalho, a indenização, além das despesas do tratamento e lucros cessantes até ao fim da convalescença, incluirá pensão correspondente à importância do trabalho para que se inabilitou, ou da depreciação que ele sofreu."

Sendo a deformidade física um fator de prejuízos no exercício de uma atividade, a matéria é regulada pelos mesmos princípios que disciplinam a reparação por dano físico comum. Assim, reportamo-nos ao que foi expresso no Capítulo referente à "Reparação por Danos Físicos", no item 2º, que trata da "redução da capacidade laborativa".

3. INDENIZAÇÃO POR DANO ESTÉTICO E DANO MORAL

Relativamente ao dano moral, o § 1º do art. 1.538 do Código de 1916 contemplava a sua reparação, ao aludir o aleijão e a deformidade como circunstâncias que levavam à duplicidade do valor da reparação. Neste dispositivo havia um reconhecimento de sua admissão para efeitos de ressarcimento.

Ao falar o § 1º mencionado que a soma seria duplicada, dizia respeito a todas as parcelas resultantes da aplicação do art. 1.538. Eis a lição, à época, de Wilson Melo da Silva: "Com efeito, por umas vezes se entendeu que a duplicação da soma, na forma do disposto no § 1º do art. 1.538, dissesse respeito apenas e exclusivamente ao valor da multa penal aí mencionada, e, por outras muitas, o inverso é o que foi consagrado, isto é, o pensamento de que a duplicação abrangesse todas as parcelas mencionadas no corpo do art. 1.538, que não apenas a parcela relativa à multa pecuniária... Se o art. 1.538, em seu corpo, para a composição dos danos do lesado, expressamente se refere a parcelas várias e distintas (despesas de tratamento, lucros cessantes e mais importância da multa no grau médio da pena criminal correspondente) e se, no § 1º subsequente, fala em du-

---

[105] *Da Responsabilidade Civil*, vol. II, p. 783.

plicação da soma, parece intuitivo que a real intenção foi a de se referir ao total, pois que só pela agregação de todas as parcelas num mesmo total se poderia chegar, com rigor, a uma soma."[106]

O Código em vigor, nos arts. 949 e 950, omite qualquer menção específica, tratando genericamente da lesão corporal. Salienta Carlos Roberto Gonçalves: "Foram eliminadas, assim, as extenuantes controvérsias sobre a definição e a extensão do dote, sobre a mulher em condição de casar, sobre a natureza jurídica da indenização (de caráter moral ou material) e sobre o significado da expressão 'esta soma será duplicada'. Desse modo, em caso de lesão corporal, de natureza leve ou grave, indenizam-se as despesas do tratamento e os lucros cessantes até ao fim da convalescença, fixando-se o dano moral em cada caso, conforme as circunstâncias, segundo prudente arbitramento judicial."[107]

Havia uma corrente da jurisprudência que não admitia a cumulação da verba *ob deformitatem* com a pensão-indenização. A Suprema Corte, ao tempo em que decidia derradeiramente a matéria, em mais de uma oportunidade, firmou entendimento neste teor: "Exclusão, na indenização, de verba correspondente à deformidade. A pensão-indenização, por incapacidade permanente para o trabalho, já compreende, via de regra, a consequência definitiva da lesão, ressalvada a consideração especial, conforme o caso, da natureza desta e de outras circunstâncias, inclusive pessoais, segundo o disposto no art. 21 do Decreto nº 2.681, de 07.12.1912, e no art. 1.539 do CC."[108]

Mas não abarcava tal *ratio* a reparação estatuída no art. 1.538, § 1º, que dizia respeito a uma soma arbitrada em valor correspondente à intensidade da gravidade, como se vislumbrava em uma série considerável de julgados.[109]

Dominava, também, um entendimento que repelia a reparação puramente moral nas hipóteses em que havia o fornecimento de aparelhos ortopédicos. Pressupunha-se que estes instrumentos diluíam os defeitos morfológicos. A vítima voltaria à normalidade física.

Com o avanço do direito, formou-se uma inteligência contrária, passando a admitir a reparação discriminada no art. 1.538 do revogado Código Civil: despesas de tratamento, lucros cessantes e a multa; a reparação prevista no § 1º do citado dispositivo: a soma, em dobro, das referidas despesas, nas situações de aleijão ou deformidade; e a reparação inserida no art. 1.539: uma pensão correspondente à importância do trabalho, para que se inabilitou, ou da depreciação, que a vítima sofreu. Além disso, consagrava-se uma quarta categoria de indenização, a título de dano puramente moral, expresso em uma soma fixada em arbitramento, de conformidade com a natureza do aleijão ou da deformidade, o estado civil da pessoa, a profissão exercida, a idade, o sexo, as circunstâncias especiais e outros fatores que interessam. Implantou-se o *pretium doloris*. Pontes de Miranda, citando Hermenegildo Barros, dava a sua razão de ser: "... Embora o dano seja um sentimento de pesar íntimo da pessoa ofendida, para o qual se não encontra estimação perfeitamente adequada, não é isso razão para que se lhe recuse em absoluto uma compensação qualquer. Essa será estabelecida, como e quando possível, por meio de uma soma, que não importando uma exata reparação, todavia representará a única salvação cabível nos limites das forças humanas. O dinheiro não os extinguirá de todo: não os atenuará mesmo por sua própria natureza; mas pelas vantagens que o seu valor permutativo poderá proporcionar,

---

[106] *Da Responsabilidade Civil Automobilística*, ob. cit., p. 373.
[107] *Responsabilidade Civil*, ob. cit., pp. 687 e 688.
[108] *RTJ* 65/682. Na mesma linha, 48/520, 60/702, 69/582, 75/276.
[109] *RTJ* 85/621 e 679, *RT* 369/327, 436/97, *RF* 119/122, *Julgados do Tribunal de Alçada do RGS* 32/339.

compensando, indiretamente e parcialmente embora, o suplício moral que os vitimados experimentam."[110]

Passou a dominar que se revelava falaz o raciocínio de que a indenização patrimonial, por perdas e danos, lucros cessantes e aquisição de aparelhos ortopédicos envolvia ou fazia desaparecer o dano moral.[111]

Efetivamente, sob o prisma patrimonial, recupera-se exclusivamente o dano material. Com a verba a título de satisfação do sofrimento moral causado pela cicatriz permanente, ou carência de um membro, ou desfiguração corporal, busca-se atenuar esses males. A natureza é distinta. Clara revela-se a duplicidade do mal sofrido: moral e patrimonial. Por isso, a indenização abrangerá, "além de parcelas outras", as "correspondentes ao dano estético".[112] "Se a vítima experimenta ao mesmo tempo um dano patrimonial defluente da diminuição de sua capacidade para exercer seu ofício e um dano moral derivado do aleijão, deve receber dupla indenização: aquela proporcional à deficiência experimentada e esta fixada moderadamente", já acentua antiga jurisprudência, fundada em Silvio Rodrigues,[113] que encontrava apoio em Ripert e Boulanger: "Finalmente, tiene derecho a una compensación por los dolores y las molestias causadas por la herida, el *pretium doloris*. Debe sumárse el perjuicio estético."[114]

Já o Decreto nº 2.681, de 1912, pelo seu art. 21, sem meias palavras, encarava o problema: "No caso de lesão corpórea ou deformidade, à vista da natureza da mesma e de outras circunstâncias, especialmente a invalidade para o trabalho ou profissão habitual, além das despesas com o tratamento e os lucros cessantes, deverá pelo juiz ser arbitrada uma indenização conveniente." Essa "indenização conveniente" só poderia dizer respeito ao *pretium doloris*.

Tratando-se de pessoa solteira ou viúva, ainda capaz de casar, surgia mais um fator de indenização.

Os tribunais eram favoráveis em conceder esta indenização à mulher, máxime se estava na exuberância da juventude. Se bem que a beleza física desta é de importância superior que a do homem, não se afigurava justa a distinção. Os sentimentos de frustração e mágoa às limitações e contingências; as dificuldades e os preconceitos causados por deficiências físicas não constituem uma realidade reservada à mulher, mas se estendem, indistintamente, a todas as pessoas.

A indenização, sob o enfoque de poder ou não casar, desde tempos antigos, se prestou a muitas críticas e controvérsias na doutrina.

Para Aguiar Dias, referindo-se unicamente à mulher, o que se explicava face à posição de inferioridade a que estava relegada, a capacidade de casar é de foro íntimo e depende mais do outro interessado, que aceite casar: "A expressão 'ainda capaz de casar' não tem nenhuma justificativa e não deve de forma nenhuma influir na reparação do dano."[115] Ao grande autor, com razão, não interessa a capacidade de casar ou não. A indenização tem fundo moral, é dano estético, constitui uma forma da reparação moral. Obviamente, as circunstâncias especiais da idade, da situação econômica e social influem na fixação do

---

[110] *Tratado*, vol. 53, pp. 228-229, *in RTJ*, 57/786.
[111] *RT* 502/239.
[112] *RTJ* 57/786.
[113] *Julgados do Tribunal de Alçada do RGS* 37/415. Neste sentido, *RTJ* 63/760 e 62/528.
[114] Ob. cit., vol. V, p. 90, nº 992.
[115] *Da Responsabilidade Civil*, 4ª ed., vol. II, p. 81, nº 232.

montante. Se está casada a pessoa, o reparo subsiste, mas com outra denominação, comum ao atribuível a qualquer pessoa do sexo masculino.

Serpa Lopes admitia a indenização por dano estético em geral, independentemente "da possibilidade ou não do atingido por ele poder ou não casar, embora esta circunstância não seja de desprezar na estimativa do dano".[116]

Pelo que se percebe, a natureza da indenização é a mesma da que repara o dano em geral, mas importa seja perfeitamente caracterizada a espécie ora analisada.

A reparação será concedida caso se torne irreversível a deformidade. Se possível a recuperação, mediante cirurgia plástica, o responsável suportará as despesas exigidas para a correção. A jurisprudência se formou iterativamente nesta inteligência: "Dano estético removível e reparável. Condenação do culpado às despesas de uma operação cirúrgica de natureza plástica para a eliminação do dano. Fixação do prazo para a realização da intervenção cirúrgica corretiva. Perda do direito de qualquer indenização, no caso de desistência da vítima à operação."[117]

Não seria justo se indenizasse, desde logo, um dano estético removível. A pessoa que suporta o peso da cicatriz deve envidar todos os esforços para erradicar o defeito, desde que possíveis e toleráveis, pois, observa Von Tuhr, "sólo se le puede obligar a someterse a la operación cuando ésta no sea peligrosa ni muy dolorosa y cuando además haya la certeza de que ha de producir notable mejoría".[118] Com referência a obstáculos em virtude da dor previsível para a recuperação, a negativa em submeter-se ao tratamento não é justa a consentânea com os preparos da medicina, que usa dos recursos da anestesia para tornar suportável a dor.

De outro lado, se deferida a indenização por dano moral, pode ser concedida por dano estético?

Em princípio, não cabem duas indenizações pelo mesmo fundamento. Se o lesionado opta pelo dano moral, não está autorizado a pleitear uma segunda verba, com respaldo em dano estético, variando somente o critério para o cálculo. Acolhendo-se duplo pedido, dupla seria a indenização, conforme já se decidia no STF.[119] É que o dano estético já faz parte do dano moral, constituindo-se num dos elementos para a fixação deste último, como enfatiza Caio Mário da Silva Pereira: "Dentro da categoria do dano moral inscreve--se a reparação do dano estético, previsto no art. 1.538, § 2º, ao dizer que se o ofendido, aleijado ou deformado for mulher solteira ou viúva, ainda capaz de casar, a indenização consistirá em dotá-la, segundo as posses do ofensor, as circunstâncias do ofendido e a gravidade do defeito."[120]

Rui Stoco demonstra com maestria que o dano estético compõe o dano moral:

"O conceito de dano estético está intimamente ligado ao do dano moral, tendo em vista que aquele acarreta, sempre, prejuízos morais e, às vezes, também prejuízos materiais ou patrimoniais.

O dano à estética pessoal é espécie do gênero dano moral.

---

[116] *Curso de Direito Civil*, vol. V, p. 401.
[117] *RJTJSP* 19/151, *Lex*.
[118] *Tratado de las Obligaciones*, vol. I, p. 80, nº 13.
[119] RE nº 73.788-GB, rel. Min. Thompson Flores, em *RTJ* 62/255.
[120] *Responsabilidade Civil*, 8ª ed., Rio de Janeiro, Forense, 1998, p. 321.

Desse modo, o dano estético acarreta um dano moral. Mas essa situação terá, segundo a autora citada (Teresa Ancona), 'de causar na vítima humilhações, tristezas, desgostos, constrangimentos, isto é, a pessoa deverá sentir-se diferente do que era – menos feliz. Há, então, um sofrimento moral tendo como causa uma ofensa à integridade física e este é o ponto principal do conceito de dano estético'.

Acrescentaríamos que a condição *sine qua non* à caracterização do dano estético, que justifica que se indenize por dano moral, é a ocorrência de efetiva e permanente transformação física na vítima, já não tendo, hoje, a mesma aparência que tinha, pois esta constitui um patrimônio subjetivo seu, que tem valor moral e econômico."[121]

O Superior Tribunal de Justiça pendeu para igual orientação, mas abrindo caminho para a dupla indenização: "Afirmado o dano moral em virtude do dano estético, não se justifica o cúmulo de indenizações. A indenização por dano estético se justificaria se a por dano moral tivesse sido concedida por outro título."[122] Nota-se que deixa em aberto a viabilidade da dupla indenização, como se a pessoa perde um braço, dando suporte à reparação por esse fato, e, ao mesmo tempo, ficou traumatizada, vivendo em constante prostração. Porque duas as consequências, comporta a dupla reparação: "É possível a cumulação do dano moral e do dano estético, quando possuem ambos fundamentos distintos, ainda que originados do mesmo fato."[123]

Nessa dimensão, exemplifica-se: "Permite-se a cumulação de valores autônomos, um fixado a título de dano moral e outro a título de dano estético, derivados do mesmo fato, quando forem passíveis de apuração em separado, com causas inconfundíveis. Hipótese em que do acidente decorreram sequelas psíquicas por si bastantes para reconhecer-se existente o dano moral; e a deformação sofrida em razão da mão do recorrido ter sido traumaticamente amputada, por ação corto-contundente, quando do acidente, ainda que posteriormente reimplantada, é causa bastante para reconhecimento do dano estético."[124]

"A indenização por dano moral e a indenização por dano estético podem ser cumuladas, desde que um dano e outro sejam reconhecidos autonomamente."[125]

"A amputação traumática das duas pernas causa dano estético que deve ser indenizado cumulativamente com o dano moral, neste considerados os demais danos à pessoa, resultantes do mesmo fato ilícito."[126]

Igualmente em decisão de Tribunal estadual: "Os danos moral e estético podem ser concedidos simultaneamente, pois aquele cuida de sofrimento, humilhação, repercussão negativa na comunidade, enquanto este cobre ofensa à imagem pessoal. A indenização deve proporcionar à vítima satisfação na justa medida do abalo sofrido, devendo ser consideradas, para seu arbitramento, as especificidades do caso, bem como a extensão dos danos."[127]

A duplicidade de indenização encontra sólido e real embasamento fático, pois revela-se constrangedora a sua presença no meio social com um membro a menos, ou mancando,

---

[121] *Responsabilidade Civil e sua Interpretação Jurisprudencial*, 4ª ed., 1999, São Paulo, Editora Revista dos Tribunais, p. 669.
[122] REsp. nº 57.824-8/MG, da 3ª Turma, *DJU* de 13.11.1995.
[123] AgI nº 276.023-0/RS, 2ª Turma do STJ, j. em 26.06.2000.
[124] REsp. nº 210.351-0/RJ, da 4ª Turma, *DJU* de 03.08.2000.
[125] AgRg no Ag. nº 306.365-RJ, da 3ª Turma, *DJU* de 24.09.2001, *in ADCOAS* 8201850, *Boletim de Jurisprudência ADCOAS*, nº 45, p. 811, nov. 2001.
[126] REsp. nº 116.37/MG, da 4ª Turma do STJ, *DJU* de 02.02.1998.
[127] Apel. Cível nº 388.711-0, da 5ª Câmara Cível do TA de Minas Gerais, *DJ* de 26.09.2003, *ADCOAS* 8221965, *Boletim de Jurisprudência ADCOAS*, nº 48, p. 758, dez. 2003.

ou ostentando uma cicatriz, causando-lhe um incontestável constrangimento na sua própria estima; a par disso, dificulta-se o seu relacionamento, cerceiam-se as oportunidades, o proveito da vida, sem considerar a dor que suportou, as angústias, o medo de enfrentar a sociedade.

O Tribunal de Justiça do Rio de Janeiro apresentou a diferença de modo mais claro: "O dano moral é aquele que invade a psique do indivíduo, tais como a dor, o sofrimento, a humilhação, o constrangimento, o vexame e outros, enquanto o dano estético abala o corpo, o físico, o visível, a deformidade, o aleijão, a cicatriz, a repulsa que pode causar àqueles que, sem sentimento e respeito, expõem ao lesado a sua repugnância. A diferença é notória, pois não guarda qualquer semelhança à violação da honra – princípio que norteia o caráter, a honestidade, a dignidade – com o aleijão, a deformidade e as cicatrizes, ressaltando, ainda, que o tempo se encarrega de fazer a vítima superar a primeira, enquanto a segunda se perpetua até a morte."[128]

Generalizou-se o entendimento da dupla indenização, tanto que o próprio STJ emitiu a Súmula n. 387, que reza: "É lícita a cumulação das indenizações de dano estético e dano moral."

Em uma decisão significativa desse entendimento, ficou ementado:

"É possível a cumulação de dano estético e dano moral. Precedentes. Para admissão de recurso especial com base em divergência jurisprudencial, é imprescindível que se faça o confronto analítico entre os julgados divergentes, o que não ocorreu na hipótese *sub judice*.

Na esteira de precedente da 3ª Turma do STJ, a dor decorrente da perda de um ente querido diferencia-se da dor sofrida pela própria vítima de um acidente grave. Não é desarrazoado dizer que uma pessoa que carrega sequelas graves, pelo resto de sua vida, como é o caso da perda de um braço e da genitália, para um jovem de 19 anos, sofre abalo maior que a pessoa que perde um ente querido. Os precedentes do STJ que limitam a indenização por dano moral nas hipóteses de morte não justificam a limitação de indenizações para reparar eventos tão graves como os que estão discutidos neste processo.

Não é exagerada a indenização de R\$ 400.000,00 para reparação do dano estético, mais R\$ 800.000,00 para reparação do dano moral, na hipótese em que a vitima, com apenas 19 anos de idade, sofre queimaduras de terceiro grau em 30% de seu corpo, mais a amputação do braço direito e da genitália, em acidente que poderia ser perfeitamente evitável caso qualquer um dos três réus tivesse agido de maneira prudente."[129]

---

[128] Apel. Cível nº 2001.001.08334, da 11ª Câmara Cível do TJ do Rio de Janeiro, *DJ* de 14.03.2002, in *ADCOAS* 8206826, *Boletim de Jurisprudência ADCOAS*, nº 22, p. 344, jun. 2002.

[129] REsp. n. 1.011.437/RJ, da 3ª Turma, j. em 24.06.2008, *DJe* de 05.08.2008.

XIX

Responsabilidade por Danos à Afetividade no Direito de Família e União Estável

1. SENTIMENTOS DE AFETIVIDADE COMO VALOR TUTELÁVEL

De todos é conhecida a importância da afetividade, que envolve o vasto mundo de uma subjetividade decisiva na estrutura psíquica da pessoa, não podendo ser desligada de seu crescimento e formação. É incontestável que o afeto desempenha um papel essencial na vida psíquica e emotiva do ser humano. A afetividade é uma condição necessária na constituição do mundo interior.

Desde o nascimento, o carinho, a atenção, a envolvente presença física são indispensáveis para o crescimento e o desenvolvimento sadio e normal do ser humano. A ausência de tratamento afetivo e carinhoso pode acarretar insegurança, rebeldia e revoltas na criança, que evoluem para os desajustes sociais e os mais variados traumas na medida em que se dá o crescimento e se alcança a idade adulta. O tratamento afetivo, carinhoso, amoroso, atencioso, cuidadoso, de constante presença e acompanhamento, é indispensável para a personalidade normal e ajustada, para a adaptação ao meio social, e para a integração no campo das atividades.

Em todas as fases da vida se faz importante a afetividade, a qual facilita a convivência, desarma os espíritos, torna agradável a companhia, elimina a agressividade e cria um constante ambiente de amizade. Na infância, torna a criança dócil, lhe dá segurança, facilita a aprendizagem e imprime ao caráter sentimentos saudáveis. Na adolescência e juventude, fortalece o espírito, afasta os atritos, e cria ambiente para despertar aos sentimentos do amor sadio, desprendido, compreensivo e respeitoso. Na vida adulta, acalenta as uniões, torna mais fortes os laços de amizade, conduz à tolerância, e fortalece nas adversidades, levando a não sucumbir.

Por outras palavras, na explicação dos psicólogos, no decorrer do desenvolvimento humano, seja em virtude das condições maturacionais, seja em virtude das características sociais de cada idade, a criança estabelece diferentes níveis de relações sociais e estas interferem na construção do campo afetivo. Por exemplo, no estágio personalista, as relações sociais da criança são intensas e sua autonomia é conquistada nos conflitos que mantém com o outro. No bojo dessas relações, vão sendo despertados sentimentos e paixões, manifestações afetivas que parecem estar diretamente relacionadas a um outro indivíduo.

Num processo de autonomia crescente, o adolescente atravessa transformações e experimenta, para consigo e para com o outro, os mais diversos sentimentos, que se alternam e se combinam, numa fase de ambivalência de atitudes e sentimentos. Outrossim, o adolescente é suscetível a paixões. Quando chega a puberdade, é no campo da moralidade que operam as relações do adolescente com o mundo que o rodeia. O adolescente passa a questionar os valores e relações sociais existentes, os quais podem passar a ser origem de manifestações afetivas, ao lado daquelas diretamente relacionadas a outro indivíduo. Na vida adulta, o amor leva à plenitude da realização da afetividade.

Os seres humanos estão destinados a viver em união, formando grupos, comunidades e sociedades. Cada indivíduo possui o seu mundo interior, necessitando de carinho, atenção, valorização, companhia, ajuda, doação e outras formas de presença dirigida a ele. Desde o nascimento até a completa emancipação, a afetividade se expande normalmente no meio do conjunto familiar. Quando, entretanto, se manifestar uma tendência íntima especial de agrado, de atração, de sentimento agradável, de aproximação a outro indivíduo, que evolui para a atração sexual, tem-se a afetividade que leva para a conjunção, para a união de corpos, para a formação de uma nova comunidade.

Nota-se, pois, que a afetividade constitui um valor inerente à vida humana. A sua essencialidade é dimensionada pelas repercussões negativas na personalidade se não satisfatoriamente realizada essa necessidade. A própria realização e a felicidade dependem desse elemento.

Se alguém depende e se aproxima de outra pessoa, à qual se une, se entrega e deposita plena confiança, inclusive abdicando de sua individualidade e liberdade, é porque assim reclama e impõe o organismo humano, constituindo essa tendência um impulso inato, a qual, se suprimida, impede o pleno desenvolvimento da pessoa e traz uma carência que limita a realização nas necessidades básicas ou fundamentais.

Nesta concepção, impedir a plena realização da afetividade, ou não oportunizar a sua expansão, ou violentar ferindo, desprezando, menosprezando sentimentos que fazem parte da natureza humana, importa em amputar a pessoa na sua esfera espiritual e moral, cerceando a sua plena realização.

Por isso, o direito não pode passar ao largo de certos estados pelos quais passa a pessoa, sem dar-lhe proteção, ou procurar ou reconstituir a ordem abalada ou afetada.

Daí partir-se para o exame da responsabilidade em situações de ofensa ou prejuízo aos valores da afetividade, como o rompimento de promessa de casamento ou de união estável, a ausência dos pais na vida dos filhos, e a infidelidade e outras condutas lesivas durante o casamento.

2. RESPONSABILIDADE NO ROMPIMENTO DE PROMESSA DE CASAMENTO OU DE UNIÃO ESTÁVEL

Promessa de casamento, ou noivado, compreendia, no direito antigo, os esponsais. Consiste na convenção de futuro matrimônio entre o homem e a mulher. Em Lafayette temos uma definição mais completa: "Denomina-se em direito esponsais a promessa que o homem e a mulher reciprocamente se fazem e aceitam de se casarem em um prazo dado. Ato preliminar, os esponsais têm por fim assegurar a realização do casamento, dificultando, pelas solenidades que o cercam, o arrependimento que não seja fundado em causa justa e ponderosa."[130]

---

[130] Lafayette Rodrigues Pereira, *Direito de Família*, 5ª ed., Rio de Janeiro, Livraria e Editora Freitas Bastos S. A., 1956, p. 27.

Clóvis Beviláqua, lembrando que a palavra nos veio dos romanos (*sponsalia dicta sunt a spondendo*), história que alguns povos celebravam os esponsais desde o momento do nascimento da criança, quando se apresentava na tenda do pai um pretendente. Mas, no tempo do direito clássico, contratava-se tal obrigação entre as pessoas maiores de sete anos. Salienta que "a confirmação do compromisso de futuras núpcias materializava-se pela dação de arras ou pela simples troca de anéis", selando-se o ato com uma troca de beijos.[131]

Entre os germanos, ao tempo do matrimônio por rapto, obviamente esta figura era desconhecida.

No Brasil, quando do Império, e mesmo antes, para obrigar, os esponsais reclamavam escritura pública e o testemunho de, no mínimo, duas pessoas. Por força de uma lei de 1784, observa o grande civilista Lafayette, "o contrato esponsalício deve ser reduzido a escritura pública, lavrada pelo tabelião do lugar", assinando o ato inclusive os pais, e na falta destes, os tutores ou curadores, e duas testemunhas ao menos.[132]

Tal sistema perdurou até pouco depois da Proclamação da República, quando, em 1890, o Governo expediu o Decreto nº 181, revogando inteiramente aquelas regras, pois regulou o casamento civil sem a menor alusão aos esponsais. E assim é até os dias atuais, em que o consentimento deve ser dado apenas no ato da celebração do casamento.

Quanto à responsabilidade, no pertinente aos prejuízos materiais, se houver rompimento da decisão tomada pelos noivos, é possível, como assinala Washington de Barros Monteiro, "que o outro noivo venha a sofrer prejuízo com a retratação do arrependido. Certamente, fez ele gastos com o preparo dos documentos e os aprestos das bodas, na previsão da cerimônia próxima. Em tais condições, provada a culpa do arrependido, que este não teve justo motivo para reconsiderar sua decisão, assiste ao prejudicado direito de obter judicialmente a reparação do dano".[133]

Os prejuízos podem atingir cifras maiores, como na hipótese do desligamento do emprego por exigência de um dos noivos, ou mesmo por comum acordo, mas tendo em vista programação estabelecida para o futuro casamento.

A indenização encontra fundamento nos princípios gerais da responsabilidade civil, como esclarecem Aubry e Rau: "O dano referente ao qual o noivo ou noiva abandonado(a) pode obter compensação deve ser avaliado em conformidade com os princípios gerais de responsabilidade civil. Tal dano inclui, entre outros, os elementos a seguir:

– o dano moral constituído pelo sofrimento e ressentimento causados pelo abandono, pelo entendimento por ele dado à malignidade pública, pelo obstáculo que ele pode trazer a uma outra configuração;

– e o dano monetário resultante de despesas incorridas por conta do noivado e com vistas à preparação das comemorações do casamento, de despesas incorridas por conta da montagem do local de habitação, na medida em que tais itens se tornem inúteis ou na medida em que sua revenda ou a revogação de seu contrato de compra resulte em perdas.

---

[131] *Direito de Família*, 8ª ed., Rio de Janeiro, Livraria Freitas Bastos S.A., 1956, pp. 25 e 26.
[132] *Direito de Família*, ob. cit., p. 2.
[133] *Curso de Direito Civil*, "Direito de Família", 2ª ed., São Paulo, Editora Saraiva, 1962, p. 34.

Inclui ainda o dano resultante do fato de que o noivo ou a noiva abandonou uma dada situação ou residência para estabelecer união com outro(a) ou para satisfazer seus desejos."[134] (Tradução livre).

A fim de se obter o direito à indenização pelos danos advindos, discriminam-se os seguintes requisitos, conforme perfeita colocação do professor mineiro Marco Aurélio S. Viana:

"a) Existência de promessa de casamento feita pelos noivos. A avença não reclama formalidades, nem documentos escritos, bastando a declaração de vontade dos noivos no sentido da conclusão do casamento. Quem alegar o rompimento deverá provar a existência dos esponsais, podendo lançar mão dos meios de prova existentes: convites, correspondências, testemunhas, confissão, cerimônia com o fim de formalizar o noivado, entrega de alianças etc.

b) Recusa em contrair o matrimônio. É necessário que haja a ruptura da promessa, e que o fato tenha chegado ao conhecimento do outro noivo. Ela pode ser expressa, ou tácita, quando as circunstâncias indicam que um dos noivos rompeu com o pactuado.

c) Recusa injustificada. A ruptura deve ter como causa motivo injusto. Ela se funda em fato sem importância. Na apreciação das razões que determinaram a recusa, têm papel importante o nível social dos envolvidos e as circunstâncias que o caso apresenta. O magistrado examinará cada caso em função das suas particularidades. É possível exemplificar: infidelidade, maus-tratos, injúria a parentes, enfermidade grave, abandono, ruína econômica que possa comprometer o matrimônio...

d) Existência de dano. A ruptura da promessa poderá repercutir no ofendido, atingindo-lhe patrimonialmente, psicologicamente ou moralmente. São feitos gastos visando ao casamento futuro, tais como: compra de imóvel para residência, enxoval, viagem, cerimônia, aparelhos, móveis etc. Mas o abalo moral ou psicológico pode trazer consequências patrimoniais, como se dá, *v. g.*, se o noivo é acometido de enfermidade que o impeça de trabalhar."[135]

Conquanto a resolução da promessa seja conexa à não exigibilidade, em juízo, do seu cumprimento, emergem obrigações. Com efeito, há um compromisso em contrair casamento, ainda que inexigível judicialmente. A resolução implica, normalmente, em violação do dever e produz, em decorrência, obrigação de indenizar, que mais se impõe se há suporte em gastos ou danos em vista do casamento planejado, e, em algumas ocasiões, no prejuízo moral resultante do descrédito social, do ridículo por se ter prolongado durante longos anos o noivado, o que torna, naturalmente, mais difícil de se conseguir novo casamento.

Na concepção do assunto pelo Superior Tribunal de Justiça, "é princípio aceito no nosso direito que a pessoa que confia na promessa de contrato futuro e, em razão disso,

---

[134] *Cours de Droit Civil Français*, 6ª ed., Paris, Librairie de la Cour de Cassation, 1948, tomo VII, p. 31. Texto no original: "Le préjudice dont le fiancé ou la fiancée délaissé peut obtenir réparation doit être apprécié conformément aux principes généraux de la responsabilité civile. Il comprend, entre autres, les éléments suivants:

– le préjudice moral constitué par le chagrin et le dépit que cause l'abandon, par la prise que celui-ci donne à la malignité publique, par l'obstacle qu'il peut apporter à un autre établissement;

– et le préjudice pécuniaire résultant des dépenses faites à l'occasion des fiançailles et en vue de la préparation des fêtes du mariage, de celles faites en vue de l'installation du ménage, dans la mesure où les choses acquises sont devenues inutiles et où leur revente ou la résiliation du contrat d'achat entraîne une perte.

C'est encore le préjudice résultant du fait que le fiancé ou la fiancée a abandonné une situation ou une résidence pour rejoindre l'autre fiancé ou satisfaire ses désirs."

[135] "Esponsais ou Promessa de Casamento", *in Ajuris*, nº 29, *Revista da Associação dos Juízes do RS*, Porto Alegre, pp. 171 e 172, 1983.

assume despesas, faz investimentos ou perde outras oportunidades, tem o direito de ser indenizada pelo interesse negativo, isto é, pelo que perdeu, confiando na celebração do contrato que se frustrou. Qualquer um nessa situação pode ser indenizado, e não vejo razão alguma para negar esse direito à mulher. Acredito que a regra do Código Civil elaborado em 1916 não teve esse fundamento, mas deve ser usada com o significado que ora se lhe dá porque específica para a promessa de casamento. De qualquer forma, ainda que não existente aquele dispositivo, o princípio deveria ser aplicado para resolver a quebra de promessa de contrato futuro, seja de compra e venda, de locação, de construção, ou de casamento, pouco importando o nome do contrato ou o sexo das pessoas".[136]

Exige-se a relação de causa e efeito entre a culpa e o prejuízo, cabendo, com toda a evidência, à pessoa lesada o ônus da prova de que a resolução da promessa de casamento determinou o resultado nocivo.

Em princípio, não cabe a reparação pelo mero desfazimento do noivado: "... O rompimento de noivado, ainda quando comprovada a sua existência, não gera, por si só, a obrigação de indenizar, o que só ocorre em caso de terem ocorrido danos, devidamente comprovados."[137]

Acrescenta, a respeito, Eduardo de Oliveira Leite a possibilidade da reparação pelo dano moral, em situações especiais: "O prejuízo moral sofrido a título de interesse negativo, ou seja, partindo-se de nulidade do contrato preliminar como do ponto fundamental e tomando em conta todos os danos que sejam derivados de se ter confiado em sua validade (Fischer, 'A Reparação dos Danos no Direito Civil', p. 123), é perfeitamente reparável através da indenização. Nesse sentido, recente decisão do Tribunal de Justiça de São Paulo: 'Indenização... A ruptura, sem motivo, da promessa de casamento, pode dar lugar a indenização decorrente de dano moral, posto que o rompimento de noivado sempre afetará a pessoa da mulher, atingindo, de alguma forma, sua honra e seu decoro, notadamente quando já notória a data do casamento' (TJSP, Apel. Cível nº 103.247/1, da 1ª Câmara Civil, j. em 01.11.1988)".[138] Há de se levar em conta que gravemente ofendida a afetividade, já que enganada ou iludida a pessoa nos seus sentimentos.

Em um julgamento do Tribunal de Justiça do Rio de Janeiro, na mesma linha: "A configuração de culpa extracontratual pelo rompimento injustificado do compromisso importa reparação através de indenização abrangente das despesas feitas em contemplação de noivado e dos prejuízos resultantes de ruptura de promessa a título de danos emergentes, a serem apurados em execução de sentença."[139]

Ainda: "Casamento. Cerimônia não realizada por iniciativa exclusiva do noivo, às vésperas do enlace. Conduta que infringiu o princípio da boa-fé, ocasionando despesas nos autos comprovadas, pela noiva, as quais devem ser ressarcidas. Dano moral configurado pela atitude vexatória por que passou a nubente, com o casamento marcado. Indenização que se justifica, segundo alguns, pela teoria da culpa in contrahendo, pela teoria do abuso do direito, segundo outros. Embora as atrativas não possuam força vinculante, o prejuízo

---

[136] REsp. nº 251.689/RJ, *DJ* de 30.10.2000, em *ADV Informativo*, boletim nº 6, p. 82, 11.02.2001.

[137] Apel. Cível nº 14.100/2001, da 14ª Câmara Cível do TJ do Rio de Janeiro, *DJ* de 11.10.2001, *in ADCOAS* 8204166, *Boletim de Jurisprudência ADCOAS*, nº 7, p. 102, fev. 2002.

[138] "Rompimento da Promessa de Casamento – Reparação dos danos Material e Moral", em *Ajuris*, nº 51, *Revista da Associação dos Juízes do RS*, Porto Alegre, p. 92, 1991.

[139] *RT*, 567/174.

material ou moral, decorrente de seu abrupto rompimento e violador das regras da boa-fé, dá ensejo à pretensão indenizatória."[140]

No entanto, parece inapropriada a reparação sob o ângulo do dano moral, como bem expõe Dalmo Silva: "Não é possível que um dos noivos, sob a ameaça de uma indenização, que seria uma verdadeira pena pecuniária, deixasse de desfazer o casamento com o receio da mesma. Pode acontecer, ainda, e não é raro ocorrer com pessoas de elevado caráter e formação moral, que em determinado momento, mesmo próximo ao casamento, desfaça o noivado e a consequente promessa, por motivos íntimos de várias ordens, sem que se exteriorize a ninguém, para não denegrir a moral ou não humilhar aquela que antes iria ser sua esposa. Há mesmo quem nem em juízo teria coragem de dizer essas razões íntimas. Como, então, através de via oblíqua, impedir em tempo a dissolução, no interesse da própria família a ser constituída?"[141]

Unicamente situações especiais ensejam a indenização, pois o rompimento está relacionado ao sentimento de cada pessoa, havendo livre-arbítrio para a escolha ou manutenção de relacionamento sentimental. No caso, viável se, durante vários anos, simplesmente some o parceiro, sem qualquer justificação, em total desconsideração à pessoa; ou se procede escandalosamente, com a divulgação acintosa, e desprestigiando o namorado ou namorada.

Para considerar válida a promessa, é indispensável a capacidade para decidir, que coincide com a capacidade de celebrar os negócios jurídicos, ou de praticar qualquer ato de vontade na órbita do direito civil. Os incapazes não podem prometer-se um ao outro. Aos que têm capacidade limitada requer-se o assentimento do representante legal. Válida é a explicação de Ennecerus, Kipp e Wolff: "Si falta ese asentimiento, la promesa queda pendiente hasta que el representante legal la retifique o niegue la ratificación. Su ratificación es equivalente a la que, en su caso, preste el prometido al llegar a la plena capacidad. Mientras la eficacia de los esponsales está pendiente, el otro prometido tiene derecho a revocarlos. La revocación es esencialmente distinta de la resolución que puede hacer cada uno de los prometidos: la resolución sólo es concebible después de haber llegado a tener eficacia el contrato esponsalicio, la revocación sólo antes de esa eficacia."

E, mais adiante, prosseguem que, presentes tais condições, "todos los titulares de la indemnización – el otro prometido, los padres o los que hacen sus veces – pueden exigir el resarcimiento del daño resultante de las expensas hechas y de las obligaciones contraídas durante el tiempo del noviazgo con vistas al matrimonio... Ejemplos: el novio ha alquilado ya un piso mayor, la novia se ha comprado un ajuar, los padres han dado un banquete para celebrar los esponsales o han hecho imprimir tarjetas anunciando el compromiso...".[142]

Nem o Código Civil de 1916 e nem o atual trouxeram disposições quanto à indenização. Mas a responsabilidade assentava no art. 159 do primeiro diploma e encontra respaldo no art. 186 do último.

Existindo impedimentos, e sendo daqueles que tornam o casamento nulo, as promessas de casamento também são nulas, o que arreda o direito à indenização. Trata-se de objeto

---

[140] Apel. Cível nº 2001.001.17643, da 5ª Câmara do TJ do Rio de Janeiro, *DJ* de 14.02.2002.

[141] *Rompimento de noivado, responsabilidade civil, dano moral – aspecto do problema*, em Responsabilidade Civil, *Revista da Associação dos Juízes do RGS – AJURIS*, edição temática, Porto Alegre, pp. 41 e 42.

[142] Ludwig Ennecerus, Theodor Kipp, Martín Wolff, *Tratado de Derecho Civil – Derecho de Familia*, Barcelona, Bosch – Casa Imperial, 1947, vol. I, tomo IV, pp. 35 e 43.

impossível, ou contrário à lei, eis que os interessados "se dirigirían a la celebración de un matrimonio imposible (por ejemplo, la promesa matrimonial entre hermanos) o prohibido (por ejemplo, en el caso del § 1.310, ap. 2)".[143]

O Código Civil brasileiro, no art. 1.521, discrimina os impedimentos, destacando-se o casamento entre ascendentes e descendentes, entre afins em linha reta, entre o adotante e quem foi cônjuge do adotado, ou vice-versa, entre o adotado e o filho do adotante, entre irmãos e demais colaterais até o terceiro grau, e entre pessoas casadas.

Mas, enquadrando-se a proibição em motivos menos graves, consideradas causas suspensivas da celebração (art. 1.523), e que no Código anterior vinham classificados como impedimentos relativos, que acarretam somente sanções de natureza civil, para as quais se faculta a solicitação ao juiz da dispensa das exigências ou restrições assinaladas nos incisos (parágrafo único do art. 1.523 do Código em vigor), não há motivo para se negar a indenização, a menos que o consórcio matrimonial, se realizado, importasse ofensa aos bons costumes.

Aparecem, todavia, exceções. A reparação, embora nulo o casamento se fosse realizado, é admissível quando uma das partes desconhecia o impedimento. Não é impossível aproximar-se uma pessoa de outra e prometer-lhe casamento, com inúmeras repercussões em ônus patrimoniais, e vir a descobrir-se, depois, estar ela vinculada a um matrimônio anterior. Naturalmente, as tratativas entabuladas, se houve reflexos econômicos negativos, ocasionam o dever de indenizar.

3. RESPONSABILIDADE POR FALTA DE CONVIVÊNCIA FAMILIAR DE UM DOS PAIS

Em relação aos filhos, enquanto menores, há o direito à convivência com os pais. A afetividade resta gravemente ferida na ausência dessa imposição, porquanto a natureza humana demanda a necessidade não apenas da presença, mas da real participação do pai e da mãe na criação e formação dos filhos. Cada progenitor preenche uma gama específica de necessidades da prole. Assim, mais exemplificativamente, a mãe no tocante, sobretudo, aos cuidados mais primários, ao afeto aconchegante e ao acompanhamento diário. Já o pai, embora não se dispensando tais atribuições, a sua participação tem relevância no aspecto da segurança e firmeza da personalidade. Ambos são imprescindíveis para um sadio desenvolvimento, sem carências, traumas e inseguranças. Não é sem razão que o art. 226, § 7º, da Carta Federal refere-se à paternidade responsável, enquanto o art. 19 da Lei nº 8.069, de 13.07.1990 (Estatuto da Criança e do Adolescente) estatui como um direito fundamental a convivência familiar, nos seguintes termos, em texto da Lei nº 13.257/2016: "É direito da criança e do adolescente ser criado e educado no seio de sua família e, excepcionalmente, em família substituta, assegurada a convivência familiar e comunitária, em ambiente que garanta seu desenvolvimento integral."

Sobre a importância da figura paterna, acrescenta a Professora Tânia da Silva Pereira: "Por outro lado, a tríade 'pai-mãe-filho', tão discutida a partir dos escritos de Sigmund Freud, envolve, especialmente, a figura paterna na estruturação da criança em fase de

---

[143] Enneccerus, Kipp e Wolff, *Tratado*, vol. I, tomo IV, p. 36, § 5º De observar que o § 1.310 do Código Civil Alemão foi, juntamente com outros, revogado pela Lei do Casamento, de 20 de fevereiro de 1946. As proibições legais constam previstas nos §§ 4º, 5º e 6º, da referida lei, sobressaindo as que se relacionam ao parentesco e à afinidade, à bigamia, ao adultério e à adoção.

desenvolvimento. A privação paterna implica, entre outros aspectos, na privação de sua história, do contexto de vida de seus antepassados, de sua cultura e de seus valores. O elemento de maior riqueza do ser humano que lhe dá a característica ímpar é o fato de ele ser fruto de duas pessoas diferentes."[144]

A realidade que vai se ampliando revela a existência cada vez maior de famílias compostas de um dos pais com os filhos, realçando a predominância da mãe e dos filhos; evidencia o fenômeno da ausência dos pais no dia a dia dos filhos, em face da necessidade de desenvolver funções remuneradas; e ostenta não raramente um amadurecimento e uma liberação precoces da criança e do adolescente, o que é favorecido pela intensa difusão dos meios de comunicação e pelo prematuro regime de semi-internato em creches e casas de acolhimento de crianças.

O mais grave, porém, e com maiores repercussões negativas, está na privação do filho da convivência de um dos progenitores, decorrendo daí uma grande carga de carências e frustrações de ordem emotiva, sentimental e afetiva. Ocorre a indiferença afetiva de um genitor em relação a seus filhos, mesmo que não verificado o abandono material e intelectual. É direito dos filhos, e impõe-se por reclamo da natureza humana, a convivência com o pai e a mãe. O abandono afetivo constitui descumprimento do dever legal de cuidado, criação, educação e companhia. Ademais, a omissão caracteriza ato ilícito passível de compensação indenizatória. Realmente, apesar de existente em todos os tempos o abandono afetivo, nos últimos anos a matéria mereceu debates jurídicos, com o seu enfrentamento na justiça, por meio de ações indenizatórias, chegando, inclusive, ao Superior Tribunal de Justiça. Considera-se tal abandono o descumprimento dos deveres legais de cuidado, criação, educação e convivência, protegidos na Carta Magna.

Não interessa a separação dos pais, ou a completa incompatibilidade de um em relação ao outro. O pai ou a mãe que não forma a entidade familiar com os filhos está obrigado a buscar a convivência regular em datas previamente combinadas, de modo a manter alguma participação na vida dos mesmos, acompanhando seu desenvolvimento, participando das necessidades que lhes são inerentes, e dispensando a afetividade, o carinho, o desvelo, a amizade e a autoridade que tanto necessitam para o sadio e normal crescimento.

Embora não caiba se falar em coesão familiar, e oferecer aos filhos uma estrutura regular da convivência com o pai e a mãe, o mínimo que se impõe como ditame fundamental da consciência, da moral, da natureza e da lei consiste na convivência regular com os progenitores, mesmo que espaçada, de modo a satisfazer o impulso natural de senti-los, de haurir sua presença e de se fortalecer com o seu acompanhamento.

Impedir a efetivação desse impulso que emana do próprio ser traz graves prejuízos e frustrações na realização da afetividade, com irreparáveis e irreversíveis efeitos negativos que repercutirão na vida afora, ensejando inclusive a indenização pelo dano moral que se abate sobre o filho. Realmente, a ausência de um dos pais resulta em tristeza, insatisfação, angústia, sentimento de falta, insegurança, e mesmo complexo de inferioridade em relação aos conhecidos e amigos. Quase sempre se fazem sentir efeitos de ordem psíquica, como a depressão, a ansiedade, traumas de medo e outras afecções. Se a morte de um dos progenitores, em face da sensação de ausência, enseja o direito à reparação por dano moral, o que se tornou um consenso universal, não é diferente no caso do irredutível

---

[144] "Direito da Criança e do Adolescente: a convivência familiar e comunitária como um direito fundamental", em *Direito de Família Contemporâneo*, Belo Horizonte, Livraria Del Rey Editora, 1997, p. 667.

Cap. XIX | Responsabilidade por Danos à Afetividade no Direito de Família e União Estável • **231**

afastamento voluntário do pai ou da mãe, até porque encontra repulsa pela consciência comum e ofende os mais comezinhos princípios de humanidade.

Por tais razões, perfeitamente coerentes decisões como a presente, emanada do STJ:

"1. Inexistem restrições legais à aplicação das regras concernentes à responsabilidade civil e o consequente dever de indenizar/compensar no Direito de Família.

2. O cuidado como valor jurídico objetivo está incorporado no ordenamento jurídico brasileiro não com essa expressão, mas com locuções e termos que manifestam suas diversas desinências, como se observa do art. 227 da CF/88.

3. Comprovar que a imposição legal de cuidar da prole foi descumprida implica em se reconhecer a ocorrência de ilicitude civil, sob a forma de omissão. Isso porque o *non facere*, que atinge um bem juridicamente tutelado, leia-se, o necessário dever de criação, educação e companhia – de cuidado – importa em vulneração da imposição legal, exsurgindo, daí, a possibilidade de se pleitear compensação por danos morais por abandono psicológico.

4. Apesar das inúmeras hipóteses que minimizam a possibilidade de pleno cuidado de um dos genitores em relação à sua prole, existe um núcleo mínimo de cuidados parentais que, para além do mero cumprimento da lei, garantam aos filhos, ao menos quanto à afetividade, condições para uma adequada formação psicológica e inserção social.

5. A caracterização do abandono afetivo, a existência de excludentes ou, ainda, fatores atenuantes – por demandarem revolvimento de matéria fática – não podem ser objeto de reavaliação na estreita via do recurso especial.

6. A alteração do valor fixado a título de compensação por danos morais é possível, em recurso especial, nas hipóteses em que a quantia estipulada pelo Tribunal de origem revela-se irrisória ou exagerada.

7. Recurso especial parcialmente provido".[145]

4. RESPONSABILIDADE NAS OFENSAS E ILÍCITOS PRATICADOS POR CÔNJUGE OU COMPANHEIRO

Sem dúvida, longe vão os tempos do domínio da concepção patriarcal da família, estabelecida mais para a finalidade de procriação, ou em vista de interesses patrimoniais. O propósito de realização da comunidade afetiva é a grande razão que leva à sua constituição. O fundamento na afetividade incentiva a comunhão de duas pessoas, não importando outros interesses ou conveniências, como o patrimônio, a tradição, as conveniências sociais, o prestígio das famílias dos noivos, a amizade, o costume. Deu-se a afirmação da natureza da família como grupo social fundado essencialmente nos laços de afetividade.

Diante dessa evolução, e dado o enaltecimento de valores pessoais, morais, próprios da alma, da estima, dos sentimentos, deu-se importante passo na valorização da personalidade, de modo a prezar-se o cônjuge ou companheiro como ser humano sujeito de direitos e deveres, em especial no que envolve a afetividade, o respeito, a liberdade, a honra, a integridade moral e a absoluta igualdade dentro da comunidade formada pelo casamento ou pela união de pessoas. Nesse sentido, bem ressalta Ruy Rosado de Aguiar Júnior, o eixo da responsabilização civil se desloca do elemento *fato ilícito* para o do *dano injusto*, o que "facilita o deferimento do pedido de indenização".[146]

---

[145] REsp. nº 1.159.242/SP, da 3ª Turma, rel. Min. Nancy Andrighi, j. em 24.04.2012, *DJe* de 10.05.2012.

[146] "Responsabilidade Civil no Direito de Família", em *Direitos Fundamentais do Direito de Família*, Porto Alegre, Livraria do Advogado Editora, 2004, p. 360.

Assim passa a merecer a devida consideração a pessoa na relação matrimonial ou convivencial. Adquirem consequências a maneira de se relacionar, o bom ou mau tratamento dispensado, as ofensas irrogadas, as agressões, a violação de deveres conjugais ou inerentes à união estável, a infidelidade, a falta de postura digna, e toda espécie de fatos que atentam contra a pessoa enquanto casada ou unida a outra.

A infração dos deveres do casamento e da união estável importa na separação judicial ou na resolução por culpa do transgressor, que fica responsável por deveres do sustento, se o inocente não dispuser de meios próprios para a subsistência. O encargo alimentar em favor do inocente, ou a persistência do dever de assistência em favor do não responsável, não exaure as decorrências, e nem abrange o ressarcimento pelo prejuízo sofrido com a dissolução da sociedade conjugal oficial ou de fato, ou apaga as ofensas feitas ao longo da convivência. As sevícias, as injúrias, a infidelidade, as humilhações, os atentados à integridade corporal ensejam o competente direito à indenização patrimonial e reparação por dano moral. Realmente, ao se estabelecer a pensão alimentícia, além de outras cominações, como o afastamento da residência, atende-se unicamente a satisfação de uma necessidade, ou a imposição de uma medida para garantir a segurança do outro consorte ou companheiro. Para compensar as ofensas morais, ou ressarcir prejuízos de outra ordem, concede-se uma indenização especial, de natureza diferente, que encontra base nos arts. 186 e 927 do Código Civil.

O casamento e a união estável não se colocam como obstáculos à indenização por danos que normalmente se concedem às pessoas lesadas não vinculadas por tais formas de relação. Nem supre a declaração de culpa na separação ou resolução o dever de indenizar. A obrigação de dar pensão não afasta a indenização por ofensas ou descumprimento de deveres que caracterizam como danos morais.

A respeito, já se manifestou favoravelmente o Superior Tribunal de Justiça: "O sistema jurídico brasileiro admite, na separação e no divórcio, a indenização por dano moral. Juridicamente, portanto, tal pedido é possível: responde pela indenização o cônjuge responsável exclusivo pela separação.

Caso em que, diante do comportamento injurioso do cônjuge varão, a Turma conheceu do Especial e deu provimento...".

Algumas passagens do voto merecem destaque:

"É de indagar, e me parece que isso seja necessário para o deslinde deste litígio, da possibilidade de se compor dano moral na separação e no divórcio.

Em trabalho publicado na *RT* 679 (maio de 1992), escreveu José de Castro Bigi: 'A doutrina pouco cuida do assunto. Nesse campo, devemos ressaltar os excelentes trabalhos de Wilson Mello da Silva citando os ensinamentos de Amílcar de Castro e Pedro Lessa – ambos favoráveis à reparação do dano moral'. Mais recentemente, o magistrado Yussef Said Cahali, neste sentido: 'Admitida a infração dos deveres conjugais como a causa da separação judicial (Lei nº 6.515, de 26.12.1977, art. 5º), tem-se preconizado que, para além da dissolução – sanção da sociedade conjugal – o cônjuge culpado deve responder igualmente por danos morais consequentes da separação'.

Também Caio Mário da Silva Pereira, versando os efeitos do desquite, leciona: 'Afora os alimentos, que suprem a perda da assistência direta, poderá ainda ocorrer a indenização por perdas e danos (dano patrimonial e dano moral), em favor do prejuízo sofrido pelo cônjuge inocente'...".

Vai adiante a fundamentação, demonstrando-se a legislação francesa, que admite a indenização concomitante do dano moral, com a transcrição do art. 266 do Código Civil: "Quand le divorce est prononcé aux torts exclusifs de l'un des époux, celui-ce peut être condamné à des dommages-intérêts en réparation du préjudice matériel ou moral que la dissolution du mariage fait subir à son conjoint.

Ce dernier ne peut demander des dommages-intérêts qu'à l'occasion de l'action en divorce."

Dá-se realce para admitir a indenização se há a prática de sevícias, ou se verificada a humilhação sofrida pelo cônjuge, explanando o Ministro Waldemar Zveiter quando cabe o dano moral: "O dano moral, como é cediço, é a lesão praticada contra os direitos de personalidade, considerados essenciais à pessoa humana (integridade física e moral, nome, fama, dignidade, honradez, imagem, liberdade, intimidade). Tamanha é a dimensão e a relevância desses direitos, que sua tutela jurídica foi elevada ao patamar constitucional. Isto porque, a par do ressarcimento de natureza material o indivíduo é titular de direitos integrantes de sua personalidade, não podendo a ordem jurídica conformar-se que tais garantias sejam impunemente atingidas".[147]

A seguinte visão de elementos, delineada por Ruy Rosado de Aguiar Júnior, ajuda a bem encaminhar a indenização:

"a) Quanto ao fato gerador da responsabilidade, pode ele ser a infração cometida pelo cônjuge durante a convivência, ordinariamente prevista como causa de separação ou de divórcio; ou constituir-se no dano decorrente da separação ou do divórcio;

b) ainda quando ao fato gerador, pode ele estar tipificado na lei, ou decorrer da aplicação da cláusula geral de responsabilização do ato ilícito extracontratual, independente da prévia definição legal tipificadora;

c) os atos ofensivos podem ser os que se caracterizam como fato ilícito absoluto, e o seriam em quaisquer circunstâncias da vida civil, ou fica seu conceito restrito aos atos contrários às disposições do Direito de Família, na regulação das relações entre os cônjuges;

d) os danos podem ser de natureza patrimonial ou extrapatrimonial;

e) do ponto de vista subjetivo, os danos a considerar podem ser os praticados pelos cônjuges, um contra o outro e os praticados por terceiro contra um dos cônjuges ou companheiros;

f) pode haver o prejuízo por ricochete ou reflexo, de que nos fala Clóvis do Couto e Silva: 'Os casos mais comuns relacionam-se a alguém que tenha sofrido um dano que o impede de pagar alimentos a quem deveria fazê-lo, seja em razão de lei, seja por motivo de casamento. Se existir um vínculo de parentesco do qual decorre o direito de haver alimentos, admite-se a existência do direito de requerê-los em juízo' (O conceito de dano no direito brasileiro e comparado, em 'O Direito Privado Brasileiro na Visão de Clóvis Veríssimo do Couto e Silva', p. 217).

g) A responsabilidade seria extracontratual para os que veem no casamento uma instituição; seria contratual, se definido no contrato;

h) a inocência do cônjuge tem sido exigida por alguns como condicionante no direito à indenização;

i) a finalidade da condenação à reparação do dano pode ser apenas para a cobertura dos prejuízos ou pode se estender para atingir também a finalidade sancionadora."[148]

---

[147] REsp. nº 37.051/SP, da 3ª Turma, rel. Min. Nilson Naves, j. em 17.04.2001.
[148] *Responsabilidade Civil no Direito de Família*, trabalho citado, p. 363.

234 • Responsabilidade Civil | *Arnaldo Rizzardo*

Em síntese, as injúrias, humilhações, sevícias, infidelidades, condutas inapropriadas e toda sorte de acintes à pessoa, dentro da sequência acima traçada por Ruy Rosado de Aguiar Júnior, além de ensejarem a separação com base na culpa, abrem ensanchas para a ação indenizatória por dano moral, e mesmo material se comprovados os prejuízos.

A colocação de Ruy Rosado de Aguiar Júnior, a respeito, bem retrata a obrigação indenizatória: "Em conclusão, há de se admitir em nosso direito a possibilidade de ser intentada a ação de responsabilidade civil pelo dano a cônjuge ou companheiro, por ilícito absoluto ou infração à regra do Direito de Família, (a) por fato ocorrido na convivência do casal, com infração aos deveres do casamento, ou (b) por dano decorrente da separação ou do divórcio, aceitas as restrições que a peculiaridade da reparação impõe. Em especial, cabe ao juiz ponderar os valores éticos em conflito, atender à sua finalidade social da norma e reconhecer que o só fato de existir a família não pode ser causa de imunidade civil, embora possa inibir a ação quando dela surgir dano social maior do que o pretendido reparar. De outra parte, deve perceber que, na especificidade da relação fundada no amor, o desaparecimento da afeição não pode ser, por si só, causa de indenização."[149]

---

[149] *Responsabilidade Civil no Direito de Família*, trabalho citado, p. 371.

XX

Responsabilidade por Dano Ecológico e Nuclear

1. DANO ECOLÓGICO OU AO MEIO AMBIENTE

Muito se tem tratado, nos últimos tempos, do dano ecológico ou ao meio ambiente, que se manifesta através das mais variadas formas, como a devastação e desmatamento de florestas; a contaminação das águas; o despejo de resíduos insolúveis e nocivos em rios, lagos, e oceanos; o represamento desordenado das águas e a devastação das reservas biológicas. A própria atmosfera sofre constante agressão através de resíduos emitidos por fábricas, veículos automotores e instrumentos de trabalho. Os agrotóxicos infetam o lençol freático e os alimentos de substâncias venenosas, constituindo um perigo à saúde.

Um dos fortes fatores de degeneração da natureza é a poluição, que se considera a degradação da qualidade ambiental resultante de atividade direta ou indiretamente prejudicial à saúde, à segurança e ao bem-estar da população, ou que provoque condições adversas de vida sadia e afete as condições vitais e sanitárias do meio ambiente.

Os prejuízos ao meio ambiente, que crescem na medida em que se opera o aumento das populações e o desenvolvimento desordenado da indústria, fazem-se sentir sobretudo naquelas nações que vivem da exploração de seus recursos naturais, como florestas, jazidas e águas. As extensas culturas de certos produtos agrícolas acarretam um proveito desordenado do solo, com incontroláveis prejuízos à flora e à fauna.

Nas últimas décadas, porém, tem crescido a consciência ecológica, dominando o entendimento de que o meio ambiente constitui um bem jurídico essencial à vida, à saúde, e à própria sobrevivência das gerações futuras, não podendo continuar a sofrer os atentados perpetrados especialmente a partir da industrialização. Em grande parte das nações nota-se uma forte campanha contra a poluição dos rios, a devastação das matas, os atentados contra agentes (fumaça, gás, vapor) que infestam a atmosfera.

Como meio ambiente considera-se o ambiente em que se vive, ou, de acordo com a Lei nº 6.938, de 31.08.1981, "o conjunto de condições, leis, influências e interações de ordem física, química e biológica, que permite, abriga e rege a vida em todas as suas formas" (art. 3º), formando "um patrimônio público a ser necessariamente assegurado e protegido, tendo em vista o uso coletivo" (art. 2º, I). Acrescenta Carlos Roberto Gonçalves: "O meio ambiente, elevado à categoria de bem jurídico essencial à vida, à saúde e à felicidade do homem, é objeto, hoje, de uma disciplina que já ganha foros de ciência e autonomia: a ecologia (do grego *oikos* = casa, mais *logos* = estudo). Visa a ecologia, portanto, considerar e investigar o mundo como 'nossa casa', sendo conhecida, por isso

236 • Responsabilidade Civil | *Arnaldo Rizzardo*

mesmo, como 'ciência do *habitat*, na medida em que estuda as relações dos seres vivos entre si e deles com o ambiente".[150]

Um meio ambiente saudável e equilibrado se tornou aspiração dos povos e passou a ser considerado como um valor, um bem jurídico, um patrimônio dos povos, de modo a transcender os interesses individualistas, não prevalecendo o conceito de propriedade particular na utilização dos recursos naturais.

2. RESENHA DA LEGISLAÇÃO

No direito brasileiro, as medidas protetivas apareceram há décadas. Uma vez verificados os danos, incide a responsabilidade objetiva na punição, recomposição e reparação. Lembra Paulo Antônio Caliendo Velloso da Silveira: "A responsabilidade civil objetiva por dano ambiental surgiu pela primeira vez no Decreto nº 79.437, de 28.03.1977, que promulgou a Convenção Internacional sobre responsabilidade civil por danos causados por poluição por óleo, de 1969. Em seguida, foi promulgada a Lei nº 6.453, de 17.10.1977, que, em seu art. 4º, *caput*, acolheu a responsabilidade objetiva relativa aos danos provenientes de atividade nuclear.

A Lei nº 6.938, de 31.08.1981, que dispõe sobre a Política Nacional de Meio Ambiente, consagrou, de modo geral, a responsabilidade civil objetiva por danos ambientais".[151]

O art. 14, § 1º, da citada Lei nº 6.938 encerra o seguinte preceito de responsabilidade objetiva: "Sem obstar a aplicação das penalidades previstas neste artigo, é o poluidor obrigado, independentemente da existência da culpa, a indenizar ou reparar os danos causados ao meio ambiente e a terceiros, afetados por sua atividade".

Na Constituição Federal de 1988, o art. 225, considera o meio ambiente como "bem de uso comum do povo e essencial à sadia qualidade de vida". Seu § 3º dispõe sobre a responsabilidade pelos danos: "As condutas e atividades consideradas lesivas ao meio ambiente sujeitarão os infratores, pessoas físicas ou jurídicas, a sanções penais e administrativas, independentemente da obrigação de reparar os danos causados". Nos demais parágrafos e incisos que seguem, constam previstas medidas protetivas e preservativas, de caráter administrativo e penal.

A Lei nº 7.347, de 24.07.1985, introduziu a ação civil pública de responsabilidade por danos causados ao meio ambiente, encarregando os membros do Ministério Público para a competente ação, além das entidades estatais, autárquicas, paraestatais e associações especificadas.

Existe a Lei nº 8.625, de 12.02.1993, que institui a Lei Orgânica do Ministério Público, também dando legitimidade para ajuizar a ação civil pública de responsabilidade por danos causados ao meio ambiente aos membros do Ministério Público e outras entidades que especifica.

A Lei nº 8.723, de 28.10.1993, dispôs sobre a redução de emissão de poluentes por veículos automotores.

---

[150] *Responsabilidade Civil*, ob. cit., p. 87.
[151] *Responsabilidade civil da Administração Pública por dano ambiental*, em *Revista AJURIS*, da Associação dos Juízes do RGS, edição temática, p. 134.

A Lei nº 9.433, de 8.01.1997, além de tratar de outras matérias, instituiu a política nacional de recursos hídricos.

Já a Lei nº 9.605, de 12.02.1998, tratando dos crimes ambientais, traz medidas de caráter preventivo e repressivo capazes de proteger a saúde ambiental.

Vasta é a legislação que trata do direito ambiental, envolvendo diversas dimensões e múltiplos agentes. Assim, é de citar a Lei nº 7.802, de 11.07.1989, alterada pela Lei nº 9.974, de 06.06.2000, tratando da pesquisa, da experimentação, da produção, da embalagem e rotulagem, do transporte, do armazenamento, da comercialização, da propaganda comercial, da utilização, da importação, da exportação, do destino final dos resíduos e embalagens, do registro, da classificação, do controle, da inspeção e a fiscalização de agrotóxicos, de seus componentes e afins; também a Lei nº 9.966, de 28.04.2000, dispondo sobre a prevenção, o controle e a fiscalização da poluição causada por lançamento de óleo e outras substâncias nocivas ou perigosas em águas sob jurisdição nacional; a Lei nº 11.445, de 05.01.2007, alterada pela Lei nº 13.312, de 27.07.2016, estabelecendo diretrizes nacionais para o saneamento básico.

Não pode ser olvidada a Lei nº 12.305, de 02.08.2010, instituindo a Política Nacional de Resíduos Sólidos. Insta reproduzir o conceito de resíduos sólidos, definido pelo inc. XVI do art. 3º: "resíduos sólidos: material, substância, objeto ou bem descartado resultante de atividades humanas em sociedade, a cuja destinação final se procede, se propõe proceder ou se está obrigado a proceder, nos estados sólido ou semissólido, bem como gases contidos em recipientes e líquidos cujas particularidades tornem inviável o seu lançamento na rede pública de esgotos ou em corpos d'água, ou exijam para isso soluções técnica ou economicamente inviáveis em face da melhor tecnologia disponível".

Nos arts. 25 a 29 da Lei nº 12.305/2010 vem definida a responsabilidade dos geradores de resíduos sólidos e do Poder Público. Já nos arts. 30 a 36 traz as diretrizes da responsabilidade compartilhada "pelo ciclo de vida dos produtos, a ser implementada de forma individualizada e encadeada, abrangendo os fabricantes, importadores, distribuidores e comerciantes, os consumidores e os titulares dos serviços públicos de limpeza urbana e de manejo de resíduos sólidos" (art. 30).

3. RESPONSABILIDADE POR DANOS AO MEIO AMBIENTE

O dano ao meio ambiente consiste na degradação da qualidade ambiental resultante de atividade que direta ou indiretamente prejudique a saúde, a segurança e o bem-estar da população, ou crie condições adversas às atividades sociais e econômicas, ou afete as condições vitais, estéticas ou sanitárias do meio ambiente; ou, finalmente, lance matérias ou energia em desacordo com os padrões ambientais estabelecidos.

A poluição constitui um dos fatores de dano ao meio ambiente, apresentando-se, no conceito de Hely Lopes Meirelles, como "toda alteração das propriedades naturais do meio ambiente, causado por agente de qualquer espécie, prejudicial à saúde, à segurança ou ao bem-estar da população sujeita a seus efeitos".[152]

Como constitui o meio ambiente um bem de uso comum do povo, a sua supressão ou o seu prejuízo comporta a reparação.

---

[152] *Direito de Construir*, 4ª ed., ob. cit., p. 178.

O fundamento básico que impõe a responsabilidade está no art. 225, § 3º, da Carta Federal, conforme acima visto.

Consoante o art. 4º, inc. VII, da Lei nº 6.938, recai "a imposição ao poluidor e ao predador da obrigação de recuperar e/ou indenizar os danos causados". No art. 14, § 1º, consoante já transcrito, incide a responsabilidade do poluidor em indenizar e/ou reparar os danos causados ao meio ambiente e aos terceiros afetados por sua atividade, independentemente da existência da culpa.

Denota-se, pois, que vem ressaltada a responsabilidade objetiva, que é definida por Paulo Affonso Leme Machado: "A responsabilidade objetiva ambiental significa que quem danificar o ambiente tem o dever jurídico de repará-lo. Presente, pois, o binômio dano/reparação. Não se pergunta a razão da degradação para que haja o dever de reparar. Incumbirá ao acusado provar que a degradação era necessária, natural ou impossível de evitar-se. Portanto, é contra o direito enriquecer-se ou ter lucro à custa da degradação do meio ambiente.

Repara-se por um princípio de Direito Natural, pois não é justo prejudicar nem os outros e nem a si mesmo. Facilita-se a obtenção da prova e incide a responsabilidade, sem se exigir a intenção, a imprudência e a negligência para serem protegidos bens de alto interesse de todos e cuja lesão ou destruição terá consequências não só para a geração presente, como para a geração futura".[153]

Igualmente na jurisprudência: "O meio ambiente goza de proteção constitucional *ex vi* do art. 225. A efetividade da proteção ao meio ambiente, de interesse da coletividade, só é alcançada apenando-se o causador do dano. Em se tratando de dano ambiental, é objetiva a responsabilidade do dano. Leis 6.938/1981 e 9.605/1998. CF, § 3º, art. 225".[154]

A responsabilidade objetiva importa em não se examinar a conduta do sujeito poluidor, ou daquele que faz a devastação, arruinando a flora, a atmosfera, as águas e outros bens naturais. Basta que se afira a relação de causa e efeito. Acontece que a atividade ruinosa do devastador ou poluidor corresponde a uma indevida apropriação pessoal de bens naturais de todos, como nos desmatamentos e desvios ou represamento de águas, ou a uma deterioração ou destruição de bens de grande valor para a humanidade, como a água pura, o ar respirável, o solo com cobertura vegetal.

A jurisprudência tem assentado o princípio da responsabilidade objetiva:

"Dano ambiental. Corte de árvores nativas em área de proteção ambiental. Responsabilidade objetiva.

Controvérsia adstrita à legalidade da imposição de multa, por danos causados ao meio ambiente, com respaldo na responsabilidade objetiva, consubstanciada no corte de árvores nativas.

A Lei de Política Nacional do Meio Ambiente (Lei nº 6.938/1981) adotou a sistemática da responsabilidade civil objetiva (art. 14, parágrafo 1º) e foi integralmente recepcionada pela ordem jurídica atual, de sorte que é irrelevante e impertinente a discussão da conduta do agente (culpa ou dolo) para atribuição do dever de indenizar. Tanto que admite-se a inversão do ônus da prova, a teor da Súmula 618 do STJ: "A inversão do ônus da prova aplica-se às ações de degradação ambiental."

---

[153] *Direito Ambiental Brasileiro*, 8ª ed., São Paulo, Malheiros Editores, 2000, pp. 322 e 323.
[154] Apel. Cível nº 401.518, da 7ª Turma do TRF da 3ª Região, *DJ* de 07.01.2002, em *ADCOAS* 8206069, *Boletim de Jurisprudência ADCOAS*, nº 18, p. 276, maio 2002.

A adoção pela lei da responsabilidade civil objetiva, significou apreciável avanço no combate a devastação do meio ambiente, uma vez que, sob esse sistema, não se leva em conta, subjetivamente, a conduta do causador do dano, mas a ocorrência do resultado prejudicial ao homem e ao ambiente. Assim sendo, para que se observe a obrigatoriedade da reparação do dano é suficiente, apenas, que se demonstre o nexo causal entre a lesão infligida ao meio ambiente e a ação ou omissão do responsável pelo dano. O art. 4º, VII, da Lei nº 6.938/81 prevê expressamente o dever do poluidor ou predador de recuperar e/ou indenizar os danos causados, além de possibilitar o reconhecimento da responsabilidade, repise-se, objetiva, do poluidor em indenizar ou reparar os danos causados ao meio ambiente ou aos terceiros afetados por sua atividade, como dito, independentemente da existência de culpa, consoante se infere do art. 14, § 1º, da citada lei.[155]

No entanto, o art. 14, § 1º, da Lei nº 6.938 afasta o risco integral, pois exime a responsabilidade se provocado por fato diverso da atividade que desempenha aquele a quem é atribuída a ação devastadora, como a ação de terceiros, o caso fortuito ou de força maior. Se a derrubada de árvores é desencadeada por invasores, como já aconteceu nas invasões dos chamados 'colonos sem terra'; ou se a queimada decorre da queda de um raio; ou se acontece a destruição de mata por causa de um deslizamento de terra; ou se a inundação se deu em razão de um rompimento das barreiras de represa provocado por uma quantidade anormal de chuva, não se pode inculcar a responsabilidade ao proprietário da área onde aconteceu o dano.

4. RESPONSABILIDADE POR DANO NUCLEAR

Dano nuclear, na definição de Sérgio Gilberto Porto, revela-se no "dano pessoal ou material produzido como resultado direto ou indireto das propriedades radioativas, da sua combinação com as propriedades tóxicas ou com outras características dos materiais nucleares, que se encontrem em instalação nuclear, ou dela procedentes ou a ela enviados".[156]

Decorre o dano do acidente nuclear, que se verifica na contaminação da natureza por materiais radioativos resultantes do processo de produção ou utilização de combustíveis nucleares. Os produtos radioativos são aqueles capazes de produzir energia, mediante um processo autossustentado de fissão ou cisão nuclear.

Há no art. 21, inc. XXIII, letra 'd', da Constituição Federal norma específica sobre a responsabilidade do dano nuclear: "A responsabilidade civil por danos nucleares independe da existência de culpa".

De acordo com a Lei nº 6.453, de 17.10.1977, art. 4º, o risco é de responsabilidade objetiva: "Será exclusiva do operador da instalação nuclear, nos termos desta Lei, independentemente da existência de culpa, a responsabilidade civil pela reparação de dano nuclear causado por acidente nuclear...".

O art. 6º exime de responsabilidade se o dano resultar unicamente de culpa da vítima: "Uma vez provado haver o dano resultado exclusivamente de culpa da vítima, o operador será exonerado, apenas em relação a ela, da obrigação de indenizar".

---

[155] REsp. nº 578.797/RS, da 1ª Turma do STJ, j. em 05.08.2004, *DJU* de 20.09.2004.

[156] *Responsabilidade civil, responsabilidade objetiva e dano nuclear*, em *Revista AJURIS*, da Associação dos Juízes do RGS, edição temática, pp. 199 e 200.

Se causado o dano de conflito armado, não incide a responsabilidade no operador, em face do art. 8º: "O operador não responde pela reparação do dano resultante de acidente nuclear causado diretamente por conflito armado, hostilidade, guerra civil, insurreição ou excepcional fato da natureza". Nessa situação, o operador considera-se aquele que explora a atividade nuclear, por concessão do Poder Público. Pelos atos de guerra a responsabilidade recai na União.

Frente às exceções acima, há uma responsabilidade objetiva limitada e não absoluta.

De acordo com os ditames legais, pois, o operador da instalação nuclear arca com a responsabilidade civil pela reparação do dano nuclear causado por acidente, independentemente de culpa. Exclui a responsabilidade o dano verificado nas seguintes hipóteses, arroladas por Sérgio Gilberto Porto: "a) ocorrido na instalação nuclear; b) provocado por material nuclear procedente da instalação nuclear, quando o acidente ocorrer: b.1) antes que o operador da instalação nuclear a que se destina tenha assumido, por contrato escrito, a responsabilidade por acidentes nucleares causados pelo material; b.2) na falta de contrato, antes que o operador da outra instalação nuclear haja assumido efetivamente o encargo material; c) provocado por material nuclear enviado à instalação nuclear, quando o acidente ocorrer: c.1) depois que a responsabilidade por acidente provocado pelo material lhe houver sido transferida, por contrato escrito, pelo operador da outra instalação nuclear; c.2) na falta de contrato, depois que o operador da instalação nuclear houver assumido efetivamente o encargo do material a ele enviado".[157]

O art. 5º da mesma Lei nº 6.453 estabelece a responsabilidade solidária entre os operadores, naturalmente se houver mais de um, e se impossível a identificação dos danos atribuíveis destacadamente a cada um deles.

A todo prejudicado se reconhece legitimidade ativa para o ingresso judicial de demanda buscando a reparação de dano nuclear. Reconhece-se ao Ministério Público a legitimidade para propor a ação se os males ocasionados revelarem caráter coletivo ou difuso, bem como quando atingido o meio ambiente.

5. O NEXO CAUSAL

Em qualquer situação de dano, seja ao meio ambiente ou ao nuclear, é necessário apurar a ligação com a efetiva e real causa ou origem. Desde que destacado o foco emissor, como a poluição de uma fonte de água por resíduos de uma indústria, ou da atmosfera pelos canos de uma fábrica que expelem fumaça com resíduos tóxicos, não há dificuldade fática de se estabelecer o liame entre o dano e causa. Todavia, se várias as fontes de poluição, como numa cidade próxima a um distrito industrial cujas fábricas expelem elementos químicos nocivos e mau odor que infestam o ar, produzindo doenças como asma, bronquite e outras moléstias que prejudicam o sistema respiratório, ou provocam secreções, dor de cabeça e constante mal-estar, apresenta-se coerente que o Ministério Público e outras entidades autorizadas ingressem com a demanda contra todas as possíveis indústrias poluidoras, visando estancar o desencadear de tais causas.

Individualmente, cada pessoa lesada reveste-se de legitimidade para buscar o competente ressarcimento. O comum é o encaminhamento da lide contra a real fonte causadora. Todavia, se impossível descobrir a origem certa do mal, opta-se por dirigir a ação contra

---

[157] *Responsabilidade civil, responsabilidade objetiva e dano nuclear*, trabalho citado, p. 201.

a empresa ou o grupo de empresas que revelar aptidão para provocar o dano. O princípio da aptidão, ou da adequação, permite que se responsabilize o sujeito apto a emitir agentes causadores do dano. Segue-se a doutrina que encontra base na Lei alemã de 10 de dezembro de 1990 (*BGBI,* 1990, I, IS. 2.634), sobre responsabilidade civil concernente às atividades perigosas para o meio ambiente.

A explicação é dada por Paulo Affonso Leme Machado: "O § 1º do art. 6º da lei alemã tem duas frases. A primeira frase diz 'se uma instalação é apta para causar o dano surgido nas circunstâncias de um caso concreto, há presunção de que o dano é causado pela instalação'. A lei insere uma noção de 'instalação apta a causar dano'. Essa aptidão pode ser antes do cometimento do dano e no momento da ocorrência do dano. Na segunda frase são dadas diretrizes para constatar-se a aptidão para produzir dano. Voltando-se para a primeira frase, devemos repisar a noção de que, havendo aptidão de uma instalação para causar o dano, e este acontecendo, há presunção de que o dano foi causado por essa instalação. A vítima deverá apontar os elementos da aptidão para causar dano, isto é, 'regulamento da instalação, quais as instalações utilizadas, qualidade e quantidade de substâncias químicas utilizadas e emitidas; hora e lugar do evento danoso, o dano no seu conjunto etc.'. Importa, contudo, anotar que a lei alemã dispensou, para a presunção de autoria ou presunção de responsabilidade, que fosse estabelecido o liame de causalidade entre os atos praticados pela instalação e o dano. Essa 'presunção de causalidade' – usando a expressão de Breitenstein – não é gratuita, pois 'a vítima deve provar as circunstâncias justificando a presunção'".[158]

À vítima compete a prova do dano que sofre e a indicação dos elementos que levam à aptidão da fábrica ou grupo de fábricas causarem a poluição. Já o dono da fábrica ou demandado demonstrará, por meios técnicos de alta convicção, que as substâncias emitidas não produzem os efeitos propalados.

6. RESPONSABILIDADE NA RESTAURAÇÃO OU RECUPERAÇÃO DO MEIO AMBIENTE

Em vários dispositivos de leis encontram-se comandos impondo a restauração, ou a recuperação, concomitantemente com a reparação dos danos causados ao meio ambiente.

Assim, o art. 225, § 1º, inc. I, da Carta Maior incumbe ao devastador, nele incluído o Poder Público, o dever de "restaurar os processos ecológicos essenciais e prover o manejo ecológico das espécies e ecossistemas". No § 3º do mesmo preceito, é aduzida a imposição de "reparar os danos causados", que se aplica independentemente da aplicação de sanções penas ou administrativas.

Quanto à exploração dos recursos minerais, havendo prática agressora do meio ambiente, o § 2º também do art. 225 manda que se proceda a recuperação: "Aquele que explorar recursos minerais fica obrigado a recuperar o meio ambiente degradado, de acordo com solução técnica exigida pelo órgão público competente, na forma da lei".

O art. 9º, § 2º, da Lei nº 6.902, de 27.04.1981, ordena que se faça a reposição e a reconstituição de áreas de proteção ambiental, com a plantação de espécies nativas devas-

---

[158] *Direito Ambiental Brasileiro,* ob. cit., p. 330.

tadas; ou a despoluição de riachos, rios, lagos, açudes, e outros mananciais; ou a retirada de depósitos de lixo e resíduos não deterioráveis.

O art. 4º, inc. VII, da Lei nº 6.938, já citada, estabelece ao poluidor a obrigação de recuperar e/ou indenizar os danos provocados.

Como se percebe, há os deveres de reparar e de restaurar ou recuperar os danos causados. No tocante à reparação, corresponde ao ressarcimento, à recomposição dos prejuízos, que são avaliados em perícia, sempre em função de sua extensão e significação. O montante da indenização servirá para integrar o fundo formado por valores oriundos de condenações em dinheiro, assim disciplinado pelo art. 13 da Lei nº 7.347, de 24.07.1985: "Havendo condenação em dinheiro, a indenização pelo dano causado reverterá a um fundo gerido por um Conselho Federal ou por Conselhos Estaduais de que participarão necessariamente o Ministério Público e representantes da comunidade, sendo seus recursos destinados à reconstituição dos bens lesados".

A respeito do fundo, escreve Rodolfo de Camargo Mancuso: "Considerando-se o desiderato perseguido na ação civil pública, a partir de seu preâmbulo – responsabilidade por danos causados ao meio ambiente, aos consumidores e ao patrimônio cultural e natural do País – constata-se que o ideal seria a execução específica, de maneira que se repusesse o bem ou interesse lesado no se *statu quo ante*. Infelizmente, nessa classe de bens e interesses nem sempre isso é possível; o consumidor já terá utilizado o bem adquirido; a erosão já terá deteriorado a paisagem; o manancial já terá secado porque foram cortadas as matas ciliares etc. Quando a reparação específica não seja possível, a solução será o correspondente sucedâneo pecuniário, a ser canalizado para o 'fundo' a que se refere o art. 13 da Lei nº 7.347/85; é que tais bens e interesses, sendo difusos, o produto da condenação não pode ser titularizado, subjetivado (ao menos *de lege lata*)".[159]

A restauração ou recuperação envolve as mais variadas práticas, salientando-se as mais comuns: replantagem de espécies destruídas; limpeza de córregos, rios e outros mananciais poluídos; retirada de ólco derramado no mar por embarcação; a instalação de equipamentos que eliminem a emissão de fumaça e poeiras tóxicas das chaminés de fábricas ou indústrias; a colocação de abafadores e outros aparelhamentos de redução de sons e ruídos a níveis aceitáveis; remoção de depósito de lixo colocado nas margens de córregos e outros locais de passagem de água ou de captação de mananciais; diminuição dos níveis de descarga dos carburadores dos veículos.

7. RESPONSABILIDADE DO PODER PÚBLICO

Sempre que o Poder Público, no exercício de suas funções, descumpre as obrigações reservadas por lei, deve ser chamado a cumpri-las, e a responder pelos danos que sua omissão permitiu ou concorreu a que se verificassem.

Na ordem do art. 225, § 1º, da Carta da República, incumbe ao Poder Público:

I – Preservar e restaurar os processos ecológicos essenciais e prover o manejo ecológico das espécies e ecossistemas;

II – preservar a diversidade e a integridade do patrimônio genético do País e fiscalizar as entidades dedicadas à pesquisa e manipulação de material genético;

---

[159] *Ação Civil Pública*, 5ª ed., São Paulo, Editora Revista dos Tribunais, 1997, pp. 27 e 28.

III – definir, em todas as unidades da Federação, espaços territoriais e seus componentes a serem especialmente protegidos, sendo a alteração e a supressão permitidas somente através de lei, vedada qualquer utilização que comprometa a integridade dos atributos que justifiquem sua proteção;

IV – exigir, na forma da lei, para instalação de obra ou atividade potencialmente causadora de significativa degradação do meio ambiente, estudo prévio de impacto ambiental, a que se dará publicidade;

V – controlar a produção, a comercialização e o emprego de técnicas, métodos e substâncias que comportem risco para a vida, a qualidade de vida e o meio ambiente;

VI – promover a educação ambiental em todos os níveis de ensino e a conscientização pública para a preservação do meio ambiente;

VII – proteger a fauna e a flora, vedadas, na forma da lei, as práticas que coloquem em risco sua função ecológica, provoquem a extinção de espécies ou submetam os animais a crueldade.

Na omissão de providências para evitar o dano, imputa-se-lhe a responsabilidade por culpa, conforme reconhece Paulo Antônio Caliendo Velloso da Silveira: "Quando há omissão da Administração Pública, aplicam-se as noções de responsabilidade subjetiva. É entendimento comum de que se o Estado não agiu, não pode ser o autor. Não sendo autor, somente cabe ser responsabilizado se descumpriu o dever legal de impedir o evento danoso".[160]

Não se aplica o risco integral, mas o criado, conforme pensa Toshio Mukai: "À semelhança do que ocorre no âmbito da responsabilidade objetiva do Estado, é que, no direito positivo pátrio, a responsabilidade objetiva por danos ambientais é o da modalidade do risco criado (admitindo as excludentes da culpa da vítima ou terceiros, da força maior e do caso fortuito) e não a do risco integral (que inadmite excludentes), nos exatos e expressos termos do § 1º do art. 14 da Lei nº 6.938/1981, que, como vimos, somente empenha a responsabilidade de alguém por danos ambientais se ficar comprovada a ação efetiva (atividade) desse alguém, direta ou indiretamente na causação do dano".[161] Nunca se deve esquecer a aplicação da responsabilidade objetiva quanto ao dano. Em relação à responsabilidade do Estado, mister é a prova de sua culpa.

---

[160] *Responsabilidade civil da Administração Pública por dano ambiental*, trabalho citado, p. 138.

[161] *Responsabilidade civil objetiva por dano ambiental com base no risco criado, in ADCOAS* 8208778, *Boletim ADCOAS* – Informações Jurídicas e Empresariais, nº 6, p. 199, jun. 2003.

PARTE 4

RESPONSABILIDADE CIVIL POR FATO ALHEIO

XXI
Responsabilidade por Fato de Outrem

1. FATO DE OUTREM

Quem pratica o ato ilícito que provoca dano é uma pessoa e quem assume a responsabilidade pela indenização vem a ser outra, que, no entanto, tem o dever legal de guarda e representação sobre o causador direto. A lei, em situações especiais, visando garantir o ressarcimento pelos prejuízos causados a terceiros, indica as pessoas responsáveis pelos atos lesivos praticados por outras pessoas em relação às quais se encontram submetidas ou em sua guarda, ou que para elas prestam serviços e executam a atividade que desencadeou o dano.

Para que incida essa responsabilidade mister se faz que aquele que executa o ato se encontre vinculado ou ligado em razão de uma previsão legal ao que é chamado para responder. Efetivamente, uma terceira pessoa, embora não tendo concorrido diretamente para o dano, deve arcar com as consequências E para tanto, fica evidente que se impõe a existência de uma relação de cuidado ou de poder sobre o causador direto, de modo a impor-lhe o dever de controle, vigilância, guarda e proteção.

Os regimes jurídicos das nações atribuem a certas pessoas o encargo de controlar outras, sem capacidade de se autodirigirem, seja pela idade, seja pela inexperiência, ou pela deficiência mental, ou porque exercem sobre elas uma autoridade ou mando, como se dá com os empregados, os hóspedes, os educandos. Tudo o que efetuarem as pessoas submetidas à vigilância, à guarda, ao controle, ao comando de outras, e que repercutir negativamente em relação a terceiros, deve ser suportado por essas outras que respondem por elas. Assim é do sistema legal, embora se imponha certa cautela na concepção da responsabilidade, como se verá adiante.

A rigor, o que existe é a responsabilidade pela conduta omissiva, pela reduzida percepção ou avaliação da capacidade de infração de quem se tinha a guarda ou se exercia o comando hierárquico, pela falta de autoridade, pelo não acompanhamento, pelo descaso. Foi provocado o dano dada a omissão, o desleixe, o descaso na educação, na formação, na vigilância. De certo modo, pois, não está fora de propósito concluir que a causa mediata do dano é o responsável, enquanto a causa imediata está na ação ou omissão do autor material do dano. Todavia, a causa eficiente, e por isso a imputação da responsabilidade, está no que tem a guarda ou a vigilância. Porque não exercido o dever suficiente de controle é que aconteceu o dano. A infração do dever de vigilância, ou a falha no encargo de controle, enseja a obrigação de reparar as consequências.

2. SISTEMA DE ACORDO COM O CÓDIGO CIVIL DE 1916

Aspecto de viva controvérsia, no regime do Código de 1916, era quanto à natureza da responsabilidade por fato de outrem, isto é, se a mesma se enquadrava como objetiva ou subjetiva. Ou se se fazia necessária a configuração da culpa para obrigar as pessoas catalogadas como responsáveis.

Pelo então art. 1.521, consignava-se que eram responsáveis determinadas pessoas pelos atos de filhos, incapazes, prepostos, empregados, hóspedes etc. Assim, tinha-se como um axioma a responsabilidade, dando-se-lhe um caráter objetivo, pois vinha no dispositivo, no que houve repetição no vigente art. 932: "São também responsáveis pela reparação civil...". Já, porém, pelo art. 1.523, depreendia-se que não se afigurava tão absoluta a responsabilidade objetiva, pois consignava: "Excetuadas as do art. 1.521, V, só serão responsáveis as pessoas enumeradas nesse e no art. 1.522, provando-se que elas concorreram para o dano por culpa, ou negligência de sua parte." Como se percebe do confronto das regras, na primeira impunha-se a responsabilidade, enquanto na segunda requeria-se a prova da concorrência da culpa no resultado do dano. Malgrado os que defendiam a predominância da responsabilidade objetiva, ou, no mínimo, a presunção da culpa, deve-se impor a exegese correta das normas, em função de que a lei de âmbito geral submete-se às restrições que vêm da lei especial. E, realmente, o art. 1.523, subsequente à regra do art. 1.521, colocava as condições para a incidência da última. Afora a previsão do inc. V do art. 1.521, que atribuía a responsabilidade aos que, gratuitamente, houverem participado nos produtos do crime, até a concorrente quantia, a fim de incutir a responsabilidade às demais pessoas nomeadas no art. 1.521 impunha-se a prova da culpa ou da negligência, a cargo do ofendido ou lesado. Por conseguinte, era de rigor a demonstração de falha, descuido, negligência, na guarda e vigilância sobre a conduta das pessoas especificadas no então art. 1.521.

No entanto, a começar por Clóvis Beviláqua, estabeleceu-se uma linha de interpretação de que a presunção era da culpa daqueles aos quais a lei atribuía a guarda e a vigilância. A eles, em função do art. 1.523, incumbia provar que se houveram com toda a diligência e guarda. Não era essa tarefa da competência dos lesados: "Essa prova deverá incumbir aos responsáveis, por isso que há contra eles presunção legal de culpa; mas o Código, modificando a redação dos projetos, impôs o ônus da prova ao prejudicado. Essa inversão é devida à redação do Senado."[1]

De acordo com o Código Civil francês, prevalecia a presunção *juris tantum* de culpa das pessoas arroladas como representantes. Aceitava-se a escusa desde que provada a impossibilidade de evitar o evento danoso. Não bastava a mera demonstração da inexistência de culpa. Já o Código Civil alemão entende ainda hoje que se isenta aquele que exerce a guarda ou vigilância se evidenciar que empregou toda a diligência para evitar o dano. Há uma grande diferença nos efeitos: pelo primeiro sistema, existe um *plus*, devendo a parte chamada a responder ir além da mera ausência de culpa, isto é, criar a convicção de haver procedido com a devida diligência, e que o fato ocorreria de qualquer sorte; já em vista do direito alemão, é suficiente a prova de ausência de culpa.

Nota-se a diferença quanto ao sistema brasileiro original, fundado no art. 1.523, que impunha ao lesado a prova da culpa dos responsáveis pelos causadores do dano. No entanto, por fruto da doutrina e da jurisprudência, veio a dominar a *ratio* do afastamento

---

[1] *Código Civil dos Estados Unidos do Brasil Comentado, Direito das Obrigações*, 8ª ed., Rio de Janeiro, Liv. Francisco Alves, 1954; 5ª ed., 1943, vol. V, p. 288.

da responsabilidade se vier a prova do emprego de todos os cuidados reclamados pelas circunstâncias. Assim, quando ao lesado, na conclusão de Orlando Gomes, era suficiente que provasse "a relação de subordinação entre o agente direto e a pessoa incumbida legalmente de exercer sobre ele vigilância, e que prove ter ele agido de modo culposo, para que fique estabelecida a presunção *juris tantum* de culpa *in vigilando*".[2]

Em suma, passou a vigorar a inversão do ônus da prova que vinha no art. 1.523: àqueles que exerciam a guarda ou a vigilância incumbia a prova de que não agiram com culpa ou negligência. Cabiam-lhe evidenciar que haviam cumprido o dever de vigiar e de fiscalizar, ou de que, independentemente de sua atuação, de sua presença, da mesma forma aconteceria o fato.

A jurisprudência tendeu para oficializar a responsabilidade objetiva em qualquer situação, a ponto de responsabilizar os pais mesmo que o filho, causador de um acidente de trânsito, já tivesse recebido a habilitação para dirigir pelo Poder Público e fosse, assim, considerado apto para tal exercício de direito. Por outras palavras, impunha a vigilância dos pais embora lhe concedesse a lei uma liberdade tal de ação, que o autorizava a dirigir livremente. Havia uma verdadeira incongruência, decorrente da falta de atenção aos fatos da vida. Com efeito, alardeava o Superior Tribunal de Justiça: "... Não merece prosperar a tese do recorrente segundo a qual o pai do menor seria parte ilegítima para figurar no polo passivo da demanda. A propósito, tem entendido a jurisprudência que subsiste a responsabilidade solidária dos pais do menor entre 16 e 21 anos, não obstante a regra contida no art. 156 do Código Civil, decorrente essa solidariedade de imposição legal, ou por força do art. 1.518, parágrafo único, do Código Civil."[3] Recorda-se que o art. 156, não reproduzido no Código de 2002, equiparava o menor entre 16 e 21 anos ao maior quanto às obrigações resultantes de atos ilícitos, em que era culpado. Já o art. 1.518, parágrafo único, equivalia ao art. 942, parágrafo único, do vigente Código, estabelecendo a solidariedade passiva entre os autores, os coautores de atos danosos, e seus responsáveis legais.

3. SISTEMA DE ACORDO COM O DIREITO VIGENTE

Foi alterado o sistema que vigorava no Código anterior, embora, na prática, em face da inteligência imposta pela doutrina e pela jurisprudência, já se impusesse a responsabilidade objetiva das pessoas pelos atos nocivos praticados por outras que se encontravam sob a sua vigilância, ou o seu comando, ou a sua guarda, ou a sua subordinação.

Dois os dispositivos que tratam presentemente da matéria: os arts. 932 e 933.

Eis a redação do art. 932: "São também responsáveis pela reparação civil:

I – os pais, pelos filhos menores que estiverem sob sua autoridade e em sua companhia;

II – o tutor e o curador, pelos pupilos e curatelados, que se acharem nas mesmas condições;

III – o empregador ou comitente, por seus empregados, serviçais e prepostos, no exercício do trabalho que lhes competir, ou em razão dele;

IV – os donos de hotéis, hospedarias, casas ou estabelecimentos onde se albergue por dinheiro, mesmo para fins de educação, pelos seus hóspedes, moradores e educandos;

V – os que gratuitamente houverem participado nos produtos do crime, até a concorrente quantia."

---

[2] *Obrigações*, 1ª ed., Rio de Janeiro, Editora Forense, p. 388.
[3] REsp. nº 116.828, em *Revista do Superior Tribunal de Justiça*, 127/269.

Já o art. 933 enfatiza a responsabilidade objetiva: "As pessoas indicadas nos incisos I a V do artigo antecedente, ainda que não haja culpa de sua parte, responderão pelos atos praticados pelos terceiros ali referidos." Como se não bastasse a norma do art. 932, que já era suficiente para atribuir a responsabilidade das pessoas que nomeia, acresceu-se a do art. 933, reafirmando com mais veemência o princípio, e nem dando ensanchas para provar a inexistência de culpa. Por imposição das regras, todo e qualquer dano causado pelas pessoas mencionadas no art. 932 é reparável pelos que desempenham a guarda ou vigilância, não logrando qualquer êxito a escusa ou a excludente com base na inexistência de culpa.

Há um dever objetivo de guarda e vigilância imposto aos pais, tutores e curadores. Pelo texto que está na lei extrai-se que o dever de guarda e vigilância se impõe àquele que exerce um poder de mando ou uma autoridade sobre outras pessoas, mantendo-se enquanto as mesmas permanecem na sua companhia. Responsabilizam-se o pai, o tutor, o curador, o empregador, o que hospeda caso se demonstre a culpa do filho menor, do pupilo, do curatelado, do empregado, do interno, do hóspede. Desde que praticado o ato de modo culposo, ofensivo, provocador de danos, responsabilizam-se aqueles que exercem um poder de vigilância ou guarda, independentemente de sua culpa. Não mais se indaga se violado o dever de vigilância ou de guarda. Por outras palavras, os pais são chamados a indenizar pelo fato de serem pais; e, assim, os tutores ou curadores porque estão revestidos do encargo, nem se levando em consideração que estão exercendo um múnus público, ou que prestam um favor, ou que atenderam a um chamado para a solidariedade. Da mesma forma quanto aos empregadores ou comitentes, aos donos de hotéis etc.

A responsabilidade, pois, dos pais, tutores, curadores, do comitente, do empregador, do dono de hotel, de hospedagem, de estabelecimento de albergue passou a constituir como uma garantia ou um seguro para assegurar o ressarcimento das consequências danosas dos atos daqueles que lhes são confiados, ou lhe estão submissos, ou são colocados sob sua vigilância e guarda. Não se dispensa, no entanto, a prova da culpa verificada na prática do ato prejudicial pelos que se encontram sob guarda ou vigilância.

Por uma interpretação que foi criando corpo desde tempos antigos e veio a se plenificar presentemente, não mais se indaga de culpa do que exerce a vigilância ou tem a guarda. Não cabe buscar falhas na educação, descuido, concessão de excesso de liberdade, ausência, mau exemplo, falta de orientação, destempero na conduta e no modo de tratar.

Em verdade, o tratamento introduzido de responsabilidade objetiva assenta-se na presunção de culpa, verificada inclusive no passado. Assim, quanto aos pais, pelos erros e desmandos dos filhos, entende-se que, a partir do começo da existência, falharam na educação, na orientação, na disciplina, na imposição de regramentos, na proteção contra convivências perniciosas, no descaso quanto ao ensino, no excesso de liberdade e assim por diante. De maneira semelhante quanto aos tutores e curadores, alterando-se as condutas exigíveis, mas sempre tendo em conta a omissão no cuidado, na atenção, na vigilância. Já em relação aos empregadores, a presunção da culpa está na ausência de orientação e de vigilância; e quanto aos hospedeiros e donos de hotel ou estabelecimentos de albergues ou internação repousa também na omissão em vigiar, em cuidar, em selecionar imprudentemente, em acompanhar.

Não interessa a apuração da culpa para chamar a responder. O mero fato do dano e a situação de dependência, ou de submissão, ou de se encontrar em local controlado e dirigido pelo proprietário são suficientes para incutir a responsabilidade.

O quadro de consequências que se proporciona com o ordenamento do vigente Código leva a várias conjecturas e ponderações que serão examinadas nos itens seguintes.

Qual o fundamento da responsabilidade irrestrita e incondicionada? Há de se encontrar um arrimo seguro, filosófico, coerente, que não fira o bom-senso. Já que destoa da realidade responsabilizar sempre e obrigatoriamente os pais, a única base para dar suporte a essa descompostura do legislador é procurar apoio na teoria do risco. Efetivamente, responderiam os pais em face do risco que assumiram com a pretensão de terem os filhos.

Vá lá que se preste a teoria quanto ao empregador, mas não no pertinente aos pais, aos tutores, aos curadores, e mesmo aos donos de instituições de ensino, de saúde, e outras que dão albergue a terceiros, recebendo retribuição. Pela teoria do risco, colocando os pais filhos no mundo, devem responder pelos desatinos que os mesmos cometem, o que equivale a tê-los como se fossem máquinas, ou instrumentos de perigo, ou uma ameaça, impondo uma constante vigilância e controle, com regras a serem seguidas e técnicas a observar constantemente.

Na verdade, não há uma teoria que dê sobejo e coerente fundamento, e inclusive não encontra completa justificação aquela que se esteia no dever de educação, de formação, de vigilância e guarda, eis que, em grande número de casos, os pais revelaram-se primorosos na educação, na vigilância, na guarda, e em todos os deveres que lhes cabem na qualidade de pais. Sabe-se perfeitamente que o caráter, o temperamento, a conduta, a própria personalidade não são resultados únicos da formação e educação, e que a vigilância e a guarda não importam em ter os filhos, até completarem a maioridade, sempre presos aos pais, diuturnamente em sua companhia, sob seu atento e constante olhar e controle.

Vários os fatores que ingressam na formação da pessoa, seja de ordem genética, seja de ordem exógena, isto é, vindo de fora. De modo que o legislador que culminou com o Código de 2002 se excedeu ou extrapolou do bom-senso e da coerência, ao dar tamanha plenitude à responsabilidade objetiva.

4. RESPONSABILIDADE DOS PAIS PELOS ATOS DOS FILHOS MENORES

Trata-se da primeira hipótese contemplada pelo art. 932, rezando seu inc. I que se dá a responsabilidade dos pais "pelos filhos menores que estiverem sob sua autoridade e em sua companhia". Todos os atos lesivos que forem praticados pelos filhos se incluem na responsabilidade dos pais, que, naturalmente, oferecem mais condições econômicas de suportar a indenização. É evidente que os filhos, por serem menores, e normalmente não desempenhando atividades rendosas, não têm patrimônio próprio e muito menos recursos, se demandados por seus atos.

Como os pais estão revestidos do poder familiar, pelo qual se lhes incumbem várias obrigações, sendo relevantes as de sustento, de educação, de formação, de orientação, de vigilância, depreende-se que a conduta destemperada ou falha, que leva a causar danos, constitui decorrência da insuficiência no desempenho do poder familiar, ou de culpa na vigilância e formação comportamental. Daí a razão da opção, pelo legislador, em adotar a responsabilidade objetiva, que se faz valer pelo mero dano verificado.

A responsabilidade não prescinde da aferição da ilicitude ou não da ação nefasta ou nociva. Um menor de cinco anos não tem a capacidade para aquilatar a sanidade de sua atitude, de suas consequências, da legalidade ou potencialidade para causar danos. No entanto, mesmo assim a conduta e a ação são aptas a causar um mal ou um prejuízo.

Porque resultou o dano, e isso geralmente ocorre em razão da ofensa a um ditame de lei, emerge a responsabilidade. Daí que, mesmo inimputável o agente, não se descarta a eventualidade de redundar em danos, e isto pelo fato da violação de um dispositivo de lei, como o que exige a prudência e a obediência a limites de velocidade, quando na direção de um veículo. Se há a violação de regra legal, há o ato ilícito, com a diferença de que não se imputa a responsabilidade ao agente, e sim àquele que tem a autoridade ou a guarda sobre aquele que praticou a ilicitude.

Os filhos constituem constante fonte de preocupações, e trazem encargos da mais variada gama. Assim como motivam os progenitores e representam, pelo menos na esperança, amparo aos mesmos pais no futuro, trazem frustrações, desenganos, decepções e desilusões. Pelos desmandos e vicissitudes que cometem, chamam-se à responsabilidade os pais.

Não obsta, entrementes, imbuir-se de ciência a realidade. É impossível aos pais permanecerem durante vinte e quatro horas por dia em constante atenção e vigilância, de modo a não arredar sua presença do convívio com a prole. Daí a fragilidade dos fundamentos da responsabilidade objetiva, em várias situações. Inconcebível que se afaste o legislador da realidade, como aconteceu com a derrogação pura e simples da exceção do art. 1.523 do Código de 1916.

Há situações em que, na verdade, os pais são vítimas dos filhos, e não estes do abandono, da falta de cuidado, de vigilância, de atenção daqueles.

Vão longe os tempos em que os filhos, na sua grande maioria, eram submissos e atenciosos, solícitos e obedientes. Por fruto da evolução dos costumes, da sociedade liberalizada, do precoce amadurecimento, da aceleração na propagação dos vícios, das influências negativas, os pais perdem completamente o poder de vigilância ou guarda, não porque desatentos, omissos, ausentes. Simplesmente não conseguem manter o controle, e sequer os ampara a lei na dominação pela força, no confinamento, e nem os poderes públicos assumem o papel dos pais no controle e na formação moral. De sorte que avançou demais a lei, ao impor a responsabilidade objetiva em tamanha extensão.

Mesmo assim, desponta uma saída de tão imprevidente responsabilização inculcada aos pais. Ressalvou-se que são eles responsáveis enquanto os filhos estiverem sob sua autoridade e em sua companhia. Por conseguinte, o filho insubordinado, ou que não convive com os pais, ou o filho que se afastou do lar familiar, que provoca constantes conflitos, insubmisso, agressivo e que descambou para o vício e os delitos, deve ser enquadrado como se não está sob a autoridade dos pais ou em sua companhia efetiva. É normal que a lei merece a interpretação de conformidade com os usos e costumes, adaptando-se os termos e expressões aos significados latentes no tempo de sua formalização. Já essa saída se encontrava em Planiol e Ripert: "La presunción queda descartada si los padres prueban que no han podido impedir il hecho que da lugar a la responsabilidad."[4]

Nessa concepção, incumbe se retire o exato sentido das expressões "autoridade" e "companhia", que estão no art. 932, inc. I. Correspondem aos filhos sobre os quais os progenitores exercem influência, autoridade, obediência, e que não tenham desvio de caráter ou de conduta.

---

[4]   *Tratado Práctico de Derecho Civil Francés*, tomo 6º, p. 864.

Encontrando-se o filho na guarda de apenas um dos progenitores, não são chamados os dois para responder pelos seus atos. Acontece que repousa a responsabilidade na pessoa daquele que exerce a guarda e vigilância. Se estão sob a autoridade dos avós, ou de outros parentes, de um educador, de um estabelecimento de ensino, ou da empresa onde trabalha, igual tratamento deve aplicar-se, incidindo neles a responsabilidade. Essa visão encontra apoio na jurisprudência:

"Acidente de trânsito. Responsabilidade do proprietário do veículo e dos pais do motorista. Precedentes da Corte.

1. Prevalece a responsabilidade do motorista, na linha da jurisprudência da Corte, quando de acordo com a prova dos autos não foi afastada a presunção de culpa do proprietário que empresta o seu veículo ao terceiro causador do acidente.

2. A responsabilidade do pai foi afastada porque não detinha a guarda nem estava o filho em sua companhia, mas não a da mãe, porque não enfrentado o argumento da falta de condições econômicas apresentado no especial para afastar seu dever de indenizar, prevalecendo, portanto, precedentes da Corte amparados no art. 1.521, I, do Código Civil de 1916."[5]

O art. 1.521, I, equivale ao art. 932, inc. I, do atual CC.

Todavia, se o filho não se encontra na companhia de um dos progenitores por desídia do mesmo, por falta de cumprimento de suas obrigações, por abandono material, aí se mantém a responsabilidade, nada impedindo de conjecturar que o desvio de conduta do filho não aconteceria se assumida a educação, formação e vigilância pelo progenitor faltoso.

A emancipação retira a responsabilidade dos pais, malgrado inteligência divergente da maioria dos autores e mesmo da jurisprudência antiga e recente. Segundo o art. 5º, parágrafo único, inc. I, cessa a menoridade aos dezesseis anos; por concessão dos pais, ou de um deles na falta do outro; mediante instrumento público, independentemente de homologação judicial; ou por sentença do juiz, ouvido o tutor.

Relativamente à capacidade pela emancipação, o Superior Tribunal de Justiça tem mantido a exegese de que perdura a responsabilidade dos progenitores: "Tratando-se de atos ilícitos, a emancipação, ao menos a que decorra da vontade dos pais, não terá as mesmas consequências que dela advêm quando se cuide da prática de atos com efeitos jurídicos queridos. A responsabilidade dos pais decorre especialmente do poder de direção que, para os fins em exame, não é afetado."[6]

Em vista da lei, concede-se a maioridade, o que se faz por uma previsão legal, e não por favor dos pais, ou por manobra ardilosa, como subterfúgio para fugir de determinada situação. Também se adquire a maioridade em outras situações, como pelo casamento, pelo exercício de emprego público, pelo estabelecimento civil e comercial e pela existência de emprego, resultando economia própria.

Não se encontra coerência tornar a pessoa maior para certos atos, e manter, na prática, a incapacidade para outros efeitos. A justificação que se procura dar, de que nos demais casos do parágrafo único do art. 5º do vigente Código se opera por força da lei, é artificial, posto que a de seu inciso I também está assinalada na lei. A prevalecer, cumpria que abrangesse as demais previsões de antecipação da maioridade, porquanto a previsão de qualquer delas é legal.

---

[5]   REsp. nº 540.459/RS, da 3ª Turma do STJ, j. em 18.12.2003, *DJU* de 22.03.2004.

[6]   REsp. nº 122.573/PR, em *Revista do Superior Tribunal de Justiça*, 115/275.

5. RESPONSABILIDADE DOS TUTORES E CURADORES

Os filhos menores, na previsão do art. 1.728 do Código Civil, são postos em tutela:

I – com o falecimento dos pais, ou sendo estes julgados ausentes;

II – em caso de os pais decaírem do poder familiar.

Já quanto à curatela, pelo art. 1.767, estão sujeitos os seguintes indivíduos:

I – aqueles que, por causa transitória ou permanente, não puderem exprimir sua vontade;

II – ~~aqueles que, por outra causa duradoura, não puderem exprimir a sua vontade~~; (revogado pela Lei nº 13.146/2015)

III – os ébrios habituais e os viciados em tóxico;

IV – ~~os excepcionais sem completo desenvolvimento mental~~; (revogado pela Lei nº 13.146/2015)

V – os pródigos.

Acrescentam-se, consoante o art. 1.779, os nascituros, se o pai falecer estando grávida a mulher, e não tendo o poder familiar.

Em suma, o tutor devidamente nomeado é o representante legal do incapaz menor, enquanto o curador passa a representar o incapaz maior.

Em face da norma do art. 932, inc. II, são responsáveis pela reparação civil "o tutor e o curador, pelos pupilos e curatelados, que se acharem nas mesmas condições".

Quais as condições acima? As do inciso I do art. 932, e que se revelam na situação de se encontrarem os pupilos e os curatelados sob a autoridade e em companhia dos tutores e dos curadores. Unicamente se estiverem nessas situações há a responsabilidade objetiva, por ordem do art. 933, que encerra: "As pessoas indicadas nos incisos I a V do artigo antecedente, ainda que não haja culpa de sua parte, responderão pelos atos praticados pelos terceiros ali referidos."

De modo geral, cabem as mesmas observações delineadas quanto aos filhos menores, sendo que, agora, com ênfase superior, considerando que o encargo de tutor e curador constitui um múnus de interesse público, assistencial, caritativo, de abnegação, de puro altruísmo, na maior parte das vezes gratuito, preenchendo o lugar do próprio Poder Público no atendimento dos órfãos, dos abandonados, dos doentes mentais e outros tipos de desvalidos da sorte e colocados à margem da sociedade.

Em suma, mais que em relação à responsabilidade dos progenitores quanto aos atos dos filhos menores, devem os lesados demonstrar a culpa dos responsáveis na guarda e vigilância sobre os tutelados e curatelados. Do contrário, tanto os percalços e as surpresas da vida que desencorajam a qualquer pessoa aceitar o encargo de tutor ou curador, com irrecuperável prejuízo social. Daí, nota-se, a falta de sensibilidade do legislador, ao desprestigiar um assunto da forma como legislou.

Efetivamente, há limitações e contingências próprias das imperfeições do gênero humano, e que toda a sociedade deve suportar. Assim no tocante à parcela de indivíduos desvalidos, incapazes, abandonados e destituídos de razão.

6. RESPONSABILIDADE DOS EMPREGADORES OU COMITENTES

Consoante o art. 932, inc. III, é responsável o empregador ou comitente, por seus empregados, serviçais e prepostos, no exercício do trabalho que lhes competir, ou em razão dele.

Também aqui há a responsabilidade objetiva, não se perquirindo quanto à culpa do empregador ou comitente, em relação ao dano imposto a terceiros.

Primeiramente, cumpre se delineiem as posições de empregador e comitente.

Empregador, no conceito do art. 2º da Consolidação das Leis do Trabalho, considera-se a "empresa, individual ou coletiva, que, assumindo os riscos da atividade econômica, admite, assalaria e dirige a prestação pessoal de serviços". Complementa o § 1º: "Equiparam-se ao empregador, para os efeitos exclusivos da relação de emprego, os profissionais liberais, as instituições de beneficência, as associações recreativas ou outras instituições sem fins lucrativos, que admitirem trabalhadores como empregados."

Em suma, empregador é aquele que contrata pessoas para prestar-lhe serviços, mediante a devida remuneração, em uma relação de subordinação hierárquica.

Empregados são aqueles que prestam os trabalhos e atividades mais de natureza econômica, enquanto os serviçais realizam as atividades comuns que atendam necessidades da pessoa ou da família, em geral no interior do lar. Já como prepostos classificam-se aqueles que, além de prestar serviços subordinados a favor de alguém, possuem certo poder de representação, para determinadas finalidades. Em síntese, busca-se definir a responsabilidade daquele que mantém, a seu favor, pessoas que lhe prestam serviços, e que se encontram a ele subordinadas, agindo por sua conta e sob sua direção.

Não entra nessa concepção quem executa obra autônoma, pois não existe o vínculo de subordinação. Executa-se o trabalho sob a ordem e a direção do empreiteiro, que contrata a realização da obra ou serviço por um determinado preço.

De outro lado, comitente, no sentido contratual, é aquele que contrata a comissão mercantil. Para uma melhor compreensão, necessário conceituar a comissão mercantil, que é um contrato em que uma pessoa adquire ou vende bens, em seu próprio nome e responsabilidade, mas por ordem e conta de outrem, em troca de uma remuneração, obrigando-se para com terceiros com quem contrata. Extrai-se a mesma ideia no art. 693 do Código Civil: "O contrato de comissão tem por objeto a aquisição ou a venda de bens pelo comissário, em seu próprio nome, à conta do comitente."

Em outros termos, trata-se de um contrato pelo qual um comerciante assume a obrigação de realizar atos ou negócios de natureza mercantil, em favor e atendendo instruções de outra pessoa, mas agindo em seu nome, o que determina a sua responsabilidade perante os terceiros com os quais negocia. Complementa o art. 694 do Código Civil: "O comissário fica diretamente obrigado para com as pessoas com quem contratar, sem que estas tenham ação contra o comitente, nem este contra elas, salvo se o comissário ceder seus direitos a qualquer das partes."

Quem adquire ou vende os bens denomina-se comissário, e comitente é a pessoa em cujo favor e nome se efetuam os negócios. Assim, o comitente responde pelos atos lesivos realizados por aqueles que o representam.

A responsabilidade do comitente regulada pelo dispositivo em análise adstringe-se aos atos dos empregados, serviçais e prepostos, e não do comissário, cujos negócios são autônomos, não respondendo por eles o comitente.

No entanto, o termo "comitente" utilizado no preceito é no significado da pessoa que dá ordens e instruções a empregado, preposto ou serviçais.

Adquire maior importância a responsabilidade do empregador, cujas situações acontecem com frequência.

256 • Responsabilidade Civil | *Arnaldo Rizzardo*

O empregador ou comitente, em cujo favor certas pessoas exercem atividades, sob sua autoridade e no seu interesse, dele recebendo ordens e instruções, tem o dever de fiscalizá-las e vigiá-las, a fim de que procedam com a devida segurança e correção, de modo a não causar dano a terceiros. Assume ele, pois, a responsabilidade desde que o ato ilícito com dano, ou simplesmente o dano, tenha sido executado durante a efetivação da atividade subordinada, ou da relação funcional, e não em outro momento, quando não se mantinha a subordinação, como em local fora do estabelecimento do empregador, ou em dia feriado, ou durante uma paralisação do trabalho por motivo de greve. Mesmo se nos danos causados por empregados a outros empregados incide a responsabilidade, conforme pontifica o STJ:

> "Responsabilidade civil. Roubo praticado por funcionário de estabelecimento bancário que vitimou outro empregado. Caso fortuito ou força maior afastados. Legitimidade passiva...
>
> I – Se o aresto recorrido enfrentou satisfatoriamente todas as questões submetidas ao seu conhecimento, ainda que de forma contrária ao interesse da parte, não há que se falar em omissão ou ausência de fundamentação.
>
> II – O banco é responsável civilmente pelo assalto praticado por seu funcionário contra outro colega de trabalho, durante o horário de expediente da vítima, que exercia atividade perigosa, sem que fossem tomadas quaisquer providências para minimizar o risco.
>
> III – É possível a intervenção desta Corte para reduzir ou aumentar o valor do dano moral apenas nos casos em que o *quantum* arbitrado pelo acórdão recorrido se mostre irrisório ou exagerado, o que não ocorreu no caso concreto."[7]

6.1. O fundamento da responsabilidade

Nessa hipótese, diferentemente do caso de responsabilidade do pai, dos tutores e curadores, em relação respectivamente aos filhos, pupilos e curatelados, a teoria do risco justifica a responsabilidade.

Durante certo tempo, dominou a inteligência de que a responsabilidade do empregador ou comitente era presumida, tendo havido, mesmo assim, um avanço em relação ao texto do art. 1.523, que impunha a prova de que existira desleixe no cuidado, na atenção, na vigilância sobre o empregado, o preposto e os serviçais. Imperava a Súmula nº 341 do STF, vazada nos seguintes termos: "É presumida a culpa do patrão ou comitente pelo ato culposo do empregado ou preposto." Tratava-se de uma presunção *juris et de jure*, sendo suficiente, para acarretar a responsabilidade, provar a culpa do preposto ou empregado. No entanto, admitia-se que o empregador ou comitente fizesse a prova de que se houvera com diligência, que exercia a vigilância, que procedera com total denodo e que usou dos recursos possíveis para evitar o resultado lesivo.

Com o vigente Código, consoante já ressaltado, grande revelou-se a mudança. Não mais há a presunção da culpa, e sim a culpa. Mais precisamente, dispensa-se falar em culpa, e tem-se unicamente a responsabilidade. Uma vez advindo o dano, que decorreu em razão de culpa do empregado ou preposto, ou do exercício puro e simples da atividade, é automática e obrigatória a incidência da responsabilidade. Inútil falar em possibilidade de provar o empregador que não falhou na vigilância, ou na atenção. Já vinha dominando essa *ratio* mesmo antes do vigente Código, ponderando Arnoldo Wald: "A atitude de

---

[7] REsp. nº 613.036/RJ, da 3ª Turma, j. em 14.06.2004, *DJU* de 1º.07.2004.

nossos tribunais é de fato no sentido de não admitir a prova de que não houve culpa do patrão, uma vez provada a do preposto. A alegada presunção *juris tantum* se transforma assim numa presunção *juris et de jure*, já que o patrão não se pode exonerar de sua responsabilidade alegando que escolheu preposto devidamente habilitado para o exercício das funções."[8]

Deixou de prevalecer a culpa *in eligendo* ou *in vigilando*, porquanto incide obrigatoriamente a obrigação de indenizar. Resta ao empregador apenas provar que seu empregado ou o preposto não se portou com culpa, mas que esta maculou a conduta do sedizente lesado.

É como entende a jurisprudência: "Presume-se a culpa do comitente por ato de seus prepostos que, para repelirem assalto a uma de suas agências, provocam tiroteio interno, onde um de seus clientes é ferido numa das pernas, razão pela qual, à falta de comprovação de danos materiais, mas perfeitamente caracterizado o dano moral, resulta o dever de indenizá-lo, em proporção razoável."[9]

A regra do art. 933 é sintomática, ao firmar a responsabilidade do empregador "ainda que não haja culpa de sua parte". No entanto, não cabe exagerar na interpretação, ou impor a responsabilidade em momentos de ausência da subordinação ou dependência. Conforme já assinalava Wilson Melo da Silva, a responsabilidade incide desde que perpetrado o dano "no exercício das funções ou por ocasião delas".[10] Provando-se que o empregado se apropriou de um bem pertencente ao empregador, ou, na hipótese aventada por Antônio Lindbergh C. Montenegro, "se o proprietário prova que tomava todas as precauções quanto à guarda da coisa e, mesmo assim, se deu o seu uso abusivo, restará isento de responsabilidade...; não se compreende a responsabilidade do empregador, se ele comprova que guardava diligentemente o veículo e que empregou o motorista porque possui carteira de habilitação e não registrava antecedentes criminais".[11] Parece normal a ocorrência, no caso, de furto do veículo. Falta a relação causal, posto que não decorreu o dano enquanto era executada alguma atividade com o vínculo de subordinação.

Há os que apoiam na teoria do risco a responsabilidade, mas equivocada e irrealmente. Com efeito, não é possível embasar no risco tudo quanto não encontra outra justificação. As atividades comuns não oferecem risco. Nada se vê de perigoso no mero exercício do trabalho, exceto nos casos em que os instrumentos são perigosos ou contêm insitamente elementos suscetíveis de atingir a saúde. Ver inerente em tudo uma potencialidade de dano é banalizar a própria existência humana, já que algum grau de perigo, um certo risco, uma viabilidade de acarretar um dano estão presentes em qualquer setor, mesmo quando o indivíduo se encontra numa situação de completa segurança, e, assim em sua casa, ou passeando, ou se divertindo, ou simplesmente encontrando-se parado, pois emerge a possibilidade de ser atingido por um veículo, ou de sofrer um assalto, ou de desprender-se um condutor de energia elétrica, ou de, numa tempestade, sobre ele precipitar-se um raio. O desempenho de uma atividade doméstica, o transportar objetos de um lugar para outro, a colocação de tijolos na edificação de uma parede, o trato de animais, o manejar de objetos comuns de trabalho, a execução de tarefas triviais, dentre centenas de outras atividades, não encerram nada que coloque em risco a vida, a saúde, ou que provoque

---

[8] *Obrigações*, p. 397, nº 265, *in Responsabilidade Civil*, de Carlos Roberto Gonçalves, ob. cit., p. 147.

[9] Apel. Cível nº 12.289/2000, da 15ª Câmara Cível do TJ do Rio de Janeiro, reg. em 11.01.2001, *in ADCOAS* 8202668, *Boletim de Jurisprudência ADCOAS*, nº 50, p. 890, dez. 2001.

[10] *Da Responsabilidade Civil Automobilística*, 3ª ed., São Paulo, Editora Saraiva, 1980, p. 300.

[11] *Responsabilidade Civil*, Editora Anaconda Cultural, 1985, p. 98.

258 • Responsabilidade Civil | *Arnaldo Rizzardo*

perigo. Isto até porque a obediência a regras de segurança e o treinamento imprimem segurança e evitam os eventos com danos.

Daí buscar-se outro enfoque para justificar a obrigatoriedade de reparar, o qual repousa, numa visão mais coerente e compatível, na injustiça de o terceiro suportar danos a que não deu causa. Uma vez que benefício algum o favorece, não se mostra coerente impor-lhe que busque a prova da culpa do empregador, ou colocá-lo à mercê de conseguir ou não o empregador demonstrar que em nada concorreu para o resultado lesivo. Para ele é irrelevante a realidade de sempre haver agido o empregador com diligência, prudência, e extrema vigilância. Importa considerar a culpa do preposto ou do empregado, que está a serviço do empregador, de modo a estender-se a este a culpa daquele. Na verdade, há uma extensão do próprio empregador na pessoa de quem faz a atividade por ele. É como se ele executasse a obra, não passando o empregado de um instrumento, ou de uma *longa manu* do empregador. Já que impossível a execução pessoal das múltiplas funções que impõe a atividade, faz-se substituir por terceiros, a quem remunera.

6.2. Elementos configuradores da responsabilidade

Alguns elementos devem estar presentes para levar ao reconhecimento da responsabilidade, embora o seu caráter objetivo. Destacam-se os seguintes:

a) A existência do vínculo empregatício, ou da relação de preposição, ou de serviçal. O sentido de preposição não se limita apenas àquele que presta atividades em favor de outrem, numa relação de subordinação, ou por conta de terceiro. Estendeu-se o conceito, abrangendo as pessoas que permitem o uso de bens por outros. Se alguém usa um veículo de um conhecido, ou amigo, ou parente, existe a autorização para tanto; mais precisamente, para a execução da atividade de dirigir ou manobrar em nome do proprietário. Retira-se, daí, a relação de preposição, o que leva a admitir a responsabilidade do proprietário pelos danos causados durante o período do empréstimo.[12]

Igual inteligência incide na locação de veículo por locadora que se dedica a essa atividade, nos termos da antiga Súmula nº 492 do STF, que firma a responsabilidade solidária entre a empresa locadora e o locatário pelos danos causados pelo último a terceiros, quando do uso do veículo: "A empresa locadora de veículos responde, civil e solidariamente, com o locatário, pelos danos por este causados a terceiros, no uso do carro locado." O Superior Tribunal de Justiça manteve-se fiel à orientação.[13] Todavia, nessa situação, parece não existir uma relação de preposição propriamente dita. O locatário não é preposto do locador. Há a transferência da posse direta do bem. O fundamento está na maior segurança que se concede ao terceiro, em ser ressarcido dos danos que vier a suportar pelo uso culposo do veículo.

b) A ocorrência do dano durante o exercício de trabalho ou atividade empregatícia ou de preposição, e não em outro momento. Assim, o proprietário do veículo que autoriza uma terceira pessoa a dirigir, a qual se envolve em acidente, causando danos, incide na responsabilidade pelos danos decorrentes porque, se entregou o veí-

---

[12] Recursos Especiais nºˢ 145.35/MG e 125.023/MG da 4ª e 3ª Turmas do STJ.
[13] Recursos Especiais nºˢ 302.462/ES, 33.055/RJ e 90.143/PR.

culo, delegou um mandato, uma autorização, criando uma situação de preposição. Encontrando-se o motorista a dirigir quando do acidente, presume-se que estava a atender interesses do preponente, ou que merecera o recebimento do veículo porque merecera a confiança do proprietário.

c) A conduta culposa no sentido lato do empregado ou preposto, ficando a cargo do lesado a sua prova, a menos que decorra o dano de uma atividade que encerra intrinsecamente o perigo. Em contrapartida, ao empregador favorecido pela atividade, para se exonerar, pode investir com a prova do caso fortuito ou força maior, como se o dano decorreu de causa extrínseca à relação de emprego ou preposição, e, assim, se provocado o dano em horário de inexistência de atividade, ou se o causador do prejuízo furtou o veículo que provocou o acidente. Igualmente, se o veículo é entregue a uma oficina mecânica, para reparos, onde se opera o uso indevido, dando-se o atropelamento ou a colisão, com danos a terceiros. Não havia uma relação de preposição entre a oficina e o proprietário, e sim entre a oficina e seu empregado, que utilizou indevidamente o veículo. Contratou-se, aí, uma prestação de um serviço, cuja realização não estava sob o controle ou a vigilância do proprietário do veículo.

d) A relação de causa e efeito do dano, ou seja, deve este decorrer do exercício da atividade em que existe a relação de subordinação, no que importa se configure a preposição.

e) O desconhecimento, pela vítima, da prática de atividade ao arrepio das regras impostas pelo empregador. Se ela está ao par do abuso ou desvio de atribuições, ou não procedeu de boa-fé, não advém a responsabilidade.

7. RESPONSABILIDADE DOS DONOS DE HOTÉIS, DE ESTABELECIMENTOS DE ALBERGUE E DE ENSINO

Consoante o inc. IV do art. 932, respondem os donos de hotéis, hospedarias, casas ou estabelecimentos onde se albergue por dinheiro, mesmo para fins de educação, pelos danos causados a terceiros pelos seus hóspedes, moradores e educandos. Respondem, também, pelos danos causados aos internos ou albergados. É o que se deve retirar da regra citada, consignando que são responsáveis pela reparação civil "os donos dos hotéis, hospedarias, casas ou estabelecimentos onde se albergue por dinheiro, mesmo para fins de educação, pelos seus hóspedes, moradores e educandos." Tanto que adveio a Súmula 595 do STJ, aprovada em 25/10/2017, *DJe* 06/11/2017, pela qual "As instituições de ensino superior respondem objetivamente pelos danos suportados pelo aluno/consumidor pela realização de curso não reconhecido pelo Ministério da Educação, sobre o qual não lhe tenha sido dada prévia e adequada informação." Deve incluir-se nessa responsabilidade toda série de proprietários de casas de internação de pessoas, diante da generalização contida na expressão 'casas ou estabelecimentos onde se albergue por dinheiro', e, assim, os proprietários de pousadas, motéis, internatos, creches, pensões, abrigos, asilos, colégios, casas de descanso ou repouso e de emagrecimento, de águas termais e medicinais, hospitais, sanatórios, centros de recuperação de drogados ou de outros viciados. Todos os danos que os internados, hóspedes, moradores, albergados causarem a terceiros são indenizáveis por conta dos donos ou proprietários de tais casas.

De outro lado, há também a responsabilidade dos mesmos donos ou proprietários pelos danos causados aos internados, hóspedes e albergados. Devem eles estar seguros e garantidos quanto à sua integridade física e psíquica, e contra os danos possíveis de ocorrer.

Estão fora da proteção pela responsabilidade objetiva aqueles cujo internamento não é cobrado, dada a clareza do preceito, que assinala a condição de se albergar por dinheiro. Até porque foge da razoabilidade que alguém recebesse pessoas ou lhes desse hospedagem gratuitamente e, ainda, tivesse que responder por sua incolumidade corporal. Para demandar a indenização, cumpre que se revele a culpa dos proprietários de tais casas, ou daqueles que recebem pessoas para se hospedarem, ou permanecerem no seu interior.

Esta diferença é de primordial importância, pois constitui a diferença para fins de incidência da responsabilidade objetiva ou pauliana.

Havendo o pagamento, ou configurando-se o internamento onerosos, configura-se a responsabilidade objetiva. Do contrário, impende que se prove a culpa. Neste sentido a inteligência que se deve imprimir a decisões como a seguinte: "Responsabilidade do hotel, que não sinaliza convenientemente a profundidade da piscina, de acesso livre aos hóspedes. Art. 14 do Código de Defesa do Consumidor... A agência de viagens responde pelo dano pessoal que decorreu do mau serviço do hotel contratado por ela para a hospedagem durante o pacote de turismo."[14]

Desde que remunerado o internamento, maior a responsabilidade de quem hospeda ou recebe pessoas para permanência durante certo lapso de tempo, porquanto a atividade é econômica, incidindo o dever de completa vigilância, a qual está subentendida com o pagamento, e tendo plena incidência o art. 933 do Código Civil. Não se perquire, aí, a culpa do estabelecimento, porquanto direta a responsabilidade em todos os campos, isto é, tanto nos danos causados a terceiros como aos próprios internados. Quem sofre agressões pelas pessoas que se encontram em hotéis e outras casas de hospedagem, como em colégios, está habilitado a promover a ação ressarcitória contra os donos de tais estabelecimentos. Da mesma forma, se os internados forem agredidos, ou sofrerem prejuízos em seu patrimônio, como na hipótese de furtos, têm a ação indenizatória contra os mesmos donos.

No entanto, havendo a gratuidade do internamento, ou da frequência, e, assim, em centros esportivos, em clubes e outros locais, é indispensável a prova da culpa, como falta de vigilância, a permissão de acesso de marginais, a não colocação de avisos em locais perigosos. Pode-se excepcionar a responsabilidade objetiva se decorrente o dano de caso fortuito ou força maior. São exemplos o roubo ou o ataque à mão armada, a intempérie anormal acompanhada de tufão, os tremores de terra, o surto de uma doença contagiosa, a invasão de marginais e delinquentes, o romper de uma guerra. O art. 393 afasta a responsabilidade, como se extrai de seu texto: "O devedor não responde pelos prejuízos resultantes de caso fortuito ou força maior, se expressamente não se houver por eles responsabilizado." Depreende-se que nem a lei pode eximir da excludente de responsabilidade. O art. 933 não tem o alcance de impor a responsabilidade mesmo que verificado o caso fortuito ou força maior, eis que a inexistência de culpa não se esgota apenas nessas duas causas de isenção.

A responsabilidade dos donos de hotéis e estabelecimentos de internação abrange as bagagens dos hóspedes e internados, em decorrência do art. 649 e seu parágrafo único da lei civil, a menos que se prove que os fatos prejudiciais ocorreriam de qualquer forma, e que eram impossível evitá-los, a teor do art. 650, o que equivale à ocorrência de caso fortuito ou de força maior.

---

[14] REsp. nº 287.849/SP, da 4ª Turma do STJ.

A jurisprudência tem decidido pela incidência da obrigação indenizatória: "O estabelecimento hoteleiro responde como depositário, nos termos do parágrafo único do art. 1.284 do Código Civil, pelos prejuízos causados à bagagem, objetos e valores de seus hóspedes deixados nos apartamentos. Porquanto objetiva essa responsabilidade, uma vez que também envolve relação de consumo, dela aquele somente se exonera se provada a culpa exclusiva do hóspede ou a ocorrência de caso fortuito ou força maior, a teor, igualmente, do disposto no art. 1.285, I e II, do referido Diploma Substantivo. Assim, tratando-se de furto acontecido em apartamento de hóspede, cujo fato resta demonstrado, bem como não evidenciada a excludente da responsabilidade, a indicar que houve uma prestação defeituosa do serviço, caracterizado se tem o dever de indenizar por parte do estabelecimento hoteleiro, seja a título de dano material, este consistente na reparação dos prejuízos oriundos da subtração verificada..., seja a título de dano moral, que é cabível na hipótese, este consubstanciado na sensação de perda, na frustração causada pelo próprio evento e na insegurança experimentada pelo hóspede, com nítido reflexo na sua esfera psicológica."[15] Os arts. 1.284 e 1.285, I e II, citados no texto correspondem aos arts. 649 e 650 do Código Civil de 2002.

Invoca-se, ademais, o Código de Defesa do Consumidor: "De acordo com o art. 14 da Lei nº 8.078, de 8.09.1990, 'o fornecedor de serviços responde, independentemente da existência de culpa, pela reparação dos danos causados nos consumidores por defeitos relativos à prestação de serviços', prescrevendo o § 1º que 'o serviço é defeituoso quando não fornece a segurança que o consumidor dele pode esperar, levando-se em consideração as circunstâncias relevantes', entre as quais, conforme o inc. II, 'o resultado e os riscos que razoavelmente dele se esperam'."

A responsabilidade objetiva não afasta o direito de regresso contra aquele que causou o dano. Nessa ótica, o hospedeiro ou dono do estabelecimento legitima-se em buscar o ressarcimento junto ao causador, mesmo que menor, situação frequente nas escolas. Na eventualidade, pode agir contra os pais, que respondem pelos danos que os filhos causarem, com fulcro no inc. I do art. 932. Pode-se contra-argumentar que houve a transferência da guarda, mesmo que temporariamente, e que, então, o dever de vigilância passou para o dono do estabelecimento de ensino. Esse é o pensamento que predomina, isentando os pais responsáveis da obrigação de indenizar, inclusive pelos prejuízos causados ao estabelecimento, como estragos, furtos, demolições por vandalismo, ferimentos em colegas, ofensas, agressões.

Nesse âmbito, se decidiu: "A falta de pronto atendimento médico ao menor acidentado concorreu substancialmente para o agravamento da lesão por ele sofrida no olho esquerdo, pelo que responde o Município pela indenização."[16]

Entrementes, o dever de vigilância que passa para a escola não é absoluto, no sentido de conter os impulsos do internado, de refrear sua agressividade, de anular a sua índole para o mal. Incumbe à escola, e, assim, aos educadores, a orientação, a manutenção da disciplina interna, e, sobretudo, ministrar o ensino, ou preparar o aluno para uma profissão. Não está dentro de suas finalidades formar o caráter, a personalidade, e afastar o ímpeto para o mal. No que diz com a ordem, o ambiente propício a ministrar o ensino,

---

[15] Apel. Cível nº 2002.001.18906, da 3ª Câmara Cível do TJ do Rio de Janeiro, *DJ* de 26.06.2003, em *ADCOAS* 219338, *Boletim de Jurisprudência ADCOAS*, nº 35, p. 551, maio 2003.

[16] Apel. Cível nº 2001.06.1.001908-9, da 2ª Turma do TJ do Distrito Federal, *DJ* de 07.03.2002, em *ADCOAS* 8205794, *Boletim de Jurisprudência ADCOAS*, nº 16, p. 244, abr. 2002.

o respeito aos colegas e professores, insere-se realmente nas atribuições da instituição de ensino, não podendo ir além a sua missão.

Já em relação ao ensino superior, embora a função se centralize na obrigação de ensinar, máxime se maiores os alunos, quando já senhores de seus atos e dos direitos, não cessa o dever de vigilância, e nem se atenuando a responsabilidade objetiva do art. 933. Respondem os donos de estabelecimentos pelos danos que causarem os frequentadores que pagam o ensino, e pelos danos que eles mesmos sofrerem. Denota-se que os arts. 932, inc. IV, e 933 não fazem qualquer diferença no disciplinamento.

Pode-se acrescentar que a responsabilidade objetiva, na hipótese em estudo, encontra arrimo também no art. 14 do Código de Defesa do Consumidor (Lei nº 8.078, de 11.09.1990), dada a sua redação que afina com as disposições do art. 933 do Código Civil: "O fornecedor de serviços responde, independentemente da existência de culpa, pela reparação dos danos causados aos consumidores por defeitos relativos à prestação dos serviços, bem como por informações insuficientes ou inadequadas sobre sua fruição e riscos."

Não tem qualquer efeito a inserção de avisos ostensivos nos locais de acesso ao público, como em salas, elevadores, quartos, bares e refeitórios de não responsabilidade pelos danos que vierem a sofrer ou suportar os hóspedes e internos. Nem as cláusulas contratuais, e muito menos as imposições unilaterais podem derrogar a lei, que dispõe em sentido diferente. Até porque a vedação já encontrava suporte no art. 51, inc. I, do Código de Defesa do Consumidor, que encerra: "São nulas de pleno direito, entre outras, as cláusulas contratuais relativas ao fornecimento de produtos e serviços que:

I – impossibilitem, exonerem ou atenuem a responsabilidade do fornecedor por vícios de qualquer natureza dos produtos e serviços ou impliquem renúncia ou disposição de direitos. Nas relações de consumo entre o fornecedor e o consumidor pessoa jurídica, a indenização poderá ser limitada, em situações justificáveis."

8. RESPONSABILIDADE PELA PARTICIPAÇÃO GRATUITA EM PRODUTO DE CRIME

Em consonância com o inc. V do art. 932, devem responder pela reparação civil os que gratuitamente houverem participado nos produtos do crime, até a concorrente quantia. Trata-se da responsabilidade daqueles que participaram gratuitamente no produto do crime, isto é, daqueles que receberam as vantagens decorrentes de um delito. Cometendo uma pessoa um delito de furto, e entregando parte dos bens a um terceiro, este terceiro fica obrigado a indenizar a vítima ou o lesado, no correspondente ao *quantum* em que recebeu o favorecimento. Em última instância, é obrigado a devolver a quantia ou o valor equivalente ao que recebeu.

Não envolve a espécie a participação no crime, porquanto, aí, configurar-se-ia a coautoria, de maior gravidade, e que importa em responsabilidade pelo dano total, vindo a cominação no parágrafo único do art. 942: "São solidariamente responsáveis com os autores os coautores e as pessoas designadas no art. 932."

Mesmo que ignorada a prática do crime, ou se inocente o favorecido, não se dispensa a indenização. Quem, portanto, adquire produtos contrabandeados, está sujeito a ser demandado na quantia equivalente ao prejuízo acarretado à Fazenda Pública, com a indenização do tributo sonegado. E assim em outras situações, que acarretaram vantagens a terceiros.

Cap. XXI | Responsabilidade por Fato de Outrem • **263**

A espécie, embora não colocada amiúde em prática, encerra alguma frequência no mundo do crime, quando meliantes efetuam o pagamento dos honorários a seus advogados com o produto do crime, especialmente no tráfico de drogas. Uma vez demonstrada a utilização de bens furtados ou provenientes de delitos na satisfação do preço dos trabalhos profissionais, é cabível a responsabilização na proporção do montante recebido.

Entretanto, há de se demonstrar cabalmente a proveniência criminal dos meios utilizados no pagamento.

Diferente a situação quando algumas pessoas são favorecidas e tiram proveito do crime, como na hipótese daqueles que são sustentados com o produto originado de delitos. A mulher e os filhos de criminosos, que são sustentados com meios provenientes de delitos de furtos e assaltos, não recebem a própria *res furtiva*, e sim o resultado ou proveito da atividade delituosa. Se receberem, no entanto, bens ou dinheiro conseguido no crime, aí participam do produto do crime, e sujeitam-se a ser demandados até a concorrente quantia. Insta, pois, que se faça a distinção entre 'produto' e 'proveito', porquanto importam em consequências diferentes.

Na verdade, nem precisaria que viesse contemplada a regra, eis que decorre naturalmente do enriquecimento sem causa, comportando a repetição do indébito, ou a ação *in rem verso*.

9. LIMITES DA RESPONSABILIDADE DOS INCAPAZES

De acordo com as regras já vistas, todo causador de danos responde pelo ressarcimento ou reparação, na exata previsão do art. 927 do Código Civil. Não importa a menoridade ou outra causa de incapacidade. Assim é universalmente, tomando-se como exemplos os Códigos da Alemanha, da Espanha, da Itália e da Suíça.

O Código Civil de 1916 continha dois artigos que cuidavam do assunto, mas restritamente ao menor. O primeiro era o art. 155: "O menor, entre 16 (dezesseis) e 21 (vinte e um) anos, não pode, para se eximir de uma obrigação, invocar a sua idade, se dolosamente a ocultou, inquirido pela outra parte, ou se, no ato de se obrigar, espontaneamente se declarou maior." Regra equivalente, quase com as mesmas palavras, aportou o Código vigente, no art. 180: "O menor, entre 16 (dezesseis) e 18 (dezoito) anos, não pode, para eximir-se de uma obrigação, invocar a sua idade se dolosamente a ocultou quando inquirido pela outra parte, ou se, no ato de obrigar-se, declarou-se maior." Sobre o assunto, escreveu Vitor Fernandes Gonçalves, mantendo-se aplicável o ensinamento, dada a correspondência de sentido entre o antigo e o atual Código: "Nessa situação, se a parte relativamente incapaz, dolosamente, ocultou sua idade ou, espontaneamente, se declarou maior, a lei desconsidera a incapacidade, não permitindo a tal parte a anulação do negócio após cessada a incapacidade, nem também pelo seu representante legal, antes disso. Trata-se do acolhimento do princípio *malitia supplet aetatem...*, que se aplica ainda que o ato tenha sido praticado sem autorização do representante legal ou sem assistência do curador que houvesse de intervir."[17]

A segunda regra estava no art. 156 daquele diploma, sem dispositivo equivalente no Código em vigor: "O menor, entre 16 (dezesseis) e 21 (vinte e um) anos, equipara-se ao maior quanto às obrigações resultantes de atos ilícitos, em que for culpado."

---

[17] *Responsabilidade Civil por Quebra da Promessa*, ob. cit., p. 133.

O Código Civil de 2002 trouxe inovações. No art. 928, condiciona a responsabilidade do incapaz às hipóteses de não terem as pessoas por ele responsáveis obrigação de indenizar ou meios suficientes para tanto: "O incapaz responde pelos prejuízos que causar, se as pessoas por ele responsáveis não tiverem obrigação de fazê-lo ou não dispuserem de meios suficientes."

A falta de obrigação corresponde à inexistência de uma determinação legal, como se não se houver o responsável com culpa na prática, pelo incapaz, de ato que trouxe prejuízo a uma terceira pessoa. O mero fato do prejuízo não importa necessariamente em responsabilidade. Há de existir descura, ou negligência, na educação ou vigilância. Além disso, falece a responsabilidade se o incapaz não se encontrar sob a autoridade dos pais ou do tutor ou curador, em razão do art. 932, incisos I e II, do Código Civil.

Também suportará o incapaz a obrigação se os responsáveis não dispuserem de meios suficientes para responder pelas obrigações decorrentes de sua conduta. Vivendo eles em estado de pobreza, ou dada a precariedade econômica frente ao volume de despesas exigido pelo incapaz, é este chamado a assumir as consequências de seus atos atentatórios ao patrimônio alheio.

No entanto, desponta a atenuação da responsabilidade contemplada no parágrafo único do mesmo art. 928: "A indenização prevista neste artigo, que deverá ser equitativa, não terá lugar se privar do necessário o incapaz ou as pessoas que dele dependem."

Tem-se realmente uma situação excludente da responsabilidade, em respeito ao princípio da dignidade e do próprio direito à vida. Entrementes, não é nova essa exclusão da obrigação, já que admitida pelo Código Civil Português, no art. 489.

Mesmo, pois, que presente a inimputabilidade, persiste o dever de reparar o dano se verificadas aquelas situações, isto é, na inexistência de obrigação dos responsáveis em assumir e na falta de recursos próprios para arcar com o montante exigido. No entanto, não persiste o dever se acarretar a privação do necessário para o menor ou as pessoas que dele dependem.

O art. 928 não afronta o art. 942, que estabelece a responsabilidade solidária dos incapazes e das pessoas nomeadas no art. 932. Eis a redação do art. 942: "Os bens do responsável pela ofensa ou violação do direito de outrem ficam sujeitos à reparação do dano causado; e, se a ofensa tiver mais de um autor, todos responderão solidariamente pela reparação." Já o parágrafo único estende a responsabilidade solidária aos coautores e às pessoas designadas no art. 932, nelas incluídos os pais, o tutor e o curador. Essa solidariedade, no entanto, sofre a limitação constante no art. 928 e em seu parágrafo único. Ou seja, prevalecerá unicamente se os responsáveis não tiverem obrigação de reparar, se não dispuserem de meios suficientes para tanto, e se a indenização não afetar o necessário para a subsistência do incapaz ou das pessoas que dele dependam.

10. DIREITO A REAVER O VALOR PAGO POR AQUELE QUE RESSARCE O DANO CAUSADO POR OUTREM

Conforme ficou desenvolvido acima, por força do art. 932, as seguintes pessoas são responsáveis a reparar por fato de outrem, independentemente da culpa: os pais, pelos danos causados pelos filhos que se encontrarem sob sua autoridade e em sua companhia; o tutor e o curador, pelos danos que os pupilos e os curatelados praticarem enquanto também se acharem sob sua autoridade e em sua companhia; o empregador ou comitente, pelos atos nocivos de seus empregados, serviçais e prepostos, na execução de suas atividades ou em razão delas; os donos de hotéis, hospedarias, casas ou estabelecimentos onde se albergue por dinheiro, mesmo que para fins de educação, pelos danos provocados pelos hóspedes, moradores e educandos; os que usufruírem ou recebem os produtos dos crimes cometidos por outras pessoas, até a concorrente quantia.

Quem ressarcir os danos pode buscar o valor pago perante as pessoas que os causaram, exceto se causados por descendentes ou incapazes. Assim está no art. 934: "Aquele que ressarcir o dano causado por outrem pode reaver o que houver pago daquele por quem pagou, salvo se o causador do dano for descendente seu, absoluta ou relativamente incapaz."

Daí se depreende que, exceto quanto aos danos causados pelos descendentes absoluta ou relativamente incapazes, fica garantido aos que efetuarem o pagamento o direito ao reembolso do montante satisfeito. De sorte que os pais, se os filhos forem maiores ou capazes, o tutor ou o curador, o empregador ou comitente, os donos de hotéis, hospedarias, casas ou estabelecimentos onde se albergue por dinheiro, mesmo para fins de educação, e os participantes dos produtos de crimes estão autorizados a buscar o reembolso dos montantes entregues aos que sofreram prejuízos causados por filhos maiores, pelos pupilos e curatelados, pelos empregados, serviçais e prepostos, pelos hóspedes, moradores e educandos, e pelos que praticaram os delitos.

Em relação aos descendentes, se maiores ou capazes, abrange o direito ao reembolso não somente os pais, mas também outros ascendentes, como avós e bisavós. Ressalva-se, porém, o pagamento procedido em nome de descendentes absoluta ou relativamente incapazes, quando não cabe o ressarcimento.

Nas demais situações, reserva-se sempre o direito de indenizar-se o responsável que efetuou o pagamento, mesmo na hipótese de figurar como tutor ou curador do causador do dano.

XXII
Responsabilidade e Fato de Terceiro

1. RESPONSABILIDADE DO CAUSADOR DIRETO

Na responsabilidade civil, domina o princípio da obrigatoriedade do causador direto pela reparação dos danos causados nas mais variadas situações da vida. A circunstância de afigurar-se, no desencadeamento dos fatos, culpa de terceiro, não libera o autor direto do dano do dever jurídico de indenizar. Na sistemática do direito brasileiro, art. 930 do Código Civil, concede-se a ação regressiva, em favor do autor do prejuízo, contra o terceiro que criou a situação de perigo, para haver a importância despendida no ressarcimento ao dono da coisa. Eis a norma: "No caso do inciso II do art. 188, se o perigo ocorrer por culpa de terceiro, contra este terá o autor do dano ação regressiva para haver a importância que tiver ressarcido ao lesado."

Para bem entender a situação, mister transcrever o inc. II do art. 188: "Não constituem atos ilícitos: ... II – a deterioração ou destruição da coisa alheia, ou a lesão a pessoa, a fim de remover perigo iminente."

Quem põe um bem em atividade, o que é comum no caso de veículos, assume a responsabilidade pelos danos emergentes pelo seu uso. Assim vinha equacionada a questão na jurisprudência, mantendo-se atual a orientação: "Os acidentes, inclusive determinados pela imprudência de outros motoristas, ou por defeitos da própria máquina, são fatos previsíveis e representam um risco que o condutor de automóveis assume pela só utilização da coisa, não podendo servir de pretexto, nem de fundamento jurídico, para eximir o autor do dano do dever de indenizar."[18]

É ao réu, obviamente, que cumpre descobrir o terceiro causador do evento que levou ao dano, não só para haver a reparação, mas como, ainda, para o exercício da ação regressiva. Para Aguiar Dias, a culpa de terceiro emerge como matéria controvertida no direito. Alguns chegam ao extremo de que é fator de excludente da responsabilidade. Uma terceira corrente, ainda, endossa pensamento semelhante: só afasta a indenização a prova de se encontrar totalmente eliminada a relação de causalidade. "Os códigos filiados ao sistema francês não mencionam especialmente o fato de terceiro. Nosso Código também não o faz, limitando-se à clássica referência ao caso fortuito ou de força maior. Pelo contrário, o que nele encontramos é precisamente um sinal adverso ao reconhecimento amplo dos efeitos do fato de terceiro sobre a responsabilidade, no art. 1.520, onde se consagra tão

---

[18] *RT*, 416/345.

somente a ação regressiva contra ele, e que supõe, logicamente, a responsabilidade, ou melhor, a obrigação de reparar, por parte do sujeito desse direito regressivo."[19] Lembra-se que o art. 1.520 corresponde ao vigente art. 930, que mantém o teor nuclear da regra.

Em suma, o autor direto assume a reparação, podendo buscar a reposição da soma gasta junto ao terceiro culpado que, com seu procedimento, originou uma ação determinante do evento lesivo.

2. A AÇÃO REGRESSIVA CONTRA O TERCEIRO

Frequentemente, os autores de ações provocadoras de prejuízos atribuem a culpa de terceiro como causa que levou ao fato. Em matéria criminal, a lei é mais favorável. Mas, em matéria cível, com o objetivo de impedir a saída por este caminho, o que se tornaria uma constante, o direito traça normas rígidas, como se extrai do art. 930. Assinalava Carvalho Santos, em lição pertinente com o sistema que se manteve no vigente Código: "O autor do dano responde pelo prejuízo que causou, ainda que o seu procedimento venha legitimado pelo estado de necessidade. Mas seria imposição da mais clamorosa injustiça fazê-lo suportar as consequências desse ato, defraudando o seu patrimônio, como castigando-o do ato que praticou em estado de necessidade, sem proporcionar-lhe uma via de compensação. O que seria um contrassenso, além do mais, porque é a própria lei que autoriza aquele procedimento, em tal circunstância. De forma que ao autor do dano fica assegurado o regresso contra o terceiro, de cuja culpa decorreu o prejuízo que aquele teve que indenizar."[20]

Quid juris se o autor do dano apresentar o causador real, no processo, e pretender sua exclusão no feito?

A solução vem prevista no art. 125, inc. II, do CPC, com seguinte redação: "É admissível a denunciação da lide, promovida por qualquer das partes: ... II – àquele que estiver obrigado, por lei ou pelo contrato, a indenizar, em ação regressiva, o prejuízo de quem for vencido no processo".

Não há outra solução. Não é possível o afastamento imediato do processo, assumindo, desde logo, o terceiro a responsabilidade. A lei civil teve na mais alta conta a vítima, prevalecendo o seu direito perante o do causador imediato da lesão. Bem explicava Agrícola Barbi, ao tempo do art. 70, II, do CPC de 1973, que corresponde ao art. 125, II, do vigente diploma processual: "Na hipótese do art. 70, III, o credor somente tem ação contra o denunciante, o qual, como tem ação regressiva contra outrem, denuncia a este a lide, apenas para o efeito de regresso. A sentença, no caso da denunciação da lide, disporá acerca da demanda entre o denunciante e seu adversário."[21]

O terceiro, denunciado, não pode ser condenado, solidariamente, ou em substituição ao denunciante, a indenizar os danos. A sentença serve a este, unicamente, para demandar àquele, em ação própria, à qual é estranho o credor da primeira lide. O denunciado é considerado um mero assistente (art. 119 do CPC) do réu. Tem interesse jurídico na vitória dele, mas não como litisconsorte. Mesmo que não citado na ação principal, e ausente no relacionamento processual, garante-se contra ele a ação de regresso, como

---

[19] *Da Responsabilidade Civil*, 1ª ed., vol. II, p. 251.
[20] *Código Civil Brasileiro Interpretado*, 7ª ed., Editora Freitas Bastos, 1961, vol. XX, p. 210.
[21] *Comentários ao CPC*, Rio de Janeiro, Forense, 1975, vol. I, tomo II, p. 343.

já foi tratado em época antiga. Alfredo Araújo Lopes da Costa, enfrentando o problema à luz do Código de Processo Civil de 1939, emitiu ensinamento que também se aplica ao Código processual em vigor: "Quando à denúncia a lei substantiva atribuir direitos materiais (o caso de evicção, por exemplo) é ela obrigatória. Se apenas se visa o efeito processual de estender a coisa julgada ao denunciado é ela facultativa (o caso, por exemplo, de regresso do codevedor solidário), infelizmente não previsto no Código. Para o denunciado, a intervenção é sempre obrigatória, desde que a denúncia o force a aceitar o julgado, quer intervenha, quer se conserve afastado. O denunciado é um interveniente forçado a intervir, no sentido de que a ele irá estender-se a força da coisa julgada[22]. Isto significa que, havendo a denunciação, a responsabilidade do denunciado torna-se coisa decidida, sem possibilidade de discussão sobre o direito material, na ação de regresso. O mérito de sua obrigação para com o denunciante fica definido na ação patrocinada pelo credor. Por esta razão se convencionou firmar que, uma vez consumada a intervenção, a sentença deve julgá-la, juntamente com a ação principal, posto que, num só processo, coexistem duas ações: a do autor contra o réu, e a do denunciante contra o denunciado.

Quando não se dá a medida processual, mesmo por desatendimento do pedido pelo juiz, não ficará o processo eivado de nulidade. O efeito é que, posteriormente, ao demandar o responsável pela indenização, em regresso, se discutirá o mérito da responsabilidade do interveniente. Caso se procedesse o chamamento no curso da ação principal, a sentença daria um título executivo ao autor do dano, para exigir o valor desembolsado do terceiro.

Convém repisar, não se cogita de responsabilidade solidária, ou de condenação, no mesmo feito, ao ressarcimento do prejuízo, por ambos os que se defendem. O direito brasileiro não prescreveu a solidariedade, como ocorre em outros sistemas. Duas relações distintas são apreciadas pela mesma sentença: a do autor com o denunciante e a deste com o denunciado. A condenação primeira é do denunciante, obrigado a indenizar ao autor; a segunda condenação, embora a lei fale em declaração, é do denunciado, ressarcindo o valor a ser pago pelo denunciante ao autor. Não há, pois, solidariedade, embora, em termos ideais, isso talvez fosse o desejável.

3. AÇÃO DIRETA CONTRA O TERCEIRO

Embora bem posta a solução acima, o problema não é tão simples. Apresenta nuanças especiais que requerem um exame. Há, inclusive, uma posição que defende a ação direta contra o terceiro.

Imagine-se a hipótese de o denunciante ser insolvente, sem capacidade para ressarcir a vítima. Como ficará a situação do credor? Se aquele não satisfaz a obrigação, falece ao último interesse para acionar o denunciado? Consequentemente, o lesado ficaria inerte, numa posição de mera expectativa, aguardando que ocorra a capacidade financeira de seu adversário?

Absolutamente.

Uma vez esgotados os meios para haver o crédito, não é justo se impeça que venha a acionar o denunciado, no lugar do réu, e receber daquele o valor sentenciado.

---

[22] *Direito Processual Civil Brasileiro, Rio de Janeiro, Forense, 1950, 3/382.*

270 • Responsabilidade Civil | *Arnaldo Rizzardo*

É possível ao autor litigar contra o agente direto do prejuízo e o provocador mediato, cujo procedimento culposo foi o elemento que levou ao evento danoso. Configura-se, por conseguinte, a responsabilidade solidária, em tese, mas por iniciativa da vítima. Na oportunidade de defesa, cada acionado procurará eximir-se da culpa. A sentença definirá o responsável.

Como se verifica, a situação transmuda-se em litisconsórcio passivo (art. 113, inc. I, do CPC). Se ambos os réus se portaram culposamente, consolida-se a responsabilidade passiva solidária. Se apenas um foi o causador, fica decidido quem indenizará. Evita-se a lide posterior do autor do evento contra o responsável mediato.

Mas, dirigindo-se o litígio apenas contra o agente direto, e este chamando a juízo o responsável pelo acontecimento, posteriormente contra o último poderá voltar-se o titular do direito, sempre que o primeiro não dispuser de meios para ressarcir a dívida. Não é coerente fique o credor sem receber o que lhe é devido.

E se o réu não usar do expediente da denúncia, e não estando capacitado para suportar a reparação, como agirá o lesado? A decisão firmou a responsabilidade dele, no papel de agente imediato. Seu ato, todavia, decorreu em virtude da conduta culposa do terceiro. A rigor, ao demandado cumpre recompor os prejuízos. Não oferecendo idoneidade econômica, nada impede à vítima voltar-se contra o terceiro, em novo litígio, para definir a obrigação deste, ou livrá-lo do dever de indenizar. Nesta demanda, a ele permite-se que use de todos os meios processuais para a sua defesa. Incumbe-lhe evidenciar a sua não participação no evento desencadeador do evento. Falando sobre a ação de regresso, Carvalho Santos admitia esta solução, na eventualidade de um dos obrigados, na escala sucessiva, não dispor de bens para suportar a indenização.[23] Porque, se posicionando posteriormente a vítima, ela podendo agir indiferentemente contra um ou outro, pois nada lhe tira o direito de ingressar diretamente contra o terceiro, não é justo se lhe impeça, depois de esgotados os meios de receber junto ao causador direto, a ação contra o terceiro.

Pensar o contrário é tolher o direito de quem está com a razão, consagrado pelas disposições mais comuns da lei substantiva civil.

4. FATO DE TERCEIRO E CAUSA ESTRANHA

Em tese, o fato de terceiro só exonera da responsabilidade o causador, normalmente adequada a situação ao acidente de trânsito, quando constitui causa estranha ao devedor. O assunto ficou bem colocado neste aresto: "Já assentou a Corte que o fato de terceiro que acarreta a responsabilidade do transportador 'é aquele que com o transporte guarda conexidade, inserindo-se os riscos próprios do deslocamento. O mesmo não se verifica quando intervenha fato inteiramente estranho, devendo-se o dano a causa alheia ao transporte em si."[24]

O fato de terceiro caracteriza-se em hipóteses em que o causador (normalmente motorista de veículo) vê-se obrigado a provocar um dano porque foi impelido a desviar o seu bem, em geral o veículo, de um transeunte que se atirou à sua frente, ou de uma criança que atravessou correndo a pista, entre infindáveis outras ocorrências. A ação do agente surpreendido é legal e justa. Mas suportará os prejuízos, pois não é justo que a vítima os padeça. A simples circunstância da propriedade do bem causador traz a responsabilidade.

---

[23] *CC Brasileiro Interpretado*, vol. III, p. 338.
[24] REsp. nº 292.472, da 3ª Turma do STJ, j. em 27.08.2001, *DJU* de 08.10.2001.

Mas o fato de terceiro pode ser causa estranha ao evento, por faltar a relação de causa e efeito. O evento não tem nenhuma vinculação com o fato acontecido. Irrompe um elemento novo no desencadeamento de certo fato, não tendo qualquer relevância no comportamento do condutor. Ocorre independentemente das cautelas necessárias no controle do bem. Exemplificando, na eventualidade de constituir-se de um veículo o bem, se os passageiros de um coletivo brigam entre si e se lesionam; ou se alguém é ferido por um delinquente que assalta os usuários, não vemos relação de causalidade entre o veículo e o fato. Há, aqui, exoneração de responsabilidade, pois a causa da lesão não está no meio de transporte, nem surge da circunstância de estar viajando.

O fato de terceiro não vincula a relação de causalidade entre o dano e o desempenho do contrato. Falta conexidade nas duas realidades.

A primeira ação, causadora da lesão, é de tal força e intensidade que exclui a liberdade de ação de quem provocou o evento. É o que se verifica na pedra lançada de inopino por um malfeitor contra o para-brisa de um veículo, furtando a visão ao motorista e determinando a colisão com outro veículo. Tal evento tipifica um fato súbito e imprevisível, alheio às preocupações normais daquele que dirige e aos perigos decorrentes do trânsito. Do mesmo modo quanto ao disparo de arma de fogo: "A responsabilidade do transportador, em relação aos passageiros, é também objetiva, como o é no tocante a terceiros, e não apenas fundada na culpa presumida, podendo ser excluída pelo denominado fortuito externo, que se entende como o fato imprevisível e, principalmente inevitável, que não guarda relação com os riscos do negócio de transporte, exatamente a hipótese do assalto à mão armada, já que não se pode conceber como possa o transportador municiar-se a ponto de poder evitar o evento externo e estranho à sua atividade."[25]

A responsabilidade objetiva do proprietário decorre de colisões ou panes que acontecem e envolvem os bens. A culpa presumida pressupõe um acidente com a coisa, mesmo que seja por culpa de terceiro, e não emana de elementos ou causas estranhos ao ambiente em que atuava a coisa. Fosse o contrário, e desencadeado o evento do uso de veículo, seria admitir a responsabilidade por tudo o que sucedesse no interior da condução, sem qualquer participação dos que a dirigem. Inculcar-se-ia o dever de ressarcir os desfalques pelos assaltos que muitas vezes se repetem nos ônibus, executados por terceiros. A transportadora assume o compromisso com as pessoas que conduz, ou as mercadorias especificadas, e não com os valores ou objetos que os passageiros guardam, sem conhecimento do encarregado pelo transporte.

5. RESPONSABILIDADE E PARTICIPAÇÃO EM UMA CONDUTA PERIGOSA

Em inúmeras vezes, amiúde verificadas no trânsito de veículos automotores, acontecem acidentes em que são envolvidos vários veículos, sem possibilidades de se descobrir qual desencadeou o evento. Desde que se apure a conduta perigosa de todos ou alguns, dispensa-se a prova para discriminar qual atingiu o pedestre, ou abalroou o carro que não participava do tráfego culposo. Demonstrada a velocidade desenfreada, ou quaisquer infrações aos deveres de dirigir com atenção e cuidado, ou de uso da máquina, é admis-

---

[25] Emb. nº 201/2000 na Apel. Cível nº 16027/1999, do 2º Grupo de Câmaras Cíveis do TJ do Rio de Janeiro, *DJ* de 05.04.2001, *in ADCOAS* 8201867, *Boletim de Jurisprudência ADCOAS*, nº 45, p. 812, nov. 2001.

sível a cominação da responsabilidade sobre os envolvidos. Mas cumpre seja induvidosa a conduta perigosa. Se não se lograr evidenciar a transgressão às normas impostas pelo direito relativamente a um ou mais veículos, embora em movimento na ocasião do fato danoso, ficam excluídos da obrigação de indenizar.

A responsabilidade recai sobre todos porque não se pode averiguar qual dos vários partícipes causou o dano por sua ação. Mas condição para esta aplicação é que o dano tenha sido provocado por um só agente. Se restar configurada a atuação direta de mais de um causador, então exsurge a responsabilidade solidária porque há a atuação dos envolvidos, em consonância com o art. 942, parágrafo único, segundo o qual são "solidariamente responsáveis com os autores os coautores e as pessoas designadas no art. 932". No acontecimento em que os condutores apenas efetuam uma atitude de ameaça à segurança alheia, a solidariedade prende-se ao comportamento anterior ao dano, e a razão para suportar a condenação fixa-se na circunstância de que a vítima não pode ficar sem indenização.

Não resta dúvida que o problema é melindroso, pois os prejuízos resultam causados só por uma pessoa. Não há uma soma de ações atentatórias ao patrimônio alheio. Verifica-se a solidariedade por haverem os motoristas comungado de uma mesma intenção, a qual levou à conduta inconveniente e perigosa. Assim, o elemento caracterizador da solidariedade, o nexo causal que leva à reparação está no envolvimento de todos no mesmo procedimento condenável.

Hedemann exemplificou a situação: "Tres hijos de labradores organizan una carrera con sus coches de caballos. Un niño es atropellado precisamente cuando los tres participantes en la carrera galopaban envueltos en polvo. No puede asegurarse qué rueda pasó por encima del niño; sólo puede haber sido una, de modo que según el principio de causalidad hay un sólo agente. Sin embargo, responden los tres culpables solidarios, porque todos han tomado parte en el exceso. Si cada uno de ellos hubiere conducido su coche con independencia del otro (sin participar en una carrera) hubiera faltado la 'co-participación'. Consecuentemente en esta última hipótesis, y debido a la imposibilidad de prueba, no respondería ninguno."[26]

A coparticipação mencionada deve ser entendida no seu real sentido. Não equivale a uma combinação prévia e expressa. Envolve mais um comportamento unânime e determinado de algumas pessoas, que efetuam a mesma manobra. Há como que uma concordância tácita para certo ato ao qual todos optam. Hipótese frequente verifica-se quando dois motoristas disputam uma corrida em pista movimentada; ou, em desabalada velocidade, um impede a ultrapassagem do outro, ziguezagueando na rodovia. Se algum atropelamento ocorrer, sem meios de descobrir o autor direto, ambos suportarão as consequências.

O mesmo não se pode afirmar em situações diferentes, em que não há conexão de condutas. Se uma pessoa vier a ser acidentada quando dois veículos se cruzam em velocidade elevada, inadequada ao local, não terá direito a acionar os dois condutores. Eles não participavam de uma conduta que, de comum acordo, haviam aderido, mesmo que tacitamente.

Por fim, da "responsabilidad colectiva sólo puede desligarse el indivíduo aislado cuando consiga probar la imposibilidad de conexión directa del daño con su persona. Ejemplo: Tumulto popular con tiroteo en el que intervino el demandado; pero éste puede probar que tiró en dirección distinta de aquella en que se encontraba el demandante alcanzado".[27]

---

[26] *Derecho de Obligaciones*, vol. III, p. 545.
[27] J. W. Hedemann, *Derecho de Obligaciones*, vol. III, pp. 545-546.

A responsabilidade pela participação em uma conduta perigosa não constitui princípio isolado no direito, mas vem reconhecido amplamente, como testemunham os alemães Enneccerus-Kipp-Wolff, no famoso *Tratado de Direito Civil:* "la culposa participación en una conducta peligrosa hace responsables de indemnización a todos los participes, si el peligro que implica esta conducta llega a tener realidad en virtud de un acto cuyo autor no puede ser descubierto. La ley dice: si no puede descubrirse quién de entre varios participes ha causado el daño por su acto...".[28] Participar equivale a uma "cooperación en una actividad que de momento sólo determina un peligro, pero que en su desenvolvimiento ulterior conduce al acto causa inmediata del daño. Por tanto, todos los que toman parte en una riña son responsables de los daños causados por una cuchillada dada en la misma si no puede averiguarse quién es el autor", acrescentam. Exemplificando, afirmam que se alguém toma parte em jogos notoriamente perigosos para o público, arcará a responsabilidade se não for capaz de indicar o autor da lesão concreta causada. De idêntico modo o indivíduo que dispara junto com outros, imprudentemente, em direção a um animal de caça, ferindo uma terceira pessoa, mesmo que haja uma autorização da autoridade competente para a prática de tal esporte. A obrigação em assumir os danos nasce da simples participação culposa. É culposa porque era possível prever a eventualidade da lesão nos bens jurídicos alheios.

6. DISPENSA DA DENUNCIAÇÃO NA RESPONSABILIDADE OBJETIVA

Há situações em que a responsabilidade é sempre objetiva, como no contrato de transporte. É indiferente, para a vítima, a ausência de culpa do transportador, e tão apenas do condutor. Da mesma forma quanto à responsabilidade do empregador ou patrão, onde possível que nenhum liame de conduta culposa se encontre na relação de subordinação.

Sendo objetiva a responsabilidade, o cabimento da denunciação não se mede no grau cabível na responsabilidade aquiliana. É que resta garantida sempre a ação autônoma, e não se apresenta justo retardar a satisfação do crédito da vítima com delongas da citação e instrução concomitante das teses do denunciante e do denunciado.

O Superior Tribunal de Justiça já endossou esta exegese: "A responsabilidade da Administração é objetiva e não depende da existência de culpa ou dolo do motorista. Basta que se prove o dano e a relação de causalidade. Somente para efeito da ação de regresso é que se exige a prova da culpa ou do dolo do agente. Na hipótese, a denunciação à lide é admissível, embora facultativa."

Daí a conclusão assim ementada: "Embora cabível e até mesmo recomendável a denunciação à lide do servidor público causador do dano, uma vez indeferido tal pedido, injustificável se torna, nesta oportunidade, a anulação do processo para referida providência, em atenção aos princípios da economia e celeridades processuais."[29]

Restando assegurado o direito de regresso autônomo, o prejuízo maior do responsável direto restringe-se ao tempo maior exigido para reembolsar-se. Não é justo, todavia, anular um processo por falta de denunciação, com o que mais resta prejudicada a vítima, diante da constante postergação de ver satisfeito o seu crédito.

---

[28]   *Tratado de Derecho Civil, Derecho de Obligaciones*, tradução em espanhol da 35ª ed. alemã, Bosch, Barcelona, 2ª ed., 1950, vol. II, tomo II, p. 692, § 235, nº 3.

[29]   REsp. nº 16.024-0/SP, de 17.05.1993, da 1ª Turma do STJ, em *RSTJ*, 48/213.

XXIII

A Responsabilidade do Proprietário do Bem pelo Dano Provocado por Terceiro e Presunção em Favor da Vítima

1. RESPONSABILIDADE DO PROPRIETÁRIO E DO TERCEIRO QUE PROVOCOU O ACIDENTE

A responsabilidade pelo fato de outrem surge do acontecimento alheio, independente, à maioria das vezes, da culpa do civilmente responsável, mas sem prescindir da culpa do terceiro, autor do ato lesivo do direito.

Lecionava Alvino Lima que dois sujeitos passivos responsáveis se deparam perante a vítima, pelo ressarcimento do dano: "De um lado o agente, o autor do fato material ou da omissão lesivos do direito de outrem; de outro lado, os civilmente responsáveis pelas consequências do ato do autor material do dano, nos casos prefixados, limitativamente, em dispositivo legal. Esta responsabilidade assume aspectos diversos: 1º – O responsável civilmente responde pelos efeitos do ato do autor material do dano, havendo, sem dúvida, uma responsabilidade pelo fato material de outrem, mas, em virtude de culpa própria presumida *juris tantum*. Trata-se da responsabilidade dos genitores, tutores, mestres, curadores, diretores de colégios etc...; 2º – O civilmente responsável pelo fato de outrem, em face de uma presunção irrefragável de culpa, segundo a doutrina mais acolhida, mas criticada amplamente e substituída por outras... Trata-se da responsabilidade dos patrões, comitentes etc., pelos atos ilícitos dos seus prepostos, cometidos etc., desde que existam os requisitos legais daqueles atos ilícitos."[30]

O terceiro, autor da lesão, e o proprietário do bem, ou o empregador, ou o comitente, respondem solidariamente perante a vítima.

Não nos fixamos, aqui, na responsabilidade do preponente, do empregador ou do comitente, decorrente de contrato. Nos deteremos na responsabilidade derivada da culpa aquiliana, especialmente nos acidentes de trânsito e outros no uso de instrumentos, causados por terceiros que dirigem os automotores ou manobram os instrumentos.

2. RAZÕES QUE IMPÕEM A RESPONSABILIDADE DO PROPRIETÁRIO

Razões de ordem objetiva fizeram prevalecer a responsabilidade do proprietário do bem ou instrumento causador do dano. A vítima fica bastante insegura ao acontecer o

---

[30] *A Responsabilidade Civil pelo Fato de Outrem*, ob. cit., pp. 22-23.

276 • Responsabilidade Civil | Arnaldo Rizzardo

evento diante do anonimato da culpa, problema cada vez mais acentuado, pois enormes são as dificuldades na apuração do fato. A garantia da segurança do patrimônio próprio, a tentativa de afastar as fraudes, a ameaça do não ressarcimento dos prejuízos sofridos e o frequente estado de insolvência do autor material do ato lesivo somam-se entre os argumentos a favor da responsabilidade civil do proprietário, toda vez que o terceiro, na direção de um veículo, ou ao manobrar um aparelhamento, ocasiona ilegalmente um prejuízo a alguém. O responsável pode ser estranho ao ato danoso, como quando não há nenhuma relação jurídica com o autor material.

Colhe-se do magistério de Alvino Lima, com apoio em Cornu, Planiol e Ripert, Josserand e outros, que "se no domínio das atividades pessoais, o critério preponderante de fixação da responsabilidade reside na culpa, elemento interno que se aprecia em função da liberdade da consciência, e, às vezes, do mérito do autor do dano, no caso de responsabilidade indireta, de responsabilidade pelo fato de outrem, predomina o elemento social, o critério objetivo".[31]

A jurisprudência inclina-se na mesma inteligência: "Quem permite que terceiro conduza seu veículo é responsável solidário pelos danos causados culposamente pelo permissionário."[32]

"Veículo dirigido por terceiro causador do acidente. Obrigação do proprietário de indenizar. Contra o proprietário de veículo dirigido por terceiro considerado culpado pelo acidente conspira a presunção *juris tantum* de culpa *in eligendo* e *in vigilando*, em razão do que sobre ele recai a responsabilidade pelo ressarcimento do dano que a outrem possa ter sido causado."[33]

Especialmente se o filho do proprietário do bem está no uso do bem recai a responsabilidade no proprietário: "O proprietário do veículo que o empresta a terceiro maior e habilitado, ainda que seja seu filho, responde pelos danos causados pelo uso culposo do veículo, não sendo possível se reconhecer sua irresponsabilidade na ação de indenização movida pela vítima."[34]

3. RESPONSABILIDADE DO PROPRIETÁRIO E AUSÊNCIA DE CULPA NO FATO DA ENTREGA DO BEM AO CAUSADOR DIRETO

O dever de ressarcir nem sempre se estriba na culpa do proprietário na entrega da coisa, especialmente em se tratando de veículos, de máquinas, de armas, de animais, ao autor material. Sua atitude poderá estar revestida de todos os cuidados e cautelas aconselhados e exigidos pela consciência. Viável que a permissão tenha recaído em pessoa prudente, habilitada e experiente na direção ou uso de tais bens. Mesmo nestas circunstâncias, a segurança e a tranquilidade social reclamam a sua presença na reparação da lesão advinda com o uso da condução.

Nada há de culposo no fato de emprestar um veículo ou qualquer outro bem a pessoa naquelas condições. O costume e a prática revelam o quanto é comum, nos dias atuais,

---

[31] Alvino Lima, *A Responsabilidade Civil pelo Fato de Outrem*, ob. cit., pp. 26-27.
[32] REsp. nº 343.649/MG, da 3ª Turma, j. em 05.02.2004, *DJU* de 25.02.2004.
[33] REsp. nº 109.309/MG, da 4ª Turma do STJ, j. em 20.10.1998, *DJU* de 30.11.1998.
[34] Apel. Cível nº 2000.001.14039, da 16ª Câmara Cível do TJ do Rio de Janeiro, j. em 21.11.2000, *in ADCOAS* 8202519, *Boletim de Jurisprudência ADCOAS*, nº 49, p. 873, dez. 2001.

este procedimento. Não convence a existência de culpa presumida, a não ser que se force um conceito igual, ou pelo menos parecido, à culpa indireta, que repousa sobre o autor do ato lesivo, e não sobre o responsável civilmente, como defendem Mazeaud-Tunc e outros. A conclusão é que os princípios fundamentais reguladores da responsabilidade pelo fato de outrem são os mesmos que regem a responsabilidade indireta, sem culpa, do comitente, do empregador, do pai em relação aos filhos menores, dos tutores e curadores quanto aos pupilos e curatelados com fundamento no risco.

O proprietário responde porque confiou a coisa a pessoa sem idoneidade econômica, pois se a tivesse, contra ela ingressaria o lesado.

Clássica é a lição de Aguiar Dias, sobre a matéria: "É iniludível a responsabilidade do dono do veículo que, por seu descuido, permitiu que o carro fosse usado por terceiro. Ainda, porém, que o uso se faça à sua revelia, desde que se trata de pessoa a quem ele permitia o acesso ao carro ou ao local em que o guarda, deve o proprietário responder pelos danos resultantes."[35]

Nem sempre, todavia, nos deparamos, convém repisar, com um procedimento culposo do proprietário pelo fato de permitir o acesso de terceiros ao bem. Se permite a pessoa habilitada, experiente, capacitada, plenamente capacitada para qualquer manobra ou uso, não procedeu imprudentemente. Superada encontra-se a justificação com base na culpa, disseminada pela jurisprudência, para fundamentar a condenação em indenizar.

O art. 929 do Código Civil vem assim redigido: "Se a pessoa lesada, ou o dono da coisa, no caso do inciso II do art. 188, não forem culpados do perigo, assistir-lhes-á direito à indenização do prejuízo que sofreram."

Para bem entender a situação, mister transcrever o inc. II do art. 188: "Não constituem atos ilícitos: ... II – a deterioração ou destruição da coisa alheia, ou a lesão a pessoa, a fim de remover perigo iminente."

Nota-se o caráter objetivo do art. 929.

A razão para buscar a reparação junto ao proprietário se apoia em uma questão de justiça. Este oferece, em geral, menores condições para garantir os prejuízos suportados. A teoria da responsabilidade objetiva tem aplicação, mais do que nunca, nestas hipóteses.

4. RESPONSABILIDADE E VENDA DO BEM NÃO TRANSCRITA NO REGISTRO DE TÍTULOS E DOCUMENTOS

Estando o bem alienado, especialmente em se tratando de veículo, embora se encontre ainda em nome do vendedor, quem responde pelos danos causados?

Em tese, domina o princípio de que a pessoa em cujo nome se encontra registrado o bem responde pelos prejuízos causados.

Se a transferência se opera mediante recibo, ou contrato particular, e não através do certificado de propriedade, para valer em relação a terceiros, cumpre se efetue o registro do documento no Ofício de Títulos e Documentos, se enquadrados numa das hipóteses do o art. 129, nº 7º, da Lei dos Registros Públicos (Lei nº 6.015/1973). Não basta o ato instrumentalizado no documento particular. Em decorrência desta regra, que reproduziu disposição da Lei dos Registros Públicos anterior (Decreto 4.857/1939), defende-se que

---

[35] *Da Responsabilidade Civil*, 4ª edição, vol. II, p. 29.

a pessoa em cujo nome vem registrado o documento de propriedade do bem é sempre considerada responsável nos acidentes ou danos causados. Esta a inteligência que se deu à Súmula 489 do STF, de 1969, em relação a veículos, mas de aplicação geral, nestes termos: "A compra e venda de automóvel não prevalece contra terceiros de boa-fé se o contrato não foi transcrito no Registro de Títulos e Documentos."

Também no STJ existe entendimento sobre o assunto, consubstanciado na Súmula nº 132/1995: "A ausência de registro da transferência não implica a responsabilidade do antigo proprietário por dano resultante de acidente que envolva o veículo alienado."

A obrigatoriedade do registro está prevista no art. 120 do CTB (Lei nº 9.503/1997): "Todo veículo automotor, elétrico, articulado, reboque ou semirreboque, deve ser registrado perante o órgão executivo de trânsito do Estado ou do Distrito Federal, no Município de domicílio ou residência de seu proprietário, na forma da lei."

Deve, entrementes, ser exatamente compreendida a Súmula 489/STF, frente à Súmula 132/STJ. Em tese, prevalece o ato de registro do título, pois, como disserta Sebastião de Souza, não basta a entrega de coisa móvel para que se transfira o domínio. Tal entrega pode ter outra finalidade, como um comodato, uma locação, um penhor etc. É preciso que a entrega se faça com a intenção de transferir o domínio.[36] A rigor, em se cuidando de veículos, permanecendo no certificado de registro do departamento de trânsito o nome de certa pessoa, a ela se atribui o domínio, a menos que o documento que alienou a propriedade se encontre lançado no Registro de Títulos e Documentos.

No caso, a forma comum de provar-se a titularidade do domínio é o certificado fornecido pelo trânsito, porque este documento é emitido mediante a apresentação do comprovante da compra e venda. E se o recibo, ou contrato particular, ou outro papel é registrado no ofício acima referido, transmite-se a propriedade do veículo independentemente da tradição, ou da alteração na circunscrição de trânsito. No mesmo sentido no registro de outro bem, se houver órgão próprio de registro.

Para chegarmos a uma posição correta sobre o assunto, importa se conheça a natureza do certificado de propriedade, na hipótese de veículo. Este documento, por si só, não atribui eficácia à transmissão de propriedade. Diante da circunstância, porém, de ser expedido em virtude da apresentação do comprovante da compra e venda, gera presunção de titularidade do domínio, até prova em contrário. Portanto, de real significação e decisivo é o recibo de compra e venda. Se ele dá causa ao certificado, isto é, importa em transferência de propriedade, pouco representa a hipótese de não efetuado o certificado, ou de não lavrado o registro do recibo na repartição competente.

A omissão de registro não implica invalidade (nulidade ou anulabilidade) do negócio. Importa somente em maior discussão quanto à credibilidade do documento, em relação a terceiros. A tendência do entendimento comum se manifesta no sentido de admitir o instrumento particular não registrado como meio de isenção de responsabilidade em favor daquele em cujo nome consta a propriedade no departamento competente, desde que faça prova cabal e completa da alienação. Se o recibo é válido para gerar o certificado, é válido por si mesmo, ou subsiste pelo seu próprio conteúdo, e não em razão do outro documento que ele origina. De suma importância é a data inserida em seu contexto, a fim de esclarecer se foi elaborado antes ou depois da ocorrência, e evitar uma possível simulação.

---

[36] *Da Compra e Venda*, 2ª edição, Rio de Janeiro, pp. 265-266.

A propósito, rezam o art. 409 e seu parágrafo único, inc. IV, do CPC/2015: "A data do documento particular, quando a seu respeito surgir dúvida ou impugnação entre os litigantes, provar-se-á por todos os meios de direito.

Parágrafo único. Em relação a terceiros, considerar-se-á datado o documento particular: ...

IV – da sua apresentação em repartição pública ou em juízo."

A lei mesma estabelece a data a ser levada em conta, segundo critérios casuística e taxativamente enumerados nos vários incisos do artigo transcrito. Na espécie em exame, a regra aplicável é a do inciso IV, dentre as figuradas no texto legal. A apresentação em repartição pública equivale ao comparecimento no tabelionato, para o reconhecimento das assinaturas. Se efetuado o ato anteriormente à data do dano causado, a presunção é forte no sentido de que a transferência foi concretizada precedentemente ao evento danoso.

Se algo resta obscuro no instrumento, predomina a presunção da propriedade conforme consta no certificado.

O próprio STF revisou sua posição anterior, como se vê no RE 109.137-1-RJ, ao proferir, relativamente a veículos: "Não se aplica a Súmula 489 ao caso de acidente de veículo vendido antes do evento, embora não registrada a operação no DETRAN ou no cartório." A nova orientação mereceu a aceitação por farta jurisprudência.[37]

A rigor, consuma-se a tradição do bem quando registrado o contrato de compra e venda independentemente da transmissão efetiva. Mas, no caso de dano causado pelo bem pertencente a pessoa distinta da assinalada no documento de propriedade, desde que a prova da titularidade do domínio seja inquestionável, o ônus da indenização pesa sobre aquela, malgrado o recibo ou outra forma de instrumento não se encontre lançado no registro específico.

A doutrina se formou nesse entendimento desde tempos antigos, de acordo com o magistério de Wilson Melo da Silva, em relação a fatos envolvendo veículos: "Na sistemática, portanto, da vigente legislação nacional, onde o princípio maior informativo da responsabilidade civil é o da culpa subjetiva e não ainda o do risco que, apenas em casos excepcionais tem tido acolhida, não se pode admitir a presunção, com a intensidade que alguns lhe atribuem, de que, responsável pelo acidente automobilístico, no cível, seja a pessoa cujo nome apareça como sendo o do proprietário do veículo, causador do acidente, nos registros das repartições de trânsito.

Responsabilizar-se alguém pelos danos ocasionados por intermédio de um veículo pelo só fato de se encontrar o mesmo registrado em seu nome nos assentos da inspetoria do trânsito, seria, por vezes, simplista ou, talvez, cômodo. Não justo, em tese.

Culpa pressupõe, salvo as exceções legais mencionadas, fato próprio, vontade livre de querer, discernimento. Não seria a circunstância de um só registro, não traduzidor de uma verdade, em dado instante, em uma repartição pública, que iria fixar a responsabilidade por um fato alheio à vontade e à ciência do ex-dono do veículo, apenas porque a pessoa que, dele, o adquiriu, não se deu pressa em fazer alterar, na repartição de trânsito, o nome do antigo proprietário, para o seu próprio."[38]

---

[37] Julgados do Tribunal de Alçada do RGS 62/303.
[38] Wilson Melo da Silva, *Da Responsabilidade Civil Automobilística*, São Paulo, Editora Saraiva, 1974, pp. 288-289.

Arremata o autor que *conditio sine qua non* para a transferência da propriedade é o registro de bens imóveis. O veículo não é bem imóvel. Pressuposto para documentar ou solenizar a compra e venda é o contrato, concertado entre vendedor e comprador, seguido de simples entrega da coisa do antigo para o novo dono.

O registro visa surtir efeitos no tocante à prova perante terceiros, valendo o instrumento *erga omnes,* e assegurando-se o titular contra possíveis alienações *a non domino,* penhoras e outras medidas constritivas judiciais.

Este posicionamento veio a ser adotado pelo STJ, como se viu, através da Súmula 132/1995, também quanto a veículos, com a seguinte redação: "A ausência de registro da transferência não implica a responsabilidade do antigo proprietário por dano resultante de acidente que envolva o veículo alienado."

Tornou-se, pois, nesse sentido, pacífica a matéria.

5. RESPONSABILIZAÇÃO DO DENUNCIADO PARA INDENIZAR A VÍTIMA

Situações de incoerência, no entanto, ocorrem de grave injustiça à vítima. Normalmente ingressa-se com a ação contra o proprietário – ou a pessoa em cujo nome se encontra registrado o bem, quer no órgão de trânsito competente, se envolvido veículo, quer no cartório de títulos e documentos. Este o caminho mais coerente e normal. Em considerável parte das situações de danos, especialmente nos acidentes de trânsito, não se descobre o autor causante – ou porque foge do local, ou porque nega a sua participação, não se logrando êxito em comprovar a participação.

Ajuizada a demanda, vem a contestação, sustentada na ilegitimidade passiva do réu, eis que vendido o bem anteriormente ao fato, com firma reconhecida na época, ou na negativa de autoria, apontando o real causador.

Segundo exposto no item anterior, a tradição se dá mesmo sem o registro no departamento competente, ou no ofício de títulos e documentos. É injusto obrigar a indenizar pela simples omissão em operar a transferência em órgãos competentes, ou em comunicar a alienação.

Mas, de outro lado, provoca-se uma injustiça ao prejudicado, que não tinha alternativa outra que ingressar contra quem os documentos oficiais apontavam como proprietário.

De que maneira exigir que deveria ele conhecer o verdadeiro titular do bem, se em muitos acidentes nem se procede o registro da ocorrência em delegacia de polícia?

Quando há uma iniciação dos levantamentos na polícia, com exame e anotações de elementos constantes na documentação, exsurge alguma possibilidade de conhecer-se o verdadeiro dono do bem. Mas, se inviável esta oportunidade, não resta outro caminho que acionar a pessoa que aparece como titular.

Há, aí, de parte desta pessoa, um mínimo de responsabilidade. Com a titularidade do bem ainda em seu nome nos registros públicos, é ele o virtual responsável. Máxime se a assinatura do recibo foi em branco, sem data, levando a retardar a transferência junto ao órgão próprio. Há uma negligência ao não se levarem a efeito as providências de regularização da venda.

Mesmo assim, a responsabilidade seria apenas subsidiária, ou talvez admissível na impossibilidade do efetivo proprietário por ser insolvente.

A solução seguida, ao ficar provada a transferência, é dar pela carência de ação, diante da flagrante ilegitimidade passiva, ordenando que o réu arque com as custas e até honorários, por provocar sua omissão a propositura de ação contra pessoa errada.

Uma solução mais avançada, no entanto, é admitir a denunciação, se requerida, contra o real causador. Segue-se o processo, aproveitando os atos realizados, numa aplicação oportuna do parágrafo único do art. 283 do CPC, assim redigido: "Dar-se-á o aproveitamento dos atos praticados desde que não resulte prejuízo à defesa de qualquer parte."

No caso, cita-se o denunciado, reiniciando o procedimento, havendo total garantia de defesa.

Evidente que parece paradoxal a solução, pois o conceito de denunciação não permitiria esta exegese, sendo a mesma cabível "àquele que estiver obrigado, por lei ou pelo contrato, a indenizar, em ação regressiva, o prejuízo de quem for vencido no processo" (art. 125, inc. II, do CPC).

O direito de regresso corresponde à ação reconhecida em favor de alguém, prejudicado por ato de outrem, em ir contra ele para receber o que teve de pagar a terceira pessoa justamente por causa desse ato.

Assim, pela denunciação – no que segue orientação generalizada – desde que procedente, fica assegurado o direito de regresso em favor daquele que paga. Na própria sentença indenizatória forma-se o título para o reembolso, que terá força executiva. Ou seja, procedente a ação e afirmada a responsabilidade do denunciado diante do denunciante, haverá também sentença sobre essa responsabilidade do denunciado em face do denunciante. Obriga-se o primeiro a pagar ao último.

Embora, porém, tal sistematização tradicional – que não oferece contenciosidade – surge uma orientação que dá nova dimensão à denúncia, emprestando-lhe um caráter de substituição processual.

Efetivamente, no intuito de dinamizar o procedimento, de aproveitar os atos, amolda-se o direito às situações práticas. Não se revelando eficaz a solução de um figurino de conceitos pré-concebidos, parte-se para fundamentos novos. Arauto desta dimensão é o magistrado paulista Francisco Fernandes de Araújo, que, em trabalho de notável saber, anuncia: "Não se vislumbra, por isso, incompatibilidade em que o réu, ao ser judicialmente acionado, para compor danos causados por veículo que não mais é seu, mas ainda consta em seu nome nos registros públicos, denuncie à lide àquele que tem a propriedade do veículo no tempo dos fatos danosos, mesmo porque, há presunção, embora relativa, no sentido de que o denunciante, na hipótese, é o dono do veículo, e deve provar seguramente o contrário, pois é exclusivamente seu o ônus da prova (art. 333, II, do CPC), sendo que a melhor maneira de fazê-lo é trazer o atual dono ao processo, que, por sua vez, também terá, em regra, real interesse no debate da prova, em confronto com o autor da demanda, no que concerne ao mérito da questão, ainda que admita, desde logo, ter adquirido efetivamente o veículo, pois muitas vezes poderá o próprio denunciado contribuir até pela improcedência da ação em relação a ele, denunciado, por ausência de culpa subjetiva ou extracontratual. Lá, questão de mérito; aqui, ilegitimidade da parte, ausência de uma das condições da ação." O citado art. 333, II, do CPC/1973 corresponde ao art. 373, inc. II, do CPC/2015.

Prossegue o autor, com invocações jurisprudenciais: "Justifica-se a situação, a nosso ver, por diversos fundamentos, e, embora aparentemente errônea, sob o ponto de vista técnico-processual, apenas essa solução se ajusta à tutela do direito, às partes que o têm a ser protegido, conforme decisão do 1º Tribunal de Alçada Civil de São Paulo, na Apelação nº 312.808, da Comarca de São Paulo, que admitiu a denunciação em caso que se inclui na espécie tendo o acórdão a seguinte ementa: 'Denunciação da lide. Colisão de veículos. Ação de indenização. Inocorrência de qualquer culpa do denunciante. Hipótese de substituição processual. Voto vencido. Inteligência do art. 70, III, do CPC. Há hipóteses em que a denunciação da lide equivale, por assim dizer, a uma quase substituição processual, a apontar um responsável exclusivo pelo evento, e não uma situação em que existiria um responsável em caráter meramente subsidiário e outro responsável em caráter final e principal' (*RT*, 576/134)."[39] O art. 70, III, acima referido, corresponde ao art. 125, inc. II, do atual CPC.

Já em passagem anterior, apontavam-se outras decisões, no mesmo rumo: "'Não há qualquer motivo em que a sentença dê pela carência da ação, em relação ao denunciante, e pela procedência ou improcedência quanto ao denunciado' (*RJTJESP*, 101/144). 'Ocorrendo ilegitimidade passiva, o consectário é a extinção do processo, nos termos do art. 267, III, do CPC. Mas denunciada, embora irregularmente, a lide pelo réu ao autor do dano e este aceitando a titularidade da defesa, aproveita-se o processo pelo permissivo do art. 250, parágrafo único, do diploma formal' (*RT*, 536/208)."[40] O referido art. 267, inc. III, corresponde ao art. 485, inc. III, do CPC/2015. Já o parágrafo único do art. 250 equivale ao parágrafo único do art. 283 do vigente CPC.

Em verdade, nem todas as figuras jurídicas ou institutos ficam subsumidos ou se esgotam nos paradigmas ou previsões que estão no direito positivo ou representado por leis. Tal acontece com a substituição processual. O sentido da expressão não se exaure na hipótese dos arts. arts. 108 e segs. do CPC. O significado terminológico de substituição envolve a troca de uma pessoa por outra, possível de operar-se em inúmeros casos.

O Superior Tribunal de Justiça também se inclina por esta orientação: "Em linha de princípio, a denunciação da lide não se presta à substituição de parte passiva. Contudo, se o réu alega ser parte ilegítima e ao mesmo tempo denuncia da lide ao verdadeiro responsável, e este, aceitando a litisdenunciação, contestar o pedido formulado pelo autor, passando à condição de litisconsorte passivo, não há prejuízo em que a sentença dê pela carência da ação, em relação ao denunciante, e pela procedência ou improcedência da pretensão quanto ao denunciado."[41]

A moderna concepção do direito processual civil leva a ir mais adiante, desde que instaurada a litigiosidade entre os causadores de uma quebra de harmonia social: o chamamento do responsável efetivo torna-se admissível por iniciativa unilateral e soberana do juiz. Desde que concentrada a discórdia na definição de quem é o responsável, sem qualquer direcionamento à denunciação, permite-se que o juiz ordene a citação do responsável indicado, para vir aos autos e assumir a posição de réu.

Concebido o direito como dialética, e bem dimensionada a primazia axiológica das suas finalidades, às escâncaras aparecem razões para o redirecionamento da ação contra aquele que realmente deu causa ao acidente.

---

[39] *Da Responsabilidade civil por danos causados em acidentes de trânsito quando o veículo não mais pertence a quem aparece como dono no Registro Público, em* JUSTITIA, órgão do Ministério Público de São Paulo, 1990, vol. 152, pp. 107, 108 e 109.

[40] Trabalho citado, p. 105.

[41] REsp. nº 23.039-5/GO, de 25.11.1992, da 4ª Turma, em *Revista do Superior Tribunal de Justiça*, 47/263.

Nessa linha de visão, não se impede a ação direta contra aquele que viria a ser denunciado, isto é, contra o segurador: "A ação indenizatória de danos materiais, advindos do atropelamento e morte causados por segurado, pode ser ajuizada diretamente contra a seguradora, que tem responsabilidade por força da apólice securitária e não por ter agido com culpa no acidente."[42]

6. PRESUNÇÃO EM FAVOR DA VÍTIMA

Embora normalmente prevaleça o sistema subjetivo da responsabilidade, há forte tendência de se aproximar, em favor da vítima, a presunção da culpa do autor do dano. Isto porque não é fácil a demonstração da culpa. Caso fosse ela sempre obrigada a provar a culpa do responsável, raramente seria bem-sucedida na sua pretensão de obter ressarcimento, explica Aguiar Dias. Mesmo os mais intransigentes cultores da doutrina subjetiva reconhecem esta realidade. Passa-se, daí, a atribuir o ônus da prova, para livrar-se do dever de reparar, ao agente do evento danoso.

Prevalece a presunção de culpa e causalidade estabelecidas em favor da vítima, prossegue o festejado autor. Mesmo quando as atividades não envolvem risco, não é coerente afastar radicalmente princípios da teoria objetiva. A sua rejeição constitui um vazio dentro da responsabilidade. Este o caminho já apontado por antiga jurisprudência: "Todas as vezes que as peculiaridades do fato, por sua normalidade, praticabilidade e verossimilhança, façam presumir a culpa do réu, invertem-se os papéis e a este compete provar a inocorrência de culpa de sua parte, para ilidir a presunção em favor da vítima."[43]

Em matéria de responsabilidade civil, o princípio de que ao autor incumbe a prova *actori incumbit probatio,* não é derrogado, mas recebe uma significação especial, isto é, sofre uma atenuação progressiva. É que o evento com dano, em situação normal, conduz a supor-se a culpa do réu.

Embora o art. 373 do CPC estatua que o ônus da prova incumbe "ao autor, quanto ao fato constitutivo do seu direito", entrementes, em matéria de acidentes com danos, dá-se um elastério condizente com a realidade vivida. Porque o encargo probatório é singularmente pesado, não raras vezes a vítima não tem como ver proclamado o seu direito.

Remonta desde o direito romano a presunção em benefício da vítima, fundada na *Lex Aquilia,* segundo a qual basta a culpa levíssima para gerar a reparação.

Os arts. 930, 932, 933, 936 e 937, dentre outros, do diploma civil, deixam entrever casos de responsabilidade objetiva e de presunções que aproximam a responsabilidade pelo ato ilícito à responsabilidade pelo risco, no que houve um sensível apoio da doutrina e da jurisprudência em época anterior ao vigente Código Civil, ante o "imobilismo legislativo para solucionar o angustiante problema dos ilícitos decorrentes do tráfego desordenado e irresponsável das grandes cidades, em que o desprezo pela vida humana somente encontra símile na luta armada".[44] A comparação, muito bem-feita, aparece também em outros aspectos, como, em se tratando de acidentes de trânsito, na descomunal diferença de forças com que se defrontam o causador do dano que está no uso de bens como o veículo e o

---

[42]   REsp. nº 444.716/BA, da 3ª Turma do STJ, j. em 11.05.2004, *DJU* de 31.05.2004.

[43]   *RT*, 427/106. No mesmo sentido, *Revista de Jurisprudência do Tribunal de Justiça de SP*, XI/65, e *Julgados do Tribunal de Alçada do RS*, 26/251, entre outros inúmeros exemplos.

[44]   Julgados do Tribunal de Alçada do RGS, 37/307.

pedestre, e na diversidade de tratamento a que o progresso conduziu, a ponto de milhares de transeuntes se comprimirem em estreitas calçadas, em favor de algumas centenas de veículos que se deslocam rapidamente pelas amplas avenidas.

Certos fatos existem que, pelas circunstâncias especiais como acontecem, basta prová-los para chegar-se à evidência da culpa. É o caso do acidente de trânsito em que o automóvel bate num poste, quando a única explicação para justificar o evento é o caso fortuito. Fora disto, a culpa do motorista é incontestável. A presunção, que é um meio de prova, revela, em tais situações, de modo incontroverso, a culpa do agente, que decorre, necessária e exclusivamente, do fato em si. É a presunção natural da culpa.[45] A doutrina francesa é incisiva sobre o assunto: "... Puede bastar la prueba del daño para que la culpa aparezca como natural presunción y el autor del daño deba encargarse de probar el caso fortuito, si quiere librarse... La cuestión capital consiste en saber si incumbe el autor del acto ilícito demonstrar la fuerza mayor, y, dado que se presume que los hombres son dueños de sus actos, la respuesta es afirmativa".[46]

A culpa aparece visível *a prima facie* em fatos evidentes. Revelado o dano, como quando o veículo sai da estrada e atropela uma pessoa, não se questiona a respeito da culpa. É a chamada culpa *in re ipsa*, pela qual alguns fatos trazem em si o estigma da imprudência, ou da negligência, ou da imperícia. Uma vez demonstrados, surge a presunção do elemento subjetivo, obrigando o autor do mal à reparação: "Hay hechos que en si revelan plena culpa, nadie puede sustraerse a su lógica", reconhece Antonio Cammarota.[47]

Nos acidentes de trânsito, o motorista que ingressa, abruptamente, em uma preferencial; que não observa o sinal luminoso que impede o cruzamento em uma esquina; que dobra à esquerda, cortando a frente de veículo que vem em sentido contrário; que realiza ultrapassagem quando outro veículo se aproxima em direção contrária, vindo a provocar uma colisão; que, numa esquina, desgoverna, sobe na calçada e lesiona pessoa que caminhava; que desenvolve velocidade desenfreada em artéria movimentada, repleta de pedestres; que trafega à noite, com faróis desligados; que não guarda uma distância adequada em relação ao veículo que vai à frente, vindo a colidir por trás; que segue na contramão e em curva da estrada, interceptando outro carro, entre outras incontáveis hipóteses, não se livra do ônus da indenização, pois o ato, por si, traz inerente o germe da culpa.

Especificamente em relação ao pedestre, tem-se que quando ele se defronta com o motorista, a presunção de culpa é sempre do segundo, por conduzir objeto perigoso, que deve ser operado com o máximo de cautela e prudência. Ademais, é dever de todo condutor de veículo guardar atenção no pedestre que está a atravessar a via pública ou segue à frente, pelo lado, facilitando a passagem e observando sua possível e repentina distração. O princípio ético-jurídico do *neminem laedere* exige de todo motorista, e, assim de qualquer pessoa que tem sob seu comando um instrumento de perigo, o dever de dirigir e proceder com os cuidados indispensáveis à segurança dos outros, em velocidade ou uso do bem de modo compatível com o local e de forma a ter o inteiro domínio sobre a máquina perigosa ou do instrumento.

---

[45] *RT*, 445/94.
[46] Planiol-Ripert, *Tratado Práctico de Derecho Civil Francés*, vol. VI, ob. cit., p. 782.
[47] *Responsabilidad Extracontratual*, Buenos Aires, Depalma, 1947, vol. I, p. 368.

XXIV
Responsabilidade pelo Fato das Coisas

1. PREJUÍZOS CAUSADOS PELAS COISAS

Está-se diante da responsabilidade pelos prejuízos causados pelas coisas de propriedade ou que se encontram na guarda de uma pessoa. Realmente, responde pelos danos que os bens causarem aquele que tem a sua guarda ou é seu dono. Remonta a sistematização desse tipo de responsabilidade ao art. 1.384 do Código Napoleônico, que reza, em versão para o vernáculo: "Cada um é responsável não só pelo prejuízo que causa pelo seu próprio ato, mas também pelo que é causado pelas pessoas por quem deve responder ou das coisas de que tem a guarda." Como se vê, o dono de uma coisa inanimada é responsável pelos danos que a mesma causar.

Deve-se entender que a responsabilidade está não apenas sobre aquele que exerce a guarda, mas principalmente sobre aquele que é seu dono. Mais precisamente, ter a guarda pode compreender também revestir o título de propriedade. Trata-se do risco do fato da coisa, isto é, do risco pela circunstância de se exercer a guarda, ou de se exercer a propriedade da coisa.

É presumida a responsabilidade do dono ou do guardião da coisa pelos danos que venha a mesma a causar a terceiros. Para se elidir essa presunção, exige-se a prova da decorrência do prejuízo da culpa do que se diz lesado, ou do caso fortuito. No sistema do Código anterior, cumpria a produção da prova, a cargo do lesado, de que procedera com culpa o titular ou o guardião. No sistema do Código vigente, basta que se prove o dano, e que foi causado pela coisa ou pelo bem de que está na guarda ou na propriedade de determinada pessoa.

Vige, hoje, pois, a teoria da responsabilidade presumida do titular ou do guardião da coisa, seja a mesma animada ou inanimada. O ônus da prova de que procedera culposamente a vítima não é desta, mas de quem tem a guarda ou se reveste do domínio sobre ela, porquanto também no atinente a essa matéria se adotou a responsabilidade objetiva. De sorte que somente é elidível a responsabilidade pela prova da decorrência do dano por culpa da vítima ou do caso fortuito.

Há a lesão a direito de terceiro, que se dá através de uma coisa pertencente a alguém, ou que se encontra na guarda de uma pessoa. Torna-se a coisa instrumento de um mal, ou de um prejuízo. Todavia, não interessa que decorra o dano da conduta direta do dono, ou de alguém que atua por ele, como num acidente de trânsito. Neste caso, verifica-se um ato próprio de quem manobra ou dirige o veículo. Tem-se a responsabilidade aquiliana por fato próprio, ou por fato de terceiro se o lesado acompanhava o condutor na posição de passageiro.

A responsabilidade pelo fato da coisa acontece quando a mesma dá causa ao evento, embora não havendo a interferência ou o comando direto do dono ou de seus prepostos. Não se exige que se constate a conduta direta do dono ou de seus prepostos. É o que acontece com a queda de uma parede, ou de um objeto que está no parapeito de uma janela, ou com o incêndio de um transformador de energia elétrica, ou com o ruimento de um prédio, ou com o desmoronamento de uma obra que se encontra em construção, como ponte, marquise, escada, coluna, rede de água, encanamentos. Com ou seu culpa, prepondera a responsabilidade objetiva.

2. GUARDA E PROPRIEDADE DA COISA

Se o bem foi confiado a uma terceira pessoa, a quem se deu a entrega, passa ela a exercer uma relação de poder sobre o mesmo. Assume o compromisso de vigiar, de cuidar, de uso prudente ou cauteloso. Mas, unicamente se a guarda envolve a utilização, o manejo, uma certa disposição, a fruição, o proveito, o controle, o comando, decorre a responsabilidade objetiva pelo fato nocivo da coisa. O guarda contratado para a mera função de vigilância, ou como simples guardião, e não aproveitando das qualidades ou virtudes da coisa, não arca com as consequências negativas da coisa, que recaem na pessoa do proprietário. Desimporta que não derivem os danos da função literal da guarda, do depósito, da vigilância. Advém mesmo assim a obrigação indenizatória relativamente aos terceiros prejudicados. É a situação da guarda de um material com radioatividade ativa, que se alastra por defeito da própria embalagem, ou de um material que espalha odor insuportável; ou de animais não suficientemente domesticados que rompem uma cerca e invadem uma propriedade vizinha, de explosão de caldeira, do rompimento de fio elétrico, de aro que se desprende da roda de um veículo, de queda de objetos, de correrias de pessoas em recinto fechado por motivo de incidentes internos.

Ocorre que a guarda sempre pressupõe um certo poder de disposição, uma autoridade por razão própria, e não a mera realização de uma atividade por contra de outrem. Quem tem alguma disposição sobre o veículo, é chamado à responsabilidade, e responde sem a participação de um terceiro, ou daquele que está revestido da propriedade indireta, se assim se pode falar. Responde o guarda com poder de disposição ou de proveito, e que tem o controle, em casos como o usufrutuário, o arrendatário no *leasing*, o adquirente com reserva de domínio, o alienante fiduciário, o possuidor, mas não envolvendo casos de proveito ou disposição indireta, sendo hipóteses a locação e o comodato. Nesse sentido é que se deve conceber a guarda, com a incidência da responsabilidade objetiva, e recaindo na pessoa do guardião a obrigação do funcionamento ou da utilização do bem sem causar danos a terceiros. Desempenha o poder de controle ou de comando o guardião que goza ou usufrui das vantagens que irradiam da coisa.

Se a função de guarda decorre de subordinação ou preposição relativamente ao dono do bem, pelos danos ocasionados o fulcro da responsabilidade está mais no art. 932, inc. III, chamando-se sempre a responsabilidade do proprietário.

É necessário que se aprofundem as distinções. Nas hipóteses acima – usufrutuário, arrendatário, adquirente com reserva de domínio, alienante fiduciário –, dá-se a responsabilidade isolada do guardião, porquanto a posse é exclusiva sua, restando pendente direito em nome do proprietário em não se transferir o domínio pleno nos casos de inadimplência consumada e irreversível.

Nos casos de guarda relativa, sem revestir-se de algum poder de disposição, ou de parcela do domínio, a responsabilidade é solidária, isto é, abrangendo o guardião e o proprietário, apontando-se como exemplos o locatário, o comodatário, o transportador, o garagista, o empregado, o operador de máquinas. Não se afasta o proprietário do dever de indenizar os danos provocados a um terceiro.

Já a propriedade corresponde ao poder de disposição total sobre o bem, sem qualquer restrição, ao mesmo tempo em que se tem a coisa sob o poder do proprietário, que pode servir-se de terceira pessoa para exercer a guarda através de um vínculo de subordinação ou de preposição. É decorrência normal a responsabilidade do proprietário que aproveita as utilidades da coisa, a qual se encontra em seu poder, mas não impedindo que se impute como responsável também aquele que tem a posse direta em virtude de um contrato especial, afigurando-se como exemplos a locação, o comodato ou empréstimo, o que já ficou observado. Nessas situações, o locatário e o comodatário passam a usufruir do bem, a aproveitá-lo, a servir-se de suas qualidades, o que não afasta o também proveito, a fruição e algum controle ou comando que desempenha o proprietário locador ou comodante. Daí recair na pessoa de ambos a responsabilidade.

3. RESPONSABILIDADE OBJETIVA NO CÓDIGO CIVIL

A responsabilidade pelo fato da coisa é objetiva, conforme já se evidenciou em item acima. Ou chama-se o proprietário a responder pelo fato único de exercer a guarda ou o domínio, não se indagando se houve ou não culpa. O uso, a fruição, o proveito de uma coisa acarretam a responder pelos danos que a mesma causar. Configurado o nexo de causa e efeito entre o bem e o dano, desponta automaticamente a responsabilidade quando terceiros são atingidos, e desde que eles não provocarem o dano, ou não agirem com culpa, ou não se verifique o caso fortuito ou de força maior. Despiciendo investigar se o dono ou o guardião procedeu com toda a diligência ou cuidado que se impunha para a ocasião.

Incide, pois, a responsabilidade objetiva pelo fato da coisa, ou pelo resultado. Não se investiga se, durante a guarda, ou a detenção, houve o completo controle, ou se está provada alguma falta, como se colhe da teoria subjetivista, ou da culpa pauliana, da qual começaram a divergir e a apresentar ressalvas os autores franceses Savatier e os Mazeaud, passando a receber o apoio da maioria da doutrina, destacando-se, no Brasil, em épocas não recentes, Alvino Lima, José de Aguiar Dias, Agostinho Alvim e Wilson Melo da Silva.

No Código de 1916, já se despertara para situações de responsabilidade objetiva, embora não abertamente, havendo vários exemplos. O Código de 2002, malgrado a ausência de dispositivo genérico sobre a automática responsabilidade dos donos de coisas que provocarem danos, traz o parágrafo único do art. 927, que trata da responsabilidade em geral, mas ligada mais aos danos causados pelo exercício de atividades, e que abrange evidentemente a utilização de coisas: "Haverá obrigação de reparar o dano, independentemente de culpa, nos casos especificados em lei, ou quando a atividade normalmente desenvolvida pelo autor do dano implicar, por sua natureza, risco para os direitos de outrem." Cuida-se de norma relativa à responsabilidade decorrente do risco que trazem certas atividades, mas que, fatalmente, engloba o uso de coisas.

Algumas situações especiais vêm disciplinadas.

Assim o parágrafo único do vigente art. 649: "Os hospedeiros responderão como depositários, assim como pelos furtos e roubos que perpetrarem as pessoas empregadas ou admitidas nos seus estabelecimentos."

Por sua vez, ao art. 929 do atual diploma civil: "Se a pessoa lesada, ou o dono da coisa, no caso do inciso II do art. 188, não forem culpados do perigo, assistir-lhes-á direito à indenização do prejuízo que sofreram."

Esclareça-se que o inc. II do art. 188 afasta da inclusão de ato ilícito a deterioração ou destruição da coisa alheia, ou a lesão a pessoa, a fim de remover perigo iminente.

O art. 930: "No caso do inciso II do art. 188, se o perigo ocorrer por culpa de terceiro, contra este terá o autor do dano ação regressiva para haver a importância que tiver ressarcido ao lesado."

O art. 936, a respeito dos danos provocados por animais, em princípio tem caráter de responsabilidade objetiva, admitidas como exceções a prova de culpa da vítima ou a ocorrência de força maior: "O dono, ou detentor, do animal ressarcirá o dano por este causado, se não provar culpa da vítima ou força maior."

Também o art. 937, com preponderância da responsabilidade com amparo na culpa: "O dono de edifício ou construção responde pelos danos que resultarem de sua ruína, se esta provier de falta de reparos, cuja necessidade fosse manifesta."

O art. 938: "Aquele que habitar prédio ou parte dele, responde pelo dano proveniente das coisas que dele caírem ou forem lançadas em lugar indevido."

A legislação especial regulamenta várias situações de responsabilidade objetiva pelo fato da coisa, citando-se com o exemplo o contrato de transporte (Decreto nº 2.681, de 07.12.1912), que obriga a indenizar os danos provocados pelo veículo independentemente de culpa.

Obviamente, cada assunto merecerá o devido exame em itens separados.

Defendia Alvino Lima: "Apregoada a culpa na guarda, criando uma verdadeira presunção *juris et de jure* de culpa, sem que o autor do dano possa provar a ausência de culpa, é, irretorquivelmente, a proclamação da teoria do risco."[48]

A jurisprudência considerava sempre configurada a responsabilidade, embora forçando a presença da culpa pela falta de vigilância, ou da culpa *in eligendo*.[49]

4. RESPONSABILIDADE PELA RUÍNA DE EDIFÍCIO

A regra que traz a responsabilidade encontra-se no art. 937: "O dono de edifício ou construção responde pelos danos que resultarem de sua ruína, se esta provier de falta de reparos, cuja necessidade fosse manifesta."

Sempre houve no direito a preocupação pelos danos decorrentes da ruína de prédios, inclusive no direito romano, que se ampara em um sistema misto fundado na culpa e no fato em si.

A presunção é da culpa do proprietário quando se dá o desmoronamento ou a queda do prédio sobre imóveis vizinhos ou pessoas, a qual consiste na falta de reparos, ou na

---

[48] *Da Culpa ao Risco*, 2ª ed., São Paulo, 1960, p. 26.
[49] REsp. nº 109.309/MG, da 4ª Turma do STJ, *DJU* de 20.10.1998.

falha de construção. Domina, pois, o princípio da presunção da culpa de quem é dono, não precisando a vítima se preocupar, quando propõe a ação, em demonstrar a culpa. Basta o fato do prejuízo para ensejar o direito. No entanto, o texto do dispositivo abre um maior campo de defesa ao proprietário, posto que se lhe assegura provar que não houve falta de reparos, ou que, mesmo se verificada esta causa, a necessidade não era manifesta.

Realmente, na aparência há uma ampla abertura para viabilizar a defesa, e arredar a responsabilidade. Concede-se a demonstração de que não houve a falta de reparos, e que, se tal fosse imposto, não transparecia manifestamente a necessidade. Entretanto, se há o rompimento da estrutura, a derruição dos suportes do prédio, e a sua precipitação ao solo, ou o desmoronamento, é porque alguma falha existe, seja na base, no peso, no desgaste das colunas, no apodrecimento, na perda de liga do material, na ferrugem das ferragens que mantém a estrutura, nas fissuras das paredes, no rebaixamento do solo por obra da natureza, nas infiltrações de umidade. E se uma falha ocasionou o desabamento, ou a ruína, normalmente se dá o seu aparecimento, como no rebaixamento de parte do prédio, no vergamento de colunas, no rompimento de ferragens, no esfarelamento da liga nas paredes, nos vestígios deixados pelas infiltrações, na percepção da própria imagem do prédio, na análise da qualidade do material usado. A deterioração do prédio é facilmente perceptível, não ocorrendo o sinistro repentinamente.

Inexistindo falhas ou defeitos, não acontece a ruína; e se existem, tornam-se normalmente ostensivos, de sorte a não ocorrer de surpresa o evento. Todavia, para a necessidade de reparos ser manifesta, não se reclama a visibilidade. Desde que aferível por exame técnico, incide a responsabilidade pelo fato da ruína. Unicamente se o desmoronamento, ou a queda, ou a ruína se dá por caso fortuito, é verificável num acontecimento inesperado da natureza, como no terremoto, no rebaixamento inesperado do solo em decorrência de deslocamentos de camadas interiores de rochas, ou por outros fatos naturais que a pessoa não pode prevenir e evitar, afasta-se a obrigação de reparar os danos causados a terceiros. Carvalho Santos sempre atribui a responsabilidade ao proprietário, eis que é dever seu conhecer o prédio, mesmo que o tenha adquirido posteriormente à construção: "O que se deve ter presente é que o preceito em apreço é absoluto, não admitindo nenhuma prova contrária. Quer dizer: a pessoa responsável não poderá alegar com proveito que o vício não lhe é imputável, nem que o ignorava, nem tampouco que não houve imprudência de sua parte, nem muito menos que estava de boa-fé, tendo adquirido o imóvel há muitos anos, nem, afinal, que a vítima não ignorava o estado das coisas. Somente ficará exonerada da responsabilidade, em suma, se provar um caso de força maior, como um terremoto, uma inundação etc."[50] Aduz-se, ademais, que, se há a ruína, ou desmoronamento, naturalmente é manifesta a necessidade de reparos. O defeito ou as falhas que levam a tais consequências tornam manifesta a falta de reparos, isto é, certa, incontestável.

Todavia, nem sempre toda ruína decorre de falta de reparos, e, se aparecer esta causa, situações ocorrem que não ostentam a visibilidade, a percepção pela simples e vulgar observação. Assim quando se dá a queda por excesso de peso, quando pessoas em demasiado número sobem em um palco, ou ocupam uma arquibancada, provocando o desmoronamento. A responsabilidade aí assenta-se em razão diferente, que está na falta de vigilância, ou na permissão para que haja demasiado peso, na indesculpável negligência, o que leva ao reconhecimento da culpa.

---

[50] *Código Civil Brasileiro Interpretado*, 5ª ed., Livraria e Editora Freitas Bastos, 1955, vol. XX, p. 337.

Há um sistema misto para definir a responsabilidade, pois o fato em si faz presumir a culpa. O lesado deve indicar apenas o fato, cuja ocorrência contém ínsito o elemento culpa. Há o ruimento porque o proprietário se despreocupou em cuidar o prédio, em examiná-lo, em vistoriá-lo tecnicamente, em mostrar-se atento aos sintomas que apareceram. Assim, o fenômeno da queda sucede pela falta de cuidados especiais ou de diligência. Acresce notar que ao proprietário se concede ampla oportunidade de provar a inexistência de culpa, ou que não ocorreu a falta de reparos, e nem era manifesta qualquer necessidade.

A responsabilidade considera-se objetiva porque basta ao lesado demonstrar o fato, não lhe cabendo procurar desvendar a causa ou origem, qual o defeito, ou descobrir o responsável pelo defeito, isto é, se foi o construtor, ou o engenheiro, ou o arquiteto. Está, porém, inserido no fato o elemento culpa, pois os defeitos ou falhas decorrem da culpa, a qual, porém, não precisa que venha demonstrada pelo lesado. Outrossim, abre-se ao dono o caminho de provar a inexistência de culpa de sua parte, embora a quase inviabilidade de conseguir êxito em tal incumbência.

Como se percebe, desponta alguma diferença em relação aos demais casos de responsabilidade objetiva.

Toda e qualquer construção ou edificação enquadra-se na regra. E, assim, os prédios, as pontes, as comportas, os galpões, as arquibancadas, os estrados, os palcos, os palanques, os auditórios, os esgotos, os andaimes, as marquises, as escadas, as canalizações, os suportes de redes, os elevadores, as escadas rolantes, os muros.

Útil observar que a responsabilidade aqui disciplinada não socorre o proprietário pelos defeitos do prédio, ou pela ruína por vício de construção, contra o construtor, que se rege pelo art. 618, preceituando: "Nos contratos de empreitada de edifícios ou outras construções consideráveis, empreiteiro de materiais e execução responderá, durante o prazo irredutível de 5 (cinco) anos, pela solidez e segurança do trabalho, assim em razão dos materiais, como do solo." Alcança, porém, e aí contra o proprietário, o locatário, o comodatário, o mero ocupante. Já em relação aos vizinhos, o direito também encontra respaldo nos arts. 1.277 e 1.299, garantindo respectivamente o direito de fazer cessar as interferências prejudiciais à segurança, ao sossego e à saúde dos que habitam o prédio, e o direito de livremente erguer as construções desde que não ofendidos os direitos dos vizinhos.

Pelos prejuízos impostos a terceiros, Hely Lopes Meirelles enfatizava o suporte da indenização na responsabilidade objetiva: "Essa responsabilidade independe de culpa do proprietário ou do construtor, uma vez que não se origina da ilicitude do ato de construir, mas, sim, da lesividade do fato da construção. É um caso típico de responsabilidade sem culpa, consagrado pela lei civil, como exceção defensiva da segurança, da saúde e do sossego dos vizinhos (art. 554). E sobejam razões para essa orientação legal, uma vez que não se há de exigir do lesado em seus bens mais que a prova da lesão e do nexo causalidade entre a construção vizinha e o dano."[51] O art. 554 equivale ao art. 1.277 do CC/2002.

Entrementes, se a ruína decorreu de defeito de construção, ou da má qualidade do material utilizado, não se impede que o terceiro acione também o construtor, como orienta a jurisprudência: "O proprietário da obra responde, solidariamente com o empreiteiro, pelos danos que a demolição de prédio causa no imóvel vizinho."[52]

---

[51]   *Direito de Construir*, 5ª ed., São Paulo, Malheiros Editores, 1987, p. 262.
[52]   REsp. nº 43.906/RJ, da 2ª Turma do STJ, rel. Min. Ari Pargendler.

5. RESPONSABILIDADE PELA QUEDA OU LANÇAMENTO DE COISAS DOS PRÉDIOS

Aquele que habita prédio ou parte dele deve indenizar o dano causado pelas coisas ou objetos de seu interior lançados, ou que simplesmente caem, ou se desprendem e se precipitam sobre pessoas e bens de outros. Assim ordena o art. 938: "Aquele que habitar prédio, ou parte dele, responde pelo dano proveniente das coisas que dele caírem ou forem lançadas em lugar indevido."

O termo 'prédio', que substituiu a palavra 'casa' do Código anterior, expressa qualquer construção, desde as mais simples casas até os majestosos edifícios das metrópoles, destinados à moradia ou habitação, e assim também as edificações adaptadas para a prática das mais diversas profissões, ao comércio e à indústria. No gênero de prédio encontram-se, pois, as casas, os edifícios de apartamentos, os hotéis, os cinemas, os shoppings centers, os supermercados, os galpões, os muros, os faróis, as estações de embarque e desembarque de passageiros, as escadas, os prédios de escritórios, as cabanas, os silos, os armazéns, os templos, as escolas, os hospitais, as lojas, as clínicas, os palácios, os castelos, as obras em construção.

Qualquer espécie de objeto entra no gênero 'coisa', não importando que seja líquida ou sólida, e, assim, água, bebidas, móveis, pedras, alimentos, vasos, dejetos, lixo, roupas, animais, letreiros, placas, enfeites. A queda não envolve parte do prédio que desaba, mas coisas que dele caem ou são lançadas pela ação humana ou por obra do tempo, como intempéries e forte vento que retiram roupas de varais e outros objetos colocados em terraços, coberturas, sacadas ou janelas.

Ampla é a aplicação da responsabilidade, inclusive atingindo estabelecimentos comerciais, como supermercados e lojas, em que despencam produtos de prateleiras ou desmoronam pilhas de mercadorias, ferindo consumidores e frequentadores, por haver uma relação de consumo, regida pelas normas do Código de Defesa do Consumidor, sendo o lesado consumidor (art. 2º, CDC) e o estabelecimento fornecedor (art. 3º, CDC). Ocorre uma deficiência na prestação do serviço no momento em que não se propicia aos clientes a segurança esperada. Cumpre ao fornecedor munir-se de cuidados no momento de expor seus produtos à venda. É incauta a conduta de colocar os produtos em forma de pirâmide, especialmente garrafas e enlatados, em local de passagem de funcionários, crianças, clientes com seus carrinhos, pois sempre presente o risco de qualquer pessoa esbarrar ou bater nos produtos, vindo a desmoronar, causando transtornos, incômodos, dissabores e mesmo lesões.

A responsabilidade é objetiva, não se indagando da voluntariedade do ato ou do elemento 'culpa'. Basta a ocorrência do dano para ensejar direito à ação indenizatória, conhecida no direito romano como *actio de effusis et dejectis*. Não se procura saber quem efetuou fisicamente o lançamento, acionando-se os moradores indistintamente, ou *in solidum*, e reservando-se a quem efetua a indenização a ação de regresso contra o causador específico, se for apurada plenamente a autoria.

Outrossim, como se dessume do preceito, a responsabilidade é daquele que habita ou do que se encontra com a finalidade de moradia, de exploração, de uso, de proveito do prédio, constituindo o guardião, o depositário, ou o dono das coisas lançadas ou caídas. Não se incute a responsabilidade ao proprietário, pois não detém a guarda, a posse, o controle das coisas, afastando qualquer possibilidade de evitar o fato, e nem se podendo compeli-lo a não tirar proveito do prédio através da locação ou arrendamento. Caso, entrementes, não se apurar a pessoa que exerce a ocupação, cabe a notificação do proprietário, para que decline a identidade, sob pena de responder civilmente pelos danos, eis que a omissão acarreta a complacência e a adesão voluntária ao ato, impedindo o devido ressarcimento.

Mesmo que terceiros lançarem coisas do prédio, e lá tendo sido recebidos pelo morador, como pessoas com laços de parentesco ou amizade, ao mesmo se reputa a responsabilidade, porquanto incumbe-lhe a guarda. Nessa visão, os prejuízos causados pelos objetos que os hóspedes, os internados, os frequentadores, os educandos, os pacientes e outras pessoas lançam ou deixam cair, são reclamáveis contra aquele que habita o prédio, entendo-se o verbo 'habitar' como o ocupante, ou o indivíduo que explora ou tira proveito econômico do prédio.

Percebe-se a indicação, pelo dispositivo, da responsabilidade da pessoa que habita, ou que está no prédio. Há certa dificuldade quando, em edifício de condomínio edilício, não se apura a identidade do causador do transtorno, ou o apartamento de onde partiu a emissão do objeto, sujeitando-se a vítima a ficar sem indenização.

A tendência da doutrina é atribuir a responsabilidade ao condomínio, porquanto não é justo deixar o lesado a descoberto da correspondente indenização. Também a jurisprudência pende nesse sentido: "Objetos lançados da janela de edifícios. A reparação dos danos é responsabilidade do condomínio. A impossibilidade de identificação do exato ponto de onde parte a conduta lesiva impõe ao condomínio arcar com a responsabilidade reparatória por danos causados a terceiros. Inteligência do art. 1.529 do Código Civil Brasileiro."[53] O art. 1.529 equivale ao art. 938 do CC/2002.

Igualmente na jurisprudência: "A responsabilidade *effusis et dejectis*, prevista nos arts. 1.529 e 938 do antigo e do novo Código Civil, pela qual aquele que habitar um imóvel, ou parte dele, responde pelo dano proveniente das coisas que dele caírem ou forem lançadas em lugar indevido, configura-se como responsabilidade objetiva, inspirada na presunção irrefragável de culpa. Assim, em se tratando de edifício de apartamentos, se não se puder saber de qual unidade tombou o objeto, danificando terceiro, ter-se-á responsabilidade solidária de todos os condôminos."[54]

Procura-se dar uma dimensão do fundamento na responsabilidade alternativa, através da qual todos os integrantes do grupo são considerados responsáveis solidariamente, e que se justifica no fato do prejuízo causado por um ou vários deles.

Não há dúvida que se trata de uma criação artificiosa, desprovida de sustentação na base da responsabilidade. A rigor, em assim se pensando, chega-se a extremos que repugnam ao bom-senso, porquanto grupos existem em todos os lugares e em todas as partes, seja nos clubes, nos estádios, nos templos, nas diversas espécies de sociedades, o que justificaria a responsabilidade pelos danos que os frequentadores sofrerem, desde que provocados no interior de suas sedes, ou durante a realização de suas finalidades. Todavia, não se permite tornar idênticos todos os grupos nos efeitos. Quanto ao condomínio, não há um grupo, e muito menos uma sociedade. Não se reúnem os condôminos para uma finalidade comum, em atendimento aos objetivos da convenção, a qual trata somente dos deveres e direitos em relação à convivência e às partes comuns do prédio. Pelos atos

---

[53] REsp. nº 64.682/RJ, da 4ª Turma do STJ, em *Revista do Superior Tribunal de Justiça*, 116/259.

[54] Apel. nº 2003.001.09759, da 11ª Câmara Cível do TJ do Rio de Janeiro, j. em 04.12.2003, *in ADCOAS* 8224172 – *Boletim Jurisprudência ADCOAS*, nº 8, p. 117, mar. 2004.

particulares dos condôminos, não passa a responsabilidade ao condomínio. Se fosse dar relevo a essa solidariedade, criar-se-iam situações catastróficas, como a de responsabilidade do condomínio pela morte ocorrida no interior de suas dependências, desde que não identificado o agente causador.

De outro lado, a artificialidade assenta-se também no fundamento que se procura dar para forçar a responsabilidade. Não se trata do fato em si, mas da falta de prova do causador, ou de quem lançou o objeto. Confunde-se a responsabilidade com falta de prova, ou incapacidade de provar.

Além do mais, a situação se afiguraria profundamente injusta, ferindo a equidade. Como digerir a condenação de pagar uma indenização por um ato de terceiro, especialmente quanto aos proprietários de alas ou andares de onde não se deu a proveniência do objeto lançado?

Finalmente, emerge a propriedade exclusiva dos condôminos nas partes suscetíveis de utilização independente, a teor do § 1º do art. 1.331 do Código Civil: "As partes suscetíveis de utilização independente, tais como apartamentos, escritórios, salas, lojas e sobrelojas, com as respectivas frações ideais no solo e nas outras partes comuns, sujeitam-se a propriedade exclusiva, podendo ser alienadas e gravadas livremente por seus proprietários, exceto os abrigos para veículos, que não poderão ser alienados ou alugados a pessoas estranhas ao condomínio, salvo autorização expressa na convenção de condomínio".

Da própria lei, em decorrência, emerge o afastamento da responsabilidade. De observar que os autores (Pontes de Miranda, Aguiar Dias) não dão um suporte jurídico para tal extensão da responsabilidade, ficando restritos na máxima da injustiça na situação de ficarem sem reparação os lesados. Nem encontra guarida no direito limitar a responsabilidade àqueles cujos apartamentos ou salas estão situados próximos ao local onde se deu o dano, e isentando os titulares de unidades situadas em outras alas ou andares. A fragilidade do critério está na injustiça que acarreta, pois os que não participaram do fato suportarão uma condenação indevida.

XXV
Responsabilidade pelos Danos Causados por Animais

1. PRESUNÇÃO DA RESPONSABILIDADE DO PROPRIETÁRIO

Constitui este um assunto em que as legislações mais afinam com a aplicação da responsabilidade objetiva, em favor da vítima, limitando as possibilidades de defesa do proprietário do animal provocador do evento.

Leonardo A. Colombo, estudando a lei argentina, salienta: "La responsabilidad emana de la falta de cuidado que el tenedor o guardián ejercen sobre los semovientes, cuya propia naturaleza obliga a prestarles especial atención, en tratándose de un ejemplar peligroso, a extremar las medidas a tal punto que no se admite excusabilidad alguna."[55] Em relação à vítima: "Le baste comprobar la efectividad del daño y que el mismo ha sido producido por la bestia... La acción procederá si el demandado, excluido el supuesto de excepción (art. 1.129), no acredita, a su vez, que está amparado por alguna de las causas de exención permitidas por el Código."[56]

O direito alemão tem presente a teoria do risco, atribuindo ao proprietário a obrigação de reparar nas situações em que o animal provoca a morte de uma pessoa, ou dano ao seu corpo ou à saúde, ou prejuízo nas coisas, desde que "el daño se hubiera producido también con el empleo de esta diligencia y que, por tanto, su omisión no puede considerarse causante de los daños".[57]

As concepções individualistas da culpa cederam lugar para um tratamento mais social desde longa data, por influência, sobretudo, dos franceses Raymond Saleilles e Louis Josserand, ardorosos propagadores da responsabilidade objetiva.

No direito brasileiro anterior, a presunção da culpa do proprietário teve aceitação unânime. Ensinava Washington de Barros Monteiro: "Numa ação de indenização, o ofendido tem de provar apenas que sofreu dano, que esse dano foi devido a um animal e que este pertence ao réu. Para obter uma procedência, não carece o autor de mostrar que o dono do animal se houve, por exemplo, com culpa *in custodiendo*; contenta-se a lei com o dano objetivo. O réu, para exonerar-se da responsabilidade, é que precisa evidenciar que guardava e vigiava o animal com o cuidado devido."[58]

---

[55] *Culpa Aquiliana*, 2ª ed., Buenos Aires, Tipografia Editora Argentina, 1947, p. 571, nº 177.
[56] *Idem*, p. 572.
[57] Karl Larenz, *Derecho de Obligaciones*, trad. ao espanhol por Jaime Santos Briz, Madrid, Editorial Revista de Derecho Privado, 1959, p. 604.
[58] *Direito das Obrigações*, São Paulo, Editora Saraiva, vol. II, p. 424.

Carvalho Santos também mostrava-se incisivo: "Em nosso direito, responde o dono ou detentor do animal pelos danos causados por este. Pouco importa que ele seja doméstico ou não: a obrigação de quem possui um animal é guardá-lo de maneira que não possa ofender a outrem. Se ocorre o dano, presume-se que essa vigilância foi descurada e a presunção subsiste ainda quando o animal tenha fugido, pois, se o fez, foi porque houve negligência na sua guarda."[59]

Outros autores importantes ressaltavam o mesmo ensinamento, como Pontes de Miranda (*Tratado de Direito Privado*, vol. 53, p. 310); Clóvis Beviláqua *(CC*, vol. V, p. 310); Carvalho de Mendonça (*Obrigações*, vol. II, p. 427) e José de Aguiar Dias (*Da Responsabilidade Civil*, vol. II, p. 508).

A jurisprudência, desde tempos antigos, não divergia: "A responsabilidade do dono do animal que causa danos a terceiros resulta da culpa presumida",[60] sendo que os prejuízos causados só podiam ser excluídos "nas hipóteses do art. 1.527 do Código Civil, cabendo ao mesmo dono o ônus da prova dessas excludentes".[61] O art. 1.527 corresponde ao art. 936 do atual Código.

Quais eram as hipóteses do referido dispositivo?

Apresentavam-se estas:

I – que o proprietário guardava e vigiava o animal com cuidado preciso;

II – que o animal foi provocado por outro;

III – que houve imprudência do ofendido;

IV – que o fato resultou de caso fortuito, ou força maior.

Como se vê, a prova de uma das excludentes afastava a responsabilidade.

O Código atual segue na mesma trilha quanto à presunção da responsabilidade do proprietário ou detentor, mas, numa redação mais simples e abrangente, não manteve a especificação de hipóteses detalhadas de exclusão de responsabilidade. Resumiu a exclusão se conseguir provar a culpa da vítima ou a existência de força maior. Reza o art. 936: "O dono, ou detentor, do animal ressarcirá o dano por este causado, se não provar culpa da vítima ou força maior." Continua presumida a responsabilidade, sendo suficiente a prova do dano e do nexo causal para ensejar o direito, a menos que o dono demonstre a culpa da vítima ou a força maior.

Na verdade, causando dano o animal, desponta a culpa de seu proprietário. Mais precisamente, o inciso I do art. 1.527 (art. 936 do atual Código) do Código revogado caracterizava a manifestação da culpa na circunstância de não provar que o dono não guardava e vigiava o animal "com cuidado preciso". A culpa considerava-se presumida porque o dever de guardar e vigiar com cuidado preciso equivalia a impedir a fuga do local onde se encontrava guardado o animal; impunha, ainda, que fosse mantida uma vigilância permanente. Afastando-se do cercado, ou da área reservada para a sua permanência, não se verificava tal precaução. Como enfatizava Carvalho Santos, "cuidado preciso não chega a ter o homem que prova não ter agido com negligência. Porque a expressão envolve exigência de atenção maior, de vigilância imposta pelas circunstâncias especiais de cada caso".[62] Exemplificava Pontes de Miranda: "Se A fechou o cercado e lá pôs o cavalo, mas,

---

[59] *Código Civil Brasileiro Interpretado*, Editora Freitas Bastos, 1961, vol. XX, p. 321.
[60] *RT*, 414/147.
[61] *RT*, 415/130, e 518/228.
[62] *Tratado de Direito Privado*, 3ª ed., 1971, vol. XX, p. 324.

Cap. XXV | Responsabilidade pelos Danos Causados por Animais • **297**

devido às chuvas caíram algumas estacas da cerca, e o cavalo evadindo-se causa danos, A é responsável: teve o procedimento, a vigilância, o cuidado normal, não o preciso."[63]

Neste diapasão seguia a jurisprudência, referentemente ao art. 1.527, I, correspondente ao art. 936 do vigente Código: "O cuidado preciso, referido no art. 1.527, I, do CC, já é por demais sabido, não é o cuidado normal, mas o necessário para que não ocorra o dano."[64]

Perduram tais pressupostos no Código atual, porquanto a fuga do animal e a sua presença em locais impróprios revelam negligência e a falta de cuidado – elementos que compõem a culpa. Chega-se a não ter importância se subjetiva ou objetiva a responsabilidade, exceto quanto à vítima, que não precisa pesquisar a existência da culpa. Assim, mesmo que culpada a vítima, configura-se a culpa concorrente do dono ou detentor do animal.

A culpa do dono é evidente quando cavalga em marcha imprópria para o local: "O cavaleiro que imprime velocidade em sua montaria e não a diminui mesmo ao se aproximar do grupo de crianças que segue mais a frente age com imprudência e responde civilmente em caso de atropelamento. A indenização por danos morais oriundos de ato ilícito, provado o nexo de causalidade, é cabível."[65]

2. EXCLUDENTES DE RESPONSABILIDADE

Duas as causas de afastamento da responsabilidade: a culpa da vítima e a força maior.

A primeira excludente da responsabilidade é a verificação de culpa do ofendido. Pondera Pontes de Miranda que "a culpa do lesado somente exclui a responsabilidade quando pode ser tida como causa exclusiva do acidente".[66] Há concorrência se a conduta da vítima e a falta de vigilância do dono conduziram aos danos, exceto em situações especiais. Não raramente encontra-se um animal caminhando no meio ou ao lado da estrada, sendo divisionado ao longo pelos que trafegam. Embora também se encontre culpa na falta de precauções para evitar a fuga do animal, vindo a atropelar a espécie nestas circunstâncias, a culpa é exclusiva do condutor, pois era-lhe possível tomar as precauções recomendadas para o momento, e impedir o evento. Mas despontando o animal numa curva, ou atravessando subitamente a pista, concorre o proprietário na indenização com o causador do atropelamento se este não foi suficientemente perito em evitar o fato, desviando ou realizando outra manobra salvadora.

A força maior, ou o caso fortuito, embora não mencionado este último pelo Código, constitui a segunda causa que afasta a responsabilidade. Para a conceituação dessa causa excludente, lembramos a lição de Pontes de Miranda, dizendo que os acontecimentos obra do acaso formam o conteúdo da espécie, destacando a distinção das expressões: "Força maior diz-se mais propriamente do acontecimento insólito, de impossível ou dificílima previsão, tal uma extraordinária seca, uma inundação, um incêndio, um tufão etc. Caso fortuito é um sucesso previsto, mas fatal, como a morte, a doença etc."[67] Em suma, encerram as expressões acontecimentos cuja capacidade de arredá-los está fora do alcance

---

[63] *Tratado de Direito Privado*, 3ª ed., 1972, vol. 53, pp. 388-389, nº 5.520, nº 3.

[64] *RT*, 444/81.

[65] Apel. Cível nº 0196868-5, da 9ª Câmara Cível do TA do Paraná, *DJ* de 04.10.2002, *in ADCOAS* 8215310, *Boletim de Jurisprudência ADCOAS*, nº 13, p. 200, abr. 2003.

[66] *Tratado*, ob. cit., vol. 53, p. 378, § 5.519, nº 11.

[67] Ob. cit., vol. 53, p. 369, § 5.519, nº 10.

da vontade humana. Expressam, no caso dos animais, segundo o italiano Geri, "... um evento imprevisível e inevitável, não relacionado com o comportamento da parte, de forma que exclua qualquer incidência causal e capaz de determinar a atividade lesiva particular do animal" (tradução livre).[68]

É o fato estranho à esfera da atividade do responsável, não fácil de se verificar. Em torno de sua objetividade há muita discussão, pois inúmeros acontecimentos da natureza são perceptíveis e as consequências imagináveis por uma atenção mais apurada. Assim, no dizer de Salvat, o cavalo espantado durante um furacão ou terremoto, que dispara e causa um acidente com um veículo, pode levar o seu proprietário a escusar-se de reparar os danos sob a alegação da força maior. Mas se os mesmos fenômenos naturais derrubam as cercas e as bestas invadem as rodovias, provocando estragos em carros, não liberam o dono de ressarcir, visto que cabia-lhe prever o ocorrido com os acontecimentos bruscos e inesperados, que ele, ou seu preposto, conheceram. Tendo ele descurado em providenciar na verificação dos resultados trazidos pelo repentino vendaval, obrou com manifesta negligência.[69]

E se o cavalo se espanta com o trovão, arremessando-se contra um automóvel, ou mesmo contra transeuntes; ou se desembesta devido ao latir de um cão, ou ao buzinar dos veículos, ou por razões outras, chama-se à responsabilidade o dono ou detentor, pois estampa-se imprudência no comportamento, pela circunstância de conduzir a espécime não adestrada em vias de circulação, nas quais são comuns fatos de tal ordem. O dano advindo é obra do susto, ou do medo, ou do espanto, que sói acometer os animais desabituados à vida da cidade, ou dos centros muito movimentados, observa apropriadamente Pontes de Miranda.[70]

Se um terceiro provoca a fuga do irracional, de modo proposital ou não, abrindo a porteira do local onde se encontra encerrado, é o titular da guarda ou o proprietário responsável pelos eventos lesivos que venha a dar causa? A resposta está na responsabilidade do segundo. Não é justo se relegue a vítima à uma situação de quase impossibilidade no direito de ressarcimento dos danos. As mesmas razões que impõem o dono a indenizar os prejuízos resultantes do fato de terceiro se aplicam para assegurar a reparação neste caso. É inconcebível condicionar a garantia na recomposição das ofensas à descoberta do responsável direto e à sua capacidade econômica.

3. FURTO OU APOSSAMENTO ILÍCITO DO ANIMAL

Mas, *quid juris* se um malfeitor furta ou se apossa ilicitamente do animal, o qual vem, posteriormente, a desencadear um dano?

Eis o entendimento de Geri: "Caso o animal, não perdido nem escapado, seja arbitrariamente subtraído (por exemplo, por meio de furto ou apropriação ou de qualquer outra forma que valha para privar o proprietário de sua custódia), responde de acordo com o art. 2.052 aquele que tenha entrado em posse arbitrária... Para que o usuário seja isentado

---

[68] *Responsabilità Civile per Danni da Cose ed Animali*, Milano, Dott. A. Giuffrè, 1967, p. 349. No original: "... un evento imprevisibile ed inevitabile, estraneo al comportamento della parte tale da escludere ogni incidenza causale e capace di determinare la particolare attività lesiva dell'animale!".

[69] Raymundo M. Salvat, *Tratado de Derecho Civil Argentino*, 2ª edición, Buenos Aires, Tipografia Editora Argentina, 1958, vol. IV, p. 200.

[70] *Tratado*, ob. cit., vol. 53, p. 370, § 5.519, nº 10.

de responsabilidade, é suficiente que demonstre ou denuncie o fato do qual tenha sido vítima, mesmo que ele não possa indicar a pessoa a quem ele atribua a subtração ilegal."[71]

Pontes de Miranda, partindo da ideia de que é responsável quem tira proveito, atribui o encargo da reparação ao possuidor de má-fé. "O ladrão de cavalos responde pelos danos causados pelos cavalos de que está com a posse, ou tença, de má-fé."[72] Aguiar Dias, afirmando que dificilmente o roubo poderá constituir caso fortuito, reconhece, no entanto, a injustiça se for dada uma interpretação favorável ao ladrão, pois seria tratado mais benevolamente do que o que tem o animal com o consentimento do dono.[73] Não é coerente obrigar o dono do animal à reparação, "porque o caso fortuito é causa da exoneração", salienta.

Mas são uniformes os autores em assentar a necessidade da prova de que o furto não se deu por negligência do proprietário na guarda do animal. E a prova incumbe a ele, como em qualquer hipótese exonerativa.

Por que a fuga do animal por fato de terceiro não isenta de responsabilidade, ao passo que, na subtração, incide a excludente?

Nota-se que na última situação o dono é privado, ilicitamente, da guarda. No fato de terceiro, de modo especial se a fuga acontece por culpa, ainda perdura o poder de vigilância. Juridicamente continua a guarda porque não houve o afastamento do animal do controle do detentor. Com o desapossamento contra a vontade, inexistem meios de conservar qualquer posse e de prever o menor movimento do animal. Foge ao bom-senso a pretensão de fazer incidir o ônus, pelos males ocorríveis, sobre aquele que ficou desprovido de condições para comandar o destino ou a ação do semovente.

Esta a distinção principal em relação à lesão em virtude do fato de terceiro, quando o agente imediato não assume a guarda ou o proveito do ser animal.

4. SUJEITO PASSIVO NA AÇÃO DE RESSARCIMENTO

Outro assunto de real importância diz respeito à capacidade para figurar como sujeito passivo na ação de ressarcimento.

Pelo art. 1.385 do Código Civil Francês, o proprietário de um animal, ou aquele que dele se serve, é responsável pelo dano que ele cause, esteja o animal sob sua guarda, tenha-se extraviado ou escapado.

Desponta a responsabilidade inspirada na obrigação de guardar. Pela lição de Pontes de Miranda, temos uma responsabilidade alternativa, e não cumulativa, o que significa fixar-se o dever de reparar ou no dono, ou no 'tenedor' (detentor da posse, 'mantenedor', que exerce a 'mantença'). E viável a cumulativa se o proprietário e o comodatário tiram proveito.

---

[71] *Responsabilità Civile per Danni da Cose ed Animali*, ob. cit., p. 341. No original: "Qualora l'animale, non smarrito nè fuggito, sia stato sottratto arbitrariamente (ad es. mediante furto od appropriazione od in altro qualsiasi modo che valga a spogliari il proprietario della custodia) risponde ai sensi dell'art. 2.052 colui che ne sia venuto in arbitrario possesso... Perchè l'utente sia liberato della responsabilità è sufficiente che dimostri o denunzi il fatto del quale sia rimasto vittima, anche se non possa indicare la persona alla quale rilsalga l'illecita sottrazione."

[72] *Tratado*, v. 53, ob. cit., p. 329, § 5.518, nº 3.

[73] *Da Responsabilidade Civil*, 4ª ed., Rio de Janeiro, Forense, 1960, vol. II, pp. 510-511.

Desenvolve o grande autor um longo estudo sobre a responsabilidade de quem tem proveito, o que gera certa confusão, pois é possível que sempre redunde em proveito para o dono, embora nenhuma guarda exerça, como na locação. Mas ressalta, também, a preponderância da responsabilidade determinada pelo exercício da guarda.

O proprietário deixa de ser responsável desde o momento em que outro se serve do animal, o que poderá suceder por comodato, usufruto, locação, ou pelo simples uso. "Se o animal foi alugado, ou emprestado, responsável é o locatário ou o comodatário, desde a tradição."[74] Salvat mostra que no direito argentino é a mesma coisa: "La ley hace pasar la responsabilidad a la persona a quien el animal ha sido remitido para servirse de él. Cualquiera sea la causa, desde el momento que el animal se envía para servirse de él, la responsabilidad pasa a la persona que lo tiene. Asì, esta responsabilidad existe a cargo del locatario, comodatario o usufructuario."[75]

O direito italiano não diverge. Explica Geri que "a responsabilidade prevista no artigo 2.025 é alternativa ou disjuntiva e não cumulativa ou solidária", e que "do ponto de vista técnico-jurídico a verdadeira causa de imputação ocorre na persistência do poder-dever de governo sobre o animal a cargo do usuário, mesmo quando o animal em questão tenha sido perdido ou tenha escapado."[76]

Colin e Capitant lembram o mesmo princípio no direito francês: "Cuales son las personas responsables? Son éstas, según el texto, ya el propietario del animal, ya aquel que se sirve de él mientras lo utiliza. Cómo hay que entender estas palavras: 'aquel que se sirve de él?' Según la jurisprudencia, designan:

A. Cualquier persona que tenga derecho a servirse del animal: comodatario, arrendatario, usuario etc.

B. Cualquier persona que por razón de su profesión recibe animales para su custodia, aunque propiamente hablando no se sirva de estos animales, como el veterinario, el herrador, el posadero etc...".[77]

No que se refere ao item 'B', Aguiar Dias igualmente concorda, desde que se possa deduzir haver o profissional assumido o poder de direção, e o proprietário não tenha manifestado a vontade de conservar a orientação das operações de tratamento.[78]

Uma situação especial chama a atenção: se o detentor é depositário, incidem as mesmas regras? Responde ele pelos danos causados pelo animal? Aguiar Dias pensa que ele se obriga a indenizar quando tenha adquirido o poder total de direção, a que tenha renunciado o dono. Pontes de Miranda explica este poder total de direção pelo uso do animal, pelo proveito que tira ou pelo serviço que ele presta. Não havendo essa transferência, ou não sendo aproveitado, há responsabilidade de ambos. "O proprietário, porque

---

[74] Pontes de Miranda, *Tratado*, ob. cit., vol. 53, p. 324, § 5.518, nº 3. Não diverge Aguiar Dias, como se pode ver em sua obra *Da Responsabilidade Civil*, 4ª ed., Rio de Janeiro, Forense, 1960, vol. II, p. 512.

[75] Raymundo M. Salvat, *Tratado de Derecho Civil Argentino*, vol. IV, p. 193.

[76] *Responsabilità Civile per Danni da Cose ed Animali*, pp. 333-334. No original "la responsabilità prevista nell'articolo 2.025 è alternativa o disgiuntiva e non cumulativa o solidale" ... "dal punto di vista tecnico-giuridico la vera causa dell'imputazione esta nella persistenza del potere-dovere di governo sull'animale in testa all'utente, anche quando l'animale medesimo sia stato smarrito o siasi dato alla fuga"

[77] Ambrosio Colin y H. Capitant, *Curso Elemental de Derecho Civil*, tradução ao espanhol da segunda edição francesa, Madrid, Reus, 1951, tomo III, p. 871.

[78] *Da Responsabilidade Civil*, ob. cit., vol. II, p. 512.

não se exonerou completamente do dever de vigilância, quando o animal foi confiado a terceiro, sem se demitir inteiramente do poder de direção; o detentor porque a lei não distingue a que título ele responde, quando estatui a sua responsabilidade."[79]

Há uma exceção às regras acima, de modo geral. Estando o animal, sob guarda de uma pessoa, infeccionado por uma doença transmissível, ou doença que o torne perigoso, como hidrofobia, o proprietário figurará como sujeito passivo se o mal causado a outrem é consequência da moléstia e se o detentor da guarda não foi noticiado, como deixa entrever Pontes de Miranda.[80] Havendo uma característica desconhecida daquele que tira o proveito, a qual conduz à prática de um dano, há responsabilidade extranegocial do titular do domínio. Carvalho Santos defende que se justifica igualmente o procedimento contra o detentor, que não tenha "sobre o animal mais que um direito pessoal de uso", na eventualidade de se atribuir o resultado negativo "aos vícios do animal".[81] Mas há de se convir que a solução é injusta, pois não é o uso que leva ao prejuízo, e sim o defeito ou o vício interno e ignorado. Notam Colin e Capitant que a responsabilidade não passa "al que se sirve del animal, si el propietario no ha prevenido a este último de los vicios del animal", incorrendo aquele "en una culpa personal".[82]

Por último, algumas considerações sobre casos especiais.

Se o preposto é encarregado da guarda, não há escusa para o proprietário. Se não incide o fundamento do art. 936, aplica-se a norma do art. 932, inc. III pelos danos oriundos, que, aliás, abrange outras categorias de pessoas chamadas a indenizar:

I – os pais, pelos danos provocados pelos animais dos filhos menores, que estejam sob sua autoridade e em sua companhia;

II – o tutor e o curador, pelo mesmo evento, se os pupilos e curatelados possuírem animais;

III – o empregador ou comitente, por seus empregados, serviçais e prepostos, no exercício do trabalho que lhes competir, ou em razão dele.

Sob este último item, também, chama-se a ressarcir o que tem estabelecimento apropriado para a guarda e mantença de animais, como canil, estância, haras.

A responsabilidade é solidária com o autor direto, pois o parágrafo único do art. 942 expressa: "São solidariamente responsáveis com os autores os coautores e as pessoas designadas no art. 932." Os bens do ofensor garantem o direito do lesado, facultando-se àquele demandar regressivamente contra quem incidiu em culpa *in vigilando, in negligendo* ou *in eligendo*.

No caso de empréstimo de "cavalo a caçador ou corredor-cavaleiro, o proprietário não responde, pois que não se trata de empregado ou preposto. Se ambos têm proveito, hão de responder ambos, se o dano foi causado a terceiro. Há a possibilidade de dois ou mais terem proveito; há, pois, a de dois ou mais responderem",[83] lembra Pontes de Miranda.

Se o pai e a mãe exercem usufruto sobre os animais do filho, este nenhuma responsabilidade tem, embora proprietário. Aqueles são chamados a indenizar.

---

[79] Aguiar Dias, *Da Responsabilidade Civil*, ob. cit., vol. II, pp. 511-512. Também em *Tratado*, vol. 53, ob. cit., de Pontes de Miranda, p. 324, § 5.518, nº 3.

[80] *Tratado*, vol. 53, ob. cit., p. 324, § 5.518, nº 3.

[81] *Código Civil Brasileiro Interpretado*, ob. cit., vol. XX, p. 323.

[82] *Derecho Civil*, ob. cit., tomo III, p. 871.

[83] *Tratado*, ob. cit., vol. 53, p. 325, § 5.518, nº 3.

302 • Responsabilidade Civil | *Arnaldo Rizzardo*

"Nas corridas de cavalos, nas exposições agrícolas, nos concursos hípicos ou de animais de raça em geral, a guarda e uso ficam aos patrões dos jóqueis, dos prepostos dos donos de animais expostos e não às sociedades ou fundações que promoveram a exposição, ou as corridas, ou os concursos. Certamente, provada a culpa das sociedades ou fundações (arts. 159 e 1.521, III), serão responsáveis: mas tal responsabilidade nada tem com a do art. 1.527", observa, ainda, o autor acima.[84] Lembra-se que os apontados arts. 159, 1.521 e 1.527 equivalem aos arts. 186, 932 e 936 do atual Código.

Nos acidentes de trânsito ocorridos nas vias públicas em razão de animais soltos, além dos respectivos proprietários, podem ser acionados os concessionários e a própria autarquia, ou o Poder Público que exerce a jurisdição, se inexistente concessão. Embasa-se essa responsabilidade art. 14 do Código de Defesa do Consumidor, pois há a prestação de serviços de vigilância e conservação; no art. 37, § 6º, da Carta Maior, que responsabiliza objetivamente as pessoas jurídicas de direito privado, prestadoras de serviço público, pelos danos que seus agentes causarem a terceiros por ação ou omissão; e o art. 1º, §§ 2º e 3º, do Código de Trânsito Brasileiro (Lei nº 9.503, de 23.09.1997), que coloca o trânsito seguro como um direito de todos e um dever dos órgãos e entidades componentes do Sistema Nacional de Trânsito, os quais respondem pelos danos causados aos cidadãos por omissão ou erro na manutenção ou execução da segurança do trânsito, inclusive no que envolve à existência de animais nas pistas.

---

[84] *Idem*, p. 327.

PARTE 5

RESPONSABILIDADE CIVIL DO ESTADO E DAS PESSOAS JURÍDICAS

XXVI
Responsabilidade Civil das Pessoas Jurídicas e dos Grupos Sociais

1. PRINCÍPIOS GERAIS NA INCIDÊNCIA DA RESPONSABILIDADE

A matéria da responsabilidade civil é vasta, abrangendo diversos aspectos. Como princípio geral, toda pessoa capaz responde pelos seus atos, o que abrange também a pessoa jurídica pela simples razão de existir e ser reconhecida como ente individuado. Daí, pois, a insofismável obrigação de ter a pessoa jurídica responsabilidade pelo que realiza ou pratica, devendo cumprir as obrigações que assume e responder pelos prejuízos que causa. Realizado um negócio jurídico dentro dos padrões estabelecidos pela lei, observadas as exigências do estatuto ou contrato social, e verificada a legítima representação na sua consecução, há validade do ato e exigibilidade no cumprimento da obrigação. Responde a entidade com seu patrimônio pelo inadimplemento contratual, tendo incidência a regra do art. 389 do Código Civil, que preceitua: "Não cumprida a obrigação, responde o devedor por perdas e danos, mais juros e atualização monetária segundo índices oficiais regularmente estabelecidos, e honorários de advogado."

O art. 173, § 5º, da Constituição Federal, também proclama a mesma responsabilidade, sem desconsiderar a individual dos dirigentes, a qual se verá adiante: "A lei, sem prejuízo da responsabilidade individual dos dirigentes da pessoa jurídica, estabelecerá a responsabilidade desta, sujeitando-a às punições compatíveis com sua natureza, nos atos praticados contra a ordem econômica e financeira e contra a economia popular."

Abrange a responsabilidade os atos realizados pelos prepostos da pessoa jurídica, ou seus integrantes, enquanto por ela atuam, ou em seu nome ajam, no que se ingressa na responsabilidade extracontratual ou por culpa. O art. 47 do Código Civil é de clareza solar: "Obrigam a pessoa jurídica os atos dos administradores, exercidos nos limites de seus poderes definidos no ato constitutivo." Especificamente para as sociedades simples, arcam elas pelo excesso dos atos dos administradores, a menos que se comprove uma das seguintes situações, elencadas no parágrafo único do art. 1.015:

I – se a limitação dos poderes estiver inscrita ou averbada no registro próprio da sociedade;

II – provando-se que era conhecida do terceiro;

III – tratando-se de operação evidentemente estranha aos negócios da sociedade.

Em qualquer situação, domina a presunção, pelos danos causados, de que os administradores procederam com culpa, incumbindo a elas a prova em contrário, no que se coaduna com a Súmula nº 341 do STF, que tem aplicação à espécie: "É presumida a culpa do patrão ou comitente pelo ato culposo do empregado ou preposto."

Estende-se a responsabilidade às pessoas jurídicas sem finalidade lucrativa, como às associações e sociedades civis beneficentes, não ficando imunes de adimplir os compromissos assumidos, e de reparar os danos que causarem, seja por atos seus ou dos prepostos, desde que vislumbrada a culpa nas condutas, no que encontra amparo no art. 186 do Código Civil, do qual decorre a obrigação de reparar a violação da lei e os prejuízos provocados por ação ou omissão voluntária, negligência ou imprudência, eis que considerada a prática ato ilícito.

Pode-se resumir a responsabilidade na lição de Clóvis Beviláqua: "A responsabilidade civil das pessoas jurídicas de direito privado pelos atos de seus representantes, no exercício de suas funções e dentro dos limites da especialidade das mesmas pessoas jurídicas, é princípio hoje definitivamente inscrito no direito privado moderno."[1]

Os fundamentos estendem-se às pessoas jurídicas de direito público, posto que de todos se exige o cumprimento das obrigações e o ressarcimento do dano causado. O desenvolvimento da matéria recomenda a sua apreciação sob o enfoque separado das pessoas jurídicas de direito público e de direito privado.

A responsabilidade da pessoa jurídica desenvolvida neste capítulo não abrange a responsabilidade das sociedades por atos que praticam atentatórios à Administração Pública, sendo a matéria regida pela Lei nº 12.846/2013, a qual está regulamentada pelo Decreto nº 8.420/2015. Por se tratar de matéria específica, não se encontra abrangida pela responsabilidade disciplinada no Código Civil.

2. RESPONSABILIDADE DAS PESSOAS JURÍDICAS DE DIREITO PÚBLICO

Nem cabe discutir se incide ou não a responsabilidade contratual, posto que se o Estado não estivesse obrigado a cumprir os contratos sequer teria condições de subsistir. Ninguém contrataria com o mesmo, e nem lhe prestaria serviços. A única saída consistiria em exigir pela força a execução de atividades, e confiscar militarmente os bens de que necessitaria.

A discussão envolve a responsabilidade extracontratual, ou se o Estado responde pelos prejuízos que causa através de seus funcionários, no exercício das funções que lhe são cometidas. Houve um tempo quando se apregoava a irresponsabilidade absoluta, o que constituía o apanágio das ideias do Estado absolutista, ou tido como ente todo-poderoso, o qual estava imune das vicissitudes humanas. O mais grave é que, no ápice do absolutismo, e inclusive ao tempo dos déspotas esclarecidos, o Estado era confundido com o monarca.

O ressarcimento pelo prejuízo resultante dos eventuais erros lesivos, sob esta teoria, deveria ser intentado junto aos que exerciam a atividade estatal, isto é, perante os funcionários.

Nos tempos modernos foi se afirmando a responsabilidade objetiva do Estado, com base na teoria do *risco integral*, pela qual, na lição de Maria Helena Diniz, "cabe a indenização estatal de todos os danos causados, por comportamentos comissivos dos funcionários, a direitos de particulares. Trata-se da responsabilidade objetiva do Estado, bastando a comprovação da existência do prejuízo".[2]

---

[1] *Teoria Geral do Direito Civil*, Rio de Janeiro, Livraria Francisco Alves, 1908, pp. 181 e 182.
[2] *Curso de Direito Civil Brasileiro*, 3ª ed., São Paulo, Editora Saraiva, 1993, 1º vol.; *Teoria Geral de Direito Civil*, p. 129.

Já Rui Barbosa a defendia, em parecer citado por José de Aguiar Dias: "Essa responsabilidade nasce direta e essencialmente do princípio jurídico da representação, não das relações da culpa *in eligendo* ou da culpa *in vigilando*; pelo que não pode a administração pública eximir-se à responsabilidade, provando que o empregado *bonos mores mutavit in malos*, ou que a vigilância mais cabal dos seus superiores não poderia ter evitado o fato dano.

E como a violação de um direito pode resultar não só da ação de um fato colisivo com ele, como da omissão de um ato destinado por lei a protegê-lo, a consequência é que as administrações públicas, no tocante ao procedimento dos seus funcionários, respondem tanto pela culpa *in omittendo*, quanto pela culpa *in faciendo*...

Nem mesmo a legalidade do ato exclui em absoluto a responsabilidade civil (Obras Completas, vol. 25, tomo IV, pp. 171 e 176)."[3]

Para dimensionar a extensão de Estado, necessário observar que o mesmo constitui conjunto de poderes criados, distribuídos e dirigidos pelo governo, e cuja atividade na execução dos serviços públicos empregados para atender às necessidades e aos interesses coletivos e conveniência do Estado – determina a perfeita harmonia de suas funções, no atingir os seus fins específicos.

A teoria da responsabilidade absoluta encontra-se no art. 43 do atual diploma: "As pessoas jurídicas de direito público interno são civilmente responsáveis por atos dos seus agentes que nessa qualidade causem danos a terceiros, ressalvado direito regressivo contra os causadores do dano, se houver, por parte destes, culpa ou dolo."

O art. 37, § 6º, da Carta Federal transformou em dogma a responsabilidade objetiva: "As pessoas jurídicas de direito público e as de direito privado prestadoras de serviços públicos responderão pelos danos que seus agentes, nessa qualidade, causarem a terceiros, assegurado o direito de regresso contra o responsável nos casos de dolo ou culpa."

O risco integral, adotado em nosso direito, atinge aqueles atos que dependem do Poder Público, segundo Hely Lopes Meirelles, e não aqueles que ficam fora de sua esfera de atuação, como os de terceiros ou fatos da natureza: "O que a Constituição distingue é o dano causado pelos 'agentes da Administração' (servidores) dos danos causados por atos de terceiros, ou por fenômenos da natureza. Observe-se que o art. 37, § 6º, só atribui responsabilidade objetiva à Administração pelos danos que seus agentes, nessa qualidade, causem a terceiros. Portanto, o legislador constituinte só cobriu o 'risco administrativo' da atuação ou inanição dos servidores públicos; não responsabilizou objetivamente a Administração por atos predatórios de terceiros, nem por fenômenos naturais que causem danos aos particulares. Para a indenização destes atos e fatos estranhos à atividade administrativa observa-se o princípio geral da culpa civil, manifestada pela imprudência, negligência ou imperícia na realização do serviço público que causou ou ensejou o dano. Daí por que a jurisprudência, mui acuradamente, tem exigido a prova da culpa da Administração nos casos de depredação por multidões (TJSP, *RDA*, 49/198; 63/168; 211/189; 255/328; 259/148; 297/301) e de enchentes e vendavais que, superando os serviços públicos existentes, causam danos aos particulares (TJSP, *RT*, 54/336; 275/319). Nestas hipóteses, a indenização pela Fazenda Pública só é devida se se comprovar a culpa da Administração. E, na exigência do elemento subjetivo 'culpa', não há qualquer afronta

---

3   *Da Responsabilidade Civil*, 4ª ed., Rio de Janeiro, Forense, 1960, vol. II, p. 615.

308 • Responsabilidade Civil | *Arnaldo Rizzardo*

ao princípio objetivo da responsabilidade 'sem culpa', estabelecido no art. 37, § 6º, da Constituição da República, porque o dispositivo constitucional só abrange a 'atuação funcional dos servidores públicos' e não os atos de terceiros e os fatos da natureza. Para situações diversas, fundamentos diversos."[4]

Percebe-se que a responsabilidade objetiva atenta para a obrigação de indenizar ou reparar os danos quando o agente ou funcionário procede erradamente ou com culpa. Por outras palavras, não se indaga se o Estado agiu com culpa ou não em contratar ou nomear o funcionário. Neste aspecto é objetiva, pois não importa a conduta estatal na contratação. Inclusive nas omissões do dever de vigilância, como no caso de morte de aluno em escola por acidente, conforme o seguinte exemplo: "A administração é responsável por danos morais em razão de morte de criança em escola onde se faziam obras sem as cautelas devidas para cerceamento do local dos serviços."[5]

Não se pode ampliar o sentido, de modo a inculcar dever de ressarcir todo evento danoso que ocorre, independentemente da culpa da pessoa. Daí que perfeitamente aplicável antiga lição de Guimarães Menegale: "A responsabilidade do funcionário público é o *substractum* da responsabilidade direta do Estado; onde, de fato, não houver responsabilidade direta do funcionário, não pode haver responsabilidade do Estado."[6] Não compreende a obrigação de indenizar todos os eventos prejudiciais que acontecem, pois, do contrário, abrangeria a universidade de danos provocados por criminosos, como nos furtos, nos assaltos, nas ofensas à saúde ou à integridade física. A previsibilidade é relativa. Impossível imaginar todas as hipóteses de danos, ou de ataques às pessoas, porquanto as situações mais originais e inesperadas acontecem.

3. RESPONSABILIDADE DAS PESSOAS JURÍDICAS DE DIREITO PRIVADO

Como exposto no primeiro item do presente capítulo, respondem as pessoas jurídicas de fins lucrativos ou não pelos prejuízos que causarem. O atual Código manteve tendência que vem do passado, impondo a obrigação de indenizar. É incisivo seu art. 47: "Obrigam a pessoa jurídica os atos dos administradores, exercidos nos limites de seus poderes definidos no ato constitutivo." Quanto às sociedades não personalizadas, está a responsabilidade apontada no art. 989: "Os bens sociais respondem pelos atos de gestão praticados por qualquer dos sócios, salvo pacto expresso limitativo de poderes, que somente terá eficácia contra o terceiro que o conheça ou deva conhecer." Já as sociedades simples têm a responsabilidade estabelecida em vários dispositivos, como o parágrafo único do art. 1.015, o art. 1.022 e o art. 1.023.

Eis o texto do parágrafo único citado: "O excesso por parte dos administradores somente pode ser oposto a terceiros se ocorrer pelo menos uma das seguintes hipóteses:

I – se a limitação de poderes estiver inscrita ou averbada no registro próprio da sociedade;

II – provando-se que era conhecida do terceiro;

III – tratando-se de operação evidentemente estranha aos negócios da sociedade."

---

[4] *Direito Administrativo Brasileiro*, 15ª ed., São Paulo, Editora Revista dos Tribunais, 1990, pp. 552 e 553.

[5] Ap. Cível nº 1998.01.1.013466-4, da 2ª Turma do Tribunal de Justiça do Distrito Federal.

[6] *Direito Administrativo e Ciência Administrativa*, Rio de Janeiro, 1939, p. 360.

Reza o art. 1.022: "A sociedade adquire direitos, assume obrigações e procede judicialmente, por meio de administradores com poderes especiais, ou, não os havendo, por intermédio de qualquer administrador."

O art. 1.023: "Se os bens da sociedade não lhe cobrirem as dívidas, respondem os sócios pelo saldo, na proporção em que participem das perdas sociais, salvo cláusula de responsabilidade solidária."

As disposições próprias de cada tipo de sociedade proclamam a responsabilidade. Não fosse assim, atingir-se-ia uma situação insustentável, decorrendo o enriquecimento indevido, e ninguém contrataria com as entidades puramente civis, como as associações, dada a insegurança que incutiriam as relações com elas travadas. O art. 186 é de incidência genérica e universal, indistintamente ao tipo de pessoas.

Em princípio, pois, pelos danos provocados, deve responder a pessoa jurídica, seja de que tipo for. Severa é a lição de Carvalho Santos, ao assentar que as pessoas jurídicas têm existência distinta da existência de seus membros, "como uma consequência imediata da personificação da sociedade, que passa a ser uma unidade, não obstante a pluralidade de membros; havendo, portanto, uma individualidade, de um lado, e muitas outras individualidades isoladas de outro lado, as quais congregadas formam aquela outra unidade". Frisa que "a característica fundamental da pessoa jurídica encontra-se na separação da *universitas* do particular, ou seja, de cada pessoa, *universitas distat a singuilis: quod universitati debetur, singulis non debetur; quod debet universitas, singuli non debet*. É dessa separação que resulta a constituição de um patrimônio, que não pertence aos particulares, mas à *universitas*. Vale dizer que se a sociedade tem personalidade distinta da dos seus membros, os bens dela serão da sociedade e não dos seus membros isoladamente. A personalidade da pessoa jurídica assim formada exclui, por completo, qualquer ideia de condomínio ou comunhão".[7]

Daí que, como regra geral, não se deve imiscuir os patrimônios, e muito menos as responsabilidades. Embora quem, na realidade, pratica o ato ilícito não é a pessoa jurídica, mas o seu representante, a existência de personalidade jurídica importa em responsabilizar as sociedades, sejam de que tipo forem, tanto na órbita contratual como na extracontratual, sendo que nesta assenta-se o fundamento inclusive na culpa revelada na escolha indevida ou imprudente de administradores ou representantes incapazes e ímprobos.

4.   RESPONSABILIDADE DOS ADMINISTRADORES E SÓCIOS PELAS OBRIGAÇÕES DAS PESSOAS JURÍDICAS

No pertinente aos administradores, a situação mais comum verifica-se quando o representante age com excesso de mandato, ou com violação do contrato ou do texto legal. Nessas condições, o sócio-gerente é responsável pelas obrigações irregularmente contraídas em nome da firma, o que já se consolidou na interpretação dos pretórios: "A jurisprudência tem identificado como ato contrário à lei, caracterizador da responsabilidade pessoal do sócio-gerente, a dissolução irregular da sociedade, aquela em que, não obstante a existência de débitos, os bens sociais são liquidados sem o processo próprio;

---

[7]   *Código Civil Brasileiro Interpretado*, 10ª ed., Rio de Janeiro, Livraria Freitas Bastos S. A., 1963, vol. I, pp. 389 e 390.

310 • Responsabilidade Civil | *Arnaldo Rizzardo*

a presunção aí é a de que o patrimônio social foi distribuído em benefício dos sócios, em detrimento dos credores."[8]

Restou mais solidificada a responsabilidade com o art. 50 do Código Civil, direcionado à pessoa jurídica em geral, e que destaca em dois campos o abuso de personalidade jurídica: o desvio da finalidade e a confusão patrimonial: "Em caso de abuso da personalidade jurídica, caracterizado pelo desvio de finalidade, ou pela confusão patrimonial, pode o juiz decidir, a requerimento da parte, ou do Ministério Público, quando lhe couber intervir no processo, que os efeitos de certas e determinadas relações de obrigações sejam estendidos aos bens particulares dos administradores ou sócios da pessoa jurídica." O desvio de finalidade consiste no direcionamento da sociedade para atividades ou objetos diferentes daqueles que constam dos estatutos ou do contrato social. A confusão patrimonial se dá na transferência do patrimônio social para o nome dos administradores ou sócios.

Ainda em relação aos administradores, consoante o art. 1.016, se envolvidas sociedades simples, sempre que se desvirtuarem do contrato, ou cometerem excessos, ou por culpa no desempenho de suas funções, respondem perante a sociedade e os terceiros prejudicados, exceto em alguns casos, elencados pelo parágrafo único do art. 1.015:

I – se a limitação de poderes estiver inscrita ou averbada no registro próprio da sociedade;

II – provando-se que era conhecida de terceiro;

III – tratando-se de operação evidentemente estranha aos negócios da sociedade.

Quanto aos sócios em geral, o normal é que o patrimônio da pessoa jurídica suporte as obrigações e os prejuízos que provoca. O patrimônio de seus membros apenas em situações particulares e especificadas em lei é que pode ser comprometido. O art. 46, inc. V, do Código Civil assinala uma hipótese, que consiste na previsão do registro, e, em decorrência, dos estatutos. Mas outros dispositivos assinalam a responsabilidade dos membros ou sócios. Assim, quanto à sociedade não personalizada, há a regra do art. 990: "Todos os sócios respondem solidária e ilimitadamente pelas obrigações sociais, excluído do benefício de ordem, previsto no art. 1.024, aquele que contratou pela sociedade."

No pertinente à sociedade em conta de participação, em princípio atribui-se a responsabilidade unicamente ao sócio ostensivo. Eis o parágrafo único do art. 991: "Obriga-se perante terceiro tão somente o sócio ostensivo; e, exclusivamente perante este, o sócio participante, nos termos do contrato social."

Já na sociedade simples, a responsabilidade está mais presente. Encerra o art. 1.023: "Se os bens da sociedade não lhe cobrirem as dívidas, respondem os sócios pela sociedade, na proporção em que participem das perdas sociais, salvo cláusula de responsabilidade solidária." Mas ressalva o art. 1.024: "Os bens particulares dos sócios não podem ser executados por dívidas da sociedade, senão depois de executados os bens sociais."

A proibição não alcança os comportamentos desviados da gerência da firma, bem como os casos de fraude contra credores, de prática de atos contrários à lei, de obtenção de vantagens ilícitas e de infringência aos termos do contrato ou do estatuto social.

No tocante às sociedades estritamente mercantis, hoje empresárias, no art. 350 do Código Comercial já vinha regra de que os bens particulares dos sócios não poderiam ser executados por dívidas sociais, senão depois de executado todo o patrimônio da sociedade.

---

[8] REsp. nº 153.441, da 3ª Turma do STJ, *DJU* de 04.02.2002, em *ADCOAS* 8206490, *Boletim de Jurisprudência ADCOAS*, nº 20, p. 313, maio 2002.

Cap. XXVI | Responsabilidade Civil das Pessoas Jurídicas e dos Grupos Sociais • **311**

Em relação às sociedades de responsabilidade limitada, cada sócio responde restritamente ao valor de suas quotas, mas todos respondem solidariamente pela integralização do capital social. Por força do art. 1.053, aplicam-se a estas sociedades as regras das sociedades simples, no que se mostrar omisso o regramento específico. Nada vindo previsto especificamente quando da disciplina de outras sociedades, no tocante à responsabilidade dos sócios e administradores, as regras acima é que incidem. Assim, as deliberações dos sócios, quando infringentes do contrato social ou da lei, geram responsabilidade ilimitada daqueles que expressamente hajam ajustado tais deliberações contra os preceitos contratuais ou legais. Na linha do art. 51, § 1º, do Código Civil, mantendo princípio que constava no art. 338 do Código Comercial, impõe-se o registro do distrato ou da dissolução da firma, providência a ser tomada perante o Registro Público das Empresas Mercantis.

Sem esta medida, todos os sócios suportam a responsabilidade pelas obrigações assumidas por algum deles em nome da pessoa jurídica.

Considera-se infração ao contrato social e à letra da lei o desaparecimento da sociedade sem a prévia dissolução regular e sem o pagamento das dívidas. Atinge a responsabilidade as pessoas que se retiram sem providenciarem na alteração e no registro do contrato social.

Revela destacada importância o registro de comércio para as pessoas que comercializam com a firma e para terceiros. Dele nascem a confiança para contratar, a segurança quanto às obrigações futuras e a garantia do cumprimento das avenças. No entanto, mesmo que cumpridos os atos de regularização das alterações da vida societária, as práticas desonestas tornam-se possíveis. Não é incomum o desaparecimento repentino da sociedade, máxime a comercial, ficando pendentes inúmeras obrigações.

Para essas hipóteses, o engenho jurídico procurou soluções, surgindo a teoria do *disregard of legal entity*, ou da desconsideração da personalidade jurídica, além do objetivo de fazer frente aos desmandos dos sócios. Ante suspeitas fundadas de que o administrador agiu de má-fé, com fraude a interesses de credores e com prova de abuso de direito, desconsidera-se, embora momentaneamente, a personalidade jurídica da empresa, permitindo-se a apropriação de bens particulares para atender as dívidas contraídas por uma das formas acima. Já o Decreto nº 3.708, no art. 10, disciplinando as sociedades por quotas de responsabilidade limitada, preceituava que os sócios "não respondem pessoalmente pelas obrigações contraídas em nome da sociedade, mas respondem para com esta e para terceiros, solidária e ilimitadamente, pelo excesso de mandato e pelos atos praticados com violação do contrato ou da lei". Esta norma, que regulava as sociedades de responsabilidade limitada antes do Código Civil de 2002, desconsiderava a personalidade e autorizava a comunicação dos patrimônios. Outras leis igualmente trouxeram proibições aos sócios administradores de sociedades, como a Lei nº 4.595/1964, cuja infringência importa em responsabilidade.

Toda vez que a sociedade se desativar, deixando de formalizar a sua dissolução, assume a condição de sociedade irregular. Como tal, reproduzindo princípio que se encontrava no art. 305 do Código Comercial, o art. 990 do Código Civil estabelece que os membros da sociedade são solidária, pessoal e ilimitadamente obrigados com terceiros. Mas essa responsabilidade dos sócios e a possibilidade de penhora de seus bens particulares são extensivas a muitas outras situações fáticas. Não seria justo deixar ao desamparo o direito do credor, frente a atos contrários à lei e ao contrato, praticados pela empresa. A amplitude da exceção à impenhorabilidade engloba qualquer atitude ilícita da sociedade empresária, como a que maliciosamente não registra o seu instrumento constitutivo, definidor de suas responsabilidades; a que atua em nome de determinado sócio, ao invés da sociedade; a que coloca seus bens em nome de terceiros, para não serem atingidos por penhora; a que instrumentaliza sucessões, absorções ou mudanças outras; a que fomenta empresas fictícias e opera com firma existente só como pessoa jurídica no papel, etc., tudo para prejudicar os credores. Irregularidades desse jaez levarão à responsabilização solidária todos os membros da sociedade, com a sujeição de seus haveres particulares a tantas penhoras quantas se fizerem necessárias.

Tendo hoje em conta o art. 1.052 do Código Civil, que mantém a ideia do art. 2º do Decreto nº 3.708, o qual fixa a responsabilidade dos sócios à importância total do capital social, não podendo, pois, a sociedade contrair obrigações superiores às suas forças medidas pelo capital, ainda aplicável antiga linha jurisprudencial que conduz a responsabilizar os sócios até tal limite de capital: "De acordo com a lei brasileira, nas sociedades por quotas de responsabilidade dos sócios é pelo total do capital social (art. 2º do Decreto nº 3.708, de 1919). Questão que tem preocupado os que tratam das sociedades por quotas é a de saber se, uma vez integralizado o capital social, continuam os sócios a responder pelo mesmo, em caso de ser ele desfalcado, na vida da sociedade.

Em face dos termos taxativos do art. 2º do Decreto nº 3.708, somos de opinião de que... a responsabilidade dos sócios, no Brasil, é sempre pelo total do capital social e, assim, mesmo integralizado o capital da sociedade, se, posteriormente, este for desfalcado, os sócios poderão ser compelidos, solidariamente, a completá-lo.

Assim, em qualquer circunstância, mesmo depois de integralizado o capital, os sócios respondem pela integralidade do mesmo, já que os terceiros contrataram com a sociedade baseados em que os sócios assumiriam essa responsabilidade subsidiária (Fran Martins, *Curso de Direito Comercial*, Forense, 1981, pp. 295/296)." Arremata o julgado afirmando que o sócio, para que prevaleça o *beneficium excussionis*, "haverá de nomear bens da sociedade, sitos na mesma comarca, quantos bastarem para pagar o débito".[9]

O entendimento acima deve revelar-se, no entanto, comedido, de sorte a não envolver um sócio de diminuta participação e que nunca exerceu cargo de chefia, em consonância com a jurisprudência: "Embora a irregularidade da dissolução da sociedade por quotas de responsabilidade limitada, não se pode aplicar a teoria da desconsideração da personalidade jurídica para quem detinha parte mínima das quotas sociais e integralizadas, não exercia atividade gerencial, enquanto o ex-marido da sócia detinha praticamente a totalidade das ações e a responsabilidade da gerência. A este poder-se-ia cogitar da aplicação da teoria. Ilegitimidade passiva evidenciada."[10]

Vem a propósito a advertência de Ada Pellegrini Grinover: "Mas, se é certo, como já acenado, que a desconsideração da personalidade jurídica é expediente que se justifica essencialmente pelo combate à conduta fraudulenta e abusiva, é justamente essa mesma circunstância que imprime ao instituto um caráter excepcional: embora a patologia justifique o emprego do remédio, a patologia ainda tem caráter de exceção e não se presume. Vale dizer: do correto emprego do instituto depende sua própria valorização, de tal sorte que o uso indiscriminado da teoria e das normas jurídicas que a positivaram poderia produzir efeito muito diverso do que o sistema pretende."[11]

---

[9] *Revista Forense*, 289/326 e 327.

[10] Acórdão unânime da 13ª Câmara Cível do TJ do RGS, de 04.06.1998, rel. Des. Jasson Torres, em *ADV Jurisprudência*, nº 17, 1999, p. 265.

[11] "Da desconsideração da pessoa jurídica (aspectos de direito material e processual)", em *Revista Forense*, nº 371, p. 7.

Ficou a responsabilidade dos sócios reforçada com o Código de Defesa do Consumidor (Lei nº 8.078, de 11.09.1990), que desconsidera a personalidade jurídica da sociedade quando atingidos os direitos dos consumidores. Com efeito, encerra o art. 28: "O juiz poderá desconsiderar a personalidade jurídica da sociedade quando, em detrimento do consumidor, houver abuso de direito, excesso de poder, infração da lei, fato ou ato ilícito ou violação dos estatutos ou contrato social. A desconsideração também será efetivada quando houver falência, estado de insolvência, encerramento ou inatividade da pessoa jurídica provocados por má administração."

Em princípio, legalizou-se o direito implantado pela doutrina e pela jurisprudência.

Estende-se a responsabilidade às várias sociedades pertencentes a grupos societários, às controladas, às consorciadas e às coligadas, desde que houver culpa, de acordo com os vários parágrafos do mesmo art. 28, no que endossa a jurisprudência: "É lícita a desconsideração da pessoa jurídica executada para incidir a penhora sobre os bens da empresa controladora, a qual, em evidente fraude à execução, cedeu cotas da sociedade por ela comandada. Fraude à execução caracterizada. Ineficácia do ato de cessão."[12]

Na área trabalhista, as decisões mostram-se mais incisivas no sentido de preservar os direitos ofendidos, reconhecendo-se validez à penhora de bens do sócio que não indica bens sociais da empresa executada, em forma e tempo hábeis. O mesmo ocorre com os haveres particulares do sócio-gerente, se não nomear bens a constritar, pertencentes à sociedade executada, e ainda mais, se esta tiver sido dissolvida extralegalmente. Se não forem localizados bens da sociedade, e não havendo prova de sua regular extinção, evidencia-se a responsabilidade dos sócios "e, em especial, daqueles que detinham poderes gerenciais. Por outro lado, a prevalecer a orientação de que a configuração da insolvência ou extinção irregular da sociedade comercial somente poderia ser apreciada pela Justiça Comum, estar-se-ia castrando a competência da Justiça do Trabalho de cumprir suas próprias decisões. Em virtude desta competência é que a jurisprudência dos tribunais trabalhistas reconhece pacificamente a licitude da penhora que recai sobre bens pertencentes a sócios de sociedade por quotas cujo patrimônio desapareceu sem que tenha havido o procedimento processual adequado para os casos de insolvência".[13]

Um adendo próprio merece a responsabilidade dos administradores das sociedades anônimas, a qual, no explanar de José Edwaldo Tavares Borba, "decorre da má gestão pura e simples, quer pela incompetência, quer pela falta da necessária dedicação ao cargo, quer pelo desentrosamento com os demais administradores ou com as diretrizes baixadas pelos órgãos superiores".[14]

Decorre a responsabilidade em especial dos artigos 153, 154 e 158, §§ 2º e 5º, da Lei nº 6.404, de 15.12.1976.

Eis o art. 153: "O administrador da companhia deve empregar, no exercício de suas funções, o cuidado e diligência que todo homem ativo e probo costuma empregar na administração dos seus próprios negócios."

O art. 154: "O administrador deve exercer as atribuições que a lei e o estatuto lhe conferem para lograr os fins e no interesse da companhia, satisfeitas as exigências do bem público e da função social da empresa."

---

[12] Ap. Cível nº 857/98, da 5ª Câmara Cível do TJ do Rio de Janeiro, publ. em 10.09.1998.
[13] *Revista do Tribunal Regional do Trabalho da 4ª Região*, 16/264.
[14] *Direito Societário*, 5ª ed., Rio de Janeiro, Livraria e Editora Renovar Ltda., 1999, p. 378.

O art. 158: "O administrador não é pessoalmente responsável pelas obrigações que contrair em nome da sociedade e em virtude de ato regular de gestão; responde, porém, civilmente, pelos prejuízos que causar, quando proceder:

I – dentro de suas atribuições ou poderes, com culpa ou dolo;

II – com violação da lei ou do estatuto.

...

§ 2º Os administradores são solidariamente responsáveis pelos prejuízos causados em virtude do não cumprimento dos deveres impostos por lei para assegurar o funcionamento normal da companhia, ainda que, pelo estatuto, tais deveres não caibam a todos eles.

...

§ 5º Responderá solidariamente com o administrador quem, com o fim de obter vantagem para si ou para outrem, concorrer para a prática de ato com violação da lei ou do estatuto."

A respeito dos itens I e II do art. 158, explicita José Edwaldo Tavares Borba: "Quando o administrador atua no âmbito de seus poderes e em consequência com as normas legais e estatutárias aplicáveis, a caracterização do ilícito civil depende da comprovação de que houve culpa (negligência, imprudência ou imperícia) ou dolo (intenção deliberada de produzir o resultado danoso).

Na segunda hipótese, tendo o administrador infringido o estatuto da sociedade ou a legislação aplicável, não se indaga a respeito da efetiva ocorrência de culpa, posto que esta se presume, como consequência do fato mesmo da infração cometida."[15]

5. RESPONSABILIDADE DOS SÓCIOS PELAS OBRIGAÇÕES FISCAIS DAS PESSOAS JURÍDICAS PRIVADAS

Busca-se definir se os bens particulares dos sócios-gerentes de sociedade respondem ou não pelo débito fiscal da empresa, quando executada esta e não localizados bens suficientes à satisfação da dívida.

A solução emerge da leitura dos seguintes dispositivos do Código Tributário Nacional (Lei nº 5.172, de 25.10.1966).

Art. 134: "Nos casos de impossibilidade de exigências do cumprimento da obrigação principal pelo contribuinte, respondem solidariamente com este nos atos em que intervierem ou pelas omissões de que forem responsáveis: ... III – Os administradores de bens de terceiros, pelos tributos devidos por estes."

O art. 135: "São pessoalmente responsáveis pelos créditos correspondentes a obrigações tributárias resultantes de atos praticados com excesso de poderes ou infração de lei, contrato social ou estatutos: I – As pessoas referidas no artigo anterior. II – Os mandatários, prepostos e empregados. III – Os diretores, gerentes ou representantes de pessoas jurídicas de direito privado."

E o art. 136: "Salvo disposição de lei em contrário, a responsabilidade por infrações da legislação tributária independe da intenção do agente ou do responsável e da efetividade, natureza e extensão dos efeitos do ato."

---

[15] *Direito Societário*, ob. cit., p. 379.

Cap. XXVI | Responsabilidade Civil das Pessoas Jurídicas e dos Grupos Sociais • **315**

Vê-se, pois, quão ampla é a responsabilidade dos administradores, gerentes, diretores ou representantes das pessoas jurídicas de direito privado, frente ao Estado. Basta a menor culpa dos dirigentes na insolvência da sociedade para redundar em responsabilidade dos mesmos, pelas obrigações sociais decorrentes.

Daí colher-se o seguinte rol de obrigações:

a) Os sócios-gerentes ficam revestidos de uma responsabilidade subsidiária;

b) Respondem eles sempre quando se verificarem hipóteses de omissões culposas, excesso de poderes, infração à lei, ao contrato ou aos estatutos.

Todavia, quanto à sociedade de responsabilidade limitada, procura-se incutir a ideia de que, na simples impossibilidade de cumprimento das obrigações pela sociedade (art. 134 do Código Tributário Nacional), não emerge a responsabilidade do sócio-gerente, sob o enfoque de que, ainda que doutrinariamente a sociedade por quotas de responsabilidade limitada possa ser considerada como sociedade de pessoas, não se elimina, com isso, o traço que a lei e a doutrina lhe conferem de sociedade em que a responsabilidade dos sócios é limitada à importância total do capital social.

Ocorre, porém, que a impossibilidade de cumprimento das obrigações não significa que não houve o pagamento do tributo pelo contribuinte de fato. Se existia a obrigação de recolher aos cofres da Fazenda Pública o valor correspondente, houve infração, em dado momento, de disposições da lei.

Inegável que deixar de recolher o tributo já repassado aos consumidores na oportunidade de venda de seus produtos ou da prestação de seus serviços configura, para o contribuinte de direito, infração da lei tributária e da lei penal, recaindo a responsabilidade por tais atos na pessoa dos encarregados da administração da pessoa jurídica, ou, mais especificamente, em seus diretores e gerentes. Não se trata de mera impontualidade, ou de singelo inadimplemento.

Dá-se o que se denomina, na espécie, responsabilidade por substituição, no que é claro Aliomar Baleeiro, quando diz que o art. 135, inc. III, acima transcrito, prevê não apenas "caso de solidariedade, mas de responsabilidade por substituição, passando as pessoas ali enumeradas a serem os responsáveis ao invés de contribuintes".[16]

Dirimidora, ainda, a seguinte ementa do STF: "As pessoas referidas no inciso III do art. 135 do CTN são sujeitos passivos da obrigação tributária, na qualidade de responsáveis por substituição, e, assim sendo, aplica-se-lhes o disposto no art. 568, V, do Código de Processo Civil, apesar de seus nomes não constarem no título extrajudicial. Assim, podem ser citados – e ter seus bens penhorados – independentemente de processo judicial prévio para a verificação da ocorrência inequívoca das circunstâncias de fato aludidas no art. 135, *caput*, do CTN, matéria essa que, no entanto, poderá ser discutida, amplamente, em embargos do executado (art. 745, parte final, do CPC)."[17] Os referidos arts. 568, V, e 745 correspondem aos arts. 779, inc. VI, e 917 do CPC/2015.

A responsabilidade incide, nos casos do art. 135, sobre o diretor, gerente ou sócio dirigente. Mas unicamente na pessoa do sócio responsável pelo ato, e, assim, que tinha poderes de administração ou gerência, na lição do seguinte aresto: "O sócio e a pessoa

---

[16]   *Direito Tributário Brasileiro*, 2ª ed., Rio de Janeiro, Forense, 1970, p. 435.

[17]   *Revista Trimestral de Jurisprudência*, nº 122, p. 438.

jurídica formada por ele são entidades distintas... Um não responde pelas obrigações da outra. Em se tratando de sociedade limitada, a responsabilidade do quotista, por dívidas da pessoa jurídica, restringe-se ao valor do capital ainda não realizado (Dec. nº 3.708/1919 – art. 9º). Ela desaparece tão logo se integralize o capital. O CTN, no inc. III do art. 135, impõe responsabilidade não ao sócio, mas ao gerente, diretor ou equivalente. Assim, sócio-gerente é responsável, não por ser sócio, mas por haver cometido ilegalidades no exercício da gerência. Quando o gerente abandona a sociedade, sem honrar-lhe o débito fiscal, ele é responsável, não pelo simples atraso de pagamento dos tributos. A ilicitude que o torna solidário é a dissolução irregular da pessoa jurídica."[18]

No caso de dissolvida irregularmente a sociedade, a responsabilidade recai porque os titulares não requereram a autofalência ou a dissolução legal, nem efetuaram o pagamento das dívidas fiscais: "Constitui infração da lei e do contrato com a consequente responsabilidade fiscal do sócio-gerente, o desaparecimento da sociedade sem prévia dissolução legal e sem o pagamento das dívidas tributárias."[19] Na má gestão, necessário que haja excesso de poderes, ou se impute ao sócio-gerente conduta dolosa ou culposa, com violação da lei ou do estatuto social.

Quanto à falta de recolhimento de tributos, a responsabilidade é reconhecida por antiga jurisprudência: "Execução fiscal. Alegação de sonegação de ICM. Execução contra sócio que exerceu a gerência da sociedade em parte do exercício em que se alega ter havido a sonegação. Sócio nessas condições é sujeito passivo da obrigação tributária na qualidade de responsável tributário por substituição (art. 135, III, c/c o art. 121, parágrafo único, item III, ambos do CTN). Não é, pois, parte legítima para apresentar embargos de terceiro à penhora de bens de sua propriedade, feita em decorrência de executivo fiscal em que figura como litisconsorte passivo."[20]

Outrossim: "O sócio-gerente é, em princípio, solidariamente responsável com a firma pelo não recolhimento do tributo, podendo, entretanto, isentar-se, caso possa comprovar que o não recolhimento foi decorrência de uma situação anômala, de um caso de força maior, de um incêndio, de um furto, de um grande desfalque e outras circunstâncias dessa ordem."[21]

Mais recentemente, estendendo a responsabilidade na falta de recolhimento das contribuições previdenciárias:

"1. A regra no egrégio STJ, em tema de responsabilidade patrimonial secundária, é a de que o redirecionamento da execução fiscal, e seus consectários legais, para o sócio-gerente da empresa, somente é cabível quando reste demonstrado que este agiu com excesso de poderes, infração à lei ou contra o estatuto, ou na hipótese de dissolução irregular da empresa.

2. Ressalva do ponto de vista no sentido de que a ciência por parte do sócio-gerente do inadimplemento dos tributos e contribuições, mercê do recolhimento de lucros e *pro labore*, caracteriza, inequivocamente, ato ilícito, porquanto há conhecimento da lesão ao erário público.

---

[18] REsp. nº 149.849/SE, da 1ª Turma do STJ, *DJ* de 15.03.1999, rel. Min. Gomes de Barros, publicado em *ADV Jurisprudência*, nº 28, p. 433, expedição de 18.07.1999.

[19] *Lex – Jurisprudência do Supremo Tribunal Federal*, 41/232. Linha de pensamento que seguiu o Superior Tribunal de Justiça, consoante inúmeras manifestações, dentre as quais o REsp. nº 69.308/SP, da 1ª Turma, de 04.12.1995, em *Jurisprudência do Superior Tribunal de Justiça*, 83/63, onde aparecem citados, em idêntico sentido, os REsps. nºˢ 19.648 e 1.846.

[20] *Revista Trimestral de Jurisprudência*, 85/979.

[21] *Revista de Jurisprudência do TJ do RGS*, 94/417.

Cap. XXVI | Responsabilidade Civil das Pessoas Jurídicas e dos Grupos Sociais • 317

3. Tratando-se de débitos da sociedade para com a Seguridade Social, decorrentes do descumprimento das obrigações previdenciárias, há responsabilidade solidária de todos os sócios, mesmo quando se trate de sociedade por quotas de responsabilidade limitada. Aplicação do art. 13 da Lei nº 8.620/1993, que alterou as regras das Leis nº 8.212 e 8.213, de 1991. Nestes casos, a responsabilidade atribuída pela lei ao sócio-cotista tem respaldo no art. 124, II, do CTN e independe de comprovação pelo credor exequente, de que o não recolhimento da exação decorreu de ato abusivo, praticado com violação à lei, ou de que o sócio deteve a qualidade de dirigente da sociedade devedora.

4. Deveras, no campo tributário, quanto à aplicação da lei no tempo, vigora o princípio de que 'a lei aplica-se imediatamente aos fatos geradores futuros' (art. 105), de sorte que a ressalva do agravado respeita o período pretérito. Isto porque, respeitados os princípios da anterioridade, da legalidade, e demais informadores do sistema tributário, a relação do cidadão com o fisco é de trato sucessivo, por isso que não há direito adquirido em relação ao futuro, somente quanto ao passado.

5. A regra da limitação das obrigações sociais refere-se àquelas derivadas dos atos praticados pela entidade no cumprimento de seus fins contratuais, inaplicando-se às obrigações tributárias pretéritas, que serviram à satisfação das necessidades coletivas. Por essa razão é que o novel Código Civil, que convive com o Código Tributário e as leis fiscais, não se refere à obrigações fiscais, convivendo, assim, a lei especial e a lei geral.

6. Hipótese em que a execução fiscal refere-se a débitos posteriores à vigência da Lei nº 8.620/1993."[22]

6. OBRIGAÇÕES PESSOAIS DOS SÓCIOS

Responde a quota do sócio pelas obrigações por ele assumidas, como já assentou o Superior Tribunal de Justiça: "É possível a penhora de cotas pertencentes ao sócio de sociedade de responsabilidade limitada, ainda que esta esteja em regime de concordata preventiva, em execução por dívida sua, e não da sociedade."

Consoante o art. 66 da Lei de Recuperação Judicial ou Extrajudicial e Falências (Lei nº 11.101, de 2005), não pode o sócio alienar ou onerar, e inclusive dar em penhora, as quotas sociais de que é titular, posto que inalienáveis, vedação que também era expressa no art. 149 da lei anterior sobre falência (Decreto nº 7.661, de 1945). Todavia, segue o voto do relator da decisão que ensejou a ementa acima, não envolvendo a penhora de bens da sociedade, mesmo que em recuperação (ou concordatária ao tempo do Decreto nº 7.661), "mas constrição que incide sobre quotas pertencentes ao sócio da concordatária", conclui-se que, integrando tais quotas o patrimônio do devedor, nada impede que se proceda a penhora: "Não se trata de débito da sociedade concordatária, mas sim de um de seus sócios. Daí por que inaplicável o disposto no art. 149 da Lei Falimentar, que veda a alienação de bens pela concordatária, enquanto não for cumprida a concordata, porque de débito de concordatária não se trata."

Sendo objeto da penhora o patrimônio particular do sócio, e não o da sociedade, nenhuma pertinência encontra-se com a penhora do ativo da pessoa jurídica.[23]

---

[22] REsp. nº 624.380/RS, da 1ª Turma do STJ, j. em 05.08.2004, *DJU* de 30.08.2004.

[23] REsp. nº 114.129/MG, da 4ª Turma do STJ, de 23.11.1999, *DJU* de 08.03.2000, em *Revista do Superior Tribunal de Justiça*, 132/408.

Duas as regras do Código Civil sobre o assunto. O art. 1.026, autorizando a penhora sobre os lucros do devedor na empresa, ou sobre o que lhe couber na liquidação: "O credor particular de sócio pode, na insuficiência de outros bens do devedor, fazer recair a execução sobre o que a este couber nos lucros da sociedade, ou na parte que lhe tocar em liquidação." O parágrafo único do mesmo art. 1.026, possibilitando ao credor requerer a liquidação da quota do devedor, e o depósito do valor: "Se a sociedade não estiver dissolvida, pode o credor querer a liquidação da quota do devedor, cujo valor, apurado na forma do art. 1.031, será depositado em dinheiro, no juízo da execução, até 90 (noventa) dias após aquela liquidação."

7. RESPONSABILIDADE PELOS DANOS CAUSADOS POR GRUPOS SOCIAIS

Os movimentos anárquicos de multidões revelam-se em vários campos, sendo que sempre existiram na história. Na década que iniciou em 1960 tornaram-se famosos os movimentos estudantis na França, que se expandiram em violências, tumultos, invasões de prédios comerciais, destruição de lojas e bens públicos, propagando-se, em menor extensão, em outros países. No Brasil, sempre deflagraram-se movimentos sociais, preponderando os de caráter político da linha esquerda, em atos de protesto contra governos, especialmente a partir de 1964. Continuam hoje os chamados movimentos reivindicatórios, formados por classes e categorias profissionais, com ou sem motivação política, visando coagir os governos a atender interesses, como os que objetivam melhorias salariais e acelerar a reforma agrária.

No entanto, em termos de responsabilidade civil, importam os movimentos de populações que provocam invasões, agitações, distúrbios, quebra-quebra, com pesados prejuízos ao patrimônio particular. Comuns são os levantes de massas populares em ocasiões de certos eventos, como de jogos de futebol, quando os aficionados torcedores do clube perdedor se revoltam, e partem para baderna, saindo em agrupamentos pelas ruas da cidade, e promovendo a destruição de vitrines, de bens públicos, e invadindo lojas e outros estabelecimentos. Igualmente em ocasiões de crises políticas ou econômicas, ou de acentuado desemprego, formando-se levas de pessoas que passam a assaltar, a fazer arrastões, a depredar e a invadir.

A dificuldade diz respeito à responsabilidade pelos danos causados.

Desde que possível identificar os autores diretos do dano, embora fazendo eles parte do grupo, individualiza-se a responsabilidade. No entanto, se não apurada a individualidade do membro agressor, todas as pessoas que integram o grupo submetem-se à reparação, numa solução semelhante à do art. 938: "Aquele que habitar prédio, ou parte dele, responde pelo dano proveniente das coisas que dele caírem ou forem lançadas em lugar indevido." Se organizado o grupo, embora sem personalidade, permite-se que contra ele se dirija a ação, citando-se a pessoa que exerce a administração (art. 75, inc. IX, do CPC).

Não detectada a autoria isolada do dano, estende-se ao grupo a obrigação pela indenização porque todos comungaram do mesmo intento, ou manifestaram o mesmo propósito de trazer o prejuízo. Importa a existência de um grupo, do qual partiu o dano, não se isentando aqueles que apenas compunham a multidão, não tomando parte ativa nos atos de vandalismo.

O Código Civil holandês possui regra específica sobre o assunto: "Se um ilícito pode ser atribuído a qualquer uma entre duas ou mais pessoas e o dano sofrido pela vítima pode ser consequência do ilícito, não solidariamente responsáveis, se é certo que o dano é consequência do ato de um deles, porém desconhecido qual deles o causou. Quem quer que prove que o dano não é consequência do seu ato não é responsável."

Surgindo o dano quando da manifestação do grupo, e não se apurando a individualidade do causador direto, estende-se a responsabilidade a todos os componentes porque manifesto a comunhão do propósito de danificar através de atos dos participantes, tanto que se deslocou conjuntamente. Quem adere ao aglomeramento, revela a vontade de concordar com os distúrbios e as destruições que ocorrerão. Está presente a culpa coletiva, a qual permite assimilar mais naturalmente os membros do grupo ao evento desencadeado.

Clóvis do Couto e Silva observou sobre a culpa coletiva: "Fala-se nestes casos de culpa coletiva ou culpas conexas.

Geneviève Viney critica o fundamento doutrinário para estas soluções e sublinha que os tribunais podem criar presunções.

Afirma que se o autor trouxe a prova de que todas as condições da responsabilidade estão reunidas contra um número ideal do grupo ao qual ela se endereça, os tribunais entendem que isto é suficiente. E a cada um deles, se quiserem se exonerar, impõe-se provar que não cometeu o fato danoso ou que um outro o cometeu."[24]

O intento comum se dá com certa semelhança com a figura da rixa, constante do art. 137 do Código Penal, cuja simples participação importa na cominação de pena.

Verificado, pois, o dano que o grupo ou um de seus membros provocou, todos os seus integrantes respondem solidariamente, dada comunhão de vontade dirigida para o evento. Ao lesado se faculta o ingresso contra todos ou um dos envolvidos. Interessa que do movimento decorreu o prejuízo, o qual, desde que ocorrido, resultou da ação de todos ou alguns dos membros do grupo. Todavia, aqueles que simplesmente participavam, mas sem partir para a violência, assumiram os resultados que ocorreram, e comungaram com os desatinos que adviriam de uma multidão impulsionada pela paixão, pelo ódio ou pela revolta.

---

[24] *Principes Fondamentaux de la Responsabilité Civile en Droit Brasilien et Comparé*, Paris, 1988, pp. 74 e 75.

XXVII
Responsabilidade Civil do Estado

1. VISÃO HISTÓRICA

Até o começo da Idade Contemporânea, o Estado não respondia por seus atos. Recorda José Cretella Júnior: "Houve longo período na história da humanidade em que o Estado jamais pagou os danos que seus agentes causavam ao cidadão. Nem se cogitava, aliás, do tema, já que predominava a teoria do direito divino, pela qual o soberano está acima de quaisquer erros (*the King can do no wrong*). A infalibilidade do chefe transmitia-se a seus funcionários."[25]

Especialmente quando dominava o absolutismo dos reis e o despotismo, os atos dos soberanos ou tiranos e de seus agentes não eram questionados. Os monarcas consideravam-se acima da lei, sendo que, em alguns regimes, tinham o poder sobre a própria vida e os bens dos súditos, vigorando uma isonomia de restrições absoluta, revelada em expressões como a seguinte: *L'État c'est moi* (o Estado sou eu). Os déspotas, embora o desenvolvimento trazido em seus governos, não se submetiam a qualquer controle. Exemplo dessa concepção encontra-se nos desmandos da Família Real quando se mudou para o Brasil, em 1808, que tomou posse de imóveis residenciais de maior valor na cidade do Rio de Janeiro, simplesmente desalojando os moradores.

Com a Revolução Francesa surgiram as reações, impondo-se freios ao poder absoluto, passando as comunas a responder pelos desmandos das forças policiais, o que se propagou em outros Países.

No começo do Século passado tanto se expandiu a responsabilidade do Estado que vieram introduzidos diplomas específicos, obrigando a administração pública a indenizar os prejuízos causados por seus agentes.

No longo percurso da instituição da responsabilidade, houve três fases que merecem ser destacadas.

Uma fase primitiva de quase total irresponsabilidade, o que não significa que o Estado não sofresse restrições, e que não indenizasse os danos que seus agentes provocavam. Mesmo no Império Romano, e até antes, quando da república, se impunham limitações aos atos governamentais, incutindo o sentimento do dever de reparar por certos prejuízos provocados. No entanto, não se procuravam os pretores para impor obrigações ao imperador, ou exigir que indenizasse os danos provocados por ele ou seus servidores.

---

[25] *O Estado e a Obrigação de Indenizar*, 2ª ed., Rio de Janeiro, Editora Forense, 2002, p. 57.

Em momento que iniciou com o fim da Idade Moderna, formaram-se alguns princípios da responsabilidade do Estado por certos atos, mas de cunho eminentemente subjetivo ou baseada na culpa, expandindo-se na segunda metade do Século XIX, e estendendo-se até a segunda do Século XX. Tinha-se que provar a culpa dos agentes que praticavam o ato nocivo. No Brasil, os primeiros pronunciamentos do Supremo Tribunal Federal atribuindo a responsabilidade ao Estado pelos atos dos funcionários públicos que, no exercício de suas funções, lesarem terceiros, ocorreram em 20.04.1898 e em 27.07.1898, conforme historia José Cretella Júnior.[26]

Por último, surgiu e se firmou a teoria da responsabilidade objetiva, que conduz a obrigar o Estado a indenizar o dano independentemente de culpa. Provoquem com culpa ou não seus agentes danos a terceiros, sempre cabe a indenização, exceto se a causa está no procedimento do lesado.

Pode-se, de outro lado, distinguir a responsabilidade sob outro ângulo: a decorrente da culpa administrativa, ou a do risco administrativo, ou a do risco integral.

Na primeira espécie, deve existir a falta do serviço, isto é, as precariedades, as imperfeições, a inexistência, o mau funcionamento, a demora na prestação, a baixa qualidade, de modo a acarretar prejuízo.

No tocante à segunda, decorre o dever de indenizar pela mera ocorrência do prejuízo, não se indagando da verificação ou não da culpa. De sorte que a queda de uma árvore que está sob os cuidados públicos, e se danifica um bem particular, advém necessariamente a indenização. O desmoronamento de um prédio, ou o deslocamento de uma barragem, a contaminação de mananciais de água que pertence ao domínio público, determinam o direito à indenização, sequer se indagando quanto ao elemento culpa.

Já quanto ao risco integral, corrente que possui alguns adeptos, não encontra sustentação prática, porquanto enseja estabelecer a responsabilidade por todos os danos que acontecerem, mesmo que presente a culpa do lesado. Qualquer fato que importe em lesão aos interesses, desde que dentro da esfera de serviços prestados pelo Estado, constitui razão para se buscar a reparação. Nesta ótica, os prejuízos sofridos em assaltos, ou furtos, ou outras espécies de delito conduzem a responsabilizar o Estado, eis que lhe compete o serviço de proteção aos cidadãos e vigilância. Por todos os custos gastos no tratamento de doenças deve o Estado responder, já que lhe está afeto prestar os serviços de saúde. E se a pessoa não consegue a assistência a contento junto ao sistema implantado para cuidar da saúde, assiste-lhe procurar outros meios, com o devido ressarcimento.

Sob este embasamento, não subsistiria o Estado, e seu custo ficaria insuportável.

De sorte que a melhor que se adapta à realidade é a responsabilidade pelo risco administrativo.

No Brasil, a Constituição outorgada de 1824, em seu art. 178, nº 9, continha regra clara da responsabilidade fundada na culpa: "Os empregados públicos são estritamente responsáveis pelos abusos e omissões praticados no exercício de suas funções, e por não fazerem efetivamente responsáveis aos seus subalternos." A primeira Constituição da República, de 1891 manteve regra igual no art. 79.

Em estudos levantados por Arnoldo Wald, a responsabilização do Estado diante dos atos lesivos que seus agentes públicos causarem era apregoada por Rui Barbosa, já sem se

---

[26] *O Estado e a Obrigação de Indenizar*, ob. cit., p. 200.

falar em culpa, ainda no ano de 1898, em publicação de trabalho no jornal *O Comércio de São Paulo*, onde expôs: "Princípio corrente foi sempre o de que o poder em cujas mãos se ache a autoridade policial responde pelo dano cometido no seu território pelos ajuntamentos armados ou desarmados (*Obras Completas de Rui Barbosa*, Editora Casa Rui Barbosa, vol. XXV, tomo IV/168)."[27]

Muitas vozes fizeram-se sentir em favor da reparação, especialmente em casos de prejuízos causados pelas forças policiais ou militares em bens particulares, ou na omissão em prevenção. Bem anteriormente à Constituição Federal de 1946, em 29.11.1916, firmara o STF a responsabilidade: "Responde o Estado pelos danos causados à tipografia e oficinas de um órgão de imprensa, não importando averiguar, no caso, se o ato lesivo do patrimônio particular foi praticado por funcionários ou empregados públicos, no exercício de suas atribuições, porque, na falta de medidas tendentes a prevenir a alteração da ordem, a violação da propriedade, a descobrir e punir os delinquentes, o Estado é obrigado, pela culpa *in vigilando*, a satisfazer o dano."[28]

O Código Civil de 1916, no art. 15, ensejava a responsabilidade das pessoas jurídicas de direito público com base na culpa: "As pessoas jurídicas de direito público são civilmente responsáveis por atos de seus representantes que nessa qualidade causem danos a terceiros, procedendo de modo contrário ao direito ou faltando a dever prescrito por lei, salvo o direito regressivo contra os causadores do dano."

Nas Constituições de 1934 e 1937, previa-se a indenização de quaisquer prejuízos decorrentes de negligência, omissão ou abuso no exercício dos seus cargos. O art. 171 da primeira proclamava: "Os funcionários públicos são responsáveis solidariamente com a Fazenda Nacional, Estadual ou Municipal, por quaisquer prejuízos decorrentes de negligência, omissão ou abuso no exercício de seus cargos."

Na Constituição de 1946, o art. 194 apontou para a responsabilidade objetiva, não fazendo qualquer condicionamento à culpa: "As pessoas jurídicas de direito público interno são civilmente responsáveis pelos danos que os seus funcionários, nessa qualidade, causem a terceiros." No parágrafo único, impunha-se, para a ação de regresso contra o servidor, a prova da culpa ou do dolo.

Na Constituição de 1967, e na emenda de 1969, ficou mantido, respectivamente nos arts. 105 e 107, o princípio da responsabilidade objetiva.

Por último, na Constituição de 1988, em seu art. 37, § 6º, está consolidada a responsabilidade objetiva: "As pessoas jurídicas de direito público e as de direito privado prestadoras de serviços públicos responderão pelos danos que seus agentes, nessa qualidade, causarem a terceiros, assegurado o direito de regresso contra o responsável nos casos de dolo ou culpa."

Resta evidente a responsabilidade pelo risco administrativo, não se impondo a prova da culpa do agente público. Na visão de Yussef Said Cahali, "o dano sofrido pelo administrado tem como causa o fato objetivo da atividade (comissiva ou omissiva) administrativa, regular ou irregular".[29] Embora não se exija a prova da culpa, não se impede que o Poder

---

[27] "Os fundamentos da Responsabilidade Civil do Estado", em *Responsabilidade Civil*, publicação da *AJURIS* – Associação dos Juízes do RGS, edição temática, Porto Alegre, p. 25, 2001.

[28] Citação de Arnoldo Wald, em *Os fundamentos da Responsabilidade Civil do Estado*, trabalho citado, p. 26.

[29] *Responsabilidade Civil do Estado*, 2ª ed., 2ª tiragem, São Paulo, Malheiros Editores, 1996, p. 35.

324 • Responsabilidade Civil | *Arnaldo Rizzardo*

Público faça a demonstração da culpa da vítima, o que leva a afastar a responsabilidade, ou a atenuá-la, oportunizando a reconhecer a culpa concorrente.

Na verdade, porém, emerge a obrigação de indenizar pela só ocorrência da lesão infligida ao particular.

2. A RESPONSABILIDADE DO ESTADO POR ATOS DE SEUS AGENTES

Na lição de escritora lusa Maria Lúcia C. A. Amaral Pinto Correia, "a responsabilidade civil do Estado implica a referência à responsabilidade civil extracontratual e por actos de gestão pública da sua administração".[30]

Explicam João Donizeti Gandini e Diana Paola da Silva Salomão quando incide a responsabilidade do Estado: "A responsabilidade civil do Estado poderá ser proveniente de duas situações distintas, a saber: a) de conduta positiva, isto é, comissiva, no sentido de que o agente público é o causador imediato do dano; b) de conduta omissiva, em que o Estado não atua diretamente na produção do evento danoso, mas tinha o dever de evitá--lo, como é o caso da falta do serviço nas modalidades em que o serviço não funcionou ou funcionou tardiamente, ou ainda, pela atividade que se cria a situação propiciatória do dano porque expôs alguém a risco."[31]

No direito brasileiro, decorre a responsabilidade do Estado do art. 37, § 6º, da Carta Federal, o qual arca os danos causados por seus agentes, ou pelas pessoas através das quais se manifesta e se desenvolve. Efetivamente, não se lhe reservou a imunidade pelos danos que provoca no exercício de suas inúmeras funções, ou na omissão de cumprir a série de obrigações que lhe são afetas.

Apresenta-se o Estado através de seus órgãos, os quais são constituídos de pessoas. Três as grandes funções que possui: a da administração, a jurisdicional e a legislativa. Na execução dessas funções, nas suas múltiplas formas de se operarem, podem advir danos, que não são infensos à indenização. Expõe Maria Sylvia Zanella di Pietro: "Trate-se de dano resultante de comportamento do Executivo, do Legislativo ou do Judiciário, a responsabilidade é do Estado, pessoa jurídica; por isso, é errado falar em responsabilidade da Administração Pública, já que esta não tem personalidade jurídica, não é titular de direitos e obrigações na ordem civil. A capacidade é do Estado e das pessoas jurídicas públicas ou privadas que o representam no exercício de atribuições estatais. E a responsabilidade é sempre civil, ou seja, de ordem pecuniária."[32]

Outrossim, o Estado opera, age, atua e se apresenta mediante os funcionários públicos, que se definem como aqueles indivíduos que ocupam cargos públicos, isto é, realizam as tarefas e funções atribuídas ao Estado. No conceito técnico, o funcionário público é aquele que recebeu a investidura ou a atribuição de realizar ou executar as funções do Estado, como bem expressa Hely Lopes Meirelles: "Funcionários públicos são os servidores legalmente investidos nos cargos públicos da Administração Direta, e sujeitos às normas do Estatuto da entidade estatal a que pertencem."[33] No entanto, mesmo que não investi-

---

[30] *Responsabilidade do Estado e Dever de Indemnizar do Legislador*, Coimbra, Coimbra Editora Limitada, 1998, p. 35.
[31] *A responsabilidade civil do Estado por conduta omissiva*, trabalho citado, p. 150.
[32] *Direito Administrativo*, 12ª ed., São Paulo, Editora Atlas S. A., 2000, p. 500.
[33] *Direito Administrativo Brasileiro*, 3ª ed., São Paulo, Editora Revista dos Tribunais, p. 366.

das as pessoas na função pública mediante um ato próprio, podem assumir o encargo de executar uma das atribuições do Estado, como na realização de uma obra ou na prestação de um serviço. Enquanto atuam nessa atividade, por seus atos lesivos responde o Estado, tanto que o art. 37, § 6º, da Carta Maior inclui a responsabilidade também pelos danos causados pelas pessoas de direito privado. Daí melhor se aplicar a denominação 'agente público', que designa, no entender de José Cretella Júnior, "todo indivíduo que participa de maneira permanente, temporária ou acidental, da atividade do Estado, quer editando atos jurídicos, quer executando atos de natureza técnica material".

Em seguida, ainda quanto à extensão do significado: "A expressão abrange não apenas os indivíduos dos quadros do Estado ou dos corpos locais, em virtude de título de direito público, isto é, os que são designados para executar funções pertinentes ao domínio do direito público, mas também, em geral, todos os que, sem distinção de função, são chamados, de um modo ou de outro, para colaborar no funcionamento dos serviços dos corpos políticos.

Assim, a expressão 'agente público' é muito mais extensa que a expressão funcionário público e compreende, além dos funcionários públicos propriamente ditos, uma infinidade de outros indivíduos que agem em nome do Estado."[34]

Em suma, o Estado, nas suas múltiplas manifestações, é chamado a indenizar ou ressarcir os danos provocados por seus agentes.

3. A RESPONSABILIDADE SUBJETIVA

Esse tipo de responsabilidade, o primeiro que se admitiu historicamente, revela-se o mais simples, pois sabe-se que todos são obrigados a indenizar os danos que causarem por culpa, nela incluído o dolo. O Estado, por seus agentes, revela um procedimento contrário ao direito, violando as normas positivas, e, nessa atuação à margem da lei, revelando uma conduta culposa ou dolosa.

Todavia, adquire a culpa dimensões mais extensas ou um tanto diferentes que as comumente conhecidas e exigidas para conceder a indenização de modo geral. Não se trata apenas e propriamente do erro de conduta, da imprudência, negligência ou imperícia daquele que atua em nome e em favor do Estado. Essas maneiras de agir também, e mais enfaticamente, levam à indenização. No caso da administração pública, deve-se levar em conta o conceito ou a ideia do que se convencionou denominar 'falta do serviço' (*faute du service*), ou a 'culpa do serviço', que diz com a falha, a não prestação, a deficiência do serviço, o seu não funcionamento, ou o mau, o atrasado, o precário funcionamento. Responde o Estado porque lhe incumbia desempenhar com eficiência a função. Como não se organizou, ou não se prestou para cumprir a contento a atividade que lhe cumpria, deixou de se revelar atento, diligente, incorrendo em uma conduta culposa.

De sorte que mesmo na baixa qualidade dos serviços que presta procede com culpa. E isso ocorre na maioria de suas atividades, desde as administrativas, as legislativas, até as judiciárias. Em alguns setores, é gritante o desordenado e precário exercício das atribuições assumidas, especialmente no que se refere à saúde e à previdência social. O atendimento ao público, nas várias repartições onde todos acorrem e buscam a regularização de documentos, ou procuram satisfazer exigências burocráticas, as pessoas são obrigadas

---

[34] *O Estado e a Obrigação de Indenizar*, ob. cit., p. 201.

a passar por uma verdadeira *via crucis*. No Poder Judiciário, não raras vezes acontece um descalabro que faz soçobrar os direitos, dada a falta de atenção, a negligência, a displicência no atendimento e a demora no proferimento de decisões.

É comum a escancarada omissão em certas emergências, como no combate ao crime e em evitar invasões de propriedades alheias. A falta do serviço corresponde, nas hipóteses, à falta de agentes para a prestação do dever de proteção.

Trata-se da culpa anônima ou impessoal da estrutura em si, que não passa da impossibilidade material de um atendimento razoável, pois o serviço não funciona ou funciona mal.

Diante do panorama traçado, questiona-se até que ponto abre-se caminho para pretensões indenizatórias. O próprio conceito de culpa não se adapta a tal conjunto de coisas, que constitui um quadro que está acima das forças humanas e da capacidade de se organizar o Estado.

Por isso, a realidade impõe uma revisão de conceitos, e inclusive de justa causa para demandar o ressarcimento de prejuízos. Tem-se uma extrema dificuldade, intransponível de vencer-se, em exigir a prestação dos serviços dentro de uma regularidade normal e correta.

Daí a concepção da culpa, incidente na administração pública, sem desmerecer as inviabilidades existentes, que se assemelham a excludentes tidas como de força maior. Dirige-se a configuração para as situações de provocação de prejuízos materiais nas coisas ou na pessoa, como lesões e abalroamentos, por ação ou omissão culposa dos agentes. Fica afastada a deficiência do serviço.

4. A RESPONSABILIDADE OBJETIVA E RISCO ADMINISTRATIVO

Domina a *ratio* de que deve preponderar a responsabilidade objetiva do Estado pela razão de as pessoas não poderem afastar a ação nociva, no sentido de redundar prejuízos, do Estado, dada a sua força, o seu poder, a sua autoridade, que se impõem até pelas armas.

Deixando de lado as várias teorias que buscam encontrar a justificação, para ser reconhecida, é suficiente o fato de sua atuação (que alguns denominam 'fato do serviço'), de sua intromissão, ou de sua presença. Causando o dano, não se pesquisa o elemento culpa, e não importa que o comportamento tenha sido lícito. Simplesmente reconhece-se a responsabilidade. Basta a demonstração do nexo de causalidade entre o dano e o ato da administração, expondo Hely Lopes Meirelles:

"O exame desse dispositivo revela que o constituinte estabeleceu para todas as entidades estatais e seus desmembramentos administrativos a obrigação de indenizar o dano causado a terceiros por seus servidores, independentemente da prova de culpa no cometimento da lesão...

A Constituição atual usou acertadamente o vocábulo 'agente', no sentido genérico de servidor público, abrangendo, para fins de responsabilidade civil, todas as pessoas incumbidas da realização de algum serviço público, em caráter permanente ou transitório. O essencial é que o agente da Administração haja praticado o ato ou a omissão administrativa no exercício de suas atribuições ou a pretexto de exercê-las...

Desde que a Administração defere ou possibilita ao seu servidor a realização de certa atividade administrativa, a guarda de um bem ou a condução de uma viatura, assume o risco de sua execução e responde civilmente pelos danos que esse agente venha a causar injustamente a terceiros. Nessa substituição da responsabilidade individual do servidor pela responsabilidade genérica do Poder Público, cobrindo o risco da sua ação ou omissão, é que se assenta a teoria da responsabilidade objetiva da Administração, vale dizer, da responsabilidade sem culpa, pela só ocorrência da falta anônima do serviço, porque esta falta está, precisamente, na área dos riscos assumidos pela Administração para a consecução de seus fins.

Todo ato ou omissão de agente administrativo, desde que lesivo e injusto, é reparável pela Fazenda Pública, sem se indagar se provém do *jus imperii* ou do *jus gestionis*, uma vez que ambos são formas da atuação administrativa."[35]

Oportuna aportar a síntese feita por Honildo Amaral de Mello Castro: "Pode-se, assim, afirmar, com Di Pietro, que a partir da Constituição de 1946 ficou consagrada a teoria da responsabilidade objetiva do Estado.

Agora, o novo Código Civil brasileiro a prevê, também, no art. 43, *verbis*:

'As pessoas jurídicas de direito público interno são civilmente responsáveis por atos de seus agentes que nessa qualidade causem danos a terceiros, ressalvado o direito regressivo contra os causadores do dano, se houver, por parte destes, culpa ou dolo'.

Com efeito, a CF/88 adotou a chamada Teoria do Risco Administrativo – estendendo os seus efeitos às pessoas jurídicas de direito privado, empresas públicas, sociedades de economia mista, empresas permissionárias de serviços públicos – também consagrada pelo Excelso STF, como se infere do julgamento relatado pelo em. Min. Celso de Mello:

'Essa concepção teórica que informa o princípio constitucional da responsabilidade civil objetiva do Poder Público faz emergir, da mera ocorrência de ato lesivo causado à vítima pelo Estado, o dever de indenizá-la pelo dano pessoal e/ou patrimonial sofrido, independentemente de caracterização de culpa dos agentes estatais ou de demonstração de falta do serviço público' (STF, 1ª T., RE nº 109.615-2/RJ, *DJU* de 02.08.1996, p. 25.785)."[36]

No entanto, cumpre que bem se veja o alcance dos termos do art. 37, § 6º, da Carta Maior, firmando a responsabilidade "pelos danos que seus agentes, nessa qualidade, causarem", ou seja, pelos danos dos agentes da administração pública.

Surge ou consuma-se a responsabilidade quando o dano decorre unicamente da atuação dos agentes do Estado. Os danos daqueles que atuam em nome e por conta do Estado entram na categoria de indenizáveis. Está aí o risco administrativo, e não o risco integral, que é inerente à responsabilidade objetiva. Deve haver uma relação de causa e efeito entre a atuação do agente e o dano que decorre, o que não se dá se terceiros se apropriam de um bem e provocam um mal, ou se a vítima deu ensanchas para a lesão. Assim, todo o dano verificado, e que decorra do risco das coisas ou das atividades, como acidente de trabalho, as lesões provocadas por explosivos, ou redes de transmissão elétrica, ou balas perdidas que policiais disparam, independentemente da culpa, desde que durante o exercício de funções, comporta o ressarcimento. Não importa que tenham os danos advindo da prática de atividades lícitas, e que sua execução primou pela obediência a regras da técnica.

Os atos, isto é, as ações, as condutas, o procedimento, a atuação, as obras, as investidas, a prestação de toda ordem de serviços, podem acarretar a responsabilidade do

---

[35] *Direito Administrativo Brasileiro*, 18ª ed., São Paulo, Malheiros Editores, 1993, pp. 558 e 560.

[36] "Responsabilidade Civil do Estado: alguns aspectos", em *Revista Forense*, nº 372, p. 112.

Estado, bem como as omissões, verificadas na falta de ações, de condutas, de procedimento, de atuação, de obras, de investidas, de prestação de serviços, se a tanto estava obrigado. Assim é decidido: "Responde o Município pelos danos causados por mau uso da propriedade contra particulares. Além da responsabilidade objetiva do Estado, como consequência da teoria do risco, a Administração, como comprovada causadora direta de danos ao particular, responderá, com maior soma de razão, pelos prejuízos que sua atividade lícita haja causado."[37]

Numa situação mais comum, aplica-se o entendimento aos danos causados por balas perdidas, durante a ação das forças policiais:

"A *causa petendi* não é integrada pela qualificação jurídica do fato, por isso que resta indiferente se a parte alude à responsabilidade estatal em face da omissão do Estado e o Tribunal entende pela conduta comissiva do Estado e a consequente responsabilidade objetiva estatal, por força da máxima implícita ao ordenamento jurídico de que: *narra mihi factum, dabo tibi jus*. O Tribunal *a quo* analisou os fatos narrados: 'A perseguição policial e a troca de tiros relatada pela Autora, em sua petição inicial, e corroborada pelos documentos juntados aos autos, não foram negadas pelo Réu, tratando-se, pois, de fato incontroverso nos autos.

Entendo, ademais, que, na hipótese em berlinda, houve importante falha no planejamento da ação policial, com severo comprometimento da integridade física de terceiro inocente (...) E considerou a responsabilidade objetiva, em face da conduta comissiva. O ponto central de controvérsia nos autos se concentra na existência ou não de responsabilidade civil do Estado quando agentes públicos (policiais militares), empreendendo perseguição a bandidos, com estes trocam tiros em via pública de alto tráfego de veículos e pedestres, resultando, desse tiroteio, lesões de natureza grave em terceiro, vítima inocente.(...) A responsabilidade civil do Estado, pelos danos causados a terceiros, decorrentes da atuação dos agentes públicos, nessa qualidade, é objetiva.

Neste sentido já me posicionei: 'Forçoso repisar quanto à causa de pedir, que norma jurídica aplicável à espécie e a categorização jurídica dos fatos que compõem a razão do pedido não a integram.

Assim, eventual modificação do dispositivo legal aplicável ou a mudança de categorização jurídica do fato base pedido não incidem sobre o veto do art. 264 do CPC' (Luiz Fux *in Curso de Direito Processual Civil* – Processo de Conhecimento, 2008, Rio de Janeiro, Forense, p. 399)."[38] O art. 264 não encontra correspondência no CPC/2015.

5. RISCO INTEGRAL

Muito tem atraído a atenção a teoria do risco integral, que é a plenificação da responsabilidade objetiva, defendendo seus adeptos mais entusiastas que por todo e qualquer mal que surge na vida das pessoas deve o Estado responder. De acordo com o risco administrativo, desenvolvido inicialmente por Léon Duguit, o Estado é responsável por quaisquer danos que decorram de sua atividade administrativa. Assim, pelos danos que causarem os agentes públicos obriga-se o Estado a indenizar.

---

[37] Apel. Cível nº 185.462-9/00, da 5ª Câmara Cível do TJ de Minas Gerais, *DJ* de 29.08.2001, *in* ADCOAS 8204894, *Boletim de Jurisprudência ADCOAS*, nº 11, p. 164, mar. 2002.

[38] REsp. nº 1.056.605/RJ, da 1ª Turma do STJ, j. em 10.03.2010, *DJe* de 25.03.2010.

Já o risco integral importa em atribuir a responsabilidade ao Estado por todos e quaisquer danos, mesmo diante da culpa de quem se considera vítima. Ademais, vai-se além do conteúdo do art. 37, § 6º, da Carta Suprema: arca o Estado com os prejuízos que aparecem mesmo que não decorrente do exercício das atividades dos agentes públicos, ou da omissão no dever que deveriam cumprir. Nessa dimensão, por todo e qualquer furto, pelas invasões de propriedades alheias, pela deficiência das estradas, pela impontualidade do Poder Público em aprontar as obras que realiza, pela demora em atender as mais diversas postulações, pela deficiência dos serviços públicos, pela baixa qualidade técnica dos profissionais que desempenham funções públicas, dentre centenas de outras situações, incide a responsabilidade. Decorreria total impossibilidade material de arcar com tamanho rol de responsabilidades. Mesmo que culpada a vítima, em um acidente do trabalho, e que tenha procedido o Poder Público com toda a diligência, resulta o dever de reparar.

Está, pois, o risco integral além do risco administrativo, sendo de responsabilidade puramente objetiva. Se levado ao extremo, criaria uma situação insuportável, aniquilando o próprio Estado, e merecendo a total repulsa. Acontece que, a se dar vazão ao delírio de seus inspiradores, em tudo estaria presente o Estado, sem consideração à sua capacidade, ao seu preparo, aos custos, e às consequências que resultaria aos próprios súditos. Mesmo os defensores da teoria, como Yussef Said Cahali, colocam limites, aventando hipóteses de exclusão: "É que, deslocada a questão para o plano da causalidade, qualquer que seja a qualificação que se pretenda atribuir ao risco como fundamento da responsabilidade objetiva do Estado – risco integral, risco administrativo, risco proveito –, aos tribunais se permite a exclusão ou atenuação daquela responsabilidade quando fatores outros, voluntários ou não, tiverem prevalecido na causação do dano, provocando o rompimento do nexo de causalidade, ou apenas concorrendo como causa na verificação do dano injusto... Será, portanto, no exame das causas do dano injusto que se determinam os casos de exclusão ou atenuação da responsabilidade pública, excluída ou atenuada esta responsabilidade em função da ausência do nexo de causalidade ou da causalidade concorrente na verificação do dano injusto indenizável."[39]

Nessa linha, contrariamente ao que muitos pensam, não pode o Estado responder pela falta de policiamento efetivo, pela ausência de fiscalização dos órgãos públicos, pela sua ausência em um tumulto, posto que inaceitável que se desenvolva em todos os cantos de uma localidade a vigilância, ou se fiscalize contínua e concomitantemente na totalidade dos estabelecimentos comerciais, ou se encontrem presentes as forças policiais em todos os pontos onde acontecem tumultos, invasões, assaltos, a menos quando notificadas ou avisadas as autoridades.

Daí, em uma conjugação da responsabilidade subjetiva e objetiva, nos seguintes casos incide a responsabilidade do Estado, apresentados pelo mesmo Yussef Said Cahali: "a) O dano é injusto, e, como tal, sujeito ao ressarcimento da Fazenda Pública, se tem como causa exclusiva a atividade, ainda que regular, ou irregular da Administração; b) o dano deixa de qualificar-se juridicamente como injusto, e, como tal, não autoriza a indenização, se tem como causa exclusiva o fato da natureza, do próprio prejudicado ou de terceiro; c) o dano é injusto, mas sujeito à responsabilidade ressarcitória atenuada, se concorre com a atividade regular ou irregular da administração, como causa, fato da natureza, do próprio prejudicado ou de terceiro."[40]

---

[39] *Responsabilidade Civil do Estado*, 2ª ed., 2ª tiragem, São Paulo, Malheiros Editores, 1996, pp. 41 e 43.

[40] *Responsabilidade Civil do Estado*, ob. cit., 196, p. 43.

6. A RESPONSABILIDADE NA OMISSÃO DO ESTADO

Embora o assunto esteja incluído nas abordagens da responsabilidade subjetiva e objetiva, algumas considerações fazem-se necessárias na omissão do Estado, dada a constância de ocorrências práticas.

No caso, o Estado, por seus agentes, omite-se de atuar quando se encontrava obrigado a tanto. Em tumultos, ou ataques de marginais, invasões, desordens, lutas corporais, depredações, roubos, furtos, embora ciente por seus agentes, não intervém ou acorre, deixando as pessoas à mercê da violência e de todos os males possíveis de sobrevirem. A situação comporta distinções, urgindo que sejam observadas.

Enfocam os autores João Agnaldo Donizeti Gandini e Diana Paola da Silva Salomão a significação: "Na responsabilidade do Estado por conduta omissiva, o agente tem o dever de agir, estabelecido em lei, mas, desobedecendo à lei, não age. Por não ter agido, causou um dano ao particular. Portanto, trata-se de uma conduta ilícita, isto é, contrária à lei. Logo, feriu-se o princípio da legalidade."[41]

Para gerar a responsabilidade, os seguintes elementos são necessários que estejam configurados:

a) que se verifique o caráter delituoso ou contrário à ordem pública ou ao dever de diligência do agente que pratica o ato ou fato capaz de gerar lesões;

b) que seja presenciado o fato lesivo, ou o delito, ou que haja a notificação do Estado de uma irregularidade, de um perigo, ou de um caso apto a gerar prejuízos ou lesões à pessoa;

c) que existam meios capazes de acorrer e evitar os danos que estão acontecendo ou para acontecer.

Nessa conjugação de exigências, não funcionando um serviço de prevenção, desde que organizado em condições idôneas para atender, e solicitada a intervenção, ou ciente a autoridade da obrigação de atender, configura-se a responsabilidade pelos danos que acontecerem. Se verificada a ocorrência de um sequestro, com pessoas subjugadas e mantidas imobilizadas, e avisada a autoridade competente, o seu não comparecimento faz decorrer o dever de reparar as lesões que se verificarem. De igual modo, o aviso por telefone que dá diretamente para um setor encarregado de acudir para as ocorrências urgentes, sem que se dê o pronto-atendimento.

Trafegando um veículo em velocidade desenfreada por um posto policial, cujos agentes se mantêm inertes, vindo a acontecer um acidente, viabiliza-se a responsabilidade do Poder Público. Assim também se concedida a autorização para trafegar a um veículo de transporte sem condições, ou desprovido de freios e equipamentos obrigatórios; ou no 'habite-se' dado a um imóvel sem estruturas sólidas, que vem a ruir; na completa falta de providências do estabelecimento de ensino, ficando seus encarregados cientes da arma que porta um aluno, o qual vem a ferir um colega; na ausência de comunicação da queda de uma ponte em uma estrada, ou de um rompimento da pista, ou de buracos existentes e outros defeitos, sem que procure o Poder Público colocar avisos de prevenção no local; nos entulhos colocados em obras públicas de estradas, também sem prévios sinais de avisos;

---

[41] *A responsabilidade civil do Estado por conduta omissiva*, trabalho citado, p. 161.

Cap. XXVII | Responsabilidade Civil do Estado • **331**

na completa desídia em desobstruir os bueiros de vias, que, em face de chuvas torrenciais, as águas se acumulam e invadem residências; na morte de um indivíduo encarcerado, no interior da cela, revelando desídia do dever de vigilância; na falta de atendimento de paciente que se apresenta em estabelecimento de saúde público; na abstenção em expulsar invasores de área privada.

Eis um exemplo de responsabilização, em hipóteses tais: "Sinalização precária... O DNER é responsável pela sinalização das rodovias federais, respondendo pelos eventuais danos ocorridos em veículos e pessoas, decorrentes de acidentes automobilísticos, uma vez improvada a culpa exclusiva ou concorrente da vítima."[42]

Especificamente na omissão em sinalizar trechos perigosos das estradas, é reconhecida a responsabilidade pelos pretórios: "Responde civilmente o órgão público responsável pela conservação das estradas de rodagem, que não toma providências para sinalizar estradas em trechos perigosos, provocando acidentes com danos em veículos e morte de passageiro."[43]

Nas invasões de terras rurais comandado pelo chamado MST – Movimento dos Sem Terra, recai a responsabilidade no Estado, se previsível o desencadear do fato, diante de preparativos e deslocamentos de grupos rumo a determinada propriedade particular, se total a omissão no fornecimento de força policial para impedir o ato, ou se verificada a inércia em providências.

Todavia, se não dispõe o Poder Público meios de acorrer ao chamado de uma providência, como se avisado da iminência de invasão de terras por hordas de malfeitores; na onda de sucessivos ataques desferidos por assaltantes em uma região distante e sem condições para a defesa; na súbita epidemia que acontece em uma localidade sem infraestrutura médica. Muito menos assiste a responsabilidade nos danos provenientes de incêndios, de enchentes, de depredações causadas por revoltas populares, de assaltos e outros crimes. Apropriada a advertência feita pela Desembargadora Marilene Bonzanini Bernardi, na seguinte passagem de um voto: "Pela omissão, a responsabilidade do estado deve ser considerada dentro de suas possibilidades de atendimento. Ele passa a ser responsável quando, tendo condições de prestar um serviço não o faz. Deve-se ter em conta, entretanto, que o grau de previsibilidade do Estado (limite da culpa) é muito maior do que o do particular, pois ele tem (ou deve ter) a estrutura necessária para prevenir e reprimir o ilícito".[44]

Nessa linha, quanto ao assalto à mão armada, acrescenta Yussef Said Cahali: "Também em caso de responsabilidade civil do Estado pretendida em razão de dano sofrido por cidadão em decorrência de assalto à mão armada, afirma-se que 'o art. 37, § 6º, da Constituição não responsabilizou objetivamente a Administração por atos predatórios de terceiros. O Estado somente poderá ser responsabilizado se a vítima demonstra a falta de serviço ou a omissão de agentes públicos, não bastando fazer genéricas referências sobre o abandono da cidade, que, embora notório, não é suficiente' (TJRJ, 5ª C., Ap. 3.590/93..., j. em 26.10.1993, *DJRJ* de 03.02.1994, p. 160)."[45]

Desde que estruturado e capaz o Estado de fazer frente a determinados eventos, como na repressão ao crime, no combate aos incêndios, na prestação de socorro médico, no aten-

---

[42] Apel. Cível nº 96.04.57766-2/RS, da 4ª Turma do TRF da 4ª Região, *DJU* de 19.04.2000.

[43] Apel. Cível nº 231424/CE, da 5ª Turma do TRF da 5ª Região, *DJ* de 03.06.2002, em *ADCOAS* 8210006, *Boletim de Jurisprudência ADCOAS*, p. 596, set. 2002.

[44] Apel. Cível nº 70032926560, da 9ª Câmara Cível do TJRGS, j. em 28.04.2010, *DJ* de 02.06.2010.

[45] *Responsabilidade Civil do Estado*, ed. de 1996, p. 537.

332 • Responsabilidade Civil | *Arnaldo Rizzardo*

dimento a flagelados de intempéries, na repressão a badernas e desordens, na perseguição de assaltantes, a falta de atuação acarreta o dever de indenizar. Nessas eventualidades, com a omissão configuram-se a culpa *in omitendo* e a culpa *in vigilando*, chegando ao seguinte quadro, retratado por José Cretella Júnior: "São casos de inércia, casos de não atos. Se cruza os braços ou se não vigia, quando deveria agir, o agente público omite-se, empenhando a responsabilidade do Estado por inércia ou incúria do agente. Devendo agir, não agiu. Nem como o *bonus pater familiae*, nem como o *bonus adminstrator*. Foi um negligente. Às vezes imprudente e até imperito. Negligente, se a solércia o dominou; imprudente, se confiou na sorte; imperito, se não previu as possibilidades da concretização do evento. Em todos os casos, culpa, ligada à ideia da inação, física ou mental."[46]

Na omissão de vigilância nos presídios, emerge a responsabilidade por morte de detento, conforme já afirmado: "Provada a relação de causa e efeito entre o incêndio na cadeia pública e a morte do detento, sendo competência do Estado zelar pela integridade física e mental da população carcerária, emerge daí a responsabilidade do Poder Público de indenizar os familiares da vítima. E, se à época do evento letal, a filha do detento era de tenra idade, é inquestionável sua dependência econômica do pai, sendo devida pensão indenizatória, pouco importando que a vítima, dada a sua condição de preso naquele momento, não recebesse rendimentos. É cabível a indenização por dano moral, no caso de morte de detento provocada por incêndio em cadeia pública, devendo o *quantum* ser arbitrado de forma a não significar enriquecimento sem causa para os familiares da vítima, mas também que produza no causador do dano impacto bastante para dissuadi-lo de igual e novo atentado. O pensionamento devido à filha menor de detento morto em incêndio ocorrido em cadeia pública deve durar até a data em que a vítima viesse a completar 65 anos."[47]

"O Poder Público é responsável pela incolumidade física do preso que está sob sua custódia, incumbindo a seus agentes a vigilância e o zelo pela vida e integridade dos detentos que se encontram privados de sua liberdade e, consequência, impossibilitados de se defenderem... Qualquer falha na prevenção e vigilância – culpa *in vigilando* e *in custodiendo* – enseja reparação pelo dano causado."[48]

A omissão, também, em cuidados nos estabelecimentos escolares na segurança dos alunos, revela-se comum, acarretando a responsabilidade: "Acidente com aluno que participava de excursão escolar. Negligência daqueles que o acompanham. Responsabilidade de indenizar. Limite da indenização. A negligência daqueles que tendo aluno, menor de idade, sob sua responsabilidade, o acompanham em excursão escolar e deixam de orientá-lo e vigiá-lo, permitindo que ele mergulhe em águas rasas e, em consequência, sofra grave lesão da coluna cervical, torna o ente público, que mantém a escola, obrigado pela reparação do dano sofrido pela vítima (CF, art. 37, § 6º)."[49]

"Criança atingida por outra, em brincadeira, na escola pública onde ambas estudavam, que ficou lesionada no olho esquerdo, de que veio a perder a visão. Agravamento do quadro por não encaminhamento da vítima a atendimento médico, por parte da direção da escola. Conduta omissiva dos agentes do ente público. Responsabilidade objetiva. A

---

[46] *Tratado de Direito Administrativo*, Rio de Janeiro, Editora Forense, 1970, p. 210.

[47] Apel. Cível nº 215.648-7/00, da 5ª Câmara Cível do TJ de Minas Gerais, *DJ* de 22.04.2002, *ADCOAS* 8208481, *Boletim de Jurisprudência ADCOAS*, nº 7, p. 83, abr. 2003.

[48] Apel. Cível nº 52.990/99, da 4ª Turma do TJ do Distrito Federal, *DJU* de 10.05.2000.

[49] Recurso Ordinário nº 1999.01.051348-3, da 1ª Turma do TJ do Distrito Federal, *DJU* de 12.06.2002.

Cap. XXVII | Responsabilidade Civil do Estado • 333

falta de pronto atendimento médico ao menor acidentado concorreu substancialmente para o agravamento da lesão por ele sofrida no olho esquerdo, pelo que responde o Município pela indenização."[50]

Por último, cabe destacar que a responsabilidade, neste campo, é subjetiva, posto que dependente a omissão de culpa ou dolo. Ciente o agente da necessidade de atuação, e dispondo de serviço estatal organizado, houve um *non facere*, ou uma atuação deficiente, ou procurou acudir o chamado tardiamente, o que se dá por culpa, no que encontra apoio na jurisprudência: "A responsabilidade civil das pessoas jurídicas de direito público, responsabilidade objetiva, com base no risco administrativo, que admite pesquisa em tono da culpa do particular, para o fim de abrandar ou mesmo excluir a responsabilidade estatal, ocorre, em síntese, diante dos seguintes requisitos: a) do dano; b) da ação administrativa (comissiva ou omissiva); c) do nexo causal entre o dano e a ação administrativa. O Município tem, por obrigação, de manter em condições de regular o uso e sem oferecer riscos, as vias públicas e logradouros abertos à comunidade."[51]

No que entra em sintonia com a orientação do STF: "Parece dominante na doutrina brasileira contemporânea a postura segundo a qual somente conforme os cânones da teoria subjetiva, derivada da culpa, será admissível imputar ao Estado a responsabilidade pelos danos possibilitados por sua omissão." Invoca-se o pensamento de vários autores, como Celso Antônio Bandeira de Mello, Oswaldo Aranha Bandeira de Mello, Sérgio Cavalieri, Aguiar Dias e Pedro Lessa, trazendo-se à tona trecho da doutrina do primeiro: "'Quando o dano foi possível em decorrência de uma omissão do Estado (o serviço não funcionou, funcionou tardia ou ineficientemente) é de aplicar-se a teoria da responsabilidade subjetiva. Com efeito, se o Estado não agiu, não pode, logicamente, ser ele o autor do dano. E se não foi o autor, só cabe responsabilizá-lo caso esteja obrigado a impedir o dano. Isto é: só faz sentido responsabilizá-lo se descumpriu dever legal que lhe impunha obstar ao evento lesivo' (*Curso de Direito Administrativo*, 13ª ed., Malheiros Editores, 2001, pp. 818 e segs.)."[52]

Em outro exemplo: "Tratando-se de ato omissivo do Poder Público, a responsabilidade civil por tal ato é subjetiva, pelo que exige dolo ou culpa, esta numa de suas três vertentes, a negligência, a imperícia ou a imprudência, não sendo, entretanto, necessário individualizá-la, dado que pode ser atribuída ao serviço público, de forma genérica, a falta de serviço."[53]

Entendimento que é esposado pelo STJ: "A responsabilidade civil do Estado por condutas omissivas é subjetiva, sendo necessário, dessa forma, comprovar a negligência na atuação estatal, o dano e o nexo causal entre ambos".[54]

Ademais, nessa concepção, ao lesado incumbe a prova da culpa no dever de vigilância ou fiscalização, no que bem exemplifica o seguinte aresto: "Os investidores clientes de corretora de valores mobiliários liquidada extrajudicialmente não têm direito à indenização

---

[50] Apel. Cível nº 2000.001.18652, da 14ª Câmara Cível do TJ do Rio de Janeiro, *DJ* de 21.02.2002.

[51] Apel. Cível nº 7.613/94, da 6ª Câmara Cível do TJ do Rio de Janeiro, *apud* COAD 75286, em *A responsabilidade civil do Estado por conduta omissiva*, de João Agnaldo Donizetti Gandini e Diana Paola da Silva Salomão, trabalho citado, p. 154.

[52] Recurso Extraordinário nº 237.561-0-RS, da 1ª Turma, *DJU* de 05.04.2002.

[53] RE nº 369.820-6-RS, da 2ª Turma do STF, j. em 04.11.2003, *DJU* de 27.02.2004, em *Revista dos Tribunais*, 825/172.

[54] AgRg no AREsp. nº 302.747/SE, da 2ª Turma, rel. Min. Humberto Martins, j. em 16.04.2013, *DJe* de 25.04.2013.

por omissão de fiscalização a ser exigida pela CVM, pelo BACEN, ou pela Bolsa de Valores em que opera, quando essa empresa praticou fraudes e apresentou balanço irregular. A responsabilidade do Estado, em casos de omissão de serviço de fiscalização, deve ser demonstrada com os requisitos do nexo de causalidade e da culpa."[55]

7. A RESPONSABILIDADE POR FATOS DA NATUREZA

Certos fatos da natureza excepcionais, como vendáveis, tempestades, enchentes, não há como inculcar a responsabilidade do Estado pelas catástrofes ou prejuízos causados a particulares. Resta clara a isenção por motivo de caso fortuito, afigurando-se impossível evitar tais eventos. A presente ementa bem elucida a matéria: "Se as chuvas intensas e de caráter excepcional prevaleceram como causa do dano, sendo decretado, inclusive, estado de calamidade, não há que se responsabilizar a Administração, vez que o fato decorreu exclusivamente de fenômeno da natureza."[56]

Não se aplica, *in casu*, o art. 37, § 6º, da Carta da República, que está condicionado ao dano decorrente da atividade administrativa, ou seja, aos casos em que houver relação de causa e efeito entre a atividade do agente público e o dano.

Na sentença que ensejou o acórdão retira-se a seguinte argumentação, que bem expressa a correta exegese: "Em regra, nos danos decorrentes de fenômenos da natureza, como no caso em tela, não há responsabilidade do Estado, até porque não causados por agentes do Estado.

A Administração pública somente será responsabilizada pelos danos decorrentes de fenômenos naturais (caso fortuito/força maior) quando ficar provado que, por sua omissão ou atuação deficiente, concorreu decisivamente para o evento, deixando de realizar obras ou tomar medidas que razoavelmente lhe seriam exigíveis."

Como nos ensina Hely Lopes Meirelles: 'Daí por que a jurisprudência, mui acertadamente, tem exigido a prova da culpa da Administração nos casos de depredação por multidões e de enchentes e vendavais que, superando os serviços públicos existentes, causam danos aos particulares. Nestas hipóteses a indenização pela Fazenda Pública só é devida se se comprovar a culpa da Administração' (*Direito Administrativo Brasileiro*, 21ª ed., p. 566)."

Nesta visão, seria de pensar em responsabilidade se a inundação se deveu à omissão na limpeza dos encanamentos de esgoto, ou das sarjetas onde correm as águas. A excepcionalidade de fatos incomuns e surpreendentes tornam inevitáveis os eventos lesivos, dada a inexistência de nexo de causalidade entre o acontecimento e a atividade estatal.

8. A RESPONSABILIDADE POR ATOS LÍCITOS

Evoluindo no estudo ora proposto, retira-se do art. 37, § 6º, da Constituição Federal a não menção de responsabilidade com culpa ou sem culpa. Não se encontra no cânone qualquer distinção entre a atividade lícita ou a atividade ilícita. Não se infere a restrição aos atos ilícitos. Aliás, nada dá amparo à prática de atos ilícitos. Se constasse preceito ordenando a reparação por ato ilícito, poderia deduzir-se que haveria a possibilidade de

---

[55] Apel. Cível nº 95.04.520.94-4/RS, da 3ª Turma do TRF da 4ª Região, *DJU* de 05.05.1999.
[56] Apel. Cível nº 17.735/2003, da 5ª Câmara Cível do TJ do Rio de Janeiro, j. em 28.10.2003, *DJ* de 19.02.2004, em *Revista dos Tribunais*, 824/328.

sua regulamentação, ou de sua medida, ou de uma ordem prevendo quando incide o ressarcimento. No entanto, todo e qualquer ato ilícito comporta indenização. Não cabe destacar as hipóteses de cabimento, já que, dada a sua ampla e total reprovação, sempre se opera a indenização, não se carecendo de norma que o diga.

Ponderam José Antônio Lomonaco e Flávia Vanini Martins Martori: "A Constituição Federal não diferencia as duas situações de *damage cause*, isto é, não especifica que os danos causados pela administração tenham, necessariamente, de ser derivados de atos 'ilícitos', tais como representa hodiernamente a doutrina brasileira.

Não seria justo, e talvez pudesse configurar verdadeira violação à *ratio legis* interpretá-la diferentemente, isto é, considerando-se a necessidade de constar do ato da administração a vertente da ilicitude, quando não o desejou assim o legislador."[57]

É fato incontroverso que a responsabilidade estatal subordina-se ao fato de causar a administração dano aos particulares. O pressuposto está no dano. Presume-se a regulamentação do art. 37, § 6º, quanto ao ato lícito, ao que envolve o exercício normal das atividades do Estado, as quais, por essência e por lei, são lícitas.

No entanto, na execução das atividades ou funções, tornam-se possíveis as falhas por culpa ou não, ou por dolo. O Estado não desempenha uma atividade ilícita, mas no seu desenvolvimento surgem os desvios, a imprudência, a negligência, a imperícia, ou o dolo, isto é, a criminalidade. Tal acontece nos desvios de bens, na apropriação de riquezas, nos abusos das autoridades, na corrupção, na improbidade, e em dezenas de outras vicissitudes da conduta humana.

Augusto do Amaral Dergint apresenta uma explicação coerente: "No caso de comportamentos lícitos, assim como na hipótese de danos ligados a situação criada pelo Poder Público, mesmo que não seja o Estado o próprio autor do ato danoso, entendemos que o fundamento estatal é garantir uma equânime repartição dos ônus provenientes de atos ou efeitos lesivos, evitando que alguns suportem prejuízos ocorridos por ocasião ou por causa de atividades desempenhadas no interesse de todos. De conseguinte, seu fundamento é o princípio de igualdade, noção básica do Estado de Direito."[58]

Interessa fixar-se, aqui, sobretudo no desempenho de atividades lícitas que resultam prejuízos, como nas escavações, no trânsito de veículos, nas construções, na abertura de canais e de vias, na navegação, e na amplidão do rol das mais variadas atividades. A finalidade não é o mal, que surge como decorrência, ou como simples sequela de uma ação permitida e legítima. Ao reformar uma rua, impede-se o exercício da atividade que exercia a pessoa, ou diminui-se drasticamente o movimento. Nas escavações, provocam-se rachaduras ou fissuras nas paredes do prédio próximo. Ao trafegar com pesados veículos, rebaixa-se o solo, atingindo os fundamentos das construções. Na perseguição de meliantes, abalroa-se veículo de pessoa estranha. É como sintetizam José Antônio Lomonaco e Flávia Vanini Martins Martori: "De modo que, para a admissão da responsabilidade por atos da administração é possível admitir-se aqueles atos específicos tendentes a alcançar um bem comum, objetivando-se a consecução de objetivos e direcionados a atender o interesse público."[59]

---

[57] "Responsabilidade Civil do Estado", em *Revista Síntese de Direito Civil e Processual Civil*, Porto Alegre, ano I, nº 6, p. 139, jul.-ago. 2000.

[58] *Responsabilidade do Estado por Atos Judiciais*, ob. cit., p. 46.

[59] "Responsabilidade Civil do Estado", em *Revista Síntese de Direito Civil e Processual Civil*, ob. cit., p. 138.

Acontece que a responsabilidade do Estado não se restringe às atividades ilícitas, verificadas nos desvios de condutas dos agentes. Especialmente quando demoradas e incômodas, sem abertura de acessos aos estabelecimentos comerciais ou prestadores de serviços, supressão de vistas, barulho constante, excesso de poeira, poluição ambiental, trincamento de paredes, comportam indenização. Assim como não se pode cercear a atividade do Estado, pois uma decorrência de sua própria existência, não cabe sacrificar o patrimônio alheio, pois também protegido pelo ordenamento jurídico. Mesmo que as obras se imponham e revertam em favor do bem e interesse da coletividade, não se impede o ressarcimento dos danos advindos. Do contrário, justificar-se-ia a construção de benfeitorias públicas em terrenos particulares, pouco interessando o prejuízo particular acarretado.

9. RESPONSABILIDADE DAS PESSOAS JURÍDICAS DE DIREITO PRIVADO PRESTADORAS DE SERVIÇOS PÚBLICOS

Desde que as pessoas jurídicas privadas, e mesmo o próprio indivíduo como pessoa física, prestem serviços de caráter público, acarretam a responsabilidade do Estado pelos danos que causarem, sujeitando-se a ser chamado para o devido ressarcimento. Especialmente depois da Constituição de 1988, tornou-se comum a extensão da responsabilidade em relação àqueles aos quais se deu uma incumbência, ou se delegou funções de natureza pública. Tanto pelos danos decorrentes da culpa, como pelos que a própria atividade em si causar, respondem o Estado e a pessoa jurídica, sendo que esta na hipótese de vir acionada pela vítima. Os danos que os agentes dessas pessoas jurídicas privadas provocarem a terceiros ficam amparados com a reparação pelo próprio Estado e pelos causadores diretos, caso tenham agido com culpa.

O art. 37, § 6º, é claro a respeito, não ensejando dúvidas, ao atribuir a responsabilidade por conta daqueles que procederam imprudentemente, ou sem os devidos cuidados, incluindo no dever de indenizar as pessoas jurídicas de direito privado prestadoras de serviços públicos. Nem mais se questiona a respeito da obrigação de reparar por aquelas pessoas que provocaram os danos.

A prestação de serviços públicos, ou de natureza pública, por pessoas jurídicas de direito privado, ou pessoas físicas, se realiza de vários modos, como a delegação, por meio de autarquias, empresas públicas, sociedades de economia mista; e a concessão, ou a permissão, a autorização, quando pessoas jurídicas privadas desempenham as atividades; ou a designação ou nomeação específica de pessoas físicas, que é comum na função judiciária, operando-se a atuação para casos específicos em atividades judiciais ou extrajudiciais, sendo exemplos a designação de juízes leigos nos juizados cíveis especiais, de avaliador judicial, de peritos, de escreventes juramentados, de auxiliares cartorários, de estagiários e todo tipo de empregos temporários e contratados pelo regime comum das leis trabalhistas.

Já o desempenho de atividades tipicamente econômicas de interesse público, nas quais o Poder Público intervém e interfere, porque envolve a segurança nacional ou estão em jogo o interesse coletivo e a função social (art. 173 e parágrafos da Constituição Federal), são executadas normalmente por empresas constituídas segundo o regime jurídico das empresas privadas. Elas próprias respondem pelos danos que causarem, resolvendo-se as questões pelas regras da responsabilidade tanto subjetiva como objetiva. Se organizadas autonomamente, com administração, economia e orçamento próprios, em tudo sujeitam-se ao regime das empresas privadas. No entanto, dada a fiscalização e considerando certo

Cap. XXVII | Responsabilidade Civil do Estado • **337**

controle público, em razão mais da natureza pública dos serviços prestados, há a responsabilidade subsidiária do Estado, que poderá ser convocado a participar na indenização pelos danos que cometerem. Desde que se dê a interferência do Poder Público no seu controle, inclusive na sua escolha, na indicação ou nomeação dos administradores, e na intervenção em certas ocasiões, não se pode afastar a solidariedade, mas subsidiariamente.

Bem verdade que a regulamentação dessas empresas submete-se à Lei nº 8.987, de 1995, cujo art. 25, firmando a responsabilidade direta e pessoal das empresas que assumem a prestação de serviços públicos, ou de interesse público, mas que não afasta a responsabilidade subsidiária.

10.   A RESPONSABILIDADE NOS DANOS CAUSADOS POR OBRAS PÚBLICAS

Normalmente, as obras públicas são realizadas por pessoas jurídicas de direito privado, ou por pessoas físicas, a quem são entregues em processos licitatórios, ficando contratadas mediante empreitada. Havendo danos em sua execução, não importando que decorram da obra em si, ou da culpa do empreiteiro, recai a responsabilidade contra o Estado, não se impedindo, porém, que o lesado acione diretamente a pessoa jurídica ou física que a executa. No entanto, ao Estado reserva-se o direito de regresso, para reembolsar-se do valor que se viu obrigado a ressarcir, se demandado isoladamente, e se indenizou.

Nas situações de derivar o dano da obra em si, desvinculadas da culpa, isto é, da imprudência, da negligência ou da imperícia, mesmo assim o empreiteiro submete-se ao dever de indenizar, caso acionado pelo lesado. A hipótese, aqui, é diferente da pretensão dirigida contra o Poder Público pelo particular prejudicado, quando não se viabiliza o direito de regresso. Se a pessoa que sofreu o dano ingressa com a ação, e constatada a origem na obra pública, quem a executa obriga-se a ressarcir, facultando-se, depois, o reembolso junto ao Estado. Não interessa a questão da culpa, que não pode ser colocada como condição para a viabilidade ou não da ação contra o empreiteiro. Seria submeter o estranho, a vítima, a assunto estranho, que não lhe diz respeito, e cujo deslinde deve circunscrever-se ao contratante e ao executante da obra. Do contrário, oficializar-se-ia a impunidade, e se debitaria a quem não interessa o problema os ônus de discussões totalmente estranhas e alheias a ele.

Várias as ocorrências de danos por obras em construção, sem necessidade de se indagar da culpa, como nas escavações, quando ficam abaladas as estruturas de prédios vizinhos; nas aberturas de canalizações, com perfurações de condutos de esgotos de prédios; na edificação de viadutos e elevadas, com a queda de objetos em imóveis vizinhos.

De outro lado, abre-se ensanchas para o direcionamento da ação contra o Poder Público que contratou a obra, mesmo que os danos resultem da culpa do empreiteiro. Acontece que lhe competia efetuar a obra, e se resolveu delegar ou cometer a terceiro a sua confecção, o fez por sua conta e risco, arcando com as consequências advindas. Isto sem passar ao largo da obrigação que decorre necessariamente do fato de tornar-se o empreiteiro um agente do Poder Público, nos estritos termos do art. 37, § 6º, da Carta da República.

Em suma, dá-se a plena aplicação da teoria do risco administrativo, de modo a não ficarem prejudicados os particulares, mesmo que advenham os danos de atividade lícita.

Todavia, torna-se necessário proceder a uma importante distinção: há prejuízos que advêm da obra em si, e não dos danos causados em bens das pessoas, isto é, nos prédios, nos calçamentos, nos pisos. Não decorrem os prejuízos da precária ou defeituosa execução, nem são consequências do fato em si, como as rachaduras que surgem do movimento do solo, ou os estremecimentos e desnivelamento do piso em face do pesado e constante trabalho de máquinas. Aparecem danos relacionados à diminuição do movimento de clientes, à impossibilidade de manter funcionando o estabelecimento, à interrupção no fornecimento de certos produtos, ao impedimento de utilização de garagens. Nas hipóteses, não há culpa e nem origem debitada ao empreiteiro, ou ao executor das obras públicas. Unicamente o Poder Público responde pelos danos, conforme muito bem expõe Hely Lopes Meirelles: "Quanto às lesões a terceiros, ocasionadas pela obra em si mesma, ou seja, por sua natureza, localização, extensão ou duração prejudicial ao particular, a Administração pública que a planejou responde objetivamente sem indagação da culpa de sua parte. Exemplificando: se a abertura de um túnel ou de uma galeria de águas pluviais o só fato da obra causa danos aos particulares, por estes danos responde objetivamente a Administração que ordenou os serviços, mas, se tais danos resultam não da obra em si mesma, porém, da má execução dos trabalhos pelo empreiteiro, a responsabilidade é do executor da obra, que, como particular, há de indenizar os lesados pela imperfeição de sua atividade profissional."[60]

Sobre os prejuízos que decorrem da obra em si, a jurisprudência reconhece a responsabilidade do Poder Público: "Provado que a obra pública municipal realizada nas proximidades do estabelecimento comercial lhe restringiu o acesso de clientes, causando prejuízo ao seu proprietário, durante a execução da obra, fica caracterizada a responsabilidade objetiva do Município, surgindo para ele a obrigação de indenizar os lucros cessantes correspondentes ao período em que durou a obra. Todavia, é indevido o ressarcimento da importância que o comerciante, porventura, deixou de auferir depois de concluída a obra, pois inaceitável é responsabilizar-se sempre a administração por eventuais prejuízos causados a particulares, em decorrência da realização de obras que visem beneficiar a coletividade."[61]

11. RESPONSABILIDADE ESTATAL PELOS DANOS CAUSADOS POR MOVIMENTOS MULTITUDINÁRIOS

Este é um dos assuntos que, diante do fato social das multidões, vem chamando a atenção, especialmente quanto aos limites da responsabilidade do Estado.

A Professora administrativista Sonia Sterman estudou o assunto, caracterizando tais movimentos: "O tema eleito para este trabalho restringe-se, dentro da enorme gama de atos ou fatos que geram ao Estado a obrigação de indenizar, somente àqueles decorrentes de movimentos hostis de aglomerados humanos, mais precisamente de uma massa enfurecida que, revoltada, depreda propriedade de particulares, ou atinge pessoas, aos quais a jurisprudência e doutrina denominam de movimentos multitudinários. Estes, na definição de José Cretella Júnior, 'são deslocamentos de povos ou de parte da população, como consequência de fatos sociais, políticos ou econômicos que ocorrem num dado momento

---

[60] *Direito Administrativo Brasileiro*, 3ª ed., São Paulo, Editora Revista dos Tribunais, 1975, pp. 596 e 597.

[61] Apel. Cível nº 2000.71.0.000303-8/RS, da 3ª Turma do TRF da 4ª Região, *DJ* de 12.06.2002, *in* ADCOAS 8210281, *Boletim de Jurisprudência* ADCOAS, nº 40, p. 628, out. 2002.

histórico' (*O Estado e a Obrigação de Indenizar*, Editora Revista dos Tribunais, São Paulo, 1980, p. 224)."[62]

Tais movimentos de turbas manifestam-se de forma inconsciente ou irracional, levados por alguns líderes, ou nascendo e se expandindo como súbita reação ante um fato de alta sensibilidade social, ou se originam de um impulso motivado por ideias ou revoltas. A massa humana parte para depredações, invasões, ataques, arrastões, saques, e agressões. Resume José Cretella Júnior: "Movimentos multitudinários são deslocamentos de povos ou de parte da população, como consequência de fatos sociais, políticos ou econômicos que ocorrem num dado momento histórico."[63]

Quanto à responsabilidade do Estado, escreve a referida especialista Sonia Sterman: "A responsabilidade do Estado por movimentos multitudinários é um tipo de responsabilidade por fato (ilícito) de terceiros e, portanto, uma hipótese não coberta pelo risco administrativo no texto das Constituições de 1969 e 1988, pois estas só atribuíram a responsabilidade objetiva à Administração pelos danos que seus agentes, nessa qualidade, causarem a terceiros. O texto do art. 107 da Constituição de 1969, ao invés de agente, dizia funcionário público, portanto um termo mais restritivo. Daí que para essa hipótese dever-se-á indagar a prova da culpa."[64]

Adiante, definindo melhor a responsabilidade: "Posicionamo-nos de acordo com aqueles que ministram ser o fundamento da responsabilidade do Estado pelos danos causados por movimentos multitudinários, o art. 15 c/c. o art. 159 do Código Civil, e não o art. 37, § 6º, da atual Constituição Federal e art. 107 da Constituição anterior. Com efeito, o texto da atual Constituição não autoriza a interpretação de que 'atos ou fatos não produzidos por agentes políticos', mas pela multidão, e que causem danos a particulares, estejam cobertos pela responsabilidade objetiva, sob a modalidade de risco integral. Se se admitir, como nós, que há necessidade de comprovação da omissão da autoridade e, portanto, da sua culpa, em não evitar eficientemente os atos danosos produzidos pela multidão em bens de particulares ou em sua integridade física, só se pode considerar o fundamento jurídico da ação a ser proposta pelo particular contra o Estado, com fulcro no art. 15 c/c o art. 159 do Código Civil, devendo-se provar, inclusive, a omissão do Estado, quanto ao seu dever de segurança, além de provar a solicitação da polícia. Não deve ter sido por outro motivo que Cretella Júnior (*O Estado e a Obrigação...*, cit., pp. 112 e 114) classificou os movimentos multitudinários como compreendidos entre os fatos que obrigam o Estado a indenizar."[65] Os arts. 15 e 159 do Código Civil citados no texto correspondem aos arts. 43 e 186 do atual Código.

Relativamente à responsabilidade assumida pelo Estado, diante da atual Constituição, segue adiante a escritora: "A Constituição só abarcou pela teoria da responsabilidade objetiva, em seu art. 37, § 6º, a responsabilidade à Administração pelos *danos que seus agentes*, nessa qualidade, causem a terceiros. Não abrangeu o risco administrativo os danos produzidos por terceiros que não sejam públicos, nem os produzidos por fatos da natureza. Por conseguinte, o fundamento por fatos de terceiros, *in casu* por movimentos multitudinários, é o art. 15 c/c. o art. 159 do Código Civil e deve-se perquirir a culpa da

---

[62] *Responsabilidade do Estado – movimentos multitudinários*, São Paulo, Editora Revista dos Tribunais, 1992, p. 9.

[63] *O Estado e a Obrigação de Indenizar*, ob. cit., p. 212.

[64] *Responsabilidade do Estado – movimentos multitudinários*, ob. cit., pp. 88 e 89.

[65] *Responsabilidade do Estado – movimentos multitudinários*, ob. cit., p. 98.

Administração no dever de prestar segurança para pagamento da indenização aos particulares e há necessidade do particular ter requisitado a polícia."[66] Torna-se a lembrar que os citados arts. 15 e 159 equivalem aos arts. 43 e 186 do Código em vigor.

Transcreve a autora trechos de uma decisão, onde se percebe o quanto é difícil ao Estado atender prontamente a todas as situações de perigo e ofensas à segurança pública: "Se admitido fosse que ao Estado cabe a culpa por danos produzidos por movimentos multitudinários, mesmo que importem na verdade em atos de indivíduos isolados, ainda que agrupados acidentalmente, a referida responsabilidade iria longe demais, bastando a ocorrência de atos praticados por várias pessoas, ainda que não uma coletividade, para surgir a obrigação de indenizar. Precisaria a força repressiva do Estado estar presente em todos os pontos do território, pois é imprevisível onde os atos ocorreriam.

Surgem os atos de vandalismo de muitos indivíduos nos aspectos mais variados: nos campos de futebol, na saída dos logradouros públicos, nas praças, nos colégios etc.

Estar-se-ia exigindo do Estado que estivesse presente em todos os lugares, numa atuação que só existiria se todos os policiais estivessem, ao mesmo tempo, em cada rua, em cada esquina, em cada praça, em cada estádio, cinema ou outra reunião existente ou possível do povo."[67]

Como transparece, não incide a regra que estabelece a responsabilidade administrativa do art. 37, § 6º, da CF.

Urge a prova da culpa dos agentes do Estado.

Para indenizar nos movimentos multitudinários, é indispensável que a polícia, avisada, permaneça inerte, conforme aparece em um julgamento: "Em tema de responsabilidade civil, conforme enfatiza Aguiar Dias, por ora é forçoso aceitar a distinção de Pedro Lessa, segundo a qual o Estado não responde, por exemplo, pelo furto comum praticado contra os cidadãos, mas indeniza os prejuízos decorrentes de agressão às pessoas ou às coisas, quando houver ameaça, anúncio ou aviso e a polícia permanece inerte."[68]

Todavia, em certos casos, dado o vulto das agitações e a falta de meios ou tempo para debelar o movimento, a omissão não traz a responsabilidade. Se a polícia se omite, mas exclusivamente por prudência, nada podendo fazer, adverte José Cretella Júnior, "é claro que o ocorrido era fatal – *damnum fatale* –, verdadeira força maior, excludente, pois, da responsabilidade do Estado".[69]

Em idêntica linha expõe Yussef Said Cahali: "Ao contrário, portanto, desde que não se prove ter havido da parte dos agentes policiais, omissão ou falta de diligência, o Estado não responde civilmente pelos danos causados por multidão (6ª Câmara Civil do TJSP, 16.03.1956, maioria, *RT* 251/299; decisão confirmada em grau de embargos pelo 3º Grupo de Câmaras Civis do TJSP, 14.06.18956, *RT* 269/148)."[70]

De acordo com o art. 144 da CF, "a segurança pública, dever do Estado, direito e responsabilidade de todos, é exercida para a preservação da ordem pública e da incolumidade das pessoas e do patrimônio, através dos seguintes órgãos".

---

[66] *Responsabilidade do Estado – movimentos multitudinários*, ob. cit., p. 95.
[67] *Responsabilidade do Estado – movimentos multitudinários*, ob. cit., p. 104.
[68] Apel. nº 61.579, de 18.06.1983, do TJMG, em *Responsabilidade Civil*, de Humberto Theodoro Júnior, Aide Editora, 1993, vol. I, p. 375.
[69] *O Estado e a Obrigação de Indenizar*, ob. cit., p. 214.
[70] *Responsabilidade Civil do Estado*, São Paulo, Editora Revista dos Tribunais, 1982, p. 170.

Cap. XXVII | Responsabilidade Civil do Estado • **341**

Assim, quando ocorre um movimento de multidão, quase sempre em momentos de convulsões de ordem social, econômica ou política, não pode o Estado se omitir de colocar em prática a segurança pública, mediante os órgãos elencados no art. 144 da Carta Federal, de modo a evitar que a massa popular, enraivecida ou revoltada, deprede propriedades e ataque pessoas.

12. RESPONSABILIDADE DO ESTADO POR ATOS LEGISLATIVOS

A rigor, parece um contrassenso falar-se em responsabilidade decorrente de danos provocados por atos legislativos, ou seja, por leis devidamente aprovadas e vigorantes. Vários argumentos militam em favor da irresponsabilidade, assim resumidos por Maria Sylvia Zanella di Pietro:

"1. O Poder Legislativo atua no exercício da soberania, podendo alterar, revogar, criar ou extinguir situações, sem qualquer limitação que não decorra da própria Constituição;

2. o Poder Legislativo edita normas gerais e abstratas dirigidas a toda a coletividade; os ônus delas decorrentes são iguais para todas as pessoas que se encontram na mesma situação, não quebrando o princípio da igualdade de todos perante os ônus e encargos sociais;

3. os cidadãos não podem responsabilizar o Estado por atos de parlamentares por eles mesmos eleitos."[71]

Digna de nota a seguinte observação de Maria Lúcia C. A. Amaral Pinto Correia: "O Poder Legislativo é o poder que se encontra directa e imediatamente subordinado à Constituição, e que tem por função concretizar por intermédio de produção normativa primária essa ordem fragmentada e aberta que é formada pela tessitura das normas constitucionais. Semelhante tarefa de concretização requer liberdade e exige criatividade."[72] Daí o não cabimento da indenização por essa função.

Todavia, algumas ressalvas ou exceções merecem ser observadas.

Quanto ao exercício da soberania do Poder Legislativo, não impede que se examine a lei sob o enfoque da constitucionalidade. Desde que as leis desbordem de princípios ou regulamentos superiores, vindo a ser posteriormente contaminadas de vícios inconstitucionais, por declaração do Supremo Tribunal Federal, pelos efeitos que já produziram comportam a demanda indenizatória contra o Estado. É a orientação do STJ: "O Estado só responde (em forma de indenização, ao indivíduo prejudicado) por atos legislativos quando inconstitucionais, assim declarados pelo Supremo Tribunal Federal".[73] Assim a regra que institui uma espécie nova de imposto, afrontando o sistema de lei superior, ou da própria Constituição, além de autorizar a repetição, oportuniza a indenização pelos prejuízos trazidos, como o ressarcimento de despesas judiciais e advocatícias, razão dos procedimentos judiciais a que se viu obrigada promover a parte lesada.

Acontece que, chama a atenção Júlio César dos Santos Esteves, "há que se reconhecer que, não sendo de todo livre, o desempenho da função legislativa expõe o Estado ao dever de ressarcir os danos causados por leis que desbordem dos limites fixados pela Constituição e que se dirigem, em primeiro plano, ao legislador. Tal responsabilidade, situada

---

[71]   *Direito Administrativo*, ob. cit., p. 508.

[72]   *Responsabilidade do Estado e Dever de Indenizar do Legislador*, ob. cit., p. 699.

[73]   REsp. n. 201.972/RS, da 1ª Turma, rel. Min. Demócrito Reinaldo, j. em 17.06.1999, *DJ* de 30.08.1999.

no domínio da atuação legislativa, rejeita condicionantes e se afirma inquestionavelmente ao Estado submisso à Constituição".[74]

É necessária a prova do dano, não abastando a mera ofensa à regra superior, ponderando o mesmo Júlio César dos Santos Esteves: "O dever de ressarcir não se impõe pelo mero exercício irregular da função legislativa – nesse caso comparado ao mau funcionamento do serviço público. Estarão, necessariamente, conjugados os fatores da inconstitucionalidade e a ocorrência do dano. Como assevera Cretella Júnior, 'o que é imprescindível é que se verifique o nexo causal entre a lei inconstitucional e o dano ocorrido' (Responsabilidade do Estado Legislador, *Revista Forense*, v. 286, p. 16, 1984)."[75]

Quanto ao dano decorrente da inconstitucionalidade, já professava José Cretella Júnior: "Se da lei inconstitucional resulta algum dano aos particulares, caberá a responsabilidade do Estado, desde que a inconstitucionalidade tenha sido declarada pelo Poder Judiciário. Sendo a lei, em regra, comando genérico e abstrato, o dano aos particulares emergirá de atos praticados em decorrência de lei inconstitucional, exceto no caso excepcional de leis que determinam situações jurídicas individuais, de sorte que o dano será diretamente imputável à lei inconstitucional. Isso, entretanto, não altera, em absoluto, os termos da questão. O que é imprescindível é que se verifique o nexo causal entre a lei inconstitucional e o dano ocorrido."[76]

Acrescenta Yussef Said Cahali: "Afirmada a necessidade de reconhecimento e declaração pelo Poder Judiciário da inconstitucionalidade da lei, como pressuposto da responsabilidade civil do Estado, efetivamente, não se exige que a declaração de inconstitucionalidade tenha sido proclamada anteriormente ao ajuizamento da ação indenizatória, bastando que o tenha sido no curso da lide, pelas vias próprias; aliás, no direito atual, seria de aplicar-se o *jus superveniens* do art. 462 do vigente Código de Processo Civil."[77] O referido art. 462 corresponde ao art. 493 do CPC/2015.

Dá Maria Lúcia C. A. Amaral Pinto Correia exemplo uma situação de inconstitucionalidade com prejuízo: "As leis expropriatórias só causam prejuízos quando impõem sacrifícios graves e especiais ao patrimônio dos privados, sem concederem, para tanto, a devida compensação... A lei prejudica porque é inconstitucional e é inconstitucional porque viola o direito fundamental dos privados à justa indenização em caso de imposição de sacrifício expropriatório."[78]

Inclusive a ilegalidade das leis pode ser reconhecida, se contrariarem leis de classe superior, como a lei municipal que invade a competência reservada ao Estado-membro, ou disciplina assunto já regrado por diploma legal de hierarquia mais elevada.

Em sequência, já em relação aos efeitos abstratos das leis, contrapõem-se ao fato da existência de leis com efeitos concretos. Nesta órbita está a lei que cria uma reserva florestal, impedindo qualquer uso econômico da área, mesmo que para fins de pastagens. Sob tal ângulo, embora legal ou constitucional o diploma, enseja o direito indenizatório, pois redunda em prejuízos econômicos para a parte cuja propriedade é atingida pela restrição imposta. Também nesta classe está o diploma municipal que reduz o índice de

---

[74] *Responsabilidade Civil do Estado por Ato Legislativo*, Belo Horizonte, Livraria Del Rey Editora Ltda., 2003, p. 232.

[75] *Responsabilidade Civil do Estado por Ato Legislativo*, ob. cit., p. 219.

[76] *In RDA* 153/15, 26, citação de Rui Stoco, em *Responsabilidade Civil*, ob. cit., p. 632.

[77] *Responsabilidade Civil do Estado*, ob. cit., p. 658.

[78] *Responsabilidade do Estado e Dever de Indemnizar do Legislador*, ob. cit., p. 657.

ocupação por construção em imóvel urbano em frente a determinadas vias, importando em redução do preço, com vultosos prejuízos aos proprietários.

Aduz Júlio César dos Santos Esteves: "O que vem sendo aceito pelos tribunais é a indenizabilidade do prejuízo resultante do ato legislativo que impõe medidas restritivas ao exercício de uma indústria ou de uma atividade econômica, ou a faculdades inerentes à propriedade, com a modificação do direito anterior e suprimindo ou diminuindo certas vantagens ou proveitos que antes eram desfrutados pelo particular, desde que, por intermédio dessa regulamentação, se atinja a essência do direito de propriedade, equivalendo à sua supressão por meios indiretos. Fundamenta-se a pretensão à indenização, ainda aqui, segundo os tribunais, num ato ilícito, a violação do princípio constitucional que assegura a proteção do direito de propriedade."[79]

Cita, corroborando, uma decisão do STJ: "O direito de instituir parques nacionais, estaduais ou municipais há de respeitar o direito de propriedade, assegurado na Constituição... O Estado todo-poderoso e proprietário de todos os bens preserva apenas o interesse coletivo, em detrimento dos direitos e interesses individuais, perde a sobrevivência."[80]

As leis constitucionais, pois, não estão fora da viabilidade de causarem danos, advertindo, com razão, Caio Mário da Silva Pereira: "Independentemente da inconstitucionalidade, ou seja, quando se cogita da atividade legislativa normal, aí é que se deve colocar a discussão da responsabilidade do Estado pelo ato legislativo: 'em muito casos, o Parlamento, diz Júlio S. Altamira Gigena, ao executar suas funções específicas, ocasiona sérios danos aos particulares, até o ponto de produzir sua ruína e reduzi-los à miséria' (*Responsabilidad del Estado*, p. 147). Em abono da proposição cita vários exemplos ocorridos no Uruguai, na Alemanha, na França. Sobre responsabilidade civil do Estado por ato legislativo, José Cretella Júnior, *in Revista Forense*, vol. 286, p. 11)."[81]

Sob a mesma órbita, embora através de preceito constitucional, o Estado transfere para o monopólio público o exercício de certas atividades, ou a exploração de setores da indústria ou de riquezas minerais, importando em graves danos aos que já mantinham empreendimentos e executavam tais setores da economia, anotando Yussef Said Cahali que "a Constituição admite a intervenção do Estado na ordem econômica, inclusive a nacionalização e o monopólio de qualquer atividade comercial ou industrial". Todavia, prossegue, "ressalva as garantias da Constituição, o que vale dizer, o direito à indenização, toda vez que esse monopólio importar na eliminação de empreendimentos já existentes, com prejuízos para a economia privada".[82]

Em idêntica linha, se vinham sendo admitidas determinadas atividades, como a exploração de jogos, com autorizações concedidas e em pleno vigor, e, em momento inesperado, emite-se uma Medida Provisória, proibindo os jogos de qualquer espécie, mesmo os bingos e outros que se executam através de máquinas eletrônicas, revela-se justa a indenização pelos investimentos feitos, sobretudo quanto aos equipamentos que existiam. Não interessa a legalidade ou constitucionalidade da lei, que, de qualquer sorte, redundou em danos aos que exerciam atividade lícita e permitida.

---

[79] *Responsabilidade Civil do Estado por Ato Legislativo*, ob. cit., p. 201.
[80] REsp. nº 32.222/PR, da 1ª Turma, j. em 17.05.1995, *DJU* de 21.06.1995.
[81] *Responsabilidade Civil*, 8ª ed., Rio de Janeiro, Editora Forense, 1998, p. 136.
[82] *Responsabilidade Civil do Estado*, ed. de 1982, ob. cit., p. 234.

344 • Responsabilidade Civil | *Arnaldo Rizzardo*

Estende-se a responsabilidade do Estado pelas obrigações decorrentes de atividades que exerciam empresas públicas, as quais vêm a ser extintas por ato legislativo regular.

Houve leis de ordem econômica no Brasil que estabeleciam índices de correção monetária não reais (sendo exemplo a Lei nº 8.177/1991, que introduziu regras sobre a desindexação da economia), embora não declarada e nem suscitada a inconstitucionalidade. Trouxeram, pois, enormes prejuízos nas relações negociais, ao impor uma atualização monetária fictícia e inferior à efetivamente verificada. Está evidente a possibilidade de indenização, que mereceu o apoio do Poder Judiciário, embora no âmbito das relações entre investidores e instituições financeiras.

Em princípio, as restrições nas atividades industriais ou econômicas trazidas por leis não importam em indenização. Todavia, há casos especiais, como assinala Yussef Said Cahali, que transcreve doutrina de Octávio de Barros: "A questão, porém, é superiormente examinada por Octávio de Barros: no caso de limitação de uma atividade e sua regulamentação, a fim de atender-se ao interesse coletivo, 'nenhum ressarcimento será devido, desde que a limitação se exerça dentro do conceito de poder de polícia, que, aliás, a pressupõe'.

Mas acrescenta: 'Se, porém, através dessa regulamentação, a atividade do particular for atingida em suas condições de vida e existência, impondo sua supressão, ter-se-á, na verdade, verificado o dano especial, anormal, o sacrifício do particular, em consequência da lei de interesse da coletividade. Sendo assim, cabe o direito à indenização. Já, aqui, o problema transcende a simples conceituação do poder de polícia, que vê na finalidade do ato administrativo a condição precípua da sua legalidade, o limite do poder discricionário da Administração. Ora, a lei também é ato administrativo, aliás de maior relevância, e tão só pelo fato de emanada do Poder Legislativo não deve ser vista, em face do Direito, como incapaz de causar prejuízos. Contra o ato legal que, não obstante, é lesivo vem em socorro do administrado o princípio da intangibilidade de seu patrimônio' (*Responsabilidade Pública*, nº 68, pp. 75 e 76)."[83]

13. RESPONSABILIDADE PELA ATIVIDADE JURISDICIONAL

Aspecto dos mais importantes, com os contornos bem definidos, diz respeito à responsabilidade decorrente dos danos oriundos da atividade jurisdicional dos juízes.

Constitui um dos pontos de sobradas razões para a incidência da responsabilidade em situações específicas.

Já as Ordenações Filipinas, de 1603, no Livro I, Título LXXXVIII, § 16, assinalavam que o juiz que não cumprisse as obrigações de seu ofício relativamente aos menores, "pagará ao órfão toda a perda e dano que por isso se lhe causar".

O assunto sempre mereceu amplo debate, existindo trabalhos de realce a respeito da matéria, com ampla visão histórica e abordagem pormenorizada. No caso, interessa o estudo com objetividade, tratando particularmente da incidência da responsabilidade.

Anota-se, inicialmente, que a responsabilidade civil do juiz no exercício da função jurisdicional distancia-se da responsabilidade dos demais agentes públicos, visto que possui disciplina especial, segundo salienta o monografista Giovanni Ettore Nanni, que observa:

"Enquanto os agentes públicos em geral são civilmente responsáveis em caso de dolo ou culpa, a responsabilidade civil do juiz decorre daquelas hipóteses previstas em lei."

---

[83] *Responsabilidade Civil do Estado*, ed. de 1996, ob. cit., p. 671.

Cap. XXVII | Responsabilidade Civil do Estado • **345**

Em seguida, dá as razões da afirmação acima, que aconselham a irresponsabilidade por faltas de outra ordem:

"Primeiramente, uma de política social: os juízes pagam tributo inexorável à falibilidade humana. Erram porque são homens. Se obrigados a ressarcir, de seu bolso, os danos causados, ficariam tolhidos, pelo receio do prejuízo próprio, na sua liberdade de apreciação dos fatos e aplicação do direito. Nem se coadunaria com a dignidade do magistrado coagi-lo a descer à arena, após a sentença, para discutir, como parte, o acerto de suas decisões."[84]

Há de se ter em conta a particularidade que norteia a função jurisdicional, aparecendo como de primordial importância a independência do juiz e o resguardo de sua plena autonomia para julgar.

As hipóteses em que incide a responsabilidade estão explicitamente previstas na lei, não podendo dar-se o enquadramento genérico do art. 186 do Código Civil. A autonomia, as prerrogativas, e a peculiaridade da função requerem tal limitação, com fundamento em fins superiores que objetivam a estabilidade que deve nortear a atividade jurisdicional. Nessa visão, bem coloca o assunto Lair da Silva Loureiro Filho: "Cabe salientar, a essa altura, dois pontos fundamentais nesta discussão. O primeiro diz respeito ao controle da atividade jurisdicional desempenhada pelo juiz enquanto agente e sua principal função, qual seja, a de decidir. A segunda diz respeito à atuação do Poder Judiciário em face dos demais Poderes.

Pela primeira, entende-se que não existe no Brasil controle político do ato jurisdicional típico e mesmo das demais atividades do juiz enquanto agente do Estado e mesmo em sua vida privada enquanto pessoa.

A livre apreciação dos fatos e das provas, elementos informadores da liberdade de convicção, pedra angular de um sistema caracterizado pela independência e liberdade do magistrado, são assegurados pela Constituição que, contudo, o condicionou à motivação e fundamentação das decisões judiciais...

... Pela Segunda, apontam-se os limites da atuação do Poder Judiciário, em relação às atividades precípuas desempenhadas pelos outros Poderes – o Executivo e o Legislativo.

Os atos administrativos sujeitam-se ao princípio da legalidade, sendo o controle da legalidade de tais atos desempenhado, no Brasil, pelo Poder Judiciário por meio do sistema de jurisdição una. Controle este, a propósito, que exclui o do mérito do ato administrativo, plasmado nos princípios da conveniência e oportunidade, de exclusiva alçada da Administração, exceção feitas às ações popular e civil pública."[85]

13.1. Casos de incidência da responsabilidade dos juízes

Como se disse, unicamente as previsões legais admitem a responsabilidade do juiz. Quais essas previsões? São as constantes no art. 143 do Código de Processo Civil, que equivalem às do art. 49 da Lei Orgânica da Magistratura Nacional – Loman (Lei Complementar nº 35/1979), e no art. 1.744, incisos I e II, do Código Civil.

---

[84] *A Responsabilidade Civil do Juiz*, São Paulo, Editora Max Limonad, 1999, pp. 210/211.
[85] "Da responsabilidade pública por atividade judiciária no Direito brasileiro", em *Revista Forense*, nº 373, pp. 134 e 135.

Para bem dimensionar o âmbito de incidência da responsabilidade, apropriada a transcrição desses dispositivos:

Art. 143 do CPC:

"O juiz responderá, civil e regressivamente, por perdas e danos quando:

I – no exercício de suas funções, proceder com dolo ou fraude;

II – recusar, omitir ou retardar, sem justo motivo, providência que deva ordenar de ofício ou a requerimento da parte.

Parágrafo único. As hipóteses previstas no inciso II somente serão verificadas depois que a parte requerer ao juiz que determine a providência e o requerimento não for apreciado no prazo de 10 (dez) dias."

Art. 49 da LOMAN:

"Responderá por perdas e danos o magistrado, quando:

I – no exercício de suas funções, proceder com dolo ou fraude;

II – recusar omitir ou retardar, sem justo motivo, providência que deva ordenar de ofício, ou a requerimento das partes."

Art. 1.744, incisos I e II, do Código Civil:

"A responsabilidade do juiz será:

I – direta e pessoal, quando não tiver nomeado o tutor, ou não o houver feito oportunamente;

II – subsidiária, quando não tiver exigido garantia legal do tutor, nem o removido, tanto que se tornou suspeito."

Quanto ao inc. II do art. 143 da lei processual, há de se observar a diligência contida em seu parágrafo único, por conta da parte interessada, em solicitar ao juiz, para atender a providência no prazo de dez dias, sem o atendimento através de despacho. É como dizem Luiz Guilherme Marinoni, Sérgio Cruz Arenhart e Daniel Mitidiero: "Só se configuram a recusa, a omissão ou o retardamento, sem justo motivo, se o juiz, em face de requerimento da parte nos autos, não examina o pedido no prazo de dez dias. O prévio requerimento específico é condição essencial para a incidência do art. 143, II, (CPC)."[86]

Nota-se facilmente, das redações acima, que os arts. 143 do CPC e 49 da LOMAN revelam uma maior pertinência prática.

Na primeira hipótese de responsabilidade, o juiz procede com dolo ou fraude. Os conceitos desses elementos de incriminação são idênticos em ambos os dispositivos.

A palavra dolo, segundo distingue Agostinho Alvim, citado por Giovanni Ettore Nanni, "é empregada para significar artifício ou expediente astucioso usado para induzir alguém à prática de um ato, que o prejudica e aproveita ao autor do dolo ou a terceiro". Já fraude tem relação com o comportamento malicioso da pessoa, com o intuito de fraudar a lei ou as partes. Envolve, continua Giovanni Ettore Nanni, "a ligação do juiz com uma das partes, ou, eventualmente, com pessoa estranha ao processo, fraude esta que se exteriorizará e materializará também no exercício das funções praticadas pelo juiz".[87]

Caio Mário da Silva Pereira também ressalta com clareza quando ocorre a responsabilidade do Juiz, embora inclua a culpa, aspecto do qual se discorda:

---

[86] *Novo Código de Processo Civil Comentado, ob. cit., p. 216.*
[87] *A Responsabilidade Civil do Juiz*, ob. cit., p. 227.

"Tendo em vista a soberania da *res iudicata*, o Código de Processo Civil define o que considera ato ilícito cometido pelo juiz: quando procede com dolo ou culpa no exercício das suas funções, ou se recusa, omite ou retarda, injustificadamente, providências que deve ordenar de ofício ou a requerimento da parte (Código de Processo Civil, art. 133).

A conceituação de dolo ou culpa é a do direito comum. E a responsabilidade se positiva quando o juiz, de qualquer instância ou tribunal, pratica atos lesivos ao jurisdicionado, que se possam inquinar de dolosos ou fraudulentos...

Da análise destes conceitos, que parecem desencontrados, porém na verdade são subordinados a uma tônica de certo modo uniforme, força é concluir que o fato jurisdicional regular não gera responsabilidade civil do juiz, e portanto a ele é imune o Estado. Daí a sentença de Aguiar Dias, que bem o resume, ao dizer que segundo a doutrina corrente, os atos derivados da função jurisdicional 'não empenham a responsabilidade do Estado, salvo as exceções expressamente estabelecidas em lei' (*Da Responsabilidade Civil*, vol. II, n° 214)...

Situações concretas, entretanto, têm conduzido algumas vezes a admitir a responsabilidade do Estado por erros judiciais. Além destes, a jurisprudência admitiu a demora na decisão das causas deveu-se a dolo ou culpa (Cretella Júnior, *Responsabilidade do Estado por Atos Judiciais, in Revista da Faculdade de Direito de São Paulo*, vol. LXIX, 1969, p. 73)..."[88]

O art. 133 corresponde ao art. 143 do CPC/2015.

Augusto do Amaral Dergint compartilha do pensamento: "Observa-se que, conforme o disposto no art. 37, § 6°, da Lei Maior, o juiz responde não apenas por dolo ou fraude, mas também por culpa, aliás, em hipóteses que não se limitam às elencadas no inc. II do art. 133 do Código de Processo Civil."[89]

O inc. II do art. 133 corresponde ao inc. II do art. 143 do CPC/2015.

Entrementes, a extensão do dolo vai mais além, não se restringindo aos sentidos acima. É empregado o termo no significado de voluntariedade da ação, de prática direcionada para prejudicar a parte, de obter vantagem ilícita, sendo elemento integrante de várias figuras penais, como do peculato, da concussão, da prevaricação, da corrupção passiva, da concussão. Unicamente, pensa-se, não é possível englobar no termo a culpa no sentido de conduta imprudente, ou negligente, ou imperita. Não cabe dar ao termo um conteúdo maior daquele que lhe é próprio no sentido técnico.

Esta concepção encontra respaldo em Lair da Silva Loureiro Filho: "Portanto, em face do juiz, diretamente, apenas poderá ser proposta a demanda sob o fundamento da conduta dolosa e da fraude, em razão de sua responsabilidade pessoal, nunca da conduta culposa. Esta poderá ser perquirida somente em sede regressiva (portanto indiretamente) a partir da exoneração do Estado.

Em face do Estado, diretamente, poderá ser ajuizado pleito indenizatório, a qualquer título e sob qualquer fundamento, desde que provado o nexo do dano (indenizável e injusto) com a atividade desenvolvida pelo Estado. Responderá o Estado, portanto, por conduta dolosa, culposa, falha anônima do serviço judiciário e até mesmo por ato ilícito deste."[90]

Já em vista da recusa, omissão ou retardamento, da providência que lhe incumbia, o que pode ocorrer, além do dolo ou da fraude, também por culpa, mister que se evidencie o desamparo em justo motivo. Não basta a demora em despachar o processo, ou

---

[88] *Responsabilidade Civil*, 8ª ed., Rio de Janeiro, Editora Forense, 1998, pp. 140-141.
[89] *Responsabilidade do Estado por Atos Judiciais*, ob. cit., p. 209.
[90] *Da responsabilidade pública por atividade judiciária no Direito brasileiro*, trabalho citado, pp. 143 e 144.

em sentenciar, ou em designar audiência, além da providência do parágrafo único do art. 143 do CPC. Se o juiz possui excessiva quantidade de ações para atender, não responde pela demora ou atraso; nem se excessivamente volumoso e complexo o processo, exigindo considerável lapso de tempo para o estudo. Todavia, se a demora e o acúmulo de feitos decorrem da inércia do juiz, de sua inaptidão para o trabalho, tanto que outros juízes, de modo geral, mantêm em dia o andamento dos processos, altera-se a situação. Não se olvide, entrementes, que as capacidades no desempenho das funções e o grau de inteligência são diferentes, fatores que importam em conceder alguma margem de tolerância ou temperamento na apreciação da responsabilidade. Seriam exemplos de responsabilidade direta do juiz a falta de impulso nos processos, a omissão de decisões, a paralisação na movimentação dos feitos, tudo em razão do simples não comparecimento ao foro, ou da extrema displicência, do crasso desinteresse, de sua desorganização profissional, da displicência no estudo e preparo. Os prejuízos ocasionados podem ser procurados junto ao juiz, como em uma ação de despejo que fica sem a decisão durante longo período de tempo, não havendo fiadores pelas obrigações pendentes; ou na omissão em decidir sobre a venda de bens perecíveis, que se encontram depositados judicialmente; ou no mero 'esquecimento' de pedido de recolhimento de bens penhorados, que se encontram depositados com o devedor, e que os está desviando ou alienando.

Quanto ao desleixe no cuidar dos processos, oportuno o seguinte exemplo, em ação de despejo, trazido por José Carlos de Araújo Almeida Filho: "Admitamos, para efeito de compreensão analítica, o caso de uma locação não residencial em que locador e locatário são comerciantes, mas o locador possui uma empresa, sediada em sua residência, mas sem usufruir qualquer vantagem, uma vez ser o local de impossibilidade comercial.

Desejoso de retomar seu prédio, com o fim de ali instalar seu comércio, para auferir frutos, desfere contra o locatário uma ação de despejo e, por motivos alheios à sua vontade, o feito se arrasta inexplicavelmente, por omissão, retardamento e às vezes recusa do magistrado em decidir.

Sem dúvida, mormente nos dias de hoje em que os recursos neste tipo de ação não possuem efeito suspensivo, encontra-se a parte impedida de exercer sua atividade porque não há decisão no feito.

Caracterizada a desídia do magistrado, ocorridas as hipóteses previstas no art. 133, estará ele sujeito a responder civilmente, uma vez que há ocorrência de dano patrimonial. Neste caso, entendemos haver, ainda, lucros cessantes.

Com o fim de obter a prestação da tutela jurisdicional de forma clara, aconselhamos aos que estiverem nesta situação, procederem a pesquisa de mercado, com o fim de se apurar a renda que um comerciante auferiria no tipo de negócio que pretende instalar, com o fim de desferir pedido certo e não se sujeitar, ao depois, aos desconfortos de processo liquidatório...

Concluímos por afirmar que haverá necessidade, para se obter a pretensão indenizatória, de comprovar-se o dano havido, sob pena de não se almejar o intento."[91]

O art. 133 corresponde ao art. 143 do CPC/2015.

Em vista das situações do art. 1.744 do CC, a responsabilidade do juiz é direta e pessoal, se ele deixar de nomear tutor, ou o nomear tardiamente. As hipóteses, se real-

---

[91] *A Responsabilidade Civil do Juiz*, São Paulo, WVC Gestão Inteligente Comercial Ltda., 2000, p. 76.

mente verificadas a fundo as situações, não se apresentam incomuns. Uma vez chegando ao conhecimento do juiz o abandono do menor e a existência do patrimônio, o qual fica desprotegido e vem a ser subtraído ou dilapidado na mão de terceiros; se há pedido para providências, buscando a nomeação de tutor; se evidentes a omissão, o descaso, a demora, a protelação injustificada, decorre inolvidavelmente a responsabilidade. O juiz pessoalmente arcará com o ressarcimento.

Será subsidiária a sua responsabilidade, caso não tenha exigido garantias, ou se as oferecidas revelaram-se flagrantemente insuficientes, ou não removeu o tutor tanto que se tornou suspeito. Nestas eventualidades, respondendo subsidiariamente, é óbvio que, por primeiro, deve-se buscar o ressarcimento perante o tutor. Unicamente se insuficiente seu patrimônio, ou não se lograr sucesso junto ao mesmo, busca-se o suplemento ante o juiz.

Observa-se que a responsabilidade é concomitante do juiz e do Estado, aplicando-se o que se disse no item sobre a ação contra os agentes públicos e direito de regresso, de modo a estar autorizado o lesado a ingressar somente contra o juiz, ou contra ele e o Estado, ou apenas contra este último. De outro lado, por restringir-se de modo geral a responsabilidade à configuração do dolo ou da fraude, e mesmo da culpa nas situações de recusa, omissão ou retardamento de providência no processo, bem como se deixar de nomear tutor ou se o nomeia tardiamente, qualquer das espécies caracterizando conduta ilícita, sempre cabe a ação de regresso do Estado. À toda evidência, não destoam os dispositivos acima do art. 37, § 6º, da Carta Maior Federal, que assinala para o direito de regresso.

Não se admite o regresso em outras situações, afora as da responsabilidade enumeradas expressamente nos dispositivos acima. É claro Giovanni Ettore Nanni: "Se o Estado é acionado e condenado em virtude de um ato faltoso do juiz, enquadrando-se nos artigos de lei citados, o Estado deverá exercer o seu direito de regresso frente àquele; mas fora dessas previsões, a faculdade não é permitida, porque o juiz não responde civilmente, em termos genéricos, a título de culpa e dolo, como qualquer outro agente, dada a especialidade da sua função.

Em nosso ver, pensar de forma diferente traria a total incompatibilidade do sistema de responsabilização sustentado no trabalho, atravancando certamente toda e qualquer iniciativa diante do juiz, pois, se subtraídas as previsões legais, seria o mesmo que instituir--se a completa imunidade deste em relação ao direito, ou, de outro lado, ter-se-ia que responsabilizar o juiz, tal qualquer outro agente do Estado, aplicando-se a regra comum do direito de regresso, o que é inviável, já que atinge irremediavelmente a independência e a liberdade de julgar."[92]

Essas as hipóteses de responsabilidade em função do exercício da prestação jurisdicional. Não se afastam, porém, outras situações, comuns e que se aplicam a qualquer pessoa, e que não derivam estritamente das funções atribuídas ao juiz. Tal sucede com a ofensa irrogada no processo, de modo a atingir a honra da pessoa que participa ou atua no feito, ou cujo nome é nele mencionado. Se o juiz ofender o advogado, ou a parte, ou terceiros mesmo que estranhos ao feito, decorre o direito de indenização por danos morais. Nota-se que eventuais ataques e desrespeitos à honra, excessos e impropriedade de linguagem não fazem parte da função jurisdicional. De igual modo, quando o ato do juiz atingir direito de estranho ou pessoa não ligada à demanda que tramita, em abuso

---

[92] *A Responsabilidade Civil do Juiz*, ob. cit., p. 218.

de autoridade ou em decisão extrapolando as lindes da ação, como busca e apreensão infundada de bem de pessoa estranha.

Acresce notar que a imunidade do juiz, afora as hipóteses elencadas na lei, não afasta o direito de pleitear a indenização por palavras e ofensas que o mesmo proferir, mas aí não em função da atividade jurisdicional, e sim desviar-se de seus limites, como quando profere ofensas, atribui fatos inverídicos às partes, ataca a sua honorabilidade, emprega linguagem destemperada ou imprópria, tudo de acordo com o art. 41 da Lei Complementar nº 35: "Salvo os casos de impropriedade ou excesso de linguagem, o magistrado não pode ser punido ou prejudicado pelas opiniões que manifestar ou pelo teor das decisões que proferir." Nessa dimensão, está o juiz saindo de sua função, e, assim, não exerce a jurisdição. A sua responsabilidade decorre do procedimento comum de cidadão.

Todavia, se não está o juiz na função jurisdicional, a sua responsabilidade é comum como o é a dos funcionários e agentes públicos em geral, havendo a corresponsabilidade do Estado. Bem expõe o assunto José Cretella Júnior: "Os atos administrativos materiais, praticados pelo Poder Judiciário, tais como nomeações e demissões de funcionários, concessão de licenças, férias, correções, se causam danos aos administrados, empenham a responsabilidade civil do Estado, de acordo com o regime comum da responsabilidade do Estado por atos de seus funcionários... Se o juiz, conduzindo carro do serviço público, ao dirigir-se para o foro em horário de expediente a fim de presidir uma audiência, abalroa carro de particular, danificando-o, não há a menor dúvida de que desse fato administrativo culposo decorrem consequências jurídicas, empenhando a responsabilidade civil do Estado."[93]

Nas situações acima, ou em quaisquer outros atos que causarem danos fora da atividade jurisdicional, responde o juiz como cidadão comum, ou como agente público igual a qualquer funcionário.

Outros atos ou comportamentos, destemperos, erros crassos, falta de fundamentação do *decisum*, arbitrariedades no processo, teor da opinião, ideias extravagantes, delírios filosóficos e mais impropriedades, não comportam a responsabilidade. Do contrário, seria ferida e abalada a independência funcional, princípio básico que sustenta a liberdade de decidir, instaurando-se a insegurança jurídica nas decisões, e inviabilizando o exercício das funções cometidas ao Poder Judiciário.

13.2. A responsabilidade com base no art. 37, § 6º, da Constituição Federal

A restrição da responsabilidade incidente no juiz não afasta a responsabilidade do Estado em outras situações, como na morosidade da justiça e a falta de infraestrutura. Inquestionáveis os prejuízos que resultam da demora na prestação jurisdicional. Os processos, depois de instruídos e concluídos, permanecem, não raramente, durante anos conclusos ao juiz. Para a realização de uma audiência, decorre um considerável lapso de tempo. Há sucessivas postergações na prática de atos processuais, por vários fatores, na maior parte das vezes em razão da deficiência dos serviços, do despreparo dos funcionários, do completo desinteresse.

Basicamente, porém, as causas da deficiente prestação jurisdicional estão na constante carência de recursos humanos e financeiros, e de condições razoáveis, tendo ficado notória

---

[93] *O Estado e a Obrigação de Indenizar*, ob. cit., pp. 259 e 260.

que esse estado revela-se mais comum na Justiça Federal e no Supremo Tribunal Federal. Mesmo nas Justiças Estaduais encontram-se comarcas nas quais há um verdadeiro caos, representando o exercício da advocacia uma insuportável *via crucis* para os advogados e as partes.

Em situações tais, desde que comprovados os prejuízos às partes, incide regra do art. 37, § 6º, da Constituição Federal, respondendo o Estado por omissão. Enfatiza Celso Antônio Bandeira de Mello que "a responsabilidade estatal por ato omisso é sempre responsabilidade por comportamento ilícito. E sendo responsabilidade por ilícito, é necessariamente responsabilidade subjetiva, pois não há conduta ilícita do Estado (embora do particular possa haver) que não seja proveniente de negligência, imprudência ou imperícia (culpa) ou, então, deliberado propósito de violar a norma que o constituía em dada obrigação (dolo). Culpa e dolo são justamente as modalidades de responsabilidade subjetiva".[94]

Está-se diante da falta do serviço, ou *faute du service* dos franceses, que é a deficiência anônima, a má prestação das atividades de obrigação do Estado, sem que se identifique ou individualize a culpa específica dos agentes do Estado. Não funciona o serviço, ou funciona mal, ou funciona com atraso, importando em responsabilidade, mas com a demonstração dos prejuízos acarretados, como os lucros cessantes, a verificação da insolvência no curso do processo, a deterioração do bem, sendo o caso quando o mesmo está em depósito, ou consta ordenada a sua indisponibilidade.

Mais fatores entram para justificar a responsabilidade do Estado, indicados por Augusto do Amaral Dergint: "O agente, o usuário ou o colaborador do serviço judiciário podem também ser atingidos pela sua organização, quando, por exemplo, um tribunal é suprimido ou quando os juízes necessários à constituição de um tribunal não são nomeados ou seu número é insuficiente, de modo que a tutela jurisdicional não é prestada ou o é com muito atraso."[95]

Cumpre, também, se proceda a devida distinção: ou se configurou a inviabilidade do juiz decidir, por absoluto excesso de trabalho, quando incide a responsabilidade com fulcro no art. 37, § 6º, da Constituição Federal; ou o juiz revelou-se relapso, desatento, desidioso, recaindo nele a responsabilidade, forte nos arts. 49, II, e 143, II, respectivamente da LOMAN e do CPC.

De insistir em anotar a restrição feita por Honildo Amaral de Mello Castro: "É importante salientar que os juízes estão sujeitos à ação regressiva movida pelo Estado que indenizar o condenado ou o preso, somente quando houver dolo ou má-fé."[96]

Não ingressa, ainda, na responsabilidade jurisdicional a atividade administrativa, quando o juiz atua como agente do Estado, praticando atos de direção do foro, ou do juízo onde exerce a sua função, de comando dos funcionários, de verificação do cumprimento dos despachos pelo escrivão. Submete-se, nesse mister, à responsabilidade própria do art. 37, § 6º, da Carta Federal.

---

[94] *Ato Administrativo e Direitos do Administrado*, São Paulo, Editora Revista dos Tribunais, 1981, p. 145.
[95] *Responsabilidade do Estado por Atos Judiciais*, ob. cit., p. 108.
[96] *Responsabilidade Civil do Estado: alguns aspectos*, trabalho citado, p. 116.

13.3. Responsabilidade por erro judiciário e por excesso de cumprimento de pena

De acrescentar, ainda, outros dois casos de responsabilidade, todavia mais do Estado, mas que podem refletir no juiz, se configurada qualquer das previsões dos dispositivos acima. Cuida-se do erro judiciário e do excesso de cumprimento de pena, instituídos no art. 5º, inc. LXXV, da Carta da República: "O Estado indenizará o condenado por erro judiciário, assim como o que ficar preso além do tempo fixado na sentença."

Sobre o assunto, escreve Ruy Rosado de Aguiar Júnior: "O art. 5º, LXXV, da Constituição/88, que é norma especial em relação à do art. 37, § 6º, pois explicitou o que já nesta se continha, serviu para realçar dois casos de responsabilidade estatal erigidos em direito fundamental do cidadão: por erro judiciário e por excesso de cumprimento de pena. O primeiro está sempre e necessariamente inserido no tema da responsabilidade por ato jurisdicional, dada a sua natureza, mas o segundo dependerá das circunstâncias, pois a demora na liberação poderá ser consequência de ato do juiz da execução da pena, de falta dos serviços cartorários da justiça ou só de falha do serviço administrativo a que está afeto o sistema penitenciário, integrante da administração pública centralizada. A norma também serve para evidenciar a existência dos diversos planos onde tem origem a responsabilidade pelo exercício da função jurisdicional: a) a atividade jurisdicional propriamente dita, exercida pelo juiz na sentença de matéria que transita em julgado; b) a atividade judicial pós-sentença ou pré-sentença; c) a atividade dos serviços da justiça."[97]

No caso do erro judiciário penal, para a sua determinação há um procedimento a ser obedecido, explicado por Augusto do Amaral Dergint: "Constatado o erro judiciário penal, mediante processo de revisão, cumpre restabelecer o *status quo ante* às condenação, em todas as dimensões jurídicas nas quais esta tenha afetado o condenado. Assim, deve ocorrer a cessação de pena privativa de liberdade ou de medida de segurança aplicada, a restituição de bens confiscados ou apreendidos como instrumentos do crime, a invalidação do ressarcimento do dano a que tiver sido obrigado (como efeito da condenação), o restabelecimento de direitos eventualmente atingidos pela sentença condenatória... Tratanto-se de pena pecuniária (multa), deve ser reembolsado o valor recolhido pelo condenado aos cofres públicos."[98]

Não existe outra casuística de responsabilidade do juiz ou do Estado, valendo lembrar que a Lei Complementar nº 35 encontra-se em pleno vigor, complementando o art. 37, § 6º, em matéria de responsabilidade do juiz. De sorte que, por inúmeros outros prejuízos, como demora no andamento do processo, o não comparecimento em audiência, o decurso dos prazos que a lei assinala para proferir despachos e sentenças, o erro grosseiro nas decisões, desídia no desempenho da função, a falta de preparo e estudo dos processos, a prepotência no exercício da jurisdição, o comparecimento com atraso na realização de atos judiciais, a postura indecorosa, não comportam responsabilidade civil do juiz.

---

[97] "A Responsabilidade civil do Estado pelo exercício da função jurisdicional no Brasil", em *Responsabilidade Civil, Revista AJURIS* – Associação dos Juízes do RGS, Porto Alegre, Edição Temática, p. 173.

[98] *Responsabilidade do Estado por Atos Judiciais*, ob. cit., p. 169.

14. RESPONSABILIDADE POR DANOS CAUSADOS PELOS CARTÓRIOS JUDICIAIS E EXTRAJUDICIAIS

Responde o Estado pelos danos causados pelos cartórios judiciais ou extrajudiciais. O fundamento da responsabilidade está no art. 37, § 6º, do Estatuto Maior.

Os titulares dos cartórios classificam-se como serventuários da administração judiciária investidos de fé pública, com a função específica de lavrar atos e contratos, de efetuar os registros desses atos e contratos, de certificar nos autos processuais e fora deles e cumprir as decisões e despachos do juiz.

Os serviços notariais, os de tabelionato e os de registros públicos são exercidos em caráter privado, mas através de delegação, circunstância que impõe a aplicação de normas próprias dos servidores públicos. A respeito, lê-se no art. 236 da CF: "Os serviços notariais e de registro são exercidos em caráter privado." A Lei nº 8.935, de 18.11.1994, em seu art. 3º, regulamentando o art. 236 referido, ao dispor sobre os serviços notariais e de registro, expressa que o "Notário e Oficial do Registro, ou Registrador, são profissionais do direito, dotados de fé pública, a quem é delegado o exercício da atividade notarial e de registro."

Possível acionar unicamente os cartórios por seus titulares, já que dotados de personalidade jurídica própria: "Como o cartório de notas é dotado de personalidade jurídica própria, tem ele legitimidade para figurar no polo passivo em ação visando à indenização em decorrência de prejuízos causados por falsificação, visto que, na forma do art. 37, § 6º, da CF, ele responde pessoalmente pelos atos praticados em seu nome por seu titular ou seus prepostos que causem danos a terceiros, tendo direito de regresso contra o responsável."[99]

A Lei nº 6.015, de 31.12.1973, no art. 28, restritamente aos oficiais dos Registros Públicos, firma a sua responsabilidade: "Além dos casos expressamente consignados, os oficiais são civilmente responsáveis por todos os prejuízos que pessoalmente, ou pelos prepostos ou substitutos que indicarem, causarem, por culpa ou dolo, aos interessados no registro."

14.1. Atos de escrivães de cartórios judiciais e oficiais de justiça

Os serviços cartorários judiciais, ou ofícios de cartório, e os de oficial de justiça normalmente são da responsabilidade do Estado, que os custeia. Entrementes, podem ser pagos integralmente pelas partes que demandam em juízo.

Devem incluir-se nos ofícios de cartório os cargos de secretário de cartório, secretário de câmara, chefes de gabinetes de juízes, desembargadores e ministros; equiparam-se ao oficial de justiça os porteiros de auditórios e outros auxiliares encarregados de comunicar os atos judiciais ou as ordens dos juízes.

Mesmo incluindo-se os servidores contratados no regime trabalhista privado, e assim os escreventes, atendentes, estafetas, o que aparece comumente nos cartórios não oficializados, as tarefas e funções são de ordem e interesse público, regulando-se a responsabilidade pelo art. 37, § 6º, da CF. Pelas pessoas que contrata, responde o escrivão.

---

[99] Apel. Cível nº 334.245-0, da 4ª Câmara Cível do TA de Minas Gerais, *DJ* de 07.02.2003, *ADCOAS* 8215756, *Boletim de Jurisprudência ADCOAS*, nº 16, p. 249, abr. 2003.

Quanto aos funcionários de cartórios judiciais, e restritamente para o escrivão e o oficial de justiça, os casos específicos que levam a arcar com os danos encontram-se no art. 155 do Código de Processo Civil: "O escrivão, o chefe de secretaria e o oficial de justiça são responsáveis, civil e regressivamente, quando:

I – sem justo motivo, se recusarem a cumprir no prazo os atos impostos pela lei ou pelo juiz a que estão subordinados;

II – praticarem ato nulo com dolo ou culpa."

No tocante ao escrivão, e, assim, aos serventuários em geral que atuam em cartórios, serventias, secretarias, contadorias e ofícios de distribuição de processos, incumbem-lhes, na forma do art. 228 do CPC, remeter os autos conclusos no prazo de um dia e executar os atos processuais no prazo de cinco dias, contado da data em que:

"I – houver concluído o ato processual anterior, se lhe foi imposto pela lei;

II – tiver ciência da ordem, quando determinada pelo juiz."

Vários outros prazos constam estabelecidos em leis, com a permissão de também o juiz fixar a duração do prazo para o cumprimento das determinações que profere.

Já ao oficial de justiça, a lei não assinala o prazo para o cumprimento das diligências de citação e intimação, sendo relevante que o juiz o determine no despacho que profere ao receber a lide.

Não cumpridas as diligências no lapso constante na lei ou no despacho do juiz, assiste à parte lesada promover a indenização competente, desde que venha a devida comprovação dos prejuízos econômicos ou morais, e determinado o cumprimento no período de duração do prazo em despacho do juiz, ou por determinação da lei. No entanto, resta facultada a demonstração de justo motivo, como excesso de trabalho do cartório ou do oficial de justiça, não localização da pessoa, distância do local onde deve ser procurada, intempéries do tempo, e, assim, vários outros fatores da impossibilidade.

Se a falta de atendimento advém da ineficiência da estrutura interna dos cartórios ou serventias, ou em verificado excesso de trabalho, e não de culpa do servidor, resultando daí prejuízos, resta a responsabilidade do Estado, com suporte no art. 37, § 6º, da Carta Federal. Bem retrata a situação Sérgio Cavalieri Filho: "Por seu turno, o serviço judiciário defeituoso, mal organizado, sem os instrumentos materiais e humanos adequados, pode, igualmente, tornar inútil a prestação jurisdicional e acarretar graves prejuízos aos jurisdicionados pela excessiva morosidade na tramitação do processo. Os bens das partes se deterioram, o devedor desaparece, o patrimônio do litigante se esvai."[100]

Também a conduta dolosa e culposa do funcionário, importando em nulidade, resulta no dever de indenizar os prejuízos causados. Toda prática de ato dirigida a prejudicar a parte, a trazer vantagem ilícita ou indevida ao outro litigante, como ocultando os autos, não procurando a pessoa a ser notificada ou citada, certificando inveridicamente determinadas situações, não cumprindo propositadamente os despachos e decisões, proporcionam o ressarcimento. Mesmo que não resulte em nulidade o ato, cabe a reparação.

---

[100] *Programa de Responsabilidade Civil*, ob. cit., p. 265.

14.2. Atos de notários e de oficiais dos registros públicos

Quanto à responsabilidade dos notários ou tabeliães e dos oficiais do registro público a matéria é mais complexa, impondo um exame alongado.

A regulamentação do art. 236 da CF veio através da Lei nº 8.935, de 18.11.1994, que estabeleceu a responsabilidade dos notários e oficiais de registro, no seu art. 22, verbis, em texto da Lei nº 13.286/2016: "Os notários e oficiais de registro são civilmente responsáveis por todos os prejuízos que causarem a terceiros, por culpa ou dolo, pessoalmente, pelos substitutos que designarem ou escreventes que autorizarem, assegurado o direito de regresso".

Acrescenta o parágrafo único que prescreve em três anos a pretensão de reparação civil, contado o prazo da data de lavratura do ato registral ou notarial.

Tal dispositivo obriga os notários e oficiais de registros a indenizarem todo e qualquer prejuízo causado por ato de sua competência, como se denota da seguinte passagem de um aresto: "... De outra parte, o Tabelião de Protesto de Títulos, na qualidade de delegado do Poder Público, responde pelos danos causados pelo mau funcionamento do serviço público que presta em caráter privado (art. 22 da Lei nº 8.935, de 18 de novembro de 1994)."[101]

Depreende-se, portanto, a existência de norma legal imputando a responsabilização direta dos notários e dos oficiais de registro, dentre eles o do registro de imóveis, por atos que venham a causar prejuízos a terceiros.

José de Aguiar Dias demonstra com clareza a atribuição da responsabilidade pelos atos dos tabeliães e oficiais de registro:

"A responsabilidade civil dos notários, tabeliães e oficiais de registro difere da responsabilidade profissional em geral. Porque, ao contrário dos médicos, advogados etc., assumem obrigação de resultado. Daí a consequência: o erro profissional não lhes serve de escusa.

Aliás, o caráter contratual da sua responsabilidade é energicamente contestado. Carvalho Santos diz, sem hesitação: 'que se trata de culpa aquiliana, não há dúvida alguma'.

Pensamos que, na realidade, o fato inegável de ser o notário um oficial público não afeta o lado contratual da questão. Se o notário age no papel peculiar às suas funções e não pode ser tomado senão na qualidade de oficial público, não menos certo é que as partes fazem com o tabelião um contrato cujo objeto é precisamente o exato exercício de suas funções. Não são de desprezar as consequências daí emanadas: se, por exemplo, em dado caso, as regras da responsabilidade contratual favorecem o autor, não poderia negar-lhe o direito de invocá-las. De outra parte, não seria lícito interpretar o contrato como renúncia da sua parte à utilização das normas da responsabilidade aquiliana, na qual o notário incorre pelo simples fato de desempenhar mal suas funções. O problema se colocará, pois, com propriedade, no domínio da cumulação de responsabilidade.

Donde se conclui que não merece aplausos a jurisprudência que se orienta no sentido de fazer depender a responsabilidade do oficial de culpa grave de sua parte.

Carvalho Santos mostra com sua peculiar clareza o defeito desse raciocínio, que se choca com os princípios da culpa aquiliana, defendidos por essa mesma jurisprudência, porque, recorda, nesta espécie de culpa não cabe distinção nenhuma. Leve ou mesmo levíssima, ela dá lugar à responsabilidade e obriga o oficial à reparação do dano resultante.

Os notários respondem perante terceiros pelos erros que lhes venham a causar prejuízo."[102]

---

[101] Agravo de Instrumento nº 197133408, da 9ª Câmara Cível do extinto Tribunal de Alçada do Estado do RGS, de 09.09.1997.

[102] *Da Responsabilidade Civil*, Rio de Janeiro, Forense, 1973, pp. 340-341.

De igual forma Clayton Reis: "A teoria da responsabilidade civil no direito brasileiro já sacramentou a ideia de que todo ato lesivo aos interesses de terceiros, praticados com culpa ou dolo, resulta no indiscutível dever de indenizar. Os notários e registradores não fugiram a essa regra geral do direito.

O fato de que são agentes do Estado não lhes subtrai o dever de reparar o dano causado a terceiros, particularmente tendo conhecimento de que seus atos decorrem de obrigação contratual de produzir resultado."[103]

Dentre os tabeliães, estão os que lavram os protestos de títulos, cuja regulamentação está na Lei nº 9.492, de 10.09.1997, a qual define a competência e regulamenta os serviços de protesto de títulos. Assinala seu art. 38 a responsabilidade dos tabeliães de protesto: "Os tabeliães de protesto de títulos são civilmente responsáveis por todos os prejuízos que causarem, por culpa ou dolo, pessoalmente, pelos substitutos que designarem ou escreventes que autorizarem, assegurado o direito de regresso."

Se procedido indevidamente o protesto, ou faltando a comprovação do título, ou com a omissão da precedente notificação, ou sem aguardar o prazo para o pagamento no cartório, incide a responsabilidade.

Igualmente no reconhecimento de assinaturas ou firmas, que é uma das atribuições dos tabeliães, decorre a responsabilidade. Se não feita a assinatura na presença do titular ou funcionário autorizado, mas por semelhança, acontece mais comumente a falsificação. Verificada de modo grosseiro, ou perceptível pelo mero exame das espécies de assinaturas, quando se constata a divergência entre a que está no documento e a registrada no cartão do tabelionato, recai a responsabilidade no tabelião, mesmo que realizado o ato por escrevente autorizado, já que é seu preposto. Exime-se ele unicamente se a diferença é apurável através de perícia técnica.

Verificada a responsabilidade dos funcionários públicos acima mencionados, indiscutível, também, a imputação da responsabilidade ao Estado, a teor do disposto no art. 37, § 6º, da Constituição Federal, eis que os atos de Tabelionato e de Registro de Imóveis são de controle e responsabilidade do Poder Público. Qualquer ofensa e irregularidades na prática desses atos ocasiona a responsabilização do ente público responsável pelo serviço.

A responsabilidade do Estado por atos de seus agentes é objetiva, como bem realça Maria Sylvia Zanella Di Pietro: "Quando se trata de dano causado a terceiros, aplica-se a norma do artigo 37, § 6º, da Constituição Federal, em decorrência da qual o Estado responde objetivamente, ou seja, independentemente de culpa ou dolo, mas fica com o direito de regresso contra o servidor que causou o dano, desde que este tenha agido com culpa ou dolo."[104]

José dos Santos Carvalho Filho demonstra com exatidão o motivo de se imputar ao Estado a responsabilidade pelos danos causados por seus agentes: "Dispõe o art. 37, § 6º, da CF, que o Estado é civilmente responsável pelos danos que seus agentes, nessa qualidade, venham a causar a terceiros. Como pessoa jurídica que é, o Estado não pode causar qualquer dano a ninguém. Sua atuação se consubstancia por seus agentes, pessoas físicas capazes de manifestar vontade real. Todavia, como essa vontade é imputada ao

---

[103] "A Responsabilidade Civil do Notário e do Registrador", em *Revista dos Tribunais* nº 703, p. 21.
[104] *Direito Administrativo*, ob. cit., p. 473.

Estado, cabe a este a responsabilidade civil pelos danos causados por aqueles que o fazem presente no mundo jurídico."[105]

A seguinte decisão do Supremo Tribunal Federal bem demonstra a exegese que se tem dado à matéria:

"Responsabilidade Civil do Estado – Natureza. Ato de tabelionato não oficializado. Cartas de 1969 e de 1988. A responsabilidade civil do Estado é objetiva, dispensando, assim, indagação sobre a culpa ou dolo daquele que, em seu nome, haja atuado. Quer sob a égide da atual Carta, quer da anterior, responde o Estado de forma abrangente, não se podendo potencializar o vocábulo 'funcionário' contido no art. 107 da Carta de 1969. Importante é saber-se da existência, ou não, de um serviço e a prática de ato comissivo ou omissivo a prejudicar o cidadão. Constatada a confecção, ainda que por tabelionato não oficializado, de substabelecimento falso que veio a respaldar escritura de compra e venda fulminada judicialmente, impõem-se a obrigação do Estado de ressarcir o comprador do imóvel."[106]

Em outro julgamento, a mesma orientação:

"Natureza estatal das atividades exercidas pelos serventuários titulares de cartórios e registros extrajudiciais, exercidas em caráter privado, por delegação do Poder Público. Responsabilidade objetiva do Estado pelos danos praticados a terceiros por esses servidores no exercício de tais funções, assegurado o direito de regresso contra o notário, nos casos de dolo ou culpa (CF, art. 37, § 6º)."[107]

Ressalta-se que a responsabilidade do Estado é solidária. Ilustra Nicolau Balbino Filho: "Embora haja regras especiais no Código Civil, além da contida na atual Lei de Registros Públicos, sobre a responsabilidade dos serventuários, existe o princípio constitucional de responsabilidade solidária do Estado pelos atos de funcionários dos três poderes, contra os quais caberá ação regressiva, nos casos de culpa ou dolo...

Se o exercício da delegação em caráter privado não descaracteriza os notários e registradores como servidores públicos, *ipso facto*, o Estado continua solidariamente responsável pelos seus atos, contra os quais caberá ação regressiva nos casos de culpa ou dolo."[108]

Se a responsabilidade é solidária, transparece evidente a possibilidade de serem, Estado, Notário e Oficial do Registro acionados judicialmente em conjunto, respondendo pelos danos acarretados pelo ato estatal, consoante assegura o preceito contido no artigo 37, parágrafo 6º, da Constituição Federal.

15. RESPONSABILIDADE NA ATIVIDADE DO MINISTÉRIO PÚBLICO

O Ministério Público não exerce atividade jurisdicional, nem se constitui como órgão auxiliar do Poder Judiciário. Sua função histórica é de agente do Poder Executivo, mas subordinando-se a regramentos próprios, ditados por vários diplomas, como a Constituição Federal (arts. 127 a 130), a Lei nº 8.625, de 12.02.1993 (Lei Orgânica Nacional do

---

[105] *Manual de Direito Administrativo*, Freitas Bastos Editora, 1997, pp. 327 e 328.

[106] STF – *Recurso Extraordinário* nº 175.739-6/SP, da 2ª Turma, rel. Min. Marco Aurélio, *DJU* de 26.02.1999, em 'Direito Civil e Processual Civil', Editora Síntese, nº 6, p. 143, jul.-ago. 2000.

[107] Agravo Regimental em Recurso Extraordinário nº 209.354, da 2ª Turma do STF, relator Ministro Carlos Velloso, j. em 02.03.1999, *in RDA* 216/183. No mesmo sentido: Recurso Extraordinário nº 212.724-8/MG, da 2ª Turma do STF, relator Ministro Maurício Corrêa, j. em 30.03.1999, *DJU* de 06.08.1999.

[108] *Registro de Imóveis – Doutrina – Prática Jurisprudência*, 9ª ed., São Paulo, Editora Saraiva, 1999, pp. 26 e 29.

Ministério Público), a Lei Complementar nº 75, de 20.05.1993, o Código Civil (arts. 28, § 1º, 33, 66, 168, 553, parágrafo único, 1.549, 1.637, 1.692), e o Código de Processo Civil (arts. 176 a 181), dentre várias outras leis.

Para bem se dimensionar a importância, útil transcrever o art. 127 da Carta Magna: "O Ministério Público é instituição permanente, essencial à função jurisdicional do Estado, incumbindo-lhe a defesa da ordem pública, do regime democrático e dos interesses sociais e individuais."

Em todos os campos se tornou imprescindível a atuação direta e a participação do Ministério Público, sendo que nas últimas décadas vem crescendo a sua importância, inclusive para a segurança, a preservação, e a defesa da ordem pública, do estado de direito e das instituições públicas, e valores de cidadania e da personalidade da pessoa humana. Cada vez mais se reclama a sua presença, seja como fiscal da lei nos processos onde se faz presente o interesse público do Estado (especialmente as que envolvem tributos), de incapazes e as demais hipóteses do art. 178 do CPC, e em liquidações extrajudiciais; seja como agente autor na instauração da ação penal, do inquérito civil e da ação civil pública, da ação de improbidade, da ação de inconstitucionalidade, de medidas acauteladoras de interesses de incapazes, de proteção ao meio-ambiente, e como substituto processual em ações como a popular, e parte legítima para interpor recursos e outras providências, inclusive de natureza administrativa; seja como curador de menores e outros incapazes, de ausentes, da massa falida, e até como representante de menores na investigação de paternidade com base na Lei nº 8.560, de 29.12.1992, e de pessoas pobres em propor a ação civil *ex delicto* do art. 68 do Código de Processo Penal, em comarcas nas quais não está implantada a defensoria pública. Cabe-lhe, outrossim, exercer o controle externo da atividade policial, requisitar diligências investigatórias e a instauração de inquéritos policiais. A gama de funções está sintetizada nos incisos do art. 129 da CF.

Interessa, aqui, a responsabilidade civil do Ministério Público, ou o exame das situações que permitem a sua responsabilização, as quais se encontram no art. 181 do Código de Processo Civil: "O membro do Ministério Público será civil e regressivamente responsável quando agir com dolo ou fraude no exercício de suas funções."

Procedendo com dolo ou fraude, isto é, visando a prática voluntária de infração ao dever profissional, está certa a responsabilidade civil do órgão que atuou e praticou a ilicitude. Quanto ao conceito de dolo e fraude, os conceitos são os mesmos estabelecidos para a configuração da responsabilidade do juiz, acima vistos.

No entanto, o que é importante, e traça a semelhança com responsabilidade dos juízes que incorrem em dolo ou fraude, não importa em afastar a incidência da responsabilidade do Estado, com suporte no art. 37, § 7º, da CF. Apurando-se culpa na conduta dos agentes do Ministério Público, por desídia, não comparecimento a atos judiciais, descumprimento do dever de se manifestar, havendo omissões em recorrer etc., o Estado responde pelos danos. Todavia, unicamente se procedeu o órgão ministerial com dolo ou fraude poderá sofrer a ação de responsabilidade, isoladamente ou em conjunto com o Estado, conferindo-se a este o direito de regressivamente voltar-se contra o causador do dano.

16. AÇÃO CONTRA OS AGENTES PÚBLICOS E DIREITO DE REGRESSO

Desde que a responsabilidade decorra da culpa, é natural que se deixa à livre escolha de quem está revestido de legitimidade ativa decidir contra quem ingressará com a ação de ressarcimento de danos. Realmente, se os danos causados a terceiros pelos agentes do Estado decorrem de ato doloso ou culposo, faculta-se ao lesado acionar unicamente o Estado, ou o Estado e o servidor em litisconsórcio passivo, ou apenas o servidor.

Cumpre se observe a condição para dirigir a ação contra o agente público, seja em litisconsórcio com o Estado ou isoladamente: a necessidade do amparo da lide na culpa ou dolo de quem provocou o dano. Desde que evidenciada a conduta ilícita, ou se procedeu incorretamente o preposto, é admitida a sua presença passiva no processo, incumbindo-lhe que satisfaça os danos decorrentes. Isto porque todos respondem pelos danos causados através de conduta ilícita. Do próprio art. 186 do CC brota a responsabilidade pelos danos causados. Não encontra respaldo na lei, e jamais encontrou, mesmo sob a égide do Código Civil revogado, a inteligência da restrição da legitimidade passiva unicamente contra o ente público. Não se pense que somente deve o funcionário obrigações ao Estado. Provocando ele um dano, por trilhar uma conduta contrária à lei, faz emergir a obrigação de reconstituir a situação que antes vigorava, pois não se pode premiar a ilicitude com a inércia. Se à parte lesada interessa mais dirigir-se contra o servidor, cumpre se respeite essa posição. Mesmo restando averiguado, posteriormente, que não agira o agente culposamente, e que o ato se deu por fato da coisa, ou de circunstâncias inafastáveis, fica reconhecido à pessoa o ingresso da demanda contra o Estado. A indevida demanda contra o agente não tolhe o direito do correto encaminhamento da pretensão, em novo processo, tanto que se trata de uma ilegitimidade passiva, que extingue o processo sem julgamento do mérito, de acordo com os arts. 485, inc. VI, da lei instrumental civil.

O art. 113 do Código de Processo Civil deixa límpido esse direito, ao encerrar, que "duas ou mais pessoas podem litigar, no mesmo processo, em conjunto, ativa ou passivamente, quando: I – entre elas houver comunhão de direitos ou de obrigações relativamente à lide." Nada se encontra, pois, na lei que impeça o exercício da ação contra a Fazenda Pública e o funcionário faltoso.

Assegura-se a responsabilidade sem indagar da culpa pelos danos advindos do exercício de atividades restritamente na ação dirigida contra o Poder Público. Já contra o indivíduo que executou o ato prejudicial, reclama-se a demonstração do nexo causal abrangendo a culpa.

Se a opção foi de demandar apenas o Estado, assegura-se a este o direito de regresso contra o responsável nos casos de dolo ou culpa, como se encontra no art. 37, § 6º. Operando-se a condenação do Estado com base na culpabilidade de seu agente, surge o direito de regresso, devendo acionar o funcionário com a finalidade de ressarcir-se do montante pago por ordem do veredicto judicial. Leva-se a termo, no curso da lide, a denunciação da lide, como permite o art. 125, inc. II, do diploma de processo civil. Se não promovida esta medida, não se impede que, em momento posterior, venha o Poder Público a buscar o ressarcimento. Salienta-se que é admissível a denunciação nos casos dos incisos I e II do art. 125.

De salientar que pelo atual CPC não há a obrigatoriedade na denunciação, consoante dispõe o citado art. 125: "É admissível a denunciação da lide, promovida por qualquer das partes".

Não se encontra na lei uma redação que conduza à perda do direito se não efetuada a denunciação.

Outrossim, mesmo que não atribuída pelo autor da ação a culpa ao preposto ou agente, não se coíbe a pretensão de denunciação, desde que veja o Poder Público elementos

360 • Responsabilidade Civil | *Arnaldo Rizzardo*

para incutir a responsabilidade ao funcionário. Não interessa que o autor não tenha visto culpa no procedimento do agente. Permite-se ao Estado pensar diferentemente, e querer que fique já definida a questão do regresso, com o que agilizará o seu reembolso.

17. RESPONSABILIDADE E RESTRIÇÃO DE DIREITOS PELO PODER PÚBLICO

As restrições decorrem de leis perfeitamente constitucionais, mas que trazem prejuízos patrimoniais quando de sua aplicação. Na intervenção do Estado no setor econômico, de várias maneiras decorrem prejuízos a terceiros, servindo de ilustração os seguintes exemplos: o Estado estabelece o monopólio estatal sobre certos produtos e atividades comerciais e industriais, fato este que traz a ruína para aqueles que, antes, produziam as mercadorias e executavam as atividades; a introdução de uma lei proibindo a fabricação ou a comercialização de certo produto; a colocação de óbices inviabilizando a importação de matéria-prima; a introdução de medidas restritivas ao exercício de atividades industriais, comerciais e profissionais; a redução do uso e proveito de uma área de terras, dando-lhe um destino de preservação; a supressão ou retirada de vantagens tributárias e outras que viabilizavam a fabricação, dado o custo do tratamento da matéria-prima.

As restrições impostas alteram uma situação anterior, quando já existia uma estrutura para a exploração de atividade que passou ao monopólio estatal, ou impedindo o proveito da terra no volume e extensão que se vinha praticando.

Atingindo apenas determinadas pessoas, ou sendo particularizadas, pois setorizados os campos da economia que ficaram limitados, ou as áreas de terra sobre as quais se criaram, *v. g.*, parques de preservação, decorre o ressarcimento, bem colocando a matéria Yussef Said Cahali: "Essas vedações, desde que feitas no interesse do Estado ou Município, atingindo o particular e ampliando as restrições impostas pelo legislador federal, deixam de ser simples limitações administrativas. É que estas devem ser gerais. Não se há de olvidar que esse caráter geral, de limitação administrativa à propriedade reside no aspecto de ser dirigida às posições indeterminadas do domínio (Hely Lopes Meirelles, *Direito Administrativo Brasileiro*, p. 40). Ainda, 'o essencial é que cada entidade, no impor a limitação, mantenha-se no campo de suas atribuições institucionais' (ob. e loc. cits.). Fosse o caso de simples preservação de riquezas florestais em caráter genérico, a proibição se originaria da órbita federal, à qual cabe legislar sobre aquela preservação, para todo o País. Outra espécie de limitação seria permissível, não há dúvida, com essa natureza, ainda que partida do Estado-membro. Mas não a proibição localizada de utilização de recursos naturais, com a supressão total do exercício do domínio, posto que, aí, então, descaracterizada tal natureza. Cumpre lembrar que da noção de generalidade da limitação administrativa é que decorre a sua gratuidade... Não obstante, se esse sacrifício deixa de ser geral, para ser particular, passa o indivíduo a suportar um sacrifício gratuito, em favor da coletividade, a sugerir o direito à indenização."[109]

Nessa ótica, todas restrições que atingem bens específicos importam em reparação, conforme já se manifestou a jurisprudência: "Desapropriação Indireta – Área florestal abrangida por parque estadual de reserva ecológica. Vigilância permanente do Poder Público privando o uso, gozo e livre disposição do bem.

---

[109] *Responsabilidade Civil do Estado*, ed. de 1996, ob. cit., p. 672.

Cap. XXVII | Responsabilidade Civil do Estado • 361

As limitações administrativas, como regra, não dão direito à indenização por serem de caráter geral, impostas com fundamento no poder de polícia do Estado, gerando para os proprietários obrigações positivas ou negativas, com o fim de condicionar o exercício do direito de propriedade ao bem-estar social. Mas, se a pretexto de limitação administrativa ou tombamento, a Administração impõe à propriedade particular restrição que afeta integralmente o direito de uso, gozo e livre disposição do bem, tratar-se-á de desapropriação, à qual deve corresponder a devida indenização, sob pena de configurar-se o confisco. Assim, provado que a área de terras pertencente aos embargantes está incluída no Parque Estadual do Desengano e que, em razão disso, perderam o uso, gozo e livre disposição da mesma, impõe-se o dever de indenizar. Provimento dos embargos."[110]

Em outro caso, decidido pelo Superior Tribunal de Justiça: "A criação da Estação Ecológica da Juréia-Itatins, impedindo a exploração de recursos naturais existentes nas áreas por ela abrangida (Lei nº 6.902, de 1981, art. 7º, § 1º, 'b'), implica a indenização das respectivas propriedades, tenha ou não o Estado de São Paulo se apossado fisicamente dos imóveis, situação jurídica que, por si só, mutila a propriedade."[111]

Se não atingido interesse particular, mas afetada a generalidade das propriedades, não cabe a indenização: "Limitação administrativa ao uso do solo. Área de proteção a mananciais, cursos e reservatórios de água. Restrições impostas em função de interesse público geral e abstrato que não limitem a plenitude da faculdade de uso e gozo do bem pelo proprietário. Inocorrência de instituição de servidão. Indenização não devida. No voto, é ressaltado o seguinte: 'Infere-se, claramente, que a indenização somente será devida na hipótese de limitação administrativa que se imponha em função de um interesse específico da entidade pública, restritivo da plenitude da faculdade do uso e do gozo, pelo proprietário, de seu bem... A mera limitação administrativa visando a disciplinar o uso do solo para a proteção dos mananciais, não afetando o direito de propriedade, não reclama qualquer tipo de indenização'."[112]

A lei, de caráter particular, que mais equivale a um ato administrativo, acarreta ao indivíduo prejuízo concreto, já que limita seus direitos. Mesmo que procedendo regularmente o legislador, segue Caio Mário da Silva Pereira, sacrifica direitos do indivíduo: "A distribuição dos encargos e vantagens sociais exige que o lesado seja ressarcido do prejuízo que eventualmente houver suportado. Como observa o já citado Brunet, se o progresso é uma necessidade, a melhor garantia contra a onipotência legislativa, lesiva a um cidadão ou a um grupo de indivíduos, é a responsabilidade do legislador (ob. cit., p. 108). Neste sentido, Gerard Cornu afirma que a responsabilidade do Estado, pelo fato de suas leis, 'compreende o rompimento da igualdade dos cidadãos diante da lei' (*Étude Comparée de la Responsabilité Delictualle en Droit Privé et en Droit Public*, p. 264)."[113]

---

[110] TJRJ – Ac. unân. do 2º Gr. Câms. Cívs., reg. em 11.12.1997 – EAp. nº 4.324/90 – rel. Des. Sérgio Cavalieri Filho.

[111] REsp. nº 70.412/SP, da 2ª Turma, *DJU* de 24.08.1998, em *Direito Imobiliário – COAD*, nº 52, expedição de 03.01.1999, p. 1.001.

[112] Embargos Infringentes na Apel. Cível nº 84.394, da 5ª Câmara Cível do Tribunal de Justiça de São Paulo, j. em 02.06.1988, em *Revista dos Tribunais*, 633/55.

[113] *Responsabilidade Civil*, 8ª ed., 1998, ob. cit., p. 137.

XXVIII
Responsabilidade das Empresas Prestadoras de Serviços Públicos

1. EMPRESAS PRESTADORAS DE SERVIÇOS PÚBLICOS

Nos termos de seu art. 37, no § 6º, a Carta Federal atribui a responsabilidade às pessoas jurídicas de direito público e às de direito privado prestadoras de serviços públicos pelos danos que seus agentes, nessa qualidade, causarem a terceiros, assegurado o direito de regresso contra o responsável nos casos de dolo ou culpa.

Importante é definir ou classificar o serviço público que é, na lição de José Afonso da Silva, "por natureza estatal. Tem como titular uma entidade pública. Por conseguinte, fica sempre sob o regime jurídico de direito público. O que, portanto, se tem que destacar aqui e agora é que não cabe titularidade privada nem mesmo sobre os serviços públicos de conteúdo econômico, como são, por exemplo, aqueles referidos no art. 21, XI e XII".

Tais serviços desenvolvem-se no regime da livre iniciativa. Todavia, segue o autor citado, "numa ordem econômica destinada a realizar a justiça social, a liberdade de iniciativa privada não pode significar mais do que liberdade de desenvolvimento da empresa no quadro estabelecido pelo Poder Público. É, sim, um direito fundamental, enquanto exercido no interesse da realização da justiça social, da valorização do trabalho e do desenvolvimento nacional".[114]

De acordo com o art. 21, incisos XI e XII, os mencionados serviços, cuja exploração direta ou indireta está na atribuição da União, mas operando-se por autorização, concessão ou permissão, abrangem as telecomunicações, a radiodifusão sonora e de sons e imagens; os serviços que envolvem as instalações de energia elétrica e o aproveitamento energético dos cursos de água; os de navegação aérea, aeroespacial e a infraestrutura aeroportuária; os de transporte ferroviário e aquaviário entre portos brasileiros e fronteiras nacionais ou que transponham os limites de Estados e Territórios; os de transporte rodoviário interestadual e internacional de passageiros; os de exploração de portos marítimos, fluviais e lacustres.

As entidades de direito público, sejam da administração direta (União, Estados, Municípios, Distrito Federal, Territórios), sejam da administração indireta (autarquias, as empresas públicas e as sociedades de economia mista), têm a incumbência de executar os serviços públicos ou de interesse público.

---

[114] *Curso de Direito Constitucional Positivo*, ob. cit., 14ª ed., 1997, p. 733.

Igualmente as empresas privadas, se a elas permitida a prestação dos serviços (concessionárias, permissionárias, autorizadas), incluem-se no rol de agentes públicos.

Ademais, em se tratando se direitos difusos, coletivos e individuais homogêneos dos consumidores, reconhece-se ao Ministério Público legitimidade para atuar na defesa de tais direitos, inclusive promovendo as ações cabíveis, de acordo com a Súmula nº 601/2018, do STJ: "O Ministério Público tem legitimidade ativa para atuar na defesa de direitos difusos, coletivos e individuais homogêneos dos consumidores, ainda que decorrentes da prestação de serviço público."

2. A RESPONSABILIDADE NA PRESTAÇÃO DE SERVIÇOS DE ORDEM PÚBLICA

Pelos danos verificados na prestação dos serviços de caráter público, incide a responsabilidade. Todas as empresas, as sociedades de direito público, as entidades civis ou empresárias, e mesmo os empresários individuais arcam com as decorrências negativas na prestação de serviços. Ao indivíduo lesado se faculta acionar a empresa prestadora, a quem se concedeu a prestação do serviço, ou a pessoa jurídica concedente, ou ambas conjuntamente. Não se exime de compromisso aquela que concedeu, ou permitiu, ou autorizou, posto que a ela incumbia a realização. Muito menos se fica fora da obrigação a pessoa jurídica que fez a prestação.

Existe uma solidariedade passiva, cuja obrigação encontra raiz em vários dispositivos, como no art. 37, § 6º, da Constituição Federal, e nos arts. 927, parágrafo único, e 931 do Código Civil.

Ademais, havendo relação de consumo final, repousa a responsabilidade no Código de Defesa do Consumidor (Lei nº 8.078/1990). Com efeito, consta de seu art. 14: "O fornecedor de serviços responde, independentemente da existência de culpa, pela reparação dos danos causados aos consumidores por defeitos relativos à prestação dos serviços, bem como por informações insuficientes ou inadequadas sobre sua fruição e riscos." Por sua vez, mais amplamente o art. 22: "Os órgãos públicos, por si ou suas empresas, concessionárias, permissionárias ou sob qualquer outra forma de empreendimento, são obrigados a fornecer serviços adequados, eficientes, seguros e, quanto aos essenciais, contínuos." Complementa o parágrafo único: "Nos casos de descumprimento, total ou parcial, das obrigações referidas neste artigo, serão as pessoas jurídicas compelidas a cumpri-las e a reparar os danos causados, na forma prevista neste Código."

A jurisprudência tem enfatizado a responsabilidade: "Trata-se de demanda de relação de consumo sob a égide da Lei nº 8.078/1990 – Código de Defesa do Consumidor –, devendo a demandada responder perante o consumidor, eis seu dever de fornecer adequados, eficientes e seguros serviços, consoante norma insculpida nos arts. 14 e 22 da referida lei. A prestadora de serviço essencial é a única que possui meios de enfrentar tecnicamente o defeito na prestação, diferentemente do consumidor. Contudo, não logrou demonstrar que a falha na prestação do serviço não refletisse defeito em aparelhos ligados à rede. Ao contrário, afirma que houve rompimento dos elos fusíveis das fases A e B, traduzindo-se em verossimilhança nas alegações do demandante. Isso porque a queima não se dá quando da suspensão do fornecimento de energia ou mantido em subtensão, mas sim quando da retomada após a oscilação."[115]

---

[115] JE-RS – Rec. nº 71000507467, da 3ª Turma Recursal, j. em 27.04.2004, *in ADCOAS* 8227617, *Boletim Doutrina ADCOAS*, nº 12, p. 387, jun. 2004.

Cap. XXVIII | Responsabilidade das Empresas Prestadoras de Serviços Públicos • **365**

3. SITUAÇÕES COMUNS DE INCIDÊNCIA DA RESPONSABILIDADE

Várias as situações que causam danos a terceiros, na execução ou prestação de serviços de natureza pública. Aventam-se casos mais comuns, que são arrolados mais exemplificativamente, e que importam em responsabilidade solidária dos empreiteiros e órgãos públicos que contrataram a concessão dos serviços, afigurando-se irrelevante a cláusula que firma a obrigação exclusiva de reparar por parte da empresa contratada.

– Na realização de obras em vias públicas, destinadas à abertura de esgotos, ou ao alargamento da via, ou à implantação de rede elétrica, sendo atingidos prédios particulares, ou danificados bens de terceiros.

– Na exagerada demora em concluir obras públicas em vias e locais de uso comum, com a sua constante interrupção, estendendo-se muito além do prazo previsto, o que traz redução no movimento das casas de comércio e de prestação de serviços.

– Na falta de sinalização de valetas, ou de rebaixamentos em vias públicas, e de avisos ante a colocação de materiais na pista, o que desencadeia acidentes com danos, a menos se os veículos sejam dirigidos com açodamento, imprudência, destemor, ou indolência, negligência, imperícia.

– No rompimento de rede de água, com a infiltração de água em imóveis confinantes, derruindo as fundações e causando trincas nas paredes.

– Nos desvios de águas pluviais, que passam a invadir pátios e mesmo prédios, obrigando a saída dos moradores, ou realizar obras de contenção.

– Na abertura de buracos ou valos em vias, seja pelo afundamento do piso, seja pelo rompimento de suportes ou coberturas de bueiros, sem a colocação de aviso luminoso, ou diante da omissão nos serviços de inspeção.

– Na queda de árvores que se estendem ao longo das vias e estradas, atingindo prédios e demais bens particulares, como veículos, e inclusive causando danos pessoais.

– No desmoronamento de pontes, viadutos, túneis e outras obras públicas, provocando acidentes e danos aos usuários.

– No repentino e acentuado desnível verificado nas pistas, formando pequenos degraus, sem a antecedente sinalização de advertência.

– Na omissão em colocar avisos nos desbarrancamentos laterais das pistas, dos acostamentos, e na retirada das defensas ou alambrados.

– Na desídia em não retirar obstáculos que encobrem a sinalização de preferência de passagem dos veículos que trafegam na via que fica em cruzamento.

– No acidente causado por animais na pista, além do proprietário, há a responsabilidade subsidiária do órgão encarregado da vigilância da pista.

– No rompimento de fio de rede elétrica, caindo sobre transeunte, provocando-lhe a morte, mesmo que em decorrência de temporal, não importando o estado de conservação em que se encontrava. A responsabilidade é pelo fato da coisa, exceto se causado o imprevisto por caso fortuito, como se provocado o acidente por ato de vandalismo, ou pela precipitação de um objeto proveniente do espaço. Realmente, há previsibilidade do rompimento por forças de natureza. É, porém, total a imprevisibilidade do surgimento de uma causa estranha, não comum ou controlável pelo engenho humano, assim devendo considerar-se a decorrente de atos criminosos, desde que se dê o pronto conserto, ou tão logo noticiado o fato.

– Na queda de poste de sustentação de rede elétrica por fatos da natureza, e não de ação criminosa de meliantes, a menos que se demonstre a persistente falta de providências da empresa responsável.

– Na interrupção do fornecimento de energia elétrica, desde que ocorrida por falta de conservação da rede, ou de prevenção em estação de forte estiagem, não providenciando a empresa na informação aos consumidores com a necessária antecedência e ampla divulgação. Tal não acontece nos chamados 'apagões', ou nas repentinas quedas de força em razão do alto e anormal consumo, ou do rompimento de turbinas e estações, porquanto impossível o controle e o fornecimento de energia acompanhando a demanda se inexistente e impossível a produção na quantidade reclamada.

– Também na interrupção na prestação de outros bens ou serviços, como o de telefonia, servindo de exemplo o seguinte julgado: "Evidentemente que a linha telefônica é parte do instrumental de trabalho e a sua privação pode perfeitamente gerar danos patrimoniais pela dificuldade de contado do advogado com os seus clientes. Entretanto, as regras inscritas nos arts. 1.059 e 1.060, do CC afirmam que a obrigação de indenizar demanda a imprescindível caracterização do dano, provado efetiva e irrefutavelmente. Por outro lado, constitui direito básico do consumidor – art. 6º do CDC – a reparação dos danos morais decorrentes da má qualidade dos serviços oferecidos. A interrupção no fornecimento de uma linha telefônica num escritório de advocacia não causa simples aborrecimentos ou transtornos; além disso, a insuficiência e a relapsia da concessionária é fato de proverbial sabença, pelo que deve a mesma suportar o pagamento de verba por danos morais, com base no permissivo referido, devendo o *quantum* ser arbitrado, tendo em vista que o pedido inicial não se apresenta determinado."[116] Os acima citados arts. 1.059 e 1.060 correspondem aos arts. 402 e 403 do Código Civil em vigor.

– A súbita oscilação de alta e baixa voltagem da energia ou tensão elétrica, causando danos de aparelhos elétricos, especialmente de uso doméstico, o que acontece em ocasião de temporais, ou quando se reduz drasticamente a distribuição. Para afastar a responsabilidade, incumbe à companhia fornecedora a prévia comunicação, ou manutenção de serviço de informações para os consumidores desligarem os aparelhos logo que se prenunciar um temporal, ou em estação de alto consumo.

A respeito da prestação de serviços públicos, foi sancionada a Lei nº 13.460, de 26 de junho de 2017, cujo art. 5º traça as diretrizes segundo as quais devem ser prestados os serviços:

"O usuário de serviço público tem direito à adequada prestação dos serviços, devendo os agentes públicos e prestadores de serviços públicos observar as seguintes diretrizes:

I – urbanidade, respeito, acessibilidade e cortesia no atendimento aos usuários;

II – presunção de boa-fé do usuário;

III – atendimento por ordem de chegada, ressalvados casos de urgência e aqueles em que houver possibilidade de agendamento, asseguradas as prioridades legais às pessoas com deficiência, aos idosos, às gestantes, às lactantes e às pessoas acompanhadas por crianças de colo;

---

[116] Apel. Cível nº 2000.001.18112, da 11ª Câmara Cível do TJ do Rio de Janeiro, *DJ* de 16.08.2001, *in ADCOAS* 8204864, *Boletim de Jurisprudência ADCOAS* nº 11, p. 166, mar. 2002.

Cap. **XXVIII** | Responsabilidade das Empresas Prestadoras de Serviços Públicos • **367**

IV – adequação entre meios e fins, vedada a imposição de exigências, obrigações, restrições e sanções não previstas na legislação;

V – igualdade no tratamento aos usuários, vedado qualquer tipo de discriminação;

VI – cumprimento de prazos e normas procedimentais;

VII – definição, publicidade e observância de horários e normas compatíveis com o bom atendimento ao usuário;

VIII – adoção de medidas visando a proteção à saúde e a segurança dos usuários;

IX – autenticação de documentos pelo próprio agente público, à vista dos originais apresentados pelo usuário, vedada a exigência de reconhecimento de firma, salvo em caso de dúvida de autenticidade;

X – manutenção de instalações salubres, seguras, sinalizadas, acessíveis e adequadas ao serviço e ao atendimento;

XI – eliminação de formalidades e de exigências cujo custo econômico ou social seja superior ao risco envolvido;

XII – observância dos códigos de ética ou de conduta aplicáveis às várias categorias de agentes públicos;

XIII – aplicação de soluções tecnológicas que visem a simplificar processos e procedimentos de atendimento ao usuário e a propiciar melhores condições para o compartilhamento das informações;

XIV– utilização de linguagem simples e compreensível, evitando o uso de siglas, jargões e estrangeirismos; e

XV – vedação da exigência de nova prova sobre fato já comprovado em documentação válida apresentada."

Por sua vez, o art. 6º discrimina os direitos dos usuários:

"São direitos básicos do usuário:

I – participação no acompanhamento da prestação e na avaliação dos serviços;

II – obtenção e utilização dos serviços com liberdade de escolha entre os meios oferecidos e sem discriminação;

III – acesso e obtenção de informações relativas à sua pessoa constantes de registros ou bancos de dados, observado o disposto no inciso X do caput do art. 5º da Constituição Federal e na Lei nº 12.527, de 18 de novembro de 2011;

IV – proteção de suas informações pessoais, nos termos da Lei nº 12.527, de 18 de novembro de 2011;

V – atuação integrada e sistêmica na expedição de atestados, certidões e documentos comprobatórios de regularidade; e

VI – obtenção de informações precisas e de fácil acesso nos locais de prestação do serviço, assim como sua disponibilização na internet, especialmente sobre:

a) horário de funcionamento das unidades administrativas;

b) serviços prestados pelo órgão ou entidade, sua localização exata e a indicação do setor responsável pelo atendimento ao público;

c) acesso ao agente público ou ao órgão encarregado de receber manifestações;

d) situação da tramitação dos processos administrativos em que figure como interessado; e

e) valor das taxas e tarifas cobradas pela prestação dos serviços, contendo informações para a compreensão exata da extensão do serviço prestado."

368 • Responsabilidade Civil | *Arnaldo Rizzardo*

Decorre das normas que o desatendimento das diretrizes discriminadas e a violação dos direitos assegurados ao usuário importam em responsabilidade, através da ação de obrigação de fazer e de indenização.

4. SUSPENSÃO NO FORNECIMENTO DE BENS OU SERVIÇOS DE NATUREZA PÚBLICA

Impraticável a corrente de pensamento que defende a impossibilidade de suspensão no fornecimento de serviços tidos como essenciais, e assim os de energia elétrica, gás, água, esgotos. Naturalmente, tais fornecimentos abrangem produtos e serviços, ou a entrega de um bem, de uma utilidade, de uma vantagem, e a realização ou o desempenho de uma atividade, que se materializa no conjunto de ações tendentes a conseguir o usuário a fruição do bem.

Indiscutível que o fornecimento e a prestação exigem custos, ou despesas, gastos, acarretando, sem a devida contraprestação, um empobrecimento particular do concessionário ou permissionário; de outro lado, resulta um enriquecimento sem causa ao beneficiário.

A rigor, pois, não encontra qualquer suporte racional a dispensa do pagamento das contas de luz, água, esgoto, e até telefone. Muito menos a Constituição Federal dá amparo, quando traz normas sobre a concessão ou permissão. Os mais afoitos nas exegeses que impedem o corte ou a suspensão do fornecimento e dos serviços garimpam a busca de uma justificação plausível forçadamente no Código de Defesa do Consumidor, o que não se coaduna com a normalidade dos negócios, segundo se verá adiante.

A Lei nº 8.987, de 13.02.1995, tratando sobre o regime de concessão e permissão da prestação de serviços públicos, permite a suspensão do fornecimento, desde que se providencie na prévia ciência. O art. 6º cuida da qualidade que deve revelar o serviço: "Toda concessão ou permissão pressupõe a prestação de serviço adequado ao pleno atendimento dos usuários, conforme estabelecido nesta Lei, nas normas pertinentes e no respectivo contrato." O § 3º do mesmo artigo impõe a notificação antecedente para interromper a continuidade: "Não se caracteriza como descontinuidade do serviço a sua interrupção em situação de emergência ou após prévio aviso, quando:

I – motivada por razões de ordem técnica ou de segurança das instalações; e

II – por inadimplemento do usuário, considerado o interesse da coletividade."

Assim, o caminho é notificar para o devido adimplemento, sob pena de interromper a prestação, como, aliás, revela o seguinte julgado: "Não há provas de que a impetrante, não obstante inadimplente, tenha sido previamente notificada do corte de fornecimento de luz, único modo que, nos precisos termos do art. 6º, § 3º, da Lei nº 8.987/1995, não implicaria a descontinuidade da prestação do serviço, evidenciando-se, exclusivamente por tal motivo, a ilegalidade do ato praticado pela autoridade coatora."[117]

Grande parte dos pronunciamentos jurisprudenciais, no entanto, impede a interrupção em fornecer, por se tratar de serviço ou bem essencial, consoante os exemplos que vão transcritos:

---

[117] Apel. Cível no MS nº 01.002350-0, da 10ª Câmara Cível do TJ de Santa Catarina, j. em 18.06.2001, *in ADCOAS* 8204869, *Boletim de Jurisprudência ADCOAS*, nº 11, p. 166, mar. 2002.

Cap. XXVIII | Responsabilidade das Empresas Prestadoras de Serviços Públicos • **369**

"É vedado ao prestador de serviços constranger, coagir ou ameaçar o consumidor a efetuar o pagamento de valor devido por conta do serviço prestado, nos termos do art. 42, *caput*, do CDC."[118]

O referido art. 42 do CDC reza: "Na cobrança de débitos, o consumidor inadimplente não será exposto a ridículo, nem será submetido a qualquer tipo de constrangimento ou ameaça."

Nada há de expor ao ridículo, ou de constrangimento, de ameaça, na suspensão do bem e de atividade diante do inadimplemento. Trata-se de uma conduta própria da vida e normal em qualquer setor. Do contrário, a própria alimentação gratuita entraria no rol de bens de incidência da obrigação de fornecer gratuitamente.

Na mesma linha, apontam-se outros argumentos: "As empresas concessionárias de serviços públicos são obrigadas a fornecer serviços adequados, eficientes, seguros e, quanto aos essenciais, contínuos, *ex vi* do art. 22 da Lei nº 8.078/1990. O serviço de fornecimento de energia elétrica é essencial, não podendo a agravada interromper o suprimento de força, no escopo de compelir o consumidor ao pagamento de tarifa em atraso, porquanto o exercício arbitrário das próprias razões não pode substituir a ação de cobrança."[119]

O art. 22 acima invocado encerra: "Os órgãos públicos, por si ou suas empresas, concessionárias, permissionárias ou sob qualquer outra forma de empreendimento, são obrigadas a fornecer serviços adequados, eficientes, seguros e, quanto aos essenciais, contínuos."

Deve-se, no entanto, entender, no pertinente à continuidade, desde que obedecidas as regras contratuais do adimplemento.

Em outras manifestações, com diferentes fundamentos:

"O abastecimento de gás é um serviço público essencial e indispensável; por isso, deve ser contínuo, prestado com eficiência e segurança. O seu fornecimento não pode ser interrompido mesmo diante do não pagamento da tarifa, sendo vedado o emprego de meios coercitivos e vexatórios para cobrança da dívida. A empresa concessionária dispõe de medidas judiciais regulares para tornar efetivo o seu direito, e, quando ela descumpre o seu precípuo dever de manter a continuidade do serviço deve ser compelida a cumpri-lo."[120]

"Serviços essenciais, como o de esgoto, fornecimento de água, energia elétrica, não são passíveis de corte, por ausência de pagamento."[121]

Inclusive há essa inteligência no STJ:

"Não resulta em se reconhecer como legítimo ato administrativo praticado pela empresa concessionária fornecedora de energia e consistente na interrupção do fornecimento da mesma em face da ausência de pagamento de fatura vencida. A energia é, na atualidade, um bem essencial à população, constituindo-se serviço público indispensável subordinado ao princípio da continuidade de sua prestação, pelo que se torna impossível a sua interrupção."[122]

---

[118] Apel. Cível nº 70002529386, da 14ª Câmara Cível do TJ do RGS, j. em 13.09.2001, *in ADCOAS* 8206066, *Boletim de Jurisprudência ADCOAS*, nº 19, p. 275, maio 2002.

[119] Apel. Cível nº 2001.002.097790, da 18ª Câmara Cível do TJ do Rio de Janeiro, *DJ* de 28.02.2002, *in ADCOAS* 8206715, *Boletim de Jurisprudência ADCOAS*, nº 22, p. 339, jun. 2002.

[120] Apel. Cível nº 10252/2001, da 18ª Câmara Cível do TJ do Rio de Janeiro, *DJ* de 23.05.2002, *in ADCOAS* 8208337, *Boletim de Jurisprudência ADCOAS*, nº 31, p. 484, ago. 2002.

[121] Apel. Cível nº 11374/2001, da 10ª Câmara Cível do TJ do Rio de Janeiro, *DJ* de 06.06.2002, *in ADCOAS* 8208456, *Boletim de Jurisprudência ADCOAS*, nº 32, p. 499, ago. 2002.

[122] REsp. nº 439.557/RO, da 1ª Turma do STJ, *DJU* de 23.09.2002, *in ADCOAS* 8211750, *Boletim de Jurisprudência ADCOAS*, nº 48, p. 756, dez. 2002.

É de se conjecturar, em grande parte das vezes, do resultado concreto no emprego de meios judiciais para a exigibilidade dos créditos, mediante a ação de cobrança. Mesmo que reconhecido o direito em receber, não terá resultado na prática, eis que, em grande parte das vezes, não possuem os devedores bens livres e disponíveis para a expropriação. Como se não bastasse, se generalizado o nefasto entendimento, que corresponderá a um confisco de patrimônio alheio, levará a inviabilizar o exercício do fornecimento e a prestação de serviços, ou a elevar os custos e tarifas daqueles que honram a obrigação.

Diante desse quadro, mais coerentes decisões como a seguinte: "Energia elétrica. Restabelecimento do fornecimento à agravada. Inadimplemento comprovado. Impossibilidade da continuidade do serviço sem o pagamento da tarifa."

É aduzida no voto: "O serviço de energia é de utilidade individual, facultativo, mensurável e remunerado, cujo fornecimento depende do pagamento de tarifa. No sentido: 12ª Câmara, Ap. 775.422-8, deste relator, j. 30.03.1999; 12ª Câmara, AI 918.706-0, rel. Juiz Roberto Bedaque, j. 08.08.2000; 12ª Câmara, AI 849.077-5, rel. Juiz Souza Oliveira, j. em 30.03.1999."[123]

O próprio STJ vem modificando a interpretação, admitindo a suspensão no fornecimento: "Administrativo. Serviço de fornecimento de água. Pagamento à empresa concessionária sob a modalidade de tarifa. Corte por falta de pagamento: legalidade.

A relação jurídica, na hipótese de serviço público prestado por concessionária, tem natureza de direito privado, pois o pagamento é feito sob a modalidade de tarifa, que não se classifica como taxa.

Nas condições indicadas, o pagamento é contraprestação, e o serviço pode ser interrompido em caso de inadimplemento.

Interpretação autêntica que se faz do Código de Defesa do Consumidor, que admite a exceção do contrato não cumprido.

A política social referente ao fornecimento dos serviços essenciais faz-se por intermédio da política tarifária, contemplando equitativa e isonomicamente os menos favorecidos.

Recurso especial improvido."[124]

---

[123] AgIn nº 1.192.149-0, da 12ª Câmara Civil do 1º TACivSP, j. em 21.10.2003, em *Revista dos Tribunais*, 824/248.
[124] REsp. nº 337.965/MG, da 2ª Turma, j. em 02.09.2003, *DJU* de 20.10.2003.

PARTE 6

RESPONSABILIDADE CIVIL NAS RELAÇÕES ENTRE O CONSUMIDOR E O EMPRESÁRIO, O FABRICANTE, O COMERCIANTE E AS INSTITUIÇÕES BANCÁRIAS

XXIX
Responsabilidade Civil do Empresário Individual e das Empresas

1. CONCEITOS E DISTINÇÕES

Como primeiro passo no estudo da matéria, ressalta-se que a responsabilidade recai, aqui, no empresário individual e nas empresas. Não se estende às pessoas jurídicas em geral, embora delas façam parte as empresas, pois, aí, outra a abordagem. Acontece que o vigente Código Civil traz regras próprias de responsabilidade dirigidas ao empresário individual e às empresas, e regras específicas de responsabilidade dirigidas às sociedades em geral ou às pessoas jurídicas. A responsabilidade do empresário e das empresas revela-se mais extensa que a das demais pessoas jurídicas. Cumpre notar, porém, que a responsabilidade das pessoas jurídicas se estende ao empresário e às pessoas jurídicas.

O conceito de empresário e de empresa é encontrado no Código Civil, que, a teor de seu art. 2.045, passou a disciplinar toda a Parte Primeira do Código Comercial, na qual se incluía a regulamentação da atividade dos comerciantes individuais e das sociedades comerciais.

Como empresário qualifica-se uma pessoa que exerce profissionalmente uma atividade econômica, seja de produção de bens, seja de prestação de serviços, vindo a definição inserida no art. 966 do Código Civil: "Considera-se empresário quem exerce profissionalmente atividade econômica organizada para a produção ou circulação de bens ou de serviços." Assim, ao que se vê do dispositivo, os seguintes elementos ressaltam para a caracterização de empresário:

- a) O exercício profissional de atividade econômica, isto é, de atividade profissional que redunde em resultado econômico, seja na produção de bens, na circulação, ou na prestação de serviços. Pelo que executa a pessoa recebe alguma vantagem econômica, despontando sempre a finalidade do lucro, ou do ganho, ou do rendimento.
- b) A destinação da atividade para a produção ou a circulação de bens ou serviços. Um desses intentos deve mover a atividade. A produção corresponde à fabricação, à confecção, ao surgimento de novas coisas, provindas do uso ou manuseio de matéria-prima, ou da transformação de bens em outros bens, que adquirem uma nova natureza. A circulação envolve a comercialização, mas num âmbito mais amplo, pois incute a ideia da saída do estabelecimento daquele que produz e vai para o uso, ou o proveito, ou a propriedade de outras pessoas. Já a produção ou circulação de serviços abrange a prática de atividades profissionais, ou de trabalhos para outras

pessoas, como na construção civil, no transporte oneroso, no desempenho de profissões liberais de médico, de advogado, de engenheiro, de contabilidade, e, assim, centenas de outros ramos.

c) A organização, ou a formalização administrativa, no desempenho da atividade econômica, com a inscrição no Registro Público de Empresas Mercantis, que se efetiva mediante requerimento onde se colocam os seguintes dados, a teor do art. 968 do Código Civil: I – o nome, nacionalidade, domicílio, estado civil e, se casado, o regime de bens; II – a firma, com a respectiva assinatura autógrafa; III – o capital; IV – o objeto e a sede da empresa. Várias outras providências aparecem ditadas no mesmo dispositivo e em outros que se seguem, de modo a tornar legal o exercício da atividade.

Já no tocante às empresas, integram as sociedades empresárias, fazendo parte das pessoas jurídicas de direito privado, que correspondem às antigas sociedades comerciais e industriais. São aquelas que têm por objeto o exercício de atividade própria do empresário (art. 982 do Código Civil atual), isto é, com destinação dirigida à produção ou à circulação de bens ou de serviços (art. 966 do Código Civil atual), apresentando várias espécies, ainda valendo a seguinte classificação: a sociedade em nome coletivo, a sociedade em comandita simples, a sociedade de capital e indústria, a sociedade em conta de participação, a sociedade por quotas de responsabilidade limitada, a sociedade por ações, a sociedade em comandita por ações e a sociedade cooperativa. A regulamentação de cada tipo consta no Livro II da Parte Especial, Títulos I e II, do Código Civil, com exceção das sociedades anônimas, que se submetem à regência da lei especial (basicamente a Lei nº 6.404, de 15.12.1976).

Em nome coletivo é a sociedade em que todos os sócios possuem responsabilidade subsidiária, ilimitada e solidária pelas obrigações sociais.

A sociedade em comandita simples corresponde àquela composta de sócios com responsabilidade subsidiária, solidária e ilimitada e sócios que respondem apenas pela importância de sua participação no capital.

Aquela de capital e indústria envolve sócios que entram com capital e sócios cuja participação é unicamente com o trabalho.

A sociedade em conta de participação só aparece, perante terceiros, por meio de um dos sócios, o qual responde ilimitadamente pelas obrigações assumidas, sendo que a sua existência como sociedade restringe-se aos sócios.

A sociedade por quotas de responsabilidade limitada é aquela em que os sócios respondem, perante terceiros, pelo total do capital social. Todavia, cada sócio arca pelo que falta para integralizar a sua quota, na lição de Nelson Abrão: "Cada sócio deve, como primeira obrigação, no que tange à integralização do capital, carrear o montante do valor de sua quota e, quando posto em xeque globalmente o patrimônio social (liquidação, falência, execução singular, afetando todo o patrimônio), completar o faltante ao capital sob pena de incorrer na ilimitação de sua responsabilidade patrimonial."[1]

A sociedade por ações tem o capital social dividido em partes iguais, denominadas *ações*, que são títulos negociáveis livremente, limitando-se a responsabilidade dos sócios

---

[1] *Sociedade por Quotas de Responsabilidade Limitada* (atualização por Carlos Henrique Abrão), 6ª ed., São Paulo, Editora Revista dos Tribunais, 1998, p. 78.

Cap. XXIX | Responsabilidade Civil do Empresário Individual e das Empresas • **375**

às importâncias das ações subscritas. Aponta Rubens Requião dois requisitos fundamentais na sua caracterização: "a) Capital social dividido em ações; b) responsabilidade dos sócios limitada ao preço de emissão das ações".[2]

A sociedade em comandita por ações tem duas espécies de sócios: os diretores ou gerentes, que respondem subsidiária, solidária e ilimitadamente pelas obrigações sociais; e os sócios que não se revestem de tal qualidade, que simplesmente adquiriram ações, arcando com as obrigações no correspondente às ações adquiridas.

A sociedade cooperativa veio contemplada nos arts. 1.093 a 1.096 do Código Civil, sendo formada por um grupo de pessoas ligado a determinado setor de atividade ou produção, objetivando o bem comum, desde que presentes as seguintes características, elencadas pelo art. 1.094:

"I – variabilidade, ou dispensa do capital social;

II – concurso de sócios em número mínimo necessário a compor a administração da sociedade, sem limitação de número máximo;

III – limitação do valor da soma de quotas do capital social que cada sócio poderá tomar;

IV – intransferibilidade das quotas do capital a terceiros estranhos à sociedade, ainda que por herança;

V – *quorum*, para a assembleia geral funcionar e deliberar, fundado no número de sócios presentes à reunião, e não ao capital social representado;

VI – distribuição dos resultados, proporcionalmente ao valor das operações efetuadas pelo sócio com a sociedade, podendo ser atribuído juro fixo ao capital realizado;

VII – indivisibilidade do fundo de reserva entre os sócios, ainda que em caso de dissolução da sociedade."

Todas as sociedades constituem-se de contrato social, ou de ata de fundação, ou documento equivalente, podendo ser instrumento público, no qual se inserem os requisitos necessários para identificar a pessoa jurídica, os nomes dos sócios e sua qualificação completa, a firma pela qual deve ser conhecida (em caso de sociedade por pessoas), a sua constituição, o objeto, a forma de sua administração, o capital, a remuneração dos administradores, a distribuição dos dividendos ou lucros, a época da prestação de contas, o prazo de duração, os modos de dissolução e o destino do capital.

Há necessidade do registro, denominado outrora, quanto às sociedades comerciais, de 'arquivamento', e, atualmente, de inscrição, não se confundindo com a matrícula, que se restringe a certos agentes ou profissionais, como aos leiloeiros, aos tradutores públicos, aos intérpretes comerciais, aos trapicheiros e administradores de armazéns-gerais. Explica Fábio Ulhôa Coelho que "o arquivamento se refere à generalidade dos atos levados ao registro de empresas. Assim, os de constituição, alteração, dissolução e extinção de sociedade (não só das empresárias, como também das cooperativas) são arquivados na Junta. Também serão objeto de arquivamento a individuação do empresário que desempenha atividade lucrativa, os atos relativos a consórcio e grupo de sociedades, as autorizações de empresas estrangeiras e as declarações de microempresas. Do mesmo modo será arquivado qualquer documento que, por lei, deva ser registrado pela Junta Comercial, como, por exemplo, as atas de assembleias gerais de sociedades anônimas. Esses documentos todos, de registro obrigatório, só produzem efeitos jurídicos válidos, após a formalidade do arquivamento".[3]

---

[2] *Curso de Direito Comercial*, 18ª ed., São Paulo, Editora Saraiva, 1992, 2º vol., p. 2.

[3] *Curso de Direito Comercial*, São Paulo, Editora Saraiva, 1998, vol. 1, p. 68.

376 • Responsabilidade Civil | *Arnaldo Rizzardo*

O registro é regulado pela Lei nº 8.934, de 18.11.1994, ordenando que qualquer sociedade com finalidade econômica, independentemente de seu objeto, será registrada no órgão próprio. Realmente, esta lei, bem como o Decreto nº 1.800, de 30.01.1996, que a regulamentou, estabelecem que o registro compreende o arquivamento dos atos relativos à constituição, alteração, dissolução e extinção de firmas mercantis individuais, sociedades mercantis e cooperativas, dos atos relativos a consórcios e grupo societário, assim como dos atos concernentes às empresas estrangeiras autorizadas a operar no Brasil (art. 32, inc. II, alíneas *a*, *b* e *c* da Lei nº 8.934/1994). O art. 6º do Decreto nº 1.800/1996 confere às Juntas Comerciais proceder ao registro das empresas mercantis e cooperativas, e inclusive de empresas mercantis estrangeiras, autorizadas a funcionar no Brasil.

2. A RESPONSABILIDADE OBJETIVA PELOS DANOS CAUSADOS PELOS PRODUTOS

Os empresários individuais e as empresas respondem pelos danos que os produtos fornecidos causarem. Assim está no art. 931 do Código Civil: "Ressalvados outros casos previstos em lei especial, os empresários individuais e as empresas respondem independentemente de culpa pelos danos causados pelos produtos postos em circulação."

Está-se diante da responsabilidade objetiva pelo fato da coisa. Como princípio geral, há a responsabilidade pelo fato da coisa, suportando seu titular ou proprietário os efeitos negativos que a mesma provoca. Entretanto, para ensejar a responsabilidade nessa ampla situação, deverá configurar-se alguma culpa, ou uma conduta evidenciadora de falha, erro, descuido, precipitação no uso ou manuseio da coisa, seja por ato próprio da pessoa sob cujo domínio e posse se encontra, seja por fato de terceiro.

Na situação vertente, porém, vindo às mãos de terceiros por fornecimento de empresário individual ou de empresas, recai nestes a responsabilidade pelos danos ou males que a coisa causar. Não se examina o caráter lícito ou ilícito da conduta do fornecedor, mas unicamente o resultado, dentro, porém, de certas condições.

A situação contemplada é de profundo alcance, não cabendo uma interpretação superficial. Para melhor chegar à correta exegese do ditame, mister dissecar o conteúdo, dentro do espírito que moveu o legislador. Assim, para resultar a responsabilidade na situação, cumpre que estejam presentes os seguintes pressupostos:

a) Os produtos devem vir fornecidos pelo empresário individual ou por empresas, isto é, por pessoas que façam da profissão a produção e o fornecimento de tais coisas. São, portanto, responsáveis os fabricantes e os comerciantes. Não se estende a dimensão a coisas oriundas de outras pessoas, ou por quem não participou da fabricação ou da circulação.

b) Fornecimento do produto, prescindindo-se da culpa para desencadear a responsabilidade. Não importa que tenham os defeitos dos produtos, ou os perigos que lhes são inerentes, causado algum mal ou prejuízo porque houve culpa dos empresários individuais ou das empresas que os fabricaram e os colocaram em circulação. Dispensável pesquisar se ocorreu descuido na fabricação, como falha no revestimento das peças internas, de sorte a não evitar choques elétricos quando conectados com os fios condutores de energia. Basta o simples dano para desencadear a obrigação da reparação.

c) Os danos causados pelos produtos devem se originar de falhas ou defeitos que lhes são inerentes e que vieram com os mesmos. Não são abrangidos os danos decorrentes do mau uso, ou da falta de observância das regras de funcionamento, ou da displicência e imprudência, ou da incapacidade no seu domínio. Do contrário, chegar-se-ia ao absurdo de se responsabilizar os fornecedores por todos os acidentes decorrentes do mau uso ou da imprudência de motoristas, de trabalhadores na direção de máquinas, e de qualquer pessoa que se utiliza de instrumentos e máquinas.

d) Os produtos devem ser colocados em circulação. Quando da provocação dos danos, impõe-se que se encontrem em uso por pessoas que os adquiriram para o proveito das utilidades que oferecem. É importante que a pessoa manuseie ou se sirva do produto. Todavia, mesmo que estejam em depósito, ou guardados, e vierem a provocar danos por defeitos que lhe são próprios, e não por desídia do depositário ou do distribuidor, não desaparece a responsabilidade.

Verificado o dano, dentro das condições acima, cabe a reparação. À vítima, pois, em princípio, cabe provar unicamente o dano e a autoria, procurando evidenciar o nexo de causalidade entre um e outro, para buscar o ressarcimento dos prejuízos que sofreu.

Tem-se, na espécie, uma variante da doutrina que defende a indenização por ato lícito, na visão do professor uruguaio Gustavo Ordoqui Castilla, citado por Rui Stoco: "La obligación de compensar que surge como respuesta del ordinamiento jurídico al ejercicio de una actividad licita que causa un daño, se caracteriza por desempeñar una función consistente en lograr un equilíbrio que modere o neutralice el posible incremento de un patrimonio en perjuicio de outro. Al tutelarse tanto el ejercicio del derecho como la situación del perjudicado, se busca que, en definitiva, ninguno de ambos patrimonios resulte menoscabado (*Obligación de compensar daños causados por conductas lícitas*, *RT*, 726/11, São Paulo, abril/96)."[4]

3. OUTRAS SITUAÇÕES DE RESPONSABILIDADE OBJETIVA DO EMPRESÁRIO E DAS EMPRESAS

O art. 931 ressalva outros casos previstos em lei especial, ao prevenir: "Ressalvados outros casos previstos em lei especial." Com isso, adverte que não respondem o empresário individual e a empresa, embora inexistente a culpa, unicamente quando os danos são causados pelos produtos colocados em circulação.

Há mais situações de responsabilidade objetiva, ou sem pesquisar a configuração da culpa, como as discriminadas no parágrafo único do art. 927 – quando a atividade normalmente desenvolvida pelo autor do dano implicar, por sua natureza, risco para os direitos de outrem; nos arts. 932, inc. III, e 933 – pelos danos que causarem os empregados, serviçais ou prepostos no exercício do trabalho que lhes competir, ou em razão dele. Tais causas de responsabilidade abrangem também outras pessoas, como o empregador, mesmo que não ele o empresário ou a empresa que coloque os produtos em circulação.

Na previsão de outros casos de responsabilidade, desponta o Código de Defesa do Consumidor (Lei nº 8.078, de 11.09.1990), elencando várias incidências, mas desde que

---

4   *Responsabilidade Civil e sua Interpretação Jurisprudencial*, 4ª ed., São Paulo, Editora Revista dos Tribunais, 1999, p. 81.

configurada uma relação de consumo. Assim os arts. 12 e 13 apresentam a responsabilidade pelo fato do produto e do serviço, prevendo que o fabricante, o produtor, o construtor, o importador, e subsidiariamente o comerciante em algumas hipóteses, respondem, independentemente de culpa, pelos danos causados aos consumidores por defeitos decorrentes de projeto, fabricação, construção, montagem, fórmulas, manipulação, dentre outras ações. A inserção do art. 12 da Lei nº 8.078 encontra-se subsumida no art. 931, que abrange qualquer pessoa que recebe ou adquire os produtos. Ademais, se os produtos ocasionam danos, obviamente é porque contêm defeitos.

Existe também a responsabilidade do fornecedor de produtos de consumo duráveis ou não duráveis, contemplada no art. 18, que a assinala para danos provocados pelos vícios de qualidade ou quantidade, tornando-os impróprios ou inadequados ao consumo.

Entram nos 'outros casos' a obrigação de reparar regulada por acidentes de trabalho, e a garantida pelo seguro obrigatório feito sobre veículos.

Não se pode olvidar a responsabilidade estabelecida pela Lei nº 12.846/2013, regulamentada pelo Decreto nº 8.420/2015, dispondo restritamente sobre a responsabilização administrativa e civil de pessoas jurídicas pela prática de atos contra a Administração Pública. Trata-se de uma responsabilidade especial atribuída às empresas, quando, no exercício de suas funções, causam prejuízos ao Poder Público. Realmente, é de se observar o art. 2º da Lei, fixando a responsabilidade: "As pessoas jurídicas serão responsabilizadas objetivamente, nos âmbitos administrativo e civil, pelos atos lesivos previstos nesta Lei praticados em seu interesse ou benefício, exclusivo ou não". A responsabilidade das sociedades não isenta os administradores, segundo prevê seu art. 3º: "A responsabilização da pessoa jurídica não exclui a responsabilidade individual de seus dirigentes ou administradores ou de qualquer pessoa natural, autora, coautora ou partícipe do ato ilícito".

Tratando-se de matéria específica sobre responsabilidade das sociedades por atos praticados contra a Administração Pública, não está a matéria incluída no âmbito do direito civil.

Em suma, os empresários individuais e as empresas devem suportar todo o elenco de responsabilidades que o Código Civil e as leis esparsas atribuem aos proprietários dos produtos colocados em circulação.

4. CAUSAS DE ISENÇÃO DE RESPONSABILIDADE

Em todas as situações vistas, sem desprezar a existência de outras, para caracterizar a responsabilidade objetiva basta comprovar o dano e a autoria, ou o nexo de causalidade de que o dano decorreu do produto colocado em circulação. Aprofundando-se o que já restou observado, exime-se, no entanto, o empresário individual ou a empresa se comprovar que o dano é oriundo do procedimento culposo da vítima. Mesmo adotando os meios idôneos para evitar o dano, veio a acontecer este por causa da conduta de quem usou o bem. Não revelando cautela, ou capacidade, ou perícia, e desde que as instruções e advertências acompanhem a embalagem das mercadorias, depreende-se que o dano não teve origem na coisa em si, mas na inabilidade ou na culpa no uso.

A toda evidência, a responsabilidade sem indagar a presença da culpa assenta-se no fato dos danos decorrentes dos produtos, e não de seu precário uso, ou das inconsequências na manipulação ou no proveito. Nesse ângulo de visão, não cabe voltar-se contra aquele que fez circular os bens se os defeitos ou a causa surgirem posteriormente. Evidenciado

Cap. XXIX | Responsabilidade Civil do Empresário Individual e das Empresas • **379**

que se verificou o recebimento em perfeitas condições, e constatado o pleno funcionamento, as posteriores deficiências, ou o rompimento de peças, trazendo inclusive perdas e danos, não ensejam a responsabilidade, a menos que tal tenha ocorrido por deficiência ou vício interno. Normalmente, a praxe dos comerciantes é conceder um lapso de tempo de garantia dos produtos, o que não isenta de responsabilidade no tocante aos danos que originarem os bens.

Os danos previstos pelo do art. 931 decorrem de defeito do produto, ou de deficiência na sua construção, ou de falta de técnica, e não porque o produto é impróprio, ou apresenta defeitos, e, assim, não encerra o valor ou a utilidade que deveria ter. Na hipótese do dispositivo, além de arcar com as decorrências da ineficiência do próprio bem, assume os prejuízos que eventualmente provocaram.

Não apenas em relação aos que adquiriram as mercadorias ficam albergados na proteção legal. Também aos estranhos ou terceiros socorre o direito, se atingidos em seus interesses, embora se lhes garanta o direcionamento da pretensão contra o titular do bem. Assim acontece com a máquina ou o instrumento que vem da fábrica com deficiência de travamento, defeito que aparece posteriormente, atingindo bem de terceiro.

5. INEFICIÊNCIA DO PRODUTO

Não se pode esperar uma perfeição absoluta dos produtos. Desde que sirvam para a finalidade a que se são fabricados, consideram-se aptos e suficientes, não importando em responsabilidade se não atenderem plenamente o objetivo visado. É que não existe um produto perfeito, não sujeito a deficiências, imperfeições e desgastes que surgem no curso do tempo.

Assim quanto aos equipamentos de segurança, se violados ou não se prestarem para impedir plenamente um arrombamento ou violação do bem. Importa que cumpram razoavelmente a função a que se destinam. Nesta visão, decidiu-se: "Não existem sistemas de alarme ou bloqueio de segurança cem por cento eficazes às ações dos marginais e meliantes, que fazem o que querem quando resolvem colocar em prática suas ações criminosas e nefastas. O próprio manual do usuário esclarece que o dispositivo de bloqueio de segurança dificulta quaisquer tentativas de arrombamento. Dificultar quaisquer tentativas de arrombamento não é o mesmo que garantir que o veículo não seja arrombado, o que seria uma enorme heresia. Não é por outro motivo que todo proprietário de veículo preocupa-se em tê-lo segurado, pagando, inclusive, um adicional pelo seguro dos acessórios, como CD *player*. Outrossim, dois motivos e argumentos mostram-se suficientes para a rejeição do pedido, quais sejam: o produto não é defeituoso. A vulnerabilidade do sistema de bloqueio de segurança não pode ser confundida com defeito do produto. Aliás, nada existe que não seja vulnerável; não se pode responsabilizar o fabricante por culpa exclusiva de terceiro – o meliante."[5]

---

[5] JE Cív.-DF, da 2ª Turma Recursal, Apel. nº 2003.01.1.042024-0, *DJ* de 08.03.2004, *in ADCOAS* 822574, *Boletim de Jurisprudência ADCOAS*, nº 16, abril de 2004, p. 249.

XXX
Responsabilidade do Fabricante e do Comerciante

1. ELEMENTOS EXIGIDOS DOS PRODUTOS FABRICADOS

A responsabilidade do fabricante adquiriu importância no mundo jurídico com a criação de novas tecnologias da evolução industrial, embora os problemas sempre existiram, surgidos naturalmente com a chamada Revolução Industrial, que se fez sentir a partir da segunda metade do Século XIX.

Decorre a responsabilidade dos riscos do desenvolvimento, tanto no setor dos danos causados a terceiros, ou estranhos ao processo produtivo, e, assim, pelos distúrbios e poluição ao meio ambiente, pelos incômodos que suportam as pessoas em face da instalação de fábricas, como barulho, contaminação do ar e da água, devastação da natureza, como no setor dos defeitos e imperfeições dos bens fabricados, e dos males que provocam no seu uso ou proveito.

No caso, interessa a responsabilidade pelos prejuízos que o funcionamento não adequado dos bens fabricados causar, deixando de atender a finalidade para a qual ocorreu a sua colocação no mercado, e também deixando de oferecer a necessária segurança exigida no uso e proveito. Realmente, esses os campos que nos últimos tempos despertaram as atenções, ou seja, que os produtos atendam a finalidade de sua destinação, prestando-se para o uso visado, e que sejam seguros, não oferecendo riscos além dos inerentes ao próprio produto.

Deve o fabricante proceder honestamente, colocando no mercado produtos em perfeito funcionamento, adequados às necessidades para as quais foram criados e com a indispensável segurança no seu uso, isto é, que não sejam instrumentos de perigo para a integridade física de quem os utiliza. Há de se observar um princípio fundamental, determinante na circulação dos bens, e que consiste na convicção e certeza da utilidade e da segurança do bem. Do contrário, não haveria a aquisição, e deixaria de prosperar a sua circulação.

A partir desses dois elementos integrantes – utilidade do produto e a segurança no seu uso –, chega-se à conclusão de que a responsabilidade não é apenas contratual, pois não absorve todos os casos de indenização, e nem fica subentendido no contrato que a reparação se impõe sempre que advier um dano. A responsabilidade advém do risco da atividade ou da coisa. Há certas atividades e bens que, provocando danos, obrigatoriamente impõem a reparação. Está-se diante da teoria do risco, endossada pelo atual Código Civil, como adiante se desenvolverá. Se apenas contratual a responsabilidade, os usuários dos bens por pessoas que não figuram como adquirentes não ficariam abrigados pelos males

382 • Responsabilidade Civil | *Arnaldo Rizzardo*

ou prejuízos que suportaram. Entrementes, prepondera a responsabilidade pelo fato da coisa, ou por força do bem, que encerra a potencialidade de causar danos.

Igualmente, insuficiente o embasamento na culpa para ordenar a reparação. Muitos danos e ferimentos acontecem sem culpa do proprietário do bem. O próprio bem encerra a possibilidade de causar dano. A sua existência representa a probabilidade do dano. Nesse quadro, revela-se objetiva a responsabilidade.

2. A RESPONSABILIDADE OBJETIVA PARA EFEITOS DE INDENIZAÇÃO NA FA-BRICAÇÃO DE PRODUTOS

A sociedade tecnológica e industrial que domina no universo inteiro não pode, para acarretar a responsabilidade, basear-se em um padrão de comportamento culposo, pois nem sempre é possível individuar ou situar a culpa, nas modalidades de negligência, imperícia ou imprudência. A própria identificação do culpado torna-se difícil no caso dos danos pelo fato da coisa fabricada, porquanto não raramente seus componentes provêm de vários fabricantes, dificultando-se apurar se o vício causador do dano é do próprio bem em si, ou de sua montagem, ou de um de seus componentes. Em se tratando de relações de consumo, a solução estaria no § 2º do art. 25 do Código de Defesa do Consumidor – CDC (Lei nº 8.078, de 11.09.1990): "Sendo o dano causado por componente ou peça incorporada ao produto ou serviço, são responsáveis solidários seu fabricante, construtor ou importador e o que realizou a incorporação."

Daí a adoção do sistema da responsabilidade objetiva como o mais adequado nos últimos tempos. Além de oferecer segurança aos adquirentes e usuários, apresenta o fabricante garantias de ressarcimento, e constitui quem realmente possui condições no controle e na segurança dos produtos.

O Código Civil de 2002, malgrado a ausência de dispositivo genérico sobre a automática responsabilidade dos donos de coisas que provocarem danos, traz o parágrafo único do art. 927, que trata da responsabilidade em geral, mas ligada mais aos danos causados pelo exercício de atividades, e que abrange evidentemente a utilização de coisas: "Haverá obrigação de reparar o dano, independentemente de culpa, nos casos especificados em lei, ou quando a atividade normalmente desenvolvida pelo autor do dano implicar, por sua natureza, risco para os direitos de outrem." Cuida-se de norma relativa à responsabilidade decorrente do risco que trazem certas atividades, mas que, fatalmente engloba o uso de coisas.

Em princípio, pois, quanto ao dano causado pelo uso, domina a responsabilidade objetiva em face do risco que oferece o bem, mas calhando a observação de Adalberto de Souza Pasqualotto, quanto a certo temperamento na análise da questão: "Não se trata, porém, de responsabilidade objetiva pura, porque o seu fundamento não é o risco. Se fosse, bastaria a colocação do produto em circulação para que se ensejasse a responsabilidade do fabricante. Mas não é assim. O fabricante não será responsabilizado se, embora tendo colocado o produto no mercado, provar que não existe defeito."[6]

O Código de Defesa do Consumidor (Lei nº 8.078/1990) mostrou-se rigoroso no tocante à responsabilidade do fabricante, estendendo-a ao produtor, ao construtor e ao

---

[6] "A responsabilidade civil do fabricante e os riscos do desenvolvimento", em *Responsabilidade Civil*, edição temática, Porto Alegre, *Revista AJURIS* – Associação dos Juízes do RGS, p. 13.

importador, pelos danos causados pelo produto ou decorrentes de sua falta de segurança. Reza o art. 12: "O fabricante, o produtor, o construtor, nacional ou estrangeiro, e o importador respondem, independentemente da existência de culpa, pela reparação dos danos causados aos consumidores por defeitos decorrentes de projeto, fabricação, construção, montagem, fórmulas, manipulação, apresentação ou acondicionamento de seus produtos, bem como por informações insuficientes ou inadequadas sobre sua utilização e riscos."

Em relação ao defeito, descreve o § 1º: "O produto é defeituoso quando não oferece a segurança que dele legitimamente se espera, levando-se em consideração as circunstâncias relevantes, entre as quais:

I – sua apresentação;

II – o uso e os riscos que razoavelmente se esperam;

III – a época em que foi colocada em circulação."

Pelo texto do § 2º, "o produto não é considerado defeituoso pelo fato de outro de melhor qualidade ter sido colocado no mercado".

Transparece conter o dispositivo um dever de diligência e aperfeiçoamento na fabricação, que deve vir desde o projeto, da construção e da montagem.

Já quanto aos produtos perigosos, com potencialidade intrínseca de nocividade, maiores os cuidados exigidos. Assim impõe-se com os produtos tóxicos, as armas de fogo, os motores, os medicamentos, tendo o fabricante a obrigação de informar a respeito da periculosidade, em obediência ao art. 9º do Código de Defesa do Consumidor: "O fornecedor de produtos e serviços potencialmente nocivos ou perigosos à saúde ou segurança deverá informar, de maneira ostensiva e adequada, a respeito da sua nocividade ou periculosidade, sem prejuízo da adoção de outras medidas cabíveis em cada caso concreto." Na verdade, especialmente quanto a medicamentos, imprescindível a referência às contraindicações e aos efeitos colaterais.

3. SITUAÇÕES QUE AFASTAM A RESPONSABILIDADE DO FABRICANTE

Pelo Código de Defesa do Consumidor, § 3º do art. 12, para se isentar de responsabilidade, deve o fabricante, ou o construtor, ou o produtor, ou o importador provar:

"I – que não colocou o produto no mercado;

II – que, embora haja colocado o produto no mercado, o defeito inexiste;

III – a culpa exclusiva do consumidor ou de terceiro."

Naturalmente, as normas do Código de Defesa do Consumidor restringem-se aos consumidores como destinatários finais dos bens.

A não colocação do produto no mercado equivale a negar a fabricação. Considera-se em circulação no momento da saída do bem do poder e do controle do fabricante, operando-se a sua tradição, quando também transferem-se os riscos de conservação e controle. O fabricante faz a entrega voluntária do produto a um terceiro, através de remessa, ou de retirada pelo adquirente. Se furtado ou subtraído e colocado em circulação indevidamente, por atos de terceiros não autorizados, há a isenção de responsabilidade.

A inexistência de defeito corresponde ao momento da colocação do produto em circulação para a sua venda. O seu uso, o desgaste, a falta de cuidados recomendados formam elementos que conduziram ao defeito.

384 • Responsabilidade Civil | *Arnaldo Rizzardo*

A culpa exclusiva do terceiro ou do consumidor, para afastar a responsabilidade do fabricante, importa em concluir o uso inadequado, sem observar as regras e práticas escritas em manual ou ditadas pela prática, segundo parâmetro da jurisprudência: "Se eventual dano foi causado em razão do uso inadequado do produto e sem a devida proteção – uso de luvas – como advertido no manual do produto, não há como responsabilizar o fabricante pelo prejuízo. Ausente, no caso, nexo de causalidade entre o dano verificado e qualquer ato que possa ser imputado ao fabricante. Culpa exclusiva do autor ao introduzir a mão, sem as luvas, em compartimento destinado à ventilação da máquina."[7]

Adalberto de Souza Pasqualotto arrola mais hipóteses:

"a) Que o produto não foi fabricado para a venda ou distribuição de fins econômicos, nem foi fabricado ou distribuído no âmbito da atividade profissional do produtor;

b) que o defeito se deve à não observância de normas imperativas ditadas pelos poderes públicos;

c) que, no momento em que o produto foi posto em circulação, o estado dos conhecimentos científicos e técnicos não permitia descobrir a existência do defeito;

d) no caso de uma peça, que o defeito seja imputável ao desenho do produto que a incorporou ou às instruções do fabricante desse produto."[8]

O caso fortuito ou força maior também justificam a isenção de responsabilidade.

O afastamento aparece no art. 393: "O devedor não responde pelos prejuízos resultantes de caso fortuito ou força maior, se expressamente não se houver por eles responsabilizado."

Por sua vez, o parágrafo único traz a definição de caso fortuito ou força maior: "O caso fortuito ou de força maior verifica-se no fato necessário, cujos efeitos não era possível evitar, ou impedir."

Inicialmente, salienta-se que trata o Código de situações em que é admitido o não cumprimento, estendendo-se também ao fabricante. A impossibilidade da prestação é proveniente de circunstâncias estranhas à vontade do devedor (na hipótese, do fabricante), e não imputáveis a ele, mas relativamente ao caso fortuito ou a uma circunstância de força maior. Verificando-se uma dessas situações, não incide a responsabilidade.

Não comporta o caso fortuito ou de força maior com a culpa. Não se admite a presença de alguma possibilidade de culpa, pois aí já se depreende que houve a participação do sujeito da obrigação.

Apresenta-se como inevitável o evento se aponta uma causa estranha à vontade do obrigado, irresistível e invencível, o que sói acontecer caso não tenha concorrido culposamente o agente. Não agindo precavidamente, desponta a culpa, o que leva a deduzir não ter sido inevitável.

A inevitabilidade está ligada à ausência de culpa. Um requisito não subsiste sem o outro. Presentes os dois, há impossibilidade de impedir o acontecimento.

Há impossibilidade no cumprimento de uma obrigação porque aparece um acontecimento inevitável. É inevitável quando for superveniente. Nestas condições, se o defeito aparece em razão de condições climáticas, que dificulta o seu funcionamento, não há como evitá-lo; se a umidade excessiva que ocorre inesperadamente traz o emperramento

---

[7] Embargos Infringentes nº 70003975026, do 3º Grupo de Câms. Cíveis do TJ do RGS, j. em 07.06.2002, *in ADCOAS* 8215312, *Boletim de Jurisprudência ADCOAS*, nº 13, p. 200, abr. 2003.

[8] *A responsabilidade civil do fabricante e os riscos do desenvolvimento*, trabalho citado, p. 15.

das engrenagens, não se responsabiliza o fabricante; a queda de força elétrica que acontece em um período do ano por excesso de consumo também se coloca como um fato de força maior.

Sempre deve observar se o defeito aparece depois do prazo de garantia, ou da assistência, se tanto o contrato estabelecer.

De outra parte, imperativo que se conceba o defeito após o decurso do prazo previsível de duração do bem, pois deteriorável com o uso, e depreciando-se no curso do tempo. As peças ou componentes perdem a consistência, não mantendo a resistência do estado de novo.

4. RESPONSABILIDADE DO COMERCIANTE

A responsabilidade do comerciante regula-se pelas regras comuns e por disposição específica do Código.

O comerciante representa o fabricante, dele recebendo o produto, e repassando-o para os adquirentes, os quais, se destinatários finais, estão protegidos pelas regras do Código de Defesa do Consumidor.

Acontece que, mesmo não se enquadrando como consumidor final, aquele que compra uma mercadoria tem em alta conta quem a fornece, que, de certa maneira, está no lugar do fabricante. Resta claro que todo comprador, se não lhe satisfaz o produto, ou se aparecer nele defeito, ou se carece de proteção e de instruções para o uso, encaminha a reclamação e inclusive a rescisão do contrato junto ao comerciante, que tem a obrigação de oferecer, no comércio, bens em perfeitas condições e plenamente aptos à destinação que lhe é reservada. Por sua conta correm os defeitos e as consequências da imprestabilidade das coisas compradas, o que está amplamente assegurado no Código de Defesa do Consumidor, nos arts. 18 e seguintes.

Já quanto aos prejuízos causados pelos produtos, em razão de sua própria natureza ou pela falta de segurança, a responsabilidade recai no fabricante, a menos que impossível identificá-lo, quando, então, transfere-se subsidiariamente para o comerciante. Esta a solução que traz o Código de Defesa do Consumidor, no art. 13: "O comerciante é igualmente responsável, nos termos do artigo anterior, quando:

I – o fabricante, o construtor, o produtor ou o importador não puderem ser identificados;

II – o produto for fornecido sem identificação clara de seu fabricante, produtor, construtor ou importador;

III – não conservar adequadamente os produtos perecíveis."

Assegura-se o regresso contra o fabricante e os demais responsáveis, consoante o parágrafo único: "Aquele que efetivar o pagamento ao prejudicado poderá exercer o direito de regresso contra os demais responsáveis, segundo sua participação na causação do evento danoso."

Percebe-se que a responsabilidade revela-se mais subsidiária, pois prevista para as situações discriminadas nos incisos acima, mas abrangendo mais casos, como na falência ou insolvência do fabricante.

XXXI
Responsabilidade Civil nas Relações de Consumo

1. INCIDÊNCIA DO CÓDIGO DE DEFESA DO CONSUMIDOR

Diante da sociedade de consumo que se implantou desde as últimas décadas do século passado, não poderia o direito ficar alheio às relações que passaram a se formar, culminando com a introdução de princípios na Constituição Federal de 1988.

Surgiu o Código de Defesa do Consumidor (Lei nº 8.078, de 11.09.1990), que veio a lume como lei complementar da Constituição, objetivando basicamente regulamentar dois dispositivos relativos à defesa do consumidor:

a) O inc. XXXII do art. 5º, o qual encerra esta máxima: "O Estado promoverá, na forma da lei, a defesa do consumidor."

b) O inc. V do art. 170, estabelecendo: "A ordem econômica, fundada na valorização do trabalho humano e na livre iniciativa, tem por fim assegurar a todos existência digna, conforme os ditames da justiça social, observados os seguintes princípios: ... V – defesa do consumidor."

A linha de seus conteúdos assenta-se na defesa do consumidor, de modo a impor e garantir o equilíbrio e a igualdade nas relações de consumo.

Interessa, para efeitos da regulação da responsabilidade, o campo de sua incidência, que são as relações de consumo, desde que o consumidor apareça como destinatário final. Nesta dimensão, incide em todas as relações nas quais há consumo, ou na universalidade dos contratos de aquisição de bens ou de busca de prestação de serviços, nos quais a relação seja de consumo.

As relações são de consumo, atraindo a incidência do direito do consumidor, desde que o fornecedor e o prestador desempenhem as atividades de fornecimento de bens ou de prestação de serviços de modo continuado e habitual. Importa que haja a atividade, e não atos isolados ou esporádicos de fornecimento ou de prestação de serviços. Elemento caracterizador da relação revela-se na habitualidade, de modo a constituir uma profissão, uma atividade empresarial, dirigida a quem tem interesse na aquisição dos bens ou no recebimento dos serviços. Não participa na esfera de incidência o ato isolado de aquisição, ou de uma prestação de serviços. A venda de uma casa pelo proprietário não ingressa no âmbito de relações de consumo. Submete-se, no entanto, todos quantos fazem da venda de imóveis uma profissão, sendo o caso do construtor, do incorporador, do dono de empreendimentos imobiliários. De idêntica inteligência a venda de um veículo pelo seu dono, que não torna esse tipo de negócios um meio de vida. Todavia, o vendedor que se estabelece, ou monta uma empresa de venda de veículos, ou o concessionário, fica abrangido pelas normas do direito consumista.

Para a exata compreensão da incidência das normas do Código de Defesa do Consumidor, faz-se necessário a compreensão de vários conceitos, e que são os abaixo explicados.

a) Relações de consumo

Da maior importância delinear a relação de consumo. A primeira ideia que se extrai da doutrina é a aquisição do bem para utilizá-lo em uso próprio, na qualidade de destinação final. Dentro de um caráter eminentemente econômico, envolve a operação realizada normalmente no comércio ou junto a prestadores de serviços, pela qual a pessoa adquire bens, ou acerta a prestação de serviços, para o uso próprio, e não para outras finalidades, como a sua revenda, ou o emprego em outros bens fabricáveis. A relação forma um elo entre o consumidor e o fornecedor, em torno de um interesse, que é a coisa ou o serviço. Se expressa no negócio ou contrato que o consumidor e o fornecedor fazem, revelado em uma compra e venda, feita pelo primeiro, de produtos ou mercadorias, isto é, de bens móveis ou imóveis, fungíveis ou infungíveis, consumíveis ou inconsumíveis, ou em uma prestação de serviços, junto ao segundo.

Mais abrangentemente, estende-se José Geraldo Brito Filomeno: "Pode-se, dessarte, inferir que toda relação de consumo: a) envolve basicamente duas partes bem definidas: de um lado, o adquirente de um produto ou serviço (consumidor), e, de outro, o fornecedor ou vendedor de um produto ou serviço (produtor/fornecedor); b) tal relação destina-se à satisfação de uma necessidade privada do consumidor: c) o consumidor, não dispondo, por si só, de controle sobre a produção de bens de consumo ou prestação de serviços que lhe são destinados, arrisca-se a submeter-se ao poder e condições dos produtores daqueles mesmos bens e serviços."[9]

Em suma, resume-se na aquisição do bem ou na contratação de serviço, para o uso e proveito do próprio adquirente ou contratante.

b) Destinatário final

Trata-se da pessoa que adquire o bem ou contrata serviço para seu uso ou proveito, e não para outra finalidade, como revenda ou o emprego em outros bens que fabrica, ou a junção da atividade em outras que se está fazendo. Compreende o uso privado ou próprio para o proveito pessoal dos bens ou serviços consumidos, os quais revertem para a satisfação das necessidades econômicas do consumidor. Nesta visão, se utilizados os bens – matérias-primas, peças, componentes básicos – como insumos dos produtos que são produzidos por uma empresa, não se classificam como de consumo. Assim, os produtos e serviços necessários à composição de outros bens, como máquinas produtoras, instalações, mobiliários, sistemas de computação, não fazem parte dos bens de consumo, e, portanto, não se consideram para o destinatário final.

Complementa José Geraldo Brito Filomeno: "Diferentemente, não pode ser considerada consumidora a empresa que adquire máquinas para a fabricação de seus produtos ou mesmo uma copiadora para seu escritório e que venha a apresentar algum vício. Isto

---

[9] *Dos direitos do consumidor*, em *Código Brasileiro de Defesa do Consumidor*, 6ª ed., Rio de Janeiro, Editora Forense Universitária, 1999, p. 28.

porque referidos bens certamente entram na cadeia produtiva e nada têm a ver com o conceito de destinação final."[10]

Em sequência, a seguinte colocação de Cláudia Lima Marques: "Destinatário final é aquele destinatário fático e econômico do bem ou serviço, seja ele pessoa jurídica ou física. Logo, segundo esta interpretação teleológica não basta ser destinatário fático do produto, retirá-lo da cadeia de produção, levá-lo para o escritório ou residência, é necessário ser destinatário final econômico do bem, não adquiri-lo para revenda, não adquiri-lo para uso profissional, pois o bem seria novamente um instrumento de produção, cujo preço será incluído no preço final do profissional que o adquiriu. Neste caso, não haveria a exigida 'destinação final do produto ou do serviço."[11]

c) Consumidor

Conforme o art. 2º do CDC, consumidor é "toda pessoa física ou jurídica que adquire produto ou serviço como destinatário final". Trata-se, na conceituação daqueles que por primeiro estudaram o fenômeno do consumo, de qualquer indivíduo que frui ou se utiliza de bens e serviços, ou daquele que compra para gastar em uso próprio. Constitui um dos partícipes da relação de consumo. Bem exprime Sérgio Cavalieri Filho a essência do sentido: "Consumidor não é quem consome, mas sim quem adquire ou utiliza produtos ou serviços como destinatário final. Tratando-se de conceito legal, vale dizer, de interpretação autêntica, é vinculativo para o intérprete, sendo-lhe vedado buscar outra inteligência para a norma que não seja aquela nela própria estabelecida."[12]

A coletividade de pessoas é equiparada ao consumidor, nos termos do parágrafo único do art. 2º: "Equipara-se a consumidor a coletividade de pessoas, ainda que indetermináveis, que haja intervindo nas relações de consumo."

d) Fornecedor

A definição está no art. 3º da Lei 8.078: "Toda pessoa física ou jurídica, pública ou privada, nacional ou estrangeira, bem como os entes despersonalizados, que desenvolvem atividades de produção, montagem, criação, construção, transformação, importação, exportação, distribuição ou comercialização de produtos ou prestação de serviços." Diante da extensão da norma, incluídos se acham o produtor, o fabricante, o comerciante, o prestador de serviços, além dos órgãos do Poder Público que executam tais atividades ou prestam serviços numa relação de consumo.

Observa Cláudia Lima Marques que se excluem "da aplicação das normas do Código todos os contratos firmados entre dois consumidores não profissionais".[13]

e) Produto

Na dicção do art. 3º, § 1º, do CDC, "produto é qualquer bem, móvel ou imóvel, material ou imaterial". Defende-se que o termo preferido seria 'bem econômico', pois muito mais abrangente, e que engloba toda a coisa que, sendo útil ao homem, revela utilidade e é sucessível de apropriação. No seu conteúdo estão os bens materiais retirados do solo e subsolo, os frutos ou bens produzidos direta ou indiretamente pelo solo ou subsolo, e os bens que surgem da ação do homem através da transformação de uma coisa em outra.

---

[10] *Dos direitos do consumidor*, em *Código Brasileiro de Defesa do Consumidor*, ob. cit., p. 32.

[11] *Contratos no Código de Defesa do Consumidor*, 4ª ed., São Paulo, Editora Revista dos Tribunais, 2002, pp. 253 e 254.

[12] *Programa de Responsabilidade Civil*, ob. cit., p. 469.

[13] *Contratos no Código de Defesa do Consumidor*, ob. cit., p. 327.

Interessa o sentido que emerge do Código, como qualquer coisa ou utilidade que desperta interesse econômico e apta ao consumo, ou ao seu proveito, destinando-se a satisfazer as necessidades do ser humano.

f) Serviço

Pelo art. 3º, § 2º, "serviço é qualquer atividade fornecida no mercado de consumo, mediante remuneração, inclusive as de natureza bancária, financeira, de crédito e securitária, salvo as decorrentes das relações de caráter trabalhista". Corresponde não propriamente ao trabalho, mas à prestação de um esforço físico ou mental que resulta um benefício para terceiros; ou a uma atividade prestada mediante remuneração, consistente em uma obrigação de fazer ou empreender uma conduta que vem a beneficiar o consumidor.

No serviço se incluem as atividades que exercem as instituições financeiras, seja na prestação de serviços como de cobrança de tarifas, de contas de água, luz, telefone, tributos etc., seja na concessão de mútuo ou de financiamento para a aquisição de bens, tanto que estabelece o art. 52 o dever de prestar aos consumidores informações, como montantes de juros e outros encargos que acrescem a quantia devida.

No pertinente à remuneração, abrange, no entendimento de James Marins, não apenas a "representativa da remuneração direta, isto é, o pagamento diretamente efetuado pelo consumidor ao fornecedor. Compreende também a remuneração do fornecedor o benefício comercial indireto advindo de prestações de serviços aparentemente gratuitas, assim como a remuneração 'embutida' em outros custos. Assim ocorre com o serviço hipoteticamente gratuito como o oferecido a título de demonstração ou promoção (acompanhando 'gratuitamente' serviço remunerado ou produto adquirido cujo serviço de instalação seja 'oferta da casa'), e que vem a causar dano pessoal ou patrimonial ao consumidor. É o caso, p. ex., de determinada concessionária que anuncia em promoção a troca do jogo de pastilhas de freio com instalação gratuita. Neste caso, a gratuidade é hipotética, pois evidentemente o custo do serviço estará embutido no preço de venda pela automotiva".[14]

2. RESPONSABILIDADE PELO FATO DO PRODUTO E DO SERVIÇO

Está-se diante de hipóteses de responsabilidade objetiva, incidindo o dever de indenizar pela mera ocorrência do fato. No entanto, com maior razão tal obrigação se visualizar-se culpa na conduta.

Primeiramente, destacam-se as exigências de segurança dos produtos e serviços colocados no mercado, por força do art. 8º da Lei nº 8.078, que constituem condição para o oferecimento e a prestação: "Os produtos e serviços colocados no mercado de consumo não acarretarão riscos à saúde ou segurança dos consumidores, exceto os considerados normais e previsíveis em decorrência de sua natureza e fruição, obrigando-se os fornecedores, em qualquer hipótese, a dar as informações necessárias e adequadas a seu respeito."

Para tanto, os §§ 1º e 2º impõem que acompanharão informações sobre o uso e funcionamento dos produtos através de impresso, além de serem higienizados, esclarecendo sobre a contaminação, se for o caso.

---

[14] *Responsabilidade da Empresa pelo Fato do Produto*, São Paulo, Editora Revista dos Tribunais, 1993, p. 82.

O § 1º: "Em se tratando de produto industrial, ao fabricante cabe prestar as informações a que se refere este artigo, através de impressos apropriados que devam acompanhar o produto" (redação da Lei nº 13.486/2017).

O § 2º: "O fornecedor deverá higienizar os equipamentos e utensílios utilizados no fornecimento de produtos ou serviços, ou colocados à disposição do consumidor, e informar, de maneira ostensiva e adequada, quando for o caso, sobre o risco de contaminação" (incluído pela Lei nº 13.486/2017).

O art. 9º introduz a obrigação de informar, a cargo do fornecedor, a respeito dos produtos e serviços potencialmente nocivos ou perigosos à saúde ou à segurança, sem prejuízo da ação de outras medidas acauteladoras.

Proíbe o art. 10 a colocação, no mercado de consumo, de produtos e serviços perigosos à segurança e nocivos à saúde. Consoante os §§ 1º, 2º e 3º, se já colocados no mercado tais produtos e serviços, e vier a tomar conhecimento o fornecedor ou o prestador posteriormente da periculosidade e da nocividade, deve imediatamente comunicar o fato às autoridades competentes e aos consumidores, estes por meio de anúncios publicitários divulgados pela imprensa, rádio e televisão, arcando com os custos; estende-se o dever ao Poder Público de informar aos consumidores.

No tocante à responsabilidade, há de se distinguir quanto ao produto e quanto ao serviço.

a) Quanto ao produto

A responsabilidade decorre dos danos causados pelas mercadorias, os quais se convencionou chamá-los de 'acidentes de consumo'. Nasce a obrigação de indenizar por todo e qualquer dano provocado pelo produto, podendo ser identificado como material ou pessoal. Não se indaga da presença da culpa. A previsão consta do art. 12, neste teor: "O fabricante, o produtor, o construtor, nacional ou estrangeiro, e o importador respondem, independentemente da existência de culpa, pela reparação dos danos causados aos consumidores por defeitos decorrentes de projeto, fabricação, construção, montagem, fórmulas, manipulação, apresentação ou acondicionamento de seus produtos, bem como por informações insuficientes ou inadequadas sobre sua utilização e riscos."

Esclarece James Marins que os defeitos de projeto e fórmula são os defeitos de criação, que "afetam as características gerais da produção em consequência de erro havido no momento da elaboração de seu projeto ou de sua fórmula, entendidos em sentido lato, como, p. ex., a escolha de um material inadequado, ou de um componente químico nocivo porque não suficientemente testado. Ou seja, o fabricante responde pela concepção ou idealização de seu produto que não tenha a virtude de evitar os riscos à saúde e segurança, não aceitáveis pelos consumidores dentro de determinados *standards*, ... figurando esta espécie de defeito em todos os produtos da série ou séries fabricadas, provocando, por isso, danos em série".[15]

O bem acarreta um dano, que se origina das causas especificadas no dispositivo, e arroladas exemplificativamente, isto é, não impedindo outras: defeito de projeto, de fabricação, de construção, de montagem, de fórmulas, de manipulação, de apresentação ou acondicionamento de seus produtos, bem como por informações insuficientes ou inadequadas sobre sua utilização e riscos.

---

[15] *Responsabilidade da Empresa pelo Fato do Produto*, ob. cit., p. 113.

O § 1º indica os casos de defeito do produto: "O produto é defeituoso quando não oferece a segurança que dele legitimamente se espera, levando-se em consideração as circunstâncias relevantes, entre as quais:

I – sua apresentação;

II – o uso e os riscos que razoavelmente se esperam;

III – a época em que foi colocada em circulação."

Nessa visão, os acidentes de trânsito por defeito de fabricação do sistema de freios do veículo, o não funcionamento de extintores de incêndio, o acidente de trabalho diante da falta de segurança da máquina, o fogo causado por curto-circuito em decorrência do péssimo material utilizado nos fios condutores, a montagem errada do sistema elétrico da máquina, a fabricação de medicamentos sem uma determinada substância tida como indispensável ou em desobediência à fórmula, o incêndio provocado em um veículo por aparelho antifurto defeituoso, a deterioração de alimentos infestados por bactérias.

Zelmo Denari aponta mais as seguintes ocorrências: "Figurativamente, podem ser lembrados os seguintes acidentes de consumo que suscitam responsabilidade por danos:

– defeito no sistema de freio do veículo que causa danos materiais ou pessoais;

– defeito de fabricação ou montagem de eletrodomésticos que provoca incêndio;

– defeito de formulação de medicamento que causa danos à saúde do consumidor;

– defeito na formação ou acondicionamento de vacinas ou agrotóxicos que afeta o rebanho ou prejudica a plantação."

Em seguida, aventa a possibilidade de decorrer o dano de "informações insuficientes ou inadequadas sobre sua utilização e riscos – como dispõe *in fine* o art. 12 – ocasionando danos ao consumidor ou terceiros e que, da mesma sorte, implicam a obrigação de indenizar".[16]

O mesmo Zelmo Denari enfeixa em três tipos os defeitos:

"a) defeito de concepção, também designado de criação, envolvendo os vícios de projeto, formulação, inclusive *design* dos produtos;

b) defeito de produção, também, nominado de fabricação, envolvendo os vícios de fabricação, construção, montagem, manipulação e acondicionamento dos produtos;

c) defeito de informação ou comercialização, que envolve a apresentação, informação insuficiente ou inadequada, inclusive a publicidade, elemento faltante no elenco do art. 12."[17]

No defeito de concepção, estão os defeitos de projeto tecnológico, na escolha de material inadequado ou de componente orgânico.

No de produção acontecem falhas instaladas no processo produtivo, mecânico ou manual.

---

[16] "Da qualidade de produtos e serviços, da prevenção e da reparação dos danos", em *Código Brasileiro de Defesa do Consumidor*, 6ª ed., Rio de Janeiro, Editora Forense Universitária, 1999, pp. 154 a 155.

[17] *Da qualidade de produtos e serviços, da prevenção e da reparação dos danos*, em obra citada, p. 160.

O defeito de informação decorre da apresentação precária ao consumidor, ou com informações insuficientes ou inadequadas. Aduz Roberto Norris: "Pode um produto, ainda, ser ilegitimamente inseguro, em virtude de insuficiência ou inadequação de informações, advertências ou instruções sobre o uso, bem como no que se refere aos seus perigos conexos. Desta forma, e não obstante tenha sido bem concebido e fabricado, um produto pode não oferecer a aludida segurança legitimamente esperada, por ter sido introduzida, no mercado consumidor, sem as adequadas explicações sobre o uso, ou, por exemplo, acerca dos perigos que possa ocasionar."[18]

O § 2º exclui de responsabilidade o fato de existir no mercado de consumo outro produto similar e de qualidade superior: "O produto não é considerado defeituoso pelo fato de outro de melhor qualidade ter sido colocado no mercado."

b) Quanto ao serviço

O serviço mal feito ou executado pode provocar acidentes externos ou fatos que causem danos àquele para quem foi prestado. A pessoa junto à qual se contrata o serviço o realiza com defeitos ou imperfeições tais que advêm não apenas perigo, mas prejuízos, ofendendo, assim, o dever de segurança.

A previsão da responsabilidade aparece no art. 14 do Código de Defesa do Consumidor: "O fornecedor de serviços responde, independentemente da existência de culpa, pela reparação dos danos causados aos consumidores por defeitos relativos à prestação dos serviços, bem como por informações insuficientes ou inadequadas sobre sua fruição e riscos."

A deficiente ou precária prestação de serviços é frequente e comum, constituindo um dos fatores de constantes insatisfações e reclamações. Acontece em todos os campos dos serviços, tanto os manuais como os intelectuais. As maiores ocorrências se verificam nos serviços relativos a consertos de veículos, à instalação de rede elétrica e hidráulica, aos reparos de aparelhos eletrodomésticos, à guarda e estacionamento de veículos, às movimentações bancárias, ao transporte, aos cartões de crédito, ao seguro, aos hotéis, aos hospitais, às clínicas médicas, aos laboratórios.

No setor público, dada a grande quantidade de reclamações, é dado realce sobre a prestação pelo art. 22: "Os órgãos públicos, por si ou suas empresas, concessionárias, permissionárias ou sob qualquer outra forma de empreendimento, são obrigados a fornecer serviços adequados, eficientes, seguros e, quanto aos essenciais, contínuos." Complementa o parágrafo único: "Nos casos de descumprimento, total ou parcial, das obrigações referidas neste artigo, serão as pessoas jurídicas compelidas a cumpri-las e a reparar os danos causados, na forma prevista neste Código." Vasto o campo de ocorrências nos serviços públicos ou de interesse público, citando-se o de fornecimento de luz, água, gás, telefone, transporte coletivo, coleta de lixo. Os casos mais comuns que trazem prejuízos dizem respeito às greves, à suspensão dos serviços de telefonia, à interrupção do fornecimento de água, à paralisação do atendimento médico.

No entanto, deve decorrer a falha de defeito, não se reconhecendo a responsabilidade se as deficiências são próprias da natureza do serviço em si. Não se pode exigir a perfeição absoluta. Todos os bens contêm precariedades, o que é próprio da técnica que evolui constantemente. Nessa concepção pondera a jurisprudência.

---

[18] *Responsabilidade Civil do Fabricante pelo Fato do Produto*, Rio de Janeiro, Editora Forense, 1996, pp. 49 e 50.

"A deficiência do fornecimento de energia elétrica pode justificar a paralisação do serviço de telefonia, em prejuízo da obrigação de continuidade, porém é indispensável a demonstração inequívoca da culpa exclusiva do terceiro, o que não se verifica na espécie. O mero dissabor não pode ser alçado ao patamar do dano moral, mas somente aquela agressão que exacerba a naturalidade dos fatos da vida, causando fundadas aflições ou angústias no espírito de quem ela se dirige. Recurso especial parcialmente conhecido e, nessa extensão, provido."[19]

Relativamente às informações, os defeitos constatáveis acontecem mais no setor público, no pertinente aos concessionários de atividades do interesse geral – como de água, esgoto, luz, telefonia, de ensino –, às empresas fabricantes ou comerciantes, que omitem dados importantes sobre as deficiências dos produtos e o modo de utilizá-los.

A caracterização de erro ou defeito de serviço está no § 1º do mesmo art. 14: "O serviço é defeituoso quando não fornece a segurança que o consumidor dele pode esperar, levando-se em consideração as circunstâncias relevantes, entre as quais:

I – o modo de fornecimento;

II – o resultado e os riscos que razoavelmente dele se esperam;

III – a época em que foi oferecido."

Por outros termos, tem-se como defeituoso o serviço mal apresentado ao consumidor, quando o proveito traz riscos acima da média tolerada, e no caso de não revelar envelhecimento ou desgaste em face da época de sua realização.

Tal como no caso do produto, por força do § 2º, "o serviço não é considerado defeituoso pela adoção de novas técnicas". Por outros termos, a introdução de aperfeiçoamentos ou da evolução, surgindo novas técnicas, não acarreta a imperfeição dos serviços. Nesta ótica, surgindo um modelo mais avançado de contabilidade informatizada, ou de coleção de jurisprudência, ou cultivo de cereais, não passa o executado a ser defeituoso.

Por último, o § 4º excepciona da incidência da responsabilidade objetiva as atividades dos profissionais liberais, que requerem a apuração da culpa para obrigar a indenizar: "A responsabilidade pessoal dos profissionais liberais será apurada mediante a verificação da culpa." A matéria deste tipo de responsabilidade é estudada em itens à parte, observando--se que muitas profissões não permitem garantir o resultado, como na medicina e na advocacia. Já no tocante à engenharia, à arquitetura, dentre outras profissões, a obrigação é de resultado, acarretando a responsabilidade objetiva.

Luiz Antônio Rizzato Nunes dá as características dos profissionais liberais: "As características do trabalho desse profissional são: autonomia profissional, com decisões tomadas por conta própria, sem subordinação, prestação de serviço feita pessoalmente, pelo menos nos seus aspectos mais relevantes e principais, feituras de suas próprias regras de atendimento profissional, o que ele repassa ao cliente, tudo dentro do permitido pela lei e em especial da legislação de sua categoria profissional."[20]

Nesse âmbito, vários são os profissionais liberais, mesmo os pedreiros, eletricistas, os mecânicos etc. Todavia, unicamente se a atividade for de meio, e não de resultado enquadram-se no art. 14, § 4º. Se possível encomendar uma obra ou um serviço cujo pagamento se faz pelo resultado, não se indaga da culpa, ensejando firmar a responsabilidade pelo simples defeito ou vício.

---

[19] REsp. nº 599.538/MA, da 4ª Turma do STJ, j. em 04.03.2004, *DJU* de 06.09.2004.
[20] *Comentários ao Código de Defesa do Consumidor*, São Paulo, Editora Saraiva, 2000, p. 206.

Cap. XXXI | Responsabilidade Civil nas Relações de Consumo • 395

O entendimento estende-se às pessoas jurídicas que exercem atividades liberais. Não se justifica um tratamento diferenciado, pois importa a natureza da atividade.

3. RESPONSABILIDADE SUBSIDIÁRIA DO COMERCIANTE

Chama-se à responsabilidade o comerciante em situações específicas, indicadas no art. 13 do Código de Defesa do Consumidor: "O consumidor é igualmente responsável, nos termos do artigo anterior, quando:

I – o fabricante, o construtor, o produtor ou o importador não puderem ser identificados;

II – o produto for fornecido sem identificação clara do seu fabricante, produtor, construtor ou importador;

III – não conservar adequadamente os produtos perecíveis."

Justifica James Marins que "recebe o comerciante este tipo de tratamento legal como forma de se evitar a indesejada circulação de produtos anônimos, para tanto sendo reputado igualmente responsável".[21]

Decorre que a responsabilidade é subsidiária, restrita às situações descritas, e não indiscriminada, ou solidária, pelos danos causados por defeito no produto, ou por informação insuficiente e inadequada. Todavia, no caso do inc. III, é possível enquadrar a responsabilidade como solidária, senão única do comerciante. Se não conservar convenientemente os produtos, em especial os perecíveis, os que exigem tratamento e cuidado como os congelados, mantendo uma temperatura mínima e máxima, a ação dirige-se apenas contra o comerciante, não podendo chamar-se conjuntamente o fabricante. A deterioração foi consequência da falta de cuidado, ou de negligência de quem adquiriu os produtos para revendê-los.

A responsabilidade do comerciante ou intermediário assenta-se na culpa, tipificando-se, pois, como subjetiva, conforme anota Paulo R. Roque A. Khouri: "Tem-se que todas as três situações previstas no art. 13 são de responsabilidade subjetiva, e não de responsabilidade objetiva do comerciante. Seja na hipótese do inciso I, onde não é possível ao consumidor identificar quem introduziu o produto no mercado, o que ocorre quando a apresentação do produto, na sua embalagem o nome do fabricante não vem corretamente indicado, ou é indicado de forma obscura; seja na hipótese do inciso II, simplesmente não há, na apresentação do produto, nenhuma indicação de quem o introduziu no mercado, caso típico de produtos clandestinos; ou na última hipótese em que o comerciante não tenha conservado adequadamente o produto perecível; todas elas tratam de negligência explícita do comerciante porque se não fosse negligente não teria aceitado comercializar produtos sem identificação do fabricante ou ainda teria conservado adequadamente os produtos perecíveis."[22]

Exceto na situação do inciso III, cabe o direito de regresso do comerciante contra o produtor, ou fabricante, ou construtor ou importador, para reaver aquilo que se viu obrigado a pagar ao consumidor, como assegura o parágrafo único do art. 13: "Aquele que efetivar o pagamento ao prejudicado poderá exercer o direito de regresso contra os demais responsáveis, segundo sua participação na causação do evento danoso."

---

[21] *Responsabilidade da Empresa pelo Fato do Produto*, ob. cit., p. 104.

[22] *Contratos e Responsabilidade Civil no CDC*, Brasília, Editora Brasília Jurídica, 2002, pp. 165 e 166.

396 • Responsabilidade Civil | Arnaldo Rizzardo

O direito de regresso se processará em ação autônoma, e não através da denunciação, na própria lide promovida pelo consumidor, na letra do art. 88: "Na hipótese do art. 13, parágrafo único deste Código, a ação de regresso poderá ser ajuizada em processo autônomo, facultada a possibilidade de prosseguir-se nos mesmos autos, vedada a denunciação da lide."

4. RESPONSABILIDADE POR VÍCIO DO PRODUTO E DO SERVIÇO

Estuda-se, aqui, matéria relacionada não aos prejuízos que trazem os produtos e os serviços, em face de defeitos, de má construção ou deficiente prestação, mas aos danos resultantes dos vícios de qualidade e quantidade inerentes aos bens ou serviços, de modo a torná-los impróprios ou inadequados ao consumo a que são destinados. São os vícios inerentes à própria coisa ou ao serviço, ou vícios *in re ipsa*, isto é, na própria coisa, de modo a não servirem para a finalidade de sua fabricação ou prestação, ou não satisfazerem as necessidades para que deveriam servir.

Nos defeitos da coisa ou do serviço, advêm prejuízos porque uma peça está quebrada, ou é imprópria, ou porque a atividade desenvolvida não trouxe o resultado esperado. Já nos vícios, com a baixa qualidade ou a quantidade insuficiente, o bem ou o serviço não satisfaz, ou não realiza a utilidade que era de esperar. No entanto, conforme Jorge Alberto Quadros de Carvalho Silva, "comparados aos vícios de fabricação (art. 12, *caput*), os vícios de qualidade ou quantidade estão contidos naquele, pois dele são espécie, com a diferença de que sua imperfeição inerente não se exterioriza a ponto de causar dano à saúde ou à segurança do consumidor. Ocorre que a desconformidade do produto apenas vem a comprometer sua prestabilidade ou servibilidade, o que leva a doutrina e a jurisprudência a falar em responsabilidade *in re ipsa*".[23]

Segue-se a discriminação do vício do produto e do serviço.

a) Quanto ao produto

Consoante Jorge Alberto Quadros de Carvalho Silva, não é todo e qualquer vício de qualidade e quantidade que implica responsabilidade pelo vício do produto, mas somente aquele que: "I – torna o produto impróprio ou inadequado ao consumo a que se destina; II – diminui o valor do produto; III – decorre de disparidade entre o conteúdo líquido e suas indicações."[24]

A seguinte sequência de exemplos, dada por Sérgio Cavalieri Filho, identifica a espécie de insatisfação de qualidade ou quantidade que resulta: "É o automóvel que apresenta problema no motor, a televisão que não tem boa imagem, o ferro elétrico que não esquenta, a geladeira que não gela, o medicamento com data vencida ou inadequado para o tratamento a que se destina, o produto alimentício com peso inferior ao indicado na embalagem."[25]

É vício de produto a inocuidade de vacina, aplicada em animais, oportunizando a competente indenização: "Se os animais foram acometidos de leptospirose canina, com cobertura para a variante *copenhageni*, coberta pela vacina *canigen*, e mesmo assim vierem a falecer, a responsabilidade decorrente da inocuidade da vacina é dos seus fabricantes.

---

[23] *Código de Defesa do Consumidor Anotado*, 3ª ed., São Paulo, Editora Saraiva, 2003, p. 77.
[24] *Código de Defesa do Consumidor Anotado*, ob. cit., p. 77.
[25] *Programa de Responsabilidade Civil*, ob. cit., p. 493.

Padece de forte dor, grande sofrimento, quem acompanha a morte de seus animais de criação acometidos de grave enfermidade que estaria coberta por vacina, que se mostrou inócua por óbvio defeito de fabricação. Na hipótese, cabe a reparação por danos morais e materiais."[26]

Importante se faça a distinção, relativamente aos vícios redibitórios, os quais são ocultos, enquanto a disciplina pelo Código da Lei nº 8.078 abrange vícios ocultos e aparentes, apresentando-se, portanto, mais ampla. Acresce aduzir que a indenização, por este último sistema, abrange formas que não ocorrem na dos vícios redibitórios, pois permite a substituição, a restituição do valor pago, a indenização por perdas e danos ou o abatimento do preço, enquanto o vício redibitório oferece ao lesado a faculdade de enjeitar a coisa, ou procurar o abatimento do preço. No concernente ao prazo para o exercício dos direitos, no vício da coisa pela Lei nº 8.078 – art. 26 – existe a variação de trinta e noventa dias, conforme se tratar de produto não durável ou durável; no vício redibitório, é de trinta dias se envolvida coisa móvel, ou de um ano se for imóvel o bem – art. 445 do Código Civil.

A responsabilidade pelos vícios é ditada pelo art. 18 do Código de Defesa do Consumidor: "Os fornecedores de produtos de consumo duráveis ou não duráveis respondem solidariamente pelos vícios de qualidade ou quantidade que os tornem impróprios ou inadequados ao consumo a que se destinam ou lhes diminuam o valor, assim como por aqueles decorrentes da disparidade, com as indicações constantes do recipiente, da embalagem, rotulagem ou mensagem publicitária, respeitadas as variações decorrentes de sua natureza, podendo o consumidor exigir a substituição das partes viciadas."

Eis as alternativas que se oferecem ao consumidor, caso não sanado o vício no prazo de trinta dias, na previsão do § 1º do mesmo artigo: "Não sendo o vício sanado no prazo máximo de trinta dias, pode o consumidor exigir, alternativamente e à sua escolha:

I – a substituição do produto por outro da mesma espécie, em perfeitas condições de uso;

II – a restituição imediata da quantia paga, monetariamente atualizada, sem prejuízo de eventuais perdas e danos;

III – o abatimento proporcional do preço."

O § 2º concede às partes a liberdade em convencionar prazo inferior ou superior ao de trinta dias, desde que não ultrapasse a um mínimo de sete dias e a um máximo de cento e oitenta dias: "Poderão as partes convencionar a redução ou ampliação do prazo previsto no parágrafo anterior, não podendo ser inferior a sete nem superior a cento e oitenta dias. Nos contratos de adesão, a cláusula de prazo deverá ser convencionada em separado, por meio de manifestação expressa do consumidor."

Por força do § 3º, a opção de qualquer das situações do § 1º acima transcritas é permitida se a substituição apenas da parte viciada comprometer a qualidade ou características do produto, dentre outras decorrências: "O consumidor poderá fazer uso imediato das alternativas do § 1º deste artigo sempre que, em razão da extensão do vício, a substituição das partes viciadas puder comprometer a qualidade ou características do produto, diminuir-lhe o valor ou se tratar de produto essencial."

Já o § 4º, caso inviável a substituição de um bem por outro igual: "Tendo o consumidor optado pela alternativa do inciso I do § 1º deste artigo, e não sendo possível a

---

[26] Apel. Cível nº 2001.001.17959, da 14ª Câmara Cível do TJ do Rio de Janeiro, *DJ* de 13.06.2002, in *ADCOAS* 8211079, *Boletim de Jurisprudência ADCOAS*, nº 44, p. 696, nov. 2002.

substituição do bem, poderá haver substituição por outro de espécie, marca ou modelo diversos, mediante complementação ou restituição de eventual diferença de preço, sem prejuízo do disposto nos incisos II e III do § 1º deste artigo."

O § 5º cuida do fornecimento de bens *in natura*, chamando à responsabilidade, perante o consumidor, o fornecedor imediato, exceto quando identificado claramente seu produtor.

O § 6º considera impróprios ao uso e consumo:

I – os produtos cujos prazos de validade estejam vencidos;

II – os produtos deteriorados, alterados, adulterados, avariados, falsificados, corrompidos, fraudados, nocivos à vida ou à saúde, perigosos ou, ainda, aqueles em desacordo com as normas regulamentares de fabricação, distribuição ou apresentação;

III – os produtos que, por qualquer motivo, se revelem inadequados ao fim a que se destinam.

O art. 19 refere-se restritamente aos produtos com vício de quantidade, ou tendo conteúdo inferior às indicações constantes do recipiente, da embalagem, rotulagem ou mensagem publicitária, fato comum no comércio, oferecendo ao consumidor uma das seguintes viabilidades:

I – o abatimento proporcional do preço;

II – complementação do peso ou medida;

III – a substituição do produto por outro da mesma espécie, marca ou modelo sem os aludidos vícios;

IV – a restituição imediata da quantia paga, monetariamente atualizada, sem prejuízo de eventuais perdas e danos.

Permitida a substituição por outro produto (§ 1º) e atribuída a responsabilidade ao fornecedor imediato (§ 2º). Se impossível a substituição por bem da mesma espécie, autoriza-se a que se forneça um outro bem, mediante complementação ou restituição de eventual diferença de preço. Sobre a matéria, explica Roberto Norris: "Ao apresentar, em seus incisos, diversas alternativas de solucionamento do problema, demonstrou o dispositivo retromencionado a intenção do legislador em apresentar formas de solução amigável do litígio. Esta verificação pode ainda ser vista no seu § 1º, quando dispõe acerca da possibilidade de substituição por produtos de espécie, marca ou modelo diversos, mediante complementação ou restituição de possíveis diferenças, nas hipóteses de não ser possível a substituição do produto."[27]

b) Quanto ao serviço

Na visão de Jorge Alberto Quadros de Carvalho Silva, "os fornecedores de serviços são responsáveis pelos vícios de qualidade que os tornem impróprios ao consumo, que lhes diminuam o valor, bem como pelos vícios de quantidade (a despeito de não estarem expressamente mencionados no *caput*), oriundos da disparidade com as indicações constantes da oferta ou mensagem publicitária".[28] Como de qualidade são os vícios decorrentes da falta de técnica, de capacidade intelectual, verificados nos reparos imperfeitos em bens, na péssima forma de expor um conteúdo no ensino, na deficiente elaboração de uma defesa judicial, ou no precário atendimento médico. Tem-se o vício de quantidade na insuficiência do serviço, e assim se não é consertado o objeto em toda sua extensão, ou se não ministrada a integralidade de conteúdos em um curso escolar.

---

[27] *Responsabilidade Civil do Fabricante pelo Fato do Produto*, ob. cit., pp. 81 e 82.
[28] *Código de Defesa do Consumidor Anotado*, ob. cit., p. 87.

O art. 20 da Lei nº 8.078 assinala para a responsabilidade pelos vícios: "O fornecedor responde pelos vícios de qualidade que os tornem impróprios ao consumo ou lhes diminuam o valor, assim como por aqueles decorrentes da disparidade com as indicações constantes da oferta ou mensagem publicitária, podendo o consumidor exigir alternativamente e à sua escolha:

I – a reexecução dos serviços, sem custo adicional e quando cabível;

II – a restituição imediata da quantia paga monetariamente atualizada, sem prejuízo de eventuais perdas e danos;

III – o abatimento proporcional do preço."

Quanto à reexecução do serviço, autoriza o § 1º que seja confiada a terceiros devidamente capacitados, por conta e risco do devedor.

O § 2º classifica de impróprios os serviços que se mostrem inadequados para os fins que razoavelmente deles se esperam, bem como aqueles que não atendam as normas regulamentares de prestabilidade.

No art. 21 está a obrigação de o prestador empenhar-se nos consertos e reparações, utilizando as peças originais de fabricação: "No fornecimento de serviços que tenham por objetivo a reparação de qualquer produto considerar-se-á implícita a obrigação do fornecedor de empregar componentes de reposição originais adequados e novos, ou que mantenham as especificações técnicas do fabricante, salvo, quanto a estes últimos, autorização em contrário do consumidor."

O art. 22 estende aos órgãos públicos, por si ou suas empresas, concessionárias, permissionárias (entes administrativos com personalidade de pessoa jurídica de direito privado), ou com outra forma de delegação, a obrigação de oferecer serviços adequados, eficientes e seguros, sendo que, quanto aos essenciais, de modo contínuo.

A omissão na prestação de serviços, especialmente quanto aos essenciais, como os de segurança, de assistência médica e hospitalar, os relativos ao fornecimento de água, energia elétrica, os de telefonia (Lei nº 7.783, de 1989), que sequer permitem a interrupção por motivo de greve, acarreta a responsabilidade do Poder Público, como vem assinalado no parágrafo único, o que é uma decorrência lógica.

A matéria é objeto de estudo no capítulo relativo à responsabilidade civil do Estado.

Consoante o art. 23, a ignorância do fornecedor sobre os vícios de qualidade por inadequação dos produtos e serviços não afasta a responsabilidade, o que decorre logicamente do risco em assumir o serviço. A falta de condições técnicas para a prestação, e mesmo assim a execução, importa em assumir a própria culpa.

Em consonância com o art. 24, a garantia legal de adequação do produto ou serviço independe de termo expresso, ficando vedada a exoneração contratual do fornecedor. Realmente, não se carece de termo expresso, porquanto decorre *ex lege*, sem depender de formalidades.

Veda-se, nos termos do art. 25, a estipulação contratual de cláusula que impossibilite, exonere ou atenue a obrigação de indenizar. Também no art. 51, inc. I, do Código que protege o consumidor aparece a nulidade de cláusula de mencionado teor, não sendo incomum encontrá-la em contratos de transporte aéreo.

O § 1º do art. 25 firma a responsabilidade de todos na reparação, se causados por mais de uma pessoa os danos. O § 2º, por sua vez, estende a solidariedade, em verificada a causação do dano por componente ou peça incorporada ao produto ou ao serviço, ao fabricante, ao construtor, ao importador e ao que realizou a incorporação.

5. RESPONSABILIDADE NOS SERVIÇOS DE TURISMO

Nos serviços de turismo, inúmeros os defeitos que acontecem, sendo o típico campo de incidência do Código de Defesa do Consumidor. Dificilmente as excursões realizadas não apresentam deficiências, seja no curso das viagens, seja nas hospedagens, no atendimento pessoal, no descumprimento das programações, na ausência de acompanhantes ou orientadores, no cancelamento de etapas de visitas. Há casos mais graves, como o simples cancelamento da excursão após efetuado o pagamento.

A responsabilidade é objetiva, no que a jurisprudência dá ênfase:

"Para os casos em que o dano decorra da existência de defeito que comprometa o fornecimento do serviço, o Código de Defesa do Consumidor acolhe o pressuposto da responsabilidade objetiva do fornecedor, independentemente de culpa. Cumpre, assim, à empresa de turismo, no caso de viagem internacional, a prova de que o serviço foi prestado tal como acordado entre as partes."[29]

É ressaltada a relação de consumo:

"Em se tratando de relações de consumo, nas quais há aplicação direta das regras do Código de Defesa do Consumidor, em tendo havido descumprimento do contrato de agenciamento turístico, com supressão de dias de viagens e outros contratempos, responde pelos prejuízos daí decorrentes a empresa vendedora de pacote turístico, porquanto detém a condição de prestadora de todos os serviços turísticos que integram o pacote, independentemente da responsabilidade final ou intermediária pertencer a outras empresas."[30]

Reconhece-se o cabimento da indenização pelo dano moral:

"A operadora de turismo é responsável pelo serviço prestado em data posterior ao que foi acordado, ainda mais se ausentes as causas que isentaria a responsabilidade, de acordo com o CDC. Há dano moral a ser reparado aos consumidores que não puderam embarcar na data prevista por culpa da fornecedora, haja vista os transtornos que passaram, bem como na expectativa frustrada de viajar no dia marcado."[31]

O não cumprimento ao contratado importa em serviço defeituoso:

"Em contrato de assistência em viagem internacional, falhando na prestação de serviços, há o dever de reparar os serviços materiais e imateriais experimentados pelo consumidor em viagem pelo exterior. De acordo com as normas do CDC, considera-se serviço defeituoso quando este não fornece segurança que o consumidor dele pode esperar, levando-se em consideração as circunstâncias relevantes, uma vez que os fatos ocorreram fora do país de origem do contratante abandonado à própria sorte dos acontecimentos. Havendo relação de causalidade entre a ação e o dano causado, surge a obrigação de indenizar."[32]

Mesmo que terceira empresa execute os serviços de turismo, a empresa contratante participa da responsabilidade:

---

[29] Apel. Cível nº 367.828-0, da 2ª Câmara Cível do Tribunal de Alçada de Minas Gerais, *DJ* de 29.04.2004, *in ADCOAS* 8217662, *Boletim de Jurisprudência ADCOAS*, nº 26, p. 409, jul. 2003.

[30] Apel. Cível nº 70001043876, da 5ª Câmara Cível do TJ do RGS, j. em 14.12.2000, em *ADCOAS* 8203603, *Boletim de Jurisprudência ADCOAS*, nº 4, p. 53, jan. 2002.

[31] JE Cív. – DF, 2ª Turma Recursal, Apel. Cível nº 2003.01.1.056476-0, *DJ* de 20.02.2004, *in ADCOAS* 8225242, *Boletim de Jurisprudência ADCOAS*, nº 14, p. 217, abr. 2004.

[32] Apel. Cível nº 2002.001.11408, da 18ª Câmara Cível do TJ do Rio de Janeiro, reg. em 26.09.2002, *in ADCOAS* 8215944, *Boletim de Jurisprudência ADCOAS*, nº 17, p. 265, maio 2003.

"De acordo com as normas do CDC, existe solidariedade passiva de todos os que, de alguma forma, participam da cadeia econômica de produção, circulação e distribuição dos produtos ou prestações de serviços.

A agência de turismo responsável pela venda de pacote turístico responde pelos danos decorrentes da má qualidade dos serviços, ainda que estes tenham sido prestados por outra empresa, já que, entre ambas, prevalece a responsabilidade solidária."[33]

"A empresa que se encarrega da venda de pacote turístico e o divulga é parte legítima para a ação de reparação de danos, quando a avença não foi cumprida integralmente pela empresa que executou os serviços. Existe solidariedade entre elas, que decorre do Código de Defesa do Consumidor – arts. 7º e 25, § 1º, ambas devendo responder civilmente... Uma empresa atua em função da outra."[34]

6. EXCLUDENTES DE RESPONSABILIDADE

Para haver responsabilidade, requer-se a verificação do nexo causal entre o fato e o dano. Deve existir uma ligação entre o dano e o fato da entrega do bem ou da prestação do serviço, apresentando um ou outro defeitos ou deficiências.

Quanto ao produto, para eximir-se de responsabilidade o produtor demonstrará, em estrita obediência ao § 3º do art. 12 da Lei nº 8.078:

"I – que não colocou o produto no mercado;

II – que, embora haja colocado o produto no mercado, o defeito inexiste;

III – a culpa exclusiva do consumidor ou de terceiro."

No pertinente à não colocação do produto no mercado, parece desnecessária a previsão, posto que falta a causalidade. É necessária a prova do furto do produto, ou de sua falsificação, fato este comum, especialmente em face do fenômeno da pirataria. Para afastar qualquer incitação de responsabilidade, incumbe a demonstração da falta de autenticidade, o que se faz através da descrição de elementos que conferem a originalidade.

Sobre a inexistência do defeito, o fornecedor tem o ônus de evidenciar que o dano tem outra causa, como a falta de conhecimento das técnicas do uso, a imprudência de quem utilizou o bem, ou a não obediência às orientações emitidas. Esclarece Paulo R. Roque A. Khouri: "Ora, se o defeito apontado pelo consumidor inexiste, então não há que se falar em fato do produto e, muito menos, responsabilidade, pois ausente mostra-se o nexo causal. Em se tratando de defeito de informação, a prova para o fornecedor é de fácil produção. Basta a demonstração de que o consumidor fora informado clara e adequadamente sobre a utilização do produto ou serviço."[35]

No pertinente à prova do defeito, acrescenta Roberto Norris: "Para verificar a existência do defeito, o exame técnico se fará necessário, sempre que não for o mesmo percebido *ictu oculi* (*v. g.*, no caso de corpos estranhos na bebida). O primeiro problema surge nos casos em que o produto fica totalmente destruído, sem se verificar se isso ocorreu momentos antes ou durante o defeito. Nestes casos, tratando-se de um defeito de série,

---

[33] Apel. Cível nº 292.342-2, da 1ª Câmara Cível do Tribunal de Alçada de Minas Gerais, j. em 23.11.1999, *DJ* de 10.08.2000.

[34] Apel. Cível nº 91.427.200, da 5ª Câmara Cível do Tribunal de Alçada do Paraná, j. em 11.12.1996, Ac. 5.615, *DJ* de 21.02.1997.

[35] *Contratos e Responsabilidade Civil no CDC*, ob. cit., p. 176.

na maioria das vezes, esta dificuldade é superável com o exame técnico dos produtos similares; no entanto, e na hipótese de defeito de fabricação, a única solução plausível que se nos apresenta é a de considerar, por presunção, a existência do defeito, diante de uma probabilidade de que efetivamente tenha ocorrido."[36]

A culpa exclusiva de quem usa o bem ou de terceiro acontece com a ausência de conhecimentos, com a desobediência às recomendações para a conservação, com os exageros praticados no uso, forçando demasiadamente o funcionamento, excedendo a capacidade de trabalho, omitindo as medidas de conservação. No caso do veículo, não se substituem os pneus gastos, deixa-se de trocar o óleo de lubrificação, não é regulado o sistema de freios. Transparece uma das formas de culpa – imprudência, negligência, ou imperícia. Neste campo se situam aqueles que se acidentam com veículos, com bicicletas, com patins, com aparelhos de ginástica, com a ingestão de medicamentos impróprios, e em várias outras circunstâncias no uso de equipamentos, assim porque excedem a velocidade, ou por incapacidade na direção, ou por não seguirem as orientações médicas. Quanto à culpa de terceiro, cumpre que fique claro a existência de um fator estranho ao que produziu ou entregou a coisa. Costuma-se citar, para ilustrar a situação, o exemplo da explosão de um veículo que é abalroado na parte traseira por outro carro. No entanto, descobre-se que o tanque de combustível se encontrava colocado em lugar impróprio do veículo, anormalidade que se constitui em verdadeira causa da explosão. Em outro caso, a perda de roda do veículo enquanto trafega, que bate em um pedestre, lesionando-o. Acontece o acidente porque mal colocada a roda ou não devidamente apertados os parafusos por oficina mecânica.

Se, entretanto, apura-se defeito no sistema de freios, no mecanismo que prende as rodas da bicicleta ou dos patins nos eixos, decorre a responsabilidade. Igualmente no caso de não colocado aviso quanto à profundidade de uma piscina, ou se não removidos resíduos de óleo ou qualquer produto escorregadio da pista.

Deve-se acrescentar o caso fortuito ou força maior como excludente de responsabilidade, isto é, de situações que acontecem por força da natureza, ou que escapam do controle humano. O afastamento da responsabilidade aparece no art. 393 da lei civil: "O devedor não responde pelos prejuízos resultantes de caso fortuito ou força maior, se expressamente não se houver por eles responsabilizado."

Por sua vez, o parágrafo único traz a definição de caso fortuito ou força maior: "O caso fortuito ou de força maior verifica-se no fato necessário, cujos efeitos não era possível evitar, ou impedir."

Costuma a doutrina distinguir entre caso fortuito ou força maior interno e externo – entendendo-se o primeiro como ocorrendo quando é fabricado o produto ou prestado o serviço, e o segundo como estranho durante o engenho produtivo ou a prestação de serviço, e verificando-se em momento posterior. Unicamente se acontecido o evento durante a confecção ou a prestação, não se afasta a responsabilidade, eis que inerente o fato à atividade produtora ou prestadora do serviço.

A explicação é dada por Arruda Alvim, Tereza Alvim, Eduardo Arruda Alvim e James Martins: "A ação da força maior, quando ainda dentro do ciclo produtivo, não tem a virtude de descaracterizar a existência de defeito juridicamente relevante (possivelmente defeito de produção...). Diversamente ocorre com a força maior quando verificada após a introdução do produto em circulação não se pode falar em defeito de criação, produção ou informação, que são sempre anteriores à inserção do produto no mercado de consumo."[37]

---

[36] *Responsabilidade Civil do Fabricante pelo Fato do Produto*, ob. cit., p. 87.

[37] *Código do Consumidor Comentado*, 2ª ed., São Paulo, Editora Revista dos Tribunais, 1995, pp. 127 e 128.

Na ocorrência após a fabricação ou a prestação, não se retira qualquer ligação com o processo de fabricação ou de prestação. Na hipótese de ser retirado furtivamente um dispositivo de uma máquina, sem o qual aumenta desordenadamente a força, ferindo quem exerce o controle, afasta a responsabilidade do fabricante, ou fornecedor, eis que apareceu posteriormente o caso fortuito.

Conclui-se com Paulo R. Roque A. Khouri: "Entretanto, se o caso fortuito ou a força maior ocorrem após a introdução do produto ou serviço no mercado, evidente que eles, aí sim, funcionarão como excludentes do nexo causal ou da responsabilidade, porque o que causou o acidente não foi um fato do produto ou o serviço, mas um fato a eles totalmente estranhos, quais sejam, o caso fortuito ou força maior."[38]

No tocante ao serviço, afastam a responsabilidade as seguintes verificações, elencadas no § 3º do art. 14:

"I – que, tendo prestado o serviço, o defeito inexiste;

II – a culpa exclusiva do consumidor ou de terceiro."

Em relação à inexistência do defeito, demonstra-se que o serviço foi realizado a contento, devendo-se o precário funcionamento ao estado das peças do bem, como no veículo e nos eletrodomésticos; igualmente, que a falta de durabilidade se deve ao material de baixa qualidade entregue pelo que encomendou o serviço.

No tocante à culpa exclusiva do consumidor ou de terceiro, é afastada a responsabilidade se desobedecidas as recomendações fornecidas pelo prestador. Utiliza-se o bem para finalidades diversas daquelas para a qual está destinado, tornando-se a romper o mecanismo; ou ingressa-se em recinto dedetizado antes do prazo informado pelo que efetuou o trabalho.

O caso fortuito ou de força menor também se constitui em causa de isenção, pelas mesmas razões aventadas na exclusão da responsabilidade quanto ao produto.

O Superior Tribunal de Justiça já aceitou a referida causa como excludente de responsabilidade: "O fato de o art. 14, § 3º, do Código de Defesa do Consumidor não se referir ao caso fortuito e à força maior, ao arrolar as causas de isenção de responsabilidade do fornecedor de serviços, não significa que, no sistema por ele instituído, não possam ser invocadas. A inevitabilidade, e não a imprevisibilidade, é que efetivamente mais importa para caracterizar o fortuito. E aquela há de entender-se dentro de certa relatividade, tendo-se o acontecimento como inevitável em função do que seria razoável exigir-se."[39]

7. DEVER DE SEGURANÇA NA ENTREGA DO PRODUTO E NA PRESTAÇÃO DO SERVIÇO

O defeito do produto ou do serviço constitui-se no fato gerador da responsabilidade, que leva a não oferecer segurança no uso ou na utilidade a que se destina. A previsão está no § 1º dos arts. 12 e 14 da Lei nº 8.078, impondo à proibição de lançar no mercado produto ou serviço com defeito. Incumbe a garantia da idoneidade do produto e do serviço, que acontece quando se dá a conformidade com as exigências técnicas de perfeito e seguro funcionamento. Não que os bens fabricados, especialmente aqueles que funcionam

---

[38] *Contratos e Responsabilidade Civil no CDC*, ob. cit., p. 179.

[39] REsp. nº 120.647-SP, 3ª Turma, *DJU* de 15.05.2000.

movidos a motores, ou acionados por energia elétrica, ou os serviços prestados, sejam totalmente seguros. Sempre acompanha um grau de perigo, mas que resulta do próprio mecanismo de seu funcionamento ou na maneira da prestação. O inadmissível está nas imperfeições do ajustamento interno, de elementos, peças, componentes, ou forma de agir, que faz o instrumento funcionar mal, ou quebrar, ou expelir partes que se partem, ou emitir choques elétricos.

Tem perfeito encaixe no art. 8º da Lei de defesa do consumidor o que se exige ou requer do produto e do serviço: "Os produtos e serviços colocados no mercado de consumo não acarretarão riscos à saúde ou segurança dos consumidores, exceto os considerados normais e previsíveis em decorrência de sua natureza e fruição, obrigando-se os fornece-dores, em qualquer hipótese, a dar as informações necessárias e adequadas a seu respeito."

Está aliado ao dever de segurança o de informar ao consumidor os riscos previsíveis e normais, em atendimento aos comandos dos arts. 8º, parte final, e 9º, do mesmo diploma.

Além do dever de informar sobre a utilização do produto e do serviço, e dos perigos que oferecem, é pressuposto para atender o dever de segurança o ajustamento ao estado da técnica, ou seja, a perfeita confecção ou fabricação em consonância com as regras técnicas estabelecidas no invento, ou na criação, ou a realização. Para tanto, decorre a idoneidade do artefato ou da coisa oferecida e do serviço colocados no comércio, de modo que seja composta de materiais fortes, adequados, aptos, eficientes e de qualidade necessária para o bem construído. Se as peças são feitas de substâncias de baixa qualidade, ou não possuindo a espessura necessária, vindo a romper-se, acarretam insofismavelmente a responsabilidade de quem as construiu ou fabricou. O mesmo se pode afirmar quanto à qualidade dos serviços, quando faltar conhecimento da técnica.

Nessa visão, é comum as fábricas de veículos efetuarem chamadas (*recalls*) de adquiren-tes de certos tipos e linhas de automóveis, para troca de peças, dada a pouca consistência, ou a deformação depois de certo tempo de uso, com possibilidade de provocar acidentes.

8.   RESPONSABILIDADE SOLIDÁRIA

Naturalmente, responde pelos danos quem os provocou. De modo geral, no fabri-cante ou produtor recaem as consequências do dano causado pelos bens introduzidos no mercado de consumo; já o prestador arca com a responsabilidade pelos danos advindos do serviço que prestou.

É necessário, no entanto, proceder uma distinção, quanto aos danos causados pelos produtos e aos danos decorrentes de vícios, cuja distinção de significação está delineada nos itens anteriores.

Em relação aos danos vindos dos produtos, a responsabilidade é do produtor, do construtor, e do importador, nos termos do art. 12. Ingressa o comerciante subsidiariamente na obrigação de reparar nos casos do art. 13, isto é, se desconhecido o fabricante, falta de identificação do fabricante no produto, e má ou inadequada conservação pelo comerciante.

Se o produto está viciado, e não atende às necessidades para as quais se deu a fabricação, com amparo no art. 18 do Código de Defesa do Consumidor chamam-se à responsabilidade os fabricantes, produtores, os construtores, os importadores, e os comer-ciantes – todos enquadrados como fornecedores.

Neste rumo delineia-se a jurisprudência do STJ, colhendo-se exemplo no REsp. nº 554.876/RJ, da Terceira Turma, j. em 17.04.2004, *DJU* de 03.05.2004: "Código de Defesa do Consumidor. Compra de veículo novo com defeito. Incidência do art. 18 do Código de Defesa do Consumidor. Responsabilidade solidária do fabricante e do fornecedor.

Indenização por danos materiais e morais. Precedentes da Corte. Compra do veículo novo com defeito, aplica-se o art. 18 do Código de Defesa do Consumidor e não os artigos 12 e 13 do mesmo Código, na linha de precedentes da Corte. Em tal cenário, não há falar em ilegitimidade passiva do fornecedor."

Ao consumidor se faculta demandar ou o comerciante que efetuou a venda direta, ou o fabricante, o produtor, o construtor, o importador do bem, ou o primeiro e um dos outros solidariamente.

Pelo fato do produto, ou pelos danos causados pelo produto em si, pois, não há responsabilidade solidária, com as exceções do art. 13. Já se defeituoso o produto, a responsabilidade revela-se solidária, concluindo Paulo R. Roque A. Khouri: "É caso típico de obrigação solidária passiva, podendo o consumidor optar por demandar tanto o comerciante, que lhe tenha efetuado a venda diretamente, como o fabricante do bem. Enquanto a responsabilidade pelo fato do produto, a responsabilidade objetiva do comerciante é sempre subsidiária, e ele, mesmo não tendo introduzido o bem no mercado, está na mesma posição jurídica de devedor do fabricante, em relação ao consumidor."[40]

Para bem se concluir sobre a diferença de tratamento, basta examinar a redação dos arts. 12 e 18. No primeiro, especificam-se os sujeitos passivos da responsabilidade; já no segundo, refere-se aos fornecedores em geral, neles incluindo-se as pessoas do art. 12 e os comerciantes.

Se os vícios forem de quantidade, aparece reforçada a responsabilidade de todos os que se encontram na cadeia do fornecimento – desde o fabricante ou produtor ao comerciante – pelo art. 19.

Relativamente ao prestador ou fornecedor de serviços, a responsabilidade é pessoal, venha o dano do próprio serviço ou de defeito na sua prestação.

Duas situações especiais de responsabilidade decorrem do art. 25, §§ 1º e 2º. No § 1º, quando há mais de um responsável pela causação do dano, repetindo a regra do art. 7º, obrigando todos a ressarcir os danos solidariamente, como o produtor e o comerciante pelos danos oriundos de defeitos ou vícios de funcionamento, e não pelo dano do produto em si. No § 2º, nas hipóteses de vícios ou defeitos das peças ou componentes da mercadoria nela incorporados, obrigando tanto o fornecedor e o prestador de serviços a arcar com o ressarcimento – o primeiro porque produziu a peça ou o componente, e o segundo pelo fato da utilização, descurando do dever de observação e cuidado quanto ao estado da técnica ou à aptidão para a finalidade do uso.

9. CLÁUSULA DE EXCLUSÃO DE RESPONSABILIDADE

Não vale cláusula de exclusão de responsabilidade, no que se ostenta evidente o art. 25 da Lei nº 8.078: "É vedada a estipulação contratual de cláusula que impossibilite, exonere ou atenue a obrigação de indenizar prevista nesta e nas seções anteriores."

---

[40] *Contratos e Responsabilidade Civil no CDC*, ob. cit., pp. 193 e 194.

De sorte que destituídas de efeito cláusulas que eximem de responsabilidade o fornecedor, tanto na esfera do produtor como do comerciante. Com a previsão clara da regra, em havendo relações de consumo, não surtem resultado os avisos colocados em estabelecimentos de guarda e depósitos, em garagens, em postos de combustíveis, em hotéis, em clubes, em supermercados, em *shoppings*, advertindo os usuários ou locadores de espaços que não respondem por eventuais danos, como furtos, colisões e outros estragos, ou pelos valores e objetos que se encontram no interior dos veículos.

Disposição como a do art. 25 está no art. 51, inc. I, do mesmo Código, firmando:

"São nulas de pleno direito, entre outras, as cláusulas contratuais relativas ao fornecimento de produtos e serviços que:

I – impossibilitem, exonerem ou atenuem a responsabilidade do fornecedor por vícios de qualquer natureza dos produtos e serviços que impliquem renúncia ou disposição de direitos. Nas relações de consumo entre o fornecedor e o consumidor-pessoa jurídica, a indenização poderá ser limitada em situações justificáveis."

Mostra-se oportuna a observação de Cláudia Maria Marques, quanto à exagerada amplitude da norma, dada a existência de direitos disponíveis: "A fórmula parece-nos ampla em demasia; logicamente existem direitos disponíveis e direitos indisponíveis; a *ratio* parece ser que aqueles destacados no CDC são indisponíveis, logo não podem ser objeto de renúncia. Seria assim mais uma repetição dos efeitos do art. 1º, que já estabelece serem de ordem pública as normas do CDC. Serve também de alerta para o fornecedor, no sentido de quando o contrato é de consumo, não deve prever cláusulas que estabeleçam renúncia ou disposição de direitos do consumidor."[41]

Em princípio, carece de validade cláusulas de tal teor para surtir efeitos *in genere*, e para invocar a isenção de indenizar, na verificação de uma situação de dano. Não encontra respaldo a invocação de mencionada causa de afastamento de obrigação.

10. DECADÊNCIA DO DIREITO E PRESCRIÇÃO DA PRETENSÃO À INDENIZAÇÃO

Primeiramente, destaca-se a diferença entre decadência e prescrição.

A decadência diz respeito ao direito, colocando fim a qualquer pretensão para a sua satisfação. Não se tem em vista o tipo de ação ou lide contemplado para a busca do direito. O próprio direito é atingido, porquanto não procurado, sem importar qual o caminho processual eleito. Por afetar o direito, fazendo-o desaparecer, abrange automaticamente a ação, não se encontrando meio algum para ser aquele exercitado. Os prazos são extintivos do direito, não importando a ação porventura contemplada na lei.

A prescrição é considerada como a perda da ação relativa a um direito. Já Clóvis Beviláqua assentava o fundamento desse conceito: "Prescrição é a perda da ação atribuída a um direito, e de toda a sua capacidade defensiva, em consequência do não uso delas, durante um determinado espaço de tempo. Não é o fato de não se exercer o direito que lhe tira o vigor; nós podemos conservar inativos em nosso patrimônio muitos direitos, por tempo indeterminado. O que o torna inválido é o não uso da sua propriedade defensiva, da ação que o reveste e protege."[42]

---

[41] *Contratos no Código de Defesa do Consumidor*, ob. cit., p. 791.
[42] *Teoria Geral do Direito Civil*, Rio de Janeiro, Livraria Francisco Alves, 1908, p. 380.

Efetivamente, o que desaparece é a ação para a defesa de determinado direito, em razão da inércia ou omissão de um titular ante violações ou ofensas desse direito, durante um período de tempo previsto para exercitar a defesa. O direito está acompanhado de medidas para o seu exercício e a proteção. Se a pessoa não faz uso dos meios assegurados, entende-se que houve a desistência, levando os sistemas jurídicos a retirar a faculdade de defesa.

Grandes as confusões que surgem a respeito da decadência e da prescrição, ou mal apresentada a distinção, em que incorreram inclusive autores de expressão, sendo que muitos se perdem em minúcias que a nada levam. Washington de Barros Monteiro prima pela clareza, ao estabelecer que "a prescrição atinge diretamente a ação e por via oblíqua faz desaparecer o direito por ela tutelado; a decadência, ao inverso, atinge diretamente o direito e por via oblíqua, ou reflexa, extingue a ação".[43]

Quanto à decadência, o art. 26 do Código de Defesa do Consumidor estabelece prazos diferentes, se aparentes ou de fácil constatação os vícios: não duráveis os bens, é de trinta dias o prazo; no caso de duráveis, eleva-se para noventa dias. Eis a redação do dispositivo: "O direito de reclamar pelos vícios aparentes ou de fácil constatação caduca em:

I – 30 (trinta) dias, tratando-se de fornecimento de serviço e de produto não duráveis;

II – 90 (noventa) dias, tratando-se de fornecimento de serviço e produto duráveis."

Vícios aparentes e de fácil constatação são os que se ostentam na superfície ou no simples manusear e uso do bem, aparecendo com a visão ou o funcionamento, sendo exemplos os alimentos visivelmente deteriorados, os medicamentos com prazo vencido, os eletrodomésticos que não funcionam convenientemente, a má prestação de serviço de hospedagem.

Duráveis são os serviços e produtos de consistência e vida útil não efêmera, cuja duração prolonga-se no tempo, sendo exemplos os veículos, os equipamentos, o mobiliário, os eletrodomésticos, as vestimentas. Não duráveis consideram-se os bens que exigem reclamação imediata, não indo a existência muito além do momento da aquisição, como os alimentos, produtos de higiene e de limpeza, os medicamentos e grande parte das bebidas.

A incidência do dispositivo restringe-se aos danos decorrentes dos vícios dos produtos e serviços, cujas regras se encontram nos arts. 18, 19 e 20 da Lei nº 8.078. É claro a respeito Zelmo Denari: "O art. 26 disciplina a extinção do direito de reclamar por vícios aparentes ou ocultos que tornam os bens ou serviços impróprios ou inadequados ao consumo (responsabilidade por vício)."[44]

O prazo de decadência, em ambas as durações acima, diante do § 1º do citado art. 26, começa a fluir a partir da efetiva entrega do produto, ou da conclusão da prestação do serviço.

Passa-se a examinar a decadência no caso de ocultos os vícios, cujo início se dá no momento em que aparece o defeito, conforme o § 3º: "Tratando-se de vício oculto, o prazo decadencial inicia-se no momento em que ficar evidenciado o defeito."

É oculto o vício ou defeito se não perceptível quando da aquisição do bem, ou da prestação do serviço, vindo a aparecer em época posterior.

---

[43] *Curso de Direito Civil* – Parte Geral, 3ª ed., São Paulo, Editora Saraiva, São Paulo, 1962, p. 297.

[44] *Da qualidade de produtos e serviços, da prevenção e da reparação dos danos*, em Código de Defesa do Consumidor, ob. cit., p. 199.

O prazo também é de trinta ou noventa dias, conforme se tratar de vício oculto em bens não duráveis ou em bens duráveis.

O *dies a quo* tem início no momento em que se constatar o defeito.

Pode haver a dificuldade em se depreender se o defeito surge em decorrência do desgaste natural do produto ou mesmo do serviço, ou de defeito. Sérgio Cavalieri Filho orienta a solução: "Atendendo-se para a vida útil do produto, ter-se-á que apurar, em cada caso, através de perícia, qual é a verdadeira causa do defeito. Em princípio, quanto mais distante estiver o produto ou serviço do final de sua vida útil, maior será a possibilidade de se tratar de um vício de qualidade. Se o bem é novo ou recém-adquirido, pode-se até falar em presunção relativa de anterioridade do vício.

Em resumo: quando o bem for novo, haverá uma presunção relativa de que o vício é de origem, podendo o ônus da prova ser invertido pelo juiz; quando o bem não for novo, deve-se atentar para a vida útil do produto ou serviço, e a prova da anterioridade do vício deve ser feita mediante perícia."[45]

Normalmente, o desgaste fragiliza a consistência do bem e do serviço, provocando desgastes e perda de potência que levam a avarias. Por isso, unicamente um exame técnico leva a detectar a origem do estrago.

Em relação à decadência, coloca o § 2º algumas causas obstativas de sua verificação: "Obstam a decadência:

I – a reclamação comprovadamente formulada pelo consumidor perante o fornecedor de produtos e serviços até a resposta negativa correspondente, que deve ser transmitida de forma inequívoca;

II – (*vetado*);

III – a instauração de inquérito civil, até o seu encerramento."

Assim, formulada a reclamação, ou o pedido de providência, suspende-se o prazo, se já iniciou a correr, recomeçando a prosseguir quando do término da medida de providências, ou do período de tempo concedido para a substituição ou os reparos.

A prescrição se dá quanto à pretensão de reparação pelos danos causados por fato do produto ou do serviço. Eis o teor do art. 27: "Prescreve em cinco anos a pretensão à reparação pelos danos causados por fato do produto ou do serviço prevista na Seção II deste Capítulo, iniciando-se a contagem do prazo a partir do conhecimento do dano e de sua autoria."

A Seção II referida compreende justamente as disposições que disciplinam a responsabilidade pelo fato do produto e do serviço.

Não abrange o dispositivo os danos porque funciona mal ou deficientemente a coisa, porque não aquece suficientemente o aparelho, porque o refrigerador não possui a potência constante em sua descrição, porque o motor do veículo não corresponde à força que deveria possuir, ou seja, em razão de qualidade precária, mas em razão dos defeitos dos produtos ou serviços. O próprio bem em si ou o serviço contém inserido nele um defeito que resulta um dano. Não há a precariedade de qualidade ou a falta de quantidade. Não se busca a indenização porque o alimento carece de qualidades, mas porque está estragado; muito menos pela razão de o contrato estabelecer encargos exageradamente pesados, mas pelo fato de violar o direito do celebrante, ou encerrar condições injustas que afastam o

---

[45] *Programa de Responsabilidade Civil*, ob. cit., p. 496.

direito. Se o medicamento não é formado pelos elementos constantes da composição, há defeito de qualidade; no entanto, se contém um elemento impróprio, e não traz resultado algum, o dano é pelo fato do produto. Sendo negligente o construtor, a ponto de não misturar suficientemente os elementos que dão consistência ao reboco do prédio, tem-se o defeito do serviço; todavia, se emprega um material impróprio, e vier a desmoronar a parede, o vício é da coisa. Prevendo o contrato de seguro uma condição que leva a não usufruir de seu objeto, como quando condiciona a cobertura efetiva à inexistência de certo tipo de doenças preexistentes, o vício é do produto. Seria de qualidade caso simplesmente aumentasse exageradamente o valor dos prêmios, ou reduzisse o valor da indenização em face de certos eventos.

Um caso prático elucida mais claramente eventual dúvida: se num botijão de gás falta produto, tem-se defeito de quantidade da coisa; se o próprio recipiente contém um defeito ou vício, provocando um incêndio, a responsabilidade advém pelo fato da coisa, fazendo incidir a prescrição no prazo de cinco anos.

Em outro exemplo: coloca-se um bloqueador de gasolina no veículo, para impedir o furto do carro. Decorrendo um incêndio pela má ligação elétrica, tem-se vício da prestação do serviço; se o mesmo evento acontece por defeito do bloqueador, o vício é pelo fato da coisa. Todavia, se o aparelho funciona mal, não parando imediatamente o veículo, está diante de defeito de qualidade, ou defeito da coisa.

O seguinte aresto também serve de exemplo: "A ação de indenização movida pelo consumidor contra a prestadora de serviço por defeito relativo à prestação do serviço prescreve em cinco anos, ao teor do art. 27 c/c o art. 14, *caput*, do CDC. Em tal situação se insere o pedido de reparação de danos materiais e morais dirigido contra a empresa editora das Listas Telefônicas em face de haver sido publicado erroneamente o número de telefone do restaurante anunciante, o que direcionou pedidos de fornecimento de alimentos a terceira pessoa, que destratou a clientela da pizzaria, causando-lhe desgaste de imagem."[46]

As mesmas causas de suspensão previstas para a decadência se aplicam na prescrição, e que são: a reclamação comprovadamente formulada pelo consumidor perante o fornecedor de produtos e serviços até a resposta negativa correspondente, que deve ser transmitida de forma inequívoca; e a instauração de inquérito civil, até o seu encerramento. O art. 27 continha o parágrafo único, o qual restou vetado, prevendo equivocadamente a interrupção nas hipóteses do § 1º do art. 26, que não tem nada a ver com a interrupção prescricional. Daí o acerto do veto. Entrementes, há coerência em suspender a prescrição nas situações do § 2º do art. 26, pois equivalentes na decadência e na prescrição.

---

[46] REsp. nº 511.558/MS, da 4ª Turma do STJ, j. em 13.04.2004, *DJU* de 17.05.2004.

XXXII
Responsabilidade pelos Danos Decorrentes do Tabagismo

1. DANOS À SAÚDE CAUSADOS POR CONSUMO DO FUMO

Têm surgido, nos últimos tempos, mais por força de plágio de prática vigorante em outros países, demandas buscando a indenização pelos malefícios resultantes do tabagismo ou hábito de fumar.

Importante, num primeiro passo, apontar os sintomas mais comuns que resultam do uso do fumo, e que são provocados pelas substâncias liberadas pela fumaça do cigarro.

As doenças frequentes que surgem são a bronquite crônica, o enfisema pulmonar, que compõem a doença broncopulmonar obstrutiva crônica – DBPOC, as de natureza cancerígena, a insuficiência cardíaca congestiva, o infarto do miocárdio e a falta de interesse sexual.

A bronquite é um estágio inicial das doenças respiratórias, sendo a inflamação dos brônquios, ou seja, dos canais em que se bifurca a traqueia, e que se ramificam nos pulmões.

Quanto ao enfisema, estudos apanhados em perícias e feitos em processos judiciais, movidos por fumantes, revelam como se forma a doença. Existem cerca de trezentos milhões de alvéolos nos dois pulmões. Cada um desses alvéolos é por assim dizer policiado, cuidado por três glóbulos brancos, chamados macrófagos alveolares, que são células móveis e independentes que vivem dentro do alvéolo. Essas células se deslocam e têm a finalidade de fagocitar, isto é, de ingerir ou absorver qualquer impureza que chegue ao alvéolo. Para que possam digerir o que absorvem, essas células trazem no seu interior suco digestivo. "Quando o indivíduo fuma, esses macrófagos não morrem no início, mas se intoxicam nas primeiras baforadas. No fumante, o macrófago não se mexe mais, ele está intoxicado e morre dentro do alvéolo, carregado de suco digestivo. Quando ele morre, o suco digestivo dentro dele se espalha no alvéolo. O alvéolo, como todo o nosso corpo, é fundamentalmente constituído de proteína, de maneira que a liberação desse suco vai lentamente digerindo a parede do próprio alvéolo. Há um processo lento, tanto é que o enfisema começa com a primeira baforada, sem que se perceba, Só posteriormente o enfisematoso passa a sofrer os efeitos".[47]

Um dos agentes de maior propagação é a nicotina, cujo componente Monóxido de Carbono (CO) produz no cérebro a dependência física, revelada em sintomas como ansiedade, irritabilidade, dificuldade de concentração, de repouso e de sono, e eventualmente

---

[47] Disponível em: http: www.abcdasaude.com.br. Acesso em: 02 jun. 2004.

depressão. De acordo com observações médicas publicadas pela imprensa, a nicotina é considerada droga pela Organização Mundial da Saúde – OMS. Sua atuação no sistema nervoso central é como a da cocaína, com uma diferença: chega entre dois e quatro segundos mais rapidamente ao cérebro que a própria cocaína. Constitui uma droga psicoativa, responsável pela dependência do fumante. É por isto que o tabagismo é classificado no Código Internacional de Doenças (CID-10) como grupo dos transtornos mentais e de comportamento decorrentes do uso de substâncias psicoativas.

A nicotina aumenta a liberação de catecolaminas, acelerando a frequência cardíaca, com consequente vasoconstricção e hipertensão arterial. Provoca uma maior adesividade plaquetária, e juntamente com o monóxido de carbono leva à arteriosclerose, consequência verificada na ligação do monóxido de carbono com a hemoglobina, formando o composto chamado carboxihemoglobina, que dificulta a oxigenação do sangue, e privando alguns órgãos do oxigênio.

Contribui, assim, para o surgimento de doenças cardiovasculares. No aparelho gastrointestinal, a nicotina estimula a produção de ácido clorídrico, podendo levar ao aparecimento de úlcera gástrica. Também estimula o sistema parassimpático, o que pode causar diarreia.

Libera também substâncias quimiotóxicas, que vão atrair para o pulmão os leucócitos neutrófilos polimorfonucleares, a maior fonte de elastase, que destrói a elastina e provoca o enfisema pulmonar. Encerra afinidade com a hemoglobina (Hb), contida nos glóbulos vermelhos do sangue, que transportam oxigênio para os tecidos de todos os órgãos do corpo.

O alcatrão, por sua vez, conforme aparece em escritos sobre o assunto, constitui-se da porção particulada da fumaça do cigarro (excluindo-se a nicotina, alguns gases e outros alcaloides, o monóxido de carbono e a água, todo o resíduo sólido constitui-se no alcatrão, que, por sua vez, é formado por alguns milhões de substâncias). As substâncias particuladas que constituem o alcatrão, em torno de quarenta, têm implicação principalmente na gênese do câncer de pulmão ou de laringe, nelas destacando-se o arsênio, o níquel, benzopireno e o cádmio.

Além de partículas que formam o alcatrão, a fumaça do cigarro contém inúmeros gases irritantes, entre os quais se incluem a acroleína (principal agente da bronquite crônica), o dióxido de nitrogênio, o formaldeído, o sulfito de nitrogênio e a amônia, que provocam tosse, broncoespasmo, hipercrinina e ciliostase.

Em obra sobre a matéria, os autores A. Gilman e A. G. Goodman assim se manifestaram: "A base para considerar-se o uso do tabaco como forma de dependência é apresentada por Jaffe (1990) e no relatório do Surgeon General (1988)."

Ilustram que a composição química do tabaco é formada por "cerca de 4.000 compostos que são produzidos pela queima do tabaco: a fumaça pode ser separada em fases gasosas e em partículas... Entre os componentes da fase gasosa que produzem efeitos indesejáveis estão o monóxido de carbono, dióxido de carbono, óxidos de nitrogênio, amônia, nitrosaminas voláteis, cianeto de hidrogênio, compostos voláteis contendo enxofre, hidrocarbonetos voláteis, álcoois, aldeídos e cetonas (p. ex. acetaldeído, formaldeído e acroleína). Algumas das últimas substâncias citadas são potentes inibidoras do movimento ciliar. A fase particulada contém nicotina, água e alcatrão; alcatrão é o que resta após remoção da umidade e da nicotina, e consiste principalmente de hidrocarbonetos aromáticos policíclicos, alguns dos quais são carcinógenos documentados. Entre eles estão nitrosaminas não voláteis e aminas aromáticas, que se supõe ter um papel causal no câncer vesical, e hidrocarbonetos policíclicos como o benzo(a) pireno, um carcinógeno extremamente potente. O alcatrão contém também numerosos outros compostos, incluindo íons metálicos e vários compostos radioativos (p. ex., polônio 210). Os componentes com maior probabilidade de contribuir para os riscos do fumo à saúde são o monóxido de carbono, a nicotina e o alcatrão; são prováveis contribuidores para os riscos do fumo à saúde a acroleína, ácido hidrociânico, óxido nítrico, dióxido de nitrogênio, cresóis e anfenóis; os suspeitos de riscos incluem vários outros compostos químicos".

Em sequência, aditam que "as evidências indicam que as diferentes doenças que estão relacionadas ao uso do tabaco podem ser causadas, pelo menos em parte, pelos diferentes componentes do tabaco ou da fumaça do tabaco. O catálogo das doenças relacionadas ao tabaco é extenso e somente as mais importantes em termos de prevalência e gravidade podem ser mencionadas aqui. As doenças cardiovasculares relacionadas ao tabaco incluem coronariopatias, doenças vasculares cerebrais e doenças vasculares periféricas. O monóxido de carbono (e a hipóxia a ele relacionada) e os efeitos da nicotina sobre o ritmo cardíaco, os ácidos graxos livres no plasma, lipoproteínas e a coagulação do sangue podem contribuir para a aceleração da aterosclerose e as mortes súbitas de base cardíaca. Os fumantes têm uma frequência três vezes maior e um aumento da ordem de doze vezes na duração de episódios isquêmicos silenciosos (Barry et al., 1989)".[48]

Embora o quadro acima, vem predominando a falta de sucesso nas pretensões ajuizadas visando a indenização, com arrimo em vários fundamentos, lembrando que a matéria diz mais com lógica e bom senso do que com os tratados jurídicos. Não importa que indenização de tal natureza venha sendo concedida em outros países. Deve-se ter à mente que nem tudo o que se adota ou se aceita em outros sistemas jurídicos se adequa ao nosso direito ou impõe-se que aqui se aceite, a fim de que não se cometam disparates absurdos como os ocorridos nos Estados Unidos da América do Norte, sendo exemplos a condenação a pagar a uma senhora de 79 anos uma indenização porque se queimou com o café quente em restaurante de uma rede de *fast-foods*; a condenação em reembolsar despesas médicas e mais em pagar a quantia de setenta e quatro mil dólares de reparação a um marginal que teve a mão esmagada pelas rodas traseiras de um carro, cujo proprietário deu partida sem perceber que o larápio estava roubando as calotas; a condenação em quinhentos mil dólares pelos danos suportados por ladrão que invadiu a garagem de uma residência, onde ficou retido durante oito dias, ou até os proprietários voltarem de uma viagem, pelo fato de a porta haver enguiçado, sem possibilidade de ser aberta.[49]

2. A LIBERDADE DE OPÇÃO

Um dos fundamentos que afastam a responsabilidade está na liberdade que se reconhece ao viciado, o qual exerce um ato de vontade soberano. Daí nasce a autonomia da vontade que, para Orlando Gomes, é o "poder atribuído ao particular de partejar, por sua vontade, relações jurídicas concretas, admitidas e reguladas *in abstracto*, na lei".[50] Neste rumo se projetam as decisões: "Dano moral. Consumidor que fuma há aproximadamente

---

[48] *As Bases Farmacológicas da Terapêutica*, Editora Guanabara-Koogan, pp. 358 e seguintes, citação na Apel. Cível nº 70007090798, da 9ª Câmara Cível do TJ do RGS, j. em 19.11.2003.

[49] Paulo Rogério Brandão Couto, "Indenização movida por filhos alegando morte da mãe por câncer de pulmão decorrente de tabagismo", em *Revista de Direito Mercantil*, vol. 129, Malheiros Editores, p. 223, jan.-mar. 2003.

[50] *Obrigações*, ob. cit., p. 40.

cinquenta anos. Opção e escolha do autor, que não autoriza a concessão de verba de dano moral e de pensões. Perigo e risco. A nocividade à saúde, causada pelo cigarro, recebe tratamento distinto pelo art. 9º da Lei nº 8.078/1990, através do qual se exige, de maneira ostensiva e adequada, a informação a respeito da periculosidade. Insistir no vício é livre-arbítrio do consumidor, sabedor dos inúmeros males provocados pelo fumo e que são noticiados frequentemente pelos meios de comunicação e com os quais aceitou conviver".[51]

Sobre o assunto, merece destaque a abordagem feita pela jurista gaúcha Judith Martins-Costa, em parecer feito num processo no qual se discutia a obrigação de indenizar pelos danos provenientes do fumo:

"É certo que não existe 'liberdade no vazio', fazendo lembrar que inúmeros condicionamentos psíquicos, físicos, sociais, culturais e econômicos circundam a existência de cada um de nós e, muitos – notadamente os condicionamentos culturais – são estimulados pela propaganda, já que essa é uma de suas funções. Porém, embora se deva admitir a existência de condicionamentos, não se pode, mesmo no âmbito da tutela dos consumidores, abdicar totalmente do exercício do *sapere aude*.

A liberdade de opção é inerente ao ser humano...

Como tive a ocasião de lembrar, chegamos ao limite daquilo que o filósofo francês Alain Finkelkraut denominou de 'une societé enfin devenue adolescente', por querer, ao mesmo tempo, a inconsequência e a tutela, o 'prazer de fumar' e a indenização por ter fumado.

A opção, necessariamente, acomete ao indivíduo a assunção de suas escolhas.

Não se poderia vislumbrar propaganda mais incisiva do que aquela que põe aos olhos do consumidor veículos automotores que, sub-repticiamente, incitam à velocidade excessiva, incompatível quer com os padrões médios de conduta, quer com a realidade factual; porquanto, no mais das vezes, a tecnologia não é aquela apropriada às nossas estradas e rodovias, senão às autopistas estrangeiras.

Poder-se-ia aventar que o consumidor, frente à frente com tais reclames, visa a adquirir não apenas o bem anunciado, como também, e principalmente, o contexto criado: são pessoas bem-sucedidas, bem acompanhadas, bem trajadas, bem resolvidas aquelas que oferecem os produtos anunciados ao consumo, não necessariamente os cigarros".

O conceito de escolha é uma das determinações fundamentais do conceito de liberdade. O direito de liberdade está, por sua vez, inserido dentre os direitos de personalidade, protegidos constitucionalmente. Lembra-se o seguinte texto, colhido em uma decisão: "Foi Aristóteles quem fez a primeira análise da escolha, distinguindo-a do desejo, da vontade e da opinião. Vontade e opinião podem referir-se a coisas impossíveis, enquanto o desejo também é comum aos seres irracionais. Já a escolha é sempre acompanhada de razão e pensamento.

Vontade, para a filosofia clássica, é o apetite racional ou compatível com a razão, distinto do apetite sensível, que é o desejo. Aristóteles definiu a vontade como apetência que se move de acordo com o que é racional, sendo escolha a apetência voluntária das coisas que dependem de nós... De acordo com Platão, o destino do homem depende da escolha que ele faz do modelo de vida. Cada ser humano é responsável por suas escolhas".

---

[51] Apel. Cível nº 22642/2001, da 17ª Câmara Cível do TJ do Rio de Janeiro, *DJ* de 13.12.2001, *in Revista Síntese de Direito Civil e Processual Civil*, Porto Alegre, nº 17, p. 86, maio-jun. 2002. Em idêntico sentido, Apel. Cível nº 220.2.001.02666, da 16ª Câmara Cível do TJ do Rio de Janeiro.

Em última instância, toda a problemática assenta-se nas seguintes verdades: as pessoas começam a fumar e fumam porque querem, estando cientes dos riscos associados ao consumo de cigarros; como se não bastasse, sabem que fumar implica em diversos riscos para a saúde, e ainda assim fumam. Daí a perfeita sintonia da máxima latina ao caso: *volenti non fit injuria*.

3. DA INDUÇÃO AO VÍCIO PELA PROPAGANDA E DEFEITO DO PRODUTO

A propaganda relativa a cigarros se distancia de outras sobre produtos em geral, pois adverte sobre os males decorrentes do uso ou vício, ou seja, não promete ausência de riscos ou danos a quem consome, senão o fugaz prazer.

Não se pode falar em propaganda enganosa ou abusiva como fator deflagrador do incentivo ao fumo, tomando-se o consumidor como presa indefesa, quando a propaganda, ao inverso, é também preventiva. A propaganda seria enganosa se prometesse curar moléstias, tornar as pessoas mais atraentes. Do contrário, é público e notório que o cigarro faz mal à saúde, sendo que as empresas fabricantes até advertem o consumidor de tal realidade. Assim, a propaganda sobre cigarro não se enquadra no conceito de publicidade abusiva do art. 37 da Lei 8.078, de 1990.

Conforme constou em um voto de uma decisão, para aferir a realidade do conhecimento geral da prevenção contra o fumo, basta conferirem-se os verdadeiros 'exílios' ou degredo impostos aos fumantes, confinados a cubículos nos restaurantes, nos estabelecimentos comerciais, nas companhias aéreas, nos aeroportos, em locais onde há crianças, nos hospitais etc., mostrando, a olhos vistos, a dura realidade do fumante: um ser que, em virtude do vício, é considerado minoria não desejada, porque o cigarro faz mal.

Nem se pode aceitar o amparo do pedido no defeito do produto, previsto no art. 12 do CDC, do que resultam os efeitos nefastos, e não em deficiência de informações prestadas pelo fornecedor.

O produto em si não tem defeito. Da própria natureza do fumo, ou de sua composição natural, e não de defeitos ou vícios, decorrem os prejuízos ao organismo humano, não se fazendo presentes os elementos do citado art. 12, assim redigido: "O fabricante, o produtor, o construtor, nacional ou estrangeiro, e o importador respondem, independentemente da existência de culpa, pela reparação dos danos causados aos consumidores por defeitos decorrentes de projeto, fabricação, construção, montagem, fórmulas, manipulação, apresentação ou acondicionamento de seus produtos, bem como por informações insuficientes ou inadequadas sobre sua utilização e riscos".

O § 1º: "O produto é defeituoso quando não oferece a segurança que dele legitimamente se espera, levando-se em consideração as circunstâncias relevantes, entre as quais:

I – sua apresentação;

II – o uso e os riscos que razoavelmente dele se esperam;

III – a época em que foi colocado em circulação".

Não existe o defeito se o produto em si causa o dano. Seria o mesmo que reclamar do produtor o fato da ingestão de bebidas alcoólicas causar embriaguez, ou provocar males ao coração e a outros órgãos do corpo humano.

Ou seja, o vício de fumar não é o único prazer a que se dá o indivíduo. Outros existem, e tantos, igualmente nefastos, como a bebida, o gosto pela alta velocidade, os

416 • Responsabilidade Civil | *Arnaldo Rizzardo*

alimentos gordurosos, os condimentados, as noites mal dormidas, a vida sedentária, o jogo etc., que, a seguir a inteligência que impõe a indenização, também imporiam a reparação contra os programadores ou proprietários de tais elementos e estabelecimentos que os proporcionam. Vem com realismo mostrado por Paulo Rogério Brandão Couto o absurdo em que incidem certos defensores da indenização, que sustentam o pensamento em construções falsas, adaptando institutos jurídicos que nada têm a ver com a responsabilidade, e alçando-se em planos teóricos que não casam com o bom sendo e a coerência: "Toda atividade pode gerar algum tipo de risco. Qualquer produto pode trazer, de maneira distorcida, algum tipo de imaginário dano ao consumidor. Se alguém é atropelado porque o condutor do veículo dirige em alta velocidade, o fabricante do veículo não pode ser responsabilizado; se alguém é ferido com a utilização de uma faca, é absurdo querer responsabilizar seu fabricante. É preciso viver no mundo real e afastar os oportunistas e os indivíduos que, agindo com reserva mental, buscam enriquecimento ilícito subestimando a atuação inteligente e unânime do Poder Judiciário brasileiro".[52]

Daí incidir a norma excludente do inc. II do § 3º do mesmo art. 12: "O fabricante, o construtor, o produtor ou importador só não será responsabilizado quando provar: ...

II – que, embora haja colocado o produto no mercado, o defeito inexiste".

Por diferentes termos, o produto é defeituoso quando não oferece a segurança que dele legitimamente se espera. O cigarro está excluído do regime jurídico da responsabilidade por acidente de consumo porque possui um risco inerente. Trata-se de produto que intrinsecamente implica perigo à saúde, na medida em que constitui fator de risco de inúmeras doenças, o que é de conhecimento público há décadas e vem sendo advertido aos consumidores constantemente. O consumidor conhece e é advertido dos males do tabaco. Assim, os riscos à saúde são razoavelmente esperados pelo fumante, razão pela qual não há que falar em defeito no produto. Lícito afirmar que o cidadão possui o livre-arbítrio de fumar cigarros ou deixar o vício, utilizando apenas a sua força de vontade.

Muito menos prevalece a responsabilidade em face da omissão em informar, porquanto propaga-se universalmente a nocividade através de campanhas e de constantes relatos e notícias, de cunho médico e educativo. Nos próprios invólucros que guarnecem os cigarros apõem-se mensagens e avisos a respeito dos males de toda ordem originados do vício. Há muito tempo se tem ampla e plena ciência de que o cigarro é fator de risco para a incidência de diversas doenças. Já em 1849, consoante consta em texto do livro "Breves reflexões higiênicas sobre o uso do tabaco", de Martinho Xavier Rabelo, encontrado na Biblioteca Nacional do Rio de Janeiro, publicada na referida data, consoante referido em uma sentença, apontavam-se os males do fumo. Em 1950, nos Estados Unidos e na Inglaterra era divulgado, com base em pesquisas, que o tabagismo constituía um fator importante na bronquite crônica e no câncer de pulmão ou de laringe.

No que pertine à legislação, no Brasil, desde 1988, com o advento da Portaria MS nº 490, e, mais tarde, com a Portaria nº 695, de 01.06.1999, impõe-se a obrigatoriedade da prestação de informações inerentes aos danos causados pelo fumo.

Vigente o Código de Defesa do Consumidor a partir de 1990 e cumprindo a legislação específica quanto à apresentação de produtos, cumprem as empresas produtoras as normas próprias sobre as decorrências, com a divulgação das doenças e eventos nocivos que razoa-

---

[52] *Indenização movida por filhos alegando morte da mãe por câncer de pulmão decorrente de tabagismo*, trabalho citado, p. 223.

velmente se esperam do fumo. Assim, os malefícios do fumo são de conhecimento notório há larga data, ensejando que razoavelmente se espere que o consumo de cigarros traga ao consumidor a possibilidade de aumentar o perigo de incidência de diversas doenças.

Ademais, oportuna a advertência de Judith Martins Costa: "Seria atentatório ao princípio constitucional da dignidade da pessoa humana e aos próprios princípios reitores do Código de Defesa do Consumidor, expressos no seu art. 4º, considerar que somos totalmente manipuláveis pela propaganda, ou que o totalitarismo mediático não deixa nenhum espaço ao exercício da autonomia e da liberdade individuais. Seria conotar ao conceito de consumidor a ideia da inimputabilidade, de uma total irresponsabilidade pelos próprios atos e pelas próprias escolhas. Porém, assim não acontece, nem a ordem jurídica toleraria essa possibilidade. Por mais difícil que seja parar de fumar, quem assim deseja proceder tem sempre, à sua frente, a possibilidade de uma opção: parar ou não de fumar. A tomada de decisão é, consciente ou inconscientemente, determinada por um balanceamento de valores entre o prazer momentâneo e o dever para consigo próprio, para com a própria saúde e para com os próprios familiares".[53]

4. ATRIBUIÇÃO DE CULPA AO PRODUTOR OU FABRICANTE

Muito menos vinga a atribuição de culpa ao produtor, por exercer atividade nociva e prejudicial. Indiscutível a licitude das atividades de produção e comercialização de cigarros de tabaco, dada a inexistência de qualquer proibição legal ou administrativa. O setor sofre, inclusive, rigoroso controle das autoridades estatais, quer através do Ministério da Saúde, pela vigilância do controle sanitário e outros órgãos ligados à saúde, quer através da Receita Federal, ante a expressiva carga tributária incidente nos produtos, representando significativo percentual da receita proveniente de alguns dos inúmeros impostos cobrados no País.

Por outras palavras, a atividade tabagista é considerada lícita pela legislação brasileira, desde que cumpridas as imposições de alerta sobre os riscos que podem ocorrer à saúde dos consumidores, nos termos do art. 220, § 4º, da CF, que ordena: "A propaganda comercial de tabaco, bebidas alcoólicas, agrotóxicos, medicamentos e terapias estará sujeita a restrições legais, nos termos do inciso II do parágrafo anterior, e conterá, sempre que necessário, advertência sobre os malefícios decorrentes de seu uso". Ainda cabe destacar o advento da Lei nº 9.294, de 1996, alterada pela Lei nº 10.167, de 27.12.2000, a qual especificou o tipo de alertas que devem veicular nas propagandas de venda de cigarros, sendo que por meio da Portaria nº 695 tornou-se obrigatória, dentre outras, a advertência de que a nicotina é droga e causa dependência.

Prepondera esse sentido na jurisprudência: "Sendo lícita a atividade de industrialização e comercialização de fumo, regulamentada, inclusive, sua propaganda, o livre-arbítrio do consumidor de lançar-se ao vício do fumo não tipifica qualquer conduta ilícita dentre as que se encontram previstas no Código de Proteção e Defesa do Consumidor – CPDC. As campanhas educativas e de prevenção, sempre acompanhadas das necessárias advertências, indicam as consequências maléficas causadas pelo uso constante do cigarro. O consumidor que permanece fumando assume para si, conscientemente, o risco do resultado, e, por conseguinte, a responsabilidade exclusiva pelos danos decorrentes".[54]

---

[53] "Ação indenizatória – dever de informar do fabricante sobre os riscos do tabagismo", em *Revista dos Tribunais*, nº 812, p. 98.

[54] Apelação Cível nº 2003.001.03822, da 9ª Câmara Cível do TJ do Rio de Janeiro, j. em 12.08.2003.

418 • Responsabilidade Civil | *Arnaldo Rizzardo*

Daí a inarredável conclusão da regularidade da produção e da atividade, até em função do art. 5º, inc. II, do diploma constitucional, pelo qual "ninguém será obrigado a fazer ou deixar de fazer alguma coisa senão em virtude de lei".

Todas as embalagens de cigarros produzidos contêm o teor de nicotina, alcatrão e monóxido de carbono. Além disso, há produção de cigarros em níveis mais baixos de nicotina, alcatrão e monóxido de carbono, o que possibilita ao consumidor escolher o produto que menos riscos apresenta a sua saúde. Nenhuma informação falsa é transmitida como verdadeira aos consumidores.

A venda de produtos nocivos ou perigosos à saúde não é proibida, desde que os possíveis riscos estejam devidamente prevenidos. Isto decorre do exercício da liberdade individual que deve ser assegurada a cada qual. Se alguém opta por fazer algo que lhe possa ser menos saudável, usa o direito de liberdade (que não se confunde com fazer apenas o que lhe permitem).

Via de consequência, se lícita a atividade, eventual responsabilização somente pode decorrer da constatação de desatendimento às regras que lhe são impostas.

Daí a coerência de julgamento como o presente: "Ação de indenização por danos morais. Tabagismo. Resultado danoso atribuído a empresas fumageiras em virtude da colocação no mercado de produto sabidamente nocivo, instigando e propiciando seu consumo, por meio de propaganda enganosa. Nexo causal. Ausência. Situação que recomenda o emprego da lógica e do bom senso, conclamando julgamento de parcimônia ante os fatos narrados. Atividade jurisdicional que reafirma a autoridade estatal, na busca da pacificação e solução dos casos concretos. Liberdade de escolha. A opção, necessariamente, acomete ao indivíduo a assunção de suas escolhas. Quebra da relação de causalidade. Demanda improcedente. Sentença mantida. Apelo desprovido".[55]

5. A PROVA DO NEXO CAUSAL E INÍCIO DO PRAZO PRESCRICIONAL

Afora as dificuldades acima evidenciadas para lograr a condenação da fabricante de cigarros, difícil torna-se demonstrar que a causa do mal que atinge o fumante. Mesmo que inveterado no vício do tabagismo, não constitui dogma a conclusão de que os efeitos do fumo que atuaram sobre o organismo propiciaram uma série de eventos físicos que conduziram à doença ou ao óbito. É possível que se tenha constituído em um fator relevante, e que os resultados se mostram aptos a identificar como causa o abuso no fumo. Não se retira, porém, a eventualidade de outras origens. Bem explica Judith Martins Costa: "Transpondo esses ensinamentos para o caso em exame, poder-se-á observar que a causa 'direta e imediata', como exige o art. 1.060 do CC, isto é, o fumo está associado à doença pulmonar, mas não se pode afirmar que seja a 'causa necessária' do efetivo estado de saúde... No quadro que apresenta interferiram outros fatores que podem ter afastado a 'relação de causalidade', tais como a compulsão ao fumo...; o fato de levar vida sedentária; a circunstância de não cuidar habitualmente da saúde...".[56] O art. 1.060 citado no texto corresponde ao art. 403 do vigente CC.

---

[55] Apel. Cível nº 70005727748, da 2ª Câmara Especial Cível do Tribunal de Justiça do RGS, j. em 1º.12.2003.

[56] *Ação indenizatória – dever de informar do fabricante sobre os riscos do tabagismo*, trabalho citado, p. 97.

Cap. XXXII | Responsabilidade pelos Danos Decorrentes do Tabagismo • **419**

A jurisprudência leva em conta a possibilidade de intervirem outros fatores:

"Não havendo nexo de causalidade comprovado entre a doença coronariana do autor e o consumo de cigarros, não se justifica, em tal hipótese, a responsabilidade indenizatória do fabricante, ainda mais quando se constata que a perícia médica levada a efeito aponta ser o mesmo portador de outros fatores de risco. Tratando-se de conduta lícita a fabricação e o fornecimento de cigarros, seguidos de campanhas que alertam sobre os males causados a quem os consome, não se pode imputar a outrem a responsabilidade de ato inerente ao próprio arbítrio."[57]

Mesmo a licitude da atividade afasta o nexo causal:

"Ação de indenização por danos patrimoniais e morais alegadamente decorrentes do tabagismo do autor. Não configurado o nexo causal entre o tabagismo do autor e sua doença. Inocorrência de atividade ilícita da ré, eis que a fabricação e comercialização de cigarros é lícita e regulamentada. Inexistência de obrigação de indenizar. Inteligência do artigo 159 do Código Civil. Correta a sentença que julgou improcedente o pedido".[58] O art. 159, citado no texto, corresponde ao art. 186 do vigente Código Civil.

Ademais, o STJ tem considerado o início da contagem da prescrição a partir da revelação e do conhecimento do dano, com suporte no art. 27 do CDC, que preceitua: "Prescreve em cinco anos a pretensão à reparação pelos danos causados por fato do produto ou do serviço prevista na Seção II deste Capítulo, iniciando-se a contagem do prazo a partir do conhecimento do dano e de sua autoria".

Tem-se no REsp. nº 304.724, da Terceira Turma, j. em 24.05.2005, *DJU* de 22.08.2005, a seguinte conclusão: "A ação de reparação por fato do produto prescreve em cinco anos (CDC; art. 27).

O prazo prescricional da ação não está sujeito ao arbítrio das partes. A cada ação corresponde uma prescrição, fixada em lei.

A prescrição definida no art. 27 do CDC é especial em relação àquela geral das ações pessoais do Código Civil. Não houve revogação. Simplesmente a norma especial afasta a incidência da regra geral (Lei de Introdução às Normas do Direito Brasileiro, art. 2º, § 2º).

A prescrição da ação de reparação por fato do produto é contada do conhecimento do dano e da autoria, nada importa a renovação da lesão no tempo, pois, ainda que a lesão seja contínua, a fluência da prescrição já se iniciou com o conhecimento do dano e da autoria".

Também merece lembrança a seguinte ementa, colhida do REsp. nº 782.433, da Terceira Turma, j. em 4.09.2008, *DJe* de 20.11.2008: "Indenização de males decorrentes do tabagismo, fundamentada a petição inicial no art. 27 da Lei nº 8.078/1990 (Código de Defesa do Consumidor).

Tratamento do caso como 'danos causados por fato do produto ou do serviço prestado' (CDC, art. 27). Prescrição quinquenal do Código de Defesa do Consumidor incidente, e não prescrição ordinária do Código Civil.

Art. 7º do Cód. de Defesa do Consumidor inaplicável ao caso específico".

O voto do Min. Sidnei Beneti conduziu a maioria que levou à ementa acima, reconhecendo o começo da contagem do prazo no momento da verificação da doença ou do mal causado pelo vício. Proveitosa a transcrição da seguinte passagem:

---

[57] Apel. Cível nº 2002.001.24372, da 3ª Câmara Cível do RJ do Rio de Janeiro, j. em 18.02.2003.
[58] Apel. Cível nº 2003.001.04184, da 15ª Câmara Cível do TJ do Rio de Janeiro, j. em 30.04.2003.

420 • Responsabilidade Civil | *Arnaldo Rizzardo*

"O autor moveu a ação invocando expressamente a regência do Código de Defesa do Consumidor, isto é, ubicando o caso integralmente em seu sistema e no disposto no art. 27 do mesmo Código. O Recurso Especial interposto pela ré funda-se na negativa de vigência do art. 27 do CDC, que estabelece a prescrição quinquenal para 'danos causados por fato do produto ou do serviço prestado", cuja regência foi negada pelo Acórdão recorrido, que, salientando não haver o autor apontado nenhum defeito na fabricação dos cigarros, mas, sim, "males decorrentes das características essenciais do objeto consumido', concluiu pela incidência do prazo prescricional de vinte anos (CC/1916, art. 177), 'por incidência do prazo prescricional ordinário previsto no Código Civil de 1916, isto é, 20 (vinte) anos'.

Não está posta em exame agora, neste recurso, a data a partir da qual o autor teria tido conhecimento da ação nociva do cigarro sobre a sua saúde, data essa fixada pelo autor no ano de 1989 (pois afirma que começou a fumar aos nove anos de idade e que somente aos trinta e dois anos tomou conhecimento dos prejuízos causados pelo cigarro à sua saúde), matéria que ficaria para exame da sentença, à volta dos autos ao 1º grau.

A alternativa em questão é esta: – Moléstias que tenham o tabagismo como causa exclusiva ou agravante, são 'danos causados por fato do produto ou do serviço prestado', cuja ação indenizatória é subordinada ao prazo de cinco anos, nos termos do art. 27 do Cód. de Defesa do Consumidor (Lei nº 8.078/1990), ou são 'males decorrentes das características essenciais do objeto consumido', cuja ação indenizatória é regida pelo prazo prescricional ordinário de vinte anos, segundo o Código Civil de 1916?

Embora a definição da tese para o caso dos autos pressuponha a imersão profunda na prova, após exaurimento das fontes probatórias (cuja produção ainda não se possibilitou, pois ocorreu julgamento antecipado da lide, sem prévia prova pericial e testemunhal), tem-se que a fixação do prazo prescricional é decorrência do enquadramento da hipótese fática no art. 27 do CDC, efetuada pela própria petição inicial deste processo.

Ao menos um precedente deste Tribunal é no sentido do enquadramento da hipótese no art. 27 do CDC. Nesse sentido foi o julgamento do REsp. 304.724-RJ, 3ª T., Rel. Humberto Gomes de Barros, em que se adiantou que 'a prescrição definida no art. 27 do CDC é especial em relação àquela geral das ações pessoais do art. 177 do CC/1916'.

Meu voto segue a orientação do precedente, mantendo o enquadramento fático e a prescrição nos termos do art. 27 do CDC. Essa é, sem dúvida, a melhor orientação, pois, por um lado, preserva a higidez da manifestação jurisprudencial do Tribunal e, por outro, erige marco divisor, pela prescrição, entre os casos anteriores e os posteriores à vigência do Código de Defesa do Consumidor.

No caso concreto, o autor firmou ter tido conhecimento dos efeitos nocivos do tabagismo em 1989, isto é, antes da edição do Código de Defesa do Consumidor. Teve ele dez anos para acionar com fundamento no art. 159 do Código Civil de 1916, e não o fez. Vigente o Código de Defesa do Consumidor a partir do ano de 1990, teve o autor cinco anos em seguida para acionar, e novamente não o fez. Isso já em meio à notória ênfase da divulgação, por todos os meios de comunicação social, dos efeitos nocivos do cigarro.

Apenas veio a acionar em janeiro de 2003 (cf. bilhete de distribuição à f. 51), treze anos após a edição do Código de Defesa do Consumidor. Infelizmente, o autor deixou transcorrer tempo enormemente excessivo antes de trazer a Juízo a sua pretensão, já encontrando, então, fechadas as portas da litigância pela prescrição.

Nunca é demais lembrar que, no mundo moderno, em que a comunicação celeremente informa a respeito dos fatos e dos direitos, os prazos prescricionais vêm sendo encurtados, não mais sendo razoável imaginar a demorada circulação das informações, que levava aos prazos longos dos tempos da promulgação do Código Civil de 1916. Por isso, o Código Civil de 2002 veio a encurtar os prazos prescricionais, inclusive o prazo ordinário, fixando o prazo máximo em dez anos, que já é, por si só, bem interior ao tempo em que o autor se quedou inerte. É claro que o novo prazo prescricional do Código Civil de 2002 não regeria o caso, mas impossível deixar de atentar ao vetor interpretativo que resulta do fenômeno do encurtamento dos prazos prescricionais evidenciado pelo novo Código Civil.

Não se cuida de rejeição de pretensa retroatividade do prazo prescricional do Código de Defesa do Consumidor, nem de ultratividade do prazo prescricional do Código Civil de 1916, mas, sim, de pura e simples regência do art. 27 do Código de Defesa do Consumidor, a partir de sua vigência, para hipótese concreta já qualificada pela jurisprudência da Corte, como subsumida no mesmo art. 27 do aludido Código.

Nem pode ser extraída do art. 7º do Código de Defesa do Consumidor conclusão que arrede a prescrição no prazo do seu art. 27, em processo em que a pretensão do autor foi expressamente fundamentada no mesmo art. 27 do Código de Defesa do Consumidor, e não na regra geral do Código Civil. Não há, no caso, como misturar os sistemas do Código de Defesa do Consumidor e do Código Civil de 1916, de modo a duplamente beneficiar o litigante autor – ou seja, com a prescrição maior do Código Civil de 1916 e com os diversos institutos especiais de favorecimento do consumidor, especialmente a inversão do ônus da prova (CDC, art. 6º, VIII).

Em suma, a tese que, pelo meu voto, deve reger o caso de ação ajuizada com expresso fundamento no art. 27 do Código de Defesa do Consumidor é a da primeira alternativa (nº 3, *supra*): 'Moléstias que tenham o tabagismo como causa exclusiva ou agravante são 'danos causados por fato do produto ou do serviço prestado', cuja ação indenizatória de dano moral é subordinada ao prazo de cinco anos, nos termos do art. 27 do Código de Defesa do Consumidor (Lei nº 8.078/1990)'.

Aplica-se, pois, o art. 27 do Código de Defesa do Consumidor (Lei nº 8.078/1990) à pretensão à indenização formulada pelo autor, de danos resultantes de moléstia causada ou agravada pelo tabagismo por longo tempo, mesmo que constatada anteriormente a esse Código, fixado o prazo prescricional de cinco anos, contado a partir da data em que o Código aludido entrou em vigor". Os arts. 159 e 177, citados no curso do voto acima, correspondem respectivamente aos arts. 186 e 205 do atual CC.

Para fins de conhecimento, pela importância elucidativa e didática, já que matéria muito discutida, vai transcrito o seguinte tópico do voto vencido da Ministra Nancy Andrighi, no mesmo julgamento:

"A Lei nº 8.078/90 foi publicada no Diário Oficial da União em 12.09.1990, com uma *vacatio legis* de 180 (cento e oitenta) dias, cujo término deu-se em 11.03.1991, data da efetiva entrada em vigor do CDC.

Portanto, o conhecimento do dano e de sua autoria se deu de 01 (um) a 02 (dois) anos antes do CDC entrar em vigor, quando então vigia o CC/1916, cujo art. 177 dispunha que '*as ações pessoais prescrevem, ordinariamente, em 20 (vinte) anos (...), contados da data em que poderiam ser propostas*'.

Dessa forma, a despeito de se tratar de norma especial, para que se possa concluir pela incidência, na espécie, do prazo prescricional de 05 (cinco) anos previsto no art. 27 do CDC, ter-se-á que admitir a aplicação retroativa deste diploma legal, ainda que, como fez o juiz de primeiro grau, se conte o prazo tão somente da entrada em vigor da lei.

Não se pode olvidar que a CF/1988 adotou, como regra geral do sistema, o princípio da não retroatividade da lei, admitindo-se, por outro lado, a sua retroatividade como exceção. Assim o fez ao prescrever em seu art. 5º, XXXVI, que '*a lei não prejudicará o direito adquirido, o ato jurídico perfeito e a coisa julgada*'. Não outro o sentido imposto pelo comando legal constante do art. 6º da Lei de Introdução às normas do Direito Brasileiro, segundo o qual '*a lei terá efeito imediato e geral, respeitados o ato jurídico perfeito, o direito adquirido e a coisa julgada*'.

Destarte, em princípio, o fato rege-se pela lei em vigor na data de sua ocorrência.

Trata-se de regra geral de direito intertemporal, de incidência imediata e inexorável da lei. Se está em vigor, portanto apta para incidir, e o fato nela previsto ocorre, dá-se a incidência, vale dizer, o fato ganha imediatamente a significação jurídica que a lei vigente lhe atribui.

Acrescente-se, por oportuno, que não há necessidade de dispositivo expresso fixando essa incidência imediata. A norma que inclui artigo nesse sentido terá caráter meramente explicitante. Sua ausência não faz com que as leis silentes sobre a questão intertemporal sejam retroativas. Uma lei que nada diz a respeito de sua aplicação a fatos ocorridos antes do início de sua vigência, a estes evidentemente não se aplica, a não ser quando a situação regulada seja, por natureza, envolvente daqueles fatos, como ocorre, por exemplo, com a anistia.

Não obstante a regra geral de irretroatividade, a questão que se põe é saber se, por ser norma de ordem pública, o CDC se aplicaria retroativamente àquelas situações já consumadas.

Nesse aspecto, Caio Mário da Silva Pereira anota que 'quando a regra da não retroatividade é de mera política legislativa, sem fundamento constitucional, o legislador, que tem o poder de votar leis retroativas, não encontra limites ultralegais à sua ação, e, portanto, tem a liberdade de estatuir o efeito retro-operante para a norma de ordem pública, sob o fundamento de que esta se sobrepõe ao interesse individual. Mas, quando o princípio da não retroatividade é dirigido ao próprio legislador, marcando os confins da atividade legislativa, é atentatória da constituição a lei que venha ferir direitos adquiridos, ainda que sob inspiração da ordem pública' (*Instituições de direito civil*. Rio de Janeiro: Forense, 1994, p. 149).

A partir dessas ponderações, conclui-se que o CDC não tem efeito retroativo pelo mero fato de ser uma norma de ordem pública. O texto constitucional, ao preceituar que a lei nova não prejudicará o ato jurídico perfeito, o direito adquirido e a coisa julgada, não faz distinção entre legislações de ordem pública e outras que não possuem essa natureza. Quisesse o legislador constituinte admitir como regra a retroatividade das leis de ordem pública, deveria, como fez com questões envolvendo a lei penal benéfica ao réu, excepcionar expressamente tal situação no próprio texto constitucional.

Sendo assim, os fatos já consumados, perfeitamente concluídos na vigência de normas anteriores à Lei *consumerista* , não são atingidos por sua força e autoridade legislativa.

Evidentemente, as normas de incidência imediata, como é o caso do CDC, atingem, além de fatos ocorridos já no decorrer de sua vigência, também situações não definitivamente concluídas ou os efeitos presentes e futuros decorrentes de fatos já consumados. Nessas hipóteses, porém, não se tratará de efeito retroativo da lei, senão da própria aplicação imediata dela. Outro não é o entendimento consolidado nesta Corte, que já decidiu reiteradas vezes que, a despeito de ser norma de ordem pública, os dispositivos do CDC não se aplicam a situações consolidadas antes de sua vigência, justamente por não trazer em si a faculdade de desconstituir atos e fatos jurídicos formalizados sob a égide de norma anterior.

Diversos são os julgados nesse sentido, valendo destacar os seguintes: REsp. 570.755/PR, 4ª Turma, Rel. Min. Massami Uyeda, *DJ* de 18.12.2006; AgRg. no REsp. 489.858/SC, 3ª Turma, Rel. Min. Castro Filho, *DJ* de 17.11.2003; REsp. 439.880/MT, 4ª Turma, Rel. Min. Barros Monteiro, *DJ* de 17.11.2003; e REsp. 194.531/RJ, 3ª Turma, Rel. Min. Carlos Alberto Menezes Direito, *DJ* de 27.03.2000, este último assim ementado, no que pertine à espécie: '*O art. 27 do Código de Defesa do Consumidor não alcança o prazo prescricional em curso quando do ajuizamento da ação, não se aplicando o Código aos fatos anteriores a sua vigência*'.

Do quanto exposto até aqui, conclui-se pela inaplicabilidade do prazo prescricional do art. 27 do CDC à hipótese dos autos, dada a sua irretroatividade, devendo incidir, portanto, a prescrição vintenária do art. 177 do CC/1916, vigente à época em que o recorrido teve conhecimento do dano e de sua autoria.

Ressalto, por oportuno, a inaplicabilidade à espécie do REsp. 304.724/RJ, 3ª Turma, Rel. Min. Humberto Gomes de Barros, *DJ* de 22.08.2005, que cuidou de hipótese semelhante à dos autos e no qual ficou assentado que '*a prescrição definida no Art. 27 do CDC é especial em relação àquela geral das ações pessoais do Art. 177 do CC/1916*'.

Isto porque, naquele processo, não havia certeza quanto à data em que o autor teria tido ciência do dano, o que impossibilitou dizer se tal circunstância havia ou não ocorrido sob a égide do CDC." O art. 177 citado corresponde ao art. 205 do atual CC.

O entendimento tem sido reiterado no REsp. n. 1.036.230/SP, da 3ª Turma do STJ, j. em 23.06.2009, *DJe* de 12.08.2009.

XXXIII
Responsabilidade das Instituições Bancárias

1. FUNÇÃO DAS INSTITUIÇÕES BANCÁRIAS

As instituições têm como função primordial a concessão do crédito.

Basicamente, grande parte das atividades produtivas depende do crédito. O progresso e a expansão do comércio e da indústria são movidos pelos empréstimos, que munem os mais variados setores da economia de meios para alcançar os objetivos a que se destinam.

Na maioria das vezes, as pessoas físicas ou jurídicas comerciais ou industriais não dispõem de meios próprios para atender as constantes demandas de aperfeiçoamento e expansão no ramo em que atuam. É o crédito que move a engrenagem para alcançar tais objetivos, o qual tem no banco o seu principal elemento técnico propulsor. Não se destina para criar riquezas, mas para possibilitar a sua circulação e acumulação.

Efetivamente, os instrumentos tradicionais do crédito são as instituições financeiras. Elas recebem os depósitos e os investem no setor público ou privado.

O banco promove a industrialização do crédito, favorecimento da circulação das riquezas e enseja as condições de consolidação das poupanças individuais. Tem a função monetária enquanto é órgão de pagamento e creditício, ou quando age como órgão de investimento – funções que se entrelaçam e se completam.

No tocante à atividade creditícia, age com recursos próprios e de terceiros, corporificados os últimos através de depósitos e conseguidos em função da confiança do público.

Promove, ainda, o banco a coleta das poupanças individuais e transforma-as em recursos de giro. Sua atividade alimenta-se dos depósitos do público, que representam fundos líquidos e considerados primários. A soma dos depósitos constitui a massa dos recursos disponíveis.

O banqueiro dispõe dos valores depositados mediante remuneração ao depositante.

A atividade principal dos bancos se desenvolve nas chamadas operações bancárias, consistentes em conceder empréstimos, receber valores em depósito, descontar e redescontar títulos, abrir créditos, enfim, na realização da série de atos próprios para a consecução de sua finalidade econômica.

Escreve, sobre o assunto, Nélson Abrão: "Colimando a realização de seu objeto, os bancos desempenham, em relação aos seus clientes, uma série de atividades negociais, que tomam o nome técnico de 'operações bancárias'. A expressão é, de há muito, consagrada em nosso direito positivo; assim é que o Código Comercial fala em 'operações chamadas de bancos' (art. 119), e o Regulamento 737, de 25.11.1850, enumera-as entre os atos de comércio por natureza, como sendo 'aquelas economicamente organizadas para a prestação de serviços".[59]

O significado envolve, também, a contabilização de todos os valores que ingressam e saem do banco, com a escrituração, de modo a não permitir margem a dúvidas quanto ao seu montante, ao vencimento, aos encargos inerentes e às amortizações. Abrange a contabilização das relações entre o banco e os clientes.

As operações bancárias se classificam em fundamentais e acessórias. As primeiras compreendem a intermediação do crédito, isto é, o recolhimento de dinheiro de uns e a concessão a outros. Subdividem-se em passivas e ativas. Aquelas têm por objeto a procura e provisão de fundos, significando um ônus e obrigações para o banco, pois, na relação jurídica com o cliente, se torna ele devedor. São operações passivas o depósito, as contas-correntes e o redesconto. As últimas visam a colocação e o emprego dos fundos arrecadados por meio de operações em que o banco se torna credor do cliente, consistindo nos empréstimos, financiamentos, aberturas de crédito, desconto, antecipações etc.

Acessórias apresentam-se as funções (também consideradas neutras) quando não impliquem nem a concessão de crédito, nem o recebimento de dinheiro. Revelam mais um cunho de prestação de serviços secundários, destinando-se mais a atrair clientes. Dentre este tipo, destacam-se a custódia de valores, as caixas de segurança e a cobrança de títulos.

No direito brasileiro, as operações bancárias não são reguladas especificamente. Submetem-se às determinações emanadas de resoluções e circulares do Banco Central do Brasil. No Código Comercial, apareciam como atos de comércio. O Código Civil, aprovado pela Lei nº 10.406, omitiu disposições específicas sobre figuras bancárias.

As operações bancárias concretizam-se através de contratos. As relações entre bancos e clientes comportam direitos e obrigações, visando, precipuamente, a intermediação do crédito. Ou seja, formam um contrato, por constituírem, quando realizadas, um acordo entre o banco e o usuário, para criar, regular ou extinguir uma relação que tenha por objeto a intermediação do crédito.

Em sua essência, o contrato bancário visa o crédito, que constitui o seu objeto e a razão de sua existência.

Os bancos são os mediadores do crédito. Quando realizam uma operação ativa, obrigam-se a uma prestação que consiste em conceder o crédito. Sendo passiva a operação, o cliente é que dá o crédito.

O crédito é definido como toda a operação monetária pela qual se realiza uma prestação presente contra a promessa de uma prestação futura. Marca o crédito, por conseguinte, a existência de um intervalo de tempo entre uma prestação e uma contraprestação correspondente. É indispensável a confiança de parte do que fornece o crédito na solvência do devedor.

2. INCIDÊNCIA DO CÓDIGO DE DEFESA DO CONSUMIDOR NAS ATIVIDADES BANCÁRIAS

Para melhor estudar a responsabilidade das atividades bancárias, torna-se importante o enfoque sob o direito de proteção ao consumidor, que tem forte impacto no assunto.

---

[59] *Curso de Direito Bancário*, São Paulo, Editora Revista dos Tribunais, 1982, p. 29.

Como é bastante comum, as entidades financeiras, cuja mercadoria é a moeda, usam nas suas atividades negociais uma série de contratos, em geral de adesão, a eles aderindo aqueles que necessitam de crédito para suas atividades. Proliferam as cláusulas abusivas e leoninas, previamente estabelecidas, imodificáveis e indiscutíveis quando da assinatura dos contratos.

Nélson Nery Júnior, quanto às operações de crédito, distingue quais revelam relações de consumo: "Havendo outorga do dinheiro ou do crédito para que o devedor o utilize como destinatário final, há a relação de consumo que enseja a aplicação dos dispositivos do Código de Defesa do Consumidor. Caso o devedor tome dinheiro ou crédito emprestado do banco para repassá-lo, não será destinatário final, e, portanto, não há que se falar em relação de consumo. Como as regras normais de experiência nos dão conta de que a pessoa física que empresta dinheiro ou toma crédito de banco o faz para sua utilização pessoal, como destinatário final, existe aqui presunção *hominis*, *juris tantum*, de que se trata a relação de consumo. O ônus de provar o contrário, ou seja, que o dinheiro ou crédito tomado pela pessoa física não foi destinado ao uso final do devedor, é do banco, quer porque poderá incidir o art. 6º, inc. VII, do CDC, com a inversão do ônus da prova a favor do consumidor".[60]

No Superior Tribunal de Justiça, vinga um entendimento uniformizado sobre a aplicação do CDC aos contratos assinados entre o consumidor e as instituições bancárias, impondo-se a boa-fé às condutas dos bancos.[61]

Exemplificativamente, transcreve-se uma ementa:

"Instituições financeiras. CDC. Aplicabilidade. Cédula de crédito industrial. Juros remuneratórios. Limitação...

Os Bancos, como prestadores de serviços especialmente contemplados no art. 3º, § 2º, da Lei nº 8.078/90, estão submetidos às disposições do Código de Defesa do Consumidor".[62]

Os Tribunais dos Estados seguem a orientação, conforme o Tribunal de Justiça do RGS:

"Contrato bancário. Ação revisional. Juros remuneratórios limitados a 12%...

Repetição do indébito e compensação possíveis com base no CDC e no próprio CCB".[63]

No corpo do voto, há uma brilhante digressão sobre a aplicabilidade do CDC:

"... Parte a fundamentação do aspecto relativo à incidência, ou não, do Código de Defesa do Consumidor aos contratos bancários. A questão não é nova e as teses, também nesta discussão, estão assentadas, prevalecendo a aplicação do microssistema criado pelo CDC às relações jurídicas bancárias, que pela aplicação extensiva do art. 29 da lei, como desde 1993 já defendia o Des. Antônio Janyr Dall'Agnol Júnior, conforme conhecido acórdão prolatado no julgamento da *Apelação Cível* nº 193051216, quer pela argumentação considerada a vulnerabilidade de uma das partes, a essencialidade do produto oferecido pelos bancos e a utilização das condições gerais dos negócios,... Conforme ressalta o Prof. Luís Renato Ferreira da Silva, *in* Causas de Revisão Judicial dos Contratos Bancários, *Revista AJURIS*, Edição Especial, tomo II, p. 602, mar. 1998, ainda que não se entendesse aplicável o CDC aos contratos bancários, haveria como revisar o contrato, modificados apenas os fundamentos legais, observado o próprio Código Civil Brasileiro.

---

[60] *Código Brasileiro de Defesa do Consumidor*, Rio de Janeiro, Editora Forense, 1991, p. 305.
[61] A título de exemplo, citam-se os seguintes Recursos Especiais: 255.266/SP, 200.267/RS, 164.542/RS, 262.272/SE, 213.825/RS, 235.200/RS, 231.208/PE, 238.016/SP e 239.706/RJ.
[62] Agravo de Instrumento nº 391.813/RS, STJ, rel.ª Min.ª Nancy Andrighi.
[63] Apelação Cível nº 598172641, 16ª Câmara Cível, TJRGS, j. em 19.08.1998.

Tenho como perfeitamente aplicável o Código de Defesa do Consumidor, entendendo como correta a corrente, amplamente majoritária, inclusive no âmbito do Superior Tribunal de Justiça, que assim pensa".

Evidente que há relação de consumo no fornecimento do crédito, onde o princípio da autonomia da vontade fica reduzido à mera aceitação do conteúdo do contrato. Daí, sem dúvida, enquadrar-se como hipossuficiente o aderente, posto que obrigado a aceitar cláusulas aleatórias, abusivas, unilaterais, como a que permite ao banco optar unilateralmente por índice de atualização monetária que quiser, sem consultar o consumidor; a que possibilita ao mesmo banco utilizar a taxa de mercado por ele praticada; aquela que autoriza o vencimento antecipado do contrato em caso de protesto ou execução judicial de outras dívidas; a cláusula que impõe a eleição do foro de comarca diferente daquela onde foi celebrada a operação; e a relativa à outorga de mandato ou poderes para o credor contra ele emitir título de crédito, dentre inúmeras outras.

Ora, a própria Lei nº 8.078 dissipa as dúvidas, ao inserir no art. 3º, § 2º, a atividade bancária no rol dos serviços: "Serviço é qualquer atividade fornecida no mercado de consumo, mediante remuneração, inclusive as de natureza bancária, financeira, de crédito e securitária, salvo as decorrentes das relações de caráter trabalhista".

No caso, havendo a satisfação de uma necessidade referente a crédito, plenifica-se a relação entre fornecedor e consumidor, consistente na prestação de um serviço.

Especialmente o princípio da transparência, proclamado no art. 4º, é imprescindível nos contratos bancários. Decorre da lealdade e do respeito que devem imperar nos negócios, nada se ocultando ao consumidor, e tudo se colocando em termos límpidos, inteligíveis, sem subterfúgios, com o que se chega à existência da boa-fé e da equidade, requisitos também elevados à categoria de princípios, e exigidos pelo art. 51, § 1º; ou que impõem uma prestação exagerada, proibida pelo inc. III, § 1º, do mesmo art. 51.

3. REGRAS PREPONDERANTES APLICÁVEIS NAS RELAÇÕES DE CONSUMO

Merecem destaque alguns dispositivos da Lei nº 8.078 que mais se aplicam à atividade bancária, nas relações com os usuários.

Nessa ordem, dispõe o art. 6º, V, do CDC, que é direito do consumidor a "modificação das cláusulas contratuais que estabeleçam prestações desproporcionais ou sua revisão em razão de fatos supervenientes que as tornem excessivamente onerosas".

Importante ter presente o art. 39, nos incisos V e XI, do mesmo diploma, os quais estabelecem: "É vedado ao fornecedor de produtos ou serviços, dentre outras práticas abusivas: ...

V – exigir do consumidor vantagem manifestamente excessiva;

XI – aplicar índice ou fórmula de reajuste diversos do legal ou contratualmente estabelecidos".

Igualmente o art. 46, pelo qual tem o mutuário ou aquele que adere ao contrato formalizado pelo banco o direito de conhecer previamente o conteúdo do contrato: "Os contratos que regulam as relações de consumo não obrigarão os consumidores, se não lhes for dada a oportunidade de tomar conhecimento prévio de seu conteúdo, ou se os respectivos instrumentos forem redigidos de modo a dificultar a compreensão de seu sentido e alcance". Assim, cumpre se evitem cláusulas que apresentam fórmulas incompreensíveis de cálculos, ou métodos desconhecidos, desvendáveis unicamente por especialistas, como a Tabela Price, ou o Método Hamburguês, para o cálculo dos juros.

Disciplinando assunto semelhante, mas dirigido aos contratos de adesão, ordena o art. 54, § 3º, que "os contratos de adesão escritos serão redigidos em termos claros e com caracteres ostensivos e legíveis, de modo a facilitar sua compreensão".

Pelo art. 52, incisos II e III, é obrigado o fornecedor do crédito a informar sobre o "montante dos juros de mora e da taxa efetiva anual de juros", sobre os "acréscimos legalmente previstos". Explicita-se, pois, que não basta colocar a taxa de juros calculável em determinada data do mês, ou expressar que os juros serão capitalizáveis. Impende que se refira a taxa de juros capitalizados já calculada. Se colocados juros efetivos de 12% (doze por cento) ao ano, conclui-se que já constam referidos capitalizadamente, vedando--se a posterior incidência de uns sobre outros, cujos resultados se encontram embutidos no capital".

O art. 52, § 2º, faculta o abatimento de taxas de juros ou encargos na liquidação antecipada: "É assegurada ao consumidor a liquidação antecipada do débito, total ou parcialmente, mediante redução proporcional dos juros e demais acréscimos".

Por sua vez, o art. 51, inc. I, comina de nula a cláusula que implica renúncia de direito, como aquela onde registra-se que, antecipadamente, a parte aceita como líquidos e exigíveis os saldos lançados na conta-corrente de depósito ou abertura de crédito".

Na interpretação, dá-se uma exegese de modo a não inviabilizar a prestação – art. 51, § 1º, inc. III. Ainda, considera-se nula a disposição que imponha representante para concluir ou realizar outro negócio jurídico pelo consumidor, de acordo com o art. 51, inc. VIII. Já o art. 53 tem como nulas as cláusulas que estabeleçam a perda total das prestações pagas em benefício do credor que, em razão do inadimplemento, pleiteia a resolução do contrato e a retomada do produto alienado.

Evidentemente, mais regras insere o Código de Defesa do Consumidor, mas sendo suficientes as apontadas para ilustrar a sua estreita ligação ou concatenação com o direito bancário em si.

4. SITUAÇÕES MAIS COMUNS DE INCIDÊNCIA DA RESPONSABILIDADE

4.1. Abertura de conta bancária com documento falsificado

Não é incomum a abertura de conta bancária com a utilização de documento de terceiro. Explica Rodrigo Bernardes Braga como se desenvolve a prática: "O indivíduo se utiliza de documentos adulterados pertencentes a terceiros para abrir conta-corrente na casa bancária. De posse dos talonários de cheques, arrisca-se por emitir os títulos em prejuízo de comerciantes e, seguramente, de quem teve o seu nome envolvido na trama".[64]

Dentre as formas de adulteração, é comum a inclusão do nome de pessoa diferente no cartão do CPF.

Posteriormente, diante da emissão de ordens de pagamento ou de cheques, que ficam sem provisão de fundos, a instituição leva o nome do titular do documento (do CPF) ao cadastro de devedores. Desde que perceptível a falsificação, a responsabilidade recai no banco.

---

[64] *Responsabilidade Civil das Instituições Financeiras*, Rio de Janeiro, Editora Lumen Juris, 2001, p. 149.

430 • Responsabilidade Civil | *Arnaldo Rizzardo*

Embora não se aplique, no caso, o Código de Defesa do Consumidor, dada a inexistência de relação de consumo entre as partes, é indiscutível a responsabilidade do banco, como se retira do seguinte aresto, citado por Rodrigo Bernardes Braga: "Mas não há dúvida de que houve o dano moral pela indevida inclusão do número do CPF do embargante no rol dos inadimplentes e desonestos, assim como não há como negar que isso ocorreu porque o embargado não tomou as cautelas devidas na abertura da conta-corrente em favor de quem apresentava um cartão de CPF, visivelmente adulterado".[65]

No STJ já se endossou a obrigação reparatória: "Falta diligência do banco na abertura de conta e entrega de talonário a pessoa que se apresenta com documentos de identidade de terceiros, perdidos ou extraviados. Reconhecida a culpa do estabelecimento bancário, responde ele pelo prejuízo causado ao comerciante, pela utilização dos cheques para pagamento de mercadoria. O gerente do supermercado, que responde pelos cheques devolvidos, está legitimado a propor a ação de indenização".[66]

Mais desenvolvida vem a matéria no seguinte aresto, do Tribunal Regional Federal da 3ª Região:

"(...) A autora formulou, na inicial, pedido de reparação por danos morais, ao argumento de que a CEF promoveu, mediante a aceitação de documentos falsos, a abertura de conta corrente em seu nome. Informa que tal fato provocou a indevida inscrição dos seus dados em órgãos de proteção ao crédito, causando-lhe abalo de crédito e danos de ordem moral. A CEF, por sua vez, entende que também foi vítima de fraude, destacando não lhe ser possível reconhecer a inautenticidade dos documentos apresentados pelo fraudador. Ressalta a inexistência de dolo ou culpa, pretendendo ver afastada a sua responsabilidade ou minorada a condenação.

A situação posta para reexame deve ser elucidada sob a égide da responsabilidade objetiva, tendo em vista que a abertura de conta corrente mediante a análise de documentação falsificada, caracteriza falha na prestação dos serviços prestados e risco inerente à sua atividade da instituição financeira. Tal entendimento está consolidado no âmbito do e. Superior Tribunal de Justiça, ao qual aderiu esta c. Corte Regional Federal (AGAREsp 201200993124, Antonio Carlos Ferreira, STJ – Quarta Turma, DJe data: 13/09/2012).

Cabível a reparação pretendida, haja vista que o dano moral, neste caso, é considerado in re ipsa. Desnecessária, pois, a prova do efetivo prejuízo imaterial.

Configurados o dano e o nexo de causalidade como evento lesivo, autorizado o ressarcimento dos prejuízos perpetrados, não merecendo reparo nesse aspecto o julgamento de primeira instância.

No que tange à fixação do quantum indenizatório o valor arbitrado a título de danos morais deve guardar dupla função: ressarcir a parte lesada e desestimular o agente lesivo à prática de novos atos ilícitos. Desta forma, não pode ser ínfimo, nem de tal forma alto a implicar enriquecimento sem causa à parte lesada. Conclui-se, destarte, que o quantum indenizatório fixado em R$15.000,00 (quinze mil reais) é perfeitamente pertinente e apto à reparação (...)."[67]

---

[65] Embargos Infringentes nº 240/99 na Apel. Cível nº 11.350/98, do 8º Grupo de Câmaras Cíveis do TJ do Rio de Janeiro, j. em 24.06.1999.

[66] REsp. nº 47.335-7/SP, da 4ª Turma, rel. Min. Ruy Rosado de Aguiar, *DJU* de 06.02.1999.

[67] Apel. Cível nº 0005337-17.2011.4.03.6.126/SP, da 11ª Turma, j. em 6.10.2015, Relª. Desembargadora Cecília Mello.

4.2. Aluguel de cofre

É comum às instituições bancárias alugarem cofres para a guarda ou depósito de bens e valores mobiliários. Trata-se de uma atividade que sempre acompanhou os bancos, enquadrando-se nas funções que lhe são próprias. Em muitos setores da prestação de serviços, desempenha o banco uma finalidade precípua de guardião de valores e bens, de papéis e documentos valiosos, de títulos de investimento, de certificados de ações, de joias, de pedras preciosas, acentuando-se a importância mormente onde se desenvolvem explorações de jazidas de metais preciosos, e onde se negociam títulos e se implantam novas linhas de investimento e geração de riquezas.

O importante está em definir a natureza do contrato de aluguel de cofres, ou de caixa de segurança, dada a repercussão das consequências jurídicas. Embora usualmente se utilize a expressão 'aluguel' ou 'locação' de cofres, pelo tipo de função que se espera ao se contratar, infere-se que se tem em conta uma prestação de serviços de guarda, de segurança, de garantia dos bens confiados.

Não se ostenta a feição de um a locação pura e simples, porquanto a finalidade objetivada está na segurança e proteção absoluta visada pelo que busca o serviço. Não se tem como fito o mero uso de um cofre, ou sua fruição, porquanto não é isso que buscam os usuários do serviço, e sim a absoluta garantia da custódia e segurança de bens contra a perda, a subtração, o incêndio, o furto, o roubo. Nota-se que não se contrata a disponibilidade de um mero escaninho, ou uma gaveta, ou um compartimento de um armário ou uma prateleira, mas o uso de um espaço que ofereça absoluta segurança, protegido por um sistema ou aparelhamento indevassável, em constante vigilância.

Não teria sentido a simples locação de cofre, sem a contraprestação da completa certeza de proteção contra toda série de intempéries e de atos criminosos de subtração da coisa.

Nem no contrato de depósito se amolda a espécie, pois não se dá a entrega da coisa ao banco, muito embora elementos deste tipo se façam presentes, como a guarda, a vigilância e a permissão para a retirada quando for da vontade do titular dos bens. Nem cabe a assunção de obrigações de depositário, e muito menos se cogita da prisão como forma de forçar a restituição.

Por isso, equivocam-se aqueles que constroem teorias insubsistentes sobre a tipicidade da figura, como a que vê nela um contrato misto de locação e depósito, numa indecisão de definições que não leva a solução alguma. Há uma típica prestação de serviços de segurança sobre os bens colocados em um espaço destinado para essa finalidade.

É elemento fundamental da locação de cofre, nome este que não expressa o caráter específico do contrato, o serviço de proteção e segurança, de modo excepcional, dos bens colocados no interior do cofre. É própria e inerente à figura a obrigação de segurança, que se subentende, não importando a denominação dada à avença. Daí que inteiramente objetiva a responsabilidade, tornando-se difícil encontrar alguma causa de exclusão da obrigação indenizatória. Não exime o prestador da responsabilidade por arrombamentos, incêndio, e outras situações que normalmente isentam nos demais casos, como nos danos causados no trânsito, ou no transporte. Se em tais eventos ficasse fora o ressarcimento, a figura perderia sua finalidade própria. Unicamente em casos excepcionais, como um abalo sísmico, ou em um tremor do solo, ou no incêndio causado pela queda de um corpo do espaço, ensejariam o afastamento da responsabilidade.

Há no contrato ínsita uma cláusula de segurança, como se decidiu: "A responsabilidade civil do banco pelos bens guardados em cofre de aluguel decorre da cláusula de segurança, que constitui a sua essência, justamente por isso é que mobiliza as pessoas a buscarem conferir proteção e segurança aos seus bens, que de outra forma não teriam, de sorte que independentemente de culpa, o banco responde civilmente pelos bens subtraídos dos cofres que aluga."[68]

Sobre a responsabilidade, firmou-se: "Os bancos depositários são, em tese, responsáveis pelo ressarcimento dos danos materiais e morais causados em decorrência do furto ou roubo dos bens colocados sob sua custódia em cofres de segurança alugados aos seus clientes, independentemente da prévia discriminação dos objetos guardados nos mesmos.

A comprovação do efetivo depósito dos bens alegadamente roubados, bem como da ocorrência de dano moral ao lesado deverão, em todas as hipóteses específicas, ser objeto de apreciação nas instâncias ordinárias, em conformidade com as peculiaridades fáticas de cada caso."[69]

Sem validade eventuais cláusulas de não indenizar, colocadas no contrato. Desde que ocorrido o evento de furto, arrombamento, da deterioração, exceto em razão de assalto, incide o dever de indenizar, sem buscar indagações sobre a culpa, ou justificativas no fato exclusivo de terceiro. Acontece que o risco constitui elemento do contrato, enquadrando-se como inerente à profissão. No ponto, aliás, tem perfeita aplicação a regra do art. 25 do Código de Defesa do Consumidor: "É vedada a estipulação contratual de cláusula que impossibilite, exonere ou atenue a obrigação de indenizar prevista nesta e nas Seções anteriores." No art. 51, inc. I, do mesmo diploma reforça-se a nulidade de cláusula que impossibilite, exonere ou atenue a responsabilidade do fornecedor por vícios de qualquer natureza dos produtos e serviços. Quanto ao assalto, há decisões que consideram a excludente de força maior: "Estando configurada, no caso, causa excludente da responsabilidade objetiva da CEF, nos termos do § 3º do inc. II do art. 14 do CDC, em virtude de assalto ocorrido em sua agência de penhores, e não havendo prova de falha a ela imputável em seu sistema de segurança, não há dever de indenizar o autor pelos danos morais que alega ter sofrido."[70]

E decisões existem que afastam tal fato como excludente:

"I – Não há omissão, contradição ou obscuridade no acórdão estadual, eis que o mesmo enfrentou, suficientemente, a matéria controvertida, apenas que com conclusões desfavoráveis à parte ré.

II – Inocorrendo o assalto, em que houve vítima fatal, na via pública, porém, sim, dentro da agência bancária onde o cliente sacava valor de caixa eletrônico após o horário do expediente, responde a instituição ré pela indenização respectiva, pelo seu dever de proporcionar segurança adequada no local, que está sob a sua responsabilidade exclusiva."[71]

Entretanto, esta última orientação constitui a alforria para a inconsequência, correspondendo à permissão para o armamento e o enfrentamento por pessoas despreparadas, com probabilidade de terceiros virem a sucumbir. A exegese imprimida pela Corte revela

---

[68] Apel. Cível nº 19.146/2001, da 7ª Câmara Cível do TJ do Rio de Janeiro, *DJ* de 28.02.2002, *in ADCOAS* 8210563, *Boletim de Jurisprudência ADCOAS*, nº 41, p. 648, out. 2002.

[69] REsp. nº 333.211/RJ, da 4ª Turma do STJ, *DJU* de 18.03.2002, j. em 13.11.2001.

[70] Apel. nº 2001.36.00.003153-0/MT, da 6ª Turma do TRF da 1ª Região, j. em 22.09.2003, *DJU* de 1º,12.2003, em *Revista dos Tribunais*, 822/383.

[71] REsp. nº 488.310/RJ, da 4ª Turma do STJ, j. em 28.10.2003, *DJU* de 22.03.2004.

falta de percepção, de sensibilidade social e de bom-senso. Como exigir que se garanta segurança contra facínoras perigosos, que não raramente afrontam a ordem pública com pesado armamento, que nem aos seguranças é permitido o uso?

Questão importante, a exigir redobrados cuidados, e que tem acirrado as discussões, diz pertinência à prova do dano. A praxe contratual revela-se na entrega de um cofre ao usuário, a quem se fornece uma chave, no qual deposita os bens que forem de seu interesse, sem a instituição tomar conhecimento do conteúdo. Reveste-se a relação de um caráter sigiloso sobre os valores ou bens guardados. Por isso, as maiores celeumas centram-se em torno da prova dos bens que se encontram na caixa-forte ou cofre, de seu valor e estado.

Há uma posição defendendo a inversão do ônus da prova, em razão do caráter consumista da relação, o que parece insensato. Essa é a visão de Cristiano Chaves de Farias, Felipe Peixoto Braga Netto e Nelson Rosenvald: "linha de tendência é atribuir presunção de verdade em relação à afirmação feita pelos clientes, desde que verossímil. Também aqui, os riscos do negócio correm por conta de quem oferece o serviço. No caso, o bem maior oferecido é a segurança."[72] No entanto, como exigir do banco evidenciar a inexistência dos bens no cofre, se ele não possui chave, e não se lhe permite a verificação em seu interior? Ademais, com certa constância se dá a retirada de bens e a colocação de outros, por ato unilateral, e sem a conferência do banco. Tanto para o cliente como para o banco a questão se torna difícil, conduzindo a se basearem as decisões em elementos imprecisos e inseguros, em presunções, em interpretações subjetivas, ensejando injustiças e equívocos. A prova testemunhal não tem qualquer prestabilidade em face do caráter sigiloso da utilização do cofre, pois somente ao cliente se permite o acesso.

Daí que a solução estaria na existência de um mecanismo pelo qual somente se tornasse possível abrir e fechar o cofre com o uso simultâneo de duas chaves, ficando uma com o cliente e outra com o banco, procedendo-se qualquer depósito e retirada mediante recibo. Seria viável também a instituição de um seguro tarifado, ficando-se o valor indenizatório na proporção do preço pago. Naturalmente, para a cobertura, ficariam previstos determinados sinistros, sujeitos à prova, como o arrombamento, ou o assalto.

Se o depósito se fez em virtude de contrato de penhor, e se há a descrição pelo banco depositário, deve a mesma prevalecer; inexistindo, vale o estipulado no contrato: "Não comprovando o mutuário quais as joias empenhadas – a descrição feita pela Caixa Econômica Federal, no contrato de penhor, sabidamente ou não, é incompleta –, não possibilitando, deste modo, uma avaliação precisa, segura, objetiva, a indenização há de ser feita de acordo com a estipulação pelo contrato para a hipótese de extravio".[73]

4.3. Apresentação do cheque fora do prazo e falta de fundos na conta do correntista

De acordo com o art. 33 da Lei nº 7.357, de 02.09.1985, "o cheque deve ser apresentado para pagamento, a contar do dia da emissão, no prazo de 30 (trinta) dias, quando emitido no lugar onde houver de ser pago; e de 60 (sessenta) dias, quando emitido em outro lugar do País ou no exterior".

Durante os prazos acima, impõe-se a existência de fundos. Se apresentado o cheque fora dos lapsos de tempo estabelecidos, e em não havendo provisão de numerário suficiente,

---

[72] Novo Tratado de Responsabilidade Civil, ob. cit., p. 1.105.
[73] Apel. Cível nº 1994.01.037843-4/MG, da 3ª Turma do TRF da 1ª Região, *DJU* de 12.06.1995.

434 • Responsabilidade Civil | *Arnaldo Rizzardo*

não se aplicam penalizações, como a comunicação a órgãos de cadastro de devedores, ou ao Banco Central, o que não importa na impossibilidade de sua cobrança judicial.

É como orienta o Superior Tribunal de Justiça:

"Cheque compensado, mas não debitado da conta-corrente. Apresentação posterior, fora do prazo previsto no art. 33. Lei nº 7.357/85.

Cheque sem-fundos. Inocorrência. Ausência de culpa do emitente. Ação de responsabilidade civil. Ação de locupletamento sem causa...

Aquele que indevidamente recebe um pagamento, sem justa causa, tem o dever de restituir, uma vez que o ordenamento jurídico positivo não tolera o locupletamento indevido de alguém em detrimento de outrem. Essa proibição, aliás, também repousa na moral (a propósito, Georges Ripert, *A Regra Moral nas Obrigações Civis*, 3ª ed., Saraiva, 1937, p. 14).

Se o banco paga o cheque, mas deixa de debitar o valor na conta-corrente de imediato, ou no prazo legal, não pode, posteriormente, quando vier a debitar o valor do título, e não encontrar saldo suficiente na conta, alegar que houve emissão de cheque sem fundos.

Não age com culpa o correntista que emite cheque e permanece com fundos suficientes em sua conta-corrente durante o prazo legal para apresentação do título.

Enquanto na 'ação de locupletamento' o próprio cheque basta como prova do fato constitutivo do direito do autor, incumbindo ao réu provar a falta de causa do título, na 'ação de cobrança' necessário se faz que comprove o autor o negócio jurídico gerador do crédito reclamado.

Na espécie, diferentemente da ação de locupletamento prevista na Lei de Cheque, a ação ajuizada, de indenização fundada na culpa e/ou no inadimplemento contratual não dispensa, entre outros pontos, a prova da culpa e o nexo de causalidade. No caso, diferentemente, repita-se, a ação se fundou na responsabilidade civil por culpa, que inocorreu na espécie. Outra, portanto, seria a situação, se a ação ajuizada fosse aquela prevista na Lei do Cheque, e a sua causa de pedir o locupletamento indevido".[74]

4.4. Apropriação de valores do correntista

Não pode a instituição financeira simplesmente apropriar-se de valores depositados na conta do cliente, a não ser que tenha este autorizado expressamente. As contas abertas o são para determinadas finalidades, como para simples depósito, ou para posterior concessão de crédito até certo montante. As quantias que são colocadas nas contas visam ou simplesmente a guarda, ou a possibilidade de conseguir a concessão de um crédito, ou para viabilizar um financiamento. Maior a arbitrariedade se retirada uma importância de depósito proveniente de remuneração salarial.

Nessa compreensão a linha de decisões do STJ: "Não pode o banco se valer da apropriação de salário do cliente, depositado em sua conta-corrente, como forma de compensar-se deste em face de contrato de empréstimo inadimplido, eis que a remuneração, por ter caráter alimentar, é imune a constrições dessa espécie, a teor do disposto no art. 649, IV, da Lei Adjetiva Civil, por analogia corretamente aplicada à espécie pelo Tribunal *a quo*".[75] O art. 649, inc. IV, corresponde ao art. 833, inc. IV, do CPC/2015.

---

[74] REsp. nº 383.536/PR, da 4ª Turma do STJ, *DJU* de 29.04.2002, j. em 21.02.2002.
[75] AgRg. no Ag. nº 353.2921/RS, da 4ª Turma, *DJ* de 19.11.2001, em *ADCOAS* 8204574, *Boletim de Jurisprudência ADCOAS*, nº 9, p. 134, mar. 2002.

Cap. XXXIII | Responsabilidade das Instituições Bancárias • **435**

O art. 833, inc. IV, acima mencionado, inclui na classe de absolutamente impenhoráveis os vencimentos, o soldo, e os salários, salvo para pagamento de prestação alimentícia, e bem como as importâncias excedentes a 50 (cinquenta) salários-mínimos mensais.

Havendo pacto, e não dizendo respeito a lançamentos de natureza salarial, autoriza-se o débito em conta: "Não se vislumbra qualquer ilegalidade no pacto que autoriza o desconto do empréstimo bancário contraído, mediante desconto mensal das prestações na conta-corrente do devedor. Só não seria possível se a quantia fosse equivalente aos vencimentos, de forma a impedir o sustento do devedor e de sua família".[76]

Uma vez constada a indevida apropriação de valores sem a competente permissão, enseja-se a indenização pelos danos materiais advindos, comportando o fato, também, a reparação por dano moral.

4.5. Assalto a banco e roubo de malotes

A responsabilidade pelos danos ocorridos em um assalto, situação frequente nas últimas décadas, é do banco, mas no tocante aos bens arrebatados, que arca com os valores que são levados por meliantes, e não pelos ferimentos e mortes que ocorrerem em tiroteios no interior e em adjacências do estabelecimento. Afora a responsabilidade que emana da própria atividade bancária, há a Lei nº 7.102, de 20.06.1983, com várias alterações, incumbindo às instituições financeiras o dever de instalar um sistema de segurança previamente aprovado pelo Banco Central do Brasil. Daí a obrigação de implantar um aparato que garanta a segurança, constituído de vigilantes, alarmes, portas giratórias, interligações internas com órgãos policiais, equipamentos de filmagens, cabinas blindadas, e outros aparelhamentos, de modo a imprimir a maior segurança possível a todos quantos atuam nos bancos e utilizam seus serviços. Todavia, os males que acontecerem durante os assaltos, como mortes, ferimentos e demais traumas, não se incluem na responsabilidade do banco. Do contrário, imporiam que o banco se abstivesse de qualquer reação ou de repulsa aos ataques.

Mesmo que todas as providências possíveis sejam implantadas, observando-se rigorosos procedimentos de segurança, em ocorrendo danos incide a responsabilidade, que é objetiva, ou pelo risco da atividade desenvolvida, sendo-lhe inerente a situação de perigo. Não que se escude na culpa, desdobrada na falta de vigilância, de preparo, de eficiência de seus guardas e seguranças ou dos equipamentos de proteção, pois se constitui em concepção desligada da realidade a ideia de total possibilidade de evitar ataques ou assaltos. Assim, não confere com a absoluta lealdade a fundamentação na culpa, dada a imprevisibilidade como ocorrem os assaltos, e as inesperadas situações que são criadas. Daí a base mais coerente para responsabilizar as instituições financeiras está no risco inerente à atividade, ou no perigo inato ao seu funcionamento, não sendo justo que terceiros suportem os danos que ocorrem.

Mesmo sob esse enfoque, insistem os pretórios em ver na culpa o dever de indenizar:

"Inocorrendo o assalto, em que houve vítima fatal, na via pública, porém, sim, dentro da agência bancária onde o cliente sacava valor de caixa eletrônico após o horário do expe-

---

[76] Apel. Cível nº 2000.01.1.063260-4, da 5ª Turma do TJ do Distrito Federal, *DJ* de 24.11.2001, em *ADCOAS* 8205215, *Boletim de Jurisprudência ADCOAS*, nº 13, p. 198, abr. 2002.

436 • Responsabilidade Civil | *Arnaldo Rizzardo*

diente, responde a instituição ré pela indenização respectiva, pelo seu dever de proporcionar segurança adequada no local, que está sob a sua responsabilidade exclusiva".[77]

"Direito Processual Civil. Ação de indenização. Roubo em agência bancária. Troca de tiros entre bandidos e o vigia do banco. Ferimentos ocasionados em cliente. Responsabilidade civil do banco. Lei nº 7.102/83. Precedentes".[78]

Num caso emblemático, que bem revela o tratamento dado, segue o STJ o entendimento, em outra decisão:

"O transporte de malotes sob guarda de empresa contratada pela instituição financeira é de sua inteira responsabilidade, de sorte que não constitui, em tal caso, força maior o roubo de malote contendo numerário em espécie".[79]

Na fundamentação, aduz o relator, em seu voto:

"É entendimento pacificado nesta Corte, que a instituição financeira tem responsabilidade, mesmo em casos de roubo, pelos bens sob sua guarda, posto que a segurança de valores é serviço essencial à atividade econômica desenvolvida pelo réu, e que por ele se obriga, sobretudo em face da absoluta previsibilidade de assaltos à mão armada no transporte de dinheiro e títulos.

Nesse sentido as seguintes decisões, *verbis*:

'O transporte de valores sob guarda do banco é de sua inteira responsabilidade, eis que integra o serviço essencial à atividade de guarda e segurança prestado aos clientes, de sorte que não constitui, em tal caso, força maior o roubo de malote contendo cheque confiado à instituição' (...) (4ª Turma, AgR-Ag nº 450.101/SP, rel. Min. Aldir Passarinho Junior, unânime, DJU de 17.02.2003).

'(...) O transporte de valores sob guarda do banco é de sua inteira responsabilidade, eis que integra o serviço essencial à atividade de guarda e segurança prestado aos clientes, de sorte que não constitui, em tal caso, força maior o roubo de malote contendo cheque confiado à instituição' (...) (4ª Turma, REsp nº 480.498/MG, rel. Min. Aldir Passarinho Júnior, unânime, DJU de 25.02.2004).

Ora, se a instituição financeira não se pode eximir da responsabilidade ao argumento da existência de força maior, com igual propriedade a empresa encarregada pelo transporte, quando presta serviços a uma instituição bancária, pela natureza e valor dos bens.

Com efeito, tanto é previsível a existência de assaltos, que a própria transportadora se assegura de todas as cautelas de estilo, como por exemplo, o uso de carros fortes, seguranças armados, dentre outras".

Em outro exemplo, dentre tantos, com lastro também no Código de Defesa do Consumidor:

"As instituições financeiras respondem de forma objetiva pelos danos causados aos clientes dentro de suas agências. Não obstante, esta responsabilidade pode ser afastada pela ocorrência de caso fortuito ou força maior, cujo dado objetivo é a imprevisibilidade do evento em questão.

O assalto à agência bancária diante de sua previsibilidade não constitui fato excludente da responsabilidade da instituição financeira na atualidade.

---

[77] REsp. nº 488.310/RJ, da 4ª Turma do STJ, *DJU* de 22.03.2004, j. em 28.10.2003.
[78] REsp. nº 182.284/SP, da 3ª Turma do STJ, *DJU* de 19.12.2003, j. em 02.12.2003.
[79] REsp. nº 965.520/PE, da 4ª Turma, rel. Min. Aldir Passarinho Junior, j. em 08.06.2010, *DJe* de 1º.07.2010.

A parte autora trouxe ao feito a ocorrência policial em que restaram relatados os fatos ocorridos e o comprovante de saque do montante roubado, bem como a data deste, ambos mencionados na inicial.

Registre-se que não é possível exigir do consumidor prova mais robusta quanto ao nexo de causalidade, pois não há dúvidas quanto ao fato ocorrido e os prejuízos sofridos pelo autor. Ademais, constatada a verossimilhança do contido na peça vestibular, o que restou corroborado pelos documentos de fls. 17-18, perfeitamente cabível a inversão do ônus probatório, a teor do que estabelece o art. 6º, inciso VIII, do Código de Defesa do Consumidor.

Releva ponderar, ainda, que, quando da ocorrência de um dano material, duas subespécies de prejuízos exsurgem desta situação, os danos emergentes, ou seja, aquele efetivamente causado, decorrente da diminuição patrimonial sofrida pela vítima; e os lucros cessantes, o que esta deixou de ganhar em razão do ato ilícito.

É oportuno destacar que o pleito de dano material formulado na inicial veio corroborado pelo devido suporte probatório, porquanto a parte autora trouxe aos autos o comprovante de saque do valor indicado na exordial.

Assim, verificada a ilicitude de ato praticado no interior da agência do banco réu, cuja responsabilidade objetiva quanto à incolumidade de seus clientes cabe a este, bem como demonstrado o dano ocasionado à parte autora, tanto de ordem material como moral, cabe o ressarcimento pretendido, na forma do art. 14 do CDC".[80]

No voto, invocam-se suportes legais:

"(...) Em nosso ordenamento jurídico, a responsabilidade objetiva é prevista genericamente no parágrafo único do art. 927 do novel Código Civil, norma que consagrou a teoria da atividade de risco, *in verbis*:

'Aquele que, por ato ilícito (arts. 186 e 187), causar dano a outrem, fica obrigado a repará-lo.

Parágrafo único. Haverá obrigação de reparar o dano, independentemente de culpa, nos casos especificados em lei, ou quando a atividade normalmente desenvolvida pelo autor do dano implicar, por sua natureza, risco para os direitos de outrem'.

Ademais, oportuno destacar que a legislação consumerista preceitua que os consumidores têm direito a receber serviços eficientes, adequados e seguros. Da mesma forma, a Lei nº 7.102/83 determina em seu art. 1º a obrigatoriedade de a instituição financeira manter um sistema de segurança aprovado pelo Ministério da Justiça:

'1º É vedado o funcionamento de qualquer estabelecimento financeiro onde haja guarda de valores ou movimentação de numerário, que não possua sistema de segurança com parecer favorável à sua aprovação, elaborado pelo Ministério da Justiça, na forma desta lei.

§ 1º Os estabelecimentos financeiros referidos neste artigo compreendem bancos oficiais ou privados, caixas econômicas, sociedades de crédito, associações de poupança, suas agências, postos de atendimento, subagências e seções, assim como as cooperativas singulares de crédito e suas respectivas dependências. (Renumerado do parágrafo único com nova redação, pela Lei nº 11.718, de 2008)

§ 2º O Poder Executivo estabelecerá, considerando a reduzida circulação financeira, requisitos próprios de segurança para as cooperativas singulares de crédito e suas dependências que contemplem, entre outros, os seguintes procedimentos: (Incluído pela Lei nº 11.718, de 2008)

---

[80] Apel. Cível nº 70034609354, da 5ª Câmara Cível do TJ do RGS, j. em 27.10.2010, rel. Des. Jorge Luiz Lopes do Canto.

I – dispensa de sistema de segurança para o estabelecimento de cooperativa singular de crédito que se situe dentro de qualquer edificação que possua estrutura de segurança instalada em conformidade com o art. 2º desta Lei; (Incluído pela Lei nº 11.718, de 2008)

II – necessidade de elaboração e aprovação de apenas um único plano de segurança por cooperativa singular de crédito, desde que detalhadas todas as suas dependências; (Incluído pela Lei nº 11.718, de 2008)

III – dispensa de contratação de vigilantes, caso isso inviabilize economicamente a existência do estabelecimento. (Incluído pela Lei nº 11.718, de 2008)

§ 3º Os processos administrativos em curso no âmbito do Departamento de Polícia Federal observarão os requisitos próprios de segurança para as cooperativas singulares de crédito e suas dependências'".

Dentre outros vários fundamentos, é dado realce à responsabilidade objetiva:

"Assim, verificada a ilicitude de ato praticado no interior da agência do banco réu, cuja responsabilidade objetiva quanto à incolumidade de seus clientes cabe a este, bem como demonstrado o dano ocasionado à parte autora, tanto de ordem material como moral, cabe o ressarcimento pretendido, na forma do art. 14 do CDC".

Não cabe a transferência da responsabilidade à empresa de segurança, cujos agentes não souberam enfrentar a situação, ou procederam imperitamente, atingindo terceiros com os disparos de arma de fogo. A relação entre a instituição bancária e a empresa de segurança contratada é res inter alios quanto aos terceiros que procuram os serviços bancários. Possível que haja eventual direito de regresso, inclusive admitindo-se denunciação da lide, mas sem qualquer interferência no tocante ao direito do lesado.

Igualmente o roubo de malotes, pelos mesmos fundamentos, entra na esfera da responsabilidade objetiva, na orientação do STJ:

"O transporte de valores sob guarda do banco é de sua inteira responsabilidade, eis que integra o serviço essencial à atividade de guarda e segurança prestado aos clientes, de sorte que não constitui, em tal caso, força maior o roubo de malote contendo cheque confiado à instituição.

Destarte, se por força do indevido uso dos cheques por terceiros infratores, o cliente vem a sofrer execução e ter seu nome injustamente inscrito em cadastro de crédito negativo, faz jus à indenização pelos danos morais sofridos, que deve, por outro lado, ser fixada em montante razoável, evitando-se o enriquecimento sem causa, bem como os danos materiais, estes a serem apurados em liquidação de sentença.

Recurso especial conhecido em parte e parcialmente provido".[81]

"Civil. Responsabilidade civil. Talões de cheques furtados antes da entrega ao cliente. O banco responde pelo uso indevido de cheques furtados antes da entrega do respectivo talão ao cliente".[82]

"O transporte de valores sob guarda do banco é de sua inteira responsabilidade, eis que integra o serviço essencial à atividade de guarda e segurança prestado aos clientes, de sorte que não constitui, em tal caso, força maior o roubo de malote contendo cheque confiado à instituição".[83]

---

[81] REsp. nº 480.498/MG, da 4ª Turma, *DJU* de 25.02.2004, j. em 09.12.2003.

[82] REsp. nº 241.771/SP, da 3ª Turma, *DJU* de 02.12.2002, j. em 27.08.2002.

[83] Agravo Regimental no Agravo de Instrumento nº 450.101/SP, da 4ª Turma do STJ, *DJU* de 17.02.2003, j. em 22.10.2002.

4.6. Depósito bancário

Conceituado no campo do direito civil, define-se o depósito como o contrato segundo o qual uma pessoa confia a outra a guarda de objeto móvel, obrigando-se a segunda à restituição, quando reclamado. Na síntese de Clóvis Beviláqua, trata-se do contrato em que "uma pessoa recebe um objeto móvel alheio, com a obrigação de guardá-lo e restituí--lo em seguida".[84]

No aspecto da responsabilidade, interessa o tratamento que se deve dar, importando na incidência de regras do mútuo e da transferência.

Observa-se do art. 629 do Código Civil como se efetua a restituição do bem depositado: "O depositário é obrigado a ter na guarda e conservação da coisa depositada o cuidado e a diligência que costuma como o que lhe pertence, bem como a restituí-la, com todos os frutos e acrescidos, quando o exija o depositante".

Ressalta a obrigação de restituir 'com todos os frutos e acrescidos'.

Já o art. 645 acrescenta a incidência das regras estabelecidas para o mútuo, envolvendo o depósito de coisas fungíveis: "O depósito de coisas fungíveis, em que o depositante se obrigue a restituir objetos do mesmo gênero, qualidade e quantidade, regular-se-á pelo disposto acerca do mútuo".

Portanto, incidem, no depósito, as normas quanto à remuneração prevista no mútuo, que é a possibilidade de se exigirem juros. Tem importância especialmente o art. 586, com esta redação: "O mútuo é o empréstimo de coisas fungíveis. O mutuário é obrigado a restituir ao mutuante o que dele recebeu em coisas do mesmo gênero, qualidade e quantidade".

É que, embora as linhas inconfundíveis de se contratar com o banco a custódia, na verdade há regras aplicáveis de outros institutos.

No plano fático, sabe-se que a instituição financeira aplica o dinheiro, o qual constitui a matéria-prima de sua atividade. Todos os ingressos no banco formam o montante que, calculado numa média periódica de tempo, servem para estabelecer o quantitativo das aplicações a serem realizadas. O dinheiro depositado não permanece inerte, parado, ou guardado em um compartimento ou cofre. É investido, aplicado, emprestado, trazendo retorno ou acréscimo dos juros cobrados. Quanto maiores as movimentações, maior o lastro do banco para investir ou emprestar dinheiro, e, assim, realizar seus negócios característicos. O banco, ao perceber a importância, incorpora-a ao volume de depósitos disponíveis, dele se apossando como se fosse seu próprio dinheiro, a qual entra nas disponibilidades dos investimentos ou aplicações que realiza.

Se assim ocorre, e em vista especialmente dos arts. 586 e 629, a rigor é de exigir a restituição com juros, no percentual vigente para remunerar os investimentos comuns em poupança.

Passa a custódia, pois, a revelar uma nova dimensão, que vai além de guardar no sentido de proteger ou cuidar, envolvendo o conteúdo de manter a capacidade econômica do dinheiro, com o acréscimo de seus frutos.

---

[84] *Código Civil dos Estados Unidos do Brasil Comentado*, Rio de Janeiro, Editor Francisco Alves, 1919, vol. VI, p. 6.

440 • Responsabilidade Civil | *Arnaldo Rizzardo*

Com mais razão quanto aos efeitos inflacionários, respondendo as instituições financeiras pela restituição com a devida correção monetária, conforme reiteradamente tem obrigado o Superior Tribunal de Justiça:

"– O depositário há de devolver o bem, quando reclamado, em sua integralidade. Fazendo-o sem correção monetária, a restituição não será completa. Vale salientar que 'o depositário é obrigado a ter na guarda e conservação da coisa depositada o cuidado e diligência que costuma com o que lhe pertence' (Código Civil – art. 1.266). Tratando-se de dinheiro, é elementar que haja de preservá-lo da depreciação que possa ser ocasionada pelo processo inflacionário. Tanto mais tratando-se de um banco, de quem é razoável esperar cuidados profissionais".[85]

O citado art. 1.266 equivale ao art. 629 do CC/2002.

"– As instituições financeiras depositárias respondem pela correção monetária de todos os depósitos das cadernetas de poupança em relação a março/1990 e quanto a abril/1990, por aquelas cujas datas de aniversário ou creditamento são anteriores ao bloqueio dos cruzados novos.

– Responsabilidade do BACEN apenas quanto à correção monetária dos cruzados novos bloqueados que lhe foram transferidos e que passaram a ser corrigidos a partir de abril/1990, após iniciado novo ciclo mensal".[86]

"– A Corte Especial, no julgamento do EREsp. 167.544/PE, firmou orientação no sentido de que as instituições financeiras depositárias são responsáveis pela atualização monetária dos saldos de caderneta de poupança bloqueados cujas datas de aniversário são anteriores à transferência dos saldos para o BACEN. Recai sobre BACEN a responsabilidade sobre os saldos das contas que lhe foram transferidas, com o creditamento da correção monetária havida no mês anterior já efetivado pelo banco depositário, que passaram a ser corrigidas pela autarquia a partir de abril de 1990, quando já iniciado o novo ciclo mensal".[87]

Considerando que o depósito constitui um contrato que se prolonga através do tempo, e se mantém enquanto os valores ou a coisa se encontram na custódia, não se reconhece a prescrição em reclamar os direitos decorrentes, como sustenta a jurisprudência:

"Em que pesem os argumentos da apelada acerca de não ser obrigada a manter em seus arquivos as anotações referentes às contas muito antigas e com cadastros desatualizados, não reclamadas por seus titulares por longos períodos de tempo, o e. STJ já se manifestou sobre o assunto, restando firmado entendimento no sentido da imprescritibilidade da pretensão de sua exigência, senão vejamos:

'Agravo Regimental no Recurso Especial. Depósitos populares. Restituição de valores. Pretensão imprescritível. Art. 2º, § 1º, da Lei nº 2.313/1954. Norma específica. Inaplicabilidade do Código Civil. Agravo regimental desprovido'. (AgRg no REsp 1162326/RJ – Agravo Regimental no Recurso Especial 2009/0207638-3, Relator: Ministro Paulo De Tarso Sanseverino, Terceira Turma, DJe 21/05/2012).

'Cautelar de exibição de documentos. Depósitos populares. Conta poupança. Prescrição. Art. 2º, § 1º, da Lei 2.313/1954.

1. A jurisprudência deste Tribunal Superior entende imprescritível a ação para reclamar os créditos dos depósitos de poupança, nos termos do artigo 2º da Lei nº 2.313/54, afastando-se a incidência dos Arts. 177 e 178, § 10, III, do CCB/1916. Neste sentido: Resp 710.471/SC, Rel. Ministro Humberto Gomes De Barros, Terceira Turma, julgado em 21/11/2006, DJ 04/12/2006, p. 300; REsp. n. 686.438/RS, relator Ministro Carlos Alberto Menezes Direito, DJ de 12.2.2007, entre outros.

---

[85] REsp. nº 95.289/RS, da 3ª Turma, j. em 14.08.1995, *DJU* de 09.10.1995.

[86] AGREsp. nº 495.366/SP – Agravo regimental no REsp. nº 2003/0013713-5, da 1ª Turma, *DJU* de 09.12.2003, j. em 18.11.2003.

[87] REsp. nº 499.767/RJ, da 1ª Turma, *DJU* de 28.10.2003, j. em 02.10.2003.

Cap. XXXIII | Responsabilidade das Instituições Bancárias • **441**

2. Agravo regimental a que se nega provimento' (AgRg no Ag 640075/RS. Agravo Regimental no Agravo de Instrumento 2004/0158821-1, Relator: Ministro Vasco Della Giustina, DJe de 9/11/2009).

Assim, devidamente comprovada a existência da conta de poupança noticiada nos autos e a respectiva titularidade do apelado, bem como o entendimento firmado pela jurisprudência dominante do e. STJ, reconhecendo a imprescritibilidade da ação objetivando a restituição dos valores depositados nas contas consideradas inativas, nego seguimento a apelação, nos termos do artigo 557, do Código de Processo Civil."[88]

O art. 557 citado acima corresponde ao art. 932, III, do CPC/2015.

4.7. Encaminhamento ao cadastro de cheque sem fundos quando já encerrada a conta

Não assiste ao banco o encaminhamento no cadastro de cheque sem fundo se a conta já se encontra encerrada, e decorrido o prazo de apresentação. O fechamento da conta no período assegurado para a apresentação, no entanto, importa em conduta fraudulenta, já que assegurado o prazo de trina ou sessenta dias para a apresentação, conforme se der a emissão na praça do pagamento ou em outro lugar, em obediência ao art. 33 da Lei nº 7.357, de 1985. Nessa linha inclina-se a jurisprudência:

"O encerramento da conta não afasta a responsabilidade da instituição bancária pela ulterior inclusão do nome do antigo correntista no Cadastro de Emitentes de Cheques sem Fundos – CCF, em razão de devolução de cheque pelo motivo de conta encerrada. Assim, cabe ao banco, antes de recorrer àquela repressão administrativa, certificar-se da autenticidade da assinatura do emitente do cheque, sob pena de infligir injustamente aquele que não concorreu para a ilegalidade e, por conseguinte, responder pelos danos morais daí decorrentes".[89]

4.8. Endosso falso de cheque

Algumas situações emergem do endosso do cheque, que significa a cessão ou transferência do título a outra pessoa.

A primeira questão está na verificação da legitimidade de quem fez o endosso. Apenas as pessoas capacitadas, portadoras do título, ou as nomeadas em cujo favor se deu a emissão, estão capacitadas de fazer o endosso. No tocante às pessoas jurídicas, tem legitimidade o representante legal, ou administrador, ou gerente, que consta nos estatutos ou em ata de assembleia. Não se reconhece capacidade ao contador, ou a um outro funcionário. Nesta visão, escreve Arnaldo Marmitt: "Ao aceitar um endosso inválido e ilegítimo, a instituição financeira ou bancária estará agindo culposamente. Paga mal, por exemplo, se aceita endosso de pessoa física, que o faz em nome de pessoa jurídica, sem que tenha poderes para tal, ou não exibindo mandato. Aliás, muito frequente são os casos em que contadores de firmas favorecidas recebem cheques nominais e indevidamente os endossam para depósito em sua conta pessoal. A não entrada do valor na firma favorecida deve ser debitada ao banco, que negligentemente deixou de examinar a legalidade

---

[88] Apel. cível nº 0015227-73.2002.4.03.6100/SP, da 1ª Turma do TRF da 3ª Região, Rel. Des. Federal Marcelo Saraiva, de 2.02.2015, DJ de 12.02.2015.

[89] REsp. nº 331.181/RJ, da 3ª Turma do STJ, *DJU* de 04.02.2002, j. em 22.10.2001.

442 • Responsabilidade Civil | *Arnaldo Rizzardo*

do endosso do contador, descontando o cheque e depositando o seu valor na conta do funcionário inescrupuloso".[90]

A jurisprudência também impõe a verificação:

"Consoante já proclamou precedente da Turma (REsp. nº 171.299-SC, *DJ* 05.10.1998), o estabelecimento bancário está desobrigado, nos termos da lei (art. 39 da Lei do Cheque), a verificar a autenticidade da assinatura do endosso. Por outro lado, todavia, tal não significa que a instituição financeira estaria dispensada de conferir a regularidade dos endossos, aí incluída a legitimidade do endossante.

O banco, ao aceitar cheques endossados, deve tomar a cautela de exigir prova da legitimidade do endossante, como, por exemplo, cópia do contrato social da empresa, quando nominal a pessoa jurídica. Se assim não se entender, estar-se-á a permitir que terceiros possam endossar em seu próprio favor, em manifesto locupletamento indevido".[91]

Não responde o banco por endosso falso, se devidamente certificado o encadeamento dos endossos. Nem há possibilidade na verificação da autenticidade de todos os endossos. Não lhe compete essa função, porquanto possível que não constem modelos de assinaturas em seus arquivos. Deve efetuar o pagamento ao último endossatário, sempre dentro de uma cadeia regular de transferências. O art. 39 da Lei nº 7.357, de 02.09.1985, é expresso sobre o assunto, ao impor ao sacado a obrigação de "verificar a regularidade da série de endossos, mas não a autenticidade das assinaturas dos endossantes. A mesma obrigação incumbe ao banco apresentante do cheque a câmara de compensação".

Nas situações da entrega de cheques para o depósito em conta, de vários emitentes e com endossos, ao banco sacado cabe a verificação da autenticidade da assinatura do emitente. Não terá condições de aferir a sequência e veracidade dos endossos. Não efetuará o pagamento somente se perceber a falta de correspondência da assinatura com a existente na conta de seu correntista, ou na insuficiência de fundos na conta. Já o banco que recebe o cheque, ou banco intercalar, deve aferir a ligação entre um endosso e outro, ou a regularidade e a autenticidade da cadeia dos endossos.

No endosso em branco, naturalmente só aparece, junto ao banco, o portador. Assim, apenas ao banco sacado incumbe analisar a autenticidade da assinatura do emitente.

As conclusões acima são extraídas do art. 35 da Lei Uniforme de Genebra, pelo qual não se impõe o exame da regularidade das firmas dos endossantes, mas sim a regularidade dos endossos. A exigência consiste no exame da cadeia de endossos, efetuando-se o pagamento ao último endossatário.

4.9. Extravio de talão de cheques enviado por banco

A remessa de talão de cheque pelo correio, ou através de terceiro, sem a expressa autorização do correntista, importa em recair no banco a responsabilidade pelos danos causados em caso de extravio ou apossamento indevido, no que dá apoio o Superior Tribunal de Justiça:

"Ação de indenização. Extravio de talonário de cheques entregue, via correio, na portaria do edifício onde domiciliado o correntista. Responsabilidade do banco pela remessa eficaz e segura do documento.

---

[90] *Perdas e Danos*, 2ª ed., Rio de Janeiro, Aide Editora, 1992, p. 321.

[91] REsp. nº 280.285/SP, da 4ª Turma do STJ, *DJU* de 27.08.2001, j. em 22.03.2001, *in RSTJ*, 148/456.

Cap. XXXIII | Responsabilidade das Instituições Bancárias • **443**

Protesto levado a cabo por comerciantes portadores de cheques fraudados. Providências tomadas junto à praça e judiciais pela instituição ré. Dano moral.

O banco é responsável pela entrega do talonário de cheques ao correntista de forma eficaz e segura, de modo que se opta, como atração à captação da clientela, pelo seu fornecimento diretamente no domicílio, pelo correio, atrai para si os ônus da imperfeição do serviço, quando o documento é desviado por terceiro antes de chegar às mãos do destinatário e utilizado por fraudadores que utilizaram a cártula para aquisição de bens junto ao comércio, que, não pago, apresentou os títulos a protesto contra o nome do correntista.

A indenização deve ser fixada em parâmetros razoáveis, inibido o enriquecimento sem causa do autor".[92]

4.10. Extravio, perda ou roubo do cartão de crédito

Dada a constância de ocorrência de situações a respeito de responsabilidade pelo extravio, perda ou roubo de cartão de crédito, impõe-se um exame mais delongado da matéria.

Nélson Abrão define o cartão de crédito como um documento comprobatório de que seu titular goza de um crédito determinado perante certa instituição financeira, o qual o credencia a efetuar compra de bens e serviços a prazo e saques de dinheiro a título de mútuo.[93] Para Antônio Chaves constitui "um cartão de propriedade da companhia emissora, de uso pessoal e intransferível do seu titular, cujo nome é nele impresso, e que, mediante solicitação por escrito e sob sua responsabilidade, poderá autorizar, por débito das despesas em sua conta, a emissão de outros cartões para uso das pessoas que indicar".[94]

Três os figurantes neste contrato: o emissor, o titular do cartão ou aderente e o fornecedor.

Emissor é, comumente, uma instituição financeira ou banco, que se coloca numa posição intermediária entre o titular do cartão e o fornecedor das mercadorias. Constitui aquele que se compromete a fazer o pagamento em nome do titular do cartão, recebendo em contraprestação uma taxa fixada percentualmente, ou alterável na mesma proporção da correção monetária. Ilustra Waldírio Bulgarelli que "o contrato que o banco mantém com o titular do cartão configura a obrigação de prestar serviço de caixa, garantir o pagamento das faturas até determinado total e, eventualmente, a abrir-lhe um crédito. E em relação ao fornecedor, o banco se obriga a pagar as faturas do titular até certo valor: além desse valor, compromete-se a pagar se tiver fundos suficientes".[95]

O titular, também denominado beneficiário ou aderente, é a pessoa habilitada pelo emissor a se utilizar do cartão para a aquisição de bens ou o recebimento de serviços. É impraticável a emissão em favor de uma pessoa jurídica, a menos que se especifique o portador como pessoa física. Quando ocorrer, emite-se o cartão em nome da pessoa jurídica, que credencia um de seus diretores como usuário.

Diz-se ser nominativo o documento, pois estabelece, em seu contexto, a abertura de um crédito a favor de seu proprietário. Por tal razão, torna-se ele responsável pelo mau

---

[92] REsp. nº 332.106/SP, da 4ª Turma, *DJU* de 04.03.2002, j. em 04.10.2001.
[93] *Curso de Direito Bancário*, São Paulo, Editora Revista dos Tribunais, 1982, p. 121.
[94] *Tratado de Direito Civil*, 3ª ed., São Paulo, Editora Revista dos Tribunais, 1984, vol. II, tomo II, p. 1.421.
[95] *Contratos Mercantis*, São Paulo, Editora Atlas, 1979, p. 654.

uso por terceiros. Incumbe-lhe apresentá-lo aos fornecedores, quando da efetivação de compra de mercadorias, que serão lançadas em formulários próprios que a companhia entrega nos estabelecimentos credenciados.

Fornecedor vem a ser o terceiro integrante da relação. É quem vende os bens ou presta os serviços. Assinala, a respeito, o já citado Waldírio Bulgarelli: "As relações entre o titular do cartão e o fornecedor são eventuais e espontâneas: ligam-se por contrato de venda ou locação de serviços, com a característica de que o fornecedor não pode recusar o pagamento seja feito pelo banco e de que o crédito pelo preço não se extingue com a utilização do cartão. Rege-se, assim, pelo direito comum, com a restrição de que a emissora do cartão não se responsabiliza, entre nós, pelas eventuais restrições ao uso do cartão, nem por reclamações quanto à qualidade ou à quantidade das mercadorias adquiridas pelo titular".[96]

É comum o extravio, ou a perda, ou o roubo do cartão de crédito.

Quem dele se apropria indevidamente, não raras vezes faz uso do mesmo, adquirindo mercadorias e efetuando gastos em estabelecimentos comerciais.

Não raramente, há a clonagem, figura introduzida pela Lei nº 12.737/2012 no parágrafo único do art. 298 do Código Penal, de seguinte redação: "Para fins do disposto no caput, equipara-se a documento particular o cartão de crédito ou débito".

No verso dos cartões, ou em outros locais, aparece uma cláusula imputando a responsabilidade ao portador pelos prejuízos eventuais decorrentes da perda, roubo ou extravio, até a comunicação que se processa periodicamente aos fornecedores.

Esta cláusula, no entanto, não tem valor absoluto, ao excluir toda e qualquer responsabilidade da empresa, mesmo que avisada da ocorrência de uma daquelas eventualidades. Admite-se que esta comunicação se proceda junto ao banco encarregado de receber ou cobrar os pagamentos,[97] que deverá, de imediato, transmitir o aviso à entidade emissora, se o banco não figurar nesta qualidade. Mesmo porém, que demore a comunicação, a responsabilidade do titular é relativa. Decidiu-se: "É inoperante a cláusula contratual que sujeita o titular de cartão de crédito à responsabilidade única e exclusiva pelo uso indevido que terceiros façam ou venham a fazer do cartão, mesmo que faça comunicação imediata do fato do furto, roubo ou extravio do mesmo. A responsabilidade perduraria, nos termos da mesma cláusula contratual, até a data em que o cancelamento do cartão passasse a constar das listas de cancelamento distribuídas periodicamente aos fornecedores. Essa indeterminação potestativa da prestação a cargo da companhia tem o mesmo sentido e o mesmo efeito frustratório da condição potestativa pura... A cláusula, além disso, é inaceitável nos dias de hoje, em que predomina a rapidez das comunicações".[98]

O aviso que atribui toda a responsabilidade ao usuário não elimina a investigação da culpa, a fim de se verificar quem deve arcar com os prejuízos. Isto mesmo que não se leve a termo a pronta comunicação ao emissor.

Em geral, assinalam os tribunais um prazo de carência, dentro do qual perdura a responsabilidade do portador. Após, o emissor assumirá as consequências oriundas do uso indevido com a falsificação da assinatura. Este prazo é de três dias.[99] É que se torna

---

[96] *Contratos Mercantis*, ob. cit., p. 654.
[97] *Revista de Jurisprudência do TJ do RGS*, 66/364.
[98] *RT*, 571/191.
[99] *RT*, 535/183.

impossível uma comunicação instantânea aos comerciantes que mantêm convênio com o emissor. A demora além desse lapso de tempo, dada a existência dos notórios meios de comunicação, deve ser imputada à negligência da empresa emissora. Forte é, no entanto, a corrente dos que fixam em quarenta e oito horas o prazo de responsabilidade do portador, a contar da comunicação.[100]

O critério para marcar o prazo assenta-se nas circunstâncias que envolvem o caso. Desde que seja fácil a comunicação, possível mediante meios telegráficos, telefônicos, de informatização, é suficiente o interregno de quarenta e oito horas. E assim normalmente acontece, não se permitindo um período relativamente longo, o que facilita o desinteresse da sociedade emitente em providenciar na transmissão do aviso de extravio, perda ou roubo do cartão. Diante da facilidade das comunicações atuais, é perfeitamente admissível a responsabilização da pessoa jurídica emitente pelo uso indevido do cartão por terceiro após quarenta e oito horas da cientificação de um daqueles atos.

Ao ser cobrado, o portador pode levantar a exceção de furto, roubo ou extravio, pelas contas contraídas a partir do prazo de quarenta e oito horas após a comunicação à emissora, ou mesmo a contar de um prazo menor, se devidamente justificado. Não lhe cabe ingressar contra o fornecedor quanto às despesas ocorridas depois do aviso feito à companhia emissora, pois é obrigação desta providenciar no cancelamento da validade do cartão, junto às empresas filiadas.

E se o fornecedor não agiu prudentemente, ou com a devida cautela ao vender produtos, deixando de conferir com rigor as assinaturas, que são grosseiramente lançadas nas notas de compra?

No interregno que vai desde a perda ou roubo até quarenta e oito horas após o aviso à companhia emissora, o titular do cartão está autorizado a agir contra o fornecedor, desde que procedeu ele da forma acima. Quanto ao emissor, que não recebe do titular o valor das contas, apesar da comunicação enviada ao fornecedor, não fica obrigado a satisfazer as despesas havidas junto a ele, causadas por quem se apropriou indevidamente do cartão, se o mesmo não revelou prudência ou cuidado no exame das assinaturas. Da mesma forma, assiste-lhe recusar qualquer pagamento por aquisições realizadas posteriormente à comunicação.

Neste sentido manifesta-se Fran Martins: "Havendo desídia por parte do fornecedor (como, por exemplo, se o cartão traz a fotografia do usuário, se não foi confrontada essa fotografia com o apresentante do cartão; ou se a assinatura do apresentante não coincide perfeitamente com a que figura no cartão) é lógico que ao fornecedor cabe arcar com os prejuízos decorrentes do uso fraudulento do cartão, desde que o portador tome o cuidado necessário de avisar imediatamente da perda ou do roubo do cartão. Como também a responsabilidade será do emissor se este não diligenciar imediatamente o aviso da perda ou do roubo aos fornecedores".[101]

Se o emissor, nas hipóteses acima, não está obrigado a pagar ao fornecedor, o mesmo raciocínio se aplica quanto ao creditado, ou portador do cartão. Embora predomine a *ratio* da isenção de responsabilidade deste último a partir da efetivação do aviso do extravio, esta forma de pensar não é a mais razoável. Mesmo que não providenciada de imediato a comunicação, a emissão de notas de compras no interregno entre a perda ou o furto e a cientificação da empresa responsável não determina obrigatoriamente o dever de paga-

---

[100] *RT*, 571/191.
[101] *Cartões de Crédito*, Rio de Janeiro, Forense, 1976, p. 165.

446 • Responsabilidade Civil | *Arnaldo Rizzardo*

mento pelo devedor. Se à empresa é reconhecido o direito de recusar o pagamento nas situações de crassa e palpável falsificação, de igual modo a ela se estende esta decorrência, relativamente ao titular, se satisfez pagamentos à vista de notas ou faturas grotescamente adulteradas. Por outras palavras, o portador ou creditado pode negar-se a reembolsar a empresa pelos pagamentos indevidos que a mesma efetuou, de modo negligente e sem cuidado no exame da assinatura do titular, comparando-a com a aposta nas faturas ou notas.

Obrigação inerente a esta espécie de avença é o detalhado exame do cartão com a assinatura do titular, confrontando-a com aquela constante nos papéis de compra. Se inexistiu este cuidado e ocorreu o pagamento a notas de despesas com a falsificação da assinatura, facilmente perceptível por qualquer pessoa, socorre ao creditado opor-se ao pagamento à sociedade emissora. Agindo negligentemente, satisfez obrigações estabelecidas por uma conduta também negligente. Os valores entregues, pois, não serão suportados pelo portador do cartão, a título de reparação de um prejuízo originado pela própria culpa.

De sorte que o creditado é responsável pelas dívidas contraídas indevidamente por terceiro até quarenta e oito horas após a comunicação do extravio ou furto se a contrafação não foi grosseira, ou se a empresa fornecedora e a companhia emissora não agiram com negligência no exame da assinatura inserida no cartão em confronto com a lançada nas notas de compra.

Em suma, tanto uma como outra estão sujeitas a suportar os efeitos originados pelo mau uso do cartão por terceiro. Assentou, já em época não recente, a 1ª Câmara Cível do Tribunal de Justiça do RGS, na Apel. Cível nº 28.642, através do rel. Des. Cristiano Graelf Júnior: "O creditado responde pelo mau uso do cartão por terceiro, mas tem o direito de exigir que esse mau uso não tenha sido facilitado pelos fornecedores e pela creditadora. Aqueles, pela segurança do uso regular do cartão de crédito, têm a obrigação de exigir que o portador do cartão se identifique para a verificação de que é o titular do cartão, de conferir a assinatura que for aposta no comprovante de compra com a assinatura existente no cartão, além de ver se o cartão não está vencido ou anulado... A creditadora, antes de pagar as notas de compra, também tem obrigação de conferir as assinaturas e – o que é mais importante – guardar as notas para eventual confronto no caso de impugnação. A responsabilidade do creditado pelo mau uso do cartão extraviado não alcança falsificações grosseiras nem cobre a falta de cuidado dos fornecedores e da creditadora. Esta, denunciado o furto, tinha obrigação de conservar as notas posteriores à denúncia para submetê-las ao crivo de eventual perícia... Falsificação grosseira registra a falta de cautela de parte dos fornecedores e da creditadora."[102]

Mas, se consultado o emissor, autorizar o negócio, embora furtado o cartão, responde ele perante o fornecedor, consoante se decidiu: "O emissor de cartão de crédito, que autorizou, expressamente, o negócio ao fornecedor, responde perante este se, posteriormente, apurar-se que o cartão se mostrava falso. O crédito do fornecedor perante o emissor não se vincula ao recebimento por este do titular do cartão."[103] Desde que, porém, não grosseira a falsificação, e não detectável facilmente pelo singelo exame do documento.

A responsabilidade da instituição financeira configura-se também quando o cartão é entregue indevidamente pelo banco, vindo a ser extraviado: "O banco é parte legitimada passivamente e comete ato ilícito, previsto no art. 39, inciso III, da Lei nº 8.078/90, quan-

---

[102] *Revista de Jurisprudência do TJ do RGS*, 67/357.
[103] Apel. Cível nº 596143040, da 5ª Câmara Cível do TJ do RGS, j. em 22.08.1996.

Cap. XXXIII | Responsabilidade das Instituições Bancárias • **447**

do, fornecendo ao cliente cartão de crédito por ele não solicitado, dá-se ulterior extravio e indevida utilização por terceiros, gerando inadimplência fictícia e inscrição do nome do consumidor em cadastros restritivos de crédito, causadora de dano moral indenizável".[104]

4.11. Falha no lançamento automático de débito do cliente

É comum as pessoas autorizarem o lançamento automático de certas obrigações, devidamente discriminadas, como de água, luz, gás, telefone, na conta do correntista. Apresentada a fatura ou a ordem de pagamento, de imediato se opera o desconto do valor no montante que se encontra depositado.

Esclarece Rodrigo Bernardes Braga: "Como é do conhecimento geral, os débitos automáticos em conta-corrente operam por ordem do cliente, bastando fornecer ao banco o número ou o código do documento para que o pagamento aconteça automaticamente, na data de seu exato vencimento. Exige-se, evidentemente, a existência de saldo positivo."[105]

Desde que dada a autorização, não se tolera a falha do serviço em debitar, pois graves as consequências possíveis de acontecerem. Com efeito, junto às prestadoras dos serviços não ocorreu o pagamento, importando em suspender o fornecimento. Fica, pois, o consumidor sem a utilidade, com graves contratempos e dissabores, pois deve buscar esclarecer a falha, deslocando-se para a instituição bancária, entrando em filas, até a regularização do serviço. Perfeitamente justa a exigência de reparação pelos transtornos que teve de suportar.

4.12. Falsificação grosseira de cheque

Expõe Rodrigo Bernardes Braga: "Se a assinatura é grosseiramente falsificada, visível a olho desarmado, ou se o cheque apresenta emendas, borrões, rasuras, de molde a torná-lo apócrifo, o banco deve ser responsabilizado."[106]

Realmente, inadmissível que se efetue o desconto sem um atento exame não apenas da assinatura, mas também dos dizeres escritos, da numeração, e especialmente se corresponde à numeração do talão que foi entregue.

Dentre várias outras decisões colacionadas pelo autor acima, destaca-se a seguinte: "Reconhece-se a responsabilidade do banco pelo pagamento indevido de cheque falsificado, quando a falsificação da assinatura se apresenta de forma grosseira, visível a olho desarmado sua falta de autenticidade. Se, entretanto, o cheque apresentado é pago porque, diante da semelhança da assinatura, não tem o funcionário dúvida em pagá-lo, não há como impor ao estabelecimento sacado a responsabilidade pelo indevido pagamento."[107]

Se se infere semelhança pelos padrões de comparação, afasta-se a responsabilidade. Não cabe a exigência de uma autenticidade a que se chega através de análise grafotécnica, cujos conhecimentos não podem ser exigidos do caixa da instituição. Naturalmente, se o terceiro chegou ao modelo da assinatura, é porque teve a sua visualização junto ao portador do cheque, que incorreu, portanto, com alguma negligência ou falta de precaução.

---

[104] REsp. nº 514.358/MG, da 4ª Turma do STJ, *DJU* de 03.05.2004, j. em 16.03.2004, Ementa.
[105] *Responsabilidade Civil das Instituições Financeiras*, ob. cit., p. 155.
[106] *Responsabilidade Civil das Instituições Financeiras*, ob. cit., p. 77.
[107] Apel. Cível nº 96.132-1, da 4ª Câmara Cível do TJ de São Paulo, j. em 07.04.1988, *in RT*, 631/112.

4.13. Falta de repasse de quantia recebida pelo banco

No caso, o valor em dinheiro, por obrigações do devedor, é recebido pela instituição bancária, a qual, no entanto, não o repassa ao credor. Extensa a gama de situações de falta de transferência ou creditamento em favor do credor, como nos pagamentos de tarifas de água, de contas de luz e de telefone, de tributos, de prestações junto ao comércio, e outras obrigações, inclusive de amortizações de dívidas contraídas com o cartão de crédito. O credor – prestador de serviços ou fornecedor de crédito – pode tomar várias providências, como suspender o serviço, executar o crédito, protestar o título, ou levá-lo ao registro em cadastro de devedores.

Pelos danos que surgem, cabe a devida indenização, mediante ação dirigida contra o estabelecimento bancário, no que enfatiza o Superior Tribunal de Justiça, com o seguinte exemplo:

"Inscrição no SERASA por administradora de cartão de crédito. Erro de terceiro. Pagamento efetuado no banco, que não o repassou à credora-ré. Denunciação à lide. Descabimento. CPC, art. 70, III.

A aplicação da regra do art. 70, III, da lei adjetiva civil, não se faz indistintamente, sob pena de ensejar a pulverização da responsabilidade, pela atribuição e investigação de responsabilidade indireta a terceiro, discussão apartada da relação litigiosa entre autor e réu, a causar evidente e indesejável procrastinação do feito, em detrimento do direito da vítima do ilícito civil.

Destarte, se a indevida inscrição no SERASA se deu por força do não repasse à administradora do cartão de crédito, do pagamento da prestação corretamente efetuado pela devedora, não é de se admitir a denunciação à lide do banco recebedor da parcela, cuja omissão na entrega do numerário à empresa ré constitui situação fático-jurídica distinta daquela que é objeto da inicial da ação indenizatória, circunscrita, esta, apenas à relação litigiosa entre a autora, que sofreu o ato lesivo a sua moral, e a financiadora, que enviou seu nome ao cadastro negativo."[108]

O referido art. 70, inc. III, corresponde ao art. 125, inc. II, do CPC/2015.

4.14. Fornecimento de cartão de crédito não solicitado

Até recentemente era fato mais acentuado, e ainda acontece, a leviana prática das instituições em remeterem cartão de crédito aos clientes, sem que os mesmos solicitassem. Simplesmente procediam ao envio por meio postal, ocorrendo, não raras vezes, o extravio, indo o documento para mãos inescrupulosas, que faziam uso do mesmo junto ao comércio.

Revelava-se comum o costume de, telefonicamente, ou por carta remetida, comunicar o envio do cartão, e que, se não houvesse resposta de recusa expressa, já incidiria a taxa do custo anual, que ficaria debitado em conta.

Não encerra qualquer valor jurídico estipulação dessa ordem, pois não é aceita a manifestação tácita da vontade.

A solução para hipóteses tais está bem delineada na seguinte ementa do STJ:

"O banco é parte legitimada passivamente e comete ato ilícito, previsto no art. 39, inciso III, da Lei nº 8.078/90, quando, fornecendo ao cliente cartão de crédito por ele não solicitado dá-se ulterior extravio e indevida utilização por terceiros, gerando inadimplência fictícia e inscrição do nome do consumidor em cadastros restritivos de crédito, causadora de dano moral indenizável.

---

[108] REsp. nº 318.868/RJ, da 4ª turma, *DJU* de 04.02.2002, j. em 20.09.2001.

Dada a multiplicidade de hipóteses em que cabível a indenização por dano moral, aliada à dificuldade na mensuração do valor do ressarcimento, tem-se que a postulação contida na exordial se faz em caráter meramente estimativo, não podendo ser tomada como pedido certo para efeito de fixação de sucumbência recíproca, na hipótese de a ação vir a ser julgada procedente em montante inferior ao assinalado na peça inicial. Precedentes do STJ."[109]

Traz o art. 39, inc. III, a proibição da seguinte prática: "É vedado ao fornecedor de produtos ou serviços, dentre outras práticas abusivas: ... III – enviar ou entregar ao consumidor, sem solicitação prévia, qualquer produto, ou fornecer qualquer serviço".

Em decisão por juizado especial: "Configura prática abusiva prevista no art. 39, inc. III, da Lei nº 8.078/1990 – Código de Defesa do Consumidor –, o envio de cartões de crédito não solicitados pela consumidora, mas a ela remetidos pelo fornecedor, além de debitar diretamente na conta-corrente da recorrida, e sem autorização desta última, valores a título de anuidade. Cobrança indevida efetivada pelo estabelecimento bancário, que, por si, conduz à condenação da devolução, em dobro, da quantia debitada da conta-corrente da reclamante, a título de parcelas de anuidade dos referidos cartões de crédito remetidos."[110]

Pelo STJ: "O banco é parte legitimada passivamente e comete ato ilícito, previsto no art. 39, inciso III, da Lei nº 8.078/1990, quando, fornecendo ao cliente cartão de crédito por ele não solicitado, dá-se ulterior extravio e indevida utilização por terceiros, gerando inadimplência fictícia e inscrição do nome do consumidor em cadastros restritivos de crédito, causadora de dano moral indenizável."[111]

Há, ainda, a Súmula nº 532 do STJ, de 2015, nos seguintes termos: "Constitui prática comercial abusiva o envio de cartão de crédito sem prévia e expressa solicitação do consumidor, configurando-se ato ilícito indenizável e sujeito à aplicação de multa administrativa."

4.15. Incômodos causados pela porta giratória

Situações incômodas e vexatórias são suscetíveis de acontecer com a porta giratória, como no travamento por defeito, ficando a pessoa retida em uma de suas divisórias, à vista de todos quantos se encontram no estabelecimento, e mesmo se obrigado o cliente a submeter-se a uma revista pormenorizada, permanecendo no aguardo do comparecimento da autoridade policial. O seguinte exemplo, colhido dos anais dos julgamentos do STJ, bem evidencia a situação incômoda:

"Responsabilidade civil. Porta giratória de agência bancária. Exposição a situação de constrangimento e humilhação...

I – Em princípio, em época em que a violência urbana atinge níveis alarmantes, a existência de porta detectora de metais nas agências bancárias é medida que se impõe para a segurança de todos, a fim de prevenir furtos e roubos no interior desses estabelecimentos de crédito. Nesse sentido, as impositivas disposições da Lei nº 7.102/83. Por esse aspecto, é normal que ocorram aborrecimentos e até mesmo transtornos causados pelo mau funcionamento do equipamento, que às vezes trava, acusando a presença de não mais que um molho de chaves. E, dissabores dessa natureza, por si só, não ensejam reparação por dano moral.

---

[109] REsp. nº 514.358/MG, da 4ª Turma, *DJU* de 03.05.2004, j. em 16.03.2004.

[110] JE Cív.-RJ, 1ª Turma Recursal, Recurso nº 2002.700.005911-8, publ. no *DJ* de 18.07.2002, *ADCOAS* 8215267, *Boletim de Jurisprudência ADCOAS*, nº 13, p. 197, abr. 2003.

[111] REsp. nº 514.358/MG, da 4ª Turma, j. em 16.03.2004, *DJU* de 03.05.2004.

450 • Responsabilidade Civil | *Arnaldo Rizzardo*

II – O dano moral poderá advir não do constrangimento acarretado pelo travamento da porta em si, fato que poderá não causar prejuízo a ser reparado a esse título, mas, dos desdobramentos que lhe possam suceder, assim consideradas as iniciativas que a instituição bancária ou seus prepostos venham a tomar no momento, as quais poderão minorar os efeitos da ocorrência, fazendo com que ela possua contornos de uma mera contrariedade, ou, de outro modo, recrudescê-los, degenerando o que poderia ser um simples contratempo em fonte de vergonha e humilhação, passíveis, estes sim, de reparação. É o que se verifica na hipótese dos autos, diante dos fatos narrados no aresto hostilizado, em que o preposto da agência bancária, de forma inábil e na presença de várias pessoas, fez com que o ora recorrido tivesse que retirar até mesmo o cinto e as botas, na tentativa de destravar a porta, situação, conforme depoimentos testemunhais acolhidos pelo acórdão, que lhe teria causado profunda vergonha e humilhação."[112]

Em outro caso: "Não pode o banco se eximir de sua responsabilidade quanto a fatos ocorridos nas portas giratórias de suas agências porque os vigilantes são seus prepostos, ali colocados através de empresas por ele contratadas; conquanto vivamos num clima de violência sem precedentes, as medidas de segurança devem ser tomadas nos limites da prudência, com técnica, sem que atinja a personalidade do indivíduo, devendo o banco, pelo risco da exploração da atividade econômica, responder pelos eventuais excessos de sues prepostos."[113]

4.16. Indevida restrição do crédito

Mesmo que por equívoco, a prática da devolução de cheque, ou o seu não pagamento, importa em anotação junto à conta, com sérias restrições, pois enseja a inscrição do nome do correntista no cadastro de emitentes de cheques sem fundo do Banco Central, com a divulgação às demais instituições, e inclusive nos órgãos de registro de devedores. Constitui dever das empresas que prestam serviços ou fornecem bens de se organizarem em condições ou se munirem de meios aptos a não causarem tais percalços, com graves repercussões na vida econômica dos clientes.

A indenização é uma decorrência natural, inclusive por danos morais:

"I – É cabível o pagamento de indenização por danos morais a correntista de instituição bancária que provoca a restrição de seu crédito junto ao Banco Central do Brasil, tendo em vista a situação de indiscutível constrangimento e aflição a que foi submetido, decorrendo o prejuízo, em casos que tais, da prova da inscrição indevida.

II – O arbitramento do valor indenizatório por dano moral se sujeita ao controle desta Corte, apenas em situações especiais."[114]

Se já providenciada a renovação de novo limite em contrato de abertura de crédito, e não coberto o cheque, decorre a indenização por dano moral: "Configura dano moral puro, passível de indenização, a devolução indevida de cheque, por insuficiência de fundos, acarretada pela extinção abusiva do limite do cheque especial do correntista, quando já havia sido cobrada a taxa de renovação correspondente na data prevista para sua renovação."[115]

---

[112] REsp. nº 551.840/PR, da 3ª Turma, *DJU* de 17.11.2003, j. em 29.10.2003.

[113] Apel. Cível nº 22.036/2002, da 13ª Câmara Cível do TJ do Rio de Janeiro, *DJ* de 14.08.2003, *in ADCOAS, Boletim de Jurisprudência ADCOAS*, nº 1, p. 5, jan. 2004.

[114] REsp. nº 545.476/RS, da 3ª Turma do STJ, j. em 20.11.2003, *DJU* de 09.12.2003.

[115] Apel. Cível nº 2002.005929-3, da 1ª Câmara Cível do TJ da Paraíba, *DJ* de 26.10.2002, *in ADCOAS* 8214121, *Boletim de Jurisprudência ADCOAS*, nº 6, p. 87, fev. 2003.

4.17. Indevido protesto de título pago ou sua inscrição em órgãos de devedores

Por falta de informação ou comunicação entre o banco, a quem é entregue o documento para cobrança, e o credor, ou mesmo por má-fé deste último, com frequência são encaminhados títulos já pagos, ou inválidos porque sem origem ou emitidos fraudulentamente, a protesto. Não interessa que o endosso se dê para cobrança ou em razão de efetiva transferência do crédito. O banco é responsável. Não se reconhece a faculdade da escusa na sua boa-fé, ou no fato de ser terceiro, da autonomia do título, de sua abstratividade e autonomia. Com ou sem o endosso, se emitido falsamente, não existindo causa subjacente, pelo fato de encaminhar a protesto arca com a responsabilidade. Cabia-lhe averiguar a origem, exigir a comprovação do negócio, e precaver-se com outras providências. Se o encaminhamento a protesto se dá por sua iniciativa, assumiu as decorrências das vicissitudes que traz, não se apresentando justo que terceiro suporte a sua imprevidência.

A eventual ação contra o indevido protesto, seja de sua sustação ou ação principal de nulidade com antecipação de tutela, é dirigida também contra o banco, que é quem efetuou o encaminhamento a protesto, tornando-se conivente e parceiro da ilegalidade. Maior é o rigor na admissão de sua responsabilidade se recebido o título através de contrato de desconto. Antes da aceitação, incumbia-lhe a precaução de consultar o devedor, ou proceder ao exame dos documentos pertinentes ao negócio.

A jurisprudência do STJ adverte das consequências, fazendo recair a responsabilidade no banco:

"Responsabilidade civil. Protesto indevido de duplicata. Agente que, independentemente da existência de endosso-mandato, atua em nome próprio e encaminha a protesto título representativo de dívida cujo pagamento ele mesmo recebeu.

Se existe mandato para a cobrança de duplicata, o pagamento desta faz aquele perder o objeto. Portanto, o encaminhamento posterior do título para protesto não caracteriza mero exercício de mandato."[116]

"Se o banco endossatário recebe título emitido por terceiro para protesto e, inobstante previamente advertido pela suposta devedora de que a venda geradora da cambial fora desfeita, prossegue na cobrança, enviando as cambiais a protesto, possível a sua inclusão no polo passivo de ação anulatória cumulada com pedido de indenização por danos morais."[117]

"I – Consoante entendimento da Corte, o banco endossatário que leva a protesto duplicata desprovida de causa ou não aceita responde pelos danos decorrentes do protesto indevido.

II – O protesto indevido de duplicata enseja indenização por danos morais, sendo dispensável a prova do prejuízo" (REsp. 389.879/MG, *DJU* de 02.09.2002).

A jurisprudência predominante do Superior Tribunal de Justiça admite o cancelamento do protesto de duplicata sem causa. A responsabilidade pela indenização dos danos causados é do banco que levou o título sem causa a cartório. A pessoa jurídica pode sofrer dano à sua honra objetiva."[118]

"Responde o banco endossatário-mandatário pelo pagamento de indenização decorrente do protesto de título já quitado, caracterizada nas instâncias ordinárias a negligência do mesmo."[119]

---

[116] REsp. nº 612.800/RO, da 3ª Turma, j. em 06.04.2004, *DJU* de 03.05.2004.

[117] REsp. nº 401.574/PR, da 4ª Turma do STJ, j. em 23.09.2003, *DJU* de 28.10.2003.

[118] REsp. nº 112.236/RJ, da 4ª Turma, rel. Min. Ruy Rosado de Aguiar, *in RSTJ* 102/370.

[119] Agravo Regimental no REsp. nº 434.467/PB, da 3ª Turma, j. em 08.11.2002, *DJU* de 10.03.2003.

452 • Responsabilidade Civil | *Arnaldo Rizzardo*

"O banco endossatário que não toma as medidas necessárias à verificação da validade da duplicata não aceita é responsável pelo protesto indevido do título emitido sem causa, devendo indenizar o dano moral decorrente."[120]

"Protesto indevido. Endosso-mandato. Prévia ciência do banco quanto à possível falta de higidez das cártulas. Responsabilidade pela ilicitude do ato.

Correto o aresto *a quo* ao concluir pela responsabilidade do banco, porquanto o risco da atividade de cobrança a ele pertence, para o que é remunerado, competindo-lhe, uma vez previamente advertido da possibilidade de estar promovendo protesto indevido, certificar-se, o que é muito fácil, da veracidade ou não da informação previamente passada por escrito pela sacada, quanto à possível falta de higidez da cártula."[121]

"O banco que recebe duplicata em operação de desconto e leva-a a protesto sem verificar devidamente a sua regularidade comete ato abusivo e responde pelos prejuízos causados a terceiro de boa-fé." Ficou observado no voto: "Entre outros julgados neste sentido, registrem-se: REsp. 363.957/PR, rel. Min. Calos Alberto Menezes de Direito, *DJ* de 16.09.2002; REsp. 263.541/PR, rel. Min. Ruy Rosado de Aguiar, *DJ* de 26.03.2001. Nessa direção, ainda, colhe-se o seguinte trecho do voto proferido pelo Min. Ruy Rosado de Aguiar no julgamento do REsp. nº 318.992/MG (rel. Min. Cesar Asfor Rocha, *DJ* de 30.09.2002): 'Diante do que foi indevidamente protestado, o primeiro responsável é o banco, pois foi ele que, no exercício de sua atividade comercial remunerada, ocorreu o risco de negociar duplicata sem causa, não tomou os cuidados necessários para verificar sua origem e causou dano a terceiro, alheio ao seu negócio. Isentar os bancos dessa responsabilidade civil é incentivar a prática abusiva daquele que tem as vantagens do negócio, mas não assume nenhum risco, lançando às custas do terceiro, que nada tem a ver com essa relação, a obrigação de sair em busca de advogados, notificações, ações de sustação etc.; e guardar zelosamente prova de tudo isso, apenas para que os bancos possam continuar recebendo, sem qualquer cuidado, títulos falsos, levando-os a protesto a seu benefício, mas com os danos graves que, todos sabemos, disso decorrem ao cidadão ou à pequena empresa'."[122]

Firma-se a responsabilidade com mais razão se avisado o banco de que é indevido o título:

"Correto o aresto *a quo* ao concluir pela responsabilidade do banco, porquanto o risco da atividade de cobrança a ele pertence, para o que é remunerado, competindo-lhe, uma vez previamente advertido da possibilidade de estar promovendo protesto indevido, certificar-se, o que é muito fácil, junto à empresa credora, da veracidade ou não da informação passada por escrito pela devedora."[123]

Há julgados que atribuem a responsabilidade, no endosso-mandato, unicamente ao mandante:

"Na linha da orientação deste Tribunal, no endosso-mandato, por não haver transferência da propriedade do título, o mandante é responsável pelos atos praticados por sua ordem pelo banco endossatário.

Não há negar, ademais, a responsabilidade da endossante também por não ter sido eficiente em impedir que o banco encarregado da cobrança efetivasse o protesto da cártula, consoante os fatos registrados em sentença. A indenização pelo protesto indevido de título cambiarifor-

---

[120] REsp. nº 433.954/MG, da 3ª Turma do STJ, j. em 15.05.2003, *DJU* de 23.06.2003.

[121] REsp. nº 397.304/BA, da 4ª Turma do STJ, j. em 17.10.2002, *DJU* de 10.02.2003.

[122] REsp. nº 456.088-GO, da 3ª Turma do STJ, j. em 04.07.2003, *DJU* de 20.10.2003, em *Revista dos Tribunais*, 824/167.

[123] REsp. nº 178.424/RS, da 4ª Turma do STJ, j. em 12.03.2002, *DJU* de 03.06.2002.

Cap. XXXIII | Responsabilidade das Instituições Bancárias • **453**

me deve representar punição a quem indevidamente promoveu o ato e eficácia ressarcitória à parte atingida.

Fica ressalvado, no entanto, o direito de regresso do endossante contra o endossatário, nos termos do art. 1.313 do Código Civil. O protesto indevido de duplicata enseja indenização por danos morais, sendo dispensável a prova do prejuízo."[124]

De anotar que o referido art. 1.313 citado equivale ao art. 679 do Código Civil em vigor.

Estende-se o entendimento da responsabilidade do banco quanto à indevida inscrição do nome em cadastro de devedores.

Em qualquer situação, cabe também a indenização por danos morais, como está pacificado no Superior Tribunal de Justiça, na esteira do seguinte exemplo:

"O banco que promove a indevida inscrição do devedor no SPC e em outros bancos de dados responde pela reparação do dano moral (extrapatrimonial) irregular...".[125]

"Responsabilidade civil. Banco. Protesto de título. Inscrição no SERASA. Atraso na emissão dos boletos de pagamento. Multa do art. 538, parágrafo único do Código de Processo Civil. Demonstrado nas instâncias ordinárias que o Banco negligenciou na entrega dos boletos de pagamento, o que provocou todo o embaraço da empresa autora, ademais de não sustar a tempo o protesto, verificado o erro, e não retirar o nome da mesma do cadastro negativo, a responsabilidade está evidenciada, coberta a apuração pela Súmula nº 07 da Corte."[126]

O referido art. 538 corresponde ao art. 1.026 do CPC/2015.

4.18. Lançamento antecipado de débito em conta

O antecipado lançamento de um débito na conta do cliente pode provocar-lhe transtornos, em especial quanto aos saques ou ordens de desconto já comprometidos. Viável que fique a conta sem a necessária provisão de fundos, e retornem cheques emitidos, acarretando, inclusive, a inscrição da circunstância junto ao Banco Central e outros órgãos de registro de emitentes de cheque sem cobertura.

Por isso, a jurisprudência admite a indenização dos danos acarretados por conduta de tal jaez: "Se o banco, para sua comodidade e satisfação de seu exclusivo interesse, age de forma afrontosa, indevida e abusiva, lança antecipadamente a débito do correntista dívida com dia de vencimento prorrogado e, portanto, ainda não exigível, deixa-o com saldo negativo e sem o suficiente para cobrir ínfimo valor de despesa que seria paga com cartão de débito direto em conta-corrente, coloca-se em difícil e vexatória situação ao sofrer a vergonha de ver seu cartão ser recusado e obriga-o ao dissabor e transtorno de deixar a carteira de identidade para procurar quem lhe pudesse emprestar o dinheiro para saldar o valor da compra feita e induvidosamente causa ao correntista sensível dano moral que deve ser cabalmente compensado."[127]

---

[124] REsp. nº 389.879/MG, da 4ª Turma do STJ, j. em 16.04.2002, *DJU* de 02.09.2002.
[125] REsp. nº 51.158, da 4ª Turma, j. em 27.03.1995, rel. Min. Ruy Rosado de Aguiar.
[126] REsp. nº 388.594/PR, da 3ª Turma, j. em 27.06.2002, *DJU* de 16.09.2002.
[127] Apel. do Juizado Especial Cível da 2ª Turma do Distrito Federal nº 2003.01.1.057630-9, publ. no *DJ* de 22.03.2004, *in Boletim de Jurisprudência ADCOAS*, nº 19, p. 293, maio 2004.

4.19. Lançamento do nome em cadastro de devedores e dívida discutida em juízo

Vem sendo considerado indevido o lançamento do nome do devedor em bancos de dados de devedores se a dívida está em discussão judicial. Rodrigo Bernardes Braga dá a razão: "O cliente, na maioria dos casos, não acena com o pagamento do débito por entendê-lo excessivo, manifestamente viciado. De fato, parcelas ilegais, como juros abusivos e outros encargos financeiros travestidos inviabilizam as composições amigáveis, e o caminho do Judiciário se apresenta como única solução restante. De regra, são concedidas liminares para exclusão do nome do devedor do rol dos maus pagadores até a questão de fundo ser decidida definitivamente."[128]

Os tribunais têm orientado a impossibilidade do encaminhamento do nome no cadastro negativo: "Inclusão do nome do devedor no cadastro de inadimplentes. Inadmissibilidade, em face das graves consequências na obtenção de crédito em geral, se o débito gerador da comunicação é objeto de ação judicial (mesmo através de embargos), tendente a desconstituí-lo, total ou parcialmente, ou a retirar-lhe a eficácia executiva. Precedentes do STJ no REsp. nº 161.151/SC."[129]

"Cadastro de inadimplentes. Ação cautelar para impedir o credor de inscrever o nome do devedor. Tendo a parte aforado demanda em que se discute o contrato bancário, e o valor final do débito, ou mesmo sua inexistência, apresenta-se ilegal a inclusão, antes do acertamento da dívida, ou declaração de sua efetiva existência, do nome do devedor em tais cadastros, o que conduziria a conhecidos prejuízos ao devedor. Natureza cautelar da pretensão."[130]

Em face da discussão judicial, emerge a viabilidade de não corresponder a obrigação ao montante pretendido. O protesto e outras inscrições em relação de devedores, pois, seriam injustos e incabíveis enquanto não concluída a lide, e desde que não encontradas parcelas indevidas, como juros ilegais e capitalização, a exemplo do seguinte trecho de um julgado: "Se a dívida cobrada pelo banco foi considerada incorreta diante da incidência da capitalização de juros, também por isso não pode ser admitida como lícita a inscrição de qualquer débito relativo a esta dívida feita pelo banco perante tais serviços, eis que embute, também, este encargo indevido. Ademais, estando esta dívida incorreta, a autora não poderia, por isso, ser considerada como inadimplente, por não ter efetuado o seu pagamento."[131]

4.20. Negativa de pagamento de cheque regular

Não raramente, procede o banco a indevida recusa em pagar cheque regular, embora a suficiente previsão de fundos e nenhuma contraordem para sustar. Deve-se esta irregularidade, com graves consequências práticas para o cliente, a falha no sistema de computação de dados, ou a demora na atualização da conta, com a remessa de informações sobre movimentações e depósitos.

---

[128] *Responsabilidade Civil das Instituições Financeiras*, ob. cit., p. 139.
[129] Agravo de Instrumento nº 9915171-8, da 4ª Câmara do TJ de Santa Catarina, *DJ* de 05.11.1999.
[130] Apel. Cível nº 70002491249, da 19ª Câmara Cível do TJ do RGS, *DJ* de 14.02.2002, em *Revista Síntese de Direito Civil e Processual Civil*, nº 17, Porto Alegre, p. 85, maio-jun. 2002.
[131] Apel. Cível nº 1.141.530-2, da 5ª Câmara Civil do 1º TACivSP, j. em 30.07.2003, em *Revista dos Tribunais*, 821/264.

Cap. XXXIII | Responsabilidade das Instituições Bancárias • **455**

Embora a involuntariedade do ato, recai a responsabilidade na instituição bancária por força do § 3º do art. 14 da Lei nº 8.078, onde está preceituado que "o fornecedor de serviços só não será responsabilizado quando provar:

I – que, tendo prestado o serviço, o defeito inexiste;

II – a culpa exclusiva do consumidor ou de terceiro".

Havendo, embora a falha do sistema, danos ou percalços, incide a responsabilidade objetiva, sem, no entanto, observar a situação particular, ou se o transtorno não teve maiores consequências, mesmo porque as falhas e imperfeições dos serviços fazem parte das contingências humanas.

A mesma interpretação estende-se no indevido envio de cheque ou qualquer outro título a protesto, ou a órgão de cadastro de nome de devedores, bem como o depósito de quantias creditadas em contas de outra pessoa, ou o lançamento de débito em outra conta, movimentações por estranho ou pessoa não autorizada.

Sobre a responsabilidade, inclusive por dano moral, já decidiu o STJ:

"Esta Corte tem entendimento firmado no sentido de que a restituição de cheque por insuficiência de fundos, indevidamente ocorrida por erro administrativo do banco, acarreta a responsabilidade de indenizar o dano moral, que prescinde da prova de prejuízo. Precedentes. O direito à indenização por dano moral não desaparece com o decurso de tempo, na espécie mais de quatro anos, desde que não transcorrido o lapso prescricional vintenário, mas é fato a ser considerado na fixação do *quantum*."[132]

4.21. Omissão no recolhimento de talonário na emissão de cheque sem fundos

Uma vez verificada a emissão de cheque sem fundos, incumbe ao banco encetar as providências para o recolhimento dos cheques que restam com o emitente.

A emissão de cheque sem que exista provisão de fundos acarreta a suspensão no fornecimento de cheques. Deverá, então, a instituição financeira adotar providências imediatas para estancar a prática do ilícito.

Cabe, também, à instituição bancária adotar a providência do parágrafo único do art. 7º da Resolução Bacen nº 2.026/1993: "Caso seja suspenso o fornecimento de talonário de cheques, a instituição financeira deverá adotar providências imediatas com vistas a retomar os cheques em poder do depositante."

A determinação decorre de decisão do Conselho Monetário Nacional, cuja obediência pelas instituições que compõem o Sistema Financeiro Nacional é um imperativo da Lei nº 4.595/1964, ostentado em seu art. 4º, inc. VIII, ao estabelecer que lhe compete "regular a constituição, funcionamento e fiscalização dos que exercerem atividades subordinadas a esta Lei, bem como a aplicação das penalidades previstas".

A omissão em providenciar a arrecadação do talonário do cliente, ou os cheques restantes, conduz à responsabilidade, no que já admitiu a jurisprudência: "Caracteriza-se a responsabilidade por omissão quando o agente não atende ao dever jurídico de praticar determinado ato com o qual o dano poderia ter sido, ainda que em tese, evitado. Assim, deve o banco indenizar o detentor de cheque devolvido por estar encerrada a conta do emitente, pagando-lhe o valor da mesma, se deixou de tomar as providências destinadas

---

[132] REsp. nº 440.417/RJ, da 4ª Turma, j. em 1º.04.2004, *DJU* de 19.04.2004.

a recolher os cheques que permaneciam com o emitente, quando do encerramento da conta, às quais está obrigado por Resolução do Banco Central, a cuja normatização está subordinado".

Havendo um dever jurídico na prática de um ato ou fato constante em lei ou regulamento, a sua infringência faz emergir a responsabilidade. Explicita-se no voto do relator, que levou à ementa acima: "Tal omissão do banco-réu relativamente ao referido dever que lhe é imposto no exercício de sua atividade bancária configura-lhe induvidosamente a responsabilidade de indenizar o autor pelos prejuízos decorrentes do não recebimento dos cheques...

... Por outro aspecto, é de se ver que, no caso, a omissão do banco atua como uma das causas do dano, pois que certamente este foi determinado também por outra causa, até mais eficiente, qual seja a emissão dos cheques pelo correntista do banco. Quer dizer, ambos, cada um com suas condutas próprias, concorreram para o dano".[133]

O que se impõe ao banco é a providência no recolhimento dos cheques ainda em poder do cliente relapso, que se materializa através de carta ou notificação para a devolução, bem como de ação judicial de busca e apreensão. Não se exige a consecução da apreensão, dada a possibilidade da ocultação.

4.22. Pagamento de cheque falso

O desconto de cheque falsificado importa em responsabilidade da instituição financeira, não importando o fato de se revelar grosseira ou não a falsificação. Acontece que o dinheiro pertence ao banco, junto a quem o falsário, por ardil ou fraude, consegue que se lhe efetue a entrega. No estabelecimento a pessoa tem valores guardados, através de um contrato de depósito, que assegura a custódia das cifras entregues. Daí se considerar objetiva a responsabilidade, pois a obrigação assenta-se no mero fato da guarda. Mas até o momento de sua efetiva devolução permanece a responsabilidade do banco. Dá base a essa interpretação a antiga Súmula nº 28, do STF: "O estabelecimento bancário é responsável pelo pagamento de cheque falso, ressalvadas as hipóteses de culpa exclusiva ou concorrente do correntista."

Nessa orientação segue a jurisprudência: "Não sendo comprovada a culpa do possuidor da conta bancária, mas sim a do banco, é deste a responsabilidade pelo pagamento de cheque falso. O estabelecimento bancário assume o risco pela vigilância, garantia e guarda dos talonários."[134]

Se concorreu o titular do cheque para o fato, como a omissão em comunicar a perda, furto ou roubo do cheque; ou se desleixou na guarda, perdendo o talão de cheques, ou esquecendo-o em qualquer lugar de acesso do público, no mínimo reconhece-se participação na responsabilidade, arcando com parte dos prejuízos, se facilmente identificável a falsificação; se não perceptível à primeira vista, ou somente constatável através de exame técnico apurado, suportará inteiramente as consequências.

---

[133] Apel. Cível nº 87.059-5, da 3ª Câmara do TJ do Paraná, j. em 25.02.1997, *in Revista dos Tribunais*, 741/405.

[134] Apel. Cível nº 2000.02.01.060611-3-RJ934-8-RJ, do TRF da 2ª Região, *DJ* de 31.01.2002, *ADCOAS* 8207536, *Boletim de Jurisprudência ADCOAS*, nº 27, p. 422, jul. 2002.

Inclusive aquele que recebe pagamento através de cheque falso pode incidir em culta, se não revela cautela quando do recebimento, deixando de conferir o nome com o da cédula de identidade do portador:

"I – Na linha da jurisprudência deste Tribunal, pode o banco responder pelos danos sofridos por comerciante, quando recebe cheque como forma de pagamento, posteriormente devolvido por ser de talonário furtado ainda sob a guarda da instituição financeira.

II – Resta caracterizada, no entanto, a culpa concorrente se o comerciante não toma cautelas mínimas quando do recebimento do cheque."[135]

4.23. Pagamento do cheque desobedecendo contraordem do sacador

É perfeitamente correta a contraordem de quem emite o cheque, dirigida ao banco, a fim de que suste o pagamento de cheque. A Lei Uniforme do Cheque, adotada no Brasil pelo Decreto nº 57.595, de 07.01.1966, em seu Anexo II, art. 16, manteve a reserva quanto à obrigatoriedade de honrar o cheque, se contraordem advier de quem emitiu. Assim estabelece o referido art. 16, ao admitir "a revogação do cheque mesmo depois de expirado o prazo de apresentação".

Por outro lado, o art. 35 da Lei nº 7.357, de 02.09.1985, autoriza a sustação do pagamento, através de pedido justificado: "O emitente do cheque pagável no Brasil pode revogá-lo, mercê de contraordem dada por aviso epistolar, ou por via judicial ou extrajudicial, com as razões motivadoras do ato".

A faculdade é viável mesmo durante o prazo de apresentação, consoante o art. 36: "Mesmo durante o prazo de apresentação, o emitente e o apresentador legitimado podem fazer sustar o pagamento, manifestando ao sacado, por escrito, oposição fundada em relevante razão de direito."

Importante anotar, a teor do § 2º do art. 36 da mesma Lei, que "não cabe ao sacado julgar da relevância da razão invocada pelo oponente".

Recebendo contraordem, e mesmo assim o banco efetuando o pagamento, responde pelo valor que consta do cheque. Desobedecendo determinação expedida pelo sacador, arca com as perdas e danos decorrentes. Desde que demonstrado o encaminhamento de pedido para não pagar, não cabe ao banco examinar as razões expostas para tanto, isto é, de sua procedência ou não. Não está na sua competência apreciar os motivos ou as razões da contraordem.

4.24. Perda do cartão magnético, fornecimento da senha a estranho e clonagem de cartão de crédito

Com o cartão magnético e o número da senha, faz o cliente do banco movimentações, como saques e transferências, inclusive via Internet. Mesmo sem o cartão, unicamente com a senha e números adicionais (número da conta e da agência, de seis dígitos) se procedem às operações bancárias, junto à conta particular.

A senha é pessoal, não sendo do conhecimento sequer da instituição, e muito menos dos funcionários. Todavia, várias as situações em que acontecem fraudes, com a invasão

---

[135] REsp. nº 435.230/RJ, da 4ª Turma do STJ, j. em 22.10.2002, *DJU* de 14.04.2003.

de estranhos na conta do titular, de onde realizam retiradas e transferências de valores. Não é raro buscarem as pessoas auxílio junto aos funcionários, e mesmo a terceiros que se encontram no interior dos estabelecimentos bancários, ou na frente das caixas eletrônicas, fornecendo-lhes o segredo para acessar a conta.

Na hipótese, se o terceiro que se apropria do segredo não é funcionário da instituição, não se lhe imputa qualquer responsabilidade pela apropriação de valores do correntista. Havendo a quebra do sigilo da senha privativa, arca o usuário com as decorrências, eis que evidente a sua culpa exclusiva, revelando uma conduta imprudente e imprevidente. Justamente para imprimir maior segurança é que a instituição não armazena as senhas. Revelando-se inviável o acesso ao segredo por terceiros, o uso indevido não importa em qualquer participação do banco, ou em providência que impeça a indevida apropriação. Não cabe forçar uma interpretação com base na responsabilidade objetiva, ou no risco--proveito, para estender ou impor ao banco a participação em suportar os danos, concebendo a culpa concorrente.

Muito menos na clonagem de cartões, ou acesso de segredos de terceiros via Internet, por descuido ou falta de conhecimento do titular, importa em alargar a responsabilidade, o que é diferente se a clonagem se dá em cheques fornecidos a clientes e em contas bancárias, por falhas na segurança interna.

Para imputar a responsabilidade ao banco, nas situações acima, o Superior Tribunal de Justiça exige a prova da culpa:

"Saque em conta-corrente mediante uso de cartão magnético... Ônus da prova. Extensão indevida. CPC, art. 333, I.

Extraída da conta-corrente do cliente determinada importância por intermédio de uso de cartão magnético e senha pessoal, basta ao estabelecimento bancário provar tal fato, de modo a demonstrar que não agiu com culpa, incumbindo à autora, em contrapartida, comprovar a negligência, imperícia ou imprudência do réu na entrega do numerário."[136]

O art. 333, inc. I, corresponde ao art. 373, inc. I, do CPC/2015.

Acontece que ponderável corrente jurisprudencial de tribunais estaduais concede a indenização na clonagem de cartões, sob o enfoque da responsabilidade objetiva pelo exercício de atividade de risco. Invoca-se, também, o art. 14 do Código de Defesa do Consumidor, pelo qual "o fornecedor de serviços responde, independentemente da existência de culpa, pela reparação dos danos causados aos consumidores por defeitos relativos à prestação dos serviços, bem como por informações insuficientes ou inadequadas sobre sua fruição e riscos". Entrementes, se o titular do cartão dá acesso a terceiro ao número e à senha, não há como responsabilizar a instituição bancária. Mas se o criminoso apõe um leitor de fita magnética (conhecida como 'chupa-cabra' no Brasil, e que nos Estados Unidos são denominados 'skimmer scanners') na fenda existente no caixa eletrônico, permitindo que o aparelho leia as informações, ocorrendo a cópia da senha, sendo em seguida lidas pelo caixa eletrônico original, existe realmente a responsabilidade por defeito na prestação de serviços. Incide, aí, a responsabilidade.

Há, também, um aparelho que se instala no caixa eletrônico, montado com fita colante, que prende o cartão, com o número de um telefone de atendimento falso. Efetuada a ligação, uma pessoa que se passa por funcionário do banco atende e solicita todos os dados do usuário, inclusive a senha. Também nessa modalidade existe defeito na prestação

---

[136] REsp. nº 417.835/AL, da 4ª Turma, j. em 11.06.2002, *DJU* de 19.08.2002.

Cap. XXXIII | Responsabilidade das Instituições Bancárias • **459**

do serviço, em razão de permitir-se a apropriação do cartão, ou a obtenção de dados do mesmo e do número que permite o acesso e a retirada de dinheiro.

4.25. Recusa de renovação de contrato de abertura de crédito ou redução do limite do crédito

A abertura de crédito constitui a promessa do banco em conceder um determinado empréstimo, colocando-o à disposição na conta do interessado no momento em que precisar. Envolve a obrigação do banqueiro em manter à disposição do creditado certa soma de dinheiro, por um período de tempo fixado ou indeterminado, com a faculdade de o próprio creditado utilizar tal quantia segundo as necessidades e modalidades convencionadas ou de uso.

Por esta figura, combina a pessoa com o banco que este se compromete, sob determinadas circunstâncias e condições, a outorgar-lhe um crédito, que será colocado à disposição segundo a quantidade, o prazo e modalidades que se pactuou.

Em suma, o banco se obriga a colocar uma importância em dinheiro à disposição do creditado, para que este faça uso do crédito na forma, nos termos e condições que se estabelecem na convenção.

Distingue-se do contrato de empréstimo propriamente dito, porquanto neste o banco entrega o dinheiro ao cliente, ao passo que, na abertura de crédito, outorga o direito de utilização do crédito.

Não há a obrigação, uma vez vencido o prazo, em renovar automaticamente o contrato. A nenhuma instituição financeira impõe a lei o dever de conceder um crédito a pessoas que o solicitam. Exceto em casos ordenados por lei, que envolvem mais o repasse de dinheiro do governo destinado especificamente para finalidades de interesse público, desde que atendidos os pressupostos e requisitos estabelecidos, não estão as instituições financeiras obrigadas a fornecer crédito ou a dar empréstimos de dinheiro próprio. Não cabe, pois, alguma medida constritiva no sentido de coagir a abrir um crédito ou a fornecer um mútuo.

Neste sentido, improcede qualquer demanda visando a indenização pela negativa de se atender um pedido de renovação de contrato de concessão de crédito:

> "Responsabilidade civil. Dano moral. Notificação feita pelo estabelecimento bancário a correntista, comunicando-lhe o intento de não mais renovar o contrato de abertura de crédito. Exercício regular de um direito. Mero aborrecimento insuscetível de embasar o pleito de reparação por dano moral.
>
> Não há conduta ilícita quando o agente age no exercício regular de um direito.
>
> Mero aborrecimento, dissabor, mágoa, irritação ou sensibilidade exacerbada estão fora da órbita do dano moral.
>
> Recurso especial conhecido e provido."[137]

A limitação de crédito, sem motivos coerentes e prévia notificação do correntista, pode, no entanto, importar em responsabilidade, na esteira do seguinte julgado: "Responde por danos morais a empresa de banco que, sem aviso antecipado, reduz o montante do crédito em conta-corrente, ocasionando a devolução de vários cheques pós-datados. Na

---

[137] REsp. nº 303.396/PB, da 4ª Turma do STJ, *DJU* de 24.02.2003, j. em 05.11.2002.

460 • Responsabilidade Civil | *Arnaldo Rizzardo*

fixação do valor da indenização deve, entre outros critérios, ser levado em conta o caráter punitivo da condenação."[138]

Mesmo na existência de motivos, reclama-se a ciência prévia: "Se a instituição bancária age em conformidade com a normatização própria do Banco Central do Brasil – Resolução 1.682, de 31.01.1990 – e, em razão da devolução por duas vezes de cheque sem provisão de fundos, inscreve o nome do correntista no CCF e lhe diminui o limite de crédito no cheque especial, não pratica, em princípio, qualquer ato ilícito ou ofensivo à honra deste capaz de justificar a postulação de dano moral ressarcível pecuniariamente. Todavia, há que se ressalvar que, em pretendendo justificadamente alterar a disponibilização creditícia do correntista, pode fazê-lo mediante a providência cautelar mínima de avisá-lo a respeito, segundo recomendam as boas regras das relações negociais e o bom-senso, evitando a surpresa e até mesmo a possibilidade evidente da emissão de cheques sem fundos, devido à redução ou suspensão do limite de crédito no cheque especial, que, em ocorrendo, por óbvio, pode ferir-lhe a honra e justificar indenização por ofensa moral."[139]

4.26. Recusa em receber pagamento através de cheque

Não se pode exigir que o credor ou vendedor de mercadoria receba o pagamento através de cheque, para ser descontado na conta de quem paga. Sabe-se dos incômodos que acompanham o cheque, máxime quanto ao retorno por falta de previsão de fundos. Mesmo que se permita a conferência imediata através de meios eletrônicos ou por acesso direto a órgãos de cadastros, não existe uma ordem legal a impor a aceitação de tal forma de satisfação de obrigações.

Nessa ótica já decidiu o Superior Tribunal de Justiça: "Mera recusa de pagamento de compras de supermercado com cheque de valor superior ao admitido na sistemática comercial do estabelecimento não constitui prática abusiva, tampouco causa dano de ordem moral, mas mero dissabor ou contratempo não indenizável."

No voto, apontam-se argumentos e precedentes de outros pretórios: "Não sendo o cheque papel de curso forçado e não existindo lei autorizando qualquer hipótese de aceitação obrigatória, não cometeu a ré-apelante nenhum ilícito civil ao recusar o cheque...

"O comerciante não está obrigado a receber o pagamento em cheque eis que este é um título de crédito e não moeda oficial do País. A sua recusa não viola as disposições do art. 39 do Código de Defesa do Consumidor, eis que é um dos elementos do contrato e não da oferta de produtos (Ap. Cív. nº 19990310089238ACJ, DF, DJU de 21.11.2000, p. 41, www.tjdf.gov.br – 1ª Turma Recursal dos Juizados Especiais Cíveis e Criminais do DF)...

'O cheque, que pode fazer às vezes de moeda não o é, e não tem curso forçado, de sorte que a recusa por estabelecimento comercial não se reveste de ilicitude' (in CD-ROM Juris Síntese Millenium, nº 28, mar.-abr. 2001 – Apel. Cível nº 599303781, j. em 13.10.1999, da 9ª Câmara Cível do TJ do RGS)".

---

[138] Apel. Cível nº 597.085.711, da 5ª Câmara Cível do TJRGS, j. em 21.08.1997, *in Revista dos Tribunais*, 750/396.

[139] Apel. nº 2003.07.1.008837-0, JE Cív. – DF, 2ª Turma Recursal, j. em 22.10.2003, *in ADCOAS* 8222459 – *Boletim de Jurisprudência ADCOAS*, nº 1, p. 5, janeiro de 2004.

Transcreve-se a lição de Yussef Said Cahali: "'O particular não está obrigado a receber o pagamento de seu crédito por meio de cheque, qualquer que seja o motivo invocado para a recusa, ou mesmo sem qualquer explicitação a respeito. Conceitualmente, o cheque representa uma ordem de pagamento à vista dirigida ao sacado; este é que não poderá recusar o respectivo pagamento em dinheiro, salvo se existem motivos justificáveis como a insuficiência de fundos do emitente ou irregularidade no preenchimento do título' (Dano Moral, 2ª ed. rev., atual. e ampl., São Paulo, Editora Revista dos Tribunais, 1998, p. 404)".[140]

Com maior razão não se pode exigir o recebimento de cheque pré-datado: "O cheque é ordem de pagamento à vista. Consequentemente, pode ser recusado quando o emitente pretende utilizar a cártula como promessa de pagamento. Ainda que o comerciante tolere o recebimento de cheque para resgate no futuro até determinado valor, não pode ser apenado porque não aceitou a emissão de cheque nessas condições, extrapolando o teto preestabelecido. Quem está executando uma faculdade garantida pelo ordenamento jurídico não pode, ao mesmo tempo e pela mesma causa, cometer dano moral contra quem quer que seja".[141]

4.27. Recusa injusta na concessão de financiamento

Se a pessoa preenche todos os requisitos para a concessão de financiamento, não se reconhece ao banco a simples e injustificada negativa na concessão, já que a sua existência tem por finalidade a concessão do crédito. Muito menos é cabível a discriminação por questões particulares e alheias à capacidade e à garantia de futuro adimplemento. A simples negativa, ou a apresentação de restrições em razão de atuar a parte solicitante em ações contra a instituição fere princípios basilares da igualdade de todos da proibição da discriminação preconceituosa, insculpidos no art. 5º, caput, e inc. XLI, da Carta Maior.

Além dos danos materiais que porventura sejam constatados, cabe a reparação do dano moral que necessariamente atinge a parte que teve o crédito negado, consoante já firmou a Jurisprudência:

"Responsabilidade civil. Proposta de financiamento para aquisição de veículo. Negativa do banco pelo fato de o proponente ser advogado militante na área bancária. Discriminação. Ato ilícito. Prova. Prescindibilidade. Dano *in re ipsa*".

Aduz-se, na fundamentação: "No caso concreto, a injusta discriminação sofrida pelo apelante ao ser-lhe negado o crédito em razão de sua atividade profissional, causa sofrimento que, fugindo à normalidade do cotidiano, interfere em seu comportamento psicológico, causando-lhe desequilíbrio no seu bem-estar".[142]

"Mas exclusivamente se razões puramente subjetivas e injustificadas admite-se a indenização. A concessão de crédito envolve vários pontos controvertidos, inclusive de capacidade financeira daquele que pede o crédito. A análise dos fatores que decidem pelo atendimento ou não do pedido, não raras vezes, saem do alcance do Estado, representado pelo Poder Judiciário. Não cabe interferir na correção ou não dos critérios da entidade

---

[140] REsp. nº 509.003-MA, da 4ª Turma, j. em 04.05.2004.
[141] Apel. Cível nº 2000.01.1.012881-7, da 2ª Turma do TJ do Distrito Federal, *DJ* de 07.10.2001, *in* *ADCOAS* 8202786, *Boletim de Jurisprudência ADCOAS*, nº 1, 001, p. 890.
[142] Apel. Cível nº 70007389216, da 9ª Câmara Cível do TJ do RGS, de 16.06.2004.

creditícia, desde que existam, e não se revelem desprovidos de coerência, como perseguição política ou por desavenças. Essa a linha que já revelou o STJ, ao cassar indenização deferida pelas instâncias inferiores, por motivo da não concessão do crédito:

Todos aqueles que buscam instituições financeiras objetivando a elaboração de contratos de mútuo são sabedores de que para a concessão do financiamento é fundamental uma análise acurada, por parte da concedente, das reais possibilidades e gravames envolvidos no negócio.

Tanto é assim que o Sistema de Informações de Crédito – SCR, do Banco Central do Brasil, de acordo com a Resolução BACEN nº 4.571/2017, auxilia o processo de análise cadastral e de decisão final quanto à concessão da operação solicitada pelos clientes, pretensos tomadores, visto que contém informações positivas e negativas, com relação a financiamentos e operações de crédito, inclusive quanto a avais, fianças e coobrigações pactuadas.

Desta forma, o risco de crédito envolve a aferição, por critérios objetivos, da probabilidade de cumprimento da obrigação assumida pelo tomador de recursos na operação de crédito. A partir de tal avaliação, sem detrimento de outros fatores econômico-financeiros, é tomada a decisão quanto à concessão da operação, bem como quanto à taxa de juros e aos demais encargos a serem aplicados. Conforme Schrickel, para a concessão do crédito, devem ser observadas três etapas:

1 – Análise retrospectiva: a avaliação do desempenho histórico do potencial tomador, identificando os maiores fatores de risco inerentes a sua atividade e quão satisfatoriamente esses riscos foram atenuados e/ou contornados no passado. A análise histórica tem como objetivo primordial o de identificar fatores, na atual condição do tomador, que possam denunciar eventuais dificuldades e/ou questionamentos quanto a seu almejado sucesso em resgatar financiamentos tomados com o emprestador.

2 – Análise de tendências: a efetivação de uma razoavelmente segura projeção da condição financeira futura do tomador, associada à ponderação acerca de sua capacidade de suportar certo nível de endividamento oneroso (mais comumente, empréstimos bancários), aí incluindo o financiamento em análise.

3 – Capacidade creditícia: decorrente das duas etapas anteriores, tendo sido avaliado o atual grau de risco que o tomador potencial apresenta, bem como o provável grau de risco futuro, deve-se chegar a uma conclusão relativa à sua capacidade creditícia e, consequentemente, à estruturação de uma proposta de crédito em que o empréstimo pleiteado (ou série de financiamentos futuros) possam ser amortizados em consonância com certo fluxo de caixa futuro e em condições tais que seja sempre preservada a máxima proteção do emprestador contra eventuais perdas. (SCHRICKEL, Wolfgang Kurt. Análise de Crédito. Concessão e gerência de empréstimos. 4ª ed. São Paulo: Atlas, 1998).

Desta forma, percebe-se que a análise de crédito não é um exercício que visa ao cumprimento de disposições normativas, mas sim tem por objetivo chegar a uma decisão clara e segura sobre a concessão ou não do crédito ao solicitante.

É no sentido de mitigar o risco que se deve concentrar o Direito, buscando soluções com fundamento teórico, mas também de cunho operacional, ou seja, que atendam ao binômio segurança e viabilidade.

Por esta razão, no caso concreto, a não concessão do financiamento pela instituição bancária, após a análise do crédito do solicitante, não pode ser vista como um ato ilícito capaz de ensejar o pagamento de indenização por dano moral, porquanto não se vislumbra, na hipótese, atos que importem em efetiva ofensa à honra objetiva da pessoa jurídica interessada no empréstimo.

É que a operação envolve um procedimento objetivo e subjetivo, com inúmeras variantes que devem ser observados pela instituição financeira, haja vista que todo e qualquer ato de crédito não deve perder de vista três focos essenciais: a liquidez, a segurança e a rentabilidade das operações.

Assim, é importante consignar que todo solicitante de crédito, sabedor do procedimento a ser tomado pelo banco, não pode pretender imputar à casa bancária a eventual desilusão pela sua não concessão, afinal, a mera expectativa não gera direito adquirido, e tampouco repercute sobre a reputação ou conceito social da pessoa jurídica interessada no mútuo, de sorte a inexistir ato ilícito, e, consequentemente, qualquer dano a ser reparado".[143]

4.28. Registro em cadastro negativo de cotitular de conta

A conta em conjunto importa em solidariedade entre os respectivos titulares, que respondem em conjunto ou separadamente pelas obrigações contraídas por qualquer um deles. Todavia, as obrigações contraídas isoladamente não tornam os titulares obrigados conjuntamente. Assim, aquele que emite cheque sem fundos deve arcar com o pagamento, se insuficiente a provisão na conta. Não cabe estender a obrigação de cobrir o valor, ou saldar a dívida se executado o cheque, ao cotitular que não emitiu o cheque.

Nessa linha a jurisprudência:

"Direito civil. Responsabilidade civil. Indenização. Registro em cadastro de restrição ao crédito. Cheque sem provisão de fundos. Conta-corrente conjunta. O cotitular de conta-corrente conjunta detém apenas solidariedade ativa dos créditos junto à instituição financeira, não se tornando responsável pelos cheques emitidos pela outra correntista. A jurisprudência desta Corte está consolidada no sentido de que, na concepção moderna do ressarcimento por dano moral, prevalece a responsabilização do agente por força do simples fato da violação, de modo a tornar-se desnecessária a prova do prejuízo em concreto, ao contrário do que se dá quanto ao dano material. O valor arbitrado a título de danos morais não se revela exagerado ou desproporcional, mas encontra amparo na jurisprudência desta Corte".[144]

4.29. Responsabilidade do Banco Central pela falta de fiscalização nas instituições financeiras

As várias atividades que competem ao Banco Central do Brasil envolvem também o controle das instituições financeiras, em função da Lei nº 4.595/1964.

Pelo seu art. 10, "compete privativamente ao Banco Central do Brasil: ... IX – exercer a fiscalização das instituições financeiras e aplicar as penalidades previstas".

Cabe-lhe, segundo o art. 11, inc. VII, "exercer permanente vigilância nos mercados financeiros e de capitais sobre empresas que, direta ou indiretamente, interfiram nesses mercados e em relação às modalidades ou processos operacionais que utilizam". De sorte

---

[143]   REsp. nº 1.329.927/PR, da 4ª Turma, rel. Min. Marco Buzzi, j. em 23.04.2013, *DJe* de 09.05.2013.
[144]   REsp. nº 602.401/RS, da 4ª Turma, j. em 18.03.2004, *DJU* de 28.06.2004.

que lhe está reservado manter o controle dos investimentos que realiza, dos papéis que emite, das aplicações que realiza, e do fiel cumprimento das normas de reservas e o pagamento dos rendimentos.

Na redação do § 1º do art. 18, "além dos estabelecimentos bancários oficiais ou privados, das sociedades de crédito, financiamento e investimentos, das caixas econômicas e das cooperativas de crédito ou a seção de crédito das cooperativas que a tenham, também se subordinam às disposições e disciplina desta Lei no que for aplicável, as bolsas de valores, companhias de seguros e de capitalização, as sociedades que efetuam distribuição de prêmios em imóveis, mercadorias ou dinheiro, mediante sorteio de títulos de sua emissão ou por qualquer forma, e as pessoas físicas ou jurídicas que exerçam, por conta própria ou de terceiros, atividade relacionada com a compra e venda de ações e outros quaisquer títulos, realizando nos mercados financeiros e de capitais operações ou serviços de natureza dos executados pelas instituições financeiras".

Assim, o Banco Central do Brasil, como responsável pela fiscalização das instituições financeiras e, daí, de fundos de investimento, não pode se furtar de coibir a prática de aplicações em fundos que não condizem com a realidade, ou em fundos que desprezam as regras de marcação a mercado.

Pelos eventuais prejuízos causados pelas instituições financeiras a investidores, por desvios de valores entregues para a aquisição de quotas de fundos de investimento, ou pela falta de obediência às leis de marcação a mercado, trazendo prejuízo aos aplicadores, responde o Banco Central, juntamente com a União, já que se trata de órgão federal de controle do governo. Nesta ótica já apreciou a matéria o Superior Tribunal de Justiça:

"1. Compete ao Banco Central do Brasil: a) exercer permanente vigilância nos mercados financeiros e de capitais sobre empresas que, direta, ou indiretamente, interfiram nesses mercados e em relação às modalidades ou processos operacionais que utilizam; b) proteger os investidores contra emissões ilegais ou fraudulentas de títulos ou valores mobiliários; c) evitar modalidades de fraude e manipulação destinadas a criar condições artificiais da demanda, oferta ou preço de títulos ou valores mobiliários distribuídos no mercado. Revelado o nexo de causalidade entre o dano causado a investidores no mercado de capitais e o ato omissivo de fiscalização do Banco Central, sobressai inequívoca a responsabilidade civil.

2. Há responsabilidade civil do Estado por omissão, sempre que o *facere* esteja consagrado como dever e a Administração Pública o transgrida.

3. O Banco Central do Brasil tem o dever legal de manter a normalidade dos mercados financeiros, sendo sua atuação regida pelo princípio básico de ação preventiva e orientadora. Detém, plenamente, o exercício do poder de polícia com o objetivo de manter o regular funcionamento do mercado de capitais.

4. Exegese do § 6º do artigo 37 da CF/88, aplicável aos atos omissivos.

5. O Banco Central deve ser responsabilizado pelas perdas e danos dos investidores de títulos emitidos sem lastro por entidade financeira fiscalizada, comprovado o nexo de causalidade.

6. O exame do nexo de causalidade afirmado pela sentença de 1º grau esbarra no enunciado da Súmula 7/STJ. Ressalva do entendimento do relator."[145]

---

[145] REsp. nº 472.735/DF, da 1ª Turma, j. em 10.06.2003, *DJU* de 25.08.2003.

4.30. Responsabilidade da instituição bancária por invasão *on-line* das contas de clientes

Há responsabilidade da instituição bancária na invasão de contas de clientes correntistas. Os criminosos, conhecidos como hackers, através de várias estratégias, monitoram os usuários, se apoderam de sua senha, e devassam as contas, efetuando transferências para contas fantasmas, que são abertas para a finalidade específica da fraude. Em seguida, efetuam-se os saques, ou são procedidos pagamentos de compras efetuadas em lojas virtuais.

Considera-se o hacker como o indivíduo hábil em enganar os mecanismos de segurança de sistemas de computação e conseguir acesso não autorizado aos recursos destes, geralmente a partir de uma conexão remota em uma rede de computadores.

Usa-se a Internet para conferir saldos, movimentar dinheiro, fazer aplicações e pagar títulos. Desde o momento em que se dá o conhecimento do site por outra pessoa, e se chegou a ela porque revelada a senha, resta evidente a responsabilidade do titular da conta. Todavia, se ingressar-se no site do banco, e conseguir-se copiar a tela da instituição, com os dados da conta, hospedando-a em um servidor ou provedor, devem os bancos repor as quantias indevidamente sacadas.

A questão da responsabilidade assenta-se na obrigação do fornecedor de serviço de prestar segurança ao consumidor, que tem seu patrimônio confiado à custódia de um terceiro.

A lição de Cristiano Chaves de Farias, Felipe Peixoto Braga Netto e Nelson Rosenvald é firme nesse sentido: "Com o crescente aumento dos usos e práticas digitais, crescem também, de modo correspondente, as fraudes e golpes. Os bancos investem progressivamente recursos tentando evitá-las, mas nem sempre conseguem. A linha hermenêutica, na matéria, é muito clara: qualquer que seja a fraude praticada por terceiro, o banco deverá indenizar ao cliente prejudicado por ela, a menos que lhe prove a culpa exclusiva. É inadmissível a invocação de excludente de fato de terceiro na hipótese. Os riscos do negócio são de responsabilidade das instituições financeiras."[146]

Nessa visão a jurisprudência:

"Consumidor. Contrato de conta-corrente. Movimentações via internet realizados por terceiros. Falha de segurança comprovada. Responsabilidade civil. Danos morais ocorrentes.

A alegação da autora de que não teria efetuado transferência ou pagamento via internet é plausível. De conhecimento notório que os sistemas operacionais dos bancos envolvendo negociações on-line são passíveis de fraude. O réu confessou que a conta bancária da demandante foi invadida por terceiros (fl. 20), tanto que disponibilizou a restituição dos valores contestados.

Assim, restando comprovada a responsabilidade do banco pelos débitos na conta-corrente da autora, surge para o réu o dever de indenizar.

Dano moral configurado, já que comprovado que os transtornos sofridos extrapolaram os meros dissabores da vida. O valor do desfalque na conta-corrente da autora tornou seu saldo negativo, acarretando danos morais indenizáveis. O valor fixado a título de indenização por danos morais deve observar os postulados da proporcionalidade e da razoabilidade, merecendo ser fixado em R$ 3.000,00.

Recurso parcialmente provido."[147]

---

[146] Novo Tratado de Responsabilidade Civil, ob. cit., p. 1.105.
[147] Recurso Inominado nº 71001914258, da 1ª Turma Recursal Cível do TJ do RGS, j. em 23.04.2009.

4.31. Responsabilidade da instituição que financiou imóvel por defeito de construção

Nos imóveis construídos através de financiamento por instituição financeira, especialmente pela Caixa Econômica Federal, não cabe a responsabilização do agente financeiro, mesmo que gestor do empreendimento. Unicamente se lhe incumbia fiscalizar a construção do prédio, ou a liberação de valores após o exame sobre a qualidade da construção, mostra-se viável a sua responsabilidade.

Nessa linha o entendimento do STJ:

"Recurso especial. Sistema Financeiro da Habitação. SFH. Vícios na construção. Agente financeiro. Ilegitimidade. Dissídio não demonstrado. Interpretação de cláusulas contratuais. Vício na representação processual.

1. A questão da legitimidade passiva da CEF, na condição de agente financeiro, em ação de indenização por vício de construção, merece distinção, a depender do tipo de financiamento e das obrigações a seu cargo, podendo ser distinguidos, a grosso modo, dois gêneros de atuação no âmbito do Sistema Financeiro da Habitação, isso a par de sua ação como agente financeiro em mútuos concedidos fora do SFH (1) meramente como agente financeiro em sentido estrito, assim como as demais instituições financeiras públicas e privadas (2) ou como agente executor de políticas federais para a promoção de moradia para pessoas de baixa ou baixíssima renda.

2. Nas hipóteses em que atua na condição de agente financeiro em sentido estrito, não ostenta a CEF legitimidade para responder por pedido decorrente de vícios de construção na obra financiada. Sua responsabilidade contratual diz respeito apenas ao cumprimento do contrato de financiamento, ou seja, à liberação do empréstimo, nas épocas acordadas, e à cobrança dos encargos estipulados no contrato. A previsão contratual e regulamentar da fiscalização da obra pelo agente financeiro justifica-se em função de seu interesse em que o empréstimo seja utilizado para os fins descritos no contrato de mútuo, sendo de se ressaltar que o imóvel lhe é dado em garantia hipotecária. Precedente da 4ª Turma no REsp. 1.102.539/PE.

3. Hipótese em que não se afirma, na inicial, tenha a CEF assumido qualquer outra obrigação contratual, exceto a liberação de recursos para a construção. Não integra a causa de pedir a alegação de que a CEF tenha atuado como agente promotor da obra, escolhido a construtora, o terreno a ser edificado ou tido qualquer responsabilidade em relação ao projeto.

4. O acórdão recorrido, analisando as cláusulas do contrato em questão, destacou constar de sua cláusula terceira, parágrafo décimo, expressamente que 'a CEF designará um fiscal, a quem caberá vistoriar e proceder a medição das etapas efetivamente executadas, para fins de liberação de parcelas. Fica entendido que a vistoria será feita exclusivamente para efeito de aplicação do empréstimo, sem qualquer responsabilidade da CEF pela construção da obra.' Essa previsão contratual descaracteriza o dissídio jurisprudencial alegado, não havendo possibilidade, ademais, de revisão de interpretação de cláusula contratual no âmbito do recurso especial (Súmulas 5 e 7).

5. Recurso especial da Caixa Seguradora S/A não conhecido e recurso especial do Condomínio Edifício Residencial da Praça e outros não provido."[148]

---

[148] REsp. 897045/RS, da 4ª Turma do STJ, relª. Minª. Maria Isabel Gallotti, j. em 9.10.2012, DJe de 15.04.2013.

PARTE 7

RESPONSABILIDADE MÉDICA

XXXIV

Responsabilidade dos Hospitais, dos Laboratórios, das Farmácias e dos Fabricantes de Remédios

1. DEFICIÊNCIA NA PRESTAÇÃO DE SERVIÇOS HOSPITALARES E NA ATUAÇÃO DOS MÉDICOS E FUNCIONÁRIOS

Procura-se definir a responsabilidade dos hospitais e de outros estabelecimentos do gênero pelos serviços que prestam na área da saúde, especialmente se é objetiva ou se decorre da culpa. Indaga-se se arcam com os prejuízos acarretados na prestação do serviço se a conduta revela culpa, ou pela mera ocorrência de danos.

Os hospitais constituem os estabelecimentos destinados à internação e ao tratamento de doentes, compreendendo uma série de serviços, que vai do atendimento médico ao fornecimento de hospedagem ou hotelaria. Mais amplamente, na definição de Ruy Rosado de Aguiar Júnior, "hospital é uma universalidade de fato, formada por um conjunto de instalações, aparelhos e instrumentos médicos e cirúrgicos destinados ao tratamento da saúde vinculada a uma pessoa jurídica, sua mantenedora, mas que não realiza ato médico. Quando se fala em hospital, a referência é a da pessoa jurídica que o mantém. O hospital firma com o paciente internado um contrato hospitalar, assumindo a obrigação de meio consistente em fornecer hospedagem (alojamento, alimentação) e de prestar serviços paramédicos (medicamentos, instalações, instrumentos, pessoal de enfermaria, exames, produtos hemoterápicos etc.); se dispuser de um corpo de médicos, seus empregados, também poderá assumir a obrigação de prestar serviços médicos propriamente ditos".[1]

Em suma, destinam-se os hospitais à recuperação de doentes ou à assistência médica do paciente.

Interessa, no caso, a responsabilidade do hospital quanto à má atuação do médico, cuja deficiência traz consequências prejudiciais; mais precisamente, quanto ao chamado erro médico. Pelo fato de ocorrer sua atuação no hospital, é este afetado na responsabilidade?

Não se ingressa na deficiente prestação de serviços do hospital, ou naquelas atividades ou incumbências que lhe são afetas, como acomodações, hotelaria, enfermagem e fornecimento do instrumentário. Neste campo, suporta a responsabilidade pelos atos dos prepostos, serviçais, empregados, enfermeiros, assistentes. É certa, então, a responsabilidade, sendo discriminados os serviços por Neri Tadeu Camara Souza: "... Estes serviços são

---

[1] *Responsabilidade Civil do Médico*, em *Revista dos Tribunais*, nº 718, p. 33.

470 • Responsabilidade Civil | *Arnaldo Rizzardo*

aqueles que são atribuição do hospital e não dos profissionais médicos que nele exercem atividades, serviços como enfermagem, acomodações, nutrição, controle de infecção hospitalar, recepção, transporte de doentes – que sejam os causadores de dano ao paciente."[2] Nessa visão também a jurisprudência: "Diante do estado de desequilíbrio do paciente, a simples ausência para tomar o medicamento, impunha à ré a imediata providência e, não o fazendo, assumiu o risco de piora e de reações inconsequentes do paciente. Portanto, não pode alegar culpa de quem não tinha condições de assumir seus atos. Culpa *in vigilando*, já que a vítima se achava sob custódia e direta proteção da clínica apelante, a qual cumpria, através de seus agentes, velar por sua integridade física. O dever de vigilância de uma clínica psiquiátrica (CDC, art. 14, § 1º) não se confunde com a responsabilidade médica, pelos atos pessoais e estritos ao exercício da profissão."[3]

Não se entra, no campo da responsabilidade do hospital se o médico não é seu empregado ou preposto, ou caso não se encontra numa relação de dependência ou subordinação.

Verdade é que todo hospital tem um corpo clínico, composto dos médicos que prestam o atendimento porque credenciados, e não porque subordinados às suas ordens e à vigilância. A relação com o nosocômio não passa de uma conduta conformada às normas disciplinares comuns, e a um padrão técnico ou profissional de nível condizente com a qualidade do estabelecimento. Todavia, o médico não age ou atua em nome do hospital. É contratado pelo próprio paciente, que faz o pagamento pelos serviços realizados. O hospital se reembolsa unicamente dos custos pela prestação de serviços, que incluem o uso de suas dependências e de sua estrutura, inclusive de enfermaria e assistência.

Quanto ao tratamento médico em si, prestado na qualidade de autônomo, sem que haja qualquer vínculo com a entidade hospitalar, esta não pode ser responsabilizada solidariamente pelos danos patrimoniais ou extrapatrimoniais que advierem da atividade insuficiente e prejudicial do médico. Mesmo que faça parte do quadro clínico, e que se tenha verificado uma autorização para a sua atuação, não se estendem os efeitos do atendimento deficiente à instituição que lhe deu acesso.

Acontece que existe subjacente um contrato restrito à utilização das dependências, dos equipamentos e dos empregados do hospital. O paciente contrata o médico e o hospital. Paga os serviços de internação e outros correlatos à recuperação de sua saúde, e os do médico que o trata e o assiste. Incide a responsabilidade objetiva da entidade hospitalar pelos serviços que presta, como de alimentação, de hospedagem, de enfermaria, de laboratório, de locação de equipamento, de assistência e acompanhamento.

Já a responsabilidade pelo erro médico, ou pela precária capacidade técnica do profissional que contratou repousa em fundamentos distintos, e que não transcendem à esfera de quem os prestou. Revela-se despropositado aceitar que responda o hospital pela negligência ou imperícia do profissional, revelada na prática cirúrgica imprópria e procedida defeituosamente, no diagnóstico equivocado, na indicação errada de medicação. Não tendo interferido na contratação do médico, e muito menos participado na sua formação técnica, mostra-se incongruente atingir o hospital na responsabilidade.

No máximo, estende-se a responsabilidade se o hospital escalou o médico, e não se apenas aconselhou, deixando a opção em aceitar por conta do paciente. Contrariamente ao

---

[2] *Responsabilidade Civil e Penal do Médico*, Campinas/SP, LZN Editora, 2003, p. 91.
[3] Apel. Cível nº 2003.001.16679, da 11ª Câmara Cível do TJ do Rio de Janeiro, *DJ* de 05.02.2004, *ADCOAS* 8225236, *Boletim de Jurisprudência ADCOAS*, nº 14, p. 216, abr. 2004.

que a maioria da doutrina e das decisões entende, não interfere o hospital na qualidade do médico. Muito menos lhe é reservado decidir pela capacidade ou não do profissional, eis que tal incumbência está afeta aos órgãos que o habilitaram e lhe deram o aval para o exercício da medicina. Sabe-se que os atos profissionais do médico não passam pelo crivo ou pela aprovação da diretoria do hospital, não sofrendo qualquer interferência técnica.

2. INCIDÊNCIA DA RESPONSABILIDADE HOSPITALAR

Unicamente pelos serviços prestados por médico que o hospital contratou, ou que integra o seu corpo clínico na qualidade de funcionário ou empregado, incide a responsabilidade. Se o corpo clínico não está subordinado ao hospital, embora tenha que submeter-se a certas regras ou regulamentos internos, não se expande a responsabilidade ao nosocômio. Rafael Nichele, valendo-se de uma antiga decisão judicial, consubstanciada na Apel. Cível nº 70001054360, do Tribunal de Justiça do RGS, j. em 14.06.2000, destaca a categoria de médicos que importa em responsabilidade: "São aquelas situações em que o paciente é atendido pelo SUS por médicos credenciados pelo hospital, que não mantêm o vínculo empregatício com o estabelecimento e que, por outro lado, não mantinham qualquer vínculo anterior com o paciente. Os médicos prestam serviços pela entidade hospitalar a todos os pacientes que o procuram em função do SUS... As modificações operadas no sistema de saúde criaram a figura do paciente anônimo, que não tem nome ou rosto, mas apenas ficha que o hospital credencia a se utilizar do sistema quando, como e onde lhe permitirem. O paciente procura o hospital para a prestação dos serviços médicos integrais, incluindo a equipe médica credenciada pelo estabelecimento hospitalar, e não apenas hotelaria. E recebe esse atendimento de parte dos médicos credenciados pelo hospital. Posteriormente, inclusive, o pagamento desse atendimento é efetuado pelo SUS diretamente ao hospital, que repassa parte dos valores aos médicos credenciados."[4]

Em uma decisão do Tribunal de Justiça de Minas Gerais, ficou assentado: "A fundação hospitalar é parte legítima para figurar no polo passivo de ação de indenização, visando a reparação de danos causados a paciente, decorrentes de erro médico, se provado que o médico, agente do erro, fazia parte do quadro funcional da referida fundação, visto que o hospital é responsável pelos atos praticados por médicos quando do exercício de sua profissão nesse estabelecimento."[5] A mesma *ratio* se o médico é residente: "Responde solidariamente o hospital por negligência de médico residente, ante seu *status* de preposto, uma vez que a intervenção cirúrgica foi realizada sem acompanhamento de médico experiente, ensejando novas operações para correção de anomalias causadas pela falta de habilidade médica plena daquele que deveria atuar como assistente e sob supervisão."[6]

Nessas eventualidades, a troca de medicamento implica a responsabilidade do nosocômio: "Resta configurada a responsabilidade do hospital por erro médico pela troca de medicamento de paciente que já apresentava câncer em estágio avançado por negligência do corpo de profissionais do hospital a quem incumbe garantir sobrevida adequada a paciente. Ainda que não tenha sido a causa direta da morte, contribuiu para a sua antecipação,

---

[4] "A responsabilidade civil dos hospitais e o direito na prestação dos serviços médicos", em *Revista AJURIS, da Associação dos Juízes do RGS*, Porto Alegre, nº 91, p. 192, set. 2003.

[5] Apel. Cível nº 142.171-8/00, da 2ª Câmara Cível, *DJ* de 03.04.2001, *in ADCOAS* 8203000, *Boletim de Jurisprudência ADCOAS*, nº 2, p. 24, jan. 2002.

[6] Apel. Cível nº 339.031-6, da 1ª Câmara Cível do TA de Minas Gerais, *DJ* de 13.04.2002.

sendo esta acarretadora da indenização de dano moral somente. Não ocorrência de dano material, já que o evento morte não decorreu da errônea medicação como asseverado no laudo, sendo causa de acréscimo no sofrimento."[7]

Os médicos são colocados à disposição do paciente, a quem não se reserva opção de escolher outro profissional. De igual modo, embora o pagamento não seja efetuado pelo hospital, não é permitida a execução da atividade por médico que não se encontra incluído no seu quadro clínico. Nessa eventualidade, acontece como que uma imposição na opção do atendimento por um médico que tem o aval do estabelecimento. Entrementes, embora a existência de uma relação de médicos credenciados, se não se impede o atendimento por médico da escolha do paciente, não se estendem as consequências do atendimento precário ao nosocômio. Esta a melhor interpretação da lei, adotada na jurisprudência: "Quem se compromete a prestar assistência médica por meio de profissionais que indica é responsável pelos serviços que estes prestam."[8] Nessa mesma ótica quando uma cooperativa de médicos coloca seus integrantes para a escolha de paciente, embora a inexistência de vínculo empregatício: "A inexistência de vínculo empregatício entre a cooperativa de trabalho médico e o profissional a ela associado não é fator impeditivo de reconhecimento da sua responsabilidade civil, com base nas disposições da lei substantiva e do Código de Defesa do Consumidor, em relação aos atos praticados em decorrência de serviços prestados em plano de saúde."[9]

A simples indicação de profissionais importa em responsabilidade: "Quem se compromete a prestar assistência médica por meio de profissionais que indica, é responsável pelos serviços que estes prestam."[10]

3. RESPONSABILIDADE HOSPITALAR OBJETIVA

Ao que decorre do estudo da responsabilidade objetiva, havendo subordinação do médico ao hospital, é possível incidir o disposto no art. 932, inc. III, que trata da responsabilidade do empregador ou comitente, por seus empregados, serviçais e prepostos. Transpondo para o caso em estudo, respondem os hospitais pelos atos lesivos de seus médicos, desde que eivados de culpa. Consoante já observado, se praticado o ato de modo culposo, ofensivo, provocador de danos, responsabilizam-se aqueles que exercem um poder de vigilância ou guarda, independentemente de sua culpa. Não mais se indaga se violado o dever de vigilância ou guarda. Por outras palavras, os hospitais e outras casas de tratamento da saúde são chamados a indenizar pelo fato de serem empregadores ou manterem uma relação de preposição, tanto como ocorre com os pais, os tutores ou curadores relativamente aos filhos, pupilos e curatelados. Conforta essa exegese a seguinte emenda, colhida da *Apel. Cível* nº 70026879106, da 9ª Câmara Cível do TJRGS, j. em 18 de fevereiro de 2009, rel. Des. Odone Sanguiné: "Responsabilidade do prestador de serviços na área da saúde. A responsabilidade de prestadores de serviços na área da saúde

---

[7] Apel. Cível nº 2002.001.13215, da 1ª Câmara Cível do TJ do Rio de Janeiro, *in ADCOAS* 8218290, *Revista de Jurisprudência ADCOAS*, nº 30, p. 471, jul.-ago. 2003.

[8] REsp. nº 138.059/MG, rel. Min. Ari Pargendler, *DJU* de 11.06.2001.

[9] Edcl no REsp. nº 309.760/RJ, da 4ª Turma do STJ, *DJU* de 1º.07.2002, *in ADCOAS* 8213706, *Boletim de Jurisprudência ADCOAS*, nº 4, p. 56, jan. 2003.

[10] REsp. nº 138.059/MG, da 3ª Turma do STJ, *DJU* de 11.06.2001, *in ADCOAS* 8205718, *Boletim de Jurisprudência ADCOAS*, nº 15, p. 233, abr. 2002.

Cap. XXXIV | Hospitais, Laboratórios, Farmácias e Fabricantes de Remédios • 473

é objetiva, nos termos do art. 14 do Código de Defesa do Consumidor. Deste modo, a ré responde pelo fato do serviço, independentemente da averiguação de culpa, contudo sendo necessária a demonstração dos demais elementos caracterizadores do dever de indenizar, quais sejam: conduta (ação ou omissão), nexo de causalidade e resultado lesivo."

Justifica-se no voto do relator: "*A jurisprudência desta Corte é no sentido de que os estabelecimentos prestadores de serviços de saúde respondem pelo fato do serviço objetivamente, conforme o art. 14 do CDC, responsabilidade esta que abrange a atividade do profissional contratado:* (1) Apelação Cível nº 70021784640, Nona Câmara Cível, Tribunal de Justiça do RS, Relator: Iris Helena Medeiros Nogueira, j. em 13.02.2008; (2) Apelação Cível nº 70018615575, Nona Câmara Cível, Tribunal de Justiça do RS, Relator: Iris Helena Medeiros Nogueira, j. em 21.03.2007; (3) Apelação Cível nº 70010260875, Quinta Câmara Cível, Tribunal de Justiça do RS, Relator: Leo Lima, j. em 16.12.2004; (4) Apelação Cível nº 70004867271, Décima Câmara Cível, Tribunal de Justiça do RS, Relator: Luiz Lúcio Merg, j. em 28.08.2003. (...)

Nesta linha, assim preceitua o art. 932, III, bem como o art. 933, ambos do CCB/2002:

'*Art. 932. São também responsáveis pela reparação civil:*

(...)

III – o empregador ou comitente, por seus empregados, serviçais e prepostos, no exercício do trabalho que lhes competir, ou em razão dele;

(...)

Art. 933. As pessoas indicadas nos incisos I a V do artigo antecedente, ainda que não haja culpa de sua parte, responderão pelos atos praticados pelos terceiros ali referidos'."

Não se requer do paciente que vasculhe os fatos para encontrar a presença de culpa dos hospitais, mas unicamente que detecte a culpa do profissional na execução do ato cirúrgico, ou no diagnóstico, ou no procedimento terapêutico, em obediência, inclusive, ao § 4º do art. 14 do Código de Defesa do Consumidor, dispondo: "A responsabilidade pessoal dos profissionais liberais será apurada mediante a verificação de culpa." Por outras palavras, a verificação da culpa restringe-se ao agente, ou na atuação do médico como profissional liberal, não se estendendo à instituição de saúde. E, nessa condição, para imputar a responsabilidade ao hospital, enquanto o médico age como empregado ou integrante do hospital. Já preconizava um dos autores do projeto do Código de defesa do Consumidor – Antônio Herman V. Benjamin: "O Código é claro ao asseverar que só para a responsabilidade dos profissionais liberais é que se utiliza o sistema alicerçado na culpa, enquanto a responsabilidade do hospital será apurada objetivamente."[11]

Não cabe responsabilizar o hospital pelo dano em si, sem entrar no exame da atuação do médico. Nessa visão, Rafael Nichele colaciona decisão do Tribunal de Justiça de São Paulo: "Em ação de indenização contra hospital ajuizada, com base no Código de Defesa do Consumidor, embora se trate de pessoa jurídica, a ela não se aplica a responsabilidade objetiva, na medida em que o que se põe em exame é o próprio trabalho do médico" (TJSP, 5ª CC, rel. Des. Marco Cesar, *LEX*, 141/248). Conclui, em seguida: "Em outras palavras, o hospital não responde objetivamente, mesmo após o advento do Código de Defesa do Consumidor, quando se tratar de indenizar dano produzido por médico de seus quadros, pois é preciso provar a culpa do médico, para somente depois ter-se como presumida a culpa do hospital."[12]

---

[11] *Comentários ao Código de Defesa do Consumidor*, São Paulo, Editora Saraiva, 1991, p. 80.

[12] *A responsabilidade civil dos hospitais e o direito na prestação dos serviços médicos*, trabalho citado, p. 196.

474 • Responsabilidade Civil | *Arnaldo Rizzardo*

Daí se vislumbrar a responsabilidade quando os resultados prejudiciais decorrem de falhas do comportamento profissional, isto é, falha na prestação do serviço médico, e não quando advêm resultados inesperados, mas próprios do tipo de doença, ou da cirurgia realizada. Costuma-se exemplificar com a cirurgia exigida face um quadro de infecção abdominal grave, advindo, no pós-operatório, uma trombose venosa profunda, cujo surgimento é normal nesse tipo de doença. Não se fala, aqui, de falhas da atividade médica. Igualmente, numa cirurgia extensa, restando cicatrizes à vista, não se entra no campo da responsabilidade, eis que é natural que assim aconteça. Na cirurgia cardíaca, existem perigos inerentes, que vão até o óbito. Na verdade, qualquer intervenção cirúrgica traz como ínsita a probabilidade da morte, ou de complicações respiratórias, de reação anafilática, de alteração da pressão arterial, de contaminação, de parada do coração, além de outras sequelas Há sempre a probabilidade de sua ocorrência. Mesmo assim, leva-se adiante a intervenção por imposição da doença, da necessidade de evitar o avanço do estado mórbido, visando salvar a vida do paciente. Quanto ao ataque anafilático, proveniente de quadro alérgico, ou da pouca reação do sistema imunológico, não chegou a medicina a uma prevenção absoluta, de modo a constatar, por meio de teste alérgico, a possibilidade de colapso da circulação e inclusive a morte, se realizada a indução anestésica.

A previsibilidade, pois, não importa em responsabilidade civil, se a intervenção não oferece outra alternativa, ou se é reclamada para sanar um mal superior.

Não se pode exigir do hospital uma responsabilidade de resultado. O fato do internamento não importa em necessária recuperação. Se não vislumbrada a culpa dos prepostos, como enfermeiros, atendentes, médicos, não responde o hospital. Esse o entendimento de Humberto Theodoro Júnior: "A responsabilidade civil dos hospitais, seja por infecção hospitalar, seja por qualquer outra lesão sofrida pelos pacientes em razão dos serviços de internação, não se inclui na regra do art. 1.545 do CC (obrigação de meio). Aplica-se-lhes, portanto, a teoria comum da responsabilidade contratual, segundo a regra a qual o contratante se presume culpado pelo não alcance do resultado a que se obrigou. Não se trata de teoria pura do risco, porque sempre será lícito ao hospital provar a não ocorrência de culpa para eximir-se do dever de indenizar. Mas o ônus da prova da culpa não caberá, como ocorre no caso de erro médico, ao paciente ofendido... Quem se apresenta como vítima de lesão sofrida durante internamento somente terá de provar, para obter a competente indenização, o dano e a sua verificação coincidente com sua entrada no hospital. A culpa estaria presumida contra o estabelecimento, até prova em contrário."[13] O citado art. 1.545 corresponde ao art. 951 do vigente Código.

4. INFECÇÃO HOSPITALAR

Pela infecção hospitalar, adquire o paciente uma doença enquanto se encontra internado para tratamento de outra doença, ou para a realização de uma cirurgia. Consoante doutrina de Orlando Soares, "em sentido amplo, infecção é a penetração, contaminação e multiplicação de um micróbio no organismo".[14] Não é incomum o fenômeno, já que tantas as espécies de doenças que são tratadas nos hospitais, sendo que a maioria causadas por agentes externos, como vírus, bactérias e germes patogênicos, fazendo-se acompanhar de dores, incômodos, febre, indisposições.

---

[13] *Responsabilidade civil por erro médico – aspectos processuais da ação*, em *Revista Síntese de Direito Civil e Processo Civil*, Porto Alegre, nº 4, p. 161, mar.-abr. 2000.

[14] *Responsabilidade Civil no Direito Brasileiro*, 3ª ed., Rio de Janeiro, Editora Forense, 1999, p. 215.

Tem-se como causa mais comum da contaminação a falta de assepsia, que consiste no conjunto de providências ou medidas preventivas para evitar a contaminação de germes. Para tanto, rigorosas condutas de higiene são impostas, como a esterilização dos aparelhos cirúrgicos, das vestimentas médicas e demais pessoas que tratam dos pacientes, e do próprio ambiente interno do hospital. A fim de garantir a salubridade do local, deve haver restrições ao ingresso de estranhos, ou impor a prévia desinfecção; é necessária a rigorosa limpeza de todos os materiais e móveis; impõe-se a remoção do lixo, de modo a não ficar depositado dentro do hospital, o que provocaria a expansão dos germes que os infectam.

Quanto aos pacientes, não basta que todas as cirurgias e cortes sejam realizadas com materiais rigorosamente esterilizados. Impõe-se a perfeita suturação, desinfetando-se constantemente, de modo a não se constituírem de canais para o ingresso de agentes portadores de contaminação, como acontece com as fístulas liquóricas, que denunciam a infecção, ou constituem a sua porta de entrada.

Incide, pois, na ocorrência das afecções referidas, a responsabilidade, pois o fato se reveste de evidente teor de culpa. A responsabilidade, como sustenta o Superior Tribunal de Justiça, é contratual: "Há responsabilidade contratual do hospital relativamente à incolumidade do paciente, no que respeita aos meios para seu adequado tratamento e recuperação, não havendo lugar para alegação de ocorrência de 'caso fortuito', uma vez ser de curial conhecimento que tais moléstias se acham estritamente ligadas à atividade da instituição, residindo somente no emprego de recursos ou rotinas próprias dessa atividade a possibilidade de prevenção."[15]

5. RESPONSABILIDADE NA DEFICIÊNCIA DE EXAMES LABORATORIAIS

Consoante definição de Orlando Soares, "em sentido amplo, laboratório é a entidade (pessoa jurídica), ou lugar destinado ao estudo experimental de qualquer ramo da ciência, ou à aplicação dos conhecimentos científicos, com objetivo prático de realização de exame ou preparo de medicamentos, fabricação de explosivos, exame de líquidos e tecidos do organismo.

Assim, os denominados laboratórios de análises clínicas se destinam ao exame de líquidos e tecidos do organismo, de maneira geral, como parte do exercício das atividades médicas".[16]

A rigor, a responsabilidade pelos prejuízos causados pelos laboratórios de análises clínicas e outros, como os radiológicos, não fogem do âmbito da responsabilidade hospitalar, pela deficiência dos serviços prestados.

Apenas desponta a mudança do objeto da atividade. O dano decorre não da imprecisão, quando impossível chegar a um resultado, em face dos aparelhamentos existentes e da evolução da ciência médica e laboratorial. Advém do equívoco na apreciação dos dados ou elementos colhidos, de modo a proferir-se uma conclusão errada, determinando, daí, um diagnóstico de doença ou mal não real, com sérias repercussões na saúde da pessoa. Está-se diante da falta de conhecimentos, do descuido na apreciação, da negligência no exame que deu pela verificação de certos dados quando, na verdade, não existiam.

Realmente, de grande importância a aferição dos materiais retirados do corpo humano, para possibilitar a exata compreensão dos sintomas e o preciso aferimento da doença. De

---

[15] REsp. nº 116.372/MG, da 4ª Turma, *DJU* de 02.02.1998.
[16] *Responsabilidade Civil no Direito Brasileiro*, 3ª ed., 1999, p. 233.

acordo com o lançamento das aferições nos exames é que o médico definirá a doença, receitará a medicação, ou providenciará no correto encaminhamento, inclusive quanto a intervenções cirúrgicas.

Daí a importância da responsabilidade nesse campo, que merece também o enfoque sob o ângulo do direito que protege o consumidor: "Reputa-se como de consumo e, portanto, sujeita às regras instituídas pelo Código de Defesa do Consumidor a prestação de serviços por laboratórios de análises clínicas, os quais, em razão da responsabilidade objetiva, são obrigados a indenizar a títulos de danos morais em caso de erro de diagnóstico."[17]

6. RESPONSABILIDADE DAS FARMÁCIAS

A rigor, farmacêutico é o profissional que trata da farmacologia, ou aquele que prepara os medicamentos, que manipula as fórmulas farmacêuticas. Compreende, também, o encarregado do setor onde se exerce ou pratica a farmácia.

Mais tecnicamente, farmacêutico é o profissional liberal, que teve formação específica de nível universitária, inscrito em órgão próprio.

No sentido comumente usado, e que pode também ensejar responsabilidade, considera-se farmacêutico o auxiliar do médico, que executa as suas prescrições, e o comerciante que faz circular os medicamentos através da venda.

A responsabilidade advém do exercício da atividade, seja na errada aplicação das fórmulas na fabricação dos remédios, seja na desobediência e equivocada interpretação das receitas médicas, como no erro ao se fazer o preparo, ou no fornecimento de doses inadequadas, em desobediência à receita médica, situação possível de acontecer mormente na aplicação por meio intravenoso.

Não se afastam, outrossim, os males originados do exercício ilegal da medicina, constatados quando o farmacêutico, ante a solicitação do freguês, e pelas informações que presta, ministra medicamentos que não alcançam o resultado esperado, ou que trazem efeitos diversos e prejudiciais à saúde. É comum a iniciativa do farmacêutico que aplica curativos ou indica remédios, dissuadindo a pessoa doente a buscar uma consulta médica ou socorro hospitalar. Pelos sintomas revelados, sem qualquer exame ou aferição mais profunda, vende medicamentos que entende adaptados ao caso, sem indagar dos efeitos colaterais, as contraindicações, ou as incompatibilidades com o organismo do cliente.

Mais grave é a situação quando faz a venda de substâncias proibidas, ou de medicamentos já vencidos, ou de drogas deterioradas. Não raramente, vende indiscriminadamente remédios controlados, não exigindo a respectiva receita. Comum, também, diante da falta do medicamento constante da receita, proceder a substituição por outro que diz ser correspondente, por conter igual fórmula na composição.

Há casos de se equivocarem os funcionários de medicamento, vendendo remédio diferente do que constava na receita médica. A expectativa do consumidor é que o remédio corresponda àquele efetivamente prescrito, o que não acontece. A ingestão de uma droga diferente pode trazer graves consequências à saúde e dissabores de toda ordem, justificando a indenização.

---

[17] Apel. Cível nº 368.143-6, da 2ª Câmara Cível do TA de Minas Gerais, *DJ* de 14.05.2003, *ADCOAS* 8219340, *Boletim de Jurisprudência ADCOAS*, nº 35, p. 551, set. 2003.

A indicação de medicamento ao desamparo da devida habilitação dada por órgão apropriado importa no exercício ilegal da medicina, punível pelo art. 282 do Código Penal, assim redigido: "Exercer, ainda que a título gratuito, a profissão de médico, dentista ou farmacêutico, sem autorização legal ou excedendo-lhe os limites."

Evidentemente, o mero exercício ilegal da medicina importa em infração punível pela lei penal e pelos órgãos administrativos. Se decorrerem prejuízos para a pessoa que seguiu a orientação do farmacêutico, incide a responsabilidade civil, de modo a se alcançar o mais completo ressarcimento. Surgindo sintomas de mal-estar em face da medicação ingerida, ou desencadeando-se um processo de efeitos colaterais que obriga a busca de socorro médico, e mesmo não surgindo reação positiva em face da orientação dada, enseja-se a competente ação de indenização, mas com o reconhecimento da culpa concorrente do paciente, pois também deu causa, por sua imprudência, ao agravamento de seu quadro.

Outrossim, encontra-se amparo no art. 951 da lei civil, que estende a responsabilidade àquele que, "no exercício de atividade profissional, por negligência, imprudência ou imperícia, causar a morte do paciente, agravar-lhe o mal, causar-lhe lesão, ou inabilitá-lo para o trabalho".

A responsabilidade abrange os atos dos auxiliares, empregados ou prepostos do farmacêutico, aplicando-se o disposto no art. 932, inc. III, do Código Civil, por envolver dependência ou subordinação, independentemente de culpa, conforme impõe o art. 933. Recorda-se que, sob a égide do Código de 1916, existia regra expressa sobre a responsabilidade do farmacêutico pelos atos de seus prepostos no art. 1.546, a qual não se reproduziu no diploma em vigor, justamente porque já incluída a disciplina em outro preceito.

De sorte que não se perquire a respeito da culpa do empregador ou dono de farmácia pelos danos decorrentes de indevido aconselhamento na compra ou ingestão de medicamentos.

A responsabilidade emana igualmente do art. 34 do Código de Defesa do Consumidor, alertando que "o fornecedor do produto ou serviço é solidariamente responsável pelos atos de seus prepostos ou representantes autônomos". Não se pode olvidar, entrementes, o pressuposto do § 4º do art. 14 do mesmo Código, pelo qual "a responsabilidade pessoal dos profissionais liberais será apurada mediante a verificação de culpa".

Já a venda de medicamentos falsificados requer uma averiguação na participação do farmacêutico, com a ciência do ilícito ou a omissão de recomendações nos exames dos produtos, inclusive quanto à procedência e à origem do fornecimento. A responsabilidade provém da colocação no mercado de mercadorias ou produtos com defeitos ou imperfeições, falsificados, adulterados, de modo a não atender a finalidade a que se destinam.

Quanto aos remédios genéricos, cuja disciplina se encontra na Lei nº 9.787/1999 (que também altera a Lei nº 6.360/1976, dispondo sobre a vigilância sanitária, estabelece o medicamento genérico, dispõe sobre a utilização de nomes genéricos em produtos farmacêuticos e dá outras providências), são aqueles similares com medicamentos de referência, desde que haja a intercambialidade entre o da referência e outro, de sorte a revelarem os mesmos efeitos terapêuticos, decorre a responsabilidade do farmacêutico se, no fornecimento, não coincidirem os elementos componentes. Não verificada equivalência terapêutica, e decorrendo a inutilidade do medicamento, deve responder o fornecedor.

De igual modo, se na receita está vetada a substituição por equivalente genérico. Adverte, sobre o assunto, Carlos Roberto Gonçalves: "Se o médico vetar a intercambialidade e o farmacêutico fornecer outro medicamento, ainda que similar, terá a sua responsabilidade caracterizada em caso de dano causado ao consumidor. Estabeleceu-se, na lei, a presunção de que o silêncio do médico vale como autorização para o farmacêutico, ou o mero atendente de farmácia, vender ao paciente qualquer medicamento, desde que intercambiável com o medicamento de referência. O fornecimento, nesse caso, de outro remédio que não tenha equivalência terapêutica com o de referência, por conta do farmacêutico, pode também acarretar a sua responsabilidade, independentemente de cogitação de culpa."[18]

7. RESPONSABILIDADE DOS FABRICANTES DE REMÉDIOS

Trata-se, aqui, da responsabilidade pelo produto, garantindo a qualquer usuário de medicamento a indenização pelos vícios, deficiências e efeitos colaterais não devidamente destacados ou assinalados em documento próprio. Acompanha cada medicamento uma série de informações, discriminadas no documento denominado bula, sobre a composição, a indicação das propriedades terapêuticas, a posologia ou maneira de sua ingestão, os cuidados a serem observados, as contraindicações, as reações adversas, as advertências, as precauções, a conservação e outras orientações.

Extensa a legislação que disciplina a ciência e a prática da farmacologia, merecendo destaque a Lei nº 3.820, de 11.11.1960; a Lei nº 5.991, de 17.12.1972; o Decreto nº 3.181, de 23.09.1999; e o Decreto nº 8.077, de 14.08.2013. Naturalmente, as normas do Código de Defesa do Consumidor cuidam da responsabilidade pelos vícios dos produtos e dos serviços, especialmente nos arts. 18 e 20.

Seguidamente aparecem determinações das autoridades sanitárias, em especial do Serviço Nacional de Fiscalização da Medicina e Farmácia, determinando a suspensão da venda de certos medicamentos, e ordenando a sua retirada de circulação. A proibição na venda decorre da falta de eficácia nas finalidades a que se destinam, ou em razão dos efeitos colaterais que acarretam.

Já ocorreram casos de certos medicamentos provocarem graves danos em razão de elementos utilizados na sua composição. Em época antiga, ficou famoso o caso da *talidomida*, ministrada às mulheres gestantes, que provocava deformidade ou aleijão nos membros superiores dos fetos.

No surgimento de danos, ou de falta de eficiência, torna-se inquestionável o direito à competente indenização, consoante impõe o seguinte exemplo pretoriano: "Exsurge hialino o dever de indenizar consumidora que atribuiu confiança a medicamento imprestável – anticoncepcional sem princípio ativo –, o qual pela sua ineficácia provocou fato – gravidez – que, justamente com o seu consumo, pretendia evitar. Neste contexto, incide a regra do art. 12 da Lei do Consumidor – Lei nº 8.078/1990 –, que atribui ao produtor, na hipótese laboratório, a responsabilidade pelos danos advindos do acontecimento imprevisível. O fato gerador dessa responsabilidade, segundo o dispositivo aludido, não é mais a conduta culposa do produtor, nem ainda a relação jurídica contratual, mas sim o defeito do produto. A lei, nesse caso, criou para o fabricante um dever de segurança, qual seja, o de não lançar no mercado produto com defeito, de sorte que, se o fizer e ocorrer o acidente de consumo, por ele responde independentemente de culpa, ainda que não exista qualquer relação de contrato com o consumidor."[19]

---

[18] *Responsabilidade Civil*, ob. cit., p. 169.
[19] Apel. Cível nº 99.016426-8, da 1ª Câmara Cível do TJ de Santa Catarina, j. em 03.04.2001, *in ADCOAS* 8205701, *Boletim de Jurisprudência ADCOAS*, nº 16, p. 243, abr. 2002.

XXXV
Responsabilidade Médica

1. ATIVIDADES DE MEIO E ATIVIDADES DE RESULTADO

Na maior parte das prestações de serviços, contrata-se uma atividade pelo resultado, como na construção de um prédio, no conserto de veículos, na confecção de uma roupa, na realização de uma pintura, e até em certos tipos de trabalho advocatício, como inventários, e execuções e cobranças de dívidas. Algumas profissões, no entanto, não comportam a garantia do resultado, dada a impossibilidade de se prometer a consecução de um certo objeto, ou de alcançar com absoluta certeza a finalidade a que se destinam.

Na obrigação de meio, a assunção de obrigações limita-se ao desempenho ou emprego de determinados meios, ou de conhecimentos específicos, de práticas recomendadas, de diligência total, de um procedimento qualificado e técnico. Almeja-se alcançar um resultado, o qual, porém, não é garantido. Promete-se, no entanto, fazer o melhor para conseguir o intento pretendido. É assim a atividade do publicitário, do médico e do advogado. Utilizam-se os conhecimentos, as técnicas, a arte existentes na maior perfeição ou avanço para conseguir o resultado contratado, no que normalmente se obtém sucesso. Bem aprofunda o assunto Humberto Theodoro Júnior: "Já na obrigação de meio, o que o contrato impõe ao devedor é apenas a realização de certa atividade, rumo a um fim, mas sem ter o compromisso de atingi-lo. O objeto do contrato limita-se à referida atividade, de modo que o devedor tem de empenhar-se na procura do fim que justifica o negócio jurídico, agindo com zelo e de acordo com a técnica própria de sua função; a frustração, porém, do objetivo visado não configura inadimplemento, nem, obviamente, enseja dever de indenizar o dano suportado pelo outro contratante. Somente haverá inadimplemento, com seus consectários jurídicos, quando a atividade devida for mal desempenhada. E o que se passa, em princípio, com a generalidade dos contratos de prestação de serviços, já que o obreiro põe sua força física ou intelectual à disposição do tomador de seus serviços, sem se comprometer com o resultado final visado por este."[20]

Na atividade de resultado, que decorre porque se assumiu o cumprimento de uma obrigação de resultado, contrata-se a atender ou a cumprir uma pretensão, a efetuar um trabalho, a apresentar uma peça teatral, a erguer uma construção, a confeccionar uma vestimenta. Promete-se um determinado objeto, que obrigatoriamente importa o cumpri-

---

[20] "Responsabilidade Civil por erro médico: aspectos processuais da ação", em *Revista Síntese de Direito Civil e Processo Civil*, Porto Alegre, nº 4, p. 154, mar.-abr. 2000.

mento para ter-se como cumprida a obrigação. Impõe-se entregar ou conseguir o resultado combinado, sob pena de inadimplemento contratual e a cominação das perdas e danos. Exemplifica-se esse tipo de avença no contrato de construção, de transporte, de empreitada, de pintura, de escultura, de prestação de serviços de contabilidade etc.

Nereu Tadeu Camara Souza, em excelente obra sobre o assunto, elucida a distinção: "A obrigação de meios é aquela em que aquele que é contratado não se compromete com um objetivo específico – determinado. Obriga-se o contratado a utilizar o cumprimento da obrigação que tem com o contratante toda a sua diligência e prudência, de acordo com as técnicas usuais, naquele momento, para o procedimento pelo qual se comprometeu. A obrigação de resultado é, pelo contrário, aquela em que há um compromisso do contratado com um resultado específico – determinado. Compromete-se o contratado a atingir um objetivo delimitado – um resultado certo – para satisfazer o que se obrigou com o contratante. Quando não atinge este resultado predeterminado, presume-se que o contratado agiu com culpa – há presunção de culpa.

Quando se tratar de obrigações de meio, o ônus da prova cabe ao que acusa (o que é a regra geral em nosso ordenamento jurídico). Nas situações em que se trata de obrigações de resultado, devido à presunção de culpa, há inversão do ônus da prova, cabendo provar a inverdade do que lhe é imputado ao acusado."[21]

A diferença entre uma e outra atividade está que, na de meio, importa a própria atividade, sendo mais *intuitu personae*, acreditando-se na consecução do objeto pelas qualidades de quem a faz; na de resultado, que é comum na maior quantidade das profissões, reputa-se cumprido o contrato com a apresentação do bem ou do serviço objetivado.

A atividade do médico é essencialmente de meio, pois não comporta uma certeza de que conseguirá a cura, ou extirpará uma doença. Todavia, em vários campos, enquadra-se como de resultado, e assim no exame radiológico, na realização de exames gerais e específicos para aquilatar a saúde de uma pessoa, na aplicação de curativos e de retiradas de pequenas manchas da pele, ou de nódulos comuns, na transfusão de sangue, na vasectomia, no ligamento das trompas da mulher. Inclusive na profissão da advocacia aparecem situações que são de resultado, citando-se exemplificativamente os pedidos de jurisdição voluntária, o encaminhamento de pedido de separação consensual, a promoção de uma ação de despejo por falta de pagamento, as retificações de nomes no registro civil. Uma vez obedecidos os requisitos legais e cumpridas as disposições processuais, consegue-se alcançar o objeto almejado sem maiores dificuldades.

2. A ATIVIDADE MÉDICA

A responsabilidade civil dos médicos, embora não se apresente como matéria nova, ganha espaços cada vez maiores no âmbito jurídico, posto que abrange não só os aspectos inerentes à responsabilidade civil comum, mas também diz respeito a uma relação de consumo entre médico e paciente. Daí se exigir dos profissionais um maior zelo e diligência no relacionamento e tratamento dos clientes. Importa essa necessidade em constante avanço na tecnologia e na ciência. A diligência conduz a atingir o estágio alcançado pelo avanço da ciência e das regras consagradas pela prática médica. Essa a imposição que domina nos tempos que correm. Uma vez assumindo o tratamento de um paciente, o profissional

---

[21] *Responsabilidade Civil e Penal do Médico*, Campinas/SP, LZN Editora, 2003, p. 59.

é responsável pelos riscos eventuais que os procedimentos e medicamentos indicados possam vir a causar, se se vislumbrar alguma culpa. O contrato entre o médico e o paciente possui, dentre outros, dois ingredientes especiais: o médico aceita a incumbência de tratar o paciente, e assume a responsabilidade pelo tratamento que administra, exigindo-se dele a aplicação e o conhecimento adequado das técnicas usuais disponíveis. De realce dois elementos necessários para inferir a responsabilidade: a aferição dos sintomas para chegar ao exato diagnóstico, e a adoção da terapêutica recomendada pela ciência médica.

A falibilidade humana é um dado que acompanha cada pessoa. Assim, nenhum médico está livre de cometer erros de diagnóstico, de tratamento, de indicações receituárias. Para evitar o peso da responsabilidade, encontra-se diante do dilema de demonstrar que diagnosticou de acordo com os sintomas objetiva e efetivamente verificados, chegando ao resultado depois da realização dos exames; ou de provar que não era de se esperar uma reação salvadora, em face do tipo e do estágio da doença.

Não está o médico proibido de errar. Nem sempre o erro acarreta a responsabilidade. Não pode, porém, errar por culpa, isto é, por açodamento, por ligeireza, por falta de estudo, por carência de exames, por despreparo técnico, dentre outros múltiplos fatores. Arremata Neri Tadeu Camara Souza: "Não importa se o médico errou, mas, sim, se esse erro vem acompanhado pela culpa na conduta do médico. O julgador não busca um diagnóstico equivocado – inerente ao desempenho da medicina, pelas imprevisões de comportamento do organismo humano. Busca, ele, um agir culposo do profissional, para que, aí sim, este possa ser responsabilizado pelos eventuais danos causados ao paciente."[22]

3. NATUREZA CONTRATUAL DA ATIVIDADE MÉDICA

Outrossim, está inerente ao trabalho do médico a natureza contratual, porquanto as partes acertam sua prestação, combinando o pagamento, e decorrendo direitos e obrigações. Mesmo assim, não dominam os princípios da responsabilidade objetiva, porquanto nem sempre é certo o êxito de seu desempenho. Se, porém, o médico é contratado para a prestação de serviços na área médica por instituições públicas ou privadas, ou se integra os quadros de administradoras de planos de saúde, o contrato vincula o médico com o empregador. Permanece, todavia, o vínculo contratual, posto que, salienta Vera Maria Jacob de Fradera, "na relação médico-paciente, tem aquele a seu cargo uma obrigação de diligência ou de meios, e não uma obrigação determinada ou de resultado. Ao aceitar assistir ao doente, assume o médico a obrigação de dar-lhe um tratamento adequado, isto é, conforme os dados atuais da ciência, segundo os recursos postos à sua disposição no local da atuação e ainda segundo as condições específicas e pessoais do doente. O médico não se obriga, portanto, a curar o doente; ele assume, isto sim, a obrigação de prestar meios adequados, de agir de maneira diligente e aplicando todos os seus conhecimentos e recursos disponíveis, a fim de obter êxito, o qual é estranho ao objeto mesmo da obrigação assumida, e, em muitos casos, *v. g.*, em se tratando de doenças incuráveis, de antemão inatingíveis".[23]

---

[22] *Responsabilidade Civil e Penal do Médico*, p. 48.
[23] "A Responsabilidade Civil dos Médicos", em *Responsabilidade Civil*, edição temática, *Revista AJURIS*, Porto Alegre, p. 235, 2001.

Insta observar, pois, que a concepção contratual da responsabilidade médica, no dizer de Antônio Elias de Queiroga, "para o cliente, é limitada, porque pelo simples fato de não obter a cura do doente não significa dizer que o médico foi inadimplente. Cuida-se, evidentemente, de uma obrigação de meio, e não de resultado, pois, conforme a lição do já citado Aguiar Dias, o objeto do contrato médico não é a cura, obrigação de resultado, mas a prestação de cuidados conscienciosos, atentos e, salvo circunstâncias excepcionais, de acordo com as aquisições da ciência".[24]

Daí se concluir que não se contrata determinado resultado, mesmo que almejado. E se não atingido o resultado, não importa em presumir a culpa, que somente se caracteriza se não proceder o médico de acordo com as regras e os ditames técnicos da profissão.

A inadimplência somente desponta se faltaram a atenção, a ciência própria para aquele ato realizado, o cuidado e diligência que eram de se esperar, a capacidade exigida para o ato realizado.

4. OBRIGAÇÃO DE MEIO E NÃO DE RESULTADO, E O PRESSUPOSTO DA CULPA

A responsabilidade do médico decorre pela contratação de uma obrigação de meio e não de resultado, tendo por finalidade a prestação de cuidados conscienciosos e atentos. Considera-se de meio aquela obrigação que impõe de quem a exerce ou executa o emprego de determinados meios propícios e adaptados para o fim visado. Já de resultado classifica-se a que visa um fim específico, que deve ser alcançado. No desempenho da primeira, reclama-se o exercício da melhor maneira possível, constatando-se a necessária e normal diligência para a profissão, mesmo que não conseguido o resultado almejado. Para tanto, indispensável o emprego de toda a ciência comum e normal existente no caso, e dos meios que a profissão requer. Aprofunda Gerson Luiz Carlos Branco: "Para a responsabilização, há necessidade de que o médico tenha desprezado ou ignorado seus deveres. A doutrina mais antiga e parte da jurisprudência entendiam que a culpa deve ser grave, não ensejando a responsabilização a culpa *leve*, para que não haja inviabilização do profissional.

Mas, sem sombra de dúvida, atualmente a posição de nossos tribunais e de toda a doutrina é a de responsabilizar toda a falta que atente contra a integridade física ou a vida humana. Não se pode, nestes tempos modernos, com um desenvolvimento extraordinário da medicina, continuar tolerando a perda de vidas pela imperícia médica, muito menos pela negligência ou imprudência."[25]

Nesta visão, para que emerja a responsabilidade por dano causado a paciente em consequência de atuação do profissional, é necessário que resulte provado de modo concludente que o evento danoso se deu em razão de imprudência, negligência, imperícia, que conduza a se estampar o erro grosseiro de sua parte. Essa prova é ônus do paciente, como reconhece Humberto Theodoro Júnior: "O autor da ação indenizatória tem o ônus de provar qual foi efetivamente o dano que o erro médico culposo lhe acarretou, sob pena de decair de sua pretensão."[26]

---

[24] A *Responsabilidade Civil e o Novo Código Civil*, ob. cit., p. 97.
[25] "Responsabilidade civil por erro médico" – aspectos, em *Revista Síntese de Direito Civil e Processual Civil*, Porto Alegre, nº 4, p. 134, mar.-abr. 2000.
[26] *Responsabilidade civil por erro médico: aspectos processuais da ação*, trabalho citado, p. 159.

No STJ, se impôs a condição da culpa: "1 – Segundo doutrina dominante, a relação entre médico e paciente é contratual e encerra, de modo geral (salvo cirurgias plásticas embelezadoras), obrigação de meio e não de resultado.

2 – Em razão disso, no caso de danos e sequelas porventura decorrentes da ação do médico, imprescindível se apresenta a demonstração de culpa do profissional, sendo descabida presumi-la à guisa de responsabilidade objetiva."[27]

Assim se haure do art. 951 do Código Civil: "O disposto nos arts. 948, 949 e 950 aplica-se ainda no caso de indenização devida por aquele que, no exercício de atividade profissional, por negligência, imprudência ou imperícia, causar a morte do paciente, agravar-lhe o mal, causar-lhe lesão, ou inabilitá-lo para o trabalho."

Recorda-se que os arts. 948, 949 e 950 discriminam as formas de indenização nos casos, respectivamente, de homicídio, de lesão ou outra ofensa à saúde, e de ofensa que resultar defeito pelo qual o ofendido não possa exercer o seu ofício ou profissão, de se lhe diminuir a capacidade de trabalho.

De acordo com o norte supra, a presença da culpa, nas modalidades de imprudência, negligência ou imperícia, constitui *conditio sine qua non* para a condução do erro grosseiro e para a tipificação da responsabilidade. A culpa do médico, segue Humberto Theodoro Júnior, "pela natureza do contrato que firma com o cliente, somente será configurada quando os seus serviços tiverem sido prestados fora dos padrões técnicos. Por isso, o fato constitutivo do direito de quem pede indenização por erro médico se assenta no desvio de conduta técnica cometido pelo prestador de serviços. Como esse desvio é uma situação anormal dentro do relacionamento contratual, não há como presumi-lo. Cumprirá ao autor da ação prová-lo adequadamente (CPC, art. 333, I)".[28]

O art. 333, inc. I, corresponde ao art. 373 do CPC/2015.

No pertinente à imprudência, o médico assume procedimentos de risco para o paciente sem respaldo científico, ou sem esclarecimentos e anuência prévia do paciente ou de seu representante legal. Efetua-se uma cirurgia sem aprovação científica, sendo certas as complicações pós-operatórias que surgem.

Quanto à negligência, delineia-se na passividade, na inércia, na falta de ação, na indolência, na preguiça mental, no descuido, na falta de estudo ou de um exame mais apurado, sendo tudo fruto do descaso, da displicência, ou desinteresse. Há uma sequela cirúrgica que se evitaria se obedecido um procedimento aconselhado pela medicina. Prossegue Humberto Theodoro Júnior: "Pela negligência, a culpa equivale a uma conduta passiva (omissiva). Ocorre quando o médico deixa de observar medidas e precauções necessárias. São exemplos desse tipo de culpa: o esquecimento de pinça ou tampão de gaze no abdômen do paciente; o abandono do cliente pós-operatório, provocando com essa atitude danos graves; o erro de diagnóstico provocado por exame superficial e inadequado; a aplicação de soro antitetânico na vítima sem, antes, submetê-la aos testes de sensibilidade, acarretando, com isso, sua morte por deficiência cardíaca."[29]

Exemplo clássico de extrema negligência está no esquecimento de instrumentos e outros materiais no interior do corpo, quando da cirurgia: "Cabe ação de indenização pelo grave erro médico, esquecendo-se compressa cirúrgica na cavidade abdominal, mais tarde provocando a morte do paciente."[30]

---

[27] REsp. nº 196.306/SP, da 4ª Turma, j. em 03.08.2004, *DJU* de 16.08.2004.

[28] *Responsabilidade civil por erro médico: aspectos processuais da ação*, trabalho citado, p. 156.

[29] *Responsabilidade civil por erro médico: aspectos processuais da ação*, trabalho citado, p. 157.

[30] Apel. Cível nº 23.256/2002, da 1ª Câmara Cível do TJ do Rio de Janeiro, *DJ* de 03.04.2003, *ADCOAS* 8218467, *Boletim de Jurisprudência ADCOAS*, nº 31, p. 486, ago. 2003.

484 • Responsabilidade Civil | *Arnaldo Rizzardo*

Já a imperícia revela-se na incapacidade para o caso, na insuficiência de conhecimento, no despreparo prático. Não sabe o médico realizar adequadamente o ato cirúrgico. Não são observadas as normas técnicas recomendáveis pela ciência médica. Falta a aptidão técnica e teórica. Denota-se a carência de conhecimentos sobre a cirurgia ou a medição em face dos sintomas revelados pelo paciente. Diante da situação de tal carência, alerta Gerson Luiz Carlos Branco, "é dever ético não só do médico como de todo e qualquer profissional que recomende um especialista ou alguém que entenda melhor de certa matéria, quando seu conhecimento não alcançar a complexidade do problema".[31]

As formas acima constam explicadas no seguinte *decisum*: "Constatada pela perícia médica que o procedimento adotado foi incorreto, corroborada pela literatura médica trazida aos autos, cabe o pedido de indenização por dano moral, frente à dor da incerteza do tratamento submetido...

Carvalho Santos lembra que a imperícia constitui uma espécie particular da culpa, assim sendo considerada desde o Direito Romano (Gaio, 'in' Livro 132, citação no Código Brasileiro Interpretado, XXI/247).

Na imperícia tem-se como revelada a deficiência de dote de caráter eminentemente intelectivo, como aquele que reflete capacidade, atitude, conhecimento técnico e teórico, adquirido com o estudo e com experiência.

Na imprudência, o agente revela audácia na conduta e atitudes não justificadas pela experiência, como intervenções cirúrgicas arriscadas, doses exageradas de medicamentos (Flamínio Fávero, *Medicina Legal*, 6ª ed., vol. 3º).

Na negligência, o médico omite precauções e cuidados tidos como necessários', e Flamínio Fávero (ob. cit., p. 71) aponta 'o emprego de medicamentos trocados, o esquecimento de instrumental cirúrgico no campo operatório, o abandono do doente'."[32]

Afasta-se a responsabilidade caso verificado que os profissionais utilizaram dos meios médicos e instrumentários disponíveis, e empregaram as técnicas recomendadas pela ciência médica na questão tratada. Seguindo o médico todas as ações, passos e métodos científicos indicados pela prática e literatura médica, agindo com toda a prudência, diligência, perícia, zelo, atenção e com o correto emprego do conhecimento científico disponível, zeloso de sua obrigação, amparado pela experiência, exclui-se a imputação culposa.

A jurisprudência sobre o assunto: "Responsabilidade civil. Erro médico. Nexo causal. Prova. O relacionamento que se estabelece entre o médico e o paciente é *sui generis*, tratando-se de obrigação de meio, não de resultado, pois tem por objetivo prestação de cuidados conscienciosos e atentos, e, portanto, para que haja responsabilização por dano profissional, é necessário que resulte provado de modo concludente que o evento danoso se deu em razão de negligência, imprudência, imperícia ou erro grosseiro de sua parte, não demonstrada a conduta médica contrária à obrigação de tratar o doente com zelo e diligência, utilizando-se dos recursos da ciência, e não determinado o nexo causal."[33]

Nessa dimensão haure-se a interpretação do Superior Tribunal de Justiça: "Erro médico. Complicações resultantes de pós-operatório. Sequelas irreparáveis que levaram a autora a ser indenizada pela incapacidade laborativa. Dano moral...".

---

[31] *Responsabilidade civil por erro médico – aspectos*, trabalho citado, p. 134.

[32] Apel. Cível nº 70000901025, da 6ª Câmara Cível do TJRGS, j. em 08.08.2001.

[33] Apel. Cível nº 205.037-1, da 7ª Câmara Cível do Tribunal de Alçada de Minas Gerais, em *ADV-COAD*, 5/97, em. 77032, p. 73.

Segue a motivação no voto: "Não se concebe, muito menos se deve tolerar, no estágio atual da medicina, o descuido, a negligência ou a incompetência médica e hospitalar às regras da sua arte e finalidade, respectivamente, com isso comprometendo a vida ou saúde dos pacientes. Tais condutas ou omissões geram, inequivocamente, responsabilidade civil com a recomposição econômica, ainda que mínimo o grau de descúria ou culpa, dentro dos limites estabelecidos pela lei em face do dano causado aos pacientes."[34]

Estão dentro da exigência do tratamento eficiente o dever de informar, de modo a ficar sabendo o paciente das condições de saúde, habilitações do médico, probabilidades de sucesso, de modo a ficar sabendo o cliente a melhor solução, e o custo do tratamento; e o dever de assistência, que é, na lição de Gerson Luiz Carlos Branco, o de prestar o atendimento "com a maior correção e diligência possível, atendendo aos chamados e mantendo-se constantemente informado sobre as condições reais de seu paciente".[35] Nesse dever se inclui a vigilância sobre pacientes afetados por doenças mentais, que necessitam de constante precaução, e sobre as pessoas com depressão, capazes de buscar o suicídio.

Outrossim, *en passant*, acrescenta-se que a prescrição se dá em três anos, após a verificação do fato, a teor do art. 206, § 3º, inc. V, do Código Civil, que estabelece o referido prazo para a prescrição da "pretensão de reparação civil". Evidentemente a ação reparatória procura recompor os danos, conforme pensa Neri Tadeu Camara Souza: "Extingue-se, no terreno jurídico, a pretensão do paciente, no que tange à reparação dos danos que porventura tenha sofrido em decorrência de um eventual erro médico."[36]

5. ERRO DE DIAGNÓSTICO OU ERRO PROFISSIONAL, ERRO DE TRATAMENTO E ERRO CIRÚRGICO

Diagnóstico significa a determinação da doença, das causas que a determinaram, dos caracteres e dos efeitos. Constitui uma operação delicada, feita em vista dos sintomas apresentados, dos exames e verificações auscultadas em face de testes e de múltiplas reações.

Cumpre distinguir se o erro é escusável ou inescusável. O primeiro é aquele inevitável, ou impossível ao homem mediano, no exercício de suas atividades, evitá-lo. O inescusável corresponde ao que era possível evitar.

Em princípio, o erro de diagnóstico é escusável, a menos que seja por completo grosseiro, gritante, palmar. Expõe Miguel Kfouri Neto: "Qualquer erro de avaliação diagnóstica induzirá responsabilidade, se um médico prudente não o cometesse atuando nas mesmas condições externas que o demandado."[37] Ou seja, imprescindível a presença de culpa, o que, por sinal, sempre se reclama nas indenizações por erro médico.

E isto em razão da natureza da medicina, que não se enquadra como ciência exata. Os sintomas, às vezes, não são precisos, mas confusos, impondo uma conclusão do médico por probabilidade.

Acontece que, não raramente, a doença, em certos pacientes, por motivos inexplicáveis, avança em marcha galopante, como na septicemia e na uremia, de modo a tornar

---

[34] REsp. nº 25.507/MG, da 2ª Turma, j. em 17.10.1994, *DJU* de 13.02.1995.

[35] *Responsabilidade Civil – Erro Médico*, trabalho citado, p. 135.

[36] "Erro médico e prescrição", em *Boletim Doutrina ADCOAS*, nº 38, p. 121, mar. 2004.

[37] *Responsabilidade Civil do Médico*, São Paulo, Editora Revista dos Tribunais, 1998, p. 75.

ineficazes todos os esforços do médico. Constata-se uma rápida evolução, por fatores ou elementos exógenos à ciência da cura, às vezes não compreensíveis.

Daí se afirmar, com Genival Veloso de França, que "o diagnóstico é uma operação delicada e que nem sempre tem condições de ser feito de maneira unívoca e isenta de imprecisões. Por isso, entende-se que o erro de diagnóstico, por si só, não representa um ato de imperícia".[38]

A própria limitação da ciência conduz à imprecisão ou impossibilidade do diagnóstico. Obviamente, não em casos simples, como no erro ao diagnosticar uma disritmia cardíaca, dando uma outra configuração. Efetuado um exame completo, atento, com base nos meios técnicos comumente fornecidos pela ciência, e se os sintomas permitiam as sensações e efeitos apresentados, não se apura o erro configurador da responsabilidade. Nessa ótica Miguel Kfouri Neto: "Quando o médico procede a um bom exame de seu paciente, com os dados e meios que a ciência coloca à disposição, e ainda assim comete um erro de diagnóstico, seria a ciência a revelar sua imperfeição, não o homem...

A lei não poderia impor ao médico uma obrigação de infalibilidade ou absoluta exatidão...

O diagnóstico é o resultado de um julgamento embasado em elementos científicos que permitem descobrir o mal do paciente. O erro de diagnóstico pode provir da ausência de um ou de vários desses elementos científicos necessários à elaboração de um bom diagnóstico."[39] Nesse diapasão se decide:

"Erro de diagnóstico. Comprovada a ocorrência de erro de interpretação de radiografias, visualizando uma lesão inexistente, independentemente da omissão em constatar a outra lesão existente, esta de difícil diagnóstico, configura-se conduta culposa e imperita, conducente à responsabilidade civil."[40]

"O erro de diagnóstico é fruto, quase sempre, de uma investigação mal realizada, quase sempre marcada pela insuficiência de meios utilizados ou pela negligência do investigador. Dano material não comprovado. Reconhecida no laudo fornecido pelo laboratório a existência de gravidez não esperada, a paciente tem, por outro lado, o direito de ser indenizada pelo dano moral que sofreu até a comprovação do erro do primeiro resultado. A lesão de bem integrante da personalidade caracteriza o dano moral, cuja reparação, através da fixação da correspondente indenização em dinheiro, representa a necessária e justa compensação...".[41]

O erro chamado profissional é derivado mais da incerteza ou da imperfeição da arte e não da inteligência ou da incapacidade de quem o exercita. Não há avanços, definições e experimentos seguros. Está-se diante da probabilidade.

A Jurisprudência: "A responsabilidade médica, embora contratual, é subjetiva e com culpa provada, não decorrendo de mero insucesso no diagnóstico ou no tratamento, seja clínico ou cirúrgico... Apenas o erro grosseiro, que foge à normalidade, pode servir de fundamento ao dever de indenizar, exigindo-se não só a prova do mesmo, mas também da culpa em que incorreu o profissional."[42]

---

[38] *Direito Médico*, 6ª ed., São Paulo, Fundação Editorial BYK – Procienx, 1994, p. 26.

[39] *Culpa Médica e Ônus da Prova*, São Paulo, Editora Revista dos Tribunais, 2002, pp. 356 e 357.

[40] *Embargos Infringentes* nº 70003149598, do 5º Grupo de Câmaras Cíveis do TJRGS, j. em 19.04.2002.

[41] Apel. Cível nº 29.655/2002, da 9ª Câmara Cível do TJ do Rio de Janeiro, j. em 03.02.2003, em *Revista Forense*, 373/301.

[42] Apel. Cível nº 200.16456, da 7ª Câmara Cível do TJ do Rio de Janeiro, j. em 12.12.2000.

A falta de levar a bom termo um parto normal, embora o tamanho do feto, e a sua colocação no útero, enquadra-se no erro profissional: "São previsíveis, em parto normal, as dificuldades de expulsão do feto, mormente com peso elevado e dupla circular no pescoço. Ausência de providências para minimizar o sofrimento da parturiente durante mais de sete horas de trabalho de parto. Não constitui força maior manobra brusca para liberar as espáduas do feto, sob a justificativa de salvá-lo da asfixia. Possibilidade de conduta diversa, segundo técnica médica descrita. Havendo confirmação pericial de lesão permanente, da necessidade de mais de uma microcirurgia para redução dos danos e de fisioterapia por tempo indefinido, se impõe o dever de indenizar, sendo ele solidário com a responsabilidade objetiva da casa de saúde."[43]

Ainda quanto ao parto: "Dano moral. Complicações pós-parto sofridas por parturiente decorrentes da falta de limpeza uterina para remover possíveis fragmentos de placenta existentes após o parto. Negligência do hospital e do médico responsáveis pelo procedimento obstétrico caracterizada. Verba devida."[44]

A falta de pesquisa ou de busca da exata causa da doença, no entanto, é vista como forma de culpa: "Imprudência e negligência de médico-cirurgião que deixa de buscar diagnóstico preciso com a realização de exame adequado. Consequência de identificação do real quadro clínico somente durante o procedimento cirúrgico, levando a extirpação de tumor. Circunstância que faz com que a paciente precisasse realizar novas operações para reconstituição estética. Identificação de situação moralmente lesiva diante do dano estético, e dilatação do tempo do tratamento."[45]

O erro de tratamento acontece após o diagnóstico quando o médico ministra os meios, os medicamentos e as condutas para a recuperação do paciente. Receita medicamentos não apropriados para a doença detectada, ou não conduz com eficiência os trabalhos de recuperação. Bem desenvolve a explicação Gerson Luiz Carlos Branco: "Consistirá o erro no tratamento não apenas o erro na execução de uma cirurgia, por exemplo, mas também o descuido com elementos secundários que possam trazer prejuízos. Assim é o problema da infecção hospitalar, provocada pela falta de higiene e descuido na utilização de equipamentos."[46]

Na cirurgia, é comum o erro, como exemplificam Carlos Alberto Menezes Direito e Sérgio Cavalieri Filho: "Em muitas situações é possível configurar a responsabilidade do cirurgião, por exemplo: quando realiza uma cirurgia não urgente, sem o instrumental necessário; quando esquece instrumentos cirúrgicos no corpo do paciente; a falta de cuidado para que seja feita correta assepsia; a retirada de tecido para biópsia da parte errada da mama de uma mulher, atrasando o diagnóstico de câncer; um cirurgião cardiologista pulou um passo pequeno mas fundamental em uma operação de válvula do coração, e causou a morte do paciente; o erro do cirurgião-geral que diante de um paciente com fortes dores abdominais, sem fazer tomografia, diagnosticou cálculo real e, na verdade, era aneurisma da aorta abdominal; em uma colestase extra-hepática por lesão cirúrgica do colédoco no decurso da dissecação necessária para a realização de colecistectomia;

---

[43] Apel. Cível nº 2001.001.28349, da 2ª Câmara Cível do TJ do Rio de Janeiro, *DJ* de 14.09.2003, *in ADCOAS* 8222474 – *Boletim de Jurisprudência ADCOAS*, nº 1, p. 7, jan. 2004.

[44] Apel. nº 144.310.-4/0-00, da 4ª Câmara Cível do TJ de São Paulo, j. em 29.01.2004, em *Revista dos Tribunais*, 824/203.

[45] Apel. Cível nº 70003263316, da 10ª Câmara Cível do TJRGS, j. em 05.09.2002.

[46] *Responsabilidade Civil – Erro Médico*, trabalho citado, p. 137.

488 • Responsabilidade Civil | *Arnaldo Rizzardo*

na hidronefose por lesão de ureteres no decurso de cirurgia ginecológica; na disfonia por lesão do nervo recorrente durante uma tireoidectomia. Na paralisia facial resultante de traumatismo a um ramo do nervo facial durante intervenção para correção da flacidez. Mas, de todos os modos, é sempre indispensável considerar o cenário fáctico".[47]

6. RESPONSABILIDADE POR FATO DE OUTREM E PELO FATO DA COISA

É natural que responda o médico por fato próprio. Quanto à responsabilidade por fato de outrem, ocorre unicamente se o médico se fez substituir, ou se ele formou uma equipe para acompanhá-lo em sua atividade. Arca com as decorrências das vicissitudes causadas pelo profissional que colocou a atuar em seu lugar, ou que chamou para auxiliá-lo. Não interessa que não figure o substituto como preposto. Apurada uma situação que importe em culpa, e no caso *culpa in eligendo*, cabe a indenização contra o médico contratado, a quem se faculta denunciar para a lide o substituto. Igualmente, não se afasta a faculdade de se demandar ambos os médicos conjuntamente.

Revela-se comum a hipótese do médico substituto, que se equipara ao médico preposto, ou ao médico empregado. A relação desenvolve-se entre o paciente e o médico contratado, equivalendo a situação à responsabilidade do hospital se mantém vínculo hierárquico de subordinação com o médico que trata dos pacientes.

Estende-se o princípio acima quanto ao fato praticado pelos funcionários auxiliares do médico, como enfermeiros, assistentes e atendentes, observando Vera Maria Jacob de Fradera: "Existe, ainda, a possibilidade de o médico empregar, por sua conta, pessoal auxiliar, no sentido médico do termo ou, com o objetivo de desempenhar cuidados de cunho material, auxiliares do hospital. Se os cuidados deste pessoal integram os que ele, médico, deve ao doente em virtude de contrato, responderá pelas culpas dos contratados."[48]

Em qualquer dos casos, há uma equipe formada para assistir e auxiliar o cirurgião ou médico contratado. Se dele partiu a escolha, imputa-se-lhe a responsabilidade pelos danos produzidos ao paciente. Do contrário, se o hospital contratou os auxiliares, nele recaem as obrigações por danos verificados. Bem fez a distinção o Tribunal de Justiça de São Paulo: "Na responsabilidade pelos atos dos auxiliares e enfermeiros é preciso distinguir entre os danos cometidos por aqueles que estão diretamente sob as ordens do cirurgião, ou os destacados especialmente para servi-lo, daqueles cometidos por funcionários do hospital. No primeiro caso, o cirurgião responderá. No segundo, a culpa deverá ser imputada ao hospital, a menos que a ordem tenha sido mal dada ou que tenha sido executada sob a fiscalização do médico-chefe, como, por exemplo, injeção aplicada diante do médico."[49]

No pertinente ao fato da coisa, se mal ou imperitamente utilizada, é a responsabilidade da pessoa que a utiliza; no defeito ou vício do aparelho, também responde diretamente o médico ou profissional, eis que lhe incumbia proceder ao prévio exame, e certificar-se das condições de uso. Fica ressalvado, no entanto, o direito de regresso. Vale transcrever novamente a explicação de Vera Maria Jacob de Fradera: "Assim sendo, a utilização normal de um aparelho, *v. g.*, de um bisturi elétrico, de um aparelho emissor de radiações,

---

[47] *Comentários ao Novo Código Civil*, vol. XIII, pp. 447 e 448.
[48] *A Responsabilidade Civil dos Médicos*, trabalho citado, p. 247.
[49] Agravo nº 314.283-4/0-00, da 3ª Câmara de Direito Privado, j. em 09.12.2003, *in ADCOAS* 8224709 – Boletim de Jurisprudência ADCOAS, nº 11, p. 167, mar. 2003.

de uma bomba de cobalto, enfim, de qualquer tipo de instrumento necessário à prática do ato médico é considerada como uma opção adequada à melhor consecução do tratamento ou intervenção, ou seja, constitui expressão da liberdade de que é titular o médico, no sentido de selecionar técnicas e meios na busca de seus objetivos. O ato médico, portanto, é realizado mediante estes instrumentos e, por conseguinte, a falta de êxito na cura ou no tratamento não pode ser causa de responsabilidade para o médico, a menos que o médico tenha incidido em culpa. A utilização do objeto confunde-se com o ato médico...

O fato danoso produzido em consequência de defeito do aparelho, afasta a imunidade à responsabilidade de que é detentor o médico, quando se trata de decisões sobre tratamentos ou técnicas, ou seja, quando diga respeito ao uso de sua liberdade...

A natureza dessa responsabilidade é, sem dúvida, contratual, porquanto o médico, ao empregar determinado aparelho, garante contratualmente ao cliente a segurança do aparelho e, da mesma forma que um vendedor, responde pelos danos resultantes de acidente causado pelos vícios da coisa. Tem o médico, no caso, uma obrigação de resultado para com seu cliente, qual seja a de não servir-se de aparelho defeituoso, capaz de produzir danos.

Ao fazer uso destes aparelhos, multiplica o médico os riscos que pesam sobre o doente, o qual, se vier a ser lesado, não pelo ato médico em si mesmo, mas por acidente causado pelo aparelho defeituoso, poderá obter reparação sem necessidade de provar a culpa do médico."[50]

Também oportuna a lição de Neri Tadeu Camara Souza: "Ao se utilizar de aparelhos e equipamentos no atendimento ao paciente, o médico corre o risco de lesar a este com o uso do instrumental. A responsabilidade pelos prejuízos que o paciente sofrer são responsabilidade do médico que livremente indicou, testou e manuseou os aparelhos em procedimentos no paciente. A obrigação de manter os aparelhos que vai utilizar em perfeito estado de funcionamento é do médico. Há uma identificação entre o equipamento e o serviço médico executado, resultando que dessa unicidade de procedimento exsurge uma só responsabilidade, a do médico, pois este deve ser hábil, perito no manuseio daquele aparelho. Deve, também, o médico, antecipadamente ao uso, precaver-se de que o equipamento esteja em perfeitas condições, não podendo lesar o doente. No seu exercício profissional, a escolha errada de um equipamento ou o uso inadequado deste que cause dano ao paciente, fará com que o médico arque com o ônus do ressarcimento dos prejuízos que ocorrerem."[51]

7.   RESPONSABILIDADE DO MÉDICO ANESTESISTA

Não são raros os incidentes acontecidos com médicos anestesistas, com a sua indicação pelo médico que comanda o tratamento ou a cirurgia. Malgrado a divergência de entendimento, o mais razoável é incidir a responsabilidade naquele que chamou ou contratou o anestesista. Em sua pessoa recai o ônus da boa ou má escolha, desde que verificada a conduta culposa do profissional.

No mais, se não integra a equipe do médico-cirurgião, a responsabilidade é isolada do anestesista, a qual deve ser apreciada no mesmo patamar que a do médico comum, ponderando Humberto Júnior: "O anestesista não tem responsabilidade maior nem menor

---

[50]   *A Responsabilidade Civil dos Médicos*, trabalho citado, pp. 249 e 250.
[51]   *Responsabilidade Civil e Penal do Médico*, ob. cit., pp. 74 e 75.

que a do médico em geral. Responde, portanto, por erro culposo ou doloso, mas o resultado adverso não se presume provocado por culpa, razão pela qual incumbe à vítima demonstrar concretamente a imperícia, imprudência ou negligência do anestesista."[52]

Bem desenvolvem as obrigações Carlos Alberto Menezes Direito e Sérgio Cavalieri Filho, no caso de não integrar o anestesista a equipe do médico-cirurgião: "O anestesista tem de informar ao paciente o tipo de anestesia que vai ser usado, conversar com ele para saber do seu histórico médico, das suas alergias a medicamentos, enfim, obter todos os dados possíveis para a aplicação da anestesia. É necessário que, nessas circunstâncias atuais, o anestesista não se limite a um rápido passar no quarto, mas, sim, que entenda o seu papel como responsável por um ato fundamental na cirurgia. Da mesma forma, o anestesista não pode se ausentar da sala de cirurgia nem se afastar do paciente antes que ele tenha recobrado plenamente a sua consciência, em caso de anestesia geral, ou passado o efeito se local, peridural ou raquidiana. Não deve ser ministrada anestesia, sem que o local esteja apto a tanto com instrumentos adequados e próprios para providências de emergência. Nas cirurgias dermatológicas que são feitas, muitas vezes em consultório, aplicadas pelo próprio cirurgião, este assume voluntariamente todo o risco por qualquer adversidade que possa ocorrer."[53]

8. RESPONSABILIDADE PELO CÓDIGO DE DEFESA DO CONSUMIDOR

Incide na prática da medicina a Lei nº 8.078, de 11.09.1990, que introduziu o Código de Defesa do Consumidor, pela razão de serem os profissionais liberais prestadores de serviços, não importando a área que atuam. Consta do art. 2º da citada Lei: "Consumidor é toda pessoa física ou jurídica que adquire ou utiliza produto ou serviço como destinatário final."

Naturalmente, os pacientes ou clientes dos médicos são os destinatários finais dos serviços.

O serviço está definido no art. 3º, § 2º do Código de Defesa do Consumidor: "Serviço é qualquer atividade fornecida no mercado de consumo, mediante remuneração, inclusive as de natureza bancária, financeira, de crédito e securitária, salvo as decorrentes das relações de caráter trabalhista."

Alguns princípios despontam de proteção ao consumidor, que se estendem, sem dúvida, aos clientes dos médicos, e, assim, de quaisquer profissionais. Merece destaque o art. 4º, inc. I, impondo o "reconhecimento da vulnerabilidade do consumidor no mercado de consumo", o que leva a se lhe dar um tratamento especial, considerado em inferioridade frente ao prestador do serviço.

Igualmente sobressai o art. 6º, inc. VIII, que assegura a "facilitação da defesa de seus direitos, inclusive com a inversão do ônus da prova, a seu favor, no processo civil, quando, a critério do juiz, for verossímil a alegação ou quando for ele hipossuficiente, segundo as regras ordinárias de experiências".

Adquire relevância o art. 14, que regula as relações entre médico e paciente: "O fornecedor de serviços responde, independentemente da existência de culpa, pela reparação dos

---

[52] *Responsabilidade civil por erro médico: aspectos processuais da ação*, trabalho citado, p. 160.
[53] *Comentários ao Novo Código Civil*, vol. XIII, pp. 446 e 447.

danos causados aos consumidores por defeitos relativos à prestação dos serviços, bem como por informações insuficientes ou inadequadas sofre sua fruição e riscos." Todavia, quanto aos profissionais liberais, introduz-se o elemento culpa para caracterizar a responsabilidade, exigência apontada no § 4º do mesmo artigo: "A responsabilidade pessoal dos profissionais liberais será apurada mediante a verificação de culpa." Denota-se, pois, que não se foge do sistema do direito comum, pois a base para a responsabilidade está na apuração da culpa.

Mesmo havendo relação de consumo, e embora os termos do acima transcrito inc. VIII do art. 6º, o tratamento não pode desvincular-se do § 4º do art. 14: exige-se a necessidade da apuração da culpa. Assim, por vir esse pressuposto colocado na posição de condição para a responsabilidade, e, daí, como condição para a ação, à própria vítima incumbe-se a prova da culpa do médico, quando atua como profissional liberal, e não como empregado de instituição hospitalar. Essa a diferença no regime comum de aferição da responsabilidade nos demais casos, diante da exigência da prova da culpa para o exercício do pleito indenizatório.

A exegese acima se colhe também da lição de Carlos Roberto Gonçalves. Refere, citando Antônio H. de Vasconcellos e Benjamin (*Comentários ao Código de Proteção ao Consumidor*, p. 79-80), que "por profissional liberal há de se entender o prestador de serviço solidário, que faz de seu conhecimento uma ferramenta de sobrevivência. A exceção aplica-se, por conseguinte, apenas ao próprio profissional liberal, não se estendendo às pessoas jurídicas que integre ou para as quais preste serviço. O Código é claro ao asseverar que só para 'a responsabilidade pessoal' dos profissionais liberais é que se utiliza o sistema alicerçado em culpa. Logo, se o médico trabalhar para um hospital, responderá ele apenas por culpa, enquanto a responsabilidade civil do hospital será apurada objetivamente.

Se o médico tem vínculo empregatício com o hospital, integrando a sua equipe médica, responde objetivamente a casa de saúde, como prestadora de serviços, nos termos do art. 14, *caput*, do Código de Defesa do Consumidor. No entanto, se o profissional apenas utiliza o hospital para internar os seus pacientes particulares, responde com exclusividade pelos seus erros, afastada a responsabilidade do estabelecimento".[54]

Se não adequadamente informado o paciente dos riscos que corre e do sucesso ou não da intervenção, também incide a responsabilidade, se advierem resultados negativos, em virtude do art. 6º, inc. III, do mesmo diploma de proteção do consumidor, como se decidiu: "A obrigação médica se coloca como uma obrigação de meio em regra. Assim, a intervenção cirúrgica para cura de miopia ou outro problema na vista adere a esta ideia Entretanto, quando o profissional induz o paciente a este tipo de intervenção, garantindo-lhe a cura, e por isso descumprindo o dever de informação adequada, acaba transmudando o tipo de obrigação que passa a ser de resultado."[55]

Roborando a exigência, há o seguinte aresto do STJ: "O dever de informação é a obrigação que possui o médico de esclarecer o paciente sobre os riscos do tratamento, suas vantagens e desvantagens, as possíveis técnicas a serem empregadas, bem como a revelação quanto aos prognósticos e aos quadros clínico e cirúrgico, salvo quando tal informação possa afetá-lo psicologicamente, ocasião em que a comunicação será feita a seu representante legal."[56]

---

[54] *Responsabilidade Civil*, ob. cit., p. 370.
[55] Apel. Cível nº 20544/01, da 5ª Câmara Cível do TJ do Rio de Janeiro, *DJ* de 19.09.2002, *in ADCOAS* 8213708, *Boletim de Jurisprudência ADCOAS*, nº 4, p. 56, jan. 2003.
[56] REsp. nº REsp. 1540580/DF, da 4ª Turma, rel. para o acórdão Min. Luis Felipe Salomão, j. em 2.08.2018, DJe de 4.09.2018.

9. RESPONSABILIDADE DOS CIRURGIÕES-DENTISTAS

Quanto aos cirurgiões-dentistas, a responsabilidade é acentuadamente objetiva, cabendo a indenização pelos prejuízos que causarem. A profissão não está ligada a situações tão insondáveis e aleatórias como a do médico, que nem sempre permitem um diagnóstico exato e preciso. Daí, pois, se inferir que a obrigação se revela por essência de resultado. Com efeito, os vários procedimentos seguem uma regularidade repetitiva, envolvendo situações iguais e definidas, como a obturação de cáries e tratamento de canais, a extração de dente, a limpeza de gengivas, a colocação de aparelho dentário corretivo, a retirada de raízes, a remoção de tártaro, o implante de próteses, a reparação, a introdução de 'jaqueta' ou *pivot*, a cura de abscessos ou acúmulos de pus em cavidades decorrentes de processo inflamatório, dentre outras espécies de anomalias. Normalmente, a cura revela-se mais fácil, e nem as patologias comprometem tanto a saúde ou conduzem a perigo de vida. O atendimento precário é facilmente remediável, não trazendo risco de vida, e muito menos descaracteriza o aspecto físico, com exceção quando a extração de dentes era totalmente desnecessária. Mesmo assim, em geral viabiliza-se a colocação de dentes postiços, ou desenvolver uma prótese restauradora.

Em suma, domina a obrigação de resultado, com alto teor de fundo estético, comportando a indenização por dano material e moral sempre que deficientemente feito o trabalho, ou acarretar um processo demasiado doloroso desnecessariamente, por falta de aptidão ou competência profissional.

Não é incomum, porém, a obrigação de meio, especialmente nas restaurações complexas, ou nas inflamações agudas, na restauração de nervos e da estrutura óssea, na doença periodontal aguda em que se procede a cirurgia no osso onde está implantado o dente e atingindo a formação ligamentar que envolve inclusive a gengiva, tendo o cirurgião-dentista utilizado a técnica comum e disponível pela ciência.

Mesmo que de resultado, sempre que o procedimento se revele desconforme com a diligência ou perícia, transparecendo a desídia ou negligência, impõe-se a indenização. Ou seja, não basta o enquadramento como obrigação de resultado para incidir a responsabilidade. É imprescindível detectar a presença de culpa, em uma de suas modalidades. Esse o caminho da jurisprudência: "Não provado o erro grosseiro do profissional não há que se falar em condenação, máxime se o tratamento dentário eleito, apesar de não se mostrar satisfatório, não era inadequado ao problema que tinha origem em defeito congênito que apresentava o menor. Ademais, conforme conclusões do laudo pericial, o tratamento escolhido era um dos vários indicados à correção da arcada, não denotando imperícia do profissional."[57]

No geral, as imperfeições que resultarem, ou os defeitos no tratamento, já refletem a carência de perícia, ou de diligência. Inclusive o desconhecimento técnico leva à indenização. Se o profissional trata durante longo tempo por uma doença, quando se descobre, depois, que outra a origem do mal, apesar de manterem-se os sintomas, é permitida, além do ressarcimento pelos danos patrimoniais, a reparação pelo sofrimento, pela dor que se delongou, pelos transtornos a que se viu submetido o paciente.

---

[57] Apel. Cível nº 70001042191, da 5ª Câmara Cível do TJ do RGS, j. em 07.12.2000, *in ADCOAS* 8204573, *Boletim de Jurisprudência ADCOAS*, nº 9, p. 137, mar. 2002.

Efetivamente, não é incomum o equivocado tratamento, partindo de diagnóstico errado, submetendo a pessoa a um verdadeiro martírio, em constantes dores, até que se descubra a verdadeira causa.

Situações comuns que justificam a indenização revelam-se na perda da capacidade mastigatória, na extração desnecessária de dente ou da arcada, na execução insatisfatória do serviço com a decorrente procura de outro dentista e forçando a novas despesas, no equivocado tratamento para a cura, no diagnóstico errado.

A jurisprudência dá ênfase à necessidade da prova da culpa em qualquer situação, sendo exemplo a seguinte ementa do TJRGS:

"Responsabilidade civil do odontólogo. A responsabilidade do dentista é subjetiva, conforme artigo 14, § 4º, CDC, uma vez que sua obrigação, de regra, não é de resultado, mas de meio. Então, além da prova do dano e do nexo de causalidade, é necessário que reste demonstrado que o serviço foi culposamente mal prestado."

A fundamentação do voto, da lavra do Desembargador Odone Sanguiné, e que conduziu a essa concepção, merece ser transcrita:

"Sérgio Cavalieri Filho (*Programa de Responsabilidade Civil*, 3ª ed., São Paulo, Malheiros, 2002, p. 333) opina no sentido de que a obrigação assumida pelo cirurgião dentista é, via de regra, de resultado, porque '*os processos de tratamento dentário são mais regulares, específicos, e os problemas menos complexos*', admitindo o '*ressarcimento pelos danos patrimoniais, a reparação pelo sofrimento, pela dor que se delongou, pelos transtornos a que se viu submetido o paciente*'.

Moacyr da Silva (*Compêndio de Odontologia legal*, São Paulo, MEDSI, 1997, pp. 402-403), contudo, lembra que, com o tempo, os juristas passaram a verificar que não poderia mais se permanecer exclusivamente no campo da previsibilidade dos resultados, pois muitos deles dependem da resposta biológica do paciente. No ponto, assevera: '*na cirurgia, na endodontia, na periodontia, por exemplo, existe uma inafastável imprevisibilidade da resposta biológica. A partir daí, nos contratos que têm por objetivo a atuação nessas áreas, admite-se a obrigação de meio; porém, 'quando se cuida de tratamento dentário que envolva a colocação de prótese, restauração, limpeza etc. voltadas para o aspecto estético essa obrigação continua a ser entendida como de resultado*'.

Silvio Rodrigues (*Direito Civil: Responsabilidade Civil*, 19ª ed, São Paulo, Editora Saraiva, 2002, p. 256), na mesma linha, entende que, como regra geral, a obrigação assumida pelo odontólogo é de resultado, todavia considera que serão efetivamente numerosos os casos intermediários, em que haverá tanto a preocupação com relação à estética quanto com relação à cura, de forma que elas aparecerão tão entrelaçadas que somente a análise do caso concreto mostrará se houve ou não um desempenho adequado do profissional dentista.

Ademais, outra grande questão que se coloca diz respeito à aplicação aos profissionais liberais, odontólogos, da responsabilidade objetiva trazida pelos arts. 12 e 14, § 4º, do CDC. De um lado, o dentista se enquadra na definição de fornecedor e o paciente na de consumidor, já que é pessoa física destinatária final dos serviços prestados pelo profissional (arts. 2º e 3º, do CDC).

Alguns doutrinadores, como Miguel Khouri Neto, Zelmo Denari e Antônio Herman Benjamin (*Responsabilidade Civil do Médico*, 4ª ed., São Paulo, Editora Revista dos Tribunais, 2001, p. 191), não admitem a aplicação da teoria objetiva aos profissionais liberais, afirmando que o CDC excepciona a responsabilização objetiva em relação a estes, para os quais continuou incidindo a modalidade subjetiva.

De outro lado, Nelson Nery Júnior afirma a necessidade de distinguir a natureza da obrigação assumida pelo profissional para a verificação da modalidade de responsabilização incidente no caso. O festejado doutrinador, citado por Marcelo Leal Lima de Oliveira (*Responsabilidade Civil Odontológica*, Belo Horizonte, Editora Del Rey, 1999, p. 80), afirma: '*Quando a obrigação do profissional liberal for de resultado (...), sua responsabilidade pelo acidente de consumo ou vício de serviço é objetiva. Ao revés, quando se tratar de obrigação de meio, aplica-se o § 4º, do art. 14, do CDC em sua inteireza, devendo ser examinada a responsabilidade do profissional liberal sob a teoria da culpa*'.

Assim, tenho que a responsabilidade do dentista é subjetiva, conforme artigo 14, § 4º, CDC, uma vez que sua obrigação, de regra, não é de resultado, mas de meio. Então, além da prova do dano e do nexo de causalidade, é necessário que reste demonstrado que o serviço foi culposamente mal prestado.

Nesse sentido o Superior Tribunal de Justiça:

'*Responsabilidade civil. Cirurgião-dentista. Inversão do ônus da prova. Responsabilidade dos profissionais liberais.*

No sistema do Código de Defesa do Consumidor a 'responsabilidade pessoal dos profissionais liberais será apurada mediante a verificação de culpa (art. 14, § 4º).(...)' (REsp. nº 122.505/SP, rel. Ministro Carlos Alberto Menezes Direito, 3ª Turma, j. em 04.06.1998, *DJ* de 24.08.1998, p. 71).

A jurisprudência não destoa desta orientação, a exemplo dos seguintes julgados desta Corte: *(1) Apelação Cível nº 70023166614, 10ª Câmara Cível, TJRS, rel. Luiz Ary Vessini de Lima, j. em 14.08.2008; (2) Apelação Cível nº 70024300030, 9ª Câmara Cível, Tribunal de Justiça do RS, rel. Iris Helena Medeiros Nogueira, j. em 04.06.2008; (3) Apelação Cível nº 70022726004, 5ª Câmara Cível, TJRS, rel. Jorge Luiz Lopes do Canto, j. em 02.04.2008.*"[58]

---

[58] Apel. Cível nº 70026879106, da 9ª Câmara Cível do TJ/RGS, j. em 18.02.2009, rel. Des. Odone Sanguiné.

XXXVI
Responsabilidade do Cirurgião Plástico

1. ESPÉCIES DE CIRURGIAS PLÁSTICAS

Na cirurgia plástica, busca-se reparar ou corrigir um defeito corporal, com a finalidade de recuperar ou melhorar a aparência do corpo humano.

Costuma-se classificar em dois os tipos de cirurgia plástica: a corretiva, realizada, como o nome indica, para corrigir deformidade física congênita ou traumática, que nasceu com a pessoa ou surgiu no curso da vida, sendo exemplos a praticada para retirar uma protuberância nas costas, ou eliminar a cicatriz causada por um corte, de modo a retornar às condições físicas originais; e a estética, que é praticada para melhorar a aparência, ou atenuar as imperfeições do corpo, sendo exemplos as que se destinam a reduzir o excesso de gordura no ventre, ou a eliminar rugas do rosto, ou a diminuir o tamanho dos seios.

Exemplifica Fabrício Zamprogna Matielo a primeira espécie: "Quando utilizada para a recuperação de queimados de todos os graus, na restauração de membros lacerados por acidentes de automóveis, na reconstituição de partes do corpo suprimidas por cirurgias de controle de doenças como o câncer, como mecanismo de reparação de males congênitos e em tantos casos assemelhados, a cirurgia plástica recebe a denominação de terapêutica, ou reparadora, exatamente porque se destina a corrigir uma falha orgânica ou funcional provocada por fatores exógenos, ainda que com origem endógena."[59]

No pertinente à segunda, destaca-se o elemento vaidade, capricho, melhora, erradicação das marcas da idade, retirada de gorduras localizadas, elasticação da pele, afeiçoamento estético do corpo.

2. PREVALÊNCIA DA OBRIGAÇÃO DE MEIO

Com base na divisão acima, se cristalizou uma tentativa de estabelecer a responsabilidade de meio para a cirurgia corretiva, e de resultado para a estética, sob o falho prisma de, nesta, se comprometer a exprimir na pessoa uma melhora no exterior do corpo, como se, nas demais cirurgias, não influa o intento de sanar imperfeições e dar um aspecto mais agradável à aparência. Colocando-se frente à realidade, encontra-se uma conclusão irrefragável: em todas as cirurgias existem os mesmos riscos, a mesma álea, e impõem-se

---

[59] *Responsabilidade Civil do Médico*, 2ª ed., Porto Alegre, Editora Sagra Luzzato, 2001, p. 66.

idênticos cuidados. Nem é possível esperar que todos os seres humanos reajam igualmente, ou tenham uma resistência forte às infecções, e cicatrizem em espaço de tempo curto. Além disso, aparecem fatores imprevisíveis, vindos de causas genéticas peculiares, nem sempre detectáveis. Não se equipara o organismo humano a uma máquina, submetida às leis da física e da mecânica, ou que obedece a mecanismos estanques e idênticos de cura, de cicatrização, de imunidade a agentes externos.

Nunca se pode olvidar que cada ser humano é diferente, com a sua genética, o seu passado, trazendo a carga de influências desde o ventre materno, e repercutindo no futuro os choques e as mazelas da primeira infância, e mesmo os impactos da vida intrauterina.

É possível que a fraca reação do organismo acarrete pouca capacidade de imunidade a agentes infecciosos, e que o grau de vitalidade conduza a uma recuperação mais rápida ou demorada. Assim, não cabe generalizar a mesma natureza de responsabilidade para as cirurgias plásticas, exceto em casos de extrema simplicidade, e que não imponham cortes ou intervenções mais profundos.

Deve-se ter em conta, ainda, que o médico-cirurgião plástico não é um mago, capaz de mudar radicalmente o rosto, as feições, e de dar um formato esbelto e escultural ao corpo humano. Por último, do próprio art. 951 do Código Civil, se retira a prevalência da obrigação de meio, exigindo a presença de negligência, imprudência ou imperícia para qualquer atividade profissional que envolva o cuidado da saúde, e que resulte dano ou agravamento do mal.

Mesmo os que propugnam pelo caráter de resultado da cirurgia, não se dispensa a prova da culpa, o que afasta a responsabilidade objetiva. No entanto, havendo relação de consumo, inverte-se o ônus da prova, cabendo ao prestador do serviço evidenciar que não procedeu culposamente, como indica o seguinte julgado: "A responsabilidade do cirurgião plástico é subjetiva, mas, em se tratando de obrigação de resultado e não de meio, em que fica invertido o ônus da prova, prevalece a presunção da culpa dos médicos pelo insucesso ou pela imperícia na cirurgia de melhoramento executado na autora, sem que houvesse prova idônea que ilidisse tal culpa. Assim, o resultado nefasto da cirurgia plástica e prova pericial não favorável aos réus enseja a reparação de danos material e moral."[60]

A culpa estampa-se na falta de informação sobre o provável insucesso da cirurgia, ou do perigo à vida inerente, segundo já assentou o STJ no AgRg no Ag nº 818.144/SP, da 3ª Turma, j. em 09.10.2007, *DJU* de 05.11.2007: "Civil. Responsabilidade civil. Cirurgia plástica. Dano moral. O médico que deixa de informar o paciente acerca dos riscos da cirurgia incorre em negligência, e responde civilmente pelos danos resultantes da operação. Agravo regimental não provido."

3. SITUAÇÕES QUE FAZEM PREVALECER A OBRIGAÇÃO DE RESULTADO

Seja qual for o tipo de cirurgia, se bem diferente o resultado alcançado daquele previsto, se advierem consequências acentuadamente diferentes, cabe a indenização. É que aí desponta a falta de capacidade, ou a imperícia, ou negligência nos cuidados exigidos. Não se chegando a alguma parecença, ou proximidade com o que se contratou, decorre a indenização.

---

[60] Apel. Cível nº 2001.001.03886, da 7ª Câmara Cível do TJ do Rio de Janeiro, j. em 06.09.2001, *in ADCOAS* 8204735, *Boletim de Jurisprudência ADCOAS*, nº 20, p. 150, mar. 2002.

Cap. XXXVI | Responsabilidade do Cirurgião Plástico • **497**

Pode-se incutir a ideia que se encaixa um misto de obrigação de resultado e de obrigação de meio na cirurgia plástica, ou mais precisamente, a responsabilidade em face da contratação, com forte carga de objetiva. Inquestionável que uma melhora deve haver, com a mudança do aspecto ou do defeito anterior. No entanto, é normal admitir-se uma margem de tolerância, aceitando-se pequenas diferenças.

Bem coloca o assunto Fabrício Zamprogna Matielo: "... Deixar de cumprir a obrigação de resultado é causar ao paciente um prejuízo perceptível de ordem física ou mesmo funcional, como nas seguintes hipóteses de plásticas: visando corrigir as pálpebras caídas, provocam-se danos à visão como decorrência da posição em que restaram colocadas após a intervenção; b) com o objetivo de atenuar as linhas do nariz, o cirurgião causa desvio do septo nasal, com prejuízos estéticos e, por vezes, funcionais; c) na redução das mamas, uma delas acaba ficando maior do que a outra. Os exemplos referidos demonstram quão variadas são as possibilidades de verificação de danos derivados de cirurgias plásticas fracassadas, sendo impraticável listá-las de modo exaustivo."[61]

No mesmo sentido a jurisprudência: "Embora possa ser considerada obrigação de meio, evidenciada nos autos a culpa do médico na realização da cirurgia estética de redução de mamas, impõe-se o dever de reparar o dano. A fixação do *quantum* da reparação do dano moral deve ser dentro de critério de razoabilidade, atendendo às condições do fato e das partes."[62]

Posiciona-se como objetiva a responsabilidade se restar a pessoa acentuadamente diferente daquilo que era previsível. Fica ela menos esbelta, ou elegante, do que antes; o preenchimento dos lábios, ou o avolumamento dos seios, das nádegas, através de substâncias como silicone revelou-se desproporcional, ou provocou infecção. Não se atingiu um quadro aceitável, destoando do razoável e daquilo que se poderia esperar. É natural que, em eventualidades desse jaez, considera-se de resultado a contratação, porquanto não se faria a cirurgia para piorar. É inerente ao resultado a culpa, pois incontestável a imperícia ou carência de conhecimentos e de técnica. Não, porém, se diminuta a diferença, ou perceptível com extrema atenção.

Exemplifica-se com o seguinte julgado: "Cirurgia estética. Obrigação de meio. O profissional que se propõe a realizar cirurgia, visando melhorar a aparência física do paciente, assume o compromisso de que, no mínimo, não lhe resultarão danos estéticos, cabendo ao cirurgião a avaliação dos riscos. Responderá por tais danos, salvo culpa do paciente ou a intervenção de fatos imprevisíveis, o que lhe cabe provar."[63]

Em outro caso: "Erro médico. Deformação de seios, decorrente de mamoplastia. Culpa presumida do cirurgião. Cabimento. Hipótese de cirurgia plástica estética e não reparadora. Obrigação de resultado. Negligência, imprudência e imperícia, ademais, caracterizadas."[64]

---

[61] *Responsabilidade Civil do Médico*, ob. cit., p. 64.
[62] Apel. Cível nº 335.532-2, da 4ª Câmara Cível do TJ de Minas Gerais, *DJ* de 27.10.2001, *in ADCOAS* 8205046, *Boletim de Jurisprudência ADCOAS*, nº 12, p. 182, mar. 2002.
[63] Agravo de Instrumento nº 37.060-9/RS, da 3ª Turma do STJ, *DJU* de 06.02.195.
[64] Apel. Cível nº 233.608-2, da 9ª Câmara de Direito Privado do TJ de São Paulo, j. em 09.06.1994, em *Revista de Jurisprudência do TJESP*, 157/105.

Na cirurgia de varizes: "Paciente submetida a cirurgia de varizes que lhe deixou sequelas permanentes. Danos morais comprovados. Responsabilidade solidária do estabelecimento e do médico que agiu com imprudência e imperícia, dando causa às lesões sofridas pela autora."[65]

Assim também quanto à lipoaspiração, que autoriza a reparação por dano material e moral, se não atingida a sua finalidade, na linha do Superior Tribunal de Justiça, diante do "sentimento íntimo de dor que se abateu sobre a autora em virtude do fracasso da intervenção médica", e da contrariedade, da decepção e da frustração sofridas. Corresponde a situação, na qual ficou a parte, "à grave deformidade corporal relatada nos autos, uma vez que a vítima, ao pretender eliminar os 'culotes' que lhe enfeiavam as pernas, resultou com manchas, irregularidade na pele e assimetria dos quadris, piorando a sua aparência. Esse dano se acrescenta e aumenta consideravelmente àquela dor, e por isso deve ser considerado como parcela autônoma para o fim de se calcular o valor da indenização que corresponda à necessidade de justa reparação".[66]

Obviamente, a plástica para recuperar as partes queimadas do corpo, ou para restaurar um membro dilacerado em um acidente, não conduz necessariamente ao estado original da pessoa; objetivam melhorar o aspecto físico, ou reduzir as marcas ou a incapacidade. Mais difícil enquadrar-se a responsabilidade pelo resultado nessas situações. Se estética a cirurgia, ou para fins de embelezamento, de emagrecimento, de rejuvenescimento, mais configura-se e deve-se exigir a responsabilidade pelo resultado, arcando o médico com a superveniência de resultados negativos. Presume-se que, se não consideravelmente certo o resultado, o que se impunha estivesse na ciência do médico, não caberia aceitar ou permitir a realização da cirurgia. Como aconselha Gerson Luiz Carlos Branco, "se os riscos forem maiores do que o bem em questão, deverá o médico recusar-se a operar. Se numa cirurgia para prolongamento da vida ou melhoramento da saúde vale a pena suportar certos riscos, no caso da cirurgia estética devem ser menores, pois o bem almejado não é cura ou a vida, mas sim a aparência".[67]

No entanto, consoante já observado acima, pelas próprias contingências do organismo humano, alguma margem de tolerância é aceitável, debitando-se à conta do improvável e das contingências humanas pequenas diferenças, ou a não exata contratação feita, a menos que venha a demonstração da culpa do médico-cirurgião. Essa a melhor exegese, havendo exemplo na jurisprudência: "Em caso de cirurgia embelezadora, se o cirurgião efetuou seu trabalho fazendo tudo que estava ao seu alcance e ainda assim o resultado atingido não foi o esperado pelo paciente, não pode disso gerar a presunção de culpa do cirurgião. Inaplicabilidade da tese de que se trata de obrigação de resultado, pois que se trata de obrigação cujo cumprimento se desenvolve em zona aleatória como é o corpo humano. A responsabilização resultaria, então, da verificação de um erro médico e aí esse erro deverá ser demonstrado."[68]

Mostram-se, pois, exageradas apreciações pretorianas como a presente, se impondo a cabal aplicação da responsabilidade pelo resultado: "Contratada a realização da cirurgia estética embelezadora, o cirurgião assume obrigação de resultado (responsabilidade contratual ou objetiva), devendo indenizar pelo não cumprimento da mesma, decorrente de

---

[65]   Apel. nº 2002.001.18611, da 13ª Câmara Cível, *DJ* de 14.08.2003, *in ADCOAS* 8222462, *Boletim de Jurisprudência ADCOAS*, nº 1, p. 6, jan. 2004.

[66]   REsp. nº 457.312, da 4ª Turma, *DJU* de 16.12.2002.

[67]   *Responsabilidade Civil – Erro Médico*, trabalho citado, p. 132.

[68]   Embargos Infringentes nº 863/98, do TJ do Rio de Janeiro, j. em 14.01.1999.

eventual deformidade ou de alguma irregularidade. Cabível a inversão do ônus da prova." No voto, explicita-se: "No plano do direito material pode-se ter como certo que a obrigação do cirurgião plástico é apenas de utilizar-se da melhor técnica, mas isso não afasta que, no plano do direito processual, seja lícito atribuir-lhe o ônus de provar que assim procedeu. Ter-se-á em conta, para isso, o que acima ficou exposto. O que se pretender obter com a cirurgia estética é algo que se pode dispensar e certamente se dispensará se os riscos forem grandes. Se o profissional dispõe-se a efetuá-la é porque os avaliou e concluiu que não o são. Verificando-se deformação, em lugar do embelezamento, goza de verossimilhança a assertiva de que a melhor técnica não terá sido seguida, ensejando a aplicação do art. 6º, VIII, do Código de Defesa do Consumidor. Nem haverá qualquer desatenção ao que estabelece o art. 14, § 4º, do mesmo Código. A responsabilidade depende da culpa, mas o ônus da prova se inverte. A incidência da norma que admite seja isso feito supõe exatamente que, em princípio, caberia à outra parte."[69]

---

[69] REsp. nº 81.101/PR, da 3ª Turma do STJ, *in Revista do Superior Tribunal de Justiça*, 119/290-309.

XXXVII
Responsabilidade nos Planos de Saúde

1. SEGURO-SAÚDE E PLANOS DE ASSISTÊNCIA

Define-se o seguro como o contrato pelo qual uma das partes se obriga para com a outra, mediante o pagamento de um prêmio, a garantir-lhe interesse legítimo, contra riscos futuros. Esta a ideia que está no art. 757 do Código Civil. Especificamente no campo da saúde, visa a garantir o pagamento de determinadas importâncias pela ocorrência de fatos previstos como riscos. Trata-se do contrato pelo qual o segurador se obriga a cobrir a indenização por riscos ligados à saúde e à hospitalização, mediante o pagamento do prêmio em determinado número de prestações. Fica a pessoa protegida dos riscos da enfermidade, pois contará com recursos para custear as despesas acarretadas pelas doenças, com a garantia da assistência médico-hospitalar.

Genericamente, é a garantia de interesses pela cobertura dos riscos da doença. Através dele, o indivíduo ou segurado fica protegido dos riscos da enfermidade, pois contará com recursos para custear as despesas acarretadas pelas doenças, e tendo direito à própria assistência médico-hospitalar.

Tradicionalmente, duas as formas de cobertura: ou pelo reembolso de despesas com liberdade de escolha de quem presta os serviços, caracterizando o seguro-saúde; ou pelo credenciamento de médicos e hospitais, para os quais se encaminha o segurado que receberá o tratamento médico-hospitalar, tendo-se, aí, os planos de assistência. Nesta última espécie, os serviços médicos e hospitalares organizam-se através de convênios. As pessoas signatárias do contrato pagam, mediante contribuições mensais, o dispêndio com os serviços médico-hospitalares futuros. De modo que, ao lado do seguro-saúde, aparecem os planos de assistência à saúde, que se organizam na forma de pessoas jurídicas, para a prestação de atividades ligadas à saúde, tanto no concernente ao tratamento médico como para a finalidade da recuperação por meio de atendimento ambulatorial e internamento hospitalar.

A assistência médica, assim, pode ser materializada através de contrato, pelo qual a operadora e o assistido estabelecem relações de prestação de serviços. Não é objetivada a cobertura de despesas advindas da cura ou do tratamento de moléstias, lesões ou quaisquer eventos ligados à saúde. Presta-se o atendimento mediante profissionais e internamentos em hospitais, pagando a companhia diretamente as despesas. Já no seguro, normalmente o próprio indivíduo efetua o pagamento, reembolsando-se, posteriormente, perante a companhia seguradora.

502 • Responsabilidade Civil | *Arnaldo Rizzardo*

Quando o objeto do contrato consiste na prestação de serviços médico-hospitalares, a denominação comum que se dá é 'convênio'.

Três as modalidades de convênios que se destacaram nas últimas décadas.

De um lado, encontram-se aqueles que operam com uma rede independente de hospitais, médicos e clínicas, mas com a obrigatoriedade de escolha ou opção dentre determinados médicos, hospitais e clínicas que o convênio contratou.

De outro, ainda aparecem os convênios que possuem médicos e hospitais próprios, ou já selecionados. O participante é encaminhado para determinado profissional, ou a um hospital indicado.

Finalmente, conhece-se o seguro-saúde propriamente dito, constituído de um sistema de reembolso das despesas, pelo qual o segurado escolhe o médico e o serviço hospitalar de sua confiança. Depois é reembolsado até os valores preestabelecidos no contrato.

Estruturalmente, tais linhas nos contratos se encontram na Lei nº 9.656, de 03.06.1998, em grande parte modificada por Medida Provisória, atualmente de nº 2.177-44, de 24 de agosto de 2001. Há substancial mudança na forma de prestar serviços de assistência à saúde e na organização das entidades. No seu conteúdo interno, porém, o contrato é celebrado entre o conveniado e o prestador de serviços, salientando que a Lei nº 9.656/1998, em face das mudanças vindas através de Medidas Provisórias, culminando a de nº 2.177-44, restringiu-se a disciplinar os planos de assistência à saúde, ficando de lado os planos de seguro, muito embora aqueles contenham elementos do contrato de seguro, eis que em ambos presentes a aleatoriedade e a previsão da cobertura se verificado o sinistro. Apesar dessa evolução, prevê a listagem do § 1º do art. 1º cobertura de despesas havidas no tratamento médico-hospitalar, o que é mais próprio do plano de seguro.

Embora centrada a Lei nº 9.656/1998 na regulamentação dos planos de assistência à saúde, não se pense que está afastado o seguro-saúde, tanto que a Res.-RDC nº 65, de 16.04.2001, posteriormente revogada pela RN nº 209/2009, expressamente tratou das sociedades seguradoras especializadas em saúde, desde que constituídas sob a forma de sociedade anônima, as quais ficam submetidas às normas da Superintendência de Seguros Privados – SUSEP –, e ao Conselho Nacional de Seguros Privados – CNSP.

2. RESPONSABILIDADE PELO NÃO CUMPRIMENTO DA OBRIGAÇÃO DE ASSISTÊNCIA

Evidentemente, as empresas titulares dos planos de saúde devem cumprir as coberturas, sob pena de serem acionadas, e inclusive terem os planos cancelados pela ANS.

Pelo não cumprimento das obrigações, na previsão do art. 26 da Lei nº 9.656/1998, em redação da MedProv. 2.177-44/2001, respondem os titulares dos planos: "Os administradores e membros dos conselhos administrativos, deliberativos, consultivos, fiscais e assemelhados das operadoras de que trata esta Lei respondem solidariamente pelos prejuízos causados a terceiros, inclusive aos acionistas, quotistas, cooperados e consumidores de planos privados de assistência à saúde, conforme o caso, em consequência do descumprimento de leis, normas e instruções referentes às operações previstas na legislação e, em especial, pela falta de constituição e cobertura das garantias obrigatórias". Os bens particulares dessas pessoas respondem pelas indenizações, com a possibilidade de ficarem indisponíveis (arts. 35-I e 35-L da Lei nº 9.656/1998).

Cap. XXXVII | Responsabilidade nos Planos de Saúde • **503**

Mais especificamente dispõe o art. 35-I, estendendo a responsabilidade também junto a outras pessoas: "Responderão subsidiariamente pelos direitos contratuais e legais dos consumidores, prestadores de serviço e fornecedores, além dos débitos fiscais e trabalhistas, os bens pessoais dos diretores, administradores, gerentes e membros de conselhos da operadora de plano privado de assistência à saúde, independentemente da sua natureza jurídica".

É possível, dentro das diretrizes do art. 29 e seus parágrafos, suspender o processo, desde que se comprometa o sujeito passivo – operador ou seus agentes –, ao cumprimento de imposições determinadas pela Agência Nacional de Saúde Suplementar – ANS. O assunto está disciplinado pela Res. RN ANS nº 372/2015, cujo art. 1º prevê a assinatura de termo de compromisso de ajuste de conduta, com vistas a adequar conduta da operadora à legislação pertinente e às diretrizes gerais estabelecidas para o setor de saúde suplementar. Celebra-se o termo em processo administrativo que tenha por base o auto de infração, a representação ou a denúncia positiva dos fatos irregulares, o qual não importa em confissão da operadora quanto à matéria de fato, nem o reconhecimento de ilicitude da conduta em apuração (arts. 2º e 3º da mesma Resolução). Nele, a operadora do plano se compromete a:

I – cessar a prática de atividades ou atos objetos da apuração; e

II – corrigir as irregularidades, inclusive indenizando os prejuízos delas decorrentes (art. 4º).

O descumprimento acarreta a suspensão do processo de inscrição junto à ANS e importa na imposição de multa entre cinco mil reais e um milhão de reais.

Já o art. 29-A e seus parágrafos, aportados pela Med. Prov. nº 2.177, abre a oportunidade da celebração, com as operadoras, de termos de compromisso quando houver interesse na implementação de práticas que consistam em vantagens para os consumidores, com vistas a assegurar a manutenção da qualidade dos serviços de assistência à saúde, e sem que resultem restrições aos direitos do usuário, importando o descumprimento em multa entre cinco mil e um milhão de reais

3. RESPONSABILIDADE PELA DEFICIÊNCIA DO SERVIÇO

A deficiência dos serviços custeados pelo plano acarreta a responsabilidade dos patrocinadores ou titulares, juntamente com os que prestam os serviços ligados à saúde, desde que obrigado o associado a escolher os profissionais, os hospitais, os ambulatórios e laboratórios que estão relacionados na lista da operadora, e que são os indicados ou credenciados para a realização dos serviços ligados à saúde. O mau atendimento, as dificuldades colocadas, as exigências descabidas e outros percalços inadmissíveis acarretam a responsabilidade da titular do plano, em conjunto com o hospital ou instituição que oferece os serviços.

"Cliente que contrata plano de saúde não pode ficar sujeita à exigência de depósito prévio feito pelo nosocômio conveniado quando, como parturiente, procura imediata internação hospitalar. A empresa que assume as obrigações do plano de saúde responde pela má eleição que fez desse nosocômio, que não pode fazer a exigência de indevido depósito prévio, no momento em que a paciente, estando para dar à luz um filho, buscar hospitalizar-se. Em hipóteses que tais, prestam maus serviços o hospital, assim como a empresa do plano de saúde. Daí, escorreita a sentença recorrida, quando condena ambas as empresas, a que administra o hospital e a que administra o plano de saúde, solida-

504 • Responsabilidade Civil | *Arnaldo Rizzardo*

riamente, a pagar danos imateriais, ante a dor moral demonstrada, que em *quantum* de equilibrado valor foi arbitrado".[70]

Esse entendimento da proibição de se exigir cheque-caução está agora tipificado no Código Penal como *Condicionamento de atendimento médico-hospitalar emergencial*, previsto no art. 135-A, introduzido pela Lei nº 12.653/2012.

Também incide a responsabilidade nos costumeiros óbices ou dificuldades que os hospitais ou médicos colocam no atendimento, como falta de leitos, inexistência de aparelhamentos apropriados, ausência de médicos especialistas na doença. Inconcebível a imposição de se aguardar a existência de vaga para o atendimento. O defeito na prestação de serviço é escancarado. No caso, o associado está autorizado a procurar outro centro, devendo ressarcir-se junto ao plano ao qual se associou, inclusive quanto aos danos morais. A respeito, impôs o Tribunal de Justiça do Paraná a indenização se o profissional credenciado não deu o atendimento: "Descabe a pretendida liberação da responsabilidade de indenizar o autor, quando a empresa se compromete a prestar serviços do mais alto gabarito, deixando-o a mercê de profissional conveniado que não o atende em situação de urgência, obrigando-o a utilizar os préstimos de outro, não conveniado, para realização de cirurgia de emergência".[71]

Não tem qualquer validade a cláusula que impõe uma prévia antecedência no pedido para o internamento, ou para a consulta, eis que se caracteriza como verdadeira restrição de direito, vulnerando, inclusive, o art. 51, inc. I, do Código de Defesa do Consumidor, pois impossibilita, exonera ou atenua a responsabilidade do prestador de serviços.

A hospitalização, como conseguir leitos e profissionais competentes, é da incumbência das operadoras. Pertinente, na espécie, a regra do art. 33 da Lei nº 9.656/1998: "Havendo indisponibilidade de leito hospitalar nos estabelecimentos próprios ou credenciados pelo plano, é garantido ao consumidor o acesso à acomodação, em nível superior, sem ônus adicional".

Outrossim, sem validade, importando em responsabilidade, cláusulas limitando as internações: "As cláusulas que limitam ou restringem procedimentos médicos, especialmente limitando as internações hospitalares, a permanência em UTI e similares, presentes nos contratos antigos e excluídas expressamente pelos arts. 10 e 12 da Lei nº 9.656/1998, são nulas por contrariarem a boa-fé, como esclarece a própria lei, pois criam uma barreira à realização da expectativa legítima do consumidor, contrariando prescrição médica. E em decorrência da função social, revela-se abusiva a cláusula que, em contrato de plano de saúde, exclui de cobertura as próteses necessárias ao restabelecimento da saúde".[72]

Não se atribui a responsabilidade à empresa administradora do plano se reservado ao associado a escolha do hospital, ou do laboratório, ou da clínica. Se, todavia, permitiu a opção dentre um grupo de instituições prestadoras de serviços ligadas à saúde, e se evidenciada a deficiência da prestadora eleita, já aí se infere a obrigação pelas consequências negativas, eis que não manifestada livremente a opção pelo associado, mas dentro de uma relação de entidades previamente selecionadas.

---

[70] Apel. Cível nº 1.517/02, da 6ª Câmara Cível do TJ do Rio de Janeiro, reg. em 18.11.2002, *ADCOAS* 8215578, *Boletim de Jurisprudência ADCOAS*, nº 15, p. 232, abr. 2003.

[71] Apel. Cível nº 0151296-7, da 6ª Câmara Cível do TA do Paraná, *DJ* de 11.10.2001, *in ADCOAS* 8206469, *Boletim de Jurisprudência ADCOAS* nº 20, p. 312, maio 2002.

[72] Apel. Cível nº 364.615-1, da 1ª Câmara Cível do TA de Minas Gerais, *DJ* de 10.04.2003, *in ADCOAS* 8217547, *Boletim de Jurisprudência ADCOAS* nº 26, p. 408, jul. 2003.

Podem os planos ser responsabilizados pelos erros médicos e quaisquer deficiências, se os médicos e outros profissionais são credenciados pelas administradoras. O STJ firma tal responsabilidade: "A empresa prestadora de assistência à saúde é parte legitimada passivamente para a ação indenizatória movida por filiado em face de erro verificado em tratamento odontológico realizado por dentistas por ela credenciados, ressalvado o direito de regresso contra os profissionais responsáveis pelos danos materiais e morais causados".[73]

Apontam-se no acórdão mais decisões, como a presente: "Quem se compromete a prestar assistência médica por meio de profissionais que indica, é responsável pelos serviços que estes prestam. Recurso Especial não conhecido (REsp. nº 138.059/MG, unânime, *DJU* de 11.06.2001)".

Nos casos de emergência, não há prazo de carência: "No caso de plano de saúde, ocorrendo emergência cirúrgica há obrigatoriedade da cobertura independentemente do cumprimento do prazo de carência nos termos do art. 35-C, I e II, da Lei nº 9.656/1998, que é de ordem pública e sobrepõe-se ao avençado pelas partes contratantes".[74]

4. RESPONSABILIDADE DOS PRESTADORES DE SERVIÇOS PROFISSIONAIS DE SAÚDE

Não se olvidou a lei dos prestadores de serviços e dos profissionais da saúde, contratados pelas empresas operadoras de planos ou seguradoras. Várias as obrigações ditadas pelo art. 18 da Lei nº 9.656/1998, em redação da Med. Prov. nº 2.177-44/2001 e da Lei nº 13.003/2014 em seus diversos incisos, como proibição em discriminar ou dar tratamento distinto aos clientes de uma operadora frente a outra, ou de um plano em relação a outro, porque este mais completo e melhor remunerado.

A prestação dos serviços previstos no plano ou contrato, e assim consultas, exames e demais serviços solicitados devem ser realizados de acordo com as necessidades dos consumidores, sem protelações ou designações para épocas posteriores, a exemplo do que ocorre com os segurados da Previdência Oficial, especialmente dos Estados, tornando imprestável o plano. Inadmissível o não atendimento imediato, ou no momento da necessidade, pois equivale a uma recusa em prestar os serviços contratados.

É proibida a prestação de serviços ligados à saúde, por imposição da operadora, unicamente aos seus filiados. Deve estar aberto o profissional ou o estabelecimento a quaisquer operadoras. Por outras palavras, é vedado o contrato de exclusividade ou de restrição à atividade profissional.

Os prestadores de serviços e profissionais somente poderão aceitar contratos com empresas que portarem o registro para o funcionamento e comercialização nos órgãos para tanto competentes, sob pena de responsabilidade por atividade irregular.

Mencionadas regras aplicam-se para todos aqueles que prestam serviços às empresas de medicina de grupo, cooperativas, autogestão e seguradoras.

Também às prestadoras refere-se o art. 33, quando aventada a indisponibilidade de leito hospitalar: "Havendo indisponibilidade de leito hospitalar nos estabelecimentos próprios ou credenciados pelo plano, é garantido ao consumidor o acesso à acomodação, em nível superior, sem ônus adicional".

---

[73] REsp. nº 328.309/RJ, da 4ª Turma, j. em 08.10.2002, em *Revista Forense*, 372/265.

[74] Apel. Cível nº 27337/2001, da 1ª Câmara Cível do TJ do Rio de Janeiro, *DJ* de 06.06.2002, *ADCOAS* 8209435, *Boletim de Jurisprudência ADCOAS*, nº 36, p. 569, set. 2002.

5. RESPONSABILIDADE NAS DOENÇAS E LESÕES PREEXISTENTES

Para o perfeito entendimento dos diversos institutos e elementos que aparecem na Lei nº 9.656/1998, necessário se forneçam os respectivos conceitos, o que se encontra na Resolução Normativa DC/ANS nº 162, de 18.10.2007.

Em primeiro lugar, temos a expressão "doenças e lesões preexistentes", caracterizadas no art. 2º, I, da citada Resolução CONSU nº 2 e no art. 2º, inc. I, da Res. RDC nº 68, de 07.05.2001 como as doenças e lesões das quais o consumidor ou seu responsável saiba ser portador ou sofredor, à época da contratação de planos de assistência à saúde. Como se percebe, tais males preexistiam ao contrato e eram do conhecimento do segurado.

Desde que contratada a chamada "cobertura parcial temporária", admite-se, num prazo determinado de vinte e quatro meses, a suspensão da cobertura de eventos cirúrgicos, leitos de alta tecnologia e procedimentos de alta complexidade, relacionados às doenças e lesões preexistentes, assim caracterizadas no art. 2º, I, da Res. Normativa DC/ANS 162/2007.

Tem-se, pois, a inclusão de cláusula que autoriza a suspensão de intervenções e coberturas de eventos cirúrgicos, e outros procedimentos e serviços complexos e de alta tecnologia, durante o referido prazo fixado de vinte e quatro meses a contar da data da assinatura do contrato.

O art. 11 da Lei nº 9.656/1998, em texto vindo com a Med. Prov. nº 2.177-44, não permite dúvidas, se surge a moléstia depois de vinte e quatro meses do contrato: "É vedada a exclusão de coberturas às doenças e lesões preexistentes à data de contratação dos produtos de que tratam o inciso I e o § 1º do art. 1º desta Lei após vinte e quatro meses de vigência do aludido instrumento contratual, cabendo à respectiva operadora o ônus da prova e da demonstração do conhecimento prévio do consumidor ou beneficiário".

Antes da lei, seguidamente as seguradoras recusavam-se a efetuar a cobertura em razão da preexistência da doença que determinou a despesa, e mormente se provocou o evento letal, não tendo o segurado informado, quando do contrato, que era portador da moléstia. Encontrava arrimo a recusa nos arts. 1.443 e 1.444 do Código Civil de 1916, que equivalem aos arts. 765 e 766 do Código de 2002. O art. 1.444 era o mais importante, e vinha assim redigido: "Se o segurado não fizer declarações verdadeiras e completas, omitindo circunstâncias que possam influir na aceitação da proposta ou na taxa do prêmio, perderá o direito ao valor do seguro, e pagará o prêmio vencido". O correspondente art. 766 do Código atual possui a seguinte redação: "Se o segurado, por si ou por seu representante, fizer declarações inexatas ou omitir circunstâncias que possam influir na aceitação da proposta ou na taxa do prêmio, perderá o direito à garantia, além de ficar obrigado ao prêmio vencido".

Acontece que, em grande parte das vezes, o segurado nem estava ciente da exigência da lei, ou da gravidade da moléstia. As seguradoras aceitavam a proposta, em geral preenchidas por seus prepostos, sem nenhum conhecimento dos interessados quanto aos dados que vinham impressos previamente nos documentos. Competia, realmente, à seguradora precaver-se, e exigir exames médicos sobre o estado de saúde do aderente. Nesta linha inclinava-se considerável corrente jurisprudencial, como a Apel. Cível nº 42.141-4/5, da 2ª Câmara de Direito Privado do TJ de São Paulo, de 17.11.1998: "A empresa que explora plano de seguro-saúde e recebe contribuições de associado sem submetê-lo a exame não pode escusar-se ao pagamento de sua contraprestação, alegando omissão nas informações do segurado. Impositiva, portanto, a procedência da cobrança, reconhecida a obrigação da ré de, em consequência da cobertura securitária, reembolsar ao autor o valor pago a título de despesas médico-hospitalares..., monetariamente atualizada desde o desembolso, além dos juros de mora a partir da citação...".[75]

O reconhecimento como moléstia de um determinado evento que afeta a saúde após o contrato também enseja a cobertura: "O reconhecimento de moléstia como tal, pela Associação Médica Brasileira, após o pacto, leva a que a entidade prestadora de serviços médico-hospitalares lhe assegure cobertura. Hipótese em que não ocorre alteração de cláusulas contratuais, eis que se está a tratar de mera adaptação do contrato à nova realidade, com o reconhecimento oficial da moléstia, como tal. Em assim sendo, não pode pretender a empresa, que explora o serviço de saúde, ver na decisão judicial – que, em adiantamento dos efeitos da tutela, determina dê cobertura às despesas de cirurgia estomacal a que se deve submeter a beneficiária por obesidade mórbida – violação ao que fora pactuado, ou afronta aos princípios do direito adquirido ou do ato jurídico perfeito".[76]

Deve restar a evidência da má-fé nas informações para sustar a cobertura: "Se o segurado não agiu com má-fé, ao prestar declarações sobre seu estado de saúde, e não foi submetido a exame médico pela seguradora, assumiu esta, com o recebimento das prestações, a obrigação de arcar com a obrigação com o pagamento da indenização securitária. E se a parcela do prêmio não fora paga justamente no mês da doença e consequente morte do segurado, o pagamento atrasado, por familiares, é irrelevante e não exclui a indenização devida pela seguradora".[77]

Há decisões que exigem a prévia perícia para verificar a existência da doença preexistente: "Cabe à seguradora exigir perícia médica para analisar a conveniência de se firmar o respectivo contrato. Não havendo prova de doença preexistente que seja do conhecimento do candidato ao seguro e deixando a seguradora de exigir comprovação através de exame especializado, não pode fugir à responsabilidade contratada".[78]

O sentido de "omitir" que estava no art. 1.444 do Código revogado e se encontra no art. 766 do vigente pressupõe a deliberada vontade de ocultar, ou de sonegar informações importantes. A jurisprudência, interpretando temperadamente a lei, rejeitava a exceção ao pagamento quando não precavera-se a seguradora com o antecedente exame de saúde ou nem destacara com termos ostensivos a cláusula de isenção (Lei nº 8.078, de 1990, art. 54, § 4º). A lei exige do segurado fidelidade nas informações prestadas. Todavia, presume-se sua boa-fé (desconhecimento da doença ou da gravidade) quando deixa de informar moléstia já existente, cumprindo à seguradora provar o contrário. Na interpretação do contrato de seguro, deve-se adotar a mesma regra dos de adesão: na dúvida a favor do aderente, bastando a simples ignorância para a prova da boa-fé. A matéria restou examinada no Capítulo sobre a responsabilidade no seguro.

---

[75] Publicada em *ADV – Jurisprudência*, nº 21, 1999, expedição em 30.05.1999, p. 329.

[76] Apel. Cível nº 70002644359, da 6ª Câmara Cível do TJ do RGS, j. em 15.08.2001, *in ADCOAS* 8205076, *Boletim de Jurisprudência ADCOAS* nº 12, p. 185, mar. 2002.

[77] Apel. Cível nº 362.823-5, da 7ª Câmara Cível do TA de Minas Gerais, *DJ* de 17.05.2003, *in ADCOAS* 8218302, *Boletim de Jurisprudência ADCOAS*, nº 30, p. 473, jul.-ago. 2003.

[78] Apel. Cível nº 355.641-2, da 6ª Câmara Cível do TA de Minas Gerais, *DJ* de 19.11.2002, *in ADCOAS* 8215942, *Boletim de Jurisprudência ADCOAS*, nº 17, p. 265, maio 2003.

6. RESPONSABILIDADE NOS CASOS DE URGÊNCIA

Havendo urgência para o atendimento, não se admite prazo de carência maior que vinte e quatro horas. Assim está no art. 12, inciso V, letra 'c', da Lei nº 9.656/1998, em texto da Medida Provisória nº 2.177-44, de 2001, ao prever o "prazo máximo de vinte e quatro horas para a cobertura dos casos de urgência e emergência".

Outrossim, o art. 35-C é enfático: "É obrigatória a cobertura do atendimento nos casos de ... II – de urgência, assim entendidos resultantes de acidentes pessoais ou de complicações no processo gestacional".

No art. 35-C vem delineada a obrigatoriedade da cobertura de atendimento nos casos de:

I – emergência, como tal definidos os que implicarem risco imediato de vida ou de lesões irreparáveis para o paciente, caracterizado em declaração do médico assistente;

II – de urgência, assim entendidos os resultantes de acidentes pessoais ou de complicações no processo gestacional.

III – de planejamento familiar.

A recusa em atendimento importa em ressarcir os gastos exigidos e em reparação por danos morais, o que encontra guarida na jurisprudência: "O prazo de carência para os casos obstétricos diz respeito tão somente aos partos a termo, não podendo tal prazo se aplicar à hipótese dos autos, em que ocorreu aborto na quinta semana de gestação, o que caracteriza atendimento de urgência, sujeitando-se a um prazo de carência de apenas vinte e quatro horas. Aplicação do disposto nos arts. 12, V, *c*, e 35-C, II, ambos da Lei nº 9.656/1998".[79]

Colhem-se no acórdão passagens de outras decisões:

"Plano de saúde. Prazo de carência. Internação de urgência. O prazo de carência não prevalece quando se trata de internação de urgência, provocada por fato imprevisível causado por acidente de trânsito (STJ, 4ª Turma, REsp. nº 222.339/PB, rel. Min. Ruy Rosado de Aguiar, *DJ* de 12.11.2001)".

"A recusa de internação da apelada, que estava grávida e foi obrigada a procurar atendimento em hospital público, onde se constatou a ocorrência de aborto espontâneo, configura dano moral, que impõe o dever de indenizar (TJRJ, 18ª Câmara Cív., Ap. Cív. nº 3376/2002..., registrada em 18.06.2002)".

Há, também, a Súmula nº 597, do STJ, aprovada em 20.11.2017, nos seguintes termos: "A cláusula contratual de plano de saúde que prevê carência para utilização dos serviços de assistência médica nas situações de emergência ou de urgência é considerada abusiva se ultrapassado o prazo máximo de 24 horas contado da data da contratação".

---

[79] Apel. Cível nº 30374/02 da 16ª Câmara Cível do TJ do Rio de Janeiro, j. em 16.10.2003, *DJ* de 11.03.2004, em *Revista* dos *Tribunais*, 825/365.

PARTE 8

RESPONSABILIDADE CIVIL NO DIREITO IMOBILIÁRIO

XXXVIII
Responsabilidade do Construtor e do Empreiteiro

1. O CONTRATO DE CONSTRUÇÃO POR EMPREITADA

Pelo contrato de construção, combina-se a edificação ou erguimento de um prédio ou qualquer outra obra, mediante o pagamento de certo preço. De um lado, está aquele que será o dono da obra, e que acerta a construção por meio de empreitada; de outro, aparece o construtor, que é a pessoa física ou jurídica devidamente habilitada, que se incumbe de executar e edificar a obra.

A construção levada a efeito pelo proprietário, que a administra e coordena os empregados, faz incidir na sua pessoa a responsabilidade pelos defeitos e danos causados a terceiros. Já ele contratando a construção, procede-se por meio do contrato de empreitada, que se define como o ajuste pelo qual uma das partes obriga-se a executar por si só, ou com o auxílio de outros, mas sem dependência ou subordinação, determinada obra, ou a prestar certo serviço, e a outra a pagar o preço global ou proporcional ao trabalho realizado. Como salienta Arnoldo Wald, "alguém faz ou manda fazer uma obra ou um serviço com autonomia aos seus próprios riscos, recebendo o pagamento pela obra ou pelo serviço, caracterizando-se o contrato pela sua finalidade, pelo resultado alcançado e distinguindo-se do contrato de trabalho, por exemplo, pela ausência de um vínculo de subordinação e de continuidade de um dos contratantes em relação ao outro".[1]

Desdobrando-se o conceito, aparecem duas formas de objeto: ou a realização de uma obra, ou a execução de um serviço. Aquele que executa ou faz executar a obra denomina-se empreiteiro. E dono da obra, ou empreitante, é quem determina a execução do trabalho e efetua o pagamento do preço.

Vasto é o campo da contratação de obras através da empreitada, tornando-se comum em construções e demolições de edifícios e casas, aberturas de ruas e estradas, implantação de infraestrutura de loteamentos, reformas e pinturas de prédios, reparos em bens móveis, plantações, ajardinamentos, colocação de cercas em campos e pastagens, fabricação de mobiliários, derrubadas de matas, lavração de terrenos para culturas agrícolas, drenagem e terraplanagem etc.

O mero contrato de se elaborar um projeto não importa em assumir a obrigação de sua execução, ou de fiscalizá-la e acompanhá-la, o que parece óbvio, embora tenha o atual

---

[1] *Curso de Direito Civil Brasileiro – Obrigações e Contratos*, 3ª ed., São Paulo, Sugestões Literárias S. A., 1972 pp. 307-308.

Código introduzido norma a respeito, consubstanciada no § 2º do art. 610: "O contrato para elaboração de um projeto não implica a obrigação de executá-lo, ou de fiscalizar-lhe a execução". É comum contratar unicamente a elaboração de planta ou projeto especial, e encarregar outro profissional para a execução.

2. OBRIGAÇÃO DE RESULTADO

Decorre a responsabilidade do construtor do contrato de empreitada, o qual não se confunde com o contrato de prestação de serviços, que visa o serviço em si, enquanto naquele se busca a obra, isto é, o resultado do serviço.

Tem-se, outrossim, uma obrigação de resultado, pois o objeto é executar ou realizar uma obra. Assume o construtor a obrigação de apresentar um resultado, o qual se alcança com a entrega da obra. Na obrigação de meio, deverá aquele que se compromete empregar habilidade, perícia, conhecimento, técnica, diligência, demonstrando total capacidade e perfeita idoneidade, não se impondo que se alcance um determinado o resultado, sendo exemplos as profissões do médico e do advogado.

Cuidando-se de obrigação de resultado, uma série de exigências se exige, como a obediência aos projetos, a eficiente execução, a solidez estrutural, de modo a entregar a obra sem defeitos e imperfeições. Daí se concluir que está pressuposta também a obrigação de meio. Realmente, não se alcança o resultado objetivado se não procedida a obra com a de técnica, com a prudência e diligência recomendadas pela ciência da engenharia.

3. ESPÉCIES DE CONTRATO DE CONSTRUÇÃO POR EMPREITADA

O Código Civil prevê duas espécies de construção por empreitada, conforme o art. 610, que são a empreitada de lavor ou mão de obra e a global ou mista: "O empreiteiro de uma obra pode contribuir para ela só com seu trabalho ou com ele e os materiais".

Por outras palavras, existem:

a) A empreitada de lavor ou de mão de obra, constituída de uma obrigação de fazer, em que o empreiteiro contribui apenas com o seu trabalho.

Ao proprietário incumbe o fornecimento dos materiais e o pagamento da mão de obra, o que ocorre na medida em que os trabalhos se desenvolvem. O empreiteiro simplesmente recebe a remuneração, combinada em uma percentagem acertada sobre a soma dos valores gastos pelo dono da obra. A sua obrigação se prende à direção e à fiscalização dos trabalhos. Está ele coberto dos riscos decorrentes da oscilação dos preços dos materiais, o que representa, sem dúvida, maior segurança no resultado do trabalho contratado.

b) A empreitada mista, ou o contrato de empreitada propriamente dito, ou de empreitada global, quando o empreiteiro fornece também os materiais necessários à execução do trabalho, envolvendo uma obrigação de fazer e de dar. Deverá estar contemplada em lei ou vir expressa através de convenção esta modalidade, na imposição do § 1º do art. 610: "A obrigação de fornecer os materiais não se presume; resulta da lei ou da vontade das partes". Importando em custo extremamente superior a empreitada, deverá ficar bem caracterizada e definida, de sorte a não resultar dúvidas.

A responsabilidade do empreiteiro é bem maior nesta espécie. Tudo fica a seu cargo, ou seja, o fornecimento de mão de obra e de materiais, a direção e a supervisão. O preço acertado deve abranger todas as despesas necessárias para a concretização da obra. Inexistindo previsão, não cabe o direito a qualquer acréscimo, muito embora se tenha verificado o aumento do custo do material e dos salários dos empregados. Assim, a orientação é não admitir a invocação da cláusula *rebus sic stantibus*, mesmo ocorrendo o empobrecimento do empreiteiro, face a alta dos preços no curso do empreendimento.

Nas incorporações, há dispositivo expresso proibindo o reajuste, quando a construção é feita pelo regime de empreitada a preço fixo. Os reajustes vêm previstos na Lei nº 4.591, de 1964. Sendo fixo o preço, estabelece o art. 55, § 1º, que será o mesmo "irreajustável, independentemente das variações que sofrer o custo efetivo das obras e quaisquer que sejam suas causas". Se a preço variável o contrato, haverá aumentos de acordo com a variação dos preços da mão de obra e do custo dos materiais, no que encontra amparo no § 2º do mesmo art. 55, onde se permite que "o preço será reajustado na forma e nas épocas nele expressamente previstas, em função da variação dos índices adotados, também previstos obrigatoriamente no contrato".

Relativamente à determinação do preço, surgem três modalidades:

a) A empreitada de preço fixo, estabelecendo-se a remuneração pela obra inteira, sem consideração ao desenvolvimento da mesma. Mas nada impede o fracionamento das prestações, ou o escalonamento dentro de um cronograma previamente fixado, cujo critério pode ser a metragem concluída, o que normalmente acontece.

A preço fixo também costuma-se designar a empreitada que não prevê o reajuste dos pagamentos, em função da variação dos preços da mão de obra e dos materiais. Embora verificada a variação, em princípio mantém-se o valor estabelecido, por determinação do art. 619: "Salvo estipulação em contrário, o empreiteiro que se incumbir de executar uma obra, segundo plano aceito por quem a encomendou, não terá direito a exigir acréscimo no preço, ainda que sejam introduzidas modificações no projeto, a não ser que estas resultem de instruções escritas do dono da obra".

A rigidez da regra é atenuada se tácito o consentimento do dono nas modificações, o que decorre de sua presença constante na obra e, assim, da verificação por ele próprio, sem que tenha manifestado alguma oposição. Oportunamente o Código Civil trouxe a previsão dessa possibilidade no parágrafo único do art. 619: "Ainda que não tenha havido autorização escrita, o dono da obra é obrigado a pagar ao empreiteiro os aumentos e acréscimos, segundo o que for arbitrado, se, sempre presente à obra, por continuadas visitas, não podia ignorar o que se estava passando, e nunca protestou".

A inovação procura dirimir casos frequentes de controvérsias decorrentes de alterações da obra, beneficiando o proprietário, o qual, no regime do Código anterior, dada a ausência de disposição a respeito, se negava a ressarcir o empreiteiro, em detrimento do qual obtinha vantagem. Especialmente nas empreitadas celebradas com o Poder Público, eram impostas alterações que encareciam os custos, mas surgindo, posteriormente, a peremptória negativa em readaptar o preço, invocando-se várias escusas, como a falta de previsão na licitação ou a omissão de alteração no contrato.

Finalmente, a mera correção monetária do preço não altera a espécie de empreitada. Importa considerar como preço fixo aquele combinado para a obra toda, impondo-se a variação do montante segundo o índice de atualização adotado quando o pagamento desdobra-se em prestações.

b) A empreitada de preço combinado de acordo com as partes da obra. O valor está programado para cada setor, *v. g.*, do prédio. A sua composição é o resultado da soma dos valores estipulados para os diversos componentes do edifício. De modo que, ao concluir-se a colocação dos fundamentos, satisfaz-se uma parcela; ao se erguer estrutura de concreto, mais uma cifra em dinheiro é paga, e assim por diante.

c) A empreitada com reajustamento, ou contendo cláusula permissiva da variação do preço em decorrência da variação do custo dos materiais e da mão de obra. Permite esta modalidade que as partes, em razão das alterações de preço dos componentes da obra, revejam, periodicamente, a retribuição contratada. As quantias devidas sofrerão reajustes segundo a majoração das mercadorias necessárias ou dos salários, desde que relacionados a tais itens.

4. OBRIGAÇÕES E RESPONSABILIDADE DO CONSTRUTOR EMPREITEIRO

A principal obrigação do empreiteiro é realizar a obra ou o serviço no prazo estabelecido, de acordo com as condições convencionadas, ou os usos e costumes do local. É o que emana da primeira parte do art. 615: "Concluída a obra de acordo com o ajuste, ou o costume do lugar, o dono é obrigado a recebê-la. Poderá, porém, rejeitá-la, se o empreiteiro se afastou das instruções recebidas e dos planos dados, ou das regras técnicas em trabalhos de tal natureza".

No caso de mora do empreiteiro, ou de defeitos na obra, o dono pode optar entre o recebimento com a exigência de abatimento do preço, ou a rescisão do contrato, com perdas e danos. O art. 616 confirma a possibilidade de abatimento do preço. Mas nada impede ao dono postular a correção ou o saneamento das imperfeições, o que está previsto em algumas legislações.

Nesta hipótese, se o empreiteiro recusar-se a corrigir os defeitos, ou permitir que transcorra o lapso de tempo a isto destinado, reconhece-se ao dono da obra a faculdade de, alternativamente, resolver o contrato, enjeitando a obra, ou recebê-la com abatimento proporcional do preço.

Obrigando-se o empreiteiro a efetuar a entrega no prazo convencionado, se incorrer em mora, responderá por perdas e danos, caso ao dono interesse o recebimento. Mas se dividida em partes distintas a obra, ou se é daquelas que se determinam por medida, constitui dever efetuar a entrega também em partes, ou por medida, desde o momento da conclusão.

A respeito, prevê o art. 614: "Se a obra constar de partes distintas, ou for de natureza das que se determinam por medida, o empreiteiro terá direito a que também se verifique por medida, ou segundo as partes em que se dividir, podendo exigir o pagamento na proporção da obra executada".

Vê-se, pois, que a entrega por medidas ou parcelada constitui um direito assegurado ao empreiteiro, que, assim, se desvinculará da responsabilidade inerente à guarda e manutenção, possibilitando-se-lhe, se não concluir, procurar o pagamento na proporção da execução. Não constitui razão para afastar a obrigação o fato de não ter chegado ao seu término.

O § 1º traz uma norma importante no tocante à responsabilidade: "Tudo o que se pagou presume-se verificado". Por outras palavras, o pagamento da parte concluída estabelece a presunção de que foi a mesma verificada e aceita, desde que o pagamento seja posterior e já devido. Importa em presumir a verificação pelo dono. Admite-se, no entanto, prova em contrário, desde que as falhas, ou defeitos, ou extensão inferior, forem denunciados no lapso de trinta dias após a medição, em regra trazida pelo § 2º do mesmo art. 614: "O que se mediu presume-se verificado se, em 30 (trinta) dias, a contar da medição, não forem denunciados os vícios ou defeitos pelo dono da obra ou por quem estiver incumbido da sua fiscalização". Por conseguinte, abre-se a oportunidade para eventuais impugnações, numa medida que levou em conta a dificuldade da exata análise quando do recebimento da obra, ou mesmo do pagamento, fatos que fazem concluir que houve medição. Realmente, é difícil uma constatação no momento da entrega do trabalho ou da obra. Às vezes, com o passar de algum tempo, e com o uso, é que surgem os defeitos e imperfeições.

A execução da obra deverá ser pessoal na hipótese de celebrado o contrato em vista das aptidões e qualidades do empreiteiro. Afora este caso, ou não celebrado o contrato *intuitu personae*, não se considera proibida a subempreitada parcial, ou de partes da obra. Dizia em tempos antigos Eduardo Espínola: "É universalmente admitido que o empreiteiro é obrigado a executar a obra pessoalmente ou por empregados sob sua responsabilidade, porquanto o dono da obra contrata confiando nas qualidades técnicas e na idoneidade do empreiteiro. As subempreitadas, porém, não são excluídas. Alguns códigos o declaram expressamente, mas com a ressalva de serem autorizadas pelo comitente".[2]

Estipula o art. 617: "O empreiteiro é obrigado a pagar os materiais que recebeu, se por imperícia ou negligência os inutilizar". É que, ponderava Clóvis quando do início da vigência do Código anterior, recebendo "os materiais para a factura da obra, afirma o empreiteiro achar-se habilitado a manejá-los, com necessário zelo, e segundo as regras da sua arte. Se se mostra desleixado ou imperito, e, por essa razão, inutiliza o que lhe foi entregue para o preparo da obra, deve indenizar o prejuízo causado".[3]

Quanto à responsabilidade na empreitada com o fornecimento de materiais, prescreve o art. 611: "Quando o empreiteiro fornece os materiais, correm por sua conta os riscos até o momento da entrega da obra, a contento de quem a encomendou, se este não estiver em mora de receber. Mas se estiver, por sua conta correrão os riscos".

O Código de 1916, no art. 1.238, repartia os riscos por igual "contra as duas partes".

De sorte que, até verificar-se a entrega e o recebimento da obra construída, está em vigor a obrigação do empreiteiro. Perecendo a obra, ou vindo ela a sofrer qualquer risco antes de concluída ou antes da entrega, sem verificar-se a *mora accipiendi*, não cabe imputar responsabilidade ao dono ou a quem encomendou. Os riscos que ocorrerem, e daí as decorrências, serão suportados pelo empreiteiro.

Unicamente no empreiteiro incide a responsabilidade, se não houver mora em receber. Verificada a mora, não se lhe atribui qualquer ônus, entende a doutrina, como a de Luiz

---

[2] *Dos Contratos Nominados no Direito Civil Brasileiro*, Rio de Janeiro, Gazeta Judiciária – Editora S. A., 1953, p. 287, nota nº 29.

[3] *Código Civil dos Estados Unidos do Brasil Comentado*, Rio de Janeiro, Livraria Francisco Alves, 1953, vol. IV, p. 431.

Roldão de Freitas Gomes: "Relativamente aos riscos, correm por conta do empreiteiro, quando ele fornece materiais, se o dono da obra não estiver em mora para recebê-la. Caso haja acidente, neste caso o prejuízo é do empreiteiro, porque não satisfez a obrigação de entrega da obra".[4]

Necessário esclarecer que a mora do credor não se configura com a simples recusa de receber. É necessário a ocorrência de culpa na recusa. Se esta se fundar em motivo razoável e justo, não fica caracterizada a mora, o que sujeitará o empreitante a responder pelos riscos que, por qualquer forma, venham a afetar a construção. São motivos que amparam o não recebimento: a evidência de imperfeições e defeitos, a inconclusão nos seus acabamentos, entre outros. Na própria redação do dispositivo transcrito que a obra deve ser entregue a contendo de quem a encomendou. Ou seja, que esteja pronta e no padrão da contratação.

Havendo mora em receber, admite-se a atribuição da responsabilidade também ao empreiteiro, e não apenas ao empreitante, se ocorrer, da parte do primeiro, culpa, negligência ou má-fé na conservação e guarda. Para Alfredo de Almeida Paiva, é mantida a sua responsabilidade se não colocar a coisa à disposição do empreitante: "Para desonerar-se dos ricos e dos ônus que a lei expressamente lhe impõe, caberá ao empreiteiro colocar a obra construída à disposição de quem a encomendou, depositando-a em seu nome ou consignando-a à sua ordem. Ficará, assim, desonerado de todos os riscos da obra construída, os quais passarão a correr por exclusiva conta de quem a encomendou".[5]

Na empreitada de lavor, em que o empreiteiro fornece a mão de obra apenas, ordena o art. 612 que todos os riscos em que ele não tiver culpa correrão por conta do dono. Acontece que o empreitante é o proprietário dos materiais fornecidos. Incumbe-lhe, pois, demonstrar que os riscos sofridos advieram da culpa do empreiteiro, para obrigá-lo à indenização.

Ainda no caso de empreitada unicamente de lavor, estabelece o art. 613 que, "se a coisa perecer antes de entregue, sem mora do dono nem culpa do empreiteiro, este perderá a retribuição, se não provar que a perda resultou de defeito dos materiais e que em tempo reclamara contra a sua quantidade ou qualidade".

Ressalta o perecimento da obra, antes da entrega, sem mora do empreitante no recebimento, e sem culpa do empreiteiro. Perderá, então, este quaisquer direitos, inclusive quanto à remuneração, a menos que prove decorrer a perda de defeitos dos materiais e que tenha, em tempo, reclamado contra a sua quantidade ou qualidade.

Trata-se, sem dúvida, de um caso de responsabilidade objetiva, cuja aplicação não se coaduna com o art. 612.

Outrossim, a responsabilidade do empreiteiro, na previsão do art. 624, envolve a indenização por perdas e danos, se ele resilir o contrato sem justa causa. Reza o preceito: "Suspensa a execução da empreitada sem justa causa, responde o empreiteiro por perdas e danos". Embora utilizado o termo 'suspensa', há de se entender que a obrigação de indenizar abrange também a resilição. Ou seja, corresponde tanto no adiamento da obra como no completo abandono ou desistência. As perdas e danos compreendem os prejuízos

---

[4] *Curso de Direito Civil – Contratos, – Contratos*, Rio de Janeiro, Livraria e Editora Renovar Ltda., 1999, p. 256.

[5] *Aspectos do Contrato de Empreitada*, 2ª ed., Rio de Janeiro, Edição Revista Forense, 1997, pp. 49 e 50.

resultantes, como o aumento de custo na contratação de novo empreiteiro e na falta de rendimentos que traria a obra, incidente no período em que ficaria pronta, até o momento em que conseguiu, ou era presumível que conseguisse, a confecção por novo empreiteiro.

5. OBRIGAÇÕES E RESPONSABILIDADE DO DONO DA OBRA OU EMPREITANTE

A obrigação de extremo realce do empreitante é pagar o preço previamente ajustado no contrato ou fixado de acordo com a medição do serviço, ou de outra forma apurado.

A consequência mais importante do pagamento é a presunção que dele decorre da verificação da obra pelo dono, com significado de aprovação, impedindo posterior reclamação. Tendo este efeito, se o contrato não especifica quando seria o mesmo satisfeito, entende-se que há de ser no momento da entrega da obra, e não quando do término da obra, ou da verificação.[6]

Cumpre-lhe pagar tempestivamente as somas acertadas. Se deixa de assim proceder, é justa a suspensão da construção pelo empreiteiro, procedimento que encontra arrimo no inc. I do art. 625 do Código Civil. Mas será de bom alvitre a interpelação do empreitante para a constituição em mora.

Obriga-se, ainda, o dono da obra, quando lhe incumbe o fornecimento de materiais, a colocá-los à disposição do empreiteiro tempestivamente. Observa Orlando Gomes: "Retardando-se no cumprimento de tal obrigação, incorre em mora, podendo, em consequência, ser responsabilizado pelos prejuízos advindos do atraso. Nesse caso, também assiste ao empreiteiro o direito de notificar o dono da obra para que forneça os materiais em certo prazo, sob pena de rescisão do contrato".[7]

O recebimento da obra aparece como outra importante obrigação, pois a recusa, sem justa causa, importa em mora, transferindo-se ao dono os riscos, ensejando que responda por perdas e danos, e por despesas decorrentes da conservação e guarda, como faz entender o art. 615.

Há um dever de receber a obra, a menos que não apresente as qualidades prometidas. Por outras palavras, admite-se a recusa se não foram obedecidas as instruções transmitidas e combinadas, ou se não observadas as regras técnicas de execução, ou se a obra revela defeitos ou vícios. Aceita-se o recebimento provisório para verificação, concedendo-se, para dar o resultado da aceitação, um prazo determinado. Recebida a coisa, presume-se aprovado o trabalho do empreiteiro, que se libera do dever de execução e da responsabilidade dos vícios aparentes. Perdura o liame contratual quanto aos vícios ocultos somente.

Na hipótese de haver o empreiteiro se afastado das instruções recebidas, ou do projeto, ou do plano, ou da planta, ou das normas técnicas exigíveis para o caso, ao invés de enjeitar a obra, autoriza o art. 616 o abatimento do preço, na proporção das insuficiências, carências e defeitos que apresentar: "No caso da segunda parte do artigo antecedente, pode quem encomendou a obra, em vez de enjeitá-la, recebê-la com abatimento do preço". Há uma simples faculdade, cuja decisão está na vontade do empreitante, que, naturalmente, optará por tal opção se conservar a coisa a finalidade a que se destina.

---

[6] Pontes de Miranda, *Tratado de Direito Privado*, 3ª ed., Rio de Janeiro, Editor Borsoi, 1972, vol. 44, p. 417.

[7] *Contratos*, 12ª ed., Rio de Janeiro, Forense, 1989, p. 336.

A mera recusa em receber não autoriza o empreiteiro a pretender a resolução do negócio, ou à indenização por inadimplemento, porquanto o contrato, quanto ao objeto principal, já está consumado, restando tão unicamente a mora por alguma consequência que surgir posteriormente ao término da obra. A indenização, neste caso, consistirá no ressarcimento de gastos a que se viu envolvido o construtor na conservação e na guarda do bem. Exemplificava Pontes de Miranda: "Se a obra, em caso de mora de receber, sofreu danos, de jeito que o empreiteiro teve de consertar, limpar, rejuntar ou substituir peças, assiste a esse a pretensão à indenização, por se tratar de serviços ou de gastos, ou de serviços e gastos não incluídos na retribuição".[8]

Quanto à responsabilidade, recai ela na pessoa do empreitante nas seguintes situações:

– Se configurar-se a mora *accipiendi* por quem encomendou a obra, através da injustificada negativa em recebê-la na oportunidade própria, os riscos correrão contra ele, podendo o empreiteiro também responder se ele se revelou desidioso na guarda e conservação – art. 611.

– No caso de o empreiteiro só fornecer mão de obra, não tendo ele culpa, todos os riscos correrão por conta do empreitante ou dono – art. 612.

– Igualmente na empreitada de lavor, perecendo a coisa antes da entrega, havendo mora do dono e não existindo culpa do empreiteiro, não será ele – o dono – indenizado, mas arcará com os prejuízos, embora prove que a perda não resultou de defeito dos materiais, e que em tempo algum houve reclamação contra a sua quantidade ou qualidade. Compete-lhe, outrossim, pagar a remuneração do empreiteiro. Mas, não provada a mora do dono, e mesmo que inexistente culpa do empreiteiro, não cabe a retribuição – art. 613.

– Finalmente, responde o empreitante pelas despesas havidas e lucros relativos aos serviços já feitos que teria o empreiteiro, mais por indenização razoável calculada em função do que ganharia se a obra fosse levada até o final, na hipótese de resilir ou pôr término ao contrato – art. 623.

6. RESPONSABILIDADE POR VÍCIOS DE SOLIDEZ OU SEGURANÇA

O art. 618 da lei civil delimita o prazo de cinco anos para a responsabilidade em certas obras: "Nos contratos de empreitada de edifícios ou outras construções consideráveis, o empreiteiro de materiais e execução responderá, durante o prazo irredutível de 5 (cinco) anos, pela solidez e segurança do trabalho, assim em razão dos materiais, como do solo".

As obras envolvem edifícios, pontes, estradas, reservatórios de água, viadutos e outras de valor e consistência.

Contrariamente ao que pensava Caio Mário da Silva Pereira no regime do Código anterior,[9] a interpretação correta consiste em que o prazo é de simples garantia. Durante cinco anos o construtor obriga-se a assegurar a solidez e a garantia da construção. Mas não envolve a indenização pelos prejuízos que advierem da imperfeição da obra, que poderia ser proposta no prazo de vinte anos no sistema do Código anterior, como ratificava

---

[8] *Tratado de Direito Privado*, vol. 44, obra citada, p. 417.
[9] *Instituições de Direito Civil*, 3ª ed., Rio de Janeiro, Forense, 1975, vol. III, p. 289.

a jurisprudência: "... Se os defeitos são de construção, o prazo prescricional vintenário do art. 177 da lei civil começou a fluir desde a sua verificação pela perícia.

O prazo quinquenal de garantia do art. 1.245 não concerne à edificação defeituosa e consequentes danos, cuja responsabilidade firma-se em dolo ou culpa do construtor, elemento subjetivo estranho, que é objetiva... Incide o art. 177, depois de ultrapassados os cinco anos do art. 1.245, que constituem prazo de garantia da solidez. Tais vícios, porém, já existiam desde a construção".[10] Os arts. 1.245 e 177 mencionados correspondem aos arts. 618 e 205 do atual Código.

Carvalho Santos mostrava-se incisivo neste ponto, lembrando a equivalência de tratamento pelo Código anterior e pelo atual: "O prazo de cinco anos aí prefixado não diz respeito ao exercício da ação que o proprietário pode intentar contra o construtor, em razão de sua responsabilidade. Esta sim é que se presume sempre, se se manifestam os vícios da obra ou sobrevém a ruína nesse prazo.

De fato, nos termos do texto comentado, o construtor fica obrigado a garantir a solidez e a segurança da construção que fizer pelo prazo de cinco anos. Mas não obriga a lei que o dono da obra intente a sua ação nesse mesmo prazo. Pelo que, parece evidente a sua ação prescreverá em vinte anos, contados do momento em que se verificar a falta de segurança ou solidez da obra".[11]

Clóvis, analisando a doutrina francesa, era do mesmo pensamento, propagando a aplicação no direito comum.[12]

Presentemente, o Código Civil em vigor, visando dirimir as controvérsias que grassavam antes, introduziu regra expressa de decadência, fixando em cento e oitenta dias o lapso assegurado para a reclamação indenizatória, de acordo com o parágrafo único do art. 618: "Decairá do defeito assegurado neste artigo o dono da obra que não propuser a ação contra o empreiteiro, nos 180 (cento e oitenta) dias seguintes ao aparecimento do vício ou defeito".

Por último, a responsabilidade excepcional a que alude o art. 618 não se aplica a todo e qualquer empreiteiro, mas tão somente àquele que fornece os materiais e o trabalho.

Não se pode olvidar, por último, que a responsabilidade prevista no art. 618 mantém-se na pessoa do autor do projeto se a execução da obra for confiada a terceiros, não arcando ele com outras decorrências desde que não assuma a direção ou fiscalização. É o que está no art. 622: "Se a execução da obra for confiada a terceiros, a responsabilidade do autor do projeto respectivo, desde que não assuma a direção ou fiscalização daquela, ficará limitada aos danos resultantes de defeitos previstos no art. 618 e seu parágrafo único".

Constata-se, sem dúvida, uma incoerência na previsão, ou não se encontra bem redigida a regra. A responsabilidade do art. 618 restringe-se à empreitada global, isto é, àquela de lavor e de fornecimento de materiais. Havendo a transferência de execução, o autor do projeto não executa a obra e nem fornece os materiais. Destarte, inconcebível que vá responder pela solidez e segurança do trabalho, tanto em razão dos materiais como

---

[10] Apel. Cível nº 4.668/97, da 2ª Câmara Cível do TJ do Rio de Janeiro, de 16.09.1997, em *Direito Imobiliário – COAD*, Acórdãos Selecionados, p. 26, set./out. 1998. A *ratio* acima é adotada pelo STJ, como revela, dentre outros, o REsp. nº 73.022/SP, de 14.05.1996.

[11] *Código Civil Brasileiro Interpretado*, 8ª ed., Rio de Janeiro, Freitas Bastos, 1964, vol. XVII, pp. 347 e 348.

[12] *Código Civil dos Estados Unidos do Brasil Comentado*, vol. IV, obra citada, pp. 432-433.

do solo. A menos que se tenha seguido à risca o projeto, com o erguimento no solo e o uso dos materiais que constam rigorosamente no dito projeto.

7. RESPONSABILIDADE POR DEFEITOS E IMPERFEIÇÕES

Afora a hipótese do art. 618, que se restringe à solidez e segurança, desponta a responsabilidade por defeitos e imperfeições da obra (infiltrações, vazamentos, rachaduras), conforme se retira do art. 615, que preceitua: "Concluída a obra de acordo com o ajuste, ou o costume do lugar, o dono é obrigado a recebê-la. Poderá, porém, rejeitá-la, se o empreiteiro se afastou das instruções recebidas e dos planos dados, ou das regras técnicas em trabalhos de tal natureza".

Naturalmente, se a obra revela defeitos ou imperfeições, decorre que o empreiteiro não seguiu as obrigações ou exigências do contrato.

De acordo com ponderável corrente da doutrina, estende-se a incidência das normas sobre os vícios redibitórios aos defeitos e imperfeições das construções. Quanto à decadência para exercer os direitos pertinentes, aplicam-se especialmente as disposições do art. 445 e seus parágrafos, que fixam os prazos de trinta dias ou um ano, conforme forem móveis ou imóveis os bens.

Eis o conteúdo do art. 445: "o adquirente decai do direito de obter a redibição ou abatimento no preço no prazo de 30 (trinta) dias se a coisa for móvel, e de 1 (um) ano se for imóvel, contado da entrega efetiva; se já estava na posse, o prazo conta-se da alienação, reduzido à metade".

Mesmo que este último dispositivo mencione o termo "adquirente" da coisa, enquanto, na espécie, está-se diante de contrato de construção mediante empreitada, como se depreende da redação do art. 615, não se encontra um regramento diferente no direito vigente que defina um prazo decadencial próprio. Daí a aplicação por analogia.

Realmente, não existindo a previsão específica de um determinado período para a reclamação, não se conclui que se deva aplicar o prazo de extinção dos direitos estabelecido para promover a pretensão em geral, como o do art. 205. Configurar-se-ia uma incoerência, porquanto para os defeitos mais graves que afetam a solidez e segurança do prédio limita-se o prazo a cinco anos, e para defeitos menores haveria um lapso de tempo maior.

A toda evidência, com mais razão regulam a matéria as regras sobre vícios redibitórios na aquisição de uma construção, justamente porque a aquisição consta contemplada explicitamente no referido art. 445.

Em qualquer caso, seja adquirente do bem ou da empreitada, opera-se a aplicação dos mencionados lapsos temporais para o exercício do direito, contados da entrega efetiva, ou da alienação se já está na posse, mas reduzidos à metade. Possui relevância, ainda, o § 1º do art. 445: "Quando o vício, por sua natureza, só puder ser conhecido mais tarde, o prazo contar-se-á do momento em que dele tiver ciência, até o prazo máximo de 180 (cento e oitenta) dias, em se tratando de bens móveis; e de 1 (um) ano, para os imóveis". Nos casos, pois, de não se ostentarem os vícios, mas surgindo com o uso, proveito, ou desgaste, naturalmente quando do efetivo aparecimento começam a fluir os prazos constantes do dispositivo.

8. RESPONSABILIDADE SOLIDÁRIA PELOS DANOS CAUSADOS A TERCEIROS

No caso, firmam-se a responsabilidade contratual, porque prevista nas estipulações das partes; a responsabilidade extracontratual, que deriva do dolo ou da culpa; a responsabilidade legal, eis que indicada pela lei; e a responsabilidade objetiva, pela qual fica obrigado o construtor pelo simples fato de causar danos a terceiros. Acrescenta Hely Lopes Meirelles: "É necessário que se leve em conta não só as normas civis que a disciplinam, como também as disposições éticas e administrativas regulamentadoras do exercício da engenharia e da arquitetura".[13]

É comum o aparecimento de problemas a terceiros nas construções. Especialmente os prédios vizinhos sofrem as consequências, aparecendo, *v. g.*, em suas paredes trincas, fissuras, fendas e rachaduras, rebaixamento, infiltrações. Os resíduos provindos de edifícios altos provocam entupimentos nas calhas dos telhados próximos, além de penetrarem nos interiores das residências, ou serem despejados nos pátios das casas. Inclusive a queda de objetos ou materiais pode causar danos físicos às pessoas. No tocante à segurança, expõe Hely Lopes Meirelles: "A proteção à segurança tanto abrange as propriedades urbanas como as rurais, as de habitação como as de uso comercial, industrial ou agrário; as edificações principais como as acessórias, tapumes, mobiliário e demais complementos da construção, bem assim o terreno em si mesmo, ainda que sem qualquer benfeitoria, e suas servidões".[14]

Várias as teorias que buscam a responsabilidade ou do empreiteiro, ou do proprietário da obra, ou solidariamente dos dois. Embora prepondere a que sujeita o empreiteiro à obrigação de indenizar, especialmente na empreitada mista, ou com fornecimento de materiais, envolvendo o dono da obra unicamente se ele estiver em mora no recebimento, o certo é que ao prejuízo causado se deve assegurar total garantia na reparação, o que somente ocorrerá se ambos os contratantes puderem ser responsabilizados. Conquanto não proceda culposamente o proprietário, e a obra siga estritamente as normas técnicas mais recomendadas, não se exime ele de indenizar. Havendo dano no prédio vizinho, o dono da obra responde pelos reparos. Os riscos da construção correm por conta do empreiteiro, mas o dano advindo à propriedade vizinha recai na pessoa do proprietário, que terá condições de agir regressivamente, após, contra aquele. O art. 1.299 do Código Civil enseja esta atribuição de responsabilidade: "O proprietário pode levantar em seu terreno as construções que lhe aprouver, salvo o direito dos vizinhos e os regulamentos administrativos".

É a prevalência da teoria da responsabilidade objetiva, perfeitamente aplicável no caso, fundada na ideia do risco-proveito (*ubi emolumentum, ibi onus*).[15]

A razão justificando a responsabilidade está bem exposta no Recurso Extraordinário nº 84.328, através do voto do Min. Leitão de Abreu, que se atrela ao art. 572 da lei civil de 1916, cuja redação, é igual à do art. 1.299 do Código vigente: "Se o empreiteiro tiver exclusivamente a responsabilidade da construção, não será preposto do dono da obra (Baudry-Lacantinerie et Barbe, *Obligations*, vol. 4º, nº 2.913; Delvaux, nº 446; Planiol-Ripert, vol. 6º, nºs 645 e segs.). Neste caso, não é possível falar-se no art. 1.521, nº III, do Código Civil; e, se não houve culpa, por parte do proprietário, tão pouco é

---

[13] *Direito de Construir*, 4ª ed., São Paulo, Editora Revista dos Tribunais, 1983, p. 233.
[14] *Direito de Construir*, ob. cit., p. 18.
[15] Marco Aurélio S. Viana, *A Empreitada de Construção nas decisões dos Tribunais*, São Paulo, Editora Saraiva, 1980, pp. 19-20.

lícito invocar-se o art. 159 do Código Civil. Assim, o proprietário será responsabilizado, mas em face do art. 572 do Código Civil: a expressão 'salvo o direito dos vizinhos' é suficiente para resguardá-los das ofensas à lei da boa vizinhança. Quanto ao empreiteiro, é força apelar para o art. 159. Conciliam-se, dessarte, as duas teorias, permitindo-se que o vizinho acione o proprietário ou o empreiteiro; apenas, como dissemos, a responsabilidade do empreiteiro deverá basear-se no art. 159 do Código Civil; ao passo que a do proprietário, que não tiver incorrido em culpa, defluirá da infração de uma obrigação legal: a de respeitar os direitos de seu vizinho".[16] Os arts. 1.521, nº III, e 159, referidos no texto, equivalem aos arts. 932, inc. III, e 186 do Código em vigor.

A invocação do art. 1.299 torna irrelevante a circunstância da inexistência de laço de subordinação entre o empreiteiro e o dono da obra.

De outra parte, justifica-se a responsabilidade solidária, pois, como sustenta o Min. Cordeiro Guerra na mesma decisão, e em texto plenamente atual, "o direito fundamental a ser defendido é o do vizinho, isto é, daquele que quer viver em paz, do que sofreu o dano. De modo que, sem ignorar exatamente a posição tripartite da jurisprudência, eu me fixo na responsabilidade solidária, porque, se o dono da obra, que é quem ia ter o proveito escolheu mal ou não fiscalizou o construtor, ou mesmo por impossibilidade de o fazer, muito menos teria responsabilidade o vizinho que sofreu o dano. Ele não poderia escolher o construtor, não poderia fiscalizá-lo; entretanto, ele é que teve o prejuízo. O proveito, se existir, é para o dono do terreno no qual se levanta a construção.

Por outro lado, nada impede que o dono da obra busque o ressarcimento da negligência, imprudência ou imperícia do construtor que ele mesmo escolheu. Se esse construtor é inidôneo, é razoável que o dono do prédio, onde a obra se executava, responda e não o vizinho que não tira nenhum proveito. Proposta a ação, o proprietário deve chamar à responsabilidade o construtor, e se não o fez é porque esse construtor era inidôneo, o que, por si só, justifica a ação contra ele proposta".[17]

No mínimo, é de admitir-se a responsabilidade subsidiária do titular da obra, para suportar os danos no caso de inidôneo ou insolvente o empreiteiro.

No descumprimento das obrigações trabalhistas pelo empreiteiro, tem sido afirmada a responsabilidade subsidiária do dono da obra ou empreitante, citando-se o seguinte exemplo, colhido do Acórdão nº 00629.023/97-2, relatado pelo juiz Fabiano de Castilhos Bertoluci, *in Boletim de Jurisprudência – Ementário*, TRT da 4ª Região, ano 2, nº 8, 2000, Síntese, Porto Alegre, p. 76: "Responsabilidade subsidiária do tomador de serviços. Contratação do serviço procedida de processo licitatório. Nos termos do Enunciado 331, item IV, o inadimplemento das obrigações trabalhistas por parte do empregador implica responsabilidade subsidiária do tomador de serviços quanto àquelas obrigações. Para tanto, cogita o enunciado de duas condições: que o tomador tenha participado da relação processual e que conste também do título executivo judicial. Como se vê, não se cogita, pelo menos objetivamente, da culpa pela má eleição do prestador de serviços. Trata-se de responsabilidade objetiva, decorrente da própria eleição da modalidade de terceirização de determinado tipo de serviço. Deste modo, o fato de a segunda reclamada ter contratado a prestadora através de processo licitatório regular (dada sua condição de ente público, à época) não afasta a sua responsabilidade subsidiária pelo inadimplemento das obrigações trabalhistas".

---

[16] *Revista Trimestral de Jurisprudência*, pp. 82 e 950.
[17] *Revista Trimestral de Jurisprudência*, pp. 82 e 944.

Ou seja, domina o entendimento de que a empresa tomadora de serviços terceirizados é subsidiariamente responsável pela satisfação dos créditos reconhecidos ao reclamante na hipótese de eventual inadimplemento da empresa prestadora. Tem-se, aliás, reconhecido culpa da tomadora no fato de contratar empresa interposta sem condições de pagar os débitos de empregados seus, e por não exercer controle sobre a efetivação de pagamentos decorrentes da legislação.

Oportuna a reprodução da Súmula 331, item IV, do TST: "O inadimplemento das obrigações trabalhistas, por parte do empregador, implica a responsabilização subsidiária do tomador dos serviços, quanto àquelas obrigações, inclusive quanto aos órgãos da administração direta, das autarquias, das fundações públicas, das empresas públicas e das sociedades de economia mista, desde que hajam participado da relação processual e constem também do título executivo judicial (art. 71 da Lei nº 8.666/93)".

Há, também, a respeito da matéria, a Súmula 47 do Tribunal Regional do Trabalho da 4ª Região, aprovada pela Resolução Administrativa nº 13/2007, quanto a multas, *in verbis*: "Multas. Responsabilidade subsidiária do tomador de serviços. O tomador de serviços é subsidiariamente responsável pelas multas dos arts. 467 e 477, § 6º, da CLT, inclusive se for ente público".

9. RESPONSABILIDADE DO EMPREITEIRO NOS ACIDENTES DO TRABALHO

Questão que gera algumas dificuldades na definição da responsabilidade diz respeito aos acidentes do trabalho envolvendo empregado da empresa empreiteira. Quem responde pela indenização?

Em princípio, se empregado da pessoa jurídica empreiteira, esta arcará com os encargos decorrentes e a indenização pelo direito comum. Se, porém, empreitados os serviços para uma sociedade ou uma pessoa física inidônea e que não previne os riscos, desprovida de uma infraestrutura e sem condições para arcar com a indenização, o dono da obra deve ser chamado a atender, porquanto percebe-se displicência ou negligência no dever de eleger.

Não é conjecturável que fique livre de qualquer consequência. Do contrário, vislumbra-se fácil burlar a lei e tirar proveito em estratagema adredemente planejado para sonegar-se aos ditames da lei.

O fato de o art. 932 da lei civil elencar os responsáveis por fato de terceiro, e não incluir em seu rol o dono da obra por dano causado pelo empreiteiro contratado, ou seu empregado, não induz a concluir que outras pessoas, além das enumeradas no preceito, não possam ser chamadas a ressarcir.

Não se pode olvidar os altos objetivos sociais que devem refletir nas relações trabalhistas, concebendo-se o acidente do trabalho como um risco social, e decorrendo a reparação por força da política assistencial do Estado.

De outro lado, se presente a culpa, mesmo com base no art. 186, inculca-se a responsabilidade.

Do contrário, nada podendo ser imputado à empresa empreitante, especialmente negligência na escolha, o empreiteiro arcará com a indenização pelo direito comum.

O Superior Tribunal de Justiça pacificou a matéria com o seguinte entendimento: "Salvo se comprovada a participação da empresa contratante dos serviços de eletricidade no evento danoso, o que não ocorreu na espécie, a responsabilidade pela morte do em-

524 • Responsabilidade Civil | *Arnaldo Rizzardo*

pregado da empreiteira idônea contratada cabe, exclusivamente, à sua empregadora, pelo acidente de trabalho, inexistindo solidariedade passiva da primeira em indenizar as autoras por danos materiais e morais".[18]

Na fundamentação do acórdão, transcrevem-se outras decisões sobre o assunto:

"Acidente do trabalho. Indenização com base no direito comum. Contrato de empreitada. Responsabilidade do empreitante. No contrato de empreitada, o empreitante somente responde solidariamente, com base no direito comum, pela indenização de acidente sofrido por trabalhador a soldo do empreiteiro, nos casos em que seja também responsável pela segurança da obra, ou contratou empreiteiro inidôneo ou insolvente. O empreiteiro não é, de regra, preposto do empreitante...

... O empreiteiro, como empregador, responde, pelo direito comum, perante o acidentado inclusive no caso de culpa levíssima, face aos termos da Lei Maior atual; o empreitante somente responderá se tinha o dever de, também ele, zelar pela segurança da obra, ou se agiu com culpa em escolhendo empreiteira inidônea ou insolvente (REsp. nº 4.954-MG, da 4ª Turma, *DJU* de 10.12.1990)."

10. RESPONSABILIDADE SEGUNDO O CÓDIGO DE DEFESA DO CONSUMIDOR

Os contratos de construção, desenvolvidos pelo fornecedor em benefício de pessoa física ou jurídica que utiliza ou aproveita os serviços na qualidade de destinatário final, regem-se pelas disposições da Lei nº 8.078/1990. Seu art. 3º abrange, dentre outros campos, as atividades de produção, levando a incluir na sua disciplina a edificação de prédios e outras obras. Já o art. 12 atribui ao construtor, independentemente da existência de culpa, a reparação dos danos causados aos consumidores por defeitos decorrentes, dentre outras causas, da construção. O bem traz um dano, ao desmoronar, ou por sua má formação. Não emerge o prejuízo pela má qualidade, pelas imperfeições, cuja responsabilidade ampara-se nos arts. 18 e 20. Não se requer, como condição, a construção em série de prédios, ou a habitualidade da profissão. Desde que verificada a profissão e a contratação com destinatário final, opera-se a aplicação das normas de proteção ao consumidor, tanto na interpretação das cláusulas contratuais, como na inversão do ônus da prova, na condição de parte mais frágil e vulnerável da pessoa adquirente, na possibilidade de revisão das cláusulas que estabeleçam prestações desproporcionais, no direito de informação que se deve assegurar, além de vários outros princípios, que levam, inclusive, a invalidar as condições injustas, discriminadas ao longo dos incisos do art. 51.

Daí que os serviços de construção, desde que desenvolvidos em benefício de pessoa física ou jurídica colocada como destinatária final, enquadram-se nas relações de consumo. Na relação de construções protegidas pelo direito consumista estão os conjuntos habitacionais, os prédios feitos em loteamentos, as unidades em condomínios edilícios. Não quando a construção é destinada a empresas que comercializam os imóveis, ou exercem a atividade de venda de imóveis, de modo habitual ou profissionalmente, cuja regulamentação submete-se ao Código Civil.

Assumem importância os vícios do produto ou do serviço, por força dos arts. 18 e 20, lembrando que vício tem uma ampla significação, compreendendo toda série de defeitos e imperfeições, mesmo que não de muita gravidade. Tanto na mão de obra como nos

---

[18] REsp. nº 468.267-RS, da 4ª Turma, j. em 07.10.2003, *DJU* de 24.11.2003, em *Revista dos Tribunais*, 824/173.

produtos apura-se a falta de qualidade, de técnica, de adequação dos materiais utilizados. Despontam a baixa qualidade do prédio, a sua fragilidade, a permeabilidade nas intempéries, tornando-o inadequado para a finalidade visada.

No campo do direito do consumidor, a prescrição se opera em cinco anos, no caso de danos causados por fato do produto ou do serviço (art. 27). Já decorrendo os prejuízos de vícios aparentes ou de fácil constatação, tem-se a decadência, que se perfaz em noventa dias, iniciando o prazo a contar da data entrega; se ocultos os vícios, começa o lapso de tempo no momento em que aparecem (art. 26, §§ 1º e 3º).

11. RESPONSABILIDADE DOS ENGENHEIROS E ARQUITETOS

O construtor responde perante o proprietário e aqueles que encomendam a obra. Quem contrata a obra volta-se contra aquele que a fez, se constados defeitos ou imperfeições. Não está obrigado a descobrir o causador, para buscar junto a ele o ressarcimento.

É possível que a causa das deficiências e dos danos se encontre na má elaboração do projeto, ou nos cálculos equivocados do engenheiro, ou nas projeções descabidas do arquiteto. Grande parte dos defeitos de construção tem sua origem em erros de projetos e de cálculos, envolvendo as fundações e a concretagem, comprometendo a estrutura da obra. Calcula-se equivocadamente a quantidade de massa, de ferros, de cimento e outros ingredientes nas fundações, na estrutura, nas colunas. Não se faz a correta proporção entre o peso do prédio e o diâmetro das pilastras ou colunas de sustentação. No caso, as falhas desses profissionais ou empresas contratadas deram causa a equívocos e defeitos, com o uso insuficiente de ingredientes na confecção de materiais para a base, ou para a estrutura, ou as colunas de sustentação.

Embora omissa a lei civil sobre a responsabilidade dos engenheiros, arquitetos e tantos outros profissionais que participaram do setor da construção civil, não ficam eles liberados, sujeitando-se a serem demandados, para a finalidade de ressarcir os danos que porventura surgirem. Desde que se constatem falhas no exercício da profissão, a responsabilidade é uma decorrência natural, que advém da mera infração ou desrespeito ao conhecimento da atividade profissional a que se dedica. Regressivamente, cabe a ação de ressarcimento por qualquer tipo de deficiência revelada no desempenho da atividade.

É incontroverso que responde cada profissional pelo tipo de erro cometido, e na relação incluem-se os engenheiros, os arquitetos, os agrimensores, os projetistas, os mestres de obra, aqueles que fazem os desenhos, ou seja, todos os que se dedicam na construção da obra. Deve-se encontrar a causa do defeito, a fim de incutir a responsabilidade corretamente, pois cada profissional é autônomo nas suas funções, respondendo técnica e civilmente por seus trabalhos. Perante terceiros, o proprietário será o chamado para os efeitos indenizatórios, cabendo-lhe denunciar ou chamar ao processo a pessoa reputada como causadora do dano. Nada impede, porém, que o lesado acione diretamente o profissional cuja atividade mal desempenhada deu causa ao prejuízo, ou todos os que atuaram na obra, desde que se denote um concatenamento do defeito. Assim, ingressam na esfera da responsabilidade o projetista, o engenheiro, o calculista, o estaqueador, o arquiteto, o construtor e o fiscal da construção, caso existente, se o defeito tem origem na estrutura e em erro de plano. Nesta dimensão de chamar à responsabilidade, tem o lesado ou terceiro maior campo garantia no ressarcimento.

12. RESPONSABILIDADE NA SUBEMPREITADA

Verifica-se a subempreitada quando o empreiteiro contrata com outra pessoa a execução da obra de que se encarregara. Será ela total, se convencionada a execução de toda a obra; é parcial, o que mais frequentemente sucede, se terceiro é encarregado para realizar parte da mesma.

Trata-se de um contrato derivado, permanecendo a relação contratual com o dono da obra. Não se confunde com os contratos de trabalho que o empreiteiro celebra com os empregados, a quem se submetem hierarquicamente e ficam a seu serviço.

É perfeitamente admitida a subempreitada, desde que a obra não venha encomendada em função das qualidades e aptidões pessoais do empreiteiro.

O primitivo contrato mantém-se inalterado, perdurando os direitos e obrigações nele constantes. O empreiteiro continuará como único e direto responsável perante o dono da obra, obrigando-se pelos atos de seus subempreiteiros, a cujas relações permanece aquele alheio. Igualmente no tocante aos danos causados a terceiros recai responsabilidade, em última instância, no empreiteiro e no proprietário da obra, de acordo com a *ratio* defendida acima, com o direito de regresso assegurado ao último.

No entanto, a matéria oferece certa complexidade quando se trata de responsabilidade. É, em princípio, a subempreitada *res inter alios acta* com relação ao dono da obra caso não provado que tenha ele assumido algum dever ou certas responsabilidades em relação ao subempreiteiro, como apresentar as medições da obra e faturas, para o pagamento, à proprietária da obra; ou se submete, para o pagamento à empreiteira, a condição da prova de que repassou, nos meses anteriores, os valores devidos às obras realizadas pela subempreiteira; e, principalmente, se ele transmite orientações à subempreiteira. Nessa visão, ponderou a jurisprudência: "No contrato de subempreitada de obra, a relação obrigacional se estabelece entre o empreiteiro e o subempreiteiro. Nada tem a ver com tal relação o dono da obra que contratara com o empreiteiro, a não ser tenha aderido ou participado do contrato de subempreitada, assumindo solidariamente a responsabilidade pelas obrigações do pacto decorrentes".[19] Tal visão se alinha ao pensamento de Pontes de Miranda, que enfatiza a seguinte distinção: "Se o próprio empreitante tratou com o subempreiteiro, dando-lhe, por exemplo, instruções, sabendo que ia ser feito ou que já fora feito o contrato de empreitada, houve assentimento tácito... Se o empreitante considerava o terceiro como empregado, ou empreiteiro para alguma peça (feitura de assoalho, portas, teto), não assentiu em subempreitada".[20]

---

[19] 6ª Câmara Cível do Tribunal de Justiça do RGS, Apel. Cível nº 597095207, de 08.04.1995.
[20] *Tratado de Direito Privado*, vol. XLIV, pp. 380 e 381.

XXXIX
Responsabilidade na Incorporação Imobiliária

1. O CONTRATO DE INCORPORAÇÃO

De acordo com a Lei nº 4.591, de 16.12.1964, que dispõe sobre o condomínio em edificações e as incorporações imobiliárias, parágrafo único do art. 28, "considera-se incorporação imobiliária a atividade exercida com o intuito de promover e realizar a construção, para alienação total ou parcial, de edificações ou conjunto de edificações compostas de unidades autônomas".

A incorporação visa à formação de um condomínio por andares, ou condomínio por planos, ou, ainda, condomínio horizontal, que vem a ser uma modalidade específica da copropriedade em edifício de um ou mais pavimentos, construídos com unidades destinadas a residências, comércio, ou qualquer outra atividade humana.[21]

Diz-se que o condomínio que se forma é imperfeito, eis que a copropriedade só abrange o terreno, os elementos de sustentação do edifício, as áreas livres ou de circulação, e equipamentos de utilização comuns.

Melhor explicam Luiz Autuori, Jorge Lopes Pinto e Iracy Lopes Pinto: "O terreno objeto da edificação ou o conjunto de edificações e suas instalações, incluindo-se as fundações, paredes externas, o teto, as áreas internas de ventilações, bem como qualquer dependência de uso comum dos titulares de direito à aquisição de unidades, constituirão condomínio de todos, e sempre insuscetíveis de divisão ou de alienação destacada da respectiva unidade, sendo incapazes também de utilização exclusiva por qualquer condômino".[22]

Tais bens são indivisíveis e inalienáveis individualmente. As unidades individuais ou isoladas são propriedades exclusivas dos adquirentes.

A incorporação, portanto, que visa a formar o condomínio, se desenvolve mediante uma sucessão de atos. Primeiramente, como transparece de seu conceito, o proprietário do terreno, ou o compromissário comprador, ou o terceiro devidamente autorizado, conveniona com os interessados na aquisição das unidades autônomas a venda e a construção do edifício. Desenvolve-se um conglomerado de ajustes autônomos visando a fixar os direitos e as obrigações de cada participante do empreendimento coletivo. Em seguida, formaliza-se um contrato preliminar de compra e venda de cada unidade autônoma. Um

---

[21] Hely Lopes Meirelles, *Direito de Construir*, 4ª ed., 1983, p. 3.
[22] *Sutilezas em Tema de Condomínio*, Rio de Janeiro, Editora Forense, 1978, p. 31.

segundo contrato é firmado, que será de prestação de serviços do incorporador. Segue-se um terceiro instrumento, cujo objeto é a construção do edifício. Os três ajustes são distintos, embora admitida a celebração em um único instrumento.

Através do empreendimento, o incorporador busca obter o capital necessário para a construção do prédio.

Exsurgem do contrato as obrigações de dar e fazer, que se desenvolvem em etapas sucessivas, até a conclusão do edifício e a transferência definitiva das unidades autônomas aos seus proprietários, bem como das partes comuns do prédio e do terreno aos condôminos. Transparece, ainda, um compromisso particular assumido pelos contratantes: do lado dos tomadores de apartamentos, de pagarem as prestações e de aquisição futura; do lado do incorporador, de promessa da construção e venda das unidades, com o correspondente condomínio do terreno e das partes comuns do edifício.

O contrato de incorporação edilícia objetiva a construção do edifício e a venda das unidades respectivas, as quais são autônomas e independentes, mas ligadas entre si através de partes comuns, pretendentes a todos os adquirentes, e constituindo o condomínio, o que torna indivisível o edifício.

A construção é procedida pelo incorporador, que se obriga perante os subscritores das unidades, mediante o pagamento que estes fazem da prestação pecuniária representativa do preço, a transferir-lhes o domínio das unidades, quer constituídas de apartamentos, quer de salas, lojas, garagens, conjuntos, etc.

A incorporação, de acordo com o art. 8º da Lei nº 4.591, abrange não só um edifício, mas diversos tipos de construções, consistentes em:

a) um conjunto de casas térreas ou assobradadas situadas em terreno comum, do qual se destacam uma parte ocupada pela edificação e outra reservada para jardim e quintal, e uma terceira correspondente à fração ideal do todo do terreno e das partes comuns destinadas ao uso de todos;

b) um conjunto de edifícios de dois ou mais pavimentos, contendo cada um deles unidades autônomas, discriminando-se a parte destinada ao edifício, a reservada para utilização exclusiva das unidades, e a fração ideal do todo do terreno e das partes comuns;

c) um só edifício de unidades autônomas em terreno distribuído em partes ideais, a essas unidades, e que se constituem de pavimentos, lojas, apartamentos residenciais, conjuntos de salas, garagens, terraços e boxes.

2. RESPONSABILIDADE DO INCORPORADOR E DO TITULAR DO TERRENO NA FALTA DE REGISTRO DA INCORPORAÇÃO

Para dar início à venda das unidades condominiais, é necessário o prévio registro imobiliário do título da constituição da incorporação, acompanhado de inúmeros documentos, como vem descrito no art. 32 da Lei nº 4.591.

Antes de se efetuarem as vendas das unidades do edifício, é necessário que seja formalizada a incorporação. A respeito, ordena o art. 32 da Lei especial: "O incorporador somente poderá negociar sobre unidades autônomas após ter arquivado, no cartório competente de Registro de Imóveis, os seguintes documentos:

a) título de propriedade de terreno, ou de promessa, irrevogável e irretratável, de compra e venda ou de cessão de direitos ou de permuta do qual conste a cláusula de imissão na posse do imóvel, não haja estipulações impeditivas de sua alienação em frações ideais e inclua consentimento para demolição e construção, devidamente registrado;

b) certidões negativas de impostos federais, estaduais e municipais de protesto de títulos de ações cíveis e criminais e ônus reais relativamente ao imóvel, aos alienantes do terreno e ao incorporador;

c) histórico dos títulos de propriedade do imóvel, abrangendo os últimos vinte anos, acompanhado de certidão dos respectivos registros;

d) projeto de construção devidamente aprovado pelas autoridades competentes;

e) cálculo das áreas das edificações, discriminando, além da global, a das partes comuns, e indicando, para cada tipo de unidade, a respectiva metragem de área construída;

f) certidão negativa de débito para com a Previdência Social, quando o titular de direito sobre o terreno for responsável pela arrecadação das respectivas contribuições;

g) memorial descritivo das especificações da obra projetada, segundo modelo a que se refere o inciso IV do art. 53 desta Lei;

h) avaliação do custo global da obra, atualizada a data do arquivamento, calculada de acordo com a norma do inciso III do art. 53, com base nos custos unitários referidos no art. 54, discriminando-se, também, o custo de construção de cada unidade, devidamente autenticada pelo profissional responsável pela obra;

i) discriminação das frações ideais de terreno com as unidades autônomas que a elas corresponderão;

j) minuta da futura convenção do condomínio que regerá a edificação ou o conjunto de edificações;

k) declaração em que se defina a parcela do preço de que trata o inciso II, do art. 39;

l) certidão do instrumento público de mandado, referido no § 1º do art. 31;

m) declaração expressa em que se fixe, se houver, o prazo de carência (art. 34);

n) atestado de idoneidade financeira, fornecido por estabelecimento de crédito que opere no País há mais de cinco anos";

o) declaração, acompanhada de plantas elucidativas, sobre o número de veículos que a garagem comporta e os locais destinados à guarda dos mesmos".

É pressuposto indispensável o arquivamento no Cartório do Registro de Imóveis para a validade da incorporação, o que é confirmado pela jurisprudência: "A falta de cumprimento da previsão contida no art. 32 da Lei nº 4.591/64 gera a nulidade do instrumento contratual por afronta ao art. 52 do CC. As cláusulas nascidas do ato viciado nenhum efeito podem produzir...".[23] O citado art. 52 corresponde ao art. 87 do Código Civil de 2002.

---

[23] Apelação nº 253.353-7, da 1ª Câmara Cível do Tribunal de Alçada de Minas Gerais, de 24.03.1998, em boletim *COAD – Direito Imobiliário*, nº 49, 1998, p. 938.

A falta da providência acarreta a responsabilidade do incorporador: "A ausência do registro da incorporação imobiliária constitui vício, resultando na ineficácia jurídica da promessa de compra e venda, por não estar o incorporador habilitado a negociar as unidades autônomas, uma vez que não satisfez ele as exigências contidas no art. 32 e seus itens da Lei nº 4.591/64. A inobservância daquelas formalidades contidas no § 1º do art. 31 faculta o adquirente a pleitear o reembolso dos valores pagos, além da multa de 50%, através da via executiva, nos termos do art. 585, inc. VII, do CPC. Recurso conhecido e provido".[24] O art. 585, inc. VII, corresponde ao art. 784, inc. IX, do CPC/2015.

No art. 43, incisos II e IV, desponta a responsabilidade: "Quando o incorporador contratar a entrega da unidade a prazo e preços certos, determinados ou determináveis, mesmo quando pessoa física, ser-lhe-ão impostas as seguintes normas: ...

II – responder civilmente pela execução da incorporação, devendo indenizar os adquirentes ou compromissários, dos prejuízos que a estes advierem do fato de não se concluir a edificação ou de se retardar injustificadamente a conclusão das obras, cabendo-lhe ação regressiva contra o construtor, se for o caso e se a este couber a culpa; ...

IV – é vedado ao incorporador alterar o projeto, especialmente no que se refere à unidade do adquirente e às partes comuns, modificar as especificações, ou desviar-se do plano da construção, salvo autorização unânime dos interessados ou exigência legal".

O ato de registro é de suma importância para definir a responsabilidade do próprio titular do terreno frente aos adquirentes das unidades, se a incorporação for promovida por construtor ou corretor. Caindo este em insolvência e se desistir do empreendimento, as importâncias que recebeu poderão ser executadas, se não as devolver espontaneamente. O titular do domínio, que permitiu a incorporação sem o preenchimento dos requisitos legais, agiu imprudentemente, daí imputando-se-lhe solidariedade nas obrigações contraídas pela pessoa a quem deu sua autorização para as obras.

A incorporação deve ser reconhecida, para efeito das relações entre o incorporador e os adquirentes, não só a partir do momento da aprovação do projeto de construção, mas desde o encaminhamento à autoridade administrativa para aprovação. O alienante da unidade responderá como incorporador, na esteira do parágrafo único do art. 29 da Lei nº 4.591: "Presume-se a vinculação entre a alienação das frações do terreno e o negócio de construção, se, ao ser contratada a venda, ou promessa de venda, ou de cessão das frações de terreno, já houver sido aprovado e estiver em vigor, ou pender de aprovação de autoridade administrativa, o respectivo projeto de construção, respondendo o alienante como incorporador".

De outro lado, conquanto não formalizada sob a forma de incorporação a operação de venda de unidades de obras não concluídas, equiparam-se a tal figura os efeitos, de acordo com disposição contida no art. 30: "Estende-se a condição de incorporador aos proprietários e titulares de direitos aquisitivos que contratem a construção de edifícios que se destinem à constituição em condomínio, sempre que iniciarem as alienações antes da conclusão das obras".

---

[24] 1ª Turma do Tribunal de Justiça do Distrito Federal, Agravo de Instrumento nº 1998.002.000124-9, publicado em 30.09.1998, e editado no boletim *ADV – Jurisprudência*, nº 12, 1999, p. 188, expedição em 28.03.1999.

Cap. XXXIX | Responsabilidade na Incorporação Imobiliária • 531

3. RESPONSABILIDADE DO PROPRIETÁRIO DO TERRENO SE NÃO FORMALIZADA A INCORPORAÇÃO

Para a formalização do contrato relativo à fração ideal do terreno, do contrato de construção e da convenção do condomínio, o art. 35, em combinação com o art. 13 da Lei nº 4.864, de 1965, marca o prazo de sessenta dias, a contar do termo final do prazo de carência, ou, inexistindo, da data de qualquer documento do ajuste preliminar.

Instituído o prazo de carência, tal obrigação assumida pelo incorporador deixará de existir somente se o mesmo tiver denunciado, dentro do mesmo período e nas condições previamente estabelecidas, por escrito ao Registro de Imóveis, a não concretização do empreendimento.

O § 3º do apontado art. 35, na hipótese de figurar o construtor ou o corretor de imóveis como incorporador, permite que o outorgante do mandato proceda a denúncia até cinco dias após a expiração do prazo de carência assegurado ao promovente do empreendimento, se este não exercer o direito de desistência. Com esta medida, opera-se a exoneração da solidariedade nas obrigações de promover a celebração do competente contrato relativo à fração ideal do terreno e do contrato de construção e da convenção do condomínio. Até o momento da denúncia promovida pelo outorgante, e proprietário do terreno, permanece o mesmo solidariamente responsável com o incorporador pela devolução das quantias que os adquirentes ou candidatos à aquisição houverem entregue ao incorporador, resguardado o direito de regresso, e dispensando-se, então, do cumprimento da obrigação fixada no *caput* do art. 35, isto é, de efetuar os referidos contratos.

Se não houver manifestado a desistência, e não outorgados os contratos em referência no prazo de sessenta dias, a carta-proposta ou o documento de ajuste preliminar poderá ser averbada no Registro de Imóveis, averbação que conferirá direito real oponível a terceiros, com o consequente direito à obtenção compulsória do contrato correspondente.

É o que ponderam J. Nascimento Franco e Nisske Gondo: "Não celebrado o contrato relativo à parte ideal do terreno, pelo incorporador ou pelo titular do terreno..., faculta-se aos adquirentes levar a proposta, ou documento de ajuste preliminar, ao Registro de Imóveis, para averbação à margem do registro da incorporação. Essa averbação confere ao adquirente direito real oponível a terceiros, com consequente direito à obtenção compulsória do contrato. A averbação não exige qualquer procedimento especial. O interessado exibe o pré-contrato diretamente ao oficial do Registro de Imóveis e este é obrigado a averbá-lo, salvo se o documento não preencher os requisitos formais mínimos, hipótese em que deverá levantar dúvida, que o juiz decidirá. Se as lacunas puderem ser sanadas, deverá o juiz permitir que o interessado as supra, num gesto de equidade destinado a resguardar os direitos dos adquirentes".[25]

Acrescenta-se, outrossim, que a averbação tem por objetivo apenas a fração ideal do terreno. A falta de celebração do contrato de construção e da convenção de condomínio resolve-se em ação judicial contra o construtor, a qual poderá ser de indenização.

A inadimplência das obrigações comina ao incorporador, e não ao proprietário do terreno, a multa equivalente a cinquenta por cento da quantia que efetivamente tiver recebido, cobrável por via executiva, em favor do adquirente ou candidato à aquisição.

---

[25] *Incorporações Imobiliárias*, 2ª ed., São Paulo, Editora Revista dos Tribunais, 1984, p. 76.

No contrato de construção deverá constar obrigatoriamente a menção dos responsáveis pelo pagamento das obras de cada uma das unidades. Não constando a especificação, o empreendedor arcará, junto com os demais contratantes, o pagamento da construção das unidades que não tenham tido a responsabilidade pela sua construção assumida por terceiros, e até que o tenham.

A falta de celebração do contrato de construção e da convenção de condomínio abre o caminho para a ação judicial contra o incorporador, que será condenado a realizá-la ou a indenizar o custo correspondente, caso em que terceiro efetuará a obra, tudo em consonância com as alternativas constantes nos arts. 815 e seguintes do Código de Processo Civil.

A adquirente não postulará apenas a determinação para celebrar o contrato, pois o pedido não traria resultados, visto que o objetivo dos condôminos é ver realizada a construção do edifício.

4. OBRIGAÇÕES, RESPONSABILIDADES E DIREITOS DO INCORPORADOR

As obrigações do incorporador importam em direitos do adquirente.

Discriminam-se as seguintes, extraídas da Lei nº 4.591, conforme resumem J. Nascimento Franco e Nisske Gondo:[26]

I – Inscrição da incorporação no registro imobiliário (art. 32);

II – Menção do número do registro da incorporação nos anúncios publicados em jornais e demais meios de divulgação para a venda de unidades, exceto nos publicados em 'classificados' (art. 32, § 3º);

III – Atualizar a documentação e revalidar o registro provisório da incorporação, se, no prazo de cento e oitenta dias, não estiver a mesma concluída (art. 33 da Lei nº 4.591, combinado com o art. 12 da Lei nº 4.864);

IV – Consignar nos documentos do contrato o prazo de carência (art. 34, § 3º);

V – Comunicar ou denunciar a desistência da incorporação ao Registro de Imóveis e aos adquirentes (art. 34, § 4º e art. 35, § 2º);

VI – Promover, no prazo de sessenta dias, a contar do termo da carência, se houver, a celebração dos contratos relativos à parte ideal do terreno e à construção e da convenção do condomínio. Se não estipulada a carência, o lapso temporal de sessenta dias inicia a partir da data de qualquer documento de ajuste preliminar (arts. 35 e 66, inc. III, da Lei nº 4.591 e art. 13 da Lei nº 4.864);

VII – Mencionar, nos contratos de construção, os nomes dos responsáveis por seu custeio, assumindo-o, quanto às unidades não vendidas, salvo quando for ele promitente vendedor a prazo e preços certos (arts. 36, § 6º, e 43);

VIII – Restituir, no prazo de trinta dias, a contar da denúncia da desistência da incorporação, as importâncias recebidas dos adquirentes, sob pena de sofrer processo de execução (art. 36);

IX – Referir os ônus reais ou fiscais nos documentos (arts. 37 e 66, II);

X – Especificar, no contrato, a eventual ocupação do imóvel, bem como o motivo do fato e as condições para a liberação pelo ocupante (art. 38);

XI – Discriminar, nos contratos, a parcela em dinheiro ou a quota-parte da área construída a ser dada em pagamento do terreno, e, ainda, as obrigações do alienante (art. 39);

---

[26] *Incorporações Imobiliárias*, ob. cit., pp. 79 a 81.

Cap. XXXIX | Responsabilidade na Incorporação Imobiliária • **533**

XII – Especificar, nos contratos de preço global, as parcelas relativas ao custo da parte ideal do terreno e da construção (art. 41);

XIII – Nas construções a prazo, com preços certos, informar semestralmente aos adquirentes o estado da obra, indenizando-os pelo atraso injustificado na conclusão do edifício (art. 43, incs. I e II). A indenização pelo atraso corresponderá aos lucros cessantes, ou à quantia que se teve de dispor na locação de imóvel durante o período: "O atraso na entrega dos apartamentos dá ensejo ao pagamento dos danos materiais, consistentes em lucros cessantes, equivalentes ao valor locativo das unidades, durante o período compreendido entre a data prevista para sua entrega, em condições de serem habitadas, considerando-se o período de tolerância de noventa dias para obras de arremate, previsto no compromisso de compra e venda e a data da efetiva entrega das chaves";[27]

XIV – Não alterar o projeto, nem se desviar do plano de construção, salvo autorização unânime dos interessados ou exigência legal (art. 43, incs. IV e VI). De acordo com a jurisprudência, a sonegação da área pelo incorporador equivale à alteração do projeto;[28]

XV – Na publicidade ou propaganda, se constar o preço e em se tratando de construção pelo regime de empreitada reajustável, consignar o preço da fração ideal do terreno e o da construção, devendo, outrossim, ficar referido, em quaisquer documentos de propagação e de ajustes, como cartas, propostas, escrituras, contratos, etc. (art. 56). Não constando o preço, dispensa-se a discriminação exigida;

XVI – No regime de construção por administração, mencionar no contrato a data em que se iniciará efetivamente a obra e o montante do orçamento do seu custo, elaborado de conformidade com as normas do art. 53, inc. II, atualizando-se esse montante no caso de ajustes celebrados até as fundações, após o término das mesmas e nas transferências ou sub-rogação do contrato (art. 59);

XVII – Nos anúncios, menos em classificados publicados nos jornais, que propagarem a construção pelo regime de administração, vindo consignado o preço, discriminar o custo do terreno e o orçamento atualizado da construção, indicando-se o mês a que se refere o orçamento e o tipo padronizado previsto para a construção (art. 62). Não constando o preço, dispensa-se esta referência.

Nos papéis utilizados na incorporação pelo mesmo regime, como em propostas, cartas, escrituras, contratos, mencionar idênticos dados (art. 62, § 1º);

XVIII – Não modificar as condições de pagamento, nem alterar o preço, salvo se prevista a faculdade de reajustamento (art. 43, inc. V);

XIX – Requerer a averbação da construção após a expedição do auto de conclusão ou 'habite--se', e, em seguida, providenciar a elaboração do instrumento de instituição, especificação e discriminação do condomínio, tomando por base os elementos constantes do processo de incorporação quanto à caracterização das unidades autônomas, coisas e áreas de uso comum, participação ideal do terreno, etc. (art. 44);

XX – Comparecer nas assembleias dos contratantes que tiver convocado (art. 49, § 3º);

XXI – Fiscalizar o pagamento, pelo construtor e empreiteiro, das contribuições fiscais, previdenciárias, etc., pelas quais possam ser solidariamente responsáveis o proprietário do terreno, o dono da obra e o titular das unidades autônomas (art. 79, § 2º), da Lei nº 3.807, de 26.08.1960, combinado com o art. 4º do Decreto-lei nº 1.958, de 09.09.1982;

XXII – Nas construções a prazo e preço certos, dar andamento regular às obras, evitando paralisá-las por mais de trinta dias, ou retardá-las excessivamente, sob pena de ser destituído

---

[27] Apel. Cível nº 2239/2001, da 16ª Câmara Cível do TJ do Rio de Janeiro, *DJ* de 14.03.2002, *in* *ADCOAS* 8206682, *Boletim de Jurisprudência ADCOAS* nº 21, p. 327, maio 2002.

[28] *Revista dos Tribunais*, 575/147.

534 • Responsabilidade Civil | *Arnaldo Rizzardo*

pela maioria absoluta dos adquirentes, após notificação judicial para que reinicie e prossiga normalmente no prazo de trinta dias (art. 43, inc. VI). Em geral, estabelece-se um cronograma com os períodos de duração de cada etapa da obra. Assim, prevê-se a duração das fundações, da estrutura, da cobertura, do revestimento, das instalações elétricas, etc.

De grande importância prática a incumbência atribuída à comissão de representantes, na hipótese de abandono da obra. Poderá ela assumir a direção da incorporação, com novo cálculo das prestações no caso de desfalque causado pelo incorporador. Esta comissão, de acordo com a Apel. Cível nº 34.147.4/9, da 2ª Câmara de Direito Privado do Tribunal de Justiça de São Paulo, de 25.08.1998, "tem não só o direito, mas o dever de defender os interesses" dos "adquirentes lesados, que se dizem em seus direitos...".[29] Discriminam-se outras atribuições, prossegue o acórdão: "A possibilidade de a Comissão de Representantes poder rescindir eventuais contratos é decorrência legal de suas atribuições de administrar a obra, *ex vi* do art. 61, e, da Lei nº 4.591/64, que lhe confere poderes para, em nome de todos os contratantes, exercer as demais obrigações inerentes à sua função representativa dos contratantes e fiscalizadora da construção e praticar todos os atos necessários ao funcionamento regular do condomínio. Verificadas irregularidades no desenvolvimento da obra, tem, a Comissão de Representantes, todos os poderes para praticar os atos necessários à regularização, em nome de todos os contratantes, inclusive rescisão contratual por inadimplemento ou má gestão, assumindo-a, observados os trâmites legais".

Ademais, acresce notar que a representação pode ser deslocada para pessoa distinta do síndico, por ato da assembleia dos condôminos, segundo o seguinte aresto: "É parte legítima para figurar no polo passivo da relação processual a comissão diretiva do condomínio, se da respectiva convenção constar ser ele representado por tal órgão em juízo". Justifica-se, no acórdão: "É certo que, como pessoa formal, o condomínio, em regra, é representado em juízo pelo síndico. Nada impede, contudo, que os comunheiros, no uso de sua liberdade de contratar, atribuam a representação do condomínio a outrem, conforme claramente ocorreu no caso vertente".[30]

XXIII – Realizar a administração geral do empreendimento, organizando os serviços de contabilidade, arquivamento e guarda dos comprovantes de despesas e de todos os demais documentos de interesse do condomínio;

XXIV – Assessorar a comissão de representantes, a construtora e os condôminos nos entendimentos junto a terceiros;

XXV – Escolher os despachantes e advogados para oportuna organização jurídica do condomínio;

XXVI – Representar os adquirentes até a concessão do 'habite-se' perante as repartições públicas, autárquicas, concessionárias de serviços públicos e congêneres;

XXVII – Abrir e movimentar as contas bancárias em nome do condomínio;

XXVIII – Efetuar o pagamento de duplicatas e outros títulos, correspondentes aos materiais e à mão de obra.

O maior dever, no entanto, do qual em muito depende o sucesso do empreendimento, é escolher o construtor e supervisionar a execução das obras.

---

[29] Publicação no boletim *ADV – Jurisprudência*, nº 14, 1999, expedição em 11.04.1999, p. 218.

[30] 3ª Câmara Cível do Tribunal de Alçada de Minas Gerais, na Apelação Cível nº 195.051-6, j. em 28.02.1996, publicada em *Revista dos Tribunais*, nº 734, p. 466.

Responde o incorporador civilmente pela execução dos trabalhos. Indenizará os adquirentes ou compromissários pelos prejuízos que sofrerem com a interrupção das atividades ou o retardamento injustificado.

Ao lado das obrigações, assiste-lhe certa quantidade de direitos, destacando-se os seguintes:

I – Receber em dia as prestações devidas pelos adquirentes, o que possibilitará o andamento dos trabalhos;

II – Exigir a assinatura do contrato logo após o decurso do prazo de carência, quando houver, ou em seguida ao documento preliminar, sob pena de rescisão do ajuste;

III – Cobrar judicialmente as prestações em atraso;

IV – Nas hipóteses de compromisso de compra e venda da unidade, outorgado pelo incorporador, assiste-lhe o direito de retenção até o cumprimento de todas as obrigações assumidas (art. 52);

V – Se o compromisso de compra e venda envolver unidade autônoma, e o incorporador figurar como promitente vendedor, faculta-se que fique consignado no contrato que o atraso das prestações concernentes ao terreno determine, também, a mora na construção;

VI – Notificar o compromissário comprador da unidade vendida com financiamento, para purgar a mora no prazo de noventa dias, a contar do vencimento da obrigação não cumprida, ou da primeira prestação não paga, na forma do art. 1º, inc. IV, da Lei nº 4.864, isto é, com juros legais e correção monetária, sob pena de rescisão do contrato por culpa do notificado;

VII – Transferir a terceiro o contrato do adquirente que, constituído em mora, não satisfaz a obrigação (art. 1º, inc. VII, da Lei nº 4.864). A rescisão, no entanto, por inadimplemento do adquirente somente ocorre após o atraso de, no mínimo, três meses do vencimento de qualquer obrigação contratual, ou de três prestações mensais (art. 1º, inc. VI, da Lei nº 4.864), facultando-se, sempre, a purgação da mora no interregno de noventa dias após a notificação judicial.

5. OBRIGAÇÕES, RESPONSABILIDADES E DIREITOS DO ADQUIRENTE

Assume o adquirente obrigações e, por conseguinte, responsabilidades, perante o incorporador, que são as comuns a qualquer espécie de contrato. Como principais, sobressaem:

I – Comparecer no cartório, ou no lugar designado, para a assinatura do contrato, o que deverá ocorrer nos sessenta dias subsequentes ao escoamento do prazo de carência ou à data de qualquer documento preliminar, se não estabelecida a carência;

II – Efetuar os pagamentos segundo as datas constantes no contrato. A mora superior a três meses determina a rescisão, que, por sua vez, depende da prévia notificação concedendo prazo para satisfazer as prestações devidas, em noventa dias, a contar do vencimento da primeira não paga (art. 1º, inc. VI, da Lei nº 4.864);

Em geral, paga o adquirente um sinal exigido como entrada, na modalidade de arras confirmatórias, comprometendo-se a saldar regularmente as prestações mensais representadas por notas promissórias.

III – Comparecer nas reuniões do condomínio e tomar parte ativa nas decisões sobre a construção e assuntos de interesse geral.

Quanto aos direitos, sobressaem os seguintes:

I – Exigir, dentro de sessenta dias após o escoamento do prazo de carência, quando houver, ou a partir do momento em que é exigível o contrato, se não prevista a carência, a celebração daquele sobre a fração ideal do terreno e a construção. Não outorgado o contrato na época oportuna, terá o direito de postular o pagamento da multa de cinquenta por cento sobre as quantias pagas;

II – Impor a restituição das importâncias pagas ao incorporador, no prazo de trinta dias, no caso de desistência da incorporação. Findo o prazo, sem o atendimento, legitima-se a executar o incorporador, assegurando-se-lhe a correção monetária e os juros de seis por cento ao ano (art. 35);

III – Obter a restituição das quantias satisfeitas, em caso de rescisão do contrato de compra do terreno, quando o alienante é o próprio incorporador, salvo se a rescisão ocorrer por culpa do adquirente;

De acordo com o art. 40 e seus parágrafos da Lei nº 4.591/1964, diante da rescisão do contrato ficam rescindidas as cessões ou promessas de cessão de direitos correspondentes à aquisição do terreno. Consolidar-se-á no alienante o direito sobre a construção porventura existente. E cada um dos ex-titulares de direito à aquisição de unidades autônomas haverá do mencionado alienante o valor da parcela de construção que haja adicionado à unidade, salvo se a rescisão houver sido causada pelo ex-titular.

IV – Promover no Registro de Imóveis a averbação da construção para efeito de individualização e discriminação das unidades, em se omitindo o incorporador e o construtor (art. 44, § 2º);

V – Ser informado a respeito do estado da obra, no mínimo de seis em seis meses (art. 43, inc. I);

VI – Ser indenizado pelo prejuízo decorrente da não conclusão do edifício, ou do retardamento das obras (art. 43, inc. II);

VII – Receber, como credor privilegiado, as quantias que houver pago ao incorporador no caso de falência deste. Nesta hipótese, seus bens particulares responderão subsidiariamente pelas obrigações (art. 43, inc. III);

VIII – Promover a notificação do incorporador para reiniciar, no prazo de trinta dias, e dar-lhes andamento normal, as obras paralisadas por mais de trinta dias, ou retardadas excessivamente, sob pena de, não o fazendo, poder ser destituído pela maioria absoluta dos votos dos adquirentes, sem prejuízo da responsabilidade civil ou criminal que houver (art. 43, inc. VI). Convém salientar, aqui, que este constitui um dos direitos mais palpáveis, diante da frequência das situações que ocorrem. Uma vez verificado o inadimplemento, ou a paralisação das obras, permite-se a simples promoção da lide resolutória do contrato, sem a necessidade da prévia notificação para colocar em andamento as obras. É como orienta o Superior Tribunal de Justiça: "A resolução do contrato, postulada por adquirente sob a assertiva de mau adimplemento, não depende de prévia interpelação prevista no art. 43, inc. VI, da Lei nº 4.591, de 16.12.1964, somente exigível para a finalidade de destituição do incorporador;"[31]

No voto, ressalta-se: "A notificação judicial a que alude o art. 43, inc. VI, da Lei nº 4.591/1964, não constitui realmente medida obrigatória a cargo dos compromissários-compradores. É mera faculdade e, tal como decidido pelo Acórdão ora vergastado, não os inibe de intentar a ação de resolução contratual. O Prof. Caio Mário da Silva Pereira observa, a propósito, que, 'realizada esta (a notificação), e decorrido o prazo de trinta dias sem que as obras se reiniciem ou o andamento readquira a normalidade, os interessados não precisam ir a juízo para resolver o contrato, porque a lei lhes oferece a faculdade de, pela sua vontade, destituírem o incorporador' (Condomínio e Incorporações, 7ª ed., pág. 287).

---

[31] REsp. nº 60.616-0/SP, da 4ª Turma do STJ, relatado pelo Min. Barros Monteiro, j. em 12.05.1997.

Cap. XXXIX | Responsabilidade na Incorporação Imobiliária • 537

É da jurisprudência desta Eg. 4ª Turma a diretriz de que 'a resolução do contrato, postulada por adquirente alegando mau adimplemento não depende da prévia interpelação prevista no art. 43, VI, da Lei nº 4.591, somente exigível para a destituição do incorporador' (REsp. 15.921/CE, rel. Min. Athos Carneiro). Tal orientação reiterou-se quando do julgamento do REsp. nº 109.821/SP, rel. Min. Ruy Rosado de Aguiar".

IX – Receber as chaves das unidades adquiridas tão logo tenham sido cumpridas as obrigações e pagas as prestações pactuadas. A pretensão é exigível compulsoriamente, se o incorporador insistir na retenção, com o objetivo de forçar composição de preços. A ação exercitável é a execução de dar coisa certa, prevista nos arts. 621 e seguintes do Código de Processo Civil;

X – Receber, junto ao alienante que não seja incorporador, os valores investidos no empreendimento, no caso de rescisão parcial ou total da promessa de venda do terreno. É que o direito à construção se consolidará na pessoa do alienante, o que justifica a devolução, para cada um dos ex-titulares de direito à aquisição de unidades, do valor da parcela de construção que adiciona à unidade (art. 40, §§ 1º e 2º).

O referido art. 621 corresponde ao art. 806 do CPC/2015.

6. RESPONSABILIDADE DO INCORPORADOR E DO CONSTRUTOR

Tanto quanto se impõe a responsabilidade solidária do dono da obra e do construtor, o mesmo acontece relativamente ao incorporador e ao construtor. O incorporador figura como o contratante junto aos adquirentes das unidades, enquanto o construtor é considerado o causador direto do dano. No entanto, os adquirentes de unidades têm ação direta contra o incorporador, facultando-se-lhes a via responsabilizando o construtor. Caso não acionado o último, e se vier a atender a postulação, reserva-se-lhe o direito de regresso, a fim de reembolsar-se do montante pago.

A matéria regula-se, na espécie, pelas regras que tratam dos vícios de solidez ou segurança dos prédios – art. 618 do Código Civil, e pelas disposições que disciplinam o direito nas hipóteses de defeitos e imperfeições – art. 615, encontrando-se analisada respectivamente nos itens "Responsabilidade por vícios de solidez ou segurança" e "Responsabilidade por defeitos e imperfeições" do Capítulo sobre a "Responsabilidade do construtor e do empreiteiro" do presente livro.

Pode-se, pois, assentar que a responsabilidade é de ordem pública, legal, contratual, extracontratual e objetiva, não se isentando o construtor, posto que o direito público lhe impõe a observância de regras administrativas de construção; existem disposições do Código Civil que lhe imputam a responsabilidade, além de expressamente assumida no contrato. Não bastasse tal embasamento, a culpa conduz à reparação, que também se impõe pelo simples fato em si, por ser a obrigação de resultado.

Não se executando a obra de acordo com as previsões contratuais, ou insatisfatoriamente, arca com a obrigação de indenizar, ou refazer a obra, por imposição dos dispositivos acima indicados, reservando-se-lhe os prazos para o exercício do direito ou para promover a pretensão que lhe é assegurada.

Aliás, também no art. 942 assenta-se a responsabilidade, posto que, tendo a ofensa mais de um autor, todos responderão solidariamente pela reparação.

538 • Responsabilidade Civil | *Arnaldo Rizzardo*

7. RESPONSABILIDADE DO INCORPORADOR PELAS UNIDADES NÃO VENDIDAS

É possível que não consiga, o incorporador, vender todas as unidades projetadas no edifício.

A lei, em duas oportunidades, procura solucionar o problema, evitando, com isso, se transfira a obrigação aos condôminos adquirentes, onerando sobremaneira suas pessoas.

De um lado, o art. 35 da Lei nº 4.591, com a alteração introduzida pelo art. 13 da Lei nº 4.864, ordena que o contrato de construção seja celebrado nos sessenta dias seguintes ao prazo de carência, ou à assinatura do ajuste preliminar, em não se estipulando a carência. Afasta-se, destarte, a possibilidade de protelar indefinidamente a lavratura do contrato, e tornando certa e decidida a obrigação de cada parte. Impõe, ainda, o § 6º do mencionado dispositivo que se especifique, no contrato, a menção dos responsáveis pelo pagamento da construção de cada uma das unidades, o que permite seja averiguado se o pagamento se refere à unidade ajustada ou a outras.

De outro lado, o mesmo parágrafo 6º, na segunda parte, acrescenta que o "incorporador responde, em igualdade de condições, com os demais contratantes, pelo pagamento da construção das unidades que não tenham tido a responsabilidade pela sua construção assumida por terceiros e até que o tenham".

De modo que, se não aparece uma pessoa que responda pelas unidades pendentes de alienação, a fim de evitar que onere o encargo as unidades vendidas, assume o incorporador a obrigação de satisfazer, segundo o valor estabelecido, as prestações correspondentes.

As despesas condominiais das unidades não vendidas recaem no incorporador, na esteira da jurisprudência: "Tratando-se de unidades não vendidas, responsável pelo pagamento das despesas de condomínio é a incorporadora do edifício". Embora o adquirente de uma unidade autônoma responda pelos débitos do alienante, o que decorre dos princípios da sub-rogação, parece irrecusável o "objetivo do legislador de atribuir diretamente ao sucessor a responsabilidade pelas despesas do condômino remisso a quem sucede na vida condominial", e não na aquisição direta do incorporador. Portanto, "a incorporadora do edifício, como proprietária das unidades não alienadas, é responsável pelo pagamento das despesas condominiais correspondentes aos apartamentos de que é titular".[32]

8. RESPONSABILIDADE DO CORRETOR QUE PARTICIPA DA ALIENAÇÃO DE UNIDADES

Pode-se estabelecer uma hipótese de responsabilidade do corretor ou da empresa que é encarregada da venda da unidade, se esta apresentar defeitos, ou não for construída, em havendo relação de consumo, por se equiparar o corretor, no caso de promoção da venda, ao comerciante. Não se trata, na situação aqui estudada, do corretor de imóveis que assume a função de incorporador. É a situação do art. 13, inciso I, do Código de Defesa do Consumidor (Lei nº 8.078/1990), que merece transcrição: "O comerciante é igualmente responsável, nos termos do artigo anterior, quando: I – o fabricante, o construtor, o produtor ou o importador não puderem ser identificados". Na hipótese em estudo,

---

[32] Apel. Cível nº 333.774, 2ª Câmara Cível do 1º Tribunal de Alçada de São Paulo, de 20.11.1984, em *Revista dos Tribunais*, 594/130. Em igual sentido, na mesma *Revista*, 548/137.

o corretor de imóveis desempenha o papel de comerciante, razão que leva a autorizar a incidência do citado art. 13, inciso I.

Desde que impossível o ressarcimento junto ao incorporador ou construtor, chama-se à responsabilidade aquele que comercializou o imóvel, já que lhe incumbiam cautela, o exame e a responsabilidade na venda, de modo a não oferecer produto defeituoso, desprovido de solidez e segurança, ou inexistente. Realmente, está o corretor obrigado a verificar o atendimento das exigências legais da incorporação antes de iniciar a venda. Do contrário, torna-se corresponsável pelas obrigações do incorporador.

O STJ vai além, reconhecendo a responsabilidade solidária com o incorporador, pois houve a participação de ambos:

"Empresas coligadas que, na promoção e incorporação de venda e compra de unidades imobiliárias, quer no ramo de construção, quer na publicidade e corretagem, resultam culpadas pela impossibilidade da construção, e respondem perante o condômino compromissário comprador, solidariamente, devendo devolver-lhe as prestações pagas e as arras em dobro a título de prefixação das perdas e danos. No caso, como deflui da solidariedade, a empresa publicitária ou corretora é legitimada passivamente para a ação".[33]

O Tribunal de Justiça do Rio Grande do Sul comungou da mesma exegese:

"Rescisão contratual cumulada com perdas e danos. Solidariedade entre as empresas empreendedoras e construtoras e a corretora intermediária. Relação de consumo. A empresa que atua no ramo imobiliário, como corretora na comercialização das unidades habitacionais construídas como empreendimento imobiliário, responde solidariamente, à luz das regras do Código de Defesa do Consumidor, pelos danos sofridos pelo promitente comprador. Apelo provido".[34]

9. INCIDÊNCIA DAS NORMAS DO CÓDIGO DE DEFESA DO CONSUMIDOR

Decorrendo a incorporação da atividade de fornecedor de produtos ou serviços, exercida pelo incorporador, tem incidência o Código de Defesa do Consumidor. Ocorre que se opera a atividade de construção e venda das unidades imobiliárias, as quais se destinam para consumidores finais, que passam a usá-las para moradia ou para outro uso pessoal. Está, pois, submetida ao âmbito do art. 3º da Lei nº 8.078 a incorporação, aplicando-se as regras sobre o fato do produto ou do serviço (art. 12), e sobre os vícios ou defeitos de qualidade (arts. 18 e 20), não divergindo a disciplina sobre a incidência das mesmas regras à atividade do dono da obra e do construtor. Não se enquadra na abrangência da relação de consumo se contratada a construção para um destinatário intermediário, que, em etapa seguinte, procede à alienação das unidades.

Contratando a construção de unidades, por empreitada ou administração, decorre a assunção de um dever de fazer, que se materializa na prestação de serviço.

Nesta ótica, sobressaem os princípios sobre a oferta, devendo ser dirigida ao público através de informações claras e corretas, não enganosas ou que induzam os interessados em erro. Não se permitem, pois, a teor dos arts. 51, 52, § 1º, e 53 da Lei nº 8.078, cláusulas de decaimento, com a perda total das prestações em caso de mora; ou que estipulem multa superior a dois por cento; cláusulas resolutórias não alternativas; ou que exoneram

---

[33] REsp. nº 9.943/SP, rel. Min. Waldemar Zveiter, 3ª Turma, j. em 18.06.1991.
[34] Apel. Cível nº 70000887000, rel. Des.ª Elaine Harzheim Macedo, j. em 18.04.2000.

o fornecedor de responsabilidade, que subtraiam do consumidor a opção de reembolso da quantia já paga, que transfiram a responsabilidade a terceiros, que estabeleçam obrigações iníquas, abusivas; ou cláusulas que coloquem o consumidor em desvantagem exagerada, ou que sejam incompatíveis com a boa-fé ou a equidade. Muito menos se permitem condições que invertam o ônus da prova, que determinem a utilização compulsória de arbitragem, que imponham representante para concluir ou realizar outro negócio jurídico, que deixem ao fornecedor a opção de concluir ou não o contrato, que permitam ao fornecedor a variação de preço, que autorizem o fornecedor a cancelar unilateralmente o contrato, que obriguem o consumidor a ressarcir os custos de cobrança, que autorizem o consumidor a modificar unilateralmente o conteúdo ou a qualidade do contrato, que possibilitem a renúncia do direito de indenização, e outras previstas em vários dispositivos da Lei nº 8.078, como as do art. 39, que discriminam as práticas abusivas.

Vasto é o campo que abre caminhos para a responsabilidade, tornando-se comum quando os danos decorrem do fato do produto e do serviço, verificados nos prejuízos causados pelas unidades em si, e acentuando-se com os vícios de qualidade causados pela baixa qualidade dos produtos empregados nas construções, ou pela errônea escolha dos materiais, ou pela deficiente e inapropriada técnica utilizada pelos que fazem a obra. Realmente, o vício do produto ou do serviço advém da falta de qualidade, dos materiais impróprios, da ausência de cuidados, da omissão de regras técnicas, do uso de ingredientes de péssima categoria.

Tem-se, em síntese, as idênticas causas de responsabilidade contempladas para os vícios ou defeitos de construção.

XL
Responsabilidade na Locação e na Administração de Locações

1. CONCEITUAÇÃO

Washington de Barros Monteiro, inspirado em Aubry e Rau, delineia a seguinte definição de locação: "A locação é o contrato pelo qual uma das partes, mediante remuneração que a outra se obriga a pagar, se compromete a fornecer-lhe ou a procurar-lhe, durante certo tempo, o uso e gozo de uma coisa (locação de coisa), a prestação de um serviço (locação de serviço), ou a execução de um trabalho determinado (empreitada)".[35]

O Código Civil de 2002 limita-se a disciplinar determinadas locações, ficando na competência da lei especial a locação dos prédios urbanos para fins residenciais ou comerciais. O art. 2.036 é claro a respeito: "A locação de prédio urbano, que esteja sujeito à lei especial, por esta continua a ser regida".

A regulamentação da locação dos prédios urbanos é ditada pela Lei nº 8.245, de 18.10.1991.

Mais especificadamente, o objeto da regulamentação do Código Civil é a locação de coisas, ou de todos os bens materiais distintos de prédios urbanos alugados para fins residenciais ou outra motivação, como para o comércio, o uso profissional, a indústria, o ensino, a prestação de serviços, e a instalação de hospitais.

O art. 565 do Código Civil conceitua a locação de coisas como o contrato pelo qual "uma das partes se obriga a ceder à outra, por tempo determinado ou não, o uso e gozo de coisa não fungível, mediante certa retribuição".

Interessa, no caso, a responsabilidade pelas obrigações decorrentes do contrato de locação, em relação às obrigações entre as partes e quanto a terceiros.

2. RESPONSABILIDADE DO LOCATÁRIO

Há dispositivo expresso na Lei nº 8.245, em seu art. 23, inc. V, quanto às locações de prédios urbanos, incumbindo ao locatário "realizar a imediata reparação dos danos verificados no imóvel, ou nas suas instalações, provocados por si, seus dependentes, familiares, visitantes ou prepostos". Trata-se das reparações de danos ou desgastes decorrentes do mau uso, como nas paredes, nas janelas, nas instalações, equipamentos internos,

---

[35] *Curso de Direito Civil*, Direito das Obrigações, 2º vol., ob. cit., p. 143.

542 • Responsabilidade Civil | *Arnaldo Rizzardo*

piscina, sauna, antena parabólica, aparelhos de ar condicionado, elevadores, encanamentos, tomadas de luz, condutores de gás etc. Não se pode, porém, olvidar a regra do inc. III do mesmo dispositivo, no tocante ao dever de devolver o imóvel em condições de uso, com os equipamentos funcionando se assim encontravam-se quando da locação.

Sobre o conteúdo do inc. V, ensina Nagib Slaibi Filho: "Note-se que o dever de reparação só abrange os danos causados pelo inquilino e seus dependentes ou prepostos, independentemente de culpa ou dolo. Se o dano decorreu do uso normal do prédio (como, por exemplo, determinada instalação hidráulica que se desgastou com o tempo e que, ao ser utilizada pelo inquilino ficou inservível), não há responsabilidade de indenização. Sempre será pesquisada a causa do dano para que se impute a responsabilidade".[36]

Igualmente o Código Civil, no art. 569, inc. IV, trata da responsabilidade, ao ordenar ao locatário a restituição da coisa, "finda a locação, no estado em que a recebeu, salvas as deteriorações naturais ao uso regular".

O art. 938 atribui ao que habita o prédio, e, assim, ao locatário, a responsabilidade pelos danos que as coisas caídas do prédio causarem: "Aquele que habitar prédio, ou parte dele, responde pelo dano proveniente das coisas que dele caírem ou forem lançadas em lugar indevido". O ato é pessoal do ocupante do prédio, não decorrendo de defeito da coisa, o que aconteceria se alguma parte se desprendesse da construção, precipitando-se ao solo, e atingindo terceiros ou bens alheios, como no caso da queda de uma marquise, ou de reboco, ou de telhas e outros componentes.

Emerge a responsabilidade, ainda, do descumprimento de obrigações (art. 569 e incisos do Código Civil), como a de utilização da coisa alugada para finalidades diversas daquelas constantes do contrato; a de não cuidar do imóvel com o mesmo zelo e cuidado como se lhe pertencesse; a falta de pagamento do aluguel e encargos na forma ajustada; a omissão em levar ao conhecimento do locador as turbações que terceiros causarem; a não realização das reparações que demandar a conservação do prédio, e de sua exclusiva competência; a sublocação ou cessão para estranho, ao arrepio do consentimento do locador.

3. RESPONSABILIDADE DO LOCADOR

Várias as obrigações que incumbem ao locador, e que podem ensejar a responsabilidade.

No pertinente ao locador, algumas regras aparecem em dispositivos do Código Civil e da Lei nº 8.245/1991.

Assim, frente ao art. 566, em relação aos imóveis não urbanos, "é obrigado o locador:

I – a entregar ao locatário a coisa alugada, com suas pertenças, em estado de servir ao uso a que se destina, e a mantê-la nesse estado, pelo tempo do contrato, salvo cláusula expressa em contrário;

II – a garantir-lhe, durante o tempo do contrato, o uso pacífico da coisa."

No pertinente aos imóveis urbanos, além das obrigações acima, cabe ao locador (art. 22 da Lei nº 8.245/1991), manter, durante a locação, a forma e o destino do imóvel; responder pelos vícios ou defeitos anteriores à locação; fornecer ao locatário, caso este

---

[36] *Comentários à Nova Lei do Inquilinato*, 6ª ed., Rio de Janeiro, Editora Forense, 1993, p. 150.

solicite, descrição minuciosa do estado do imóvel, quando de sua entrega, com expressa referência aos eventuais defeitos existentes; e fornecer ao locatário recibo discriminado das importâncias por este pagas, vedada a quitação genérica; pagar as taxas de administração imobiliária e de intermediação; pagar os impostos e taxas e prêmio de seguro complementar; pagar as despesas extraordinárias de condomínio, além de outras obrigações, que não importam em indenizações.

Consoante o art. 35 da Lei nº 8.245/1991, deve o locador, a menos que se tenha firmado cláusula dispondo o contrário, indenizar as benfeitorias necessárias introduzidas pelo locatário, ainda que não autorizadas, bem como as úteis, desde que autorizadas. O dispositivo constitui a aplicação, nas locações, da norma do art. 1.219 do Código Civil.

Enquanto não cumprida essa obrigação, permite-se o direito de retenção. Em geral, os contratos já vêm impressos com cláusula de renúncia do locatário ao direito de indenização ou ressarcimento, bem como da retenção por obras, instalações, inclusive úteis e necessárias. Se aparece a necessidade no curso da locação, e não a atender o locador, cabe a retenção enquanto não se operar a indenização, encontrando apoio o entendimento na doutrina de Francisco Carlos Rocha de Barros, que invoca vários dispositivos da Lei nº 8.245: "É obrigação do locador manter, durante a locação, a forma e o destino do imóvel (art. 22, III) e responder pelos vícios ou defeitos anteriores à locação (IV). Assim, realizar obra que se faça necessária para manter o imóvel locado em condições de habitabilidade é obrigação do locador. Se o imóvel apresenta defeito ou impeça sua utilização pelo inquilino, da obrigação de repará-lo não pode fugir o locador. Essa sua obrigação, aliás, é regra tradicional do nosso direito (CC, art. 1.189), desde que o defeito não tenha sido provocado pelo inquilino, seus dependentes, familiares ou prepostos, é claro (art. 23, V)."[37]

Nessa visão, se notificado o locador para a realização das benfeitorias, e mantendo-se ele inerte, é razoável que ao locatário se assegure fazer a obra, ficando com o direito ao ressarcimento. Esclarece-se que o citado art. 1.189 equivale ao art. 566 do vigente diploma civil.

Nos contratos de locação por prazo mínimo de cinco anos, em havendo a retomada para a utilização do imóvel pelo próprio locador, ou em razão de proposta mais vantajosa de terceiro, nasce o direito ao ressarcimento, em favor do locatário, dos prejuízos e dos lucros cessantes que tiver arcado com a mudança, a perda do lugar e desvalorização do fundo de comércio (art. 52, § 3º, da Lei nº 8.245).

Perante terceiros, os danos causados pelo locatário, ou decorrentes de sua conduta, da perturbação ao sossego e tranquilidade, do mau uso do imóvel, são por ele devidos. Entrementes, não se exclui a responsabilidade do locador pela culpa *in vigilando* ou *in eligendo*, pois deve arcar pela entrega do imóvel a indivíduo de péssimos antecedentes, de comportamento nocivo, de hábitos que não permitem a sociabilização, como no caso do indivíduo violento, agressivo, que investe contra a propriedade alheia, ou deposita detritos em outros imóveis, ou provoca distúrbios e outras situações insustentáveis.

4. RESPONSABILIDADE DO FIADOR

O fiador responde pelos encargos da locação durante o prazo do contrato, situação esta que não comporta maiores discussões. Tanto que possível a penhora do bem de família,

---

[37] *Comentários à Lei do Inquilinato*, São Paulo, Editora Saraiva, 1997, p. 170.

como oficializado pela Súmula nº 549 do STJ, de 19.10.2015, no seguinte teor: "É válida a penhora de bem de família pertencente a fiador de contrato de locação".

No entanto, suscitam-se controvérsias quando prorrogado o contrato em razão de cláusula expressa, com a referência de perdurar a responsabilidade até a efetiva devolução do imóvel. Mesmo que apareça cláusula a respeito, vinculando a responsabilidade em se operando a prorrogação, não se mantém automaticamente a obrigação. Em princípio, aquele que assina uma garantia, tem em conta o período que consta no contrato. Ademais, dado o teor adesivo dos contratos, já vindo impressos, não aceitando os locadores modificações, fica limitada a liberdade contratual. Tem incidência o § 4º do art. 54 do Código de Defesa do Consumidor (Lei nº 8.078, de 11.09.1990): "As cláusulas que implicarem limitação de direito do consumidor deverão ser redigidas com destaque, permitindo sua imediata e fácil compreensão". A continuação da garantia representa, com certeza inexorável, uma limitação de direito. No mínimo é de se exigir o destaque das cláusulas, em letra diferente e mais forte que o restante do texto. Não havendo esta forma de despertar a atenção, é indispensável nova manifestação do fiador.

Embora forte corrente jurisprudencial inclinar-se pela validade da cláusula de renúncia de exoneração, a melhor exegese é a que não a aceita, pois, do contrário, constituiria um beco sem saída para o fiador, condenando-o a manter-se preso ao contrato eternamente.

Quanto ao direito de exoneração, mesmo que adotada a cláusula mantendo a responsabilidade, forte jurisprudência do STJ é favorável.[38]

Prescreve o art. 835: "O fiador poderá exonerar-se da fiança que tiver assinado sem limitação de tempo, sempre que lhe convier, ficando, porém, obrigado por todos os efeitos da fiança, durante 60 (sessenta) dias após a notificação do credor."

Mesmo que não exercida a exoneração, todavia, a maior coerência é invalidar a responsabilidade pelo período da prorrogação, conforme orientação do STJ:

"Não responde o fiador pelas obrigações futuras advindas de aditamento ou prorrogação contratual a que não anuiu, assinado entre o locador e o inquilino, à vista do seu caráter benéfico desinteressado, não podendo, contra a sua vontade, permanecer indefinidamente obrigado.

É tão intuitiva esta regra de direito que os códigos civis a supõem contida no conceito de fiança, e se abstêm de mencioná-la (Clóvis Beviláqua, *Comentários ao Código Civil do Brasil*, vol. V, p. 253). Embargos conhecidos e providos".[39] Em outro exemplo: "A jurisprudência assentada nesta Corte construiu o pensamento de que, devendo ser o contrato de fiança interpretado restritivamente, não se pode admitir a responsabilização do fiador por encargos locatícios decorrentes de contrato de locação prorrogado sem a sua anuência, ainda que exista cláusula estendendo sua obrigação até a entrega das chaves."[40]

Surgiu, sobre a matéria, a Súmula nº 214 do STJ: "O fiador não responde por obrigações resultantes de aditamento ao qual não anuiu."

---

[38] REsp. nº 3.821/RS, em Jurisprudência do STJ, *Lex*, vol. 27, p. 90; REsp. nº 45.214-7, da 5ª Turma, de 11.05.1994; REsp. nº 1.765/SP, da 3ª Turma, de 03.04.1990; REsp. nº 40.653/RS, de 14.12.1993, em *Revista do STJ*, 6/423.

[39] Embargos de Divergência no REsp. nº 67.601/SP, rel. Min. José Arnaldo, j. em 27.05.1998, publ. em 29.06.1998.

[40] REsp. nº 299.154/MG, da 6ª Turma do STJ, *DJU* de 15.10.2001.

E se, no contrato, o fiador expressamente renuncia ao direito de obter exoneração da fiança? Considera-se eficaz ou válida dita cláusula?

A matéria é controvertida, tendo suscitado, ao tempo do Código revogado, divergência na interpretação. O Magistrado paulista Dr. Mílton Sanseverino analisou percucientemente a matéria, realçando a corrente que propugna pela validade da disposição. Cita vários julgados dos extintos Tribunais de Alçada Civil de São Paulo (*in 'Julgados dos Tribunais de Alçada Civil de São Paulo'*, 147/391, 128/241, 124/170, 117/257, 111/438, 106/368, 103/301, 98/234, 95/258, e *in 'RT* 482/162 e 581/155). Em contrapartida, conforme segue, poucas as manifestações que não mantém a renúncia (*in RT* 463/134, 466/130, e *in JTACSP* 46/78).

Inclina-se em considerar indene ou sem vícios o ato de vontade que manifesta a renúncia. No entanto, é o próprio jurista que aponta o entendimento prevalente do Superior Tribunal de Justiça, ao escrever sobre o art. 1.500 do Código revogado, mas cuja redação equivale ao art. 835 do diploma em vigor: "Não se ignora, é certo, a existência de forte tendência jurisprudencial no C. Superior Tribunal de Justiça, no sentido de que a cláusula até a entrega das chaves não importa renúncia (tácita) ao direito à exoneração conferido ao fiador pelo art. 1.500 do Código Civil, sendo lícito a este último pleiteá-la quando o contrato de locação vigore por tempo indeterminado, muito embora se entenda que esse direito, em princípio, é renunciável, mas que, na ausência de cláusula expressa a respeito, tal renúncia não pode ser inferida ou deduzida pura e simplesmente dos dizeres 'até a entrega das chaves', vigorando a locação por tempo indeterminado (cf., neste sentido, e. g., REsp. nº 1.765/SP, 3ª Turma, rel. o ilustre Min. Cláudio Santos, j. em 3.04.90, m. v., *in RSTJ* 2/364, em exp. o voto do eminente Min. Eduardo Ribeiro, que foi acompanhado, nessa ocasião, pelo Min. Waldemar Zveiter).

Outro v. acórdão desse E. Tribunal considerou, por sua vez, que, na vigência do contrato de locação por prazo certo, não pode haver renúncia ao aludido direito do garante obter a exoneração da fiança enquanto não expirado referido prazo. Vale dizer: a renúncia em discussão só poderia existir ficando prorrogada a avença por tempo indeterminado, como se extrai, *v. g.*, do douto voto condutor proferido pelo ilustre Min. Luiz Vicente Cernicchiaro (Relator) no REsp. nº 40.653-6/RS (j. em 14.12.1993, v. u., *in RSTJ* 6/423-424).

Em mais um aresto, a seu turno, seguindo nas pegadas do assentado REsp. nº 1.765/SP, mencionado acima, bem como no REsp. nº 3.821/RS (de que foi relator o eminente Min. Athos G. Carneiro, pub. *in Jurisprudência do STJ, Lex*, vol. 27/90-91) e na Súmula 6 do C. Tribunal de Alçada do Rio Grande do Sul (que diz: 'O fiador, uma vez prorrogada a locação residencial por força de lei, pode exonerar-se da fiança, embora tenha renunciado, quando a prestou, ao exercício da faculdade do art. 1.500 do CC'), estabeleceu que a cláusula até a entrega das chaves não impede o fiador de postular a exoneração da fiança, pois não pode ser interpretada como um beco sem saída para aquele último (REsp. 45.214-7, 5ª Turma, rel. o ilustre Min. Assis Toledo, j. em 11.05.94, v. u.)".[41] Lembra-se que o art. 1.500 referido equivale ao art. 835 do vigente Código.

Diante dos parâmetros acima, conclui que seria, na existência de renúncia tácita, verificada na cláusula que atribui a responsabilidade até a efetiva entrega das chaves, de manter-se a responsabilidade enquanto vigorar por prazo certo o contrato. Unicamente após concluído o período de prazo certo autoriza-se o ingresso, na época do Código revogado, da ação exoneratória de fiança, e, presentemente, da notificação.

---

[41] *Renunciabilidade do direito à exoneração da fiança*, em COAD – *Direito Imobiliário*, nº 17, pp. 194-195, jun. 1996.

546 • Responsabilidade Civil | *Arnaldo Rizzardo*

5. LOCAÇÃO DE VEÍCULOS

Ocorrem acidentes de trânsito envolvendo veículos locados por empresas especializadas. Normalmente, os veículos encontram-se cobertos por apólices de seguro, o que afasta a incidência frequente de ações de indenização endereçadas contra as locadoras.

Em princípio, respondem o locatário e a empresa locadora pelos danos causados a terceiros.

Sobre o assunto, ainda é aplicada a antiga Súmula nº 492 do Supremo Tribunal Federal, com a seguinte versão: "A empresa locadora de veículos responde, civil e solidariamente, com o locatário, pelos danos por este causados a terceiros, no uso do carro locado".

O fundamento da responsabilidade está no dever de garantia e segurança que se deve prestar a terceiros no desempenho de atividades e no uso de bens. De modo geral, o dono da coisa ressarce os danos que a mesma causa, independentemente de culpa. Em verdade, o uso do veículo se faz acompanhar do risco de provocar danos. Por sua natureza, presta-se a causar toda sorte de prejuízos, situação que faz apelar para o parágrafo único do art. 927 da lei civil. Acresce observar que as locadoras constituem-se normalmente através de empresas, repercutindo as consequências no art. 931 do mesmo diploma. O Superior Tribunal de Justiça já endossou a aplicação da mencionada Súmula:

"Acidente de trânsito. Responsabilidade da empresa locadora.

Boletim de ocorrência feito por policial rodoviário federal, o qual chegou ao local minutos após o acidente, serve como elemento de convicção para o julgamento da causa, não se equiparando com aquele boletim decorrente de relato unilateral da parte.

A empresa locadora de veículos responde, civil e solidariamente com o locatário, pelos danos por este causados a terceiro, no uso do carro locado (Súmula nº 492 do Colendo Tribunal Federal)".[42]

"Em acidente automobilístico, o proprietário do veículo responde objetiva e solidariamente pelos atos culposos de terceiro que o conduz, pouco importando que o motorista não seja seu empregado ou preposto, uma vez que sendo o automóvel um veículo perigoso, o seu mau uso cria a responsabilidade pelos danos causados a terceiros.

Provada a responsabilidade do condutor, o proprietário do veículo fica solidariamente responsável pela reparação do dano, como criador do risco para os seus semelhantes. (REsp 577902/DF, Rel. Ministro Antônio De Pádua Ribeiro, Rel. p/ Acórdão Ministra Nancy Andrighi, Terceira Turma, julgado em 13/06/2006, DJ 28/08/2006).

Há responsabilidade solidária da locadora de veículo pelos prejuízos causados pelo locatário, nos termos da Súmula 492 do STF, pouco importando cláusula consignada no contrato de locação de obrigatoriedade de seguro".[43]

"A empresa locadora de veículos responde, civil e solidariamente com o locatário, pelos danos por este causados a terceiros, no uso do carro locado (STF – Súmula nº 492)".[44]

---

[42] REsp. nº 302.462/ES, da 3ª Turma, j. em 15.10.2001, *DJU* de 04.02.2002.
[43] REsp. nº 1354332/SP, da 4ª Turma do STJ, j. em 23.08.2016, DJU de 21.09.2016.
[44] REsp. nº 90.143/PR, da 3ª Turma, j. em 16.12.1999, *DJU* de 21.02.2000.

"A empresa locadora de veículos responde civil e solidariamente com o locatário, pelos danos por este causados a terceiro, no uso do carro locado. "Recurso especial conhecido e provido".[45]

"O substrato da responsabilidade imputado à empresa locadora repousa no art. 1.521 do Código Civil, pois que a ela incumbe escolher cuidadosamente a pessoa a quem entregar o veículo. O reconhecimento de tal obrigação assoma nas contrarrazões do presente apelo especial, em que a recorrida assevera manter contrato de seguro para cobertura de eventuais riscos em relação a seus locatários e, além disso, envidar esforços no sentido de selecionar seus clientes através de dados cadastrais e elaboração de perfis socioeconômicos".[46] Lembra-se que o citado art. 1.521 equivale ao art. 932 do atual Código Civil.

6. ADMINISTRAÇÃO DE LOCAÇÕES

Em vários pontos pode aparecer a responsabilidade das administradoras de imóveis, encarregadas da locação, competindo-lhes a escolha ou seleção de inquilinos, aprovar ou não os fiadores apresentados, proceder a cobrança de aluguéis e encargos, receber o pagamento dos aluguéis, recolher as contribuições devidas, e satisfazer as obrigações que decorrerem dos imóveis, sempre de acordo com a carga de incumbências constantes nos contratos.

A preocupação centra-se mais na escolha de inquilinos. Procedendo sem a necessária cautela, e aceitando locatários de notória falta de idoneidade e capacidade econômica, devem as administradoras arcar com o ressarcimento. É natural que aceitem inquilinos que comprovem uma renda suficiente à satisfação do aluguel, de conduta apropriada para a residência no tipo de imóvel locado, e que não apresentem costumes desregrados ou nocivos aos vizinhos e demais pessoas que compartilham da moradia no prédio, especialmente em se tratando de condomínio edilício.

Nessa conjunção de condições, há a responsabilidade pela escolha de pessoas inadimplentes e que provocam prejuízos. Na falta de pagamento, e na impossibilidade de conseguir a satisfação dos créditos, ficam com a obrigação de ressarcir ao proprietário o prejuízo acarretado. Igualmente quanto à qualidade dos inquilinos, à conduta, aos costumes, ao destempero no uso do bem, devem sanar e ressarcir os danos que surgirem.

A má escolha de fiadores constitui outro fator importante, que pode trazer prejuízos quando da cobrança de aluguéis devidos pelo locatário. Se não eram proprietários, quando da prestação da fiança, de patrimônio apto e suficiente para a garantia na hipótese de cobrança por um período razoável de até um ano, infere-se que houve má escolha. Não se dispensa, quando da aceitação, a apresentação de certidões do registro de imóveis, não bastando a exibição de meros instrumentos de promessa de compra e venda, ou de escrituras públicas sem o devido registro.

---

[45] REsp. nº 284.536-/PR, da 4ª Turma, *DJU* 22.10.2001.
[46] REsp. nº 3.055-9/RJ, da 4ª Turma, j. em 09.05.1994, *DJU* de 05.07.1994.

XLI
Responsabilidade no Condomínio Edilício

1. O CONDOMÍNIO EDILÍCIO

O condomínio horizontal, ou edilício, como vem denominado no Código de 2002, está voltado aos edifícios e outras construções.

A matéria está amplamente disciplinada no Código Civil introduzido pela Lei nº 10.406/2002, que passa a prevalecer ante a Lei nº 4.591, de 16.12.1964.

Diz, sobre o este tipo de condomínio, o jurista argentino Virgilio Ruffino Pereyra: "La propiedad horizontal, o sea la división horizontal de los inmuebles con edificio, consiste en que se puede ser propietario de un piso o de un departamento, sin necesidad de serlo también el suelo donde se asienta el edificio ni de los pisos superiores e inferiores.

Un inmueble abarca su superficie, su porción subterránea y el espacio aéreo. El espacio aéreo es susceptible de división horizontal; sin duda alguna, también la porción subterránea, por cierto no habitable sino destinada a depósito de mercaderías, u otro destino análogo, puede prestarse a tal división horizontal".[47]

Daí denominar-se horizontal o condomínio quando se apresenta como uma propriedade exclusiva e autônoma das unidades que o compõem, conjugada com um condomínio do terreno e das partes comuns do prédio. Conhecido, também, como 'condomínio edilício', expressão adotada pelo Código Civil de 2002, por corresponde à forma de construção própria da cidade, cujas leis emanam dos edis, ou daqueles que legislam sobre a cidade.

É, no entanto, na Lei nº 4.591, de 16 de dezembro de 1964, que permanece em vigor naquilo não abrangido pelo novo Código Civil, que encontramos o conceito exato de condomínio. O art. 1º enquadra neste regime toda a edificação ou conjunto de edificações, de um ou de vários pavimentos, construídos sob a forma de unidades isoladas entre si, com partes individuais e partes comuns, sem cogitar do número de peças de cada unidade e independentemente da sua natureza residencial ou não residencial, conforme leciona Caio Mário da Silva Pereira: "A lei exige a construção sob forma de unidades autônomas. Esta é uma *conditio legis*. É mister que cada unidade – apartamento residencial, sala ou conjunto de escritório, loja, sobreloja, vaga em edifício-garagem – constitua unidade autônoma,

---

[47] *La propiedad Horizontal de los Inmuebles*, Buenos Aires, Librería y Editorial "EL Ateneo", 1947, p. 13.

e deve ser tratada objetivamente como tal e assinalada por uma indicação numérica ou alfabética, para efeitos de identificação ou discriminação."[48]

Pelo Código de 2002, tomam realce os dois pontos fulcrais do condomínio para a moradia ou o exercício de atividades: a parte comum e a parte individual: Com efeito, prevê o art. 1.331: "Pode haver, em edificações, partes que são propriedade exclusiva, e partes que são propriedade comum dos condôminos."

A quota ou fração ideal, de propriedade exclusiva, está ressaltada no § 2º do art. 1º da Lei nº 4.591. A cada unidade caberá, como parte inseparável, uma fração ideal do terreno e coisas comuns, expressa sob a forma decimal ou ordinária".

O art. 2º da mesma lei realça a propriedade exclusiva da unidade, integrada da porção de uso comum: "Cada unidade com saída comum, será sempre tratada como objeto de propriedade exclusiva, qualquer que seja o número de suas peças e sua destinação, inclusive edifício-garagem, com ressalva das restrições que se lhe imponham." Mais objetivamente vem destacada a propriedade exclusiva da unidade no § 1º do art. 1.331 do Código Civil, em redação da Lei nº 12.607/2012: "As partes suscetíveis de utilização independente, tais como apartamentos, escritórios, salas, lojas e sobrelojas, com as respectivas frações ideais no solo e nas outras partes comuns, sujeitam-se a propriedade exclusiva, podendo ser alienadas e gravadas livremente por seus proprietários, exceto os abrigos para veículos, que não poderão ser alienados ou alugados a pessoas estranhas ao condomínio, salvo autorização expressa na convenção de condomínio".

O § 2º do art. 1.331 destaca as partes comuns: "O solo, a estrutura do prédio, o telhado, a rede geral de distribuição de água, esgoto, gás e eletricidade, a calefação e refrigeração centrais, e as demais partes comuns, inclusive o acesso ao logradouro público, são utilizados em comum pelos condôminos, não podendo ser alienados separadamente, ou divididos."

Há uma proporcionalidade entre a porção individual e a porção comum, segundo o § 3º do mesmo artigo acima: "A cada unidade imobiliária caberá, como parte inseparável, uma fração ideal no solo e nas outras partes comuns, que será identificada em forma decimal ou ordinária no instrumento de instituição do condomínio".

O § 5º do art. 1.331 destaca o terraço como parte comum: "O terraço de cobertura é parte comum, salvo disposição contrária da escritura de constituição do condomínio."

Já o § 4º dá realce ao acesso aos logradouros públicos: "Nenhuma unidade imobiliária pode ser privada do acesso ao logradouro público."

O acesso à via pública se dá direta ou indiretamente. No primeiro caso, colocam-se, em geral, as lojas, as garagens e os consultórios. No segundo, dá-se o acesso às vias ou locais públicos mediante escadas, elevadores e rampas. Seja como for, a comunicação com ruas e áreas externas do condomínio consideram-se partes comuns, destinadas a todas as pessoas que transitam no prédio.

Bem claramente explicam J. Nascimento Franco e Nisske Gondo a instituição do condomínio: "O condomínio regulado pela Lei nº 4.591, de 1964, pode ser instituído em um edifício ou um conjunto de edifícios, cada um contendo várias unidades autônomas (arts. 1º e 8º, 'b'), ou, ainda, em um conjunto de casas térreas ou assobradadas construídas em terreno do qual se reservam algumas áreas para uso comum dos titulares das

---

[48] *Condomínio e Incorporações*, 5ª ed., Rio de Janeiro, Forense, 1985, p. 69.

Cap. XLI | Responsabilidade no Condomínio Edilício • **551**

casas. Nas duas últimas hipóteses, o condomínio existe apenas sobre o terreno destinado à passagem de pedestres ou de veículos bem como sobre as coisas e instalações de uso comum, tal como reservatórios de água, canalização e águas e esgotos, linhas-troncos de telefone, eletricidade, etc. A última das modalidades referidas pode também ser aplicada aos sítios de recreio, nos quais se reservam aos condôminos, em caráter privativo, uma casa térrea ou assobradada e certa parte do terreno, permanecendo em condomínio os parques, piscinas, restaurantes, áreas de acesso às estradas e as de comunicação interna entre as unidades isoladas".[49]

Interessa o estudo das situações mais frequentes que importam em responsabilidade.

2. RESPONSABILIDADE PELAS DESPESAS DAS UNIDADES NÃO VENDIDAS

Se ainda não alienados vários apartamentos, ao incorporador recairá a responsabilidade pelas respectivas despesas, na esteira da jurisprudência: "Tratando-se de unidades não vendidas, responsável pelo pagamento das despesas de condomínio é a incorporadora do edifício." Embora o adquirente de uma unidade autônoma responda pelos débitos do alienante, o que decorre dos princípios da sub-rogação, parece irrecusável o "objetivo do legislador de atribuir diretamente ao sucessor a responsabilidade pelas despesas do condômino remisso a quem sucede na vida condominial", e não na aquisição direta do incorporador. Portanto, "a incorporadora do edifício, como proprietária das unidades não alienadas, é responsável pelo pagamento das despesas condominiais correspondentes aos apartamentos de que é titular".[50]

O art. 35 da Lei nº 4.591, com a alteração introduzida pelo art. 13 da Lei nº 4.864, de 29.11.1965, ordena que o contrato de construção seja celebrado nos sessenta dias seguintes ao prazo de carência, ou à assinatura do ajuste preliminar, em não se estipulando a carência. Afasta-se, destarte, a possibilidade de protelar indefinidamente a lavratura do contrato, e tornando certa e decidida a obrigação de cada parte. Impõe, ainda, o § 6º do mencionado dispositivo que se especifique, no contrato, a menção dos responsáveis pelo pagamento da construção de cada uma das unidades, o que permite seja averiguado se o pagamento se refere à unidade ajustada ou a outras.

De outro lado, o mesmo parágrafo 6º, na segunda parte, acrescenta que o "incorporador responde, em igualdade de condições, com os demais contratantes, pelo pagamento da construção das unidades que não tenham tido a responsabilidade pela sua construção assumida por terceiros e até que o tenham".

3. CONVENÇÃO NÃO REGISTRADA E RESPONSABILIDADES DOS CONDÔMINOS

Não se pense que a falta de registro da convenção importa em descumprimento das obrigações pelos condôminos, e, assim, em falta de responsabilidade quanto aos encargos, como amiúde se alega nas ações movidas contra os inadimplentes. O Tribunal de Justiça do Rio de Janeiro, através de sua 18ª Câmara Cível, no Agravo nº 2.932/97-A, de 22.04.1998, revela com perfeição a injustiça que acarretaria um tratamento contrário:

---

[49] *Condomínio em Edifícios*, 5ª ed., São Paulo, Editora Revista dos Tribunais, 1984, pp. 1 e 2.

[50] Apel. Cível nº 333.774. 2ª Câmara Cível do 1º Tribunal de Alçada de São Paulo, de 20.11.1984, em *Revista dos Tribunais*, 594/130. Em igual sentido, na mesma *Revista*, 548/137.

"Não é moralmente admissível que o condômino usufrua dos benefícios à custa dos demais condôminos, o que representaria locupletamento indevido à custa alheia, que o direito e a moral veementemente repelem. Prestados os serviços, legitimado está o Condomínio para a cobrança da taxa, porquanto a Convenção 'é de observância obrigatória, não só para os condôminos como para qualquer ocupante de unidade, segundo prevê expressamente o § 2º do art. 9º da Lei nº 4.591/64, tornando-se, com o registro, oponível *erga omnes*, daí dizer Marco Aurélio Viana que o registro só é importante para validade contra terceiros' (*Teoria e Prática do Direito das Coisas*, Saraiva, 1983, p. 112). Provimento do Agravo..., reconhecendo-se, destarte, a legitimidade do condomínio para a cobrança em relação ao condômino, independentemente do registro."[51]

4. RESPONSABILIDADE PELO PAGAMENTO DAS DESPESAS POR TODOS OS CONDÔMINOS

Os encargos serão suportados por todos os condôminos, havendo um entendimento de que não se eximem aqueles situados no piso térreo, que não necessitam de elevador e de outras conveniências usufruídas pelos demais coproprietários, excetuada a hipótese da convenção condominial contemplar a isenção. Exemplo dessa inteligência está na seguinte ementa: "Tem responsabilidade pelo pagamento das cotas condominiais quem, sendo condômino, embora não participando da assembleia que determinou a alteração da anterior convenção, não tomou qualquer providência para desconstituir a decisão condominial, contra a qual se insurge em momento impróprio. Estabelecimento comercial, no caso cinema, poderia ser uma loja, como tem sido decidido, deve cumprir aquilo que está estabelecido na Convenção. A alegação de que está no andar térreo e não se beneficia de muitos serviços do condomínio não pode ser oposta, contra a previsão condominial, votada e aprovada pela assembleia de condôminos, conforme previsão legal, art. 9º da Lei nº 4.591/64."[52]

Entrementes, já advertia Caio Mário da Silva Pereira: "Cumpre, entretanto, observar que não se pode atribuir ônus de tais despesas a comunheiros que nada têm, direta ou indiretamente, com os serviços que nenhuma utilidade lhes prestam. Está neste caso o proprietário de loja no rés-do-chão, e com saída livre, quanto às despesas de manutenção de elevadores."[53]

A jurisprudência tem isentado o condômino de participar no pagamento das despesas:

"A loja térrea, como unidade autônoma independente, só participa do custeio de despesas referentes ao terreno, telhado, calçada e paredes externas e outras coisas ou áreas que, por sua natureza e destinação, pertencem e aproveitam a todos os condôminos.

Entrada independente. Descabimento de inclusão da unidade no rateio comum de despesas."

Adiante, no voto: "A lei determina a contribuição do condômino naquilo em que o mesmo efetivamente foi partícipe na despesa (Lei nº 4.591/1964); o demais é abuso de direito originário dos demais condôminos, interessados em aumentar o rateio das despesas para diminuírem suas próprias contribuições. Fere o bom-senso (e a lei) exigir-se que o

---

[51] *Boletim de Direito Imobiliário IOB*, nº 23, de jun. 1998.
[52] Apel. Cível nº 197.004.724, da 5ª Câmara Cível do Tribunal de Alçada do RGS, j. em 26.06.1997, em Direito Imobiliário – edição COAD, nº 20, expedição de 24.05.1998, p. 407.
[53] *Condomínio e Incorporações*, ob. cit., ed. de 1985, p. 143.

condômino, na espécie, pague por serviço de que ele não usufrui e nem poderia, dada a localização da loja...

Nem tudo o que a convenção do condomínio diz será feito, será lei entre os condôminos, se o dito ferir a lei e a lógica."[54]

Em outro exemplo: "Não se pode exigir que determinado condômino arque com o pagamento de despesas relativas a utilidades ou serviços que não têm, para ele, qualquer serventia, não porque deles não queira utilizar-se, mas em virtude da própria configuração do edifício."[55]

No Superior Tribunal de Justiça vinga igual *ratio*: "Condomínio. Loja térrea. Despesas.

Do rateio das despesas do condomínio não se pode resultar deva arcar o condômino com aquelas que se refiram a serviços ou utilidades que, em virtude da própria configuração, não tem, para ele, qualquer préstimo."

Justifica-se no voto: "Consigno, ainda, que a doutrina, de modo geral, ressalva a possibilidade de a cobrança ser obrigatória, se assim dispuser, expressamente, a convenção de condomínio. Mesmo em tal hipótese tenho como passível de dúvida essa obrigatoriedade, estando a depender do caso concreto. Se o condômino manifestou seu dissenso, não me parece que a maioria possa impor-lhe deva suportar despesa que só aos demais interessa. De qualquer sorte, não corresponde a essa ressalva, geralmente aceita, a simples reprodução do que consta da lei, como ocorre com a cláusula 31 da convenção em exame."[56]

Efetivamente, resulta um enriquecimento indevido dos demais condôminos se obrigar-se aquele que de nada usufruiu a participar no pagamento das despesas.

De outro lado, havendo copropriedade do mesmo apartamento, a qualquer um dos dois proprietários exige-se a satisfação da obrigação. Há solidariedade na responsabilidade. Nesta linha já se manifestou a jurisprudência: "Despesas condominiais. Duplicidade de titulares sobre uma unidade autônoma. Cobrança ajuizada contra um deles. Admissibilidade porque indivisível a fração autônoma nas relações com os demais condôminos. Solidariedade dos coproprietários, dispensada a citação do outro titular."[57]

5. RESPONSABILIDADE PELAS DESPESAS DE OBRAS QUE FAVORECEM OS CONDÔMINOS

Naturalmente, as despesas pelas obras particulares no apartamento ou unidade recaem na pessoa do respetivo titular. O mesmo acontece naquelas decorrentes de obras nas partes comuns, mas usadas ou aproveitadas por um ou alguns dos condôminos, em obediência ao art. 1.340: "As despesas relativas a partes comuns de uso exclusivo de um condômino, ou de alguns deles, incumbem a quem delas se serve."

Não se pode, pois, exigir da generalidade dos condôminos o ressarcimento do custo das obras cuja fruição restringe-se a um condômino em particular, ou a uma pequena parcela deles. A Lei nº 4.591 não trouxe dispositivo próprio para o assunto, posto que se

---

[54]   Apel. Cível nº 70002730125, da 19ª Câmara Cível do TJRGS, j. em 20.08.2002.

[55]   Apel. Cível nº 70003703873, da 18ª Câmara Cível do TJRGS, j. em 15.05.2003.

[56]   REsp. nº 164.672/PR, da 3ª Turma, j. em 04.11.1999, *DJU* de 07.02.2000, *in RSTJ* 128/256.

[57]   Agravo de Instrumento nº 393.367-5, 5ª Câmara Cível do 1º TA de São Paulo, j. em 31.08.1988, em *Julgados dos Tribunais de Alçada Civil de São Paulo*, Editora Revista dos Tribunais, 112/184.

restringia a atribuir a responsabilidade aos condôminos em geral pelas obras de interesse comum, sobressaindo, pela importância, a regra do § 4º do art. 12: "As obras que interessarem à estrutura integral da edificação ou conjunto de edificações, ou ao serviço comum, serão feitas com o concurso pecuniário de todos os proprietários ou titulares de direito à aquisição de unidades, mediante orçamento prévio aprovado em assembleia geral, podendo incumbir-se de sua execução o síndico, ou outra pessoa, com, aprovação da assembleia".

O Código Civil, no art. 1.341, trata da autorização para a construção das obras voluptuárias e das úteis. "A realização de obras no condomínio depende:

I – se voluptuárias, de voto de 2/3 (dois terços) dos condôminos;

II – se úteis, de voto da maioria dos condôminos."

Já o síndico e, se omisso este, mesmo qualquer condômino, sem a prévia autorização, podem realizar as obras necessárias, por autorização do § 1º do art. 1.341: "As obras ou reparações necessárias podem ser realizadas, independentemente de autorização, pelo síndico, ou, em caso de omissão ou impedimento deste, por qualquer condômino." Extrai-se que o ressarcimento das voluptuárias e das úteis recairá nos condôminos que passaram a usufruí-las.

No entanto, se urgentes as obras e excessivo ou elevado o custo, o § 2º do art. 1.341 manda que, de imediato, dará o síndico ou o condômino ciência aos condôminos, convocando a assembleia A urgência decorre de previsibilidade difícil mas não impossível de acontecer, como rompimento da encanação, pane em máquinas e elevadores, queda de paredes, destelhamento, inundações, arrombamentos, vazamentos da caixa de água, interrupção da rede elétrica. Para ter-se como excessivo o aumento das despesas, deve o valor ultrapassar, no mínimo, a um terço das comumente exigidas.

Se não urgentes as obras ou reparos, e de elevado montante o custo, imprescindível a antecedente autorização da assembleia É a exigência do § 3º do mesmo art. 1.341: "Não sendo urgentes, as obras ou reparos necessários, que importarem em despesas excessivas, somente poderão ser efetuadas após autorização da assembleia, especialmente convocada pelo síndico, ou, em caso de omissão ou impedimento deste, por qualquer dos condôminos." Não revelam o caráter de urgência a queda de um muro interno, a rachadura de uma parede divisória, o desabamento de arranjos nos jardins, as fissuras do piso dos passeios.

Por outro lado, não se enquadram como elevadas ou excessivas as despesas exigidas para a reposição de lâmpadas, ou para o conserto de um cano, ou a reposição de vidraças nas janelas, ou a substituição de telhas, ou a troca de chaves, ou reparos no portão de entrada.

Unicamente se necessárias e urgentes as obras importam em reembolso, e desde que caracterizadas como necessárias. "É dever do condomínio proceder à realização de obra essencial à preservação da própria edificação, sendo, portanto, de sua responsabilidade efetuar os reparos no imóvel por danos decorrentes de infiltração na tubulação – inteligência do art. 12, § 4º, da Lei nº 4.591, de 1964. Se para efetivação dos reparos necessários se acesse a unidade do condomínio cujos proprietários se encontram em lugar incerto e não sabido deve ser autorizado o arrombamento passando o termo inicial para a realização das obras a contar da data de tal evento que deve se dar incontinenti."[58]

---

[58] Apel. Cível nº 14133/01, da 6ª Câmara Cível do TJ do Rio de Janeiro, *DJ* de 28.02.2002, *in ADCOAS* 8211240, *Boletim de Jurisprudência ADCOAS*, nº 45, p. 710, nov. 2002.

Cap. XLI | Responsabilidade no Condomínio Edilício • **555**

Nessa visão, os danos causados pelo prédio em si importam em pagamento pelo condomínio, e, assim, por todos os condôminos: "A obrigação de reparar danos em unidade condominial, causados por vazamentos de dutos de água em área comum do prédio, decorre da própria relação obrigacional entre o condomínio e o condômino."[59]

As obras não necessárias e urgentes, mesmo que tenham trazido benefício comum aos condôminos, não garantem o ressarcimento, por força do § 4º: "O condômino que realizar obras ou reparos necessários será reembolsado das despesas que efetuar, não tendo direito à restituição das que fizer com obras ou reparos de outra natureza, embora de interesse comum."

As obras de utilização comum necessitam da aprovação de dois terços dos condôminos para serem efetuadas, sendo viabilizadas desde que não prejudiquem as partes próprias dos condôminos ou as de todos. É o que encerra o art. 1.342 do Código, repetindo parte do conteúdo do § 3º do art. 1.341: "A realização de obras, em partes comuns, em acréscimo às já existentes, a fim de lhes facilitar ou aumentar a utilização, depende da aprovação de 2/3 (dois terços) dos votos dos condôminos, não sendo permitidas construções, nas partes comuns, suscetíveis de prejudicar a utilização, por qualquer dos condôminos, das partes próprias, ou comuns."

O art. 1.344 atribui ao proprietário de terraço de cobertura o ônus das despesas de conservação, devendo evitar danos às unidades inferiores: "Ao proprietário do terraço de cobertura incumbem as despesas da sua conservação, de modo que não haja danos às unidades imobiliárias inferiores."

Os danos que possivelmente ocorrem em unidade de cobertura, ou no terraço, serão suportados unicamente pelo respectivo proprietário, eis que os demais condôminos não usufruem tal parte do edifício: "Demanda proposta por proprietária de apartamento localizado no último andar do edifício para compelir o condomínio a realizar as obras de manutenção da laje e reparação dos danos ocasionados por infiltrações. Inadmissibilidade. Área de uso exclusivo da autora. Condomínio que em nada contribuiu para os danos ocorridos."[60]

6. TRANSFERÊNCIA DA UNIDADE CONDOMINIAL E RESPONSABILIDADE PELOS ENCARGOS PENDENTES

A falta de pagamento dos encargos impedia a transferência da unidade autônoma, segundo o parágrafo único do art. 4º, da mesma Lei nº 4.591: "A alienação ou transferência de direitos de que trata este artigo dependerá de prova de quitação das obrigações do alienante para com o respectivo condomínio." A redação veio trazida pela Lei nº 7.182, de 27.03.1984.

Não manteve o Código Civil a cominação. O adquirente sub-roga-se na obrigação pendente, o que está escrito no art. 1.345 do Código Civil de 2002: "O adquirente de unidade responde pelos débitos do alienante, em relação ao condomínio, inclusive multas e juros moratórios."

---

[59] Apel. Cível nº 2001.001.29408, da 7ª Câmara Cível do TJ do Rio de Janeiro, *DJ* de 1º.03.2002, *in ADCOAS* 8209771, *Boletim de Jurisprudência ADCOAS*, nº 38, p. 598, set. 2002.

[60] Apel. Cível nº 259.946-4/6, da 2ª Câmara Cível do TJ de São Paulo, j. em 02.09.2003, em *Revista dos Tribunais*, 820/246.

556 • Responsabilidade Civil | *Arnaldo Rizzardo*

Eis as consequências da omissão em pagar, constante no § 1º do art. 1.336: "O condômino que não pagar a sua contribuição ficará sujeito aos juros moratórios convencionados ou, não sendo previstos, os de 1% (um por cento) ao mês e multa de até 2% (dois por cento) sobre o débito." Esta cominação igualmente está contemplada na Lei nº 4.591, no § 3º do art. 12, com a diferença da taxa da multa, que é de vinte por cento.

De modo que não fica limitado o direito de transferir a unidade. Todavia, o adquirente assume as obrigações pendentes, o que vem corroborado pela jurisprudência:

"O dever de arcar com as despesas de condomínio é obrigação que segue o direito real de propriedade, obrigando o novo titular do imóvel ao pagamento de todas as prestações vencidas e vincendas. O modo de aquisição do imóvel – *in casu*, a adjudicação – não desobriga o pagamento de taxas condominiais não pagas pelo antigo proprietário."[61]

"Cobrança de cotas... Mantida a sentença que julgou procedente o pedido, condenando a CEF no pagamento das parcelas atrasadas relativas às despesas condominiais, pois conforme entendimento majoritário da jurisprudência, trata-se de obrigação *propter rem*, que pode ser cobrada de quem adquiriu o imóvel por adjudicação, ou, no caso, arrematação."[62]

"A alteração do parágrafo único do art. 14 da Lei nº 4.591/1964 pela Lei nº 7.182/1984 não descaracterizou a natureza *propter rem* dos débitos condominiais, que se transferem ao adquirente com o domínio da respectiva unidade. O adquirente da unidade responde perante o condomínio pelas cotas condominiais em atraso, sendo irrelevante a forma de aquisição."[63]

Mesmo no caso de promessa de compra e venda, embora em contrato não registrado, a responsabilidade passiva passa para o promitente adquirente, na ação de cobrança das despesas condominiais: "A cobrança de cotas condominiais deve recair sobre o comprador da unidade adquirida em condomínio, sendo irrelevante o fato da escritura de compra e venda não estar inscrita no Cartório de Imóveis."[64] Em outro julgamento: "Já assentou a Corte que o Tribunal pode, de ofício, apreciar a legitimidade de parte. Nas circunstâncias dos autos, tendo o Condomínio conhecimento da existência de adquirente em decorrência de promessa de compra e venda, não tem o vendedor legitimidade para responder pela ação de cobrança, não relevando a ausência de registro no Cartório de Imóveis. Recurso Especial não conhecido."[65]

Mas não se afasta a opção para dirigir a lide tanto contra o promitente-comprador como contra o promitente vendedor, na orientação também emanada do Superior Tribunal de Justiça: "A ação de cobrança pode ser dirigida tanto contra aquele em nome de quem está o imóvel registrado no Ofício Imobiliário, como contra o promissário comprador sem registro, conforme o que for mais adequado nas circunstâncias peculiares do caso."[66]

---

[61] Apel. Cível nº 2000.71.01.002680-4/RS, da 4ª Turma do TRF da 4ª Região, *DJ* de 19.06.2002, *in* ADCOAS 8210566, *Boletim de Jurisprudência ADCOAS*, nº 41, p. 646, out. 2002.

[62] Apel. Cível nº 2000.71.12.004453-9/RS, da 3ª Turma do TRF da 4ª Região, *DJ* de 20.02.2002.

[63] Apel. Cível nº 2000.71.12.002521-1/RS, da 4ª Turma do TRF da 4ª Região, *DJ* de 07.08.2002, *in* ADCOAS 8211396, *Boletim de Jurisprudência ADCOAS*, nº 46, p. 726, nov. 2002.

[64] REsp. nº 122 924/RJ, da 3ª Turma do STJ, *DJ* de 30.03.1998, em *ADV Jurisprudência*, nº 23, p. 452, expedição de 14.06.1998.

[65] REsp. nº 237.572/RJ, da 3ª Turma do STJ, *DJ*, de 1º.08.2000, em *ADV Jurisprudência*, nº 49, p. 779, expedição de 10.12.2000.

[66] REsp. nº 164.096/SP, *DJ* de 29.06.1998, em *ADV Jurisprudência*, nº 3, p. 43, expedição de 21.01.2001.

Cap. XLI | Responsabilidade no Condomínio Edilício • **557**

Todavia, não responde o promitente-comprador pelas obrigações anteriores à promessa de compra: "O promitente-comprador é parte legítima para responder pelas despesas condominiais se a dívida se refere a período posterior à celebração do contrato de promessa de compra e venda, ainda que não registrado, havendo legitimidade do promitente vendedor somente se o débito cobrado se referir a data anterior à do contrato. Tendo o promitente vendedor transferido a posse dos imóveis em data anterior ao período da dívida, mediante compromisso de compra e venda, não detém ele legitimidade para responder à ação de cobrança das despesas de condomínio."[67]

7. INDENIZAÇÃO POR DANOS OCORRIDOS EM UNIDADES CONDOMINIAIS

Seguidas as situações de danos causados em apartamentos, por falhas estruturais de outros apartamentos. Não se cuida, aqui, propriamente de atos voluntários ou deliberados, causando transtornos e incômodos, mas de defeitos internos, decorrentes da construção ou do tempo, que provocam prejuízos ou danos a outras unidades. Situação frequente diz respeito a infiltrações originadas geralmente de pavimentos superiores, e que levam umidade aos situados em patamares inferiores.

É evidente a obrigação de exigir as reparações necessárias, através da competente ação condenatória, com obrigação de fazer, isto é, de realizar obras saneadoras, ou reparos nos equipamentos internos, ou substituição de encanamentos e condutores.

O art. 19 da Lei nº 4.591 dá amparo ao exercício de direitos, na hipótese de uso inconveniente: "Cada condômino tem o direito de usar e fruir, com exclusividade, de sua unidade autônoma, segundo suas conveniências e interesses, condicionados, umas e outros, às normas de boa vizinhança, e poderá usar as partes e coisas comuns, de maneira a não causar dano ou incômodo aos demais condôminos ou moradores, nem obstáculo ou embaraço ao bom uso das mesmas partes por todos."

O dever de não prejudicar os demais condôminos importa em realizar as obras que evitem prejuízo, e em abster-se de atos potencialmente nocivos.

A recusa em proceder aos reparos oportuniza ao ofendido ou credor a iniciativa de sua realização, segundo autorizam os arts. 247 e 249 do Código Civil.

Para tanto, ingressará com a ação apropriada, inclusive oportunizando-se com o pedido de tutela antecipada, de modo a obter comando judicial para os imediatos reparos. Naturalmente, a fim de munir-se de elementos que imprimem certeza nos defeitos e nos danos, infundindo convicção quanto à necessidade das obras, de extrema relevância a produção antecipada de prova, mediante perícia, com o que se levará ao juiz a efetiva comprovação dos defeitos e a causa de sua origem.

Proferida decisão que autoriza o imediato saneamento, e decorrido o prazo concedido para tanto, isto é, verificada a omissão da pessoa obrigada, ao próprio interessado ou autor assiste a sua efetivação, com o posterior ressarcimento. Para a concretização das obras, autorizará o juiz o ingresso no interior da unidade condominial, inclusive com o uso de força policial se houver resistência.

---

[67] REsp. nº 258.382/MG, da 4ª Turma do STJ, *DJU* de 25.09.2000, em *ADV Jurisprudência*, nº 1, p. 11, expedição de 07.01.2001.

558 • Responsabilidade Civil | *Arnaldo Rizzardo*

As situações de danos revelam-se, não raramente, de tamanha gravidade, que autorizam inclusive a busca de reparação por dano moral, segundo prepondera na jurisprudência. Frequentes são os transtornos e incômodos provocados em imóveis localizados em condomínios, decorrentes de infiltrações ocorridas por culpa do proprietário do apartamento superior, e causadas pela falta de impermeabilização adequada das áreas onde existem os vazamentos. Daí, aduziu-se como fundamento para impor a condenação, "urge que se ponha ponto final no suplício a que estão submetidos o autor e sua família, advindo da incúria e indiferença do réu, que perduram por seis anos, aproximadamente. A hipótese tratada nos presentes autos aborda tema cruciante que ocorre frequentemente na vida dos condomínios, cuja convivência exige compreensão e boa vontade para o fortalecimento do sadio relacionamento entre os integrantes da comunidade condominial. Quando, todavia, ausente aqueles predicamentos, a vida no condomínio resta infernizada".[68]

---

[68] Apel. Cível nº 15.442/98, da 6ª Câmara Cível do TJ do Rio de Janeiro, *DJ* de 17.02.2000, *in ADV Informativo*, nº 13, expedição de 02.04.2000, p. 216.

XLII
Responsabilidade Indenizatória no Direito de Vizinhança

1. DIREITOS DE VIZINHANÇA

A boa convivência social determina uma série de limitações de importância para a coexistência da sociedade, pelo menos em termos aceitáveis. É que, no dizer de Serpa Lopes, "a contiguidade de dois imóveis produz inevitavelmente uma série de relações e de conflitos que exige uma regulamentação especial e uma especial coordenação expressamente criada por lei".[69]

As limitações nascem com a própria propriedade, classificando-se mais como deveres impostos reciprocamente aos vizinhos.

Definem-se os direitos de vizinhança como restrições impostas por interesse social, com a finalidade de harmonizar os interesses particulares dos proprietários vizinhos, mediante regras limitativas ao direito de propriedade. Formam um conjunto de normas ordenadoras das condutas dos proprietários vizinhos de modo a evitar conflitos que possam eclodir entre eles. Constituem regras que regulam e impedem ao proprietário a prática de atos que causem dano ou incômodo ao morador vizinho, e isto reciprocamente, enquanto a servidão se estabelece no interesse de um dos proprietários com ônus para outro prédio.[70]

Os direitos de vizinhança se classificam desta maneira: o uso nocivo da propriedade, as árvores limítrofes, a passagem forçada, o escoamento das águas, os limites entre prédios, o direito de construir, e o direito de tapagem.

No Código Civil em vigor, integram os direitos de vizinhança o uso anormal da propriedade, as árvores limítrofes, a passagem forçada, a passagem de cabos e tubulações, as águas, os limites entre prédios e o direito de tapagem e o direito de construir. A proteção inicia no art. 1.277 do Código Civil de 2002: "O proprietário ou o possuidor de um prédio tem o direito de fazer cessar as interferências prejudiciais à segurança, ao sossego e à saúde dos que o habitam, provocadas pela utilização de propriedade vizinha".

As interferências proibidas estão elencadas no parágrafo único do mesmo art. 1.277: "Proíbem-se as interferências considerando-se a natureza da utilização, a localização do prédio, atendidas as normas que distribuem as edificações em zonas, e os limites ordinários de tolerância dos moradores da vizinhança".

---

[69] *Curso de Direito Civil*, vol. VI, p. 417.
[70] Jefferson Daibert, ob. cit., p. 213.

Procura-se, no presente capítulo, destacar alguns casos mais comuns de responsabilidade indenizatória.

2. AÇÃO PARA IMPEDIR AS INTERFERÊNCIAS NEGATIVAS

A ação apropriada segue o procedimento comum, buscando-se a obtenção de um preceito que condene o réu a uma obrigação de fazer ou não fazer, isto é, a prestar um ato ou a abster-se da prática de determinados atos.

Embora a cominação fosse de pena pecuniária, e ainda o pode ser, cuidando-se, no entanto, de obrigação de fazer ou não fazer, no cumprimento de sentença (na execução de sentença para prestação do fato na vigência do CPC/1973), salienta J. J. Calmon de Passos que "atender-se-á aos arts. 632 e seguintes do Código de Processo Civil. E neles se prevê a possibilidade de o credor exequente requerer seja executada a obrigação à custa do devedor, ou de haver o exequente perdas e danos. Isso sem prejuízo da cominação contida na sentença, que se soma, e pode ser executada como dívida de quantia certa. Como se vê, o novo sistema se mostra mais completo que o anterior, e não restritivo, como poderia parecer à primeira vista".[71] O art. 632 corresponde ao art. 815 do CPC/2015.

Ao vizinho cabe mover qualquer ação colimando a coibição da perturbação: "Ação visando a coibir emissão de sons. Propositura por particular e não pelo Poder Público. Legitimidade. Inteligência do nº V, da Portaria nº 92/80 do Ministério do Interior, do art. 153 do CPC. Não compete exclusivamente ao Poder Público promover ações judiciais que visem a coibir emissão de sons, podendo qualquer do povo tomar as iniciativas previstas no nº V da Portaria nº 92/1980 do Ministério do Interior para órgãos públicos".[72] O referido art. 153 corresponde ao art. 164 do atual CPC.

É o vizinho obrigado a cessar com a causa da moléstia. Se desatender, executa-se a sentença, nos termos da execução de obrigação de fazer ou não fazer. Resta claro que naqueles fatos possíveis de execução. Se a conduta envolver perturbação ao sossego com músicas e vozerio barulhentos, resta somente a multa diária, bem como um provável indiciamento por desobediência, inclusive com a prisão em flagrante quando surpreendido o infrator na prática do ato vedado por ordem ou sentença judicial.

Mesmo outros tipos de ações e providências se permitem ao particular: "O proprietário lesado por obra vizinha tem ação de responsabilidade contra a entidade pública que a autorizou ilegalmente".[73]

Admite-se a cassação da licença pelo Município se ocorrer descumprimento do projeto, bem como a anulação se a obtenção derivou de fraude ou desobediência à lei. Quanto à revogação, o que é mais raro, autoriza-se caso sobrevier motivo de interesse público, devendo ser o despacho fundamentado ou justificado, cabendo, aí, a indenização pelo dano causado ao proprietário.

3. RESPONSABILIDADE PELOS DANOS DECORRENTES DAS CONSTRUÇÕES

Assegura o direito a prevenção de danos causados por desmoronamentos ou deslocação de terra, levados a efeito nas obras de construção, nas aberturas de vias ou túneis,

---

[71] *Comentários ao Código de Processo Civil*, vol. III, p. 105.
[72] *Revista dos Tribunais*, 605/190.
[73] *Revista de Direito Administrativo*, 69/221.

no erguimento de viadutos e elevadas, e nas escavações para instalação de redes de esgoto, de energia elétrica e de condutos de combustíveis. Não é incomum a ocorrência de movimentações ou tremores de prédios, rachaduras, fissuras e trincas das paredes, tendo como origem principalmente as escavações efetuadas nas proximidades.

O Código Civil anterior não continha regra sobre os danos provocados por tais eventos, embora aplicáveis os princípios que tratavam da responsabilidade.

O Código Civil atual contempla o direito à medida acautelatória prévia ou anterior às obras. É o que se encontra em seu art. 1.311: "Não é permitida a execução de qualquer obra ou serviço suscetível de provocar desmoronamento ou deslocação de terra, ou que comprometa a segurança do prédio vizinho, senão após haverem sido feitas as obras acautelatórias". Garante-se, no parágrafo único, a indenização por quaisquer danos ou prejuízos advindos: "O proprietário do prédio vizinho tem direito a ressarcimento pelos prejuízos que sofrer, não obstante haverem sido realizadas as obras acautelatórias".

Torna-se difícil colocar em prática a regra do art. 1.311. Os vizinhos, para saberem das dimensões e dos efeitos negativos das obras, devem ter acesso a plantas, projetos e memoriais, o que é praticamente impossível. No entanto, ao se perceber os efeitos prejudiciais, cabe a ação inibitória, enquanto não erguidas as obras acautelatórias. Na verdade, quando da aprovação pelo Município, à própria autoridade incumbe o exame na repercussão sobre os prédios próximos, exigindo os prévios baluartes, escoras e levantes de proteção, ou mesmo novo dimensionamento da obra, de modo a evitar danos nos imóveis vizinhos.

4. INDENIZAÇÃO NAS INTERFERÊNCIAS NEGATIVAS DE INTERESSE PÚBLICO

O art. 1.278 do Código de 2002 traz uma exceção ao direito de opor-se às interferências prejudiciais do imóvel vizinho, consistente no interesse público: "O direito a que se refere o artigo antecedente não prevalece quando as interferências forem justificadas por interesse público, caso em que o proprietário ou o possuidor, causador delas, pagará ao vizinho indenização cabal". Ocorrem situações que impossibilitam a medida de cessação das consequências ou interferências negativas. Assim como a existência de um presídio em uma zona, ou de um internato de menores, ou de um manicômio, ou de um hospital para indigentes, ou de uma escola pública, ou de um depósito de lixo.

Embora o constante surgimento de incômodos, como fugas de presos, perseguições, barulho, movimento excessivo de veículos, maus odores, etc., predomina o bem público e comum, não havendo viabilidade de erradicar a causa ou o fator de transtornos. Resta à parte prejudicada a indenização pelos danos e distúrbios.

Em qualquer situação, porém, sempre que possível atenuar aos efeitos nocivos do fato causador, imporá o juiz a obrigação para tanto, ditando as medidas a serem adotadas, como assinala o art. 1.279 do Código de 2002: "Ainda que por decisão judicial devam ser toleradas as interferências, poderá o vizinho exigir a sua redução, ou eliminação, quando estas se tornarem possíveis." Determina-se que o causador de distúrbio ambiental ou que o agente de poluição providencie, se não possível a erradicação, em reduzir os níveis de emissão de gases, ou de barulho, ou que seja reforçada a segurança do local, ou que se processe o aterro dos detritos depositados, ou se elevem os muros de isolamento de internados e casas de recolhimento de pessoas segregadas do meio social.

5. RESPONSABILIDADE NA CONSTRUÇÃO E CONSERVAÇÃO DE TAPUMES DIVI-SÓRIOS

Na falta de prova da construção de muros e outros tapumes por um dos confinantes, a propriedade é comum dos vizinhos. Neste caso, o dever de custear as despesas de construção e conservação obriga ambos os confinantes, como já se consagrou no costume. Se o proprietário de um imóvel levanta muro na divisa dos terrenos dos vizinhos sem que estes se oponham, devem os confinantes concorrer proporcionalmente nas despesas de construção e conservação do mesmo, conforme dispõe o art. 1.297, § 1º, do Código. Os pretórios aplicam a regra, em manifestação que se mantém atual, dada o idêntico conteúdo entre o Código antigo e o novo: "Os tapumes divisórios entre propriedades presumem-se comuns, sendo os proprietários dos imóveis confinantes obrigados a concorrer em partes iguais para as despesas de sua construção. Daí o direito de meação que se outorga ao proprietário de cercar, murar, velar ou tapar o seu prédio, e também ao seu vizinho confinante".[74]

Sentido em que também se inclina Ulderico Pires dos Santos: "Como a cerca, o muro ou seja lá que tipo de tapume for colocado num imóvel beneficia os que lhe são limítrofes. Esta é a razão por que quem tomou a iniciativa de cercá-lo tem poder de exigir dos outros a sua parte nos custos. É justamente porque o tapume beneficia as propriedades limítrofes que o Código diz que ele é presumidamente comum. Não importa que a propriedade seja urbana ou rural".[75]

Mas, se o tapume é de exclusiva propriedade e responsabilidade de uma pessoa apenas, não se impõe a participação no pagamento do outro lindeiro. É que o tapume se institui como um direito e não como um dever dos confinantes.

A presunção do § 1º do art. 1.297 pode agir tanto num sentido positivo, como num sentido negativo. Explica Serpa Lopes, sendo a lição atual, dada a previsão da matéria no Código Civil de 1916: "Num sentido positivo quando o confinante tiver interesse em se utilizar da cerca ou muro divisório, caso em que ele fará essa utilização, baseado na presunção legal de ser meeiro. Ao prejudicado caberá obstar-lhe a prática de qualquer ato possessório, sob o fundamento precisamente de não haver sido por ele indenizado das despesas com a construção da cerca ou do muro, de modo a condicionar tal utilização a essa aquisição, a qual, como vimos, pode se dar até coativamente.

Num sentido negativo, se algum confinante, demandado para concorrer para as despesas com a conservação do muro divisório, alegar precisamente não ser titular de qualquer direito de meação sobre o mesmo, estando, por isso, desobrigado de concorrer para tais despesas... terá de ministrar prova em contrário à presunção legal".[76]

Sempre que imposta a participação do vizinho, própria é a ação de força declaratória e mandamental, de sorte a ordenar o juiz uma obrigação de fazer. Verificada a omissão na ordem, o proprietário interessado erguerá a obra e buscará, depois, o reembolso perante o confinante. É natural que providencie, antes, na competente perícia de estimativa dos custos exigidos.

---

[74] Apelação nº 46.293-4/7, da 6ª Câmara de Direito Privado do TJ de São Paulo, de 12.06.1997, em *Direito Imobiliário*, edição COAD, nº 5 de 1998, p. 116.

[75] *Direito de Vizinhança – Doutrina e Jurisprudência*, Rio de Janeiro, Forense, 1990, p. 203.

[76] *Curso de Direito Civil*, vol. VI, p. 444.

Cap. XLII | Responsabilidade Indenizatória no Direito de Vizinhança • 563

6. RESPONSABILIDADE INDENIZATÓRIA NA PASSAGEM DE CANOS E TUBULAÇÕES

Esta disciplina veio com o Código Civil de 2002, não figurando no Código Civil de 1916. Não envolve propriamente a passagem de cabos e tubulações procedida pelo Poder Público, eis que, para tanto, já prevista a desapropriação da correspondente faixa de terreno necessária para a passagem, ou a desapropriação da utilidade resultante, com a indenização da desvalorização verificada. Dirige-se para garantir o direito dos que executam serviços de utilidade pública, recebidos por concessão, permissão ou autorização do Poder Público; e o direito dos proprietários vizinhos que precisam de parcela do subsolo ou mesmo da superfície da propriedade vizinha para encanamentos e tubulações a fim de conduzir bens de utilidade pública, como água, energia elétrica, telefonia, combustível, ou serviços de esgoto e dejeto de lixo. Por outro lado, assegura o direito de indenização dos proprietários que têm seus imóveis perfurados ou reduzido o aproveitamento de sua utilidade, em face de ocupações do espaço que fica abaixo da superfície, ou inclusive na superfície, não apenas na proporção em que se estendem os cabos, canos, tubulações e outros condutos necessários para a energia elétrica, a telefonia, o esgoto, a água e o combustível, mas também nas laterais necessárias para o trânsito ou locomoção dos encarregados para a prestação de serviços de conservação e outros que se impuserem. A indenização corresponderá ao preço de mercado da fração do imóvel utilizada, se não mais prestar-se ao uso do proprietário; ou ao preço de mercado somado com o ressarcimento pelas repercussões negativas do imóvel que resta; ou à desvalorização acarretada pela limitação de uso e de utilidade da fração onde se instalaram as utilidades.

Para assegurar-se o direito de passagem, os cabos e tubulações devem referir-se a serviços de utilidade pública, isto é, aqueles serviços não apenas indispensáveis para a vida, como a saúde, a segurança, mas convenientes, úteis, vantajosos para a pessoa, tal como a condução da água, da energia elétrica, da telefonia, do gás ou outro tipo de combustível.

A disposição vem no art. 1.286 do Código: "Mediante recebimento de indenização que atenda, também, à desvalorização da área remanescente, o proprietário é obrigado a tolerar a passagem, através de seu imóvel, de cabos, tubulações e outros condutos subterrâneos de serviços de utilidade pública, em proveito de proprietários vizinhos, quando de outro modo for impossível ou excessivamente onerosa."

Assiste ao proprietário do imóvel onerado exigir a instalação da forma menos gravosa ou prejudicial. Também permite-se-lhe exigir a retirada para local a ele mais conveniente do imóvel, à custa de quem promoveu a colocação de cabos e tubulações. É o que está no parágrafo único do mesmo artigo: "O proprietário prejudicado pode exigir que a instalação seja feita de modo menos gravoso ao prédio onerado, bem como, depois, seja removida, à sua custa, para outro local do imóvel."

Oferecendo as obras subterrâneas ou postas à superfície grave risco para a segurança do imóvel ou às pessoas que nele residem ou transitam, como nos condutos de eletricidade e de combustíveis, o art. 1.287 possibilita exigir obras de segurança, como encapamento, espessura suficiente das paredes dos condutos, isolamento dos fios portadores de energia elétrica, revestimento das tubulações por cinta ou capa de concreto: "Se as instalações oferecerem grave risco, será facultado ao proprietário do prédio onerado exigir a realização de obras de segurança."

7. RESPONSABILIDADE INDENIZATÓRIA NA CANALIZAÇÃO DE ÁGUAS

O art. 1.293 do Código de 2002 dispôs que os canais podem ser abertos entre quaisquer prédios; estabelece que o proveito das águas passa a envolver toda necessidade da vida; assinala que o direito à utilização vai até onde não causar prejuízos à agricultura e à indústria; assegura a abertura de canais também para o escoamento das águas supérfluas ou acumuladas, ou a drenagem do terreno. Eis o dispositivo: "É permitido a quem quer que seja, mediante prévia indenização aos proprietários prejudicados, construir canais, através de prédios alheios, para receber as águas a que tenha direito, indispensáveis às primeiras necessidades da vida, e, desde que não cause prejuízo considerável à agricultura e à indústria, bem como para o escoamento de águas supérfluas ou acumuladas, ou a drenagem de terrenos".

O mesmo Código delineia as formas de aqueduto, ou canalização das águas. No art. 1.294, ao dizer que "aplica-se ao direito de aqueduto o disposto nos arts. 1.286 e 1.287", adota as formas e disposições que se encontram nesses dispositivos. Eis o texto do art. 1.286: "Mediante recebimento de indenização que atenda, também, à desvalorização da área remanescente, o proprietário é obrigado a tolerar a passagem, através de seu imóvel, de cabos, tubulações e outros condutos subterrâneos de serviços de utilidade pública, em proveito de proprietários vizinhos, quando de outro modo for impossível, ou excessivamente onerosa". Significa que, sempre mediante indenização, permite-se a condução através de cabos, tubulações e encanamentos.

O parágrafo único garante a instalação pelo modo menos gravoso possível ao proprietário, ao mesmo tempo em que lhe faculta, à sua custa, a remoção para outro ponto do imóvel. Já o art. 1.287 dá o direito de exigir obras de segurança, se as instalações oferecem risco de prejuízos à saúde e integridade física de pessoas e bens: "Se as instalações oferecerem grave risco, será facultado ao proprietário do prédio onerado exigir a realização de obras de segurança."

A indenização abrange qualquer prejuízo que decorra do uso ou canalização das águas, na extensão do § 1º do art. 1.293 do Código atual: "Ao proprietário prejudicado, em tal caso, também assiste direito a ressarcimento pelos danos que de futuro lhe advenham da infiltração ou irrupção das águas, bem como da deterioração das obras destinadas a canalizá-las." No § 2º, assegura-se ao proprietário prejudicado a alternativa de impor a canalização subterrânea, justificável mormente se estender-se em pátios de prédios, ou em caminhos, ou se destoar com o ambiente: "O proprietário prejudicado poderá exigir que seja subterrânea a canalização que atravessa áreas edificadas, pátios, hortas, jardins ou quintais."

Deve sempre imperar o primado do menor prejuízo, exigido no § 3º do art. 1.293: "O aqueduto será construído de maneira que cause o menor prejuízo aos proprietários dos imóveis vizinhos, e a expensas do seu dono, a quem incumbem também as despesas de conservação."

8. INDENIZAÇÃO PELA PASSAGEM DE ÁGUAS QUE PROCEDEM DO PRÉDIO SUPERIOR

O prédio inferior é obrigado a receber as águas que correm naturalmente do prédio superior.

O art. 1.288 do Código de 2002 impõe a obrigação de se aceitar o curso natural das águas, e a proibição de obras que agravem a situação do prédio inferior: "O dono ou o possuidor do prédio inferior é obrigado a receber as águas que correm naturalmente do superior, não podendo realizar obras que embaracem o seu fluxo; porém a condição natural e anterior do prédio inferior não pode ser agravada por obras feitas pelo dono ou possuidor do prédio superior."

Na verdade, trata-se de um direito de vizinhança. Temos um córrego que segue por dois prédios. O inferior é obrigado a receber as águas que vêm naturalmente do superior. E está obrigado porque é inerente à índole do direito de propriedade a limitação, e não por constituir esse encargo um direito real de gozo pertencente a outrem. As regras do direito positivo, que disciplinam a matéria, consagram dito da natureza e formam princípio universalmente aceito. Segundo os tratadistas, a lei consagrou a obra da natureza e não a obra do homem.[77] A jurisprudência: "É de lei a obrigação dos prédios inferiores de receber águas que correm naturalmente dos prédios superiores – art. 69 do Código de Águas. Assim, provado que o imóvel só pode ser atendido pela rede de esgotos via terreno do apelante, deve este sujeitar-se à ordem judicial."[78]

No entanto, mesmo as águas levadas ao prédio superior ou nele colhidas e que sobram podem escorrer para o prédio inferior, consoante se colhe do art. 1.289 do Código de 2002: "Quando as águas, artificialmente levadas ao prédio superior, ou aí colhidas, correrem dele para o inferior, poderá o dono deste reclamar que se desviem, ou se lhe indenize o prejuízo que sofrer." No caso de indenização, acrescenta o parágrafo único que deduza o valor do benefício obtido.

Não se concebe que o dono do prédio inferior, seja qual for a indenização, fique obrigado a receber as águas do prédio superior. Seria obrigar a pessoa a receber águas poluídas e utilizadas por estabelecimentos comerciais e industriais.

Antônio de Pádua Nunes, cuja coerência da lição impõe a aplicação ao regime do Código de 2002, discrimina quais são as águas que o prédio inferior está obrigado a receber: as águas de chuva e as que brotam naturalmente do solo. Servindo-se das palavras de Sá Pereira, define as que brotam do solo como as nascentes. Excluem-se as provenientes de poços, cisternas e reservatórios; as expelidas por fábricas, usinas e oficinas industriais; as defluentes de áreas inclinadas para o fundo inferior; as que escorrem do teto e as vindas de um açude formado pelo proprietário superior.[79]

Depreende-se que a obrigação imposta ao proprietário do prédio inferior se restringe apenas à fluência natural. Outra não era a lição dos tribunais: "Servidão de águas. Ao prédio inferior se impõe o ônus de receber as águas que correm do superior. Art. 563 do CC. Ao prédio inferior impõe a lei o ônus de receber as águas que correm naturalmente do prédio superior."[80] Recorda-se que o art. 563 declinado acima corresponde ao art. 1.288 do Estatuto civil de 2002.

Em mais um exemplo: "Direito de vizinhança. Prédio de nível inferior. Recebimento das águas que fluem naturalmente do superior, através de orifício existente no muro divisório. Tapagem desse orifício pelo dono do prédio inferior. Inadmissibilidade. Existência de servidão natural *fluminis recipiendi* que é ele obrigado a respeitar."[81]

---

[77]   Virgílio de Sá Pereira, em *Julgados do Tribunal de Alçada do RGS*, 2/225.

[78]   Apel. com Rev. nº 598.265-0/4, da 2ª Câmara Civil do TACivSP, j. em 23.04.2001, em *ADCOAS* 8203874, *Boletim de Jurisprudência ADCOAS*, nº 6, p. 87, agosto 2002.

[79]   *Código de Águas*, 2ª ed., São Paulo, Editora Revista dos Tribunais, 1980, vol. I, p. 228.

[80]   *Revista Jurídica*, 8/146.

[81]   *Revista dos Tribunais*, 190/778.

566 • Responsabilidade Civil | *Arnaldo Rizzardo*

9. INDENIZAÇÃO NA PASSAGEM FORÇADA

A passagem forçada, na lição de Hely Lopes Meirelles, destina-se a propiciar judicialmente uma saída para a via pública, fonte ou porto, quando a propriedade de quem dela necessita não a tem ou vem a perdê-la.[82] É a ideia que exsurge do art. 1.285: "O dono do prédio que não tiver acesso a via pública, nascente ou porto, pode, mediante pagamento de indenização cabal, constranger o vizinho a lhe dar passagem, cujo rumo será judicialmente fixado, se necessário."

A indenização completa é condição para o exercício do direito de passagem.

Não se exige o encravamento do prédio, mas possibilita-se o direito desde que inexistente acesso, com a decorrente indenização. Não interessa se o prédio está dentro de outro pertencente a terceiro. Depreende-se que a passagem forçada é o direito concedido ao proprietário de um terreno rústico ou urbano, ou simplesmente de um terreno, que se encontra situado de modo a não ter acesso à via pública, ou a não receber acesso ou passagem à dita via pública.

O interesse geral da sociedade no sentido dos prédios não permanecerem inexplorados e estéreis, em virtude do encravamento ou falta de acesso a um centro ou caminho público, marca a passagem forçada.

Para haver encravamento ou inexistência de acesso à via pública e a outros locais onde as contingências da vida obrigam que se vá, impõe-se que o prédio, confinando ou não com a via pública, ou sem ligação com fonte ou porto, se apresente na seguinte situação: "Não tenha saída para ela (a via pública), nem possa buscar-se uma, ou, podendo, somente a conseguiria mediante uma excessiva despesa; ou a saída de que disponha (direta, indireta, convencional ou mesmo necessária) seja insuficiente e não se possa adaptá-la ou ampliá-la – ou porque isto é impossível, ou porque os reparos (com que se obtivesse uma saída não excessivamente incômoda) requereriam por igual despesas desproporcionais."[83]

A indenização torna-se uma condição para se conceder a passagem forçada.

10. RESPONSABILIDADE DO PROPRIETÁRIO DE UNIDADE PELOS DANOS CAUSADOS EM OUTRAS UNIDADES E SUA TRANSMISSÃO

É comum ocorrerem danos em unidades ou apartamentos inferiores de edifícios, provocados em unidades ou apartamentos superiores, especialmente decorrentes de infiltrações acarretadas pela deficiente impermeabilização. Desde que provada a causa do defeito, a responsabilidade recai no proprietário que está no nível superior. No entanto, deve-se compreender coerentemente o fato, e examinar se a infiltração não inicia em outro patamar, e vai se estendendo em várias unidades. Nem se afigura inviável que se alastre verticalmente para cima. Também necessário aferir se o mal advém de vício de construção ou não.

Definida a responsabilidade, o proprietário atual deve assumir a efetuação dos reparos, arcando com a obrigação indenizatória, consoante ficou decidido pelo Superior Tribunal de Justiça: "Como já decidiu esta 3ª Turma, 'o direito à indenização pelos danos causados

---

[82] *Direito de Construir*, ob. cit., p. 285.
[83] Lenine Nequete, *Passagem Forçada*, 2ª ed., São Paulo, Saraiva, 1978, p. 5.

Cap. XLII | Responsabilidade Indenizatória no Direito de Vizinhança • **567**

a um prédio subsiste ainda que o proprietário transmita o respectivo domínio a terceiro – conclusão que se justifica, tenham os danos sido reparados, ou não', e, ainda, que se o prédio 'for alienado sem a reparação dos danos, o respectivo preço será evidentemente depreciado, com a consequência de que o proprietário receberá por ele menos do que obteria se estivesse em bom estado; se, ao contrário, for vendido depois da reparação dos danos, o preço, para o proprietário, será o montante recebido menos o que gastou para repor o imóvel ao *statu quo ante* (REsp. nº 97.548/SP, rel. Min. Ari Pargendler, *DJ* de 08.05.2000)."[84]

Seguem as razões no desenvolvimento do voto: "Com efeito, não há que se falar em perda de interesse no prosseguimento do feito se resta sobejamente provado nos autos os prejuízos irresponsavelmente causados pelos embargantes, seja nos reparos já autorizados e realizados pelo embargado, seja na patente desvalorização causada no imóvel pelas infiltrações ocorridas.

A simples venda da unidade residencial não afasta o interesse de agir dos embargados, que, nos dizeres do extinto processualista Vicente Greco Filho (*Direito Processual Civil Brasileiro*, vol. I, Saraiva, p. 72), vem a ser 'a necessidade de se recorrer ao Judiciário para a obtenção do resultado pretendido, independentemente da legitimidade ou legalidade da pretensão."

---

[84] REsp. nº 402.468/ES, da 3ª Turma, j. em 29.11.2002, rel. Min. Carlos Alberto Menezes Direito, em *Revista Forense*, 371/332.

PARTE 9

RESPONSABILIDADE CIVIL NOS CONTRATOS

XLIII
Cláusula Penal e Indenização na Responsabilidade por Descumprimento das Obrigações Contratuais

1. DESCUMPRIMENTO DAS OBRIGAÇÕES E RESOLUÇÃO DOS CONTRATOS

Na grande maioria dos contratos encontram-se cláusulas relativas ao descumprimento dos contratos, com a fixação de penalidades, que possuem a finalidade de coagir ao fiel atendimento de tudo o que ficou estabelecido. Normalmente, firma-se a decorrência da automática resolução da avença, e ficam previstas outras cominações, como a multa ou a cláusula penal e a decorrente indenização por perdas e danos.

No pertinente à resolução, não carece que fique assinalada, porquanto constitui uma consequência lógica e natural, consoante reconhece a doutrina, representada por Sílvio Rodrigues: "Tal declaração pode ser cláusula resolutória expressa, tida como supérflua, pois é opinião extremamente difundida que em todos os contratos bilaterais as partes inserem uma cláusula resolutiva tácita, segundo a qual o descumprimento do contrato por qualquer delas rescinde a avença, assim o querendo o contratante pontual."[1]

É inerente a resolução, posto que a plena validade do contrato pressupõe a satisfação das prestações e contraprestações. Vale lembrar a necessidade da interpelação formadora da mora, se não inserida em cláusula a plena resolução. No caso de estar consignada, opera-se a mora de pleno direito, pois *ex re*.

No entanto, útil lembrar não se retirar daí que é obrigatória a resolução, se as partes estipulam resultados diferentes, ou mesmo se não for do interesse do credor esse alcance. Pode buscar a parte lesada outra cominação, como a indenização, ou a entrega do montante não cumprido em dinheiro. Lembra-se, de outro lado, que adquiriu corpo o entendimento da ineficácia de cláusula resolutória, ou da imposição em resolver, se cumprido na sua maior parte o contrato. Não se revela justa a desconstituição se falta parte mínima para o cabal atendimento das obrigações, no que encontra força no art. 128 do Código Civil de 2002: "Sobrevindo a condição resolutiva, extingue-se, para todos os efeitos, o direito a que ela se opõe; mas, se aposta a um negócio de execução continuada ou periódica, a sua realização, salvo disposição em contrário, não tem eficácia quanto aos atos já praticados, desde que compatíveis com a natureza da condição pendente e conforme aos ditames de boa-fé."

---

[1] *Direito Civil*, 23ª ed., São Paulo, Editora Saraiva, vol. III, p. 75.

Sendo da essência das convenções contratuais bilaterais o sinalagma, ou a dependência recíproca das obrigações, assume relevância a *exceptio non adimpleti contractus*, justificando a recusa em cumprir o acordado em face do antecedente inadimplemento do outro contratante.

2. CLÁUSULA PENAL E INDENIZAÇÃO EM FACE DO TOTAL INADIMPLEMENTO

Em princípio, não é admissível a cumulação de cláusula penal e de indenização pela falta de cumprimento do contrato. O art. 410 do diploma civil ostenta-se peremptório a respeito: "Quando se estipular a cláusula penal para o caso de total inadimplemento da obrigação, esta se converterá em alternativa a benefício do credor."

Não há como, pois, demandar o recebimento do equivalente à cláusula penal, e mais a indenização por perdas e danos. Desde que algum dispositivo do contrato contenha a previsão de cláusula penal, esta corresponde aos danos possíveis, compensando-os, e eliminando a viabilidade de uma concomitante verba indenizatória. Mesmo que a violação do dever não acarrete a resolução, mas a aplicação da penalidade, a cláusula penal obsta a reparação paralela. Da presença de estipulação indenizatória expressa em determinado montante, ou do dever de realizar uma prestação específica, entende-se que os contratantes, ao arbitrarem o *quantum* ou o tipo de cominação, já previram a cobertura da totalidade de danos que decorreria da inadimplência. Ao credor oportuniza-se executar o cumprimento do contrato, ou reclamar as perdas e danos, ou buscar o recebimento da importância que representa a cláusula penal.

Essa inteligência é antiga e já havia sido explanada por Clóvis Beviláqua, ao expor que o sistema do Código não admite "a cumulação da pena e de suplemento de perdas e danos, que tiraria da cláusula penal uma de suas principais vantagens, que é a prévia determinação das perdas e danos e a consequente simplificação do processo, dispensando a liquidação".[2]

A jurisprudência se formou ao lado dessa interpretação: "Se foi estipulada cláusula penal para hipótese de inadimplemento absoluto, tal prefixação exclui, na forma do art. 918 do CC, pretensão ao ressarcimento de outros prejuízos, tidos por especiais, ou próprios, a menos que a tenham previstos os contraentes."[3] Lembra-se que o citado art. 918 corresponde ao art. 410 do Código de 2002.

Outrossim, por um princípio de coerência, se procurada a indenização, limita-se a mesma ao prejuízo sofrido, afigurando-se incoerente que sirva como fator de enriquecimento. Se eleita a cláusula penal compensatória, deve-se procurar a solução na regra do art. 412, expondo até onde a mesma pode ir: "O valor da cominação imposta na cláusula penal não pode exceder o da obrigação principal." Realmente, sendo a cláusula penal uma previsão acessória, não pode exceder em rigor a obrigação principal, da qual depende, e para cujo seu cumprimento é estipulada.

Na hipótese de se dar à cláusula penal caráter de mera pena pelo fato de se descumprir alguma cláusula do contrato, leva o nome de moratória, também viabilizando-se a redução.

---

[2] *Código Civil dos Estados Unidos do Brasil Comentado*, 5ª ed., 1938, vol. IV, p. 71.
[3] Apel. Cível nº 61.377-4/SP, da 2ª Câmara Cível do TJ de São Paulo, j. em 23.02.1999.

3. PREVISÃO CONTRATUAL DA CLÁUSULA PENAL E DA INDENIZAÇÃO SUPLE-MENTAR

Se externado o carácter de ressarcimento, ou de compensação pelos prejuízos, unicamente o montante da cláusula penal é postulável. Não cabe demandar quantia superior, ou em proporção aos danos ocorridos, a menos que se contemple a previsão em cláusula, e se demonstre o efetivo *quantum* verificado, em obediência ao parágrafo único do art. 416: "Ainda que o prejuízo exceda ao previsto na cláusula penal, não pode o credor exigir indenização suplementar se assim não foi convencionado. Se o tiver sido, a pena vale como mínimo da indenização, competindo ao credor provar o prejuízo excedente."

Expõe, sobre o assunto, Sílvio de Salvo Venosa: "O valor da multa pode sempre ser exigido na hipótese de inadimplemento. Se o credor entender que seu prejuízo supera seu valor, somente poderá cobrar o excesso se o contrato assim o permitir expressamente e, neste caso, quanto ao valor que sobejar, deve provar o prejuízo, seguindo, então, neste último aspecto, a regra geral de perdas e danos. Nada impede, também, que as partes tenham estabelecido um limite para esse *plus* indenizatório: impera a autonomia da vontade. Nesses termos, o contrato pode rezar que a multa (cláusula penal) é de cem e que, mediante prova do prejuízo, as perdas e danos poderão chegar a duzentos. Trata-se, na verdade, de modalidade de limitação de responsabilidade que a doutrina e o ordenamento não repelem."[4]

Não se olvida, entretanto, a mera estipulação como pena acessória, admissível pelo nosso sistema jurídico, e simplesmente acrescendo as demais cominações por omissão no cumprimento, conforme se depreende do art. 416: "Para exigir a pena convencional, não é necessário que o credor alegue prejuízo."

E é justamente quando assim aparece qualificada que mais se impõe o correto arbitramento, ou a sua moderação de acordo com as regras da equidade.

---

[4] *Direito Civil – Teoria Geral das Obrigações e Teoria Geral dos Contratos*, 3ª ed., São Paulo, Editora Atlas, 2003, vol. 2, p. 168.

XLIV
Cláusula de Não Indenizar

1. CLÁUSULA DE NÃO INDENIZAR E CLÁUSULA DE IRRESPONSABILIDADE

A cláusula de não indenizar constitui um ajuste feito pelas partes envolvidas em uma relação contratual pelo qual se estabelece que não respondem elas pelo dano ou prejuízo que possa advir da inexecução ou execução deficiente de um contrato.

Com frequência, colocam-se em contratos advertências ou estipulações, através de cláusulas, de que não cabe qualquer indenização, ou restituição de valores pagos, ou retenção de um bem, na resolução por descumprimento, ou na desistência do negócio. De igual modo, inserem-se avisos ou notificações em estabelecimentos de prestação de serviços, ou nas vendas de bens, da isenção de responsabilidade ou da não cobertura por seguro em hipóteses de danos, furtos, acidentes e outros prejuízos que possam advir nas coisas e mesmo nas pessoas que se encontrarem no local, ou nos defeitos e mau funcionamento que revelarem as mercadorias. Não é incomum encontrarem-se avisos de tal conteúdo em garagens, oficinas mecânicas, estacionamentos de hotéis, de centros comerciais, de *shoppings*, de hospitais, de repartições públicas, de parques de diversões. Nos produtos aparecem informações de que não se aceitam reclamações ou devoluções de qualquer natureza.

Num primeiro passo, cumpre distinguir entre cláusula de não indenizar da cláusula de irresponsabilidade, ou de isenção de responsabilidade. Naturalmente, se introduzida a cláusula de não indenizar, é porque existe a responsabilidade. Do contrário, não se impunha a sua previsão. De outro lado, é inadmissível a cláusula de irresponsabilidade, já que somente a lei tem força para estabelecer quando cabe ou não cabe a responsabilidade. Constituem previsões de irresponsabilidade as contempladas nos arts. 188 e 393, isto é, a legítima defesa, o estado de necessidade, o exercício regular do direito, o estrito cumprimento do dever legal, o caso fortuito ou de força maior, além de outras, como a culpa da vítima.

No máximo, pode cogitar-se a dispensa de indenizar quando o direito positivo reconhece a responsabilidade. Às partes não se faculta deslocar situações de incidência da responsabilidade para a isenção de tal ônus, já que decorre esta da ordem jurídica implantada, ou do estado de direito. Todavia, embora não se admita a convenção de simplesmente afastar a responsabilidade, não se equipara ao ajuste dos estipulantes de se afastar a obrigação de indenizar em certas hipóteses.

2. SITUAÇÕES DE PROIBIÇÃO DA CLÁUSULA DE NÃO INDENIZAR E DE OUTRAS DECORRÊNCIAS DIANTE DO INADIMPLEMENTO DAS OBRIGAÇÕES

Em verdade, não é bem vista a cláusula de não indenizar, porquanto revela uma prepotência, ou uma imposição que cerceia a liberdade de decisão. Ninguém, de bom gosto, aceita renunciar ou relegar seus direitos, ou assinar um documento que atente contra seus interesses. Em vários casos, a lei não empresta validade a estipulações de tal jaez. Assim o art. 734 do Código Civil: "O transportador responde pelos danos causados às pessoas transportadas e suas bagagens, salvo motivo de força maior, sendo nula qualquer cláusula excludente de responsabilidade." Já o Decreto nº 2.681, de 1912, em seu art. 12, contemplava a impossibilidade, originando a Súmula nº 161 do STF, com a seguinte redação: "Em contrato de transporte, é inoperante a cláusula de não indenizar." Igualmente o Código Brasileiro de Aeronáutica (Lei nº 7.565, de 19.12.1986), no art. 247, comina de nulidade a cláusula que afasta a responsabilidade do transportador.

O Código de Defesa do Consumidor, no art. 25, não valida a inserção da cláusula em contratos: "É vedada a estipulação contratual de cláusula que impossibilite, exonere ou atenue a obrigação de indenizar prevista nesta e nas seções anteriores." Também diretamente, o art. 51 do mesmo diploma, comina de nulidade "de pleno direito, entre outras, as cláusulas relativas ao fornecimento de produtos e serviços que: I – impossibilitem, exonerem ou atenuem a responsabilidade do fornecedor por vícios de qualquer natureza dos produtos e serviços ou impliquem renúncia ou disposição de direito. Nas relações de consumo entre o fornecedor e o consumidor-pessoa jurídica, a indenização poderá ser limitada em situações justificáveis".

Quando a lei estabelece as consequências pelo inadimplemento, como na falta de pagamento de prestações na promessa de compra e venda, ou na locação, ou no arrendamento mercantil, e em outras avenças que permitem a resolução mediante prévia interpelação constitutiva da mora, cabe simplesmente deixar de exercer o direito de resolução ou retomada, mas não firmar a renúncia da medida que cabe pelo inadimplemento. Em síntese, inválida a cláusula na responsabilidade extracontratual, pois as previsões estão inseridas na lei. Acontece que não se permite às pessoas derrogar as disposições da lei. Se não pretendem seus efeitos, basta não acionar para que sejam os mesmos colocados em prática.

As obrigações impostas nos contratos por lei não são passíveis de renúncia, ou de sua dispensa. Inconcebível que se coloque a possibilidade de não indenizar no caso de desaparecimento do bem em contrato de guarda ou depósito. De que adiantaria colocar um veículo em garagem ou estacionamento pago se constar a isenção de indenizar em caso de furto ou danos? Se fosse dar validade a previsão semelhante, ficaria sem valor ou utilidade o próprio contrato e incentivar-se-ia a delinquência ou, no mínimo, a obediência ao cumprimento das convenções. De nada valeria o contrato sem a sanção. No contrato de locação de cofre celebrado com um banco, caso prestigiada a cláusula que afasta a obrigação de indenizar em havendo furto, não encontraria justificativa o contrato em si.

Muito menos externa validade a previsão de isentar alguém das consequências normais se pratica um ato ilícito, seja por culpa ou por dolo. Num contrato de transporte, não encontra respaldo legal a celebração de um ajuste que livra o condutor de toda e qualquer responsabilidade pelos acidentes que acontecerem, verificada ou não a culpa no evento. Não se dá amparo à convenção que dispõe sobre a dispensa ou não de regras de condução, ou que transige sobre a imprudência, a negligência, a imperícia, e sobre quaisquer obrigações inerentes ao exercício da profissão. Realmente, foge ao bom-senso estipular a possibilidade de afastar a responsabilidade, importando indiretamente em abrir campo para o cometimento de infrações, ou em dar carta de alforria à má-fé, à arbitrariedade, à imoralidade. Por isso, sem valor algum a inserção de disposição em regulamento de hospital, isentando-o de responsabilidade por erros ou deficiências de funcionários e médicos; ou de norma em contrato de transporte pela qual se afasta qualquer dever de indenizar por deterioração ou perda de mercadorias.

Com mais ênfase não se valida a cláusula se abrange direito de ordem pública, ou mesmo se concerne a direitos fundamentais da pessoa humana, como não reclamação de pensão alimentícia, de direitos trabalhistas, ou de proteção em casos de ofensa à liberdade, de tolerância se ofendida a inviolabilidade.

Quanto à locação, não merece valor a cláusula de não indenizar, ou de total irresponsabilidade. Bem esclarece a questão José de Aguiar Dias: "No que concerne à locação, não são admitidas as cláusulas de irresponsabilidade relativas a obrigações essenciais ao contrato, isto é, nula é a cláusula sempre que importe, em última análise, afastamento ou derrogação de obrigação sem a qual o contrato não poderia existir, considerando-se válidas as que objetivem responsabilidade por obrigações não essenciais. A cláusula, nesse terreno, tanto pode ser estipulada em favor do locador como do locatário. Quanto ao primeiro, são válidas as cláusulas que exonerem de responsabilidade por falta à obrigação de imitir o segundo na posse da coisa locada, ou da obrigação de reduzir o aluguel durante o período de reparações do prédio.

Não é válida a cláusula pela qual o locador se isenta da infração do dever de garantir ao locatário o uso pacífico da coisa, mas é lícito estipular irresponsabilidade pelo não cumprimento da obrigação de manter a coisa em estado de servir ao seu destino. É nula a cláusula que interdite ao locatário qualquer ação de responsabilidade contra o locador, mas pacificamente aceita a que exclua o prosseguimento das que sejam mal sucedidas na primeira instância."[5]

No pertinente ao transporte, também impera a invalidade. Bem disserta sobre o assunto Aguiar Dias: "Quase todas as empresas de transportes têm em seus conhecimentos disposições limitativas de responsabilidade. Declarações desse gênero são adotadas por várias outras espécies de atividade comercial ou industrial, casas de comércio de objetos, encadernações e até lavanderias e tinturarias inscrevem nos talões fornecidos aos clientes cláusula pela qual declaram não se responsabilizar por soma superior a certa quantia, fixada proporcionalmente ao preço da lavagem. A nulidade dessa cláusula e das que lhe participem dos defeitos é evidente, porque faltam à estipulação os requisitos essenciais para sua validade, dentre os quais é mais importante a exigência de que não seja irrisória a indenização a receber em virtude da cláusula."[6]

3. HIPÓTESES DE VALIDADE DA CLÁUSULA DE NÃO INDENIZAR

Como se dessume do acima observado, não produzem validade as cláusulas que exoneram de responsabilidade, se estabelecidas na lei, ou decorrem da ordem jurídica, ou constituam as obrigações o núcleo do contrato. Mesmo que criadas as obrigações no pacto, a dispensa do cumprimento, ou a previsão de que não se buscará a indenização

---

[5] *Cláusula de não indenizar*, Rio de Janeiro, Revista Forense, 1947, pp. 181 e 182.

[6] *Cláusula de não indenizar*, ob. cit, p. 112.

na falta de cumprimento, torna ineficaz o ajuste. Se firmado um contrato de guarda, não tem cabimento a cláusula exonerativa de responsabilidade na subtração. Não teria razão de ser o contrato se advier uma disposição que dilua ou mesmo exima as decorrências do inadimplemento.

No entanto, é plausível que se contemple uma atenuação da obrigação de ressarcir, ou que se afaste a responsabilidade em certas hipóteses. Assim, no contrato de depósito, ou locação de veículos, afigura-se comum a referência ao afastamento da responsabilidade pelos objetos deixados no interior do veículo e não relacionados em documento escrito entregue para o guardador ou garagista. Coerente também se tem a informação afixada em hotéis da existência de cofres para a guarda de dinheiro e coisas preciosas, de modo a não incidir a responsabilidade pelos furtos. Em relação a tais bens a guarda é condicionada à colocação dos mesmos em compartimentos apropriados para tanto.

Nas convenções condominiais, revelam-se eficazes as disposições exonerativas de compromisso reparatório nos furtos, roubos e colisões ocorridas no interior das garagens ou dos boxes. Nas compras e vendas de bens consumíveis, ou mesmo de eletrodomésticos, não se revela írrito o enunciado que afasta o dever de ressarcir, ou de troca do bem, pelos defeitos que aparecerem após certo prazo de garantia, ou de algum tempo de uso. Mesmo na prestação de tipos específicos de serviços, cuja natureza transparece se tratarem de meio e não de resultado, merecem prestígio as cláusulas que afastam a responsabilidade. Todavia, a disposição que simplesmente afasta a responsabilidade não encerra validade, em se tratando de serviço pertinente à integridade da vida e da saúde, segundo bem analisa José de Aguiar Dias: "No tocante à integridade da vida e da saúde, exclui-se, sempre e sempre, a cláusula de irresponsabilidade. Se isso é verdadeiro para o contratante atingido, com maioria de razão o é para os beneficiados da vítima dos acidentes pessoais, de forma que, ainda que à cláusula se atribuísse algum valor, não haveria como reconhecer-lhe força para ser oposta aos credores de indenização por meio do contratante."[7]

Em certos locais de estacionamento, onde não existem guardas e nada se cobra pelo tempo de permanência do veículo, transparecendo o caráter de mera cortesia, produz efeitos a existência de placa com aviso de advertência da não responsabilização pelos veículos furtos ou danificações que se verificarem.

Nos contratos de transporte de mercadorias, firmou a jurisprudência consenso em isentar a responsabilidade até certo limite, pela diminuição de mercadorias a granel acondicionadas no interior dos porões dos navios. No entanto, o mero afastamento da obrigação não encontra validade, já que proibida pelo Decreto nº 19.437, de 10.12.1930.[8]

Em contratos de compra e venda, é possível excluir a responsabilidade por evicção, conforme permite o art. 448 do Código Civil: "Podem as partes, por cláusula expressa, reforçar, diminuir ou excluir a responsabilidade pela evicção."

---

[7] *Cláusula de não indenizar*, 4ª ed., Rio de Janeiro, Editora Forense, 1980, p. 239.
[8] REsp. nº 2.419, da 4ª Turma do STJ, j. em 24.04.1990.

XLV

A Responsabilidade na Compra e Venda e na Promessa de Compra e Venda

1. A RESPONSABILIDADE PELOS RISCOS DA COISA

Encerra o art. 492 do Código Civil: "Até o momento da tradição, os riscos da coisa correm por conta do vendedor, e os do preço por conta do comprador."

Ou seja, ficam por conta do vendedor os riscos da coisa, e do comprador, os do preço, até aquele momento da tradição.

Esta regra não se aplica nos sistemas que entendem suficiente o *consensus* para ocorrer a transferência, ou que atribuem o efeito real à compra e venda, independentemente da tradição. Por um princípio de coerência, o comprador suportará o risco.

Complementa o parágrafo 1º: "Todavia, os casos fortuitos, ocorrentes no ato de contar, marcar, ou assinalar coisas, que comumente se recebem, contando, pesando, medindo ou assinalando, e que já tiverem sido postas à disposição do comprador, correrão por conta deste."

E o parágrafo 2º: "Correrão também por conta do comprador os riscos das referidas coisas, se estiver em mora de as receber, quando postas à sua disposição no tempo, lugar e pelo modo ajustados."

Finalmente, o art. 494: "Se a coisa for expedida para lugar diverso, por ordem do comprador, por sua conta correrão os riscos, uma vez entregue a quem haja de transportá--la, salvo se das instruções dele se afastar o vendedor."

Resumindo as normas, segue-se o presente esquema, delineado por Orlando Gomes, que mantém a sua atualidade, posto que idêntico o sistema entre o Código atual e o revogado:

a) Até o momento da tradição, os riscos correm por conta do vendedor;

b) Depois da tradição, por conta do comprador;

c) Quando posta à disposição do comprador, por sua conta;

d) Por conta do comprador se estiver em mora de receber a coisa;

e) Igualmente se expedida para lugar diverso por sua ordem, do comprador, a partir do momento da entrega a quem haja de transportá-la.[9]

---

[9] *Contratos*, ob. cit., p. 259.

No caso de suportar o comprador os riscos, obriga-se ele a pagar o preço, embora não recebido o bem.

No concernente ao caso fortuito, hipótese prevista § 1º do art. 492, a conclusão é que, se a operação de contar, medir, assinalar ou pesar for essencial à determinação da coisa vendida, antes de tal operação não se pode considerar certa a coisa vendida, nem perfeito o contrato de compra e venda. Os riscos, em tal situação, incumbem ao vendedor. Mas se as coisas já foram postas à disposição do comprador, este arcará com os riscos.[10]

Para serem as mesmas entregues ao comprador, é imprescindível a determinação. Somente então há transferência dos riscos.

O § 2º do art. 492 disciplina a responsabilidade se ocorrer mora do comprador em receber a coisa. Por sua conta correm os eventuais riscos, caso verificar-se o perecimento ou a lesão do bem. O que está preceituado é a consequência normal da mora do credor. Como já consta previsto no art. 400, isenta-se o devedor de qualquer responsabilidade pela conservação da coisa, decorrência própria da mora *accipiendi*.

Com respeito ao art. 494, a responsabilidade é do comprador se ele ordenar a remessa da mercadoria para local diverso do combinado. Mas recairá sobre o vendedor a indenização no caso de se afastar das instruções ditadas pelo adquirente. O exemplo clássico lembrado pelos autores é o embarque, por via aérea, de um produto; mas o vendedor o despacha por estrada de rodagem.

Relativamente aos imóveis, há uma *quaestio sui generis*, suscitada pela doutrina e exposta com clareza por Agostinho Alvim.[11] Em princípio, com o registro opera-se a tradição, segundo é admitido tradicionalmente. O Código Civil, entretanto, reserva aos termos um significado diferente. Aos bens móveis usa a palavra 'tradição', enquanto para os imóveis a denominação é 'registro'. Já o Código de 1916 utilizava a palavra 'transcrição'.

Por outro lado, diz o art. 490: "Salvo cláusula em contrário, ficarão as despesas de escritura e registro a cargo do comprador, e a cargo do vendedor, as da tradição".

Sintetizando, as despesas da tradição correm por conta do vendedor. Em se confundindo a tradição por registro, a consequência seria impor ao vendedor os encargos do registro. Ele arcaria com este ônus, o que contraria disposições do direito material.

Ademais, na venda de imóvel, a transferência se dá ao mesmo tempo da alienação. O registro pode ser efetuado a qualquer tempo, segundo o critério do comprador. Arremata Agostinho Alvim: "E seria injusto que já estando o comprador na posse corporal do imóvel e com possibilidade de zelar do mesmo, ainda continuassem os riscos por conta do vendedor."[12]

Em suma, nesta hipótese não será o registro, que no Código revogado vinha com a designação de 'transcrição', o marco definidor da responsabilidade quanto aos riscos. Será, isto sim, a tradição, no sentido de efetiva transferência da posse, a ponto de passar a disponibilidade ao adquirente.

Cumpre, no entanto, não esquecer que esta inteligência não encontra aplicação quando inexiste a transmissão da posse, conquanto lavrado o ato do registro. Como o imóvel está

---

[10] Washington de Barros Monteiro, *Curso de Direito Civil – Direitos das Obrigações*, ob. cit., 2º vol., p. 89.

[11] *Da Compra e Venda e da Troca*, Rio de Janeiro, Editora Forense, 1966, pp. 51-53.

[12] *Da Compra e Venda e da Troca*, ob. cit., p. 52.

na guarda do vendedor, por não ter, ainda, transferido a posse, arca ele com o prejuízo, mesmo que sobrevenha o perecimento por caso fortuito. O mesmo ocorre quanto às coisas móveis, embora já adquiridas, máxime se apenas determináveis pelo gênero.

2. RESPONSABILIDADE PELOS RISCOS NA COMPRA E VENDA COM RESERVA DE DOMÍNIO

De modo geral, vige o princípio de que os riscos permanecem com o vendedor por sua condição de titular do domínio, seguindo a regra de que *res perit domino*.

Entretanto, já afirmavam os romanos uma outra concepção: *res perit emptoris*. Embora não tenha o domínio, o comprador exerce a posse da coisa, recaindo sobre ele a responsabilidade pelos riscos. Daí a obrigação de suportar as deteriorações que acontecerem, a perda, a destruição e os prejuízos decorrentes. Observa Darcy Bessone de Oliveira Andrade: "Quanto não nos pareça de natureza obrigacional a compra e venda com reserva de domínio, o princípio *res perit emptoris* a ela deve aplicar-se. E até por melhor razão: aqui, não há apenas a entrega da coisa; há também o consenso sobre a transferência do domínio."[13]

Há de se considerar o disposto no art. 492 da lei civil, de que até o momento da tradição os riscos da coisa correm por conta do vendedor. E também a então regra do art. 206 do Código Comercial, segundo a qual a responsabilidade do comprador inicia já antes, ou seja, quando a coisa é colocada à sua disposição.

Mas as consequências atingem, também, o vendedor. Ficará ele sem a garantia real de pagamento do preço.

3. RESPONSABILIDADES SOBRE DÉBITOS ANTERIORES AO MOMENTO DA COMPRA E VENDA

Os débitos anteriores incidentes sobre a coisa, como impostos e despesas de condomínio, são da responsabilidade do vendedor, no que se mostra enfático o art. 502 do Código Civil, princípio que sempre se aplicou: "O vendedor, salvo convenção em contrário, responde por todos os débitos que gravem a coisa até o momento da tradição".

Comum são as dívidas do uso de vantagens que favorecem a pessoa que usufrui do imóvel, e assim as de água, gás, e luz, devendo ser cobradas junto àquele que aparece como proprietário, que usufrui da vantagem, e que pediu a prestação das vantagens ou serviços. Igualmente quanto às dívidas decorrentes da conservação, da proteção, como as de condomínio, de seguro, não importando quem exerce o proveito ou uso, isto é, o locatário ou comodatário. No elenco incluem-se os gastos de manutenção do edifício, de obras de reforma ou adendos, as destinadas à segurança, à limpeza, à decoração, as decorrentes de obrigações trabalhistas e previdenciárias em face de relações empregatícias.

Até a transferência do imóvel, responde aquele que era proprietário, passando, então, para o encargo do adquirente, servindo o bem de garantia, com possibilidade da incidência da penhora sobre o mesmo, se ajuizada a cobrança antes da transferência, sob pena

---

[13] *Da Compra e Venda – Promessa e Reserva de Domínio*, Belo Horizonte, Editora Bernardo Álvares, 1960, p. 272.

de configurar-se fraude à execução. Caso a cobrança surgir posteriormente, não pode a ação ser dirigida contra o adquirente, e muito menos admite-se a constrição do bem para forçar ou realizar o pagamento.

No entanto, quanto aos impostos despesas de condomínio, tem-se defendido que acompanham o bem, que poderá sofrer a constrição, ou seja, são exigíveis perante aquele que é titular. Relativamente às de condomínio, preceitua o art. 1.345 do Código Civil: "O adquirente de unidade responde pelos débitos do alienante, em relação ao condomínio, inclusive multa e juros moratórios". Nesta classe estão as obrigações hipotecárias, pois o bem foi dado como garantia.

As mesmas aplicações incidem na compra e venda de bens móveis, sendo exemplo comum os veículos. Os impostos ou multas acompanham o bem, devendo arcar o adquirente, ficando-lhe reservado o direito de regresso, ou a ação de reembolso contra o vendedor, especialmente se configurada a relação de consumo. O direito é confirmado pela jurisprudência: "Tratando-se de compra e revenda de veículos por empresa comercial, sem transferência de propriedade, com sucessivas multas por infrações de trânsito contra o ex-proprietário, motorista profissional, responde por dano moral a empresa independentemente da existência de culpa, não obstante esta se encontre caracterizada na forma de negligência, pois o fornecedor é obrigado a prestar serviços adequados e eficientes ao consumidor – arts. 6º, X, e 14, da Lei nº 8.078/1990."[14]

4. RESPONSABILIDADE NAS PROMESSAS DE COMPRA E VENDA

Questões práticas importantes ocorrem na promessa de compra e venda, quanto à responsabilidade pela assunção das obrigações contraídas ou incidentes até a transferência definitiva do domínio do bem. Primeiramente, de capital relevância definir a natureza dos efeitos da promessa de compra e venda.

Não divergem os autores em considerar o compromisso devidamente registrado como direito real, embora divirjam as formas como tipificam tal direito. As opiniões são bastante desencontradas, mas conservam um fundo comum: direito real, eficácia real, pretensão à constituição do direito real, direito de garantia, ônus real etc. Para Washington de Barros Monteiro, são direitos reais, além da propriedade: a enfiteuse, a servidão, o usufruto, o uso, a habitação, as rendas expressamente constituídas sobre imóveis, o penhor, a anticrese e a hipoteca. A enumeração não é taxativa, observa, acrescentando ao rol o compromisso de compra e venda para pagamento em prestações, quando registrado de acordo com os arts. 5º e 22, do Decreto-lei nº 58, e do Decreto nº 3.079; igualmente o compromisso sobre imóveis não loteados, levado ao cartório, sem a estipulação da cláusula de arrependimento, reveste-se de direito real.

Para Serpa Lopes, não há um direito real em si, mas um direito real de aquisição: "Finalmente, temos essa figura jurídica recém-introduzida no nosso direito, a do ônus real resultante do compromisso de compra e venda, a que denominamos de direito real de aquisição, o qual, do mesmo modo, se reflete sobre o *ius disponendi*, por isso que, quando o mesmo devedor venha a alienar a coisa que prometeu vender, o comprador, ao

---

[14] Apel. Cível nº 2001.001.03556, da 7ª Câmara Cível do TJ do Rio de Janeiro, reg. em 03.12.2001, *in ADCOAS* 8210872, *Boletim de Jurisprudência ADCOAS*, nº 42, p. 664, out. 2001.

adquiri-la, se subordina igualmente ao ônus real que sobre ela pesa, ou seja, a obrigação de outorgar a escritura definitiva."[15]

Pontes de Miranda parte da legislação que atribui ao compromissário o direito real oponível a terceiros, estando a promessa, referente a imóveis loteados ou não, devidamente registrada na serventia competente. Nega ser direito real, apesar da inalienabilidade e da não onerabilidade criadas pelo Decreto-lei nº 58. Fosse direito real, "o direito do titular do pré-contrato já seria o domínio, sendo excrescência o negócio jurídico posterior: a escritura definitiva não passaria de um *bis in idem*".[16]

Segundo ele, não houve, ainda, a *traditio*; somente se contratou a promessa, ou se pré-contratou, conforme linguagem que usa. Não se consumou a compra e venda. O negócio resumiu-se na transmissão, mas não há título. O registro, de acordo com o art. 5º, do antes referido Decreto-lei, não caracteriza o direito real, nem o produz. Apenas serve para a proteção da pretensão pessoal, dando-lhe segurança. E, após a análise das loterias de doutrinadores estrangeiros, salienta que o registro confere eficácia quanto a terceiros, no que concerne às alienações e onerações futuras.

"O direito do pré-contratante é direito de adquirir o lote; a sua pretensão é a de contratar compra e venda e acordo de transmissão." Não é direito real porque nem a convenção, nem a tradição, junto à convenção, transferem o domínio. E conceitua: "Apenas há germe de direito real..." Ainda não há direito real; há, apenas, a pretensão a ele, que a averbação assegura (= da eficácia) perante terceiros. É pretensão à modificação do direito, à constituição do direito real, não o próprio direito, continua o autor."[17]

Presentemente, o Código Civil, no art. 1.225, inc. VII, adotou a teoria que coloca no rol dos direitos reais o direito do promitente-comprador do imóvel.

Tanto nos registros referentes a outros direitos reais como nos compromissos de compra e venda devidamente registrados encontramos características idênticas, mesmo que não se levasse em consideração o disposto no inc. VII do art. 1.225 do Código Civil. A constituição e a transferência dos direitos reais nascem do registro, em ambos os casos. A promessa, revestida das formalidades legais, é título hábil para o registro, de cujo ato decorre um direito real, como a oponibilidade *erga omnes*.

Registrado o contrato, a eficácia *erga omnes* do compromisso encontra plena segurança, mesmo em caso de falecimento do vendedor compromitente, ou do adquirente promissário. Vedam-se outras alienações do mesmo bem, e possíveis onerações judiciais ou não. Há uma questão de ordem pública, assegurando a necessária tranquilidade aos negócios.

Desta forma, a responsabilidade pelas obrigações criadas ou oriundas dos bens incide naquele que aparece como proprietário no registro competente. Tanto as obrigações decorrentes do uso do bem, e assim as taxas condominiais, como as tributárias, são do titular da propriedade. As garantias para suportar as eventuais indenizações também recaem no imóvel, enquanto não efetuado o registro da promessa de compra e venda, ou da transferência definitiva, se bem que se tenha formado o direito do terceiro a opor-se, se comprovar a aquisição de direitos antes do acontecimento do ato que acarretou o dano.

---

[15] *Curso de Direito Civil*, 2ª ed., Rio de Janeiro, Livraria Freitas Bastos S. A., 1962, vol. VI, p. 39.

[16] *Tratado de Direito Privado*, São Paulo, Editora Revista dos Tribunais, vol. XIII; 3ª ed., 2ª reimpressão, 1974, p. 155.

[17] *Tratado de Direito Privado*, vol. XIII, ob. cit., p. 117.

XLVI

A Responsabilidade no Comodato

1. RESPONSABILIDADES DO COMODATÁRIO

A palavra comodato deriva do latim *commodum datum*, significando o bem que se dá para o cômodo ou proveito de uma pessoa.

Define-se, pois, como o empréstimo gratuito de coisas não fungíveis, para serem utilizadas e depois devolvidas. Daí, na essência, constituir-se de um empréstimo de uso. Washington de Barros Monteiro expressa o seguinte conceito: "Um contrato unilateral e a título gratuito, pelo qual alguém entrega a outrem coisa infungível, para ser usada temporariamente e depois restituída."[18] Mais sinteticamente, trata-se do empréstimo de uso, abrangendo coisas móveis e imóveis.

Bem sucinta é a ideia constante no art. 579 do Código Civil: "O comodato é o empréstimo gratuito de coisas não fungíveis. Perfaz-se com a tradição do objeto."

Destaca-se a não fungibilidade da coisa. De acordo com o art. 85, "são fungíveis os móveis que podem substituir por outros da mesma espécie, qualidade e quantidade", enquanto os não fungíveis, por dedução lógica, constituem os que não podem substituir-se por outros da mesma espécie, qualidade e quantidade.

É o comodato um contrato preponderantemente unilateral, recaindo daí a responsabilidade mais na pessoa do comodatário, a qual aparece se descumpridas as seguintes obrigações.

a) Uso da coisa de acordo com a sua própria destinação, a menos que se tenha convencionado o contrário. Não é permitido, pois, que se mude a utilização de um imóvel, de residencial para comercial, o que determinaria a configuração de uma causa para a rescisão.

b) Manutenção da coisa como se fosse do próprio comodatário, o que vem sinalizado na primeira parte do art. 582: "O comodatário é obrigado a conservar, como se sua própria fora, a coisa emprestada, não podendo usá-la senão de acordo com o contrato, ou a natureza dela, sob pena de responder por perdas e danos." Se procedeu daquela forma, não responde pela perda da coisa, nem é obrigado a nenhuma indenização pelos danos intervenientes, o que não acontece se está em mora na devolução, se utilizou o bem para fim diverso do previsto, se assumiu a responsabilidade expressa

---

[18] *Curso de Direito Civil – Direito das Obrigações*, ob. cit., 2º vol., p. 213.

pelos casos fortuitos e se, mesmo inexistente cláusula expressa, verificando-se o caso fortuito, o comodatário não a resguardou, usando a sua própria no lugar daquela, consoante o art. 583, que reza: "Se, correndo risco o objeto do comodato juntamente com outros do comodatário, antepuser este a salvação dos seus, abandonando o do comodante, responderá pelo dano ocorrido, ainda que se possa atribuir a caso fortuito, ou força maior."

Mas, se a deterioração da coisa, ou a sua perda, decorreu de um ato culposo cometido pelo comodatário, responderá o mesmo pelo equivalente e mais perdas e danos. Esta conclusão emana do art. 234, 2ª parte: "Se a perda resultar de culpa do devedor, responderá este pelo equivalente e mais perdas e danos."

De outro lado, se a coisa se perder antes da tradição, sem culpa do devedor, sofrerá o credor a perda, resolvendo-se a obrigação – art. 238. De igual modo, em se verificando deterioração no bem, ausente qualquer conduta culposa do devedor, a restituição se fará na situação em que se acha o bem, desacompanhada de indenização.

c) Restituição da coisa findo o prazo estipulado, ou sobrevindo justa causa para seu término, conforme previsto no art. 581. Desatendendo o dever, não responde apenas pelos danos oriundos do estrago, mas também fica constrangido a pagar aluguéis ao comodante, no modo estabelecido na segunda parte do art. 582, consignando que o "comodatário constituído em mora, além de por ela responder, pagará, até restituí-la, o aluguel da coisa que for arbitrado pelo comodante".

d) Efetuar as despesas necessárias ao uso e gozo da coisa emprestada, não podendo jamais recobrá-las do comodante – art. 584.

e) Solidariedade na responsabilidade pelas obrigações e conservação. Se dois ou mais os comodatários, tornam-se comuns as obrigações, decorrendo a responsabilidade solidária de todos, em consonância com o art. 585: "Se duas ou mais pessoas forem simultaneamente comodatárias de uma coisa, ficarão solidariamente responsáveis para com o comodante." Isto porque a coisa dada em comodato aproveita a todos os que a recebem, sendo coerente que se responsabilize cada um integralmente por ela. Não se divide a responsabilidade, mas cada comodatário responde ilimitadamente, restando ao que ressarcir ou for demandado voltar-se regressivamente contra os demais, para conseguir o reembolso da quota que cabia a eles.

2. RESPONSABILIDADE DO COMODANTE

À primeira vista, parece incoerente falar em responsabilidade do comodante, já que ele efetua um contrato benéfico, em favor do comodatário, sem receber nenhuma contraprestação.

Mesmo assim, desde que nasça um contrato, decorrem certas obrigações relativas à avença formada, e daí a responsabilidade, mas propriamente ditada pela lei em geral e não emanada do ajuste em si. Decorre ela do descumprimento de obrigações relacionadas à conduta do comodante, constrangido a respeitar o pacto firmado e os fatos supervenientes no curso do contrato.

Eis os deveres principais que compete ao comodante observar:

a) Permitir ao comodatário a fruição do bem, não perturbando seu uso e gozo;
b) Não pedir a restituição da coisa antes do vencimento do prazo estabelecido no art. 581;
c) Comunicar ao comodatário sobre as imperfeições e defeitos incidentes no bem, capazes de causar prejuízos a quem dele se utiliza;
d) Reembolsar o comodatário de toda e qualquer despesa de caráter necessário e urgente, e que não se refira ao uso e gozo de coisa emprestada, assinalada no art. 584.

Não atendidos os deveres especificados, incide a responsabilidade indenizatória.

3. RESPONSABILIDADE SOLIDÁRIA DO COMODATÁRIO E DO COMODANTE FRENTE A TERCEIROS

Perante terceiros, os danos causados pelo comodatário, ou decorrentes de sua conduta no bem, da perturbação ao sossego e tranquilidade, do mau uso do imóvel, são por ele devidos. Entrementes, não se exclui a responsabilidade do comodante pela culpa *in vigilando* ou *in eligendo*, pois deve arcar pela entrega do imóvel a indivíduo de péssimos antecedentes, de comportamento nocivo, de hábitos que não permitem a sociabilização, como no caso do indivíduo violento, agressivo, que investe contra a propriedade alheia, ou deposita detritos em outros imóveis, ou provoca distúrbios e outras situações insustentáveis.

A responsabilidade é comum se o bem causar prejuízos a terceiros ou estranhos, como o desmoronamento ou queda de parte do prédio, ou de marquise, ou da sacada, ou de uma obra que se encontra em construção, como ponte, escada, coluna, rede de água, encanamentos, ou do incêndio de um transformador de energia elétrica. Com ou sem culpa, prepondera a responsabilidade objetiva pelo fato da coisa. Não se exige que se constate a conduta direta do dono ou de seus prepostos.

Deve-se entender que a responsabilidade incide não apenas sobre aquele que exerce a guarda, mas principalmente sobre aquele que é seu dono, não se afigurando justo que o terceiro sofra pelo fato da propriedade de outrem.

4. RESPONSABILIDADE PELO RISCO NO USO DA COISA

Registra o art. 583: "Se, correndo risco o objeto do comodato juntamente com outros do comodatário, antepuser este a salvação dos seus, abandonando o do comodante, responderá pelo dano ocorrido, ainda que se possa atribuir a caso fortuito, ou força maior."

Trata o dispositivo da responsabilidade do comodatário.

Mas a regulamentação restringe-se unicamente ao dano decorrente de risco. Antepondo o comodatário a salvação de seu patrimônio, em detrimento do bem emprestado, arcará com a indenização, mesmo que decorra o dano de caso fortuito, ou força maior.

Caso não preferir a salvação de seus bens, no caso fortuito ou força maior, com nenhuma responsabilidade arcará, em havendo prejuízos. A devolução acontecerá no estado em que se encontrar o bem, sem qualquer indenização.

Transparece o agravamento da responsabilidade mesmo havendo o caso fortuito, ou força maior, diante do caráter especial do contrato, que é benéfico, fator que demanda elevada diligência do favorecido, a ponto de preterir seus interesses pelos do comodante.

Mas, se a deterioração da coisa, ou a sua perda, decorreu de um ato culposo cometido pelo comodatário, responderá o mesmo pelo equivalente e mais perdas e danos. Esta conclusão emana do art. 234, 2ª parte: "Se a perda resultar de culpa do devedor, responderá este pelo equivalente e mais perdas e danos."

De outro lado, se a coisa se perder antes da tradição, sem culpa do devedor, sofrerá o credor a perda, resolvendo-se a obrigação – art. 238. De igual modo, em se verificando deterioração no bem, ausente qualquer conduta culposa do devedor, a restituição se fará na situação em que se acha o bem, desacompanhada de indenização.

Encontrando-se em mora o comodatário, incide a norma do art. 399: "O devedor em mora responde pela impossibilidade da prestação, embora essa impossibilidade resulte de caso fortuito ou de força maior, se estes ocorrerem durante o atraso; salvo se provar isenção de culpa, ou que o dano sobreviria ainda quando a obrigação fosse oportunamente desempenhada."

XLVII
Responsabilidade no Depósito

1. CARACTERIZAÇÃO DO DEPÓSITO

Tem-se a figura de depósito como o contrato segundo o qual uma pessoa confia a uma outra a guarda de objeto móvel, obrigando-se a segunda à restituição, quando reclamado.

Ou, na definição de Clóvis, é o contrato pelo qual "uma pessoa recebe um objeto móvel alheio, com a obrigação de guardá-lo e restituí-lo em seguida".[19]

A pessoa que entrega a coisa para guardar denomina-se 'depositante'; quem a recebe e incumbe-se de restituí-la, chama-se 'depositário'. A palavra 'depósito' expressa não apenas o contrato propriamente dito, mas igualmente a própria coisa depositada, ou o objeto do contrato.

Originado do direito romano, era incluído entre os contratos de boa-fé, e assim usava-se referi-lo como *sacer contractus*. A própria etimologia da palavra revela tal caráter, pois, no dizer de Cunha Gonçalves, compunha-se o termo do verbo *ponere*, traduzido para 'colocar', 'por', e do prefixo 'de', significando fé cega e confiança plena do depositante na probidade e zelo do depositário.[20]

O Código Civil, no art. 627, dá a seguinte ideia: "Pelo contrato de depósito recebe o depositário um objeto móvel para guardar, até que o depositante o reclame".

Apresenta o contrato os seguintes elementos, que o distinguem de outros tipos:

a) A entrega da coisa pelo depositante ao depositário.

Não há depósito sem a tradição da coisa depositada, aspecto que o caracteriza como contrato real. A entrega realiza o conteúdo principal do depósito, aperfeiçoando-se com recebimento pelo depositário.

b) Natureza móvel do bem depositado.

Basicamente, as coisas móveis são objeto de depósito. A tendência atual, porém, é aceitar o depósito de imóveis, como frequentemente ocorre no depósito judicial e no sequestro.

---

[19] *Código Civil dos Estados Unidos do Brasil Comentado*, 1919, vol. V, p. 6.

[20] *Tratado de Direito Civil*, vol. VIII, tomo I, p. 14.

590 • Responsabilidade Civil | *Arnaldo Rizzardo*

As coisas fungíveis, ou substituíveis por outras da mesma espécie, qualidade e quantidade, são suscetíveis de depósito, desde que se especifiquem o respectivo tipo, o gênero, a quantidade e demais características, sem o que ficaria concretizado unicamente um empréstimo.[21]

c) A guarda do bem.

A finalidade determinante da espécie em exame é a guarda, o que a distingue de outras figuras, nas quais o contratante igualmente assume a obrigação de guardar a coisa recebida, como na locação, no comodato e mesmo no mandato. Mas, nestes casos, a guarda não é o elemento essencial, e sim meramente acessório de outro elemento mais importante. No mandato, *v. g.*, alcança mais relevância a representação, aparecendo a custódia apenas esporadicamente, como quando o mandante encarrega o procurador de receber um bem ou alguma soma em dinheiro, e a guardá-la até certo período.

d) Restituição da coisa.

Está o depositário obrigado a devolver a coisa tão logo a reclamar ou exigir o depositante. No próprio ato do depósito vem subentendido o dever de restituição no termo prefixado. A desobediência a esta obrigação traz graves sanções civis e penais, inclusive com a decretação da prisão, se se apresentar o quadro de depositário infiel.

Importante salientar as duas formas mais comuns de depósito: a voluntária e a necessária.

A forma voluntária é estabelecida pelas partes através de uma convenção livre, pela qual o depositante elege espontaneamente, segundo sua própria vontade, o depositário. Vem regulada nos arts. 627 a 646.

Diz-se necessário, ou obrigatório, o depósito quando independe da vontade dos interessados, realizando-se no desempenho de obrigação imposta por lei. Neste caso, ou se imposto por lei, o depósito é legal, servindo de exemplo, entre outras hipóteses, o referente às bagagens dos hóspedes nos hotéis. É denominado miserável se decorre necessariamente por imposição de uma calamidade, como o dos móveis retirados de uma casa inundada, ou que está incendiando. Destas modalidades cuida o Código Civil nos arts. 647 a 652, rezando o primeiro: "É depósito necessário: I – o que se faz em desempenho de obrigação legal; II – o que se efetua por ocasião de alguma calamidade, como o incêndio, a inundação, o naufrágio ou o saque".

2. A RESPONSABILIDADE DECORRENTE DO DESCUMPRIMENTO DAS OBRIGAÇÕES DE DEPOSITÁRIO

O depositário é responsável pelas coisas que se encontram em seu poder. Do contrário, não ofereceria utilidade e consistência o instituto.

A responsabilidade decorre do descumprimento das obrigações. Para a sua correta compreensão, é necessária a identificação das obrigações. As mais importantes são:

---

[21] Carvalho Santos, *Código Civil Brasileiro Interpretado*, 1961, vol. XVIII; 8ª ed., ob. cit., p. 8.

a) A guarda da coisa. O depósito se efetiva com a tradição da coisa, que é entregue ao depositário para custodiá-la e restituí-la quando o exigir o depositante.

Daí depreender-se que a principal obrigação consiste na guarda da coisa, o que deverá fazer com o zelo e a diligência que costuma ter com o que lhe pertence, de modo a restituí-la no mesmo estado em que foi recebida.[22]

Qualquer violação ao dever de zelo, atenção e cuidado, decorrente de culpa ou dolo, resulta em responsabilidade civil, obrigando-se o depositário a indenizar o dano causado. A mais leve culpa, por imprudência, negligência ou imperícia, desencadeia o dever de indenizar. Nesse sentido o art. 161 do Código de Processo Civil, em atenção ao depósito judicial, mas que incide o conteúdo a qualquer tipo de depósito: "O depositário ou o administrador responde pelos prejuízos que por dolo ou culpa causar à parte, perdendo a remuneração que lhe for arbitrada, mas tem o direito a haver o que legitimamente despendeu no exercício do encargo".

Assim, a guarda de valor monetário apreciável em um compartimento da casa desprovido de segurança contra furtos; ou o seu transporte a um estabelecimento bancário sem as cautelas recomendáveis, passando o depositário por local infestado de delinquentes, se há o desaparecimento do bem por subtração criminosa, a responsabilidade é óbvia, pois transparece a culpa *in concreto*.

Exime-se de responsabilidade o depositário nos casos de força maior, mas sob a condição do art. 642: "O depositário não responde pelos casos de força maior; mas, para que lhe valha a escusa, terá de prová-los".

A prova incumbe ao que alega as escusas. Desta sorte, se a coisa depositada vem a ser destruída por um incêndio, ou um fenômeno da natureza imprevisível, não é suficiente se comprovem tais ocorrências; interessa a demonstração de que os sinistros se deveram a tais causas de isenção, como, *v. g.*, à queda de um raio, ou a um vendaval que derrubou um suporte da rede elétrica, provocando um curto-circuito. Salienta-se que a circunstância de o dispositivo se ater somente à força maior não afasta o mesmo efeito se verificado o fato em razão de caso fortuito. A natureza da causa é a mesma, variando somente quanto à procedência: enquanto na força maior o evento é humano (o desaparecimento da coisa em razão de assalto), no caso fortuito é da natureza (o incêndio em razão de um raio).

O Superior Tribunal de Justiça tem apreciado questões envolvendo a ocorrência de força maior, exigindo a prova cabal de que não tinha o depositário condições de evitar a situação que levou a perder o bem, conforme o seguinte exemplo: "O estabelecimento comercial que recebe o veículo para reparo em suas instalações é responsável pela sua guarda com integridade e segurança, não se configurando como excludente da obrigação de indenizar a ocorrência de roubo mediante constrangimento por armas de fogo, por se cuidar de fato previsível em negócio dessa espécie, que implica na manutenção de loja de acesso fácil, onde se acham automóveis e equipamentos vários".[23]

No entanto, atenuam-se as consequências se o mesmo fato ocorre com a própria pessoa com a qual está o bem, nos termos do seguinte aresto: "Sempre que se verificar a impossibilidade justificada da restituição da coisa depositada objeto da alienação fiduciária

---

[22] José Lopes de Oliveira, *Contratos*, Recife, Livrotécnica – Distribuidora Nacional de Livros Técnicos Ltda., 1978, p. 169.

[23] REsp. nº 218.479/SP, da 4ª Turma do STJ, *DJU* de 20.08.2001.

em garantia pela ocorrência do caso fortuito ou força maior (por roubo ou furto, *v. g.*), a sentença que a reconhecer deverá afastar a infidelidade do depositário e a possibilidade de prisão civil. Contudo, como o intuito satisfativo do credor, na alienação fiduciária, é o de receber o valor da dívida, e não o próprio bem objeto do depósito, desde que reconhecido o crédito, pode o credor promover, nos próprios autos, a subsequente execução contra o devedor, valendo a sentença que o fixar como título executivo judicial, prestigiando-se os princípios da economia, da celeridade e da efetividade processuais".[24]

Encontrando-se o depositário em mora na restituição do objeto, incide a responsabilidade, malgrado o caso fortuito ou a força maior. É a conclusão a que se chega da leitura do art. 399: "O devedor em mora responde pela impossibilidade da prestação, embora essa impossibilidade resulte de caso fortuito ou de força maior, se estes ocorrerem durante o atraso; salvo se provar isenção de culpa, ou que o dano sobreviria ainda quando a obrigação fosse oportunamente desempenhada".

Considera-se perfeitamente válido, porém, o pacto dispondo ao revés, isto é, que descarrega a responsabilidade no depositário, mesmo verificado o caso fortuito ou a força maior.

    b) O depósito ou a guarda da coisa no estado em que foi recebida. Efetivamente, enuncia o art. 630: "Se o depósito se entregou fechado, colado, selado, ou lacrado, neste mesmo estado se manterá".

Em outros termos, recebendo-se o depósito fechado, indevassado, ou lacrado, obriga-se o depositário a conservá-lo neste estado. Impera um dever de fidelidade à confiança do depositante, forçando a respeitar o segredo que envolve o bem, obrigação esta tão importante que Pothier afirmou: "A fidelidade que o depositário deve à conservação do depósito o obriga, em terceiro lugar, a não tomar conhecimento do que lhe foi dado em depósito, tendo em vista que a pessoa que realizou tal depósito desejava que tais elementos se mantivessem secretos".[25]

Unicamente se houver consentimento admite-se o exame ou devassamento do conteúdo. Mesmo neste caso, porém, impõe-se o dever de guardar segredo sobre sua realidade, a menos que se trate de objeto ilícito.

Afora esta hipótese, violado o segredo, a cominação consistirá na indenização das perdas e danos resultantes.

    c) Restituição da coisa. A própria natureza do depósito pressupõe a restituição da coisa, que abrangerá todos os frutos ou rendimentos e acrescidos, assim que o solicitar o depositante, ou que se vencer o prazo.

O art. 629 enuncia a forma como se procederá a devolução: "O depositário é obrigado a ter na guarda e conservação da coisa depositada o cuidado e diligência que costuma

---

[24] REsp. nº 156.965/SP, da 4ª Turma do STJ, *DJU* de 03.05.1999.
[25] *Oeuvres Complètes de Pothier*, Paris, P. J. Langlois Librairie, S. A. Durand Librairie, 1944, vol. VI, pp. 27-28. No original: "La fidélité que le dépositaire doit à la garde du dépôt l'oblige en troisième lieu à ne pas chercher à connaître les choses qui lui ont été données en dépôt, lorsque celui qui les lui a données en dépôt a voulu les tenir cachées".

com o que lhe pertence, bem como a restituí-la, com todos os frutos e acrescidos, quando o exija o depositante".

Daí se concluir: envolvendo o depósito quantia em dinheiro, a devolução compreenderá os juros e os rendimentos auferidos, ou decorrentes do investimento; se se referir a animais, abrangerá as crias que advieram, bem como os produtos derivados.

De outro lado, se o decurso do tempo, ou a simples paralisação, provocar deterioração, neste estado se fará a restituição ao titular do domínio. Ainda, além da conservação no estado em que foi recebida, da mesma forma se procederá a devolução. Em outros termos, se indevassável, ou colado, selado, lacrado o recebimento do bem, assim deverá retornar ao dono ou interessado.

Em princípio, se nada se dispôs em contrário, restitui-se a coisa no lugar onde estiver guardada. É como determina o art. 631: "Salvo disposição em contrário, a restituição da coisa deve dar-se no lugar em que tiver de ser guardada. As despesas de restituição correm por conta do depositante".

Outrossim, o art. 632 manda que, se feito o depósito no interesse de terceiro, a restituição se fará ao depositante com o consentimento de dito terceiro: "Se a coisa houver sido depositada no interesse de terceiro, e o depositário tiver sido cientificado deste fato pelo depositante, não poderá ele exonerar-se restituindo a coisa a este, sem consentimento daquele". É a hipótese do administrador ou procurador efetuar o depósito de um bem de propriedade da pessoa que representa. O depositário efetuará a devolução ao depositante se obtiver o consentimento do proprietário. Do contrário, poderá responder pelo desvio do bem. Para tanto, é necessário, todavia, que seja cientificado que o bem não pertence ao depositante.

O prazo para restituir vem indicado no art. 633. É irrelevante a sua fixação. Está o depositário obrigado a devolver sempre que o solicitar o depositante. Abrem-se, no entanto, exceções, permitindo-se a recusa quando: a) houver o direito de retenção, o que se dá nas hipóteses do art. 644, verificadas no caso de não pagas a retribuição e as despesas ou os prejuízos acarretados pelo depósito; b) o objeto do depósito for judicialmente embargado; c) sobre ele pender execução, notificada ao depositário; d) houver motivo razoável de suspeitar que a coisa foi dolosamente obtida, caso em que, expondo o fundamento da suspeita, promoverá o recolhimento do objeto ao depósito público – art. 634; e) verificar-se compensação fundada em outro depósito – art. 638; f) tiver direito de retenção até o pagamento da retribuição e dos encargos – art. 644; g) faltar ao depositante documento na devida forma, "no caso de ter sido feito contra a emissão de título à ordem, como no caso dos armazéns gerais, ou mais comum e frequentemente, no dos depósitos de bagagens nas estações, guarda-roupas em teatros, restaurantes, cassinos, em que a restituição do objeto se faz contra a apresentação de um cartão remunerado, que se reputa hábil a provar o depósito".[26]

De acordo com o art. 638, afora as situações discriminadas, não cabe ao depositário furtar-se à devolução, seja qual for o pretexto que se lhe ofereça. Não lhe é facultado, para efetuar a entrega, impor ao depositante a prova de domínio sobre a coisa. Nem encontra amparo legal para a retenção a descoberta de que o bem pertence a outrem, pois não possui ele poderes para defender direitos de terceiros. Eis a regra: "Salvo os casos previstos nos arts. 633 e 634, não poderá o depositário furtar-se à restituição do depósito,

---

[26] Caio Mário da Silva Pereira, *Instituições de Direito Civil*, 3ª ed., 1975, vol. III, p. 321.

alegando não pertencer a coisa ao depositante, ou opondo compensação, exceto se noutro depósito se fundar".

Mesmo alegando ou provando ser credor de algum valor, é proibida qualquer compensação, a menos que se trate da exceção do art. 644, referente à retribuição devida, ou às despesas ou prejuízos com o depósito, pois, se tolerada, restaria vulnerado o pressuposto da mútua confiança que deve reinar entre os contratantes. E se direito lhe assistir sobre o bem, cumpre-lhe providenciar no depósito público, e buscar a definição judicial acerca da propriedade.

Aparecendo vários depositantes, a obrigação de restituir processa-se na forma do art. 639: "Sendo dois ou mais os depositantes, e divisível a coisa, a cada um só entregará o depositário a respectiva parte, salvo se houver entre eles solidariedade".

A situação é verificável mormente nos casos de sucessão.

Três hipóteses podem ocorrer para a restituição, segundo os autores:[27]

1ª – Não há solidariedade entre os depositantes, sendo a coisa divisível, quando nenhum problema ocorre. O depositário entregará para cada um a respectiva parte. É o que prevê o art. 257 do Código Civil.

2ª – Igualmente inexiste solidariedade, se a coisa é indivisível, mas no caso em que a liberação do depositário se dá ou pela entrega da coisa conjuntamente a todos, ou a um apenas, mediante caução de ratificação dos outros, segundo ordenamento do art. 260. Se os depositantes não se conformarem com qualquer uma das soluções, o caminho será a consignação judicial dos bens.

3ª – Há solidariedade ativa entre os depositantes, situação favorável a uma solução mais fácil, porquanto ao depositário é permitida a devolução do bem a qualquer um dos proprietários do bem, sendo irrelevante a sua divisibilidade ou não. É o resultado ordenado pelo art. 269, que estabelece a extinção da dívida até o montante do que foi pago, isto é, da obrigação de restituir até o montante restituído.

É de bom alvitre lembrar, no entanto, que a solidariedade não se presume, devendo resultar da lei ou da vontade das partes.

3. A RESPONSABILIDADE PELO DEPÓSITO RESULTANTE DO CONTRATO DE HOSPEDAGEM

O art. 649 equipara ao depósito necessário "o das bagagens dos viajantes ou hóspedes nas hospedarias onde estiverem". E o parágrafo único: "Os hospedeiros responderão como depositários, assim como pelos frutos e roubos que perpetrarem as pessoas empregadas ou admitidas nos seus estabelecimentos".

Realizam este depósito os hoteleiros e aqueles que exercem profissões correspondentes sobre as bagagens e objetos pessoais dos hóspedes. Decorre necessariamente do contrato de hospedagem, o qual constitui uma figura complexa, pois envolve, no mínimo, outras

---

[27] João Luiz Alves, *Código Civil da República dos Estados Unidos do Brasil Anotado*, Rio de Janeiro, F. Briguiet & Cia. – Editores e Livreiros, 1917, p. 874; Washington de Barros Monteiro, *Curso de Direito Civil*, Direito das Obrigações, 2º vol., p. 244.

duas espécies: a locação de coisa e a prestação de serviços, caracterizadas, respectivamente, pelo aluguel do quarto ou apartamento, e pelos trabalhos que são prestados pelo hoteleiro, através de prepostos e empregados. Agregam-se, outrossim, aspectos de mais um contrato, que é o de compra e venda, relativamente à alimentação.

O fundamento da responsabilidade assenta em dois pressupostos: primeiro, porque os hospedeiros e estalajadeiros se oferecem à confiança do público; por último, em razão da falta de tempo ou disponibilidade para verificar a lisura e idoneidade dos estabelecimentos.

Conforme exegese sempre atual de Pontes de Miranda, o significado de hoteleiro se estende a quaisquer hospedeiros, "inclusive hospitais, estabelecimentos balneários de estadia, ônibus com leitos, navios em que se dorme, aeronaves e trens de leito". Mas, finaliza, "o art. 1.284 do Código Civil nada tem com os restaurantes e outros estabelecimentos que somente fornecem comida e bebida... Nem o art. 1.284 do Código Civil pode ser invocado se o hospital ou casa de saúde não tem leitos para dormidas à noite, ou para internações. No tocante aos vagões-leitos, o art. 1.284 somente há de incidir se a bagagem não fica junto ao viajante".[28] O dispositivo citado no texto equivale ao art. 649 do Código que está em vigor.

Outras aplicações eram retratadas por Pontes de Miranda, mantendo a sua atualidade: "A responsabilidade dos empresários de teatros, cassinos, clubes, hotéis, pelas peças de vestiário, é responsabilidade de depositário...

Os restaurantes e cafés abertos, sem serviço de fichas para chapéus e outros objetos, não respondem como depositários. Também não respondem os escritórios de advogados e os gabinetes de médicos e dentistas quanto a chapéus, bolsas, etc., se não têm serviços de custódia (e. g., porteiros recebedores). O oficial de justiça, ou outro auxiliar da justiça, enquanto a coisa não é entregue ao depósito público e permanece com ele, responde como depositário entre ele e esse terceiro".[29]

Os bens guardados em cofre consideram-se incluídos no depósito, conforme exegese do Superior Tribunal de Justiça: "O fornecimento de cofres para uso dos hóspedes não pode ser considerado como uma cessão gratuita, pois se inclui no custo da atividade, refletindo-se no preço da diária. Não se considera o roubo à mão armada como causa de força maior, pois quem fornece cofres tem consciência do risco, sendo a segurança inerente ao serviço".[30]

Os veículos guardados nos estacionamentos ou garagens dos hotéis também devem incluir-se na categoria de bagagens, eis que integram as coisas que o hóspede traz consigo, confiando-as ao hoteleiro.

Em suma, se aplica a responsabilidade a todos os estabelecimentos ou donos de casas que recebem fregueses a troco de dinheiro, para estadia durante qualquer lapso de tempo, incluindo-se, na relação, ainda os colégios, internatos e albergues, abrangendo a proteção quaisquer bens que são trazidos pelo hóspede, cuja guarda é entregue e confiada ao dono do estabelecimento.

Percebe-se que a responsabilidade se reveste de maior gravidade relativamente aos demais depositários. Engloba os próprios atos dos hoteleiros e ainda alcança os fatos de

---

[28] *Tratado de Direito Privado*, ob. cit., vol. 42, pp. 388 e 389.
[29] *Tratado de Direito Privado*, ob. cit., vol. 42, p. 327.
[30] REsp. nº 249.825, da 3ª Turma, *DJU* de 03.04.2000.

596 • Responsabilidade Civil | *Arnaldo Rizzardo*

terceiros. Abrange os furtos e roubos perpetrados pelas pessoas empregadas ou admitidas nas dependências do hotel.

Cessa a responsabilidade, segundo o art. 650, se os hospedeiros "provarem que os fatos prejudiciais aos viajantes ou hóspedes não podiam ter sido evitados". O Código revogado, no correspondente art. 1.285, era mais explícito, incluindo na isenção as hipóteses de fatos prejudiciais decorrentes de força maior, como de escalada, invasão da casa, roubo à mão armada, ou violências semelhantes. Não ficaram afastadas tais eventualidades, mas estão incluídas nos fatos que não podem ser evitados. Por isso, ainda mostra-se pertinente a explicitação de Caio Mário da Silva Pereira, para quem cessa a responsabilidade se ficar provado "a impossibilidade de evitar o fato prejudicial, ou se ocorrer força maior, como na hipótese de violência (invasão da casa, roubo à mão armada, etc.), ou ainda se a perda ou deterioração dever-se à culpa grave do cliente, como é o caso de ter este saído deixando a porta aberta, ou também ao caráter ou natureza da própria coisa, como, *ex. gr.*, explosivos ou inflamáveis".[31]

Outrossim, não são todos os bens que podem ser objeto da proteção legal. Aceitam-se apenas aqueles que habitualmente são considerados necessários e próprios para a viagem, como roupas, abrigos, coisas de uso pessoal, excluindo-se quantias elevadas ou vultosas, as joias, os títulos ao portador, a menos que se lavre instrumento de depósito voluntário estipulando o depósito.

Tem-se como inteiramente ineficaz qualquer aviso aposto no interior dos hotéis ou quartos no sentido de excluir as responsabilidades. A exclusão, por ser um ato unilateral, não surtirá efeitos, mesmo que prevista antecipadamente nos regulamentos internos. Somente se há convenção expressa com o hóspede surtirá resultados.

4. A RESPONSABILIDADE NO DEPÓSITO MERCANTIL

O depósito mercantil vinha contemplado no art. 280 do Código Comercial: "Só terá a natureza de depósito mercantil o que for feito por causa proveniente do comércio, em poder do comerciante ou por conta do comerciante". Com o atual Código, a matéria é regida pelos dispositivos do Código Civil, que não faz qualquer especificação de um e outro tipo de depósito.

Constitui um típico depósito oneroso.

É mercantil o depósito porque decorre da profissão do depositário, isto é, deverá dedicar-se a guardar coisas alheias. Há um cunho de profissionalidade em sua atividade, enquanto no depósito civil falta o elemento determinante de uma profissão. Não é feito por causa proveniente do comércio, o que constitui uma necessidade na outra forma.

Exemplo de depósito mercantil é o feito por armazéns-gerais, ainda regulado pelo Decreto nº 1.102, de 21.11.1903, lecionando J. C. Sampaio de Lacerda que "o negócio jurídico entre o dono da mercadoria e a empresa de armazém-geral constitui verdadeiramente um contrato de depósito".[32] Definem-se os armazéns-gerais como os depósitos destinados ao recebimento de mercadorias ou gêneros lá colocados para o uso ou a venda,

---

[31] *Instituições de Direito Civil*, ob. cit., vol. III, p. 325.
[32] *Dos Armazéns-Gerais*, seus Títulos de Crédito, Rio de Janeiro, Forense, vindo as transcrições em *Revista dos Tribunais*, nº 729, p. 206.

a importação, a exportação, ou que se encontram em trânsito, mediante o pagamento da tarifa convencionada.

Waldemar Ferreira destaca as situações de responsabilidade pelos depósitos em armazéns-gerais: "As empresas de armazéns gerais, como depositários que são, respondem:

a) pela guarda, conservação e pronta e fiel entrega das mercadorias que tiverem recebido em depósito, sob pena de prisão dos empresários, gerentes ou administradores, sempre que não efetuem aquela entrega dentro de 24 horas, depois de judicialmente intimados a entregá-las;

b) pela culpa, fraude ou dolo de seus empregados e prepostos e pelos furtos acontecidos aos gêneros e mercadorias dentro dos armazéns".[33]

Em seguida, aponta quando cessa a responsabilidade: "Cessa a responsabilidade, ao que está dito no art. 11 do Decreto nº 1.102/1903, de que trata o texto, nos casos de avarias ou vícios provenientes da natureza do acontecimento das mercadorias e de força maior, salvo convenção em contrário". Sampaio de Lacerda, na obra acima nomeada, nas pp. 44 e segs., sob nº 20, enfatiza a mesma responsabilidade decorrente do contrato de depósito, e quando a mesma é ilidida: "As responsabilidades das empresas de armazéns--gerais são idênticas às de qualquer depositário e, entre nós, estão fixadas no art. 11 do Decreto nº 1.102/1903. Assim respondem pela guarda, conservação e pronta e fiel entrega das mercadorias que tiverem recebido em depósito e pela culpa, fraude ou dolo de seus empregados e prepostos, e pelos furtos acontecidos aos gêneros e mercadorias dentro dos armazéns. Só cessará a responsabilidade nos casos de avarias ou vícios provenientes de natureza ou acondicionamento das mercadorias e de força maior, a menos que tenham, por convenção, se obrigado também a indenizar nesses casos, quando, então, deverá essa cláusula figurar nos títulos representativos das mercadorias".

Afasta-se, pois, a responsabilidade nas seguintes eventualidades:

a) em havendo avaria ou vício pela natureza ou por acondicionamento das mercadorias;

b) pela verificação de força maior, que envolve o caso fortuito.

Todavia, em convenção permite-se a assunção da responsabilidade igualmente nas ocorrências acima.

5. RESPONSABILIDADE PELA PERDA DA COISA

Enuncia o art. 636: "O depositário, que por força maior houver perdido a coisa depositada e recebido outra em seu lugar, é obrigado a entregar a segunda ao depositante, e ceder-lhe as ações, que no caso tiver contra o terceiro responsável pela restituição da primeira".

Daí concluir-se que o depositário não responde pelo perecimento da coisa, resultante de caso fortuito, ou força maior. Se houver, entretanto, recebido outra em substituição à

---

[33] *Instituições de Direito Comercial*, São Paulo, Max Limonad editor, em passagem transcrita na *Revista dos Tribunais*, nº 729, p. 206.

primeira, está obrigado a entregar esta última ao depositante, bem como a ceder-lhe as ações que no caso tiver contra o terceiro responsável pelo perecimento.[34]

Exemplifica uma hipótese Sílvio Rodrigues: "Se o automóvel dado a guardar perece por incêndio da garagem, o depositário deve transferir ao depositante a indenização recebida e as ações que porventura tiver contra os causadores do sinistro".[35]

Opera-se, aí, uma sub-rogação da coisa perdida na que é dada em substituição.

Conveniente esclarecer que, apurando-se culpa do depositário, obriga-se ele a indenizar o depositante com o equivalente ao depósito.

Agrega-se ainda: "La pérdida de la cosa depositada se presume que fue por culpa del depositario y no por cosa fortuita, salvo prueba en contrario".[36]

---

[34] Federico Puig Peña, *Compendio de Derecho Civil Español*, 2ª ed., Editorial Aranzada Pamplona, 1972, tomo IV, Contratos, p. 376.

[35] *Direito Civil – Dos Contratos e das Declarações Unilaterais da Vontade*, 3ª ed., São Paulo, Max Limonad Editor, p. 293.

[36] Federico Puig Peña, *Compendio de Derecho Civil Español*, ob. cit., p. 376, nota 31.

XLVIII
Responsabilidade Indenizatória na Distribuição ou Concessão Comercial, e na Agência ou Representação Comercial

1. A DISTRIBUIÇÃO

O Código Civil disciplinou conjuntamente o contrato de agência ou representação e o contrato de distribuição, como se observa de seus arts. 710 a 721.

Entretanto, ambos constituem figuras jurídicas distintas. Nem sempre as regras de um se aplicam ao outro.

No art. 710, que define também a agência, vem esboçada uma ideia de distribuição: "Pelo contrato de agência, uma pessoa assume, em caráter não eventual e sem vínculo de dependência, a obrigação de promover, por conta de outra, mediante retribuição, a realização de certos negócios, em zona determinada, caracterizando-se a distribuição quando o agente tiver à sua disposição a coisa a ser negociada." Daí se depreende que, relativamente à agência, a diferença está no fato de o distribuidor ter, em caráter não eventual e sem vínculo de dependência, à sua disposição a coisa a ser negociada. Ele é o titular do bem, que o adquire para a posterior comercialização. Em vista do dispositivo transcrito, pode-se conceber a distribuição como o contrato pelo qual uma pessoa assume, em caráter não eventual e sem vínculo de dependência, a obrigação de promover, por sua conta, sem retribuição, a realização de certos negócios, em zona determinada, envolvendo bens dos quais dispõe.

Embora submetida a regulamentação a dispositivos que tratam o contrato em conjunto com a agência (arts. 710 a 721), unicamente cinco artigos do Código Civil, dentre os destinados a disciplinar ambas as figuras, têm pertinência específica à distribuição, por mencioná-la, e, assim, à concessão comercial, sendo eles os arts. 710, 713, 714, 715 e 721. Os demais preceitos se aplicam mais subsidiariamente, em razão do art. 721, por instituírem normas gerais, como o art. 715, assegurando ao agente a indenização se o proponente, sem justa causa, cessar o atendimento das propostas, ou reduzi-lo tanto que se torne antieconômica a continuação do contrato.

A tipicidade da distribuição possui contornos próprios, não se confundindo com a agência.

Em verdade, a distribuição equivale à concessão comercial, vindo algumas regras contidas na Lei nº 6.729, de 28.11.1979, com alterações da Lei nº 8.132/1990, apesar de dirigir-se a regulamentação que traz essencialmente à concessão comercial de automotores.

O art. 2º, § 1º, letra *a*, deste último diploma deixa evidente a equivalência entre distribuição e concessão comercial, ao dizer: "Intitula-se também o produtor de concedente e o distribuidor de concessionário."

Ambas as espécies, embora com natureza semelhante, distinguem-se pelo objeto próprio de uma e de outra. Enquanto a concessão comercial destina-se aos veículos, consoante regime próprio da Lei nº 6.729, a distribuição envolve os demais bens. O ponto comum é a entrega de produtos ou bens para que o distribuidor ou o concessionário efetue a venda. A natureza, entrementes, é a mesma. Daí a conclusão que leva a incidirem as normas do Código Civil para ambas as espécies.

Necessário conceituar a distribuição, distinguindo-a de outras figuras próximas. Considera-se a relação pela qual alguém age em nome próprio na intermediação entre o produtor e o varejista, mas vinculados os produtos de que dispõe a um determinado produtor, como alimentos, bebidas, combustíveis e cigarros. Trata-se de uma técnica de colocação de produtos no mercado, ocupando presentemente uma posição de relevo. Arnoldo Wald destaca que importa a figura em venda sucessiva dos bens, inicialmente entre produtor e distribuidor, e, em seguida, deste último para outros empresários comerciais ou para o público consumidor em geral.

Ao produtor, salienta, "compete fornecer ao distribuidor as mercadorias para a revenda, observadas as condições definidas no contrato entre ambos. Ao distribuidor, por sua vez, que negocia por conta e risco próprio, tendo, no entanto, assegurada a quota de fornecimento compatível com a sua performance, cabe revender os produtos, pagando ao produtor o seu respectivo preço nas ocasiões próprias, conforme seja a venda realizada à vista ou a prazo".[37]

2. A CONCESSÃO COMERCIAL

Apresenta-se como a forma de comercialização de veículos fabricados por uma empresa, mediante a distribuição ao mercado consumidor.

Na relação contratual que se cria, os interesses do concedente e do concessionário convergem para uma finalidade comum, que é a revenda da mercadoria objeto da concessão, e que se encontra na disposição do concessionário, tal como no contrato nominado distribuição. Os mesmos dispositivos do Código Civil incidentes na distribuição são aplicáveis à concessão, posto que, exceto quanto ao objeto, confundem-se as estruturas dos contratos. Não se concebe uma razão para isolar a última figura, porquanto se destina o regramento da lei civil a todos os negócios nos quais o distribuidor tem a disposição da coisa a ser negociada.

Para se apreender o significado do termo 'concessão', é de lembrar que sua origem e seu uso emanam do direito administrativo, onde é empregado para designar uma forma de exploração de serviços públicos. Em troca de uma renda ou de um certo número de obrigações estipuladas no instrumento de concessão, o Poder Público concede ao particular um monopólio de exploração de serviços ou de direitos, que só ele pode exercer.

---

[37] "Do Regime Jurídico do Contrato de Representação Comercial", *in Revista dos Tribunais*, nº 696, pp. 20-21.

Cap. XLVIII | Distribuição ou Concessão Comercial e Agência ou Representação Comercial • **601**

Assim também acontece no monopólio de revenda de veículos, ou na concessão particular. O concedente, para fazer chegar até o público os seus produtos, ao invés de constituir ele mesmo uma série de sucursais, agências ou filiais, contrata a concessão com o monopólio de revenda, ou estabelece uma rede de concessionários, submetendo as empresas revendedoras ou distribuidoras ao seu controle, com o escopo de constituir um aparelho comercial integrado aos seus interesses.

De sorte que se define a concessão de venda como a convenção em virtude da qual um concedente atribui a um ou vários concessionários o direito de vender, em seu próprio nome e por sua própria conta, os produtos que ele, concedente, fabrica ou distribui. Ou, como mais singelamente conceitua Orlando Gomes, consiste a concessão na atividade de revenda de produtos, mercadorias ou artigos que o revendedor adquire do fabricante e distribui com exclusividade, comercializando-os em certa zona, região ou área.[38]

Refere Cristiano Graeff Júnior a importância do instituto para ambos os contratantes: "Passa-se, assim, o contrato de concessão no interesse do concedente e do concessionário porque assegura ao primeiro um posto de vendas de seu produto, atribuindo ao segundo a carga e o peso dos investimentos imobiliários, mobiliários e comerciais decorrentes da instalação desse posto de vendas. Mas ao concessionário é assegurada a exclusividade da venda de produto que o concedente faz conhecer ao público e lhe assegura a fruição das vantagens do renome da marca, promoção de vendas e publicidade."[39]

O sistema legal do Brasil trata unicamente da concessão de veículos automotores de via terrestre, como se vê da Lei nº 6.729, de 28.11.1979, por corresponder esta espécie de bens – automóveis, caminhões, ônibus, tratores, motocicletas e similares – a um dos setores mais importantes da economia nacional.

3. DISTINÇÃO ENTRE DISTRIBUIÇÃO E CONCESSÃO

As duas formas praticamente se igualam, estando a diferença entre uma e outra no objeto do negócio, tanto que, mantendo-se a lógica do que se disse acima, os preceitos do Código Civil regem ambas as espécies. Revelam-se como contratos relativamente novos, que nasceram da prática comercial de se encarregar alguém para a venda de determinados produtos. Há uma certa marca ou um tipo de produto que domina no mercado. Ao invés do próprio fabricante efetuar a venda, entregam-se os produtos, mediante venda direta, a uma pessoa, que os revende ao consumidor em geral. Os fabricantes não teriam condições para a instalação de casas comerciais ou agências nas cidades de maior densidade populacional, com o objetivo de servirem de canal ou meio para os bens chegarem aos consumidores. Por isso é que se criou tal forma comercial, que se revela na instalação de agências ou lojas especializadas para colocar o produto à disposição do interessado, oferecendo, também, certa garantia de manutenção. De regra, pois, a venda de produtos fabricados é feita ao comerciante ou empresário, o qual faz a revenda aos consumidores. Organiza-se uma rede de revendedores, de modo a atingir todos os pontos do território onde é consumido o bem. Ao mesmo tempo, em vista da necessidade de manutenção especial, procedida por pessoas capacitadas, as fábricas e revendedores implantam um sistema de

---

[38] *Contratos*, obra citada, p. 420.

[39] "O Contrato de Concessão Comercial e a Lei nº 6.729, de 28.11.1979", em *AJURIS – Revista da Associação dos Juízes do RGS*, Porto Alegre, nº 20, p. 80, 1980.

602 • Responsabilidade Civil | *Arnaldo Rizzardo*

atendimento gabaritado e especializado aos produtos. Em princípio, assim acontece com os eletrodomésticos, os combustíveis, as peças de reposição, as bebidas, as mercadorias alimentícias, os cosméticos, as roupas confeccionadas, as baterias elétricas, os adubos, as rações animais, os produtos químicos, e, assim, uma infinidade de outros.

Todavia, quando esta prática envolve veículos automotores, denomina-se concessão comercial. Afora dos veículos, a espécie enquadra-se como distribuição. A dificuldade é que, afora os dispositivos do Código Civil, que têm caráter programático e geral, unicamente a concessão comercial consta regulamentada pela Lei nº 6.729. No entanto, como se verá no subitem abaixo, tal diploma aplica-se também à distribuição, por ser o diploma legal que mais se aproxima da mesma.

4. APLICAÇÃO DO REGIME LEGAL DA CONCESSÃO COMERCIAL À DISTRIBUIÇÃO

Já se referiu que não existe um diploma que trata especificamente da distribuição, a não ser o Código Civil, nos dispositivos suprarreferidos, que se aplicam também à concessão, dada a similitude das figuras. No entanto, equivale a distribuição à concessão comercial, a qual se encontra disciplinada na Lei nº 6.729, segundo já observado.

A distribuição equivale à concessão comercial não apenas pela idêntica natureza de negócios – aquisição de bens junto ao produtor ou fabricante, para revenda a consumidores finais (consistindo a diferença unicamente quanto ao tipo de bens) –, mas igualmente em razão de uma disposição que está no § 1º, letra 'a', do art. 2º da Lei nº 6.729, em texto da Lei nº 8.132/1990: "Intitula-se também o produtor de concedente e o distribuidor de concessionário."

Não poderia a distribuição ficar de fora do tratamento legal específico ou da norma particularizada. Quem celebra esta forma de contrato encontra supedâneos jurídicos para reclamar ou defender seus interesses. Correspondendo a distribuição a eletrodomésticos, combustíveis, peças de reposição, bebidas, baterias elétricas, adubos, rações animais, roupas confeccionadas de marca, alimentos, etc., também está habilitado a procurar a solução dos litígios na legislação destinada à concessão comercial.

O Tribunal de Justiça do Rio Grande do Sul viu proximidade entre as duas espécies, aplicando a legislação da concessão comercial à distribuição: "Contrato de distribuição de bebidas rompido bruscamente pela concedente, sem que fosse oferecido à concessionária prazo razoável para reorganização de sua atividade comercial. Obrigação de quem deu causa à resilição de indenizar os efetivos prejuízos pela parte prejudicada."

Na fundamentação, segue-se: "A Lei nº 6.729, de 28.11.1979, que dispõe sobre a concessão comercial entre produtores e distribuidores de veículos automotores de via terrestre, prevê que: 'Se o concedente der causa à rescisão do contrato de prazo indeterminado, deverá reparar o concessionário, entre outros itens, pagando-lhe perdas e danos à razão de 4% do faturamento projetado para um período correspondente à soma de uma parte fixa de dezoito meses e uma variável de três meses por quinquênio de vigência da concessão, devendo a projeção tomar por base o valor corrigido monetariamente do faturamento de bens e serviços concernentes à concessão, que o concessionário tiver realizado nos dois anos anteriores à rescisão'(art. 24, inc. III).

Cap. XLVIII | Distribuição ou Concessão Comercial e Agência ou Representação Comercial • **603**

Este critério tenho como o mais adequado à situação fática vivenciada pelas partes, por isso deve ser o adotado em liquidação de sentença por arbitramento".[40]

Por conseguinte, perfeitamente aplicável o entendimento acima para o enquadramento legal da distribuição. Se concessão comercial e distribuição se igualam, consistindo a diferença unicamente no tipo de produto que envolve cada figura, é coerente aplicar analogicamente à segunda os ditames da primeira, inclusive quanto aos parâmetros da indenização, como adiante se desenvolverá.

5. A AGÊNCIA OU REPRESENTAÇÃO COMERCIAL

Introduziu o Código de 2002 a disciplina da agência, comumente também denominada representação comercial, tratada em conjunto com a distribuição, embora esta em menor escala. Parece que o legislador não seguiu a boa técnica ao assim proceder, pois minimizou a importância de ambos os institutos, além de favorecer uma certa confusão no enfoque de cada espécie.

Pelo contrato de agência ou representação comercial, um dos contratantes se obriga, em troca de uma retribuição, a promover habitualmente a realização de operações mercantis, por conta do outro contratante, agenciando pedidos para este, em determinada região.

O Código Civil dá a ideia do instituto, no art. 710, ao mesmo tempo em que lança o conceito de distribuição: "Pelo contrato de agência, uma pessoa assume, em caráter não eventual e sem vínculo de dependência, a obrigação de promover, por conta de outra, mediante retribuição, a realização de certos negócios, em zona determinada, caracterizando-se a distribuição quando o agente tiver à sua disposição a coisa a ser negociada."

As expressões 'agência' e 'representação comercial', embora só a primeira utilizada pelo Código Civil, envolvem idêntico conteúdo, e são empregadas indistintamente com a mesma ideia, entendendo, no entanto, Rubens Requião que o *nomen* mais exato e tradicional é 'representação comercial'.[41] O mesmo Código emprega os termos 'agente' para significar 'representante', e 'proponente' no sentido de 'representado'. Embora a distinção do conteúdo de 'representação', de 'representante' e de 'representado', certo que se disseminaram os termos no costume e se firmaram na cultura jurídica, não havendo, pois, inconveniente em continuar o seu uso.

A matéria, na sua especificidade, é regulada pela Lei nº 4.886, de 09.12.1965, com as alterações da Lei nº 8.420/1992 e da Lei nº 12.246/2010, que trata das atividades dos agentes ou representantes comerciais autônomos. As normas do Código Civil são consideradas mais como programáticas. Incidem, ainda, as regras concernentes ao mandato e à comissão, no que se revelar omissa regulamentação especial, tudo de acordo com o art. 721: "Aplicam-se ao contrato de agência e distribuição, no que couber, as regras concernentes ao mandato e à comissão e as constantes de lei especial."

No art. 1º da Lei nº 4.886 define-se quem exerce a agência ou representação comercial, ou seja, a pessoa jurídica ou a pessoa física, sem relação de emprego, que desempenha, em caráter não eventual, por conta de uma ou mais pessoas, a mediação para a realização de negócios mercantis, agenciando propostas ou pedidos, para transmiti-los aos representados praticando ou não atos relacionados com a execução dos negócios.

---

[40] Apel. Cível nº 598.040.392, de 23.04.1998, da 5ª Câmara Cível, rel. Des. Carlos Alberto Bencke.

[41] *Do Representante Comercial*, 2ª ed., Rio de Janeiro, Forense, 1977, p. 32.

6. RESSARCIMENTO NA RESCISÃO IMOTIVADA DO CONTRATO DE DISTRIBUIÇÃO OU CONCESSÃO

O prazo do contrato será, de regra, por período determinado, não inferior a cinco anos, tornando-se, ao vencer, automaticamente, de prazo indeterminado se nenhuma das partes manifestar à outra a intenção de não prorrogá-lo, antes de cento e oitenta dias do seu termo final e mediante notificação por escrito devidamente comprovada (art. 21 e seu parágrafo único da Lei nº 6.729/1979).

Uma vez passando para prazo indeterminado, o concedente arcará com a indenização, se der causa à rescisão. Como restou analisado, aplica-se o sistema da concessão à distribuição, o que importa em abranger as hipóteses de indenização.

A indenização vem contemplada no art. 715 do Código Civil, sendo cabível "se o proponente, sem justa causa, cessar o atendimento das propostas ou reduzi-lo tanto que se torna antieconômica a continuação do contrato".

O art. 24 da Lei nº 6.729 elenca os itens da indenização:

I – Readquirindo-lhe o estoque de veículos automotores, implementos e componentes novos, pelo preço de venda ao consumidor, vigente na data da rescisão contratual.

II – Efetuando-lhe a compra prevista no art. 23, inc. II, que abrange os equipamentos, máquinas, ferramentas e instalações destinados à concessão, pelo preço de mercado correspondente ao estado em que se encontrarem, e cuja aquisição o concedente determinara ou dela tivera ciência por escrito sem lhe fazer oposição imediata e documentada, excluídos desta obrigação os imóveis do concessionário.

III – Pagando-lhe perdas e danos, à razão de 4% do faturamento projetado para um período correspondente à soma de uma parte fixa de dezoito meses e uma parte variável de três meses por quinquênio de vigência da concessão, devendo a projeção tomar por base o valor corrigido monetariamente do faturamento de bens e serviços concernentes à concessão, que o concessionário tiver realizado nos dois anos anteriores à rescisão.

IV – Satisfazendo-lhe outras reparações que forem eventualmente ajustadas entre o produtor e sua rede de distribuição.

Quanto à indenização constante no item III, enfatizou o STJ: "Ao estabelecer a base de cálculo das perdas e danos pela média de faturamento de dois anos da empresa concessionária, a decisão recorrida não contrariou o disposto no art. 24, inc. III, da Lei nº 6.729, de 28.11.1979."[42]

A base de cálculo envolve o faturamento total de dois anos, ou a média do faturamento de dois anos da empresa concessionária ou distribuidora? No mesmo Recurso Especial se entendeu que incide a média no referido período, pois, do contrário, ter-se-ia um verdadeiro enriquecimento ilícito. Estar-se-ia "conferindo a cada mês projetado uma indenização correspondente a 48% do faturamento (24 meses vezes 4%) de dois anos (ou de 24 meses). Não foi esta a intenção do legislador, pois bem mais simples seria ter dito que a indenização, por mês (dos dezoito fixos e mais três por cada quinquênio de vigência da concessão), seria no valor correspondente a 48% do faturamento bianual imediatamente anterior à rescisão, monetariamente corrigido".

Se os prejuízos decorrentes da imotivada rescisão ultrapassarem o montante estabelecido especialmente no item III acima, comportam uma indenização superior, no

---

[42] REsp. nº 104.180/RJ, da 4ª Turma, *DJU* de 06.11.2000.

exato equivalente à cifra a que chegam. Acontece que a expressão 'perdas e danos' é extensa e abrangente, envolvendo prejuízos de toda ordem, os danos emergentes, os lucros cessantes e o déficit no patrimônio. É a posição do STJ, inclusive quanto a danos não abrangidos nos arts. 24 e 25 da lei em exame: "A reparação dos danos não abrangidos pela Lei nº 6.729/79, que venham a ser cabalmente comprovados como consequentes da resolução do contrato de concessão comercial, por culpa do concedente, tange a responsabilidade civil, não se restringindo às verbas previstas nos artigos 24 e 25 daquele diploma."[43]

Quando os efeitos atingem um patrimônio atual, acarretando a sua diminuição, as perdas e danos denominam-se 'emergentes', ou *damnum emergens*; se a pessoa deixa de obter vantagens em consequência de certo fato, vindo a ser privada de um lucro, temos as perdas e danos 'cessantes', ou *lucrum cessans*.

Sobre o assunto, estabelece o art. 402 do Código Civil: "Salvo as exceções expressamente previstas em lei, as perdas e danos devidas ao credor abrangem, além do que ele efetivamente perdeu, o que razoavelmente deixou de lucrar."

Frequentemente apresentam-se os dois efeitos acima referidos de modo concomitante. Há diminuição do patrimônio real, existente no momento, e uma frustração dos resultados positivos que decorreriam do uso do bem material.

Na situação de interrupção imotivada do contrato de concessão ou distribuição, os prejuízos emergentes podem emergir da inativação de uma estrutura e um complexo adaptado para a atividade específica, enquanto o lucro cessante revela-se no patrimônio que deixou a empresa de receber ou auferir. Ficando sem receber um produto que seria comercializado, os lucros cessantes englobam a diferença entre o preço pago e o alcançado na venda que se realizaria, estendendo-se por um prazo razoável e suficiente para o concessionário ou distribuidor adaptar-se à prática de uma nova atividade.

Na hipótese da rescisão decorrer de ato do concedente, e verificar-se em contrato com prazo determinado, ajustado para um período inicial mínimo de cinco anos (art. 21, parágrafo único da Lei nº 6.729), o art. 25 assegura as mesmas reparações estabelecidas para os contratos com prazo indeterminado, com as seguintes diferenças:

I – Quanto ao pagamento das perdas e danos no equivalente a 4% do faturamento, abrangerá o restante do prazo previsto até término do contrato. Se a concessão não tiver alcançado dois anos de vigência, a projeção tomará por base o faturamento até então realizado;

II – Quanto às reparações eventualmente ajustadas entre o produtor e sua rede de distribuição, serão satisfeitas as obrigações vincendas até o termo final do contrato rescindido.

Partindo do concessionário a rescisão indevida, incumbe-lhe o art. 26 a obrigação de pagar ao concedente a indenização correspondente a cinco por cento do valor total das mercadorias que tiver adquirido nos últimos quatro meses de contrato.

O art. 27 fixa o prazo de sessenta dias para o pagamento das indenizações, a contar da data da extinção da concessão, sujeitando o obrigado a juros legais e correção monetária em havendo mora.

---

[43] REsp. nº 10.391, da 4ª Turma, *DJU* de 20.09.1993.

606 • Responsabilidade Civil | Arnaldo Rizzardo

7. RESSARCIMENTO NA RESCISÃO IMOTIVADA DO CONTRATO DE AGÊNCIA OU REPRESENTAÇÃO COMERCIAL

O lastro para a indenização, na resolução injusta ou imotivada, está no art. 715 do diploma civil: "O agente ou distribuidor tem direito à indenização se o proponente, sem justa causa, cessar o atendimento das propostas ou reduzi-lo tanto que se torna antieconômica a continuação do contrato."

Na Lei nº 4.889 está disciplinada a indenização.

Para que o assunto fique bem delineado, impõe-se uma análise específica, desde que rescindido injustamente o contrato.

Salienta-se, desde logo, que, partindo do agente ou representante a resolução imotivada, não contempla a Lei nº 4.886 parâmetros para a indenização. Daí concluir-se que unicamente se provadas as perdas e danos torna-se cabível o ressarcimento. Pela mera resolução em si não traz a lei qualquer indenização. É o que ressalta do art. 37: "Somente ocorrendo motivo justo para a rescisão do contrato, poderá o representado reter comissões devidas ao representante, com o fim de ressarcir-se de danos por este causados e, bem assim, nas hipóteses do art. 35, a título de compensação."

Já quando o proponente ou representado determina a resolução indevida, ou a súbita cessação do contrato, pode-se concluir que se oferecem dois tipos de indenização, exigíveis cumulativamente.

Em primeiro lugar, pela resolução imotivada em si, embora referida a verba cabível como indenização, e, assim, supondo a ocorrência de prejuízos. O art. 27, letra 'j', na versão da Lei nº 8.420/1992, veda que o montante, na situação, seja inferior (e não superior) a um doze avos do total da retribuição auferida durante o tempo em que foi exercida a representação. Esta previsão destina-se aos contratos com prazo indeterminado. Naqueles com prazo certo, conforme o § 1º do art. 27, equivalerá a quantia exigível à média mensal da retribuição que o representante recebeu durante o período de tempo em que durou o contrato, multiplicada pela metade do número de meses estabelecido.

Soma-se à previsão acima, caso não concedido pré-aviso, com antecedência mínima de trinta dias, o equivalente a um terço das comissões auferidas pelo representante nos três meses anteriores. Uma indenização não suprime a outra, demonstra o Tribunal de Justiça de São Paulo: "A concessão de aviso prévio de rescisão do contrato de representação comercial não exclui o direito à indenização, originário da rescisão em si."[44] Igualmente o Supremo Tribunal Federal se manifestara em idêntico sentido: "Representação comercial. O pagamento do pré-aviso, previsto no art. 34 da Lei nº 4.886/1995, no caso de denúncia do contrato por prazo indeterminado, sem justa causa, não isenta o representado da obrigação de indenizar o representante na forma do art. 27, 'j', da citada Lei."[45]

Em segundo lugar, admite-se que se estenda a indenização aos prejuízos propriamente ditos. Nota-se do disposto na letra 'j' do art. 27 que o montante 'não poderá ser inferior' a um doze avos do total da retribuição auferida durante a representação. Até este limite presumem-se os danos, enquanto, para um montante superior, há de se fazer a prova.

---

[44] Apel. Cível nº 128.890-2, da 11ª Câmara Cível, j. em 07.04.1988.
[45] Recurso Extraordinário nº 85.767/RJ, da 2ª Turma, de 17.03.1978.

Cap. XLVIII | Distribuição ou Concessão Comercial e Agência ou Representação Comercial • **607**

A dispensa de ressarcimento deve encontrar amparo nas hipóteses do art. 35 da Lei nº 4.886/1965: "Constituem motivos justos para rescisão do contrato de representação comercial, pelo representado:

a) a desídia do representante no cumprimento das obrigações decorrentes do contrato;

b) a prática de atos quem importem em descrédito comercial do representado;

c) a falta de cumprimento de quaisquer obrigações inerentes ao contrato de representação comercial;

d) a condenação definitiva por crime considerado infamante;

e) força maior."

Não se enquadrando nas previsões acima, a rescisão, pelo representado, importa em ressarcimento, consoante afirmado pelo STJ no REsp. nº 577.864/MG, da 3ª Turma, j. em 30.11.2004, *DJU* de 1º.02.2005: "Direito Comercial. Contrato de representação. Valor das comissões. Denúncia e aviso prévio. Indenização pela rescisão desmotivada. Lei nº 4.886/1965, arts. 27, 34 e 35. Recebimento de comissões.

É devida indenização quando rescindido contrato de representação comercial sem que ocorram as hipóteses previstas no art. 35 da Lei nº 4.886/65, ainda que tenha sido dado o aviso prévio de que trata o art. 34 do mesmo diploma legal. Precedentes.

'Prevendo o contrato de representação a exclusividade de zona ou zonas, ou quando este for omisso, fará jus o representante à comissão pelos negócios aí realizados, ainda que diretamente pelo representado ou por intermédio de terceiros' (Lei nº 4.886/1965, art. 31)."

O art. 36 da Lei nº 4.886/1965 discrimina as situações que justificam o ressarcimento em favor do representante, na rescisão: "Constituem motivos justos para rescisão do contrato de representação comercial, pelo representante:

a) redução de esfera de atividade do representante em desacordo com as cláusulas do contrato;

b) a quebra, direta ou indireta, da exclusividade, se prevista no contrato;

c) a fixação abusiva de preços em relação à zona do representante, com o exclusivo escopo de impossibilitar-lhe ação regular;

d) o não pagamento de sua retribuição na época devida;

e) força maior."

Se o agente ou representante contratar outro agente ou representante, ou uma pessoa a quem entrega parte da agência ou representação, cabe-lhe assegurar a participação no que houver recebido da proponente a título de indenização e de pré-aviso. A obrigação consta no § 2º do art. 42 da Lei 4.886/1965, em redação da Lei nº 8.420/1992. Participará proporcionalmente ao que perceber o agente ou representante contratante, define o dispositivo. Não se estabelece a proporção. No entanto, é fácil a fixação. Se o representante contratado atendia um terço dos clientes, ou era responsável por um terço dos produtos, caber-lhe-á um terço do valor da indenização. Normalmente, o cálculo procede-se em vista do montante do faturamento, frente ao titular que o contratou, calculando-se daí a proporção.

XLIX
Contrato de Transporte e Responsabilidade

1.   O CONTRATO DE TRANSPORTE E A NATUREZA DA OBRIGAÇÃO

O Código Civil Brasileiro de 1916 não trazia qualquer dispositivo sobre o contrato de transporte. A sua regulamentação era feita por leis esparsas e pelo Código Comercial.

O Código Civil de 2002, no Capítulo XIV do Título VI do Livro I, buscou oferecer uma disciplina bastante completa da matéria, subdividindo-a em três seções, a saber: Seção I – disposições gerais; Seção II – do transporte de pessoas; Seção III – do transporte de coisas.

No trato do assunto, foram aproveitados princípios constituídos no direito positivo decorrente de leis específicas e da doutrina.

Define-se como contrato de transporte aquele pelo qual alguém se obriga a receber pessoas, coisas ou animais, e levá-los ao seu lugar de destino, com segurança e presteza, mediante o pagamento de um preço. Ou, conforme Fran Martins, o contrato "em que uma pessoa ou empresa se obriga a transportar pessoa ou coisa, de um local para outro, mediante o pagamento de um preço".[46]

O Código Civil, no art. 730, fornece a mesma ideia: "Pelo contrato de transporte alguém se obriga, mediante retribuição, a transportar, de um lugar para outro, pessoas ou coisas."

Distingue-se das figuras afins, como da locação de coisa, da prestação de serviços e da empreitada, pela circunstância do expedidor não se encontrar convencionando o uso de um bem, ou a prestação de uma atividade, mas sim o transporte de uma coisa de um lugar para outro. Especialmente quanto à prestação de serviços, o transporte da coisa contém elementos distintos daquela figura. Assim, enquanto na locação de serviços a obrigação deve ser cumprida pessoalmente pelo locador, no transporte a empresa ou pessoa que se incumbe de transportar a coisa ou a pessoa pode fazê-lo individualmente ou por intermédio de outrem. Naturalmente, neste último tipo há a realização de uma atividade, que é a deslocação do bem. Mesmo assim, notam-se aspectos ou exigências diferentes em relação à outra modalidade.

Alguns autores procuram incluir, ainda, o transporte entre os contratos de depósito, porquanto quem se encarrega de transportar o bem recebe-o e assume o compromisso de

---

[46]   *Contratos e Obrigações Comerciais*, 7ª ed., Rio de Janeiro, Editora Forense, 1984, p. 231.

610 • Responsabilidade Civil | *Arnaldo Rizzardo*

guardá-lo até que efetue a entrega ao destinatário. A finalidade, porém, de cada espécie, é distinta. O depositário recebe a coisa para guardá-la convenientemente, devendo entregá-la no lugar em que foi depositada. Ao transportador, no entanto, cumpre necessariamente entregá-la em lugar diverso daquele em que a coisa lhe foi entregue.

No pertinente à legislação aplicável, primordialmente passaram a incidir as normas do Código Civil. Nos pontos que não a contrariarem, aplicam-se as regras específicas, isto é, aquelas que disciplinam os transportes regulados por leis próprias. Assim está no art. 732: "Aos contratos de transporte, em geral, são aplicáveis, quando couber, desde que não contrariem as disposições deste Código, os preceitos constantes da legislação especial e de tratados e convenções internacionais."

Uma vez celebrado o contrato, desponta a natureza da obrigação de resultado, como revela o seguinte aresto: "A obrigação do transportador é de resultado e não de meio, e por isso aquele que perde parte da carga tem a obrigação de pagar o prejuízo de quem foi condenado a indenizar o prejuízo do dono da carga, só se livrando da responsabilidade se provar força maior ou culpa exclusiva da lesa ou de terceiro."[47]

Ou seja, domina a responsabilidade objetiva. Para eximir-se da obrigação de indenizar, cumpre ao transportador provar a culpa da vítima, ou caso fortuito ou de força maior. Para a vítima ou o lesado, basta provar o transporte e o dano. A seguinte decisão bem aprecia a natureza desse tipo de obrigação: "Tratando-se de acidente com veículo pertencente a pessoa jurídica de direito privado prestadora do serviço público de transporte coletivo urbano, impõe-se a análise do feito sob a ótica da responsabilidade objetiva, sendo, portanto, desnecessária a prova da culpa do preposto da empresa transportadora, mormente se não se desincumbiu esta de demonstrar que houve um fator de exclusão de sua responsabilidade, qual seja a culpa exclusiva da vítima na produção do evento ou mesmo a hipótese de culpa concorrente, que pudesse atenuar ou reduzir proporcionalmente a indenização cabível."[48]

2. RESPONSABILIDADE NO TRANSPORTE DE PESSOAS

No transporte de pessoas, alguém se obriga, mediante remuneração, a remover uma pessoa e sua bagagem, de um lugar para outro.

Participam do contrato:

a) O transportador, que se obriga a fazer com que a pessoa percorra certo itinerário, isto é, a transportar uma pessoa, cuja responsabilidade está proclamada no art. 734 do Código Civil: "O transportador responde pelos danos causados às pessoas transportadas e suas bagagens, salvo motivo de força maior, sendo nula qualquer cláusula excludente de responsabilidade."

b) O passageiro, aquele que se propõe a percorrer o itinerário, ou seja, a ser transportado.

---

[47] Apel. Cível nº 2002.001.03136, da 16ª Câmara Cível do TJ do Rio de Janeiro, *DJ* de 17.10.2002, em *ADCOAS* 8215321, *Boletim de Jurisprudência ADCOAS*, nº 13, p. 2001 abr. 2003.

[48] Apel. Cível nº 386.033-3, da 5ª Câmara Cível do TL de Minas Gerais, *DJ* de 05.08.2003, *ADCOAS* 8220323, *Boletim de Jurisprudência ADCOAS*, nº 41, p. 644, out. 2003.

Obviamente, não participa o consignatário nesta espécie. Uma vez firmado o contrato, ao passageiro incumbe a obrigação de pagar o preço estipulado para o transporte ou a viagem, e ao transportador a de efetuar a remoção da pessoa.

A formação do contrato dá-se por mero acordo de vontades e se exterioriza pela entrega do bilhete de passagem, o qual corresponde ao preço do transporte.

Quanto ao transporte coletivo, trata-se, evidentemente, de um contrato de adesão, com cláusulas previamente impressas, em face de sua uniformidade para todos os passageiros que empreitam a mesma viagem e da predeterminação sem possibilidade de discussão.

Em certos tipos de transportes é dispensada a passagem, o que acontece, em geral, nos trens, nas barcas, em coletivos de circuito urbano e em bondes.

É usual a colocação do valor cobrado pelo trajeto a ser percorrido em caixinhas metálicas, ou a entrega para cobrador ao passar pela roleta.

As empresas que prestam os serviços não podem se recusar de contratá-los com qualquer pessoa que se apresente, nas condições regulamentares, para comprar a passagem, pagando-a de acordo com a tarifa preestabelecida.

Se individual o transporte, configura-se um contrato de prestação de serviços, segundo entende Orlando Gomes: "Quem usa um táxi não está a estipular contrato de transporte propriamente dito, visto que o condutor fica sob sua direção quanto ao destino, itinerário e até à marcha do veículo, enquanto o transportador não executa o serviço sob o comando pessoal de quem está a transportar."[49]

Assim como acontece com uma série de negócios e atividades, como nas compras e vendas e nos espetáculos públicos, onde não se colocam restrições quanto à capacidade das pessoas para praticarem os atos inerentes ao seu exercício ou aproveitamento, também nos transportes, especialmente os urbanos, não se questiona no tocante à capacidade dos que contratam as locomoções através de veículos.

Consideram-se os transportes um verdadeiro serviço de utilidade, perdendo o contrato o rigorismo legal para tornar-se mais uma questão de interesse coletivo.[50]

De modo que não está em função a celebração de um ato jurídico privado, sujeito a severas regras, mas prepondera a concepção de um serviço tutelado e dirigido pelo Poder Público, tanto que as linhas de trajetos são autorizadas por concessões da autoridade administrativa competente.

2.1. Bagagem do passageiro e direito de retenção

Cada passageiro tem direito a transportar objetos pessoais, de utilização e disponibilidade própria, destinados a prover necessidades e objetivos imediatos da viagem. Tais bens constituem a bagagem, permitindo-se à pessoa conduzi-la consigo independentemente de despacho ou novo pagamento.

No transporte ferroviário, o preço da passagem no trem de longo percurso inclui, a título de franquia mínima, o transporte obrigatório e gratuito de 35 kg de bagagem, nos termos do art. 50 do Decreto nº 1.832, de 04.03.1996.

---

[49] *Contratos*, 10ª ed., Rio de Janeiro, Editora Forense, 1984, p. 346.
[50] Fran Martins, *Contratos e Obrigações*, obra citada, p. 281.

O volume dos objetos não pode ultrapassar um limite determinado de peso e tamanho, sob pena de justificar-se a recusa do transportador ou de admitir-se a exigência de uma nova tarifa.

No transporte ferroviário, expressamente o art. 50 do Decreto nº 1.832 estabelece que "o preço da passagem no trem de longo percurso inclui, a título de franquia mínima, o transporte obrigatório e gratuito de 35 kg de bagagem". Completa o § 1º que, se "excedida a franquia, o passageiro pagará até meio por cento do preço da passagem de serviço convencional pelo transporte de cada quilo de excesso".

Os bens ou acompanham o passageiro no setor em que viaja, ou são acondicionados em um compartimento especial do veículo. Neste caso, o transportador fornece um documento que identificará a mercadoria, a fim de ser retirada no local do destino. Este documento constitui-se de uma senha, um talão ou um escrito, com as especificações da bagagem e leva o nome de "nota de bagagem". A sua finalidade é comprovar o recebimento, por parte do transportador, da bagagem nele indicada.

Outrossim, permite-se ao transportador, na expressão do parágrafo único do art. 734 do Código Civil, "exigir a declaração do valor da bagagem, a fim de se fixar o limite da indenização". Todavia, essa declaração não constitui prova absoluta, admitindo-se que seja contrariada por outros elementos. Do contrário, poderia servir de pretexto para o enriquecimento sem causa, e ensejaria, inclusive, manobras sorrateiras para o desvio da bagagem. Daí que, para uma melhor aferição da realidade do valor declarado, conveniente que se colha a declaração da natureza ou espécie de objetos constantes na bagagem.

Durante o tempo da permanência da bagagem em poder do transportador, responderá ele pelos danos, como perda, furto ou avaria, por disposição expressa do art. 734 do Código Civil, salvo a ocorrência de motivo de força maior, não tendo validade a cláusula excludente. A responsabilidade decorre do contrato de transporte em si, de tal maneira que havendo qualquer um daqueles fatos, o transportador responderá em razão do compromisso aceito de transportar o passageiro e sua bagagem.

A bagagem e os demais objetos pessoais da pessoa transportada têm a função de garantia quanto ao pagamento do valor da passagem, na previsão do art. 742: "O transportador, uma vez executado o transporte, tem direito de retenção sobre a bagagem de passageiro e outros objetos pessoais deste, para garantir-se do pagamento do valor da passagem que não tiver sido feito no início ou durante o percurso."

É de pouca utilidade prática a regra, posto que o pagamento se faz antes da viagem.

Caso efetuada a retenção, tem-se a configuração de um penhor legal, cabendo, a rigor, o procedimento de sua homologação, que segue as diretrizes dos arts. 703 a 706 do Código de Processo Civil. Somente depois se promove a cobrança da dívida, garantida pelos bens retidos.

Há, pois, a delonga de ritos que dificilmente compensa o exercício do direito de retenção.

2.2. Obrigações do transportador

A obrigação principal do transportador é conduzir o passageiro do local onde entra ou embarca na condução até o destino pretendido, no tempo e modo convencionados.

Qualquer pessoa que portar o bilhete de passagem se habilita ao embarque. Não é permitida a recusa do transportador em aceitar o passageiro, a menos que apresente moléstias contagiosas, ou uma enfermidade que possa prejudicar os demais viajantes. Nestas situações, procede-se a locomoção em veículos especiais, ou em compartimentos separados, se existirem.

Durante o percurso da viagem, a responsabilidade do transportador abrange os danos causados ao passageiro no interior do veículo, desde que não provocados por força maior, ou por culpa do próprio viajante, e não se verifique concorrência do condutor. Realmente, o art. 734 firma a responsabilidade do transportador, salvo "motivo de força maior".

Considera-se a força maior como todo acontecimento inevitável e que independe da vontade humana, como a doença, a morte, o ataque por terceiro, o assalto, enquanto o caso fortuito, também com aquelas notas de inevitabilidade e independência da vontade humana, surge da natureza, e, assim, uma prolongada seca, uma enxurrada, um incêndio causado por raio, um tufão. Na prática, confundem-se os significados das expressões. Quanto à isenção de responsabilidade por assalto, há o endosso do STJ: "O roubo da mercadoria em trânsito, uma vez evidenciado que o transportador tomou as precauções e cautelas a que se acha obrigado, configura força maior, suscetível de excluir a sua responsabilidade."[51]

Em outra decisão, com a ressalva, porém, de não haver a participação do motorista:

"A 2ª Seção do STJ, no julgamento do REsp. nº 435.865/RJ (rel. Min. Barros Monteiro, por maioria, j. em 09.10.2002), uniformizou entendimento no sentido de que constitui força maior, excludente de responsabilidade da empresa transportadora, assalto a mão armada ocorrido dentro de veículo coletivo.

Caso, entretanto, em que a prova dos autos revelou que o motorista do ônibus era indiretamente vinculado a dois dos assaltantes e que se houve com omissão quando deixou de imediatamente buscar o auxílio de autoridade policial, agravando as lesões de ordem física, material e moral acontecidas com a passageira, pelo que, em tais circunstâncias, agiu com culpa a ré, agravando a situação da autora, e por tal respondendo civilmente, na proporção desta omissão."[52]

No campo do transporte, parece proposital a referência, pelo art. 734, apenas à força maior, que se gabarita para afastar a responsabilidade do transportador, ou a insólita e inesperada conduta de um indivíduo que venha a causar um dano aos passageiros. Trata-se de causa estranha ao transporte, ou ao tráfego, à navegação, como quando um terceiro lança uma pedra nos vidros do veículo, fato que está fora do domínio e do poder de evitar do condutor ou transportador, de acordo com o seguinte exemplo de decisão: "Responsabilidade civil. Carro que, atingido por pedrada, colide com poste. Morte do motorista e ferimentos graves nos passageiros autores da ação indenizatória. Ato de terceiro e estranho aos deveres da ferrovia. O ato de terceiro que colhe uma pedra do leito da ferrovia e arremessa contra um carro causando acidente e danos graves é estranho aos riscos e deveres inerentes à atividade desenvolvida pela estrada de ferro. Ausência de responsabilidade."[53]

A jurisprudência já vinha sufragando tal interpretação, consoante o exemplo que segue: "Acidente ocorrido em transporte coletivo que resultou na morte do passageiro atingido por pedra arremessada do exterior. Ato de terceiro imprevisto e inevitável, que

---

[51] REsp. nº 329.931/SP, da 4ª Turma, *DJU* de 17.02.2003, em *ADCOAS* 8216498, *Boletim de Jurisprudência ADCOAS*, nº 25, p. 393, jun. 2003.

[52] REsp. nº 402.227/RJ, da 4ª Turma do STJ, j. em 22.10.2002, *DJU* de 26.04.2004.

[53] REsp. nº 204.826/RJ, da 4ª Turma do STJ, j. em 03.12.2002, *DJU* de 19.05.2003.

614 • Responsabilidade Civil | *Arnaldo Rizzardo*

nenhuma relação guarda com a atividade inerente à transportadora. Ato que se equipara a caso fortuito e que exime a responsabilidade da empresa, visto não ter concorrido para o sinistro por seus prepostos em decorrência de sua atividade. Causa excludente de responsabilidade civil."[54]

Embora, na prática, se confundam os sentidos de 'força maior' e 'caso fortuito', o que se denota no aresto acima, transparece do art. 734 que a isenção de responsabilidade se restringiu para a primeira situação, não alcançando os danos provenientes de caso fortuito. De maneira que cabível a indenização se o prejuízo advier de fatos da natureza, ou se causados por um temporal, uma tempestade, um tufão, ou pelo desprendimento de uma pedra que se lança sobre o veículo.

A indenização compreenderá a morte, as lesões corporais, os lucros cessantes, e as despesas para o tratamento e os danos materiais.

Desde o Decreto nº 2.681, de 07.12.1912, regulador da responsabilidade civil das estradas de ferro, as quais dominavam o transporte na época da promulgação do diploma, as normas disciplinadoras, de forma gradual e permanente, passaram a ser aplicadas às empresas de transporte rodoviário.

De acordo com o art. 1º do citado Decreto nº 2.681, "será sempre presumida a culpa e contra esta presunção só se admitirá alguma das seguintes provas..." Segue o dispositivo discriminando uma série de hipóteses excludentes de responsabilidade, como o caso fortuito ou força maior, vício intrínseco da mercadoria, mau acondicionamento do produto entregue, etc.

Os princípios estendem-se em favor do passageiro. A culpa do transportador é sempre presumida, competindo a ele demonstrar a ocorrência daquelas causas exoneradoras. O fato de terceiro, como a invasão da pista por outro veículo; a manobra que força a saída da estrada e a capotagem; o choque determinante de lesões; a operação de retorno, obstruindo a frente; a batida na parte traseira, projetando o carro contra outro, constituem exemplos caracterizadores da ausência de culpa do transportador, mas sem repercussão no campo da responsabilidade, relativamente à vítima que viaja no veículo acidentado.

Este entendimento foi sacramentado pelo Supremo Tribunal Federal na Súmula nº 187: "A responsabilidade contratual do transportador, pelo acidente com o passageiro, não é ilidida por culpa de terceiro contra o qual tem ação regressiva." Desta sorte, o passageiro de coletivos tem legitimidade ativa para acionar o proprietário do veículo, independentemente da culpa de seu motorista. Se este não obrou culposamente, demandará, regressivamente, o terceiro causador do evento. O Superior Tribunal de Justiça seguiu a orientação: "A responsabilidade contratual do transportador, pelo acidente com o passageiro, não é elidida por culpa de terceiro, contra o qual tem ação regressiva (STF – Súmula nº 187). Recurso especial não conhecido."[55]

A jurisprudência foi construída sobre vasto embasamento doutrinário: "A transportadora assume a obrigação de conduzir o passageiro incólume ao seu destino e fica obrigada a reparar o dano por ele sofrido", pois, "desde que aceita o passageiro a transportadora... fica obrigada a reparar o dano porventura por ele sofrido. Nesse sentido já ensinava M. I. Carvalho de Mendonça que na obrigação de transportar compreende-se implícita, en-

---

[54] Apel. Cível nº 99.001.06291, da 1ª Câmara Cível do TJRJ, *DJ* de 09.12.1999, em *ADV Jurisprudência*, nº 9, expedição de 04.03.2000, p. 138.
[55] REsp. nº 29.2418/SP, da 3ª Turma, j. em 1º.10.2002, *DJU* de 04.11.2002.

Cap. XLIX | Contrato de Transporte e Responsabilidade • **615**

trando nas *naturalia negotia*, a de transportar são e salvo o passageiro. Trata-se, pois, de um risco contratual' (Contrato no Direito Brasileiro, 2ª ed., tomo II, nº 228, p. 147). Os civilistas mais modernos sufragaram integralmente essa orientação, como Orlando Gomes (*Contratos*, nº 238, p. 309) e Serpa Lopes, para a qual a responsabilidade do transportador tem o caráter de genuína responsabilidade contratual (*Curso de Direito Civil*, 2ª ed., vol. V, nº 261, p. 330). Consequentemente..., não há de se cogitar de possível culpa do motorista porque, mesmo inexistente, subsiste a responsabilidade contratual..., de reparar os danos sofridos pelo viajante".[56]

Obrigação também ressaltada no Código Civil encontra-se no art. 737, ordenando o cumprimento dos horários e itinerários previamente alardeados ou programados, sob pena de arcar com a indenização pelos prejuízos. Eis o teor da norma: "O transportador está sujeito aos horários e itinerários previstos, sob pena de responder por perdas e danos, salvo motivo de força maior."

A obediência ao horário é uma obrigação comum ditada pela necessidade que todos têm de atenderem seus compromissos. É natural que as pessoas coadunam o tempo que dispõem de acordo com os afazeres assumidos. Nesta ordem, programam-se as viagens em função de obrigações já acertadas. Resulta um verdadeiro transtorno na vida diária a irresponsável transferência de horários das viagens, bem como a mudança de itinerários.

Mostra-se coerente garantir ao menos a indenização pelas perdas e danos que decorrem de tais alterações, desde que não causados por motivo de força maior, como em razão de tempestades, de rompimento de pontes, de falta de visibilidade no espaço no caso de transporte aéreo, de um mal súbito que atinge o motorista ou o piloto, ou de fortes borrascas no mar. Não prevalecem meras desculpas, como falta de um maior número de passageiros, ou a precariedade das estradas, ou o repentino encarecimento do custo.

2.3. Obrigações do passageiro

A primeira obrigação do passageiro é pagar a importância estipulada para o percurso da viagem. A decorrência, pelo não pagamento, está no direito de retenção, pelo transportador, da bagagem do passageiro e outros objetos, na ordem do art. 742: "O transportador, uma vez executado o transporte, tem direito de retenção sobre a bagagem de passageiro e outros objetos pessoais deste, para garantir-se do pagamento do valor da passagem que não tiver sido feito no início ou durante o percurso."

Deve, ainda, apresentar-se na hora determinada para o embarque. Constando o horário no bilhete de passagem, perderá ele o direito ao preço satisfeito, se não for utilizado no lugar respectivo e destinado no veículo. Há casos em que, ao invés de estipular a perda total do valor, as passagens preveem o reembolso de parte do mesmo.

Algumas obrigações estão descritas no art. 738 do Código Civil: "A pessoa transportada deve sujeitar-se às normas estabelecidas pelo transportador, constantes do bilhete ou afixadas à vista dos usuários, abstendo-se de quaisquer atos que causem incômodo ou prejuízo aos passageiros, danifiquem o veículo, ou dificultem ou impeçam a execução normal do serviço."

---

[56]   *Revista dos Tribunais*, 429/94.

Tendo o passageiro sofrido danos, mas havendo concorrido para o fato por conduta transgressora das normas e instruções exigidas, reduz-se proporcionalmente a indenização, por força do parágrafo único do artigo acima: "Se o prejuízo sofrido pela pessoa atribuível à transgressão de normas e instruções regulamentares, o juiz reduzirá equitativamente a indenização, na medida em que a vítima houver concorrido para a ocorrência do dano." Nessa ordem de distribuição de responsabilidade, está o passageiro que permanece de pé no interior do coletivo, e vem a cair, ferindo-se, em razão de uma súbita freada; ou quando alguém coloca o braço para fora da janela, e bate em um objeto contundente, sofrendo lesões, quando da manobra do veículo, que passou rente do objeto.

No transporte ferroviário, aparecem no Decreto nº 1.832/1996 discriminadas várias obrigações, destacando-se:

- Art. 40: "É vedada a negociação ou comercialização de produtos e serviços no interior dos trens, nas estações e instalações, exceto aqueles devidamente autorizados pela Administração Ferroviária."
- Parágrafo único do art. 40: "É proibida também a prática de jogos de azar ou de atividades que venham a perturbar os usuários."
- Art. 43: "Ninguém poderá viajar sem estar de posse do bilhete ou de documento hábil emitido pela Administração Ferroviária, salvo nos casos de bilhetagem automática."
- Art. 47: "Nenhum passageiro poderá viajar nos trens fora dos locais especificamente destinados a tal finalidade."

Em quaisquer dessas condutas, e outras consideradas inconvenientes e prejudiciais, cabe ao condutor ou transportador advertir o passageiro. Reincidindo ele, ou persistindo na atitude, poderá ser obrigado a desembarcar do veículo.

2.4. A culpa da vítima no transporte oneroso

Em tese, o transportador assume todos os danos originados de um acidente, mesmo que tenha acontecido involuntariamente.

Mas, como proceder quando o transportado revela culpa no desencadear do evento?

A questão concerne às obrigações do passageiro, que serão examinadas abaixo. No entanto, merece o estudo mais aprofundado, partindo-se da visualização do dispositivo que trata da matéria, consubstanciado no parágrafo único do art. 738 da lei civil: "Se o prejuízo sofrido pela pessoa atribuível à transgressão de normas e instruções regulamentares, o juiz reduzirá equitativamente a indenização, na medida em que a vítima houver concorrido para a ocorrência do dano."

Há de se estudar a extensão da culpa de cada parte, e graduar a responsabilidade corretamente, em correspondência à intensidade da culpa. Transportador e passageiro, concorrendo no acontecimento danoso, suportarão as consequências conjuntamente. Não cessa a obrigação de ressarcir do primeiro, a qual é suscetível, somente, de mitigação.

A matéria não é nova, tendo merecido a análise da doutrina de outrora, firmada com o enfoque de outros diplomas. Wilson Melo da Silva traz à tona decisão da Suprema Corte, transcrevendo parte do voto da lavra de Orosimbo Nonato: "É exato que o art. 17

do citado Decreto (nº 2.681) firma uma responsabilidade da empresa em todos os casos, salvo vis major ou culpa exclusiva do passageiro. Mas, não se trata de isentar a empresa de responsabilidade, senão de graduá-la, de fixar-lhe os limites e a extensão. A chamada culpa concomitante da vítima não origina, propriamente, dever de indenizar, compensável com o direito à reparação. Apenas diminui a extensão desta em obséquio ao *munus cuique sua culpa nocet* (vide Von Tuhr, *Pratique Générale du Cod. Féd. des Obligations*, 1º vol. 1933, p. 90).”[57]

Entre os exemplos lembrados por Wilson Melo da Silva, há o do ônibus que inicia a marcha de portas abertas, vindo o passageiro a ser lançado para fora, sofrendo lesões corporais. A culpa, pelo evento, restringe-se ao condutor. Na eventualidade, porém, de o passageiro, açodadamente, antes de estacionado o coletivo nos locais devidos, forçar a abertura de suas portas e se acidentar na calçada, a culpa é imputada exclusivamente à vítima, exonerando-se o transportador de qualquer obrigação de indenizar o imprudente pelos danos. Mas se o passageiro, aberta a porta do veículo ainda em marcha e distante do ponto de parada normal, aproveita da circunstância para um desembarque desastrado, razões há para entender que a culpa é concorrente: do lado da empresa, por permitir que a porta do ônibus estivesse aberta, contra o regulamento e as cautelas recomendadas; e de parte da vítima, pelo fato de haver descido do veículo ainda em movimento e fora do local ordinário de suas obrigatórias paradas, para subida ou descida dos usuários.

Outras situações peculiares se oferecem.

Permanecendo o passageiro em pé, ao invés de sentar, e existindo bancos disponíveis, não há de se inculcar responsabilidade ao transportador na ocorrência de uma freada súbita, que provoca queda e ferimentos na pessoa, desde que necessária ou provocada por terceiros a manobra.

A responsabilidade objetiva nos transportes onerosos deve ser examinada com cautela. Não faltam julgamentos que consagram a obrigação integral em todos os eventos, encarando a responsabilidade sob um ângulo puramente objetivo. Indeniza-se porque há um contrato, desconsiderando-se outros aspectos e eventuais atitudes concorrentes da vítima. O argumento é que há o dever de garantir a incolumidade de todos os passageiros, “sendo irrelevante a culpa concorrente”.[58] A responsabilidade começaria a vigorar desde o momento em que o passageiro penetrasse no veículo. Seria uma decorrência da culpa *in re ipsa*, refutando-se categoricamente os argumentos dos subjetivistas, no que Luís da Cunha Gonçalves foi um exemplo, como se percebe neste trecho de importante obra sua: “... Forçoso é reconhecer que também constitui imprudência ou culpa levíssima o fato de criar um risco para os outros, exercer uma atividade de que possa resultar um dano aos outros. Esta atividade, ainda que exercida sem negligência ou desfalecimento de vontade, não deve ser equiparada ao acaso ou ao caso fortuito, que é necessariamente inevitável, imprevisível, indominável, requisitos que faltam aos atos humanos. O próprio caso fortuito só liberta da responsabilidade quando não haja sido, de nenhum modo, provocado por ato humano”.[59]

---

[57] *Revista Forense*, 121/405, *in* Da Responsabilidade Civil Automobilística, São Paulo, Editora Saraiva, 1974, p. 114, de Wilson Melo da Silva.

[58] *Revista Trimestral de Jurisprudência*, 84/634.

[59] *Tratado de Direito Civil*, São Paulo, Max Limonad – Editor, 1957, vol. XII, tomo II, p. 489.

618 • Responsabilidade Civil | *Arnaldo Rizzardo*

Uma visão exclusivamente objetiva vem a ser uma negação de tendências inatas do homem, como a evolução e o progresso, caso não se exija, dos que usufruem dos bens, um comportamento conformado à sua natureza e às suas contingências.

Sustentar a plena aplicação da teoria do risco é ignorar que, no direito comum, a responsabilidade está intimamente ligada à culpa. Para fazê-la incidir sem ressalvas, importa a necessidade de lei especial que a declare, como nos acidentes de trabalho, cujo regramento derroga o direito comum. No mais, a imposição de indenizar depende da culpa, que se presume contra o transportador, o que não significa ser indiferente ao exame dos fatos se alguma atitude da vítima concorreu para o desenlace danoso. Em todos os acontecimentos, impende se analise o comportamento do sujeito envolvido, e se meça até que ponto ele influiu para a consumação de certo resultado. Haveria um verdadeiro descalabro nas finanças das firmas de transporte se ignorarmos as repercussões da culpa da vítima na apreciação da responsabilidade. Deixaria de se realizar o princípio da correta distribuição da justiça.

2.5. O transporte gratuito, por amizade ou cortesia

Martinho Garcez Neto, sobre o assunto em epígrafe, explicava: "Por outro lado, a circunstância de viajar a vítima gratuitamente, no carro de propriedade do réu e por ele dirigido na ocasião do acidente, não poderia afetar a solução do caso. Realmente, se a responsabilidade pelo evento era exclusiva do proprietário do veículo" que cortou a frente do veículo onde viajava a vítima, "não seria de natureza benévola o transporte que iria determinar a procedência da ação, tornando responsável quem é outra e igual vítima da imprudência do motorista" do veículo.[60]

O Código de 2002 aporta regra sobre o assunto, no art. 736: "Não se subordina às normas do contrato de transporte o feito gratuitamente, por amizade ou cortesia."

Necessário ater-se à ressalva do parágrafo único: "Não se considera gratuito o transporte quando, embora feito sem remuneração, o transportador auferir vantagens indiretas."

Não é justo que se igualem as mesmas normas e consequências para quem exerce a profissão do transporte e para quem pratica um ato de benevolência. No primeiro caso, não se perquire da culpa no proceder lesivo. No segundo, a concepção objetiva da responsabilidade é inaceitável, visto que o transporte gratuito configura um ato de cortesia. Neste tipo de transporte, a responsabilidade é aquiliana ou extracontratual e requer prova da culpa do motorista. Sem apurar o elemento subjetivo, não se defere o ressarcimento. No transporte remunerado, independe a indenização da indagação de tal requisito.

Isso em virtude de as empresas explorarem o transporte com o fito do lucro, assumindo a obrigação do resultado visado, que é transportar o passageiro, são e salvo, desde o ponto de partida até o destino final.

Já enfatizava Martinho Garcez Neto que nem contrato se apresenta neste plano. As vontades não se dispõem a assumir direitos e deveres, uma em relação à outra. Praticando um ato de generosidade, não é justo presumir se atribua ao motorista ou proprietário a responsabilidade por tudo quanto vier a ocorrer. Fosse desta forma, jamais haveria o favor prestado. Nem a presunção de abraçar um compromisso com o caroneiro, pelos

---

[60] *Prática da Responsabilidade Civil*, 3ª ed., São Paulo, Editora Saraiva, 1975, p. 191.

eventos lesivos previsíveis, é de se admitir. O dever aceito é agir com diligência ordinária e imposta para todas as ocasiões. O transportado, pois, só tem direito a ser indenizado pelos danos sofridos, no acidente, se o transportador tenha obrado culposamente. A antiga jurisprudência, segundo o mesmo autor, já se orientava nesse sentido: "No transporte gratuito, por mera benevolência ou cortesia, ou até mesmo nos casos de verdadeiro contrato de transporte gratuito, o transportador somente responde pelos danos que culposamente causar ao transportado, mediante prova por este produzida."[61]

Em síntese, regulando-se o transporte gratuito pelos princípios gerais da responsabilidade, o condutor indenizará se procedeu culposamente, sob o fundamento exposto por João de Matos Antunes Varela: "A exclusão da responsabilidade objetiva no caso de transporte gratuito não se funda na ideia de que, aceitando a liberalidade, a pessoa transportada aceitou voluntariamente o risco inerente à utilização do veículo. Esta ideia não corresponde à realidade, na grande massa dos casos. Tampouco se pode filiar a solução em qualquer cláusula tácita de exclusão da responsabilidade (objetiva) do transportador, pela mesma razão de falta de correspondência com a realidade. O pensamento que serve de base à solução é a ideia (objetiva) da injustiça que constituiria a imposição da responsabilidade sem culpa a quem forneceu o transporte sem nenhum correspectivo, as mais das vezes por mero espírito de liberalidade."[62]

O ponto de vista exposto não é pacífico, vigorando posições diferentes em alguns sistemas jurídicos de outros países. Disserta, com acerto, Wilson Melo da Silva, sobre a matéria, salientando o regime francês, no qual já se firmou, em determinada época, que se "alguém se dispôs voluntariamente à utilização de uma coisa perigosa (e o automóvel obviamente se encontraria dentre as coisas de tal categoria), entende-se, ou deve entender-se, que aceitou os riscos do transporte gratuito, não podendo, por isso, invocar posteriormente, contra o transportador, a presunção da culpa virtual do art. 1.384, primeira alínea, do Código Napoleônico".[63]

Os passageiros, ou candidatos ao transporte gratuito, segundo Lalou, não se submetem aos riscos relativos a possíveis ferimentos, ou morte, durante o transporte. E houve "uma guinada de cento e oitenta graus da jurisprudência...; não se pode, juridicamente, abrir mão, por via de um ajuste, de qualquer princípio de ordem pública".[64] Sempre é possível a responsabilidade, em qualquer tipo de contrato, a título oneroso ou gratuito. Mas não há a presunção da culpa. A vítima deve valer-se das regras legais comuns da responsabilidade extracontratual.

Embora por diferentes fundamentos, há consenso unânime quanto à exigência do elemento subjetivo para ensejar a reparação. Chama a atenção, entretanto, Wilson Melo da Silva para algumas situações, em que as circunstâncias aconselham a aceitação da teoria do risco. É a hipótese de uma pessoa que insiste em ser conduzida em um veículo com apenas dois lugares, ainda que, para tanto, tenha de fazê-lo sentada nos joelhos de um dos ocupantes. Freando bruscamente o motorista, e lesionando-se tal pessoa numa das vistas, não lhe assiste pedir indenização, pois era-lhe previsível o evento, aceitando-o,

---

[61] Apelação Cível nº 78.232, do Tribunal de Justiça do antigo Estado da Guanabara, publicação no *DO* de 28.08.1973.

[62] *Das Obrigações em Geral*, Livraria Almedina, Coimbra, 1970, vol. I, p. 543.

[63] *Das Obrigações em Geral*, vol. I, obra citada, p. 121.

[64] Wilson Melo da Silva, *Da Responsabilidade Civil Automobilística*, São Paulo, Editora Saraiva, 1974, p. 121.

apesar de tudo. Da mesma forma, se alguém solicita carona com um condutor embriagado ou drogado. O possível acidente e as consequências resultantes não autorizam o direito à reparação por idêntica razão.

No entanto, há de se observar se o motorista brecou subitamente por desenvolver excessiva velocidade, e se o embriagado procedeu uma ultrapassagem indevida. Vindo a colidir o carro, nasce a responsabilidade pelos danos, em concorrência com as vítimas, que também revelaram culpa na aceitação ou solicitação de transporte sem condições de segurança.

Aduz, ainda, o citado autor que no direito italiano, art. 1.681, última alínea, do Código Civil de 1942, vem equiparado o transporte oneroso ao gratuito, havendo, todavia, uma distinção entre este último e o denominado amigável, de mera cortesia (amichole o di mera cortesia), o que não acontece na França, onde ambos se confundem, como assinala Borricand. Principalmente Peretti Griva se bateu em favor da contratualidade do transporte de pura cortesia, isto é, assimilando-o nos seus efeitos, ao oneroso. Seja como for, é estranho e chocante que um ato de pura cortesia tenha consequências graves como o pago. A própria regra moral está a impor uma diferenciação, ou, pelo menos, uma atenuação no exame dos resultados, favorecendo-se o transportador benévolo, mas no sentido de não considerá-lo contrato, impondo-se a condenação unicamente se verificada a culpa.

O Superior Tribunal de Justiça, seguindo em parte nessa linha, editou a Súmula nº 145, restringindo a indenização se configurada a culpa grave ou o dolo: "No transporte desinteressado, de simples cortesia, o transportador só será civilmente responsável por danos causados ao transportador quando incorrer em dolo ou culpa grave."

Várias as manifestações do Superior Tribunal de Justiça que levaram à citada Súmula, como a do REsp. nº 34.544-7/MG, de 13.12.1993,[65] merecendo transcrição esta passagem: "Consoante abalizada doutrina, o transporte gratuito 'não se regulará pelo direito comercial, nem pelo civil sobre locação de serviços, mas pelas regras gerais concernentes às obrigações de direito privado. Tratando-se de um contrato unilateral, o condutor, no caso de se impossibilitar a execução por algum acidente, só responderá pelo dano que resultar de seu dolo, Código Civil, art. 1.057. É o caso do acidente sofrido por pessoa que o motorista amador, ou dono do automóvel, transportava consigo por simples amabilidade' (Vieira Ferreira, Da Responsabilidade Civil em Acidentes de Trânsito, Editora Saraiva, 1944).

Destarte, induvidoso que o transportador somente responde perante o gratuitamente transportado se por dolo ou falta gravíssima houvesse dado origem ao dano que tivesse ocorrido durante o transporte benévolo. Nesse sentido está o acórdão proferido no REsp. nº 3.035/RJ, rel. Min. Sálvio de Figueiredo, 4ª Turma desta Corte Superior."

O art. 1.057, acima referido, equivale ao art. 392 do Código de 2002.

Mantém-se a inteligência através do tempo:

"No transporte desinteressado, de simples cortesia, o transportador só será civilmente responsável por danos causados ao transportado quando incorrer em dolo ou culpa grave (Súmula 145/STJ).

Hipótese em que o Tribunal de origem – soberano na análise dos fatos e provas dos autos – aferiu a culpa grave do menor que conduzia o veículo, na medida em que: (i)

---

[65] *Revista do Superior Tribunal de Justiça*, nº 80, pp. 344 e 345. Ainda, REsp. nº 153.690/SP, da 4ª Turma, j. em 15.06.2004, *DJU* de 23.08.2004.

empreendia ao automóvel velocidade de 90 Km/h, quando o permitido no local era de 60 Km/h; (ii) apresentava visível despreparo para a direção de veículos, atuando de forma alheia à prudência que se deve ter em dias de chuva e em curvas acentuadas; (iii) ingeriu bebida alcoólica momentos antes do acidente."[66]

Apontam-se, ainda, os Recursos Especiais n°s 3.254-0/RS, de 17.11.1994; 38.668-3/RJ, de 25.10.1993; 54.658-3, de 12.12.1994, e 153.690, de 15.06.2004.

Entrementes, é preciso diferenciar: pelo ora vigente art. 736, não cabe mais diferenciar a culpa, para efeitos de responsabilidade. Desde que presente, seja qual for o seu grau, decorre a responsabilidade. De observar que o dispositivo se restringe unicamente a não considerar contrato o transporte feito gratuitamente. Afasta-se somente a responsabilidade objetiva.

Pela exegese do STJ, incidiria a condenação em hipóteses como quando o motorista colide na traseira de outro veículo, ou quando bate em um obstáculo lateral da pista, ou tomba o veículo por excesso de velocidade. Configurar-se-ia a culpa leve se a capotagem decorreu da súbita freagem em razão da repentina presença de um animal na pista, ou do abalroamento por falta de uma destreza maior em controlar o carro no momento em que outro carro força a ultrapassagem, situações que arredariam a indenização pelos danos resultantes na pessoa do caroneiro.

Diante da nova ordem vinda com o art. 736, sempre que verificada a culpa incide a responsabilidade.

2.6. Transporte e culpa de terceiro

A matéria envolve a responsabilidade do transportador no acidente ou dano provocado por terceiro. Reza o art. 735 do Código Civil: "A responsabilidade contratual com o passageiro não é elidida por culpa de terceiro, contra o qual tem ação regressiva." Ao se firmar uma relação contratual de transporte, a responsabilidade é objetiva. Deve o transportador levar a efeito e a cabo a obrigação, assumindo todos os danos que possam resultar no desempenho de sua função, mesmo que provocados por terceiro.

Parte-se do secular princípio de que, na responsabilidade civil, domina a obrigatoriedade do causador direto pela reparação. A circunstância de afigurar-se, no desencadeamento dos fatos, culpa de terceiro, não libera o autor direto do dano do dever jurídico de indenizar. Realmente, na sistemática do direito brasileiro – art. 930, concede-se a ação regressiva, em favor do autor do prejuízo, contra o terceiro que criou a situação de perigo para haver a importância despendida no ressarcimento ao dono da coisa.

É ao réu, obviamente, que cumpre descobrir o terceiro causador do acidente que trouxe o dano ao passageiro, não só para haver a reparação do dano que sofreu, como, ainda, para o exercício da ação regressiva.

A responsabilidade objetiva do transportador decorre de desastre acontecido em função do transporte, ou do tráfego do veículo, ou da navegação. A culpa presumida pressupõe um acidente, ou um fato relacionado com a remoção da pessoa, e não decorre de causas estranhas. Fosse o contrário, seria admitir a responsabilidade por tudo o que sucedesse no interior da condução, sem qualquer participação dos que a dirigem. Inculcar-se-ia o

---

[66] REsp 1.637.884/SC, da 3ª Turma, Relª Minª Nancy Andrighi, j. em 20.02.2018, DJe de 23.02.2018.

dever de ressarcir os desfalques pelos assaltos que muitas vezes se repetem nos ônibus executados por terceiros. O transportador assume o compromisso com as pessoas que conduz e as mercadorias especificadas, e não com os valores ou objetos que os passageiros guardam, sem conhecimento do encarregado pelo transporte.

2.7. Recusa de passageiro

De modo geral, não pode o transportador recusar passageiros, a não ser que motivos fortes se apresentem, na ordem do art. 739 da lei civil: "O transportador não pode recusar passageiros, salvo os casos previstos nos regulamentos, ou se as condições de higiene ou de saúde do interessado o justificarem."

Inaceitáveis as distinções, ou seleção de pessoas, em função da classe social e até econômica. Não se permite diferença de tratamento ante o porte social e financeiro do passageiro, e muito menos amparam a recusa o aspecto físico, a qualidade da vestimenta, a origem racial, dentre outros fatores.

Mas não é unicamente por problemas de higiene e de saúde que justificam a repulsa ao passageiro. Outras causas se apresentam, não raramente arroladas nos avisos e regulamentos das empresas, ou em portarias e outros atos administrativos das autoridades públicas. Nesse enfoque, admite-se pacificamente a recusa quanto aos passageiros embriagados, arruaceiros, violentos, drogados, armados, vestidos somente com roupas íntimas, foragidos e que se encontram sendo cassados, ou que portarem objetos perigosos e animais.

Quanto à falta de higiene, verifica-se no indivíduo maltrapilho, com roupas esfarrapadas, sujas, exalando um forte mau cheiro.

Em relação à saúde, é evidente que não comporta a condução em ônibus, ou em navio de lazer, e mesmo em avião, no meio de outros passageiros, de pessoa enferma, extremamente debilitada, ou com ferimentos à mostra.

2.8. Rescisão do contrato

Como regra geral, autoriza-se a rescisão do contrato, caso se formalize em tempo suficiente para vender a passagem a outra pessoa, nos termos do art. 740: "O passageiro tem direito a rescindir o contrato de transporte antes de iniciada a viagem, sendo-lhe devida a restituição do valor da passagem, desde que feita a comunicação ao transportador em tempo de ser renegociada."

O texto enseja controvérsias, pois muito vago seu conteúdo. Assim, exsurge o direito à restituição do valor se proceder-se o aviso ou restituição do bilhete a tempo de se conseguir a venda para outro interessado. Extrai-se que, na falta de um critério mais objetivo, ou de fixação de condições precisas, fica na decisão do transportador decidir sobre a restituição do valor.

Como se não bastasse, qual o período de tempo razoável para possibilitar a renegociação da passagem? Em se tratando de viagens através de ônibus, presume-se que pode restringir-se a um dia. Já em viagens de navio, o período deve ser de uma ou duas semanas, e mesmo de um mês nos percursos de um continente a outro. No transporte aéreo, há de se alongar o prazo num mínimo de três dias.

Cap. XLIX | Contrato de Transporte e Responsabilidade • 623

Entrementes, não se pode fugir da subjetividade dos critérios, e de sua variação de local para local.

O § 1º do art. 740 versa sobre a desistência se já iniciada a viagem, cabendo ao transportado o direito à restituição do valor correspondente ao trecho não percorrido se conseguir, em seu lugar, outro passageiro: "Ao passageiro é facultado desistir do transporte, mesmo depois de iniciada a viagem, sendo-lhe devida a restituição do valor correspondente ao trecho não utilizado, desde que provado que outra pessoa haja sido transportada em seu lugar."

Também ressalta a feição utópica da norma. De nada adianta demonstrar que outra pessoa fora transportada no lugar do desistente, se não houve o pagamento do preço correspondente ao trecho percorrido.

Há alguma viabilidade de ocorrer na prática a situação nas viagens de longa extensão, como as de navio ou em excursões.

Se a pessoa não embarca, falece o direito de reembolso do montante da passagem, a menos que demonstrada a substituição por outra pessoa, em vista do § 2º do art. 740: "Não terá direito ao reembolso do valor da passagem o usuário que deixar de embarcar, salvo se provado que outra pessoa foi transportada em seu lugar, caso em que lhe será restituído o valor do bilhete não utilizado."

Colhe-se que, para fazer jus à restituição, não é suficiente a mera prova da substituição por outra pessoa, mas requer-se, ainda, a circunstância do pagamento diretamente para o transportador pelo substituto.

Finalmente, na rescisão ou desistência, estabelece o § 4º a retenção ou cobrança de cinco por cento do valor da passagem, a título de multa compensatória: "Nas hipóteses previstas neste artigo, o transportador terá direito de reter até cinco por cento da importância a ser restituída ao passageiro, a título de multa compensatória."

2.9. Interrupção e cancelamento da viagem

Havendo interrupção por motivo alheio à vontade do transportador, incumbe ao transportador providenciar em conseguir o deslocamento do passageiro até o lugar do destino, no que é peremptório o art. 741, que impõe a utilização, em primeira mão, do mesmo tipo de transporte que era utilizado antes: "Interrompendo-se a viagem por qualquer motivo alheio à vontade do transportador, ainda que em consequência de evento imprevisível, fica ele obrigado a concluir o transporte contratado em outro veículo da mesma categoria, ou, com a anuência do passageiro, por modalidade diferente, à sua custa, correndo também por sua conta as despesas de estada e alimentação do usuário, durante a espera de novo transporte."

O conteúdo contém certa relatividade, no tocante à utilização de meio diferente de transporte do que vinha sendo utilizado, que fica condicionado à concordância do passageiro. Acontece que, especialmente nas viagens com aeronaves, com frequência há desvios de rotas e pousos em aeroportos diferentes daqueles do destino, por falta de condições climáticas, e não tendo o aeroporto a aparelhagem adequada a guiar a nave. Assim, a posterior remoção ao local programado somente é possível por meio terrestre, que fica a cargo do transportador, o qual arcará, também, com as despesas de alimentação e estadia, e isto em qualquer situação, se a tanto impuser o prolongamento do tempo que era necessário para se deslocar.

624 • Responsabilidade Civil | *Arnaldo Rizzardo*

Ao que se infere da regra, a interrupção só pode dar-se por motivo alheio à vontade do transportador, ainda que em consequência de evento imprevisível. Não se requer que esse evento se defina como de caso fortuito ou força maior. A pane de uma nave, ou do veículo, é suficiente para justificar a interrupção, sem acarretar o direito à indenização por perdas e danos. Importa o fato da causa que não dependeu da vontade do transportador, ou que se apresente algum motivo justo e coerente.

Quanto ao cancelamento, se reconhece o direito à indenização: "O cancelamento de viagem no mesmo dia em que estava previsto para iniciar-se, inclusive já tendo ocorrido o embarque de alguns passageiros, diante da má condição de ônibus que transportaria os passageiros, gera frustração para aqueles, suscetível de pretensão indenizatória por danos morais."[67]

2.10. Queda de surfista ferroviário, desembarque com o veículo em movimento e transporte de passageiros pendurados

Nos últimos tempos, tem sido comum o surgimento de práticas que bem revela o padrão de desvio típico de condutas, e que consiste em subirem os passageiros no teto de trens, bondes e até ônibus, ou em se pendurarem nas portas e saliências dos coletivos, ou em atrelarem bicicletas nas traseiras dos veículos, ou em postarem-se em suportes que estão abaixo dos veículos, com grave risco para a própria vida.

Nos acidentes em tais circunstâncias, em princípio não se lança a responsabilidade contra o transportador. É evidente o teor de marginalidade de tais formas de conduta, e, em geral, a completa falta de visão do condutor. Pode-se cogitar de atribuir alguma culpa na empresa se verificado o consentimento explícito, ou a completa displicência, o que importa em aceitar o transporte nessas condições.

Sobre o assunto, foi decidido: "No caso de responsabilidade civil pelo acidente ferroviário com queda de trem do surfista ferroviário, a culpa é exclusiva da vítima. A pessoa que se arrisca em cima de uma composição ferroviária, praticando o denominado 'surf ferroviário', assume as consequências de seus atos, não se podendo exigir da companhia ferroviária efetiva fiscalização, o que seria até impraticável."[68]

A infração de normas pela pessoa transportada viola o disposto no art. 738 do diploma civil, sem regra equivalente no Código anterior. Ocorre que o passageiro deve sujeitar-se às normas comuns de transporte, que não permite a acomodação em locais impróprios ou perigosos do veículo.

Caso o passageiro desembarca encontrando-se o veículo em movimento, é da respectiva empresa ou do proprietário a responsabilidade se viabilizada essa conduta, com a abertura das portas antes do completo estacionamento. Do contrário, se por malabarismo ou conduta imprevisível e fora do normal se dá o atabalhoado desembarque, não se pode debitar a culpa no condutor ou titular do veículo pelos danos que ocorrerem.

Na hipótese de permitido o transporte de pessoas que vão penduradas nas janelas e portas, ou daqueles que viajam como pingentes, o fenômeno retrata a deficiência do

---

[67] Apel. Cível nº 2001.01.1.065214-7, da 2ª Turma do Juizado Especial Cível do Distrito Federal, *in DJ* de 24.03.2004, em *Boletim de Jurisprudência ADCOAS*, nº 17, p. 265, maio 2004.

[68] REsp. nº 160.051/RJ, da 3ª Turma do STJ, *DJU* de 17.02.2003, *in ADCOAS* 8215759, *Boletim de Jurisprudência ADCOAS*, nº 16, p. 249, abr. 2003.

serviço, ou a situação de excesso de lotação, o que acarreta a responsabilidade do transportador. A viagem em condições perigosas decorre de causas ligadas à empresa, em geral pela falta de veículos em horários de maior pique. Decidiu-se: "Pingente. Queda de trem em movimento. Culpa presumida. Art. 17 do DL 2.681/1912. Falecendo o passageiro, em razão da queda ocorrida, quando em movimento o comboio, há culpa presumida da empresa ferroviária, somente elidida pela demonstração de caso fortuito, força maior ou a culpa exclusiva da vítima (art. 17 do DL nº 2.681/1912). Nos casos de pingente, e não se surfista ferroviário, porque dever contratual da companhia transportadora impedir que as pessoas viagem com parte do corpo projetado para o lado de fora do veículo, afastada resta a possibilidade de culpa exclusiva da vítima."[69]

3. RESPONSABILIDADE NO TRANSPORTE DE COISAS

Diz-se contrato de transporte de coisas, explica Fernando Mendonça, a "convenção pela qual uma pessoa se obriga, mediante remuneração, a entregar, em certo lugar, uma coisa que lhe foi confiada".[70]

Nesta espécie, intervêm:

a) O remetente, que é a pessoa que entrega a mercadoria a ser transportada, também denominada expedidor, ou carregador, como vinha no Código Comercial, nos revogados arts. 100, 105 e 113, dentre outros.

b) O transportador, isto é, a pessoa que recebe a mercadoria, encarregando-se de transportá-la, que o Código Comercial designava de condutor, nos revogados arts. 100 e seguintes.

c) O comissário de transporte, ou aquele que assume a obrigação de fazer transportar a mercadoria, não o fazendo pessoalmente, mas através de outras pessoas. Em geral, vem a ser a 'empresa de expedição', ou a 'agência de viagens', 'agência de turismo', no caso de transporte de pessoas.

d) O destinatário, ou consignatário, ou seja, a pessoa a quem é destinada a mercadoria, e a quem cabe recebê-la.

Integram o contrato, assumindo direitos e obrigações, o remetente ou expedidor (carregador) e o transportador ou condutor, sendo que este pode ser o empresário de expedição.

O destinatário é apenas a pessoa a quem se envia o bem. Não participa, portanto, do contrato, mas pode assumir obrigações perante o transportador, fato comum na eventualidade dele próprio se responsabilizar pela obrigação de pagar o frete.

Não é raro que ele seja, ao mesmo tempo, expedidor e destinatário, o que se verifica na hipótese de remeter produtos seus de um local para outro. Diz, a respeito, J. X. Carvalho de Mendonça: "O destinatário pode ser o próprio remetente, como se a casa matriz expede mercadorias às suas filiais, ou se o remetente as expede em seu nome para lugar diverso, onde as pretende receber por si ou por mandatário."[71]

---

[69] REsp. nº 259.261/SP, da 4ª Turma do STJ, *DJU* de 16.10.2000.
[70] *Direito dos Transportes*, São Paulo, Editora Saraiva, 1984, p. 158.
[71] *Tratado de Direito Comercial Brasileiro*, 4ª ed., Livraria Freitas Bastos, vol. VI, Livro IV, Parte II, 1960, p. 469.

626 • Responsabilidade Civil | *Arnaldo Rizzardo*

As mercadorias objeto da prestação de transporte constituem a expedição, a qual recebe diferentes nomes, de conformidade com o tipo de bens. Assim:

a) Bagagem, equivalendo aos objetos de uso pessoal que acompanham o passageiro.

b) Encomenda, composta daquelas coisas remetidas sob tarifa especial, para tornar mais rápido o transporte.

c) Valores, ou joias, dinheiro, títulos públicos ou particulares, como ações, debêntures, cheques, obrigações do tesouro nacional, etc.

d) Mercadorias, envolvendo as coisas remetidas de modo comum, sem se identificarem com os demais tipos acima.

e) Animais, que são transportados em veículos especiais, dentro de condições de higiene e segurança.

Outrossim, de suma relevância a identificação da coisa, no que se preocupou o Código, em seu art. 743: "A coisa, entregue ao transportador, deve estar caracterizada pela sua natureza, peso e quantidade, e o mais que for necessário para que não se confunda com outras, devendo o destinatário ser indicado ao menos pelo nome e endereço."

A regra decorre do bom-senso, e é natural que se faça a discriminação dos dados identificadores, e inclusive se indique o destinatário, por razões óbvias, evitando-se, assim, possíveis discórdias e litígios.

3.1. Conhecimento

Conforme define Fran Martins, "a prova do recebimento da mercadoria e da obrigação do transportador de entregá-la no lugar do destino é feita pelo 'conhecimento de transporte', também conhecido como 'conhecimento de frete' ou 'conhecimento de carga'. Trata-se de um documento emitido pelo transportador, por ocasião do recebimento da mercadoria, contendo as especificações que nele deverão figurar taxativamente. Emitido pelo transportador, será entregue ao remetente da mercadoria, que o enviará ao destinatário para o seu recebimento, no lugar do destino".[72]

Regulado por vários diplomas, de conformidade com o tipo de via utilizada, destacando--se o Código Comercial quanto ao transporte aquário, arts. 575 a 589, e o Decreto nº 1.832/1996, nos arts. 20 e 32, relativamente ao transporte em estradas de ferro, constitui o conhecimento um título de crédito, e por conseguinte circulável. O art. 744 do vigente Código trata desse documento: "Ao receber a coisa, o transportador emitirá conhecimento com menção dos dados que a identifiquem, obedecido o disposto em lei especial."

Para o exercício dos direitos a ele correspondentes, está sujeito à necessidade de sua apresentação, o que lhe confere o princípio da cartularidade. Vale pelo seu conteúdo, ou pelo que nele está escrito, em face do princípio da literalidade.

Os direitos e obrigações que suscita advêm do título, pois goza de autonomia. Enfim, vem revestido dos requisitos do título de crédito.

Classifica-se entre os títulos de crédito impróprios, assim compreendidos aqueles que conferem direito real, no caso do conhecimento de depósito; ou direito à prestação de

---

[72] *Contratos e Obrigações Comerciais*, obra citada, p. 244.

Cap. XLIX | Contrato de Transporte e Responsabilidade • **627**

um serviço, como bilhetes de teatro, cinema, etc.; ou direito à condição de sócio, o que se dá nas ações de uma sociedade anônima.

Próprios denominam-se os títulos que se originam de operações de crédito, como as letras de câmbio, as notas promissórias, as duplicatas, etc., distintamente do conhecimento, eis que este assegura ao seu legítimo portador o direito de exigir a prestação de um serviço, consistente no transporte.

Considerado, assim, um título de crédito, representativo das mercadorias nele mencionadas, está sujeito, segundo se frisou, às regras de circulação desses títulos. Por natureza é um título à ordem, cuja propriedade pode transferir-se por simples declaração do destinatário, feita no verso.

A transferência, sendo ao portador, se faz, igualmente, mediante simples tradição, tendo-se como proprietário aquele que detiver o título. Para ter esse caráter de título ao portador, lembra Fran Martins, "basta apenas que uma cláusula especial nesse sentido seja inserida no contrato do título, substituindo-se, por exemplo, o nome do destinatário pelas palavras 'ao portador', ou deixando em branco o espaço reservado para a especificação do consignatário".[73]

Em suma, os conhecimentos de frete mudam de propriedade de acordo com as regras de circulação dos títulos, isto é, por endosso e por tradição normal.

A pessoa destinatária da mercadoria poderá constar ou não no conhecimento. No primeiro caso, figurará o seu nome; no segundo, o lugar do nome será substituído pela cláusula 'ao portador', ou o nome do consignatário ficará em branco, entregando-se a mercadoria a quem se apresentar com o conhecimento.

Aduz João Eunápio Borges, "o conhecimento nominativo com a cláusula 'não à ordem' não pode ser endossado. Sua transferência só poderá fazer-se por instrumento – público ou particular – de cessão, à qual se aplicam as normas do direito comum".[74]

Finalmente, o parágrafo único do art. 744 mune o transportador da coisa com a faculdade de exigir a declaração dos bens que recebeu para o deslocamento, em duas vias, ficando uma para cada parte: "O transportador poderá exigir que o remetente lhe entregue, devidamente assinada, a relação discriminada das coisas a serem transportadas, em duas vias, uma das quais, por ele devidamente autenticada, ficará fazendo parte integrante do conhecimento."

A finalidade é dar mais segurança à relação celebrada entre as partes.

3.2. Informação inexata ou falsa descrição e mercadoria com embalagem inadequada

A informação exata da mercadoria é de extrema importância para a própria segurança do transportador. Tem ele direito em saber o que está carregando ou conduzindo, inclusive para precaver-se de perigos e de dificuldades alfandegárias e administrativas, além de ter significação no próprio preço do frete. A exigência está contida ano art. 745: "Em caso de informação inexata ou falsa descrição no documento a que se refere o artigo antecedente, será o transportador indenizado pelo prejuízo que sofrer, devendo a ação respectiva ser ajuizada no prazo de cento e vinte dias, a contar daquele ato, sob pena de decadência."

---

[73] *Contratos e Obrigações Comerciais*, obra citada, p. 251.
[74] *Títulos de Crédito*, 2ª ed., Rio de Janeiro, Forense, 1971, pp. 243 e 244.

628 • Responsabilidade Civil | *Arnaldo Rizzardo*

Suponha-se que as informações constantes no conhecimento não condizem com o real conteúdo da carga, seja em quantidade, em espécie, ou mesmo em tipo de mercadoria; ou que não saiba o condutor do veículo que está transportando mercadoria perigosa, ou contrabandeada, ou falsificada, ou furtada. Graves as consequências suscetíveis de ocorrer, com nefasto efeito em relação ao próprio transportador, que ficará à mercê de ações repressivas impostas pelas autoridades.

No caso de carga perigosa, a ciência da natureza da carga revela-se imprescindível para a própria condução do veículo, e, assim, evitar o excesso de velocidade, ou o excessivo balancear, e o trânsito em locais de denso povoamento.

Mais uma regra de conteúdo eminentemente prático está no art. 746, relativa à embalagem dos produtos transportados: "Poderá o transportador recusar a coisa cuja embalagem seja inadequada, bem como a que possa pôr em risco a saúde das pessoas, ou danificar o veículo e outros bens."

O acondicionamento da mercadoria no meio de transporte é do encargo do transportador, que assume o compromisso pelos estragos ou perdas que podem ocorrer. A deficiência de embalagem enseja o direito de recusar, o que não significa arredar a responsabilidade se advierem danos. Como ressalta do dispositivo, há a faculdade de não aceitar se inadequada a embalagem. Todavia, se, apesar da deficiência, houver a aceitação, as eventuais perdas e avarias serão arcadas pelo transportador.

3.3. Recusa ao transporte

Assinala o Código a hipótese que permite a recusa, pelo transportador, em efetuar o transporte, e que se encontra no art. 746, já observada no item acima, com fundamento na precariedade da embalagem. Naturalmente, outras situações se oferecem, como a inconveniência econômica, o percurso a ser percorrido, a espécie de mercadoria, o elevado valor dos bens, dentre outras causas que justificam a recusa.

De outro lado, aponta o art. 747 o dever de recusar quando proibido o transporte ou não permitida a comercialização, ou desacompanhada a mercadoria dos documentos impostos pela lei: "O transportador deverá obrigatoriamente recusar a coisa cujo transporte ou comercialização não sejam permitidos, ou que venha desacompanhada dos documentos exigidos por lei ou regulamento."

A lei proíbe o transporte ou a comercialização, como quando se trata de substâncias tóxicas ou entorpecentes, de armas destinadas às forças armadas, de materiais explosivos, de mercadorias contrabandeadas, de produtos deteriorados e prejudiciais à saúde, de coisas furtadas.

A falta de documentação própria dos bens também impede a atividade de transporte. Deve acompanhar a carga o documento da procedência do produto, a nota fiscal para fins de tributação estadual, porquanto há a circulação, e, em se tratando de produtos agrícolas, das competentes notas de produtor, onde são discriminados os bens, com dados sobre a procedência e o destino. Do contrário, admitem as leis estaduais a apreensão, com a lavratura do competente auto de infração, a incidência do imposto e a aplicação das penalidades cabíveis.

Ao remetente ou dono da mercadoria facultam-se a desistência do transporte, o pedido da devolução, ou a mudança de destinatário, o que acarreta a assunção dos custos advindos de tais medidas, como está no art. 748: "Até a entrega da coisa, pode o remetente desistir do transporte e pedi-la de volta, ou ordenar seja entregue a outro destinatário, pagando, em ambos os casos, os acréscimos de despesas decorrentes da contraordem, mais as perdas e danos que houver."

Está assegurado o direito de rescindir até a entrega da coisa, na previsão do dispositivo, ou seja, enquanto não se transferir a posse para o destinatário. Há o direito a essa pretensão, que pode decorrer de várias causas, como a descoberta de que o destinatário é pessoa insolvente, ou a não cobertura do cheque que serviu de pagamento, ou o surgimento de um perigo em certo trecho do percurso, ou o aparecimento de defeito no produto que impõe a sua restauração.

No rol de prerrogativas, está a faculdade de se ordenar a mudança de destinatário, e, decorrentemente, de local, mesmo que importe no aumento da distância a ser percorrida.

Em qualquer dos casos, suportará o remetente os custos da rescisão ou das alterações que impôs. O dispositivo fala em acréscimo. No entanto, este acontece quando se atinge o percurso contratado, e aparece a mudança que importa em aumento de custos. Se a desistência se dá no curso da viagem, não há acréscimos. Pelo contrário, reduz-se a despesa. Daí, para evitar o enriquecimento sem causa, torna-se possível reduzir o preço acertado.

3.4. Limites e extensão da responsabilidade

Alguns dispositivos tratam dos limites e da extensão da responsabilidade. Destaca-se, em primeiro lugar, o art. 749: "O transportador conduzirá a coisa ao seu destino, tomando todas as cautelas necessárias para mantê-la em bom estado e entregá-la no prazo ajustado ou previsto."

É natural que assim deva fazer. Não se concebe o contrato de transporte sem o da boa guarda e da incolumidade. Ninguém contrata se não se assegurar que terá a garantia da integridade do bem que vai ser removido de um lugar para outro. Para tanto, ao transportador incumbe munir-se de todos os cuidados, providências e cautelas para manter o estado original da coisa, ou existente quando do recebimento. Deverá bem acondicionar os objetos ou as mercadorias destinadas ao comércio, inclusive munindo o veículo com as adaptações para a conservação, especialmente se transportar alimentos.

Já o art. 750 estabelece o início e o fim do período da incidência da responsabilidade. Começa com o recebimento e termina com a entrega: "A responsabilidade do transportador, limitada ao valor constante do conhecimento, começa no momento em que ele, ou seus prepostos, recebem a coisa; termina quando é entregue ao destinatário, ou depositada em juízo, se aquele não for encontrado."

Está-se diante de uma norma que consagra a responsabilidade objetiva, não interessando se houve ou não culpa no desvio, nos danos ou avarias na coisa, a menos se deem em razão de caso fortuito ou força maior, ou se o remetente omitiu circunstância especial a respeito da conservação ou acomodação, e que não poderia ser do conhecimento do transportador.

A responsabilidade objetiva é ressaltada pela jurisprudência: "Pela natureza do contrato de transporte, a responsabilidade da transportadora é objetiva, aplicando-se a teoria do resultado, já que a mercadoria deve ser entregue em seu destino, devendo a transportadora arcar com os riscos da viagem. As excludentes do caso fortuito ou da força maior ficam afastadas quando resta comprovado que a transportadora agiu de forma culposa,

630 • Responsabilidade Civil | *Arnaldo Rizzardo*

não tomando as diligências exigíveis para a preservação e a vigilância da mercadoria transportada, mesmo em caso de roubo à mão armada."[75]

No caso de roubo, entrementes, enquadra-se na força maior: "O roubo da mercadoria em trânsito, uma vez evidenciado que o transportador tomou as precauções e cautelas a que se acha obrigado, configura força maior, suscetível de excluir a sua responsabilidade."[76]

Ainda: "Civil. Indenização. Transportadora. Roubo de carga. Força maior. Responsabilidade. Exclusão.

O roubo de mercadoria durante o transporte caracteriza-se como força maior, apta a excluir a responsabilidade da empresa transportadora perante a seguradora do proprietário da carga indenizada. Precedentes iterativos da 3ª e 4ª Turmas.

Recurso especial conhecido e provido."[77]

Para que não pairem dúvidas sobre o montante da responsabilidade, no conhecimento constará o valor ou o preço da coisa ou mercadoria. Entrementes, na ausência desse dado, devem as partes socorrer-se de outros meios para chegar à estimativa ou avaliação, como aferição dos preços por listagem colhida junto ao comércio, e até buscar a avaliação e o arbitramento na esfera judicial.

A responsabilidade, como se referiu, estende-se durante o lapso temporal do recebimento ao da entrega, abrangendo, pois, aquele espaço de tempo em que os bens são guardados nos armazéns do transportador, no que incidem as regras do depósito, sendo enfático o art. 751: "A coisa, depositada ou guardada nos armazéns do transportador, em virtude de com trato de transporte, rege-se, no que couber, pelas disposições relativas a depósito."

É, pois, o transportador responsável pela guarda e conservação, incumbindo-lhe que tenha o cuidado e a diligência que costuma dispensar com o que lhe pertence, seguindo-se o regramento delineado ao longo dos arts. 627 a 652 do Código Civil, incidindo, inclusive, a coerção da prisão carcerária se ocorrer a recusa da restituição. Vê-se, em face da norma, a seriedade como o transportador deve encarar a guarda das coisas que lhe são confiadas para o transporte.

Várias previsões inserem o art. 752, de cunho prático, relativas à entrega das mercadorias: "Desembarcadas as mercadorias, o transportador não é obrigado a dar aviso ao destinatário, se assim não foi convencionado, dependendo também de ajuste a entrega a domicílio, e devem constar do conhecimento de embarque as cláusulas de aviso ou de entrega a domicílio."

Discriminadamente, o transportador:

a) não é obrigado a dar aviso ao destinatário, se não consignada a obrigação no contrato;

b) deve entregar o produto no domicílio, ou no local do endereço do destinatário, se expressa a obrigação;

c) sujeita-se a dar o aviso ou à entrega a domicílio se constar esses encargos no conhecimento de embarque, que é o conhecimento que fica em poder do titular do bem ou produto. Assim, a convenção que prevê tais incumbências, para impor-se, há se estar averbada também no conhecimento.

---

[75] Apel. Cível nº 400.301-0, da 2ª Câmara Cível do Tribunal de Alçada de Minas Gerais, publ. no *DJ* de 10.03.2004, em *Boletim de Jurisprudência ADCOAS*, nº 18, p. 280, maio 2004.

[76] REsp. nº 218.852/SP, da 4ª Turma do STJ, *DJU* de 03.09.2001, em *ADCOAS* 8208622, *Boletim de Jurisprudência ADCOAS*, nº 32, p. 504, ago. 2002.

[77] REsp. nº 222.821/SP, da 4ª Turma do STJ, j. em 17.06.2004, *DJU* de 1º.07.2004.

3.5. Impossibilidade, impedimento e retardamento do transporte

Várias situações preveem o art. 753 e seus parágrafos, que impossibilitam, impedem ou retardam o transporte.

Eis o *caput* do art. 753: "Se o transporte não puder ser feito ou sofrer longa interrupção, o transportador solicitará, incontinenti, instruções ao remetente, e zelará pela coisa, por cujo perecimento ou deterioração responderá, salvo força maior."

A impossibilidade surge depois do recebimento da mercadoria, por motivo alheio à vontade do transportador, como obstrução da rodovia, suspensão do tráfego em face de uma conturbação social, revolta popular, depredação do meio de transporte (como do trem ou do navio). Cumpre ao transportador solicitar instruções ao dono da mercadoria ou da coisa, que lhe dirá o que fazer. Enquanto perdurar o impasse, deverá zelar pela conservação dos bens, sob pena de responder pela deterioração ou perecimento, a menos que os produtos sejam perecíveis, ou não tenha como evitar os estragos ou a perda, ou não receba instruções do remetente. Mesmo nesta última eventualidade, não se desvincula do dever de guarda.

Persistindo a omissão, a única solução é consignar em juízo a mercadoria, ou proceder a venda, no que encontra arrimo no § 1º do mesmo art. 753: "Perdurando o impedimento, sem motivo imputável ao transportador e sem manifestação do remetente, poderá aquele depositar a coisa em juízo, ou vendê-la, obedecidos os preceitos legais e regulamentares, ou os usos locais, depositando o valor."

É de se observar que a medida mais plausível, na hipótese, consiste na alienação junto ao comércio dos produtos. Dificilmente conseguirá lograr a autorização judicial em curto espaço de tempo, como se os bens forem alimentos, que exigem consumo rápido, ou animais que não podem manter-se confinados.

Decorrendo o impedimento do transportador, mesmo assim não é afastada a permissão do depósito, e mesmo da venda, com suporte no § 2º: "Se o impedimento for de responsabilidade do transportador, este poderá depositar a coisa, por sua conta e fisco, mas só poderá vendê-la se perecível." Imputa-se ao transportador o impedimento do transporte no caso de lhe ser furtado o veículo, ou de ocorrer, no curso do trajeto, uma pane, com o rompimento do motor, dentre outras causas. Desde que possível, incumbe comunicar o remetente, e seguir suas instruções. Cabe-se, em primeiro lugar, conseguir outro transportador, arcando com os custos. Não se viabilizando esta alternativa, providenciará no depósito dos bens. Mas, sendo perecível a carga, lhe é reservada a venda imediata.

Em todas as situações, decorra ou não o impedimento do transportador, informará o remetente do depósito e da venda (§ 3º).

Por último, o § 4º atribui a responsabilidade pela guarda e conservação ao transportador se a coisa estiver depositada em seus armazéns, ou sob seus cuidados, ou se ele contratou um depósito, podendo cobrar os custos: "Se o transportador mantiver a coisa depositada em seus próprios armazéns, continuará a responder pela sua guarda e conservação, sendo-lhe devida, porém, uma remuneração pela custódia, a qual poderá ser contratualmente ajustada ao se conformará aos usos adotados em cada sistema de transporte." Parece natural que o ressarcimento decorre se não imputável ao transportador o impedimento, por dedução lógica do § 2º.

3.6. Entrega das mercadorias ao destinatário

Obviamente, ao destinatário serão entregues as mercadorias, ou à pessoa por ele autorizada, ou àquele que apresentar o conhecimento por endosso, a quem incumbe a conferência. É o comando do art. 754: "As mercadorias devem ser entregues ao destinatário, ou a quem apresentar o conhecimento endossado, devendo aquele que a receber conferi-las e apresentar as reclamações que tiver, sob pena de decadência dos direitos." Não cabe a retenção dos bens, a menos que manifesta a recusa ao pagamento do frete, o que se viabiliza através do competente processo judicial, através de ação de cobrança, com pedido para que o juiz autorize o depósito, enquanto não consumada a devida contraprestação. Em se cuidando de bens perecíveis, é aceitável que se requeira a venda, depositando-se judicialmente o valor apurado.

A retenção está assegurada no transporte de pessoas, consoante art. 742, parecendo coerente aplicar a disposição no de coisas. Eis a redação do preceito: "O transportador, uma vez executado o transporte, tem direito de retenção sobre a bagagem de passageiro e outros objetos pessoais deste, para garantir-se do pagamento do valor da passagem que não tiver sido feito no início ou durante o percurso."

Ressalta do art. 754 a atribuição da incumbência do destinatário em examinar a integridade ou o estado dos bens, e conferir a quantidade, de acordo com as notas de conhecimento, ou de encomenda, ou de compra. No próprio documento de entrega, ao passar o recibo, far-se-ão as ressalvas ou reclamações. Não destaca o preceito acima a oportunidade em que se formalizam as inconformidades. Todavia, se perceptíveis à primeira vista, impõem-se que se externem de imediato, exceto no que se refere a avarias, como se analisará abaixo; do contrário, concede-se o prazo de dez dias, conforme teor do parágrafo único do art. 754: "No caso de perda parcial ou avaria não perceptível à primeira vista, o destinatário conserva a sua ação contra o transportador, desde que denuncie o dano em dez dias a contar da entrega."

Quanto à forma de externar a inconformidade, na hipótese de avaria, a matéria é regulada pelo art. 618 do Código Comercial (em vigor diante do art. 2.045 do Código Civil), em se tratando de transporte marítimo: "Havendo presunção de que as fazendas foram danificadas, roubadas ou diminuídas, o capitão é obrigado, e o consignatário e quaisquer outros interessados têm direito a requerer que sejam judicialmente visitadas e examinadas, e os danos estimados a bordo antes da descarga, ou dentro em vinte e quatro horas depois; e ainda que este procedimento seja requerido pelo capitão não prejudicará os seus meios de defesa.

Se as fazendas forem entregues sem o referido exame, os consignatários têm direito de fazer proceder a exame judicial no preciso termo de quarenta e oito horas depois da descarga; e passado este prazo não haverá mais lugar a reclamação alguma.

Todavia, não sendo a avaria ou diminuição visível por fora, o exame judicial poderá validamente fazer-se dentro de dez dias depois que as fazendas passarem às mãos dos consignatários, nos termos do art. 211."

O Decreto-lei nº 116, de 1967, restrito ao transporte marítimo, assinala igualmente para a vistoria a ser levada a efeito no mesmo dia da descarga, na constatação de avarias ou falta de conteúdo.

Outrossim, além da vistoria daquela forma, assinala-se a vistoria de fazendas avariadas, ou de mercadorias em qualquer transporte, cujo procedimento judicial vinha regulado no art. 756 e em seus parágrafos do Código de Processo Civil de 1939 (Decreto-lei nº 1.608), mantido por força do art. 1.218, inc. IX, do diploma processual de 1973. Atualmente, em face do art. 1.046, § 3º, do CPC/2015, os processos descritos no mencionado art. 1.218 do CPC/1973 submetem-se ao procedimento comum.

Naturalmente, as perdas e avarias dizem respeito às ocorrências verificadas no curso do caminho ou trajeto. A dificuldade possível de aparecer é concernente à prova do momento em que aconteceram. No entanto, a presunção é do recebimento no estado e integridade que constam dos documentos de encomenda. Ao transportador compete a prova de que tal não ocorreu. Por isso, quando do recebimento do produto, cabe que faça a conferência, a fim de evitar possíveis responsabilidades incidentes em sua pessoa.

A não percepção à primeira vista é aquela que não é possível visualizá-la externamente, aparecendo no momento do exame interno e pormenorizado, ou na experimentação da coisa, e vendo se ela funciona. Constatam-se não defeitos próprios de fabricação, e sim avarias, ou rompimentos, ou estragos, visivelmente acontecidos durante o transporte, tendo como causas o balançamento do veículo, o precário acondicionamento, o deslocamento interno de um ponto a outro do veículo ou da embarcação. Também nessa ordem incluem-se as perdas, apuradas quando do exame quantitativo das unidades que vêm acondicionadas em fardos, ou caixas, ou mesmo a granel, demandando-se a pesagem precisa para verificar a correspondência entre a quantidade encomendada e a descarregada e recebida.

Na dúvida sobre o destinatário, e na falta de melhores informações do remetente, faz-se a entrega em juízo, através do depósito e consignação em favor dos prováveis titulares do direito, seguindo o rito do art. 548 do Código de Processo Civil, ou efetuando-se a venda da mercadoria se perecível e não comportar espaço de tempo para a demanda, nos moldes do art. 755 da lei civil: "Havendo dúvida acerca de quem seja o destinatário, o transportador deve depositar a mercadoria em juízo, se não lhe for possível obter instruções do remetente; se a demora puder ocasionar a deterioração da coisa, o transportador deverá vendê-la, depositando o saldo em juízo."

É difícil a ocorrência da hipótese aventada.

3.7. Obrigações e responsabilidades do remetente, do transportador e do destinatário

a) Do remetente

Conforme discrimina Fernando Mendonça, destacam-se as seguintes obrigações, que decorrem naturalmente do contrato:[78]

I – Entregar a mercadoria a ser transportada.

II – Pagar o preço do transporte, ou frete, a menos que haja a ressalva do pagamento pelo destinatário.

III – Acondicionamento correto e seguro da mercadoria, ou a colocação em embalagem adequada, sob pena de recusa, nos termos do art. 746.

IV – Especificação da natureza e do valor das mercadorias, as quais deverão ser entregues fechadas ou lacradas.

---

[78] *Direito dos Transportes*, ob. cit., pp. 160 a 162.

634 • Responsabilidade Civil | *Arnaldo Rizzardo*

A responsabilidade pelos riscos das mercadorias ocorre sobretudo nestas situações, de acordo com os diversos itens do art. 168, do Decreto nº 51.813, de 1963, e sobretudo das disposições do Código Civil:

A responsabilidade do remetente pelos riscos das mercadorias decorre especialmente dos vícios da própria coisa ou de causas inerentes à sua natureza, força maior ou caso fortuito. No entanto, ao transportador incumbe a prova de que não incorreu na deterioração ou no perecimento. É o caso, exemplificativamente, de alimentos e certos produtos que mofam durante a viagem, ou são destruídos por raios, tempestades, naufrágios, em que a ação ou vontade do homem não tem a menor participação. Oportuno transcrever, a respeito, o parágrafo único do art. 31 do Decreto nº 1.832, de 1996, o qual trata da matéria: "A responsabilidade da Administração Ferroviária, pelo que ocorrer de anormal nas operações a seu cargo, é elidida diante de:

a) vício intrínseco ou causas inerentes à natureza do que foi confiado para transporte;

b) morte ou lesão de animais, em consequência do risco natural do transporte dessa natureza;

c) falta de acondicionamento ou vício não aparente, ou procedimento doloso no acondicionamento do produto;

d) dano decorrente das operações de carga, descarga ou baldeação efetuadas sob a responsabilidade do expedidor, do destinatário ou de seus representantes;

e) carga que tenha sido acondicionada em *contèiner* ou vagão lacrados e, após o transporte, o vagão ou *contèiner* tenham chegado íntegros e com o lacre inviolado."

O Código Comercial previa, no art. 102, e o Decreto nº 2.681 contempla, no art. 1º, nºs 1, 2 e 3, tais causas de exclusão de responsabilidade.

Ávio Brasil dá exemplos de caso fortuito, ou força maior, como o naufrágio consequente da chamada fortuna do mar e os prejuízos provenientes da mudança da natureza, como tempestades, trombas de água etc.:[79]

I – Se a fuga, lesão, doença ou morte, tratando-se de animais, for consequência de risco que tal espécie de transporte faz naturalmente ocorrer.

II – Se a perda ou avaria for em razão do mau ou inapropriado acondicionamento da mercadoria.

III – Se a perda, furto ou avaria decorrem da colocação em vagões abertos, em face de ajuste ou disposição regulamentar, a pedido do remetente.

IV – Se o carregamento, a descarga ou a baldeação forem feitos pelo remetente, ou pelo destinatário, ou respectivo preposto, sem assistência da empresa, salvo se ficar provada culpa dos agentes desta.

V – Se a mercadoria for transportada em veículo especialmente fretado pelo remetente, sob a sua custódia ou vigilância, sendo a perda, furto ou avaria, consequência do risco que essa vigilância deveria ter evitado.

VI – Se a perda, furto ou avaria verificarem-se após a entrega efetiva da carga, sem reserva ou protesto do destinatário ou sem preposto.

VII – Se o dano for anterior ao transporte.

---

[79] *Transportes e Seguros Marítimos e Aéreos*, Rio de Janeiro, 1955, p. 33.

Cap. XLIX | Contrato de Transporte e Responsabilidade • **635**

VIII – Se o dano for consequência provada de culpa do expedidor, ou destinatário, ou respectivo prepostos.

IX – Se a perda, furto ou avaria forem de bagagem não despachada, conduzida pelo próprio passageiro, salvo se provar culpa ou dolo de parte dos empregados da empresa.

X – Se o transporte é realizado em veículos não adequados, por solicitação do expedidor constante da nota de expedição.

O Decreto nº 1.832, de 1996, destaca a responsabilidade do administrador ferroviário, eminentemente envolvendo o transportador, na infração de deveres em relação à conservação das mercadorias, como no art. 31: "A Administração Ferroviária é responsável por todo o transporte e as operações acessórias a seu cargo e pela qualidade dos serviços prestados aos usuários, conforme disposto no Decreto nº 2.681, de 07 de dezembro de 1912, que regula a responsabilidade civil nas Estradas de Ferro, e neste Regulamento, bem como pelos compromissos que assumir no tráfego mútuo, no multimodal e nos ajustes com os usuários."

b) Do transportador

Eis algumas obrigações mais comuns atribuídas ao transportador, que decorrem do Código Civil e de outros estatutos:

I – Receber, transportar e entregar a mercadoria no tempo e lugar convencionados.

II – Emitir o conhecimento de transporte – art. 744 do Código Civil.

III – Seguir o itinerário que for ajustado, se as partes o determinaram. Não obedecendo, responderá o transportador pelos riscos, inclusive os que caberiam ao remetente.

IV – Aceitar variação de consignação, ou seja, alteração do destinatário, inclusive de via de encaminhamento e do destino, conforme permite o art. 748 do Código Civil.

V – Permitir, a quem de direito, o desembarque em trânsito da mercadoria mediante apresentação do conhecimento, salvo se se tratar de mercadorias sujeitas a transporte com regulamentação especial, ou se se tratar de endossatário em penhor.

VI – Comunicar ao remetente e solicitar informações, no caso de impedimento de efetuar o transporte, de retardamento ou longa interrupção – art. 753 e parágrafos.

VII – Exercer as obrigações de depositário, desde o recebimento da mercadoria – art. 751 da lei civil.

Ao transportador recairá a responsabilidade especialmente nestes casos:

I – Perdas, furtos ou avarias nas mercadorias transportadas. Desde o momento em que recebe a mercadoria, até o da entrega, responde o transportador por sua perda, ou avaria e furtos, se não provar a ocorrência de força maior, ou vício intrínseco, de acordo com o revogado art. 103 do Código Comercial e o vigente art. 750 do Código Civil.

No caso de furto e roubo, já se manifestou a jurisprudência pelo não reconhecimento do caso fortuito ou força maior: "Transporte de mercadorias. Ação de seguradora contra transportadora. Assalto. Irrelevância. Responsabilidade caracterizada. A própria natureza do contrato de transporte não contempla a isenção de responsabilidade por motivo de roubo ou assalto nos termos do art. 1º da Lei nº 2.681/12, impondo-se a presunção de culpa, à exceção do caso fortuito ou da força maior (TSP – Ap. 301.043-Capital – rel. Des. Minhoto Júnior – *in* Jurisprudência do Seguro, pp. 242/243, nº 105).

Direito de regresso em caso fortuito ou de força maior. Não se vislumbram, na espécie, o *fortuitus* ou a *vis major* pela própria ausência de embute na normal legal."[80]

---

[80] Apel. Cível nº 49.366, da 2ª Câmara Cível do Tribunal de Justiça de Santa Catarina, j. em 17.10.1995, *in Revista dos Tribunais*, 729/298.

Entrementes, constitui uma incongruência com a realidade não incluir o roubo ou assalto na força maior, pois se está exigindo que o transportador deva colocar em jogo a vida de seus prepostos no ingente esforço de repelir tal evento. De outro lado, bem assentou o Tribunal de Justiça do Rio de Janeiro: "O transportador não está investido no poder estatal de garantir a segurança pública, e, assim, não pode evitar ou impedir a morte dos passageiros do ônibus, ainda que se lamente o fato ocorrido e suas consequências Caso fortuito ou de força maior caracterizado, não ensejando indenização pelos prejuízos deles resultantes."[81]

Se proveniente a perda de defeito de embalagem, a responsabilidade também é do transportador, desde que tenha aceitado a mercadoria sem ressaltar a circunstância, conclusão a que se chega pelo art. 746 da lei civil, que permite ao transportador a recusa da mercadoria se deficiente a embalagem.

A liquidação é fixada, no caso de perda ou perecimento total, pelo valor declarado no conhecimento. Não aparecendo mencionado, pelo preço corrente do produto. Consistindo em avaria o dano, apura-se o prejuízo em função da diminuição do valor da coisa.

II – Danos relativos à entrega da mercadoria fora do prazo ajustado. Se não obedecido o prazo combinado, responde o transportador pelos danos que advierem do atraso, como aqueles provenientes da baixa dos preços ou diminuição que a mercadoria venha a ter (art. 111, atualmente revogado, do Código Comercial e art. 749 do Código Civil). Não convencionado o prazo, reputar-se-á o necessário para a duração da viagem, acrescido de alguns dias para o embarque e o desembarque.

III – Descumprimento das formalidades fiscais no curso da viagem. Surgindo danos por tal razão, responsável será o transportador.

IV – Realização do transporte com desídia, descumprindo as obrigações do art. 749 do estatuto civil.

c) Do destinatário

Quando o destinatário não é o remetente ou expedidor, o contrato de transporte afigura-se como uma estipulação a favor de terceiro, com o que discordam alguns autores, sob a razão de que ninguém pode estipular para si mesmo e para outrem. O certo é que o remetente faz a estipulação. O terceiro é aquele a quem se remete a mercadoria, ou seja, o destinatário. Não é ele parte integrante do contrato, mas parte necessária para a sua existência. Não é indispensável seu consentimento para a formação do contrato. Desde que anui, porém, fica preso aos seus efeitos. Responderá pela legitimidade do conhecimento e pela existência da mercadoria se transferir aquele para terceiro.

Destacam-se como suas principais obrigações:

I – Receber a mercadoria, embora se constitua este fato mais em um direito. Mas, recusando ou retardando o recebimento, pagará taxa de armazenagem ou estadia.

II – Pagar o frete, se não houver sido satisfeito pelo remetente, e estabelecer o conhecimento ou o contrato.

III – Entregar o conhecimento ao transportador, sem o que lhe é vedado retirar a mercadoria, exceto nos casos de perda ou extravio do conhecimento nominal ou do conhecimento à ordem.

---

[81] Apel. Cível nº 2000.001.10048, da 15ª Câmara Cível.

3.8. Prazo de duração da responsabilidade do transportador

Pelo art. 750 do Código Civil, a responsabilidade do transportador começa a correr desde o momento em que ele recebe as mercadorias, e a cessação ocorrerá com a efetiva entrega ao destinatário ou à pessoa por ele autorizada legalmente, conforme consta dos mesmos dispositivos. Se houver recusa do destinatário, ou ele não for encontrado, unicamente com o depósito em juízo exime-se o transportador.

Quanto ao transporte ferroviário, diz o art. 3º da Lei nº 2.681, de 07.12.1912, que a responsabilidade inicia a partir do recebimento na estação pelos empregados, antes mesmo do respectivo despacho.

O Regulamento Geral dos Transportes Ferroviários – Decreto nº 1.832, de 1996 –, no art. 30, traz a seguinte regra: "A responsabilidade da Administração Ferroviária começa com o recebimento da mercadoria e cessa com a entrega da mesma, sem ressalvas, ao destinatário."

3.9. Prazo decadencial e prescricional em questões de transporte

Sobre a decadência, encontram-se duas regras nos dispositivos do Código Civil que tratam do transporte.

Em primeiro lugar, no caso de dar o remetente informação inexata ou falsa descrição dos bens, reserva o art. 745 o lapso de cento e vinte dias para a competente ação, de iniciativa do transportador, a fim de exercer o direito que lhe entende competir: "Em caso de informação inexata ou falsa descrição no documento a que se refere o artigo antecedente, será o transportador indenizado pelo prejuízo que sofrer, devendo a ação respectiva ser ajuizada no prazo de 120 (cento e vinte) dias, a contar daquele ato, sob pena de decadência." Na hipótese, o dono da carga, ou remetente, entrega ao transportador uma relação de mercadorias inexata, ou uma falsa descrição das mesmas, podendo esta conduta resultar em prejuízos. É o caso de constituir a carga de mercadorias altamente inflamáveis, ou facilmente deterioráveis, vindo a provocar um incêndio, ou a contaminar outros produtos carregados. Diante da omissão em informar, assiste ao transportador reclamar a indenização dos danos ocorridos, desde que manifeste o direito no lapso temporal de cento e vinte anos.

Em segundo lugar, há a situação estabelecida no parágrafo único do art. 754, que concede o prazo de dez dias para o destinatário exercer seu direito contra o transportador, em razão de perda parcial ou de avaria não perceptível à primeira vista: "No caso de perda parcial ou avaria não perceptível à primeira vista, o destinatário conserva a sua ação contra o transportador, desde que denuncie o dano em 10 (dez) dias a contar da entrega."

Quanto à prescrição, na falta de disposição específica fixando prazo mais curto, é de dez anos o lapso prescricional em outras reparações diferentes das situações acima.

Tratando-se de transporte aéreo, o Código Brasileiro de Aeronáutica (Lei nº 7.565, de 19.12.1986), dilata o lapso temporal para dois anos, de acordo com o art. 317, a contar da data em que se verificou o dano, da data da chegada ou do dia em que devia chegar a aeronave ao ponto de destino, ou da interrupção do transporte.

Quanto ao transporte marítimo, disciplinado pelo Decreto-lei nº 116, de 25.01.1967, o prazo é de um ano, conforme seu art. 8º: "Prescrevem ao fim de um ano, contado da data do término da descarga do navio transportador, as ações por extravio de carga, bem como as ações por falta de conteúdo, diminuição, perdas e avarias ou danos à carga." O Decreto nº 64.387, de 22.04.1969, que regulamentou o Decreto-lei nº 116, repete a mesma regra, no art. 8º.

O prazo, entretanto, apenas atinge a ação relativamente ao dono da carga, e não o terceiro.

3.10. Exoneração de responsabilidade através de cláusula contratual

Não valerá a cláusula que exime o transportador de responsabilidade.

O Decreto nº 19.473, de 10.12.1930, que regulava os conhecimentos de transporte de mercadorias por terra, água ou ar, no art. 1º, era incisivo neste sentido: "O conhecimento de frete original, emitido por empresas de transporte por água, terra ou ar, prova o recebimento da mercadoria e a obrigação de entregá-la no lugar do destino. Reputa-se não escrita qualquer cláusula restritiva, ou modificativa, dessa prova, ou obrigação." No entanto, o referido Decreto veio a ser revogado pelo Decreto sem número de 25.04.1991.

A jurisprudência tem sufragado aquela disposição legal, não dando guarida a cláusulas de isenção de responsabilidade: "As expressões *said to be* ou *said to weigh* nos conhecimentos de embarque não podem levar à aceitação da cláusula de não indenizar, constituindo simples ressalvas que não desobrigam o transportador pela entrega da mercadoria na quantidade admitidamente recebida, tanto mais quando serviu de base para determinar-se o valor do frete. Também não o isenta a verificação perfunctória do peso da carga, feita por levantamento de calado. A chamada 'quebra natural de viagem', por ter o produto sido transportado a granel, há que ser demonstrada como inevitável."[82] Já o Superior Tribunal de Justiça: "Nos contratos de transporte, a cláusula limitativa da responsabilidade do transportador é desvalidada quando torna irrisória a indenização."[83]

A respeito, existe a Súmula nº 161, do STF: "Em contrato de transporte, é inoperante a cláusula de não indenizar."

J. C. Sampaio de Lacerda exemplifica as cláusulas admissíveis de não indenizar, que constituem exceção à regra de indenizar: "São elas: a) cláusula de negligência; ... c) cláusula de irresponsabilidade para casos determinados; d) relativas à verificação da carga, quando figuram no conhecimento as expressões: 'peso desconhecido', 'quantidade desconhecida', 'número desconhecido', ou em relação à qualidade da carga pelas expressões 'que diz ser' ou 'sem aprovar'..."[84]

Tem-se admitido, porém, às partes convencionarem cláusula de não garantia mediante diminuição do valor da tarifa, constando tal acordo de cláusula expressa do contrato.

---

[82] Julgados do Tribunal de Alçada do RGS, vol. 42, p. 358.

[83] REsp. nº 76.619, de 12.02.1996, da 4ª Turma do STJ, em *Revista do Superior Tribunal de Justiça*, 83/264. Outros julgamentos da mesma Corte: Recursos Especiais nºs 644, 2.419-SP, 12.220/SP e 39.082/SP.

[84] *Curso de Direito Comercial Marítimo e Aeronáutico*, Rio de Janeiro, Editora Freitas Bastos, 1949, p. 219, nº 159, letra "c".

4. RESPONSABILIDADE NO TRANSPORTE CUMULATIVO

De primordial importância a regra do art. 733 do CC, que trata do transporte cumulativo, isto é, do transporte que se faz sucessivamente por terra, por mar e pelo espaço aéreo, ou que envolve vários trajetos, com diversos transportadores. Cada transportador responde pelo que ocorrer no respectivo percurso, arcando com as perdas e danos. A norma referida externa-se com clareza: "Nos contratos de transporte cumulativo, cada transportador se obriga a cumprir o contrato relativamente ao respectivo percurso, respondendo pelos danos nele causados a pessoas e coisas."

A questão deve ser encarada com ressalva. A incidência da norma ocorre caso o dono da mercadoria ou a pessoa contratante celebre distintos contratos, isto é, *v. g.*, com o transportador no percurso em terra, depois com o dono da embarcação naval enquanto o transporte se dá no mar, e, finalmente, com o titular da aeronave no trajeto do deslocamento pelo espaço aéreo. Se a relação se restringe a uma agência que efetua os três tipos de transporte, a responsabilidade recai somente sobre ela, não alcançando, quanto ao dono do produto ou à pessoa, os subcontratados pelo agente, a não ser que o contrário pretenda o lesado.

De bom alvitre lembrar que a responsabilidade inicia com o recebimento do objeto ou do indivíduo transportado, e termina com a entrega, e não com o embarque ou desembarque, por força do art. 750: "A responsabilidade do transportador, limitada ao valor constante do conhecimento, começa no momento em que ele, ou seus prepostos, recebem a coisa; termina quando é entregue ao destinatário, ou depositada em juízo, se aquele não for encontrado." Assim também acontece no seguro, em vista da regra do art. 780: "A vigência da garantia, no seguro de coisas transportadas, começa no momento em que são pelo transportador recebidas, e cessa com a sua entrega ao destinatário."

Se houver atraso ou interrupção da viagem, os danos compreendem a totalidade do percurso contratado, pela razão de ser de resultado o contrato de transporte, comprometendo-se o transportador a entregar a coisa ou a pessoa no local de destino. Revela-se peremptório o § 1º do art. 733: "O dano, resultante do atraso ou da interrupção da viagem, será determinado em razão da totalidade do percurso." Não se pense, pois, que arca o transportador unicamente com os percalços havidos em um certo trecho do caminho, ou em um porto. Se a mercadoria se deteriorou em virtude da demora, mesmo que por motivo de pane no veículo no trecho do deslocamento por terra, responde o transportador terrestre.

É solidária a responsabilidade se ocorrer a substituição do transportador, recaindo a indenização em todos os que participaram na deslocação da coisa ou da pessoa, como revela o § 2º: "Se houver substituição de algum dos transportadores no decorrer do percurso, a responsabilidade solidária estender-se-á ao substituto." Acontece que, de regra, não assume o substituto unicamente a responsabilidade de um momento para outro. O dono do bem contratou o transporte em si. Por isso, não interessa a ele se ocorreu a mudança de transportador durante o itinerário do deslocamento. Aquele que se comprometeu junto ao titular do bem e aquele que efetivamente fez a remoção posicionam-se como responsáveis. A obrigação é uma e se mantém, não interessando que apareça mais de um executante da tarefa.

A responsabilidade solidária de todos os transportadores emerge nítida no art. 756, podendo aquele que foi chamado a responder ressarcir-se junto aos demais na proporção da correspondente participação de cada transportador, no que dá amparo explícito o art.

756: "No caso de transporte cumulativo, todos os transportadores respondem solidariamente pelo dano causado perante o remetente, ressalvada a apuração final da responsabilidade entre eles, de modo que o ressarcimento recaia, por inteiro, ou proporcionalmente, naquele ou naqueles em cujo percurso houver ocorrido o dano."

A disposição é de solar clareza. Embora qualquer transportador está sujeito a ser acionado isoladamente, reconhece-se o direito de procurar o reembolso junto àquele em cujo veículo ocorreu o dano, ou que efetivamente deu causa ao prejuízo.

Consagra o dispositivo, pois, a apuração final das responsabilidades, com a devida distribuição dos custos.

5. RESPONSABILIDADE NO TRANSPORTE AÉREO

A responsabilidade no transporte aéreo é regida por normas próprias, no que não contrariarem as do Código Civil, em razão de seu art. 732, que a distinguem da responsabilidade nas demais espécies de transporte.

O transporte aéreo consiste na operação de conduzir algo ou alguém de um lugar para outro através de aeronave, pelo espaço aéreo.

Considera-se aeronave todo aparelho manobrável em voo, apto a se sustentar e a circular no espaço aéreo mediante reações aerodinâmicas e capaz de transportar pessoas ou coisas.[85]

Entre outras classificações, salientam-se o transporte aéreo doméstico e o transporte aéreo internacional. O primeiro, conforme art. 215 da Lei nº 7.565, de 19.12.1986, que instituiu o atual Código Brasileiro de Aeronáutica, substituindo o Decreto-lei nº 32, de 18.11.1966, é aquele em que os pontos de partida, intermediários e de destino, estão localizados no território nacional. Considera-se o segundo quando o ponto de partida e o de destino ficam situados em países diversos, haja ou não interrupção ou baldeação.

No universo dos diplomas que tratam do transporte aéreo, destaca-se a Convenção de Varsóvia, de outubro de 1929, ratificada pelo Brasil em 2 de maio de 1931, e promulgada através do Decreto nº 20.704, de 24.11.1931.

Seu objetivo foi regular de modo uniforme as condições de transporte aéreo internacional, no que concerne aos documentos utilizados neste tipo de transporte, assim como à responsabilidade do transportador.

Em 28 de setembro de 1955, a dita convenção sofreu emendas, através do chamado Protocolo de Haia, promulgado pelo governo brasileiro mediante o Decreto nº 56.463, de 15.06.1965.

Outros convênios e protocolos com estados estrangeiros foram assinados pelo Brasil, como o de Guadalajara, de 16.09.1961; o de Guatemala, de 10.01.1971; e o de Montreal, de 25.09.1975, com a respectiva aplicação imposta por diplomas específicos.

Outrossim, vigorava anteriormente o Decreto-lei nº 32, de 18.11.1966, o denominado Código Brasileiro do Ar, que teve plena aplicação ao lado das convenções sancionadas. A atual Lei, de nº 7.565, passou a vigorar em 30.12.1986.

---

[85] José da Silva Pacheco, *Alguns Aspectos Jurídicos do Transporte Aéreo*, em *Revista dos Tribunais*, nº 550, p. 12.

5.1. Responsabilidade quanto aos danos causados ao passageiro e à bagagem ou carga

Nos termos do art. 256, *caput*, do atual Código Brasileiro de Aeronáutica, responde o transportador por qualquer dano resultante de acidente relacionado com a aeronave em voo ou na superfície, a seu bordo ou em operação de embarque ou desembarque, que causar a morte ou lesão corporal do passageiro, salvo culpa deste e sem culpabilidade do transportador ou de seus prepostos.

A responsabilidade é contratual. Assim transparece no art. 256 e seu § 1º: "O transportador responde pelo dano decorrente: I – de morte ou lesão de passageiro, causada por acidente ocorrido durante a execução do contrato de transporte aéreo, a bordo de aeronave ou no curso das operações de embarque e desembarque; II – de atraso do transporte aéreo contratado." O § 1º: "O transportador não será responsável: a) no caso do item I, se a morte ou lesão resultar, exclusivamente, do estado de saúde do passageiro, ou se o acidente decorrer de sua culpa exclusiva; b) no caso do item II, se ocorrer motivo de força maior ou comprovada determinação da autoridade aeronáutica, que será responsabilizada."

O art. 257, do mesmo diploma, fixa a tarifa para a indenização, observando que, a partir da extinção da outrora Obrigação do Tesouro Nacional – OTN, a correção monetária passou a obedecer outros índices, sendo o mais apropriado o IGP-M: "A responsabilidade do transportador, em relação a cada passageiro e tripulante, limita-se, no caso de morte ou lesão, ao valor correspondente, na data do pagamento, a 3.500 (três mil e quinhentos) Obrigações do Tesouro Nacional (OTN), e, no caso de atraso do Transporte, a 150 (cento e cinquenta) Obrigações do Tesouro Nacional (OTN)." O § 1º permite contratar um limite superior: "Poderá ser fixado limite maior mediante pacto acessório entre o transportador e o passageiro." E se a indenização for fixada em renda, estabelece o § 2º: "Na indenização que for fixada em forma de renda, o capital para a sua constituição não poderá exceder o maior valor previsto neste artigo."

O § 2º, letra "a", do art. 256 inclui outras pessoas quanto à indenização: "A responsabilidade do transportador estende-se... a) a seus tripulantes, diretores e empregados que viajarem na aeronave acidentada, sem prejuízo de eventual indenização por acidente de trabalho."

Trata o art. 267 do transporte gratuito: "Quando não houver contrato de transporte (arts. 222 a 245), responsabilidade civil por danos ocorridos durante a execução dos serviços aéreos obedecerá ao seguinte:

I – no serviço aéreo privado (arts. 177 a 179), o proprietário da aeronave responde por danos ao pessoal técnico a bordo e às pessoas e bens na superfície, nos limites previstos, respectivamente nos arts. 257 deste Código, devendo contratar seguro correspondente (art. 178, §§ 1º e 2º);

II – no transporte gratuito realizado por empresa de transporte aéreo público, observa-se o disposto no art. 256, § 2º, deste Código;

III – no transporte gratuito realizado pelo Correio Aéreo Nacional, não haverá indenização por danos a pessoa ou bagagem a bordo, salvo se houver comprovação de culpa ou dolo dos operadores da aeronave."

O § 1º complementa o inc. III: "No caso do item III deste artigo, ocorrendo a comprovação de culpa, a indenização sujeita-se aos limites previstos no capítulo anterior, e no caso de ser comprovado o dolo, não prevalecem os referidos limites."

Cuida o art. 260 do transporte de bagagem e da responsabilidade em caso de perda, extravio, destruição ou avaria: "A responsabilidade do transportador por dano, consequente da destruição, perda ou avaria da bagagem despachada ou conservada em mãos do passageiro, ocorrida durante a execução do contrato de transporte aéreo, limita-se ao valor correspondente a 150 (cento e cinquenta) Obrigações do Tesouro Nacional (OTN), por ocasião do pagamento, em relação a cada passageiro."

O art. 262 fixa o limite da reparação nos danos à carga: "No caso de atraso, perda, destruição ou avaria de carga, ocorrida durante a execução do contrato do transporte aéreo, a responsabilidade do transportador limita-se ao valor correspondente a 3 (três) Obrigações do Tesouro Nacional (OTN) por quilo, salvo declaração especial de valor feita pelo expedidor e mediante o pagamento de taxa suplementar, se for o caso (arts. 239, 241 e 244)."

O art. 264 alinha as hipóteses de isenção de responsabilidade: "O transportador não será responsável se comprovar:

I – que o atraso na entrega da carga foi causado por determinação expressa de autoridade aeronáutica do voo, ou por fato necessário, cujos efeitos não era possível prever, evitar ou impedir;

II – que a perda, destruição ou avaria resultou, exclusivamente, de um ou mais dos seguintes fatos:

a) natureza ou vício próprio da mercadoria;

b) embalagem defeituosa da carga, feita por pessoa ou seus prepostos;

c) ato de guerra ou conflito armado;

d) ato de autoridade pública referente à carga."

A indenização toma para a base do cálculo o peso do produto e não seu valor, ou o tipo qualitativo.

O cálculo da indenização só se faz sobre a parte da mercadoria direta ou indiretamente danificada.[86] A respeito, reza o art. 265: "A não ser que o dano atinja o valor de todos os volumes, compreendidos pelo conhecimento de transporte aéreo, somente será considerado, para efeito de indenização, o peso dos volumes perdidos, destruídos, avariados ou entregues com atraso."

Esta forma de transporte aéreo abrange o evento ocorrido durante o período em que a bagagem e a carga se acharem sob a guarda do transportador, em aeródromo, a bordo da aeronave ou em qualquer outro lugar, consoante norma do art. 245: "A execução do contrato de transporte aéreo de carga inicia-se com o recebimento e persiste durante o período em que se encontra sob a responsabilidade do transportador, seja em aeródromo, a bordo de aeronave ou em qualquer lugar, no caso de aterrissagem forçada, até a entrega final." E, pelo parágrafo único, é excluído do transporte aéreo o transporte terrestre ou aquático realizado fora do aeródromo. Se, porém, na execução do contrato for realizado transporte terrestre, marítimo ou fluvial para o carregamento, entrega, transbordo ou baldeação, presume-se ocorrido o dano durante o transporte aéreo, salvo prova em contrário.

Atribui o art. 230 responsabilidade ao transportador pelo atraso do transporte aéreo do passageiro: "Em caso de atraso da partida por mais de quatro horas, o transportador

---

[86] Octanny Silveira da Mota, *A Responsabilidade Contratual do Transportador Aéreo*, São Paulo, Editora Saraiva, 1966, p. 123.

providenciará o embarque do passageiro, em voo que ofereça serviço equivalente para o mesmo destino, se houver, ou restituirá, de imediato, se o passageiro o preferir, o valor do bilhete de passagem."

Conforme o art. 231, "quando o transporte sofrer interrupção ou atraso em aeroporto de escala por período superior a quatro horas, qualquer que seja o motivo, o passageiro poderá optar pelo endosso do bilhete de passagem ou pela imediata devolução do preço". Segundo o parágrafo único, "todas as despesas decorrentes da interrupção ou atraso da viagem, inclusive transporte de qualquer espécie, alimentação e hospedagem, correrão por conta do transportador contratual, sem prejuízo da responsabilidade civil".

Se ocorrer dano no atraso, a indenização corresponderá a 150 OTNs, na forma do art. 257. Mas, de conformidade com o § 1º, letra "b", do art. 256, o transportador não será responsável se "ocorrer motivo de força maior ou comprovada determinação de autoridade, que será responsabilizada".

Consideram-se, em obediência ao art. 247, nulas as cláusulas que isentam o transportador de responsabilidade, ou reduzam os limites estabelecidos para a indenização. Pelo art. 248, será total a indenização caso verificar-se dolo ou culpa grave do transportador ou de seus prepostos, excluindo-se as atenuações ou limitações estabelecidas nas demais hipóteses. Quanto ao dolo ou culpa grave, encerra o § 1º: "Para os efeitos deste artigo, ocorre dolo ou culpa grave quando o transportador ou seus prepostos quiserem o resultado ou assumirem o risco de produzi-lo." Mas, exige o § 2º: "O demandante deverá provar, no caso de dolo ou culpa grave dos prepostos, que estes atuavam no exercício de suas funções."

De igual modo, não prevalecerão os limites do art. 263 se as partes dispuserem diferentemente, o que poderá aferir-se nos conhecimentos das mercadorias e nos comprovantes das cargas, ou notas de bagagem.

As normas, assinala Antônio Chaves, "baseiam-se nos princípios da presunção de responsabilidade do transportador, da limitação dessa responsabilidade e da proibição de cláusulas contratuais que tendam a excluir a responsabilidade ou fixá-la aquém dos montantes legalmente estabelecidos".[87]

Finalmente, as constantes panes não isentam de responsabilidade: "Cabe responsabilidade pela inexecução de contrato de transporte aéreo internacional, ocorrendo reincidência de pane em voos causados por defeitos mecânicos da aeronave, acarretando seu retorno por duas oportunidades ao local da decolagem. Descabe a exclusão de culpa da companhia aérea por exercício regular do direito ou estrito cumprimento do dever legal, sendo inaplicável, ao caso, os dispositivos da Convenção de Varsóvia, regulando tal matéria o Código de Defesa do Consumidor. Dano moral devido ao passageiro em razão do justo receio da ocorrência de acontecimento trágico e da perda de compromisso profissional com fixação do *quantum* em valor monetário nominal, considerando-se o grau de culpa e o porte econômico do réu, e o nível socioeconômico do autor."[88]

---

[87] *Responsabilidade do Transportador por Via Aérea*, em Juriscível do STF, Repertório Autorizado da Jurisprudência do Supremo Tribunal Federal, Rio de Janeiro, Editora 'Legis Summa', 1982, nº 109, p. 30.

[88] Apel. nº 1.078.357-8, da 2ª Câmara do 1º TA Civ. de São Paulo, *ADCOAS* 8213158, *Boletim de Jurisprudência ADCOAS*, nº 2, p. 24, jan. 2003.

5.2. Responsabilidade quanto aos danos causados a terceiros

Primeiramente, cumpre distinguir se o dano foi causado pela aeronave no solo e com os motores parados, ou pela aeronave em voo ou em manobra. Considera-se aquela em voo ou manobra desde o momento em que é empregada a sua força motriz para decolar, até que tenha fim o movimento próprio, por cessar a força motriz ou terminar a operação de pouso (art. 268, § 3º). Tratando-se de aeronave sem força motriz, ou mais leve que o ar, como na hipótese de planador, da asa voadora ou do balão dirigível, o voo e a manobra estão compreendidos no período limitado pelo início e pelo fim do movimento, ou desta maneira se consideram desde o momento em que a aeronave se desprende da superfície até aquele em que a ela novamente retorna, como estabelece o art. 268, em seu § 4º.

Provocando o dano quando a aeronave se encontra no solo e com os motores parados, ou resultar de dolo ou culpa grave do explorador ou de seus prepostos, aplicam-se as normas comuns da responsabilidade, não incidindo a limitação. Da mesma forma, se o dano for causado por outrem que não o explorador ou seus tripulantes. É o que se depreende do art. 272: "Nenhum efeito terão os dispositivos deste Capítulo sobre o limite de responsabilidade quando:

I – o dano resultar de dolo ou culpa grave do explorador ou de seus prepostos;

II – seja o dano causado pela aeronave no solo e com seus motores parados;

III – o dano seja causado a terceiros na superfície, por quem esteja operando ilegal ou ilegitimamente a aeronave."

Mas submetem-se às regras especiais do transporte aeroviário os danos provocados por aeronave em voo no território nacional, ainda que utilizada sem permissão do explorador, ou pilotada, ou manobrada por alguém que exorbite de suas atribuições, e os danos resultantes da queda de pessoas ou coisas projetadas ou caídas do aparelho, mesmo que alijadas ou despejadas por força maior, como para aliviar o peso nas situações de perigo ou pane. Preceitua, a respeito, o art. 268: "O explorador responde pelos danos a terceiros na superfície, causados, diretamente, por aeronave em voo, ou manobra, assim como por pessoa ou coisa dela caída ou projetada." O § 1º: "Prevalece a responsabilidade do explorador quando a aeronave é pilotada por seus prepostos, ainda que exorbitem de suas atribuições." O § 2º discrimina as hipóteses de exclusão de responsabilidade: "Exime-se o explorador da responsabilidade se provar que:

I – não há relação direta de causa e efeito entre o dano e os fatos apontados;

II – resultou apenas da passagem da aeronave pelo espaço aéreo, observadas as regras de tráfego aéreo;

III – a aeronave era operada por terceiro, não preposto nem dependente, que iludiu a razoável vigilância exercida sobre o aparelho;

IV – houve culpa exclusiva do prejudicado."

Tais causas de exclusão praticamente não acontecem. O mais correto é considerar objetiva a responsabilidade, mesmo em caso de força maior ou caso fortuito, em face da natureza da coisa que provoca o dano, em obediência ao direito comum.

A responsabilidade nas indenizações segue os seguintes limites, conforme o art. 269: "A responsabilidade do explorador estará limitada:

I – para aeronaves com o peso máximo de 1.000 (um mil quilogramas), à importância correspondente a 3.500 (três mil e quinhentas) OTNs (Obrigações do Tesouro Nacional);

II – para aeronaves com peso superior a 1.000 (um mil quilogramas), à quantia correspondente a 3.500 (três mil e quinhentas) OTNs (Obrigações do Tesouro Nacional) acrescida de 1/10 (um décimo) do valor de cada OTN (Obrigação do Tesouro Nacional) por quilograma que exceder a 1.000 (um mil)."

No entanto, há forte doutrina combatendo a tarifação da indenização, ressaltando Carlos Roberto Gonçalves: "O art. 269 do Código Brasileiro de Aeronáutica, que limita a responsabilidade das empresas aéreas pelos danos causados a terceiros, perdeu a eficácia a partir da entrada em vigor da Constituição Federal de 1988, que estendeu a responsabilidade objetiva, atribuída ao Estado, às pessoas jurídicas de direito privado prestadoras de serviços públicos, pelos danos que seus agentes, nessa qualidade, causarem a terceiros (art. 37, § 6º), sem estabelecer qualquer limite para a indenização. Assim, como não há limite para a responsabilidade civil do Estado, igualmente não há para a das concessionárias e permissionárias de serviços públicos, que emana da mesma fonte. A perda de eficácia do aludido dispositivo foi reafirmada com a promulgação do Código de Defesa do Consumidor. Em caso de dolo ou culpa, o art. 272 do citado Código Brasileiro de Aeronáutica já afastava a responsabilidade limitada do explorador da atividade aérea ou de seus prepostos. Pelos mesmos fundamentos, já não vige a responsabilidade limitada da administração dos aeroportos, em serviços de infraestrutura, pelos danos causados por seus agentes a passageiros ou coisas dentro do aeroporto, prevista no art. 280, II, do mesmo diploma, pois os operadores dos referidos serviços se enquadram na expressão 'agentes públicos'."[89]

O art. 270 prevê a forma de pagamento: "O explorador da aeronave pagará aos prejudicados habilitados 30% (trinta por cento) da quantia máxima, a que estará obrigado, nos termos do artigo anterior, dentro de 60 (sessenta) dias a partir da ocorrência do fato (arts. 252 e 253)."

O § 1º assinala que o explorador se exime do dever de efetuar o pagamento desde que tenha proposto ação para se isentar de responsabilidade sob a alegação de culpa predominante ou exclusiva do prejudicado.

O § 2º, por sua vez, ordena que o saldo de 70% (setenta por cento) será rateado entre todos os prejudicados habilitados, quando após o decurso de 90 (noventa) dias do fato, não pender qualquer processo de habilitação ou ação de reparação do dano (arts. 254 e 255)".

Pelo art. 271, distribui-se a indenização se os danos excederam as responsabilidades previstas no artigo anterior: "Quando a importância total das indenizações fixadas exceder ao limite de responsabilidade estabelecido neste Capítulo, serão aplicadas as regras seguintes:

I – havendo apenas danos pessoais ou apenas danos materiais, as indenizações serão reduzidas proporcionalmente aos respectivos montantes;

II – havendo danos pessoais e materiais, metade da importância correspondente ao limite máximo de indenização será destinada a cobrir cada espécie de dano; se houver saldo, será ele utilizado para complementar indenizações que não tenham podido ser pagas em seu montante integral."

---

[89] *Responsabilidade Civil*, ob. cit., pp. 294 e 295.

5.3. Responsabilidade decorrente do abalroamento aéreo

Segundo o art. 273 da Lei nº 7.565, considera-se abalroamento aéreo qualquer colisão entre duas ou mais aeronaves, em voo ou em manobra na superfície. Definem-se como prejuízos os danos causados por aeronave em voo ou manobra à outra aeronave também em voo ou em manobra, mesmo que não resultem de colisão.

Segundo aparece no art. 274, a responsabilidade pela reparação, sendo unilateral a culpa, cabe ao explorador da aeronave causadora do dano. Mas, apurada a culpa comum ou concorrente na abalroação, a responsabilidade dos exploradores é solidária e proporcional à gravidade da culpa, tudo conforme arts. 274 e 275. Não se apurando a proporcionalidade, reza o parágrafo único do último dispositivo: "Não se podendo determinar a proporcionalidade, responde cada um dos exploradores em partes iguais."

Os prejuízos indenizáveis são os seguintes (art. 276):

I – Os causados a pessoas e coisas a bordo das aeronaves envolvidas;

II – Os sofridos pela aeronave abalroada;

III – Os decorrentes da privação de uso da aeronave abalroada;

IV – Os danos causados a terceiros, na superfície.

Incluem-se no ressarcimento, conforme o parágrafo único do art. 276, as despesas, inclusive judiciais, assumidas pelo explorador da aeronave abalroada, em consequência do evento danoso.

Eis os limites máximos de indenização, na forma do art. 277:

a) Quanto às pessoas, no caso de morte ou lesão, até o valor correspondente, na data do pagamento, a 3.500 OTNs, elevado ao dobro (art. 257).

b) Quanto à bagagem por perda, destruição ou avaria, até o equivalente a 150 OTNs, em relação a cada passageiro, elevado ao dobro (art. 260).

Nestas hipóteses, a indenização se refere apenas às pessoas e coisas a bordo.

c) Quanto à carga, por perda, destruição ou avaria, ocorrida durante a execução do contrato de transporte, o valor corresponderá a seis OTNs por quilo (art. 262).

d) Quanto a terceiros na superfície, para aeronaves com o peso máximo de 1.000 quilogramas, até o valor correspondente a 3.500 OTNs; e para aeronaves com peso superior a 1.000 quilogramas, até o valor equivalente a 3.500 OTNs, acrescido de um décimo do valor de cada OTN por quilograma que exceder a 1.000, tudo em dobro.

e) O correspondente ao valor dos reparos e substituições de peças da aeronave abalroada, se recuperável, ou de seu valor real imediatamente anterior ao evento, se inconveniente ou impossível a recuperação.

f) O correspondente ao décimo do valor real da aeronave abalroada imediatamente anterior ao evento, em virtude da privação de seu uso normal.

Não prevalecem os limites fixados nos dispositivos acima, se:

I – O abalroamento resultar de dolo ou culpa grave específico do explorador ou de seus prepostos;

II – O explorador da aeronave causadora do abalroamento tiver concorrido, por si ou por seus prepostos, para o evento, mediante ação ou omissão violadora das normas em vigor sobre tráfego aéreo;

Cap. XLIX | Contrato de Transporte e Responsabilidade • **647**

III – O abalroamento for consequência de apossamento ilícito ou uso indevido da aeronave, sem negligência do explorador ou de seus prepostos, os quais, neste caso, ficarão eximidos de responsabilidade (art. 278).

5.4. Prazo de prescrição para a ação de reparação

Diz o art. 317 do Código Brasileiro de Aeronáutica que os direitos decorrentes das relações jurídicas e dos fatos da aviação deverão ser exercidos dentro de dois anos, a contar, em geral, da data em que se verificou o dano, ou daquela em que a aeronave deveria ter chegado ao destino, tudo de acordo com os vários itens do referido dispositivo: "Prescreve em dois anos a ação:

I – por danos causados a passageiros, bagagem ou carga transportada, a contar da data em que se verificou o dano, da data da chegada ou do dia em que devia chegar a aeronave ao ponto de destino, ou da interrupção do transporte;

II – por danos causados a terceiros na superfície, a partir do dia da ocorrência do fato;

III – por danos emergentes no caso de abalroamento a partir da data da ocorrência do fato;

IV – para obter remuneração ou indenização por assistência e salvamento, a contar da data da conclusão dos respectivos serviços, ressalvado o disposto nos parágrafos do art. 61;

V – para cobrar créditos, resultantes de contratos sobre utilização de aeronave, se não houver prazo diverso neste Código, a partir da data em que se tornem exigíveis;

VI – de regresso, entre transportadores, pelas quantias pagas por motivo de danos provenientes de abalroamento, ou entre exploradores, pelas somas que um deles haja sido obrigado a pagar, nos casos de solidariedade ou ocorrência de culpa, a partir da data do efetivo pagamento;

VII – para cobrar créditos de um empresário de serviços aéreos contra outro, decorrentes de compensação de passagens de transporte aéreo, a partir de quando se tornem exigíveis;

VIII – por dano causados por culpa da administração do aeroporto ou da Administração Pública (art. 230), a partir do dia da ocorrência do fato;

IX – do segurado contra o segurador, contado o prazo do dia em que ocorreu o fato, cujo risco estava garantido pelo seguro (art. 281);

X – contra o construtor de produto aeronáutico, contado da ocorrência do dano indenizável."

O direito de ação contra os alienantes da aeronave, por defeitos ocultos, ou para rescindir o contrato e reaver o preço pago, acrescido de perdas e danos, prescreve em seis meses, a contar da tradição (art. 316).

5.5. A responsabilidade segundo a Convenção de Varsóvia e o Código Brasileiro de Aeronáutica

Em 24.11.1931, através do Decreto nº 20.704, o Brasil promulgou a Convenção de Varsóvia, sobre a responsabilidade no transporte aéreo, o que levou, posteriormente, ao entendimento de prevalecerem suas disposições no território nacional, ficando, em consequência, derrogadas as regras do então Código Brasileiro do Ar (Decreto-lei nº 32), com aquelas conflitantes.

Várias as razões invocadas na defesa desta *ratio*.

Primeiramente, do próprio art. 1º do mencionado Código emerge dita conclusão, ao constar nele: "O direito aéreo é regulado pelas Convenções e Tratados que o Brasil tenha ratificado e pelo presente Código." É o conteúdo semelhante ao constante no art. 1º da atual Lei nº 7.565. Daí depreender-se que a norma local teria caráter de subsidiariedade, com a prevalência do Direito Internacional Público, adequadamente incorporado em nosso ordenamento jurídico.

De outro lado, defendia-se que o Decreto-lei nº 32, no art. 81, era expresso em definir a sua limitação ao transporte doméstico: "Considera-se doméstico e é regido pelo presente Código todo transporte em que os pontos de partida, intermediários e destino estejam situados em território nacional." A disposição é mantida pelo art. 215 da Lei nº 7.565.

Somavam-se, ainda, outros argumentos, que consideravam indispensável a uniformização internacional das regras sobre transporte aéreo: "Le droit aérien est international. De nos jours, peu a peu, nous voyons s'édifier un droit qui tend à l'universalisme."[90]

Buscar-se-ia, através das convenções internacionais, uma interpretação harmoniosa, dispensando-se, portanto, um tratamento similar tanto a nacionais como a estrangeiros.

Em virtude dos tratados ratificados pelo Brasil não terem sido denunciados, estariam eles a viger frente aos demais países que os subscreveram, ou a eles aderiram, importando, daí, a permissão aos estrangeiros – transportadores ou usuários –, que vierem a sofrer danos nesse tipo de transporte, poderem invocar, em seu benefício, as normas de direito internacional, às quais o Brasil se vinculou, enquanto o revogado Código Brasileiro do Ar, e mesmo o atual, ficariam restritos a seus nacionais, usuários ou transportadores. A situação ficaria agravada para os transportadores alienígenas, porque estariam no abrigo de uma limitação de valores, mas, no Brasil, correriam o risco de suportar condenações ultrapassando aqueles parâmetros preestabelecidos. As consequências seriam funestas para o transporte aéreo brasileiro, porquanto as naves estrangeiras, prejudicadas, poderiam cessar as atividades no território nacional, isolando-o do restante do orbe.[91]

Defende-se, outrossim, a tese de que o transporte doméstico é regulado pelo Código Brasileiro de Aeronáutica e pela legislação interna; e o transporte internacional pelas convenções internacionais e acordos bilaterais.

Mais razões costumam os autores invocar, mas desnecessário é estender-se na discussão. No Brasil, possuímos um Código de Navegação Aérea, vale dizer, um conjunto de regras especiais que disciplina a matéria, a par de normas gerais que tratam da soberania sobre o espaço aéreo, a nacionalidade das aeronaves, etc. O traço característico das codificações prossegue o estudioso gaúcho Werter Rotunno Faria, "é separar, em diversos graus de abstração, regras gerais e especiais. Entretanto, não padece dúvida que as normas do art. 103, e seus parágrafos, do Código Brasileiro do Ar, são especiais, tendo por conteúdo fatos perfeitamente individualizados: responsabilidade por morte ou lesão corporal de passageiro de aeronave, perda e avaria de carga, bagagem e objetos que conservar sob sua guarda. Não só a lei especial derroga a geral, como a norma especial posterior revoga a anterior. Por conseguinte, e sem margem de dúvida no que concerne às matérias de ordem pública internacional (normas que vedam, no contrato de transporte aéreo, cláusulas destinadas a exonerar de responsabilidade o transportador, estabelecer para a mesma limite inferior ao fixado no Código Brasileiro do Ar, e instituir foro que não seja o do lugar do destino), as

---

[90] Marcel de Goff, *Manuel de Droit Aérien*, ed. Paris, 1961, p. 7.
[91] *Julgados do Tribunal de Alçada do RGS*, 44/333.

mencionadas disposições da Convenção de Varsóvia (atingidas pela exceção de ordem pública internacional) estão revogadas, diante do princípio de que a lei posterior revoga a anterior.[92]

Firma-se que tem primazia a vigência da lei brasileira. A junção das convenções ou tratados que o País adota é de complementariedade. O que a Lei nº 7.565, e outros diplomas, não regularam, deve ser decidido diretamente pelos tratados e convenções. Em outros termos, quando não existe regulamentação específica, o julgador há de buscar o fundamento de sua decisão no tratado.

Apresenta-se infundada a tese que atribui ao Código Brasileiro Aeronáutico a competência restrita ao transporte doméstico, e à Convenção de Varsóvia a competência de regular a navegação aérea internacional.

Ideias semelhantes já foram aventadas sobre as leis uniformes das letras cambiais e do cheque, mas nunca passaram de ideias. Seria inconstitucional admitirem-se duas ordens legais diferentes para o mesmo fato, provocando uma discriminação intolerável e avessa ao senso jurídico. Pretendesse o legislador que prevalecessem as regras internacionais, não disporia contrariamente àqueles cânones, ou especificaria a vigência local de certos dispositivos.

A circunstância de se manterem as convenções e os tratados celebrados com outros países não importa em negar a aplicabilidade das normas internamente elaboradas.

Ademais, tanto o Decreto-lei nº 32, que regia o transporte aéreo antes, como a vigente Lei nº 7.565, são posteriores à Convenção de Varsóvia e ao Protocolo de Haia. O princípio legal é de que a lei posterior revoga a anterior, quando aquela venha a regular a mesma matéria já regulada por esta (Lei de Introdução às normas do Direito Brasileiro, art. 2º, § 1º). Isto especialmente em se tratando de lei especial, relativamente à lei geral, que é anterior, como ocorre no caso presente.

Embora o entendimento defendido, o Superior Tribunal de Justiça manifestou inteligência contrária: "O tratado não se revoga com a edição de lei que contrarie norma nele contida. Perderá, entretanto, eficácia, quanto ao ponto em que exista antinomia, prevalecendo a norma legal.

Aplicação dos princípios, pertinentes à sucessão temporal das normas, previstos na Lei de Introdução às normas do Direito Brasileiro. A lei superveniente, de caráter geral, não afeta as disposições especiais contidas em tratado.

Subsistência das normas constantes da Convenção de Varsóvia, sobre transporte aéreo, ainda que disponham diversamente do contido no Código de Defesa do Consumidor."[93]

Na jurisprudência dos pretórios estaduais também desponta idêntica exegese: "De início, impõe-se ficar anotado que incide o Código Brasileiro de Aeronáutica, Lei nº 7.565, de 19.12.1986, no que diz com o transporte aéreo doméstico, e que no transporte aéreo internacional, como in casu, a lei de regência é a Convenção de Varsóvia, de 12.10.1929, promulgada pelo Decreto nº 20.704, de 24.11.1931, modificada pelo Protocolo de Emenda para a Unificação de Certas Regras Relativas ao Transporte Aéreo Internacional, celebrado em Haia, em 28.09.1955, promulgado pelo Decreto nº 56.463, de 15.06.1965."[94]

---

[92] "Limite e responsabilidade do transportador aéreo por perda de bagagem", em *AJURIS*, nº 2, *Revista da Associação dos Juízes do RGS*, Porto Alegre, p. 236, 1981.

[93] REsp. nº 58.736, de 13.12.1995, rel. Min. Eduardo Ribeiro, publicado na *Revista do Superior Tribunal de Justiça*, nº 83, p. 175.

[94] Apel. Cível nº 1.059.736-7, da 4ª Câmara Cível do 1º TACivSP, j. em 21.08.2002, em *Revista dos Tribunais*, 812/235.

650 • Responsabilidade Civil | *Arnaldo Rizzardo*

Naturalmente, em acidente doméstico, a incidência é sempre da lei brasileira.

Com a máxima vênia, a inteligência acima desvirtua o princípio da preponderância das leis internas, e de que os tratados ou convenções adotados pela lei não podem contrariar o ordenamento nacional. Inclusive o próprio STJ se inclinou para esta interpretação: "Responsabilidade civil objetiva. Voo internacional. Atraso. Aplicação do CDC.

Se o fato ocorreu na vigência do CDC, a responsabilidade por atraso em voo internacional afasta a limitação tarifada da Convenção de Varsóvia (CDC; arts. 6º, VI, e 14).

O contrato de transporte constitui obrigação de resultado. Não basta que o transportador leve o transportado ao destino contratado. É necessário que o faça nos termos avençados (dia, horário, local de embarque e desembarque, acomodações, aeronave etc.).

O Protocolo Adicional nº 3, sem vigência no direito internacional, não se aplica no direito interno. A indenização deve ser fixada em moeda nacional (Decreto nº 97.505/89)."[95]

Mais recentemente, no AgRg. no Ag. nº 827.374/MG, da 3ª Turma, j. em 4.09.2008, *DJU* de 23.09.2008, foi reiterada a inteligência: "Transporte aéreo de mercadorias. Extravio ou Perda. Ação de indenização. Convenção de Varsóvia. Código de Defesa do Consumidor.

É firme a jurisprudência desta Corte no sentido de que a responsabilidade civil do transportador aéreo pelo extravio de bagagem ou de carga rege-se pelo Código de Defesa do Consumidor, se o evento se deu em sua vigência, afastando-se a indenização tarifada prevista na Convenção de Varsóvia."

No voto do rel. Min. Sidnei Beneti, são lembrados precedentes, merecendo destaque os seguintes: "É firme a jurisprudência desta Corte no sentido de que a responsabilidade civil do transportador aéreo pelo extravio de bagagem ou de carga rege-se pelo Código de Defesa do Consumidor, se o evento se deu em sua vigência, afastando-se a indenização tarifada prevista na Convenção de Varsóvia. Sobre o tema, já se decidiu:

'A responsabilidade civil do transportador aéreo pelo extravio ou perda de bagagem regula-se pelo Código de Defesa do Consumidor, ficando, pois, elidida a aplicação dos parâmetros tarifados da Convenção de Varsóvia' (REsp. nº 347.449/RJ, rel. Min. Fernando Gonçalves, *DJ* de 29.11.04).

'Com o advento do Código de Defesa do Consumidor, a indenização pelo extravio de mercadoria não está sob o regime tarifado, subordinando-se ao princípio da ampla reparação, configurada a relação de consumo' (REsp. nº 209.527/RJ, rel. Min. Menezes Direito, *DJ* de 05.03.01)."

Qual o efeito ou resultado da aplicação de um ou outro diploma?

Segundo os valores assinalados na Convenção de Varsóvia e os instituídos pela atual lei, a indenização é diferente se tomar como padrão o primeiro diploma. Efetivamente, de acordo com a sua nova redação, no art. 22, introduzida pelo Protocolo de Haia, "limita-se a responsabilidade do transportador à importância de duzentos e cinquenta mil francos por passageiro", enquanto pela lei brasileira está em três mil e quinhentas Obrigações do Tesouro Nacional.

No transporte de mercadorias, ou de bagagem registrada, "a responsabilidade é limitada à quantia de duzentos e cinquenta francos por quilograma", ao passo que a Lei nº 7.565, no art. 262, restringe a três Obrigações do Tesouro Nacional por quilo a reparação.

---

[95] REsp. nº 151.401/SP, da 3ª Turma, j. em 17.06.2004, *DJU* de 01.07.2004.

Cap. XLIX | Contrato de Transporte e Responsabilidade • **651**

Quanto aos objetos que o passageiro conservar sob sua guarda, é de cinco mil francos por passageiro a responsabilidade do transportador; pelo mesmo fato, o Código Brasileiro de Aeronáutica, no art. 260, fixa em cento e cinquenta Obrigações do Tesouro Nacional o valor.

A soma indenizatória está sujeita a alterações por vontade das partes, mediante o pagamento de uma taxa suplementar.

As quantias em franco consideram-se referentes a uma unidade monetária constituída de sessenta e cinco miligramas e meia de ouro, ao título de novecentos milésimos de metal fino.

Outra decorrência da aplicação da lei brasileira é a desnecessidade do protesto estabelecido pelo art. 26 da Convenção de Varsóvia, alterado pelo Protocolo de Haia. Por este diploma, é obrigatório tal ato em caso de avaria, cumprindo que seja efetuado no prazo de sete dias em se tratando de bagagem, e de quatorze dias para as mercadorias, a contar do respectivo recebimento. Mesmo havendo atraso é indispensável a medida, a proceder-se dentro de vinte e um dias a partir daquele em que a bagagem ou mercadoria haja sido posta à disposição do destinatário.

Segundo a Lei nº 7.565, a falta da providência gera tão somente a presunção da entrega em bom estado e de conformidade com o documento de transporte, admitindo-se a produção de prova em contrário (art. 244).

5.6. Responsabilidade na perda ou extravio e na destruição de bagagem ou carga em acidente aeronáutico

As limitações estatuídas no Código Brasileiro de Aeronáutica e na Convenção de Varsóvia, alterada pelo Protocolo de Haia, devem proceder unicamente quando a perda ou extravio e a destruição ou danos decorram de acidente da aeronave, o que era claro ao tempo da vigência do Decreto-lei nº 32.

Assim deve ser, embora os arts. 260 e 262 da Lei nº 7.565 especifiquem que a destruição, perda e avaria da bagagem despachada ou de carga hão de acontecer durante a execução do contrato de transporte aéreo. Pelo art. 245, a execução de tal transporte inicia com o recebimento e persiste durante o período no qual a bagagem e a carga se acharem sob a guarda do transportador, em aeródromo, a bordo de aeronave, ou em qualquer outro lugar, no caso de aterrissagem forçada, até a entrega final.

Três são, todavia, os requisitos para admitirem-se as limitações tarifadas:

a) que o dano resulte destruição, perda ou avaria da bagagem ou da carga;
b) que essa destruição, perda ou avaria aconteçam durante o transporte, compreendido esse lapso de tempo como o período no qual a bagagem ou carga é recebida e se encontre sob a guarda do transportador, em aeródromo, a bordo de aeronave ou em qualquer outro lugar;
c) que haja acidente aviatório.

O pressuposto básico se resume no fato da destruição, perda ou avaria se verificarem em acidente ocorrido durante o transporte aéreo.

652 • Responsabilidade Civil | *Arnaldo Rizzardo*

Fosse o contrário, não se encontraria justificativa para proteger o transportador com a limitação da responsabilidade. O risco próprio e ínsito neste meio de transporte está justamente na particularidade do transporte aéreo, que oferece maior probabilidade de lesão, relativamente aos outros tipos, o que leva o dono da mercadoria a assumir parcela das consequências inerentes ao perigo do qual está consciente.

Havendo danos patrimoniais independentemente de acidente, ou verificando-se a destruição, perda ou avaria em outros momentos, a responsabilidade é regida pelo direito comum, pois a causa não reside na natureza peculiar do transporte aéreo. Pelo contrário, situa-se na falta de diligência ou cuidados necessários impostos a todos os meios de transporte.

Quando da vigência do Decreto-lei nº 32, era comum tal inteligência na jurisprudência, embora com apoio no art. 98, que referia a limitação de tarifas por danos sucedidos em acidente aéreo.

Não se tratando de dano resultante de acidente aeronáutico, incabível a limitação da indenização prevista no Código Brasileiro de Aeronáutica ou na Convenção de Varsóvia. Permanece total a responsabilidade do transportador pelo pagamento do valor das mercadorias extraviadas, eis que resultante, o dano, de ato ilícito.

"Responsabilidade civil. Em se tratando de furto de objetos existentes em mala de passageiro que foi devidamente despachada, e não tendo ocorrido acidente durante o transporte aéreo, não se aplicam, para a fixação da responsabilidade do transportador, os arts. 98, 99 e 103, § 1º, do Código Brasileiro do Ar."[96]

"A indenização é integral quando a perda, destruição ou extravio não são efeitos de acidente com a nave, pois a limitação do Código Brasileiro do Ar está circunscrita às hipóteses de acidente."[97]

Muito embora as decisões sejam do tempo da vigência do anterior diploma, possuem elas inteira aplicação nas hipóteses que aconteceram sob o império da Lei nº 7.565, eis que, segundo o já salientado, a razão determinante dos limites está na peculiaridade do transporte aéreo, que deixa de existir se não há acidente aéreo. Aliás, nesta linha seguiu a interpretação, como se verifica neste exemplo: "Transporte aéreo. Extravio de bagagem. Responsabilidade defluente de má-execução do serviço, que faz exsurgir a presunção da culpa, devendo ser integral a indenização, de conformidade com o Direito Comum. Apelo provido." No correr do acórdão, transcreve-se idêntica *ratio*, exarada em outra decisão, assim ementada: "'Transporte aéreo. Transporte de passageiro acompanhado de bagagem. Desaparecimento de volume contendo equipamento eletrônico (filmadora CV). Pretendida limitação da responsabilidade indenizatória em três OTNs, com base no art. 262 do Código Brasileiro do Ar. Se a praxe das companhias aéreas é de não exigirem a declaração de valor relativamente à bagagem despachada pelos passageiros, não se pode impor o ônus pela omissão. Dever de indenizar com fulcro no art. 159 do CC' (Julgados do TARGS, 85/289)." O art. 159, mencionado no texto, equivale ao art. 186 do Código de 2002.

Igualmente é a exegese que vinga no STJ: "A indenização pelos danos material e moral decorrentes do extravio de bagagem em viagem aérea doméstica não está limitada à tarifa prevista no Código Brasileiro de Aeronáutica, revogada, nessa parte, pelo Código de Defesa do Consumidor."[98]

---

[96] *Revista Trimestral de Jurisprudência*, 76/238.
[97] *Revista de Jurisprudência do T. J. do RGS*, 74/668. *Idem*, 79/279; e *Julgados do Tribunal de Alçada do RGS*, 42/258.
[98] REsp. nº 156.240/SP, *DJ* de 12.02.2001, citação em *Revista Forense*, 370/185.

Cap. XLIX | Contrato de Transporte e Responsabilidade • **653**

Verificando-se, pois, a perda, a avaria e a destruição em outras circunstâncias, embora durante o voo, o que se configura é a culpa, por falta de cuidados normais ou outros fatores, cabendo a indenização pelo valor do bem, a menos que não se consiga efetuar a prova do conteúdo da mercadoria, na esteira de certa jurisprudência: "Sempre que, no transporte aéreo de cargas, seja com respeito a malas, seja relativamente a mercadorias em geral, se configure um caso de dano moral suscetível de reparação no plano civil, não pode a indenização ficar limitada nos termos da Convenção de Varsóvia. Quando nenhuma prova é ministrada nesse sentido, não pode haver a indenização ampla, mas a tarifada, decorrente de mero dano material. E, aí, aplica-se aquele tratado que, sendo lei especial, não é afastado pela edição de outra de cunho da generalidade de suas regras, como as contidas no CDC. Até porque o princípio da indenização ampla do dano material foi excepcionado pelo próprio Código do Consumidor que, no art. 51, I, parte final, admite a limitação da responsabilidade do consumidor, em situações justificáveis, quando se trata de pessoa jurídica."[99]

5.7. Responsabilidade no atraso de horários e da entrega de mercadorias e cancelamento de viagem

O atraso é considerado falha na prestação de serviços: "Em transporte aéreo, atraso de voo, escala em aeroporto não prevista e transferência da classe executiva para econômica, se constituem falha na prestação do serviço e ofensa a direito constitucionalmente protegido. A condenação no pagamento de indenização não patrimonial é instrumento eficaz para desestimular ofensa aos direitos e garantias individuais."[100]

"Autores impedidos de embarcar em aeronave, tendo sido confirmada a reserva do voo *Overbooking*. Embarque em outra aeronave, viajando os autores separadamente. Escala em cidade intermediária, tendo sido os autores obrigados a se socorrerem de outra companhia aérea, para poderem retornar ao Brasil. Extravio de bagagens. Danos morais. Convenção de Varsóvia. Tratado que não se sobrepõe às leis do país."[101]

Mesmo se decorrente o atraso de elevados interesses da empresa transportadora prevalece a responsabilidade, pois não se pode tratar o passageiro "como se nada valesse", e nem se revela justo obrigar a "se socorrer de outra empresa de aviação", trazendo a angústia da espera e o sofrimento da família que está à espera.[102]

No caso, a Convenção de Varsóvia não afasta a incidência do Código de Defesa do Consumidor, esposando o STJ o seguinte fundamento: "Após o advento do CDC, as hipóteses de indenização por atraso de voo não se restringem às situações elencadas na Convenção de Varsóvia, o que, de outro lado, não impede a adoção de parâmetros indenizatórios nela ou em diplomas assemelhados estabelecidos. Inobstante a infraestrutura dos modernos aeroportos ou a disponibilização de hotéis e transporte adequados, tal não se

---

[99] Embargos Infringentes nº 161/98, do 7º Grupo de Câmaras Cíveis do TJ do Rio de Janeiro, publ. em 10.12.1998, em *ADV – Jurisprudência*, nº 19, p. 297, 1999.

[100] Apel. Cível nº 2003.005.00054, da 5ª Câmara Cível do TJ do Rio de Janeiro, *DJ* de 19.02.2004, *in* ADCOAS 8225988, *Boletim de Jurisprudência ADCOAS*, nº 17, p. 264, maio 2004.

[101] Apel. Cível nº 16.132/2002, da 17ª Câmara Cível do TJ do Rio de Janeiro, j. em 11.09.2002, em *Revista Forense*, 371/344.

[102] Apel. Cível nº 2002.001.16132, da 17ª Câmara Cível do TJ do Rio de Janeiro, *DJ* de 14.11.2002, *in ADCOAS* 8215318, *Boletim de Jurisprudência ADCOAS*, nº 13, p. 2001, abril de 2003.

revela suficiente para elidir o dano moral quando o atraso no voo configura desconforto e aflição ao passageiro, extrapolando a situação de mera vicissitude ou contratempo, estes plenamente suportáveis."[103]

Reiterando a imposição indenizatória, no caso de venda de passagens a mais do que comporta a capacidade do voo, mais estas ementas: "É cabível o pagamento de indenização por danos morais a passageiro que, por causa de *overbooking*, só consegue embarcar no dia seguinte à data designada, tendo em vista a situação de indiscutível constrangimento e aflição a que foi submetido, decorrendo o prejuízo, em casos que tais, da prova do atraso em si e da experiência comum."[104]

"A venda de passagem aérea acima da capacidade da aeronave, denominada *overbooking*, evidencia o descumprimento das obrigações contratuais por parte da companhia aérea e, em razão disso, os dissabores e contratempos vividos pelo casal-autor, que antecipadamente comprou os bilhetes de passagens, em virtude da troca de voo, ainda mais agravado por problemas de saúde do demandante, porque, nas circunstâncias, ultrapassam o campo do simples aborrecimento, e constituem dano moral suscetível de reparação civil."[105]

Até época não longínqua, aplicava-se a indenização tarifada pela Convenção de Varsóvia, com as modificações havidas, no que a matéria está bem sintetizada nas seguintes passagens de uma decisão: "No que interessa, aplicam-se à hipótese os arts. 19 e 22, nº 3, da aludida Convenção. O primeiro reza: 'Responde o transportador pelo dano proveniente do atraso no transporte aéreo de viajantes, bagagem ou mercadorias'. E o segundo diz, em seu número três: 'Quanto aos objetos que o passageiro conservar sob sua guarda, limita-se a cinco mil francos por passageiro a responsabilidade do transportador'.

Como se vê, o art. 19 referido não fixou qualquer indenização para atraso de passageiros, pelo que há de se entender dever o dano, em princípio, ser comprovado. O nº 1 do art. 22 estabeleceu uma indenização máxima para pessoas, de duzentos e cinquenta mil francos por passageiro. Não estabeleceu, todavia, o mínimo. Esta E. Corte, no entanto, na Apelação nº 527.730-7 decidiu, com muita propriedade, que se o passageiro pede, pelo seu atraso, indenização tarifada da bagagem, há ela de ser concedida independentemente da comprovação do dano efetivo, visto que representaria um mínimo a indenizar. Se uma simples bagagem de mão pode gerar, pelo atraso, uma indenização de 5.000 francos Poincaré, não faria sentido que o atraso de uma pessoa, muito mais importante do que uma mala, não pudesse ter tal valor como piso para indenizações. O que não pode acontecer é um atraso ficar sem indenização."[106]

Quanto ao atraso na entrega de mercadorias, foi reconhecida a indenização pelos custos e danos que ocorrerem no seguinte exemplo, que serve de parâmetro: "Sendo as mercadorias embarcadas de uma só vez e em um único lote, o qual foi fracionado pela ré, independentemente da vontade da autora, visando ao melhor aproveitamento da aeronave, é sua e de seus prepostos a responsabilidade pelo desembarque das mercadorias em

---

[103] REsp. nº 232.335/SP, da 4ª Turma, *DJU* de 16.06.2003, *in ADCOAS* 8219354, *Boletim de Jurisprudência ADCOAS*, nº 35, p. 553, set. 2003.

[104] REsp. nº 521.043/RJ, da 3ª Turma, *DJU* de 12.08.2003, *in ADCOAS* 8221241, *Boletim de Jurisprudência ADCOAS*, nº 45, p. 713, nov. 2003.

[105] Apel. Cível nº 70002777332, da 11ª Câmara Cível do TJ do RGS, j. em 22.08.2001, *in ADCOAS* 8208095, *Boletim de Jurisprudência ADCOAS*, nº 30, p. 470, ago. 2002.

[106] Ap. c/rev. nº 439.593-001, da 6ª Câmara do Segundo Tribunal de Alçada Civil de São Paulo, j. em 10.04.1996, em *Revista dos Tribunais*, 729/227.

Cap. XLIX | Contrato de Transporte e Responsabilidade • **655**

aeroportos distintos, fracionando o lote e ocasionando o atraso na entrega das mercadorias, o que gerou consequências graves. Portanto, demonstrada a culpa da transportadora, deve esta reparar os danos. Apesar da demora na entrega, esta foi efetivada, de modo que não se pode falar em inadimplemento contratual e sim em demora no cumprimento da obrigação."[107]

Passaram a dominar decisões que mandam aplicar a indenização comum, e não a tarifada:

"A quantificação da indenização por danos morais, decorrente de atraso de voo, deve pautar-se apenas pelas regras dispostas na legislação nacional, restando inaplicável a limitação tarifada prevista na Convenção de Varsóvia e em suas emendas vigentes, embora possam ser consideradas como mero parâmetro. Hipótese em que, contudo, a indenização por danos morais foi fixada em valor exorbitante. Com a reparação dos danos morais e afastada a ocorrência de danos materiais, não tem cabimento a condenação da empresa aérea transportadora, por atraso de voo, com base no art. 22 da Convenção de Varsóvia."[108]

Prosseguiu essa aplicação, como revela o AgRg. no Ag. nº 903.969/RJ, da 3ª Turma, j. em 09.12.2008, *DJe* de 03.02.2009:

"Esta Superior Corte já pacificou o entendimento de que não se aplica, a casos em que há constrangimento provocado por erro de serviço, a Convenção de Varsóvia, e sim o Código de Defesa do Consumidor, que traz em seu bojo a orientação constitucional de que o dano moral é amplamente indenizável.

A conclusão do Tribunal de origem, acerca do dano moral sofrido pelos Agravados, em razão do atraso do voo em mais de onze horas, não pode ser afastada nesta instância, por depender do reexame do quadro fático-probatório (Súmula nº 7/STJ).

Tendo em vista a jurisprudência desta Corte a respeito do tema e as circunstâncias da causa, deve ser mantido o *quantum* indenizatório, diante de sua razoabilidade, em R$ 3.000,00 (três mil reais)."

6.   TRANSPORTE MARÍTIMO DE MERCADORIAS

Algumas regras especiais existem quanto ao transporte marítimo, que é aquele feito sobre água, isto é, em rios, lagos, mar e oceanos, por navios ou outras espécies de embarcações.

Assinala-se, inicialmente, diante do ordenamento em vigor, especialmente do Decreto-lei nº 116, de 25.01.1967, art. 3º e parágrafos, que a responsabilidade do navio ou embarcação inicia com o recebimento da mercadoria a bordo e cessa com a sua entrega à entidade portuária, ou porto de destino, ou trapiche municipal. É dado como concluído o embarque com a colocação da carga a costado do navio. Outrossim, com o içamento dentro do navio começa a operação de desembarque.

De referir a total inviabilidade da limitação da indenização a determinados patamares, como restou firmado em reiteradas decisões do Superior Tribunal de Justiça.[109]

---

[107]   Apel. Cível nº 205.234-0, da 1ª Câmara Cível do TJ do Paraná, *DJ* de 17.10.2003, *in ADCOAS* 8223503, *Boletim de Jurisprudência ADCOAS*, nº 5, p. 73, fev. 2004.

[108]   REsp. nº 575.486/RJ, da 4ª Turma do STJ, j. em 03.02.2004, *DJU* de 21.06.2004.

[109]   REsp. nº 644/SP, da 4ª Turma, j. em 17.10.1989; REsp. nº 9.787-0/RJ, da 3ª Turma, j. em 13.10.1992; REsp. nº 29.121-9/SP, da 3ª Turma, j. em 16.12.1992.

656 • Responsabilidade Civil | *Arnaldo Rizzardo*

Dirige-se a ação sempre contra o transportador, como se colhe da jurisprudência do STJ, no REsp. nº 151.079/SP, da 4ª Turma, j. em 24.08.2004, *DJU* de 29.11.2004:

"A transportadora é parte no contrato e o assinou em língua estrangeira, sendo de presumir-se ter assim pleno conhecimento das cláusulas nele insertas. Prescindível no caso a tradução do documento redigido em idioma alienígena."

O agente marítimo também assume a responsabilidade, tendo assim entendido o STJ no REsp. nº 404.745/SP, da 4ª Turma, j. em 04.11.2004, *DJU* de 6.12.2004:

"O agente marítimo, na condição de mandatário e único representante legal no Brasil de transportadora estrangeira, assume, juntamente com esta, a obrigação de transportar a mercadoria, devendo ambos responder pelo cumprimento do contrato do transporte internacional celebrado. Com efeito, tendo o agente o direito de receber todas as quantias devidas ao armador do navio, além do dever de liquidar e de se responsabilizar por todos os encargos referentes ao navio ou à carga, quando não exista ninguém no porto mais credenciado, é justo manter-se na qualidade de representante do transportador estrangeiro face às ações havidas por avaria ou outras consequências, pelas quais pode ser citado em juízo como mandatário. Legitimidade passiva *ad causam* reconhecida."

a) Vistoria ou exame quando da descarga para resguardar-se de responsabilidades e para assegurar direitos

A vistoria é determinada pelo art. 618 do Código Comercial, em se tratando de transporte marítimo. Ao capitão ou comandante é assegurada a providência, ao consignatário e a outros interessados: "Havendo presunção de que as fazendas foram danificadas, roubadas ou diminuídas, o capitão é obrigado, e o consignatário e quaisquer outros interessados têm direito a requerer que sejam judicialmente visitadas e examinadas, e os danos estimados a bordo antes da descarga, ou dentro em vinte e quatro horas depois; e ainda que este procedimento seja requerido pelo capitão não prejudicará os seus meios de defesa.

Se as fazendas forem entregues sem o referido exame, os consignatários têm direito de fazer proceder a exame judicial no preciso termo de quarenta e oito horas depois da descarga; e passado este prazo não haverá mais lugar a reclamação alguma.

Todavia, não sendo a avaria ou diminuição visível por fora, o exame judicial poderá validamente fazer-se dentro de dez dias depois que as fazendas passarem às mãos dos consignatários, nos termos do art. 211."

De modo que está assinalada a providência para resguardar-se quem faz o transporte de possíveis responsabilidades, e para assegurar-se de possíveis direitos em relação ao destinatário.

O Decreto-lei nº 116, restrito ao transporte marítimo, assinala igualmente para a vistoria a ser levada a efeito no mesmo dia da descarga, na constatação de avarias ou falta de conteúdo, para fins de responsabilidade da entidade portuária. Seu art. 1º e parágrafos autorizam à entidade portuária, tão logo se dá o recebimento da mercadoria, a passar recibo. Qualquer falta ou avaria ficará ressalvada pelo recebedor, procedendo-se a vistoria no ato de entrega, na presença de interessados. A omissão em fornecer recibo, ou sua não exigência pelo armazém do porto, faz presumir o recebimento correto, na totalidade e nas condições lançadas no conhecimento de transporte.

Começa a responsabilidade da entidade portuária com a entrada da mercadoria em seus armazéns, pátios ou locais destinados para o depósito, estendendo-se até a efetiva entrega aos consignatários.

b) Protesto contra avarias nas mercadorias

Outrossim, além da vistoria daquela forma, assinala-se o protesto contra avarias de mercadorias, que vinha regulado no art. 756 e em seus parágrafos do Código de Processo Civil de 1939 (Decreto-lei nº 1.608), o qual perdurou durante a vigência do CPC/1973, por força de seu art. 1.218, inc. IX, do atual diploma. Consoante o disposto no art. 1.046, § 3º, do atual CPC, os processos descritos no mencionado art. 1.218 do CPC/1973 submetem-se ao procedimento comum.

De acordo com Fran Martins, "o protesto será feito mediante ressalva no conhecimento ou em documento separado, não sendo admitida ação contra o transportador se, nos prazos acima especificados, o protesto não se realizar, a não ser nos casos de fraude".[110]

Nota-se a forma de se proceder o protesto, admitida mediante simples ressalva no conhecimento ou em documento apartado. Há uma jurisprudência que atribui à entidade portuária esta obrigação de fazer o protesto ou ressalva, sob pena dela responder pela falta de mercadoria. Com efeito, assim está ementada a matéria na Apel. em Sumaríssimo nº 644.472-6, da 5ª Câm. do extinto Primeiro Tribunal de Alçada Civil de São Paulo, de 31.01.1996: "Tratando-se de transporte marítimo, cabe às entidades portuárias a responsabilidade pelos bens descarregados sujeitos à sua guarda. O recebimento de mercadoria sem reserva ou com ressalva insuficiente, constitui a presunção de que foram entregues em conformidade com o documento de transporte. Não há, pois, com fundamentos em extravio de mercadorias pretender responsabilizar o transportador que fez a entrega, sem ressalva ou vistoria, da entidade portuária."[111]

c) Responsabilização direta do transportador

Depreende-se que o importador deverá ingressar com a ação contra a entidade portuária. Se contratou o transporte com uma empresa, contra esta buscará o ressarcimento. Se é certo que contratou o transporte da mercadoria junto a determinada empresa; ela deverá responder pelos infortúnios e pela integridade da mercadoria. Por que responsabilizar o administrador do porto? Ora, a este não cabe pesar ou verificar a idoneidade do produto, mas unicamente oferecer espaço para o depósito temporário. De qualquer forma, somente se contratado o serviço de verificação e pesagem admite-se deslocar a responsabilidade ou a obrigação de fazer a ressalva.

O documento particular, onde é lançado o protesto, ou a ressalva, poderá constituir-se de carta ou outro escrito do qual se prove a ciência do transportador. Nada impede que se proceda, também, pelo oficial do cartório de títulos e documentos, ou através de via judicial.

O art. 109 do Código Comercial era enfático quanto à necessidade da ressalva, que, então, substituiria o protesto por outro meio: "Não terá lugar reclamação alguma por diminuição ou avaria dos gêneros transportados, depois de se ter passado recibo da sua entrega sem reclamação da diminuição ou avaria."

Primeiramente, necessário esclarecer que as disposições do Código Comercial, concernentes à vistoria, embora revogado o dispositivo acima (art. 2.045 do Código Civil), mostram-se úteis. Aquela forma de ressalvar as perdas continua válida, pois institui um elemento de prova, ao lado do protesto instituído pela lei processual civil, sendo que a realização de uma dispensa a outra.

---

[110] *Contratos e Obrigações Comerciais*, 7ª ed., Rio de Janeiro, Forense, 1984, p. 273.

[111] *Revista dos Tribunais*, nº 733, p. 237.

Ainda, de notar que a lei fala em avaria, e não em perda.

Avaria, segundo Fernando Mendonça, ocorre se há diminuição ou perda parcial ou total da mercadoria.[112] Procede, explica Ávio Brasil, de certos fenômenos, como fortuna do mar, vício próprio, fatos da tripulação e fatos do carregador.[113] Se verificar-se extravio, ou furto, o *nomen* será 'perda'.

d) Inteligência que dispensa a vistoria ou o protesto

A providência do protesto, ou da vistoria, torna-se, pois, necessária apenas na avaria, como se infere dos dispositivos transcritos. Mas, sem a realização do ato, nem sempre é possível aferir qual das espécies ocorreu; daí não ser efetivamente decisiva a diferenciação procedida. Em qualquer hipótese, porém, a indenização é sempre admissível. Seja como for, tais cautelas vêm sendo dispensadas, de acordo com a orientação que está sendo firmada pelos tribunais. O próprio art. 618 do Código Comercial coloca a vistoria como um direito ao destinatário e não como uma obrigação. Daí ter surgido a Súmula nº 261, do Supremo Tribunal Federal: "Para a ação de indenização, no caso de avaria, é dispensável que a vistoria se faça judicialmente."

Admite-se que as providências apontadas sejam substituídas por outras provas, inclusive pelos registros dos transportadores ou das autoridades portuárias e alfandegárias.

Em época já antiga, o extinto Tribunal de Alçada do Rio Grande do Sul, seguindo entendimento já traçado pelo Tribunal de Justiça do mesmo Estado, se inclinou para a dispensa da vistoria ou do protesto: "Não é indispensável à sua verificação a vistoria judicial. Basta a informação da administração portuária, mormente se complementada por confirmação da autoridade fiscal e de empresa seguradora de sinistros. Aplicação da Súmula nº 261, do STF."[114] E assim, a maioria das decisões sobre a matéria, como se constata, *v. g.*, em outros casos: "O protesto a que alude o CPC de 1939 (art. 756, § 1º), mantido pelo art. 1.218, XI, do atual estatuto, é faculdade do proprietário da mercadoria, para alertar a falta. Se esta restou constatada por órgão oficial do Governo, e constou inclusive do diário de bordo, não se faz mister nem o protesto e nem a vistoria judicial. Aplicação da Súmula nº 261."[115] Na forma do disposto no art. 1.046, § 3º, do CPC/2015, os processos descritos no mencionado art. 1.218 do CPC/1973 submetem-se ao procedimento comum.

Indo mais adiante, a jurisprudência posterior foi além, restringindo a necessidade de vistoria unicamente na relação jurídica entre navio e porto: "Começa que o Decreto-lei nº 116, de 25.01.1967, não se aplica à situação em análise, onde está, em discussão, a relação 'navio-parte'.

Referido diploma legal, como tem sido reiteradamente acentuado nesta Corte, regula a relação jurídica 'navio-porto', da órbita do Direito Administrativo. Tanto é assim que, de sua preambular, consta delimitar as respectivas responsabilidades, como corpo de normas complementares às consignadas no Decreto-lei nº 5/66, o qual, por sua vez, estabelece normas para a recuperação econômica das atividades da Marinha Mercante, dos portos nacionais e da Rede Ferroviária S. A.

No caso, a relação jurídica, situando-se no plano 'navio-partes', envolve matéria de direito substantivo, regulada pelo Direito Comercial Marítimo. Ou, por outra, envolve

---

[112] *Direito dos Transportes*, ob. cit., p. 162.
[113] *Direito dos Transportes*, ob. cit., p. 33.
[114] *Julgados do Tribunal de Alçada do RGS*, 39/404. No mesmo sentido, nºs 36/411, 37/452 e 42/252.
[115] *Revista de Jurisprudência do TJ do RGS*, 74/560.

Cap. XLIX | Contrato de Transporte e Responsabilidade • **659**

um contrato de transporte regulado, mais especificamente, pelo Código Comercial, onde consta que o transportador se obriga a levar, a bom termo, a mercadoria recebida. É o que se colhe, de forma induvidosa, do contido nos arts. 101 a 103 desse estatuto comercial.

A responsabilidade do transportador, portanto, é objetiva e contratual, em face do importador. Por outro lado, como se tem, igualmente, entendido, tratando-se de contrato de transporte marítimo, há responsabilidade solidária do armador e do afretador do navio, por eventual quebra de peso da carga, perante a empresa destinatária da mercadoria, já que, dadas as peculiaridades da relação jurídica, são comuns os respectivos interesses.

Nessa ordem de considerações, são prescindíveis o protesto prévio, mesmo extrajudicial, e a vistoria. Quanto mais, havendo outros meios idôneos de prova, como na situação em exame, inclusive através de documentos oficiais.

Em respaldo a tal entendimento, consta ter havido manifestação do próprio Superior Tribunal de Justiça, como salienta a autora, no decorrer de suas intervenções no feito, com destaque para o acórdão juntado, por cópia... No mesmo sentido, mais recentemente, é o julgamento, pela mesma Corte Superior, do Recurso Especial nº 50.039-7/RS."[116]

De modo que, além de a inexistência de perícia ou protesto não tolher o direito à ação, tais providências restringem-se à relação 'navio-porto'.

Veio a Súmula 109 do STJ, nos seguintes termos: "O reconhecimento do direito à indenização, por falta de mercadoria transportada via marítima, independe de vistoria."

De outro lado, para se firmar a responsabilidade do transportador, se tem insistido na ideia de que o transporte, máxime o marítimo, trata-se de um contrato de fim, como aponta Paulo Henrique Cremoneze Pacheco: "Por fim, convém esclarecer..., que o contrato de transporte marítimo, como todo contrato de transporte, é um contrato de fim, ou seja, aquele em que o resultado positivo da obrigação pactuada é imprescindível para o seu regular aperfeiçoamento enquanto negócio jurídico. Nele o devedor da obrigação vincula-se ao resultado propriamente dito e não apenas aos meios para se obtê-lo."[117]

Em acréscimo, adiante, segue o autor: "No instante em que recebe os bens, o transportador marítimo assume a mesma natureza de um depositário. A natureza de depositário implica dever objetivo de cuidado, nas modalidades de guardar, conservar e restituir. Somente com a efetiva e boa entrega dos bens a quem de direito, é que o negócio jurídico a que o transportador estava vinculado se aperfeiçoa, extinguindo-se, pois, a sua responsabilidade... A presunção legal de culpa só poderá ser afastada mediante prova da existência de alguma causa excludente de responsabilidade..., ou seja: vício de origem, caso fortuito ou força maior. Há, então, a inversão do ônus da prova." Servem de hipóteses para isentar de responsabilidade a entrega de mercadoria desfalcada ou com vício de origem, o assalto em algumas hipóteses, a ocorrência de tempestades e furacões anormais, o ataque por ato de guerra, a convulsão social, a pirataria. Certos riscos não são evitáveis, por maiores que sejam as precauções, não se admitindo a prevalência da teoria da responsabilidade objetiva pura, sob pena de inviabilizar a própria atividade do transporte.

---

[116] Apel. Cível nº 195084082, da 3ª Câmara Cível do TA do RGS, de 09.08.1995, em *Julgados do Tribunal de Alçada do RGS*, 96/360.

[117] Do direito marítimo e da responsabilidade civil do transportador marítimo – aspectos jurídicos que interessam ao seguro de transporte de cargas, em *Revista da AJURIS*, Porto Alegre, nº 85, tomo I, pp. 313 e 315, mar. 2002.

660 • Responsabilidade Civil | *Arnaldo Rizzardo*

e) Transporte marítimo e regulação de avaria grossa

O Código de Processo Civil de 2015, no rol de procedimentos especiais, traz o da regulação de avaria grossa, matéria que se encontra nos arts. 707 a 711.

Primeiramente, necessário esclarecer que avaria grossa é todo dano causado à mercadoria e ao navio no transporte marítimo. Corresponde aos estragos ocorridos no navio ou na carga, desde o embarque e partida até a volta e desembarque, sendo exemplos exigidos para repor as âncoras, amarras e quaisquer outras coisas abandonadas ou atiradas ao mar para salvamento ou benefício comum; as necessárias para o sustento da tripulação durante arribada forçada; os aluguéis de armazéns em que se depositem, em porto de arribada forçada, as fazendas que não puderem continuar a bordo durante o conserto do navio. O art. 761 do Código Comercial dá o conceito geral de tais despesas: "Todas as despesas extraordinárias feitas a bem do navio ou da carga, conjunta ou separadamente, e todos os danos acontecidos àquele ou a esta, desde o embarque e partida até a sua volta e desembarque, são reputadas avarias". Já o art. 764 traz extensa relação de tais despesas, como tudo o que se dá ao inimigo, corsário ou pirata por composição ou a título de resgate do navio e fazendas, conjunta ou separadamente; as coisas alijadas para salvação comum; os cabos, mastros, velas e outros quaisquer aparelhos deliberadamente cortados, ou partidos por força de vela para salvação do navio e carga; as âncoras, amarras e quaisquer outras coisas abandonadas para salvamento ou benefício comum; os danos causados pelo alijamento às fazendas restantes a bordo; os danos feitos deliberantemente ao navio para facilitar a evacuação d'água e os danos acontecidos por esta ocasião à carga; o tratamento, curativo, sustento e indenizações da gente da tripulação ferida ou mutilada defendendo o navio; a indenização ou resgate da gente da tripulação mandada ao mar ou à terra em serviço do navio e da carga, e nessa ocasião aprisionada ou retida; as soldadas e sustento da tripulação durante arribada forçada; os direitos de pilotagem, e outros de entrada e saída num porto de arribada forçada.

Por serem gastos impostos pela própria natureza deste tipo de transporte, as consequências da avaria grossa são suportadas em comum pelo proprietário do navio e pelos proprietários das cargas. Os gastos são feitos extraordinariamente em benefício comum, para salvação do navio e de seu carregamento.

Há um procedimento para o cálculo dos danos ocorridos durante a viagem, até o porto do destino, estabelecido nos arts. 707 a 711 do CPC, visando o cálculo e a distribuição dos valores entre os proprietários do navio e os consignatários das mercadorias. Uma vez ocorridas as despesas, o interessado pedirá, no primeiro juízo onde o navio atracar, que o juiz nomeie um regulador de notório conhecimento, ou pessoa que entenda do assunto, que é uma espécie de perito, o qual declarará justificadamente se os danos são passíveis de rateio na forma de avaria grossa. Instaura-se uma espécie de processo de liquidação, para calcular os danos, as importâncias exigidas para a recuperação ou ressarcimento, a divisão da responsabilidade, inclusive a imputada aos proprietários ou consignatários das mercadorias. Os proprietários de mercadorias, para a sua retirada do navio, deverão apresentar garantias, definidas pelo regulador e, se instaurado o procedimento judicial, decididas pelo juiz.

Uma vez verificada avaria grossa, os reguladores demonstram para os armadores os valores a serem rateados. Os armadores são as pessoas ou empresas que, por sua própria conta e risco, promovem a equipagem e a exploração de navio comercial, independente de ser ou não proprietário da embarcação. Cabe a eles solicitar aos consignatários ou proprietários de mercadorias que enviem a estes os documentos das cargas seguradas e cargas não seguradas, que deverão apresentá-los preenchidos. Não havendo o atendimento, instaura-se o procedimento judicial, em que se pede a nomeação do regulador, oportunizando aos consignatários o contraditório.

Interessa, aqui, salientar que, ocorrendo avaria grossa, os consignatários também são responsáveis pelo ressarcimento, sendo que suas mercadorias garantirão o ressarcimento.

L
Responsabilidade no Seguro

1. CONTRATO DE SEGURO E RESPONSABILIDADE

Pelo seguro, um dos contratantes (segurador) se obriga a garantir, mediante o recebimento de uma determinada importância, denominada prêmio, interesse legítimo de uma pessoa (segurado), relativamente ao que vier a mesma a sofrer, ou aos prejuízos que decorrerem a uma coisa, resultantes de riscos futuros, incertos e especificamente previstos. É a ideia que se extrai do art. 757 do Código Civil: "Pelo contrato de seguro, o segurador se obriga, mediante o pagamento do prêmio, a garantir interesse legítimo do segurado, relativo a pessoa ou a coisa, contra riscos predeterminados".

Há uma corrente doutrinária que define, com indiscutível acerto, o seguro como um contrato de garantia contra os riscos previstos. Ao assinar o contrato, não está o segurado transferindo os riscos para o segurador. Afastando-se da concepção tradicional, que vê no seguro o contrato em que o segurado, mediante o pagamento de um prêmio, transfere à seguradora os riscos de determinada atividade, enseja-se evidenciar que, na prática, ocorre uma realidade bem diferente: na verdade, nunca houve uma transferência dos riscos; o segurado continua com a eventualidade de sofrer o sinistro, e não a seguradora, não passando para esta os riscos de contrair, *v. g.*, a moléstia contra a qual se assinou o contrato. Resta evidente que o primeiro e maior interesse está na não ocorrência do sinistro. Mas, acontecendo, o interesse reside no pagamento dos prejuízos. A pessoa procura precaver-se contra as perdas decorrentes de um acidente, não sendo o desiderato básico a ocorrência do fato previsto para, assim, receber um bem novo, ou o montante que equivale ao seu valor. Ou seja, o escopo básico no contrato está na garantia da cobertura, na eventualidade de verificar-se o fato previsto. A grosso modo, compara-se a uma fiança, firmada entre o concedido e o concedente de mútuo, constituída como a garantia de que, na falta de pagamento, serão reparados os prejuízos.

Duas as partes que aparecem no contrato: o segurado e o segurador. O primeiro paga ao último uma contribuição periódica e determinada, ou seja, o prêmio, em troca do risco que este assume de indenizar o segurado dos prejuízos que advierem, em caso de sinistro. Permite-se, porém, estabelecer que o seguro reverta em benefício de um terceiro. O exemplo mais expressivo é o seguro de vida. Neste, a soma segurada é pagável ao contemplado apenas depois da morte do segurado contratante. O terceiro pode ser o herdeiro do *de cujus*. Não importa a ordem hereditária. A soma prevista é garantida independentemente do grau de parentesco ser mais próximo ou afastado do instituidor.

664 • Responsabilidade Civil | Arnaldo Rizzardo

É inerente e próprio do seguro a responsabilidade. Tudo gira em torno da obrigação de indenizar. Inadmissível desligar o seguro da responsabilidade, pois constitui um instituto inspirado e formado sobre a responsabilidade. Pela série de eventos ou sinistros que ficam cobertos aplica-se a responsabilidade contratual civil, mostrando-se relevante definir a sua extensão e abrangência.

No capítulo em exame, restringe-se o exame a aspectos que dizem de perto com a responsabilidade, não se enfrentando assuntos mais próprios do contrato em si de seguro.

2. LIMITES DA RESPONSABILIDADE E ELEMENTOS DA APÓLICE

O art. 760 discrimina os elementos que deverão estar presentes no contrato, merecendo destaque o limite da responsabilidade: "A apólice ou o bilhete de seguro serão nominativos, à ordem ou ao portador, e mencionarão os riscos assumidos, o início e o fim de sua validade, o limite da garantia e o prêmio devido, e, quando for o caso, o nome do segurado e o do beneficiário".

Mais amplamente, segundo a prática revela, conterá o contrato as condições gerais, inclusive as vantagens previstas pelo segurador; consignará os riscos assumidos, o início e o fim de sua validade, o limite da garantia, o prêmio devido, o nome do segurado e o do beneficiário, se for o caso, além de outros dados, como o valor do objeto do seguro, que, na verdade, se confunde com o limite da garantia, a caducidade e a eliminação ou redução dos direitos do segurado ou beneficiários, bem como o quadro de garantias prometidas.

Reputa-se formado com a emissão da apólice, mesmo que o início de sua vigência date de momento diverso.

Constitui a apólice o instrumento probatório do contrato de seguro, devendo conter a enumeração dos riscos transferidos ao segurador, os dados sobre o prazo de vigência e as obrigações assumidas pelas partes. Deverá ser precedida de proposta escrita, enviada naturalmente pelo segurador, para viabilizar a análise ponderada do candidato ao seguro, como enseja o art. 759: "A emissão da apólice deverá ser precedida de proposta escrita com a declaração dos elementos essenciais do interesse a ser garantido e dos riscos".

Acontece que a apólice é o título do contrato de seguro, devendo as relações estar disciplinadas no contrato.

Os riscos assumidos pelo segurador são exclusivamente os assinalados na apólice, dentro dos limites por ela fixados, não se admitindo a interpretação extensiva, nem analógica. Se, no entanto, a cobertura é total, envolve qualquer tipo de dano, na esteira do STJ: "As expressões 'assistência integral' e 'cobertura total' são expressões que têm significado unívoco na compreensão comum e não podem ser referidas num contrato de seguro esvaziadas do seu conteúdo próprio, sem que isso afronte o princípio da boa-fé nos negócios".[118]

Há três tipos de apólices: nominativas, à ordem e ao portador. No primeiro, constará obrigatoriamente o nome do segurador, do segurado, de seu representante, se houver, ou do terceiro, em cujo nome se faz o seguro. No segundo, é admitida a transferência através de simples endosso, pois equivale à convenção de que a pessoa a quem é entregue

---

[118] REsp. nº 264.562/SE, da 3ª Turma, *DJU* de 13.08.2001, *in ADCOAS* 8202566, *Boletim de Jurisprudência ADCOAS*, nº 49, p. 876, dez. 2001.

pode transferi-la de acordo com sua livre escolha. No último, não figurará a indicação do segurado, o que possibilita a transferência por simples entrega, importando esta em uma cessão de crédito.

De salientar, outrossim, que o seguro de pessoas, no regime do Código de 1916 denominado seguro de vida, não comporta apólice ao portador, conforme emana do parágrafo único do art. 760: "No seguro de pessoas, a apólice ou o bilhete não podem ser ao portador".

Quanto às vantagens, referem-se à discriminação dos riscos cobertos pelos valores pagáveis ou pelas garantias oferecidas, que constituem justamente o objeto da convenção. Significam a discriminação do perigo a que está afeto o objeto do pacto em virtude de um acontecimento futuro, independente da vontade dos estipulantes. Cumpre venham especificados na apólice, consignando-se a natureza, a extensão e os limites.

O valor do objeto ou o limite da garantia segurado é outro elemento. Servirá a fixação de base para o cálculo da indenização a ser paga ao contratante, se concretizar-se, o risco assumido.

As condições gerais discriminadas na apólice importam em certas normas a que se submetem ambas as partes.

O prêmio corresponderá à soma a que está obrigado o segurado a satisfazer. Compõe-no a percentagem destinada aos encargos da administração e às quantias exigidas a título de taxas e outras decorrências, bem como ao lucro da companhia.

A data (o início e o fim da validade) envolve a declaração do ano, mês, dia e hora do começo e do final dos riscos assumidos.

Existem outras exigências, afetas à livre disposição das partes, como as que dizem respeito à decadência, caducidade, eliminação ou redução dos direitos do segurado ou beneficiário, tornando-se obrigatórias se não contrariarem normas proibitivas.

Estendem-se as disposições a quaisquer tipos de seguro, que terão acrescentadas regras particularizadas, de conformidade com a espécie compromissada.

Mas, não terá validade o contrato instituído para garantia de risco proveniente de ato doloso do segurado, do beneficiário, ou do representante de um ou de outro – art. 762. Em outros termos, não se abriga no seguro o risco de contrabando, de câmbio negro, de jogo e da aposta.[119] Constitui a norma aplicação do art. 104 do Código Civil, que requer, para a validade do ato jurídico, agente capaz, objeto lícito, possível, determinado ou determinável, e forma prescrita ou não defesa em lei.

No pertinente aos limites do seguro, assume importância prática o preceito do art. 782, quanto a um novo seguro sobre o mesmo interesse e contra o mesmo risco: "O segurado que, na vigência do contrato, pretender obter novo seguro sobre o mesmo interesse, e contra o mesmo risco junto a outro segurador, deve previamente comunicar sua intenção por escrito ao primeiro, indicando a soma por que pretende segurar-se, a fim de se comprovar a obediência ao disposto no art. 778".

Revela-se indispensável ver o conteúdo do art. 778: "Nos seguros de dano, a garantia prometida não pode ultrapassar o valor do interesse segurado no momento da conclusão do contrato, sob pena do disposto no art. 766, e sem prejuízo da ação penal que no caso couber".

---

[119] Washington de Barros Monteiro, *Curso de Direito Civil, Direito das Obrigações*, São Paulo, Saraiva, 1962, 2º vol., p. 352.

Já o art. 766, no dispositivo acima mencionado, assinala as cominações na hipótese de declarações inexatas, ou de omissão de circunstâncias influentes na aceitação da proposta ou na taxa do prêmio: "Se o segurado, por si ou por seu representante, fizer declarações inexatas ou omitir circunstâncias que possam influir na aceitação da proposta ou na taxa do prêmio, perderá o direito à garantia, além de ficar obrigado ao prêmio vencido".

Em sequência, o parágrafo único: "Se a inexatidão ou omissão nas declarações não resultar de má-fé do segurado, o segurador terá direito a resolver o contrato, ou a aceitar, mesmo que após o sinistro, a diferença do prêmio".

Das normas extraem-se princípios sobre o limite do seguro e a boa-fé das declarações. Mais precisamente:

a) Não é permitida a cumulação de seguros cobrindo danos de uma mesma coisa pelos mesmos riscos, a menos que o primeiro seguro não abranja o valor integral do interesse ou da coisa segurada. Aceita-se a duplicidade de apólice se o primeiro seguro é insuficiente para cobrir integralmente o valor ou o interesse. No entanto, tratando-se de seguro de pessoa, no Código anterior denominado seguro de vida, abre-se uma exceção, autorizando a estipulação livre do capital e a contratação de mais de um seguro, como está no art. 789: "Nos seguros de pessoas, o capital segurado é livremente estipulado pelo proponente, que pode contratar mais de um seguro sobre o mesmo interesse, com o mesmo ou diversos seguradores".

b) Na eventualidade de se pretender fazer um segundo seguro, nas condições acima, cumpre que se comunique ao primeiro segurador essa pretensão, indicando a soma que está disposto a segurar, e que visará tornar integral o interesse ou o valor da coisa segurada.

c) Em qualquer caso, o valor do seguro não deve superar o valor da coisa ou do interesse, que constitui um axioma dogmático em matéria de seguro. Acontece que, no seguro, inibe-se o intuito especulativo, já que a finalidade é a reposição ou o ressarcimento do interesse e do dano.

d) Deve-se dar sempre primazia ao princípio da veracidade das informações prestadas pelas partes, não podendo burlar a boa-fé, que é inerente e essencial a este tipo de contrato. As omissões propositadas ou as informações infundadas prestadas pelo segurado acarretam a perda do direito à garantia, e obrigam a pagar o prêmio ajustado.

e) Não decorrendo a inexatidão ou omissão nas declarações da má-fé do segurado, pode o segurador resolver o contrato tenha ou não o risco acontecido, ou cobrar a diferença do prêmio, mesmo após a ocorrência do sinistro. Neste caso, a diferença do prêmio compreende o montante que estava previsto até o final do contrato. A situação comporta certa dificuldade para a verificação prática. Não pode haver má-fé nas declarações inexatas ou na omissão de certas circunstâncias que não estavam ao alcance do segurado. Ou seja, cabem aquelas cominações se se encontrar a pessoa com uma doença preexistente, tendo assinado o contrato sem a consciência de que deveria informá-la; ou se o bem segurado era destinado a uma atividade perigosa, não tendo o candidato noção exata do alcance desse estado. No entanto, se constar expressamente perguntas sobre alguma doença, e vierem as respostas especificadamente negativas, vislumbra-se a má-fé, quando é possível a recusa em dar a garantia, o que é diferente se ausente tal pecha, pois possibilita o ingresso com a ação de resolução. É preciso que se atente para a diferença: nesta última situação,

Cap. L | Responsabilidade no Seguro • **667**

autoriza-se a resolução, ou a cobrança das diferenças do prêmio. Não cabe a simples negativa de cobertura, se não ingressada a ação de resolução, consequência permitida se configurada a má-fé.

Revela especial interesse a declaração do valor da coisa em montante superior ao que realmente encerra o bem, visando, com isso, auferir maior vantagem, em caso de acontecer o sinistro. Não se pode olvidar a natureza indenizatória desta espécie de contrato, como discorrem Ripert e Boulanger: "El carácter tradicional del seguro es el de ser un contrato de indemnización. El principio indemnizatorio ha sido afirmado en el derecho antiguo para distinguir este contrato del juego y de la apuesta... El carácter indemnizatorio tiene dos aspectos. Exige que el asegurado tenga un interés asegurable, y también que el monto de la indemnización prometida no excede el valor de la cosa asegurada".[120]

A ordem instituída pelo Código Civil de 2002 não mais contempla a possibilidade de redução do valor indenizável, que se afigurava perfeitamente admissível no sistema anterior, permitindo fosse encontrado o valor real do bem, se contratada uma importância superior à sua estimativa real. O art. 1.462 do então Código aventava a viabilidade da redução, ao estipular: "Quando ao objeto do contrato se der valor determinado, e o seguro se fizer por este valor, ficará o segurador obrigado, no caso de perda total, a pagar pelo valor ajustado a importância da indenização, sem perder por isso o direito, que lhe asseguram os arts. 1.438 e 1.439". Os citados arts. 1.438, 1.439 e mais o art. 1.437 também ensejavam a redução.

Não pode a companhia seguradora aceitar os prêmios correspondentes a um valor superior ao real. É de sua responsabilidade a verificação da estimativa real e verdadeira da coisa segurada. Se nada opôs, e aceitou as prestações, não se lhe reconhece o direito de, posteriormente, pretender o pagamento de quantia inferior. Se existe o princípio da boa-fé nas declarações, também inquestionáveis a livre disposição das vontades, a proibição do enriquecimento indevido e o dever de averiguar a real apreciação do bem garantido.

Nesta dimensão interpretativa o seguinte aresto, que reflete o rumo que vinham seguindo os pretórios antes do Código atual, e que se apresenta profundamente justa e coerente, argumentando em torno dos revogados arts. 1.437 e 1.438, cujo sentido se encontra no art. 778 do atual diploma civil: "A indenização, em caso de perda total do veículo segurado, deve corresponder ao valor determinante do prêmio, que se presume o do preço de mercado ao tempo da contratação, em face do disposto no art. 1.437 do CCB, por força do qual não se pode segurar uma coisa por mais do que valha".[121]

O próprio Superior Tribunal de Justiça enveredou por esse entendimento: "Quando ao objeto, do contrato de seguro voluntário, se der valor determinado e o seguro se fizer por esse valor, e vindo o bem segurado a sofrer perda total, a indenização deve corresponder ao valor da apólice, salvo se a seguradora, antes do evento danoso, tiver postulado a redução de que trata o art. 1.438 do Código Civil, ou se ela comprovar que o bem segurado, por qualquer razão, já não tinha mais aquele valor que fora estipulado, ou que houve má-fé, o que não se deu na espécie. É que, em linha de princípio, o automóvel voluntariamente segurado que sofrer perda total haverá de ser indenizado pelo valor da

---

[120] Jorge Ripert e Jean Boulanger. *Tratado de Derecho Civil*, Buenos Aires, Ediciones La Ley, 1965, tomo VIII, Contratos Civiles, p. 567.

[121] Apel. Cível nº 239.052, do Tribunal de Alçada de Minas Gerais, de 21.08.1997, em *LBJ – Boletim Informativo da Legislação Brasileira Juruá*, nº 169, Curitiba, p. 643, dez. 1997.

apólice, pois sendo a perda total o dano máximo que pode sofrer o bem segurado, a indenização deve ser pelo seu limite máximo, que é o valor da apólice".[122] O art. 1.438 corresponde ao art. 778 do vigente CC.

Em outro exemplo: "Consoante entendimento firmado pela Segunda Seção, no seguro de automóvel, em caso de perda total, a indenização a ser paga pela seguradora deve tomar como base a quantia constante da apólice (art. 1.462 do Código Civil), sobre a qual é cobrado o prêmio".[123] O referido art. 1.462 não tem parâmetro em dispositivo do Código vigente.

Embora justas as razões expostas, o Código de 2002, no art. 781, pôs um fim à interpretação acima, ao prever o limite da indenização ao valor do dano. O referido dispositivo traz mais especificamente o limite da indenização: "A indenização não pode ultrapassar o valor do interesse segurado no momento do sinistro, e, em hipótese alguma, o limite máximo da garantia fixado na apólice, salvo em caso de mora do segurador".

De outro lado, pode ocorrer o inverso. Fixa-se o seguro por quantia inferior ao valor da coisa. Se for segurada por menos do que vale, e houver perda em cifra superior, o segurador é obrigado tão somente em proporção. Nesta hipótese, a lei presume *juris et de jure* que o segurado é cossegurador do bem. Pela quantia não coberta ele responde e é como se fosse segurador de si mesmo.

De notar, ainda, que, consoante os cânones antes registrados, na hipótese de se segurar a coisa por todo o seu valor mais de uma vez, sujeita-se o contrato à anulação. O segundo segurador, que ignorava o primeiro contrato, terá o direito de recobrar o pagamento do objeto do seguro se entregou o valor ao segurado. A companhia seguradora da apólice mais antiga suportará o encargo. Ou, se duas as hipóteses de seguro que vigorarem, responde pelo pagamento da indenização a companhia seguradora da apólice mais antiga.

Por último, não se pode renovar por mais de uma vez o contrato, em consonância com regra que veio no art. 774, desconhecida no direito anterior: "A recondução tácita do contrato pelo mesmo prazo, mediante expressa cláusula contratual, não poderá operar mais de uma vez". Depreende-se a limitação de renovações sucessivas e automáticas por mais de uma vez, desde que não se renove o contrato mediante novo instrumento. O objetivo do ditame está em evitar uma continuidade desligada da realidade, que não prescinde de uma reavaliação dos riscos, com a adequação às mutações seguramente ocorridas no objeto do contrato e nos interesses protegidos. Mas, é preciso observar, não impede a proibição que se estabeleçam renovações quantas vezes pretenderem os interessados, desde que se façam novos contratos, e não venham externados em meras reconduções tácitas do contrato pelo mesmo prazo.

3. RESPONSABILIDADE ASSUMIDA POR COSSEGURO

Merece destaque a situação do cosseguro, pelo qual dois ou mais seguradores assumem a responsabilidade sobre um mesmo seguro direto, com a emissão de uma única apólice, onde se fixam obrigações para todos os cosseguradores. Tem-se uma operação de seguro cobrindo um determinado risco de um segurado, repartindo-se a indenização

---

[122] REsp. nº 182.642/MG, da 4ª Turma, publ. na data de 30.11.1998, *in Boletim ADV – Jurisprudência*, nº 24, p. 377, expedição de 20.06.1999.
[123] ED no REsp. nº 201.669/MG, da 2ª Seção do STJ, *DJU* de 1º.08.2000.

entre duas ou mais empresas seguradoras. Está contemplado no art. 761, sem que tivesse o Código revogado disposto sobre o assunto: "Quando o risco for assumido em cosseguro, a apólice indicará o segurador que administrará o contrato e representará os demais, para todos os seus efeitos".

Assinalam Ripert e Boulanger: "No se debe confundir la acumulación de seguros con el seguro de una cosa por su valor total por varios aseguradores que no cubren los mismos riesgos, que es muy frecuente en el seguro de los riesgos de guerra".[124]

Assinando duas ou mais seguradoras o contrato, embora uma delas apareça como líder, manifestado na apólice, e presente a concordância do segurado, aplica-se a seguinte solução, ditada pela jurisprudência: "Acionada a seguradora líder, não responde além da cota que lhe cabe na distribuição imposta pela lei".[125] Mas se uma entidade apenas celebrou o contrato com o segurado, unicamente ela deve ser acionada. Por via de regresso, posteriormente, terá o direito de reembolsar-se, obtendo das demais as respectivas cotas-partes.

Se as várias seguradoras não consignarem os limites da responsabilidade, perante o segurado, nasce daí a solidariedade. Qualquer uma delas responde pela obrigação em sua totalidade.[126] No pertinente ao seguro obrigatório em acidentes de veículos automotores, a Lei nº 6.194, de 19.12.1974, no art. 7º, com as alterações da Lei nº 8.441, de 13.07.1992, atribui a responsabilidade pelo seguro em caso de morte, quando não se descobre o causador, e, assim, não se chega à seguradora líder, a todas as seguradoras coligadas, podendo ser acionada qualquer uma delas, que, posteriormente, se ressarcirá junto às demais.

4. RESPONSABILIDADE E BOA-FÉ NAS DECLARAÇÕES

A boa-fé é exigência essencial nas declarações das partes, embora seja princípio que deva encontrar-se presente em todos os contratos. A razão está em que o seguro se funda precipuamente nas mútuas afirmações que fazem os estipulantes, o que importa sejam as declarações firmadas dentro da veracidade e autenticidade.

Sobre o assunto, consigna o art. 765: "O segurado e o segurador são obrigados a guardar na conclusão e na execução do contrato, a mais estrita boa-fé e veracidade, tanto a respeito do objeto como das circunstâncias e declarações a ele concernentes".

Percebe-se da redação que a exigência é imposta na conclusão e durante a execução, o que importa no dever de veracidade, não omitindo circunstâncias que possam influir na aceitação da proposta na fase das tratativas, mantendo-se essa conduta no *iter contractus*, de modo a manter uma conduta apropriada e apta para não incidir nos eventos que podem levar ao sinistro. Não são toleradas informações falsas ou insuficientes acerca do objeto do contrato, ou a ostentação de vantagens que não se verificam na prática. Muito menos comporta a redação dúbia e controvertida, de sorte a ensejar várias interpretações. A respeito, dentre outras regras apropriadas, está a do art. 6º, inc. III do Código de Defesa do Consumidor (Lei nº 8.078/1990, em redação da Lei nº 12.741/2012), impondo ao fornecedor "a informação adequada e clara sobre os diferentes produtos e serviços, com especificação correta de quantidade, características, composição, qualidade, tributos incidentes e preço, bem como sobre os riscos que apresentem".

---

[124] *Tratado de Derecho Civil*, tomo VIII, p. 569.
[125] *Revista dos Tribunais*, 537/237.
[126] *Revista dos Tribunais*, 401/247.

Na execução, especialmente de parte do segurado, os comportamentos preventivos são necessários. Revela-se culposa a atitude de quem estaciona um veículo, segurado contra roubos, em lugar infestado de marginais, ou esmo, de pouca vigilância; da mesma forma, se efetua o transporte de valores monetários sem a devida escolta de segurança, transitando por locais perigosos.

As consequências pela infringência ao princípio constam assinaladas no art. 766: "Se o segurado, por si ou por seu representante, fizer declarações inexatas ou omitir circunstâncias que possam influir na aceitação da proposta ou na taxa do prêmio, perderá o direito à garantia, além de ficar obrigado ao prêmio vencido".

O segurador, antes de aceitar o risco, que irá assumir, necessita dos mais amplos dados, a fim de aquilatar tais riscos. A declaração falsa pode influir na fixação de uma taxa diversa da que se estabeleceria caso conhecidas as condições em que se encontrava o segurado, ou o objeto segurado.

Exemplificava Washington de Barros Monteiro situações que se mantêm verificáveis: "Nessas condições, num seguro de vida, por exemplo, deve o segurado indicar a moléstia de que sofre, ou a intervenção cirúrgica a que deve se submeter; qualquer reticência sobre o seu verdadeiro estado de saúde pode conduzir à ineficácia do contrato".[127]

No seguro total de um veículo contra acidentes, é dever do proprietário referir corretamente seu histórico como motorista, não olvidando as inaptidões e os acidentes provocados por sua culpa.

Igualmente no seguro contra fogo exige-se especifique o contratante o estado da construção segurada, a presença de elementos inflamáveis no interior do prédio, ou de outros possíveis agentes provocadores de incêndio ou propagação do fogo.

Mas, não basta a mera constatação de um fato não revelado para desvincular do encargo de indenizar.

A má-fé deverá ficar provada, ônus que incumbe ao segurador. É o caminho pelo qual segue a jurisprudência: "Seguro previdenciário. As normas de seguro em grupo, ou de seguro previdenciário, exigem interpretação benéfica quanto aos requisitos de saúde dos associados. Falta de prova de má-fé do associado". Pois, está amplamente consagrado, a boa-fé se presume; a má-fé deve ser provada e o ônus da prova cabe ao segurador.[128]

Interpreta-se em favor do segurado a avença em casos de dúvidas e omissões. E se o segurado, ao fazer declarações, não obrou de má-fé, subsiste a obrigação da indenização.[129] É que a seguradora se apoia nas perspectivas favoráveis que resultam das previsões atuariais. Sabe, de antemão que, entre os segurados, dispensada a cautela do exame médico, poderá haver alguns doentes e até gravemente enfermos. O risco, todavia, é coberto com largueza pela vantagem proveniente do grande número de segurados que aderem ao sistema de seguro, e não padecem o infortúnio.[130] Constituem dados de presunção de que a seguradora, voluntariamente, dispensa o exame e aceita o risco: a idade do segurado, a profissão, o regime e a espécie de trabalho exercida, e a compleição física e mental. Ademais, ponderou o STJ, para incidir "o disposto no art. 1.444 do Código Civil, necessário

---

[127] *Curso de Direito Civil, Direito das Obrigações*, 2º vol., obra citada, p. 353.
[128] *Revista de Jurisprudência do TJ do RGS*, 13/275, 39/284, 45/335 e 55/244; *Revista dos Tribunais*, 405/396.
[129] *Revista Forense*, 197/102.
[130] *Revista de Jurisprudência do TJ do RGS*, 64/180.

Cap. L | Responsabilidade no Seguro • **671**

que o segurado tenha feito declarações inverídicas quando poderia fazê-las verdadeiras e completas. E isso não se verifica se não tiver ciência de seu real estado de saúde".[131] O art. 1.444 mencionado equivale ao art. 766 do vigente diploma civil.

Desde que a seguradora não exige o exame médico, ou mesmo outros esclarecimentos sobre as declarações prestadas quando da feitura do contrato, é inconcebível falar-se em ausência de boa-fé.[132] O Superior Tribunal de Justiça, a respeito, tem manifestado a exegese da necessidade do exame médico: "A empresa que explora plano de seguro-saúde e recebe contribuições de associado sem submetê-lo a exame, não pode escusar-se ao pagamento da sua contraprestação, alegando omissão nas informações do segurado."[133] "Contrato de seguro. Se a seguradora aceita a proposta de adesão, mesmo quando o segurado não fornece informações sobre o seu estado de saúde, assume os riscos do negócio. Não pode, por essa razão, ocorrendo o sinistro, recusar-se a indenizar."[134]

"Precedentes da Corte, de ambas as Turmas da Seção de Direito Privado, assentaram que aceitando a seguradora a 'proposta de adesão', mesmo quando o segurado não fornece informações sobre o seu estado de saúde, assume os riscos do negócio. Não pode, por essa razão, ocorrendo o sinistro, recusar-se a indenizar."[135]

Inclusive em se tratando de AIDS: "Seguro-saúde. Doença preexistente. AIDS. Omissa a seguradora no tocante à sua obrigação de efetuar o prévio exame de admissão do segurado, cabe-lhe responder pela integralidade das despesas médico-hospitalares havidas com a internação do paciente, sendo inoperante a cláusula restritiva inserta no contrato de seguro-saúde."[136]

Até porque a falta de maiores cuidados importa em conivência com a atitude do segurado, se é que omite situações que importam em afastar a cobertura: "Constatado nos autos que a montagem do perfil do segurado foi realizada de forma superficial através de informações prestadas por gerente de determinado banco diretamente à seguradora, e não pela proprietária da coisa segurada, como deveria ser, sem maior aprofundamento na pesquisa dos dados colhidos, posto que a segurada sequer possui habilitação para dirigir, bem como diante da prova testemunhal ter sido unânime em evidenciar que quando do sinistro o condutor não estava utilizando o veículo para fins comerciais, não pode a seguradora, após recebimento do prêmio e ocorrência do sinistro, invocar quebra do perfil para se desviar do pagamento da indenização."[137]

As mesmas aplicações incidem quando o seguro é convencionado por meio de procurador. Responde o segurado pelas inexatidões, lacunas ou má-fé.

No tocante ao segurador, a regra do art. 773 considera com maior gravidade a sua má-fé, no caso de contratar, embora já passado o risco: "O segurador que, ao tempo do

---

[131] AGA nº 3.772/SP, da 3ª Turma, *DJU* de 20.08.1999.

[132] *Revista dos Tribunais*, 440/152.

[133] REsp. nº 229.078/SP, da 4ª Turma, rel. Min. Ruy Rosado de Aguiar, j. em 09.11.1999, *DJU* de 07.02.2000.

[134] REsp. nº 198.015, da 3ª Turma, rel. Min. Eduardo Ribeiro, j. em 23.03.1999, *DJU* de 17.05.1999.

[135] REsp. nº 244.841/SP, da 3ª Turma, rel. Min. Carlos Alberto Menezes Direito, j. em 03.08.2000, *DJU* de 04.09.2000.

[136] REsp. nº 234.219/SP, da 4ª Turma, rel. Min. Ruy Rosado de Aguiar, j. em 15.05.2001, *DJU* de 20.08.2001.

[137] Apel. Cível nº 2002.013011-2, da 1ª Câmara Cível do TJ de Santa Catarina, j. em 05.11.2003, *in* *ADCOAS* 8224926, *Boletim de Jurisprudência ADCOAS*, nº 12, p. 185, abr. 2004.

672 • Responsabilidade Civil | *Arnaldo Rizzardo*

contrato, sabe estar passado o risco de que o segurado se pretende cobrir, e, não obstante, expede a apólice, pagará em dobro o prêmio estipulado."

Sendo o risco a expectativa do sinistro, constitui elemento essencial para a constituição do seguro. Resta, pois, insofismável a inexistência do contrato sem tal elemento, configurando a mais deslavada má-fé a sua celebração, como quando se firma o seguro contra uma determinada doença que inexiste na relação da medicina.

5. RESPONSABILIDADE NO SEGURO DE DANOS

Tradicionalmente, a instituição do seguro se deu para cobrir danos nas coisas, ou a sua perda. No entanto, há outros bens protegíveis, como o ser humano em si, e, desta maneira, a vida e a idade, firmando-se o seguro não propriamente para compensar certos eventos em bens físicos, mas para resultar o pagamento de valores ante a ocorrência de fatos naturais relacionados à pessoa, como a morte ou o alcance de certo tempo de vida, ou uma idade determinada, ou uma incapacidade. Mesmo o Código de 1916 não restringiu o objeto do seguro para cobrir danos ou prejuízos em coisas ou bens econômicos, ao trazer normas para o seguro de vida e o seguro mútuo. Posteriormente, através de leis paralelas, aperfeiçoaram-se as normas dirigidas a cobrir danos e interesses, sendo exemplo os seguros de vida, de saúde, de acidente do trabalho, de incapacidade total ou parcial.

O seguro de danos visa a cobertura de prejuízos ou de desfalques nos bens e inclusive nas pessoas. Não se pode restringir esta espécie de seguro aos danos nas coisas. Com o surgimento de eventos especificamente previstos, como a doença, a incapacidade, o acidente, procura-se dar cobertura aos desfalques que causam, e possibilitar o restabelecimento da integridade do ser humano.

Quando não há danos, mas prevê-se a entrega de uma importância em dinheiro, ou de um bem, ao se alcançar uma idade mais avançada, está-se garantido um interesse. A cobertura é de um interesse que não envolve o dano. É bem possível que o fato traga algum efeito negativo, como a redução da capacidade de trabalho, ou a perda da eficiência nas atividades. No entanto, não se dimensiona a prestação por critérios fundados no dano.

O Código de 2002 incluiu várias normas, que no Código de 1916 tinham um caráter geral a qualquer tipo de seguro, em uma seção destacada para o seguro de dano, ou o seguro destinado ao ressarcimento, à reparação, à recomposição, à restauração do bem de vida protegido. É o seguro que instituído para fazer frente aos prejuízos causados pelo risco eleito.

Para dimensionar o alcance da cobertura, vêm traçadas várias regras, que passam a ser discriminadas:

a) Limites no seguro

O parâmetro do dimensionamento inicia no art. 778. Eis a diretriz básica: "Nos seguros de dano, a garantia prometida não pode ultrapassar o valor do interesse segurado no momento da conclusão do contrato, sob pena do disposto no art. 766, e sem prejuízo da ação penal que no caso couber".

A matéria já mereceu análise no item relativo aos elementos e limites do contrato. Salienta-se que constitui princípio básico dos contratos prever a garantia no valor do interesse protegido. Não é possível segurar um veículo por um montante superior ao que vale, a que se chega através da apreciação das características e das informações prestadas. A bem da verdade, à seguradora cabe estimar o bem, ou dar a apreciação. Desde que concorde com o preço fornecido pelo segurado, e receba os prêmios em função do mesmo, não é imputável a má-fé de parte do segurado, como foi examinado, inclusive com decisões do Superior Tribunal de Justiça, valendo transcrever mais o seguinte exemplo: "No seguro de automóvel, em caso de perda total, a indenização a ser paga pela seguradora deve tomar como base a quantia ajustada na apólice..., sobre a qual é cobrado o prêmio".[138]

O art. 781 do Código, no entanto, traz incisivamente o limite da indenização, não mais dando margem a interpretações favoráveis ao segurado: "A indenização não pode ultrapassar o valor do interesse segurado no momento do sinistro, e, em hipótese alguma, o limite máximo da garantia fixado na apólice, salvo em caso de mora do segurador".

Mesmo, pois, que a indenização contratada se revele bem superior ao dano efetivo, no caso de furto ou perda total ter-se-á em vista sempre o preço resultante da avaliação quando do sinistro.

No caso de ofensa à regra do art. 778, vem cominada a sanção do disposto no art. 766. O dispositivo assinala as cominações na hipótese de declarações inexatas, ou de omissão de circunstâncias influentes na aceitação da proposta ou na taxa do prêmio: "Se o segurado, por si ou por seu representante, fizer declarações inexatas ou omitir circunstâncias que possam influir na aceitação da proposta ou na taxa do prêmio, perderá o direito à garantia, além de ficar obrigado ao prêmio vencido".

Em sequência, o parágrafo único: "Se a inexatidão ou omissão nas declarações não resultar de má-fé do segurado, o segurador terá direito a resolver o contrato, ou a aceitar, mesmo que após o sinistro, a diferença do prêmio". Conforme já referido, não induz o dispositivo à negativa de cobertura. Inexistindo má-fé, ou desconhecendo, *v. g.*, a doença preexistente no plano de assistência, se não promovida a resolução, é exigível o pagamento da cobertura, devendo aceitar o segurador a diferença do prêmio.

b) Abrangência do seguro

O seguro abrange a totalidade dos danos verificados, nos termos do art. 779: "O risco do seguro compreenderá todos os prejuízos resultantes ou consequentes, como sejam os estragos ocasionados para evitar o sinistro, minorar o dano, ou salvar a coisa".

É natural que a cobertura envolva a totalidade dos danos, inclusive aqueles decorrentes do fato, isto é, os danos causados em outros bens, e não apenas naquele segurado, e os resultantes da tentativa para evitar o sinistro, minorar o dano ou salvar a coisa. Os prejuízos em um acidente não se restringem aos ocorridos no veículo, mas também aqueles causados no prédio onde se deu a colisão, ou no outro veículo contra o qual se verificou a batida, e mesmo os que aconteceram na tentativa de evitar o choque. As pessoas atingidas pelo sinistro incluem-se na cobertura, desde que comporte a cifra contratada para a indenização.

c) Vigência da garantia no seguro de transporte

No seguro de transporte, inicia a cobertura quando do recebimento da mercadoria e encerra-se com a sua entrega, nos termos do art. 780: "A vigência da garantia, no seguro de coisas transportadas, começa no momento em que são pelo transportador recebidas, e cessa com a sua entrega ao destinatário".

Coaduna-se a regra com o disposto no art. 750, que trata da responsabilidade do transportador.

---

[138] REsp. nº 191.189/MG, da 3ª Turma do STJ.

É necessário se atentar para a diferença de sentido entre recebimento e embarque, e entre entrega e desembarque. Importa considerar a maior extensão nos termos empregados pelo Código, porquanto o 'recebimento' e a 'entrega' nem sempre ocorrem quando do 'embarque' e do 'desembarque'.

d) Novo seguro sobre o mesmo interesse

É possível contratar novo seguro sobre o mesmo interesse, e para cobrir os mesmos riscos, naquilo não abrangido no seguro anterior, e na importância que falta para a cobertura da parte não abrangida no anterior, desde que comunicado previamente ao primeiro segurador. Tal impõe o art. 782: "O segurado que, na vigência do contrato, pretender obter novo seguro sobre o mesmo interesse, e contra o mesmo risco junto a outro segurador, deve previamente comunicar sua intenção por escrito ao primeiro, indicando a soma por que pretende segurar-se, a fim de se comprovar a obediência ao disposto no art. 778".

Revela-se indispensável observar que o art. 778 impede que a garantia contratada ultrapasse ao valor do interesse segurado no momento da conclusão do contrato, sob pena de incidir o disposto no art. 766, o qual assinala as cominações da perda do direito à garantia, além de ficar obrigado o segurado ao prêmio vencido, na hipótese de declarações inexatas, ou de omissão de circunstâncias influentes na aceitação da proposta ou na taxa do prêmio.

e) Redução proporcional da indenização no sinistro parcial

É óbvio que o sinistro parcial acarreta a redução proporcional do seguro. Não é coerente reclamar a indenização total se se revelar parcial o dano. De igual modo, nada impede que se contrate a cobertura parcial de dano, em consonância com o art. 783, disposição nova no ordenamento jurídico, sem precedente no Código anterior, mas que se admitia o princípio sob o entendimento de que havia coparticipação no seguro, sendo as partes consideras cosseguradoras: "Salvo disposição em contrário, o seguro de um interesse por menos do que valha acarreta a redução proporcional da indenização, no caso de sinistro parcial".

f) Vício intrínseco da coisa segurada

Fica fora da cobertura o dano provocado por vício intrínseco da coisa, nos termos do art. 784: "Não se inclui na garantia o sinistro provocado por vício intrínseco da coisa segurada, não declarado pelo segurado". Na hipótese, omite-se na apólice o defeito que leva ao sinistro, como um veículo segurado que possui a barra da direção fraturada, ou um instrumento mecânico com os ingredientes gastos, provocando, depois de algum uso, o rompimento do sistema interno.

O parágrafo único considera vício intrínseco "o defeito próprio da coisa, que se não encontra normalmente em outras da mesma espécie". Resta claro que não se tem como vício se todos os veículos possuem a mesma contingência, ou falha no sistema mecânico. Silenciando as declarações do segurado a respeito, v. g., do desgaste dos freios, situação própria no caso específico, a ocorrência de um acidente não traz o dever da seguradora em indenizar.

A isenção de responsabilidade é uma decorrência do não cumprimento da regra do art. 766.

g) Transferência do contrato ou do bem segurado a terceiros

Desde que obtida a concordância do segurador, ou não conste proibição no contrato, nada impede a transferência do seguro, no que é expresso o art. 785: "Salvo disposição em contrário, admite-se a transferência do contrato a terceiro com a alienação ou cessão do interesse segurado".

Tendo caráter patrimonial o contrato, revela-se natural o direito à sua disponibilização. No entanto, revelando o seguro um fundo de pessoalidade, posto que firmado também em função da pessoa do segurado, parece justa a exigência da concordância do segurador, seja através do próprio instrumento firmado onde não aparece qualquer proibição, seja por ato posterior de aquiescência. Com toda a certeza, não aceitará a transferência do seguro para uma pessoa imperita, incapaz, com antecedentes, e infratora das regras concernentes ao uso do bem segurado.

Opera-se a transferência por alienação da coisa segurada, fato comum nas vendas de veículos, ou por cessão do interesse ou dos direitos do segurado.

Nos contratos nominativos, nos quais se requer a colocação nominal dos nomes do segurador, do segurado, ou de seu representante, ou do terceiro beneficiário, mesmo que não conste a proibição da transferência, é necessária a prévia comunicação ao segurador, em razão do § 1º do mesmo cânone: "Se o instrumento contratual é nominativo, a transferência só produz efeitos em relação ao segurador mediante aviso escrito assinado pelo cedente e pelo cessionário". Não somente para ficar ciente a quem está obrigado a dar a cobertura, mas também para fins de possibilitar exercer certa vigilância sobre o bem, a sua utilização ou a prática de abusos é imprescindível o aviso.

Já a apólice ou o bilhete à ordem, cujo significado encerra a convenção de que a pessoa a quem é entregue pode fazer a transferência de acordo com sua livre escolha, cede-se por endosso em preto, isto é, com a menção da pessoa em cujo nome é passado o título, devendo vir datado o ato e assinado pelo endossante e pelo endossatário, em obediência ao § 2º: "A apólice ou o bilhete à ordem só se transfere por endosso em preto, datado e assinado pelo endossante e pelo endossatário".

Já a transferência do bem segurado não causa a exoneração da cobertura securitária, a menos que venha a se agravar o risco. Esse o espírito da Súmula nº 465 do STJ, aprovada em 13 de outubro de 2010: "Ressalvada a hipótese de efetivo agravamento do risco, a seguradora não se exime do dever de indenizar em razão da transferência do veículo sem a sua prévia comunicação."

Sufragado o entendimento de que não se justifica tornar sem efeito o contrato de seguro apenas em razão da ausência de comunicação da transferência do veículo. Unicamente se apurar-se um efetivo prejuízo, ou um agravamento do perigo de dano à seguradora, é que a transferência do veículo segurado a terceiro não terá cobertura securitária, prejuízo esse constatado na reiterada conduta desvairada do adquirente.

Um dos acórdãos que implantaram tal exegese contém a seguinte ementa: "A jurisprudência desta Corte sedimentou-se no sentido de que a simples ausência de comunicação de venda do veículo à seguradora não exclui o dever da seguradora perante o novo proprietário, desde que não haja agravamento do risco. Precedentes."[139]

O voto do relator lembra a posição da Corte sobre a matéria: "No tocante ao tema central, não se justifica tornar sem efeito o contrato de seguro em razão da ausência de comunicação da sua transferência, devendo ser efetuado um exame concreto das situações trazidas a juízo, pois a inobservância da cláusula contratual que determina a aludida

---

[139] REsp. nº 771.375/SP, da 4ª Turma, j. em 25.05.2010, *DJe* de 22.06.2010, em *RSTJ*, vol. 219, p. 400.

comunicação não elide a responsabilidade da seguradora, que recebeu o pagamento do prêmio, salvo se comprovada má-fé ou agravamento do risco. Nesse sentido:

'Agravo no recurso especial. Processual civil e civil. Reexame de prova. Inadmissibilidade. Seguro de automóvel. Alienação. Novo adquirente. Seguradora. Sinistro. Responsabilidade. Não é possível, na via especial, a alteração das premissas fático-probatórias estabelecidas pelo tribunal *a quo*. Na hipótese de alienação de veículo segurado, não restando demonstrado o agravamento do risco, a seguradora é responsável perante o adquirente pelo pagamento da indenização devida por força do contrato de seguro' (3ª Turma, AgRg no REsp. nº 302.662/PR, rel.ª Min.ª Nancy Andrighi, unânime, *DJU* de 25.06.2001). (...)

'A só transferência de titularidade do veículo segurado sem comunicação à seguradora não constitui agravamento do risco. Na hipótese, como retratado pela decisão recorrida, não houve má-fé por parte do anterior e do atual proprietários do veículo no que seja atinente à sua transferência, não tendo havido, objetivamente, ofensa aos termos do contrato, pois ausente qualquer comprovação de que a transferência se fizera para uma pessoa inabilidade, seja técnica ou moralmente (...)' (4ª Turma, REsp. nº 188.694/MG, rel. Min. Cesar Asfor Rocha, unânime, *DJU* de 12.06.2000).

'(...) A transferência de titularidade do veículo segurado sem comunicação à seguradora, por si só, não constitui agravamento do risco' (3ª Turma, REsp. nº 600.788/SP, rel. Min. Humberto Gomes de Barros, *DJU* de 30.10.2006)".

h) Sub-rogação do segurador nos direitos e ações que competirem ao segurado

O art. 786 contém uma regra que sempre foi admitida, embora não tenha constado no Código anterior, que é o direito de regresso do segurador contra aquele que provocou o dano: "Paga a indenização, o segurador sub-roga-se, nos limites do valor respectivo, nos direitos e ações que competirem ao segurado contra o autor do dano".

Em todos os contratos insere-se tal prerrogativa, que decorre naturalmente do instituto. Para possibilitar o exercício do direito na própria ação que exige a reparação do dano, que é movida quando o segurador do lesado se nega a pagar-lhe espontaneamente o seguro, requererá aquele a denunciação da lide do causador do dano, como permite o art. 125, inc. II, do Código de Processo Civil, a fim de servir a sentença de título executivo.

Se ressarcido espontaneamente o dano, ingressará o segurador com a ação própria de cobrança, para reaver o montante, pelo rito sumário se decorrente de acidente de veículos.

No caso da pessoa que sofreu o dano ajuizar demanda contra o causador, tendo este seguro, e negando-se sua seguradora a indenizar, será esta denunciada nos autos, com o que obterá aquele, se procedente a denunciação, título para executar o valor que pagou ao lado.

Entrementes, não cabe a sub-rogação em favor da seguradora se o causador do dano for cônjuge do segurado, ou se forem seus descendentes, ascendentes, consanguíneos ou afins (filhos, pais, sogros, genros), de conformidade com o § 1º: "Salvo dolo, a sub-rogação não tem lugar se o dano foi causado pelo cônjuge do segurado, seus descendentes ou ascendentes, consanguíneos ou afins".

Fosse o contrário, o patrimônio da família correria o perigo de ficar comprometido, desfigurando o próprio contrato de seguro.

No entanto, cai a exceção se constatado dolo no ato dos referidos parentes que provocou o dano.

Outrossim, de acordo com o § 2º, "é ineficaz qualquer ato do segurado que diminua ou extinga, em prejuízo do segurador, os direitos a que se refere este artigo". Ora, os direitos a que se refere o art. 786 são aqueles que cabiam ao segurado, dizendo respeito ao ressarcimento do dano. De modo que não pode o segurado dar quitação ao causador, nem receber dele posteriormente qualquer importância sob o mesmo título que a paga pela seguradora.

i) Seguro de responsabilidade civil e danos causados a terceiro

O art. 787 e seus vários parágrafos cuidam do seguro de responsabilidade civil nos danos causados a terceiro pelo segurado. Estabelece o *caput* do dispositivo: "No seguro de responsabilidade civil, o segurador garante o pagamento de perdas e danos devidos pelo segurado a terceiro".

É comum a contratação de seguro para garantir danos que eventualmente venham a ser provocados a terceiros, de modo especial se provocados por veículos automotores. O contrato firmado reserva-se unicamente para cobrir os danos que atingem terceiros por ação ou omissão do segurado, transferindo-se ao segurador a indenização devida.

O § 1º estabelece a obrigação da comunicação, pelo segurado, ao segurador tão logo ocorra o dano e chegue ele ao seu conhecimento: "Tão logo saiba o segurado das consequências de ato seu, suscetível de lhe acarretar a responsabilidade incluída na garantia, comunicará o fato ao segurador". Não consta o prazo para a comunicação, vindo, no entanto, normalmente inserido nos contratos. O dever de comunicação tem a finalidade de não ficar em mora o segurador. Não se pense, entrementes, que se trata de condição para o pagamento. Uma vez omitida a cientificação, a decorrência não vai além da imputação ao segurado das consequências da mora, como a satisfação dos juros.

O § 2º estatui a proibição do segurado em reconhecer sua responsabilidade, ou confessar-se culpado, além de efetuar acertos com o terceiro: "É defeso ao segurado reconhecer sua responsabilidade ou confessar a ação, bem como transigir com o terceiro prejudicado, ou indenizá-lo diretamente, sem anuência expressa do segurador".

O reconhecimento da responsabilidade ou a confissão podem ensejar uma fraude, ou a admissão de uma conduta enquadrada como de risco, a qual provocou o sinistro, com a finalidade de ensejar a indenização. Ademais, se a responsabilidade em indenizar é do segurador, não cabe ao segurado interferir de qualquer maneira, sob pena de ser considerada sua ação como de assunção da responsabilidade, isentando o segurador da obrigação. Assim, não está na esfera das atribuições do segurado tratar com o terceiro, buscando acertos, como redução a quantia a ser paga, ou efetuar-lhe diretamente o pagamento, para posteriormente ressarcir-se junto ao segurador.

O § 3º manda que se o terceiro intentar a ação contra o segurado, cabe a este dar ciência ao segurador: "Intentada a ação contra o segurado, dará este ciência da lide ao segurador". Assumindo o segurador a responsabilidade, afigura-se natural a sua comunicação da lide proposta, podendo o mesmo comparecer aos autos, na qualidade de litisconsorte necessário, ou de assistente, ou de substituto processual de parte. No entanto, não se retira da regra a ilegitimidade passiva do segurado, eis que a sua relação com o segurador não interessa ao terceiro lesado.

O § 4º mantém a responsabilidade do segurado, no caso de insolvência do segurador: "Subsistirá a responsabilidade do segurado perante o terceiro, se o segurador for insolvente". Isto porque não interessa ao terceiro a relação criada entre o causador do dano e o segurador, e até para afastar possíveis fraudes. Responsável é e continuará sendo o causador, que buscará seus direitos de reembolso junto ao segurador.

Não cabe ao terceiro entrar com ação diretamente contra o segurador. Assiste-lhe demandar o segurado, podendo haver litisconsórcio passivo com o segurador. A Súmula nº 529 do STJ, de maio de 2015, consolidou o entendimento:

"No seguro de responsabilidade civil facultativo, não cabe o ajuizamento de ação pelo terceiro prejudicado direta e exclusivamente em face da seguradora do apontado causador do dano".

Corroboram com o entendimento acima os seguintes arestos:

"A seguradora detém legitimidade passiva para, em conjunto com o segurado causador do dano, ser demandada diretamente pela vítima".[140]

"Civil. Contrato de seguro. Ação direta movida por vítima contra a seguradora sem a presença do segurado na lide. Impossibilidade.

I. Diversamente do DPVAT, o seguro voluntário é contratado em favor do segurado, não de terceiro, de sorte que sem a sua presença concomitante no polo passivo da lide, não se afigura possível a demanda intentada diretamente pela vítima contra a seguradora.

II. A condenação da seguradora somente surgirá se comprovado que o segurado agiu com culpa ou dolo no acidente, daí a necessidade de integração do contratante, sob pena, inclusive, de cerceamento de defesa.

III. Recurso especial não conhecido".[141]

j) Seguros de responsabilidade obrigatória

Neste tipo de seguros, a indenização é paga diretamente ao terceiro prejudicado pela seguradora. Assim está no art. 788: "Nos seguros de responsabilidade legalmente obrigatórios, a indenização por sinistro será paga pelo segurador diretamente ao terceiro prejudicado".

Exemplo da espécie é o seguro obrigatório de veículos automotores, que é coercitivamente imposto às pessoas para se assegurarem contra os danos pelos quais devem responder em virtude de suas atividades ou circulação de seus veículos. Mais especificamente, uma vez contratado, o segurador assume a obrigação de indenizar certos sinistros, como contraprestação pelo pagamento de prêmios satisfeitos pelo segurado. Denominado Seguro Obrigatório de Danos Pessoais por Veículos Automotores de Via Terrestre – DPVAT, está presentemente regulado pela Lei nº 6.194, de 19.12.1974, com modificações trazidas por leis posteriores, como as Leis nº 8.441/1992, nº 11.482/2007, e nº 11.945/2009. Estabelece seu art. 5º que o pagamento da indenização será efetuado mediante simples prova do acidente e do dano decorrente, independentemente da existência de culpa.

O mesmo ocorre com o acidente de trabalho, quando não se indaga da culpa do empregado, e efetua-se diretamente a ele o pagamento.

Consoante ressalta do art. 788 do Código Civil, o pagamento se fará diretamente ao terceiro prejudicado, que deverá buscar a indenização junto ao segurador.

O tratamento legal dado pelo Código é diferente daquele dado ao seguro obrigatório por danos em acidentes de veículos, em que o pagamento da indenização independe da

---

[140] Recurso Especial nº 943.440/SP, da 4ª Turma do STJ, rel. Min. Aldir Passarinho Júnior, j. em 12.04.2011, *DJe* de 18.04.2011.

[141] Recurso Especial nº 256.424/SE, da 4ª Turma do STJ, rel. Min. Fernando Gonçalves, Rel. p/ Acórdão Min. Aldir Passarinho Júnior, j. em 29.11.2005, *DJ* de 07.08.2006.

satisfação do prêmio, ou mesmo da realização do seguro pelo proprietário, nos termos do art. 7º da Lei nº 6.194/1974, no texto inovado pela Lei nº 8.441.

No seguro de responsabilidade obrigatória em outras situações, é possível suscitar a exceção do contrato não adimplido, quando se chamará à lide o segurado, por determinação do parágrafo único do art. 788: "Demandado em ação direta pela vítima do dano, o segurador não poderá opor a exceção de contrato não cumprido pelo segurado, sem promover a citação deste para integrar o contraditório".

Embora as críticas que mereceu de alguns o parágrafo único, que pretendem dar a este seguro a mesma natureza e igual alcance que o seguro obrigatório de veículos, não deu o Código Civil o mesmo tratamento. Não se pode conceber a espécie, inclusive quanto ao pagamento da indenização, com a amplidão de tal tipo de seguro, que permite exigir o pagamento junto a qualquer seguradora que compõe o consórcio constituído obrigatoriamente por todas as seguradoras.

6. RESPONSABILIDADE NO SEGURO DE PESSOA

O contrato tem em vista, aqui, a proteção da pessoa, garantindo interesses que envolvem o dano pessoal ou que se referem a certos eventos sem trazer danos, como a satisfação de uma importância determinada ao atingir uma idade mais avançada, ou quando da morte do segurado. Traz o Código Civil uma seção especial para a regulamentação. Nesse âmbito de danos pessoais, não estão incluídos o seguro de saúde, ou o seguro hospitalar ou de tratamento médico, e nem o de custeio de despesas de luto e funeral do segurado, por expressa consignação do art. 802: "Não se compreende nas disposições desta Seção a garantia do reembolso de despesas hospitalares ou de tratamento médico, nem o custeio das despesas de luto e de funeral do segurado". Essa matéria, excetuado o custo do luto e do funeral, conforme se verá adiante, está na Lei nº 9.656, assinada em 3 de junho de 1998.

A cobertura do dano pessoal é que predomina, que corresponde ao dano corporal, ou ao dano que pode ocorrer na pessoa, atingindo sua integridade física, estética, psíquica, moral, os traços fisiológicos, a vida ou existência, sua presença na terra e no meio social, seu porte, seu valor.

Sem dúvida, considerada a pessoa como o conjunto de corpo e alma, sendo impossível dissociar um aspecto do outro, e tendo extraordinário valor ambos os componentes, formou-se o direito ao cabimento da indenização pelas lesões ou danos que atingem ou prejudicam qualquer um desses elementos estruturais do ser humano.

Assim, se prevista na apólice a indenização dos danos pessoais, deve abranger os danos corporais e morais, em obediência ao conteúdo do art. 779 do Código Civil, aplicável genericamente que encerra: "O risco do seguro compreenderá todos os prejuízos resultantes ou consequentes, como seja os estragos ocasionados para evitar o sinistro, minorar o dano, ou salvar a coisa".

Ter-se-á em conta sempre o limite da apólice, até onde deverá ir a indenização, envolvendo os vários enfoques dos interesses. Se os corporais ou físicos não esgotam a previsão indenizatória, naturalmente inclui-se a reparação fixada a título de ofensa moral.

Reiteradamente os Tribunais têm adotado a amplitude da indenização, incluindo os danos morais nos pessoais, consoante ilustram os seguintes exemplos:

"Dano moral... Inclusão dos danos extrapatrimoniais no item 'danos pessoais'. Responsabilidade da seguradora. Não pode ser apartada a indenização da dor causada pelo dano corporal ou pessoal da do dano moral ou psicológico, forte na bioestrutura do ser humano, corporal e psicologicamente indissociável. A divisão existente – corpo e psique –, por evidente, tem o fim apenas pedagógico, para poder melhor estudar a pessoa humana, e não como pretende a seguradora".[142]

"Seguro... Indenização por dano moral. Contrato que não exclui tal verba da cobertura. Verba devida pela Seguradora. Inteligência do art. 54, § 4º, da Lei nº 8.078/90... Cuidando-se de contrato de seguro visando a cobertura de indenização decorrente de responsabilidade civil, e se esta abranger pagamento de indenização por dano moral, não estando essa verba especificamente excluída da mencionada cobertura, o pagamento é devido, pois, tratando-se de contrato de adesão, suas cláusulas devem ser interpretadas em favor do aderente, conforme o art. 54, § 4º, do CDC".[143]

No Superior Tribunal de Justiça:

"O conceito de seguro por danos pessoais compreende o dano moral".

No voto condutor do acórdão, relatado pelo Min. Ruy Rosado de Aguiar, justificou-se a inclusão do dano moral no dano pessoal, dentre outras razões, porque "desenganadamente se encontra no âmbito do contrato de seguro – tanto o de natureza patrimonial como o extrapatrimonial, ou moral. Tudo é dano pessoal e por ele se responsabilizou a seguradora. Aliás, sobre isso, esta 4ª Turma já assim decidiu: 'No conceito de dano pessoal, isto é, dano à pessoa, cuja cobertura está prevista no contrato de seguro, inclui-se necessariamente o dano moral. Como já foi unanimemente aprovado no II Congresso Internacional de Danos, Buenos Aires, 1991, o dano à pessoa configura um âmbito lesivo de funda significação e transcendência, podendo gerar prejuízos morais e patrimoniais (*Daños a la Persona*, RDPC, 1/31)' (AG. nº 97831-RS, de minha relatoria, *DJ* 12.04.1996)".[144]

Colhe-se dos arestos acima que os danos morais não passam de uma espécie dos danos pessoais, eis que traduzem-se na dor sofrida pelo que os suporta, e restando protegidos pela extensão do art. 779, a qual era bem dimensionada por Carvalho Santos, que se valeu de Clóvis Beviláqua: "Clóvis Beviláqua adverte, muito a propósito, que o preceito deste artigo completa o do anterior; ainda que a responsabilidade do segurador se limite aos danos provenientes do risco assumido, não somente abrange-os todos, como ainda se estende aos consequentes, como sejam os ocasionados pela água empregada para apagar o incêndio, e os determinados pelo salvamento dos objetos".[145]

---

[142] Embargos Infringentes nº 196032114, do 4º Grupo Cível do TARGS, j. em 17.03.1997, em *Julgados do Tribunal de Alçada do RGS*, 103/174. Idêntico entendimento foi manifestado, pelo mesmo Tribunal, na Apel. Cível nº 196087092, da 6ª Câmara Cível, de 20.06.1996; na Apel. Cível nº 295000799, da 1ª Câmara Cível, de 08.08.1995; na Apel. Cível nº 196118012, da 3ª Câmara Cível, de 16.10.1996. Pelo TJ do RGS, na Apel. Cível nº 197123532, da 21ª Câmara Cível, publ. em 03.07.1998.

[143] Apel. Cível nº 698.188-0, da 2ª Câmara Civil do TJ de São Paulo, de 15.01.1997, em *Revista dos Tribunais*, 740/308. Igualmente na Apel. Cível nº 266.228-4, da 7ª Câmara Cív. do Tribunal de Alçada de Minas Gerais, de 15.09.1998.

[144] REsp. nº 106.326/PR, da 4ª Turma, de 25.03.1997. Reiterado o entendimento no REsp. nº 153.837/SP, da 4ª Turma, de 10.12.1997, rel. Min. Ruy Rosado de Aguiar; no REsp. nº 91.039-RS, da 3ª Turma, de 24.03.1997, rel. Min. Eduardo Ribeiro; e no REsp. nº 97.824-PR, da 3ª Turma, de 05.12.1997, rel. Min. Eduardo Ribeiro.

[145] *Código Civil Brasileiro Interpretado*, 8ª ed., Rio de Janeiro, Editora Freitas Bastos, vol. XIX, p. 371.

Cap. L | Responsabilidade no Seguro • 681

a) Amplitude do seguro de pessoa, inclusive abrangendo os danos morais

Não incidem as restrições dos arts. 782 e 778 ao seguro de pessoas. Aceita-se mais de um seguro, com o mesmo ou diversos seguradores, embora o mesmo interesse, permitindo-se a livre estipulação do capital em vista do art. 789: "Nos seguros de pessoas, o capital segurado é livremente estipulado pelo proponente, que pode contratar mais de um seguro sobre o mesmo interesse, com o mesmo ou diversos seguradores".

Este tipo de seguro, denominado seguro de vida no sistema do Código revogado, tem por objeto garantir o pagamento de uma importância em dinheiro em razão de certos eventos, como a morte, a ofensa à integridade física, a doença ou comprometimento da saúde, os acidentes físicos, o alcance de uma idade avançada etc.

Uma vez contratado o seguro por danos pessoais, no montante da cobertura, até o limite contemplado na apólice, inclui-se a indenização por danos morais. Esse entendimento domina há tempo no STJ, que admite a exclusão unicamente se existir previsão contratual. A Súmula nº 402 expressa tal inteligência: "O contrato de seguro por danos pessoais compreende danos morais, salvo cláusula expressa de exclusão."

A consolidação desse entendimento é consequência de vários julgamentos realizados no STJ. Ao julgar o REsp. nº 755.718, a 4ª Turma entendeu que, prevista a indenização por dano pessoal a terceiros em seguro contratado, neste incluem-se o dano moral e a consequente obrigação, desde que não avençada cláusula de exclusão dessa parcela.

No julgamento do REsp. nº 929.991, os ministros da 3ª Turma destacaram que a previsão contratual de cobertura dos danos pessoais abrange os danos morais tão somente se estes não forem objeto de exclusão expressa ou não figurarem como objeto de cláusula contratual independente.

Segundo os ministros, se o contrato de seguro consignou, em cláusulas distintas e autônomas, os danos material, corpóreo e moral, e o segurado optou por não contratar a cobertura para este último, não pode exigir o seu pagamento pela seguradora. Eis a ementa deste último recurso:

> "A previsão contratual de cobertura dos danos pessoais abrange os danos morais tão somente se estes não forem objeto de exclusão expressa ou não figurarem como objeto de cláusula contratual independente.
>
> Se o contrato de seguro consignou, em cláusulas distintas e autônomas, os danos material, corpóreo e moral, e o segurado optou por não contratar a cobertura para este último, não pode exigir o seu pagamento pela seguradora.
>
> Ausente a similitude fática entre as hipóteses trazidas a confronto, não há falar em dissenso pretoriano."[146]

A matéria foi debatida, também, nos REsps. nºˢ 237.913, 742.881, 153.837, 122.663, 131.804 e 591.729.

b) Seguro sobre a vida de outros

Neste tipo, contrata-se a garantia da vida de outrem. Ocorrendo o sinistro 'morte' do segurado, efetuará o segurador o pagamento de uma importância em dinheiro aos beneficiários designados. É obrigado o proponente a expor e justificar o interesse pela preservação da vida do segurado. Eis a previsão do art. 790: "No seguro sobre a vida de

---

[146] REsp. nº 929.991/RJ, da 3ª Turma, j. em 7.05.2007, *DJU* de 04.06.2007, publicado na *Lex STJ*, vol. 215, p. 256.

outros, o proponente é obrigado a declarar, sob pena de falsidade, o seu interesse pela preservação da vida do segurado".

Ao celebrar o contrato de cobertura da vida de terceiro, não se está propriamente beneficiando o segurado, mas sim aqueles que constam como favorecidos. Não é incomum esta modalidade, revelando-se mais assiduamente entre os cônjuges, um instituindo o outro como beneficiário, ou o seguro feito pelos pais, figurando eles como segurados, e sendo favorecidos os filhos.

É de se estranhar quando se coloca como segurado uma pessoa sem qualquer vínculo de parentesco com os beneficiários. Existem histórias de mortes misteriosas de pessoas que tinham vultosos seguros de vida em favor de terceiros.

Se alguém faz o seguro sobre a vida de outro, deverá ele declarar o interesse que o leva a preservar a vida do segurado. Não terá validade se o proponente não conseguir demonstrar o interesse. Cumpre atentar que deve provar o interesse, e não simplesmente apresentar os motivos, ou justificar a instituição. Se afiguraria a hipótese no caso de uma pessoa doente ou inválida depender do segurado, consistindo o interesse em assegurar a subsistência desse dependente.

É dispensada esta exigência se o segurado for o cônjuge, o ascendente ou o descendente, na esteira do parágrafo único do art. 790: "Até prova em contrário, presume-se o interesse quando o segurado é cônjuge, ascendente ou descendente do proponente".

É de observar que a presunção do interesse admite prova em contrário. Trata-se, pois, de uma presunção *juris tantum*.

c) Substituição de beneficiário

Está permitida a substituição de beneficiário pelo segurado, caso não houver, no contrato, disposição de renúncia dessa faculdade, ou não represente o seguro a garantia de alguma obrigação. Dispõe o art. 791: "Se o segurado não renunciar à faculdade, ou se o seguro não tiver como causa declarada a garantia de alguma obrigação, é lícita a substituição do beneficiário, por ato entre vivos ou de última vontade".

Dá-se a substituição por ato unilateral, ou sem a concordância do beneficiário. A hipótese verifica-se quando um dos cônjuges institui o outro como beneficiário em caso de morte. Em momento posterior, geralmente em razão da separação judicial, substitui-se o beneficiário por outro, que possui ligação afetiva com o segurado.

É necessária a comunicação ao segurador, para surtir efeito prático quando do pagamento, nos termos do parágrafo único do dispositivo acima: "O segurador, que não for cientificado oportunamente da substituição, desobrigar-se-á pagando o capital segurado ao antigo beneficiário".

d) Falta de indicação de beneficiário

No caso de omissão de referência da pessoa beneficiária, ou de não se manter a indicação feita, estabelece o art. 792 a ordem de sucessão no benefício: "Na falta de indicação da pessoa ou beneficiário, ou por qualquer motivo não prevalecer a que for feita, o capital segurado será pago por metade ao cônjuge não separado judicialmente, e o restante aos herdeiros do segurado, obedecida a ordem da vocação hereditária".

É difícil constituir um seguro de vida sem indicar os beneficiários. Mais real a hipótese de não se manter a pessoa designada, por ter falecido, ou por recusa ao benefício.

Contemplam-se, nestas eventualidades, o cônjuge, que receberá metade do valor, e os herdeiros, obedecida a ordem sucessória do art. 1.829, lembrando que o cônjuge também se inclui entre os herdeiros, se não casado pelo regime de comunhão universal, ou no de separação obrigatória, ou se, no regime da comunhão parcial, o autor da herança não houver deixado bens particulares.

Interessante previsão constou no parágrafo único, no sentido de que, inexistindo cônjuge ou herdeiros, serão favorecidas as pessoas que conseguirem provar que ficaram desprovidos de meios de subsistência com a morte do segurado: "Na falta das pessoas indicadas neste artigo, serão beneficiários os que provarem que a morte do segurado os privou dos meios necessários à subsistência". No rol de pessoas nessa situação, estão o companheiro ou a companheira, os enteados, os cunhados, e mesmo aqueles que simplesmente eram sustentados ou amparados economicamente pelo segurado.

e) Indicação de companheiro

Nesta parte, houve total modificação da previsão que constava no Código revogado.

O antigo Código Civil não admitia a instituição do seguro de vida em favor de concubina ou concubino, mesmo que se considerasse companheira ou companheiro, por pessoa casada. É o que se depreendia da conjugação dos então arts. 1.474 e 1.177. Expressava o primeiro: "Não se pode instituir beneficiário pessoa que for legalmente inibida de receber a doação do segurado (art. 1.177)". E o segundo, proibindo doação à concubina ou ao concubino, mesmo que no sentido de companheira ou companheiro: "A doação do cônjuge adúltero ao seu cúmplice pode ser anulada pelo outro cônjuge, ou por seus herdeiros necessários, até dois anos depois de dissolvida a sociedade conjugal".

O Código Civil de 2002, no art. 550, repete os termos deste último dispositivo, mas não contém norma similar ao art. 1.474. Pelo contrário, embora restritamente aos companheiros, tornou explícita a possibilidade de instituição de seguro feita por um em favor do outro, nos termos de seu art. 793: "É válida a instituição do companheiro como beneficiário, se ao tempo do contrato o segurado era separado judicialmente, ou já se encontrava separado de fato".

Em resumo: operada a separação judicial, nada impede que se contemple beneficiário de seguro qualquer outra pessoa, haja ou não um relacionamento amoroso ou afetivo; operada somente a separação de fato, também é autorizada a mencionada instituição.

Já antes da Constituição Federal de 1988, a jurisprudência e a doutrina vinham admitindo, com algumas exceções,[147] a validade do seguro, desde que existissem relações duradouras e reconhecidas de convivência marital.[148]

Para tanto, exigia-se o reconhecimento da vida em comum. Não se estendia a validade à concubina no significado de amásia, ou de amante, ou à mulher do lar clandestino, expressão esta ao gosto dos julgadores de então.[149] Alguns exemplos demonstram o direito formado:

> "Concubina. Distinção da companheira... A companheira não se equipara à concubina. Esta é a mulher do lar clandestino, aquela que se apresenta à sociedade como casada e por ser beneficiada em seguro de vida".[150]

---

[147] *Revista dos Tribunais*, 240/240.
[148] *Revista Forense*, 197/97; *RT*, 356/346, 409/351, 467/135; *Revista Trimestral de Jurisprudência*, 82/930; *Revista de Jurisprudência do TJ do RGS*, 24/247, 70/857 e 77/413.
[149] *Revista Forense*, 197/97.
[150] *RT*, 467/135.

"Concubina... Não resta nenhuma dúvida de que o art. 1.474 do Código Civil não permite a instituição da concubina como beneficiária de seguro de vida. Entretanto, a jurisprudência tem caminhado no sentido de distinguir concubina de companheira, assegurando a esta a validade da cláusula que a institui beneficiária do seguro de vida".[151]

Quanto à diferença entre concubina e companheira:

"A concubina é a amante, a mulher dos encontros velados... A companheira, ao contrário, é aquela que vive com o homem separado de sua esposa, cujo lar já está desfeito, como se casados legitimamente fossem...".

A doutrina que dominava, de Adahyl Lourenço Dias, assentava: "O conceito de cônjuge adúltero está vinculado a um possível reconhecimento desse estado de culpa, na condenação proclamada no processo de desquite litigioso por adultério, em que se tenha prequestionado o adultério e desvios de recursos, dentre os quais os favores concedidos pelo cônjuge adúltero ao seu cúmplice".[152]

O vigente art. 793 refere-se à 'instituição do companheiro'. O sentido do termo 'companheiro' é diferente do significado de amante, envolvendo a união estável, que é a convivência duradoura, pública e contínua, de um homem e uma mulher, estabelecida com o objetivo de constituição de família.

A lei assegura o direito na órbita da união estável, da convivência perene e prolongada de um homem e uma mulher, com as características de uma sociedade conjugal. Ou está dentro de sua abrangência a união estável, que é a convivência do homem e da mulher, unidos de maneira duradoura, pública, contínua e afetiva.

A jurisprudência que precedeu o vigente Código e que se implantou na generalidade dos tribunais sempre reconheceu o direito em instituir beneficiário de seguro, por outra pessoa casada, quando lastreada a relação em uma união que qualificava os conviventes como companheiros, no que não destoava a doutrina. Assim o demonstrava o seguinte exemplo, trazido pela Apel. Cível nº 48.670/98, do Tribunal de Justiça do Distrito Federal, *DJ* de 05.05.1999, publicado no boletim *ADV – Jurisprudência*, nº 27, expedição de 11.07.1999: "A companheira de segurado casado, em compasso com a jurisprudência de nossos tribunais, tem direito à percepção de pensão por morte, mormente se já vinha recebendo tal benefício, quando ocorreu a habilitação da esposa do *de cujus* e de seu filho inválido. O benefício deverá ser partilhado entre os legitimados".

Em suma, para as hipóteses de inexistência de uma sociedade conjugal com tais requisitos, parece inteiramente coerente o art. 793, que restringe a possibilidade de pessoa casada em instituir seguro em favor de pessoa que, no mínimo, está separada de fato.

f) Capital estipulado e dívidas e herança do segurado

O capital que fica estabelecido para a cobertura do seguro de vida ou de acidentes pessoais não está sujeito a garantir obrigações do segurado, pois é impenhorável. Muito menos se inclui como patrimônio partilhável em herança, até porque sempre se contrata o seguro em favor do próprio segurado (seguro de acidentes pessoais) ou de determinada pessoa (seguro de vida). A regra está clara no art. 794: "No seguro de vida ou de acidentes pessoais para o caso de morte, o capital estipulado não está sujeito às dívidas do segurado, nem se considera herança para todos os efeitos de direito".

---

[151] *RT*, 318/505.
[152] *A Concubina e o Direito Brasileiro*, 2ª ed., São Paulo, Editora Saraiva, 1975, p. 170.

Cap. L | Responsabilidade no Seguro • **685**

Não se concebe que, por obrigações do segurado, possa incidir a penhora no capital previsto para a cobertura. Não teria sentido instituir a garantia. No entanto, se a obrigação é do favorecido, não permanece a vedação. De igual modo, perderia a finalidade do seguro a inclusão do capital no acervo hereditário, já que todos os herdeiros ficariam contemplados, enquanto o seguro visa beneficiar uma determinada pessoa.

g) Nulidade da transação para reduzir o pagamento do capital

Está expressamente proibida a transação com vistas a reduzir o pagamento do capital segurado, tendo o Código introduzido norma sobre o assunto no art. 795: "É nula, no seguro de pessoa, qualquer transação para pagamento reduzido do capital segurado".

Quando da celebração do contrato, vêm fixados em tabela da seguradora o valor dos prêmios e o montante da cobertura, com as cominações ou encargos se houver atrasos e outros descumprimentos.

Revestindo o contrato de seguro o princípio da objetividade, com a previsão ostensiva de direitos e obrigações, não é permitido entre as partes reduzir o capital, visto que estabelecido em função da taxa dos prêmios. Do contrário, no seguro de vida, equivaleria a substituir a vontade do segurado, que já se encontra falecido quando do pagamento.

Assim, nota-se que o capital contemplado está incluído na esfera dos direitos indisponíveis. Nesta visão, não encerra validade o recibo de quitação passado pelo beneficiário, relativamente ao pagamento do seguro, se não está em estrita obediência com a previsão contratual. Pouco importa que se insira no recibo a quitação de quaisquer créditos ou diferenças porventura entendidas como pendentes ou devidas, quadro este que não é raro verificar-se, especialmente nos pagamentos efetuados sem correção monetária, ou juros de mora. Aliás, o Superior Tribunal de Justiça já invalidou tal prática das seguradoras, consoante revela o seguinte exemplo, extraído do REsp. nº 129.182/SP, da 3ª Turma, j. em 15.12.1997, *DJU* de 30.03.1998: "O recibo de quitação passado de forma geral, mas relativo à obtenção de parte do direito legalmente assegurado, não traduz renúncia a este direito e, muito menos, extinção da obrigação". Num outro precedente da mesma Corte, "o recibo de quitação, passado de forma geral, por si só, não exclui" a correção monetária – REsp. nº 43.768-PE, da 3ª Turma, *DJU* de 15.08.1994.

h) Prazo de pagamento do prêmio e decorrências na falta de pagamento

No seguro de vida, efetua-se o pagamento do prêmio durante um prazo estabelecido, geralmente fixado em torno de dez anos, ou durante toda a vida do segurado. O art. 796 oferece essas alternativas: "O prêmio, no seguro de vida, será conveniado por prazo limitado, ou por toda a vida do segurado".

Sabe-se que o seguro de vida consiste no contrato através do qual o segurador se compromete a pagar ao beneficiário, por morte do segurado, ou ao próprio segurado depois da idade combinada ou de um certo tempo previsto, uma quantia em dinheiro, previamente estipulada.

O pagamento da importância combinada constitui a contraprestação pela satisfação dos prêmios, que se efetuará por um prazo estipulado ou durante toda a vida.

Em se tratando de seguro individual, a interrupção no pagamento dos prêmios não importa necessariamente no direito de cobrar as parcelas devidas. Consoante o parágrafo único do art. 796, viabilizam-se duas alternativas, devendo constar a eleita consignada no contrato: ou a resolução do contrato, com a restituição da reserva já formada, ou a redução do capital garantido proporcionalmente ao prêmio pago. De sorte que é cabível a simples resolução, mas devendo proceder-se a devolução da quantia que constitui a reserva técnica, isto é, aquela soma formada pelos pagamentos, após deduzidos os encargos ou o custo da administração do seguro. Ou oferece-se a opção de manter-se o contrato, reduzindo na proporção do prêmio inadimplido a indenização do seguro. Nesta eventualidade, se a inadimplência do prêmio equivale a trinta por cento do total, reduz-se no mesmo percentual o capital indenizatório.

Não se dá a resolução *ipso facto* do não pagamento, consoante pacífica jurisprudência, do que é exemplo o seguinte aresto: "É nula de pleno direito a cláusula que, por falta de pagamento de parcerias do prêmio, autoriza a rescisão unilateral do contrato ou a suspensão de sua eficácia, quanto ao direito do segurado ao ressarcimento previsto na apólice. Tal cláusula é abusiva, visto que deixa o segurado em desvantagem exagerada e rompe, assim, o equilíbrio contratual, em benefício da seguradora".[153]

O assunto tornará a ser abordado abaixo, neste mesmo Capítulo, quando se aborda sobre a mora no pagamento dos prêmios.

i) Prazo de carência

É permitida a previsão de um período de carência no seguro de vida para o caso de morte, sendo expresso o art. 797, evitando-se situações constrangedoras, e que costumam despertar longos debates nos processos judiciais, o que favorecia o Código de 1916, ante a omissão de regra a respeito: "No seguro de vida para o caso de morte, é lícito estipular-se um prazo de carência, durante o qual o segurador não responde pela ocorrência do sinistro".

Nos seguros-saúde, conforme se verá adiante, há a previsão legal do prazo de carência. Quanto aos seguros pessoais regulados pelo Código Civil, frente ao art. 797, também ficou autorizada a vigência da cobertura após certo período da existência do contrato, o qual ficará estabelecido em cláusula especial. Acontecia que, anteriormente, se constatavam casos de contratação de seguros de vida sendo o segurado portador de grave anomalia na saúde, omitindo a doença, e vindo a falecer alguns meses depois. Nos financiamentos de imóveis, prevendo-se a cobertura na ocorrência do falecimento ou da invalidez do financiado, também não é incomum a mesma hipótese, e assim em outros negócios. Com a possibilidade legal de se fixar um prazo de carência, evitam-se situações de celebração do contrato visando aproveitar a situação de reduzido tempo de vida do segurado, para obter a vantagem da cobertura.

Cumpre que se atenha o segurador à obrigação de devolver ao beneficiário a quantia da reserva técnica, por ordem do parágrafo único: "No caso deste artigo o segurador é obrigado a devolver ao beneficiário o montante da reserva técnica já formada". Constitui a reserva técnica a quantia formada ou destacada para assegurar o pagamento da indenização, se ocorrer o sinistro, equivalendo ao montante das prestações pagas, descontados os custos administrativos. Para tornar possível aferir o montante, é indispensável que o contrato especifique tais custos. Do contrário, seria admitir que possam vir especificados posteriormente, sem oportunidade do segurado manifestar o seu acordo ou não.

---

[153] Apel. Cível nº 400.730-1, da 5ª Câmara Cível do TA de Minas Gerais, j. em 21.08.2003, *DJ* de 15.11.2003, em *Revista dos Tribunais*, 821/377. Do mesmo Tribunal de Alçada de Minas Gerais, há a Apel. Cível nº 291.975-7, da 3ª Câmara Cível, j. em 12.04.2000; e a Apel. Cível nº 274.773-9, da 7ª Câmara Cível, j. em 04.03.1999. Também o TJ do RGS, Apel. Cível nº 599.378.270, da 5ª Câmara Cível, j. em 16.03.2000.

Cap. L | Responsabilidade no Seguro • 687

j) O pagamento do seguro e o suicídio

Em notável mudança quanto ao sistema do Código de 1916, o suicídio não afasta o pagamento de indenização, desde que verificado depois de dois anos da vigência inicial do contrato, ou da sua recondução de suspenso, nos termos do art. 798 do vigente Código: "O beneficiário não tem direito ao capital estipulado quando o segurado se suicida nos primeiros 2 (dois) anos de vigência do contrato, ou da sua recondução depois de suspenso, observado o disposto no parágrafo único do artigo antecedente".

Reforçando a disposição acima, comina o parágrafo único de nulidade a cláusula que exclui o pagamento no caso de suicídio: "Ressalvada a hipótese prevista neste artigo, é nula a cláusula contratual que exclui o pagamento do capital por suicídio do segurado".

De início, é de lembrar que o Código revogado, no art. 1.440 e parágrafo único, autorizava o seguro da vida humana, desde que não houvesse morte voluntária, assim tida a resultante de duelo e do suicídio voluntário por pessoa em seu juízo.

Conforme se nota, pela presente ordem a única limitação é temporal, devendo, para ensejar o direito, ocorrer depois do prazo de carência de dois anos. No mais, é indiferente tenha ou não ocorrido a premeditação, ou a voluntariedade do ato. Nesse sentido veio a Súmula nº 610, do STJ, emitida em 2018, através da 2ª Seção: "A indenização securitária é devida quando ausente a comunicação prévia do segurado acerca do atraso no pagamento do prêmio, por constituir requisito essencial para a suspensão ou resolução do contrato de seguro".

Outrossim, restou revogada a Súmula 61, da mesma Corte, que não colocava um limite temporal, e vinha nos seguintes termos: "O seguro de vida cobre o suicídio não premeditado".

Decorrido o lapso de tempo, assiste ao beneficiário reclamar a obrigação, independentemente da comprovação da voluntariedade ou não do suicídio.

A matéria deve, no entanto, ser bem entendida.

A questão do prazo é para o suicídio voluntário, ou aquele em que a pessoa retira sua própria vida deliberadamente, encontrando-se em seu perfeito juízo. Se ela está doente, ou num estado mental psicótico tal que lhe subtrai a capacidade de raciocínio e de determinar seus atos, não se exige o implemento do prazo, pois equivale à morte por causa natural ou doença que independe da vontade humana.

No suicídio voluntário, em que a autodestruição se sobrepõe ao instinto de conservação, o segurado não é alienado, e age com predeterminação. Há uma decisão provocada interiormente, por força do psiquismo humano.

Mas, havendo alterações da vontade, seja por moléstia ou causas emocionais, o que gera uma violação anômala, não se isenta a seguradora da obrigação a qualquer tempo, como na morte por doenças comuns. Não basta uma simples debilidade, ou uma vontade fraca, facilmente influenciável pelas alterações dos estados de ânimo interno para ensejar a satisfação do seguro. Considera-se involuntário o evento desde que a alienação mental, ou a lesão psíquica, ou a causa interna, retire totalmente a capacidade de autocontrole e faça a vítima perder a noção do efeito de seu ato.

Somente neste quadro é indenizável o seguro, conforme orientava a Súmula nº 105, do Supremo Tribunal Federal: "Salvo se tiver havido premeditação, o suicídio do segurado no período contratual da carência não exime o segurador do pagamento do seguro".[154] De acordo com uma corrente doutrinária mais antiga, ao beneficiário cumpre fazer a prova da involuntariedade, o que também vinha salientado no direito alienígena: "L'assureur couvre les cas de suicide pathologique ou inconscient, mais la preuve du caractère involuntaire du suicide incombe au bénéficiaire qui, d'ailleurs, plus commodément que la compagne, peut réunir l'ensemble des informations et indices utiles".[155]

As manifestações preponderantes são as que defendem ponto de vista diferente, assentando que a presunção é constituir o suicídio um ato de inconsciência, e devendo a seguradora provar o contrário: "Presume-se o suicídio como ato de inconsciência, cabendo a quem tiver interesse provar o contrário, de modo a destruir tal presunção... Quanto ao fato de se tratar ou não de morte voluntária, é de se notar que quem atenta contra a própria vida não está, de ordinário, no juízo perfeito. Escreve, a propósito, Flamínio Fávero: 'Não direi, com Esquirol, que o homem não atenta contra os seus dias senão quando está em delírio, e que os suicidas são alienados ('Memoire du Suicide'), mas aplaudo convictamente os que insistem em chamar o suicida de anormal psíquico. O instinto de conservação é uma força poderosa. Seu embotamento é mórbido. Quem deserta da vida não tem perfeita saúde mental. É evidente que o critério de normalidade somatopsíquica é relativo. Mas dentro dessa relatividade está a maioria. O que aberra disso, pois é patológico' (*Medicina Legal*, vol. 1º/257, 6ª ed.).

Outrossim, Carvalho Santos, depois de afirmar que compete à seguradora provar que o suicídio foi premeditado, reportando-se à lição de Clóvis Beviláqua, escreve o seguinte: 'O suicídio, todavia, presume-se sempre como ato de inconsciência, cabendo a quem tiver interesse provar o contrário, de modo a destruir tal presunção' (Código Civil Brasileiro Interpretado, vol. XIX/286, 7ª ed.). A jurisprudência também é unânime em atribuir à seguradora o ônus da prova de que o suicídio foi premeditado (Repertório de Jurisprudência do Código Civil, de Dimas Rodrigues de Almeida, vol. III/460-463, ed. 1957, nos 1.274, 1.275 e 1.276)".[156]

Essa a linha que vem sendo adotada pela jurisprudência: "No contrato de seguro-saúde, o segurador assume os riscos do negócio, sendo a boa-fé do segurado sempre presumida. Para desconstituir o direito do beneficiário ao seguro, incumbe à seguradora demonstrar, cabal e inequivocamente, que o proponente agiu de má-fé, que o suicídio se deu com premeditação".[157]

Se o seguro é de acidente do trabalho, e ocorrer o suicídio involuntário, assim mesmo é admitida a indenização. Há os que negam o direito em tal circunstância, em razão da diferença entre aquele tipo e o seguro de vida. O suicídio excluiria a ideia de acidente. É que o acidente se conceitua como o fato súbito e violento, manifesto por força de causa externa, que ocasiona lesão no corpo humano. Mozart Victor Russomano destaca que o acidente é súbito, violento e fortuito, não podendo ser provocado pela vítima, quer direta, quer indiretamente.[158] No suicídio, há um ato gerado interiormente, embora elementos externos possam constituir-se em antecedentes propiciatórios do acontecimento final.

---

[154] *Lex – Jurisprudência do Supremo Tribunal Federal*, 12/56.

[155] René Carton Tournai e Charles Deleers, *Les Assurances de Groupes*, Bruxelas, Établissements Émile Bruylant, 1965, p. 187.

[156] *Revista dos Tribunais*, 575/150.

[157] Apel. Cível nº 325.926-1, da 6ª Câmara Cível do TA de Minas Gerais, *DJ* de 11.10.2001, *in ADCOAS* 8205515, Boletim de Jurisprudência ADCOAS, nº 14, p. 216, abr. 2002.

[158] *Comentários à Lei de Acidentes do Trabalho*, 3ª ed., São Paulo, Editora Revista dos Tribunais, 1970, vol. I, p. 19.

Mas, não prepondera esta *ratio*. Um velho aresto do Supremo Tribunal Federal indica os motivos: "Parece irrelevante a distinção (entre o seguro de vida e o de acidente), pois a natureza dos dois seguros é a mesma e o de vida é mais restrito que o de acidentes. Ao passo que o primeiro cobre apenas a perda da vida, o de acidentes abarca esse risco e quaisquer outros decorrentes de fatos extraordinários, que causam dano à integridade física e fisiológica do segurado".[159]

Em síntese, conquanto celebrado o seguro de acidentes pessoais, o segurador não se exonera se a morte ocorreu por suicídio involuntário.[160]

Mesmo que venha inserida cláusula excludente da responsabilidade no seguro de acidentes, é devido o pagamento: "Seguro de vida. Suicídio não premeditado. A jurisprudência do Supremo Tribunal Federal predomina no sentido de invalidade de cláusula que exclui indenização em seguro de vida, inclusive de acidentes pessoais, se ocorrer suicídio não predeterminado e produzido pela perturbação mental do segurado".[161]

k) O seguro e a prática de atividades que trazem risco de vida

Mesmo que assinale a apólice restrições, não se exime da obrigação o segurador se a morte ou a incapacidade decorre da utilização de meio de transporte perigoso, da prestação de serviço militar, da prática de esporte ou de atos de humanidade de auxílio a outrem, de acordo com o art. 799: "O segurador não pode eximir-se ao pagamento do seguro, ainda que da apólice conste a restrição, se a morte ou a incapacidade do segurado provier da utilização de meio de transporte mais arriscado, da prestação de serviço militar, da prática de esporte, ou de atos de humanidade em auxílio de outrem".

Embora constando as restrições acima nomeadas, não isenta a morte ou a incapacidade ocorridas durante sua prática o pagamento da indenização. Acontece que tais situações podem ensejar manobras para a seguradora negar o cumprimento da obrigação, e inclusive levar o tema para vastas interpretações, como no tocante ao sentido de meio de transporte mais arriscado e de prática de esporte, enquanto as demais situações nem sempre dependem da vontade do segurado.

l) Proibição da sub-rogação da seguradora nos seguros de pessoas

Conforme se observou, o art. 786 autoriza, no seguro de danos, a sub-rogação, nos limites da apólice, nos direitos e ações que competirem ao segurado contra o dano do autor. Já no tocante ao seguro de pessoas, que abrange o seguro de vida, e nele incluído o de incapacidade, não cabe a sub-rogação, na dicção do art. 800, que também traz matéria nova em relação ao Código de 1916: "Nos seguros de pessoas, o segurador não pode sub-rogar-se nos direitos e ações do segurado, ou do beneficiário, contra o causador do sinistro".

Assim, dando-se a morte do segurado, embora pagando a indenização devida, não cabe à seguradora reembolsar-se junto ao causador do evento. No entanto, aos beneficiários assiste ingressar com a competente ação de indenização. O seguro não impede o exercício do direito ressarcitório amplo, exigindo daquele que tirou a vida ou provocou a incapacidade as perdas e danos decorrentes. O seguro, assim, que visa cobrir os danos que sofre a pessoa, em face da perda da vida, ou das restrições que ela passa a suportar,

---

[159] *Revista Trimestral de Jurisprudência*, 37/628.
[160] *Revista dos Tribunais*, 370/317 e 435/143.
[161] *Revista Trimestral de Jurisprudência*, 75/297. Em sentido idêntico, *Revista Forense*, 200/81; *Lex – Jurisprudência do Supremo Tribunal Federal*, 46/38.

não tolhe a pretensão da indenização cível pelo lesado ou pelos beneficiários, como no caso de serem estes seus dependentes. Nos acidentes de trabalho, é comum a busca da indenização cível, embora o pagamento do seguro obrigatório, desde que comprovada a culpa grave ou o dolo do empregador.

Nem é de se admitir a compensação da indenização cível com a do seguro, eis que diversas as causas originadoras e as fontes das obrigações. No seguro, estão no contrato e no pagamento dos prêmios, enquanto na indenização comum o arrimo do pedido encontra-se na ilicitude da conduta.

m) Estipulação do seguro por pessoa natural ou jurídica em proveito de um grupo

Está contemplada a possibilidade de uma pessoa natural ou jurídica estipular ou contratar o seguro em favor de um grupo de pessoas a ela vinculado. O art. 801 assim dispõe: "O seguro de pessoas pode ser estipulado por pessoa natural ou jurídica em proveito de grupo que a ela, de qualquer modo, se vincule".

Tem-se, na espécie, a contratação de um seguro, em geral de vida, cobrindo a morte, a doença, a incapacidade, por uma pessoa natural (física) ou jurídica, em favor de um grupo de pessoas, que se vincule à pessoa que contrata. Está-se diante da figura do contrato de seguro de vida em grupo, que se caracteriza como o negócio através do qual um estipulante, que é a pessoa natural ou jurídica, se obriga ao pagamento de um prêmio global a uma seguradora, enquanto esta se compromete a pagar uma indenização às pessoas que formam o grupo, ou aos seus beneficiários, cobrindo certos eventos, como a morte, a doença, a internação hospitalar, a incapacidade.

Aquele que contrata, representando o grupo, denomina-se estipulante, que é aquele que assume as obrigações junto ao segurador, representando as pessoas que compõem o grupo. De sorte que três partes são interessadas neste tipo de seguro: o estipulante, que contrata e se compromete junto ao segurador; segurador, que contrata com o estipulante; e o grupo segurável, que são os interessados que usufruem dos benefícios, e que assumem as obrigações junto ao estipulante.

As atribuições do estipulante, no entanto, restringem-se a firmar o contrato com o segurador, a efetuar o pagamento dos prêmios, a servir de elo de ligação entre o grupo e o segurador, a fiscalizar o cumprimento de todas as obrigações contraídas pelo grupo, a providenciar no desconto da parcela do prêmio que cabe a cada componente do grupo, encaminhando-a ao segurador. Entrementes, os litígios que surgirem devem envolver os membros do grupo e o segurador. Não cabe a ação contra o estipulante, que representa o integrante do grupo mais na formalização do contrato e implantação do seguro. Nem se pode ver na sua posição a representação do segurador junto aos membros do grupo.

É o que se extrai do § 1º do art. 801: "O estipulante não representa o segurador perante o grupo, e é o único responsável, para com o segurador, pelo cumprimento de todas as obrigações contratuais".

Como se depreende da regra, o segurador exigirá dele a satisfação das obrigações, como no caso do prêmio. Entrementes, as questões internas relativas ao valor do seguro, às condições de seu pagamento, devem ser dirimidas entre o integrante do grupo e o segurador.

Sobre o assunto, ou quanto ao âmbito das partes envolvidas nos litígios, decidiu o Superior Tribunal de Justiça: "O segurado não tem ação contra a estipulante de seguro em grupo para haver o pagamento da indenização, mas tem legitimidade para promover ação contra a seguradora a fim de obter o cumprimento do contrato de seguro feito em favor de terceiro, indicado como primeiro beneficiário, pois, no caso de haver saldo, este reverterá em favor do segurado".[162]

Finalmente, qualquer alteração da apólice dependerá do consenso expresso dos segurados que representem três quartos do grupo, conforme o § 2º do mesmo art. 801: "A modificação da apólice em vigor dependerá da anuência expressa de segurados que representem três quartos do grupo". Colhe-se que, visando preservar a estabilidade do grupo, a lei impõe uma expressiva maioria para alterar as relações formadas.

7. OBRIGAÇÕES DO SEGURADO E RESPONSABILIDADE

O atual Código não mais traz discriminadas, em capítulos ou seções próprios, as obrigações do segurado e do segurador, o que acontecia com o Código revogado. Ao longo dos seguros de danos e de pessoa é que aparecem as obrigações ou deveres. Discriminam-se, neste tópico, algumas das obrigações mais salientes.

A mais importante das obrigações é o pagamento do prêmio contratado quando do recebimento da apólice. Consiste o prêmio numa soma em dinheiro, em contraprestação do risco assumido pelo segurador. Decorre automaticamente da celebração do contrato, pelo qual o segurador se obriga a garantir interesse legítimo do segurado, mediante o pagamento do prêmio.

Às partes se permite convencionarem o implemento pelo tempo e modo que entenderem. Assim, podem elas combinar a satisfação do preço de uma vez só ou em prestações sucessivas. Se correr atraso, incidirão juros, ao lado de outras cominações, se previsto prazo de tolerância. Não estabelecido tal prazo, ou esgotado, dá-se a resolução independentemente de interpelação, ou, em se tratando de seguro individual, opera-se a redução proporcional da indenização ao montante do prêmio não pago.

De outro lado, se estiver o segurado devendo o prêmio, isenta-se o segurador da responsabilidade pelos eventos que acontecerem, a menos que os prêmios tenham sido entregues antes do sinistro, de acordo com o art. 763.

Considerando a natureza aleatória do contrato, salvo disposição em contrário, não assiste ao segurado o direito de eximir-se em satisfazer o prêmio, sob a razão de que o risco não se verificou – art. 764.

De outro lado, ao segurador não é permitido invocar a escusa em receber por causa do agravamento ou da alteração do risco, com o objetivo de livrar-se da obrigação. Na hipótese de recusa, cabe a consignação em pagamento com efeito liberatório.

Nem lhe é garantido o encarecimento do prêmio.

No caso de o segurado agravar por sua conta o risco, e vindo este a ocorrer, não há obrigação em indenizar o valor avençado. Identicamente, se concorrer para o agravamento, ou não tomar as medidas que estavam ao seu alcance para evitá-lo. Constituem exemplos típicos de tais condutas: a colocação de material inflamável no interior de um prédio segurado contra incêndio; a participação em uma disputa de velocidade, com o veículo igualmente segurado, quando no contrato nada se previra a respeito; a guarda de um bem de grande valor em zona de fácil acesso de meliantes; o esquecimento de um

---

[162] REsp. nº 240.945/SP, da 4ª Turma, *DJU* de 19.06.2000.

objeto precioso, com seguro contra roubos e furtos, em local de grande frequência de público, ou a passagem desnecessária por ruas e praças abandonadas, à noite, desprovidas de segurança, portando joias seguradas; no seguro de vida, a exposição, pelo segurado, de sua vida a perigo constante, sem motivo, de forma irresponsável ou imprudente.

Em hipóteses como as acima, não há o direito de recebimento do valor pactuado, porquanto se constatou um comportamento deliberado no agravamento dos riscos, de conformidade com o art. 768, que reza: "O segurado perderá o direito à garantia se agravar intencionalmente o risco objeto do contrato".

A jurisprudência, sobre a matéria, firmou a orientação acima: "Restando provado, de forma cabal e inequívoca, que o segurado deu causa ao acidente, vez que subiu em posto e pretendeu andar sobre os cabos de energia elétrica, atitude de risco notório, vindo a cair, a seguradora resta eximida do pagamento de indenização por morte acidental, não sendo abusiva a cláusula que exclui a garantia em caso de agravamento de risco".[163]

Entrementes, é preciso que o risco veio a acontecer em razão da conduta do segurado. Não basta, por exemplo, que ele se encontre embriagado: "A embriaguez do segurado, por si só, não enseja a exclusão da responsabilidade da seguradora prevista no contrato, mas a pena da perda da cobertura está condicionada à efetiva constatação de que o agravamento de risco foi condição determinante na existência do sinistro".[164]

Num exemplo evidente de isenção de responsabilidade no caso de embriaguez, a seguinte ementa:

"Possível a negativa de cobertura de danos causados em veículo segurado sob a alegação de agravamento intencional.

A embriaguez do condutor do automóvel pode ser considerada causa de agravamento intencional.

A perda da cobertura está condicionada à efetiva constatação de que o agravamento de risco foi condição determinante na existência do sinistro.

Havendo cláusula expressa de exclusão contratual, maior razão assiste à seguradora."[165]

A fundamentação está bem delineada no voto da Relatora, Des.ª Liége Puricelli Pires:

"A perda da cobertura está condicionada à efetiva constatação de que o agravamento de risco foi condição determinante na existência do sinistro. O agravamento anormal do risco, desde que cabalmente demonstrado pela seguradora, justifica a recusa de pagamento da indenização do seguro. É o caso dos autos.

Nesse contexto, não se pode afastar que é dever do segurado não agravar os riscos, sob pena de perda da cobertura contratada.

Neste sentido a jurisprudência:

'Seguro. Veículo. Acidente de trânsito. Embriaguez. Cobertura. Restando suficientemente demonstrado que o condutor do veículo segurado se encontrava em estado de embriaguez, no momento do acidente, não há vingar pretensão à cobertura securitária. Aplicação do art. 768 do novo CC. Situação em que, além de o autor ter se negado a realizar o teste de embriaguez junto ao DML, o laudo pericial e o policial militar que

---

[163] Apel. Cível nº 12500, da 7ª Câmara Cível do TJ do Paraná, *DJ* de 03.08.2001, em *ADCOAS* 8205821, *Boletim de Jurisprudência ADCOAS*, nº 16, p. 248, abr. 2002.

[164] REsp. nº 599.985/SC, da 4ª Turma, j. em 19.02.2004, *DJU* de 02.08.2004, p. 00411.

[165] Apel. Cível nº 70027980077, da 6ª Câmara Cível do TJ do RGS, j. em 19.03.2009.

atendeu a ocorrência indicam que estava sob o efeito de álcool. Circunstância em que ocorreu o acidente reveladora de que o demandante agravou o risco assumido pela requerida. Ademais, as condições gerais do contrato isentam a seguradora do pagamento da indenização, em caso de o segurado se negar a fazer o exame clínico/toxicológico. Apelação provida' (Apelação Cível nº 70024883365, 5ª Câmara Cível, Tribunal de Justiça do RS, rel. Leo Lima, j. em 10.09.2008)."

Igualmente não se justifica a cobertura, a cargo da seguradora, se o segurado esquece a chave do carro na ignição. É grave a culpa de quem comete tamanho descuido, causando, no mínimo, o agravamento de risco.

Não se dá a cobertura se o risco é agravado por ato de natureza diversa da celebrada pelas partes. O seguro de acidentes não cobrirá a indenização se o segurado for vítima de homicídio. Aí não se trata de um acidente, sendo proibida a interpretação extensiva nesta modalidade de avença.

É mister, de outro lado, que proceda o segurado a comunicação imediata de todo incidente, logo que saiba, suscetível de agravar consideravelmente o risco coberto, sob pena de perder o direito à garantia, se provar que silenciou de má-fé – art. 769.

Uma vez recebido o aviso do agravamento, o segurador, desde que o faça nos quinze dias seguintes ao recebimento do aviso da agravação do risco sem culpa do segurado, está autorizado a dar-lhe ciência, por escrito, de sua decisão de resolver o contrato – § 1º do art. 769. Ou seja, sabendo que aumenta o risco do sinistro, pode simplesmente desconstituir o negócio.

É preciso que os fatos e circunstâncias aumentem em elevado grau o risco, para impor o aviso ao segurador, sob pena de perder o seguro se não o fizer. Assim, no caso de se instituir seguro sobre uma casa, se a abertura de uma via abalou suas estruturas; ou se quem fez um seguro de vida, passa a exercer a atividade de policial em local infestado de marginais – comunicará o segurado ao segurador tais circunstâncias, logo que saiba, isto é, num espaço de tempo que não pode exceder a alguns dias, ou a uma semana. Em sequência, deverá o segurador, se não pretender manter o negócio, comunicar, no prazo de quinze dias, que não pretender manter o negócio.

A resolução, por ordem do § 2º do citado artigo, se tornará eficaz unicamente depois de trinta dias após a notificação, o que possibilita uma averiguação mais aprofundada da situação, inclusive com possibilidade de se alterar o contrato. Se persistir a vontade de resolver, o segurador devolverá a diferença do prêmio, isto é, o percentual do prêmio já recebido pelo período que faltava para completar o prazo do seguro.

Diante das normas acima, convém ter presente as circunstâncias de cada caso. Ou seja, não comete ato de imprudência o simples fato de alguém se atirar na água para salvar uma pessoa que está se afogando; ou, bravamente, procura socorrer seres humanos que se encontram num prédio em chamas. Ainda, quando o segurado, logo que adoece, não chama o médico imediatamente.

Depreende-se a isenção de responsabilidade se o risco é agravado por ato imprevisível, sem qualquer conhecimento, influência ou participação do segurado. Cita-se, *v. g.*, a ocorrência de um fenômeno estranho e anteriormente desconhecido ou dificilmente ocorrível, sem que o segurado possa fazer algo, como no recrudescimento súbito de crimes contra o patrimônio, atingindo especialmente veículos, que estão segurados; ou a mudança repentina das condições atmosféricas, fora da normalidade, prejudicando sensivelmente certas culturas que se encontram seguradas.

694 • Responsabilidade Civil | *Arnaldo Rizzardo*

Ao se verificar o sinistro, cabe ao segurado que proceda, logo que o saiba, a comunicação à companhia seguradora, de modo que seja a esta possível, se lhe interessar, fazer as investigações que entender necessárias em torno do acontecimento, ou atenuar as consequências – art. 771. Máxime nos acidentes, o exame ficará dificultado depois de algum tempo, pois os vestígios tendem a desaparecer. Não vem na lei previsto um prazo determinado, o qual é estabelecido normalmente no contrato, variando em consonância com o tipo de seguro. No entanto, entende-se que não poderá a comunicação ultrapassar o lapso de quinze dias.

Cumpre notar, ainda, por imposição do parágrafo único do art. 771, que "correm à conta do segurador, até o limite fixado no contrato, as despesas de salvamento consequente ao sinistro". As despesas exigidas para tal finalidade estão implícitas no contrato. De sorte que os custos acarretados para o salvamento em um acidente, ou a retirada de coisas do local sinistrado, ou a locomoção dos feridos para um hospital são inerentes ao seguro. Assim acontece com o seguro contra acidentes em bens materiais. A remoção para o local onde se farão os reparos, ou o deslocamento de pessoa para a restauração ou o socorro, integra a responsabilidade do segurador.

Outras obrigações existem, como a observância da mais estrita boa-fé e veracidade, e a estimativa da coisa em valor real.

8. OBRIGAÇÕES DO SEGURADOR E RESPONSABILIDADE

Igualmente quanto ao segurador o atual Código não mais situa em um tópico especial as obrigações. Vêm as mesmas disseminadas ao longo da matéria que trata do seguro. Lembram-se as mais comuns, até porque não se resumem nas apontadas em alguns dos dispositivos do Código.

A mais importante de suas obrigações é indenizar o segurado quanto aos prejuízos sofridos com o sinistro, efetuando-se o pagamento em dinheiro, conforme emana do art. 757, e em especial do art. 776, salvo ressalva autorizando a restituição da coisa *in natura*, como nos consertos e reparos de veículo acidentado ou reconstrução de imóvel destruído por incêndio. Eis o texto do dispositivo: "O segurador é obrigado a pagar em dinheiro o prejuízo resultante do risco assumido, salvo se convencionada a reposição da coisa". Naturalmente, a reposição da coisa viabiliza-se unicamente no seguro de coisas, previsão que se aplica costumeiramente, sendo exemplo nos danos ocorridos em acidentes de trânsito.

Se parcial o dano, a satisfação do prejuízo será proporcional e nunca pelo valor da coisa.

Mesmo que se estipule uma importância determinada ao bem, e o contrato o aceite, caberá a indenização integral se a estimativa corresponder realmente ao valor dado ao referido bem, conforme se depreende do art. 778. Isto a menos que se trate de seguros pessoais, quando não se indagará da proporção do prejuízo sofrido. Satisfaz-se a indenização de conformidade com o valor fixado na apólice. Daí a oportuna observação de Serpa Lopes, sempre oportuna e atual: "Consequentemente, a estimativa constante da apólice não tem um valor absoluto, senão relativo. Fica subordinado ao valor real do objeto segurado além do cálculo proporcional ao prejuízo sofrido. Assim sendo, o segurador pode trazer a prova de que o valor do seguro excede ao da coisa, sendo certo que se, além dessa prova, aduzir mais a de ter o segurado obrado de má-fé, cessa toda a sua obrigação de indenizar, ficando, ainda, o segurado passível das cominações constantes do art. 1.438 do Código Civil".[166] O citado art. 1.438 tem parte de seu conteúdo reproduzido nos arts. 778 e 766 do Código em vigor.

---

[166] *Curso de Direito Civil*, 2ª ed., Rio de Janeiro, Livraria Freitas Bastos S. A., 1962, vol. IV, p. 390.

Cap. L | Responsabilidade no Seguro • **695**

Em síntese, sobre o valor estimado na apólice prepondera o valor efetivo da coisa segurada, pois vigora sempre a justa proporção entre o valor do prejuízo e o de sua composição. A soma indicada na apólice serve apenas para estabelecer o limite máximo da responsabilidade do segurador.

Mas, é diferente a solução em se tratando de acidentes pessoais, em razão do art. 789. Paga-se a indenização em consonância com o valor combinado na apólice. A vida e as faculdades humanas consideram-se inapreciáveis, insuscetíveis de estimação econômica.

São fatores que eximem o segurador de toda e qualquer responsabilidade:

a) Existência de dolo por parte do segurado, que não foi claro e leal nas informações, ou que agravou o risco ou provocou a sua ocorrência,[167] desobedecendo aos arts. 778 e 766;

b) A constatação de seguro anterior, sobre o mesmo bem e pelo seu valor total – art. 782;

c) Descumprimento e violação pelo segurado das obrigações contratuais. O art. 475 conforta não só a resolução do contrato neste caso, mas permite, igualmente, o sobrestamento em satisfazer o compromisso assumido;

d) Fornecendo-se valor econômico superior ao valor do bem, e comprovando-se a má-fé ou o dolo na estipulação do seguro, a resolução é perfeitamente viável, com a devolução do preço ao segurado. Não havendo má-fé, cabe a redução da soma ao justo valor;

e) Deixando o segurado de agir com boa-fé e veracidade, ou não fazendo as declarações solicitadas de forma completa e verdadeira, igualmente isenta-se de responsabilidade o segurador. Quanto ao risco, restringe o art. 784 o âmbito da indenização. A responsabilidade não abrange o vício intrínseco da coisa, a menos que se estipule diferentemente. O risco, em geral, refere-se unicamente a causas externas, e não internas.

É natural que, limitando a apólice os riscos, não abrangerá outros, impedindo-se a interpretação extensiva. Mas compreenderá o risco todos os danos consequentes e resultantes, como os estragos ocasionados para evitar o sinistro, minorar o dano, ou salvar a coisa. É o preceito do art. 779. Na hipótese de um sinistro, a reparação abarcará, além dos danos causados pela ação do fogo, ainda os provocados pelos meios usados para debelá-lo.

9. RESPONSABILIDADE DURANTE A MORA NO PAGAMENTO DO PRÊMIO

Comum é a cláusula, constante no contrato de seguro, pela qual o segurado não tem direito à percepção de qualquer valor, ou fica resolvido o contrato, se incorrer em mora na satisfação do prêmio, ou das prestações.

Primeiramente, há de se considerar a hipótese de o contrato prever ou não o pagamento do prêmio, ou da prestação, dentro de trinta dias ou outro prazo da data da assinatura ou da emissão da apólice. Verificado o sinistro naquele interregno, mesmo assim é obrigatória a indenização. O Decreto nº 61.589/1967, que, dentre outras disposições, trata do início da cobertura do risco e da emissão da apólice, no que pertine aos seguros privados, estabelece, no art. 3º, que o pagamento do prêmio deverá se realizar no prazo de trinta dias, contados da data da emissão da apólice, aditivo da renovação ou de alteração

---

[167] Arnoldo Wald, *Curso de Direito Civil Brasileiro*, obra citada, p. 389.

do prêmio, fatura e contas mensais. O parágrafo único do art. 4º aduz que, se o sinistro ocorrer durante o prazo de pagamento do prêmio, sem que ele se tenha efetuado, o direito à indenização não ficará prejudicado, desde que se cubra o prêmio no prazo.

Interessa, na situação, o adimplemento tempestivo do prêmio. É o entendimento do Supremo Tribunal Federal: "Se o sinistro ocorrer dentro do prazo do pagamento do prêmio, sem que ele se ache efetuado, o direito à indenização não ficará prejudicado, se o segurado cobrir o débito respectivo ainda naquele prazo".[168]

Cumprida a obrigação do prêmio dentro de trinta dias a partir da emissão da apólice, mesmo que após o sinistro, o direito à indenização estará preservado, pouco significando cláusulas contratuais contrárias.

A situação mais grave, no entanto, diz respeito ao atraso no pagamento dos prêmios, acontecendo o sinistro quando se encontra em mora o segurado no pagamento do prêmio.

À primeira vista, parece que falece qualquer direito à indenização, em tal estado. A razão estaria no art. 6º, § 5º, do Decreto nº 60.459/1967, que regulamenta o Decreto-lei nº 73/1966, dispondo este sobre o Sistema Nacional de Seguros Privados.

Reza o art. 6º: "A obrigação do pagamento do prêmio pelo segurado vigerá a partir do dia previsto na apólice ou bilhete de seguro, ficando suspensa a cobertura do seguro até o pagamento do prêmio e demais encargos".

Nota-se a referência à suspensão da cobertura até a satisfação do prêmio e outros encargos.

No entanto, o § 5º contém: "A falta de pagamento do prêmio no prazo previsto no parágrafo primeiro deste artigo determinará o cancelamento da apólice". No § 1º consta que o "prêmio será pago no prazo fixado na proposta".

Assim, diante do § 5º, haverá o cancelamento da apólice, sem qualquer indenização pelo dano havido do sinistro.

Mas não é o entendimento que prevalece. Doutrina, a respeito, o jurista gaúcho Arnaldo Marmitt, em utilíssima obra sobre seguros: "Interpretando o art. 6º do Decreto nº 60.459/67, que prevê o cancelamento do contrato de seguro por falta de pagamento, ou o cancelamento da apólice, os tribunais têm sublinhado que essa rescisão 'está apoiada em texto que não pode ser admitido, já que, como regulamento, foi além do que devia regular, criando situação nova. Para que serviria a norma que enseja execução para cobrança do prêmio se a falta de seu pagamento importa em cancelamento do contrato? A situação de viva antinomia não parece (e nem pode) ser o objeto do legislador' (*RT* – 608/103).

Para ser compelido a pagar, o segurado deve receber previamente a apólice, deve ficar ciente do montante a quitar, enfim, e a rigor, deve ser constituído em mora, antes de ser penalizado com o cancelamento do contrato. Este, arquitetado unilateralmente e de forma sub-reptícia, pode gerar efeitos indesejados, sobretudo quando a seguradora e o banco que fez o cancelamento integrarem o mesmo grupo econômico. Daí porque, efetivado o seguro com empresa do mesmo grupo a que foi pago o prêmio, não pode o banco, ainda não totalmente reembolsado do numerário despendido nesse pagamento, cancelar unilateralmente o seguro, mormente após saber que o veículo segurado havia sido furtado. Agindo de comum acordo com a seguradora escolhida, não pode tal banco alterar as normas que regem o contrato de seguro, particularmente as decorrentes do art.

---

[168] *Revista Trimestral de Jurisprudência*, 66/793.

1.450, do Código Civil, sob o falso pretexto de não ser segurador".[169] O art. 1.450 citado acima não encontra um dispositivo correspondente no Código em vigor.

Possibilitando o contrato o pagamento dos juros na hipótese de mora, não permite o cancelamento puro e simples da apólice. Apenas fica suspensa a eficácia do contrato enquanto não realizada a condição do pagamento. Uma vez efetivada, com os encargos inerentes, é exigível a indenização, com efeito *ex tunc*. Válida a lição de Pontes de Miranda: "A cláusula de preclusão ou resolução do contrato, isto é, a cláusula que estabeleça prazo para pagamento dos prêmios, findo o qual se tenha como resolvido o contrato (resolução por inadimplemento), é ilícita. À empresa seguradora cabe pedir em juízo a resolução do contrato. Enquanto não está pago o prêmio, vinculado está o segurador. Daí a vantagem da cláusula de suspensão da eficácia: suspende-se a eficácia contra o segurador e fluem os juros, com a dívida ou com as dívidas dos prêmios".[170]

Em suma, não se apresenta válido, sob a alegação de falta de pagamento do prêmio de seguro, rescindir unilateralmente o pacto respectivo.

O art. 763 não impede a exegese acima. Reza o dispositivo: "Não terá direito a indenização o segurado que estiver em mora no pagamento do prêmio, se ocorrer o sinistro antes de sua purgação".

Cabe ao segurado, antes de buscar o recebimento, sair da mora, procurando fazer o pagamento.

O Superior Tribunal de Justiça já ponderou sobre a inviabilidade da resolução: "Seguro... Adimplemento substancial. Resolução. A companhia seguradora não pode dar por extinto o contrato de seguro, por falta de pagamento da última prestação do prêmio, por três razões: a) sempre recebeu as prestações com atraso, o que estava, aliás, previsto no contrato, sendo inadmissível que apenas rejeite a prestação quando ocorra o sinistro; b) a segurada cumpriu substancialmente com a sua obrigação, não sendo a sua falta suficiente para extinguir o contrato; c) a resolução do contrato deve ser requerida em juízo, quando possível será avaliar a importância do inadimplemento, suficiente para a extinção do negócio".[171]

Como adimplemento substancial entende-se o que está próximo ao cumprimento total do contrato, faltando uma parte não assaz elevada.

Em mais decisões: "Seguro. Cláusula de cancelamento automático do contrato em caso de atraso no pagamento do prêmio. Insubsistência em face do Código Civil e do Código de Defesa do Consumidor.

Não subsiste a cláusula de cancelamento automático da apólice, seja porque a resolução da avença é de ser requerida previamente em juízo, seja porque reputada nula em face do Código de Defesa do Consumidor (art. 51, IV e XI)".[172]

Civil e processual. Seguro. Veículo de carga. Atraso no pagamento de prestação. Ausência de prévia constituição em mora ou rescisão judicial do contrato. Impossibilidade de automático cancelamento da avença pela seguradora. Dissídio jurisprudencial configurado. Cobertura devida.

---

[169] *Seguro de Automóvel*, 1ª ed., Rio de Janeiro, AIDE Editora e Comércio de Livros Ltda., 1987, pp. 229 e 230.
[170] *Tratado de Direito Privado*, 2ª ed., Editor Borsoi, 1964, vol. 45, p. 314.
[171] REsp. nº 76.362/MT, da 4ª Turma, *DJU* de 1º.04.1996.
[172] REsp. nº 323.186/SP, da 4ª Turma, *DJU* de 04.02.2002.

698 • Responsabilidade Civil | Arnaldo Rizzardo

I – O mero atraso no pagamento de prestação do prêmio do seguro não importa em desfazimento automático do contrato, para o que se exige a prévia constituição em mora do contratante pela seguradora, ou o ajuizamento de ação judicial competente;

II – Matéria pacificada no âmbito da 2ª Seção do STJ (REsp. nº 316.552/SP, rel. Min. Aldir Passarinho Júnior, j. em 09.10.2002);

III – Recurso especial conhecido e provido.[173]

Culminou o STJ, através de sua 2ª Seção, em 2018, por emitir a Súmula nº 616: "A indenização securitária é devida quando ausente a comunicação prévia do segurado acerca do atraso no pagamento do prêmio, por constituir requisito essencial para a suspensão ou resolução do contrato de seguro".

Uma outra solução, além da preconizada acima, é trazida pela parte final do parágrafo único do art. 796: a redução proporcional do capital garantido proporcionalmente ao preço pago.

Caso a companhia seguradora se recuse a receber as quantias devidas e em atraso, é perfeitamente coerente o ingresso de ação consignatória de pagamento, envolvendo os juros e a correção monetária, se não perfectibilizada, ainda, a interpelação com efeito de resilição. Ao segurado, nesta última eventualidade, assistirá unicamente a busca da devolução dos prêmios satisfeitos, abatidas as cominações de multa e outras previstas, a fim de não se caracterizar o enriquecimento indevido.

10. RESPONSABILIDADE PELOS ATOS DOS AGENTES AUTORIZADOS DO SEGURADOR

Através de disposição nova em vista do Código de 1916, estabelece o art. 775 que os agentes do segurador o obrigam em todos os atos do contrato: "Os agentes autorizados do segurador presumem-se seus representantes para todos os atos relativos aos contratos que agenciarem".

Se o segurador contrata pessoas para propagarem os seguros, naturalmente age por meio deles, que se tornam seus prepostos ou representantes. Daí a decorrência natural da validade dos pactos que celebrarem, passando a valer para todos os efeitos legais.

Esses agentes são os conhecidos corretores de seguros, que constituem os intermediários na contratação da apólice. As companhias seguradoras agem através deles, ficando responsáveis pelo pagamento do seguro, mesmo que não seja repassada a elas a parcela do prêmio, a qual fica retida por seus agentes. Devem suportar as consequências pela má prestação dos serviços, que se circunscrevem à esfera interna e são alheias à relação encetada com o segurado. Constitui dever seu escolher bem e fiscalizar quem as representa, a fim de evitar prejuízo próprio e lesão aos consumidores.

Socorre ao segurado a situação de credibilidade e boa-fé que devota ao corretor, não se lhe imputando o dever de apurar a idoneidade da pessoa que o procura para celebrar o negócio, no que o ampara a teoria da aparência, na linha do seguinte aresto: "Agente captador de recursos. Terceiro de boa-fé. Comprovado que o emitente do recibo de aplicação no mercado financeiro era notoriamente agente autorizado a captar recursos para aplicar em certa instituição financeira, responde esta pelo desvio do numerário, uma vez que a teoria da aparência protege o terceiro de boa-fé".[174]

---

[173] REsp. nº 286.472/ES, rel. Min. Aldir Passarinho Júnior, *DJU* de 17.02.2003.
[174] REsp. nº 276.025, da 4ª Turma do STJ, *DJU* de 12.03.2001.

LI

Responsabilidade no Arrendamento Mercantil

1. CONCEITO

Interessa, aqui, o estudo do arrendamento mercantil ou *leasing* unicamente para fins de responsabilidade. O problema da responsabilidade aparece mais nos acidentes que envolve o bem arrendado, no sentido de se definir se o terceiro prejudicado pode agir somente contra o arrendatário ou, também, contra o arrendante.

José Wilson Nogueira de Queiroz manifesta a seguinte definição, no sentido lato: "um acordo mediante o qual uma empresa, necessitando utilizar determinado equipamento, veículo ou imóvel (terreno ou edificação), ao invés de comprar, consegue que uma empresa (locadora) o adquira e o loca à empresa interessada (locatária), por prazo determinado, findo o qual poderá a locatária optar entre a devolução do objeto do contrato, a renovação da locação ou a sua aquisição por compra e venda, pelo valor residual avençado no instrumento contratual".[175]

Para Arnoldo Wald trata-se de um contrato pelo qual uma empresa, desejando utilizar determinado equipamento, ou imóvel, consegue que uma instituição financeira adquira o referido bem, alugando-o ao interessado por prazo certo, admitindo-se que, terminado o prazo locativo, o locatário possa optar entre a devolução do bem, a renovação da locação, ou a compra pelo preço residual fixado no momento inicial do contrato.[176]

Claro é o conceito apresentado por Tavares Paes, outro especialista sobre a matéria: "É um contrato mediante o qual uma pessoa jurídica que desejar utilizar determinado bem ou equipamento, por determinado lapso de tempo, o faz por intermédio de uma sociedade de financiamento, que adquire o aludido bem e lhe aluga. Terminado o prazo locativo, passa a optar entre a devolução do bem, a renovação da locação, ou a aquisição pelo preço residual fixado inicialmente".[177]

De acordo com os princípios fundamentais do instituto, define-se o mesmo como a operação financeira realizada por uma empresa arrendadora, constituída e atuando sob o controle do Banco Central do Brasil, tendo por objeto o arrendamento de bens móveis ou imóveis, adquiridos junto a terceiros, para fins de uso próprio da arrendatária (art. 1º, parágrafo único, da Lei nº 6.099, de 12.09.1974).

---

[175] José Wilson Nogueira de Queiroz, *Arrendamento Mercantil (*Leasing*)*, 2ª ed., Rio de Janeiro, Forense, 1983, p. 6.

[176] "A introdução do *Leasing* no Brasil", *in RT*, 415/10.

[177] Paulo Roberto Tavares Paes, *Leasing,* São Paulo, Editora Revista dos Tribunais, 1977, p. 1.

Ou é o contrato essencialmente complexo, visto encerrar uma promessa unilateral de venda, um mandato, uma promessa sinalagmática de locação de coisa, uma opção de compra e, no *leasing* operacional, mais uma prestação de serviços técnicos por parte da locadora, compondo, assim, obrigação contratual, como partes essenciais do negócio.

Pela Lei nº 6.099, alterada pela Lei nº 7.132, de 26.10.1983, "considera-se arrendamento mercantil, para efeitos desta lei, o negócio jurídico realizado entre pessoa jurídica, na qualidade de arrendadora, e pessoa física ou jurídica, na qualidade de arrendatária, e que tenha por objeto o arrendamento de bens adquiridos pela arrendadora, segundo especificações da arrendatária e para uso próprio desta".

Não se trata de uma simples locação com promessa de venda, como à primeira vista pode parecer. Mas cuida-se de uma locação com uma consignação de uma promessa de compra, trazendo, porém, um elemento novo, que é o financiamento, numa operação específica que consiste na simbiose da locação, do financiamento e da venda.

Em suma, é a figura em exame uma alternativa de financiamento para aquisição de qualquer tipo de veículo, máquina ou equipamento de fabricação nacional ou estrangeira, novo ou usado, incluindo, também, financiamento de imóveis.

2. AS MODALIDADES DE ARRENDAMENTO MERCANTIL

Sobressaem quatro tipos principais de *leasing*, assim discriminados e explicados:

a) O leasing *operacional*

Conhecido também como *renting*, expressa uma locação de instrumentos ou material, com cláusula de prestação de serviços, prevendo a opção de compra e a possibilidade de rescisão a qualquer tempo, desde que manifestada esta intenção com uma antecedência mínima de, pelo menos, trinta dias.

Ao que parece, foi a primeira forma de *leasing* que surgiu, nos idos de 1920, quando indústrias norte-americanas alugavam seus produtos a fim de assegurar o escoamento, e comprometendo-se a fornecer uma prestação de serviços de conservação das máquinas. Cuidava-se mais de um contrato de locação com promessa de venda de bem locado. Participavam duas figuras na relação jurídica: o locador, que é também o promitente vendedor e fabricante ou produtor do bem; e o locatário, titular da opção de compra, a quem é entregue a posse. Não intervém nenhum intermediário.

Rodolfo de Camargo Mancuso, em tese de mestrado sobre o assunto, escreve, relativamente ao arrendatário ou locatário, que tem ele "a faculdade de rescindir unilateralmente o contrato, sem que, com isso, se lhe retire necessariamente a opção de compra. Apenas, nesta última hipótese, o preço será aquele de mercado ao tempo do exercício da opção". É este tipo de arrendamento considerado, pelo autor, uma subespécie do *financial leasing*, que será estudada a seguir. De outro lado, observa que "é notoriamente utilizado para bens de fácil colocação no mercado e que apresentam obsolescência precoce, *v. g.,* material eletrônico, máquina fotostática, automóveis".[178]

Esta espécie não consta expressa na Lei nº 6.099, eis que o art. 2º a afasta de seu tratamento: "Não terá o tratamento previsto nesta lei o arrendamento de bens contratado entre pessoas jurídicas direta ou indiretamente coligadas..., assim como o contratado com

---

[178] *Apontamentos sobre o Contrato de* Leasing, São Paulo, Editora Revista dos Tribunais, 1978, p. 22.

o próprio fabricante". Embora as afastem os benefícios tributários da Lei nº 6.099, não estão evidentemente proibidos. Apenas a sua prática não é favorecida com as isenções da lei,[179] tanto que regulamentado em resoluções do Banco Central.

b) O arrendamento mercantil financeiro

É o *leasing* financeiro, ou o *financial lease,* ou, ainda, o *full payout lease,* que é o *leasing* propriamente dito, o *leasing* puro que, por estar mais ligado a departamentos de bancos, é também conhecido como *leasing* bancário. Tem como característica identificadora e mais saliente o financiamento que faz o locador. Ou seja, o fabricante ou importador não figuram como locadores. Há uma empresa que desempenha este papel, a cuja finalidade ela se dedica. Ocorre a aquisição do equipamento pela empresa de *leasing,* a qual contrata o arrendamento com o interessado.

A distinção com a forma operacional, ou o *renting,* está no acentuado caráter de locação que domina nesta espécie, sem haver necessidade de cláusula de opção, e com possibilidade de rescisão a qualquer momento. No *leasing* financeiro, domina o sentido do financiamento.

No seu início, apresentava-se como um negócio onde predominava a figura do intermediário, na pessoa de um corretor. Com o passar dos anos, começou a instituição bancária a dominar a operação, seja diretamente *bankers lessors,* ou através de subsidiárias *bankers leasing corporation.* Retratando este estágio da evolução, escreve Arnoldo Wald: "Finalmente, surgiu o *leasing* bancário ou financeiro, quando a função de intermediário passou a ser exercida pelos bancos, que complementaram ou substituíram a atividade dos antigos corretores pelas sociedades de crédito ao consumidor ou *sales finance companies.* Passou-se, assim, do *leasing* industrial ou operacional ao *leasing* financeiro, forma mais requintada e fecunda, que domina o mundo há cerca de 20 anos".[180]

A Lei nº 6.099, com as alterações introduzidas pela Lei nº 7.132, no art. 5º, exprime os elementos sem os quais não se admite a avença em espécie:

"Os contratos de arrendamento mercantil conterão as seguintes disposições:

a) prazo do contrato;

b) valor de cada contraprestação por períodos determinados, não superiores a um semestre;

c) opção de compra ou renovação de contrato, como faculdade do arrendatário;

d) preço para opção de compra ou critério para sua fixação, quando for estipulada esta cláusula".

"Parágrafo único. Poderá o Conselho Monetário Nacional, nas operações que venha a definir, estabelecer que as contraprestações sejam estipuladas por períodos superiores aos previstos na cláusula *b* deste artigo."

c) Arrendamento mercantil contratado com o próprio vendedor

É o *lease-back,* ou *leasing* de *retro* (no francês *cession-bail),* previsto no art. 9º da Lei nº 6.099, com a alteração da Lei nº 7.132, que reza: "As operações de arrendamento mercantil contratadas com o próprio vendedor do bem ou com pessoas jurídicas a ele vinculadas, mediante quaisquer das relações previstas no art. 2º desta lei, poderão também ser realizadas por instituições financeiras expressamente autorizadas pelo Conselho Mo-

---

[179] Luiz Mélega, *O Leasing e o Sistema Tributário Brasileiro,* São Paulo, Editora Saraiva, 1975, p. 52.

[180] "Da licitude da inclusão da cláusula de correção cambial nas operações de arrendamento mercantil", *in RT,* 591/18.

netário Nacional, que estabelecerá as condições para a realização das operações previstas neste artigo.

O parágrafo único: "Nos casos deste artigo, o prejuízo decorrente da venda do bem não será dedutível na determinação do lucro real."

Conhecido também como *sale and lease-back,* a expressão, traduzida ao português, significa "locação financeira restitutiva".

Nota-se o primeiro elemento identificador: as operações de arrendamento mercantil são contratadas com o próprio vendedor do bem ou com pessoas jurídicas a ele ligadas. Tem como pressuposto a alienação do bem pelo proprietário, aumentando, assim, a sua liquidez, e, após, arrendando o mesmo bem. O que determina a sua transformação em arrendatário. Ou, conforme Rodolfo de Camargo Mancuso, "o locatário é que vende a coisa ao locador para, ao depois, dele tomá-la em locação".[181] Daí haver, pois, uma tradição apenas ficta.

Segundo regramentos ditados pelas autoridades fazendárias, como pelo Banco Central do Brasil, através de várias resoluções, tais operações se circunscrevem entre as empresas arrendatárias, que eram proprietárias, e os bancos de desenvolvimento, os bancos de investimento, as caixas econômicas e as sociedades de crédito imobiliário autorizadas pelo Sistema Financeiro da Habitação. Não é permitida uma relação negocial com pessoas jurídicas diferentes daquelas, como sociedades de arrendamento mercantil, e muito menos com pessoas físicas.

Processa-se uma transferência do equipamento ou do imóvel. A entidade adquirente paga o valor do bem, deixando-o em poder do antigo proprietário, que se transmuda em arrendatário, do qual recebe valores periodicamente, em face da nova relação que se travou.

Há uma distinção do *leasing* propriamente dito, pois neste a relação é triangular. A locadora adquire o instrumento de terceira pessoa e o arrenda para outro interessado.

A vantagem ressalta, salienta José Wilson Nogueira de Queiroz, "porque a locatária alienante converterá parte do seu imobilizado em dinheiro, enfrentando a falta de liquidez, e não perdendo, todavia, a disposição do bem que permanece em seu poder e posse, passando a pagar aluguéis, com a possibilidade de usufruir dos benefícios fiscais com a dedução a título de despesas operativas, na forma permitida pelo art. 11 da Lei nº 6.099".[182]

Vê-se, pois, que o objetivo é munir a empresa de numerário para investir em outro ramo, ou no reaparelhamento de seu instrumentário, ou na edificação de novos compartimentos. Posteriormente, findo o prazo, terá a faculdade de renová-lo, ou recuperar a propriedade do bem pelo preço residual, isto é, descontado o conjunto das prestações pagas a título de locação.

A finalidade, portanto, é dar capacidade financeira à vendedora. Daí considerar-se o *lease-back* um financiamento obtido através da operação.

d) Arrendamento mercantil contratado com empresas integrantes do mesmo grupo financeiro

É o *self-lease*, isto é, o *leasing* consigo mesmo, ou formado entre empresas integrantes do mesmo grupo financeiro. Mantém-se no âmbito das empresas coligadas. Um arrenda ou loca, a outra, determinado bem, com opção de aquisição.

---

[181] *Apontamentos sobre o Contrato de* Leasing, ob. cit., p. 23.
[182] *Arrendamento Mercantil (*Leasing*)*, ob. cit., p. 20.

Esclarece Celso Benjó: "O *self-leasing* é uma modalidade de *financial lease* e pode, basicamente, assumir duas formas: na primeira, as partes contratantes *lesee and lessor* estão vinculadas, isto é, possuem um elo que lhes permite ser classificadas ora como sociedade controladora e controlada, ou mesmo como sociedades coligadas. Na segunda, é o próprio fabricante que assume o papel de financiador e utiliza o *leasing* como método de financiamento". Distinguindo esta forma do *financial self,* diz que "neste último, o fabricante, o financiador que utiliza o *leasing* em suas operações e o locatário são pessoas distintas. Já no primeiro, em uma de suas formas, há um vínculo intersocietário entre o financiador e o *lessee;* e, em outra, o próprio fabricante promove o *leasing* de seus produtos".[183]

Por sua vez, José Augusto Delgado, conceituando a modalidade como a operação realizada entre pessoas distintas, mas uma controlada por outra, com a finalidade de contornar a proibição de excesso de imobilização por parte dos grupos financeiros, apresenta as duas modalidades: "a) empresas de um mesmo grupo econômico assumem cada qual as funções de locador, locatário e vendedor...; b) o próprio fabricante entrega a coisa em locação, o que se assemelha com o *leasing* industrial".[184]

As empresas coligadas ou interdependentes não são contempladas pela Lei nº 6.099, de acordo com o seu art. 2º, como favorecidas aos benefícios fiscais. Estipula o dispositivo: "Não terá o tratamento previsto nesta lei o arrendamento de bens contratados entre pessoas jurídicas direta ou indiretamente coligadas ou interdependentes, assim como o contrato com o próprio fabricante".

3. RESPONSABILIDADE POR ATO LESIVO DO ARRENDATÁRIO

Questão de suma importância diz respeito à responsabilidade civil, quanto aos prejuízos causados a terceiros. A Súmula 492 do Supremo Tribunal Federal, se equiparado o arrendamento mercantil à locação, praticamente encerra a discussão em torno do assunto: "A empresa locadora responde civil e solidariamente, com o locatário, pelos danos por estes causados a terceiros".

Cumpre se proceda, no entanto, um maior desenvolvimento da matéria.

Trata-se de responsabilidade pelo fato de outrem, no caso, de quem usa ou aproveita o bem.

A responsabilidade, nesta hipótese, surge de acontecimento alheio, independente, à maioria das vezes, de culpa do arrendador, mas sem prescindir da culpa do titular da posse, autor do ato lesivo do direito.

O terceiro, autor da lesão, e o proprietário do bem, ou o empregador, ou o comitente, respondem solidariamente perante a vítima.

Razões de ordem objetiva fazem prevalecer a responsabilidade do proprietário do bem. Do contrário, a vítima fica bastante insegura ao acontecer o evento, diante do anonimato da culpa, problema cada vez mais acentuado, pois enormes são as dificuldades na apuração do fato. A garantia da segurança do patrimônio próprio, a tentativa de afastar as fraudes, a ameaça do não ressarcimento dos prejuízos sofridos e o frequente estado de insolvência do autor material do ato lesivo somam-se entre os argumentos a favor da

---

[183] "O *leasing* na sistemática jurídica nacional e internacional", *in RT*, 274/18.
[184] "A caracterização do *leasing* e seus efeitos jurídicos", *in Revista Forense*, 269/88.

responsabilidade civil do proprietário, toda vez que o terceiro, na utilização de um bem, ocasiona ilegalmente um prejuízo a alguém. O responsável pode ser estranho ao ato danoso, como quando não há nenhuma relação jurídica com o autor material.

No caso do *leasing,* a responsabilidade do arrendador é puramente objetiva. Como é sabido, o dever de ressarcir nem sempre se estriba na culpa do proprietário na entrega da coisa ao autor material. Sua atitude poderá estar revestida de todos os cuidados e cautelas aconselhados e impostos pela consciência. Viável que a permissão tenha recaído em pessoa prudente, habilitada e experiente na direção ou uso da coisa. Mesmo nestas circunstâncias, a segurança e a tranquilidade social reclamam a sua presença na reparação da lesão advinda com o uso da condução.

Nada há de culposo no fato de entregar o bem a pessoa naquelas condições. O costume e a prática revelam o quanto é comum, nos dias atuais, este procedimento. Não convence a existência de culpa presumida, a não ser que se force um conceito igual, ou pelo menos parecido, da culpa indireta, que repousa sobre o autor do ato lesivo, e não sobre o responsável civilmente. A conclusão é que os princípios fundamentais reguladores da responsabilidade pelo fato de outrem são os mesmos que regem a responsabilidade indireta, sem culpa, do comitente, do empregador, do pai em relação aos filhos menores, com fundamento no risco. Tão certa a responsabilidade do proprietário que se verifica, na clássica lição de José de Aguiar Dias, ainda "que o uso se faça à sua revelia, desde que se trata de pessoa a quem ele permitia o acesso ao carro ou ao local em que o guarda", devendo ele responder pelos danos resultantes.[185]

Pouco importa a autorização para o uso de pessoa perita, ou plenamente capacitada, para qualquer utilização. Não se funda na culpa a responsabilidade. A norma do art. 929 do Código Civil resolve plenamente a questão: "Se a pessoa lesada, ou o dono da coisa, no caso do inciso II do art. 188, não forem culpados do perigo, assistir-lhes-á direito à indenização do prejuízo que sofreram".

Transparece o caráter objetivo da norma.

Conquanto o entendimento acima, uma inteligência contrária desponta no arrendamento mercantil desde tempos não recentes, especialmente em acidentes envolvendo veículos: "Contrato de *leasing.* Acidente de trânsito. Colisão de veículos, um deles pertencente à empresa de *leasing.* Má utilização de caminhão basculante pela arrendatária ou seu preposto. Inexistência de responsabilidade solidária da arrendante. Denunciação da lide...".[186]

As razões vêm, na aparência, suficientemente expostas, estribando-se no conceito de *leasing,* entendendo tratar-se de um contrato "intermediário entre a compra e venda e a locação, exercendo função parecida com a da venda com reserva de domínio e com a alienação fiduciária, oferecendo ao usuário maior leque de opções... Em julgamento que guarda afinidade com este de que se cuida, ementou este Tribunal, na Ap. 19.812, relatada pelo eminente Juiz Rubem Miranda, que 'nada altera tratar-se de veículo gravado com a cláusula da alienação fiduciária, que não impede a transação ou a transferência da posse' *(DJE* 4.5.82). A exemplo de que se verifica com o *leasing,* também na alienação fiduciária a propriedade não se transfere de imediato ao possuidor direto.

Por outro lado, e como é pacífico, não o é o domínio que enseja a responsabilidade civil, e, sim, a posse do veículo; mesmo porque, em termos de ato ilícito, o que tem

---

[185] *Da Responsabilidade Civil,* 4ª ed., Rio de Janeiro, Forense, 1960, vol. II, p. 29.
[186] *Revista dos Tribunais,* 574/216.

relevo é a conduta do agente (CC, art. 159). Daí sequer se pode cogitar de responsabilidade solidária da empresa *lessor,* arrendante".[187] O artigo retrocitado equivale ao art. 186 do atual Código Civil.

Não se coaduna o entendimento acima com o *leasing.* O próprio art. 1º da Lei nº 6.099 expressa que o objeto do arrendamento é o bem adquirido de terceiro pela arrendadora, para fins de uso próprio da arrendatária.

Consequentemente, o bem pertencente à arrendadora, que o empresta a um interessado, não se igualando, nesta parte, à figura da alienação fiduciária, onde o domínio é destacado da posse, senão transferido ao agente financeiro. A posse, entretanto, é do alienante. No *leasing,* o locatário ou arrendatário tem apenas o uso, tanto que se cogita, *v. g.,* de constrição judicial do bem, para garantia de obrigações contraídas perante terceiros, contrariamente ao que acontece com a alienação fiduciária. Nesta espécie, os pagamentos das prestações, independentemente da opção no final do prazo de pagamento, consolidam, de forma progressiva, o domínio em favor do detentor.

De outro lado, afirmar que o domínio não enseja a responsabilidade civil, o que é próprio da posse, ou da conduta do agente apenas, é desconhecer que, em muitas situações, justifica unicamente a indenização o mero fato em si, o que define a responsabilidade objetiva.

Embora nenhuma culpa ressalte da ação da empresa arrendante, é ela chamada a satisfazer os danos provocados pelo bem de sua propriedade. A noção de culpa é insuficiente para dar cobertura a todos os casos de danos. Ou a teoria da culpa não consegue corresponder à ideia de uma responsabilidade sã e vigorosa.[188]

Alvino Lima, já em época antiga, ponderou: "Os problemas da responsabilidade são tão somente os da reparação de perdas. Os danos e a reparação não devem ser aferidos pela medida da culpabilidade, mas devem emergir do fato causador da lesão de um bem jurídico, a fim de se manterem incólumes a interesses em jogo, cujo desequilíbrio é manifesto se ficarmos dentro dos estreitos limites de uma responsabilidade subjetiva".[189]

A inserção de cláusula imputando a obrigação do arrendatário pelos danos causados a terceiros pelo uso do bem, circunscreve-se ao relacionamento dos contratantes, não atingindo terceiros, que não podem sofrer os efeitos das limitações estabelecidas, e nem ver ameaçado o direito da reparação pelo dano suportado injustamente.

Mais incoerente o pensamento dos que excluem a solidariedade do arrendador se registrado o contrato no ofício de Registro de Títulos e Documentos, como outrora já quis defender a 2ª Câmara Cível do extinto Tribunal de Alçada do Paraná, na Ap. Cível 13.986, de 13.10.1982, ao assentar, pelo voto do relator: "Cabe a denunciação à lide, da arrendatária em contrato de *leasing* pela arrendadora. Para a arrendadora ser excluída da relação processual deve o contrato de *leasing* estar registrado no Registro de Títulos e Documentos, para que possa ser oponível *erga omnes.* Se carece de tal publicidade, a arrendante proprietária dos bens é civilmente responsável perante o terceiro pelos danos que a coisa objeto de *leasing* vier a ocasionar. Provada a culpa do preposto da denunciada à lide, a autora tem direito à indenização".[190]

---

[187] *In Responsabilidade Civil Interpretada pelos Tribunais*, Wilson Bussada, Rio de Janeiro, Editora Liber Juris Ltda., 1984, pp. 41-42.

[188] Marton, *Les Fondaments de la Responsabilité Civile*, Paris, 1958, nº 58, p. 151.

[189] *Da Culpa ao Risco,* São Paulo, 1938, p. 101.

[190] RT, 572/200.

A conclusão acima deriva de confusão entre a alienação fiduciária e o *leasing,* institutos cuja diferença mais se manifesta no curso do contrato, posto enquanto no primeiro a propriedade se vai transferindo ao alienante à medida que se efetua a satisfação das prestações, no último a aquisição ocorre apenas no final, desde que se faça valer a opção e venha a ser paga a quantia residual prevista. No decorrer do pacto, o detentor da coisa não passa de mero locatário, extinguindo-se qualquer vínculo obrigacional se não manifestada a preferência de compra. Tanto se expressa a consolidação do domínio na alienação fiduciária que na venda decorrente da busca e apreensão a quantia restante, após satisfeito o crédito da sociedade financeira, será entregue ao alienante fiduciário.

O registro no ofício de títulos e documentos visa precipuamente a evitar a venda pelo alienante fiduciário a terceiros, com prejuízo ao credor e titular da posse indireta, o que induz admitir a lei a concentração de parte do domínio em nome da pessoa do alienante. No *leasing,* não se verificando, no curso do contrato, nenhuma relação de domínio em favor do locatário ou arrendatário, é totalmente irrelevante o registro, no ofício público citado, do documento.

4. RESPONSABILIDADE DA SOCIEDADE ARRENDANTE POR FATO DE TERCEIRO SEM CULPA DO ARRENDATÁRIO

Em princípio, o causador direto responde pelos danos causados a terceiros e, na hipótese em estudo, solidariamente com o proprietário. Mesmo na circunstância de afigurar-se, no desencadeamento dos fatos, culpa de terceira pessoa, forçando o locatário a atingir outro bem ou veículo, ou, ainda, um ser humano, há a referida solidariedade.

A culpa de terceiro não libera o autor direto de dano do dever jurídico de indenizar. Na sistemática do direito brasileiro, art. 929 da lei civil, concede-se a ação regressiva em favor do autor haver a importância despendida no ressarcimento ao dono da coisa. Quem põe um veículo automotor em circulação, coloca uma máquina em funcionamento, assume a responsabilidade pelos danos emergentes de uso. Assim vem equacionada a questão na jurisprudência: "Os acidentes, inclusive determinados pela imprudência de outros motoristas, ou por defeitos da própria máquina, são fatos previsíveis e representam um risco que o condutor de automóveis assume pela só utilização da coisa, não podendo servir de pretexto, nem de fundamento jurídico, para eximir o autor do dano do dever de indenizar".[191]

É ao proprietário, obviamente, que cumpre descobrir o terceiro causador do dano, não só para haver a reparação do prejuízo que sofreu, como, ainda, para o exercício da ação regressiva. Segundo Aguiar Dias, a culpa de terceiro emerge como matéria controvertida no direito. Alguns chegam ao extremo de que ela é fator de excludente da responsabilidade. Uma outra corrente, ainda, endossa pensamento semelhante: só afasta a indenização a prova de se encontrar totalmente eliminada a relação de causalidade. Mas, lembra Aguiar Dias, "os códigos filiados ao sistema francês não mencionam especialmente o fato de terceiro. Nosso Código também não o faz, limitando-se à clássica referência ao caso fortuito ou de força maior. Pelo contrário, o que nele encontramos é precisamente um sinal adverso ao reconhecimento amplo dos efeitos do fato de terceiro sobre a responsabilidade, no art. 1.520, onde se consagra tão somente a ação regressiva contra ele, e que

---

[191] *RT,* 416/345.

supõe, logicamente, a responsabilidade, ou melhor, a obrigação de reparar, por parte do sujeito desse direito regressivo".[192] Recorda-se que o apontado art. 1.520 corresponde ao art. 930 do atual Código Civil.

Em suma, o autor direto, e, por via de consequência, o locador, assume a reparação, podendo buscar a reposição da soma gasta junto ao terceiro culpado que, com seu procedimento, originou uma manobra determinante do evento lesivo.

Daí que figurarão no polo passivo da relação processual desencadeada o detentor da coisa e o proprietário, ambos numa posição de solidariedade necessária. Faculta-se-lhe denunciar o terceiro e, após, voltar-se contra ele.

---

[192] *Da Responsabilidade Civil*, 1ª ed., vol. II, p. 251.

LII
Responsabilidade na Alienação Fiduciária

1. ALIENAÇÃO FIDUCIÁRIA EM GARANTIA

Conceitua-se a alienação fiduciária em garantia como o negócio jurídico pelo qual uma das partes adquire, em confiança, a propriedade de um bem, obrigando-se a devolvê--la tão logo venha a ocorrer o acontecimento a que se subordinara tal obrigação, ou tenha solicitado a restituição.[193] Ou seja, trata-se de um negócio fiduciário de garantia, pelo qual o devedor transfere a favor do credor a propriedade de uma coisa móvel, permanecendo ele com a posse, e colocando-se na posição de depositário.

Tal é a ideia ressaltada pelos autores que estudaram o assunto: "Pela alienação fiduciária em garantia o devedor, denominado alienante, transfere ao credor, chamado adquirente, ou, em termos genéricos, 'fiduciante' e 'fiduciário', a propriedade de bem móvel, na forma de nossa legislação, em garantia de obrigações, que podem ser da natureza mais diversa, tais como contratos de empréstimo em conta corrente celebrado com instituição financeira, contrato de mútuo, contrato de câmbio, contrato de compra e venda de automóvel, ou de quaisquer outros bens móveis, e uma infinidade de outros".[194]

"Alienação fiduciária em garantia é um direito real de garantia onde o devedor--fiduciário proprietário de uma coisa móvel aliena-a fiduciariamente ao credor-fiduciário, tornando-se depositário e possuidor direto, para que esse credor-fiduciário, com a posse indireta e o domínio resolúvel, possa receber o crédito devido e, no caso de inadimplemento da obrigação contratual, possa vender a coisa, ressarcindo-se dos prejuízos havidos; caso contrário, quando do integral pagamento da dívida, sente-se na obrigação de transferir a coisa ao devedor-fiduciário".[195]

A figura em questão ingressou em nosso direito através da Lei nº 4.728, de 14.07.1965, incorporada ao texto da chamada Lei de Mercado de Capitais, com função específica de dar garantia real aos contratos de financiamento direto ao consumidor na aquisição de utilidades e bens móveis duráveis. Ao longo do tempo, foi estendido o instituto para

---

[193] Orlando Gomes, *Alienação Fiduciária em Garantia*, 4ª ed., São Paulo, Editora Revista dos Tribunais, 1975, p. 18.

[194] Nestor José Forster, *Alienação Fiduciária em Garantia*, Porto Alegre, Livraria Sulina Editora, 1970, p. 36.

[195] José Alfredo Ferreira de Andrade, *Da Alienação Fiduciária em Garantia*, São Paulo, Livraria e Editora Universitária de Direito Ltda., 1970, p. 26.

outros campos, como para o financiamento de bens imóveis, regulados pela Lei nº 9.514, de 20.11.1997, que tratou do Sistema Financeiro Imobiliário.

A Lei nº 4.728/1965 sofreu profundas alterações. Seu art. 66 regulamentava a garantia real nos contratos de financiamento direto ao consumidor na aquisição de utilidades e bens móveis duráveis. Não aparece o caráter resolúvel próprio dessa modalidade de transmissão de domínio. Nem se encontra a distinção entre a posse direita e indireta. Posteriormente, com o Decreto-Lei nº 911, de 1º.10.1969, foram incluídos na alienação fiduciária o caráter resolúvel e a posse indireta da coisa móvel alienada, independentemente da tradição efetiva do bem, tornando-se o alienante ou devedor em possuidor direto e depositário.

Mais tarde, novas e profundas alterações vieram introduzidas pela Lei nº 10.931, de 2.08.2004, destacando-se as que previram expressamente a possibilidade de utilizar o instituto para garantia de créditos fiscais e previdenciários, alienação de coisas fungíveis e a cessão fiduciária de direitos sobre coisas móveis. Com a nova redação, consta do art. 66-B: "O contrato de alienação fiduciária celebrado no âmbito do mercado financeiro e de capitais, bem como em garantia de créditos fiscais e previdenciários, deverá conter, além dos requisitos definidos na Lei nº 10.406, de 10 de janeiro de 2002 – Código Civil, a taxa de juros, a cláusula penal, o índice de atualização monetária, se houver, e as demais comissões e encargos".

O Código Civil em vigor regulamentou a propriedade fiduciária, que se insere no negócio ou alienação fiduciária, cuja definição está no art. 1.361: "Considera-se fiduciária a propriedade resolúvel de coisa móvel infungível que o devedor, com escopo de garantia, transfere ao credor". Tem-se, no contexto do negócio fiduciário, a propriedade resolúvel, porquanto a transferência visa, como razão de ser, garantir a concessão de um crédito, o qual, uma vez satisfeito, faz retornar a propriedade ao alienante-devedor. Daí a nota fundamental da resolubilidade. A expressão 'propriedade resolúvel' justifica-se porque fica desconstituída logo que desaparecer a obrigação que garantia, tornando para aquele que a transferiu. Há uma alienação fiduciária, isto é, feita em confiança, em que as partes seguem com fidelidade a condição de se resolver ou desconstituir uma vez satisfeita a dívida que originou a sua criação. Por isso a utilização do *nomen* 'alienação fiduciária', e também 'alienação fiduciária em garantia', porque estabelecida para garantir um crédito.

Aplicam-se as normas do Código Civil da Lei nº 10.406. A legislação especial, introduzida por leis particularizadas, terá incidência naquilo que está omisso o Código.

2. FINALIDADE DA TRANSFERÊNCIA DA PROPRIEDADE

Em função do instituto em si, e da definição do art. 1.361 do Código Civil, chega-se a que o devedor transfere ao credor a propriedade de bens móveis, com o escopo de garantir o pagamento da dívida contraída, assegurando-se, ao ser liquidada a obrigação, voltar ele a ter a propriedade do bem transferido. O § 3º do citado art. 1.361 ostenta o retorno da propriedade ao devedor: "A propriedade superveniente, adquirida pelo devedor, torna eficaz, desde o arquivamento, a transferência da propriedade fiduciária".

Já a Lei nº 4.728, no art. 66, deixou evidente a introdução do instituto em nosso ordenamento para facilitar os negócios de crédito.

As várias imperfeições deste diploma determinaram a necessidade de retificação, o que fez surgir o Decreto-lei nº 911, que alterou em parte o direito substantivo e as regras processuais.

O fator de distinção relativamente a outros institutos de garantia está no fim fiducial. O devedor transfere ao credor a propriedade de bens móveis, com o escopo de garantir o pagamento da dívida contraída, assegurando-se, ao ser liquidada a obrigação, voltar ele a ter a propriedade do bem transferido.

Trata-se de um negócio de garantia. Nestes moldes, ao invés de oferecer o bem em penhor, ou de caucionar títulos, o devedor transfere ao credor a propriedade dos produtos. Não adimplida a dívida, o credor fica autorizado a vender os bens e aplicar o resultado da venda no pagamento de seu crédito.

Por isso, embora o fiduciário passe a ser dono dos bens alienados pelo fiduciante, a propriedade não é plena, mas restrita e resolúvel, constando prevista a causa de extinção. Há uma condição resolutiva, que se opera no momento em que perde a função, quando da integralização total do pagamento, regressando, então, o domínio ao primitivo titular.

Isto em virtude da função da aquisição: o fiduciário adquire a propriedade tão somente para garantir seu crédito. O negócio é translativo de direito real, mas vinculado a uma obrigação, em que a eficácia fica subordinada ao adimplemento do encargo assumido pelo fiduciante.

Daí se afirmar que o fiduciário é proprietário sob condição resolutiva. Assume ele o dever de restituir a propriedade uma vez paga a dívida. O pagamento atua como condição resolutiva, pondo termo à propriedade resolutiva.[196]

Enquanto não se completa o pagamento, o fiduciante figura como depositário. Não adimplidas as obrigações, o bem pode ser apreendido e vendido pelo proprietário fiduciário. Todavia, se furtado, não se afasta a responsabilidade pelo pagamento da obrigação, consoante orienta o STJ: "Furtado o objeto da alienação fiduciária, não pode o devedor ser considerado depositário infiel, uma vez ocorrido fato alheio à sua vontade – art. 1.277 do CC. Subsiste, no entanto, a sua obrigação de pagar o valor do débito que pode ser exigido nos próprios autos da ação de depósito".[197] O referido art. 1.277 corresponde ao art. 642 do CC/2002.

Diante desta natureza, da função da propriedade resolúvel, destaca-se a diferença concernentemente a outros institutos afins ou próximos.

Assim, referentemente ao penhor, à caução, à anticrese e à hipoteca, possuem estas figuras direitos reais de garantia constituídos em coisa alheia. É que o devedor pignoratício, anticrético ou hipotecário não perde o domínio. Permanece ele dono do bem dado em garantia. Na alienação fiduciária, há a transferência da propriedade ao credor.

O ponto em comum está unicamente na finalidade de dar segurança à dívida.

Em relação à compra e venda com reserva de domínio, a semelhança está na garantia incidente no próprio bem vendido. Mas, enquanto neste tipo de contrato fica reservada ao vendedor a propriedade da coisa vendida, embora a sua tradição se faça imediatamente, na fidúcia com alienação o bem é vendido à instituição financeira. Ademais, naquela espécie ocorre uma condição suspensiva inserida no contrato de compra e venda, sendo que a propriedade da coisa somente é transferida ao devedor-comprador quando ocorrer o pagamento da última prestação. Se não houver o adimplemento total, o bem se consolidará no domínio do vendedor. Na alienação fiduciária, o devedor-fiduciário transfere

---

[196] Orlando Gomes, *Alienação Fiduciária em Garantia*, ob. cit., p. 23.
[197] REsp. nº 314.204/SP, da 4ª Turma, *DJU* de 24.09.2001, *ADCOAS* 8202405, *Boletim de Jurisprudência ADCOAS*, nº 48, p. 857, dez. 2001.

a propriedade para o credor-fiduciário, acordando-se que o não pagamento da dívida acarretará a venda do bem a terceiros, com o consequente ressarcimento das despesas e prejuízos que este último vier a suportar.

3. INCIDÊNCIA DA RESPONSABILIDADE NA PESSOA DO ALIENANTE PELOS DANOS CAUSADOS

Pode-se afirmar que a propriedade vai retornando ao alienante na medida em que se efetua a satisfação das prestações. Tanto se processa a consolidação do domínio na pessoa do alienante que na venda decorrente da busca e apreensão a quantia restante, após satisfeito o crédito da sociedade financeira, a ele será entregue. Por isso, o alienante progressivamente retoma a propriedade.

Todavia, conforme ressaltado antes, a transferência da propriedade tem o escopo único de garantir o financiamento concedido para a aquisição do bem.

Por todos os eventos que importam em prejuízo a terceiros recai a responsabilidade, pois, na pessoa do alienante fiduciário, que, além do mais, permanece com a posse e assume a condição de depositário. As consequências dos atos ilícitos, e mesmo naqueles não revestidos de ilicitude, praticados pelo alienante recaem unicamente em sua pessoa, não cabendo a sua imputação ao proprietário fiduciário. Não se pode olvidar que a transferência da propriedade resolúvel pelo contrato de alienação fiduciária representa um artifício criado pela lei para dar garantia às instituições financeiras, que acodem a financiar a aquisição dos bens. Na prática, o devedor fica com o bem, embora na qualidade de depositário, usufruindo de todos os benefícios dele decorrentes.

Nesta concepção, os prejuízos causados por aquele que está com o bem são arcados por ele, que deve assumir as obrigações decorrentes, como nos acidentes de trânsito, não se admitindo o endereçamento de pretensão indenizatória contra o proprietário-fiduciário, sob o argumento de que lhe pertence o bem. Nem importam as indenizações de cunho material ou moral por qualquer evento danoso a solidariedade concomitante, residual ou regressiva do adquirente da propriedade fiduciária. É diferente da situação do arrendamento mercantil, espécie na qual a transferência do domínio se opera somente ao final, e desde que manifestada a opção de compra. Nesta figura, o bem é adquirido realmente pelo arrendante, que exerce o domínio, transferindo unicamente o seu uso ao arrendatário.

LIII
Responsabilidade no *Franchising* e no *Factoring*

1. FRANQUIA OU *FRANCHISING*

Através do contrato de franquia ou *franchising*, desenvolve-se um sistema de distribuição de bens e serviços, pelo qual o titular de um produto, serviço ou método, devidamente caracterizado por marca registrada, concede a outro comerciante, que se liga ao titular por relação contínua, licença e assistência para a expansão do produto no mercado.

Clara é a definição de Nélson Abrão: "O contrato pelo qual o titular de uma marca de indústria, comércio ou serviço (franqueador), concede o seu uso a outro empresário (franqueado), posicionado ao nível da distribuição, prestando-lhe assistência no que concerne aos meios e métodos para viabilizar a exploração dessa concessão, mediante o pagamento de uma entrada e um percentual sobre o volume dos negócios realizados ao franqueado."[198]

Mais resumidamente, depreende-se da figura como a operação através da qual um empresário permite ou autoriza a outrem o direito de usar a marca de produto ou serviço seu, oferecendo-lhe assistência técnica para sua implantação e comercialização, recebendo, em troca, determinada remuneração.

O instituto veio regulamentado pela Lei nº 8.955, de 15.12.1994, encerrando o art. 2º a definição: "Franquia empresarial é o sistema pelo qual um franqueador cede ao franqueado o direito de uso de marca ou patente, associado ao direito de distribuição exclusiva ou semiexclusiva de produtos ou serviços e, eventualmente, também ao direito de uso de tecnologia de implantação e administração de negócio ou sistema operacional desenvolvidos ou detidos pelo franqueador, mediante remuneração direta ou indireta, sem que, no entanto, fique caracterizado vínculo empregatício."

Há certas marcas de produtos ou serviços que se impuseram pela alta técnica, pela qualidade, pela difusão entre o público, merecendo grande aceitação, dirigidas especificamente a certas camadas de consumidores. Expandiu-se a partir de 1955 esta forma de propagação nos Estados Unidos da América, difundindo-se primeiramente nos países europeus, e, presentemente, em todos os continentes.

Como se depreende do conceito, no mundo do comércio destacam-se produtos ou serviços de grande consumo, pois dirigidos a atender necessidades vitais e comuns dos

---

[198] *Da Franquia Comercial – Franchising*, São Paulo, Editora Revista dos Tribunais, 1984, p. 13.

714 • Responsabilidade Civil | *Arnaldo Rizzardo*

seres humanos. Dada a qualidade de sua apresentação e confecção, constituindo uma marca consagrada, atingem um grau de perfeição e aceitação que os caracteriza justamente pela técnica especial que os distingue de outros da mesma natureza. Por isso, desde que registrada a marca ou patente, é comum a venda ou cessão do uso da tecnologia e das características, mediante uma remuneração direta ou indireta.

Útil a explicação de Paulo Emílio Ribeiro de Vilhena, referente ao tipo mais comum de franquia: "Cite-se como mais atuante, dinâmica e hoje mais expandida forma de *franchising*, a chamada *business formal franchising*, pela qual o franqueador ensina ao franqueado as técnicas ou métodos que desenvolve para comercializar seus produtos e/ou prestar os serviços e segundo os quais o franqueado deverá desempenhar suas atividades, sempre de acordo com as normas e instruções e sujeito à supervisão e contínua assistência do franqueador. O controle que o franqueador exerce sobre as atividades do franqueado é e deve ser muito mais rígido, constante e intenso que o das operações da franquia tradicional entendida esta como o contrato que permite a distribuição contínua e permanente da produção de um fabricante."[199]

2. RESPONSABILIDADE NO *FRANCHISING*

Interessa, na figura, o estudo da responsabilidade em relação ao franqueado e ao franqueador.

O franqueador prestará assistência técnica ao franqueado, que poderá se materializar quanto ao funcionamento de aparelhos, se os objetos comercializados forem marcas especiais de rádios, televisores, condicionadores de ar, máquinas, refrigeradores, motores, etc.; na colaboração em publicidade para maior venda dos produtos; no auxílio financeiro, mediante o fornecimento de certas garantias; no acompanhamento contábil, relativo à adoção de determinada escrituração a ser observada pelo franqueado.

No plano das relações pessoais entre o franqueador e o franqueado, impõe-se o cumprimento das obrigações próprias do contrato, sob pena de responsabilizar-se o faltante, consoante bem salienta a jurisprudência: "Franquia é um contrato comercial atípico pelo qual um comerciante, titular de determinada marca, cede o uso desta a outro comerciante, com a prestação de assistência técnica para a comercialização do produto. O franqueado assume integralmente o financiamento de sua atividade, remunerando o franqueador com uma percentagem, geralmente calculada sobre o volume dos negócios realizados. O franqueador é responsável pelo descumprimento das obrigações assumidas que causem danos ao franqueado. O contrato de franquia realizado por concessionária de serviço público é regido pelas normas de serviço privado. Se o franqueador se obrigou a autorizar ao franqueado a habilitação de linhas telefônicas e se, unilateralmente, alterou o contrato, para prestar com exclusividade este serviço, está obrigado a reparar os prejuízos sofridos pelo contratante. Para o público se afigura mais cômodo ter à sua disposição a prestação dos serviços de habilitação de linhas telefônicas em diversas localidades. Ocorrendo inadimplemento absoluto e não sendo mais possível a composição *in natura* dos prejuízos sofridos pelo franqueado, a obrigação se converte em perdas e danos, a teor do contido no art. 461 do CPC. Se os danos emergentes não foram arguidos e sequer foram comprovados,

---

[199] Relação de Emprego: A Ótica da Representação Comercial e do Franchising, em *Revista Ltr*, vol. 62, nº 05, p. 606, maio 1998.

Cap. LIII | Responsabilidade no *Franchising* e no *Factoring* • **715**

o resultado prático correspondente se apura pelos lucros cessantes".[200] A matéria tratada no referido art. 461 está regulada nos arts. 497 e 536 do atual CPC.

Há, de outro lado, total independência do franqueado, que não fica subordinado ao titular do produto que cede, afastando-se, assim, qualquer vínculo empregatício e de responsabilidade. Dada a total autonomia de cada contratante, não será aquele uma sucursal do franqueador. É ele responsável pelos atos que pratica, não se estendendo as obrigações ao franqueador. Cada um é titular de sua empresa, não importando comunicação de obrigações tributárias e sociais.

No entanto, em relação a terceiros, quanto aos produtos, pela própria conceituação do instituto, depreende-se que se estende a responsabilidade ao franqueador pelos danos causados. Pelo fato da transferência, através de contrato oneroso, do uso de marca ou patente de produtos ou serviços, sendo possível, também, a transferência deles próprios, estabelecendo-se o direito de distribuição exclusiva ou semiexclusiva, e inclusive, eventualmente, o direito de uso de tecnologia de implantação e administração de negócio ou sistema operacional desenvolvido ou detido pelo franqueador, tudo mediante remuneração direta ou indireta, não há como afastar a responsabilidade do franqueador pelos prejuízos que decorrerem a terceiros pelo fato dos produtos ou dos serviços. Incluindo-se nas obrigações do franqueador zelar pela idoneidade da mercadoria ou das atividades oferecidas ao público, mantendo o bom nome e a qualidade técnica, decorre naturalmente um poder de controle e vigilância, que o torna obrigado por eventuais danos resultantes do produto ou do serviço.

3. *FACTORING*

Por este contrato, um comerciante ou industrial, denominado 'faturizado', cede a outro, que é o 'faturizador' ou 'factor', no todo ou em parte, créditos originados de vendas mercantis. Assume este, na posição de cessionário, o risco de não receber os valores. Por tal risco, paga o cedente uma comissão.

Esta modalidade de contrato não é própria das atividades bancárias, mas utilizada por estabelecimentos diferentes, nas operações de comerciantes ou industriais em venda de títulos de crédito. Tem, no entanto, alguma semelhança com os descontos de títulos que se procede junto aos bancos.

Efetivamente, não se consideram as empresas que atuam no *factoring* instituições financeiras reguladas pelo Banco Central do Brasil. Nem são disciplinadas pela Lei nº 4.595, de 31.12.1964. Em verdade, o art. 17 desta Lei conceitua como bancos as pessoas jurídicas que visem ou tenham por finalidade básica a coleta, a intermediação ou aplicação de recursos financeiros de terceiros ou próprios. Já a finalidade que leva a constituir uma empresa de *factoring* nunca será a coleta ou captação de recursos monetários e a intermediação – o que é característico das instituições financeiras. Nesta ordem, não integram os escritórios de *factoring* o Sistema Financeiro Nacional. Verdade que a sua maior finalidade consiste na aplicação de recursos, mas de recursos próprios e não de terceiros. Não se lhes permite a captação de dinheiro, sob pena de passar a desempenhar uma atividade específica de bancos.

---

[200] Apel. Cível nº 59/2000, da 8ª Câmara Cível do TJ do Rio de Janeiro, j. em 29.02.2000, em *Revista Síntese de Direito Civil e Processual Civil*, Porto Alegre, nº 9, p. 107, jan.-fev. 2001.

Sobressaem duas modalidades: o *factoring* convencional (faturarização convencional), pelo qual os créditos negociados são pagos ao cedente no momento da cessão, o que significa o adiantamento dos valores dos títulos; e o *naturality factoring* (faturização no vencimento), com o pagamento quando do vencimento dos títulos.

Várias outras espécies aparecem, mas que, no fundo, inserem o elemento da negociação do crédito. Salienta-se, outrossim, mais um campo de atuação das empresas de *factoring*, o que não constitui propriamente uma outra espécie. Está-se diante do *factoring* como técnica financeira e como técnica de gestão comercial. Expressa mais a administração do crédito de uma empresa, fornecendo-se informações sobre o comércio, indicando ou selecionando clientes, e gerindo as contas a receber e a pagar. Ocorre que houve uma evolução da figura, para uma abrangência maior das atividades, passando as empresas a desempenhar vários serviços, como gestão de créditos, administração de contas, seleção de riscos, indicação de clientes, programação das disponibilidades ativas, assessoria contábil, cobranças de dívidas – tudo se encaminhando para o fomento mercantil.

Quanto à estrutura do *factoring*, considera-se um contrato atípico, não regulado por nossa lei, como ocorre na maioria dos países onde é conhecido. É contrato misto, pois composto de elementos de cessão de crédito, do mandato e da locação de serviços.

Representa um financiamento da empresa faturizada adquirindo o faturizador os créditos da mesma, à qual paga a quantia correspondente. Assume o risco com a cobrança, sendo que a falta de pagamento pelo devedor não acarreta o direito de regresso contra o faturizado.

Enfatiza Caio Mário da Silva Pereira: "Pelo fato de assumir os riscos, não tem ação de *in rem verso* contra o faturizado. Por esta razão, ainda, deve ter a liberdade de escolher os créditos antes de sua cessão. Pelo fato de prestar um serviço de cobrança, tem uma remuneração percentual sobre os resultados obtidos".[201]

Salientam-se os seguintes efeitos do contrato:

a) Cessão de crédito pelo faturizado, a título oneroso, para o faturizador.

b) Sub-rogação do faturizador nos direitos do faturizado, que se torna credor do comprador-devedor, contra o qual é reconhecido o direito de ação, se inadimplente.

c) Criação de vínculo entre o faturizador e o comprador-devedor, desde que notificado o último da cessão e para efetuar os pagamentos ao primeiro.

4.   RESPONSABILIDADE NO *FACTORING*

Quanto à responsabilidade, será o faturizado obrigado a restituir o valor unicamente se a dívida cedida encontrava-se eivada de vício a ponto de invalidá-la, como, por exemplo, se não se referia a fatura a uma venda efetiva; ou se desconstituído o negócio originador do título, com a devolução da mercadoria ao faturizado; ou se, por anulação dos títulos em ação movida pelo devedor; ou se a faturizada maliciosamente recebeu o pagamento do título mediante a entrega de um recibo, e retendo os títulos, os quais alienou para o faturizador. A simples falta de pagamento pelo devedor, e mesmo sua insolvência, não

---

[201] "A Nova Tipologia Contratual no Direito Civil Brasileiro", em *Revista dos Tribunais*, nº 281, p. 12.

importam em responsabilizar o faturizado que vendeu ou cedeu os títulos, aplicando-se, em parte, o art. 296 do Código Civil, que reza: "Salvo estipulação em contrário, o cedente não responde pela solvência do devedor". Mesmo, entrementes, que pactuada a responsabilidade no caso de insolvência, ou de não pagamento, não tem, no *factoring*, amparo a devolução ou ressarcimento em favor do faturizador. É que o instituto possui uma natureza peculiar, que a distingue da mera cessão, já que mais se configura a compra do crédito, ou a cessão onerosa, em cujo preço está incluído o grau de solvabilidade do devedor do título.

Daí a distinção relativamente ao desconto, porquanto neste é assegurado o direito de regresso.

O seguinte aresto bem evidencia o tratamento que é dado: "É da natureza jurídica do fomento mercantil a inexistência do direito de regresso do cessionário contra o cedente quanto à solvabilidade do crédito cedido, excetuadas as hipóteses de vício no negócio jurídico subjacente, o que não veio demonstrado nos autos".[202]

Uma vez efetuada a operação, torna-se o faturizador titular do crédito, pois a natureza é de compra e venda de créditos. Para tanto, há um deságio no pagamento do valor de face, que se eleva de acordo com o grau de risco de solvabilidade do devedor. A menos que se apure a inexistência de causa na emissão, ou vício de origem, considera-se o contrato perfeito, não trazendo junto ao faturizado ou cedente qualquer responsabilidade pela insolvência do devedor. Por se tratar de uma compra e venda de crédito, resta consolidada a transação com a efetivação do negócio, não tendo qualquer efeito negativo a impossibilidade de realizar o crédito junto ao devedor. Se ocorre a cessão, e tanto se faz através de pagamento, a operação é definitiva, não ficando dependente da condição do posterior recebimento do crédito.

Como cessionário de créditos, o faturizador adquire legitimidade para a causa, com capacidade para acionar os devedores *nomine suo*. Obriga-se a transferir para o faturizado o valor cobrado em face do êxito do procedimento judicial.

---

[202] TJRGS – 8ª Câmara Cível, Apel. Cível nº 599086279, j. em 27.03.2003.

PARTE 10

RESPONSABILIDADE CIVIL E ACIDENTES

LIV
Responsabilidade por Danos Causados no Trânsito de Veículos

1. A CULPA NA CONDUTA DO CAUSADOR DO ACIDENTE DE TRÂNSITO

Já sentia Afrânio Lyra a relevância que passou a representar o trânsito de veículos, a ponto de reconhecer a necessidade de "um direito automobilístico, como disciplina autônoma".[1] Daí que, sobretudo nos dias atuais, a matéria merece um estudo pormenorizado.

A reparação dos danos ocorridos por acidentes de trânsito decorre da culpa, não se podendo buscar lastro, no assunto, na responsabilidade objetiva. Não incide o disposto no parágrafo único do art. 927 da lei civil, pelo qual a reparação decorre da atividade desenvolvida pelo autor do dano, que implica, por sua natureza, risco aos direitos de outrem. Para a exata compreensão do assunto, faz-se mister levar em consideração a redação do dispositivo acima, na parte que interessa: "Haverá obrigação de reparar o dano, independentemente da culpa (...) quando a atividade normalmente desenvolvida pelo autor do dano implicar, por sua natureza, risco para os direitos de outrem."

Desde que obedecidas as regras de trânsito, ou dirigindo o condutor cautelosamente, com a devida atenção, não decorre necessariamente o risco. E mesmo que se considere atividade de risco, não exime os terceiros das cautelas. A peremptória aplicação do dispositivo se restringe às atividades ou serviços em que não basta a conduta cautelosa e prudente para evitar o dano. Assim no manejo com produtos explosivos, ou de um instrumento com possibilidade de fugir ao controle humano.

O elemento limitador entre a responsabilidade objetiva e subjetiva está na possibilidade ou não de evitar o dano, desde que obedecidas certas normas ou regras de conduta. Se o instrumento foge do controle humano, apesar do seguimento de todas as regras ditadas pelo uso adequado que a técnica impõe, não resta dúvida quanto à imposição da obrigatória reparação em face dos danos que acontecerem, o que se verifica nos casos de trabalho com objetos ou coisas cuja constituição ou fabricação não evita a possibilidade de imperfeições e deficiências, ou o natural e nem sempre perceptível desgaste.

Indispensável se levar em conta a frequente ocorrência do dano por razões do próprio bem em si, ou das inafastáveis limitações e contingências humanas de quem o utiliza, o que equivale à responsabilidade objetiva. Normalmente, porém, os acidentes de trânsito ocorrem por desobediência às regras de trânsito, que envolve a série de causas fundada na culpa, e exemplificada genericamente na imprudência, negligência e imperícia, fatores

---

[1] *Responsabilidade Civil*, ob. cit., p. 131.

estes que se detalham no excesso de velocidade, na distração, no momentâneo descuido, na ausência de condições de normalidade do estado da pessoa, o que acontece na embriaguez, no cansaço, na fadiga, no sono, no nervosismo, no estado alcoólico ou de intoxicação. E quem se encontra dirigindo com tais precariedades evidencia uma conduta culposa.

Todavia, não se afastam hipóteses da responsabilidade objetiva, encontrando abrigo no mencionado parágrafo único, ditando a obrigação indenizatória pela mera ocorrência do fato, ou sem perquirir a culpa do condutor. Assim acontece no estouro de pneu, no rompimento de uma peça do carro que o torna incontrolável, como a quebra ou o trancamento da barra de direção, ou a repentina falta de freios. Mesmo que alguma culpa se vislumbre na conduta da vítima, como no atravessar imprudente da via, mas se o veículo fica sem freios, ou se impossível o controle por um defeito que apareceu, irrompe a responsabilidade objetiva, fundada no fato da propriedade da coisa que implica, por sua natureza, risco aos direitos de outrem.

A reparação dos danos por acidente de trânsito não deve ser vista como fazendo parte de uma categoria à parte, dentro do sistema da responsabilidade civil. Todos os vários contornos e as múltiplas facetas da responsabilidade em geral aplicam-se na indenização ressarcitória dos danos em espécie, mas havendo algumas particularidades que impõem a devida apreciação em destaque. Até a importância que passou a ocupar o trânsito impõe a abordagem de setores específicos, para uma melhor compreensão e aplicação do direito.

2. PRESUNÇÃO DA CULPA DO CONDUTOR

Até porque o veículo se inclui dentre as coisas que contêm, por sua própria natureza, forte potencialidade de risco, e, assim, considerando-se intrinsecamente perigoso; levando ainda em conta a desvantagem de forças em relação à vítima, em princípio, mas apenas quando o lesado é pedestre, domina o princípio da presunção da culpa do condutor, a quem incumbe demonstrar que não deu causa, por sua conduta, ao evento.

Não com amparo no Código de Defesa do Consumidor, mas justamente em função da diferença de forças entre a vítima e o veículo, e por ser este um instrumento de perigo, deve prevalecer a inversão do ônus da prova. O tratamento é de amplo favorecimento à posição da vítima, a quem se exige, em princípio, mas não se podendo firmar como suficiência absoluta, a prova da relação de causalidade, ou de causa e efeito entre a conduta do condutor e o resultado. Está-se diante de uma presunção apenas, que não dispensa, no curso do processo, a aferição da verdade fática. Necessário, outrossim, que, pela descrição dos fatos, se infira naturalmente a verossimilhança com a normalidade, com a coerência e a verdade, depreendendo-se a culpa do agente provocador. Para tanto, indispensável que o autor da demanda exponha os fatos com clareza, que descreva a conduta do réu, de forma a caracterizar a culpa do mesmo. Necessário apresentar os elementos suficientes para que o juiz tenha condições de aferir a conduta.

Cai a presunção caso retirar-se da versão que o atropelamento aconteceu quando a vítima iniciou a atravessar a via, ou no momento de sua queda do passeio, onde se encontrava, para o leito da pista, em momento de deslocamento do veículo. Igualmente na seguinte hipótese, colhida no STJ: "Contendo a ponte o aviso da proibição de passagem de pedestres no local e sendo ela destinada tão somente ao trânsito de composições

Cap. LIV | Responsabilidade por Danos Causados no Trânsito de Veículos • **723**

ferroviárias, caracteriza-se a culpa exclusiva da vítima quando, dispondo ela de outros caminhos, prefere atravessá-la por sua conta e risco."[2]

No entanto, desde que das circunstâncias narradas se perceber a conduta anormal e culpada de quem dirigia o carro, terá este que demonstrar e provar a inexistência de culpa, ou o aparecimento de caso fortuito.

Unicamente supõe-se a culpa de quem dirigia o carro em razão da prática de atividade ou do manejo de um bem que possa oferecer perigo e, destarte, que envolve risco de causar danos, mas em grau inferior a outras atividades de maior conteúdo de acarretar dano, como a fabricação de explosivos, o transporte de produtos químicos, a guarda e segurança de bancos.

Não cabe avançar para enfoques objetivos na definição da responsabilidade, a ponto de se impor a indenização pela mera ocorrência do fato. Mesmo a mera descrição do fato pode levar à improcedência do pedido, porquanto não se criou uma responsabilidade independente da culpa, exceto nas situações de danos provocados por defeitos ou anormalidades do veículo em si, como a quebra de peças.

Mas não se impõe a reparação se o acidente decorreu de caso fortuito, ou por motivo de força maior, que compreende a causa estranha, exemplificativamente verificável na colisão em face de disparo de arma de fogo em assalto, ou pelo desmoronamento do muro da pista no momento da circulação.

3. CONDUTAS EXIGIDAS PELO CÓDIGO DE TRÂNSITO BRASILEIRO

O Código de Trânsito Brasileiro, introduzido pela Lei nº 9.503, de 23.09.1997, descreve um vasto rol de condutas que pode levar à responsabilização se ocorrerem danos. As desobediências de determinadas regras já revelam a culpa e implicam responsabilidade.

O Capítulo III, tratando de normas gerais de circulação e conduta, assinala para obrigações não apenas na direção do veículo, mas também nas condições do motorista e do próprio veículo. Ao longo dos dispositivos, preceitua normas para os condutores e os pedestres; para a circulação de veículos de carga ou de passeio; sobre os limites de velocidade, sobre a segurança dos veículos, sobre a ultrapassagem e vários outros assuntos. Uma vez desobedecidas as regras, e resultando danos, acarretam necessariamente a responsabilidade.

Passa-se, pois, a identificar as regras mais comuns sobre a condução, e unicamente as que mais podem causar danos determinantes da responsabilidade.

3.1. Observância das boas condições do veículo

A exigência aparece no art. 27: "Antes de colocar o veículo em circulação nas vias públicas, o condutor deverá verificar a existência e as condições de funcionamento dos equipamentos de uso obrigatório, bem como assegurar-se da existência de combustível suficiente para chegar ao local de destino."

---

[2]   REsp. nº 343.786/MG, da 4ª Turma, j. em 26.11.2002, *DJU* de 10.03.2003.

724 • Responsabilidade Civil | *Arnaldo Rizzardo*

É dever do condutor assegurar o bom estado de conservação do seu veículo, para que possa circular com total segurança, principalmente no que diz respeito à existência e ao perfeito funcionamento dos equipamentos obrigatórios, o que muito influirá para que a circulação ocorra sem riscos. É certo que a deficiência de elementos do veículo, como dos freios e da iluminação, conduz a situações de perigo, repercutindo no trânsito em geral.

Citam-se como equipamentos obrigatórios o cinto de segurança, o encosto da cabeça, o triângulo luminoso, os espelhos retrovisores, os faróis e os componentes externos de sinalização (pisca-pisca, luz de freio, luz indicadora da marcha à ré), o extintor de incêndio, a roda sobressalente, além de outros componentes.

Por isso, temos no art. 27 uma norma cogente, impondo um dever ao condutor de sempre verificar se o veículo possui plenas condições de circulação. Inclusive quanto ao cinto de segurança, podendo arcar com a responsabilidade na falta de uso. Realmente, é do condutor a responsabilidade caso os demais ocupantes não estejam usando, cabendo-lhe, por isso, verificar e exigir que todos os que estiverem no veículo já o tenham colocado antes de dar partida ao veículo.

3.2. Domínio do veículo e condições pessoais durante a condução

Reza o art. 28. "O condutor deverá, a todo momento, ter domínio de seu veículo, dirigindo-o com atenção e cuidados indispensáveis à segurança do trânsito."

O condutor é responsável pelo seu veículo e por tudo o que possa resultar de sua conduta ao dirigir. Assim, deve dirigir atentamente, conscientizando-se de todas as precauções possíveis a fim de evitar acidentes e não obstruir o trânsito. Exercer o domínio ou o controle sobre o veículo significa um ato de vontade, ou a extensão do querer. Nesse sentido a previsão do art. 28, de que o condutor deve sempre dirigir com atenção e ter o total domínio de seu veículo.

Qualquer decorrência resultante do uso do veículo é atribuída ao seu condutor. Por isso, incumbe-lhe manter o domínio completo do veículo, que circulará segundo a sua vontade exclusiva. Para que isso ocorra, deverá encontrar-se sóbrio e consciente, isto é, não embriagado ou sob o efeito de substância tóxica; evitará distrações, como olhar para pessoas que andam pelas calçadas, conversar com acompanhantes no veículo, ler cartazes expostos pela via, fumar ao dirigir, falar no telefone celular. Quanto a fumar enquanto estiver dirigindo, constitui a infração prevista no art. 252, V (direção com apenas uma das mãos), eis que por inúmeras vezes o motorista terá que dirigir com apenas uma das mãos. Falar ao telefone celular caracteriza a infração do inc. VI do art. 252 (utilização de fones nos ouvidos conectados a aparelhagem sonora ou de telefone celular). Enfim, não desviará sua atenção para que não perca o domínio sobre a direção. Outrossim, tomará cuidados para a segurança do trânsito, como circular na sua mão de direção, parar quando cruzar por vias preferenciais, acionar o sinal indicativo quando for parar ou passar para outra via etc.

O descumprimento da obrigação pode importar em infração prevista no art. 230, inc. XII, posto que está proibido o aparelho, além da infração do art. 169, porquanto, fatalmente, fica o motorista sem atenção ou dirige sem os cuidados indispensáveis à segurança.

Salienta-se que, entre os cuidados indispensáveis exigidos do motorista, inclui-se o seu próprio estado físico. Além de ajustar o seu cinto de segurança e verificar o de todos os ocupantes do veículo, certificar-se da existência e do bom funcionamento dos equipamentos de uso obrigatório e dominar o veículo, cumpre que tenha a certeza de que possui condições físicas para dirigir com total segurança.

Neste sentido, impõe-se ao condutor evitar dirigir sabendo que não poderá fazê-lo com segurança, ou seja, sabendo que, pelo seu estado físico, é possível advirem problemas e dificuldades para controlar o veículo durante a direção, como nos casos em que a pessoa é portadora de alguma doença que diminua os seus reflexos, quando não estiver enxergando bem, quando sentir transtornos, tonturas, dor de cabeça, ou contrair uma forte gripe e até mesmo um simples resfriado, pois um mero espirro pode lhe desviar a atenção por breves instantes, proporcionando algum acidente, já que nesse momento o condutor não estará dirigindo com toda a atenção necessária.

Em vista das condições pessoais que deve apresentar o condutor, surgiram a Lei nº 12.619/2012 e, posteriormente, a Lei nº 13.103/2015, trazendo regras quanto ao período de direção do motorista profissional do setor de transporte de passageiros e de cargas, proibindo a direção por longos percursos sem interrupções, de modo a evitar o estresse, ou desgaste e cansaço. O legislador providenciou na introdução de normas relativas a intervalos e a períodos intercalados de descanso. Acontece que considerável parte dos acidentes nas estradas decorria e decorre do excesso de horas na condução, com o que, evidentemente, fica reduzida a capacidade de atenção e concentração. O mais grave é a ingestão de substâncias próprias para manter o motorista acordado e ativo por longos períodos, de modo a apressar o período de tempo para chegar ao destino.

De acordo com a Lei nº 13.103/2015, aportando os arts. 67-C e 67-E ao Código de Trânsito Brasileiro, impõe-se a observância de intervalos na direção de veículos de transporte de passageiros e de cargas. Oportuno que se transcrevam os dispositivos, os quais, infringidos, acarretam penalidades e constituem forte presunção de culpa do causador de acidente.

Eis o art. 67-C e seus parágrafos: "É vedado ao motorista profissional dirigir por mais de 5 (cinco) horas e meia ininterruptas veículos de transporte rodoviário coletivo de passageiros ou de transporte rodoviário de cargas.

§ 1º Serão observados 30 (trinta) minutos para descanso dentro de cada 6 (seis) horas na condução de veículo de transporte de carga, sendo facultado o seu fracionamento e o do tempo de direção desde que não ultrapassadas 5 (cinco) horas e meia contínuas no exercício da condução.

§ 1º-A. Serão observados 30 (trinta) minutos para descanso a cada 4 (quatro) horas na condução de veículo rodoviário de passageiros, sendo facultado o seu fracionamento e o do tempo de direção.

§ 2º Em situações excepcionais de inobservância justificada do tempo de direção, devidamente registradas, o tempo de direção poderá ser elevado pelo período necessário para que o condutor, o veículo e a carga cheguem a um lugar que ofereça a segurança e o atendimento demandados, desde que não haja comprometimento da segurança rodoviária.

§ 3º O condutor é obrigado, dentro do período de 24 (vinte e quatro) horas, a observar o mínimo de 11 (onze) horas de descanso, que podem ser fracionadas, usufruídas no veículo e coincidir com os intervalos mencionados no § 1º, observadas no primeiro período 8 (oito) horas ininterruptas de descanso.

§ 4º Entende-se como tempo de direção ou de condução apenas o período em que o condutor estiver efetivamente ao volante, em curso entre a origem e o destino.

§ 5º Entende-se como início de viagem a partida do veículo na ida ou no retorno, com ou sem carga, considerando-se como sua continuação as partidas nos dias subsequentes até o destino.

§ 6º O condutor somente iniciará uma viagem após o cumprimento integral do intervalo de descanso previsto no § 3º deste artigo.

§ 7º Nenhum transportador de cargas ou coletivo de passageiros, embarcador, consignatário de cargas, operador de terminais de carga, operador de transporte multimodal de cargas ou agente de cargas ordenará a qualquer motorista a seu serviço, ainda que subcontratado, que conduza veículo referido no caput sem a observância do disposto no § 6º".

Por sua vez, o art. 67-E e seus parágrafos, também na versão da Lei nº 13.103/2015:

"Art. 67-E. O motorista profissional é responsável por controlar e registrar o tempo de condução estipulado no art. 67-C, com vistas à sua estrita observância.

§ 1º A não observância dos períodos de descanso estabelecidos no art. 67-C sujeitará o motorista profissional às penalidades daí decorrentes, previstas neste Código.

§ 2º O tempo de direção será controlado mediante registrador instantâneo inalterável de velocidade e tempo e, ou por meio de anotação em diário de bordo, ou papeleta ou ficha de trabalho externo, ou por meios eletrônicos instalados no veículo, conforme norma do Contran.

§ 3º O equipamento eletrônico ou registrador deverá funcionar de forma independente de qualquer interferência do condutor, quanto aos dados registrados.

§ 4º A guarda, a preservação e a exatidão das informações contidas no equipamento registrador instantâneo inalterável de velocidade e de tempo são de responsabilidade do condutor".

Com isso, vê-se que tanto o condutor como o veículo devem estar em bom estado para imprimir segurança ao trânsito. Ou seja, o condutor, com domínio sobre o veículo e em perfeitas condições físicas; o veículo, com o bom funcionamento dos equipamentos de uso obrigatório, além, é claro, da suficiência de combustível necessário para o trajeto que se pretende percorrer. Essas precauções são de extrema importância, pois, como antes referido, o motorista é responsável por tudo o que possa advir de sua condução.

3.3. Imposições na circulação de veículos

Há normas que regulam a circulação dos veículos para que ela ocorra de uma maneira ordeira e de modo a que todos possam transitar com segurança. Basta imaginar o caos que resultaria do trânsito se não houvessem regras a serem seguidas durante o trajeto, onde ninguém se entenderia, cada um defendendo estar com a razão e a primazia ao dirigir. Daí a importância de haver normas que regulem minuciosa e rigorosamente a circulação, ordenando a forma como os motoristas devem se portar ao dirigir e quem terá a preferência de passagem. A respeito, dispõe o art. 29: "O trânsito de veículos nas vias terrestres abertas à circulação obedecerá às seguintes normas."

Descrevem-se, em seguida, as condutas impostas:

a) Circulação pelo lado direito da via

"I – A circulação far-se-á pelo lado direito da via, admitindo-se as exceções devidamente sinalizadas."

Inicialmente, preceitua-se que o veículo deve sempre circular pelo lado direito da via (inc. I). Com a circulação predominantemente pelo lado direito, permite-se que na mesma via possam trafegar veículos que se dirigem a sentidos opostos sem nenhum problema, pois, no rumo em que se segue o veículo, a circulação estende-se sempre pelo lado direito.

Para essa regra há exceções, que aparecerão indicadas pela devida sinalização. Casuisticamente, cita-se o exemplo do deslocamento do veículo para a esquerda da via quando da realização de uma ultrapassagem, permitida em local apropriado e se constar nas vias de sentido único várias faixas de circulação. Basta haver a sinalização para determinar a obediência e o cumprimento por todos, sem possibilidades de escusas para o desatendimento.

b) Distância a ser mantida entre os veículos

"II – O condutor deverá guardar distância de segurança lateral e frontal entre o seu e os demais veículos, bem como em relação ao bordo da pista, considerando-se, no momento, a velocidade e as condições do local, da circulação, do veículo e as condições climáticas."

Exige-se do condutor do veículo que, ao dirigir, mantenha uma distância adequada dos demais veículos e do bordo da pista. Ordena a norma que se mantenha uma distância de segurança lateral e frontal do veículo que transita na frente e também do bordo da pista, além de considerar os fatores velocidade e condições do local, circulação, veículo e clima.

É preceito que deve ser sempre observado pelos motoristas, até porque também a desobediência caracteriza uma infração grave, punida com multa (art. 192). Mantendo uma regular distância, o condutor terá um domínio maior de seu veículo, controlando-o quando aquele que segue na sua frente diminui a velocidade ou para abruptamente, ou quando fizer uma manobra brusca para a lateral, ao desviar de um objeto ou buraco existente na pista. Sobre a colisão por trás, é preciso salientar que, em geral, a presunção da culpa é sempre daquele que bate na traseira de outro veículo. Daí a importância de que, na condução de veículo, se verifique a observância de distância suficiente para possibilitar qualquer manobra rápida e brusca, imposta por súbita freada do carro que segue à frente. A não ser que fato extraordinário ocorra, a responsabilidade é do que colide atrás. A presunção relativa contra aquele que bate, a ele cabendo fazer a prova da ocorrência de fato extraordinário. Ou seja, a culpa fica afastada quando, por exemplo, se comprova que o veículo da frente estaciona de forma inopinada, sem motivo justificável e sem a utilização de sinais acautelatórios, ou freia repentinamente (o que é vedado pelo art. 42). De qualquer forma, haverá maior segurança se o condutor guardar uma distância capaz de lhe dar condições de controlar o veículo.

Quanto ao veículo, é evidente que aquele que não estiver com seus componentes funcionando perfeitamente, principalmente os freios, deverá ser mantida uma distância de segurança maior do que aquele que possuir uma excelente manutenção.

Em termos mais exatos, aconselha-se manter uma distância mínima de dez metros, podendo chegar a até cinquenta metros quando for desenvolvida velocidade elevada.

c) Preferência em cruzamento nos locais não sinalizados

"III – Quando veículos, transitando por fluxos que se cruzem, se aproximarem de local não sinalizado, terá preferência de passagem:

a) no caso de apenas um fluxo ser proveniente de rodovia, aquele que estiver circulando por ela;

b) no caso de rotatória, aquele que estiver circulando por ela;

c) nos demais casos, o que vier pela direita do condutor."

No inc. III e alíneas, estabelece, o Código, o direito de preferência nos cruzamentos de veículos em locais não sinalizados, como forma de evitar que, devido à falta de sinalização, ocorram acidentes em virtude da dúvida que surgiria aos motoristas quanto a quem caberia a preferência.

Inicialmente, prevê-se que quando apenas um fluxo for proveniente de rodovia, terá preferência de passagem aquele veículo que por ela estiver circulando (alínea *a*). Isso ocorre pelo fato de os veículos desenvolverem nas rodovias uma velocidade maior, e de nelas ocorrer um fluxo superior às outras vias. Entretanto, não é possível emprestar total prioridade a quem demanda na rodovia, mormente em pistas de grande trânsito e de ampla visibilidade. Sempre se exige, nos cruzamentos, uma moderação da velocidade, com observação do movimento nas demais vias. Assim, há a preferência daquele que trafegar pela rodovia, mas isso não significa que esteja ele eximido de diminuir a velocidade e proceder com cautela ao passar por cruzamentos.

Quando mais de um veículo atingir uma rotatória, vindos todos de sentidos opostos, dispõe-se que terá preferência aquele que estiver circulando por ela (alínea *b*), ou seja, terá primazia de passagem o veículo que primeiro adentrar a rotatória. Obviamente que nesse caso todo o condutor, ao se aproximar da rótula, deverá parar antes de nela ingressar, certificando-se de que não há nenhum outro por ela circulando, pois é fato muito comum dois ou mais carros ingressarem na travessia pela rotatória ao mesmo tempo, vindo a ocasionar acidentes. A forma de evitar que isso ocorra, como já referido, é a precaução que o motorista sempre deve ter ao atingir esses cruzamentos.

Para os demais casos, ou seja, quando não for apenas uma rodovia ou uma rotatória, o preceito é o assegurar-se a preferência de passagem para o veículo que vier pela direita do condutor (alínea *c*). Adotou-se esse critério por ser de mais fácil percepção para os motoristas e mais seguro do que o usado antigamente, que firmava a preferência para o veículo que já iniciara o cruzamento, ou que se encontrava ultimando a travessia. Era a chamada teoria do eixo médio.

A regra é adotada pela unanimidade da jurisprudência, desde tempos antigos, afastando a teoria do eixo médio: "Acidente de trânsito. Cruzamento não sinalizado. Preferência do veículo que provém da direita (CNT, art. 13, IV) Desacolhimento da tese do eixo médio ou da preferência de quem primeiro chega ao cruzamento. Recurso improvido."[3]

Há fundadas razões que aconselham o desacolhimento da teoria, reveladas em decisões que partiram do início de sua formação, como o favorecimento de velocidade, a fim de chegar antes o motorista no cruzamento, e não precisar parar o veículo: "A teoria do eixo médio não mais tem aceitação pela jurisprudência, pois levaria a admitir-se que teria razão o motorista do veículo que estivesse animado de mais velocidade. Com efeito, se dois veículos aproximassem-se do cruzamento ao mesmo tempo, atingiria o eixo central aquele que estivesse com mais velocidade, e tal teoria acabava por estimular o excesso de velocidade. Daí a sua rejeição hoje pela doutrina e jurisprudência."[4]

Não se pode, porém, dar total preferência a quem vem pela direita, especialmente se, pelo costume local, é reconhecida a preferência de conformidade com o uso, conforme se passou a decidir nos primórdios do surgimento de tais situações para o julgamento nos

---

[3] Tribunal de Alçada do Rio Grande do Sul, 1ª Câmara Cível, Ap. Civ. nº 187.002.340, *Julgados do Tribunal de Alçada do – RGS*, 63/265, 31.03.1987.

[4] 1º Tribunal de Alçada Civil de São Paulo, 5ª Câmara, Ap. nº 329.443, 05.09.1984.

tribunais: "Acidente de trânsito. Cruzamento não sinalizado. Conflito de preferências; a do caminhão da ré, porque procedia da direita; e a do automóvel do autor, porque trafegava em via pública mais ampla, de tráfego mais intenso e reconhecida como preferencial pelos usuários. Recurso provido em parte, e reconhecida a culpa concorrente."

Nos fundamentos do voto, colhe-se: "Diversos julgados deste Tribunal têm admitido se determine a preferência, em cruzamento não sinalizado, pela maior importância de uma das vias em relação à outra (*Julgados do TARGS* 6/153, 7/189, 8/159), eis que a regra do art. 13, IV, do CNT não é absoluta (*Julgados do TARGS* 9/164). Por isso, 'embora não sinalizada, pode ser havida uma rua como preferencial, em face das circunstâncias de fato que imponham essa condição à inteligência e sensibilidade dos motoristas, de modo que o uso consagre como necessária' (Acórdão da 2ª Câmara Cível, 'in' *Julgados do TARGS* 1/324)."[5]

d) Faixas de circulação no tráfego em via com várias pistas

"IV – Quando uma pista de rolamento comportar várias faixas de circulação no mesmo sentido, são as da direita destinadas ao deslocamento dos veículos mais lentos e de maior porte, quando não houver faixa especial a eles destinada, e as da esquerda, destinadas à ultrapassagem e ao deslocamento dos veículos de maior velocidade."

No inc. IV, temos a disposição de como deve ser o trânsito em pistas de rolamento que comportam várias faixas de circulação no mesmo sentido. Está especificado que as faixas da direita são destinadas aos veículos mais lentos e de maior porte, quando não houver faixa especial a eles destinada, ficando as da esquerda destinadas à transposição e ao deslocamento de maior velocidade.

Os veículos lentos, ou que desejam trafegar em velocidade reduzida, bem como os de maior porte, seguirão sempre pela faixa da direita, possibilitando, com isso, que o fluxo dos veículos se desenvolva de maneira célere, e reservando-se as faixas da esquerda para o deslocamento dos automóveis em velocidade superior e para as ultrapassagens, que certamente serão realizadas com maior segurança. Cuida a regra de uma obrigação, eis que, além de estar prevista como uma norma de circulação e conduta, também se trata de uma infração, contemplada no inc. II do art. 185, punida com multa, o que deve ser observado pelos agentes de trânsito, que, ao menos até o momento, parecem desconhecer a norma.

Assim, as ultrapassagens efetuam-se sempre pela faixa da esquerda, cabendo aos condutores dos veículos que trafegam nas faixas da direita manter a atenção e observância quando da efetivação de uma ultrapassagem, permitindo-a, sob pena de, caso venham a causar algum sinistro, responderem pelos danos que ocorrerem.

e) Permissão para o tráfego de veículos sobre passeios, calçadas e acostamentos

"V – O trânsito de veículos sobre passeios, calçadas e nos acostamentos, só poderá ocorrer para que se adentre ou se saia dos imóveis ou áreas especiais de estacionamento."

Excepcionando a regra geral de que a circulação far-se-á sempre sobre a via, admite-se o trânsito de veículos em passeios, calçadas e acostamentos, para que se adentre ou saia de imóveis ou de áreas especiais de estacionamento.

Segundo conceituado no Anexo I do Código, "passeio é a parte da calçada ou da pista de rolamento, neste último caso, separada por pintura ou elemento físico separador, livre de

---

5   Tribunal de Alçada do Rio Grande do Sul, 3ª Câmara Cível, Ap. Cív. nº 186.037.677, *Julgados do Tribunal de Alçada do RGS*, 60/293, 25.08.1986.

730 • Responsabilidade Civil | *Arnaldo Rizzardo*

interferências, destinada à circulação exclusiva de pedestres"; calçada considera-se "a parte da via, normalmente segregada e em nível diferente, não destinada à circulação de veículos, reservada ao trânsito de pedestres e, quando possível, à implantação de mobiliário urbano, sinalização, vegetação e outros fins"; acostamento, "a parte da via diferenciada da pista de rolamento destinada à parada ou estacionamento de veículos em caso de emergência e à circulação de pedestres e bicicletas, quando não houver local apropriado para esse fim".

Pelos conceitos acima expostos, vê-se claramente que passeio, calçada e acostamento não são locais apropriados para a circulação de veículos, mas sim destinados ao trânsito de pedestres, ou, no caso do acostamento, para parada e estacionamento em situação de emergência e deslocamento de bicicletas, quando não houver local apropriado (ciclovia). No caso de violação a essa norma, prevê-se uma penalidade – multa –, pois se trata de uma infração prevista no art. 193.

Ocorre que, embora destinados aos pedestres, tais espaços também se constituem em linha divisória entre as vias de circulação dos veículos e dos imóveis e áreas de estacionamento. Assim, abre-se uma exceção para que os veículos possam adentrar as garagens dos prédios a fim de serem estacionados, bem como para entrarem em sítios ou fazendas que são separadas da via pelo acostamento.

É necessário lembrar que ao condutor incumbe ter a precaução devida ao cruzar por esses locais (passeio, calçada e acostamento), pois ali a preferência será sempre a favor do pedestre e, no caso de saída para o leito da via, a preferência de passagem favorecerá o veículo que já estiver por ela circulando.

Da mesma forma nos acostamentos que, embora a proibição do tráfego de veículos, há situações especiais que obrigam o trânsito por eles, como nas interrupções do leito das estradas, ou para paradas de emergência. A saída do acostamento, bem como do estacionamento, no entanto, será precedida de muita cautela, competindo ao motorista averiguar as condições para ingressar na pista, sob pena de responder por danos que venha a causar.

f) Prioridade dos veículos precedidos de batedores

"VI – Os veículos precedidos de batedores terão prioridade de passagem, respeitadas as demais normas de circulação."

Terão prioridade de passagem os veículos precedidos de batedores. Dá-se essa preferência em razão da importância das pessoas que estão sendo conduzidas, como autoridades e personalidades, para que possam atingir mais rapidamente e com segurança o seu destino, pois sabe-se do risco que haveria para as mesmas se o veículo que as transporta parasse constantemente, como o assédio de fãs e populares, o que perturbaria o trânsito, havendo até mesmo risco de sequestros.

Apesar de possuírem certas prerrogativas, é evidente que os veículos precedidos de batedores não se desvinculam das normas de circulação previstas no Código, como aponta expressamente o inc. VI, e muito menos há isenção de responsabilidade nas hipóteses de causarem danos. Assim, não sendo absolutas nem arbitrárias tais prerrogativas, devem ser respeitados os cruzamentos, sinais e locais de estacionamento, sob pena de responsabilidade do condutor do veículo ou do órgão a que pertence.

g) Preferência dos veículos que prestam serviços de interesse público

"VII – Os veículos destinados a socorro de incêndio e salvamento, os de polícia, os de fiscalização e operação de trânsito e as ambulâncias, além de prioridade de trânsito, gozam de livre circulação, estacionamento e parada, quando em serviço de urgência e devidamente identifi-

Cap. LIV | Responsabilidade por Danos Causados no Trânsito de Veículos • **731**

cados por dispositivos regulamentares de alarme sonoro e iluminação vermelha intermitente, observadas as seguintes disposições."

a) quando os dispositivos estiverem acionados, indicando a proximidade dos veículos, todos os condutores deverão deixar livre a passagem pela faixa da esquerda, indo para a direita da via e parando, se necessário;

b) os pedestres, ao ouvir o alarme sonoro, deverão aguardar no passeio, só atravessando a via quando o mesmo já tiver passado pelo local;

c) o uso de dispositivos de alarme sonoro e de iluminação vermelha intermitente só poderá ocorrer quando da efetiva prestação de serviço de urgência;

d) a prioridade de passagem na via e no cruzamento deverá se dar com velocidade reduzida e com os devidos cuidados de segurança, obedecidas as demais normas deste Código.

Já no inc. VII, há disposições que regulam o trânsito de veículos que prestam relevante serviço público, como os destinados a socorro de incêndio e salvamento, os de polícia, fiscalização e operação de trânsito e as ambulâncias. Concede-se a esses veículos algumas prerrogativas, tendo a prioridade de trânsito, livre circulação, estacionamento e parada. Salienta-se que só existirão esses direitos quando devidamente identificados os veículos e em serviço.

Com isso, permite-se aos mesmos transitar sem obedecer a determinados preceitos, como velocidade máxima para alguns locais (não se pode abranger muito essa disposição); ou aguardar locais apropriados para ultrapassar, devendo os demais motoristas ceder a passagem; passar pelo sinal vermelho quando possível (evitando causar um percalço maior); e parar ou estacionar em lugares que, em princípio, são proibidos. Ressalte-se competir aos condutores sempre agir com a devida cautela e atenção.

O preceito é de ser observado por todos os usuários das vias terrestres. Para os condutores dos demais veículos que circulam na via, impõe-se que deixem livre a passagem pela faixa da esquerda e, quando preciso, que parem (alínea *a*). Trata-se de uma imposição, um dever dos motoristas, consubstanciado na infração prevista no art. 189 do CTB, punida com multa. Assim, cumpre que desloquem os seus veículos para a lateral e, se não houver espaço suficiente para o tráfego de dois automóveis na via, devem pará--lo, possibilitando ao veículo de urgência passar com mais rapidez. Entretanto, isso não significa que devam os condutores danificar seus veículos (colocando-os sobre canteiros e calçadas) e nem que se sujeitem a acidentes. Quanto aos pedestres, atravessarão a via somente após a passagem do veículo (alínea *b*).

Nos dois casos vistos (alíneas *a* e *b*), os veículos de urgência trafegarão sempre com os dispositivos de alarme sonoro e iluminação vermelha intermitente acionados, o que demonstrará a realização de um serviço de emergência, o qual está ensejando a preferência de passagem. Ressalta-se que somente nos casos de efetiva urgência os dispositivos referidos serão utilizados (alínea *c*), não se admitindo em outras ocasiões, como as em que a utilização se dá apenas para que o veículo possa trafegar com prevalência sobre os demais, sem a devida necessidade.

Mas as disposições que preveem a prioridade de passagem não são arbitrárias, não possuindo o condutor total liberdade ao dirigir. Devem passar pelos cruzamentos com velocidade reduzida e com os indispensáveis cuidados de segurança, obedecendo, sobretudo, as demais normas de circulação (alínea *d*).

Assim, não se encontram os motoristas desses veículos isentos de responsabilidade nos acidentes que provocam, embora transportem doentes em perigo de vida ou estejam

732 • Responsabilidade Civil | *Arnaldo Rizzardo*

na perseguição de um criminoso, buscando garantir a segurança da população. Apesar das normas que dão especial proteção e certas garantias, não ficam eximidas de responsabilidade as manobras imprudentes e desrespeitadoras dos motoristas, mesmo que se encontrem praticando serviço de grande relevância, como, aliás, já vem sendo decidido: "Acidente de trânsito. Indenização. Reparação de danos causados por colisão de veículos. Motorista de ambulância em velocidade excessiva que desrespeita semáforo, colidindo com táxi que o estava transpondo, já na metade do cruzamento. Culpa comprovada por prova testemunhal. Irrelevância de estar conduzindo paciente gravemente enfermo. Falta da necessária cautela."

E, a seguir: "Evidente a culpa do motorista de ambulância que, trafegando com excessiva velocidade e desrespeitando semáforo, colide com táxi que o estava transpondo, já na metade do cruzamento, ocorrência atestada por prova testemunhal, não o eximindo o fato de transportar paciente gravemente enfermo."[6]

O estado de necessidade, na hipótese possível, não isenta de responsabilidade na reparação dos danos advindos.

Em mais exemplos: "O Código de Trânsito assegurou prioridade de locomoção e livre circulação às ambulâncias em situação de emergência, porém não afastou o dever de cautela e de prudência, pelo menos razoável, do seu condutor. Comprovado que a ambulância abalroou veículo que se encontrava parado na via de tráfego, impõe-se o dever de indenizar *ex vi* do art. 37, § 6º, da CF/88."[7] "O Código de Trânsito assegurou prioridade de locomoção e livre circulação em situação de emergência, porém não afastou o dever de cautela e de prudência, pelo menos razoável, do seu condutor. Comprovado que a ambulância abalroou veículo que se encontrava parado na via de tráfego, impõe-se o dever de indenizar *ex vi* do art. 37, § 6º, da CF/1988."[8]

Da mesma forma: "Acidente de trânsito. Viatura policial. Prioridade de trânsito que não dispensa o dever de cautela. Inteligência do art. 15, IX, do CNT. Responsabilidade civil do Estado. Culpa da Administração alegada. Alegação que não impede o reconhecimento da responsabilidade objetiva. Julgamento *extra petita* não configurado. Pedido atendido com base no direito aplicável aos fatos. Aplicação do princípio *jura novit curia*. Inteligência do art. 37, § 6º, da CF."[9]

h) Livre parada dos veículos prestadores de serviços de utilidade pública

"VIII – Os veículos prestadores de serviços de utilidade pública, quando em atendimento na via, gozam de livre parada e estacionamento no local da prestação de serviço, desde que devidamente sinalizados, devendo estar identificados na forma estabelecida pelo CONTRAN."

Prevê o Código a livre parada e estacionamento, *no local da prestação do serviço*, para os veículos prestadores de serviços de utilidade pública, desde que devidamente sinalizados e identificados na forma estabelecida pelo CONTRAN.

---

[6] 1º Tribunal de Alçada Civil de São Paulo, 2ª Câmara, Ap. nº 394.764-8 (reexame), *RT*, 633/119, 05.07.1988.

[7] Tribunal Regional Federal da 1ª Região, 3ª Turma, Ap. Cív. nº 96.01.04441-8-PA, *Boletim de Jurisprudência ADCOAS* nº 28, p. 437, semana de 15 a 19 de julho, 2002.

[8] Apel. Cível nº 96.01.04441-8-PA, da 3ª Turma do TFR da 1ª Região, *DJ* de 24.10.2001, *ADCOAS* 8207433, *Boletim de Jurisprudência ADCOAS*, nº 28, p. 437, jul. 2002.

[9] 1º Tribunal de Alçada Civil de São Paulo, 2ª Câmara Especial, Ap. nº 440.243-5, *RT*, 658/127, 05.07.1990.

Além dos veículos enumerados no inc. VII, também gozam de algumas prerrogativas os veículos de utilidade pública, ou seja, aqueles que desempenham algum serviço de ordem pública, como o caminhão da coleta de lixo, guinchos (somente em caso de socorros de emergência), carros-fortes, veículos de empresas de serviço telefônico ou de energia elétrica, viaturas que tratam de obra de saneamento urbano etc. Enfim, aos veículos utilizados em serviços de caráter público gozando de livre parada e estacionamento, permite-se parar e estacionar em locais que, em princípio, são proibidos e inadequados.

Salienta-se que essa regalia só existirá quando e no local da prestação do serviço, não podendo usufruir de tal direito em outras situações que não desempenhando a atividade pública.

Devem tais veículos estar devidamente sinalizados e identificados na forma prevista pelo CONTRAN.

i) Cautelas a serem observadas na ultrapassagem de veículos

"IX – A ultrapassagem de outro veículo em movimento deverá ser feita pela esquerda, obedecida a sinalização regulamentar e as demais normas estabelecidas neste Código, exceto quando o veículo a ser ultrapassado estiver sinalizando o propósito de entrar à esquerda.

X – Todo condutor deverá, antes de efetuar uma ultrapassagem, certificar-se de que:

a) nenhum condutor que venha atrás haja começado uma manobra para ultrapassá-lo;

b) quem o precede na mesma faixa de trânsito não haja indicado o propósito de ultrapassar um terceiro;

c) a faixa de trânsito que vai tomar esteja livre numa extensão suficiente para que sua manobra não ponha em perigo ou obstrua o trânsito que venha em sentido contrário.

XI – Todo condutor ao efetuar a ultrapassagem deverá:

a) indicar com antecedência a manobra pretendida, acionando a luz indicadora de direção do veículo ou por meio de gesto convencional de braço;

b) afastar-se do usuário ou usuários aos quais ultrapassa, de tal forma que deixe livre uma distância lateral de segurança;

c) retomar, após a efetivação da manobra, a faixa de trânsito de origem, acionando a luz indicadora de direção do veículo ou fazendo gesto convencional de braço, adotando os cuidados necessários para não pôr em perigo ou obstruir o trânsito dos veículos que ultrapassou".

No inc. IX, começa, o Código, a normatizar a ultrapassagem de veículos, prevendo que se efetuará sempre pela esquerda, obedecendo-se a sinalização e demais normas de circulação. Excetua-se dessa regra o caso em que o veículo a ser ultrapassado sinaliza que vai entrar à esquerda, quando, então, a ultrapassagem se dará pelo lado direito.

Cuida-se de uma exceção à regra geral de que a circulação se dará sempre pelo lado direito da via (inc. IX). Obviamente que a ultrapassagem pela esquerda somente ocorrerá em lugares permitidos, indicados através de sinalização adequada (como as marcas viárias tracejadas, que indicam ser o local próprio para ultrapassagens. *A contrario sensu*, tem-se como fator preponderante para apurar a responsabilidade em acidentes a existência de sinalização proibitiva, no local de ultrapassagem, constituída de faixa contínua no centro da pista. Ultrapassando em local proibido, responde o condutor pelos danos que vier a causar, além, é claro, pela infração do art. 203, e incisos.

De modo que é permitida a ultrapassagem em local de circulação proibida (contramão de direção), cumprindo que se observem sempre as disposições contidas no Código, como as dos incs. X e XI e § 1º do art. 29 e as dos arts. 30 a 33.

No sistema anterior, já havia a previsão de que as ultrapassagens, a menos em situações especiais, se fariam pela esquerda, como no art. 38, II, do Regulamento do CNT; disposições que agora estão melhor especificadas em três incisos (IX, X e XI) e em mais quatro artigos (30 a 33).

Mas, como referido, não é sempre que a ultrapassagem será realizada pela esquerda. Em certas circunstâncias é admitida pela direita da pista, quando o veículo que for ultrapassado estiver entrando à esquerda.

É evidente que impende se afigure, para o motorista, a existência de espaço suficiente para a manobra, de modo a conseguir-se segurança e garantia, evitando uma situação de perigo.

De modo geral, quem se encontra à direita não oferece perfeita visibilidade para o condutor que está à esquerda, a menos que este se encontre com o veículo parado.

Já no inc. X, ordena-se aos condutores que se munam de certos cuidados ao efetuar uma ultrapassagem, para que seja procedida com maior segurança. Cumpre se certificarem de que "nenhum condutor que venha atrás haja começado uma manobra para ultrapassá-lo" (alínea *a*), pois decorreria o risco de resultar uma colisão com o veículo que já iniciara a ultrapassagem, o qual, por desenvolver uma velocidade maior, teria dificuldades no controle. Não pode, pois, o condutor começar uma manobra quando estiver prestes a ser ultrapassado.

Da mesma forma, somente admissível encetar a ultrapassagem se "quem o precede na mesma faixa de trânsito não haja indicado o propósito de ultrapassar um terceiro" (alínea *b*). É evidente que aquele que vai à frente e primeiro indicou a intenção de realizar a ultrapassagem terá prioridade sobre o que vem atrás e ainda não havia sinalizado o seu propósito. Ora, é importante, também, conservar certa distância do veículo que está à frente, pois é bem possível que ele igualmente inicie tal manobra.

Por fim, ordena-se que os motoristas observem com um maior cuidado o local em que efetuarão a ultrapassagem, de sorte a se propiciarem condições de total segurança, certificando-se de que "a faixa de trânsito que vai tomar esteja livre numa extensão suficiente para que sua manobra não ponha em perigo ou obstrua o trânsito que venha em sentido contrário" (alínea *c*). Admite-se a manobra se houver espaço suficiente e boa visibilidade para a sua realização, sem colocar em perigo o trânsito que se desenvolve no sentido oposto.

Sabendo-se que a ultrapassagem constitui um dos fatores de maior incidência nos acidentes de trânsito, exigem-se cautela e certa perícia ao ser efetuada.

Amiúde, no entanto, é encetada sem maiores cuidados, razão por que se revela uma das manobras de alto risco no trânsito. Daí a disposição do inc. X, exigindo dos condutores o máximo cuidado.

Trata-se de presunção *juris tantum*. Assim, se restar provado que o veículo da frente entrou de inopino na faixa em que a ultrapassagem se desenvolvia ou se repentinamente adentrar a via sem tomar as devidas precauções, afasta-se a presunção de culpa.

Também prescreve o Código, no inc. XI, condutas reclamadas do motorista ao efetuar uma ultrapassagem, de modo que seja realizada de forma a garantir a sua segurança, a dos demais usuários e a não interromper o tráfego na via.

Inicialmente, prevê-se que incumbe ao condutor indicar com antecedência, através de luz indicadora de direção ou gesto convencional de braço, a manobra que pretende realizar

Cap. LIV | Responsabilidade por Danos Causados no Trânsito de Veículos • 735

(alínea *a*). A indicação antecederá ao início do deslocamento, a fim de possibilitar aos motoristas dos demais veículos que transitam na via precaverem-se com os devidos cuidados, deixando livre a passagem para que seja realizada a ultrapassagem, e assim obedecendo ao disposto nas alíneas *a* e *b* do inc. X, já referidas. Comuns são os acidentes em que o veículo que abalroa outro por trás é pego de surpresa diante da manobra inesperada e desavisada do condutor do veículo que trafega à sua frente. Daí a importância da indicação com antecedência da manobra a ser realizada, tanto que é prevista a desobediência no art. 196 como uma infração grave, punida com multa.

Da mesma forma, obriga a alínea *b* ao condutor se afastar do usuário ou dos usuários aos quais ultrapassa, deixando livre uma distância lateral de segurança. Como o próprio dispositivo prescreve, cumpre se guarde uma certa distância, de modo a possibilitar a realização da manobra com maior segurança, sem pôr em risco os demais usuários. Com mais espaço, certamente a ultrapassagem será melhor sucedida, ocasionando riscos menores ao trânsito.

De outro lado, após efetivar a ultrapassagem, o condutor retomará a sua faixa de origem, novamente acionando a luz indicadora de direção ou fazendo gesto convencional de braço, munindo-se de todos os cuidados possíveis para não pôr em perigo ou obstruir o trânsito dos veículos que ultrapassou (alínea *c*).

j) Preferências no deslocamento dos veículos sobre trilhos

"XII – Os veículos que se deslocam sobre trilhos terão preferência de passagem sobre os demais, respeitadas as normas de circulação."

Também gozam de preferência de passagem os veículos que se deslocam sobre trilhos, respeitadas as normas de circulação. Os trens, bondes, metrôs e demais veículos que trafegam em trilhos têm prioridade de trânsito, em virtude de possuírem uma mecânica que não permite que parem e voltem a circular com rapidez diversas vezes durante o percurso. Se não houvesse preferência nos cruzamentos, não teriam como parar abruptamente.

Ressalta-se que em todos os lugares onde houver uma estrada com um caminho de trilhos, deve existir uma sinalização específica e adequada para que os condutores dos veículos que por ele cruzarem parem e observem a preferência. Assumem os condutores desses veículos a responsabilidade pelos danos que vierem a ocorrer, em vista da prioridade que possuem os que transitam sobre os trilhos. Há a presunção de culpa, que é relativa, até prova em contrário.

Assim, provando-se que o local não estava devidamente sinalizado, chama-se à responsabilidade a entidade encarregada da via férrea.

No entanto, tais veículos não se desoneram de precauções nas passagens de nível, observando o seguinte aresto: "Se é verdade que cabia ao condutor do caminhão agir com mais cautela ao cruzar passagem de nível, em razão de sua preferência absoluta, não é menos verdade que ao condutor da locomotiva incumbia não só usar de velocidade adequada para o local, tendo em vista manobra que executava, bem como acionar a buzina para alertar os veículos de sua proximidade. Deixando de fazê-lo, incorreu na chamada culpa concorrente."[10]

---

[10]   Apel. Cível nº 0187185-2, da 6ª Câmara Cível do Tribunal de Alçada do PR, *DJ* de 04.10.2002, *in ADCOAS* 8216252, *Boletim de Jurisprudência ADCOAS*, nº 24, p. 376, jun. 2003.

k) Cuidados na transposição de faixas

"§ 1º As normas de ultrapassagem previstas nas alíneas *a* e *b* do inciso X e *a* e *b* do inciso XI aplicam-se à transposição de faixas, que pode ser realizada tanto pela faixa da esquerda como pela da direita."

Segundo o disposto no § 1º, aplicam-se à transposição de faixas as regras constantes nas alíneas *a* e *b* do inc. X e *a* e *b* do inc. XI. Ou seja, também quando o trânsito se der em pista com várias faixas de circulação no mesmo sentido, deve-se observar, antes de mudar de faixa, se o condutor do veículo que vem atrás não iniciou a manobra de ultrapassagem ou transposição de faixa, ou se um outro motorista não indicou a intenção de ultrapassar terceiro, ou, ainda, de transpor a faixa. Da mesma forma, cabe-lhe, ao realizar a mudança de faixa, indicar com antecedência o seu propósito e se afastar dos demais usuários, deixando livre uma distância lateral de segurança. Salienta-se que essas normas devem ser observadas tanto quando o deslocamento for para a faixa da esquerda como quando for para a da direita.

l) Hierarquia a ser observada na circulação entre os veículos

"§ 2º Respeitadas as normas de circulação e conduta estabelecidas neste artigo, em ordem decrescente, os veículos de maior porte serão sempre responsáveis pela segurança dos menores, os motorizados pelos não motorizados e, juntos, pela incolumidade dos pedestres."

Conforme se verifica do disposto no § 2º, há uma hierarquia a ser observada entre os veículos que trafegam nas vias, sempre, é claro, respeitadas as normas de circulação.

Com esse preceito, prevê-se que os veículos de maior porte são responsáveis pela segurança dos de menor porte. Esse dispositivo veio de encontro a uma antiga reivindicação dos usuários das vias, que por vezes são jogados para fora das estradas em decorrência de manobras arriscadas e perigosas dos condutores dos veículos maiores, que abusam de sua superioridade física para levar vantagem no trânsito.

De sorte que são os caminhões responsáveis pela segurança dos veículos de passeio, cumprindo que zelem pela sua própria incolumidade e assumam as consequências pelos danos que causarem. Obviamente, se o veículo de carga transitar respeitando todas as normas de circulação e conduta, sendo o acidente causado por manobra imprudente do motorista do veículo de passeio, neste recairá a responsabilidade. O que se requer dos condutores dos veículos de maior porte é uma cautela superior, sempre em busca da segurança no trânsito.

O mesmo se aplica na relação automóvel de passeio e motocicleta, sendo o primeiro responsável pelo segundo, em face da fragilidade apresentada pelas motocicletas diante dos demais veículos.

Prepondera a responsabilidade dos veículos motorizados diante dos não motorizados. Possuem aqueles um maior impulso, mais força, velocidade superior e melhor controle por parte de seus condutores. Daí serem responsáveis pelos veículos não motorizados, como bicicletas e carroças.

Encerra o dispositivo prevendo que todos os veículos respondem pela incolumidade dos pedestres. O princípio maior é o de respeito à vida humana e à integridade física. Sendo o pedestre sempre a parte mais frágil no sistema viário, outra não poderia ser a disposição impondo a sua segurança.

Quando o pedestre se defronta com o motorista, a presunção de culpa recai sempre no segundo, por conduzir objeto perigoso, o qual se impõe que seja operado com o máximo

Cap. LIV | Responsabilidade por Danos Causados no Trânsito de Veículos • **737**

de cautela e prudência. Ademais, é dever de todo condutor de veículo guardar atenção nos movimentos do pedestre que está a atravessar a via pública, ou segue à frente, pelo lado – facilitando-lhe a passagem e observando a possível e repentina distração dele. O princípio ético-jurídico *neminem laedere* exige de todo motorista a obrigação de dirigir com os cuidados indispensáveis à segurança do trânsito, em velocidade compatível com o local e de forma a manter o completo domínio sobre a máquina perigosa que impulsiona, em plena via pública ou em estradas comuns.

É claro que, na apuração da responsabilidade, averiguar-se-á se o motorista seguiu as normas de circulação e conduta, se o fato apresentava-se previsível e se observou todas as cautelas necessárias ao trafegar, bem como o grau de culpa de cada envolvido, condutor e pedestre.

3.4. Deveres dos condutores de veículos ao serem ultrapassados

Estabelece o art. 30: "Todo condutor, ao perceber que outro que o segue tem o propósito de ultrapassá-lo, deverá:

I – se estiver circulando pela faixa da esquerda, deslocar-se para a faixa da direita, sem acelerar a marcha;

II – se estiver circulando pelas demais faixas, manter-se naquela na qual está circulando, sem acelerar a marcha.

Parágrafo único. Os veículos mais lentos, quando em fila, deverão manter distância suficiente entre si para permitir que veículos que os ultrapassem possam se intercalar na fila com segurança."

Neste artigo, ao contrário do previsto no anterior, prescrevem-se condutas e regras impostas ao motorista do veículo que estiver sendo ultrapassado. São cuidados necessários e de rigorosa observância, para que a ultrapassagem a ser efetuada ocorra de maneira inteiramente segura, ou com um mínimo de risco.

A imposição de deslocamento para a faixa da direita, quando circular pela da esquerda, é condição para viabilizar a ultrapassagem que o outro veículo efetivará, que, de acordo com o inc. IX do art. 29, deverá ser feita sempre pela esquerda. Então, com o fito de deixar livre a faixa da esquerda para a ultrapassagem, impõe-se ao veículo que está por ser transposto que se desloque para a direita.

Se a circulação não se proceder pela faixa da esquerda, o veículo permanecerá na faixa em que se encontra, até que a ultrapassagem se complete.

Em qualquer caso, ordena-se que o condutor não acelere a marcha, para não dificultar a manobra daquele que vai ultrapassar, evitando, assim, riscos inesperados. É que o motorista que desencadear a ultrapassagem, ao iniciar o seu desiderato, já calculou a transposição de acordo com a velocidade que estava sendo desenvolvida pelo veículo a ser ultrapassado. Se este acelerar, obviamente criará uma dificuldade maior à realização da manobra. Daí o preceito de que o veículo que está sendo ultrapassado manterá estável a sua velocidade, ou a diminuirá. Jamais o acelerará, o motorista, sob pena de responder pelo acidente que vier a ocorrer.

Relativamente aos veículos mais lentos, determina-se, quando trafegam em fila, que mantenham entre si uma distância suficiente, de modo a permitir a entrada de veículo que está efetuando uma ultrapassagem.

738 • Responsabilidade Civil | Arnaldo Rizzardo

Principalmente em vias de duplo sentido, são corriqueiros os acidentes envolvendo veículo que, ao realizar uma ultrapassagem, não conseguiu retornar à sua faixa de direção por falta de espaço. Objetivando evitar que isso ocorra, compete aos condutores dos veículos que transitam em velocidade reduzida conservar espaço suficiente para que possa adentrar o veículo que realiza a transposição.

De outro lado, há, ainda, a norma do art. 192, que considera infração grave deixar de guardar distância de segurança. Observando-se esse preceito, certamente será mantido um espaço suficiente que permita a entrada de um veículo.

3.5. Ultrapassagem por veículo de transporte coletivo

Reza o art. 31 do CTB: "O condutor que tenha o propósito de ultrapassar um veículo de transporte coletivo que esteja parado, efetuando embarque ou desembarque de passageiros, deverá reduzir a velocidade, dirigindo com atenção redobrada ou parar o veículo com vistas à segurança dos pedestres."

Inúmeros são os atropelamentos de pedestres que, inadvertidamente, são atingidos ao tentar atravessar a via, passando em frente a ônibus que está parado. É verdade que, na maioria das vezes, a culpa é do pedestre, que cruza a pista sem a devida atenção. Mas, como já referido, os motoristas são responsáveis pela incolumidade dos pedestres, devendo zelar pela sua segurança.

Assim, incumbe aos condutores, quando cruzarem por veículos de transporte coletivo momentaneamente parados, aumentar a cautela, diminuindo a velocidade ou, se necessário, até suspender a marcha, com o intuito de evitar o atropelamento de pedestres que podem surgir repentinamente.

Onde há um ônibus parado, normalmente concentra-se ali um núcleo de pessoas, embarcando ou desembarcando da condução, sendo de esperar que sempre há imprudentes tentando realizar a travessia da rua de forma incorreta ou inopinadamente, sem a devida visibilidade. Por isso, compete ao condutor do veículo reduzir a velocidade.

Entretanto, não se responsabilizará o condutor que trafega em locais onde é mais intenso o movimento e o transeunte atravessa a via quando praticamente o veículo se encontra ultrapassando-o, em velocidade reduzida. Em circunstâncias tais, não se atribui a culpa ao motorista. Nem cabe invocar a teoria do risco, para incutir a responsabilidade. O só fato de possuir veículo não é suficiente para obrigar a indenizar.

3.6. Pontos e locais de ultrapassagem proibidos

Ordena o art. 32 do mesmo CTB: "O condutor não poderá ultrapassar veículos em vias com duplo sentido de direção e pista única, nos trechos em curvas e em aclives sem visibilidade suficiente, nas passagens de nível, nas pontes e viadutos e nas travessias de pedestres, exceto quando houver sinalização permitindo a ultrapassagem".

Já o art. 33: "Nas interseções e suas proximidades, o condutor não poderá efetuar ultrapassagem."

Procede-se a ultrapassagem na forma o mais segura possível, de modo a ter, o condutor, total controle de seu veículo, espaço suficiente e ampla visibilidade da pista.

Cap. LIV | Responsabilidade por Danos Causados no Trânsito de Veículos • 739

Assim, nas vias com duplo sentido de direção, ou de tráfego de veículos nos dois sentidos, e em pista única, são proibidas as ultrapassagens onde houver curvas e aclives sem visibilidade suficiente, passagem de nível, pontes, viadutos e travessias de pedestres. Excetuam-se dessa regra os locais permitidos através de sinalização.

A visibilidade da pista é fator preponderante, devendo sempre existir da forma mais clara para se efetuar uma ultrapassagem. Nas curvas e aclives dificilmente tem o motorista condições de visualizar se no sentido contrário ao seu trafega outro veículo ou não. Para evitar uma colisão frontal é que se proíbe a ultrapassagem em tais locais, respondendo, o condutor, pelos danos que possam decorrer de um possível acidente. Há ainda, mesmo que não resulte dano, a punição com multa para os infratores, prevista no inc. I do art. 203.

Nas passagens de nível, pontes e viadutos, também são proibidas as ultrapassagens, eis que, nesses locais, o motorista fica sem o controle necessário do veículo para realizar manobras arriscadas, por falta de espaço suficiente. Caso tenha que desviar, não terá espaço físico para a manobra, já que encontrará a lateral da ponte ou do viaduto. Estes casos consideram-se infrações ao art. 202, II (passagem de nível), e ao art. 203, III (passagem em pontes e viadutos). Da mesma forma, responderá o motorista que efetuar a manobra nesses locais pelos danos resultantes.

Onde se estenderem travessias de pedestres, são igualmente proibidas as ultrapassagens, porquanto, da mesma forma que nas pontes e viadutos, não haverá espaço suficiente, em vista de concentrar-se um maior número de pessoas transitando pela passarela e em suas redondezas.

Sempre que a visibilidade é prejudicada, que se afigura impossível qualquer inflexão do veículo para o lado da pista, é desaconselhada qualquer pretensão de ultrapassagem, exceto, é claro, nos casos em que houver sinalização.

Conforme conceituado no Anexo I do Código, interseção é "todo cruzamento em nível, entroncamento ou bifurcação, incluindo as áreas formadas por tais cruzamentos, entroncamentos ou bifurcações". São locais onde se concentra uma circulação constante de veículos, oriundos de outras vias ou lugares, e em locais assemelhados, como postos de gasolina, restaurantes, vilarejos e entradas de cidades, onde se verifica constante entrada e saída. Mais compreensível seria o emprego da palavra *cruzamento*, amplamente conhecida e já difundida no uso comum.

Daí a proibição de ultrapassagem nesses trechos e em suas proximidades, pois é comum a entrada repentina de veículo na via, sendo que os condutores, não raramente, olham apenas para o sentido da faixa na qual querem entrar, não visualizando a direção oposta, onde é possível ocorrer uma ultrapassagem.

Ocorrendo acidentes em tais locais, responderá pelos danos o motorista do veículo que efetuar a ultrapassagem, pois realizada em lugar proibido, transitando na contramão de direção.

3.7. Realização de manobras sem perigo aos demais usuários da via

Prevê o art. 34: "O condutor que queira executar uma manobra deverá certificar-se de que pode executá-la sem perigo para os demais usuários da via que o seguem, precedem ou vão cruzar com ele, considerando sua posição, sua direção e sua velocidade".

740 • Responsabilidade Civil | *Arnaldo Rizzardo*

Como já frisado em mais de uma oportunidade, sempre antes de iniciar qualquer manobra, o condutor precaver-se-á com as cautelas necessárias para que conduza o veículo de forma tranquila e segura. Deve certificar-se se a manobra não acarretará nenhum perigo aos demais usuários da via. Evitará, assim, que um ato repentino e inoportuno possa exigir do veículo que está atrás uma manobra brusca e até a perda do controle do automóvel.

Cumpre se levem sempre em conta, na realização da manobra, a posição do veículo na pista, para que não atrapalhe o tráfego; a direção em que segue e a velocidade atingida, de forma que, seja qual for a manobra a ser executada, possa, o condutor, manter o total controle do veículo.

3.8. Sinalização para o deslocamento lateral do veículo

Encerra o art. 35: "Antes de iniciar qualquer manobra que implique um deslocamento lateral, o condutor deverá indicar seu propósito de forma clara e com a devida antecedência, por meio da luz indicadora de direção de seu veículo, ou fazendo gesto convencional de braço.

Parágrafo único. Entende-se por deslocamento lateral a transposição de faixas, movimentos de conversão à direita, à esquerda e retornos."

Inúmeros são os acidentes em que o motorista é surpreendido por manobra repentina e desavisada do veículo que trafega à sua frente, realizando deslocamentos sem indicar com antecedência tal intenção.

Para evitar que isso ocorra, impõe-se ao condutor que, antes da realização de qualquer deslocamento lateral de seu veículo, indique previamente a sua intenção, possibilitando aos demais usuários da via que tomem as devidas precauções.

A indicação leva-se a efeito por meio de luz indicadora de direção do veículo (o chamado 'pisca'), acionando a luz da esquerda quando o deslocamento for para a esquerda e o da direita quando for para este lado. Outra forma de indicar a manobra que se pretende realizar é através de gesto convencional de braço, quando é indicado de forma manual a operação que será efetuada. Se for dobrar para a direita, cabe-lhe colocar o braço para fora da janela, inclinado para cima. Quando for dobrar para a esquerda, o braço ficará reto, para o lado. É de extrema importância que o motorista indique a sua intenção, tanto que a inobservância desse gesto é prevista como infração grave pelo Código, no art. 196, punível com multa, apontando outras tipicidades os autores Geraldo de Faria Lemos Pinheiro, Dorival Ribeiro e Juarez de Oliveira: "A desobediência dessas regras implica na tipificação dos arts. 169 e 196 do CTB. Tratando-se de manobra que implique em operação de retorno, a conduta poderá justificar a infração do art. 206 do CTB. Há outras manobras para as quais o Código estipula penalidades específicas, sendo conveniente atentar para o conceito de manobra contido no Anexo I do CTB."[11]

No parágrafo único, encontramos o conceito do que se entende por deslocamento lateral, que acontece nos casos de transposição de faixas. De acordo com o Anexo I, considera-se a "passagem de um veículo de uma faixa demarcada para outra", nos movimentos de conversão à direita ou à esquerda – efetuados em ultrapassagens, para estacionar ou entrar em outra via – e para a realização de retorno que, também conforme disposto no Anexo I, é

---

[11] *Código de Trânsito Brasileiro Sistematizado*, 2ª ed., São Paulo, Juarez de Oliveira, 2000, p. 30.

Cap. LIV | Responsabilidade por Danos Causados no Trânsito de Veículos • **741**

o "movimento de inversão total de sentido da direção original de veículos", ou, em outras palavras, o ato em que o veículo inverte o seu sentido de direção.

3.9. Preferência a ser dada no ingresso na via

Assinala o art. 36: "O condutor que for ingressar numa via, procedente de um lote lindeiro a essa via, deverá dar preferência aos veículos e pedestres que por ela estejam transitando".

A preferência pende sempre para o veículo que está trafegando na via, bem como para pedestre que por ela estiver transitando. Assim, quando um veículo pretender ingressar na via, oriundo de um lote lindeiro – como uma garagem ou estacionamento –, deve parar e dar preferência de passagem a quem já estiver transitando na via.

Isso já foi abordado quando do comentário ao inc. V do art. 29, ao qual se reporta, evitando-se repetições, apenas salientando que ao pretender ingressar na via, obriga-se o condutor a proceder com o máximo de cautela ou diligência, atendo-se para o movimento na pista, na calçada e no acostamento (quando houver), eis que a preferência recai nos veículos e nos pedestres que já estiverem ali transitando.

3.10. Cautelas na realização de conversões e retornos

Está no art. 37: "Nas vias providas de acostamento, a conversão à esquerda e a operação de retorno deverão ser feitas nos locais apropriados e, onde estes não existirem, o condutor deverá aguardar no acostamento, à direita, para cruzar a pista com segurança".

Para a realização de conversões à esquerda ou o retorno, há, nas vias que possuem acostamento, locais apropriados para tais manobras, normalmente consistentes em entradas na lateral da pista, às vezes dividida por um canteiro, possibilitando ao veículo adentrar, e que o motorista possa parar e olhar o movimento na pista, para, após, efetivar a operação desejada com maior segurança.

Entretanto, não são todas as vias que possuem ditos locais. Às vezes, não há espaços para convergir ou retornar. Nesses casos, exige-se do condutor que aguarde no acostamento e espere que se ofereçam condições para efetivar a manobra sem gerar perigo para o trânsito.

Com essa disposição, procura-se evitar manobras arriscadas que representam riscos aos usuários da via, como nos casos em que o veículo para no meio da pista para realizar a conversão, ou a atravessa repentinamente, 'cortando' a frente dos demais veículos, ato que manifesta uma clara imprudência do condutor.

Obrigação primária do motorista é aguardar no acostamento a ocasião oportuna para realizar a operação desejada (onde não houver local apropriado).

Nas vias extensas, maior é a velocidade permitida e desenvolvida, inclusive procedendo-se mais facilmente as ultrapassagens, tornando extremamente perigosa a parada do veículo no meio da artéria para o retorno ou o ingresso em via secundária, o que justifica a parada no acostamento, até que se possibilite o momento oportuno para a efetivação da manobra.

3.11. Ingresso à direita ou à esquerda de outra via ou em lotes lindeiros

Está no art. 38: "Antes de entrar à direita ou à esquerda, em outra via ou em lotes lindeiros, o condutor deverá:

I – ao sair da via pelo lado direito, aproximar-se o máximo possível do bordo direito da pista e executar sua manobra no menor espaço possível;

II – ao sair da via pelo lado esquerdo, aproximar-se o máximo possível de seu eixo ou da linha divisória da pista, quando houver, caso se trate de uma pista com circulação nos dois sentidos, ou do bordo esquerdo, tratando-se de uma pista de um só sentido. Parágrafo único. Durante a manobra de mudança de direção, o condutor deverá ceder passagem aos pedestres e ciclistas, aos veículos que transitem em sentido contrário pela pista da via da qual vai sair, respeitadas as normas de preferência de passagem."

Neste artigo, traçam-se condutas de estrita observância, quando da realização de manobras de entrada em outra via ou em lotes lindeiros. São preceitos dirigidos à segurança e efetivação do ato com maior perfeição. Salienta-se que, além das normas deste dispositivo, deve-se obedecer, também, as disposições contidas nos arts. 35 e 36.

Para sair de uma via pelo lado direito (inc. I), o condutor aproximar-se-á o máximo que puder do bordo direito da pista, para que realize a entrada no menor espaço possível. Conjugando-se com as demais disposições do Código, ao efetuar a saída pelo lado direito, deverá indicar com antecedência a sua intenção através da luz indicadora de direção ou gesto convencional de braço (art. 35), diminuirá gradativamente a velocidade e, aí sim, chegará ao bordo direito da via para a realização da manobra. Desta maneira procedendo, o veículo sairá com um maior cuidado da estrada, possibilitando que o tráfego na pista continue a ocorrer de forma regular, eis que os demais usuários já saberão com antecedência a operação que estará sendo efetuada, tomando as devidas precauções.

No caso de saída da via pelo lado esquerdo (inc. II), o condutor se aproximará do bordo esquerdo da via, tratando-se de via de um só sentido, adotando o mesmo procedimento visto no inc. I.

Cuidando-se de pista com circulação nos dois sentidos, se posicionará o máximo possível rente ao seu eixo ou à linha divisória.

Nas conversões à esquerda, especialmente em rua movimentada, por cortarem o fluxo contrário de trânsito, munir-se-ão os condutores de todas as cautelas, sobretudo por constituir a manobra conduta de risco elevado. Parando o automóvel no eixo da pista, ou na sua linha divisória, o condutor aguardará com maior segurança o momento oportuno para atravessar a via, sem, com isso, obstruir o trânsito que ali é desenvolvido.

É de ser salientado, entretanto, que este posicionamento no meio da pista, e após infletir para a esquerda, é autorizado unicamente em vias urbanas, e não em estradas ou vias de longa extensão, e que tem preferencialidade em relação a qualquer outra. Normalmente as estradas possuem acostamentos, onde a manobra será realizada de acordo com o previsto no art. 37 do Código.

No parágrafo único, vem estabelecida a preferência de passagem aos pedestres, ciclistas e veículos que transitem em sentido contrário. Respeitam-se, assim, as normas atinentes à preferência de passagem, ou seja, quem já estiver circulando na via terá a preferência, obedecendo-se, é claro, as exceções que constarem previstas no Código, como, *v.g.*, a atribuída às ambulâncias e aos veículos de polícia, quando em serviço (inc. VII do art. 29).

3.12. Retorno nas vias urbanas

Consta do art. 39: "Nas vias urbanas, a operação de retorno deverá ser feita nos locais para isto determinados, quer por meio de sinalização, quer pela existência de locais apropriados, ou, ainda, em outros locais que ofereçam condições de segurança e fluidez, observadas as características da via, do veículo, das condições meteorológicas e da movimentação de pedestres e ciclistas."

Efetua-se a operação de retorno sempre com o máximo de cautela, nos locais determinados ou apropriados, ou, ainda, quando houver condições para que a manobra seja realizada com segurança e fluidez.

Os locais determinados para a realização de retorno normalmente são indicados através de sinalização adequada, informando aos motoristas a existência de um local para a manobra. Nas pistas de sentido único de direção, é comum que se encontre ao lado esquerdo da pista, possibilitando que o veículo atravesse para a outra via, onde o trânsito flui no sentido contrário. No caso de via com circulação nos dois sentidos, o lugar apropriado para a efetivação do retorno fica, na maioria das vezes, à direita da pista, consistente em uma entrada, onde o veículo faz a volta e aguarda o momento oportuno para atravessar a via e efetuar a manobra.

Não havendo esses locais específicos, deverá o condutor escolher um outro que apresente segurança, preferencialmente um acostamento, e aguardar até que a pista fique livre ou ofereça condições para a efetivação da operação.

Leva-se sempre em consideração se a via proporciona locais apropriados, como, *v. g.,* não ser pista muito estreita ou esburacada; se o veículo permite que o retorno seja efetuado com segurança e rapidez (os caminhões são mais lentos e, em alguns locais, por serem muito grandes, não conseguem realizar a operação, a não ser em um tempo muito demorado, o que certamente causaria transtornos e a obstaculização da via); as condições meteorológicas, pois em um dia chuvoso a cautela deve ser redobrada, ainda mais em pistas que ficam escorregadias; e a movimentação de pedestres e ciclistas que, conforme visto no parágrafo único do art. 38, sempre terão preferência se já estiverem na via quando for realizada a operação de mudança de direção (no caso, o retorno).

3.13. Uso das luzes do veículo

De notar, primeiramente, que o tráfego, à noite, de veículo com faróis desligados constitui elemento de culpa nos acidentes que ocorrerem, no que exemplifica a jurisprudência: "O tráfego irregular do veículo na pista que é empurrado por seus ocupantes com as luzes apagadas, à noite, em lugar desprovido de iluminação artificial, configura culpa exclusiva em evento danoso que vier a ocorrer com o veículo que trafega atrás, especialmente quando não exigível do motorista deste providência diversa e o fato é imprevisível."[12]

Quanto ao uso de luzes, impõe o art. 40: "O uso de luzes em veículo obedecerá às seguintes determinações."

---

[12] JE Cív.-SP, Rec. nº 12.095, do 1º Colégio Recursal, j. em 26.06.2003, em *ADCOAS* 8220025, *Boletim de Jurisprudência ADCOAS*, nº 39, p. 612, set. 2003.

As luzes no veículo, como faróis, sinaleiras e luz de placa, em muito contribuem para que a circulação ocorra de forma segura, ajudando o motorista a ter uma melhor visibilidade da pista, ou a indicar alguma situação anormal, e servindo, ainda, para revelar a própria presença do veículo aos demais usuários. Assim, devido a essa importância, são traçadas várias normas para o uso das luzes, cujo desrespeito poderá concorrer para acidentes e, assim, acarretar a responsabilidade, como as que estão nos incisos do art. 40, sendo que a do inc. I na redação da Lei nº 13.290/2016.

a) Uso dos faróis

"I – o condutor manterá acesos os faróis do veículo, utilizando luz baixa, durante a noite e durante o dia nos túneis providos de iluminação pública e nas rodovias;

II – nas vias não iluminadas o condutor deve usar luz alta, exceto ao cruzar com outro veículo ou ao segui-lo;

III – a troca de luz baixa e alta, de forma intermitente e por curto período de tempo, com o objetivo de advertir outros motoristas, só poderá ser utilizada para indicar a intenção de ultrapassar o veículo que segue à frente ou para indicar a existência de risco à segurança para os veículos que circulam no sentido contrário."

Inicialmente, regula-se o uso dos faróis, que devem estar acesos, em ocasiões especificadas na posição de luz baixa (inc. I).

Em primeiro lugar, nos túneis, principalmente os mais longos, é importante que os faróis estejam sempre acionados, mesmo durante o dia, eis que são lugares escuros, onde a visibilidade é prejudicada, inclusive nos que possuem iluminação. Para melhorar a visibilidade é que se prevê o uso dos faróis nesses locais.

O dispositivo acima discrimina as hipóteses de uso obrigatório dos faróis acesos. Não proíbe outras situações, depreendendo-se a permissão para constantemente trafegar com os mesmos ligados, se tal for da vontade do condutor.

No inc. II, há a previsão de que em circulação, nas vias não iluminadas, o condutor manterá acesos os faróis do veículo, sempre com luz alta, entendendo-se que seja durante a noite, embora não mencionada expressamente esta circunstância. Ademais, referindo a norma o uso nas vias não iluminadas, conclui-se que unicamente durante a noite incide a obrigação, eis que, no período diurno, não se mantém ligada a iluminação. Inclusive nas vias urbanas segue-se a determinação, caso desprovidas de iluminação. Nas estradas e rodovias, o conveniente é circular constantemente com os faróis acesos, mesmo durante o dia, por ensejar a visualização do veículo a uma longa distância.

Determina-se que nas vias desprovidas de iluminação pública é obrigatório o uso da luz alta, com o que resultará uma maior visibilidade da pista. Excetua-se desse preceito os casos em que se cruzar com outro veículo vindo na direção oposta, ou quando outro veículo transitar numa distância não muito longa na frente, pois, com o uso da luz alta nessas hipóteses, ofuscar-se-ia a visão dos condutores de tais veículos, fator capaz de ocasionar algum acidente ou manobra perigosa. Nesse caso – uso do facho de luz alta perturbando a visão de outro motorista –, incorrerá o condutor na infração prevista no art. 223.

Mesmo em vias iluminadas é de se acionar o uso dos faróis, mas então com a luz baixa, permitindo que o condutor tenha uma visão bastante clara da pista e possibilitando aos demais usuários a visualização de seu veículo a uma distância maior do que a normal.

Em certas ocasiões tolera-se e aconselha-se a troca de luz alta e baixa de forma intermitente (inc. III). É o caso de uso como forma de indicar ao motorista de veículo que

Cap. LIV | Responsabilidade por Danos Causados no Trânsito de Veículos • **745**

segue à frente a intenção de ultrapassá-lo, e de que seja facilitada tal manobra. Possível de ocorrer, também, em situações de emergência que ensejam um deslocamento mais rápido, ou em vias que permitem uma velocidade elevada, quando o veículo que segue à frente transitar em velocidade inferior à máxima permitida.

Também é usada a troca de luz quando se desejar avisar outros motoristas que há algum risco para o trânsito, advertindo que deve haver uma cautela maior, como nos casos de acidentes, buracos na pista, deslizamentos e estradas interrompidas.

Ressalta-se que somente nessas hipóteses é que se permite a troca de luz, conforme prevê o art. 251, considerando como infração tal ato em outras situações que não as previstas no Código, como, *v. g.*, sinal de luz indicando que há policiamento na via, fato que é proibido e punido com multa.

b) Uso das luzes de posição

"IV – O condutor manterá acesas pelo menos as luzes de posição do veículo quando sob chuva forte, neblina ou cerração."

Luz de posição do veículo, na forma do disposto no Anexo I do Código, é a "luz do veículo destinada a indicar a presença e a largura do veículo". Na maioria dos automóveis consiste na primeira fase dos faróis, quando a luz gerada é fraca.

Com a finalidade de indicar justamente a presença e a largura do veículo é que se exige o uso das luzes de posição quando sob chuva forte, neblina ou cerração, que são situações onde a visibilidade fica prejudicada. Assim, mantendo acesas as luzes de posição, possibilita-se que o veículo transite de forma mais segura, permitindo a visualização do automóvel mesmo nas ocasiões em que fica dificultada a verificação da sua presença.

c) Uso do pisca-alerta

"V – O condutor utilizará o pisca-alerta, nas seguintes situações:

a) em imobilizações ou situações de emergência;

b) quando a regulamentação da via assim o determinar."

De acordo com o Anexo I do Código, consiste o pisca-alerta em uma "luz intermitente do veículo, utilizada em caráter de advertência, destinada a indicar aos demais usuários da via que o veículo está imobilizado ou em situação de emergência".

O inc. V nada mais faz do que dar obrigatoriedade ao conceito. Será usado o pisca--alerta somente em situações excepcionais, como forma de advertir os demais usuários para que tomem precauções ao cruzar pelo veículo, ou para indicar que se precisa de ajuda.

Uma das hipóteses previstas para o uso do pisca-alerta é em caso de imobilizações ou situações de emergência (alínea *a*). Assim, pode ocorrer, *v.g.*, nos casos em que o veículo não puder prosseguir devido a algum defeito mecânico, tendo de ficar parado na via, advertindo, com o uso do dispositivo, da anormalidade e para a cautela de desvio, pois aguarda conserto. Da mesma forma quando se transporta uma pessoa que está passando mal e necessitando chegar a hospital, quando o pisca-alerta indicará aos demais motoristas a urgência no deslocamento.

Igualmente demanda a utilização do pisca-alerta quando o determinar a regulamentação da via (alínea *b*). Cuida-se de uma inovação trazida pelo Código, no sentido de que algumas vias, por exigirem dos condutores um cuidado maior no dirigir e uma velocidade reduzida, requeiram o uso do pisca-alerta como forma de prevenir e avisar dos riscos ali existentes.

746 • Responsabilidade Civil | *Arnaldo Rizzardo*

Também é utilizado o pisca-alerta quando se deseja advertir os demais usuários que há algum problema na via, como um acidente ou bloqueamento parcial por defeito na pista. Da mesma forma quando é realizado transporte de cargas perigosas ou muito pesadas, sendo obrigado o veículo a transitar em velocidade reduzida, o pisca-alerta transmitirá aos demais usuários a necessidade de se tomar precauções.

3.14. Freagem brusca do veículo

Manda o art. 42: "Nenhum condutor deverá frear bruscamente seu veículo, salvo por razões de segurança."

Muitos acidentes decorrem da frenagem brusca e repentina do veículo que trafega à frente, a qual, por ser totalmente imprevista, não dá tempo e condições para que o motorista que vem atrás pare o veículo, ou desvie para evitar o choque.

Daí o preceito estabelecendo a proibição ao motorista de frear bruscamente, mormente quando for desnecessário e incabível, havendo condições de pará-lo lentamente, como forma de garantir a sua segurança e a dos demais usuários da via.

Na colisão por trás, embora a presunção de culpa seja daquele que bate, pois deve sempre manter uma certa distância de segurança (art. 29, II), sabe-se que esse princípio é relativo, afastando-se a culpa se demonstrado que o veículo da frente agiu de forma imprudente e com manobra desnecessária, situação comum na freada repentina (como já referido no item 5.2).

Isso ocorre pelo fato de que, parando o motorista o veículo repentinamente, ou de inopino, não pode o mesmo pretender se beneficiar da presunção da culpa daquele que o abalroa por trás.

Mas não é sempre que a frenagem brusca é desautorizada. Surgem casos que levam à necessidade e à permissão, sendo de fundamental importância para a segurança no trânsito. Excepcionalmente autoriza-se nas situações de inevitabilidade de conduta diferente, como, *v. g.*, na de um veículo cortar inesperadamente a frente do que tem a preferência, o qual se vê constrangido a frear bruscamente para evitar a colisão. Outrossim, se um pedestre atravessar inadvertidamente a rua, tendo o motorista que parar de inopino para não atropelar o transeunte.

3.15. Cuidados ao regular a velocidade

Exige o art. 43: "Ao regular a velocidade, o condutor deverá observar constantemente as condições físicas da via, do veículo e da carga, as condições meteorológicas e a intensidade do trânsito, obedecendo aos limites máximos de velocidade estabelecidos para a via, além de:

I – não obstruir a marcha normal dos demais veículos em circulação sem causa justificada, transitando a uma velocidade anormalmente reduzida;

II – sempre que quiser diminuir a velocidade de seu veículo deverá antes certificar-se de que pode fazê-lo sem risco nem inconvenientes para os outros condutores, a não ser que haja perigo iminente;

III – indicar, de forma clara, com a antecedência necessária e a sinalização devida, a manobra de redução de velocidade."

Cap. LIV | Responsabilidade por Danos Causados no Trânsito de Veículos • **747**

Inúmeros são os preceitos e fatores que conduzem à observância da velocidade ao dirigir, sempre visando garantir uma maior segurança no trânsito. Sendo, a velocidade, fator extremamente importante no tráfego e apontada por muitos como responsável por grande parte dos acidentes – embora a imprudência e a falta de bom senso de alguns motoristas sejam preponderantes –, é de relevância que haja normas e atos de estrita obediência pelo motorista ao regular a velocidade.

No *caput* do art. 43, prescrevem-se fatores de rigorosa e constante atenção pelo condutor ao dimensionar a velocidade, atinentes às condições da via, do veículo e da carga que é transportada. Uma via em melhores condições de trafegabilidade permite uma velocidade mais elevada, levando-se em conta a possibilidade do veículo, o perfeito funcionamento, a potência do motor, a correta e boa manutenção, bem como o volume e o peso da carga. Um veículo com muito peso deve transitar com maior cuidado e com uma velocidade reduzida relativamente aos demais.

As condições meteorológicas e a intensidade do trânsito também são levadas em alta conta, pois com chuva há maiores riscos, impondo uma velocidade bem menor do que em dias secos. Relativamente à intensidade do trânsito, quanto maior for o número de veículos circulando na via, obviamente a velocidade será reduzida, por aumentar a probabilidade de acidentes e por haver um menor espaço físico para uma velocidade superior. Da mesma forma, é evidente que serão obedecidos os limites máximos de velocidade estabelecidos para a via, indicados por meio de sinalização ou, quando inexistente, observados segundo o disposto no § 1º do art. 61.

Além desses preceitos estabelecidos no *caput*, preveem-se outras condutas impostas ao motorista, sempre ligadas à velocidade desenvolvida.

No inc. I, impede-se que o condutor transite a uma velocidade excessivamente reduzida sem causa justificada, ou fora do normal, evitando, com isso, a obstrução da marcha dos demais veículos em circulação. É defeso ao condutor, em rodovias de trânsito rápido, circular a uma velocidade assaz reduzida, como se estivesse passeando ou olhando a paisagem, impedindo que os demais veículos circulem de acordo com o permitido para a via, sob pena de incidir na infração prevista no art. 219, que prevê como infração média o ato de transitar em velocidade inferior à metade da máxima estabelecida para o local.

Tal velocidade diminuta só é admitida em casos justificados, como, *v.g.*, em havendo defeito mecânico no veículo (caso em que deverá transitar com o pisca-alerta acionado), se as condições da pista e do clima a exigirem ou se trafegar na faixa da direita, no caso de estender-se mais de uma faixa de circulação no mesmo sentido.

Para a eventualidade do condutor querer diminuir a velocidade do veículo, incumbe-lhe certificar-se de que pode realizar a manobra sem causar riscos ou inconvenientes para os demais motoristas, a menos que se depare com perigo iminente (inc. II).

A redução da velocidade sempre implicará a mudança do fluxo do veículo e, não raras vezes, dos demais que demandam atrás. Cuida-se, pois, de manobra que reclama cautela e observância no tráfego desenvolvido, a fim de não causar nenhum perigo com uma redução repentina da velocidade. Deparando-se com algum perigo iminente, como um buraco na pista ou a visualização de algum pedestre que demonstre a intenção de cruzar a rua, é possível e necessária a diminuição da velocidade de forma mais célere, dispensando os cuidados habituais, como forma de garantir a segurança do próprio condutor e dos demais usuários.

748 • Responsabilidade Civil | Arnaldo Rizzardo

Também agrega-se aos deveres do motorista, antes de iniciar a manobra de redução da velocidade, indicar de modo claro e com a devida sinalização a sua intenção (inc. III). Norma reclamada para que os demais condutores saibam que a velocidade do veículo da frente passará a reduzir-se, munindo-se eles, então, das devidas cautelas. A forma mais empregada para indicar a intenção de reduzir a velocidade é através da luz de freio, que é acionada através de um leve toque no pedal correspondente, de modo a reduzir lentamente a velocidade ou, em alguns casos, por meio de gesto convencional de braço.

3.16. Prudência na aproximação de cruzamentos

Encerra o art. 44: "Ao aproximar-se de qualquer tipo de cruzamento, o condutor do veículo deve demonstrar prudência especial, transitando em velocidade moderada, de forma que possa deter seu veículo com segurança para dar passagem a pedestres e a veículos que tenham o direito de preferência."

Como já referido em tópicos anteriores, sempre que o condutor se aproximar de cruzamentos, agirá com uma cautela especial, imprimindo uma velocidade moderada, capaz de lhe permitir que pare o veículo com segurança no caso de haver algum pedestre atravessando a pista, ou se deparar com veículo tendo o direito de preferência no cruzamento. Cuida-se de norma direcionada à segurança no trânsito, visando impedir colisões e atropelamentos, de grande frequência em cruzamentos, o que representa um sintoma do tráfego em alta velocidade e da ausência de atenção quando das manobras em inflexões para as direções das várias artérias que se encontram.

Salienta-se que são cuidados de rigorosa obediência nos cruzamentos, mesmo que amparado o condutor na preferência de passagem, pois assim consegue-se evitar acidentes inclusive nos casos em que o veículo tem a frente "cortada" por outro que, inadvertidamente, cruza a via sem respeitar a preferencialidade, ou não verifica se há outro automóvel transitando na pista. Essa conduta faz parte das medidas preconizadas como direção defensiva.

3.17. Imobilização temporária do veículo na via

Prescreve o art. 46: "Sempre que for necessária a imobilização temporária de um veículo no leito viário, em situação de emergência, deverá ser providenciada a imediata sinalização de advertência, na forma estabelecida pelo CONTRAN."

Há situações em que é necessária a imobilização temporária do veículo no leito viário, sempre determinada por fatores de emergência, como nos casos de repentino defeito mecânico no carro ou de acidentes, em que é aconselhável que o veículo permaneça no local do sinistro para provável averiguação policial.

Em tal quadro, o condutor providenciará a imediata sinalização de advertência, como acionar o pisca-alerta (na forma do previsto na alínea *a* do inc. V do art. 40) e utilizar o triângulo de sinalização, conhecido como dispositivo de sinalização refletora de emergência.

Agindo dessa maneira, os demais usuários da via serão advertidos de que há um veículo parado em situação de emergência, tomando as devidas precauções.

3.18. Embarque e desembarque do veículo

Consta do art. 49: "O condutor e os passageiros não deverão abrir a porta do veículo, deixá-la aberta ou descer do veículo sem antes se certificarem de que isso não constitui perigo para eles e para outros usuários da via.

Parágrafo único. O embarque e o desembarque devem ocorrer sempre do lado da calçada, exceto para o condutor."

Por meio de uma norma de conduta dirigida à segurança de todos os usuários da via, prescreve-se que o ato de abrir a porta do veículo será precedido de certa cautela, visando evitar acidentes que muitas vezes ocorrem por apanharem-se os condutores de surpresa quando é aberta de inopino porta de veículo que se encontra estacionado.

Assim, cumpre ao condutor, ao estacionar, observar o movimento de veículos na via, assegurando-se de que se encontra livre ou ao menos lhe oferece segurança, para somente então abrir a porta, ou permitir que o acompanhante abra a do seu lado.

Efetivamente, age imprudentemente o motorista que, estacionado, abre a porta do veículo, sem previamente verificar a movimentação de outros automotores, como já se decidiu:

"Responsabilidade civil. Ação de indenização por danos causados em abalroamento de veículo. Carro parado no meio-fio. Abertura de porta quando se aproximava um ônibus. Culpa do motorista do automóvel."

Consta do acórdão, "ao passageiro que desce de um automóvel parado cabe a cautela de verificar se pode abrir a porta sem perigo de colisão com outro veículo que a seu lado transite", e de outro, "nenhuma culpa se pode imputar ao motorista da ré para responsabilizá-lo pelos danos causados. A imprudência foi exclusiva do autor que, antes de abrir a porta, deve olhar para que a saída do veículo ocorra sem maior problema e apenas ante a segurança absoluta de uma saída segura".[13]

Daí a importância de agirem o condutor e os passageiros do veículo com certa prudência ao abrirem a porta do automóvel.

No parágrafo único, impõe-se que o embarque e o desembarque ocorrerão sempre do lado da calçada. Como já frisado, evita-se que seja aberta a porta do lado da rua, onde aumentam os riscos de acidentes, em virtude do tráfego ali existente. Excetua-se da regra o motorista, eis que seria criar uma dificuldade maior impor que ele saísse pelo lado da calçada, até por razões de espaço físico, já que teria de se deslocar de um banco para outro, passando por cima da alavanca da marcha ou do painel de controle (em alguns veículos, situado ao lado do banco – como o acionamento de vidros elétricos), exigindo não raramente certos malabarismos. Assim, admite-se que o condutor embarque e desembarque pelo lado da pista, mas sempre se munindo das devidas precauções para a sua segurança e a dos demais usuários.

3.19. Condução de veículos de tração animal

Manda o art. 52: "Os veículos de tração animal serão conduzidos pela direita da pista, junto à guia da calçada (meio-fio) ou acostamento, sempre que não houver faixa

---

[13] 1º Tribunal de Alçada Civil de São Paulo, 7ª Câmara, Ap. nº 334.320, *RT* 595/142, 11.12.1984.

750 • Responsabilidade Civil | *Arnaldo Rizzardo*

especial a eles destinada, devendo seus condutores obedecer, no que couber, às normas de circulação previstas neste Código e às que vierem a ser fixadas pelo órgão ou entidade com circunscrição sobre a via."

As normas de circulação e conduta são cogentes e obrigatórias a todos os usuários das vias terrestres. Assim, também os veículos de tração animal, como carroças e charretes, circularão de acordo com os parâmetros do Código.

Dada a sua circulação lenta, os veículos de tração animal serão conduzidos pela direita da pista, junto à guia da calçada (meio-fio) ou acostamento, não obstruindo, assim, o trânsito dos veículos automotores, que desenvolvem uma velocidade superior, e deixando um espaço maior na pista. No caso de trafegarem pelo acostamento, a pista ficará livre e reservada apenas aos automotores. Logicamente, essa conduta é exigida tão somente nos locais onde não houver faixa especial a eles destinada, na qual trafegarão, sem ingressar na reservada aos demais veículos.

Seguindo a regra geral, como acima frisado, os condutores desses veículos acatarão as normas de circulação previstas no Código, no que lhes for pertinente, e as que se introduzirem pelo órgão ou entidade com circunscrição sobre a via.

3.20. Circulação de animais nas vias

Dispõe o art. 53: "Os animais isolados ou em grupos só podem circular nas vias quando conduzidos por um guia, observado o seguinte:

I – para facilitar os deslocamentos, os rebanhos deverão ser divididos em grupos de tamanho moderado e separados uns dos outros por espaços suficientes para não obstruir o trânsito;

II – os animais que circularem pela pista de rolamento deverão ser mantidos junto ao bordo da pista."

Muitas vezes se faz necessária a circulação de animais nas vias, como, *v. g.*, quando conduzidos para outra parte do campo, onde o acesso pela via apresenta-se mais fácil e rápido, ou quando o campo situar-se do lado oposto da via. Dentro dessa realidade, traçam-se normas observáveis quando da circulação de animais, isolados ou em grupos, acompanhando obrigatoriamente, por todo o trajeto, um ou mais guias para o controle.

Inicialmente, dispõe-se sobre a divisão dos rebanhos em grupos de tamanho moderado, separados uns dos outros por espaços suficientes, de modo a não prejudicar ou até impedir o trânsito, facilitando o deslocamento dos animais (inc. I). Evita-se a concentração ou o ajuntamento de muitos animais, o que dificultaria o controle por parte do guia, e certamente impediria a passagem dos veículos que trafegam na via. Divididos em grupos moderados, o controle é facilitado e dificilmente os animais obstruirão o trânsito, pois separados uns dos outros, de forma que possam circular somente pelo acostamento da pista.

No caso de não oferecida alternativa outra que a circulação pela pista de rolamento (inc. II), manter-se-ão os animais junto ao bordo da pista, de forma a permitir espaço e condições para a passagem dos veículos com segurança. Certamente o condutor do veículo que perceber a circulação de animais na pista diminuirá a sua velocidade, passando pelo local com maior cautela, mantendo certa distância entre o automóvel e os animais, o que lhe dará maior segurança e diminuirá o risco de acidentes no caso de um animal sair do grupo e do controle do guia, o que é muito comum.

3.21. Circulação de motocicletas, motonetas, ciclomotores e bicicletas

Traz o Código uma série de normas relativamente à circulação de motocicletas, motonetas e ciclomotores. Tais veículos passaram a ocupar grande importância e preocupação nos últimos tempos, não apenas pelo grau de perigo que oferecem aos seus condutores, mas pela forma como trafegam, provocando situações de risco constante ao trânsito em geral. Com efeito, devido ao seu tamanho reduzido e à facilidade com que se deslocam, são utilizados em grande escala em várias atividades, como de pequenos transportes de produtos comerciais e alimentos, de encomendas rápidas, propagando-se o uso inclusive nas atividades de interesse público, e assim nas entregas de correspondências, nos serviços de comunicações, nas escoltas e no próprio policiamento em vias públicas.

Diante do trânsito cada vez mais tumultuado e trancado nos centros urbanos, especialmente as motocicletas representam uma alternativa de deslocamento rápido. Difunde-se o uso na camada da população mais jovem, pelo atrativo ou fascínio de liberdade e clima de aventura que proporcionam.

Consoante o Anexo I do Código, *motocicleta* corresponde ao "veículo automotor de duas rodas, com ou sem *side-car*, dirigido por condutor em posição montada". *Motoneta* é o "veículo automotor de duas rodas, dirigido por condutor em posição sentada". E como *ciclomotor* define-se "o veículo de duas ou três rodas, provido de um motor de combustão interna, cuja cilindrada não exceda a cinquenta centímetros cúbicos (3,05 polegadas cúbicas) e cuja velocidade máxima de fabricação não exceda a cinquenta quilômetros por hora". *Bicicleta* vem a ser o "veículo de propulsão humana, dotado de duas rodas, não sendo, para efeito deste Código, similar à motocicleta, motoneta e ciclomotor".

Seguem as principais disposições do Código a respeito do assunto.

a) Quanto aos condutores

"Art. 54. Os condutores de motocicletas, motonetas e ciclomotores, só poderão circular nas vias:

I – utilizando capacete de segurança, com viseira ou óculos protetores;

II – segurando o guidom com as duas mãos;

III – usando vestuário de proteção, de acordo com as especificações do CONTRAN."

b) Quanto ao transporte de passageiros

"Art. 55. Os passageiros de motocicletas, motonetas, ciclomotores, só poderão ser transportados:

I – utilizando capacete de segurança;

II – em carro lateral acoplado aos veículos ou em assento suplementar atrás do condutor;

III – usando vestuário de proteção, de acordo com as especificações do CONTRAN."

c) Quanto à condução de ciclomotores

"Art. 57. Os ciclomotores devem ser conduzidos pela direita da pista de rolamento, preferencialmente no centro da faixa mais à direita ou no bordo direito da pista sempre que não houver acostamento ou faixa própria a eles destinada, proibida a circulação nas vias de trânsito rápido e sobre as calçadas das vias urbanas.

Parágrafo único. Quando uma via comportar duas ou mais faixas de trânsito e a da direita for destinada ao uso exclusivo de outro tipo de veículo, os ciclomotores deverão circular pela faixa adjacente à da direita."

752 • Responsabilidade Civil | *Arnaldo Rizzardo*

d) Quanto à circulação de bicicletas

"Art. 58. Nas vias urbanas e nas rurais de pista dupla, a circulação de bicicletas deverá ocorrer, quando não houver ciclovia, ciclofaixa, ou acostamento, ou quando não for possível a utilização destes, nos bordos da pista de rolamento, no mesmo sentido de circulação regulamentado para a via, com preferência sobre os veículos automotores.

Parágrafo único. A autoridade de trânsito com circunscrição sobre a via poderá autorizar a circulação de bicicletas no sentido contrário ao fluxo dos veículos.

Art. 59. Desde que autorizado e devidamente sinalizado pelo órgão ou entidade com circunscrição sobre a via, será permitida a circulação de bicicletas nos passeios."

3.22. Uso obrigatório do cinto de segurança

Estabelece o art. 65: "É obrigatório o uso do cinto de segurança para condutor e passageiros em todas as vias do território nacional, salvo em situações regulamentadas pelo CONTRAN."

A obrigatoriedade do uso do cinto de segurança em todas as vias do território nacional é outra grande novidade trazida pelo atual Código, cuidando-se de dispositivo aguardado por muitos como uma das soluções para diminuir a mortalidade e as lesões graves ocorridas em acidentes. A não observância do uso importa em infração.

A obrigatoriedade do uso diz respeito a toda e qualquer circulação de veículo, na generalidade das vias do território nacional.

É incontroverso que o uso do cinto de segurança diminui em muito os riscos de lesões graves nas eventualidades de acidentes, protegendo o motorista e os passageiros no momento do impacto, principalmente os que se encontram nos bancos dianteiros.

Para cada pessoa que estiver no veículo, deverá haver um cinto de segurança. Se cinco os cintos, unicamente cinco pessoas poderão ser transportadas. Mesmo que um dos passageiros seja criança recém-nascida, deverá existir, para ela, um cinto de segurança, ou um sistema de retenção equivalente (cadeirinha presa no encosto do banco, popularmente denominada *moisés*). Encontrando-se dormindo a criança, não poderá permanecer no colo. Apesar de ordenar o Código que os menores de dez anos somente possam viajar no banco traseiro, havendo unicamente quatro menores sendo transportados pelo condutor, permite-se que um dos menores fique no banco dianteiro, segundo a Resolução do CONTRAN nº 277, de 28.05.2008, desde que com o uso do dispositivo de retenção adequado ao seu peso e altura, nas seguintes situações:

I – quando o veículo for dotado exclusivamente deste banco;

II – quando a quantidade de crianças com esta idade exceder a lotação do banco traseiro;

III – quando o veículo for dotado originalmente (fabricado) de cintos de segurança subabdominais (dois pontos) nos bancos traseiros.

Pelos danos ocorridos ou agravados em decorrência da falta de uso do equipamento, posto que obrigatório, deve responder o condutor ou proprietário. Afigurando-se a certeza das decorrências prejudiciais na desobediência à determinação, revela imprudência e negligência a conduta que aceita transportar pessoa sem a devida colocação do cinto. Na obstinação do passageiro, que retira o equipamento no curso da viagem, e vindo ele a se lesionar em acidente, importa em isentar o condutor de responsabilidade.

Cap. LIV | Responsabilidade por Danos Causados no Trânsito de Veículos • **753**

Todavia, a falta de uso não isenta aquele que provoca acidente e lesões, situação bem exposta no seguinte aresto: "Viola o dever de cuidado o motorista que perde a direção e colide com a lateral de outro veículo, atirando-o contra um poste. O fato de a vítima estar dirigindo sem o cinto de segurança não caracteriza culpa concorrente porque este fato, por si só, não desencadeou o nexo causal. Pela teoria da causa adequada, nem todas as condições que concorrem para um resultado são equivalentes, mas somente aquela que foi a mais necessária à produção concreta do evento. Ademais, o uso obrigatório do cinto de segurança é norma administrativa destinada à autoproteção e não a reduzir a responsabilidade do causador do dano."[14]

4. SITUAÇÕES COMUNS EM ACIDENTES DE TRÂNSITO E RESPONSABILIDADE

Não há dúvida que a conduta humana é praticamente a única causadora dos acidentes de trânsito. O ato de dirigir infringe as regras básicas da direção, quer as delineadas em leis e regulamentos vigentes, quer as ditadas pelo bom senso, o que determina as colisões, as derrapagens, os abalroamentos, as quedas, os atropelamentos e toda sorte de sinistros e danos, que podem acarretar o direito à indenização em favor das vítimas ou lesados.

É justamente o estudo da conduta humana que interessa para se vislumbrar o elemento que autoriza a indenização, especialmente naquelas hipóteses já consolidadas na prática pretoriana, e que trazem ínsita a culpa, em suas várias modalidades de manifestação. Hipóteses estas que variam e se multiplicam consideravelmente, em proporção direta ao grau de incapacidade, despreparo e irresponsabilidade dos condutores, que colocam o País na vanguarda das estatísticas em acidentes de trânsito que ocorrem na generalidade das nações.

Basta ler o art. 28 do Código de Trânsito Brasileiro (Lei nº 9.503) para depreender como deve ser a conduta de quem dirige: "O condutor deverá, a todo momento, ter domínio de seu veículo, dirigindo-o com atenção e cuidados indispensáveis à segurança do trânsito." Segundo o art. 169 do mesmo diploma, "dirigir sem atenção ou sem os cuidados indispensáveis à segurança" constitui infração de natureza leve.

Várias as situações que, pela sua simples verificação, determinam a certeza na indenização. O mero fato em si importa na obrigação reparatória em algumas situações de incontroversa culpa, ou de responsabilidade objetiva, porquanto somente acontecem em razão de falhas nas regras da conduta humana, ou por causas ligadas ao veículo, mesmo que independentes de ato do motorista.

Nessa linha de visão, nem carece de discussão sobre a culpa o acidente por derrapagem, por colisão em árvores que se erguem na margem das pistas, por batida em ultrapassagem, por abalroamento no ingresso em via preferencial, por choque em outro veículo quando o semáforo não permite a movimentação, por atropelamento de pedestre que está no acostamento ou atravessando em faixa de preferência, por invasão na contramão de direção, por queda em ponte. Revela-se presumida a culpa em colisão por trás, na freagem repentina, no ingresso em via lateral, na direção em estado de embriaguez, no excesso de velocidade, na falta de habilitação, na direção sem atenção, no abalroamento do veículo que trafega na pista lateral. É objetiva a responsabilidade, não se investigando a existência da culpa, nos danos causados em acidentes que acontecem por defeito mecânico, como

---

[14] Apel. Cível nº 16.240/2002, da 2ª Câmara Cível do Tribunal do Rio de Janeiro, *DJ* de 27.03.2003, em *ADCOAS* 8219156, *Boletim de Jurisprudência ADCOAS*, nº 34, p. 533, ago. 2003.

falta de freios, estouro de pneu, rompimento de peças, quebra de roda, trancamento da direção, incêndio do veículo, queda de objetos ou partes do carro.

Vasta é a casuística nos acidentes de trânsito, mas repetindo-se as causas, que se concentram na imprudência, negligência ou imperícia, e aumenta na medida do crescimento do número de veículos nas pistas e da falta de uma política de fiscalização e punição eficientes.

Procura-se, através dos casos apresentados, dar uma ideia do tratamento jurídico nas situações mais comuns.

4.1. Abalroamentos sucessivos

Os abalroamentos sucessivos acontecem principalmente em vias de tráfego congestionado, em momentos de deslocamento das pessoas para as periferias das cidades, ou ao término de eventos de grande frequência de pessoas.

A pressa e a agitação incutem nervosismo e falta de calma nos condutores, que procuram fazer manobras arriscadas e sem condições de espaço para a ultrapassagem de veículos que se encontram à frente.

Em princípio, a culpa é sempre do motorista que bate atrás do carro que segue à frente, em função da regra de conduta que exige precaução e diligência em momentos de maior perigo, e que se encontra consubstanciada no art. 29, inc. II, do Código de Trânsito Brasileiro: "O condutor deverá guardar distância de segurança lateral e frontal entre o seu e os demais veículos, bem como em relação ao bordo da pista, considerando-se, no momento, a velocidade e as condições do local, da circulação, do veículo e as condições climáticas."

Como a marcha desenvolvida é lenta, a distância entre um veículo e outro não necessita ser grande, mas o suficiente para frear sem perigo de colidir com o que segue à frente: "Engarrafamento. Batida na traseira. Falta de prova de que o motorista do carro que foi jogado contra o outro tenha concorrido para o choque. Nos engarrafamentos de trânsito, é razoável que os veículos guardem entre si a distância de dois a três metros. Ação julgada improcedente. Apelo improvido."[15]

Na sequência de colisões, o responsável é aquele condutor que inicia o desencadeamento dos choques: "Acidente de trânsito. Engavetamento, em dois tempos, envolvendo quatro veículos. Ação ajuizada pelo proprietário do primeiro contra aqueles do segundo e terceiro. Denunciação da lide, pelo terceiro, à respectiva seguradora e ao proprietário do quarto veículo. Responsabilidade da motorista do terceiro, que, ante a parada do segundo – determinada pela parada, à sua frente, do carro do autor – colide com o veículo intermediário e o projeta contra a parte traseira do primeiro. Subsequente abalroamento do terceiro, pelo quarto, mas sem demonstração de reflexo nos danos, cuja indenização é postulada. Ação julgada parcialmente procedente contra a proprietária do terceiro, e improcedente contra aquele do segundo. Acolhimento da primeira denunciação e rejeição da segunda. Sentença confirmada."[16]

---

[15] Ap. Cível nº 185.012.267, da 3ª Câmara Cível do Tribunal de Alçada do RGS, de 03.04.1985, em *Julgados do Tribunal de Alçada do RGS*, 54/332.

[16] Ap. Cível nº 186.043.949, da 3ª Câmara Cível do Tribunal de Alçada do RGS, de 17.09.1986, em *Julgados do Tribunal de Alçada do RGS*, 61/429.

Cap. LIV | Responsabilidade por Danos Causados no Trânsito de Veículos • **755**

Mais situações particulares ocorrem, como na colisão, pelo veículo que está atrás, no veículo que vai à frente e que se encontra convergindo à esquerda a fim de ultrapassar outro veículo. Os dois condutores refletem culpa na conduta: o que está à frente por realizar a manobra sem condições propícias e fazer sinais; e aquele que o precede, por não revelar atenção: "Recurso. Apelação. Interposição por seguradora denunciada quando conformado o réu denunciante. Admissibilidade (art. 509 do CPC). Legitimidade reconhecida. Conhecimento do recurso. Responsabilidade civil. Acidente de trânsito. Abalroamento na parte traseira do veículo que tentava convergir à esquerda. Culpa concorrente configurada. Recurso provido para condenar os réus (condutor e seguradora denunciada pelo proprietário) ao pagamento de metade da indenização, sendo responsável a seguradora pelo pagamento de apenas metade dos encargos processuais." O referido art. 509 corresponde ao art. 1.005 do atual CPC.

É que o motorista "agiu culposamente, tentando convergir à esquerda sem tomar as necessárias cautelas", ou "em condições desfavoráveis, tanto que estava transitando pela faixa da direita (ou na melhor das hipóteses pelo meio da pista), e iniciou a manobra sem se assegurar da aproximação, por trás, de outro veículo".[17]

A responsabilidade assenta-se no motorista que, integrando a corrente de tráfego, descura-se quanto à possibilidade de o veículo que lhe vai à frente ter de parar de inopino, determinando a colisão.

4.2. Ação direta do lesado contra o Estado no acidente causado por seu preposto

Em geral, quando o causador do acidente é preposto do Estado, a ação é dirigida contra o último, vindo este a denunciar o causador direto, isto é, o funcionário ou preposto.

Entretanto, nada impede que a parte lesada vá buscar a indenização contra o ente público e o causador direto, dependendo a condenação deste da prova da conduta culposa. Uma vez estabelecida a responsabilidade do agente público, já fica definido o direito de reembolsar-se o Estado da quantia que pagar a título de indenização. Linha esta que entende plausível o Superior Tribunal de Justiça: "Para o deslinde, anote-se que, em verdade, se a autora da ação, insculpindo a fundamentação do risco administrativo, tivesse apenas optado pelo chamamento do Estado, assim poderia ter alvitrado. No entanto, certamente atraída pelo imperativo da economia e a segurança do processual do contingente probatório, com uma única instrução e consequente sentença, chamou também o servidor público, para precatar-se contra a possibilidade de o Estado demonstrar que o seu agente agiu culposamente, invertendo a responsabilidade pelos danos causados. Lembre-se que a própria Constituição Federal assegura 'o direito de regresso contra os responsáveis nos casos de dolo ou culpa' (art. 37, § 6º, e assim também a Lei 4.619, de 1965, que trata da ação regressiva da União contra seus agentes). Poderia ser, isto sim, polêmico o chamamento exclusivo do servidor público, não se incluindo o Estado. Não é a hipótese...

Evidentemente, outrossim, o direito de regresso, por si, propiciador da denunciação da lide (art. 70, III, CPC), caso a autora, prontamente, como fez, não tivesse incluído o servidor público no polo passivo, o Estado estaria autorizado a promovê-la, até mesmo, em homenagem à conveniência e celeridade do processo...

---

[17] Ap. nº 298.756, 1ª Câmara do 1º Tribunal de Alçada Civil de São Paulo, de 09.11.1982, em *Julgados dos Tribunais de Alçada Civil de São Paulo*, 80/91.

756 • Responsabilidade Civil | *Arnaldo Rizzardo*

É de todo recomendável que o agente público, responsável pelos danos causados a terceiros, integre, desde logo, a lide, apresente a sua resposta, produza prova e acompanhe toda a tramitação do processo e que se resolva desde logo, em uma única ação, se ele agiu ou não com culpa ou dolo ou se não teve nenhuma responsabilidade pelo evento danoso."[18] O referido art. 70, inc. III, corresponde ao art. 125, inc. II, do CPC em vigor.

4.3. Acidentes em faixas de segurança de pedestres

De modo especial nas vias urbanas estabelecem-se faixas de preferência para a passagem de pedestres, às vezes com sinalização luminosa, que distribui momentos de travessia da pista, e às vezes sem tal sinalização.

A respeito, ordena o art. 70 da Lei nº 9.503: "Os pedestres que estiverem atravessando a via sobre as faixas delimitadas para este fim terão prioridade de passagem, exceto nos locais com sinalização semafórica, onde deverão ser respeitadas as disposições deste Código." O parágrafo único: "Nos locais em que houver sinalização semafórica de controle de passagem será dada preferência aos pedestres que não tenham concluído a travessia, mesmo em caso de mudança do semáforo liberando a passagem dos veículos."

Nota-se que a preferência não diz apenas com a sinalização luminosa favorável. Inclusive quando inexistir esta, e se encontre o pedestre atravessando a pista pela faixa de segurança, é obrigado o motorista a parar o veículo e aguardar que a pista fique livre.

Em geral, as faixas de segurança existem em locais de grande movimentação de pedestres, o que impõe redobrada atenção e redução da velocidade imprimida no veículo, em consonância com a regra do art. 311 do Código de Trânsito vigente: "Trafegar em velocidade incompatível com a segurança nas proximidades de escolas, hospitais, estações de embarque e desembarque de passageiros, logradouros estreitos, ou onde haja grande movimentação ou concentração de pessoas, gerando perigo de dano: Penas – detenção...".

Como consta em jurisprudência, exige-se a observância das convenções de trânsito relativas a faixas de segurança mesmo que se encontre o motorista em uma atividade que impõe alta velocidade: "O motorista, desrespeitando o sinal semafórico adverso, apontando-lhe o vermelho, avançou sobre a faixa de travessia exclusiva de pedestres colhendo, no meio da via pública, a vítima que por ali transitava, sobre aquela faixa... Ressalte-se que a vítima foi lançada, pelo veículo, a uns quinze metros de distância, o que demonstra não ser moderada sua velocidade, circunstância relatada pela testemunha... Nada justificava que o motorista passasse de afogadilho, sem as cautelas exigíveis, sem sirene ligada, em patrulhamento normal, sem respeitar a sinalização semafórica."[19]

"Age com culpa o motorista que atropela pedestre que transita em faixa. O dano moral sofrido pela autora está configurado em razão do próprio acidente, sendo cabível a condenação do réu a este título..."[20]

---

[18] REsp. nº 34.930-1/SP, da 1ª Turma do Superior Tribunal de Justiça, de 15.03.1995, em *Revista do Superior Tribunal de Justiça*, 77/100.

[19] Ap. nº 434.066-1, da 4ª Câmara do 1º Tribunal de Alçada Civil de São Paulo, j. em 02.06.1990, em *RT*, 660/116.

[20] Apel. Cível nº 70006079578, da 12ª Câmara Cível do TJ do RGS, j. em 29.05.2003, *in ADCOAS* 8221211, *Boletim de Jurisprudência ADCOAS*, nº 45, p. 709, nov. 2003.

4.4. Acidentes por defeitos na pista

Com frequência, os acidentes devem-se a defeitos apresentados pelas pistas, especialmente aquelas que permitem velocidade mais elevada, ou nas vias de trânsito rápido.

É dever do Poder Público sinalizar as rodovias e ruas urbanas que apresentarem defeitos, como se depreende do art. 90, § 1º, da Lei nº 9.503/1997 (CTB): "O órgão ou entidade de trânsito com circunscrição sobre a via é responsável pela implantação da sinalização, respondendo pela sua falta, insuficiência ou incorreta colocação."

No tocante aos sinais, vários os tipos que se destacam na enumeração do art. 87 da mesma Lei nº 9.503: "Os sinais de trânsito classificam-se em: I – verticais; II – horizontais; III – dispositivos de sinalização auxiliar; IV – luminosos; V – sonoros; VI – gestos do agente de trânsito e do condutor."

Fundamentalmente, o objetivo é avisar os usuários da existência e natureza de perigo na via.

A jurisprudência se formou atribuindo a responsabilidade ao Poder Público pelos acidentes que ocorrem em virtude de defeitos na pista, quando graves, não perceptíveis facilmente e determinantes dos danos. "Acidente de trânsito. Irregularidade em pista rodoviária. Falta de sinalização. Culpa do motorista não comprovada. Inexistência de desastre anterior no local. Irrelevância. Indenização devida pelo DER."

É que, sustenta-se no voto, "ocorrido o acidente por falta exclusiva do serviço público, que mantinha pista defeituosa e sem sinalização adequada, responde a autarquia encarregada desse mister administrativo pelos prejuízos causados", sendo irrelevante a circunstância "de que nenhum outro acidente houve, anteriormente, no local, posto não afastar a realidade do fato, consistente na depressão na pista, após uma lombada, como também, necessariamente, não imputar conduta culposa alguma ao motorista".[21]

Não é o defeito na pista que determina a indenização, mas a falta de sinalização, o que faz tornar-se o defeito em elemento de surpresa para o motorista: "Incumbido de zelar pela segurança do sistema de trânsito, além da conservação das vias de circulação, dentro de seus limites urbanos, o município responde pelos danos produzidos em veículos particulares, em razão da existência, não sinalizada, de buracos surgidos na pista de tráfego".[22]

"... Buraco em rodovia. Falha na prestação de serviço público. Teoria da culpa administrativa. Aplicabilidade. Aplica-se a teoria da culpa administrativa quando há omissão ou falha por parte do Estado na prestação de um serviço público. Restando comprovado que o acidente foi ocasionado por um buraco existente na rodovia, impõe-se a responsabilização do DNER em face da omissão consistente em manter as rodovias federais em condições satisfatórias de trafegabilidade."[23]

Inclusive na falta de conservação de placas que indicam a preferencialidade: "Acidente de trânsito. Ressarcimento de danos. Preferencial. Falta de sinalização. Município denunciado à lide por não conservar e não ter reposto a sinalização de via preferencial. Condenação da ré e ressalvado o direito de regresso."[24]

---

[21] Ap. nº 350.912, 7ª Câmara do 1º Tribunal de Alçada Civil de São Paulo, de 27.12.1986, em *RT*, 606/133.

[22] Ap. nº 300.745, 7ª Câmara do 1º Tribunal de Alçada Civil de São Paulo, j. em 01.02.1983.

[23] Apel. Cível nº 2000.04.01.004490-5-RS, da 4ª Turma do TRF da 4ª Região, *DJ* de 06.03.2002.

[24] Ap. Cível nº 184.013.233, 2ª Câmara Cível do Tribunal de Alçada do RGS, de 21.08.1984, em *Julgados do Tribunal de Alçada do RGS*, 52/299.

758 • Responsabilidade Civil | *Arnaldo Rizzardo*

É preciso, no entanto, que o defeito, geralmente buraco, tenha proporções completamente anormais e não seja facilmente perceptível, porquanto é comum em todas as pistas do País a existência de buracos, desníveis no asfalto, rompimentos nos acostamentos e várias outras contingências.

É evidente que a ocorrência de crateras nas vias, ou vãos causados pelas águas das chuvas, com mais de um metro de diâmetro e certa profundidade, importa em responsabilidade do ente público, que descurou na sua função de vigilância e advertência aos usuários.

De igual modo, incide a responsabilidade se faz ou permite a realização de obras ao longo das pistas, com escavações e depósitos de materiais nas margens, ausente qualquer sinalização.

4.5. Ampla visibilidade do motorista em cruzamentos não sinalizados

A regra do art. 29, III, *a*, do Código de Trânsito, concernente à preferência de quem provém da direita nos cruzamentos não sinalizados, tem certa relatividade em certas ocasiões, máxime se o motorista tem ampla visibilidade do local onde vai ingressar, inclusive do veículo que de lá está vindo. O presente acórdão, embora não recente, bem reflete a interpretação: "Acidente de trânsito. Indenização. Evento ocorrido no interior de rotatória. Preferência de passagem de quem vinha pela direita alegada. Inadmissibilidade. Hipótese em que o motorista tinha ampla visão da praça onde iria ingressar. Verba não devida."

No tocante à visibilidade, constou no voto: "Na hipótese de mera preferência, importa notar o ângulo visual do motorista. Tendo este ampla visão da rotatória onde pretende ingressar, deve aguardar a passagem de quem nela já se encontra e posteriormente iniciar a travessia."

E quanto ao valor relativo da mera preferência: "A sinalização de advertência ou de proibição não é apenas dada pelo sinal 'Pare'. Na hipótese de mera preferência, importante notar o ângulo visual do motorista. Pela foto, vê-se que o autor tinha toda visão da praça onde iria ingressar. Deveria ter aguardado a passagem do réu para, posteriormente, iniciar a travessia. Não poderia ter interceptado a sua frente, nem ingressar na pista da praça sem cautela."[25]

4.6. Atropelamento de pedestres em vias urbanas de grande movimentação

Com certa frequência, pedestres são atropelados mais em razão de sua total desatenção, que atravessam vias preferenciais com sinalização desfavorável a eles, ou caminham no leito das artérias imprevidentemente, ou, de súbito, ingressam nas ruas, à frente dos veículos.

Tendo em vista tal realidade, o legislador impôs uma série de cuidados e regras a serem observados pelos condutores. Ordena o art. 68 do Código de Trânsito Brasileiro – CTB: "É assegurada ao pedestre a utilização dos passeios ou passagens apropriadas das vias urbanas e dos acostamentos das vias rurais para circulação, podendo a autoridade competente permitir a utilização de parte da calçada para outros fins, desde que não seja prejudicial o fluxo de pedestres."

---

[25] Ap. nº 354.726, 7ª Câmara do 1º Tribunal de Alçada Civil de São Paulo, de 22.04.1986, em *RT*, 610/119.

No art. 220 do CTB, destacam-se várias regras impondo a redução da velocidade, cuja inobservância acarreta infrações, em locais como: I – quando se aproximar o veículo de passeatas, aglomerações, cortejos, préstitos e desfiles; II – nos locais onde o trânsito esteja sendo controlado pelo agente da autoridade de trânsito, mediante sinais sonoros ou agentes; III – ao aproximar-se da guia da calçada...; VIII – sob chuva, neblina, cerração ou ventos fortes; IX – quando houver má visibilidade; X – quando o pavimento se apresentar escorregadio, defeituoso ou avariado; XI – à aproximação de animais na pista; XII – em declive; XIII – ao ultrapassar ciclista; XIV – nas proximidades de escolas, hospitais, estações de embarque e desembarque de passageiros ou onde haja intensa movimentação de pedestres.

Inúmeras outras hipóteses poderiam ser acrescentadas, como na ultrapassagem de ônibus parados para a saída de passageiros, nas proximidades de fábricas, e em qualquer pista urbana ou mesmo não urbana, sempre que houver pessoas transitando em calçadas ou faixas privativas, e nos acostamentos.

Torna-se perfeitamente previsível que, de um momento para outro, alguém, imprudentemente ou com pressa, cometa algum desatino e ingresse na pista de rolamento. Por isso, coloca-se sempre o motorista em grau de maior responsabilidade pelos eventos que podem ocorrer envolvendo pedestres. Sua culpa é presumida: "Em se tratando de atropelamento em via urbana, a responsabilidade do motorista é presumida. Concorrência de culpa ocorrente, todavia, por distração das vítimas."[26]

Máxime nos centros urbanos, é previsível a travessia de pedestre na frente dos carros, imputando culpa ao condutor, que deverá estar atento para tais eventos: "A travessia de pedestre pela frente de ônibus parado, no momento de desembarque de passageiros, é fato que deve ser esperado pelos condutores de veículos que, em movimentada via pública, devem redobrar cuidados e atenção e atenção ao realizarem manobras, a fim de evitar atropelamento."[27]

Em geral, a culpa é concorrente, mesmo que levíssima a culpa do condutor: "Acidente de trânsito. Responsabilidade civil. Morte do pedestre quando imprudentemente atravessava avenida no momento em que a sinalização se tornara favorável aos automóveis. Atropelamento por ônibus que imprimia velocidade excessiva e completamente inadequada para o local. Imprudência do condutor que caracteriza culpa concorrente. Indenização devida. Em tema de acidente de trânsito, tanto a velocidade incompatível com as circunstâncias do local como a velocidade excessiva caracterizam, sem a menor dúvida, culpa por imprudência do condutor do veículo. Assim, ainda que haja culpa concorrente da vítima, subsistente o devedor de indenizar."[28]

"Concorre para o próprio atropelamento o pedestre que atravessa a rua fora do local do semáforo sem, antes, certificar-se de que não vem qualquer veículo em sua direção. Presume-se maior do que a responsabilidade do transeunte, a do condutor do veículo de grande porte que, em área de grande movimentação de pedestres, trafega em velocidade inadequada, eis que, manejando um instrumento que pode causar grandes danos a tercei-

---

[26] Ap. Cível nº 188.027.544, 5ª Câmara Cível do Tribunal de Alçada do RGS, em *Julgados do Tribunal de Alçada do RGS*, 67/343.

[27] Apel. Cível nº 17.683/1999, da 7ª Câmara Cível do TJ do Rio de Janeiro, j. em 05.09.2000, *in* ADCOAS 8201498, *Boletim de Jurisprudência ADCOAS*, nº 43, nov. 2001.

[28] Ap. nº 435.132-4, da 6ª Câmara, 1º Tribunal de Alçada Civil de São Paulo, j. em 28.06.1990, em *RT*, 661/93.

760 • Responsabilidade Civil | *Arnaldo Rizzardo*

ros, encontra-se em situação privilegiada em relação ao pedestre, e deve contar com a hipótese, bastante previsível, de ser a pista cruzada por indivíduos a pé."[29]

Há de se observar a movimentação das pessoas e coadunar a velocidade segundo as circunstâncias do local. Assim, é evidente a culpa do motorista que não breca ou diminui a velocidade diante de uma pessoa que atravessa a pista, mas simplesmente usa da buzina, ou não se precavê ao cruzar por obstáculos à sua visão, sitos em calçadas ou beiras da pista, como veículos parados, objetos volumosos, cartazes etc., não se descortinando a hipótese de, repentinamente, surgir uma pessoa por trás de tais coisas, e atravessar rapidamente a pista.

4.7. Presunção de veracidade relativa do boletim de ocorrência

Normalmente, o boletim de ocorrência é lavrado pela parte que sofreu o acidente, a fim de deixar registrado o evento. Não constitui condição para o exercício de demanda. Se, porém, verificadas lesões corporais, e procedido concomitantemente laudo pericial, com a razoável demonstração fática de elementos do acidente, e se deles se puder extrair a realidade de como aconteceu, revela importância para firmar a convicção da responsabilidade pelo evento. Mesmo a simples ocorrência unilateral, e não desmerecida pela prova da outra parte envolvida no acidente, importa em credibilidade, ensejando o juízo determinante da obrigação.

Nessa visão a jurisprudência: "O boletim de ocorrência e o laudo do Instituto de Criminalística desfrutam de presunção relativa de veracidade, prevalecendo as informações neles contidas quando inexistem provas em sentido contrário, uma vez que se trata de documentos públicos elaborados por agentes de autoridade, nos termos do art. 364 do CPC. Contudo, inexistindo parâmetros objetivos para a fixação dos danos morais, estes devem ser arbitrados de acordo com a prudente avaliação do juiz, levando-se em conta os fatores peculiares, como grau de culpa e dolo do ofensor, inclusive a extensão do dano causado ao ofendido."[30] O referido art. 364 corresponde ao art. 405 do atual CPC.

Sempre quando lavrado pela autoridade policial, maior a sua presunção de veracidade, tanto que encerra o art. 405 do diploma processual civil : "O documento público faz prova não só da sua formação, mas também dos fatos que o escrivão, o chefe de secretaria, o tabelião ou o servidor declarar que ocorreram em sua presença."

Eis o pensamento consolidado no Superior Tribunal de Justiça, quanto à validade, se lavrado o documento por funcionário público: "A descrição que o funcionário faz dos vestígios que encontra no local do acidente tem por si a presunção de veracidade, porque são elementos de fato submetidos à sua observação imediata (*RSTJ*, 129/349). Essa espécie de boletim serve como elemento de convicção para o julgamento da causa, não se equiparando com aquele boletim decorrente de relato unilateral da parte."[31]

Em outros pretórios: "O boletim de ocorrência expedido pela autoridade policial goza de presunção *juris tantum* de verdade dos atos jurídicos em geral, de forma que

---

[29] Apel. Cível nº 1999.36.00.004347-6/MA, da 5ª Turma do TRF da 1ª Região, *DJ* de 29.03.2004, *in ADCOAS* 8226547, *Boletim de Jurisprudência ADCOAS*, nº 20, p.309, jun. 2004.

[30] Apel. Cível nº 345.251-5, da 1ª Câmara Cível do Tribunal de Alçada de MG, *DJ* de 1º.02.2003, *in ADCOAS* 8215704, *Boletim de Jurisprudência ADCOAS*, nº 16, p. 245, abr. 2003.

[31] REsp. nº 302.462/ES, da 3ª Turma, j. em 15.10.2001, *DJU* de 04.02.2002.

suas conclusões, não infirmadas por antiprova robusta, servem para estear a composição do litígio."[32]

Nota-se que não se resume o boletim à mera transcrição de declarações prestadas pela parte envolvida, ou de anotações do que lhe foi dito no local do acidente, mas encerra elementos observados, com o que assume esse tipo de documento a presunção de veracidade.

4.8. Colisão por trás

Em geral, a presunção da culpa é sempre daquele que bate na parte traseira de outro veículo. Constitui princípio elementar de condução de veículo a observância de distância suficiente para possibilitar qualquer manobra rápida e brusca, imposta por súbita freada do carro que segue à frente.

Ordena o art. 29, inc. II, do CTB: "O condutor deverá guardar distância de segurança lateral e frontal entre o seu e os demais veículos, bem como em relação ao bordo da pista, considerando-se, no momento, a velocidade e as condições do local, da circulação, do veículo e as condições climáticas."

Isto de modo especial quando a pista se encontra molhada, ou as condições do tempo não oferecem uma clara visibilidade, ou nas proximidades de pontos sinalizados das vias e de semáforos.

A não ser que fato extraordinário ocorra, a responsabilidade é sempre do que colide atrás: "Responsabilidade civil. Acidente de trânsito. Abalroamento na parte traseira. Alegação de que o autor ingressara abruptamente no leito carroçável, em marcha à ré. Desacolhimento. Inexistência de prova da ocorrência de fato extraordinário que elidisse a culpa dos réus. Indenização procedente."[33]

"Culpado, em linha de princípio, é o motorista que colide por trás, invertendo-se, em razão disso, o *onus probandi,* cabendo a ele a prova de desoneração de sua culpa."[34]

"Milita em desfavor do motorista que colide na traseira a presunção de ter sido o responsável pelo acidente, cabendo a ele demonstrar que não teve culpa no evento. Ademais, estando comprovada, através de prova testemunhal, a correta sinalização do veículo parado sobre a terceira pista, fica caracterizada a imprudência do condutor do veículo que colidiu."[35]

Por incidir a presunção contra aquele que bate, a ele cabe fazer a prova da ocorrência de fato extraordinário, como a repentina freada do carro que segue à frente. Ou seja, a culpa fica afastada quando se comprova que o veículo da frente estaciona de forma inopinada, sem motivo justificável e sem a utilização dos sinais acautelatórios. Situação esta que ocorre com frequência principalmente nos grandes centros, quando os motoristas desenvolvem velocidade inapropriada, e são obrigados a constantes paradas em face do movimento de pedestres e da convulsão do trânsito, exigindo-se dos condutores redobrados cuidados. E quem para o seu veículo repentinamente, de inopino, no meio da pista, não

---

[32]   Apel. Cível nº 96.04.17902-0-SC, da 3ª Turma do TRF da 4ª Região, *DJU* de 09.08.2000.
[33]   Ap. nº 413.591-9, da 3ª Câmara do 1º Tribunal de Alçada Civil de São Paulo, j. em 05.06.1989, em *Julgados dos Tribunais de Alçada Civil de São Paulo,* Editora RT, 119/214.
[34]   REsp. nº 198.196/RJ, da 4ª Turma do STJ, j. em 18.02.1999, *DJU* de 12.04.1999.
[35]   Apel. Cível nº 2002.022333-1, da 1ª Câmara Cível do TJ de Santa Catarina, j. em 27.05.2003, *in* *ADCOAS* 8220327, *Boletim de Jurisprudência ADCOAS,* nº 41, p. 645, out. 2003.

762 • Responsabilidade Civil | *Arnaldo Rizzardo*

pode pretender se beneficiar da presunção de que quem abalroa por trás é culpado. A presunção não é absoluta, cedendo diante da comprovada imprudência do condutor que vai à frente.

4.9. Convergência à esquerda sobre a pista

Ocorrem situações em que o condutor, em faixa dupla, repentinamente converge à esquerda, cortando a frente do veículo que está ultrapassando-o, causando a colisão.

Há várias normas que tratam da postura do condutor quando está sendo ultrapassado. O art. 30, inc. I, do Código de Trânsito vigente adverte: "Todo condutor, ao perceber que outro que o segue tem o propósito de ultrapassá-lo, deverá: I – se estiver circulando pela faixa da esquerda, deslocar-se para a faixa da direita, sem acelerar a marcha."

Já o inc. I do art. 29, também do Código: "A circulação far-se-á pelo lado direito da via, admitindo-se as exceções devidamente sinalizadas."

O inc. IV do mesmo art. 29: "Quando uma pista de rolamento comportar várias faixas de circulação no mesmo sentido, são as da direita destinadas ao deslocamento dos veículos mais lentos e de maior porte, quando não houver faixa especial a eles destinada, e as da esquerda, destinadas à ultrapassagem e ao deslocamento dos veículos de maior velocidade."

O art. 35, também do Código introduzido pela Lei 9.503: "Antes de iniciar qualquer manobra que implique um deslocamento lateral, o condutor deverá indicar seu propósito de forma clara e com a devida antecedência, por meio da luz indicadora de direção de seu veículo, ou fazendo gesto convencional de braço."

De modo que transparecem traçadas várias condutas a serem obedecidas, quando da ultrapassagem. O deslocamento para a esquerda, fato bastante comum, determina a responsabilidade pelos danos que venham a ocorrer: "Responsabilidade civil. Acidente de trânsito. Indenizatória ajuizada contra genitor de menor que, conduzindo ciclomotor, colidiu com caminhão que, convergindo à esquerda em local proibido, ocasionou a amputação parcial da perna do filho da autora, também menor, que viajava na garupa. Culpa exclusiva do motorista do veículo de carga caracterizada", porque "efetuou conversão à esquerda em momento inoportuno, interceptando o pequeno veículo que o estava ultrapassando".[36]

4.10. Conversão à esquerda em pista com sinal do semáforo aberto

Há situações especiais em que ocorrem os acidentes, como quando os veículos demandam em sentidos opostos, existindo semáforo no cruzamento perpendicular com outra via. Se os veículos vêm em direções opostas, não é permitido a um deles convergir à esquerda, justamente no momento em que um passar pelo outro, estando o sinal aberto para trafegarem. Aquele que pretende convergir para a esquerda deve aguardar que o veículo que continua na mesma direção conclua a passagem no cruzamento.

Isto mesmo que o sinal se encontre na fase amarela, segundo se decidiu: "Acidente de trânsito. Responsabilidade civil. Colisão de veículos em sentidos opostos. Conversão à esquerda com semáforo amarelo. Preferência de passagem daquele que segue na mesma

---

[36] Ap. nº 397.923, 3ª Câmara do 1º Tribunal de Alçada Civil de São Paulo, j. em 28.11.1988, em *Julgados dos Tribunais de Alçada Civil de São Paulo*, 116/53, Editora RT.

Cap. LIV | Responsabilidade por Danos Causados no Trânsito de Veículos • **763**

direção. Indenização devida pelo motorista do automóvel que faz a conversão. Recurso improvido."

No voto, com maiores explicações: "O sinal amarelo existe para que seja concluída a manobra dos veículos que, tendo antes para si a luz verde, podem ter sua segurança prejudicada, pela necessidade de frenar bruscamente. Portanto, dois carros em sentidos opostos têm a mesma proibição ou permissão de movimento frente ao semáforo. Aquele que deseja fazer conversão à esquerda fica em situação igual ao que está na rua perpendicular, e, portanto, subordinado à regra oposta, o mesmo sinal amarelo que lhe permitia seguir em frente agora o proíbe de qualquer movimento, não podendo cortar a corrente de tráfego."

E, mais detalhadamente: "Ora, se dois carros estão na mesma rua, em sentidos opostos, ambos têm a mesma permissão ou a mesma proibição de movimento frente ao semáforo, desde que, evidentemente, permaneçam naquele sentido. Estão subordinados à mesma regra. Se qualquer deles quiser mudar de direção para atravessar esse fluxo (a hipótese é de conversão à esquerda), fica na situação do veículo que estivesse na rua perpendicular e, portanto, fica subordinado à regra oposta. O mesmo sinal amarelo que lhe permitia seguir em frente, agora o proíbe de qualquer movimento. Não pode cortar a corrente de tráfego. Portanto, a culpa é exclusiva de quem, assim procedendo, cortou a corrente do tráfego."[37]

4.11. Culpa do causador do acidente na ação de regresso do Estado

Para o Estado ressarcir-se regressivamente da indenização que paga em uma ação, há de restar provada a culpa do funcionário causador do acidente. O art. 37, § 6º, da Constituição Federal é explícito a respeito: "As pessoas jurídicas de direito público e as de direito privado prestadoras de serviços públicos responderão pelos danos que seus agentes, nessa qualidade, causarem a terceiros, assegurado o direito de regresso contra o responsável nos casos de dolo ou culpa."

O próprio Código Civil contém norma em sentido equivalente, conforme art. 43: "As pessoas jurídicas de direito público interno são civilmente responsáveis por atos dos seus agentes que nessa qualidade causem danos a terceiros, ressalvado direito regressivo contra os causadores do dano, se houver, por parte destes, culpa ou dolo."

A jurisprudência tradicionalmente tem ressalvado a necessidade de provar-se a culpa ou o dolo, mesmo na vigência do diploma civil anterior: "Embora a responsabilidade do Estado para com terceiros seja objetiva, a responsabilidade do agente perante o mesmo é subjetiva. Assim sendo, o direito de regresso somente é possível mediante prova da culpa do agente."

Insiste-se que não se assenta o direito de regresso na responsabilidade objetiva do agente causador, de conformidade com as razões do acórdão: "Não se fala mais em responsabilidade objetiva, pois o que se levará em conta é a responsabilidade do agente. Este responderá perante o Estado, sempre que se provar ter procedido culposa ou dolosamente.

Na espécie, cumpre observar se houve a denominada culpa aquiliana, derivada da inobservância de uma norma por imprudência ou negligência...

---

[37] Ap. nº 356.274, 2ª Câmara do 1º Tribunal de Alçada Civil de São Paulo, j. em 14.05.1986, em *RT*, 611/115.

764 • Responsabilidade Civil | *Arnaldo Rizzardo*

Em casos como este, o ônus da prova é daquele que alega a culpa, ou seja, do Estado, que pretende o direito de regresso. Isto porque os nossos Tribunais têm decidido pelo princípio de que a culpa aquiliana não se presume (TJRJ, 4ª Câmara Cível, Apelação nº 11.203)."[38]

4.12. Dano causado por veículo projetado por outro veículo

Bastante comum é o acidente em que um veículo, estacionado ou mesmo trafegando, vem a ser atingido por outro projetado por um terceiro veículo. Embora se tenha defendido a responsabilidade do causador direto, e isto para se imprimir segurança social ou maior garantia à vítima, a jurisprudência vem se inclinando num entendimento diferente, não responsabilizando o motorista cujo veículo serviu como mero instrumento da ação culposa de terceiro.

Neste rumo, foi ementado: "Não há de atribuir-se responsabilidade civil ao condutor de veículo que, atingido por outro, desgovernado, vem a colidir com coisa alheia, provocando-lhe dano, sendo tal situação diversa daquela em que o condutor do veículo, ao tentar desviar-se de abalroamento, acaba por causar prejuízo a outrem.

No caso em tela, o prejuízo experimentado pelo dono da coisa danificada não guarda relação de causalidade com qualquer atitude volitiva do referido condutor, cujo veículo restou envolvido no acidente como mero instrumento da ação culposa de terceiro."

Argumenta-se, justificando, no voto embasador da ementa acima:

"Em sede doutrinária, merece transcrição a lição do já referido Carlos Roberto Gonçalves, que, de modo preciso, sintetiza todas as considerações que venho de expender: 'Muitas vezes, o ato daquele que atropela alguém ou causa alguma outra espécie de dano pode não ser o responsável pelo evento, o verdadeiro causador do dano, mas, sim, o ato de um terceiro'.

Em matéria de responsabilidade civil, no entanto, predomina o princípio da obrigatoriedade do causador direto em reparar o dano. A culpa de terceiro não exonera o autor direto do dano do dever jurídico de indenizar.

O assunto vem regulado nos arts. 1.519 e 1.520 do CC, concedendo ao último ação regressiva contra o terceiro que criou a situação de perigo, para haver a importância despendida no ressarcimento ao dono da coisa.

Consoante a lição de Carvalho Santos, o autor do dano responde pelo prejuízo que causou, ainda que o seu procedimento venha legitimado pelo estado de necessidade (*Código Civil Brasileiro Interpretado*, vol. 20, p. 210). Só lhe resta, depois de pagar a indenização, o direito à ação regressiva contra o terceiro.

Segundo entendimento acolhido na jurisprudência, os acidentes, inclusive os determinados pela imprudência de terceiros, são fatos previsíveis e representam um risco que o condutor de automóveis assume pela só utilização da coisa, não podendo os atos de terceiros servir de pretexto para eximir o causador direto do dano do dever de indenizar (cf. *RT*, 416/345).

---

[38] Remessa '*ex officio*' nº 39.566, da 2ª Turma do Tribunal Regional Federal da 5ª Região, de 13.09.1994, em *Lex – Jurisprudência do STJ e TRF*, 80/635.

Cap. LIV | Responsabilidade por Danos Causados no Trânsito de Veículos • 765

Quando, no entanto, o ato de terceiro é a causa exclusiva do prejuízo, desaparece a relação de causalidade entre a ação ou a omissão do agente e o dano. A exclusão de responsabilidade se dará porque o fato de terceiro se reveste de características semelhantes às do caso fortuito, sendo imprevisível e inevitável. Melhor dizendo, somente quando o fato de terceiro se revestir dessas características, e portanto, equiparar-se ao caso fortuito ou à força maior, é que poderá ser excluída a responsabilidade do causador direto do dano' (*Responsabilidade Civil*, 5ª ed., São Paulo, Saraiva, 1994, nº 106, 1, p. 491)."[39] Os citados arts. 1.519 e 1.520 correspondem aos arts. 929 e 930 do atual diploma civil.

Em idêntico sentido o dano causado em coisa pelo veículo projetado por outro veículo: "Diante do fato de ter sido o ônibus abalroado por outro veículo sendo aquele projetado sobre uma casa dando ensejo às lesões que resultaram ferimentos na autora e a morte de sua filha; configura-se hipótese em que o terceiro equipara-se ao caso fortuito, como instrumento, não como agente da causação dos danos."[40]

"O motorista do veículo simplesmente arremessado contra outro não tem sua conduta inserida na relação causal e por isso não responde pelos danos causados, devendo a ação indenizatória ser dirigida diretamente contra quem, culposamente, causou o primeiro abalroamento. Diferente é a situação do motorista que em estado de necessidade para se salvar de perigo posto por outrem, vem a causar o cheque com terceiro. Neste caso, ele responde, com direito de regresso contra o culpado (art. 1.520 do CC). Reconhecida no acórdão a primeira situação, não viola a lei a decisão que julga improcedente ação promovida contra o proprietário cujo veículo foi jogado contra os automóveis dos autores. Inexistência de ofensa aos princípios sobre a coisa julgada, pela simples menção à decisão adotada em outros processos, sobre o mesmo fato."[41] O art. 1.520 acima mencionado equivale ao art. 930 do Código de 2002.

4.13. Dano em veículo estacionado irregularmente

Ocorrem acidentes também em razão de se encontrarem estacionados irregularmente os veículos. O Código de Trânsito prevê várias situações de infrações, neste aspecto. Assim, constam cominadas penalidades no art. 181, como: "Estacionar o veículo: I – nas esquinas e a menos de cinco metros do bordo do alinhamento da via transversal...; II – afastado da guia da calçada (meio-fio) de cinquenta centímetros a um metro...; III – afastado da guia da calçada (meio-fio) a mais de um metro ...; IV – em desacordo com as posições estabelecidas neste Código ...; V – na pista de rolamento das estradas, das rodovias, das vias de trânsito rápido e das vias dotadas de acostamento ...; ... XI – ao lado de outro veículo em fila dupla...; XII – na área de cruzamento de vias, prejudicando a circulação de veículos e pedestres."

Todavia, estas infrações são de ordem administrativa. Não importam, por este fato apenas, em indenização pelos acidentes que podem ocorrer, provocados em razão da culpa de terceiros.

---

[39] REsp. nº 54.444-0/SP, da 4ª Turma do Superior Tribunal de Justiça, de 18.10.1994, em *Revista do Superior Tribunal de Justiça*, 67/513.

[40] Apel. Cível nº 1.001.492-3, da 9ª Câmara de Férias do 1º TA Civil de São Paulo, j. em 04.09.2001, *in ADCOAS* 8210567, *Boletim de Jurisprudência ADCOAS*, nº 41, p. 648, out. 2002.

[41] REsp. nº 81.631/SP, da 4ª Turma, j. em 05.03.1996.

Nesta linha, foi decidido: "Responsabilidade civil. Acidente de trânsito. Carro parado irregularmente em fila dupla. Comportamento antissocial. Bloqueio à saída de outro veículo estacionado regularmente. Colisão na manobra para deixar a vaga. Indenização devida por este último. Conduta antijurídica. Aplicação do art. 159 do CC."

E, adiante, no voto: "Enquanto o proprietário do veículo estacionado irregularmente em fila dupla infringe preceito ético e social, o dono do outro carro, ao fazer manobra materialmente impossível, para retirar-se do local, infringe preceito jurídico (art. 159 do CC), ao causar dano à propriedade alheia, e, pois, responde pelo evento causado."[42] O mencionado art. 159 equivale ao art. 186 do Código de 2002.

Na hipótese, cabia ao motorista tomar outras providências e não tentar uma manobra impossível, resultante em danos no veículo irregularmente estacionado.

De igual modo quando carros estão parados demasiadamente afastados do meio-fio da calçada, ou dentro da pista de rolamento. Uma infração não justifica a conduta culposa de outro motorista, provocando danos materiais.

4.14. Defeito mecânico e responsabilidade do condutor

O defeito mecânico, segundo já observado, não exime de responsabilidade indenizatória. É evidente que a vítima não pode suportar os prejuízos decorrentes do uso de um bem pelo proprietário. É a preponderância da responsabilidade objetiva.

No entanto, quem responde pelos danos é o proprietário do veículo, e não o condutor. Este seria obrigado solidário exclusivamente se presente a culpa em sua conduta.

É a solução dada pelos Pretórios: "Responsabilidade de motorista de coletivo... Acionado como suposto corresponsável pelas consequências do evento, ao condutor de ônibus nem sempre se carrega culpa quando o acidente ocorre por falta mecânica que não teve condições de prevenir. Responsabilidade exclusiva da empresa proprietária do veículo...".

No voto, a justificação: "É indubitável que o condutor de veículo é, *prima facie,* responsável (ou corresponsável) pelo só fato da atualização da coisa, seja como proveito próprio, seja em razão de emprego. Todavia, quando se trata de motorista de coletivo, o dono da coisa (geralmente uma empresa) é que realiza os serviços de manutenção ou deles se encarrega. Não se pode debitar ao motorista-empregado o encargo de ele próprio verificar se o veículo está em boas condições, a não ser quando aquelas a respeito das quais deve sempre estar atento são facilmente perceptíveis e a providência preventiva não lhe acarreta maior empenho. Tanto é assim que, nestes casos, até caberia ação regressiva do dono contra seu motorista. Naqueles outros casos, seria uma demasia. Fosse o motorista sempre responsável, eles se veriam sempre na contingência de verificarem, pessoalmente, as condições dos automotores, desimportando a dificuldade. Ora, é ressabido que tal providência não é exigida dos motoristas, principalmente daqueles que dirigem ônibus. Nem mesmo praticável é, a não ser parcialmente e em determinadas circunstâncias."[43]

---

[42] Ap. nº 323.157, 7ª Câmara do 1º Tribunal de Alçada Civil de São Paulo, em *RT* 585/118.
[43] Ap. Cível nº 188.081.947, 5ª Câmara Cível do Tribunal de Alçada do RGS, de 08.11.1988, em *Julgados do Tribunal de Alçada do RGS,* 68/336.

4.15. Derrapagem

Normalmente, a derrapagem não representa nenhum fator de isenção de responsabilidade, mas reflete imperícia ou falta de capacidade de controle na direção. Isto a menos que tenha sido derramada alguma substância oleosa na pista, tornando-a derrapante.

Nesta hipótese, a responsabilidade é de quem esparramou o produto, como se decidiu: "Acidente de trânsito. Acidente que teve como causa as condições da pista, tornada escorregadia. Acidente com terceiro, resultante da culpa de motoristas envolvidos em anterior colisão de dois caminhões, um deles com tanque transportando óleo que, em consequência do impacto, vazou, esparramando-se na pista asfáltica, tornando-a derrapante e perigosa, causa geradora do segundo acidente, envolvendo o veículo do apelado que, desgovernado, foi de encontro a um dos caminhões estacionados. A negligência dos referidos motoristas na sinalização adequada importa na responsabilidade das empresas empregadoras, obrigadas ao ressarcimento dos danos."[44]

Aliás, o Código de Trânsito Brasileiro, no art. 231 estabelece penalidades para quem derramar, lançar ou arrastar sobre a via carga que esteja transportando, ou combustível ou lubrificante que utiliza e consome.

De modo que o acidente ocorrido em razão da substância escorregadia esparramada na via pública determina a responsabilidade, na indenização, de quem causou o derramamento.

A derrapagem, porém, não decorrente de tal fenômeno, mas de outros elementos, como barro existente na pista, ou por se encontrar ela molhada, não isenta de responsabilidade o causador do acidente, conforme decidiam os tribunais desde o início de tais situações serem apreciadas pelo Judiciário: "Ação de reparação de danos. Acidente de trânsito. Derrapagem. Asfalto coberto de lama. Culpa. O motorista de veículo, cuidadoso, está atento a todo e qualquer percalço e mantém permanente domínio sobre a máquina que dirige, para evitar qualquer acidente ou avaria. Barro ou lama sobre a pista de asfalto é previsível, dadas as condições de nossas rodovias, e exige do condutor redobrado cuidado, a redução adequada, inclusive, da marcha. Derrapagem, ocorrida em qualquer rodovia asfaltada ou não, é sempre indício de velocidade excessiva ou de imperícia do motorista. Sentença reformada. Recurso Provido."[45]

4.16. Estacionamento com porta aberta

Ao estacionar, deve o motorista observar a corrente de trânsito, assegurando-se de que se encontra livre, para somente então abrir a porta, ou permitir que o acompanhante abra a de seu lado. E a antiga orientação dos Tribunais: "É preceito elementar nas regras do trânsito de veículos, que quem estaciona deve fazê-lo corretamente, de modo a manter a linha de seu veículo, de uma das laterais, junto ao meio-fio e não abrir a porta para o leito carroçável, sem que tenha plenas condições para tanto, atento o fluxo de veículos, cuja passagem goza de absoluta preferência."[46]

---

[44] Ap. Cível nº 22.062, da 3ª Câmara Cível do Tribunal de Alçada do RGS, de 12.03.1980, em *Julgados do Tribunal de Alçada do RGS*, 35/283.

[45] Ap. Cível nº 188.043.137, 3ª Câmara Cível do Tribunal de Alçada do RGS, de 21.09.1988, em *Julgados do Tribunal de Alçada do RGS*, 68/345.

[46] Ap. nº 306.958, 4ª Câmara do 1º Tribunal de Alçada Civil de São Paulo, j. em 06.04.1983.

768 • Responsabilidade Civil | *Arnaldo Rizzardo*

Efetivamente, age imprudentemente o motorista que, estacionado, abre a porta do veículo, sem previamente verificar a movimentação de outros automotores. Tal depreende-se do art. 49 do CTB.

"Responsabilidade civil. Ação de indenização por danos causados em abalroamento de veículo. Carro parado no meio-fio. Abertura de porta quando se aproximava um ônibus. Culpa do motorista do automóvel."

De um lado, consta do acórdão, "ao passageiro que desce de um automóvel parado cabe a cautela de verificar se pode abrir a porta sem perigo de colisão com outro veículo que a seu lado transite", e de outro, "nenhuma culpa se pode imputar ao motorista da ré para responsabilizá-lo pelos danos causados. A imprudência foi exclusiva do autor que, antes de abrir a porta, deve olhar para que a saída do veículo ocorra sem maior problema e apenas ante a segurança absoluta de uma saída segura".[47]

4.17. Estouro de pneu e quebra da barra da direção

Inúmeros acidentes se verificam sob a alegação da quebra da barra da direção, ou o estouro de pneu e vários defeitos que subitamente acontecem nos veículos, enquanto trafegam, causando colisões ou atropelando pedestres.

Argui-se, em geral, a isenção de responsabilidade forte no caso fortuito, que não é aceita, segundo revelam as seguintes decisões pretorianas: "Responsabilidade civil. Acidente de trânsito. Colisão decorrente de estouro de pneu do automóvel do réu. Fato que não caracteriza caso fortuito, excludente do dever de indenizar. Indenização procedente. Recurso provido para esse fim."

E no voto: "Acidente de trânsito em virtude de estouro de pneumático. Impossibilidade de alegar-se caso fortuito para isenção de responsabilidade, pois defeitos mecânicos em veículos não caracterizam a força maior, quer o caso fortuito (*apud* Wilson Melo Silva, *Da Responsabilidade Civil Automobilística,* Saraiva, 1988, p. 121). E a razão de ser de tal entendimento está em que, modernamente, se tem feito a distinção entre fortuito interno, que é ligado à pessoa, à coisa ou à empresa do agente, e fortuito externo. A esse respeito, o eminente Juiz deste Tribunal, Carlos Roberto Gonçalves, ensina que 'somente o fortuito externo, isto é, a causa ligada à natureza, estranha à pessoa do agente e à máquina, excluiria a responsabilidade, principalmente se esta se fundar no risco. O fortuito interno, não. Assim, tem-se decidido que o estouro dos pneus do veículo não afasta a responsabilidade, ainda que bem conservados, porque previsível e ligado à máquina' (*Responsabilidade Civil,* Saraiva, 1986, p. 231)."[48]

"Responsabilidade civil. Acidente de trânsito (...) Não caracteriza caso fortuito a quebra da barra de direção, por constituir descuido relativo à revisão à qual todo veículo deveria ser submetido, mormente aquele com maior tempo de uso."

E, no correr do voto: "Como a quebra da barra de direção é um fato técnico e que, por óbvio, escapa à aferição de pessoas leigas, a única pessoa capacitada a vir demonstrar a veracidade de tal assertiva seria o mecânico, que teria examinado o veículo após o acidente...

---

[47] Ap. nº 334.320, 7ª Câmara do 1º Tribunal de Alçada Civil de São Paulo, de 11.12.1984, em *RT*, 595/142.

[48] Ap. nº 401.229-7, 3ª Câmara do 1º Tribunal de Alçada Civil de São Paulo, j. em 11.10.1988, em *Julgados dos Tribunais de Alçada Civil de São Paulo,* Editora RT, 117/22.

Cap. LIV | Responsabilidade por Danos Causados no Trânsito de Veículos • 769

O rompimento das 'borrachinas' dos freios, ou do 'burrinho' não caracteriza caso fortuito, porque fato perfeitamente previsível, a demandar vigilância de conserva especial e periódica (*RJTAMG* 21/227). Evidenciada a culpa da filha, maior de idade, não está excluída a culpa do pai, proprietário do velho 'Jeep', ante sua negligência em permitir o uso do veículo no perímetro urbano, sem perfeitas condições de tráfego. E, estivesse o veículo em bom estado de conservação, ainda assim estaria presente a culpa *in vigilando* do pai, a permitir que a filha inabilitada saísse dirigindo pelas ruas da cidade...

O caso fortuito não se presume e só se configura quando demonstrada a causa natural incontrolável que provocou o acidente. O ônus da prova é de quem o invoca... Nos casos de anormalidade, a vítima do fato danoso não tem o ônus de provar como se configurou a culpa do agente. A imputação de responsabilidade decorre da própria anormalidade do evento. Inverte-se o ônus da prova (TAMG, Ap. nº 19.658, Comarca de Belo Horizonte, publ. *in Responsabilidade Civil,* EUD. Humberto Theodoro Júnior, 1986, p. 70).

Quem possui máquina perigosa e a faz circular entre pedestres, tem o dever jurídico de zelar para que sua circulação não cause lesão a terceiros. As falhas mecânicas são previsíveis e devem ser evitadas através de revisões preventivas. Ocorrendo desastre por falha dessa natureza, a presunção é de que a conservação da máquina não se fez de modo satisfatório (TAMG, Ap. nº 20.676, publ. *in Responsabilidade Civil,* Humberto Theodoro Júnior, op. cit., pp. 296-297)... Assim demonstrada a culpa da condutora do veículo atropelador, pela sua imperícia na condução da máquina, configurada está, *ipso facto,* a solidariedade do proprietário do mesmo veículo...

O automóvel é veículo que não pode ser deixado pelo proprietário em situação de abandono, nem entregue a mãos inexperientes. Por isso, é iniludível a responsabilidade do dono do veículo que, por seu descuido, permitiu que o carro fosse usado por terceiros (José de Aguiar Dias, citado por Ulderico Pires dos Santos, na obra *A Responsabilidade Civil na Doutrina e na Jurisprudência*, Rio de Janeiro, Forense, 1984, p. 435)".[49]

E assim há de ser, porquanto a vítima não pode ficar à mercê da presença comprovada da culpa na conservação do veículo, a fim de receber a reparação pelos danos que vier a sofrer. Não interessa a ela a causa do acidente. Mais que qualquer outra explicação, tem preponderância a responsabilidade objetiva.

4.18. Excesso de velocidade

Com toda a evidência, a velocidade elevada aparece como uma causa de grande parte dos acidentes, eis que várias as decorrências, como impossibilidade do controle e derrapagem. No § 1º do art. 61 do Código Brasileiro de Trânsito, com as alterações da Lei nº 13.281/2016, estão referidos os limites máximos, na seguinte ordem:

"A velocidade máxima permitida para a via será indicada por meio de sinalização, obedecidas suas características técnicas e as condições de trânsito.

§ 1º Onde não existir sinalização regulamentadora, a velocidade máxima será de:

I – nas vias urbanas:

a) oitenta quilômetros por hora, nas vias de trânsito rápido;

---

[49] Ap. nº 45.844, da 1ª Câmara Cível do Tribunal de Alçada de Minas Gerais, j. em 22.06.1989, em *RT*, 655/164.

770 • Responsabilidade Civil | Arnaldo Rizzardo

b) sessenta quilômetros por hora, nas vias arteriais;

c) quarenta quilômetros por hora, nas vias coletoras;

d) trinta quilômetros por hora, nas vias locais;

II – nas vias rurais:

a) nas rodovias de pista dupla:

1. 110 km/h (cento e dez quilômetros por hora) para automóveis, camionetas e motocicletas;

2. 90 km/h (noventa quilômetros por hora) para os demais veículos;

3. (revogado);

b) nas rodovias de pista simples:

1. 100 km/h (cem quilômetros por hora) para automóveis, camionetas e motocicletas;

2. 90 km/h (noventa quilômetros por hora) para os demais veículos;

c) nas estradas: 60 km/h (sessenta quilômetros por hora)".

Os limites acima são alteráveis por órgão ou entidade de trânsito ou rodoviário com circunscrição sobre a via (§ 2º do art. 61).

Para efeitos de responsabilidade, deve ficar provado que o excesso foi a causa do acidente. A mera transgressão aos limites não importa em responsabilizar o agente, nos moldes do seguinte decisum: "O excesso de velocidade não implica o reconhecimento da culpa concorrente se nem foi a causa determinante do acidente nem do agravamento dos danos sofridos. Recurso Especial conhecido e provido."[50]

4.19. Falta de conservação das estradas. Responsabilidade do Poder Público

Muitos acidentes ocorrem em razão da deficiente conservação das estradas. Não quanto ao seu estado precário, ou às irregularidades que apresentam as vias, mas em razão da ausência de avisos ou sinalização. Efetivamente, não é possível impor ao Poder Público que ofereça estradas de excelente ou até média qualidade. Entrementes, se algum defeito aparecer, ou se obras são realizadas, a sinalização impõe-se, sendo a mesma de responsabilidade dos órgãos encarregados. Nesta ordem, havendo a queda de uma ponte, ou o desbarrancamento das margens, ou a queda de barreiras, ou o entulhamento das pistas, dentre outras eventualidades, cumpre se proceda de imediato a recuperação, e, no mínimo, se sinalize a irregularidade, incumbência esta a cargo da entidade com jurisdição na via pública, a teor do art. 90, § 1º, do Código de Trânsito Brasileiro: "O órgão ou entidade de trânsito com circunscrição sobre a via é responsável pela implantação da sinalização, respondendo pela sua falta, insuficiência ou incorreta colocação."

Do contrário, o Poder Público responderá pelos danos decorrentes de acidentes causados por tais anormalidades, segundo já decidido: "I – Demonstrados o nexo causal e o dano, impõe-se à Administração Pública o dever de indenizar. II – Responsabilidade civil decorrente do dever do órgão público de conservar a estrada de rodagem, inclusive sinalizando-a devidamente, a fim de evitar acidentes. III – A isenção só seria possível se ficasse comprovado que a vítima agiu com culpa ou dolo."

---

[50] REsp. nº 438.925/CE, da 3ª Turma do STJ, *DJU* de 02.06.2003.

Apresentam-se, no acórdão, os fundamentos da responsabilidade do Poder Público: "Embora não se possa precisar com exatidão a causa do acidente, com certeza o mesmo ocorrera tendo como móvel os buracos na pista e a indevida colocação dos entulhos à margem da rodovia.

E a quem incumbe a segurança das estradas, a compreender também a correta sinalização?

Ao DNER, é claro.

Tal fato, por si só, justifica o dever de indenizar pela autarquia federal em face da decantada teoria da responsabilidade objetiva do Estado.

A Administração Pública só se exime do dever de indenizar quando prova que o agente agiu com culpa ou dolo, excluindo ou atenuando a sua responsabilidade, no caso de culpa concorrente."

Citando doutrina, prossegue o relator: "Hely Lopes Meirelles, em seu *Direito Administrativo Brasileiro*, já prelecionava: 'Para obter a indenização, basta que o lesado acione a Fazenda Pública e demonstre o nexo causal entre o fato lesivo (comissivo ou omissivo) e o dano, bem como o seu montante. Comprovados esses dois elementos, surge naturalmente a obrigação de indenizar. Para eximir-se dessa obrigação, incumbirá à Fazenda Pública comprovar que a vítima concorreu com culpa ou dolo para o evento danoso. Enquanto não evidenciar a culpabilidade da vítima, subsiste a responsabilidade objetiva da Administração. Se total a culpa da vítima, fica excluída a responsabilidade da Fazenda Pública; se parcial, reparte-se o *quantum* da indenização' (16ª ed., Editora RT, ano 1991, pp. 555-556)."[51]

4.20. Guarda do veículo em estacionamento

Esta matéria tem-se revelado como uma das mais controvertidas na jurisprudência, conforme já analisado. No sentido de que se existe algum controle contratual dos veículos cabe a responsabilidade indenizatória no caso de furto, mostra-se pacífica a jurisprudência. O controle poderá concretizar-se com a mera entrega de comprovante de depósito ou *tickets*: "Comprovada a existência de depósito, ainda que não exigido por escrito, o depositário é responsável por eventuais danos à coisa.

Depositado o bem móvel (veículo), ainda que gratuito o estacionamento, se este se danifica ou é furtado, responde o depositário pelos prejuízos causados ao depositante, por ter aquele agido com culpa *in vigilando*, eis que é obrigado a ter na guarda e conservação da coisa depositada o cuidado e diligência que costuma com o que lhe pertence (art. 1.266, 1ª parte, do CC)." O apontado dispositivo equivale ao art. 629 do vigente Código Civil.

No voto: "O depositário é obrigado a ter na guarda e conservação da coisa depositada o cuidado e diligência que costuma com o que lhe pertence ...".

"Portanto, se a coisa depositada se danifica ou é furtada, responde o depositário pelos prejuízos causados ao depositante, por ter aquele agido com culpa *in vigilando*."

---

[51] Apelação Cível nº 24.280, da 2ª Turma do TRF da 5ª Região, de 13.12.1994, em *Lex* – Jurisprudência do STJ e TRF, 80/605.

772 • Responsabilidade Civil | *Arnaldo Rizzardo*

"Na hipótese, deixou a recorrida seu veículo no estacionamento mantido pelo banco--recorrente; certo que, ali, trabalha um funcionário, exclusivamente, responsável pela guarda e entrega do comprovante de depósito...".

"Se concordou a instituição bancária em receber o automóvel, ainda que por simples cortesia ou gratuitamente, consumando-se, aí, depósito, responde civilmente como depositário, na forma da lei."

A responsabilidade assenta-se num compromisso assumido pelo depositário, ou proprietário do estacionamento. Não importa se inexiste qualquer remuneração explícita: "Não se há de falar, entretanto, que tal serviço seja efetivamente gratuito na plena acepção do vocábulo, pois que, ainda que nada se cobre diretamente de quem se serve do estacionamento na hora em que ali deixa seu veículo, tal preço já se acha embutido no valor das mercadorias e dos demais serviços, diluído nos custos da atividade de quem o oferece.

A pretensa gratuidade e facilidade de estacionamento, em tais casos, são formas de atrair clientes, caracterizando-se como compensação de serviços. Sobre o tema, ressaltou José de Aguiar Dias:

"'... dentro do estacionamento, obtenha ou não obtenha resultado pecuniário com as coisas que aí permanecem, o dever de sua guarda é, inequivocamente, da sua direção. E o furto, no caso, prova *re ipsa*, a falha à vigilância imposta por essa obrigação' (*Da Responsabilidade Civil*, 2/59, 6ª ed.)".[52]

Na análise acima, fica fácil estabelecer a responsabilidade do estabelecimento em razão de um controle exercido na entrada e saída do veículo, o que se concretiza pela entrega de comprovante ou *ticket*. Desde o momento em que se concretiza este controle, resta evidente o compromisso, de quem permite o estacionamento, em exercer a vigilância sobre o bem, e, assim, impedir a sua retirada por pessoa que não apresenta o comprovante.

Mas, acontecem hipóteses em que a permissão para estacionar se dá por mera cortesia. Há a colocação de um espaço ou de uma área à disposição de interessados, sem assumir o proprietário do estacionamento qualquer compromisso com a guarda do bem, tanto que não é destacado algum empregado ou preposto para exercer a vigilância. E quem usa do espaço fica ciente desta precariedade, porquanto nenhuma identificação lhe é exigida, e muito menos se fornece um documento mencionando a entrega do veículo.

Mesmo assim, existem decisões que impõem a responsabilização: "O estabelecimento bancário que põe à disposição dos seus clientes uma área para estacionamento dos veículos assume o dever, derivado do princípio da boa-fé objetiva, de proteger os bens e a pessoa do usuário. O vínculo tem sua fonte na relação contratual de fato assim estabelecida, que serve de fundamento à responsabilidade civil pelo dano decorrente do descumprimento do dever".

Desenvolvem-se as razões do entendimento acima: "O agravante insiste na tese de que, inexistindo contrato de depósito, não há responsabilidade contratual; não configurada sua culpa pelo fato de terceiro, não há responsabilidade extracontratual ou delitual.

Esquece-se, porém, que o direito civil moderno contempla a categoria das relações contratuais, *verbis*:

---

[52] REsp. nº 4.582-0/SP, da 3ª Turma do STJ, de 16.10.1990, em *Revista do Superior Tribunal de Justiça*, 72/353.

Cap. LIV | Responsabilidade por Danos Causados no Trânsito de Veículos • 773

'Esta nova categoria dogmática tem como um dos seus principais alicerces a ideia de que, na contemporânea civilização de massas, segundo as concepções do tráfico jurídico, existem condutas geradoras de vínculos obrigacionais, fora da emissão de declarações de vontade que se dirijam à produção de tal efeito, antes derivadas de simples ofertas e aceitações de facto. Quer dizer, a utilização de bens ou serviços massificados ocasiona algumas vezes comportamentos que, pelo seu significado social típico, produzem as consequências jurídicas de uma caracterizada actuação negociatória, mas que delas se distinguem...

Decorre da doutrina exposta que a autonomia privada se realiza através de duas formas típicas: uma delas é o negócio jurídico, designadamente o contrato – no qual a aparência da vontade e as expectativas criadas podem ceder, diante da falta de consciência de declaração ou incapacidade do declarante; a outra se reporta às relações contratuais fácticas – onde a irrelevância do erro na declaração e das incapacidades se justifica por exigências de segurança, de celeridade e demais condicionalismos do tráfico jurídico' (Mário Júlio de Almeida Costa, *Direito das Obrigações*, 3ª ed., Editora Almedina, pp. 179-181)."

Não se funda a obrigação no contrato de depósito, na dicção do acórdão: "Não há de cuidar de contrato de depósito, simplesmente porque não existe contrato de depósito. Há apenas o descumprimento do dever de proteção, que deriva da boa-fé, dever secundário independente."[53]

Todavia, as relações em direito não se presumem. Elas se estabelecem e se constroem. Não podem imanar efeitos indenizatórios os atos de meras cortesias, ou de simples favorecimentos, como acontece quando se põem à disposição das pessoas espaços de estacionamentos. A seguir a posição acima, seria insuportável a própria convivência social. Mesmo a postura de se ajudar alguém poderia redundar em indenização, como quando se presta socorro e, sem culpa do motorista, é acidentado o veículo no qual a pessoa está. O recebimento de um necessitado numa residência acarretaria efeitos reparatórios se acontece a invasão por meliantes, provocando ferimentos no favorecido.

Para vingar a responsabilidade objetiva, exige-se uma relação contratual. Quanto ao estacionamento, o contrato que se firma é de singela permissão de colocar o veículo um local fixado. Nada mais se concede ou garante, mesmo se reserve o espaço para atrair mais fregueses ao centro comercial.

4.21. Imprudência de pedestres

Já se observou o princípio da presunção da culpa contra o condutor, quando forem envolvidos pedestres. Princípio que vigora especialmente nas travessias de pistas em vias urbanas: "Atropelamento. Vítima de idade avançada e de constituição física débil. Falta de cautela para atravessar a rua. Fato que não elide a responsabilidade. Culpa concorrente, no entanto, reconhecida. Redução proporcional do valor indenizatório."

No voto: "Se a vítima não age com cautela necessária para atravessar a rua em local apropriado, vindo a ser atropelada, concorre para o evento, sendo, portanto, justificável a redução proporcional do valor indenizatório, em razão da culpa concorrente. A idade avançada da vítima e a debilidade de sua constituição física, como concausas, não elidem a responsabilidade, pois o causador do prejuízo é obrigado a suportar os riscos da

---

[53] Agravo Regimental no Agravo de Instrumento nº 47.901-3/SP, da 4ª Turma do STJ, de 12.09.1994, *in Revista do Superior Tribunal de Justiça*, 66/20.

receptividade pessoal da mesma", observando-se que o local "possui ampla visibilidade e não havia outros veículos estacionados ao longo da rua ou transitando no momento do fato, de modo que poderia o motociclista esquivar-se da vítima se estivesse mais atento ou fosse habilidoso ao dirigir".[54]

No mesmo sentido se a vítima atravessa a pista, encontrando-se parado o veículo, que dá partida sem a devida atenção na pista: "A travessia de pedestres pela frente de ônibus parado, no momento de desembarque de passageiros, é fato que deve ser esperado pelos condutores de veículos que, em movimentada via pública, devem redobrar cuidado e atenção ao realizarem manobras, a fim de evitar atropelamento".[55]

A menos que o evento suceda em via de trânsito rápido, e não proporcione qualquer manobra salvadora do condutor do veículo: "Acidente de trânsito. Rodovia. Culpa da vítima. *Obligatio ad diligentiam* exclusiva do pedestre. Em se tratando de atropelamento em rodovia de trânsito rápido, com velocidade máxima de 80 km/h, ainda que o evento pudesse ter sido evitado se o condutor guiasse seu carro em menor velocidade, não pode ele ser responsabilizado, pois a *obligatio ad diligentiam* se transfere para o pedestre, a quem cabe tomar todas as cautelas para a travessia das pistas".

Fundamentando-se, no voto: "Aliás, conforme Frederico Marques *(Tratado de Direito Penal*, vol. IV/258), 'se uma estrada que possibilita alta velocidade é palco de atropelamento resultante de culpa da vítima, mas que poderia ter sido evitado se o motorista guiasse seu carro em menor velocidade, nem por isso deve ser responsabilizado pelo evento. Em circunstância dessa ordem, há um risco permitido no tocante à atenção do motorista, pois que a *obligatio ad diligentiam* fica toda transferida a quem vai atravessar o leito carroçável da via pública'".[56]

4.22. Ingresso à esquerda

Vários são os acidentes decorrentes da manobra do veículo que ingressa à esquerda do sentido que segue, especialmente em pistas de duas mãos de trânsito, embora se verifiquem colisões quando há um único sentido.

Ordena o art. 38, incs. I e II, do da Lei nº 9.503, de 1997: "Antes de entrar à direita ou à esquerda, em outra via ou em lotes lindeiros, o condutor deverá:

I – ao sair da via pelo lado direito, aproximar-se o máximo possível do bordo direito da pista e executar sua manobra no menor espaço possível;

II – ao sair da via pelo lado esquerdo, aproximar-se o máximo possível de seu eixo ou da linha divisória da pista, quando houver, caso se trate de uma pista com circulação nos dois sentidos, ou do bordo esquerdo, tratando-se de uma pista de um só sentido."

A regra é para qualquer saída da pista, impondo-se com rigor quando da existência de pista interseccionada com outra.

---

[54] Ap. nº 353.463, 6ª Câmara do 1º Tribunal de Alçada Civil de São Paulo, de 25.03.1986, em *RT*, 609/112.

[55] Apel. Cível nº 17.683/1999, da 7ª Câmara Cível do TJ do Rio de Janeiro, j. em 05.09.2000, *in ADCOAS* 8201498, *Boletim de Jurisprudência ADCOAS*, nº 43, p. 780, nov. 2001.

[56] Ap. Cível nº 29.461, 1ª Câmara do Tribunal de Alçada de Minas Gerais, de 11.10.1985, *in RT*, 614/194.

Cap. LIV | Responsabilidade por Danos Causados no Trânsito de Veículos • 775

É tolerada esta inflexão para adentrar em estacionamentos ou pontos comerciais, e mesmo em garagens particulares. O dispositivo fala em via e lotes lindeiros.

"Age com manifesta imprudência o motorista que, pretendendo ingressar em via perpendicular, à esquerda, inflete para aquele lado, cortando o fluxo de trânsito do automóvel que trafegava em sentido contrário ao seu, por avenida de duas mãos."[57]

As decisões, sobre a matéria, observam esta linha, já antiga: "O motorista que, em via pública com duas mãos de direção, efetua conversão à esquerda deve se assegurar de que pode realizá-la, sem perigo para os demais usuários, fazer o sinal indicativo de sua intenção e atingir a zona central de cruzamento. É regra de circulação insculpida no Regulamento do Código Nacional de Trânsito (art. 38, III, c)."[58]

É que as manobras de conversão à esquerda, em rua movimentada especialmente, por cortarem o fluxo contrário de trânsito, devem ser precedidas de todas as cautelas, ainda mais considerando que se constitui de conduta de risco elevado.

Este posicionamento no meio da pista, e após infletir para a esquerda, é autorizado unicamente em vias urbanas, e não em estradas, ou vias de longa extensão, e que têm preferencialidade em relação a qualquer outra, de acordo com o art. 37 do CTB, que estatui: "Nas vias providas de acostamento, a conversão à esquerda e a operação de retorno deverão ser feitas nos locais apropriados e, onde estes não existirem, o condutor deverá aguardar no acostamento, à direita, para cruzar a pista com segurança."

Nas vias rápidas e longas, maior é a velocidade permitida e desenvolvida, inclusive procedendo-se mais facilmente as ultrapassagens, tornando extremamente perigosa a parada do veículo no meio da artéria para o retorno ou o ingresso em via secundária.

4.23. Ingresso em via preferencial

Quem provém de via secundária, deve munir-se dos maiores cuidados antes de ingressar na via preferencial. Aliás, por força do CTB, tal conduta reclama-se não apenas antes de ingressar em via preferencial, mas em qualquer via.

Determina o art. 34 do Código de Trânsito vigor: "O condutor que queira executar uma manobra deverá certificar-se de que pode executá-la sem perigo para os demais usuários da via que o seguem, precedem ou vão cruzar com ele, considerando sua posição, sua direção e sua velocidade."

Especifica o art. 36 as obrigações de quem procede dos lotes lindeiros à via: "O condutor que for ingressar numa via, procedente de um lote lindeiro a essa via, deverá dar preferência aos veículos e pedestres que por ela estejam transitando."

De acordo com o art. 35, as exigências de cuidados ou precauções reclamam-se inclusive quando do deslocamento lateral. Incumbe ao condutor evidenciar o propósito de forma clara e antecedentemente, por meio de luz indicadora de direção, ou através de gesto convencional de braço.

Decidiu-se: "Acidente de trânsito. Colisão em sucessão de veículos que trafegam na mesma via, em trânsito congestionado. Culpa do condutor de veículo que, oriundo

---

[57] Ap. Cível nº 185.052.305, da 3ª Câmara Cível do Tribunal de Alçada do RGS, em *Julgados do Tribunal de Alçada do RGS*, 58/265.

[58] Ap. nº 309.970, da 1ª Câmara do 1º Tribunal de Alçada Civil de São Paulo, j. em 03.05.1983.

776 • Responsabilidade Civil | *Arnaldo Rizzardo*

de via secundária, ingressa em preferencial obstaculizando o deslocamento de outro, que por esta transitava. Parada repentina em virtude dessa colisão isenta de culpa o condutor de terceiro veículo, que não consegue detê-lo e que abalroa a traseira do que primeiro colidira. Sentença confirmada."[59]

"Colisão de veículos e posterior tombamento contra três veículos estacionados. A culpa é exclusiva do veículo que colide culposamente em via que é preferencial ao veículo que por ali se deslocava em velocidade adequada. O simples fato de o veículo colidido tombar, após a colisão, contra outros três veículos estacionados, não induz culpa concorrente do motorista. A velocidade do veículo que sofre a colisão irregular deve ser aferida até o momento de esta ocorrer. Os resultados posteriores por si só não atestam excesso de velocidade, quando existe prova que o veículo se deslocava antes, à velocidade adequada e permitida. Quem alega velocidade excessiva, deve prová-la. Excesso de velocidade não pode ser inferido a partir de eventuais resultados acontecidos após a colisão. Sentença reformada."[60]

Presentemente, não mais se define a via preferencial, contrariamente ao previsto no regime anterior. Impende que se observe a sinalização, que dá, em certas vias, preferência de trafegabilidade para os veículos que nela se encontram. Todavia, na falta de sinais próprios, a regra a ser observada está no art. 29, inc. III, do vigente Código (Lei nº 9.503/1997), onde consta o direito de preferência aos veículos que trafegam na via, se a mesma tem um único fluxo; ou aos que se encontram em uma rotatória; ou aos que vêm da direita.

4.24. Ingresso na contramão da pista

É totalmente proibido ingressar na contramão, quer trafegando, quer fazendo ultrapassagem em momentos inoportunos, como deflui do art. 186, inc. I, do Código de Trânsito, que tipifica a irregularidade como infração: "Transitar pela contramão de direção em: I – vias com duplo sentido de circulação, exceto para ultrapassar outro veículo e apenas pelo tempo necessário, respeitada a preferência do veículo que transitar em sentido contrário...".

Sobre a matéria, ficou consolidado antigo entendimento pretoriano: "Responsabilidade civil. Acidente de trânsito. Ingresso na contramão pela vítima. Indenização improcedente".

E no voto: "Toda a situação de perigo, de qualquer modo, não decorreu senão como consequência do açodado desempenho da vítima, que perdeu o controle de seu automóvel, fazendo-o avançar de encontro ao ônibus, na faixa da contramão. E, no sobressalto provocado pela iminência do choque, nem seria exigível, do condutor colhido pela aproximação do veículo de oposto sentido, um invulgar descortino, capaz de intuir se existente, a alternativa de evitar o embate."[61]

Em verdade, trafegar na contramão constitui uma das mais graves formas de conduta culposa.

---

[59] Ap. Cível nº 188.107.643, da Câmara de Férias do Tribunal de Alçada do RGS, de 10.01.1989, em *Julgados do Tribunal de Alçada do RGS*, 70/375.

[60] Ap. Cível nº 188.102.016, da 2ª Câmara Cível do Tribunal de Alçada do RGS, de 02.03.1989, em *Julgados do Tribunal de Alçada do RGS*, 70/321.

[61] Ap. nº 278.938, 7ª Câmara do 1º Tribunal de Alçada Civil de São Paulo, de 07.04.1981, em *Julgados dos Tribunais de Alçada Civil de São Paulo*, 71/86.

4.25. Limite do valor da indenização ao bem danificado

Não raras vezes, pretende-se uma indenização superior ao que vale o bem danificado. Devido aos estragos do veículo ocorridos no acidente, a recuperação comporta somas que excedem ao seu preço. Não se estipula a verba indenizatória, neste caso, segundo a estimativa para a recuperação do veículo, mas pelo valor que tinha quando do acidente, ou segundo o preço de um veículo com idênticas características, como marca, espécie, ano e estado de conservação. Remonta-se o valor ao momento do acidente, e corrige-se desde então, ou calcula-se o mesmo na data do pagamento.

Sob esta ótica trilha a jurisprudência, nas indenizações: "Se a recuperação do veículo mostra-se economicamente inviável, a indenização deve corresponder ao valor de um carro semelhante, com a idade que tinha aquele acidentado, na data do sinistro...

Para se chegar a este valor, apura-se o valor do veículo na data do sinistro e, a partir de então, corrige-se o respectivo montante, até a data do pagamento."

Explica-se mais detalhadamente a situação no voto ensejador da ementa acima: "Em se tratando de avaria causada a veículo, o modo mais corriqueiro de indenizar é a recuperação. Esta forma, não é, porém, a única. Em sendo impossível, ou antieconômico, restaurar-se o bem, o responsável pela indenização pode ser obrigado, por exemplo, a entregar à vítima:

a) um automóvel semelhante, ou;

b) dinheiro em valor correspondente ao do bem destruído.

Na hipótese, a recuperação do automóvel acidentado é manifestamente antieconômica. Ocorreu aquilo que, no jargão das seguradoras se denomina 'perda total'.

Nesta circunstância, a condenação em recuperar o carro mostra-se irracional.

Seria, então, razoável adotar-se uma das alternativas lembradas acima, mediante a prestação de 'quantia bastante para a aquisição de veículo semelhante ao que foi acidentado', ou a condenação 'ao pagamento de indenização em valor correspondente ao preço de mercado de um automóvel... de modelo semelhante ao que foi destruído', o que se viabiliza pela avaliação do valor do automóvel 'apurado na época do acidente, e, a partir de então, corrigido monetariamente'.[62]

4.26. Lucros cessantes pela não utilização do veículo acidentado

Sempre são devidos lucros cessantes, mesmo que a empresa proprietária do veículo acidentado tenha outros veículos, desde que fique, por certo período de tempo, sem o funcionamento ou a utilização daquele, acarretando, com isso, certo prejuízo.

É como entende o STJ: "A empresa rodoviária tem direito aos lucros cessantes, quando um de seus veículos for sinistrado por culpa de outrem, ainda que possua frota de reserva. Segundo o artigo 1.059 do anterior Código Civil, não se exige que os lucros cessantes sejam certos, bastando que, nas circunstâncias de cada caso concreto, sejam razoáveis

---

[62] REsp. nº 56.708-4/SP, da 1ª Turma do STJ, de 06.03.1995, em *Revista do Superior Tribunal de Justiça*, 75/401.

778 • Responsabilidade Civil | Arnaldo Rizzardo

ou potenciais. IV – Só se conhece de Recurso Especial pela alínea 'c' do permissivo constitucional, se o dissídio estiver comprovado nos moldes exigidos pelos artigos 541, parágrafo único, do Código de Processo Civil e 255, parágrafos 1º e 2º, do Regimento Interno do Superior Tribunal de Justiça. Recursos especiais não conhecidos."[63] O art. 1.059 do CC/1916 corresponde ao art. 403 do CC/2002. Já o referido art. 541, parágrafo único, do CPC/1973 corresponde ao art. 1.029, § 1º, do atual CPC.

"A empresa de transporte de passageiros que, em razão de acidente de trânsito, coloca em serviço um veículo de sua frota de reserva, tem, mesmo assim, direito aos lucros que resultariam do uso daquele que foi sinistrado."[64]

Em se tratando de táxi, o *quantum*, na falta de outros elementos, pode ser fixado de acordo com tabela estabelecida pela categoria profissional: "Definida sua culpa, deve a causadora da colisão responder pelos danos materiais decorrentes do evento e tem o ônus de comprovar os fatos extintivos, modificativos ou impeditivos do direito deduzido pela vítima. Assim, os lucros cessantes, à míngua de prova em contrário, devem considerar o valor da diária informado pelo sindicato da categoria de taxistas."[65]

4.27. Manobra de marcha à ré

Em princípio, é proibido transitar em marcha à ré, salvo em pequenas distâncias, para saída de garagens, ou abrir espaço nos estacionamentos, ou afastar-se de veículos parados na frente.

Ordena, sobre esta manobra, o art. 194 do Código (Lei nº 9.503): "Transitar em marcha à ré, salvo na distância necessária a pequenas manobras e de forma a não causar riscos à segurança...".

Em se tratando de veículos de grande porte, é imprescindível que o motorista se socorra de outra pessoa, indicando a marcha e a direção que deve tomar.

Neste sentido a jurisprudência: "Responsabilidade civil. Acidente de trânsito. Atropelamento e morte de menor com dois anos e meio de idade. Acidente causado por preposto ao efetuar marcha à ré para estacionar, sem ter visão perfeita do local. Culpa caracterizada, eis que era de seu conhecimento que a rua era usada por crianças como sítio de recreio. Responsabilidade da ré reconhecida. Preliminar de ilegitimidade de parte afastada. Recurso desprovido."

E, adiante: "É patente a culpa do preposto da ré, pois, segundo a jurisprudência, a manobra de marcha à ré em veículos pesados só deve ser feita com a ajuda de outrem, porque, nesses veículos, o motorista não tem plena visão que lhe dê segurança na manobra... Além disso, sendo morador do local, sabia que a via pública era usada pelas crianças como sítio de recreio. Assim, mesmo que a vítima viesse correndo e se atirasse sob o veículo, isso era previsível porque não se pode exigir cautela de menor com dois anos de idade. O procedimento da criança é, por natureza, impulsivo e impensado, o que obriga os motoristas em trânsito pelas ruas onde elas brinquem à adoção de cautela. O

---

[63] REsp. nº 535.979/ES, da 3ª Turma, *DJU* de 25.02.2004.

[64] REsp. nº 137.510/DF, da 3ª Turma do STJ, *DJU* de 1º.10.2001, *in ADCOAS* 8205666, *Boletim de Jurisprudência ADCOAS*, nº 15, p. 229, abr. 2002.

[65] Apel. Cível nº 2003.001.07691, da 1ª Câmara Cível do TJ do Rio de Janeiro, *DJ* de 02.10.2003, *in ADCOAS* 8222325, *Boletim de Jurisprudência ADCOAS*, nº 50, p. 793, dez. 2003.

Cap. LIV | Responsabilidade por Danos Causados no Trânsito de Veículos • **779**

preposto da ré, morador do local, não podia ignorar a constante presença de crianças na rua e, como motorista, não podia abandonar a cautela necessária para evitar que o veículo as atingisse."[66]

Em decisão mais recente: "Em se tratando de danos provenientes de colisão de veículos, responde por sua reparação aquele que tenha dado causa ao evento danoso. Portanto, constitui falta grave transitar com o veículo em marcha à ré, salvo na distância necessária a pequenas manobras e de forma a não causar riscos à segurança – art. 194 do CTB, agindo com culpa o motorista que se utiliza de tal expediente para sair de ponto de estacionamento."[67]

4.28. Manobras de risco

Várias as manobras que envolvem perigo no trânsito, ou manobras de risco que, provocando o acidente, automaticamente determinam a indenização.

Uma delas é a de marcha à ré, que exige extremo cuidado, dadas as dificuldades de visibilidade especialmente nos lados do veículo. O acidente ocorrido nesta manobra acarreta, na maioria dos casos, a obrigação indenizatória: "Marcha à ré somente deve ser executada quando o motorista tem certeza para fazê-la sem risco". No correr do voto, observa-se: "Wladimir Valler, em sua conceituada obra *Responsabilidade Civil e Criminal nos Acidentes Automobilísticos*, assevera que: 'Como os veículos são feitos para se locomoverem para a frente, a marcha à ré constitui manobra anômala e, portanto, perigosa, pois não prevista quer pelos motoristas, quer pelos pedestres, exigindo, assim, para sua efetivação, a observância de cautelas excepcionais por parte dos condutores.

A marcha à ré, como ensinam Bedour e seus colaboradores, 'constitui um modo de marcha absolutamente anormal, que é empregada por conta e risco do condutor (*Précis des Accidentes d'Automobile*, p. 85). Sendo manobra de exceção, a marcha à ré só deve ser realizada quando absolutamente necessária, em trechos curtos, com extraordinária diligência, principalmente quando efetuada em lugar público, com pedestres nas proximidades. As cautelas deverão ser maiores em se tratando de veículo de carga, em relação aos quais é escassa a visibilidade para trás, sendo insuficiente à segurança da manobra a orientação do piloto tão somente pelos espelhos retrovisores, porque tais equipamentos não dão total visão da traseira de veículos de porte.

Como o princípio a ser seguido é o de que quem efetua a marcha à ré o faz por sua exclusiva conta e risco, impõe-se ao condutor a observância de todas as cautelas, mesmo as extraordinárias. A manobra só pode ser feita em marcha lenta e com sinais acústicos de advertência. Quando se tratar de veículos pesados e de grande porte, recomenda a cautela que o motorista seja auxiliado por pessoa a pé, fora do veículo, pois somente pode ser levada a cabo quando o condutor tem certeza de efetivá-la sem risco'".[68]

---

[66] Ap. nº 365.858-6, 2ª Câmara do 1º Tribunal de Alçada Civil de São Paulo, de 11.03.1987, em *Julgados dos Tribunais de Alçada Civil de São Paulo*, 105/45.

[67] JE Cív./DF, 1ª Turma, Ap. nº 2002.01.1.061632-9, *DJ* de 20.10.2003, em *ADCOAS* 8222458, *Boletim de Jurisprudência ADCOAS*, nº 1, p. 5, dez. 2003 e jan. 2004.

[68] Embargos Infringentes nº 194.118.840, do 4º Grupo Cível do Tribunal de Alçada do RGS, de 15.05.1995, em *Julgados do Tribunal de Alçada do RGS*, 95/175.

Outra situação também de perigo materializa-se no fato de se deixar um veículo parado na pista, especialmente quando se dá uma pane. Maior é a responsabilidade nas pequenas colisões, em que os motoristas ficam discutindo, sem deslocarem os carros para o acostamento ou fora da via. Igualmente se um pneu esvaziar, procedendo-se a substituição por outro na própria pista. O condutor, preocupado apenas com o seu carro, num estado momentâneo de dificuldade, não revela a menor cautela com os veículos que se cruzam no local.

O ingresso em via preferencial revela mais uma situação que, verificado o acidente, impõe a indenização: "Age com culpa o condutor que ingressa em via lateral de BR, cortando o fluxo de tráfego e provocando colisão com veículo que por ali trafega." Não importa que, nesta eventualidade, um outro veículo, por ter a frente interceptada, colida na parte traseira daquele que ingressa na preferencial, segundo observa a mesma ementa: "A presunção de culpa de quem colide na traseira somente se aplica em condições normais de tráfego, não no ingresso imprudente em via preferencial. O acidente ocorreu devido ao desrespeito ao direito de preferência, sendo irrelevante, no caso, que a colisão tenha ocorrido na traseira do outro veículo, apenas em razão da posição em que se colocou na rodovia."[69]

Em igual sentido: "Motorista, que ao ingressar em via preferencial sem cuidados e desrespeitando sinalização dá causa à morte de motociclista... Devida a indenização."[70]

Atravessar avenida de intenso trânsito, para alcançar outra artéria, requer extremo cuidado: "Fica evidenciada a culpa do motorista que, pretendendo cruzar avenida, por onde trafegava, para, dobrando-a à esquerda, alcançar o lado oposto da mesma avenida, realiza manobra perigosa, em avenida muito movimentada, com trânsito nos dois sentidos, em local de encontro de dois declives e junto a uma curva, com visibilidade dificultada, inclusive, pelo ônibus estacionado junto à calçada e próximo à esquina onde o acidente ocorreu, sem observar os cuidados necessários exigidos naquele momento.

"Porque realizava tal manobra, sobre ele o encargo, de acordo com as regras de trânsito, de efetuá-la sem perigo para os demais usuários e na conformidade com norma ali contida, isto é, de movimentar seu veículo no sentido de atingir primeiramente a zona central de cruzamento e não parar o veículo à direita e aguardar o momento adequado para o cruzamento."[71]

A invasão de pista contrária, com o abalroamento, torna inquestionável a indenização: "Ao motorista que, imprudentemente, invade a pista contrária e vem a abalroar veículo, ainda que estacionado no acostamento daquela pista, deve ser atribuída a responsabilidade pelo acidente, bem como o dever de ressarcir os danos verificados."[72]

---

[69] Apelação Cível nº 194.119.871, da 4ª Câmara Cível do Tribunal de Alçada do RGS, de 15.09.1994, em *Julgados do Tribunal de Alçada do RGS*, 92/181.

[70] Apelação nº 596.821-0, da 12ª Câmara do 1º Tribunal de Alçada Civil de São Paulo, de 23.03.1995, *in RT*, 719/162.

[71] Apelação nº 573.647-6, da 11ª Câmara do 1º Tribunal de Alçada Civil de São Paulo, de 01.12.1994, *in RT*, 713/134.

[72] Apelação nº 39.628-3, da 2ª Turma Cível do Tribunal de Justiça do Mato Grosso do Sul, de 08.11.1994, *in RT*, 717/226.

4.29. Não compensação da indenização civil pelos benefícios previdenciários

Não é aceita a compensação da reparação civil, por danos causados na prática de ato ilícito, pela pensão ou outros benefícios pagos pela Previdência Social ou privada.

O entendimento é pacífico, citando-se, como exemplo, o seguinte aresto: "A jurisprudência do STJ consolidou entendimento no sentido de que apurada a responsabilidade decorrente de acidente automobilístico ou outro evento danoso, o causador há de reparar o dano (culpa aquiliana) com supedâneo no direito comum e inviável é compensar tal reparação com a que a vítima há de perceber em decorrência de sua vinculação a sistema previdenciário ou securitário."

Dentre outros argumentos, sustenta-se que "a indenização acidentária não obsta a de direito comum, quando o empregador incorre em culpa grave, nem a da incapacidade para o trabalho e a da depreciação sofrida excluem a devida em razão do dano estético e, enfim, do valor da indenização comum não se deduz a recebida em razão da legislação infortunística.

Além de outras razões, no caso, alinha-se a de que, na previdência ou seguro, tem-se como escopo uma indenização de natureza obrigacional, contraprestacional, o que é diferente do caso da responsabilidade advinda da culpa aquiliana, extracontratual.

No precedente nº 43.692-3, rel. o em. Min. Sálvio de Figueiredo, o tema vem bem exposto, como assim: 'Por primeiro, é de assinalar-se, a obrigação de índole previdenciária possui natureza securitária, contratual, sujeitando-se ao regime da responsabilidade objetiva, bastando ao obreiro evidenciar o nexo causal entre a debilidade sofrida e o desempenho de sua atividade laboral para fazer jus ao benefício.

De salientar-se, ademais, que o chamado seguro de acidentes do trabalho era custeado, segundo o que dispunha a Lei nº 6.367/76, vigente à época do acidente, com recursos que provinham em parte do próprio segurado (art. 15), disso resultando evidenciado o caráter também contraprestacional do benefício previdenciário concedido em casos de infortúnio laboral, assemelhado, em grande medida, ao previsto nos contratos de seguro (de risco) privado.

Já o dever reparatório imposto com base no art. 159, CC, encontra fundamento na responsabilidade aquiliana (extracontratual) e subjetiva, somente respondendo o empregador pela indenização a esse título se comprovado haver agido com dolo ou culpa. E, anote-se, tal responsabilidade lhe é carreada não em razão de vínculo empregatício mantido com o lesado, mas sim em função do prejuízo que com sua conduta causou a outrem'".[73] O art. 159 acima nomeado equivale ao art. 186 do Cód. Civil em vigor.

4.30. Obstrução da pista por veículo com defeito

Sempre que algum defeito obrigue o estacionamento em pista, é obrigatória a colocação de sinalização advertindo os demais motoristas da anormalidade. Normalmente, os defeitos que importam em impedir a marcha dos veículos referem-se aos pneus, ou ao motor. Obriga-se o condutor a permanecer parado na via, até efetuar os reparos ou

---

[73] REsp. nº 55.915-4/DF, da 3ª Turma do STJ, de 25.04.1995, *in Revista do Superior Tribunal de Justiça*, 78/215.

782 • Responsabilidade Civil | *Arnaldo Rizzardo*

conseguir o socorro mecânico. Todavia, é obrigatória a remoção do veículo do local, de modo a não tumultuar o trânsito, na forma como reza o art. 176, inc. IV, do CTB.

O desatendimento na colocação do dispositivo pode determinar situações de perigo para os veículos que procedem no mesmo sentido, acarretando certo grau de culpa nos possíveis acidentes que venham a acontecer, embora não se descarte a responsabilidade igualmente dos que demandam atrás. Neste rumo à orientação jurisprudencial: "Responsabilidade civil. Acidente de trânsito. Fato de terceiro. Obstrução da pista por caminhão em razão de defeito mecânico, causando a colisão de um ônibus contra outro que havia parado no estacionamento para desviar do obstáculo. Necessidade de sinalização da rodovia pelo motorista do caminhão. Culpa deste caracterizada. Circunstância, todavia, que não elide a responsabilidade do ônibus colidente. Possibilidade apenas do exercício do direito de regresso contra a empresa proprietária do caminhão. Indenização procedente. Recurso provido para esse fim."

E no voto do relator: "... Parando na pista da rodovia, sem qualquer sinalização, durante a madrugada, com neblina, o motorista da carreta agiu culposamente, dando causa ao evento, daí decorrendo a responsabilidade."[74]

Para tanto, o art. 46 do CTB encerra: "Sempre que for necessária a imobilização temporária de um veículo no leito viário, em situação de emergência, deverá ser providenciada a imediata sinalização de advertência, na forma estabelecida pelo CONTRAN." Sinaliza-se através de luminoso ou refletor de emergência, como o triângulo.

4.31. Ofuscamento

Na ultrapassagem por outro veículo, é proibido o uso da luz alta, a fim de não perturbar a visibilidade do condutor que demanda no sentido contrário, conforme art. 223 do Código de Trânsito, ao tipificar como infração "transitar com farol desregulado ou com o facho de luz alta de forma a perturbar a visão de outro condutor", mais especificamente dos condutores que demandam em sentido contrário.

Todavia, esta infringência do motorista que demanda pelo sentido oposto não isenta de responsabilidade o condutor que se deixa perturbar pelo ofuscamento causado em razão dos faróis com luz alta, e perde a direção, ou não mantém o veículo em sua mão, causando o acidente.

É a orientação da Jurisprudência: "Ofuscamento não é causa de isenção de responsabilidade, por tratar-se de fato corriqueiro, plenamente previsível. Sua ocorrência não deve causar desespero, nem pânico no motorista que trafega em sentido contrário, mas, precatar-se este, reduzindo sua velocidade, ou até parando, se for o caso, desde que não pode perder o controle de seu automotor, a ponto de invadir a pista contrária e produzir danos em outrem. Provimento denegado."[75]

E o motorista que usa a luz alta também responde pelo acidente, porquanto sabidamente resta prejudicada a visibilidade daquele que trafega em sentido oposto, como, também, é visto pelos Tribunais: "Ofuscamento. A utilização de faróis altos ante a aproximação em

---

[74] Ap. nº 403.123-8, da 7ª Câmara do 1º Tribunal de Alçada Civil de São Paulo, j. em 20.12.1988, em *Julgados dos Tribunais de Alçada Civil de São Paulo*, 119/171, Editora RT.

[75] Ap. Cível nº 19.704, da 1ª Câmara Cível do Trib. de Alçada do RGS, de 16.08.1979, em *Julgados do Tribunal de Alçada do RGS*, 32/277.

Cap. LIV | Responsabilidade por Danos Causados no Trânsito de Veículos • **783**

sentido oposto de outro veículo, sobre configurar infração a regras de trânsito, caracteriza culpa do condutor que assim procede, a qual, sem dúvida, concorre para o acidente que se vêm a envolver ambos os automotores e ainda um terceiro."[76]

Daí, no mínimo, a concorrência de culpas.

4.32. Omissão no dever de vigilância por empresa que administra a rodovia

As empresas concessionárias de rodovias privatizadas respondem pelos danos que ocorrerem aos transeuntes e aos que trafegam em razão de eventos lesivos.

Não se pode esquecer que tais empresas, por concessão, administram bem ou serviço público, incidindo a regra do art. 37, § 6º, da Carta Federal. É-lhes transferido o dever de vigilância no trecho da rodovia sob a sua jurisdição. Recebendo do usuário um preço pelo uso do bem e serviços, incide a teoria do risco-proveito, já que a remuneração recebida visa a prestação de uma série de encargos, como a manutenção da via e a vigilância sobre a sua regularidade. Se animais circulam ao longo do percurso submetido aos seus cuidados, evidencia-se a precariedade do dever de vigilância.

Desde antigos pronunciamentos dos pretórios são pela obrigação indenizatória:

"Colisão com animal em estrada privatizada... Legitimidade passiva da empresa que administra a rodovia e recebe o pedágio. Responsabilidade do dono do animal que não afasta a possibilidade do usuário de exigir a indenização da empresa, cabendo a ela o direito de regresso. Proteção à vítima e risco da atividade. Omissão na vigilância que é exercida."[77]

Vários os precedentes que são transcritos no acórdão:

"Colisão com animal solto na pista, que nela ingressa pela cerca marginal. Dever jurídico da empresa responsável pela exploração dos serviços de fiscalizar as cercas lindeiras. Responsabilidade objetiva da concessionária pelos danos causados aos seus usuários pelo defeituoso serviço prestado. Aplicação do Código de Defesa do Consumidor à espécie (*Apelação* nº 1.123.323-9, da 6ª Câmara do 1º TACivSP)."

"Responsabilidade civil. Acidente de trânsito ocorrido na Rodovia dos Bandeirantes provocado por animal bovino na pista de rolamento. Indenização movida contra a concessionária administradora da rodovia. Responsabilidade objetiva desta caracterizada (Apelação nº 1.118.755-8, da 11ª Câmara Cível do 1º TACivSP)."

"Responsabilidade civil... Animal na pista de rolamento de estrada pedagiada. Ausência de vigilância adequada aos motoristas. Responsabilidade do Estado pela falha no serviço cometido por seus agentes (CF, art. 37, § 6º)... Empresa particular autorizada à exploração da rodovia. Obrigação de manutenção de condições de segurança para o uso dos motoristas. Inobservância. Responsabilidade objetiva pelos prejuízos que sofrerem durante o trajeto (Embargos Infringentes nº 1.124.204-3/01, do 1º TACivSP)."

Ainda no voto destaca-se esta passagem: "Se os padrões mínimos constantes do contrato de concessão não são suficientes para evitar os acidentes como este, a solução não é isentar a empresa da responsabilidade civil, mas que ela aumente os serviços, sob pena de arcar com os prejuízos."

---

[76] Ap. Cível nº 25.835, 2ª Câmara Cível do Trib. de Alçada do RGS, de 10.11.1981, em *Julgados do Tribunal de Alçada do RGS*, 42/243.

[77] Apelação nº 1.188.032-1, da 1ª Câmara Civil do 1º TACivSP, j. em 1º.12.2003, em *Revista dos Tribunais*, 824/243.

784 • Responsabilidade Civil | *Arnaldo Rizzardo*

Entrementes, deve-se encarar a situação com certa cautela, não se viabilizando o tratamento acima em rodovias comuns, diferentes das autoestradas, nas quais não existe a concessão, e que permanecem, então, sob a responsabilidade do Estado. É impossível a fiscalização de todas as vias, impedindo que animais as invadam e perambulem nelas. Ficariam insuportáveis os custos para tanto, além da impraticabilidade, questão bem enfrentada pela jurisprudência: "Nas rodovias comuns, ao contrário do que se dá nas autoestradas, destinadas ao trânsito de alta velocidade, onde as exigências de segurança são naturalmente mais acentuadas e, por isso, a vigilância deve ser mais rigorosa, é virtualmente impossível impedir o ingresso de animais na pista, durante as vinte e quatro horas do dia. A responsabilidade do Estado quando o dano resulta de suposta omissão – falta do serviço – obedece à teoria subjetiva e só se concretiza mediante prova da culpa, isto é, do descumprimento do dever legal de impedir o evento lesivo: sem prova da conduta omissiva censurável, tendo em conta o tipo de atuação que seria razoável exigir, não há como responsabilizar o Poder Público."[78]

4.33. Pedestre que surge abruptamente na pista

Várias regras encontram-se estabelecidas para os pedestres, como as assinaladas no art. 254 do atual Código de Trânsito: "É proibido ao pedestre:

I – permanecer ou andar nas pistas de rolamento, exceto para cruzá-las onde for permitido;

II – cruzar pistas de rolamento nos viadutos, pontes ou túneis, salvo onde exista permissão;

III – atravessar a via dentro das áreas de cruzamento, salvo quando houver sinalização para esse fim;

IV – utilizar-se da via em agrupamentos capazes de perturbar o trânsito, ou para a prática de qualquer folguedo, esporte, desfiles e similares, salvo em casos especiais e com a devida licença da autoridade competente;

V – andar fora da faixa própria, passarela, passagem aérea ou subterrânea;

VI – desobedecer à sinalização de trânsito específica."

Incide a pena de 50% do valor da infração de natureza leve para a desobediência.

Nas vias onde se permite maior velocidade, e de precária visibilidade nos acostamentos ou nas calçadas, não raramente aparece um pedestre, saltando sobre a pista para atravessá-la correndo. Mesmo nos centros urbanos, de movimento mais intenso, é possível que o transeunte vá atravessar quando praticamente o veículo se encontra ultrapassando-o, em velocidade reduzida.

Em circunstâncias tais, não se pode inculcar a culpa no motorista. Nem cabe invocar a teoria do risco, para incutir a responsabilidade. O só fato de possuir veículo não é suficiente para obrigar a indenizar.

É a orientação dos Tribunais:

"Acidente de trânsito. Atropelamento de menor que, oriundo do passeio, empreende a travessia da via pública correndo, por detrás de veículo parado, e que vem a ser colhido por outro veículo que pela via pública transitava. Condutor que imprimia velocidade reduzida ao automóvel e em cuja conduta não se observa qualquer irregularidade. Culpa inexiste. Improcedência da ação de indenização."[79]

---

[78] Apel. Cível nº 97.04.01222-5/SC, da 3ª Turma do TRF da 4ª Região, *DJU* de 17.09.1997.

[79] Embargos Infringentes nº 187.074.117, 2º Grupo Cível do Tribunal de Alçada do RGS, em *Julgados do Tribunal de Alçada do RGS*, 69/151.

Igualmente se a pessoa não utiliza passarela destinada a pedestres, e atravessa via movimentada: "... Vítima que, desprezando a utilização de uma passarela existente, em local próximo, opta por cruzar pista de rolamento de tráfego intenso."[80]

Todavia, é evidente que o motorista concorre para o evento se percebe a vítima correndo, antes de ingressar na pista: "Reparação de danos. Atropelamento em via urbana. Presunção de culpa do atropelador, que deve provar a culpa do pedestre. Age com culpa o motorista que, percebendo com antecedência a rápida aproximação de pedestre para efetuar a travessia da rua, se limita a acionar a buzina do veículo, sem pará-lo ou reduzir-lhe a marcha ao nível da segurança exigível para as circunstâncias."[81]

Isto especialmente se o pedestre é ancião, que normalmente se locomove vagarosamente, não constituindo, assim, fator de surpresa ao motorista: "Responsabilidade civil. Acidente de trânsito. Atropelamento de ancião em via de tráfego intenso. Prova suficiente da concorrência de culpas. Ação procedente, reduzida a condenação."

No voto: "Não importa, em tais casos, qual a velocidade máxima permitida ou se há ou não temeridade na travessia em determinado local. A circunstância relevante é se o pedestre com sua conduta apanhou o motorista totalmente desprevenido, em virtude de inopinada colocação à sua frente sem que permitido lhe fosse, diante do inesperado surgimento, lograr impedir o atropelamento."[82]

4.34. Preferência em cruzamento não sinalizado

Muitos são os acidentes que acontecem em cruzamentos onde inexiste sinalização de preferencialidade para qualquer pista. Em tempos mais antigos, firmava-se a competência para o veículo que já iniciara o cruzamento, ou que se encontrava ultimando a travessia. Era a chamada teoria do eixo médio.

O Código de Trânsito Brasileiro, no art. 29, inc. III, alínea *c*, ordena que "nos demais casos" terá preferência "o veículo que vier pela direita do condutor". Solução que não revela qualquer surpresa, eis que já implantada em vários países da Europa, desde décadas atrás.

Regra esta adotada pela unanimidade da jurisprudência, desde tempos antigos, afastando a teoria do eixo médio: "Acidente de trânsito. Cruzamento não sinalizado. Preferência do veículo que provém da direita (CNT, art. 13, IV). Desacolhimento da tese do eixo médio ou da preferência de quem primeiro chega no cruzamento. Recurso improvido".[83]

Há fundadas razões que aconselham o desacolhimento da teoria, como o favorecimento de velocidade, a fim de chegar antes o motorista no cruzamento, e não precisar parar o veículo: "A teoria do eixo médio não mais tem aceitação pela jurisprudência, pois levaria a admitir-se que teria razão o motorista do veículo que estivesse animado de mais velocidade. Com efeito, se dois veículos aproximassem-se do cruzamento ao mesmo tempo,

---

[80] Apel. Cível nº 13.772/200, da 9ª Câmara Cível do TJ do Rio de Janeiro, *DJ* de 03.05.2001, *in* ADCOAS 8203856, *Boletim de Jurisprudência ADCOAS*, nº 6, p. 85, fev. 2002.

[81] Ap. Cível nº 185.000.056, 3ª Câmara Cível do Tribunal de Alçada do RGS, de 13.02.1985, em *Julgados do Tribunal de Alçada do RGS*, 54/272.

[82] Ap. nº 281.373, 3ª Câmara do 1ª Tribunal de Alçada Civil de São Paulo, de 03.06.1981, em *Julgados dos Tribunais de Alçada Civil de São Paulo*, 72/96.

[83] Ap. Cível nº 187.002.340, 1ª Câmara Cível do Tribunal de Alçada do RGS, de 31.03.1987, em *Julgados do Tribunal de Alçada do RGS*, 63/265.

786 • Responsabilidade Civil | *Arnaldo Rizzardo*

atingiria o eixo central aquele que estivesse com mais velocidade, e tal teoria acabava por estimular o excesso de velocidade. Daí a sua rejeição hoje pela doutrina e jurisprudência".[84]

Efetivamente, a vingar tal critério para autorizar a primazia nos cruzamentos, os motoristas seriam forçados a aumentar a velocidade para transpor o eixo médio.

A matéria aparece bem elucidada no seguinte julgamento: "A propósito, lembre-se Cunha Gonçalves, salientando que, desde 1933, os Tribunais passaram a rejeitar a regra do 'primeiro chegado', porque isto é privar do seu direito o prioritário e estimular o excesso de velocidade do não prioritário *(Tratado de Direito Civil*, 1ª ed. bras., Max Limonad, vol. 13, t. 1, p. 149). Em outras palavras, a adotar-se tal tese, abandonada há quase cinquenta anos, estaria havendo um estímulo a uma autêntica competição, agravando-se o risco de acidentes".[85]

Não se pode, porém, emprestar total prioridade a quem demanda pela direita, mormente em pistas de grande trânsito e de ampla visibilidade. Sempre se exige, nos cruzamentos, uma moderação da velocidade, com observação do movimento na pista da esquerda.

Especialmente se, pelo costume local, é reconhecida a preferência de conformidade com o uso: "Acidente de trânsito. Cruzamento não sinalizado. Conflito de preferências; a do caminhão da ré, porque procedia da direita; e a do automóvel do autor, porque trafegava em via pública mais ampla, de tráfego mais intenso, e reconhecida como preferencial pelos usuários. Recurso provido em parte, e reconhecida a culpa concorrente".

Nos fundamentos do voto, colhe-se: "Diversos julgados deste Tribunal têm admitido se determine a preferência, em cruzamento não sinalizado, pela maior importância de uma das vias em relação à outra *(Julgados do TARGS* 6/153, 7/189, 8/159), eis que a regra do art. 13, IV, do CNT não é absoluta *(Julgados do TARGS* 9/164). Por isso, 'embora não sinalizada, pode ser havida uma rua como preferencial, em face das circunstâncias de fato que imponham essa condição à inteligência e sensibilidade dos motoristas, de modo que o uso consagre como necessária' (Acórdão da 2.ª Câmara Cível, 'in' *Julgados do TARGS* 1/324)."[86]

Em mais um exemplo: "A violação de preferência de passagem em cruzamento não sinalizado, havendo danos, provoca o dever de reparar as perdas e danos ocorridas, incluídas aí todas as despesas ocorridas, por correlação lógica".[87]

Em suma, há de se analisar cada circunstância particular. O certo é que os motoristas devem se precaver ao trafegarem em artérias que se encontrem, sem qualquer sinalização.

4.35. Responsabilidade nos acidentes ocorridos no interior de estacionamento

Com certa frequência ocorrem acidentes causados no interior de locais usados como estacionamentos, ou em garagens onde se alugam espaços. Mas provocados os acidentes por outros usuários ou proprietários de veículos, e não pelos prepostos ou empregados do dono da área ou da garagem.

---

[84] Ap. nº 329.443, 5ª Câmara do 1º Tribunal de Alçada Civil de São Paulo, de 05.09.1984.

[85] Ap. nº 277.968, em Julgados dos Tribunais de Alçada Civil de São Paulo 76/2, transcrição na Ap. nº 318.228, 1ª Câmara, do 1º TACSP, de 10.11.1983.

[86] Ap. Cível nº 186.037.677, da 3ª Câmara Cível do Tribunal de Alçada do RGS, j. em 25.08.1986, em *Julgados do Tribunal de Alçada do RGS*, 60/293.

[87] JE Cív./SP, Recurso nº 13.140, do 1º Colégio Recursal, j. em 03.07.2003, *in ADCOAS* 8220174, *Boletim de Jurisprudência ADCOAS*, nº 40, p. 629, out. 2003.

Cap. LIV | Responsabilidade por Danos Causados no Trânsito de Veículos • **787**

Nesta eventualidade, não se pode atribuir a responsabilidade indenizatória ao proprietário do estacionamento. Deve buscar-se a reparação junto ao causador do acidente, eis que a obrigação do que explora a atividade de garagens é pela guarda, não podendo influir ou mandar na conduta de outros que guardam os veículos no mesmo local.

É que em matéria de responsabilidade civil decorrente de acidente de trânsito, na órbita do direito civil, embora a culpa do motorista deva ser considerada com maior largueza que na área do ilícito penal, não se permite dar uma amplitude ao ilícito civil a ponto de transformar a situação em caso de responsabilidade objetiva, com a aplicação do princípio de que a culpa se presume.

Exegese esta aplicada pelos pretórios: "A empresa exploradora de estacionamento em área particular é responsável pela vigilância dos veículos a ela confiados, inclusive quanto à eventual subtração. Entretanto, quanto aos danos sofridos por eles em razão da movimentação de entrada, saída e circulação interna em geral, a culpa deve ser buscada entre os participantes, ressalvada a comprovação de que a responsável pela área tenha, de qualquer forma, contribuído para o resultado".

Assim, endereça-se a ação indenizatória contra o provocador do acidente, que, dirigindo, foi colidir no veículo estacionado. A menos que verificada a concorrência do proprietário do espaço, possível de inferir-se no fato de autorizar a entrada de um número excessivo de carros, dificultando a movimentação interna, caso em que ele *também é responsável solidário*, conforme se infere da mesma decisão: "Também obra com culpa o responsável pela área que permite o ingresso de carros quando o local já está lotado, dificultando a movimentação e o estacionamento seguro, contribuindo diretamente para o resultado danoso".[88]

4.36. Saída da calçada

Situação comum é a ausência de precaução na saída da calçada, para seguir no leito da via. O veículo que já se encontra trafegando está tão próximo daquele que sai da calçada que tem a sua frente obstruída, vindo a ocorrer a colisão, em geral na parte esquerda, traseira ou lateral, do veículo que se afasta da calçada, onde se encontrava estacionado.

Foi decidido, a respeito: "Responsabilidade civil. Acidente de trânsito. Motorista que dá partida ao veículo da calçada em direção ao leito da via pública. Colisão em carro de aluguel que trafegava em situação de absoluta preferência. Indenização devida. Cálculo dos lucros cessantes". E adiante: "Aquele que trafega pelo leito da via pública tem preferência sobre outro que arranca de sobre a calçada, em demanda da mesma pista. Se o veículo abalroado for de aluguel, o respectivo motorista terá direito à indenização relativa aos lucros cessantes, considerando o período em que o automóvel permaneceu em oficina para reparos e seu ganho líquido diário."[89]

---

[88] Apelação Cível nº 194.253.043, da 5ª Câmara Cível do Tribunal de Alçada do RGS, de 16.02.1995, em *Julgados do Tribunal de Alçada do RGS*, 94/352.

[89] Ap. nº 334.392, 6ª Câmara do 1º Tribunal de Alçada Civil de São Paulo, j. em 11.12.1984, *in RT*, 593/153.

4.37. Saída do acostamento

Em princípio, é proibido trafegar pelo acostamento das pistas, a menos que situações especiais ocorram e que obriguem a assim proceder, como nas interrupções do leito das estradas.

A saída do acostamento, no entanto, é fator de inúmeros acidentes, por não averiguar atentamente o motorista as condições para ingressar na pista. Neste sentido, foi decidido: "Acidente de trânsito. Cuidados indispensáveis para ingresso na via pública... Age com imprudência motorista de automóvel que, saindo do estacionamento, ingressa na via pública sem ter perfeita visibilidade da movimentação de veículos. A parada de dois ou mais carros, para dar-lhe passagem, a título de cortesia, não implica em idêntico comportamento da parte de outros condutores."[90]

Prepondera a regra da presunção da culpa de quem ingressa em via preferencial sem os devidos cuidados, que se aplica à hipótese: "Age com culpa pela ocorrência de abalroamento entre veículos o motorista de ônibus coletivo que, ao sair do acostamento, não adota as cautelas mínimas para o desempenho seguro da manobra, dando causa à colisão em sua lateral, pelo veículo que trafegava na preferencial, e que não conseguiu evitar a colisão, por se tratar de via de mão dupla."[91]

É que o veículo, saindo do acostamento sem a necessária cautela, intercepta a marcha dos demais carros, dando causa ao acidente, pouco importando, no caso, o excesso de velocidade que porventura venham desenvolvendo. Isto mormente em pistas de maior extensão.

4.38. Semáforo com defeito ou não funcionando

Seguidamente acidentes ocorrem em razão de falta de atenção em cruzamentos em que os semáforos se encontram com defeitos, ou simplesmente não funcionam. Assim, entendem os motoristas que podem ingressar abruptamente na pista que intercepta aquela na qual trafegam.

Na hipótese, desaparece a preferencialidade, devendo os condutores munir-se de todo cuidado, parar os veículos, observar se a pista se encontra desimpedida, e só então encetar a travessia.

É o entendimento da jurisprudência: "Responsabilidade civil. Acidente de trânsito. Colisão em cruzamento. Sinalização existente. Falecimento do condutor de veículo abalroado por veículo de uso militar (tanque de guerra). Alegação de que o semáforo estava com defeito. Circunstância que, se comprovada, não autorizaria o condutor a ingressar no cruzamento sem as cautelas necessárias."[92]

Diferente não é a situação em caso de não funcionamento: "Tratando-se de cruzamento sinalizado, mas com o semáforo não funcionando por falta de energia elétrica, não há que

---

[90] Ap. Cível nº 188.043.343, da 4ª Câmara Cível do Tribunal de Alçada do RGS, de 18.08.1988, em *Julgados do Tribunal de Alçada do RGS*, 68/349.

[91] JE Cív./DF, Apel. nº 2001.01.1.094230-3, da 1ª Turma Recursal, *DJ* de 1º.07.2003, *in ADCOAS* 8220778, *Boletim de Jurisprudência ADCOAS*, nº 43, p. 677, out. 2003.

[92] Ap. nº 400.665-9, 5ª Câmara Especial do 1º Tribunal de Alçada Civil de São Paulo, em *Julgados dos Tribunais de Alçada Civil de São Paulo*, 116/94, Editora RT.

se falar em preferência de passagem nem em veículo provindo da direita. Tais hipóteses só serão admissíveis em se tratando de cruzamento não sinalizado. Se o semáforo por qualquer motivo não está funcionando, devem os motoristas que ali chegam, usarem do máximo de cautela, parando seus veículos e só adentrando quando inexistir possibilidade de causar acidente, mas, segundo a prova testemunhal, nenhum dos automóveis das partes parou, ao atingir a confluência das ruas... Agiram com imprudência e ambos são os culpados pela colisão."[93]

Todo motorista deve redobrar a atenção ao penetrar em cruzamentos. Na verdade, não funcionando o semáforo, desaparece a preferência para qualquer motorista seja qual for o sentido de onde provém. Não se poderá iniciar o cruzamento sem antes constatar se algum outro veículo se aproxima, e se há espaço e tempo para completar o percurso da travessia.

4.39. Semáforo com luz amarela

Fator determinante de incontáveis acidentes é a troca de luz do semáforo, passando da verde para a amarela, e em seguida, para a vermelha. Em geral, pretende-se aproveitar a passagem da luz amarela para a vermelha, chegando-se ao centro do cruzamento quando já incidente no semáforo esta última.

Há semáforos num sentido com as três cores, e no outro com duas. Mas, neste, a passagem entre verde e vermelho dura o tempo equivalente entre a mudança da luz vermelha para verde no outro, com a inclusão da passagem pela luz amarela, de simples advertência.

Assim, quando no sentido do semáforo com luzes de três cores ocorre a passagem da cor amarela para vermelha, na outra via acende-se a luz verde.

Quanto ao significado da luz amarela, e a sua importância no trânsito, sabe-se que revela precaução, atenção, ou cuidado.

Consequentemente, em princípio, ao acender-se a luz amarelo-alaranjada deve o motorista parar o veículo. Poderá prosseguir a travessia caso já esteja no cruzamento ou, no máximo, iniciando a passar pelo encontro das duas vias.

É que, fundamentalmente, o sinal amarelo indica que os veículos da outra pista se encontram concluindo a passagem, ou que se encontram em uma posição tal que não mais é possível interromper o tráfego.

Nesta conclusão se alinha a jurisprudência: "Sabe-se que o sinal amarelo existe precisamente para alertar que o sinal irá fechar e permitir o término do cruzamento pelos veículos que, já muito próximos, não possam ou não devam ser frenados."[94]

Nesta visualização, o sinal amarelo, segundo as convenções consagradas universalmente, expressa advertência, ou recomenda que se pare ante a sua presença.

Por isso diz-se que, em geral, ambos os motoristas incidem em responsabilidade, ou com culpa, em acidentes ocorridos quando se processa a troca de sinais. Acontece que a passagem do sinal verde para amarelo importa na mudança do sinal vermelho para verde no outro lado. Não raramente, é perceptível ou visível a mudança de sinal amarelo

---

[93] Ap. nº 303.260, da 4ª Câmara do 1º Tribunal de Alçada Civil de São Paulo, j. em 02.12.1982.
[94] Ap. nº 309.284, da 7ª Câmara do 1º Tribunal de Alçada Civil de São Paulo, j. em 29.03.1983.

790 • Responsabilidade Civil | Arnaldo Rizzardo

para vermelho, ou de verde para amarelo, pelos motoristas que se encontram na artéria que vai cruzar com aquela na qual se encontra aquele sinal, e iniciam antecipadamente o cruzamento.

O acidente em cruzamentos, no momento em que se processa a troca de sinais, revela açodamento ou pressa, e falta de atenção, máxime em vias largas e de ampla visibilidade.

4.40. Semáforo no amarelo, com pisca alerta intermitente

Comum a situação, especialmente após certo horário da noite, ficar acionada apenas a cor amarela do semáforo, com pisca ininterrupto, o que facilita o trânsito, não havendo necessidade de funcionarem sucessivamente as cores verde, amarela e vermelha. Esta prática generalizou-se em todos os pontos do País, tendo sido adotada a partir de 1986, sendo que já era comum em outros países.

A cor amarela expressa advertência, de acordo com as convenções normais de sinalização, e restou implantado pelo costume, em prática admitida universalmente.

Tornando-se piscante a cor amarela, não perde a sua finalidade de advertência para os condutores de veículos que demandam em qualquer sentido das pistas que se cruzam. E justamente diante da constância do pisca em qualquer das vias que se encontram numa esquina, desaparece a prioridade para um ou para outro veículo. Daí, pois, em acidentes em tal circunstância, configurar-se a culpa concorrente, não prevalecendo a regra de que terá preferência o motorista do veículo que procede da direita.

Neste sentido se formou a jurisprudência: "O sinal amarelo piscando intermitentemente significa advertência – anuncia, observa, admoesta alerta –, não havendo preferencialidade a nenhum dos motoristas, devendo ambos diminuir a velocidade e tomar as cautelas necessárias. A preferencialidade a quem demanda da direita não se aplica em situações como a presente, pois a nenhum é dado adentrar sem os cuidados necessários. Comprovado o ingresso descuidado dos dois, impõe atribuir o evento à atuação culposa recíproca".

No curso do voto, sustenta o relator: "Com a sinalização amarelo-piscante são advertidas as pessoas para acautelarem-se, face à ausência de prioridades. Desta forma, os motoristas, ao se aproximarem dos cruzamentos, devem diminuir a velocidade e tomar as cautelas necessárias, antes de adentrar no cruzamento.

A devolução da preferencialidade a quem demanda da direita poderia ser alegada se não houvesse a sinalização intermitente do pisca-alerta. No caso, porém, tal circunstância restou afastada."[95]

Haveria a possibilidade de se estabelecer a culpa de um único motorista no caso de já haver o outro iniciado a travessia, sendo sua a iniciativa de arrancar o veículo, e vindo o outro, em instantes depois, a dar partida, com excesso de velocidade, atingindo o carro que se antecipara na manobra. Hipótese, no entanto, que depende de robusta prova para se configurar.

---

[95] Ap. Cível nº 195.047.006, 1ª Câmara Cível do Tribunal de Alçada do RGS, de 05.09.1995, em *Julgados do Tribunal de Alçada do RGS*, 96/282.

Cap. LIV | Responsabilidade por Danos Causados no Trânsito de Veículos • 791

4.41. Subtração de veículo mediante violência e responsabilidade civil de quem exerce a guarda

Se as divergências jurisprudenciais são de monta quanto ao furto de veículo em estacionamentos, pacífico é o entendimento de que não cabe responsabilizar-se aquele que exerce a guarda se a subtração se opera mediante violência, como por assalto ou roubo. A seguinte ementa bem revela o tratamento da matéria em casos que tais: "Mesmo quando a empresa não tem qualquer relação com o fornecimento de serviços de guarda e segurança, como as que se dedicam ao comércio atacadista de supermercados, assumem dever de guarda e conservação, cumprindo-lhes fornecer vigilância adequada, o que encerra compromisso de diligenciar as cautelas e providências assecuratórias regulares e normais.

Não se mostra exigível à empresa, no entanto, como regra, evitar subtração realizada com emprego de ameaça e violência a que nem mesmo os próprios donos dos veículos teriam condições de resistir."

Dentre os vários argumentos que reforçam tal tese, destacam-se os seguintes: "... Havendo roubo e não furto, a violência contra pessoas e não contra o veículo (o problema da identificação do delito, nessa segunda hipótese, embora importante em sede de Direito Penal, aqui não assume tal relevância) poderá, em tese, configurar excludente de força maior, elidindo a responsabilidade da empresa quanto à indenização do prejuízo sofrido pelo cliente...".

Adiante, aduz-se: "Caracterizada, portanto, a força maior a que aludiu o apelante em suas razões de recurso. Fizeram o que estava no alcance deles os prepostos do apelante para impedir o roubo – a rigor, tendo havido troca de tiros, chegaram a pôr em risco sua incolumidade física. Mais não era lícito exigir desses vigilantes.

Inexistindo, portanto, comprovada desídia do estabelecimento comercial e caracterizada, por outro lado, a força maior prevista no art. 1.058 e seu parágrafo único do CC, não há como vir a ser o réu compelido a indenizar o autor.

Não há, portanto, como acolher-se a irresignação recursal, lastreada às inteiras no argumento de que a recorrida se teria havido com negligência quanto à adoção das medidas preventivas de segurança que estavam ao seu alcance, sendo certo que a análise de tal aspecto, por exigir reexame da matéria fático-probatória, extravasa dos limites de cognição admissíveis em sede de recurso especial."[96] O art. 1.058 corresponde ao art. 393 do atual CC.

4.42. Sucessão na indenização por dano moral

A sucessão da indenização por dano moral é matéria controvertida. De modo geral, se a vítima não ingressou com a competente ação, quando vivia, não se admite que os seus sucessores tenham o direito de ajuizar a demanda competente. É que o dano moral tem caráter pessoal, e unicamente a vítima sabe dimensionar o seu alcance, e mesmo se foram ou não atingidos os seus sentimentos, ou se experimentou tristeza, frustração, pesar, diminuição na sua personalidade. A personalidade morre com o indivíduo, nada deixando atrás de si, o que impede que outros avaliem o estado interior daquele que faleceu.

---

[96] REsp. nº 35.827-2/SP, da 4ª Turma do STJ, de 12.12.1994, em *Revista do Superior Tribunal de Justiça*, 73/264.

Entrementes, há quem admite o *jus* hereditário, conforme este aresto: "O direito de ação por dano moral é de natureza patrimonial e, como tal, transmite-se aos sucessores da vítima." Sustenta-se, com base na doutrina de Mário Moacyr Porto (em trabalho publicado na *RT*, 661/7-10) "A dor não é *bem* que componha o patrimônio transmissível do *de cujus*. Mas, me parece de todo em todo transmissível, por direito hereditário, o direito de ação que a vítima, ainda viva, tinha contra o seu ofensor. Tal direito é de natureza patrimonial. Leon Mazeaud, em magistério publicado no *Recueil Critique Dalloz*, 1943, p. 43, esclarece: 'O herdeiro não sucede no sofrimento da vítima. Não seria razoável admitir-se que o sofrimento do ofendido se prolongasse ou se estendesse ao herdeiro e este, fazendo sua a dor do morto, demandasse o responsável, a fim de ser indenizado da dor alheia. Mas é irrecusável que o herdeiro sucede no direito de ação que o morto, quando ainda vivo, tinha contra o autor do dano. Se o sofrimento é algo entranhadamente pessoal, o direito de ação de indenização do dano moral é de natureza patrimonial e, como tal, transmite-se aos sucessores'."[97]

4.43. Transporte de pessoas em carroceria de veículo de carga

Está aí caracterizada mais uma forma de culpa, pelos perigos que comporta tal conduta.

O Código de Trânsito Brasileiro, no art. 230, inc. II, é claro em proibir tal prática de transporte, pois atribui penalidades a quem conduz "transportando passageiro em compartimento de carga, salvo por motivo de força maior, com permissão da autoridade competente e na forma estabelecida pelo CONTRAN".

Igualmente nas partes externas do veículo incide a vedação, em consonância com o art. 235 do Código de 1997, visto que penalizar quem "conduzir pessoas, animais ou carga nas partes externas do veículo, salvo nos casos devidamente autorizados".

É óbvio o perigo que representa a prática de condução de pessoas em carrocerias de caminhões ou camionetas, ou nas partes externas, já que diminui sensivelmente a segurança, pela ausência de proteção, e diante das possíveis manobras bruscas de frenagem e solavancos a que está sujeito o veículo.

É o que expressa a jurisprudência: "Em caso de acidente com caminhão locado por empresa, cabia à empresa que locou o caminhão fiscalizar e impedir o transporte de passageiros na caçamba, dado o risco que representa, e que veio a ser a causa determinante da morte da vítima, com a ocorrência de culpa *in vigilando* e *in eligendo*, que autoriza seja a ela imputada a responsabilidade pelo evento, com pagamento de pensão e danos morais."[98]

4.44. Travessia de pedestres em vias férreas

Nos atropelamentos de pedestres acontecidos em vias férreas, a tendência é atribuir a responsabilidade à empresa diante da falta de vigilância e de providências para impedir o acesso. Leva-se em consideração a obrigação de cercar, em ambos os lados e em toda a extensão, as ferrovias, por imposição do art. 15 do Decreto nº 15.673, de 08.09.1992.

---

[97] REsp. nº 11.735-0/PR, da 2ª Turma do STJ, de 29.11.1993, em *Revista do Superior Tribunal de Justiça*, 71/183.

[98] Apel. Cível nº 0179455-4, da 6ª Câmara Cível do Tribunal de Alçada do Paraná, *DJ* de 12.04.2002, in *ADCOAS* 8213957, *Boletim de Jurisprudência ADCOAS*, nº 5, p. 72, jan. 2003.

Nessa orientação o seguinte aresto: "O atropelamento fatal de transeunte que atravessava a linha férrea enseja a responsabilidade civil objetiva, acarretando o dever de indenizar os danos morais e materiais decorrentes, uma vez não demonstrada a culpa exclusiva ou preponderante da vítima."[99]

No acórdão, são lembrados outros precedentes, em idêntico entendimento: "Se a companhia ferroviária, tendo conhecimento da existência de passagem clandestina utilizada comumente por pedestres para a travessia da via férrea, não toma providências para evitar tal acesso, com sinalização, aviso, cancela ou guarda permanente, estando a passarela localizada em local distante, resta caracterizada sua culpa, sendo devida indenização."[100]

"Se a companhia ferroviária não provê a ferrovia com adequada sinalização, fiscais, obstáculos, muros ou alambrados, decorrendo daí atropelamento de menor, negligencia o exercício do seu poder de polícia, sendo devida indenização, para tanto irrelevante que tenha a vítima imprudentemente atravessado a ferrovia em local inadequado e à frente do trem em movimento."[101]

Depreende-se que unicamente a existência de medidas preventivas afastam a obrigação indenizatória pelos danos que ocorrerem, ou a culpa exclusiva da vítima, ou a configuração de motivo de força maior ou caso fortuito. Seria, no caso de culpa exclusiva da vítima, a situação desta transpor os obstáculos, galgando os muros ou passando pela cerca.

4.45. Ultrapassagem

A ultrapassagem constitui-se em um dos fatores de maior incidência de acidentes de trânsito justamente por exigir cautela e certa perícia ao ser realizada.

Amiúde, no entanto, é encetada sem maiores cuidados, razão por que se revela uma das manobras de alto risco no trânsito.

Várias as disposições que tratam da ultrapassagem. Assim o art. 29, inc. IX, do Código de Trânsito: "A ultrapassagem de outro veículo em movimento deverá ser feita pela esquerda, obedecida a sinalização regulamentar e as demais normas estabelecidas neste Código, exceto quando o veículo a ser ultrapassado estiver sinalizando o propósito de entrar à esquerda."

No inc. X: "Todo condutor deverá, antes de efetuar uma ultrapassagem, certificar-se de que:

a) nenhum condutor que venha atrás haja começado uma manobra para ultrapassá-lo;
b) quem o precede na mesma faixa de trânsito não haja indicado o propósito de ultrapassar um terceiro;
c) a faixa de trânsito que vai tomar esteja livre numa extensão suficiente para que sua manobra não ponha em perigo ou obstrua o trânsito que venha em sentido contrário."

É pacífica a orientação pretoriana, a respeito das cautelas necessárias na ultrapassagem, e da presunção de culpa contra aquele que faz a manobra: "Aquele que efetua a

---

[99] Apel. Cível nº 1.055.439-7, da 8ª Câmara Civil do TACivSP, j. em 05.06.2002, em *Revista dos Tribunais*, 812/233.
[100] 1º Tribunal de Alçada Civil de São Paulo, j. em 25.03.1991, em *Revista dos Tribunais*, 675/130.
[101] 1º Tribunal de Alçada Civil de São Paulo, j. em 04.04.1990, em *Revista dos Tribunais*, 673/871.

manobra de ultrapassagem deve cuidar para que dela não resulte risco de atingir o veículo ultrapassado, não se eximindo da culpa com a simples alegação, não comprovada pela prova dos autos, de que o outro veículo desviou para a esquerda."[102]

"Para ultrapassar, diz a lei, o condutor deve certificar-se de que dispõe de espaço suficiente e a visibilidade lhe permite fazê-lo com segurança."[103]

"Ultrapassagem é manobra que requer acurada atenção. Em ocorrendo, nesse momento, colisão ou abalroamento, sob imputação de comportamento anormal do veículo que vai à frente, cumpre àquele a demonstração de que não se houve por culpa sua, mormente quando o embate se dá na parte traseira do veículo."[104]

Diante dos rigores da lei e da imposição de cautelas extremas, não se permitem ultrapassagens em lombadas ou em imediações de esquinas, ou curvas das estradas de longo percurso: "Não resta dúvida de que a ultrapassagem de um veículo, com ingresso na contramão de direção pelo carro ultrapassador, é manobra permitida. Todavia, para ser realizada, é necessário que as condições de tráfego do local isso permitam. Ora, como é assente, não é viável que tal manobra seja realizada nas imediações de uma esquina, segundo o próprio apelante em uma distância de cerca de vinte metros do mesmo."[105]

Fator preponderante para apurar a responsabilidade é a existência de sinalização proibitiva, no local, de ultrapassagem, constituída de faixa contínua no centro da pista. Importante, também, conservar certa distância do veículo que está à frente, pois é bem possível que ele igualmente inicie tal manobra.

Sempre que a visibilidade é prejudicada, ou em que se afigura impossível qualquer inflexão do veículo para o lado da pista, como em pontes e viadutos, é desaconselhada qualquer pretensão de ultrapassagem.

4.46. Ultrapassagem pela direita

Obviamente, segundo o observado, a ultrapassagem procede-se sempre pela esquerda.

Em certas circunstâncias, porém, é admitida pela direita da pista.

É evidente que deverá se afigurar, para o motorista, a existência de espaço suficiente para a manobra, de modo a ter segurança e garantia, evitando uma situação de perigo.

Decidiu-se: "A ultrapassagem pela esquerda é obrigatória apenas quando os veículos estão em movimento, e, no caso, o do réu estava praticamente parado em virtude da conversão à esquerda que iria realizar. Podia a ultrapassagem ser efetuada, assim, pela direita."[106]

De modo geral, quem se encontra à direita não oferece perfeita visibilidade para o condutor que está à esquerda, a menos que este esteja com o veículo parado: "A ultrapassagem pela direita só é proibida quando o outro veículo está em movimento, como resulta da norma do art. 13, II, do Código Nacional de Trânsito."[107] O dispositivo invocado equivale ao art. 29, inc. IX, do atual Código de Trânsito Brasileiro.

---

[102] Ap. nº 297.238, da 8ª Câmara do 1º Tribunal de Alçada Civil de São Paulo, j. em 13.10.1982.
[103] Ap. nº 296.309, da 1ª Câmara do 1º Tribunal de Alçada Civil de São Paulo, j. em 03.05.1983.
[104] Ap. nº 312.057, da 7ª Câmara do 1º Tribunal de Alçada Civil de São Paulo, j. em 17.05.1983.
[105] Ap. nº 274.904, da 1ª Câmara do 1º Tribunal de Alçada Civil de São Paulo, j. em 09.12.1980.
[106] Ap. nº 309.970, da 1ª Câmara do 1º Tribunal de Alçada Civil de São Paulo, j. em 03.05.1983.
[107] Ap. nº 315.038, da 3ª Câmara do 1º Tribunal de Alçada Civil de São Paulo, j. em 28.09.1983.

LV

A Responsabilidade Civil por Acidente do Trabalho

1. A INDENIZAÇÃO ACIDENTÁRIA

Importante ver, não apenas de relance, a indenização acidentária.

Assunto de extrema relevância, e que merece o estudo com a devida acuidade, está na responsabilidade pelo acidente do trabalho, que prima pela absoluta base na teoria do risco. Pelo mero fato do acidente decorre a obrigatória indenização, que é tarifada.

O primeiro diploma que tratou do assunto foi o Decreto nº 3.724, de 15.01.1919, que seguiu até o Decreto nº 24.637, de 10.07.1934. Posteriormente, veio o Decreto nº 7.036, de 10.11.1944, pelo qual o empregador ou sua seguradora indenizava o acidentado. Seguiram-se a Lei nº 5.316, de 14.09.1967, regulamentada pelo Decreto nº 61.784, de 28.11.1967, e a Lei nº 6.367, de 19.10.1976. Estes últimos diplomas instituíram o seguro coletivo a cargo do empregador, pago a órgão instituído pelo Estado, sendo atualmente o Instituto Nacional de Seguridade Social – INSS, que se responsabilizou em efetuar a cobertura dos riscos, independentemente da culpa.

A Constituição Federal de 1988 tratou da matéria no art. 7º, inc. XXVIII, ao firmar como direito dos trabalhadores urbanos e rurais o "seguro contra acidentes de trabalho, a cargo do empregador, sem excluir a indenização a que este está obrigado, quando incorrer em dolo ou culpa".

Presentemente, vem a matéria regulada pela Lei nº 8.213, de 24.07.1991, a qual dispõe sobre os Planos de Benefícios da Previdência Social e dá outras providências.

Em seu art. 18, estão arrolados os benefícios garantidos aos segurados, importando destacar a pensão por morte, a aposentadoria por invalidez e o auxílio-acidente.

O art. 19 explicita o acidente do trabalho, em redação da Lei Complementar nº 150/2015: "Acidente do trabalho é o que ocorre pelo exercício do trabalho a serviço de empresa ou de empregador doméstico ou pelo exercício do trabalho dos segurados referidos no inciso VII do art. 11 desta Lei, provocando lesão corporal ou perturbação funcional que cause a morte ou a perda ou redução, permanente ou temporária, da capacidade para o trabalho."

Para bem caracterizar o acidente do trabalho, oportuno transcrever o art. 20: "Considera-se acidente do trabalho, nos termos do artigo anterior, as seguintes entidades mórbidas:

I – doença profissional, assim entendida a produzida ou desencadeada pelo exercício do trabalho peculiar a determinada atividade e constante da respectiva relação elaborada pelo Ministério do Trabalho e da Previdência Social;

796 • Responsabilidade Civil | *Arnaldo Rizzardo*

II – doença do trabalho, assim entendida a adquirida ou desencadeada em função de condições especiais em que o trabalho é realizado e com eles se relaciona diretamente, constante da relação mencionada no inciso I." (O Ministério do Trabalho foi englobado no Ministério da Economia pela Medida Provisória nº 870/2019).

A redução de capacidade dos órgãos ou sentidos do corpo humano está na categoria de doença do trabalho, e, assim, a redução da capacidade de audição: "Cabe ação de indenização pela perda da acuidade auditiva do ouvido direito devido à lesão decorrente da exposição, no ambiente de trabalho, a excessivo ruído."[108]

Na previsão do art. 26, independem de carência, dentre outros benefícios, a pensão por morte, a aposentadoria por invalidez e o auxílio-acidente de qualquer natureza ou causa e de doença profissional ou de trabalho.

A pensão por morte, dentro da previsão do art. 74, "será devida ao conjunto dos dependentes do segurado que falecer, aposentado ou não, a contar da data: I – do óbito, quando requerida até trinta dias depois deste; II – do requerimento, quando requerida após o prazo previsto no inciso anterior; III – da decisão judicial, no caso de morte presumida".

A aposentadoria por invalidez consta prevista no art. 42: "A aposentadoria por invalidez, uma vez cumprida, quando for o caso, a carência exigida, será devida ao segurado que, estando ou não em gozo de auxílio-doença, for considerado incapaz e insusceptível de reabilitação para o exercício de atividade que lhe garanta a subsistência, e ser-lhe-á paga enquanto permanecer nesta condição."

De realce dar maior destaque ao benefício de auxílio-acidente, garantido aos acidentados, cuja regulamentação encontra-se disciplinada no art. 86 da mesma lei: "O auxílio-acidente será concedido, como indenização, ao segurado quando, após consolidação das lesões decorrentes de acidente de qualquer natureza, resultarem sequelas que impliquem redução da capacidade para o trabalho que habitualmente exercia. (Redação dada pela Lei nº 9.528, de 1997):

§ 1º O auxílio-acidente mensal corresponderá a cinquenta por cento do salário-de-benefício e será devido, observado o disposto no § 5º, até a véspera do início de qualquer aposentadoria ou até a data do óbito do segurado (Redação dada pela Lei nº 9.528, de 1997) (O citado § 5º foi revogado pela Lei nº 9.032, de 1995).

§ 2º O auxílio-acidente será devido a partir do dia seguinte ao da cessação do auxílio-doença, independentemente de qualquer remuneração ou rendimento auferido pelo acidentado, vedada sua acumulação com qualquer aposentadoria (Redação dada pela Lei nº 9.528, de 1997).

§ 3º O recebimento de salário ou concessão de outro benefício, exceto de aposentadoria, observado o disposto no § 5º, não prejudicará a continuidade do recebimento do auxílio-acidente (Redação dada pela Lei nº 9.528, de 1997).

§ 4º A perda da audição, em qualquer grau, somente proporcionará a concessão do auxílio-acidente quando, além do reconhecimento de causalidade entre o trabalho e a doença, resultar, comprovadamente, na redução ou perda da capacidade para o trabalho que habitualmente exercia (Restabelecido com nova redação pela Lei nº 9.528, de 1997)."

Para a concessão, suficiente se apure a exigibilidade de um maior esforço na execução das tarefas: "Para a concessão do auxílio-acidente, basta que, para o exercício das atividades normais, ao obreiro seja necessário o dispêndio permanente de maior esforço para realizá-las."[109]

---

[108] Apel. Cível nº 0242/2002, da 1ª Câmara Cível do TJ do Sergipe, j. em 13.10.2003, *in ADCOAS* 8222809, *Boletim de Jurisprudência ADCOAS*, nº 2, p. 24, jan. 2004.

[109] Apel. sem rev. nº 606.181.00/3, da 3ª Câmara Civil do 2º TA Civil de São Paulo, j. em 08.05.2001, *in ADCOAS* 8201320, *Boletim de Jurisprudência ADCOAS*, nº 43, p. 784, nov. 2001.

A mera redução da capacidade importa conceder o benefício: "Presentes os requisitos objetivos, quais sejam, acidente típico, nexo causal, sequela incapacitante, concede-se o benefício acidentário ao trabalhador que lesionou a coluna de forma parcial e permanente." Em sequência, justifica-se: "Tratando-se de marceneiro, a limitação do obreiro reduz sua capacidade funcional, estando impedido de exercer suas atividades de forma plena e satisfatória, conforme provado pericialmente."[110]

Em relação à redação original do art. 86, surgiu uma sensível modificação quanto ao benefício de auxílio-acidente, pois correspondia a um pagamento que estava na ordem de trinta por cento, ou quarenta por cento, ou sessenta por cento, do salário-de-contribuição do segurado, e em consonância com o grau de redução de capacidade resultante.

Indispensável ter-se presente a compreensão do salário-de-benefício, que se encontra no art. 29, com as particularidades de alguns parágrafos que seguem:

"Art. 29. O salário-de-benefício consiste (Redação dada pela Lei nº 9.876, de 26.11.1999):

I – para os benefícios de que tratam as alíneas *b* e *c* do inciso I do art. 18, na média aritmética simples dos maiores salários-de-contribuição correspondentes a oitenta por cento de todo o período contributivo, multiplicada pelo fator previdenciário (Incluído pela Lei nº 9.876, de 26.11.1999);

II – para os benefícios de que tratam as alíneas *a*, *d*, *e* e *h* do inciso I do art. 18, na média aritmética simples dos maiores salários-de-contribuição correspondentes a oitenta por cento de todo o período contributivo (Incluído pela Lei nº 9.876, de 26.11.1999).

§ 1º (Revogado pela Lei nº 9.876, de 26.11.1999).

§ 2º O valor do salário-de-benefício não será inferior ao de um salário-mínimo, nem superior ao do limite máximo do salário-de-contribuição na data de início do benefício.

§ 3º Serão considerados para cálculo do salário-de-benefício os ganhos habituais do segurado empregado, a qualquer título, sob forma de moeda corrente ou de utilidades, sobre os quais tenham incidido contribuições previdenciárias, exceto o décimo terceiro salário (gratificação natalina) (Redação dada pela Lei nº 8.870, de 1994).

§ 4º Não será considerado, para o cálculo do salário-de-benefício, o aumento dos salários--de-contribuição que exceder o limite legal, inclusive o voluntariamente concedido nos 36 (trinta e seis) meses imediatamente anteriores ao início do benefício, salvo se homologado pela Justiça do Trabalho, resultante de promoção regulada por normas gerais da empresa, admitida pela legislação do trabalho, de sentença normativa ou de reajustamento salarial obtido pela categoria respectiva."

2. A INDENIZAÇÃO CIVIL

Conforme se observou do art. 7º, inc. XXVIII, da Carta Federativa, o seguro contra acidentes de trabalho não exclui a indenização comum ou civil quando o empregador incorrer em dolo ou culpa. Ou seja, além da indenização infortunística (pensão por morte, aposentadoria por invalidez e auxílio-acidente), a cargo do INSS, incide a indenização pelos danos acarretados, sob a razão de que presume o contrato de trabalho a obrigação de garantir ao empregado as condições de plena segurança no trabalho, de salubridade, higiene, conforto e respeito à sua condição humana.

---

[110] Apel. s/rev. nº 688.870-00/4, da 11ª Câmara Civil do 2º TACivSP, j. em 1º.09.2003, em *RT*, 820/289.

A indenização pelo direito comum remonta desde o Decreto-lei nº 7.036, de 1944, cujo art. 10 a previa: "O pagamento da indenização estabelecida pela lei exonera o empregador de qualquer outra indenização de direito comum, relativa ao mesmo acidente, a menos que este resulte de dolo seu ou de seus prepostos."

A extensão avançou para o cabimento da indenização se verificada inclusive a culpa grave, de acordo com a Súmula nº 229 do STF: "A indenização acidentária não exclui a do direito comum, em caso de dolo ou culpa grave do empregador."

Num passo seguinte, em face do art. 7º, inc. XXVIII, da CF, tornou-se suficiente a mera culpa para desencadear a indenização civil, mesmo que levíssima, ou aquela culpa evitável com atenção ou cuidado extraordinário. Percebe-se que se mantém a exigência, pois mantida a responsabilidade subjetiva.

Por último, diante do Código Civil de 2002, foi criada uma forte corrente que defende a responsabilidade objetiva, obrigando o empregador a indenizar os danos causados com amparo na teoria do risco-criado. Basta a mera prova do dano e do nexo causal para obrigar. Busca-se a inspiração no parágrafo único do art. 927: "Haverá obrigação de reparar o dano, independentemente de culpa, nos casos específicos em lei, ou quando a atividade normalmente desenvolvida pelo autor do dano implicar, por sua natureza, risco para os direitos de outrem."

Na ótica que iniciou a tomar corpo, todo e qualquer dano verificado no desempenho da relação empregatícia importa em se conceder a indenização, paralelamente à reparação infortunística. Não importam as precauções do empregador, ou se ele procedeu com extremo cuidado, munindo o empregado de todos os equipamentos necessários, e se lhe dispensou suficiente preparo ou treinamento profissional.

Todavia, adianta-se que permanece dominante a regra constitucional do art. 7º, inc. XXVIII, que não pode ser alterada por diploma legal de hierarquia inferior.

Inclui-se na indenização o dano moral, não divergindo o tratamento de outros campos da responsabilidade civil. Nessa dimensão pendeu a jurisprudência: "Age com culpa o empregador que permite a atuação do empregado em atividade outra que não aquela para a qual foi contratado, acarretando-lhe lesão ocular com atingimento de sentido indispensável à vida, motivada pela determinação de outro preposto para que atuasse fora de sua aptidão, bem como desmuniciado de equipamento de proteção individual. Indenização pelo direito comum aferível em liquidação por artigos com o fito de aferir o grau de incapacidade e dano moral pelo sofrimento causado pelo acidente atingindo sentido de notável influência da vida do trabalhador e quiçá da pessoa humana."[111]

3. A PRESENÇA DO ELEMENTO CULPA E ATIVIDADE DE RISCO

Não se pense que, em face do parágrafo único do art. 927 do Código Civil, acima transcrito, ficou dispensada a culpa. Segundo já referido, tem incidência a regra do art. 7º, inc. XXVIII, da CF, que impõe a presença de dolo ou culpa, não importando, quanto a esta, seu grau.

---

[111] Apel. Cível nº 2221/2001, da 10ª Câmara Cível do TJ do Rio de Janeiro, j. em 25.10.2001, *in ADCOAS* 8209126, *Boletim de Jurisprudência ADCOAS*, nº 35, p. 549, set. 2001.

Cap. LV | A Responsabilidade Civil por Acidente do Trabalho • **799**

A jurisprudência é pacífica no sentido de exigir a presença da culpa:

"A indenização acidentária não exclui a do direito comum, em caso de dolo ou culpa grave do empregador, segundo princípio inscrito na Súmula 229/STF. Mas, entre os direitos dos trabalhadores, urbanos e rurais, a Constituição de 1988 garantiu, no art. 7º, inciso XXVIII, 'seguro contra acidentes de trabalho, a cargo do empregador sem excluir a indenização a que este está obrigado, quando incorrer em dolo ou culpa'. Caso, assim, de direito superveniente, ao não distinguir, para assegurar-se o direito à indenização, as espécies de culpa, influindo por isso no julgamento da lide, a teor do art. 462 do CPC. Precedentes do STJ, dentre os quais os REsps. nºs 5.358 e 10.513. Recurso Especial Conhecido, pela alínea 'a', por ofensa à aludida disposição processual, e provido em parte, anulando-se o processo."[112] O citado art. 462 corresponde ao art. 493 do CPC/2015.

"Responsabilidade civil. Culpa não provada. Art. 7º, inc. XXVIII, da Constituição Federal de 1988. Responsabilidade Civil. Acidente ocorrido no trabalho. Indenização de direito comum. Necessidade da prova da culpa ou dolo do empregador. Mesmo após a Constituição de 1988, quando não mais vigora a limitação da Súmula nº 229 do Colendo STF, que reclamava dolo ou culpa grave do empregador para suportar indenização com base no direito comum, a reparação do dano deve estar calcada em prova inequívoca e robusta da culpa, ainda que leve, da empregadora. Acidente típico do trabalho a ensejar a aplicação da Lei de Infortunística. Conforme art. 7º, inciso XXVIII, da Constituição da República, o empregador só responde por danos causados em seus empregados nos casos de dolo ou culpa, o que não restou provado pelo autor. Provimento do recurso."[113]

Nesse sentido leciona Humberto Theodoro Júnior:

"Mas, embora a responsabilidade aquiliana do empregador possa ocorrer ao lado da indenização acidentária a cargo da previdência social, o certo é que o elemento subjetivo apresenta-se, sempre, como indispensável, cabendo à vítima o ônus de comprová-lo, adequadamente, para ter sua pretensão acolhida em juízo, já que não se trata de responsabilidade objetiva como é a do seguro social da infortunística."[114]

Não se aplica a responsabilidade em face do entendimento de que o trabalhador desempenha atividade de risco, ou que a atividade oferece algum perigo. Do contrário, a generalidade das atividades ensejariam a responsabilidade, porquanto todas trazem inerente um grau de perigo. Em qualquer setor de trabalho ou de exercício de profissões existe o perigo. Com fulcro em tal linha, tornar-se-á insuportável a prática de trabalhos ou serviços, porquanto a sua maior parte insere um risco ou perigo, com potencialidade para causar danos. Assim a profissão do motorista, na qual constantemente, ou a cada momento, repontam situações de perigo. Não importa que o veículo se encontre em perfeitas condições de trafegabilidade. De igual modo, o indivíduo que está varrendo uma rua ou uma calçada fica na iminência de um veículo desgovernado vir a atropelá-lo. Mesmo o digitador encerrado em uma sala de escritório não fica imune a eventuais ataques de assaltantes, ou à precipitação de uma tempestade com fortes ventos que fazem ruir as paredes. O indivíduo encarregado de levar correspondência, ou o estafeta, vive diaria-

---

[112] REsp. nº 17.197/MG, STJ, 3ª Turma, rel. Min. Nilson Naves, j. em 22.06.1993, *DJU* de 30.08.1993 – *RSTJ* 60/228.

[113] TJRJ – Apel. Cível nº 21164/1999 – (19052000), 7ª Câmara Cível, rel. Des. Paulo Gustavo Horta, j. em 18.04.2000.

[114] *In Responsabilidade Civil* – Danos morais e patrimoniais – Acidente de Trabalho – Ato de preposto, publicado na *Síntese Trabalhista* nº 84, Porto Alegre, p. 7, jun. 1996.

mente cenas de perigo pelo mero fato de caminhar, eis que possível o tropeço em uma pedra, ou o pisar em falso, ou a travessia em uma artéria movimentada. Em verdade, é da própria existência humana, do homem, da realidade terrena, a ocorrência de fatos que trazem perigos e danos constantemente.

Mister observar, todavia, que em situações especialíssimas as atividades propiciam a incidência da teoria do risco. Constituem-se daquelas que encerram não o perigo comum e inerente à própria vida, ou a qualquer tipo de atividade, mas as que, pelo texto de Carlos Roberto Gonçalves, merecem a concepção de perigosas "seja pela sua natureza (fabricação de explosivos e de produtos químicos, produção de energia nuclear etc.), seja pelos meios empregados (substâncias, máquinas, aparelhos e instrumentos perigosos, transportes etc.), e que comportam, então, "um tratamento especial em que não se cogita da subjetividade do agente para a sua responsabilização pelos danos ocorridos".[115]

A tais atividades se dirige a parte final do parágrafo único do art. 927 do Código de 2002, mas pela atividade em si, e não porque acontece um acidente de trabalho.

O exercício da atividade deve inserir um risco ou um perigo. Não decorre o risco se quem executa a tarefa ou maneja o instrumento omite as cautelas e as regras de segurança que lhe eram impostas.

Não se pode olvidar que a pessoa é um ser contingente, limitado, portador de defeitos, e que nunca chegará a um estado de perfeição, de ausência de probabilidade de males. No entanto, traz o ser humano potencialidades de defesa, de cuidados, de cautela, porquanto um ser inteligente, munido de sentidos, de percepções, de sensibilidade, de instinto de autodefesa e qualidades que lhe propiciam a conservação e a adaptação às diferentes situações que se apresentam.

É o próprio Carlos Roberto Gonçalves que, embora pendendo para a teoria do risco, adverte:

"O agente, no caso, só se exonerará da responsabilidade se provar que adotou todas as medidas idôneas para evitar o dano. Disposições semelhantes são encontradas no Código Civil espanhol, no português, no libanês e em outros, como no mexicano, que estabelece: 'Art. 1.913. Quando uma pessoa faz uso de mecanismos, instrumentos, aparelhos ou substâncias perigosas por si mesmas, pela velocidade que desenvolvem, por sua natureza explosiva ou inflamável, pela energia da corrente elétrica que conduzam ou por outras causas análogas, está obrigado a responder pelo prejuízo que causar, mesmo que não obre ilicitamente, a não ser que demonstre que esse prejuízo foi produzido por culpa ou negligência inescusável da vítima'..."

"... Quando o evento danoso acontece por culpa exclusiva da vítima, desaparece a responsabilidade do agente. Nesse caso, deixa de existir a relação de causa e efeito entre o seu ato e o prejuízo experimentado pela vítima. Pode-se afirmar que, no caso de culpa exclusiva da vítima, o causador do dano não passa de mero instrumento do acidente. Não há liame de causalidade entre o seu ato e o prejuízo da vítima."[116]

A mera falha do empregador, o simples descuido, a inadvertida falta de vigilância quanto ao uso de equipamentos de segurança, por imposição de regramentos como os do art. 157 da Consolidação das Leis Trabalhistas, ordenando competir ao empregador:

---

[115] *Responsabilidade Civil*, ob. cit., pp. 254 e 256.
[116] *Responsabilidade Civil*, ob. cit., pp. 253 e 717.

"I – cumprir e fazer cumprir as normas de segurança e medicina do trabalho;

II – instruir os empregados, através de ordens de serviço, quanto às precauções a tomar no sentido de evitar acidentes do trabalho ou doenças ocupacionais;

III – adotar as medidas que lhes sejam determinadas pelo órgão regional competente;

IV – facilitar o exercício da fiscalização pela autoridade competente".

Por sua vez, ao empregado cabe, na imposição do art. 158 do mesmo diploma:

"I – observar as normas de segurança e medicina do trabalho, inclusive as instruções de que trata o item II do artigo anterior;

Il – colaborar com a empresa na aplicação dos dispositivos deste Capítulo".

De acordo com o parágrafo único do mesmo artigo, "constitui ato faltoso do empregado a recusa injustificada:

a) à observância das instruções expedidas pelo empregador na forma do item II do artigo anterior;

b) ao uso dos equipamentos de proteção individual fornecidos pela empresa".

4. RELAÇÃO DE CAUSALIDADE

Como bem escrito na obra de Rui Stoco, para dar-se o dever de indenizar, "é necessário que se estabeleça uma relação de causalidade entre a injuridicidade da ação e o mal causado, ou, na feliz expressão de Demogue, 'é preciso esteja certo que, sem este fato, o dano não teria acontecido. Assim, não basta que uma pessoa tenha contravindo a certas regras; é preciso que sem esta contravenção o dano não ocorreria' (*Traité des Obligations en Général*, vol. IV, nº 66)".[117]

A jurisprudência, no mesmo sentido:

"Acidente do trabalho. indenização. Lesão traumática do ombro direito. Ausência de dano e de nexo de causalidade.

Responsabilidade civil embasada na culpa subjetiva e que exige a prova do dano, da culpa e do nexo causal. Laudo médico e demais circunstâncias dos autos que não permitem concluir pela existência de danos, na forma como postulados. Ausência de prova de ter ocorrido acidente no trabalho ou de culpa da empresa.

Apelação desprovida."[118]

"Responsabilidade civil. Ação de indenização por acidente do trabalho fundada no direito comum... Ausência de nexo causal. Indenização descabida. Culpa da empregadora não comprovada. Recurso improvido. Não havendo simetria entre as perdas de cada ouvido do trabalhador que adquiriu disacusia, não resta caracterizada a culpabilidade da empregadora e, consequentemente, o nexo causal necessário para a indenização da empresa no âmbito do direito comum. A pretendida indenização no âmbito do direito comum deve vir acompanhada da efetiva prova de culpa da empresa."[119]

---

[117] *Responsabilidade Civil e sua Interpretação Jurisprudencial*, ob. cit., p. 75.
[118] TJRS – Apel. Cível nº 70004479655, 9ª Câmara Cível do TJRGS, j. em 07.08.2002.
[119] 2º TACSP – Ap. c/rev. nº 546.009-00/1, 5ª Câmara Civil, j. em 10.08.1999.

5. ÔNUS DA PROVA DA CULPA

Tal ônus incumbe ao acidentado, pois a ele compete a prova do fato constitutivo de seu direito, por força do art. 373, inc. I, do CPC. Não tem, na matéria, incidência da inversão do ônus da prova, em razão do art. 3º, § 2º, do Código de Defesa do Consumidor, que exclui de seu amparo as relações trabalhistas. Mesmo porque, se aplicado o princípio, o empregado é o prestador do serviço.

A jurisprudência tem consolidado tal entendimento:

"Civil. Indenização de danos resultantes de acidente no trabalho.

Ônus da prova. Nas ações de indenização fundadas no direito comum, o ônus da prova é do autor. Recurso especial não conhecido."[120]

"Na ação de indenização, fundada em responsabilidade civil comum (art. 159, CC), promovida por vítima de acidente do trabalho, cumpre a esta provar dolo ou culpa da empresa empregadora.

Somente se cogita de responsabilidade objetiva (sem culpa) em se tratando de reparação acidentária, assim considerada aquela devida pelo órgão previdenciário e satisfeita com recursos oriundos do seguro obrigatório, custeado pelos empregadores, que se destina exatamente a fazer face aos riscos normais da atividade econômica no que respeita ao infortúnio laboral."[121]

"Civil e processual civil. Acidente do trabalho. Indenização pelo direito comum. Culpa da empregadora. Nexo causal. Ausência de comprovação. Inteligência dos arts. 333 do CPC e 159 do CC. Compete ao empregado comprovar a atuação culposa da empregadora e o nexo causal entre o dano experimentado e a atividade laboral desenvolvida para o percebimento de indenização por acidente do trabalho reclamada com suporte no direito comum. Recurso improvido."[122] Lembra-se que o referido art. 159 invocado nos arestos acima equivale ao art. 186 do Código Civil de 2002. Já o art. 333 corresponde ao art. 373 do CPC/2015.

"Apelação cível. Responsabilidade civil. Acidente do trabalho... Incumbe ao autor o ônus da prova quanto ao fato constitutivo do seu direito, face ao que dispõe o art. 333, I, do CPC. Não se configurando um dos pressupostos da responsabilidade civil, não há como dar por caracterizado o dever de indenizar. Sentença mantida. Negaram provimento."[123]

O referido art. 333, inc. I, corresponde ao art. 373, inc. I, do CPC/2015.

No mesmo sentido leciona Humberto Theodoro Júnior: "Mas, embora responsabilidade aquiliana do empregador possa ocorrer ao lado da indenização acidentária a cargo da previdência social, o certo é que o elemento subjetivo apresenta-se, sempre, como indispensável, cabendo à vítima o ônus de comprová-lo, adequadamente, para ter sua pretensão acolhida em juízo, já que não se trata de responsabilidade objetiva como é a do seguro social da infortunística."[124]

---

[120] STJ, 3ª Turma, REsp. nº 194.041/CE, rel. Min. Ari Pargendler, *DJU* de 16.06.2001.

[121] STJ, REsp. nº 10.570-0/ES, 4ª Turma, rel. Min. Sálvio de Figueiredo, j. em 17.11.1992, *DJU* de 14.12.1992, p. 23.925.

[122] TJSC – Apel. Cível nº 00.007126-9, 2ª Câmra Cível, j. em 30.11.2000, decisão publicada no repertório de jurisprudência *Juris Síntese Millennium*, nº 43/2003.

[123] Apelação Cível nº 70004378279, 9ª Câmara Cível do TJRGS, j. em 18.12.2002.

[124] *Responsabilidade Civil – Danos morais e patrimoniais – Acidente de Trabalho – Ato de preposto*, publicação em *Síntese Trabalhista*, nº 84, p. 7, jun. 1996.

Nessa linha, também, Sebastião Luiz Amorim e José de Oliveira: "Acentue-se que nas ações relativas a acidentes e moléstias do trabalho, fundadas no direito comum, incumbe ao autor fazer prova bastante, além do dano e do vínculo etiológico entre o mal e as condições hostis de trabalho a que estava submetido, também de forma cabal da presença da culpa, em qualquer grau, ou dolo do empregador em sua eclosão, por não haver previsão de responsabilidade objetiva na norma constitucional suportadora da indenização."[125]

No entanto, se o empregador alegar fato impeditivo, modificativo ou extintivo, a ele compete produzir a prova: "Alegando o réu que o acidente ocorreu por culpa exclusiva da vítima, que estava desatenta ou dormindo em local perigoso, cabe a quem alega a prova do fato que fundamenta a defesa. Há a inversão do ônus da prova. Se o réu nenhuma prova produz, deve prevalecer a versão do autor, porque pelo réu foi admitida a existência do fato e o dano dele decorrente."[126]

Indo mais além, verificada a execução de atividade perigosa ou de risco excepcional, expondo o trabalhador a uma chance maior de acidentes, tem entendido o STJ a aplicação da responsabilidade objetiva:

"O art. 7º da CF se limita a assegurar garantias mínimas ao trabalhador, o que não obsta a instituição de novos direitos – ou a melhoria daqueles já existentes – pelo legislador ordinário, com base em um juízo de oportunidade, objetivando a manutenção da eficácia social da norma através do tempo.

A remissão feita pelo art. 7º, XXVIII, da CF, à culpa ou dolo do empregador como requisito para sua responsabilização por acidentes do trabalho, não pode ser encarada como uma regra intransponível, já que o próprio *caput* do artigo confere elementos para criação e alteração dos direitos inseridos naquela norma, objetivando a melhoria da condição social do trabalhador.

Admitida a possibilidade de ampliação dos direitos contidos no art. 7º da CF, é possível estender o alcance do art. 927, parágrafo único, do CC/02 – que prevê a responsabilidade objetiva quando a atividade normalmente desenvolvida pelo autor do dano implicar, por sua natureza, risco para terceiros – aos acidentes de trabalho.

A natureza da atividade é que irá determinar sua maior propensão à ocorrência de acidentes. O risco que dá margem à responsabilidade objetiva não é aquele habitual, inerente a qualquer atividade. Exige-se a exposição a um risco excepcional, próprio de atividades com elevado potencial ofensivo.

O contrato de trabalho é bilateral sinalagmático, impondo direitos e deveres recíprocos. Entre as obrigações do empregador está, indubitavelmente, a preservação da incolumidade física e psicológica do empregado no seu ambiente de trabalho.

Nos termos do art. 389 do CC/2002, na responsabilidade contratual, para obter reparação por perdas e danos, o contratante não precisa demonstrar a culpa do inadimplente, bastando a prova de descumprimento do contrato. Dessa forma, nos acidentes de trabalho, cabe ao empregador provar que cumpriu seu dever contratual de preservação da integridade física do empregado, respeitando as normas de segurança e medicina do trabalho. Em outras palavras, fica estabelecida a presunção relativa de culpa do empregador. Recurso especial provido". REsp. 1.067.738/GO, da 3ª Turma, j. em 26.05.2009, *DJe* de 25.06.2009, rel.ª Ministra Nancy Andrighi.

---

[125] *Responsabilidade Civil – Acidente do Trabalho*, São Paulo, Editora Saraiva, 2001, p. 19.

[126] Apel. Cível nº 2003.001.08667, da 9ª Câmara Cível do TJ do Rio de Janeiro, reg. em 02.07.2003, *in ADCOAS* 8220494, *Boletim de Jurisprudência ADCOAS*, nº 42, p. 665, out. 2003.

804 • Responsabilidade Civil | *Arnaldo Rizzardo*

O voto da relatora esclarece mais aprofundadamente quando incide a responsabilidade objetiva, bem como o ônus da prova:

"Assim, por ser mais benéfica ao trabalhador, a responsabilidade objetiva não há de ser de logo refutada, sob o pretexto de ser inconstitucional. Uma análise cuidadosa do inciso XXVIII, com base nas ferramentas de interpretação supramencionadas, evidencia apenas que o legislador constituinte originário autorizou a cumulação da indenização paga pela entidade autárquica da Seguridade Social com aquela imputada ao empregador, mas não que tenha imposto, como regra insuperável, a responsabilidade subjetiva deste.

Admitida, pois, a possibilidade de ampliação dos direitos contidos no art. 7º da CF, é possível estender o alcance do art. 927, parágrafo único, do CC/2002 – que prevê a responsabilidade objetiva quando a atividade normalmente desenvolvida pelo autor do dano implicar, por sua natureza, risco para terceiros – aos acidentes de trabalho.

Tal entendimento, inclusive, era compartilhado por Miguel Reale, supervisor da comissão elaboradora do próprio CC/2002, para quem 'quando a estrutura ou natureza de um negócio jurídico como o de transporte ou de trabalho, só para lembrar os exemplos mais conhecidos, implica a existência de riscos inerentes à atividade desenvolvida, impõe-se a responsabilidade objetiva de quem dela tira proveito, haja ou não culpa' (*História do Novo Código Civil*, São Paulo, Editora Revista dos Tribunais, 2005, p. 235).

Nessa mesma linha de raciocínio, trilham renomados doutrinadores, como:

Carlos Roberto Gonçalves (*Responsabilidade civil*, 10ª ed., São Paulo, Editora Saraiva, 2007, p. 509-510), Rui Stoco (*Tratado de responsabilidade civil*, 7ª ed., São Paulo: Editora Revista dos Tribunais, 2007, p. 639) e Maria Helena Diniz (*Curso de direito civil brasileiro*: *responsabilidade civil*, São Paulo, Editora LTr, 2007, vol. 7, p. 12-13).

No mesmo sentido, ainda, a conclusão alcançada na IV Jornada de Direito Civil promovida pelo Centro de Estudos Judiciários do CJF, resultando na edição do Enunciado nº 377, segundo o qual 'o art. 7º, XXVIII, da Constituição Federal não é impedimento para a aplicação do disposto no art. 927, parágrafo único, do Código Civil quando se tratar de atividade de risco'. A própria Justiça do Trabalho – a quem, a partir da EC nº 45/04, foi conferida competência para processar e julgar ações indenizatórias envolvendo acidente do trabalho – por seu órgão máximo, tem reconhecido que 'os danos sofridos pelo trabalhador, decorrentes de acidente do trabalho, conduzem à responsabilidade objetiva do empregador' (TST, RR 22/2004-011-05-00, 1ª Turma, rel. Min. Lelio Bentes Corrêa, *DJ* de 20.03.2009. No mesmo sentido: TST, RR 946/2006-025-12-00, 1ª Turma, rel. Min. Vieira de Mello Filho, *DJ* de 20.02.2009).

Induvidoso, portanto, que não há incompatibilidade na aplicação, no âmbito dos acidentes de trabalho, da regra inscrita no art. 927, parágrafo único, do CC/2002.

Note-se, no entanto, que a responsabilidade objetiva não se aplica a todo e qualquer acidente de trabalho, mas apenas àqueles oriundos de 'atividades de risco'.

Roger Silva Aguiar bem observa que 'o princípio geral firmado no art. 927, parágrafo único, inicia-se com a conjunção quando, denotando que o legislador acolheu o entendimento de que nem toda atividade humana importa em perigo para terceiros com o caráter que lhe foi dado na terceira parte do parágrafo' (*Responsabilidade civil objetiva: do risco à solidariedade*, São Paulo, Editora Atlas, 2007, p. 50).

Ocorre que o conceito de 'atividade de risco' não possui definição legal, ficando sujeito à construção doutrinária e jurisprudencial. A natureza da atividade é que irá determinar

Cap. LV | A Responsabilidade Civil por Acidente do Trabalho • **805**

sua maior propensão à ocorrência de acidentes. O risco que dá margem à responsabilidade objetiva não é aquele habitual, inerente a qualquer atividade. Exige-se a exposição a um risco excepcional, próprio de atividades com elevado potencial ofensivo, como é o caso da fabricação e transporte de explosivos.

No âmbito laboral, algumas atividades são legalmente consideradas de risco, como as insalubres (art. 189, CLT) e as periculosas (art. 193, CLT), o que não exclui a identificação de outras, com base no senso comum.

Embora todos nós, pelo simples fato de estarmos vivos, fiquemos sujeitos a riscos, existem ocupações que colocam o trabalhador num patamar de maior probabilidade de sofrer acidentes, conforme a natureza intrínseca da atividade desenvolvida pelo empregador.

Com base nesse entendimento, a I Jornada de Direito Civil promovida pelo Centro de Estudos Judiciários do CJF, aprovou o Enunciado nº 38, que aponta interessante critério para definição dos riscos que dariam margem à responsabilidade objetiva, afirmando que esta fica configurada 'quando a atividade normalmente desenvolvida pelo autor do dano causar a pessoa determinada um ônus maior do que aos demais membros da coletividade'.

Transpondo a regra para o universo restrito dos trabalhadores, pode-se considerar atividade de risco, para efeitos de configuração da responsabilidade objetiva nos acidentes laborais, aquela que expõe o empregado a uma maior chance de sofrer acidentes, se comparada com a média dos demais trabalhadores."

Num outro ponto do voto, vem esclarecido que ao empregador cabe provar que não se houve com culpa, ou seja, não se incumbindo ao empregado a prova da culpa do empregador:

"O contrato de trabalho é bilateral sinalagmático, impondo direitos e deveres recíprocos. Entre as obrigações do empregador está, indubitavelmente, a preservação da incolumidade física e psicológica do empregado no seu ambiente de trabalho. O próprio art. 7º, XXII, da CF enumera como direito do trabalhador a 'redução dos riscos inerentes ao trabalho, por meio de normas de saúde, higiene e segurança'. Mesmo sob a égide da ordem constitucional anterior, época em que ocorreu o acidente em questão, o art. 165, IX, da CF/1967 assegurava ao trabalhador o direito à 'higiene e segurança no trabalho'.

No mesmo sentido, o art. 157 da CLT dispõe que cabe às empresas 'cumprir e fazer cumprir as normas de segurança e medicina do trabalho' e 'instruir os empregados, através de ordens de serviço, quanto às precauções a tomar no sentido de evitar acidentes do trabalho'. Mais do que isso, a garantia de segurança constitui cláusula indeclinável do contrato de trabalho. Alexandre de Moraes ressalta que 'os direitos sociais previstos constitucionalmente são normas de ordem pública, com a característica de imperativas, invioláveis, portanto, pela vontade das partes contraentes da relação trabalhista' (*Direito constitucional*, 19ª ed., São Paulo, Atlas, 2006, p. 178).

Ocorre que, nos termos do art. 389 do CC/02 (que manteve a essência do art. 1.056 do CC/16), na responsabilidade contratual, para obter reparação por perdas e danos, o contratante não precisa demonstrar a culpa do inadimplente, bastando a prova de descumprimento do contrato. Em outras palavras, recai sobre o devedor o ônus da prova quanto à existência de alguma causa excludente do dever de indenizar. Dessa forma, nos acidentes de trabalho, cabe ao empregador provar que cumpriu seu dever contratual de preservação da integridade física do empregado, respeitando as normas de segurança e medicina do trabalho. Em outras palavras, fica estabelecida a presunção relativa de culpa do empregador.

806 • Responsabilidade Civil | *Arnaldo Rizzardo*

Note, por oportuno, que nessa circunstância não se está a impor ao empregador a responsabilidade objetiva pelo acidente de trabalho, como outrora se fez em relação às atividades de risco. Aqui, o fundamento para sua responsabilização continua sendo a existência de culpa. Entretanto, o fato de a responsabilidade do empregador ser subjetiva não significa que não se possa presumir a sua culpa pelo acidente de trabalho.

Conforme anota Caio Mário da Silva Pereira, 'na tese de presunção de culpa subsiste o conceito genérico de culpa como fundamento da responsabilidade civil. Onde se distancia da concepção subjetiva tradicional é no que concerne ao ônus da Prova' (*Responsabilidade civil*, Rio de Janeiro, Forense, 2000, p. 265).

Por outro lado, não se trata de exigir do empregador a produção de prova negativa, tendo em vista que ele próprio detém – ou pelo menos deveria deter – elementos necessários à comprovação de que respeitou as normas de segurança e medicina do trabalho, como, por exemplo, documentos que evidenciem a realização de manutenção nas máquinas e a entrega de equipamentos de proteção individual."

6. CONCORRÊNCIA DE CULPA

De suma importância o exame da concorrência de culpa no momento da fixação da indenização, em acidentes do trabalho.

Nesse mister, importante ter presente que a concorrência é determinada pela presença de duas ou mais causas geradoras do evento. As causas são os comportamentos culposos. Somam-se as culpas determinantes do dano, aparecendo o vínculo de causalidade entre elas e os prejuízos.

Necessário aquilatar o grau de responsabilidade e a gravidade da culpa das partes que concorreram para o evento, inclusive da própria vítima, como verificado no caso.

Assim, tendo o *de cujus* contribuído diretamente para o infortúnio que o vitimou, sua conduta será levada em consideração quando da apuração de eventual indenização. Neste sentido ampara a doutrina, ao enfatizar que a condenação "debe ser proporcional a la respectiva gravedad de las culpas cometidas. Si las culpas les parecen iguales dividen por la mitad; pero, si una les parece más caracterizada que la outra, emplean toda la gama de las fracciones: condenan al demandado a reparar 1/10, 1/8, 1/5, 1/4, 1/3, 2/3, 3/4, etcétera, del daño".[127]

O entendimento da repartição dos danos, em circunstâncias tais, é reafirmado por Rui Stoco, invocando outros autores:

"Segundo Cunha Gonçalves, em seu *Tratado de Direito Civil*, vol. XII, t. II, nº 1906, 'a melhor doutrina é a que propõe a partilha dos prejuízos: em partes iguais, se forem iguais as culpas ou não for possível provar o grau de culpabilidade de cada um dos coautores; em partes proporcionais aos seus graus de culpa, quando estas forem desiguais'.

O consagrado mestre Washington de Barros Monteiro aduz: 'se houver concorrência de culpas, do autor do dano e da vítima, a indenização deve ser reduzida. Posto não enunciado expressamente, esse princípio é irrecusável no sistema do direito pátrio, constituindo,

---

[127] Henry e Léon Mazeaud, André Tunc, *Tratado Teórico y Práctico de la Responsabilidad Civil*, trad. ao espanhol e publicação de Ediciones Jurídicas Europa-América, Buenos Aires, vol. XX, tomo II, 1963, p. 107.

entre nós, *jus receptum*. A jurisprudência consagra, com efeito, a solução do pagamento pela metade, no caso de culpa de ambas as partes' (*Curso de Direito Civil*, 7ª ed., São Paulo, Editora Saraiva, 1971, vol. 5º, p. 414)."[128]

Da mesma forma aponta Carlos Roberto Gonçalves:

"Há casos em que a culpa da vítima é apenas parcial, ou concorrente com a do agente causador do dano. Autor e vítima contribuem, ao mesmo tempo, para a produção de um mesmo fato danoso. É a hipótese, para alguns, de 'culpas comuns', e, para outros de 'culpa concorrente'."[129]

Se a vítima, se orientada, treinada e com pleno conhecimento dos procedimentos de segurança do trabalho, simplesmente despreza a situação de perigo, suportará os efeitos de sua obstinada desatenção.

7. ELEMENTOS QUE AFASTAM A CULPA DO EMPREGADOR

Várias as providências que levam a afastar a responsabilidade do empregador, especialmente quando:

– os empregados são submetidos ao controle de Equipamentos de Proteção Individual – EPIs, assinando o recebimento de instrumentos e vestimentas apropriados;

– a empresa segue à risca as normas de portarias ministeriais, dando ciência de seus conteúdos aos empregados, mediante constantes palestras, avisos, chamadas sobre situações de perigo em cartazes e outras inscrições;

– promove a frequência aos empregados de cursos de segurança, de reciclagem e atualização;

– entrega prontuário de segurança e saúde do trabalho, com regras explícitas e representação de situações de perigo;

– periodicamente são os empregados examinados pelo setor de saúde ocupacional da empresa;

– as máquinas ou instrumentos onde são desenvolvidas as atividades sofrem constantes revisões e aferições para verificar o seu bom estado de funcionamento;

– afixa letreiro com aviso advertindo para o correto procedimento de iniciar a atividade;

– implantados os programas de proteção e prevenção de acidentes, como Programa de Prevenção de Riscos Ambientais – PPRA, Programa de Controle Médico e Saúde Ocupacional – PCMSO, Laudo Ambiental, Mapas de Risco, Comissão Interna de Prevenção de Acidentes – CIPA, Inspeções de Segurança, Treinamentos de Segurança, e Programa de Conservação Auditiva – PCA.

Não se pode olvidar que, mesmo verificado o cumprimento das normas, muitas vezes é inevitável o acidente, se imprudente e desleixada a conduta do empregado. Leciona Sérgio Cavalieri Filho: "Impossível, porém, é uma regulamentação jurídica que esgote todas as possíveis violações de cuidados nas atividades humanas. A cada momento e em qualquer

---

[128] *Responsabilidade Civil*, ob. cit., p. 68.
[129] *Responsabilidade Civil*, ob. cit., p. 717.

808 • Responsabilidade Civil | *Arnaldo Rizzardo*

lugar, o homem se acha sempre em situação de praticar algum ato do qual derive, ou possa derivar, prejuízo para terceiros, sem que seja possível determinar a lei infringida."[130]

Desde que obedecidas as cautelas recomendadas e as instruções de segurança, a atividade do trabalhador não oferece necessariamente risco à sociedade, ou seja, não pode ser considerada intrinsecamente perigosa.

8. O MONTANTE DA INDENIZAÇÃO

É dada exagerada importância à fixação do dano em função de tabela estabelecida para o Seguro Obrigatório de Danos Pessoais Causados Por Veículos Automotores de Via Terrestre – DPVAT. No entanto, além de defasada a tabela, não reflete a real perda de capacidade e, em decorrência, de patrimônio. Aliás, os percentuais, previstos para cada tipo de limitação, não têm em vista a real função que exerce o lesado. Realmente, a perda de um dedo para um pedreiro, um agricultor, um professor, um advogado, um carpinteiro, não tem igual significação que para um artista, um digitador, um pianista, um escultor, um médico-cirurgião, um dentista.

Daí a importância que se faça uma perícia, para determinar a real perda de capacidade. Orientação correta emana do Superior Tribunal de Justiça, fixando o *quantum* que corresponde ao percentual da redução da capacidade: "Sendo constatada a diminuição da capacidade laborativa do ofendido, é justa a fixação da pensão vitalícia sobre a remuneração que recebia de seu ofício quando ocorrido o dano, adotando-se o percentual apurado pelo laudo pericial oficial".[131]

A jurisprudência, para as profissões manuais e mais comuns, prestigia a tabela fixada para o seguro obrigatório, apesar de diferentes as profissões:

"Acidente do trabalho. Responsabilidade civil do empregador.

1. Revelia. Ausência de contestação. Alegação da ré quanto a estar errada informação sobre o andamento do processo, no sistema informatizado. Verifica-se que a informação estava correta, pois nela constava que o feito aguardava decurso do prazo de resposta.

2. Dano moral. Confirmação do valor estipulado na sentença.

3. Honorários advocatícios. Redução do percentual. Apelo da ré parcialmente provido.

4. Dano material. O autor sofreu a perda total de quatro dedos da mão esquerda, o que sem dúvida resultou em substancial redução na sua capacidade laborativa. Estipulação de pensão com base na tabela DPVAT, correspondente a perda total do uso da mão. Provimento do apelo do autor."[132]

"Acidente do trabalho. Indenização de direito comum. Amputação do 2º quirodáctilo ao nível do terço proximal da falange média. Culpa do empregador. Dano material e moral. Constituição de capital. Art. 602 do CPC. Custas e honorários devidos pela Fazenda Pública (Município). Responsabilidade civil do empregador exige a prova do dano, do nexo causal e da culpa do empregador, ou, pela interpretação da culpa à luz da teoria do risco criado, impõe-lhe o dever de indenizar o empregado pelo dano. O dano patrimonial deverá ser de 4%: 40% (atendida a culpa concorrente) de 10% (redução da capacidade laborativa) do salário que o autor

---

[130] *Programa de Responsabilidade Civil*, ob. cit., p. 53.
[131] REsp. nº 422.413/SP, da 3ª Turma, *DJU* de 07.04.2003, *in ADCOAS* 8218902, *Boletim de Jurisprudência ADCOAS*, nº 33, p. 520, ago. 2003.
[132] Apelação Cível nº 70004516449, 10ª Câmara Cível do TJRS, j. em 20.03.2003.

percebia na época do acidente. ... Apelação parcialmente provida. Sentença parcialmente modificada em reexame necessário."[133]

De lembrar que o art. 602 do CPC de 1973 foi revogado pela Lei nº 11.232/2005.

"Tratando-se de operação de máquina em condições de insegurança para o trabalhador, que veio a sofrer lesão em quatro dedos da mão, a indenização é devida pela empregadora, por ter agido com manifesta omissão culposa, mostrando-se correta a quantificação de indenização sugerida em 1º grau, diante da perda moderada, constatada pela perícia que detectou redução da capacidade laboral. Pensionamento. Pensionamento que, segundo avaliação médica, deve obedecer aos critérios da Tabela DPVAT, reduzindo-se o mesmo para o percentual de 24% sobre o salário do autor, vigente a época do fato. Apelo da ré parcialmente provido, improvendo-se o do autor."[134]

9. A COMPROVAÇÃO DOS PREJUÍZOS

Para viabilizar a indenização material, é imprescindível a comprovação da redução das atividades laborais.

A respeito da inabilitação, observa Sérgio Cavalieri Filho: "Conforme já ressaltado, tudo dependerá de cada caso. A regra aplicável é aquela que resulta do texto legal em face da presunção de que os portadores de defeitos físicos de certa monta dificilmente poderão exercer outro trabalho sem sacrifício inexigível, constrangimento e humilhação. Para prevalecer entendimento contrário será preciso demonstrar que, concretamente, a vítima trabalha normalmente em profissão distinta sem sacrifício nem constrangimento, ainda que com menor remuneração."[135]

Igualmente a jurisprudência impõe que efetivamente o acidentado suporte prejuízo econômico para fins indenizatórios:

"I – A indenização previdenciária é diversa e independente da contemplada no direito comum, inclusive porque têm elas origens distintas: uma, sustentada pelo direito acidentário; a outra, pelo direito comum, uma não excluindo a outra (enunciado nº 229/STF), podendo, inclusive, cumularem-se.

II – A norma do art. 1.539 do Código Civil traz a presunção de que o ofendido não conseguirá exercer outro trabalho. Evidenciado que a vítima continuou a trabalhar nesse período, ainda que em atividade distinta, mas com a mesma remuneração, a pensão é descabida, por ausência de prejuízo."[136]

O mencionado art. 1.539 equivale ao art. 950 do vigente Código.

Desenvolve o assunto o voto do ministro Sálvio de Figueiredo Teixeira, no acórdão referido:

"A indenização por dano material, em forma de pensão, tem como objetivo proporcionar à vítima o recebimento dos mesmos rendimentos que auferia anteriormente à redução ocorrida em sua capacidade produtiva. Ou seja, visa recompor a renda que a vítima não poderá mais auferir em razão da debilidade sofrida.

---

[133] Apelação Cível nº 70001988773, 9ª Câmara Cível do TJRS, j. em 28.03.2001.
[134] TJRS – Apel. Cível nº 70001879899, 10ª Câmara Cível, j. em 10.05.2001.
[135] *Programa de Responsabilidade Civil*, ob. cit., pp. 127 e 128.
[136] Superior Tribunal de Justiça, REsp. nº 235.393/RS, 4ª Turma, j. em 23.11.1999, *DJU* de 28.02.2000.

810 • Responsabilidade Civil | *Arnaldo Rizzardo*

Vindo a vítima, portanto, a dedicar-se, em determinado período, a outra atividade, que lhe proporcione os mesmos rendimentos, não há prejuízo material que justifique o pagamento de uma pensão paralela. Se assim não fosse, estaria o autor enriquecendo-se indevidamente.

A 3ª Turma, sob a relatoria do Ministro Eduardo Ribeiro, em recente julgado (REsp. nº 233.610/RJ, j. em 09.11.1999), examinando caso semelhante, concluiu que a disposição do art. 1.539 do Código Civil ('Se da ofensa resultar defeito, pelo qual o ofendido não possa exercer o seu ofício ou profissão, ou se lhe diminua o valor do trabalho, a indenização, além das despesas do tratamento e lucros cessantes até ao fim da convalescença, incluirá uma pensão correspondente à importância do trabalho, para que se inabilitou, ou da depreciação que ele sofreu') traz apenas a presunção de que o ofendido não conseguirá exercer outro trabalho, pelo que a pensão, em princípio, seria devida no mesmo valor que recebia a vítima quando no trabalho."

Na mesma linha de raciocínio, o acórdão abaixo, exigindo demonstração efetiva do prejuízo econômico suportado pela suposta vítima para configurar o dever de indenizar, como se observa:

"Indenização. Acidente de trabalho...

A indenização por redução da capacidade laborativa pressupõe a prova do efetivo prejuízo."[137]

Assim, é devida a indenização se o ofendido provar que não conseguirá exercer outro trabalho, ou se aquele que tem condições de exercer importar em redução da remuneração.

10. COMPENSAÇÃO DA INDENIZAÇÃO COM SALÁRIOS E BENEFÍCIOS

Não cabe a compensação da indenização com os salários e benefícios previdenciários percebidos. Bem dão as razões Sebastião Luiz Amorim e José de Oliveira: "Não há falar em 'compensação' dos valores da indenização com a aposentadoria por invalidez recebida pelo acidente do INSS. Como é sabido, o benefício acidentário tem fundamento na responsabilidade objetiva (ou sem culpa) da autarquia. A indenização a cargo da empresa, de outro lado, no art. 159 do Código Civil, estando a obrigação de indenizar fundada na culpa (responsabilidade subjetiva)."

Lembra-se que o citado art. 159 equivale ao art. 186 do vigente diploma civil.

Em seguida, acrescentam: "A pensão mensal é devida, pois, sendo consequência da culpa dos réus, não encontra óbice à sua concessão o fato de estar o autor amparado pela previdência social.

A indenização securitária prestada pelo INSS por acidente do trabalho não é compensável com a indenização devida pela empresa (por ato ilícito) em decorrência de sua responsabilidade civil, em razão da diversidade de causas e, mais, a responsabilidade do INSS é objetiva (responsabilidade sem culpa), e a responsabilidade do patrão está fundamentada na culpa, ainda que leve.

A indenização em razão do dano culposo ou doloso do empregador é de natureza diferente daquela paga pelo INSS; diferem quanto à sua natureza e destinação."[138]

---

[137] STJ – REsp. nº 170495/SP, 3ª Turma, j. em 06.06.2000, *DJU* de 21.08.2000.
[138] *Responsabilidade Civil – Acidente do Trabalho*, ob. cit., p. 434.

Cap. LV | A Responsabilidade Civil por Acidente do Trabalho • 811

11. PRESCRIÇÃO PARA RECLAMAR A REPARAÇÃO

O prazo prescricional para reclamar qualquer direito reparatório é de três anos, constando ditado no art. 206, § 3º, inc. V, do Código Civil.

No Código anterior, dada a ausência de previsão específica, incidia o prazo de vinte anos, na previsão de seu art. 177.

Sem dúvida, a indenização que se procura, tanto na área do dano material como na do dano moral, tem caráter ressarcitório ou reparatório, pois procura o lesado recuperar as perdas econômicas e compensar o mal resultante.

Essa a inteligência revelada pela doutrina, como a de Helder Martinez Dal Col: "Com efeito, pela novel redação do art. 206 do CC, que veio versar sobre a prescrição, passou a ser de apenas três anos o limite temporal para ingressar em juízo, demandando pretensão de reparação civil, onde aparentemente se inserem os danos pessoais, causados por dolo ou culpa do empregador ou de seus prepostos (§ 3º, V)."

Adiante, segue o Professor explicando o significado de 'reparação': "O que se pode entender por reparação civil? Reposição ao estado anterior dos danos de qualquer ordem, patrimoniais, morais ou estéticos, causados por qualquer pessoa, na esfera civil (excluídos os de ordem penal, administrativa e política, que comportam modalidades distintas de reparação). Abrange, ainda, todas as formas de indenização civil, como alternativas naturais da impossibilidade de reparar."[139]

O início da contagem do prazo vem explicado pelo mesmo autor, que se vale de Jaime Aparecido Tortorello: "'O dia do acidente, no caso de doença profissional ou do trabalho, será considerado como sendo a data do início da incapacidade laborativa para o exercício da atividade habitual, ou o dia da segregação compulsória, ou do dia em que for realizado o diagnóstico, valendo para esse efeito o que ocorrer o primeiro. Para a lei não importa que se conheça ou se estabeleça exatamente a época em que o segurado adquiriu a moléstia, mas sim que se constate o dia em que o segurado, em virtude da doença, deixou de ter condições normais para executar as suas funções' (*Acidente do Trabalho*: teoria e prática, 2ª ed. atualizada, São Paulo, Saraiva, 1996, p. 12)."

A ciência inequívoca da incapacidade é que predomina, prossegue o citado autor, tanto que se criou a Súmula nº 278 do STJ sobre o assunto: "Confirmando essa postura, que já vinha sendo afirmada de longa data e pacificava as discussões existentes, o STJ editou a recente Súm. 278, que assevera: 'O termo inicial do prazo prescricional, na ação de indenização, é a data em que o segurado teve ciência inequívoca da incapacidade laboral' (*DJU* de 27.05.2003)."

Invoca-se Pontes de Miranda, para enfatizar o momento em que se dá a lesão: "O momento em que se dá a lesão, perturbação ou doença é relevante para determinar a incapacidade para o trabalho, mesmo que este seja superveniente, Como pondera Pontes de Miranda, 'se a lesão corporal, a perturbação funcional, ou a doença não foi percebida, ou sentida, no momento do acidente do trabalho, a causação foi no momento da ocorrência e apenas não se apontou porque não se podia apontar, ou se não prestou a atenção suficiente à consequência do efeito' (*Tratado de Direito Privado*, Rio de Janeiro, Borsoi, 1967, t. LIV, parte especial, p. 86)."[140]

---

[139] "A prescrição nas ações indenizatórias por acidente do trabalho no Código Civil de 2002", em *Revista dos Tribunais*, nº 821, pp. 13 e 15.

[140] "A prescrição nas ações indenizatórias por acidente do trabalho no Código Civil de 2002", trabalho citado, p. 12.

12. A COMPETÊNCIA PARA CONHECER E JULGAR AS AÇÕES QUE ENVOLVEM ACIDENTES DO TRABALHO

Qualquer demanda que envolve relação de trabalho atrai a competência para a Justiça do Trabalho, mesmo que a reparação busque o dano moral. Tem-se em conta o art. 114, inc. VI, da CF, em face da Emenda Constitucional nº 45/2004, que reza: "Compete à Justiça do Trabalho conhecer e julgar: (...) VI – as ações de indenização por dano moral ou patrimonial, decorrentes da relação de trabalho."

A evolução do entendimento é relatada no seguinte julgado, do STJ: "Conflito negativo de competência. Acidente de trabalho. Empregado público municipal. Vínculo celetista. Alteração introduzida pela emenda constitucional nº 45/04. Ação de indenização proposta por viúva do empregado acidentado. Reiterada jurisprudência das Turmas e do Plenário do STF afirmando a competência da Justiça do Trabalho.

Entendimento diferente da Súmula nº 366/STJ. Conflito conhecido para, cancelando a Súmula, declarar a competência do juízo suscitante."[141]

No voto, o relator bem demonstra o entendimento que levou a tal exegese:

"Com as alterações do art. 114 da CF/88, introduzidas pela Emenda Constitucional nº 45/04, à Justiça do Trabalho foi atribuída competência para apreciar e julgar 'as ações de indenização por dano moral ou patrimonial, decorrentes da relação de trabalho' (inciso VI). Incluem-se nessa competência, segundo a jurisprudência do STF, as demandas fundadas em acidente do trabalho (CC 7.204/MG, Tribunal Pleno, Min. Carlos Britto, *DJ* de 09.12.2005).

O caso concreto, entretanto, tem uma peculiaridade: embora se trata de demanda fundada em acidente do trabalho, ela foi proposta pela viúva do empregado acidentado, visando a obter indenização de danos por ela sofridos. A jurisprudência do STJ sumulou, a propósito, o seguinte entendimento: 'Compete à Justiça estadual processar e julgar ação indenizatória proposta por viúva e filhos de empregado falecido em acidente de trabalho' (Súmula nº 366/STJ). Na base desse entendimento está a compreensão de que, por causa decorrente de acidente do trabalho, entende-se apenas aquela oriunda diretamente desse fato e cujo objeto sejam prestações devidas ao próprio acidentado.

Ocorre que o STF tem entendimento no sentido de que é de acidente do trabalho qualquer causa que tenha como origem essa espécie de acidente, razão pela qual 'é irrelevante para a definição da competência jurisdicional da Justiça do Trabalho que a ação de indenização não tenha sido proposta pelo empregado, mas por seus sucessores' (Edcl no RE nº 482.797/SP, 1ª Turma, Min. Ricardo Lewandowski, *DJe* de 27.06.2008). Esse entendimento, estampado em reiteradas decisões das turmas (Edcl no RE nº 541.755/SP, 2ª Turma, Min. Cezar Peluso, *DJe* de 07.03.2008; Edcl no RE nº 509.353/SP, 1ª Turma, Min. Sepúlveda Pertence, *DJe* de 17.08.2007), foi confirmado pelo plenário do STF, no julgamento do CC nº 7.545-7, em sessão de 03.06.09 (...)'.

Dentre outras decisões lembradas, merece destaque a seguinte:

'A nova orientação alcança os processos em trâmite pela Justiça comum estadual, desde que pendentes de julgamento de mérito (v.g. AI nº 506.325-AgR, 23.05.2006, 1ª Turma; e RE nº 461.925-AgR, 04.04.2006, 2ª Turma), o que ocorre na espécie.

---

[141] CC nº 101.977/SP, da Corte Especial, j. em 16.09.2009, *DJe* de 05.10.2009, rel. Min. Teori Albino Zavascki.

Irrelevante para a questão da competência que se cuide de ação proposta por viúvo de empregada das embargantes, falecida em decorrência do acidente de trabalho: trata-se de direito patrimonial, que, com a morte do trabalhador, se transmitiu aos sucessores.

Agravo regimental desprovido' (ED-RE nº 509.353, rel. Min. Sepúlveda Pertence, *DJ* de 17.08.2007)."

No mais, a inteligência coaduna-se com a Súmula nº 392 do TST: "Dano moral e material. Relação de trabalho. Competência da Justiça do Trabalho.

Nos termos do art. 114, inc. VI, da Constituição da República, "a Justiça do Trabalho é competente para processar e julgar ações de indenização por dano moral e material, decorrentes da relação de trabalho, inclusive as oriundas de acidente de trabalho e doenças a ele equiparadas".

LVI
Responsabilidade por Danos Ocorridos durante a Prática e a Assistência de Esportes

1. DANOS SOFRIDOS POR ATLETAS PROFISSIONAIS E ÁRBITROS

Na prática de qualquer esporte, e especialmente no futebol, frequentes os danos que atingem os atletas, decorrentes de lesões, traumatismos, fraturas, estiramentos, rompimentos de tendões, contusões, ficando os efeitos indeléveis e marcando a vida toda. Até onde vai a responsabilidade do clube ou entidade contratante? Dá-se ou não o tratamento próprio concedido ao acidente do trabalho?

Naturalmente, importante é analisar o tipo de esporte, ou se envolve risco à saúde e inclusive à vida do atleta ou desportista. No caso do futebol, há o risco intrínseco ou inerente. Já ocorreram mortes causadas por choques violentos entre atletas, ou por golpes desferidos na cabeça, causando rupturas do crânio, e vindo a se dar o óbito por hemorragia interna. A exacerbante profissionalização de certos esportes, e mais o caráter mercenário que se impingiu à carreira esportiva, tornam os embates assaz disputados, não havendo cautela nos enfrentamentos, chegando ao ponto de se impor a violência para impedir que o adversário adquira a vantagem no escore durante o desenrolar do evento esportivo.

Assim, ficando lesionado o participante do esporte, e verificado o dano físico, com a paralisação no exercício das atividades, ou resultando incapacidade permanente, não se exime o causador da violência, podendo sofrer a competente ação indenizatória. É a situação comum no futebol, no basquete, no vôlei. Todavia, se a agressividade faz parte do esporte em si, como nas lutas corporais, no boxe, existe o ato voluntário dos contendores, com a devida consciência e noção dos danos suscetíveis de ocorrerem. Incabível, aí, buscar a indenização, seja contra o rival, ou contra o empresário ou clube contratante. Nessas modalidades, a violência e as lesões fazem parte da disputa, decorrendo a vitória do massacre ou desfalecimento do contendor. Não estão presentes os riscos em si, mas a lesão, o dano e a própria maceração do corpo humano do rival.

Nos demais esportes, ou aqueles que contêm inerente o perigo da lesão, e não a lesão em si, como o futebol, o basquete, ficam ao amparo do parágrafo único do art. 927 da lei civil, já que a atividade fatalmente implica riscos para os direitos de outrem. Aos atletas lesionados se garante a competente indenização, seja perante o agente causador, ou contra o clube ou entidade a que se encontra vinculado.

Isto, porém, desde que não verificada a relação empregatícia.

816 • Responsabilidade Civil | *Arnaldo Rizzardo*

Se o atleta é empregado de um clube, a responsabilidade rege-se pelo disposto no art. 7º, inc. XXVIII, da Constituição Federal. Desponta a responsabilidade unicamente se o dano resultou da culpa ou dolo do empregador. Não se inculca a obrigação de indenizar se inexistente a culpa ou o dolo porque impossível afastar a probabilidade de dano. Regendo-se a relação pela disciplina específica do acidente do trabalho, afasta-se a incidência do referido parágrafo único do art. 927.

Esse o entendimento que se colhe do Prof. Silney Alves Tadeu: "Nos danos sofridos pelo próprio desportista – como, por exemplo, uma lesão ocular em razão do impacto da bola sobre o globo ocular propiciado por outro jogador –, as bases para a solução hão de ser reconduzidas aos termos do CC, artigos 186, 187, 927 e segs., seguindo critério tradicional da culpa, em razão do risco que implica o exercício de uma determinada modalidade de esporte e que deverá assumir quem a seu exercício se dedica, afastando a ideia de aplicar o sistema de responsabilidade objetiva. A voluntariedade daquele que decide praticar um esporte perigoso, frente à mera tolerância ou inclusive à imperatividade daquele que há de suportar um perigo que outro cria em benefício próprio, característico da responsabilidade por risco. Dito de outra forma, o prejudicado deverá suportar essas transgressões coativamente, pois se o faz de forma voluntária, o mecanismo da teoria do risco deixa de ter virtualidade, exigindo um maior grau de diligência, em especial quando se trate de esportes ou de facetas do mesmo naquelas em que os participantes jogam um papel passivo no exercício de uma atividade desportiva perigosa como no caso do rafting, por exemplo".[142]

Difícil, v. g., é concluir pela culpa ou dolo do patrão ou empregador nas disputas futebolísticas, quando a virilidade, os choques entre os participantes, a acirrada disputa são condições para o jogo. Desde que se encontre o atleta em perfeito estado de saúde, e fornecidos os equipamentos básicos para o jogo, como calçados apropriados, os protetores das pernas e dos joelhos, fica excluída a culpa, pois não existem outras providências apropriadas de proteção. Não se cogita, pois, da indenização civil, sendo reclamável unicamente a acidentária.

A culpa, no entanto, pode ocorrer na desídia, na falta de preparo ou de equipe médica no local para atender possíveis ocorrências, de ambulância apropriada para prestar socorro, em situação equivalente à seguinte: "Não se cuidou de omissão de socorro, pois houve atenção imediata à desditosa vítima, mas sim de cuidados eficientes, não apenas de caráter tecno-humano, mas instrumentália, o que restou evidenciado no conjunto probante, irrespondivelmente; aliás, o transporte da vítima ao nosocômio mais próximo foi efetuado por viatura da Polícia Militar do Estado, à evidência um veículo desprovido de qualquer aparato médico adequado àquela situação do paciente, o que expõe a negligência apontada no pedido. A insuficiência de recursos, por parte da apelante, em sua quadra ao momento do fato era irrefutável.

Assim, não se dispunha de facultativo à disposição dos atletas, nem muito menos de aparato técnico para qualquer socorro mais aprofundado, tal como se provou..., caracterizando-se mesmo indiscutível negligência, esta como fator típico e integrante da culpa".[143]

---

[142] "Responsabilidade Civil Desportiva – Torcedor e Consumidor", em *Boletim Doutrina ADCOAS*, nº 12, p. 247, nº 8226460, jun. 2004.

[143] Apel. Cível nº 236.400-1, da 6ª Câmara Cível do TJ de São Paulo, de 26.10.1995, em *Jurisprudência do Tribunal de Justiça de São Paulo* – Lex Editora S. A., 177/97.

No entanto, têm aparecido decisões concedendo a indenização com base puramente no risco, como a seguinte: "A atividade futebolística é uma atividade de risco. Logicamente, o empregador tem que assumir o risco de lesões, daí os denominados clubes de futebol terem o necessário Departamento Médico para o socorro imediato, em campo.

Há, assim, um risco na atividade que corre por conta do empregador.

Consequentemente, em o acidente ocorrendo a culpa é presumida.

Quando a lesão não inibe a continuidade da percepção da remuneração, tem-se que o dano físico não enseja dano pecuniário imediato.

Quando, porém, o dano físico implica em limitação do exercício profissional, há dano econômico mediato".[144]

Garante-se, inclusive, a estabilidade do atleta pelo período de doze meses, a teor da Súmula nº 378 do TST:

"Estabilidade provisória. Acidente do trabalho. Art. 118 da Lei nº 8.213/1991 (inserido item III) – Res. 185/2012, DEJT divulgado em 25, 26 e 27.09.2012.

I – É constitucional o artigo 118 da Lei nº 8.213/1991 que assegura o direito à estabilidade provisória por período de 12 meses após a cessação do auxílio-doença ao empregado acidentado (ex-OJ nº 105 da SBDI-1 – inserida em 01.10.1997).

II – São pressupostos para a concessão da estabilidade o afastamento superior a 15 dias e a consequente percepção do auxílio-doença acidentário, salvo se constatada, após a despedida, doença profissional que guarde relação de causalidade com a execução do contrato de emprego.

III – O empregado submetido a contrato de trabalho por tempo determinado goza da garantia provisória de emprego decorrente de acidente de trabalho prevista no art. 118 da Lei nº 8.213/1991".

Inclusive aos árbitros por eventuais agressões e lesões reconhece-se o direito à reparação, consoante já decidido pelos tribunais:

"Ação de indenização por danos materiais e morais proposta por árbitro de futebol contra clube desportivo e associado. Agressões físicas comprovadamente sofridas pelo autor da ação, sendo agressor o corréu pessoa física. Culpa do clube, que não disponibilizou seguranças para acompanhar evento desportivo em suas dependências, onde tem o dever de incolumidade física para com os participantes. Danos materiais não comprovados; dano moral, todavia, que se hão de indenizar. Sentença de improcedência que se reforma. Apelação provida".[145]

2. DANOS SOFRIDOS POR PESSOAS QUE ASSISTEM A ESPETÁCULOS ESPORTIVOS

São comuns as agressões, os ferimentos e até mortes que ocorrem durante a realização de espetáculos esportivos, especialmente nos estádios de futebol. As pessoas que frequentam os locais onde se desenvolvem jogos e outras apresentações deixam-se conduzir pela emoção desenfreada, pelo instinto, pela paixão momentânea, pelo impacto da apresentação, e extravasam os impulsos de revolta ou entusiasmo, exteriorizando-os em

---

[144] Apel. Cível nº 257.945-1, da 1ª Câmara Cível do TJ de São Paulo, de 1º.08.1995, em *Jurisprudência do Tribunal de Justiça de São Paulo* – Lex Editora S. A., 177/81.

[145] Apelação com Revisão nº 0628099-50.2008.8.26.0001, da 10ª Câmara de Direito Público do TJ/SP, rel. Des. Cesar Ciampolini Neto, j. em 16.12.2014.

ataques e investidas contra os participantes de torcidas contrárias, ou contra as direções dos clubes participantes. Acontecem tumultos, refregas, demolições, arrombamentos, derrubada de arquibancadas e outros atos de vandalismo. As turbas de torcedores fanáticos passam a deslocar-se de um ponto a outro, agredindo os que se interpõem ao avanço, arrasando tudo o que se depara à frente, derrubando e pisoteando outros torcedores, descendo e subindo rampas ou escadarias numa verdadeira avalanche.

Mesmo após os jogos e fora dos centros onde se desenvolveram, a massa popular avança e inicia ataques contra estabelecimentos e veículos de transporte, invadindo lojas, bares e restaurantes, incendiando carros, quebrando vitrines, arrombando portas, fazendo arrastões, ou seja, levando à frente um verdadeiro quebra-quebra.

A indagação é quanto à responsabilidade pelos danos que acontecem no interior dos estádios ou casas onde são realizados os espetáculos. Já aconteceram casos de mortes, de fraturas, e lesões que conduziram à invalidez permanente.

Em primeiro lugar, insta lembrar que a matéria está, em parte, regulada pela Lei nº 10.671, de 15.05.2003, dispondo sobre o instituto de defesa do torcedor, e que dá o conceito de torcedor em seu art. 2º: "Torcedor é toda pessoa que aprecie, apoie ou se associe a qualquer entidade de prática desportiva do País e acompanhe a prática de determinada modalidade esportiva".

O art. 2º-A deu o conceito de torcida organizada: "Considera-se torcida organizada, para os efeitos desta Lei, a pessoa jurídica de direito privado ou existente de fato, que se organize para o fim de torcer e apoiar entidade de prática esportiva de qualquer natureza ou modalidade".

Até que ponto respondem os clubes que são donos dos estádios ou centros esportivos?

A questão tem suscitado verdadeiras controvérsias, e rege-se pelas regras comuns que disciplinam a responsabilidade civil.

De início, há de se afastar a responsabilidade objetiva, eis que promover ou permitir a assistência a jogos não contém nada de risco ou perigo. Não cabe, daí, invocar o disposto no parágrafo único do art. 927 do Código Civil. Deve-se verificar se a ocorrência de danos ou lesões a terceiros adveio ou não de culpa dos organizadores ou donos do local onde se desenvolveu o espetáculo. Nessa visão, cumpre se confira a existência de vários elementos para fins de apurar a culpa, como a existência ou não de alambrados, muros, cerca, fossos entre a torcida e os jogadores; a presença de seguranças ou pessoas em número suficiente encarregadas de manter a ordem; a submissão dos que ingressam à revista, para verificar se portam armas ou objetos contundentes; a quantidade dos torcedores que ingressaram, de modo a comportar ou não as acomodações e à estrutura do local; o treinamento das pessoas encarregadas do controle da massa popular, de modo a interferir sem provocar tumulto; a atenção para focos de incidentes, brigas e refregas, com a imediata intervenção, especialmente nos pontos onde estão concentradas as torcidas organizadas, retirando os baderneiros e incentivadores da desordem.

Além disso, várias exigências constam impostas na Lei nº 10.671/2003, com alterações da Lei nº 12.299/2010, as quais, não observadas, também ensejam a responsabilidade. Eis a discriminação:

"Art. 13. O torcedor tem direito a segurança nos locais onde são realizados os eventos esportivos antes, durante e após a realização das partidas.

Parágrafo único. Será assegurado acessibilidade ao torcedor portador de deficiência ou com mobilidade reduzida.

Cap. LVI | Responsabilidade por Danos Ocorridos durante a Prática e a Assistência de Esportes • **819**

Art. 13-A. São condições de acesso e permanência do torcedor no recinto esportivo, sem prejuízo de outras condições previstas em lei:

I – estar na posse de ingresso válido;

II – não portar objetos, bebidas ou substâncias proibidas ou suscetíveis de gerar ou possibilitar a prática de atos de violência;

III – consentir com a revista pessoal de prevenção e segurança;

IV – não portar ou ostentar cartazes, bandeiras, símbolos ou outros sinais com mensagens ofensivas, inclusive de caráter racista ou xenófobo;

V – não entoar cânticos discriminatórios, racistas ou xenófobos;

VI – não arremessar objetos, de qualquer natureza, no interior do recinto esportivo;

VII – não portar ou utilizar fogos de artifício ou quaisquer outros engenhos pirotécnicos ou produtores de efeitos análogos;

VIII – não incitar e não praticar atos de violência no estádio, qualquer que seja a sua natureza;

IX – não invadir e não incitar a invasão, de qualquer forma, da área restrita aos competidores.

X – não utilizar bandeiras, inclusive com mastro de bambu ou similares, para outros fins que não o da manifestação festiva e amigável.

(...)

Art. 14. Sem prejuízo do disposto nos arts. 12 a 14 da Lei nº 8.078, de 11 de setembro de 1990, a responsabilidade pela segurança do torcedor em evento esportivo é da entidade de prática desportiva detentora do mando de jogo e de seus dirigentes, que deverão:

I – solicitar ao Poder Público competente a presença de agentes públicos de segurança, devidamente identificados, responsáveis pela segurança dos torcedores dentro e fora dos estádios e demais locais de realização de eventos esportivos;

II – informar imediatamente após a decisão acerca da realização da partida, dentre outros, aos órgãos públicos de segurança, transporte e higiene, os dados necessários à segurança da partida, especialmente:

a) o local;

b) o horário de abertura do estádio;

c) a capacidade de público do estádio; e

d) a expectativa de público;

III – colocar à disposição do torcedor orientadores e serviço de atendimento para que aquele encaminhe suas reclamações no momento da partida, em local:

a) amplamente divulgado e de fácil acesso; e

b) situado no estádio (...)."

Outras providências aparecem nos dispositivos seguintes:

"Art. 16. É dever da entidade responsável pela organização da competição:

I – confirmar, com até quarenta e oito horas de antecedência, o horário e o local da realização das partidas em que a definição das equipes dependa de resultado anterior;

II – contratar seguro de acidentes pessoais, tendo como beneficiário o torcedor portador de ingresso, válido a partir do momento em que ingressar no estádio;

III – disponibilizar um médico e dois enfermeiros-padrão para cada dez mil torcedores presentes à partida;

IV – disponibilizar uma ambulância para cada dez mil torcedores presentes à partida; e

V – comunicar previamente à autoridade de saúde a realização do evento.

Art. 17. É direito do torcedor a implementação de planos de ação referentes a segurança, transporte e contingências que possam ocorrer durante a realização de eventos esportivos.

§ 1º Os planos de ação de que trata o *caput* serão elaborados pela entidade responsável pela organização da competição, com a participação das entidades de prática desportiva que a disputarão e dos órgãos responsáveis pela segurança pública, transporte e demais contingências que possam ocorrer, das localidades em que se realizarão as partidas da competição.

§ 2º Planos de ação especiais poderão ser apresentados em relação a eventos esportivos com excepcional expectativa de público.

§ 3º Os planos de ação serão divulgados no sítio dedicado à competição de que trata o parágrafo único do art. 5o no mesmo prazo de publicação do regulamento definitivo da competição.

Art. 18. Os estádios com capacidade superior a 10.000 (dez mil) pessoas deverão manter central técnica de informações, com infraestrutura suficiente para viabilizar o monitoramento por imagem do público presente.

Art. 19. As entidades responsáveis pela organização da competição, bem como seus dirigentes respondem solidariamente com as entidades de que trata o art. 15 e seus dirigentes, independentemente da existência de culpa, pelos prejuízos causados a torcedor que decorram de falhas de segurança nos estádios ou da inobservância do disposto neste capítulo."

O art. 15 referido expressa que "o detentor do mando de jogo será uma das entidades de prática desportiva envolvida na partida, de acordo com os critérios definidos no regulamento da competição".

Percebe-se que a responsabilidade se dá se inobservadas as regras de segurança ordenadas, o que importa em afirmar a necessidade da verificação da culpa.

O mero fato do pagamento do bilhete não é suficiente para garantir a segurança absoluta, já que a contraprestação paga visa a assistência ao espetáculo e ao oferecimento de condições apropriadas. Impossível exercer o controle sobre cada expectador, porquanto exigiria a presença de seguranças em número equivalente à quantidade das pessoas que ingressaram no local. Haveria total inviabilidade na realização do evento esportivo.

Daí a conclusão de pesar contra o torcedor ou aficionados do esporte a presunção da aceitação do risco pelos acontecimentos suscetíveis de acontecerem, desde que não observadas as regras acima discriminadas. Decidindo comparecer ao local onde se realiza o jogo, automaticamente assume os fatos possíveis de ocorrerem, e próprios a causarem danos. Assim, se aparece uma situação de perigo, com violentos protestos da torcida e manifestações exaltadas que ocorrem durante as disputas, e especialmente na saída do espetáculo, deve o torcedor obrar com redobrada cautela no trato da situação, pois é cediço que em tais episódios, envolvendo um número expressivo de pessoas, onde os ânimos ficam mais exaltados e onde a polícia tem o dever de conter a violência e a depredação, a previsibilidade de confusão e o perigo que se pode originar da situação recomendam o afastamento do tumulto, o mais rápido possível.

Ademais, certos eventos são insuscetíveis de evitar. Não se torna viável interromper o levante da turba que passa a ter uma conduta irracional, a qual se generaliza e contamina a maioria dos indivíduos presentes. Existem fatos da vida que, por maiores que sejam as cautelas e providências preventivas, mostram-se inevitáveis e insuscetíveis de controle.

No entanto, encontram-se decisões que forçam o reconhecimento amplo da responsabilidade, não indagando quanto à culpa: "Torcedor que pagando ingresso para assistir partida de futebol, no transcorrer do jogo, de modo injusto e violento, se vê atirado, por um grupo de baderneiros, contra o gradil da arquibancada que se rompe e, em razão disso, é lançado ao fosso existente no local. Verba devida pela entidade responsável pela administração do estádio. Impossibilidade de se falar em excludente de responsabilidade".

Cap. LVI | Responsabilidade por Danos Ocorridos durante a Prática e a Assistência de Esportes • 821

Aduz-se, no voto: "Situações da espécie podem colocar-se entre as que a doutrina sobre a culpa civil costuma enquadrar na hipótese nominada 'fortuito interno', para a qual não ocorre a excludente da responsabilidade, porque os fatos do tipo encontram-se dentro da alea da própria atividade exercida pela entidade. Segundo a teoria, alguns acontecimentos que, em princípio, seriam extraordinários, por mostrarem-se bem previsíveis, ante a sua repetição e evidência, transformam-se em fatos inerentes ao 'risco do negócio' e, daí, em verificando-se, permitem a visão do nexo de causalidade, que liga os danos sofridos pela vítima à conduta culposa, pela falta da providência adequada para que o fato não ocorresse, no local."[146]

Com mais profundidade, tal linha de entendimento conjuga o art. 3º da Lei nº 10.671 e o art. 14 da Lei nº 8.078/1990. Equiparam-se ao fornecedor, para fins de incidência do Código de Defesa do Consumidor, todos quantos organizam e dirigem atividades esportivas ligadas ao futebol, por força do art. 3º da Lei nº 10.671:

"Para todos os efeitos legais, equiparam-se a fornecedor, nos termos da Lei nº 8.078, de 11 de setembro de 1990, a entidade responsável pela organização da competição, bem como a entidade de prática desportiva detentora do mando de jogo."

Por sua vez, o art. 14 do Código de Defesa do Consumidor não faz depender da culpa a responsabilidade do fornecedor:

"O fornecedor de serviços responde, independentemente da existência de culpa, pela reparação dos danos causados aos consumidores por defeitos relativos à prestação dos serviços, bem como por informações insuficientes ou inadequadas sobre sua fruição e riscos."

Nesse norte, a jurisprudência do TJRS, enfatizando a responsabilidade objetiva: "Tendo o fato ocorrido dentro do Estádio de Futebol do réu/apelante, é sua a responsabilidade pela segurança. ... O artigo 14 da Lei 10.671/03 aponta para a aplicabilidade dos arts. 12 a 14 da Lei 8.078/90 do Código de Defesa do Consumidor, sendo que o art. 14 do CDC contempla a responsabilidade objetiva do fornecedor de serviços. Nesse sentido, provando-se o fato, o nexo de causalidade e o dano, há o dever de indenizar."[147]

Cabe lembrar a obrigatoriedade da contratação de seguro de acidentes pessoais, buscando garantir a proteção ao torcedor, por imposição do art. 16 da Lei nº 10.671:

"É dever da entidade responsável pela organização da competição:

(...)

II – contratar seguro de acidentes pessoais, tendo como beneficiário o torcedor portador de ingresso, válido a partir do momento em que ingressar no estádio."

Nesta projeção da lei decidiu o TJ do RGS:

"Nos termos do art. 19 da Lei nº 10.671/03, o Município, na condição de organizador de campeonato de futebol, é responsável pela segurança do evento, de forma objetiva. Má prestação do serviço consubstanciada na inobservância do que dispõe o art. 13 da mencionada Lei, segundo o qual o torcedor tem direito à segurança nos locais onde são realizados os eventos esportivos antes, durante e após a realização das partidas. A segurança prestada pelo organizador do evento foi falha e tal circunstância é comprovada pelo fato de um menor ter ingressado no estádio portando uma arma de fogo e, com ela, ter tirado a vida de um torcedor e lesionado outros. Consequente dever de reparar os danos moral e material causados ao

---

[146] Apelação Cível nº 3917/98, da 6ª Câmara Cível do TJ do Rio de Janeiro, de 20.10.1998, em *Revista dos Tribunais*, 777/380.

[147] Apelação Cível nº 70014229272, da 6ª Câmara Cível, j. em 29.03.2007.

822 • Responsabilidade Civil | *Arnaldo Rizzardo*

autor. Dano moral consubstanciado na dor, no sofrimento por que passou o demandante em virtude da lesão causada pela arma de fogo. Valor da reparação mantido."[148]

Deve, porém, configurar-se o nexo de causalidade, não se vislumbrando a responsabilidade do clube ou do patrocinador se o dano é causado pela força policial que presta a segurança:

"A entidade responsável por organização de competições e de práticas esportivas equipara-se a fornecedor nos termos do art. 14, do CDC, por expressa disposição art. 3º da Lei 10.671/03 (Estatuto do Torcedor). Há responsabilidade objetiva da empresa bastando que exista, para caracterizá-la, a relação de causalidade entre o dano experimentado pela vítima e o ato do agente, surgindo o dever de indenizar. O fornecedor de produtos e serviços responde, independentemente da existência de culpa, pela reparação dos danos causados por defeitos relativos aos produtos e prestação de serviços que disponibiliza no mercado de consumo. Caso em que os danos sofridos pelo autor decorreram exclusivamente da atuação com excesso dos policiais militares requisitados para garantir a segurança de partida de futebol realizada no estádio Beira-Rio entre Internacional e Fluminense. O clube de futebol cumpriu rigorosamente com as disposições legais requisitando a presença do policiamento da BM no evento. A empresa apenas realizou promoção de venda de ingressos para facilitar o acesso dos torcedores ao espetáculo. Tanto o Internacional quanto a Nestlé não tiveram qualquer ingerência na forma de atuação dos policiais militares na contenção de conflito ocorrido na parte interna do estádio, que se submetem apenas ao seu comando superior. Improcedência dos pedidos. Denunciação da lide. Não obstante se vislumbre a responsabilidade do Estado pelos eventos danosos, na presente demanda reparatória este ingressou na condição de denunciado, a teor do art. 70, III, do CPC. E, como a denunciação da lide é demanda eventual que veicula pretensão regressiva, ela tão só será examinada se o denunciante for derrotado na ação principal, fato que não ocorreu na hipótese, uma vez que foi afastada a responsabilidade tanto do Internacional quanto da Nestlé Brasil Ltda., caso em que foi julgado improcedente o pedido principal, não havendo razão para a condenação do denunciado (Estado do Rio Grande do Sul). Agravos retidos não conhecidos. Apelação parcialmente provida, e, com base no art. 515, § 3º, do CPC, julgado improcedente o pedido".[149]

Os referidos arts. 70, inc. III, e 515, § 3º, correspondem aos arts. 125, inc. II, e 1.013, § 3º, do CPC/2015.

3. DANOS EM PESSOAS QUE PARTICIPAM DE ATIVIDADES RECREATIVAS OU ESPORTIVAS

É comum a ocorrência de danos ou lesões nas pessoas que participam de atividades oferecidas por clubes recreativos ou de práticas de esportes. Já ocorreram mortes de frequentadores, associados ou não, por afogamento em piscinas, seja por não saberem nadar, ou por mal súbito que acontece durante a natação. Mesmo as lesões causadas a participantes durante a realização de vários outros tipos de práticas ou jogos podem resultar danos físicos e prejuízos econômicos, com limitações na capacidade da pessoa no desempenho de suas atividades normais.

Naturalmente, se a atividade esportiva ou recreativa oferece perigo, pode ensejar responsabilidade pelos danos ou lesões que acontecerem. Assim, se mantida piscina,

---

[148] Apelação Cível nº 70029150836, 5ª Câmara Cível, j. em 26.08.2009.
[149] Apelação Cível nº 70051567444, da 9ª Câmara Cível do Tribunal de Justiça do RS, rel. Des. Leonel Pires Ohlweiler, j. em 27.03.2013, *DJ* de 04.04.2013.

Cap. LVI | Responsabilidade por Danos Ocorridos durante a Prática e a Assistência de Esportes • 823

ou parque aquático, com a frequência generalizada de pessoas, é necessária a presença de equipamentos de socorro, de boias, coletes, de salva-vidas, de placas indicativas de perigo, de demarcação de locais de maior profundidade, ou de pessoa que saiba nadar e tenha conhecimentos para retirar das águas os afoitos ou que se arriscam em locais mais profundos.

Coaduna-se à hipótese a seguinte decisão: "O clube que realiza festa com grande concentração de pessoas, sem que haja pessoal preparado e em número suficiente para oferecer a segurança esperada, e libera a piscina para uso geral, presta um serviço defeituoso.

Por outro lado, só haveria falar em fato exclusivo da vítima, que morreu afogada, se cabalmente comprovada que a sua embriaguez foi a única causa para o evento morte, o que não ocorreu.

Dessa feita, o clube organizador da festa é responsável pelo ressarcimento dos danos com funeral, pensão por morte no equivalente a 2/3 do salário que a vítima percebia, até o limite em que completaria 25 anos, e, ainda, deve ser condenado ao pagamento de indenização por danos morais."[150]

No voto, vê-se culpa do clube pela omissão de medidas apropriadas para impedir o ingresso da vítima embriagada na piscina:

"O artigo 14 do Código de Defesa do Consumidor diz que o fornecedor de serviços responde pelos danos causados ao consumidor por defeito relativo aos serviços prestados. O § 1º, inciso II, do mesmo artigo determina que o serviço é defeituoso quando não fornece a segurança prevista, levando-se em conta os resultados e riscos que razoavelmente dele se esperam.

Tendo em mente essas diretrizes, é razoável afirmar que toda pessoa que vai a uma festa organizada por um clube espera, obviamente, que a sua incolumidade psicofísica seja mantida intacta. Ninguém, em sã consciência, dirige-se a um evento social, que tem por fim entretenimento e lazer, para perder a vida.

(...) Ora, se o clube tinha ciência de que o filho dos recorrentes estava embriagado e que insistia em mergulhar na água, por que não o retirou da festa e impediu a sua volta? Se ele já tinha tornado-se um inconveniente, deveria ter sido expulso do evento.

Por fim, e mais importante, resta saber se a ebriedade da vítima foi causa exclusiva de sua morte. Não há como ter certeza: ela já tinha pulado outras vezes na água e não se tinha afogado. Ademais, não havia pessoal treinado para fazer o resgate e fica a dúvida de como os fatos teriam ocorrido se outra fosse a situação dos seguranças, ou se a piscina não tivesse sido liberada, ou se não houvesse tanta decoração e um barco solto na superfície.

Impossível, pois, determinar se a morte da vítima decorreu única e exclusivamente de seu estado alcoólico, mormente levando-se em conta o defeito na prestação do serviço, ou seja, a falta da expectativa de segurança.

Assim, a dúvida a respeito do fato exclusivo da vítima milita em favor do consumidor, parte mais vulnerável da relação, tendo em vista que essa comprovação era ônus do fornecedor de serviços, conforme o disposto no artigo 14, § 3º, do Código de Defesa do Consumidor."

---

[150] Apelação Cível nº 2004.014509-8, da 2ª Câmara de Direito Civil do TJ de Santa Catarina, de 27.05.2009, documento de 11.08.2009, rel. Des. Jaime Luiz Vicari.

A responsabilidade incide unicamente se a atividade recreativa ou o esporte encerra perigo ou risco, e, no caso, se não está a entidade munida de meios e pessoas preparadas para fins de prevenção. Não arca com as decorrências negativas pela mera permissão na realização de atividade que encerra perigo ou risco, pois não teria, então, razão de sua existência.

Outrossim, se não colocada a piscina ao uso de associados da entidade, ou ao público e frequentadores em geral, e verificado o acidente em horário não disponibilizado ao público, ou em situação que contraria o regulamento interno, ocorrendo a utilização sem conhecimento ou autorização da entidade ou dos proprietários, não se opera a responsabilidade pelos danos decorrentes. Igualmente, se o frequentador não se encontra em condições normais de saúde, ou se entra nas águas com o estômago cheio, ou embriagado, não decorre a obrigação indenizatória se não conseguido o seu salvamento pelos encarregados da vigilância.

A seguinte decisão bem reflete o entendimento acima: "Não existe culpa civil pela morte de pessoa, por afogamento, em piscina de entidade esportiva e recreativa. A vítima foi a única responsável pela sua atitude de mergulhar na piscina sem ordem da administração, pois o seu grupo não estava autorizado, sequer, a ocupar o recinto da piscina. E a sua morte foi súbita, imprevista, possivelmente decorrente de um mal momentâneo para a qual não concorreu incúria da entidade civil que se quer responsabilizar."[151]

Não incide, ainda, a responsabilidade pelos incidentes e acidentes que se verificarem quando estranhos ingressam em propriedade alheia e utilizam açudes, rios e outros mananciais para o banho e quaisquer diversões. Desde que não se dê a exploração econômica, ou não seja permitida a utilização pelo público, não incide a obrigação indenizatória na pessoa dos proprietários. Foge de qualquer razoabilidade pretender que se coloque diariamente pessoa encarregada de exercer a vigilância, de modo a proibir a entrada de estranhos nas águas. Haveria a inviabilidade econômica e prática de manter o manancial. Fosse o contrário, todos os danos que acontecerem no interior de propriedades alheias, mesmo nas invasões ou entradas não consentidas, como quedas, picadas de répteis e outros acidentes acarretariam a responsabilidade dos proprietários.

A responsabilidade decorre, também, da deficiente prestação de serviços pelos técnicos que atuam na área das atividades recreativas ou esportivas, não avaliando a possibilidade dos exercícios ou das práticas, e que resultam em danos físicos: "Os praticantes de atividades físicas e de esportes violentos, que buscam a orientação de empresas profissionais especializadas, pagando pelos serviços que contratam, têm o direito de exigir do fornecedor a prestação de serviços eficientes e seguros, preservando sua saúde e integridade, com a observância das indispensáveis cautelas para que se evitem acidentes graves. Provados o fato lesivo e o nexo de causalidade, impõe-se à prestadora dos serviços provar que atuou de forma adequada, ou que o evento lesivo tenha ocorrido em razão de fortuito, força maior, fato exclusivo de terceiro ou por culpa da vítima. Não feita esta prova, responde a ré pelos prejuízos causados."[152]

---

[151] Embargos nº 213/2001, da 16ª Câmara Cível do TJ do Rio de Janeiro, *DJ* de 14.11.2002, *in ADCOAS* 8214836 – *Boletim ADCOAS*, Jurisprudência, nº 10, p. 149, mar. 2003.

[152] Apel. Cível nº 2003.001.03591, da 4ª Câmara Cível do TJ do Rio de Janeiro, *DJ* de 04.05.2004, *in ADCOAS* 8224924, *Boletim de Jurisprudência ADCOAS*, nº 12, p. 185, abr. 2004.

PARTE 11

RESPONSABILIDADE CIVIL NO PROCESSO

LVII

Responsabilidade e Promoção de Ação Cível ou Penal sem Justa Causa

1. RESPONSABILIDADE DA PARTE PROMOVENTE

Está consagrado na Constituição Federal o direito de pedir em juízo, conforme seu art. 5º, inc. XXXV: "A lei não excluirá da apreciação do Poder Judiciário lesão ou ameaça a direito." A todos garante-se a promoção das ações e providências judiciais, na busca e defesa de direitos, desde que haja previsão legal, e não constitua abuso de direito ou a promoção de lide temerária.

Se a ação cível revelar falta de amparo legal, o caminho natural é a improcedência. Todavia, evidenciada a má-fé, ou o dolo na propositura, as penalidades, de cunho indenizatório, constam instituídas nos arts. 79 e 80 do Código de Processo Civil.

Eis a redação do art. 80, quanto às situações de responsabilidade por litigar de má fé: "Responde por perdas e danos aquele que litigar de má-fé como autor, réu ou interveniente (art. 79).

Considera-se litigante de má-fé aquele que:

I – deduzir pretensão ou defesa contra texto expresso de lei ou fato incontroverso;

II – alterar a verdade dos fatos;

III – usar do processo para conseguir objetivo ilegal;

IV – opuser resistência injustificada ao andamento do processo;

V – proceder de modo temerário em qualquer incidente ou ato do processo;

VI – provocar incidente manifestamente infundado;

VII – interpuser recurso com intuito manifestamente protelatório".

Está-se diante de situações que reclamam o dolo para a caracterização da má-fé, de conformidade com inteligência do STJ, no sentido de que "o art. 17 do CPC, ao definir os contornos dos atos que justificam a aplicação de pena pecuniária por litigância de má--fé, pressupõe o dolo da parte no entravamento do trâmite processual, manifestado por conduta intencionalmente maliciosa e temerária, inobservado o dever de proceder com lealdade".[1] O art. 17 corresponde ao art. 80 do CPC/2015.

---

[1]   REsp. nº 418.342/PB, da 3ª Turma do STJ, j. em 11.06.2002, *DJU* de 05.06.2002.

O art. 81 da lei processual indica as cominações contra quem age de má-fé: a condenação a pagar multa, que será superior a um por cento e inferior a dez por cento do valor da causa corrigido, e a indenizar a parte contrária dos prejuízos que esta sofreu, mais os honorários advocatícios e todas as despesas efetuadas. Ou seja, além da multa entre aqueles patamares, esta contemplada como pena, incide o ressarcimento dos prejuízos ocorridos, que devem vir provados nos autos.

Assinala-se que o condenado na litigância de má-fé poderá ser vencedor da lide, a tanto permitindo as várias hipóteses do art. 80 CPC. No caso, surge a ocasião de arcar com os honorários e as despesas do processo, nos estritos termos do art. 81 CPC.

No entanto, embora as extensas considerações que merece a indenização na esfera civil em face da promoção de ação com má-fé, no caso interessa a ação penal ou a promoção de incidente criminal com má-fé. Ressalta-se, desde já, que, para decorrer o direito à indenização, também mostra-se imprescindível a presença de má-fé. Os mesmos princípios aplicáveis para a ação cível incidem na ação penal ou na promoção de inquérito policial.

Bem coloca a necessidade de má-fé ou leviandade Rui Stoco: "Evidente que se traduz em legítimo exercício da cidadania o pedido feito à autoridade policial para que apure a existência ou autoria de um delito, ainda que a pessoa indiciada em inquérito policial ou incluída na ação penal venha a ser inocentada.

O fato, objetivamente, não tem relevância. Só a assume quando, sob o aspecto subjetivo, se comprove a intenção, a leviandade, a malícia em acusar, sabendo não ser verdadeiro o fato ou que o apontado não é o seu autor.

Nem mesmo o agir meramente negligente pode induzir responsabilização civil.

Em resumo, a absolvição por inexistência do fato, autoria diversa ou insuficiência de provas, só por si, não cria para aquele que foi acusado da prática de ilícito penal direito à indenização pelo só fato da instauração de um procedimento. Exige-se um *plus*, ou seja, a má-fé, o intuito de prejudicar, sabendo previamente da inocência do acusado."[2]

A jurisprudência tem seguido essa exegese: "Ajuizamento de queixa-crime, julgada improcedente. Incomprovação de que tal ajuizamento se tenha dado por dolo ou má-fé. Precedentes."

No curso do voto, apontam-se precedentes de várias espécies: "'A simples comunicação de um fato à autoridade policial diz com o exercício regular de um direito, não traduzindo conduta ilícita geradora de dano moral. Necessário tenha o comunicante atuado com dolo, desamparado de qualquer indício indicativo de autoria (*Ap.* nº 70000127035, j. em 28.10.1999)'.

'Ajuizamento de queixa-crime onde restou a apelante absolvida por ausência de provas. Inocorrência de abalo. Não há afastar o dissabor em se ver processado principalmente quando se trata de demanda promovida na esfera penal. Todavia, o desconforto de comparecer em juízo, prestar depoimento, contratar advogado para promoção de defesa, a expectativa do julgamento são situações inerentes à relação jurídica processual. O fato de haver julgamento de absolvição no processo crime, por si só, não gera o direito de indenização por dano moral, principalmente quando essa se der por insuficiência de provas' (Ap. nº 70003039872, da 5ª Câmara Cível do TJ do RGS, j. em 06.06.2002)'."[3]

---

[2]   *Responsabilidade Civil*, ob. cit., p. 677.
[3]   Apel. Cível nº 70005526157, da 10ª Câmara Cível, do TJRGS, de 18.09.2003.

Em outra decisão, transcrevem-se disposições legais que dão guarida ao direito de entrar o autor em juízo: "Ao promover a ação penal privada, pleiteando a apuração da responsabilidade do autor pelas suas declarações, agiu o requerido dentro dos limites da lei processual penal (art. 5º, § 1º, 'b', do Código de Processo Penal) e art. 5º, XXXIV, 'a', da Constituição Federal.

Dispõe o artigo 188 do novo Código Civil que:

'Não constituem ato ilícito:

I – os praticados em legítima defesa ou no exercício regular de um direito reconhecido'.

Prevê, portanto, a norma legal a ocorrência de situações que excepcionam o dever de indenizar, muito embora possa até mesmo ter ocorrido o dano.'"

Justifica-se porque não cabe a indenização: "Não há prova de que tenha o réu agido por dolo, má-fé, culpa grave ou erro grosseiro contra o demandante; tampouco que os fatos narrados não correspondessem ao que realmente aconteceu...

Quanto aos danos materiais decorrentes da contratação de advogado, imperiosa se faz a improcedência do pedido, porquanto trata-se de diligência a cargo do autor da defesa de seus direitos na referida ação penal, não passível de indenização no caso concreto."

A necessidade da prova da má-fé ou dolo é ressaltada na transcrição, pelo acórdão, de outra decisão: "'Não cabe indenização por danos morais em virtude da acusação da prática de furto, em face da qual sobreveio absolvição do acusado na esfera penal, a qual, por si só, não obriga o acusador a reparar danos, salvo se agiu com abuso de direito, dolo ou má-fé. Exercício regular de direito – art. 160, I, do CC' (Apelação Cível nº 598.326.866, de 22.10.1998, da 10ª Câmara Cível do TJRGS)."[4]

É mister se prove, para ensejar a indenização, que se tenha inventado a acusação. Não basta a mera comunicação à autoridade policial de um fato supostamente praticado por uma determinada pessoa. Muito menos a propositura de uma queixa-crime, entendendo que certos dizeres propalados pelo querelado constituam crime contra a honra. Todos os transtornos que decorrem da acusação são inerentes ao exercício do direito pelo querelado.

Importante que haja a prova do fato, com fundadas suspeitas, não se constatando uma incauta acusação. A submissão à uma situação de constrangimento, vexatória e constrangedora, no meio social onde vive a pessoa, através de acusações infundadas, numa inegável conduta imprudente do acusador, importa em ofensa à honra, com o dever de indenizar.

Em voto memorável, a Desembargadora gaúcha Rejane Maria Dias de Castro Bins soube tirar da figura do art. 339 do Código Penal (denunciação caluniosa) o elemento para imputar a responsabilidade indenizatória. Eis o conteúdo do dispositivo: "Dar causa a instauração de investigação policial ou de processo judicial contra alguém, imputando-lhe crime de que o sabe inocente." Em seguida, a julgadora coloca o elemento fulcral para a formação do direito indenizatório: "A regra geral é de que as obrigações derivam de ato ilícito, contratos ou declarações unilaterais de vontade (Carvalho Santos, 'Código Civil Brasileiro Interpretado', 4ª ed., vol. III, pp. 331/332). Para que surja a obrigação de ressarcir o dano, necessário configure-se dolo ou a culpa... A ninguém lesa quem usa direito seu (*qui jure suo utitur, neminem laedit*). Esse entendimento reflete a correta interpretação do art. 160, I, do Código Civil. A investigação de crimes e seus autores é atividade permitida legalmente, obviamente observados limites...".[5]

---

[4]   Apel. Cível nº 70007430820, da 10ª Câmara Cível do TJRGS, j. em 27.11.2003.
[5]   Apel. Cível nº 70005589239, da 9ª Câmara Cível do TJRGS, j. em 03.09.2003.

830 • Responsabilidade Civil | *Arnaldo Rizzardo*

Em outro precedente: "O regular exercício de direito e a conduta antijurídica são antinômicos – a presença de um afasta a possibilidade de ocorrência do outro – e constitui causa de exclusão da ilicitude e o exercício regular de um direito reconhecido, nos termos do art. 160, I, do Código Civil. Quem leva à autoridade policial a notícia da prática de crime apenas para tentar impedir outrem de buscar seus direitos junto ao Poder Judiciário adota conduta antijurídica, por agir em desrespeito à dignidade humana, um dos princípios basilares da República Federativa do Brasil, conforme o art. 1º, III, da CF, devendo responder pela ilicitude. Além do mais, embora o dano moral seja inquantificável, é necessário que a vítima obtenha uma satisfação para compensar o dissabor padecido, devendo o *quantum* ser arbitrado em obediência aos princípios da proporcionalidade e da razoabilidade."[6]

A mera propositura de demanda não é suficiente, mesmo que verdadeiras as imputações assacadas e que geraram a ação indenizatória ou a queixa-crime. Desde que a parte não concorde com seu teor, e lhe dê uma interpretação ou concatenação diferente, não se resta visível a má-fé, a qual se estampa na utilização da via judicial não para fins normais.

Para ensejar a indenização, a acusação externada em comunicação à autoridade ou levada a juízo através de queixa-crime ou representação dever ser objetiva e subjetivamente falsa, ou dizendo respeito a fato inexistente ou não praticado pelo indivíduo acusado. Mesmo que verificada a absolvição, se não apurada a má-fé ou o dolo não se abre o caminho para a pretensão reparatória.

Assim igualmente quanto às ações penais intentadas pelo Estado, mesmo que levada a efeito a acusação contra homônimo ou pessoa com o mesmo nome do verdadeiro culpado: "A instauração de processo-crime, revestido dos requisitos e pressupostos legais, existentes elementos de admissibilidade e indícios da prática de ato delituoso, ainda que se tratando de caso de homonímia em relação ao réu, não gera o dever de indenizar do Estado."[7]

2. RESPONSABILIDADE DO ADVOGADO DA PARTE

Não se trata aqui de responsabilidade do advogado por deficiência no exercício da profissão, provocando prejuízo à parte que o contratou. Centra-se o estudo na extensão da responsabilidade ao advogado, pelo indevido encaminhamento ou patrocínio de ação temerária, com má-fé ou dolo. Assim como não assistia à parte promover a ação, seja civil ou penal, e nem dirigir a providência para a instauração de processo-crime, ou porque inexistente o fato pretensamente alegado, ou porque não praticado o evento, ou porque não constituía motivo para a formalização da lide, cabe estender a responsabilidade ao advogado?

A resposta tem o mesmo tratamento que o aplicado à parte: unicamente se presente a má-fé, ou o dolo, arcará ele com a responsabilidade solidária, no que encontra azo no art. 32 da Lei nº 8.906, de 04.07.1996 (Estatuto da Advocacia): "O advogado é responsável pelos atos que, no exercício profissional, praticar com dolo ou culpa." Há uma conduta

---

[6] Apel. Cível nº 324.987-0, da 3ª Câmara Cível do TA de Minas Gerais, *DJ* de 02.08.2001, *in ADCOAS* 8204860, *Boletim de Jurisprudência ADCOAS*, nº 11, p. 166, mar. 2002.

[7] Apel. Cível nº 599492766, da 1ª Câmara Cível Especial do TJ do RGS, j. em 31.10.2001, *in ADCOAS* 8205012, *Boletim de Jurisprudência ADCOAS*, nº 12, p. 180, mar. 2002.

Cap. LVII | Responsabilidade e Promoção de Ação Cível ou Penal sem Justa Causa • 831

intencionalmente maliciosa e temerária, com ofensa ao dever de proceder com lealdade. Inventa-se um fato, mente-se sobre circunstâncias de sua ocorrência, omitem-se dados fundamentais para o perfeito conhecimento da realidade. Atende interesses escusos do cliente, promovendo, *v. g.*, várias demandas iguais, distribuindo-as concomitantemente a vários juízes, na tentativa de conseguir o atendimento de um pedido, conforme ilustra o seguinte exemplo, em decisão do STJ: "A parte que intencionalmente ajuíza várias cautelares, com o mesmo objetivo, até lograr êxito no provimento liminar, configurando litispendência, litiga de má-fé, devendo ser condenada na multa específica."[8]

Formalizar uma pretensão contra literal disposição de lei, ou ingressar sucessivamente com pedidos incabíveis e puramente procrastinatórios, transparecendo o mero intento de tumultuar, de impossibilitar o cumprimento do julgado, dá ensejo à ação de indenização pelo prejudicado. Nesta dimensão, as recriminações da Lei nº 8.906 são patentes. O art. 34, nos incisos VI e XVII, capitula como infração disciplinar, e, assim, desvio da conduta exigível, mormente os seguintes atos:

– advogar contra literal disposição de lei, presumindo-se a boa-fé quando fundamentado na inconstitucionalidade, na injustiça da lei ou em pronunciamento judicial anterior;

– prestar concurso a clientes ou a terceiros para realização de ato contrário à lei ou destinado a fraudá-lo.

Havendo dolo ou culpa, exsurge inquestionável a responsabilidade, a teor do art. 32 da Lei nº 8.906: "O advogado é responsável pelos atos que, no exercício profissional, praticar com dolo ou culpa."

O parágrafo único, no pertinente à lide temerária: "Em caso de lide temerária, o advogado será solidariamente responsável com seu cliente, desde que coligado com este para lesar a parte contrária, o que será apurado em ação própria."

De sorte que, aferindo-se má-fé ou dolo no ajuizamento de uma demanda ou pedido, caracteriza-se a responsabilidade solidária. Não encontra sustentação a falta de solidariedade, pois do conhecimento jurídico do advogado os meandros da lei, os limites para a postulação, e os deveres que a profissão lhe impõe. Necessário, porém, provar a má-fé, exigência imposta pelos pretórios: "Na litigância temerária, a má-fé não se presume, mas exige prova satisfatória, não só de sua existência, mas da caracterização do dano processual a que a condenação cominada na lei visa a compensar."[9]

Em verdade, desde que lograr-se a prova, recai a responsabilidade quando o advogado procrastina o andamento do feito, quando cria incidentes, quando sonega a prova e dificulta a sua apreciação, e, máxime, quando serve de instrumento para intentar ação com intuito doloso ou de má-fé. Consoante o Código de Ética e Disciplina da OAB, incumbe ao advogado, dentre outros deveres, aconselhar o cliente a não ingressar em aventura judicial (art. 2º, inc. VII) e expor os fatos em juízo falseando deliberadamente a verdade ou estribar-se na má-fé (art. 6º).

---

[8] REsp. nº 108.973/MG, da 4ª Turma, j. em 29.10.1997, *DJU* de 09.12.1997.
[9] REsp. nº 76.234-RS, da 1ª Turma do STJ, j. em 24.04.1997, *DJU* de 30.06.1997.

832 • Responsabilidade Civil | *Arnaldo Rizzardo*

3. A IMUNIDADE PROFISSIONAL DO ADVOGADO

A imunidade do advogado está garantida no art. 133 da Constituição Federal: "O advogado é indispensável à administração da justiça, sendo inviolável por seus atos e manifestações no exercício da profissão, nos limites da lei."

Em vários dispositivos, o Estatuto da Advocacia (Lei nº 8.906/1994) assegura a imunidade e a liberdade do advogado, no exercício da profissão.

No art. 7º, inc. II, no texto da Lei nº 11.767/2008: "a inviolabilidade de seu escritório ou local de trabalho, bem como de seus instrumentos de trabalho, de sua correspondência escrita, eletrônica, telefônica e telemática, desde que relativas ao exercício da advocacia."

No § 2º do art. 7º: "O advogado tem imunidade profissional, não constituindo injúria, difamação ou desacato puníveis qualquer manifestação de sua parte, no exercício de sua atividade, em juízo ou fora dele, sem prejuízo das sanções disciplinares perante a OAB, pelo excesso que cometer."

Quanto à injúria e difamação, há previsão expressa no inc. I do art. 142 do Código Penal: "Não constituem injúria ou difamação punível: I – a ofensa irrogada em juízo, ou na discussão da causa, pela parte ou por seu procurador."

No entanto, a regra é interpretada restritivamente, em face da decisão conferida na ADIn nº 1.127-8-DF, não afastando o crime de desacato contra a autoridade judiciária. Assim, o advogado que utiliza linguagem excessiva e desnecessária, fora dos limites da discussão da causa e da defesa dos direitos, responde penal e disciplinarmente. Não instituiu a Lei nº 8.906 imunidade penal ampla e absoluta nos crimes contra a honra e no de desacato. Consoante decidiu o STF, "a inviolabilidade conferida ao advogado pelo art. 133 da Constituição encontra limite na lei e protege a liberdade de debate entre as partes, sem estender-se à ofensa irrogada ao magistrado, o mesmo sucedendo em relação à autoridade que dirija o processo administrativo".[10]

A postura a ser mantida pelos advogados no processo está ditada no art. 78 do Código de Processo Civil: "É vedado às partes, a seus procuradores, aos juízes, aos membros do Ministério Público e da Defensoria Pública e a qualquer pessoa que participe do processo empregar expressões ofensivas nos escritos apresentados."

Em adendo, acrescentam os §§ 1º e 2º:

§ 1º: "Quando expressões ou condutas ofensivas forem manifestadas oral ou presencialmente, o juiz advertirá o ofensor de que não as deve usar ou repetir, sob pena de lhe ser cassada a palavra."

§ 2º: "De ofício ou a requerimento do ofendido, o juiz determinará que as expressões ofensivas sejam riscadas e, a requerimento do ofendido, determinará a expedição de certidão com inteiro teor das expressões ofensivas e a colocará à disposição da parte interessada."

Afora tais providências, o escrito ou o debate intermeado de ofensas não oportuniza a responsabilidade, a menos se assacados contra o juiz e outras autoridades os impropérios.

Inegável a imposição da imunidade do advogado pelas manifestações dirigidas em favor de seu cliente e no exercício da profissão. Não se pode querer imputar como ofensa pessoal ou ato de desrespeito do advogado uma manifestação externada dentro de um processo judicial, em uma peça eminentemente de defesa, e sendo os fatos relacionados

---

[10] *Habeas Corpus* nº 75.783-9/DF, j. em 29.09.1998, *DJU* de 12.03.1999.

com a situação em litígio, mormente quando nada há nessa direção ofensas pessoais em circunstâncias extra processo.

É como os tribunais tratam a matéria:

"Dano moral. Imunidade judiciária. Imputações feitas em petição inicial, contra o réu. Ação indenizatória contra advogado, sob alegação de suposta ofensa à honra do demandante, por atribuir a este último, réu em ação de prestação de contas, ter agido de má-fé no exercício da advocacia, ter prestado péssimo serviço e ter abusado de mandato a ele outorgado. Expressões teoricamente de cunho difamatório mas que se relacionavam diretamente com a causa de pedir da ação de prestação de contas. No caso, o apelado agiu abrigado pela imunidade prevista no art. 142, inc. I, do CP, sem, portanto, o colorido do ilícito. Confirmação da sentença de improcedência, por seus próprios fundamentos. Apelo desprovido."[11]

"A lei confere à parte ou a seu procurador o direito de ofender, na discussão da causa, o adverso, pois na defesa dos interesses particulares sobreleva a necessidade, imperiosa muitas vezes, e inadiável em outras, de se travar o debate com acrimônia, deselegância, tudo na tentativa de mostrar a verdade. Na defesa da causa o advogado não pode omitir argumento algum, e não são poucas as vezes em que interesses conflitantes exigem ataques mais violentos...".[12]

"A regra do art. 142 do Código Penal, que descaracteriza como injúria ou difamação punível a ofensa irrogada em Juízo, tem como pressuposto o regular exercício da advocacia, no debate da causa, em defesa do direito postulado."[13]

"Nenhum advogado pode ser processado por crime contra a honra se agiu no estrito cumprimento do dever legal ou no exercício regular de um direito, não podendo ser tolhido, intimidado ou amordaçado, vez que tal garantia é imprescindível para que se possa expor, dizer ou exibir em juízo ou fora dele o que seja útil ao seu cliente."[14]

---

[11] Ap. Cível nº 599071024, da 10ª Câmara Cível do TJRGS, j. em 17.06.1999.
[12] TACRIM/SP, *RT* 597/321.
[13] STJ, *JSTJ* 92/285.
[14] TACRIM/SP, *RJD* 22/447.

LVIII

Indenização contra Aquele que Demanda a Cobrança de Dívida Não Vencida e Dívida já Paga

1. CARACTERIZAÇÃO DO VENCIMENTO ANTECIPADO E DO PAGAMENTO

É normal as pessoas contratarem obrigações com o pagamento diferido no tempo, ou devendo efetuar-se no curso de um determinado período. De modo especial, tal ocorre nas compras através de crediário, ou em prestações, ou mediante carnês. Nas promessas de compra e venda, nos financiamentos de imóveis, de veículos, e de outros bens duráveis, fixam-se as prestações mensais, ou em épocas mais alongadas, com acréscimos de juros e a correção monetária. Quanto às promessas de compra e venda de imóveis loteados, o art. 26 da Lei nº 6.766, de 19.12.1979, discrimina os requisitos que terá o contrato, com realce ao preço, à forma e ao local de pagamento, bem como à importância do sinal; em relação aos imóveis não loteados, o Decreto-Lei nº 58, de 10.12.1937, ainda aplicável, no art. 11 também aponta para o pagamento parcelado. Quanto aos veículos, o parcelamento do preço importa em instituir a garantia sobre o próprio bem, através de sua transferência ao financiador. Há outras hipóteses frequentes, e que fazem parte do quotidiano dos negócios, como os financiamentos habitacionais, rurais, industriais e comerciais, que impõem garantias hipotecárias ou pignoratícias.

Em suma, constitui situação comum a contratação do pagamento em prestações espaçadas, contínuas e sucessivas.

Outrossim, as leis que regulamentam as espécies autorizam o vencimento automático de toda a obrigação, se impago determinado número de prestações, o que acontece de modo geral nos financiamentos por instituições financeiras. Veja-se, por exemplo, o § 3º do art. 2º do Decreto-lei nº 911, de 1º.10.1969: "A mora e o inadimplemento de obrigações contratuais garantidas por alienação fiduciária, ou a ocorrência legal ou convencional de algum dos casos de antecipação de vencimento da dívida, facultarão ao credor considerar, de pleno direito, vencidas todas as obrigações contratuais, independentemente de aviso ou notificação judicial ou extrajudicial."

A disposição tem a aplicação coadunada à Súmula nº 72 do STJ: "A comprovação da mora é imprescindível à busca e apreensão do bem alienado fiduciariamente."

Já o Código Civil, no art. 333, aponta três situações de vencimento antecipado:

I – no caso de falência do devedor, ou de concurso de credores;

II – se os bens, hipotecados ou empenhados, forem penhorados em execução por outro credor;

III – se cessarem, ou se tornarem insuficientes, as garantias do débito, fidejussórias, ou reais, e o devedor, intimado, se negar a reforçá-las.

No art. 1.425, que trata de garantias hipotecárias e pignoratícias, igualmente estão indicados vencimentos antecipados, o que acontece, *v. g.*, na deterioração ou depreciação do bem dado em garantia; na insolvência ou falência do devedor; na verificação da impontualidade no pagamento; no perecimento e na desapropriação do bem.

Comum, no entanto, é a resolução por falta de pagamento, cominação cuja opção se encontra no art. 475. Nas promessas de compra e venda, está oferecida no art. 32 da Lei nº 6.766 (para imóveis loteados) e no art. 14 do Decreto-lei nº 58, c/c. o art. 1º do Decreto-lei nº 745, de 1969 (para imóveis não loteados).

O vencimento antecipado da dívida torna-se possível por convenção das partes, mediante cláusula em contratos que encerrem obrigações cujo cumprimento fica diferido no tempo. Lança-se uma disposição prevendo que a mora na satisfação de uma ou mais prestações acarreta o automático vencimento das demais prestações; ou também consignam-se eventos que impelem ao súbito vencimento, como se ocorre a venda do bem financiado, se ingressar protestos de títulos ou ações judiciais.

No pertinente às dívidas pagas, naturalmente englobam as obrigações cumpridas, atendidas ou devidamente satisfeitas. Feito o pagamento, fica saldada a obrigação, devendo o credor restituir o título representativo, que equivale à quitação. No seu verso, para imprimir maior certeza, embora desnecessário, assinala-se o pagamento, apondo o credor a devida assinatura. A mera entrega do título tem o significado de pagamento, incumbindo ao credor demonstrar o contrário, como a apropriação indevida.

De várias maneiras procede-se o pagamento, como a entrega pessoal do montante devido; o depósito bancário da quantia, para remessa ao credor; a transferência de valor retirado da conta bancária do devedor e passado para a do credor; por meio de remessa por correio da quantia.

Não se tolera a exigibilidade de dívida ainda não vencida, afora as expressamente autorizadas por lei ou convenção das partes. Com mais vigor repudia o direito a demanda se já paga a obrigação. A infração a essas regras básicas no direito obrigacional acarreta a justa indenização.

2. A DEMANDA POR DÍVIDA NÃO VENCIDA

Da norma geral do art. 17 do Código de Processo Civil decorre o abuso da ação visando o recebimento de crédito ainda pendente de vencimento: "Para postular em juízo é necessário ter interesse e legitimidade." Desde que não verificado o advento do tempo oportuno para o exercício do direito, falece o interesse para as providências do recebimento.

Com efeito, admoesta o art. 939 da lei civil: "O credor que demandar o devedor antes de vencida a dívida, fora dos casos em que a lei o permita, ficará obrigado a esperar o tempo que faltava para o vencimento, a descontar os juros correspondentes, embora estipulados, e a pagar as custas em dobro."

Procura a norma definir a responsabilidade do credor que demanda o devedor por dívida ainda não exigível, e fora dos casos que autorizam o vencimento antecipado.

Para o reconhecimento da ilicitude do ato, alguns requisitos fazem-se necessários, assim destacados:

a) a existência de uma dívida, formalmente perfeita e reconhecida pelo devedor;
b) que a dívida não se encontre vencida, ou penda de um termo para tornar-se reclamável;
c) que se faça a cobrança por decisão do credor, que a promove antes do tempo;
d) que não socorre ao titular do crédito nenhum amparo na lei ou em convenção para buscar adiantadamente o seu direito;
e) a verificação de culpa presumida, pois o normal é estar ciente o credor da data do vencimento. É possível, no entanto, afastar a presunção, mediante prova a ser procedida pelo credor, como se o procurador, que recebeu o título, o colocou em cobrança antes do tempo previsto. Ou se buscado o pagamento sem que a providência tenha chegado ao conhecimento do credor. Não raramente, as instituições financeiras, que fazem cobrança de títulos mercantis, encaminham antes do prazo os títulos para a cobrança, ou a protesto, embora a visibilidade da data da exigibilidade estampada no documento. A prova da ausência de culpa, entrementes, tem o condão de afastar unicamente as cominações ou penas, e não de permitir o prosseguimento da cobrança. Sempre, porém, responderá o credor pela sucumbência, que abrange as custas e honorários.

Pela prática da cobrança antecipada, além da sucumbência, decorrem as seguintes consequências:

a) o aguardo do tempo que falta para o vencimento;
b) o desconto dos juros correspondentes, isto é, a partir da data do ajuizamento, ou do procedimento intentado para receber, não correm mais juros, ficando o devedor liberado de sua incidência;
c) o pagamento das custas em dobro, as quais correspondem às despesas judiciais e extrajudiciais exigidas para as providências da cobrança.

No entanto, se resultarem danos, como abalo do crédito, trancamento de negócios, desprestígio público, não se descarta o ressarcimento na exata dimensão dos prejuízos, que devem restar devidamente comprovados.

Paralelamente, as perdas e danos, se ajuizada a pretensão, encontram respaldo também no Código de Processo Civil, nos arts. 79 e 80, inc. I, com a decorrência da aplicação de multa em montante superior a um por cento e inferior a dez por cento do valor corrigido da causa, e de indenização fixada pelo juiz ou, caso não seja possível mensurá-la, ordenando a liquidação por arbitramento ou pelo procedimento comum, nos próprios autos.

Não suficientes para cobrir os danos tais aplicações, socorre ao lesado buscar a complementação em demanda própria.

3. A DEMANDA POR DÍVIDA JÁ PAGA

Cuida o art. 940 da demanda por dívida já paga, espécie não rara de acontecer, mormente nas obrigações a termo, ou de cumprimento diferido no tempo. Amiúde verifica-se a tentativa de credores buscarem receber um crédito anteriormente satisfeito. Colhem-se

838 • Responsabilidade Civil | *Arnaldo Rizzardo*

exemplos na colocação de títulos a protesto, ou mesmo no ingresso judicial de medidas coercitivas para impelir os devedores a pagar, como de cobrança, de execução, de apresentação de títulos em organizações de cadastro de devedores, malgrado já adimplidas as obrigações.

O regramento aparece revelado no ditame acima: "Aquele que demandar por dívida já paga, no todo ou em parte, sem ressalvar as quantias já recebidas, ou pedir mais do que for devido, ficará obrigado a pagar ao devedor, no primeiro caso, o dobro do que houver cobrado e, no segundo, o equivalente do que dele exigir, salvo se houver prescrição."

Visto o cânone, despontam os seguintes elementos componentes, sendo mister que estejam presentes:

a) a existência de um crédito a favor de uma pessoa;

b) que a dívida já se encontre paga, no todo ou em parte;

c) que haja a demanda judicial buscando o recebimento;

d) que não se faça a ressalva daquilo que restou pago ou se peça mais do que é devido.

O aforamento de medida para receber novamente um crédito em parte ou todo pago acarreta penalizações próprias, assim delineadas:

a) na tentativa de procurar receber toda a quantia já satisfeita, a consequência consiste no pagamento do dobro daquilo que pretendeu receber;

b) se intentar cobrar parte do que já recebera, o credor fica obrigado a entregar ao devedor o equivalente daquilo que exigir.

Todavia, se concretizada a prescrição, não assiste qualquer medida compensatória.

A certeza do pagamento não se obtém unicamente através de prova pré-constituída, com a sua apresentação nos autos, *v. g.*, de recibos, dos títulos representativos da dívida, ou da quitação recebida. Viabiliza-se a constituição da prova no curso do processo, ou na sua fase instrutória.

Outrossim, para caracterizar a indevida cobrança faz-se necessário o ajuizamento da competente ação na esfera cível ou trabalhista. Não basta o mero protesto, ou o registro do nome do devedor em cadastros públicos de devedores. O texto da lei utiliza a palavra 'demandar', com o sentido de buscar, procurar, tentar receber, pedir, requerer, reclamar, exigir. Não basta o mero protesto, mesmo que efetuado por falta de pagamento, já que possui natureza mais de constituição da mora, ou de simples preâmbulo para a cobrança; muito menos considera-se suficiente a inscrição do nome em órgãos de devedores, posto não representa esta ação um meio propriamente de cobrança. Tanto isso que o art. 941, que tem pertinência aos arts. 939 e 940, faz expressa referência à desistência da ação e à contestação da lide.

Na configuração da conduta, emergem dois tipos de cominações: a primeira, como punitiva pelo incauto procedimento, e representada por sanções que estão definidas no art. 940; a segunda, consistente em indenização pelos danos materiais e mesmo morais que acarreta a despropositada tentativa de receber o indevido, amparando-se nos princípios do direito comum.

Cap. LVIII | Indenização contra Aquele que Demanda a Cobrança de Dívida Não Vencida e Dívida já Paga • **839**

O indevido lançamento de obrigação em dívida ativa por órgãos públicos, e forçar indiretamente seu pagamento, como quando se condiciona a realização de determinado ato ao pagamento da obrigação que, na verdade, não existe, ou já se encontra saldada, acarretam a reparação, embora não nos parâmetros do art. 940, mas em face dos danos verificados e pelo prejuízo moral sentido:

"Responsabilidade civil. Multa de trânsito indevidamente cobrada. Repetição de indébito. Indenização. Dano moral. Dano presumido.

1. Como se trata de algo imaterial ou ideal, a prova do dano moral não pode ser feita através dos mesmos meios utilizados para a comprovação do dano material. Por outras palavras, o dano moral está ínsito na ilicitude do ato praticado, decorre da gravidade do ilícito em si, sendo desnecessária sua efetiva demonstração, ou seja, como já sublinhado: o dano moral existe *in re ipsa*. Afirma Ruggiero: 'Para o dano ser indenizável, basta a perturbação feita pelo ato ilícito nas relações psíquicas, na tranquilidade, nos sentimentos, nos afetos de uma pessoa, para produzir uma diminuição no gozo do respectivo direito'.

2. É dever da Administração Pública primar pelo atendimento ágil e eficiente de modo a não deixar prejudicados os interesses da sociedade. Deve ser banida da cultura nacional a ideia de que ser mal atendido faz parte dos aborrecimentos triviais do cidadão comum, principalmente quando tal comportamento provém das entidades administrativas. O cidadão não pode ser compelido a suportar as consequências da má organização, abuso e falta de eficiência daqueles que devem, com toda boa vontade, solicitude e cortesia, atender ao público.

3. Os simples aborrecimentos triviais aos quais o cidadão encontra-se sujeito devem ser considerados como os que não ultrapassem o limite do razoável, tais como: a longa espera em filas para atendimento, a falta de estacionamentos públicos suficientes, engarrafamentos etc. No caso dos autos, o autor foi obrigado, sob pena de não licenciamento de seu veículo, a pagar multa que já tinha sido reconhecida, há mais de dois anos, como indevida pela própria administração do DAER, tendo sido, inclusive, tratado com grosseria pelos agentes da entidade. Destarte, cabe a indenização por dano moral.

4. Atendendo às peculiaridades do caso concreto, e tendo em vista a impossibilidade de quantificação do dano moral, recomendável que a indenização seja fixada de tal forma que, não ultrapassando o princípio da razoabilidade, compense condignamente, os desgastes emocionais advindos ao ofendido. Portanto, fixo o valor da indenização a ser pago por dano moral ao autor, em 10 (dez) vezes o valor da multa."[15]

4. A RESPONSABILIDADE BASEADA NA CULPA PARA A INCIDÊNCIA DAS SANÇÕES NA COBRANÇA ANTECIPADA OU DE DÍVIDA JÁ PAGA

Ficou consolidado na doutrina e na jurisprudência o pressuposto da culpa, no sentido amplo, para fins de incidência das sanções cominadas nos arts. 939 e 940.

Era a posição de Aguiar Dias, ao tratar dos arts. 1.530 a 1.532 do Código de 1916, equivalentes aos arts. 939 a 941 da lei civil de hoje, advertindo que, embora os então dispositivos estabelecessem "simples formas de liquidação do dano causado pela cobrança indébita que, evidentemente, não precisava ser definida como ato ilícito", defendia a orientação que reclamava a prova da malícia do autor da ação para a aplicação das penas.[16] Washington de Barros Monteiro expressava o mesmo pensamento, ao não aceitar a incidência do art. 1.531 do mesmo anterior diploma civil sem a prova da má-fé do credor. Ao seu

---

[15] REsp. nº 608.918/RS, da 1ª Turma, de 20.05.2004, *DJU* de 21.06.2004.

[16] *Da Responsabilidade Civil*, vol. II, p. 97.

840 • Responsabilidade Civil | *Arnaldo Rizzardo*

ver, o excessivo rigor da disposição da lei torna desproporcional a pena em relação ao fato, justificando-se, pois, unicamente diante da prova inconcussa e irrefragável do dolo.[17]

Já nessa linha imprimira a orientação do STF, mediante a Súmula nº 159: "A cobrança excessiva, mas de boa-fé, não dá lugar às sanções do art. 1.531."

Yussef Said Cahali colacionou vasta jurisprudência no mesmo sentido.[18]

O Superior Tribunal de Justiça pendeu para idêntica exegese, desde o seu início, como revelam os seguintes arestos, embora tenha em conta os arts. 1.531 a 1.532 do CC/1916, que correspondem aos arts. 940 e 942 do atual diploma civil: "A aplicação da 'pena privada' do art. 1.531 do Código Civil pressupõe o ajuizamento de demanda com intuito malicioso de dívida já paga, ou de quantia maior do que a realmente devida."[19]

"Sem a prova inconcussa e irrefragável do dolo, não há como impor-se ao litigante a condenação de que trata o disposto nos arts. 1.531 e 1.532 do Código Civil, quando promove lide dita temerária."[20]

Mais recentemente, do mesmo Pretório: "A aplicação do art. 1.531 do Código Civil supõe a má-fé do pretenso credor. "A aplicação do art. 1.531 do Código Civil tem recebido da jurisprudência tratamento afastado da mera exegese literal da norma, exigindo, para que a indenização tenha lugar, comportamento doloso do exequente, pela cobrança maliciosa da dívida sobre a qual tem plena consciência de que é indevida ou já está paga, este o caso dos autos.

Cobrança excessiva, mas de boa-fé, não dá lugar às sanções do art. 1.531 do Código Civil (Súmula 159 do STF)".[21]

Outrossim, tal reconhecimento afasta também as sanções dos arts. 80 e 81 do CPC, que correspondem aos arts. 17 e 18 do CPC anterior, invocados no aresto, conforme a mesma ementa: "Não reconhecida, pelas instâncias ordinárias, tal procedimento, o que evidentemente alcança a pretensão punitiva referente aos arts. 17 e 18 do CPC, correto o acórdão *a quo* que afastou as cominações respectivas."[22]

Não se pense, de outro lado, que a atribuição de litigância de má-fé conduz à incidência do art. 940, que corresponde ao art. 1.531 do CC pretérito: "O fato de ter sido a parte condenada nas penas de litigância de má-fé nos embargos à execução que foram julgados procedentes, ajuizados pelos autores da presente indenizatória, não traz como consequência necessária a responsabilidade prevista no art. 1.531 do Código Civil."[23]

Não tem vingado, nesse campo, a responsabilidade objetiva. Realmente, o normal não é o ingresso de lide buscando receber de novo o valor que já fora antes recebido.

Muito menos têm aplicação as cominações para as situações de pretensão exercida por credores que cobraram parcelas de encargos elevados, ou valores abusivos (especialmente exigidos de parte dos bancos), desrespeitando os parâmetros do contrato ou que se

---

[17] *Curso de Direito Civil – Parte Geral*, 15ª ed., São Paulo, Editora Saraiva, 1980, p. 432.
[18] *Dano e Indenização*, São Paulo, Editora Revista dos Tribunais, 1980, p. 126.
[19] REsp. nº 14.016-SP, da 4ª Turma.
[20] REsp. nº 1.954-RN, da 3ª Turma.
[21] REsp. nº 164.932, da 3ª Turma, j. em 13.09.2001, *DJU* de 29.10.2001.
[22] REsp. nº 403.444-DF, da 4ª Turma, j. em 04.02.2003.
[23] REsp. nº 184.822, da 3ª Turma, *DJU* de 13.12.1999.

Cap. LVIII | Indenização contra Aquele que Demanda a Cobrança de Dívida Não Vencida e Dívida já Paga • **841**

encontram na lei, e busca o devedor computá-los à conta da dívida principal. Desde que emirjam controvérsias sobre o significado ou alcance das obrigações, evidentemente não se faz presente o indispensável elemento da má-fé, ou da mera duplicidade de cobrança.

Finalmente, dada a semelhança de natureza de conteúdos dos arts. 939 e 940, pois em ambos se busca o recebimento de quantia que não é devida, ou porque não vencida ou porque já paga, a exigência da malícia, ou do dolo, constitui requisito de ambas as figuras, não se cogitando de responsabilidade objetiva.

Não se deve olvidar certa inteligência que admite a restituição em dobro quando verificada a simples culpa, sem necessidade da má-fé ou do dolo:

"Hipótese em que o Tribunal de origem afastou a repetição dos valores cobrados indevidamente a título de tarifa de água e esgoto, por considerar que não se configurou a má-fé na conduta da SABESP, ora recorrida.

A recorrente visa à restituição em dobro da quantia *sub judice*, ao fundamento de que basta a verificação de culpa na hipótese para que se aplique a regra do art. 42, parágrafo único, do Código de Defesa do Consumidor.

O engano, na cobrança indevida, só é justificável quando não decorrer de dolo (má-fé) ou culpa na conduta do fornecedor do serviço. Precedente do STJ.

Dessume-se das premissas fáticas do acórdão recorrido que a concessionária agiu com culpa, pois incorreu em erro no cadastramento das unidades submetidas ao regime de economias. 5. *In casu*, cabe a restituição em dobro do indébito cobrado após a vigência do CDC.

Recurso Especial provido."[24]

5. DESISTÊNCIA DA AÇÃO E DISPENSA DAS PENALIDADES

Tem pouca importância a regra de exclusão da responsabilidade inserida no art. 941, incidente quando se dá a desistência da ação em determinado momento do processo de exigibilidade da dívida não vencida, ou já cobrada no todo ou em parte: "As penas previstas nos arts. 934 e 940 não se aplicarão quando o autor desistir da ação antes de contestada a lide, salvo ao réu o direito de haver indenização por algum prejuízo que prove ter sofrido."

Em verdade, se aforada a ação, e não citado aquele que é demandado, não se tem como instaurado o litígio, em virtude dos arts. 59 e 240 do CPC. Por força do art. 329, inc. I, do citado diploma ritual, até a citação oportuniza-se ao autor aditar ou alterar o pedido, ou a causa de pedir, independentemente do consentimento do réu. Percebe-se das regras acima o domínio de um sistema de inalterabilidade da ação após a citação.

Em se tratando de lide visando o recebimento de obrigação não vencida, ou de quantia no todo ou em parte já saldada, altera-se o sistema, na medida em que autorizada fica a desistência da ação, e, assim, da pretensão às quantias não vencidas ou já pagas. Fica

---

24 REsp. nº 1.079.064/SP, da 2ª Turma do STJ, j. em 02.04.2009, DJe de 20.04.2009, rel. Min. Herman Benjamin.

842 • Responsabilidade Civil | *Arnaldo Rizzardo*

embutida na previsão legal a possibilidade de alterar o pedido, porquanto admissível que siga o processo quanto a outros pedidos postos corretamente.

No entanto, a permissão da desistência está cônsone com o ordenamento processual, se afeiçoando ao § 4º do art. 485 da lei de processo, onde está firmado que, "oferecida a contestação, o autor não poderá, sem o consentimento do réu, desistir da ação". Nota-se a particularidade: a licença para desistir condiciona-se à não contestação, o que se conforma com o art. 941 da lei civil.

Naturalmente, suportará o desistente as custas e os honorários advocatícios, que não ficam afastados nos ditames acima citados.

A parte final do art. 941 introduziu um adendo, assegurando a ação por perdas e danos, se algum prejuízo sofreu a parte acionada. Logrando-se fazer a prova dos malefícios da indevida ou precipitada demanda, mesmo que formalizada e realizada a desistência, nasce o direito à devida reparação, para recompor os prejuízos.

LIX
Responsabilidade do Advogado

1. A NECESSIDADE DA CULPA PARA A CONFIGURAÇÃO DA RESPONSABILIDADE

A matéria em exame visa apontar a responsabilidade do advogado no exercício do mandado ou da advocacia. Mais destacadamente, quando atua com deficiência, que importa em prejuízo para o cliente no processo, não passando por alto, no entanto, nas questões concernentes às ofensas que profere nos autos. No pertinente à litigância de má-fé, ou à promoção de lide temerária, o assunto foi objeto de estudo no outro capítulo que dissertou sobre a "responsabilidade e promoção de ação cível ou penal sem justa causa".

Atua o advogado no processo por meio de mandato, que lhe é passado pela parte que representa, ou porque recebeu a incumbência do juiz, para assistir especialmente nas concessões da justiça gratuita pessoas carentes ou citadas por edital, e nas designações para curador no processo. De modo que a responsabilidade é puramente contratual, exceto no caso de nomeação para atendimento da assistência judiciária.

Para o lineamento da responsabilidade no caso, duas regras merecem a consideração.

A primeira está no art. 32 da Lei nº 8.906/1994 (Estatuto da Advocacia): "O advogado é responsável pelos atos que, no exercício profissional, praticar com dolo ou culpa."

A segunda consta no § 4º do art. 14 da Lei nº 8.078/1990 (Código de Defesa do Consumidor): "A responsabilidade pessoal dos profissionais liberais será apurada mediante a verificação de culpa."

Já se depreende aí que não se trata de obrigação de resultado, exceto em situações singelas, ou em intervenções e postulações que não demandam controvérsias, discussões, divergências, recursos, preponderância de correntes doutrinárias ou teses, dissídios na jurisprudência. Assim quando se busca um pedido de jurisdição voluntária, nas previsões do art. 725 do Código de Processo Civil, como emancipações, sub-rogações, alienações etc.; nas aberturas de testamento; no encaminhamento de arrolamentos; no pedido de levantamento de valores depositados em banco, sendo os herdeiros todos maiores. Não há, em tais procedimentos, maiores dificuldades, e, muito menos, grandes discussões, bastando a correta formalização da petição.

Realmente, não assume o advogado a obrigação de vencer a causa. Se assim prometesse, já procederia com culpa, sujeitando-se a indenizar caso perder a ação, posto que ludibriou a parte.

844 • Responsabilidade Civil | *Arnaldo Rizzardo*

Para incidir a responsabilidade impende que fique provada a prática com dolo ou a culpa. Quanto ao dolo, ou o propósito de lesar o cliente ou a parte representada, não se apresentam maiores dificuldades. Na culpa é que se encontra o amplo campo de situações que conduzem à responsabilização, as quais decorrem das infrações dos deveres impostos aos advogados, de modo especial, e que interessa, ao caso, a que está no inc. IX do art. 34 da Lei nº 8.906, consistente em "prejudicar, por culpa grave, interesse confiado ao seu patrocínio".

Embora a referência à culpa grave, não se pode olvidar o preceito do art. 32, que faz depender a responsabilidade unicamente da culpa. Mesmo que não fosse assim, a mera culpa, sem interessar o grau, indica a infração a deveres, isto é, em ofensa à lei. Sustentava Fábio Siebeneichler de Andrade, neste particular: "O primeiro aspecto a considerar é se o advogado responde somente por culpa grave, sob o argumento de que a responsabilidade profissional atenderá a regras peculiares. A resposta há de ser duplamente negativa. Primeiro, porque não há uma culpa do advogado distinta da do homem comum. Sem dúvida, possui ele um conhecimento científico que o diferencia do homem comum, mas não se pode pretender que só a culpa grave onere o advogado, pois o cliente, normalmente, procura um profissional na expectativa de um atendimento marcado por um razoável domínio e conhecimento dos segredos de sua atividade.

De modo que a circunstância de a culpa ser leve não exclui o dever de indenizar. É certo que deve estar presente um grau de razoabilidade, na medida em que, em geral, se exige do profissional um conhecimento médio. Essa circunstância, porém, se modifica quando a escolha do profissional tiver sido feita com base na notória especialização. Há que se ter, portanto, uma exigência mais rigorosa quando esse advogado não agir com eficiência que dele se espera e que lhe é habitual. Adota-se, então, um conceito concreto de culpa."[25]

2. SITUAÇÕES QUE EVIDENCIAM A CULPA

Há situações que comportam com evidência a culpa, e que são de fácil percepção para quem milita na advocacia, podendo ser catalogadas as mais comuns:

a) O aconselhamento errado, que se exemplifica no enganoso incitamento a ingressar com uma ação judicial, ou a propagar a inviabilidade de se tentar o caminho judicial quando da violação de um direito, ou a incutir no cliente a convicção que deve satisfazer uma pretensão de terceiro, a qual, na verdade, revela-se incabível. Transmitem-se informações ou ideias totalmente antijurídicas e descabíveis, descambando em prejuízos para a pessoa que o procura.

b) A falta de diligência e prudência, não se importando com o andamento do processo, deixando de cumprir as diligências ordenadas pelo juiz, como o não comparecimento nas audiências, a omissão em recorrer.

c) O descumprimento do mandato, não seguindo as orientações do cliente, como se não promove, antes de ajuizar a lide, a tentativa de acordo, ou a notificação constitutiva de mora, ou o arrolamento de testemunhas indicadas.

---

[25] "Responsabilidade Civil do Advogado", em *Responsabilidade Civil*, edição temática, *Revista da AJURIS* – Associação dos Juízes do RGS, p. 47.

Cap. LIX | Responsabilidade do Advogado • **845**

d) A incapacidade profissional, como o equivocado rito processual imposto pela lei para a lide; a ignorância da lei sobre a matéria que defende; a omissão no estudo e na indicação de precedentes, de jurisprudência, de doutrina, de modo a esclarecer o juízo e a dar embasamento jurídico à ação.

e) O ajuizamento de ações inviáveis, ou o erro na escolha do procedimento, contrárias ao direito, sendo facilmente perceptível o descabimento, como a propositura de uma ação de execução, e não de enriquecimento indevido, no caso de prescrição do cheque.

f) A ignorância da matéria na qual atua, e, assim, formulando erradamente o pedido, e não dando o enfoque que impõe a lei. Sabe-se que, para exercer a advocacia, não basta ter meras noções de direito.

g) A desídia no cuidar o processo, com o esquecimento de prazos, a retenção indevida do processo, a desatenção em indicar testemunhas ou em apresentar quesitos, e, assim, nas demais providências que lhe incumbe atender.

h) A omissão em alegar matérias pertinentes à defesa, e que poderiam importar na extinção da própria lide, como de preliminares de incapacidade *ad causam*, de prescrição, de ilegitimidade passiva, de impossibilidade jurídica do processo.

Em suma, responde o advogado pela deficiência de defesa, pela precariedade de sua atuação, pela ausência de postura séria e respeitosa, por seu desconhecimento da lei e do direito, pela incompetência, pela negligência. Mas responde também pelas ofensas que profere, se assacadas contra o juiz, e mesma contra as partes e advogados, matéria já analisada no capítulo que versou sobre a "responsabilidade e promoção de ação cível ou penal sem justa causa", e que merece um maior desenvolvimento.

Nesta dimensão, os ensinamentos dos pretórios, no sentido de que a regra da imunidade é interpretada restritivamente, consoante a já citada ADIn nº 1.127-8/DF. Assim, o advogado que utiliza linguagem excessiva e desnecessária, fora dos limites da discussão da causa e da defesa dos direitos, responde penal e disciplinarmente. Não instituiu a Lei nº 8.906 imunidade penal ampla e absoluta nos crimes contra a honra e no de desacato. Consoante decidiu o STF, "a inviolabilidade conferida ao advogado pelo art. 133 da Constituição encontra limite na lei e protege a liberdade de debate entre as partes, sem estender-se à ofensa irrogada ao magistrado, o mesmo sucedendo em relação à autoridade que dirija o processo administrativo".[26]

Em uma situação específica, o seguinte aresto patrocina o correto entendimento:

"A imunidade do advogado, que se relaciona com o exercício de sua atividade em Juízo ou fora dele, não constituindo injúria, difamação, qualquer manifestação de sua parte nessa condição, não alcança o tratamento agressivo, aviltante, que o advogado utiliza não mais como profissional mas como indivíduo em petição própria atacando a figura do Magistrado ou de quem quer que seja."[27]

O acórdão é enriquecido por uma decisão do STJ, assim ementada:

"Dano Moral. Indenização. Advogado. Excesso. Inaplicabilidade da imunidade profissional deferida pelo Estatuto da Advocacia e da OAB.

---

[26] Habeas Corpus nº 75.783-9/DF, j. em 29.09.1998, *DJU* de 12.03.1999.
[27] Apelação Cível nº 3266/2000, da 16ª Câmara Cível do TJRJ, j. em 23.05.2000, em *Revista Síntese de Direito Civil e Processual Civil*, nº 10, p. 73, mar.-abr. 2001.

846 • Responsabilidade Civil | *Arnaldo Rizzardo*

I – A imunidade profissional garantida ao advogado pelo novo Estatuto da Advocacia e pela OAB não alberga os excessos cometidos pelo profissional em afronta à honra de qualquer das pessoas envolvidas no processo, seja o magistrado, a parte, o membro do MP o serventuário ou o advogado da parte contrária.

II – Segundo firme jurisprudência da Corte, a imunidade conferida ao advogado no exercício de sua bela e árdua profissão não constitui um '*bill of indemnity*'.

III – A indenização por dano moral dispensa a prática do crime, bastando a aferição da ocorrência do dano pela atuação do réu."[28]

Mesmo que dirigidas contra as partes e advogados as ofensas, incide a responsabilidade, conforme o seguinte exemplo:

"Direito civil e processual civil. Indenização. Juiz de direito. Parte em ação de alimentos. Advogado. Patrono da alimentante. Ofensas dirigidas pelo causídico à parte. Representação no Conselho da Magistratura. Dano moral caracterizado. Circunstâncias do caso concreto. Recurso Especial parcialmente acolhido para reduzir o valor da indenização.

I – Na linha da jurisprudência desta Corte, o Advogado, assim como qualquer outro profissional, responde pelos danos que causar no exercício de sua profissão, não encontrando respaldo no ordenamento jurídico, inclusive no Estatuto da Advocacia, a responsabilidade da parte pelos excessos cometidos por seu patrono.

II – Caracteriza dano moral a ofensa dirigida pelo Advogado como patrono de uma das partes à parte contrária.

III – A imunidade profissional garantida ao Advogado pelo Estatuto da Advocacia não alberga os excessos cometidos pelo profissional em afronta à honra de qualquer das pessoas envolvidas no processo.

IV – Não se referindo os excessos cometidos à posição funcional do Magistrado, mas à sua condição de parte em ação de alimentos, que tramita em segredo de justiça, não tendo sido publicadas ofensas além dos estreitos limites do processo, nem no meio profissional dos envolvidos, nem nas respectivas esferas sociais, tais circunstâncias devem ser sopesadas na espécie.

V – A representação, por si só, perante o Conselho da Magistratura, não tem o condão de impingir ofensa à honra do Juiz, principalmente se a própria decisão do Conselho, como no caso, excluiu de sua competência a apreciação do tema."[29]

A postura a ser mantida pelos advogados no processo está ditada no art. 78 do Código de Processo Civil: "É vedado às partes, a seus procuradores, aos juízes, aos membros do Ministério Público e da Defensoria Pública e a qualquer pessoa que participe do processo empregar expressões ofensivas nos escritos apresentados".

Mesmo a parte que contratou o advogado arca com a responsabilidade.

Com efeito, o constituinte tem responsabilidade. Revelou falta de maior cautela na escolha do profissional que o representou.

A responsabilidade do contratante advém da chamada culpa *in eligendo*, que é aquela na qual o agente não procede com acerto na escolha de seu preposto, empregado, representante, ou não exerce um controle suficiente sobre os meios utilizados para a realização de uma determinada atividade, no caso a defesa de seus interesses num processo judicial.

---

[28] *Revista do Superior Tribunal de Justiça*, 124/361.

[29] REsp. nº 357418/RJ, 4ª Turma, rel. Min. Sálvio de Figueiredo Teixeira, j. em 04.02.2003, p. em 10.03.2003, p. 227.

Cap. LIX | Responsabilidade do Advogado • **847**

Não bastasse a imprevidência do constituinte, encontra suporte a sua responsabilidade no artigo 932, inc. III, do Código Civil, pelo qual impera a responsabilidade objetiva do empregador ou comitente, por seus empregados, serviçais e prepostos, no exercício do trabalho que lhe competir, ou em razão dele. Inquestionavelmente, o advogado considera-se um preposto do mandante, já que contratado para o desempenho na representação judicial.

Não fosse assim, pelos inúmeros prejuízos causados a terceiros por advogado não incidiria a responsabilidade do contratante, o que importaria em uma lacuna com a qual não pode compactuar o direito.

Sobre o assunto, eis a doutrina de Caio Mario da Silva Pereira: "O mandatário, embora emita declaração de vontade, o faz em nome e no interesse do mandante, em que persiste a titularidade dos direitos e obrigações. Como resultado, obriga-se o mandante, cujo principal e mais importante dever é responder perante o terceiro, com o seu patrimônio, pelos efeitos da declaração de vontade emitida pelo representante, e cumprindo as obrigações assumidas dentro dos poderes outorgados. Correlatamente, cabe-lhe recolher as vantagens."[30]

Outro não é o ensinamento de Pontes de Miranda, em lição sempre atual: "Os atos praticados pelo mandatário, dentro dos poderes do mandato, são atos do mandante (Código Civil, art. 1.309: 'O mandante é obrigado a satisfazer todas as obrigações contraídas pelo mandatário, na conformidade do mandato conferido, e adiantar a importância das despesas necessárias à execução dele, quando o mandatário lho pedir'). Pode dar-se que o mandatário haja assumido, em seu próprio nome, algum dever, para executar o mandato; então a ele é obrigado o mandante, na razão do que era necessário à execução do mandato."[31]

O art. 1.309, acima transcrito, equivale ao art. 675 do vigente Código, com idêntica redação.

Efetivamente, pelos termos do preceito, se o mandante é obrigado a satisfazer todas as obrigações contraídas pelo mandatário, igualmente deve responder pelos danos que os atos desde último causarem.

A jurisprudência é no mesmo sentido:

"Responsabilidade civil. Ato de advogado. Ofensa a magistrado que não era parte no processo.

1) Afirmação maliciosa irrogada a magistrado que não era parte no processo, referindo, em contrarrazões de agravo de instrumento, que ele teria monitorado e assistido seu sobrinho em acordo judicial lesivo a seus interesses, que, posteriormente, passou a ser objeto de revisão judicial.

2) Legitimidade da pessoa jurídica que constituiu a advogada autora da ofensa como responsável solidária.

3) Abuso de direito caracterizado pelo excesso no direito de defesa, ofendendo a honra subjetiva de quem não era parte no processo.

4) Indenização por danos morais, arbitrada em 50 SM (dois fatos). Procedência do pedido indenizatório. Apelação provida."[32]

---

[30] *Instituições de Direito Civil*, 11ª ed., Rio de Janeiro, Editora Forense, 2003, vol. III – Contratos, p. 410.

[31] *Tratado de Direito Privado*, 3ª ed., 2ª reimpressão, São Paulo, Editora Revista dos Tribunais, 1984, tomo XLIII, p. 53.

[32] Apelação Cível nº 70000840462, 9ª Câmara Cível, Tribunal de Justiça do RS, rel. Paulo de Tarso Vieira Sanseverino, j. em 11.10.2000.

3. A AFERIÇÃO DA CULPA PARA A INDENIZAÇÃO

Parece óbvio que a indenização, no caso de deficiente prestação dos serviços, deriva da perda da ação por fato imputável ao advogado. Todavia, como aquilatar que a deficiente ou desidiosa atuação importou na derrota judicial? Desde que se perceba uma alta probabilidade da causa do insucesso, imputa-se a responsabilidade ao advogado, na esteira do pensamento de Fábio Siebeneichler de Andrade: "Como saber se o autor realmente venceria a causa? Trata-se, portanto, de hipótese em que, mesmo havendo um grau de incerteza quanto à existência do dano, entende-se configurada uma probabilidade suficiente de existir uma chance de o agente alcançar determinado resultado. São vantagens ou perdas cujas possibilidades de obtenção não decorrem exclusivamente da conduta da vítima, na medida em que estão submetidos a uma situação aleatória. É precisamente o exemplo da perda de uma chance pelo cliente.

Trata-se, portanto, de uma modalidade especial de prejuízo, que depende, para sua configuração, de certos requisitos: a culpa do agente; um bem perdido; a inexistência de nexo de causalidade entre esse prejuízo e a culpa, pois essa defecção no patrimônio da vítima poderia ocorrer de qualquer modo."[33]

Se ficar evidente o desenlace desfavorável em razão da falta de diligência, da omissão de providências, do erro técnico, da inépcia da inicial, e assim por infindáveis outras causas debitadas ao advogado, cabe a indenização pelo dano que lhe adveio, como o pagamento do valor do objeto pretendido. Possível que assuma o dano proporções elevadas, como na condenação em uma indenização unicamente porque o advogado não alegou a prescrição, ou omitiu-se em fazer a prova do anterior pagamento. Reconhecida a culpa, a grandeza reparatória tomará a dimensão do montante que razoavelmente se obteria na demanda, ou dos prejuízos que o perdedor vier a suportar pela má atuação do advogado.

Não apenas no ressarcimento pela cifra do objeto da demanda assegura-se, mas também por outros danos. Embora vitorioso na ação, se a demora na solução se deveu à constante ausência do advogado, a pedidos injustificáveis de transferência de audiência, arcará com os danos acarretados pelo retardamento.

Até se o advogado não esgotou todos os instrumentos recursais, embora previsível que não se alterasse a decisão, sujeita-se a sofrer uma ação indenizatória. É que foi suprimido o direito de submeter-se o litígio a outro grau de jurisdição. Isto, porém, desde que não se colha do recurso o intuito abusivo e protelatório, conforme já aconselhava Carvalho Santos: "Assim, como é lícito ao advogado, ao convencer-se da falta de direito de seu constituinte, aconselhá-lo a desistir da demanda, com maioria de razão dever-lhes-á ser permitido não interpor recursos que venham a onerar ainda mais o seu constituinte, quando se convencer que os fundamentos da sentença que lhe foi contrária são juridicamente certos, não havendo a mínima probabilidade de reforma."[34]

4. A MEDIDA DA RESPONSABILIDADE

O advogado, pela prestação dos serviços, não é responsável se os meios invocados se apresentam honestamente sustentáveis, no que encontra perfeita ressonância com o

---

[33] *Responsabilidade Civil do Advogado*, ob. cit., p. 52.
[34] *Código Civil Brasileiro Interpretado*, vol. XXI, p. 321.

princípio da razoabilidade, conforme defendia Demogue, lembrado por Carlos Roberto Gonçalves.[35] Embora perdida a causa, encontra-se coerência na fundamentação da ação, ou na argumentação da defesa. Se coubesse a indenização por toda ação perdida, ou sempre que não vingasse a defesa, o próprio exercício da advocacia ficaria impossível. Não pode, pois, o cliente responsabilizar o advogado pelo insucesso na demanda, já que ele o procurou, e, obviamente, com a finalidade de procurar o reconhecimento do direito, ou de afastar a possibilidade de uma condenação.

Por conseguinte, a condição primordial da responsabilidade assenta-se no exercício da advocacia com precariedade, seja por falta de conhecimento do direito em si, ou em razão da deficiente assistência dada no processo, como perda de prazos, omissão em apresentar réplica, não comparecimento a audiências, manifestações fracas ou sem conteúdo jurídico nos autos, acordo ruinoso lavrado nos autos.

Não se impõe que apresente o causídico verdadeiras peças jurídicas, ou que, nas petições, busque lastro sempre em farta doutrina e jurisprudência. A ausência de citações doutrinárias, ou de repertório jurisprudencial, não é referencial para firmar a responsabilidade. Aquilata-se a qualidade da atuação pela pertinência das razões, pelo enfoque dado ao problema discutido, e pelo debate frente aos contra-ataques da parte contrária.

Para atribuir a condenação indenizatória, deve ficar razoavelmente definido que o insucesso da ação se deveu à culpa do advogado, verificada no erro técnico, que abarca todo tipo de deficiências na atuação. No entanto, aí se impõe uma visão do processo no qual atuou, com a formalização de um juízo sobre o grau de probabilidade de vitória, e o destaque da causa que levou à perda. A condição para estabelecer a indenização correspondente ao objeto da lide está na absoluta certeza da vitória, se não fosse a atuação deficiente ou errada do advogado. Apurando-se que havia uma chance ou probabilidade de vencer, procura-se arbitrar uma indenização correspondente ao coeficiente de expectativa.

Há de se perscrutar, para fixar-se o valor indenizatório, dentre outros elementos, a probabilidade de sucesso, e o montante a que corresponde a chance de vitória, no que se exemplifica com a seguinte ementa:

"A responsabilidade civil do advogado é subjetiva, de acordo com o que preceitua o art. 14, § 4º, CDC. Ademais, a obrigação assumida pelo profissional do direito é de meio e não de resultado.

Neste tipo de contrato o objeto da obrigação não é o êxito na causa ou a absolvição do cliente, e sim o desempenho cuidadoso e consciente do mandato, dentro da técnica usual.

No caso dos autos, o autor possuía seguro de vida, contratado pela empresa na qual trabalhava, Perdigão Agroindustrial, o qual previa cobertura para casos de invalidez permanente total por doença. O demandante foi aposentado por invalidez pela Previdência Social em 21.01.2005, tendo requerido administrativamente a cobertura securitária, a qual foi negada pela seguradora, sob o argumento de que a doença do segurado não é passível de indenização.

Neste diapasão, cumpre destacar que a possibilidade de sucesso do demandante na ação que possuía contra a seguradora era considerável, tendo em vista a presunção da incapacidade laborativa permanente decorrente da concessão da aposentadoria por invalidez pelo órgão oficial, devendo a seguradora, mediante provas robustas, infirmar esta presunção.

---

[35] *Responsabilidade Civil*, ob cit., p. 385.

Ressalte-se que o demandante tão logo teve ciência da negativa da seguradora (02.06.2005) procurou um advogado para patrocinar sua postulação em juízo. O contrato de honorários foi firmado em 04.07.2005, quando havia prazo hábil para a propositura da demanda, levando em consideração o prazo prescricional para o exercício do direito de ação, que, na situação em tela, é de um (01) ano. Inteligência do art. 206, § 1º, II, do CC.

Frise-se que no caso em exame o autor logrou comprovar os fatos articulados na exordial, no sentido de que o demandado foi negligente no exercício dos poderes a ele conferidos, deixando implementar o prazo prescricional sem ajuizar a ação para a qual foi contratado.

Denota-se pelas provas carreadas ao feito que o advogado atuou de forma negligente e desidiosa. Assim, comprovada a falha na prestação do serviço, deve ser responsabilizado o demandado pela incorreção do procedimento adotado, conduta abusiva na qual assumiu o risco de causar lesão ao demandante, mesmo os de ordem extrapatrimonial, daí ensejando o dever de indenizar.

Deste modo, restou configurada a prestação deficitária dos serviços pelo apelante, na medida em que, na condição de bacharel em direito habilitado ao exercício da advocacia, deve pautar a sua conduta pela irrestrita obediência à lei.

Danos materiais. No caso em tela, o direito à indenização está lastreado na teoria da perda de uma chance, não sendo possível determinar ao certo se o demandante obteria êxito na demanda contra a seguradora, bem como o valor da indenização a que faria jus, motivo pelo qual reputo correta a decisão que fixou em R$ 20.000,00 (vinte mil reais) a indenização devida a título de danos materiais.

Danos morais. O demandado deve ressarcir os danos morais ocasionados, na forma do art. 14, § 4º, do CDC, cuja incidência decorre da prática de conduta culposa, a qual se configurou no caso em tela na modalidade de negligência, cuja lesão imaterial consiste na frustração do postulante.

No tocante ao valor arbitrado a título de indenização por danos morais, há que se levar em conta o princípio da proporcionalidade, a capacidade econômica do ofensor, advogado, a reprovabilidade da conduta ilícita praticada e, por fim, que o ressarcimento do dano não se transforme em ganho desmesurado, importando em enriquecimento ilícito.

Negado provimento ao apelo."[36]

Cumpre, ainda, destacar o caráter subjetivo exigido para reconhecer a responsabilidade, de acordo com o que preceitua o § 4º do artigo 14 do Código de Defesa do Consumidor, *in verbis*:

"A responsabilidade pessoal dos profissionais liberais será apurada mediante a verificação de culpa."

Dentre os vários embasamentos doutrinários que reforçam a obrigação de meio, o relator cita a lição de José de Aguiar Dias (*Da Responsabilidade Civil*, 11ª ed., Rio de Janeiro, Renovar, 2006, p. 410-411):

"O advogado responde contratualmente perante seus clientes. Nem seria possível negar o contrato existente entre ambos como autêntico exemplo de mandato. Tanto que é indiferentemente chamado mandatário ou procurador judicial. Suas obrigações contratuais, de modo geral, consistem em defender as partes em juízo e dar-lhes conselhos profissionais. (...)

Por força do caráter de *munus* público que tem a função advocatícia, ao advogado se impõe uma correção especial no exercício da profissão. As normas em que se traduz essa exigência estão compendiadas no Código de Ética Profissional."

---

[36] Apel. Cível nº 70027291202, da 5ª Câmara Cível do TJ do RGS, j. em 25.03.2009.

Sobre a exigência de se aferir a possibilidade de sucesso da lide a ser proposta, ou que fora proposta sendo, todavia, mal conduzida, assinalou o voto do relator:

"Neste diapasão, cumpre destacar que a possibilidade de sucesso do demandante na ação que possuía contra a seguradora era considerável, tendo em vista a presunção da incapacidade laborativa permanente decorrente da concessão da aposentadoria por invalidez pelo órgão oficial, devendo a seguradora, mediante provas robustas, infirmar esta presunção (...)"

Também necessário demonstrar a falha ou descuido do advogado, como fez o voto, na seguinte passagem:

"Ressalte-se que o demandante tão logo teve ciência da negativa da seguradora (02.06.2005) procurou um advogado para patrocinar sua postulação em juízo. O contrato de honorários juntado às fls. 37/38 dos autos foi firmado em 04.07.2005, quando havia prazo hábil para a propositura da demanda, levando em consideração o prazo prescricional para o exercício do direito de ação, que, na situação em tela, é de um (01) ano, a teor do que estabelece o inciso II do § 1º do artigo 206 do Código Civil.

O demandado alega que teria informado o autor acerca da falta de alguns documentos tidos por ele como essenciais ao ajuizamento do feito, bem como de que não havia condições de ingressar com a ação tendo em vista que o autor não preenchia os requisitos para o recebimento da indenização. Contudo, não trouxe aos autos qualquer documento comprovando suas alegações. Ora, era ônus do demandando e do qual não se desincumbiram provar os fatos desconstitutivos do direito do autor, a teor do que estabelece o artigo 333, inciso II, do Código de Processo Civil.

Destarte, a prova oral produzida durante a instrução corrobora as alegações do postulante, no sentido de que sempre que procurava o réu este lhe informava que logo receberia a indenização."

O referido art. 333, inc. II, corresponde ao art. 373, inc. II, do CPC/2015.

No tocante aos fundamentos da lei que ensejam a indenização, foi frisado: "O artigo 186, do Código Civil, preceitua que: 'Aquele que, por ação ou omissão voluntária, negligência ou imprudência, violar direito e causar dano a outrem, ainda que exclusivamente moral, comete ato ilícito.' Igualmente, reza o artigo 927, do diploma legal precitado: 'Aquele que, por ato ilícito (arts. 186 e 187), causar dano a outrem, fica obrigado a repará-lo.' Hipóteses estas incidentes sobre os fatos descritos na exordial."

Importante ver o critério adotado para fixar os danos materiais. Caso não se consiga afirmar com certeza que a vítima venceria a lide, arbitra-se um montante que corresponda ao prejuízo pela perda de uma chance:

"Preambularmente, cumpre ressaltar que, conforme alude o art. 402 do Código Civil, as perdas e danos abrangem não só o que a parte perdeu, mas também o que deixou de lucrar, *in verbis*:

'Salvo as exceções expressamente previstas em lei, as perdas e danos devidas ao credor abrangem, além do que ele efetivamente perdeu, o que razoavelmente deixou de lucrar.'

Ainda, releva ponderar que, quando da ocorrência de um dano material, duas subespécies de prejuízos exsurgem desta situação, os danos emergentes, consubstanciado no prejuízo efetivamente causado, ou seja, a diminuição patrimonial sofrida pela vítima; e os lucros cessantes, isto é, o rendimento provável que seria auferido e aquela deixou de ganhar em razão do ato ilícito, ou, segundo os ensinamentos do insigne jurista Sérgio Cavalieri (*Programa de Responsabilidade Civil*, 7ª ed., São Paulo, Atlas, 2007, p. 91):

'Consiste, portanto, o lucro cessante na perda do ganho esperável, na frustração da expectativa de lucro, na diminuição potencial do patrimônio da vítima. Pode decorrer não só da paralisação da atividade lucrativa ou produtiva da vítima, como por exemplo, a cessação dos rendimentos que alguém já vinha obtendo da sua profissão, como, também, da frustração daquilo que era razoavelmente esperado.'

Caio Mário da Silva Pereira (*Instituições de Direito Civil – Teoria Geral das Obrigações*, 19ª ed., Rio de Janeiro, Forense, 2001, vol. II, p. 214), com seu costumeiro brilhantismo que tratava as questões jurídicas, acrescenta que:

'São as perdas e danos, portanto, o equivalente do prejuízo que o credor suportou, em razão de ter o devedor faltado, total ou parcialmente, ou de maneira absoluta ou relativa, ao cumprimento do obrigado. Hão de expressar-se em uma soma de dinheiro, porque este é o denominador comum dos valores, e é nesta espécie que se estima o desequilíbrio sofrido pelo lesado. A este prejuízo, correspondente à perda de um valor patrimonial, pecuniariamente determinado, costuma-se designar como *dano matemático* ou *dano concreto*.

Na sua apuração, há de levar-se em conta que o fato culposo privou o credor de uma vantagem, deixando de lhe proporcionar um certo valor econômico, e também o privou de haver um certo benefício que a entrega oportuna da *res debita* lhe poderia granjear, e que também se inscreve na linha do dano.'

Assim sendo, não é complexa a fixação da indenização quanto aos danos emergentes, uma vez que basta a simples verificação da perda patrimonial sofrida pela vítima, mediante mero cálculo aritmético. No entanto, o mesmo não ocorre com os lucros cessantes, visto que, por se tratar de fatos futuros, de ganho esperado, deve ser apurado segundo o lucro que a vítima auferia, e o *quantum* que deixou de lucrar.

Entretanto, no caso em tela, o direito à indenização está lastreado na teoria da perda de uma chance, não sendo possível determinar ao certo se o demandante obteria êxito na demanda contra a seguradora, bem como o valor da indenização a que faria jus, motivo pelo qual reputo correta a decisão que fixou em R$ 20.000,00 (vinte mil reais) a indenização devida a título de danos materiais.

Sérgio Cavalieri Filho (*Programa de Responsabilidade Civil*, 7ª ed., São Paulo, Atlas, 2007, p. 75), como sempre, bem ensina a respeito do tema que:

'O direito pátrio, onde a teoria vem encontrando ampla aceitação, enfatiza que a reparação da perda de uma chance repousa em uma probabilidade e uma certeza; que a chance seria realizada e que a vantagem perdida resultaria em prejuízo (Caio Mário, *Responsabilidade Civil*, 9ª ed., Rio de Janeiro, Forense, p. 42). É preciso, portanto, que se trate de uma chance séria e real, que proporcione ao lesado efetivas condições pessoais de concorrer à situação futura esperada. Aqui, também, tem plena aplicação o princípio da razoabilidade.

A chance perdida reparável deverá caracterizar um prejuízo material ou imaterial resultante de fato consumado, não hipotético. A indenização, por sua vez, deverá ser da chance, da perda da possibilidade de alguém auferir alguma vantagem, e não dos ganhos perdidos'."

Cumpre salientar que não basta a mera ordem de restituir os honorários e as custas processuais que o cliente restou condenado a pagar ao advogado da parte contrária, pois não se resumiu a esses itens o prejuízo.

Outrossim, a deficiência de atuação nem sempre está vinculada ao sucesso ou não da ação. É possível que se particularize em um determinado aspecto, como na falta de alegar culpa concorrente, encontrando-se nos autos elementos que a levam à sua visualização; ou no "esquecimento" de apontar a ausência de prova quanto a um dano pretendido indenizar; ou no silêncio sobre uma dimensão do pedido, que procura a indenização de uma pensão durante toda a vida da vítima, não se dando conta o advogado do acionado que a obrigação prolonga-se pelo tempo de vida provável do obrigado; ou na falta de impugnação ao montante da indenização, equivalente ao que percebia a vítima, sem levar em conta a parcela que seria destinada ao seu próprio proveito.

PARTE 12

RESPONSABILIDADE CIVIL NO DIREITO PENAL

LX

A Responsabilidade por Morte

1. A MORTE PROVOCADA OU HOMICÍDIO

A morte corresponde ao término da existência do corpo humano, que passa a se decompor e deteriorar. Cessa a circulação do sangue, e paralisam-se todos os movimentos. É o desaparecimento das funções vitais e cerebrais do organismo, embora a dificuldade científica para determinar o exato momento em que ocorre. Não comporta ingressar, aqui, nos profundos meandros do conceito de morte, observando apenas como se dá o fenômeno, explicado por Rita Maria Paulina dos Santos: "Inicialmente morre a célula, depois o tecido e a seguir o órgão; trata-se de um fenômeno em cascata. Estabelecido o processo, ele pode atingir os órgãos dos quais depende a vida do indivíduo, os chamados órgãos vitais. Dessa forma, desencadeia-se a parada da respiração, do coração, da circulação e do cérebro."[1] Interessa a cessação das atividades dos órgãos internos e externos do corpo humano. Termina com esse evento a existência (art. 6º do Código Civil de 2002) da personalidade jurídica, não mais podendo o defunto considerar-se sujeito de direitos e obrigações.

O homicídio compreende a morte provocada por terceira pessoa. Define-se como a destruição da vida humana, perpetrada pela ação direta ou indireta de um ser humano. Através de instrumento pérfuro, ou contundente, ou por meio da ingestão de substância mortífera, ou pelo impacto da força humana, consegue-se paralisar as atividades dos órgãos internos.

No caso, busca-se definir os efeitos indenizatórios da morte provocada criminosa ou voluntariamente, ou de modo culposo por um terceiro. No campo cível, unicamente na intensidade da indenização pode haver alguma influência. Destarte, clama maior injustiça e repúdio a morte provocada dolosamente que a decorrente de um ato culposo por imprudência ou negligência.

A indenização visa o ressarcimento pelos danos materiais decorrentes da morte e, no plano moral, a compensação pelo sofrimento moral e pela frustração do convívio decorrentes.

O art. 948 reza: "No caso de homicídio, a indenização consiste, sem excluir outras reparações:

I – no pagamento das despesas com o tratamento da vítima, seu funeral e o luto da família;

II – na prestação de alimentos às pessoas a quem o morto os devia, levando-se em conta a duração provável da vida da vítima."

---

[1] *Dos Transplantes de Órgãos à Clonagem*, Rio de Janeiro, Editora Forense, 2000, p. 34.

2. DESPESAS DE TRATAMENTO, DE LUTO, DE FUNERAIS E DE OUTRAS ESPÉCIES

O primeiro item da indenização envolve as despesas exigidas pelo tratamento da vítima, se ela chegou a ser conduzida a um hospital, e se atendida por médico. Assim, tudo quanto for despendido na prestação de socorro, como a remoção para hospital ou estabelecimento de pronto-socorro, a internação, o tratamento, a assistência médica, os exames de laboratório e radiológicos, as cirurgias e outras intervenções, o fornecimento de medicação, o acompanhamento, comportam a devida e completa indenização.

No concernente às despesas de luto, na linguagem popular mais corrente, envolvem as pertinentes às vestimentas lúgubres. Comum era, até certo tempo atrás, o seu uso após a morte do parente. Já faz algum tempo que se afastou o costume, sendo raro ver-se alguém de roupas pretas ou sinais exteriores que denunciem o luto. Mas não consiste o luto apenas nas roupas e símbolos expressos em cores pretas ou escuras. Significando a dor amargurada no íntimo das pessoas, ou a profunda tristeza causada pela perda do ente querido, não se revela necessariamente por meio de roupas especiais. Alguém pode sentir grande mágoa ou dor moral sem a aparência corporal. Nos tempos hodiernos, o costume vai modificando a tradição do passado. Os seres humanos, amargurados com o desenlace de um parente, refletem os sentimentos no modo de proceder, na atitude compungida, no aspecto constrito, deixando de ter relevância a exterioridade, tão saliente em épocas passadas.

Sendo o sentido da palavra bem mais amplo que a simples cor das roupas, deve compreender outras decorrências naturais, advindas com o falecimento de alguém. Como se extraía de Carvalho Santos e outros autores, o termo designa os prejuízos consequentes com a morte. É natural que o pai ou o irmão não tenham condições de reencetarem as atividades diárias logo após o decesso do ente pranteado. E a indenização pelo luto da família abrange, pois, os lucros cessantes, que se deixa de auferir durante o período que se segue à morte. Indaga-se qual a duração deste lapso de tempo. Não há uma previsão legal, mas, por analogia a alguns preceitos de lei, como ao art. 244, inc. II, do CPC, tratando-se de cônjuge ou qualquer parente do morto, consanguíneo ou afim, em linha reta, ou na linha colateral em segundo grau, é razoável que se estende ao período de luto ou nojo até o sétimo dia seguinte ao falecimento, tempo em que é proibida a citação. Rebater-se-á que o art. 473 da Consolidação das Leis do Trabalho concede dois dias consecutivos para não comparecer ao trabalho. Entretanto, tal norma é específica e muito restrita. A morte sempre resulta em uma série de transtornos e problemas para as pessoas que ficam, exigindo uma pronta solução, além de acarretar uma forte depressão moral.

Indenizam-se, outrossim, as despesas com o funeral do morto.

Na opinião correta de Carvalho Santos, "as despesas de funeral abrangem, de acordo com a doutrina mais aceita, não somente as despesas do enterro propriamente dito, mas também as que forem feitas com os sufrágios da alma da vítima, de acordo com o rito da religião que professava. Parece-nos mesmo que abrangem ainda as despesas com a sepultura, aquisição de um jazigo perpétuo e ereção de um mausoléu, quando tais exigências estiverem de acordo com os usos adotados pelas pessoas da classe social da vítima".[2]

A questão mais discutida diz respeito ao jazigo. O Supremo Tribunal Federal já estabeleceu, em tempo não recente, o significado amplo das despesas de funeral, abrangendo a sepultura, e "entre os sinônimos de sepultura, registra Aurélio Buarque de Holanda estes

---

[2] *Código Civil Brasileiro Interpretado*, ob. cit., vol. XXI, p. 81.

Cap. LX | A Responsabilidade por Morte • **859**

vocábulos: campa, carneiro, catacumba, cova, jazigo, tumba, túmulo, última morada. Em vez de usar, pois, o termo sepultura, utilizou-se o acórdão... da palavra jazigo".[3]

Entretanto, outra jurisprudência, da mesma Corte, condicionou tal verba ao nível econômico das pessoas. Se de baixa renda o morto, é de se deduzir que os parentes não ergueriam o jazigo. Com certa iteração, aparentando visos de jurisprudência sumulada, deixou firmado a exclusão da verba "para aquisição de jazigo perpétuo quando a condição social e econômica da vítima faz presumir não teria condições de adquiri-lo em caso de morte natural".[4]

Pondera-se, no entanto, que tal presunção é relativa. A situação econômica é mutável. Com frequência, pessoas de precária capacidade econômica não deixam de construir um túmulo ao familiar falecido, por mais singelo que seja o preito em sua memória e sem medir sacrifícios para a consecução de meios. Para evitar uma discriminação em prejuízo dos pobres, é de impor-se a obrigação de indenizar, mas atendo-se à condição social do morto e ao uso do lugar. Não importa que se determine o erguimento de um túmulo modesto. Interessa que se respeite o desejo da família, nestas hipóteses expressão de sinceridade e de amor religioso.

Proveniente de família abastada a vítima, ou tendo ela sido rica em vida, é justo obrigar o responsável pelo desenlace a custear as despesas com a construção de um mausoléu, por exigir a sua família ou por ser tradição em homenagear desta forma a memória de seus membros?

A indenização deve corresponder a um túmulo de aspecto razoável, dentro de um padrão médio, pois comina a lei o encargo de ressarcir as despesas funerais e não da exaltação ou homenagem do morto através de túmulo pomposo. De igual modo, as despesas com o velório, flores, coroas, esquife, enterro, ornamentação do recinto mortuário serão arbitradas de forma moderada.

Consoante expressão introduzida na parte final do *caput* do art. 947 do CC, fica aberta a possibilidade de serem buscadas outras indenizações, além das indicadas nos incisos I e II, isto é, além das de tratamento, de funeral, de luto e de prestação de alimentos. Não poderia o Código circunscrever a alguns itens o campo da indenização, porquanto suscetíveis de ocorrerem mais hipóteses. Nessa viabilidade, estão os danos morais – matéria que se analisará adiante –; os danos materiais causados em bens da vítima, como num acidente de veículos; os gastos com a remoção do morto ou seu esquife, e inclusive de seus bens; o tratamento médico de familiares que ficaram traumatizados com a morte; as perdas e danos que causou a morte nas atividades econômicas de familiares, e inclusive na empresa da vítima; as despesas de deslocamento, estadia e alimentação de familiares ou parentes próximos.

Incluem-se os próprios danos emergentes e lucros cessantes que terceiros sócios tiveram na empresa da qual participava a vítima. A casuística é vasta, sempre havendo possibilidade de surgirem novas espécies, de conformidade o estado da vítima e da atividade que exercia.

---

[3]   *RTJ* 78/792. Igualmente, no mesmo ensinamento, 56/783.
[4]   *RTJ* 83/943; ainda, com idêntica orientação, 85/202 e 86/343.

3. A INDENIZAÇÃO NA FORMA DE PRESTAÇÃO DE ALIMENTOS

Na indenização, incluem-se prestações de alimentos às pessoas a quem o morto os devia, levando-se em conta a duração provável da vida da vítima. O significado de alimentos não se confunde com o de prestações alimentícias, devidas em razão do parentesco ou da união matrimonial. Do contrário, a obrigação subsistiria enquanto necessitasse o alimentando, oscilando a prestação de acordo com as suas necessidade e a possibilidade do alimentante.

A indenização é procurada por meio de ação judicial. Busca-se encontrar o montante ou a equivalência do prejuízo que redundou para as pessoas a quem a vítima assistia ou prestava alimentos. Para tanto, deve-se conhecer a realidade econômica do ofendido e destacar a parte que aproveitava para as suas despesas. O restante passará para seus herdeiros. A expressão 'prestação de alimentos' não corresponde à pensão alimentícia, ou a alimentos, cuja regulamentação encontra-se no direito de família. No seu âmbito incluem-se os alimentos propriamente ditos, sem esgotar o seu conteúdo. Esta a razão que levou o legislador a emprestar-lhe a denominação que leva a certa confusão com os 'alimentos' regulamentados na parte do Código Civil que disciplina o direito de família. Todavia, o objeto é mais vasto, alcançando os danos apurados com o infausto evento, e não se limitando a verba condenatória às necessidades para viver e às possibilidades do obrigado. De igual modo, difere a natureza, já que concedida a prestação a título de reparação, de reposição, de ressarcimento, ou de indenização, haja ou não a necessidade. Importa considerar o prejuízo havido para decorrer a imposição prestacional.

Parte-se de que a responsabilidade é estabelecida em decorrência de um ato ilícito, ou da ocorrência de um fato desligado da ideia da culpa. Uma ou outra situação constitui o fato gerador da indenização, e não a necessidade de alimentos. Não fosse assim, segundo Carvalho Santos, isso importaria em denegar o princípio geral que "obriga o causador do dano a indenizá-lo".[5] Sob tal inspiração, chegar-se-ia à absurda consequência de que se a vítima é pessoa de abastados recursos, nenhuma indenização deverá ser paga pelo delinquente, precisamente porque a família daquela não precisa dos alimentos para a sua subsistência. Antiga decisão da Terceira Câmara Cível do extinto Tribunal de Alçada do RGS convergia para a seguinte conclusão lógica: "Se fossem ricos ou abastados os parentes do extinto, ficariam privados das indenizações e os culpados livres de responsabilidade civil. Ora, a indenização decorrente de ato ilícito decorre do art. 159 do CC, e só o critério indenizatório é que se regula pelo art. 1.537, II, do CC, inaplicando-se, pois, o art. 399 do mesmo Código."[6] Os dispositivos citados, correspondem, na ordem, aos arts. 186, 948, inc. II, e 1.695 do vigente Código.

Estabelece-se a pensão, ou a condenação, para indenizar a perda da vida, ou a incapacidade para o trabalho, ou compensar um prejuízo fisiológico ou moral. Sobrevindo a morte do dependente da vítima, a pensão passa aos herdeiros. O direito acompanha o dependente, mesmo que venha a convolar novas núpcias, no que Pontes de Miranda está de acordo: "Nem cessa a prestação à mulher do falecido se ela contrai novas núpcias."[7] Indenizam-se os prejuízos surgidos com o evento, independentemente de necessitarem ou não os herdeiros. O que importa aos interessados é que sejam dependentes, ligados à vítima

---

[5] *CC Interpretado*, 7ª ed., vol. XXI, p. 90.
[6] Julgados do Tribunal de Alçada do RGS 39/341.
[7] *Tratado*, vol. 54, ed. de 1967, ob. cit., p. 286, § 5.573, nº 1.

por liame de parentesco próximo, como ascendência, descendência ou marital, relação que proporciona, ou pelo menos garante, em geral, vantagens efetivas ou mesmo potenciais.

A propósito, já em época passada assentou o STF: "Mesmo quando a indenização deriva de homicídio, caso em que a alusão a alimentos, contida no inc. II do art. 1.537 do CC, dá lugar a controvérsias, o Supremo Tribunal Federal tem entendido que a obrigação de indenizar não se converte em obrigação de prestar alimentos, servindo a remissão a estes de simples ponto de referência para o cálculo de indenização e para determinação dos beneficiários (RE nº 8.388, *RT* 185/986; RE nº 11.300, *DJ* de 20.07.1951; RE nº 30.752, *Jur. Mineira* 42/241; RE nº 60.720, *RTJ* 46/728)."[8] Corresponde o inc. II do art. 1.537 ao inc. II do art. 948 do CC/2002.

Aguiar Dias coloca a questão nos devidos termos: "O direito à reparação é parte integrante do patrimônio do prejudicado. Por ocasião do dano, considera-se como retirada desse patrimônio a parcela que, regularmente avaliada e afinal convertida em numerário, a ele volta, para reintegrá-lo, em forma de indenização. A privação de alimentos é, sem nenhuma dúvida, uma consequência do dano. Mas, além de não ser a única consequência, não é o próprio dano: este é a supressão, acarretada pelo ato prejudicial, do complexo de bens materiais e morais que representa a existência do ente querido. A vida humana representa em si mesma um bem, cuja consideração não pode estar sujeita ao fato de possibilitar, ou não, alimentos àquele que sofreu por vê-la desaparecer."[9]

Garcez Neto expressa o mesmo pensamento: "A ação de reparação do dano é outorgada *iure proprio,* não se revestindo de caráter hereditário, nem alimentar, posto que cabe exercê-la, na qualidade de sujeito ativo, não somente ao lesado, mas a todos os lesados, isto é, a todas as pessoas prejudicadas pelo ato danoso."[10]

A autoridade de Pontes de Miranda reforça o entendimento: "A expressão 'alimentos', no art. 1.537, II, do CC, de modo nenhum se refere somente às dívidas de alimentos conforme o direito de família. Alimentos são, aí, apenas, o elemento que se há de ter em conta para o cálculo da indenização. Donde a morte do filho menor dá direito à indenização aos pais... Não se tem de apurar se a morte deste já retirou algo do patrimônio do legitimado ativo." E logo adiante: "Alimentos (no sentido de indenização) são devidos mesmo se o legitimado ativo não poderia, então, mover ação de alimentos por ter meios para a própria manutenção."[11] Trata-se de indenização a título de alimentos e não de alimentos propriamente ditos. Salienta Pontes que mesmo se o falecido recebia recursos do parente ou do cônjuge, não afasta a legitimação do parente ou do cônjuge para a indenização, à base de alimentos. Equivale o inc. II do art. 1.537 ao inc. II do art. 948 do CC/2002.

4. PERÍODO DE DURAÇÃO DA INDENIZAÇÃO

A indenização corresponderá, no caso de morte do filho menor e solteiro, conforme uma jurisprudência mais antiga, ao período compreendido entre a data da morte e aquela em que atingiria os vinte e cinco anos. O fundamento está na presunção de que aos vinte e cinco anos se dá o casamento, cessando, então, a cooperação no sustento dos pais ou

---

[8] *RTJ* 83/513, RE nº 85.575.
[9] *Da Responsabilidade Civil*, vol. II, p. 836.
[10] *Prática da Responsabilidade Civil*, ob. cit., p. 21.
[11] *Tratado de Direito Privado*, vol. 54, ed. de 1967, pp. 284 e 285, § 5.573, nº 1.

862 • Responsabilidade Civil | *Arnaldo Rizzardo*

irmãos. O termo inicial conta-se a partir dos quatorze anos, pois a Constituição Federal, no art. 7º, inc. XXXIII, estipula que o menor só pode trabalhar remuneratoriamente a partir dos quatorze anos de idade. A jurisprudência, numa fase inicial, começando do Supremo Tribunal Federal, seguia esta orientação, ainda quando a idade mínima para o trabalho era de doze anos: "Acidente de trânsito. Morte de menor com cinco anos de idade. Ressarcimento fixado em liquidação por arbitramento sob a forma de pensão alimentícia durante o período entre 12 e 25 anos de idade da vítima, sob o fundamento de que, antes dos doze anos, o menor não poderia ocupar-se em atividade remunerada e que, depois dos vinte e cinco anos, possivelmente casaria e não poderia continuar pensionando a mãe, sem desfalque do necessário ao seu sustento."[12]

O suporte primordial que legitima a reparação está no prejuízo efetivo ou provável acarretado com a morte da vítima. Assentada a idade de vinte e cinco anos como limite para a indenização, a conclusão era descaber qualquer direito se ultrapassada, desde que não provada a dependência econômica daqueles que se alinhavam como dependentes. Basicamente, a razão de negar reparação encontrava guarida na conceituação do dano como patrimonial e não como moral.

Foi, no entanto, modificando-se essa exegese. Não mais prepondera o entendimento de que os filhos deixam de socorrer os progenitores quando casam. Em verdade, não raras vezes mantém-se perenemente a assistência econômica. Daí prolongar-se até quando a vítima atingiria sessenta e cinco ou mais anos. Ficou consolidada a orientação no Superior Tribunal de Justiça: "Após inicial divergência, veio a se consolidar na Turma o entendimento no sentido de considerar a presumida sobrevida da vítima como termo final do pagamento da pensão, tomando-se por base a idade provável de sessenta e cinco anos, haja vista não se poder presumir que a vítima, aos vinte e cinco anos, deixaria de ajudar seus familiares, prestando-lhes alimentos." No julgamento, é trazida decisão do Supremo Tribunal Federal: "'Responsabilidade civil. Ato ilícito. Morte da vítima... Não é possível presumir que, aos vinte e cinco anos de idade, a vítima não mais auxiliaria seus pais, prestando-lhes alimentos' (*Revista Trimestral de Jurisprudência,* 123/1.065)."[13]

A evolução da exegese encontra ressonância no adendo acrescentado ao inc. II do art. 948, do prolongamento da obrigação pelo tempo de "duração provável da vida da vítima".

Limitar até a idade de vinte e cinco anos o benefício equivale a não perceber a realidade, porquanto a família mantém-se bastante unida mesmo depois do casamento dos filhos.

Entendimento é reiterado no REsp. nº 236.404/SC, da 4ª Turma do STJ, j. em 15.05.2007, *DJU* de 17.09.2007: "Proclama a jurisprudência desta Corte que, nos casos de morte de filho menor, o pensionamento deve ser de 2/3 do salário-mínimo até a época em que a vítima completaria 25 anos, quando, ao que se presume, constituiria nova família e diminuiria, assim, o auxílio prestado; a partir de então, o pensionamento é devido à base de 1/3 do salário-mínimo, estendendo-se até os eventuais 65 anos da vítima, ou até o falecimento dos pais."

Se o falecido era casado e representava amparo econômico aos pais, e aí sem controvérsias, a reparação estende-se enquanto viverem os pais, não podendo o período

---

[12] *RTJ* 83/642.
[13] REsp. nº 28.801-0/PR, da 4ª Turma do STJ, de 14.12.1992, em *Revista do Superior Tribunal de Justiça,* 50/305. Em decisão anterior, já assentara-se: "A obrigação do filho, em ajudar os pais que de ajuda possam necessitar, não encontra limite temporal. Tempo provável de vida da vítima de 65 anos" (*Revista do Superior Tribunal de Justiça,* 10/449, REsp. nº 1.999/SP).

Cap. LX | A Responsabilidade por Morte • **863**

ultrapassar a duração provável da vida do mesmo. Em princípio, mede-se a vigência da pensão mensal pelo cálculo do tempo em que a vítima viveria. Se antes do término dessa duração desaparecerem os dependentes, obviamente cessa a obrigação alimentar. Idêntica aplicação cabe se solteira a pessoa e ajudava os progenitores ou demais parentes.

Salvo poucas exceções, a doutrina e a jurisprudência dominantes estabelecem a duração média da vida, para efeito de pensionamento indenizatório em sessenta e cinco anos. Encontram-se decisões que elevam o termo aos setenta anos. Se a vítima revelava excelente saúde, sem qualquer sintoma de moléstias, é coerente que se suba para esta idade, ou até mais. Na verdade, a duração média da vida nos tempos atuais ultrapassa os setenta anos, podendo estender-se aos setenta e cinco anos.

O critério não pode ser rígido, porquanto vindo a falecer com mais idade, aos setenta e cinco ou 80 anos, por exemplo, estende-se a duração do pensionamento até os setenta e cinco ou oitenta anos, como já tem definido a jurisprudência: "Desde que a vítima se encontrava em plena atividade, com integral capacidade de trabalho, aos setenta anos, e deixou viúva, por ele sustentada e que ficou privada de seu apoio financeiro, sem nenhum benefício de autarquia previdenciária nacional, aquele período é de ser fixado, no caso, em oitenta anos."[14]

Entrementes, revela o Superior Tribunal de Justiça a preferência em estender o pensionamento até que a vítima completasse a idade de sessenta e cinco anos:

"Indenização. Pela morte de filho de 20 anos que exercia atividade remunerada. Pensionamento até a data em que a vítima completaria 65 anos de idade. Precedentes...

A indenização sob a forma de pensão por danos materiais, deve ter como limite temporal a data em que a vítima completaria 65 (sessenta e cinco) anos de idade (salvo falecimento anterior dos pais)."[15]

"Responsabilidade civil. Queda de ônibus. Vítima fatal. Pensão. Limite temporal.

Segundo nova diretriz firmada pela Quarta Turma, tratando-se de vítima fatal com 15 anos de idade, que já trabalhava, a pensão arbitrada deve ser integral até os 25 anos, idade que pela ordem natural dos fatos da vida constituiria família, reduzindo-se a partir de então essa pensão à metade, até a data em que, também por presunção, o ofendido atingiria 65 anos. Precedentes."[16]

"Processual e responsabilidade civil do estado. Morte. Danos material e moral. Indenização. Provável sobrevida da vítima (65 anos)...

Para o posicionamento, quanto à provável sobrevida da vítima, a jurisprudência estadeou 65 (sessenta e cinco) anos... Provimento para reduzir de 70 para 65 anos provável idade de sobrevida."[17]

"Responsabilidade civil. Acidente de trânsito. Morte de filho com 19 anos de idade. Família de baixo poder aquisitivo. Indenização. Em caso tal, firmou-se orientação no STJ no sentido de que se indeniza até os prováveis 65 anos da vítima. Por todos, Resp. 93.537, *DJ* de 16.02.1998. Recurso especial não conhecido (Súmula 83)."[18]

Outrossim, estendendo-se a obrigação até a idade presumida da morte da vítima, forte no pressuposto da existência de dano, o Superior Tribunal de Justiça criou a exegese da redução

---

[14] Julgados do Tribunal de Alçada do RGS 15/218.
[15] REsp. nº 145.832/SP, rel. Min. Sálvio de Figueiredo Teixeira, 4ª Turma, j. em 07.05.1998.
[16] REsp. nº 147.075/MG, rel. Min. Barros Monteiro, 4ª Turma, j. em 12.05.1998.
[17] REsp. nº 108.447/RJ, rel. Min. Milton Luiz Pereira, 1ª Turma, j. em 03.09.1998.
[18] REsp. nº 38.429/SP, rel. Min. Nilson Naves, 3ª Turma, j. em 04.03.1999. Ainda, REsp. nº 286-256/BA, da 1ª Turma, j. em 08.05.2001, *DJU* de 15.10.2001.

do montante fixado para a metade, a partir da idade de vinte e cinco anos, quando, em face da presunção do casamento, parte dos ganhos vai para a sua pessoa e a família que cria. Eis alguns exemplos de arestos:

"Indenização – Morte de filho – Pensionato reduzido.

A pensão devida aos pais de filho com 15 anos de idade, que trabalhava e contribuía para o sustento da família, persiste até a idade provável de sua sobrevida, mas deve ser reduzida à metade a partir da data em que ele completaria 25 anos, quando presumidamente constituiria nova família e diminuiria sua contribuição aos pais."[19]

"1. O Tribunal *a quo*, louvado em provas, verificou que a vítima já auxiliava nas despesas da casa. Incidência da Súmula 07/STJ.

2. O STJ proclama que em acidentes que envolvam vítimas menores, de famílias de baixa renda, são devidos danos materiais. Presume-se que contribuam para o sustento do lar. É a realidade brasileira.

3. É indenizável o acidente que cause a morte de filho menor, ainda que não exerça trabalho remunerado (Súmula 491/STF).

4. O valor do seguro obrigatório deve ser deduzido da indenização judicialmente fixada. (Súmula 246/STJ).

5. A jurisprudência do STJ reconhece a responsabilidade solidária do proprietário do veículo por acidente onde o carro é guiado por terceiro.

6. Em acidente automobilístico, com falecimento de menor de família pobre, a jurisprudência do STJ confere aos pais pensionamento de 2/3 do salário-mínimo a partir dos 14 anos (idade inicial mínima admitida pelo Direito do Trabalho) até a época em que a vítima completaria 25 anos (idade onde, normalmente, há a constituição duma nova família e diminui o auxílio aos pais). Daí até os eventuais 65 anos (idade média de vida do brasileiro) a pensão reduz-se a 1/3 do salário-mínimo.

7. Recursos parcialmente providos."[20]

"A pensão deve ser fixada, de conformidade com precedentes jurisprudenciais do STJ, em 2/3 do salário-mínimo em relação à vítima maior, e, no tocante à vítima menor de idade, até a data em que o *de cujus* completaria 25 anos, reduzida para 1/3 a partir de então, em face da suposição de que constituiria família, aumentando suas despesas pessoais com o novo núcleo formado, extinguindo-se a obrigação, em ambos os casos, após os 65 anos de longevidade presumível das vítimas, se a tanto sobreviverem os autores."[21]

Interpretação adotada por pretórios estaduais: "O juiz, atento ao princípio do livre convencimento, pode optar pela prova que melhor formar sua convicção, podendo atribuir a ela o valor que entender adequado e indicar na sentença os motivos que lhe formaram o convencimento. Em ação de indenização por dano moral, a fixação do *quantum* indenizatório, como assinalado em diversas oportunidades, deve operar-se com moderação, proporcionalmente ao grau de culpa, à gravidade da lesão e deve servir também como medida educativa, obedecendo sempre aos princípios da proporcionalidade e da razoabilidade. Em casos de indenização por morte de filho, a pensão mensal arbitrada em favor dos pais deve ser integral até os 25 (vinte e cinco) anos, idade presumida do casamento

---

[19] REsp. nº 196.515/SP, 4ª Turma, rel. Min. Ruy Rosado de Aguiar, *DJU* de 29.03.1999. Ainda: REsp. nº 122.476/CE, rel. Min. César Asfor Rocha, *DJU* de 02.10.2000, *RSTJ*, 140:421; EREsp. nº 106.327/PR, rel. Min. Cesar Asfor Rocha, da 2ª Seção, *DJU* de 1º.10.2001.

[20] REsp. nº 335.058/PR, 1ª Turma, j. em 18.11.2003, *DJ* de 15.12.2003.

[21] REsp. nº 86.450-MG, *DJU* de 13.11.2000. Ainda, dentre outros julgados, o REsp. nº 172.335, *DJU* de 18.10.1999.

da vítima, reduzindo-se a partir de então essa pensão à metade até a data em que, também por presunção, a vítima atingiria os 65 (sessenta e cinco) anos de idade."[22]

A pensão ao cônjuge ou companheiro sobrevivente também se estende até o período que a vítima completaria a idade de sessenta e cinco anos. Todavia, vindo a se remaridar, ou a formar nova união, não decorre a perda do direito, na linha do melhor entendimento: "A pensão prestada à viúva pelos danos materiais decorrentes da morte de seu marido não termina em face da remaridação, tanto porque o casamento não constitui nenhuma garantia da cessação das necessidades da viúva alimentanda, quanto porque o prevalecimento da tese oposta importa na criação de obstáculo para que a viúva venha a contrair novas núpcias, contrariando o interesse social que estimula que as relações entre homem e mulher sejam estabilizadas com o vínculo matrimonial."[23]

5.   A CORRESPONDÊNCIA DA PRESTAÇÃO EM FUNÇÃO DOS RENDIMENTOS DA VÍTIMA

Dos rendimentos apurados da vítima, qual o montante destinado ao cônjuge sobrevivente e aos filhos, ou a outros dependentes?

A resposta encontra ressonância unânime nos pretórios, em decisões antigas, precursoras do entendimento atual, preponderando o consenso de que parte do valor seria despendida pelo falecido com o próprio sustento. Do Supremo Tribunal Federal se originou o paradigma orientador: "A indenização mensal deve ser fixada à razão de dois terços do salário-mínimo..."[24] Ou: "Do cálculo da pensão deve ser deduzido um terço, que representa as presumíveis despesas pessoais da vítima."[25]

O Superior Tribunal de Justiça seguiu na mesma orientação: "A contribuição dos filhos não alcança a totalidade do salário, razão pela qual deve o pensionamento comportar abatimento de acordo com as circunstâncias de fato, no caso, pertinente à fixação em 2/3 (dois terços) do salário-mínimo até a idade em que a vítima completaria 25 (vinte e cinco) anos, a partir daí reduzido para 1/3 (um terço)."[26]

Há julgados que discrepam da forma acima, mas circunstâncias especiais são consideradas, as quais levavam o morto a consumir a maior parte dos ganhos, como pagamento de estudos que realizava, o desempenho de profissão que exigia grandes gastos. Mesmo sendo elevados os rendimentos, se desembolsava somente uma terça parte no sustento da família, a reparação não taxará um percentual superior, mas será proporcional ao gasto com a mesma quando em vida. Realmente, o abatimento de um terço dos rendimentos que auferia a vítima não passa de um parâmetro para as situações de ausência de prova a respeito do patamar das despesas pessoais.

Outra questão igualmente definida pela jurisprudência relaciona-se à inclusão, na condenação, da quantia referente ao 13º salário: "No cálculo da pensão devida ao beneficiário de vítima de acidente, é legítimo computar-se o 13º salário."[27]

---

[22]   TJMS – 3ª Turma. Cív., Ap. Cível nº 2003.007103-2/0000-00, j. em 18.08.2003.
[23]   REsp. nº 100.927/RS, da 4ª Turma do STJ, j. em 26.10.1999, *DJU* de 15.10.2001.
[24]   *RTJ* 65/554.
[25]   *RTJ* 84/250.
[26]   REsp. nº 172.335/SP, *DJU* de 18.10.1999.
[27]   *RTJ* 68/98; *idem*, 65/554, 84/626.

866 • Responsabilidade Civil | *Arnaldo Rizzardo*

"Responsabilidade civil. Acidente automobilístico. Morte de filho. Pensionamento... Inclusão do 13º e férias.

Não configura julgamento *extra petita* a inclusão do 13º e das férias no pensionamento devido à mãe da vítima, quando comprovado o recebimento de salário."[28]

"No caso de ser a vítima trabalhador com vínculo empregatício, tem-se por devida a inclusão da gratificação natalina na indenização."[29]

Depreende-se do último aresto que a verba será concedida na hipótese em que a vítima participava de relação de emprego, o que já vinha ressaltado pelo STF: "A jurisprudência do STF admite a inclusão do 13º salário quando a vítima participava de relação de emprego",[30] entendimento consubstanciado na Súmula 207.

6. AUSÊNCIA DO DIREITO À REPARAÇÃO PATRIMONIAL SE INEXISTENTE DANO ECONÔMICO

O direito à reparação ou indenização tem como pressuposto o dano ou prejuízo acarretado com o ato nocivo. Não cabe a pretensão na falta de prova do dano patrimonial. A fixação de uma verba indenizatória não decorre automaticamente com o ato ilícito ou, mesmo que sem revelar culpa, mas própria de atividade de risco, não causar dano.

O Supremo Tribunal Federal emitira a Súmula nº 491, esposando entendimento diferente: "É indenizável o acidente que cause a morte de filho menor, ainda que não exerça trabalho remunerado." Buscou suporte a máxima na presunção dos reflexos patrimoniais que a morte do menor acarretava, já que poderia o menor vir a contribuir para o sustento dos próprios progenitores e demais irmãos no futuro, figurando como uma fonte de renda quando passasse a desempenhar atividades remuneradas.

Embora não exerça e nem venha a praticar uma profissão lucrativa, diante de compromissos com estudos, durante o tempo presumido que permaneceria solteiro, ou porque a boa situação econômica dos pais afasta a menor necessidade de amparo, ninguém sabe, argumentam os doutos, se esse estado de coisas continuará, e se no futuro não surgirão contingências que modifiquem a realidade privilegiada vivida quando da morte.

É um argumento válido. Mas há filhos que não contribuem e nunca contribuirão com a menor parcela nas despesas da família. Dentro da realidade de uma organização familiar estável e economicamente sólida, a perspectiva é a desnecessidade de qualquer apoio monetário do filho.

Os fundamentos para tal exegese têm base jurídica e encontram sustentação nos princípios que autorizam a reparação quando decorre o dano, emanados dos arts. 927 e 944 do Código Civil. A reparação tem sua lógica formada em torno do prejuízo provocado.

Não se restringe o pensamento apenas aos filhos menores que não trazem renda aos progenitores, mas estende-se a filhos maiores e outros familiares que não colaboram economicamente com os parentes. Mesmo que plenamente capazes os filhos, e aí, por

---

[28] REsp. nº 612.613/RJ, da 4ª Turma do STJ, j em 1º.06.2004, *DJU* de 13.09.2004.

[29] REsp. nº 299.690-RJ, da 4ª Turma do STJ, j. em 13.03.2001, *DJU* de 07.05.2001.

[30] *RTJ* 86/343; *idem*, 83/184 e 72/638, onde temos na ementa do Acórdão: "Não cabe computar no cálculo de tais ganhos o 13º salário, se a vítima era trabalhador autônomo e não o percebia em vida."

extensão, na morte de pais que não sustentam e nem dão amparo econômico aos filhos, já que plenamente independentes e até mais afortunados, se não existe a participação mútua no sustento ou nas despesas para a manutenção falece o direito à reparação patrimonial, exceto quanto às despesas de tratamento, de luto e funeral.

O Superior Tribunal de Justiça revela forte inclinação para essa exegese: "A perda de filho recém-nascido causa sofrimento e dor à mãe e a todos os familiares, a atingir o patrimônio moral. Contudo, na esfera patrimonial, inexiste prejuízo a ser reivindicado pelos pais, porquanto a indenização por dano material, em forma de pensão, visa restabelecer a situação financeira anterior ao ato ilícito, recompondo a renda que não mais será auferida em razão da morte de quem a recebia. Sem a caracterização de um prejuízo econômico, não se indenizam os danos materiais."[31]

Em outros exemplos: "Não é devida a indenização por danos materiais prevista no art. 1.537, inc. II, do CC quando não ficar provada ou presumível for a contribuição da vítima para o sustento econômico do lar de seus genitores. Precedentes."[32] O mencionado dispositivo equivale ao art. 948, inc. II, do atual Código.

"Em princípio, os pais da vítima fatal que, à época do sinistro, era menor impúbere e não trabalhava, não fazem jus à indenização por danos materiais, sendo-lhes devida somente reparação compensatória dos danos morais experimentados (*pretium doloris*)."[33]

No voto do referido acórdão, demonstra-se que não se configura dissídio com a Súmula nº 491: "Por outro lado, não diviso dissídio com o verbete 491 da súmula/STF, que considera 'indenizável o acidente que causa a morte de filho menor, ainda que não exerça trabalho remunerado'. No caso, tendo sido concedida indenização (120 salários-mínimos), não há que se falar em discrepância com referido enunciado.

A divergência lavra-se, é certo, com o julgado do Pretório Excelso trazido à colação, no qual reconhecido que a perda de um filho menor representa prejuízo também de ordem material aos pais, isso com base no pressuposto de que 'nas famílias mais desfavorecidas, todos trabalham e colaboram para a manutenção do lar'.

Considero, contudo, não merecer ser prestigiada tal presunção, pelo menos não da forma genérica e abrangente como lançada no paradigma, mormente porque o trabalho de menores de 14 anos constitui anomalia social e afronta à regra proibitiva do art. 7º, XXXIII, da Constituição."

Quanto aos filhos maiores, mister se faça a prova de que os pais deles dependiam.[34]

A base da reparação está, pois, no dano, que é o pressuposto para a sua exigibilidade.

Por tais razões, a indenização por morte encontra sustentação, em não havendo dano, para justificá-la, em fundamentos de ordem puramente moral. Daí por que, na prática, o dano moral é a única razão que justifica o atendimento das pretensões indenizatórias, indistintamente para todos os casos, se constatada a nenhuma significação da atividade do filho ou outras vítimas na economia familiar.

No entanto, o mesmo Superior Tribunal de Justiça, em algumas ocasiões, quando pertencente a família pobre o filho, admitiu a indenização mesmo que não desempenhasse

---

[31] REsp. nº 402.874/SP, da 4ª Turma, de 06.06.2002, *DJU* de 1º.07.2002.
[32] REsp. nº 348.072/SP, da 3ª Turma, *DJU* de 18.02.2002.
[33] REsp. nº 56.289-0/RJ, da 4ª Turma, de 18.04.1995, *DJU* de 22.05.1995. No acórdão, apontam-se precedentes nos REsps. nºs 32.573-4/ES, 28.861/PR, e 43.871/RJ.
[34] REsp. nº 19.186-0/SP, j. em 26.10.1992, *DJU* de 14.12.1992.

868 • Responsabilidade Civil | *Arnaldo Rizzardo*

o filho menor alguma atividade econômica, sob a presunção de que viria a prestar auxílio, já que os mais carentes ajudam no sustento dos pais e de outros irmãos ou familiares: "Admite-se, apenas, a presunção de dependência econômica quando se tratar a hipótese de ser a vítima oriunda de família humilde."[35]

7. INDENIZAÇÃO POR DANO PATRIMONIAL E POR DANO MORAL

Questão de grande controvérsia doutrinária e jurisprudencial é a referente ao cabimento ou não da indenização por dano moral no caso de morte da vítima, juntamente com a decorrente de dano patrimonial. Convém, desde logo, destacar a distinção relativamente àquele dano moral originado pela perda de filho menor, que não contribui para o sustento dos pais, ou que nenhum prejuízo patrimonial resulta o evento letal aos familiares, e que, no entanto, impõe-se a reparação pela sua morte. Os tribunais e os autores têm um consenso acentuadamente unânime sobre a matéria, optando pelo cabimento da pretensão reparatória. O fundamento determinante ao deferimento do pedido assenta-se no dano moral. Por essa razão os pais são indenizados, e não porque o desaparecimento do filho redundou em um *minus* na situação econômica que desfrutavam.

Agora, indaga-se da admissibilidade em acumular a reparação na forma de pensão alimentícia com um valor determinado, a título de mero dano moral.

Se analisarmos o problema do dano em todas as suas dimensões, concluiremos que não está fora do direito a concessão da dupla reparação.

Inúmeras as decisões do Superior Tribunal de Justiça sobre o assunto. Exemplifica-se com a seguinte: "São acumuláveis as indenizações pelo dano material e pelo dano moral, ainda que oriundos do mesmo fato. Fixação de indenização pelo dano moral em valor igual a cinquenta salários-mínimos vigorantes na época do pagamento." São trazidas à tona outras manifestações do mesmo Tribunal: "Se há um dano material e outro moral, que podem existir autonomamente, e se ambos dão margem à indenização, não se percebe porque isso não deve ocorrer quando os dois se tenham como presentes, ainda que oriundos do mesmo fato. De determinado ato ilícito decorrendo lesão material, esta haverá de ser indenizada. Sendo apenas de natureza moral, igualmente devido o ressarcimento. Quando reunidos, a reparação há de referir-se a ambos. Não há porque cingir-se a um deles, deixando o outro sem indenização."[36]

Da frequência das decisões no mesmo sentido emanou a Súmula nº 37 do mesmo STJ, firmando: "São cumuláveis as indenizações por dano material e dano moral oriundos do mesmo fato."

Como sabemos, o objeto do direito é a proteção de qualquer bem. Os autores dos primeiros tempos do Código Civil de 1916 – e nesta linha Clóvis Beviláqua – conceituavam o direito como bem ou a vantagem sobre a qual o sujeito exerce o poder conferido pela ordem jurídica, podendo ser seu objeto: 1) modos de ser da própria pessoa na vida social (a existência, a liberdade, a honra etc.); 2) as ações humanas; 3) as coisas corpóreas, entre estas últimas incluindo-se os produtos da inteligência. De modo que a noção jurídica de

---

[35] REsp. nº 348.072/SP, da 3ª Turma, *DJU* de 18.02.2002. Referidos precedentes no REsp. nº 293.260/SP, da 4ª Turma; no REsp. nº 293.260/SP, da 4ª Turma; e no REsp. nº 299.717/RJ, *DJU* de 22.10.2001.

[36] REsp. nº 19.402-0/SP, da 4ª Turma, de 31.03.1992, em *Revista do Superior Tribunal de Justiça*, 34/444.

bem é ampla, compreendendo coisas materiais, como imateriais, "tanto das coisas suscetíveis de avaliação econômica, como das não suscetíveis dessa avaliação, de conformidade, aliás, com o que pensam Minozzi e Formica", lecionava Wilson Melo da Silva, prosseguindo: "A pessoa, quem o afirma é Ihering, tanto pode ser lesada no que tem, como no que é, e que se tenha direito à liberdade ninguém o pode contestar, como contestar não se pode, ainda que se tenha direito a sentimentos afetivos. A ninguém se recusa o direito à vida, à honra, à dignidade, a tudo isso, enfim que, sem possuir valor de troca da economia política, nem por isso deixa de constituir em bem valioso para a humanidade inteira. São direitos que decorrem da própria personalidade humana. São emanações diretas do eu de cada qual, verdadeiros imperativos categóricos da existência humana."[37]

De sorte que o dano se caracteriza como a diminuição ou a subtração de um bem jurídico. E o bem jurídico é constituído não só dos haveres patrimoniais e econômicos, mas também de valores morais, quais sejam a honra, a vida, a saúde, o sofrimento, os sentimentos, a tristeza, o pesar diante da perda de um parente etc. Daí concluir que forma o objeto do direito todo bem jurídico, material ou espiritual. Sofrendo lesão, o bem jurídico, seja qual for, merece reparação. "Todo dano é indenizável..., e dessa regra não se exclui o dano moral, já que o interesse moral, como está no CC, é poderoso a conceder ação. O grande argumento em contrário diz apenas respeito à dificuldade da avaliação do dano. E foi a essa conta que o anteprojeto do Código de Obrigações, lavrado por eminentes juristas... admite a reparação do dano moral...".[38]

Sob os argumentos acima, tendo o sofrimento moral em conta de prejuízo, pois a felicidade humana é um valor, um bem protegido pela lei civil, afigura-se como perfeitamente aceitável a reparação do dano moral, ao lado dos prejuízos materiais decorrentes da morte. O Código de 2002 acolheu essa reparação, ao estatuir, no art. 186, que comete ato ilícito inclusive aquele que violar direito e causar dano a outrem, "ainda que exclusivamente moral".

Assim deve ser. Se o homem é composto de matéria e espírito, não é justo desconsiderarmos este último aspecto, pois se todas as ciências o tratam como um todo, acentuando-se cada vez mais as preocupações que buscam resolver os males através do estudo do psiquismo humano, é porque a dimensão espiritual revela-se tanto, ou mais importante, quanto a realidade material.

Correta já em época antiga revelava-se a lição de Giorgi, ao admitir a dupla indenização: "Compensada de esta manera la partida de los daños patrimoniales, es preciso también compensar con una cantidad *arbitrio judicis* los daños morales: es decir, los daños por la perdida tranquilidad de la familia, en cuanto disminuyendo la actividad y la capacidad para el trabajo produce un daño económico. Sobre este tema está acorde la jurisprudencia de todos los paises; y entre los muchos ejemplos que se pueden aducir, citaremos la sentencia antes recordada de la Corte de Ancona, la cual, dispués de haber impuesto a un tal Constantino Agapito, matador del joven Ciro Anconi, en Nocera Umbra, el reembolso en favor de la madre del muerto de todos los daños patrimoniales, le condenó también al pago de mil liras por compensación de los daños morales... Citaremos la Casación de Florencia en una sentencia en que estima que se puede conceder también al padre del muerto el juramento estimatorio para determinar la suma pecuniaria que debe compensar los daños morales sufridos *ex scelere*."[39]

---

[37] "O dano moral e sua reparação", p. 232, citação constante na *RT* 497/203.
[38] *RT* 497/203.
[39] *Teoria de las Obligaciones*, vol. V, p. 371, nº 241.

8. O *QUANTUM* DA REPARAÇÃO POR DANO MORAL

Havia e há certa timidez no estabelecimento do quantum para compensar o mal padecido. A estimação não é fácil. Mas não se torna empecilho ao direito. Nada impede que a apreciação se proceda mediante arbitramento. Outrossim, perfeitamente admissível que o juiz fixe o montante tendo em conta valores ou caracteres afetivos que relacionavam a vítima e os parentes supérstites. Se a intensidade dos sentimentos era forte, equivale a um grau maior de sofrimento moral, que influirá na determinação da soma reparatória. Exemplificativamente, se a esposa não mantinha grande afeição pelo marido morto; se a vida de ambos foi uma constância de desentendimentos e desavenças, a presunção é de pouca repercussão moral a morte na alma daquela. Daí que o montante da indenização pode oscilar entre, v. g., cem a quinhentos salários-mínimos.

Por isso, Enneccerus, Kipp e Wolff, ao dissertarem sobre o dano moral, mostraram-se coerentes com este ponto de vista ao observarem que "para su cálculo se han de tener en cuenta especialmente los dolores padecidos".[40]

Não é conveniente que venha um tarifamento da dor moral, dada a diferença de situações, de sentimentos entre uma pessoa e outra, de grau de dor, de estados emocionais, de idades dos indivíduos. O critério mais apropriado é que seja arbitrável, elevando-se a verba em razão da gravidade, da intensidade, da profundidade do padecimento, seguindo a linha orientadora do extinto Tribunal de Alçada do Paraná: "Na fixação do dano moral, uma vez que a dor verdadeiramente não tem preço, deve-se ponderar sobre as condições socioculturais e econômicas dos envolvidos, grau de culpa, trauma causado e outros fatores, como o de servir de desestímulo à prática de novo ilícito, e de compensação amenizadora, de modo que a quantia arbitrada não seja tão irrisória que nada represente e nem tampouco exagerada, que implique em sacrifício demasiado para uma parte e locupletamento para a outra."[41] É seu norte orientador: compensar a sensação de dor da vítima com um bem que traga uma sensação agradável em contrário; ou serve a reparação não para contrabalançar a dor íntima, da alma. Acontece que jamais se esquece um ente querido, e a sensação de vazio, da falta ou ausência, da tristeza por não mais desfrutar de sua companhia não é substituída pela reparação. O que coloca é o oferecimento de outro bem que traz uma sensação agradável ou de satisfação. Ao lado da profunda tristeza pelo golpe sofrido, e aí em qualquer tipo de dor moral, surge um fato que importa em motivo de satisfação. De sorte que não se está neutralizando uma dor, nem anestesiando-a, mas apresentando um fator que traz uma agradável sensação, que leva o ser humano a aproveitar melhor a vida ou a praticar atos e fatos que lhe dão prazer e alegria, a se distrair, a desempenhar atividades que a façam abstrair de um evento, o qual sempre está presente, e conserva igual intensidade quando vem à tona, tendendo a diminuir ou a se atenuar com o passar do tempo, e com o surgimento de novas relações, ou de ocupações, ou de convivências diferentes. Esses os fatores que fazem regredir o padecimento moral, e não a compensação recebida. Todavia, com a reparação proporciona-se a criação de vivências que levam a diminuir o estado interior de sofrimento.

Como parâmetro, criou-se a praxe de adotar o salário-mínimo, servindo de exemplo a Súmula nº 490 do STF: "A pensão correspondente à indenização oriunda de responsabi-

---

[40] *Tratado de Derecho Civil, Derecho de Obligaciones*, ob. cit., vol. II, tomo 2, p. 710, § 240.

[41] Apel. nº 103.559-2, da 2ª Câmara Cível, j. em 18.06.1997, em *Rep. IOB Jurisprudência*, 20/97, Cad. 3, p. 395, nº 13.679.

lidade civil deve ser calculada com base no salário-mínimo vigente ao tempo da sentença e ajustar-se às variações ulteriores."

No Superior Tribunal de Justiça: "O quantum indenizatório, em casos tais, deve preferencialmente ser um valor certo, estabelecido em número de salários-mínimos."[42]

O mesmo Superior Tribunal de Justiça tem insistido no patamar de trezentos salários-mínimos para a reparação de dano moral pela morte de filho recém-nascido, de outras espécies de filhos e de progenitores:

"Na espécie, o valor equivalente a 300 salários-mínimos mostra-se razoável e moderado, a contar sobretudo a negligência dos médicos e o sofrimento pela perda de um filho recém-nascido em decorrência do parto."[43]

"Não fere o princípio da razoabilidade a fixação em 300 (trezentos) salários-mínimos do *quantum* devido a título de danos morais suportados pelos genitores de vítima fatal em acidente de trânsito."[44]

"Ajuizada a ação pelo marido e filhos de vítima falecida por erro médico. Danos morais. Indenização fixada em quinhentos salários-mínimos. Redução para trezentos salários-mínimos. Razoabilidade. Precedentes. Esta Corte superior de justiça firmou o entendimento de que pode majorar ou reduzir, quando irrisório ou absurdo, o valor das verbas fixadas a título de dano moral, por se tratar de matéria de direito e não de reexame fático-probatório. Dessarte, na hipótese em exame, a indenização devida a título de danos morais, fixada pelo tribunal de origem em 500 (quinhentos) salários-mínimos, deve ser reduzida a 300 (trezentos) salários-mínimos, em atenção à jurisprudência desta Corte e ao princípio da razoabilidade. Recurso Especial provido em parte."[45]

"A verba do dano moral fixada pelo Acórdão recorrido, no valor correspondente a 300 salários-mínimos para os quatro autores não representa nenhum absurdo, exagero ou excesso, a justificar a intervenção da Corte, reservada para tais situações, diante dos termos da Súmula nº 07)."[46]

"Vitimando o acidente indivíduo ainda jovem, estudante, já assalariado, que contribuía para o sustento materno, justa se afigura a condenação a título de danos morais fixados no acórdão recorrido no importe de 300 salários-mínimos."[47]

"Não fere o princípio da razoabilidade a fixação em 300 (trezentos) salários-mínimos do *quantum* devido a título de danos morais suportados pelos genitores de vítima fatal em acidente de trânsito."[48]

Prosseguiu o STJ no mesmo patamar:

"O valor do dano moral tem sido enfrentado no STJ com o escopo de atender a sua dupla função: reparar o dano buscando minimizar a dor da vítima e punir o ofensor para que não volte a reincidir.

Fixação de valor que não observa regra fixa, oscilando de acordo com os contornos fáticos e circunstanciais. Aumento do valor da indenização para 300 salários-mínimos. Recurso especial conhecido em parte e, nessa parte, parcialmente provido."[49]

---

[42] REsp. nº 56.289-0/RJ, da 4ª Turma, de 18.04.1995, *DJU* de 22.05.1995.
[43] REsp. nº 402.874/SP, da 4ª Turma, de 06.06.2002, *DJU* de 1º.07.2002.
[44] REsp. nº 348.072/SP, da 3ª Turma, *DJU* de 18.02.2002.
[45] REsp. nº 371.935/RS, da 2ª Turma, *DJU* de 13.10.2003.
[46] REsp. nº 193.296/RJ, *DJU* de 07.02.2000.
[47] REsp. nº 293.292/SP, da 3ª Turma, *DJU* de 08.10.2001.
[48] REsp. nº 348.072/SP, da 3ª Turma, de 03.12.2001, *DJU* de 18.02.2002; ainda, REsp. nº 443422/RS, da 2ª Turma, *DJU* de 03.11.2003.
[49] REsp. nº 860.705/DF, da 2ª Turma, rel.ª Ministra Eliana Calmon, j. em 24.06.2006, DJU de 24.10.2006.

No voto da Relatora, é fixado o valor de trezentos mil reais, diante da falta de parâmetro unânime quanto ao valor: "Notadamente, a pensão foi estabelecida nos moldes em que hoje trilha a jurisprudência do Col. Superior Tribunal de Justiça, alcançando o patamar pretendido somente quando o pensionamento é concedido à própria vítima. Outrossim, o valor arbitrado a título de dano moral, a ser corrigido monetariamente, tem por finalidade trazer algum conforto aos pais pela dor da perda, não podendo ser fator de enriquecimento, mas mera compensação.

Dentro da falta de um padrão uniforme e ponderando sobre a jurisprudência que se desenvolveu nesta Turma, fixo indenização de 300 (trezentos) salários-mínimos."

Em outro caso, por morte em acidente do trabalho, arbitrou-se em 400 salários-mínimos o valor:

Responsabilidade civil. Acidente no trabalho. Indenização.

A morte do marido e pai dos autores causa dor que deve ser indenizada, não se exigindo para isso a prova do sofrimento, o que decorre da experiência comum e somente pode ser afastada se houver prova em sentido contrário, o que não ocorre.

A perda das duas pernas, por uma das vítimas do acidente, justifica o deferimento de indenização a título de dano moral.

A pensão mensal devida aos operários que ficaram incapacitados para o trabalho deve ser paga enquanto viverem. Honorários fixados sobre as prestações vencidas e um ano das vincendas, de acordo com a orientação desta Turma.

Recurso conhecido em parte e provido" (A indenização por dano moral, no caso de morte, restou fixada em 400 salários-mínimos).[50]

Encontram-se decisões que fixam em quinhentos salários-mínimos o patamar, evidenciando uma variabilidade que leva em conta situações especiais.[51]

Tanto isto que o mesmo STJ, no REsp. nº 866.450/RS, da 2ª Turma, j. em 24.04.2007, DJe de 07.03.2008, arbitrou em seiscentos salários-mínimos o equivalente:

"O montante indenizatório dos danos morais fixado pelas instâncias ordinárias está sujeito a excepcional controle pelo Superior Tribunal de Justiça, quando se revelar exorbitante ou irrisório. Precedentes.

Em entendimento conciliatório e de forma a refletir a jurisprudência firmada nesta Corte, o patamar indenizatório fixado pelas Instâncias Ordinárias, na espécie, merece ser reduzido para 600 (seiscentos) salários-mínimos, equivalentes a R$ 228.000,00 (duzentos e vinte e oito mil reais)."

Tem o Superior Tribunal de Justiça se atribuído a competência para aferir o valor do dano moral quando fixado o valor de modo irrisório ou excessivamente alto:

"No recurso especial, rever a indenização por danos morais só é possível quando a quantia for irrisória ou exagerada, o que não ocorre quando o valor é inferior a 500 (quinhentos) salários mínimos para cada um dos autores pela morte do pai".[52]

---

[50] REsp. n. 220.084/SP, rel. Min. Ruy Rosado de Aguiar, 4ª Turma, unânime, j. em 06.11.1999, DJU de 17.12.1999.

[51] REsp. nº 223.545/SP, da 4ª Turma do STJ, *DJU* de 26.06.2000.

[52] AgRg no EDcl no AREsp. nº 25.258/RJ, da 3ª Turma, rel. Min. Ricardo Villas Bôas Cueva, j. em 21.02.2013, *DJe* de 26.02.2013.

9. INDENIZAÇÃO PELA MORTE DO NASCITURO

Vindo a falecer a mãe grávida, admite-se ao pai pleitear a reparação pela morte do filho que estaria para nascer?

A resposta é negativa, como veremos.

Parte-se do art. 2º do Código Civil, que estatui: "A personalidade civil da pessoa começa do nascimento com vida; mas a lei põe a salvo desde a concepção os direitos do nascituro."

Como se vê, ao nascituro, isto é, ao ser humano que está para nascer, que ainda é parte das vísceras da mãe, está assegurada a proteção da lei. Por isso, condena-se o aborto e cominam-se sanções contra aqueles que o praticam. De outro lado, na forma do art. 1.779, "dar-se-á curador ao nascituro, se o pai falecer estando a mulher grávida, e não tendo o poder familiar". E o art. 1.799, inc. I admite a possibilidade de adquirir, por testamento, em favor de filhos ainda não concebidos, desde que vivas estas ao abrir-se a sucessão. De sorte que, nas palavras ainda de Teixeira de Freitas, usadas por Carvalho Santos, "se o nascituro é considerado sujeito de direito, se a lei civil lhe confere um curador, se a lei criminal o protege cominando penas contra a provocação do aborto, a lógica seria reconhecer-lhe o caráter de pessoa".[53]

Embora a lei coloque a salvo desde a concepção os direitos do nascituro, a personalidade civil do homem começa do nascimento com vida. Comentava Pontes de Miranda: "No útero, a criança não é pessoa. Se não nasce viva, nunca adquiriu direitos, nunca foi sujeito de direito nem pode ter sido sujeito de direito (nunca foi pessoa)."[54]

E para haver o reconhecimento da personalidade humana, no dizer de Washington de Barros Monteiro, não basta "o simples fato do nascimento. É necessário ainda que o recém-nascido haja dado sinais inequívocos de vida, como vagidos e movimentos próprios. Também a respiração, evidenciada pela docimasia hidrostática de Galeno, constitui sinal concludente de que a criança nasceu com vida. Requer a lei, portanto, dê o infante sinais inequívocos de vida, após o nascimento, para que se lhe reconheça personalidade civil e se torne sujeito de direitos, embora venha a falecer instantes depois. Como desde logo se percebe, é de suma importância tal indagação, de que podem resultar importantíssimas consequências práticas. Se a criança nasce morta, não chega a adquirir personalidade, não recebe nem transmite direitos. Se nasce com vida, ainda que efêmera, recobre-se de personalidade, adquire e transfere direitos".[55]

Assim é no direito brasileiro.

Os direitos do nascituro são protegidos, mas a personalidade desponta do nascimento com vida. Nasce a capacidade jurídica quando o feto se torna autônomo, destacando-se do útero materno. Esta é também a teoria adotada pelo direito português, alemão e italiano, contrariamente ao estipulado pelo CC argentino, que toma a concepção como marco inicial da personalidade. Importa que a criança nasça com vida, nada significando a pouca viabilidade de duração ou prosseguimento como ser humano. Nem interessa a deformidade do corpo, pois "humano é todo ser dado à luz por mulher, e, como tal, para os efeitos do direito, é homem", não mais se admitindo concepções arianas que negavam

---

[53] *Código Civil Brasileiro Interpretado*, 10ª ed., vol. I, p. 248.
[54] *Tratado, Parte Geral*, 3ª ed., 1970, tomo I, p. 162.
[55] *Curso de Direito Civil*, Parte Geral, 1962, p. 62.

874 • Responsabilidade Civil | *Arnaldo Rizzardo*

a proteção jurídica aos desprovidos da mente e portadores de graves anomalias, de acordo com o consagrado pelo direito vigente.[56]

De modo que se ao nascituro não se concede a personalidade, não se admite o reconhecimento do direito à indenização em favor do pai sobrevivente. Não poderá ele postular a pretensão de qualquer verba em face do acidente que faz sucumbir a mãe grávida, a não ser pela perda desta.

A jurisprudência consagra essa inteligência, atenta ao art. 4º do Código revogado, cujo sentido corresponde ao art. 2º do vigente diploma civil:

"Ainda que se lamente a perda de uma preciosa expectativa de vida, não se pode atribuir indenização pelo falecimento de nascituro. O argumento desenvolvido pelo digno magistrado, ao amparar-se na Lei de Registros Públicos, data venia, não colhe. É que se cuida de lei meramente instrumental, destinando-se a dar autenticidade aos fatos de que a administração pública, por força de sua atividade própria, tem conhecimento. Nada mais. A só circunstância de o natimorto dever ser registrado não implica se reconhecer personalidade jurídica. Na hipótese, sequer do natimorto se cuida. É morte intrauterina. O natimorto viveu, isto é, respirou. Nos termos do art. 4º do CC, 'a personalidade civil do homem começa do nascimento com vida, mas a lei põe a salvo, desde a concepção, os direitos do nascituro'. Evidente que, para que tenha personalidade, pois, isto é, para que seja ente capaz de direitos e obrigações, na órbita civil, imprescindível que ocorra o nascimento com vida. No caso dos autos, o ente viável nasceu morto (doc. de f.). Não chegou, pois, a ser pessoa (Pontes de Miranda, Tratado de Direito Privado, 3ª ed., Borsoi, 1970, tomo I, § 50).

Apreciando hipótese semelhante, já se entendeu que é inadmissível a indenização em decorrência de morte do nascituro (RT 498/128). Os direitos do nascituro são resguardados, desde a concepção, mas apenas terão continuidade se nascer com vida, isto é, se respirar, uma vez desligado do ventre materno. Como anota Enneccerus, a aquisição dos direitos 'tiene lugar para el caso de que nazca vivo de igual modo que si hubiese sido ya sujeto de derecho al tiempo de la aquisición' (Derecho Civil, Parte Geral, I, Bosch, 1953, tomo I, § 77, p. 321). Do mesmo teor a lição de Washington de Barros Monteiro, afirmando: 'Se a criança nasce morta, não chega a adquirir personalidade, não recebe nem transmite direitos' (Curso de Direito Civil, Parte Geral, 2ª ed., 1960, p. 62). Assim, já entendeu o E. Tribunal de Justiça (RT 525/70). Em excelente julgado, deixou decidido o E. 1º Tribunal de Alçada Civil que 'gestante que sofre traumatismo em colisão de veículos, em consequência do que a criança vem a nascer morta, não tem ação de indenização por esse fundamento' (RT 501/113). Do mesmo teor o acórdão constante dos JUTACivSP 76/139. Evidente que se lamente o ocorrido. Eventual indenização pelas despesas de cunho hospitalar, tratamento médico etc. seria indenizável. Mas não são objeto do pedido. Limita-se a inicial a postular indenização pelo falecimento do nascituro. Como se vê, sem razão. Neste ponto, pois, improcede a pretensão da autora' (1º TACSP, Ap. nº 314.502, 7ª C., j. 13.09.1983, v. u., rel. Juiz Régis de Oliveira)."[57]

Entretanto, essa posição tradicional vem se enfraquecendo, existindo decisões que admitem a indenização aos progenitores por morte do feto, quando devidamente com-

---

[56] Carvalho Santos, *Código Civil Brasileiro Interpretado*, ob. cit., vol. 1, p. 251.
[57] Em *Acidentes de Trânsito e Responsabilidade Civil – Conceitos de Jurisprudência e Acórdãos*, de Orlando Gandolfo, São Paulo, Editora Revista dos Tribunais, 1985, pp. 300-301.

Cap. LX | A Responsabilidade por Morte • **875**

provado o liame da morte a uma causa externa, como decidiu o Tribunal de Justiça de Santa Catarina:

"Apelação cível. cobrança. Seguro DPVAT. Sentença de improcedência. Acidente de trânsito envolvendo gestante. Morte do nascituro. Art. 2º do Código Civil/2002. Personalidade jurídica que nasce com a concepção. Indenização devida em razão do óbito do feto. Art. 3º da Lei 6.194/74. Precedentes. Decisum reformado. Recurso provido.

... A despeito da literalidade do art. 2º do Código Civil – que condiciona a aquisição de personalidade jurídica ao nascimento –, o ordenamento jurídico pátrio aponta sinais de que não há essa indissolúvel vinculação entre o nascimento com vida e o conceito de pessoa, de personalidade jurídica e de titularização de direitos, como pode aparentar a leitura mais simplificada da lei ...

3. As teorias mais restritivas dos direitos do nascituro – natalista e da personalidade condicional – fincam raízes na ordem jurídica superada pela Constituição Federal de 1988 e pelo Código Civil de 2002. O paradigma no qual foram edificadas transitava, essencialmente, dentro da órbita dos direitos patrimoniais. Porém, atualmente isso não mais se sustenta. Reconhecem-se, corriqueiramente, amplos catálogos de direitos não patrimoniais ou de bens imateriais da pessoa – como a honra, o nome, imagem, integridade moral e psíquica, entre outros.

4. Ademais, hoje, mesmo que se adote qualquer das outras duas teorias restritivas, há de se reconhecer a titularidade de direitos da personalidade ao nascituro, dos quais o direito à vida é o mais importante. Garantir ao nascituro expectativas de direitos, ou mesmo direitos condicionados ao nascimento, só faz sentido se lhe for garantido também o direito de nascer, o direito à vida, que é direito pressuposto a todos os demais... (Resp. 1415727/SC, rel. Min. Luis Felipe Salomão, j. 4.9.2014)".[58]

O STJ, no REsp acima mencionado, já havia decidido reconhecendo os direitos do nascituro, com o direito à indenização por sua morte:

"1. A despeito da literalidade do art. 2º do Código Civil – que condiciona a aquisição de personalidade jurídica ao nascimento –, o ordenamento jurídico pátrio aponta sinais de que não há essa indissolúvel vinculação entre o nascimento com vida e o conceito de pessoa, de personalidade jurídica e de titularização de direitos, como pode aparentar a leitura mais simplificada da lei.

2. Entre outros, registram-se como indicativos de que o direito brasileiro confere ao nascituro a condição de pessoa, titular de direitos: exegese sistemática dos arts. 1º, 2º, 6º e 45, caput, do Código Civil; direito do nascituro de receber doação, herança e de ser curatelado (arts. 542, 1.779 e 1.798 do Código Civil); a especial proteção conferida à gestante, assegurando-se-lhe atendimento pré-natal (art. 8º do ECA, o qual, ao fim e ao cabo, visa a garantir o direito à vida e à saúde do nascituro); alimentos gravídicos, cuja titularidade é, na verdade, do nascituro e não da mãe (Lei n. 11.804/2008); no direito penal a condição de pessoa viva do nascituro – embora não nascida – é afirmada sem a menor cerimônia, pois o crime de aborto (arts. 124 a 127 do CP) sempre esteve alocado no título referente a 'crimes contra a pessoa' e especificamente no capítulo 'dos crimes contra a vida' – tutela da vida humana em formação, a chamada vida intrauterina (MIRABETE, Julio Fabbrini. Manual de direito penal, volume II. 25 ed. São Paulo: Atlas,

---

[58] Apel. Cível nº 20140324666 SC 2014.032466-6, da 5ª Câm. de Direito Civil, rel. Des. Sérgio Izidoro Heil, de 21.01.2015, publ. em 21.10.2015.

2007, p. 62-63; NUCCI, Guilherme de Souza. Manual de direito penal. 8 ed. São Paulo: Revista dos Tribunais, 2012, p. 658).

3. As teorias mais restritivas dos direitos do nascituro – natalista e da personalidade condicional – fincam raízes na ordem jurídica superada pela Constituição Federal de 1988 e pelo Código Civil de 2002. O paradigma no qual foram edificadas transitava, essencialmente, dentro da órbita dos direitos patrimoniais. Porém, atualmente isso não mais se sustenta. Reconhecem-se, corriqueiramente, amplos catálogos de direitos não patrimoniais ou de bens imateriais da pessoa – como a honra, o nome, imagem, integridade moral e psíquica, entre outros.

4. Ademais, hoje, mesmo que se adote qualquer das outras duas teorias restritivas, há de se reconhecer a titularidade de direitos da personalidade ao nascituro, dos quais o direito à vida é o mais importante. Garantir ao nascituro expectativas de direitos, ou mesmo direitos condicionados ao nascimento, só faz sentido se lhe for garantido também o direito de nascer, o direito à vida, que é direito pressuposto a todos os demais.

5. Portanto, é procedente o pedido de indenização referente ao seguro DPVAT, com base no que dispõe o art. 3º da Lei n. 6.194/1974. Se o preceito legal garante indenização por morte, o aborto causado pelo acidente subsume-se à perfeição ao comando normativo, haja vista que outra coisa não ocorreu, senão a morte do nascituro, ou o perecimento de uma vida intrauterina.

6. Recurso especial provido".[59]

10. FINALIDADE REPRESSIVA DA CONDENAÇÃO POR DANO MORAL E SITUAÇÃO ECONÔMICA DOS ENVOLVIDOS

Revela a condenação uma finalidade repressiva, ou mesmo de punição, de modo a desestimular o agente à prática futura de novos ou semelhantes atos.

Ao arbitrar o montante da reparação, o órgão judiciário deverá levar em conta que a indenização por dano moral visa duplo objetivo, no alvitre de Caio Mário da Silva Pereira:[60] "O fulcro do conceito ressarcitório acha-se deslocado para a convergência de duas forças: 'caráter punitivo', para que o causador do dano, pelo fato da condenação, se veja castigado pela ofensa que praticou; e o 'caráter ressarcitório' para a vítima, que receberá uma soma que lhe proporcione prazeres como contrapartida do mal sofrido.

Este duplo objetivo consagra a doutrina dos exemplary demages que, também na Common Law, excepcionam a regra geral de que as perdas e danos reparam o prejuízo causado. Elas se aplicam quando há expressa autorização legal; contra atos opressivos, arbitrários ou inconstitucionais de servidores públicos; e quando o ofensor calculou as vantagens que lhe adviriam do ilícito, a exemplo da publicação de um livro difamatório".

Entrementes, deve-se encarar com cautela o caráter repressivo na fixação, porquanto sujeito ao perigo do subjetivismo, perdendo a objetividade, e correndo o perigo de conduzir a verdadeiros absurdos, tornando a indenização um fator de enriquecimento. O princípio da proporcionalidade deve ditar o critério, de sorte a existir uma correspondência entre o dano e a quantia arbitrada.

---

[59]   REsp. 1415727/SC, da 4ª Turma, rel. Min. Luis Felipe Salomão, j. em 4.09.2014, DJe de 29.09.2014.
[60]   *Responsabilidade Civil*, Rio de Janeiro, Editora Forense, nº 45, p. 62, 1989.

Se emprestar-se muita importância à finalidade de punir, sujeita-se o julgador a cometer grave injustiça, castigando o agente causador porque se encontra numa situação abastada, enquanto, se pobre o autor do dano, resta favorecido, em detrimento dos direitos da vítima.

Carlos Roberto Gonçalves lança a seguinte advertência: "Ademais, pode fazer com que a reparação do dano moral tenha valor superior ao do próprio dano. Sendo assim, revertendo a indenização em proveito do lesado, este acabará experimentando um enriquecimento ilícito, com o qual não se compadece o nosso ordenamento. Se a vítima já está compensada com determinado valor, o que receber a mais, para que o ofensor seja punido, representará, sem dúvida, um enriquecimento ilícito."[61]

Nem se revela conveniente firmar como fator do montante indenizatório a posição econômica do ofendido ou do ofensor. Conforme já ponderado, ditam a verba o grau de culpa, a extensão do sofrimento, o grau de parentesco ou proximidade com a vítima, sem que influa o nível socioeconômico dos parentes, ou o poder econômico do causador do dano. Do contrário, se reparará menos o pobre, e se exacerbará a penalização porque a pessoa está num bom padrão econômico. Preservam-se os princípios de igualdade e justiça nas relações entre os seres humanos.

---

[61] *Responsabilidade Civil*, ob. cit., pp. 574 e 575.

LXI
Responsabilidade no Furto e Roubo e na Entrega de Bens a Terceiros

1. RESPONSABILIDADE PELOS DANOS CAUSADOS POR BENS FURTADOS OU ROUBADOS

Se uma pessoa não tem a guarda da coisa inanimada, responde pelos danos causados a terceiros?

A palavra 'guarda' traduz a ideia de poder de vigilância, direção e controle, daí nascendo o dever de obstar a que o bem, sob custódia, produza danos em relação a estranhos.

De modo geral, o fato da posse da coisa faz presumir a responsabilidade, com as seguintes consequências:

a) a vítima, para obter uma indenização, não necessita provar a culpa do proprietário ou daquele que tem a guarda da coisa que originou o dano;

b) o proprietário ou o guarda da coisa não se exime da obrigação de indenizar o dano com a simples alegação e prova de que se houve com a prudência e diligência habituais;

c) a culpa não constitui o fundamento da responsabilidade pela guarda da coisa.

O proprietário ou guarda, para livrar-se da responsabilidade, precisa provar a ocorrência de caso fortuito, ou força maior, como fator causal do dano.

Mas, se não está na guarda da *res,* por inúmeras razões jurídicas, não se invoca a sua responsabilidade desde que não tenha agido culposamente na entrega da coisa.

Os que discordam deste pensamento justificam a obrigação de reparar através de uma distinção que fazem sobre a guarda, classificando-a em guarda material e guarda jurídica. Argumentam que o detentor de má-fé, o usurpador, aquele que subtraiu o veículo, exerce a guarda apenas material. O proprietário, apesar do ato ilícito do que subtraiu ou usou da violência no desapossamento, conserva a guarda jurídica. Daí nasce, a seu cargo, a responsabilidade pelos danos emergentes, seja qual for a causa que os originou.

Esta doutrina vem apoiada por Aguiar Dias, no que foi bastante contestada por considerável parcela de autores e pela jurisprudência mais consentânea com a realidade, segundo judicioso exame de Mário Moacyr Porto, que em uma passagem de sua valiosa obra *Ação de Responsabilidade Civil e Outros Estudos,* escreve: "O proprietário de um automóvel que é desapossado em razão de um roubo, acha-se na impossibilidade de

880 • Responsabilidade Civil | *Arnaldo Rizzardo*

exercer sobre o veículo qualquer vigilância; por conseguinte, privado do uso, da direção e do controle do veículo, ele não tem mais a guarda e, em caso de acidente, não mais se encontra submetido à presunção de responsabilidade".[62]

Realmente, sendo a guarda o controle ou o poder de vigilância sobre a coisa, não se entende como possa ser mantida quando o exercício do controle se torna impossível. Desde o momento em que o dono perde a direção do bem, deixa, evidentemente, de ser o guardião. A posse é um título jurídico que transfere direitos ao possuidor, mesmo quando se reveste de má-fé, acentua o já citado Mário Moacyr Porto. Partilhando-se de entendimento oposto, chega-se ao absurdo de que o possuidor ilegítimo tem todas as vantagens da posse, sem assumir, "no entanto, o encargo da guarda e sem ter de sofrer o risco que esse encargo acarreta".[63]

Revela-se a posse no poder físico, no império sobre a coisa. Se o proprietário de um bem móvel que é furtado não dispõe desta faculdade, fere o mais elementar princípio de justiça pretender que ele responda pelos danos causados pelo ladrão. "O proprietário do automóvel furtado, privado do uso, da direção e do controle do veículo, não tem mais a guarda e não está mais submetido à presunção da responsabilidade...", arremata o autor acima.[64]

A jurisprudência se formou sob essa ótica:

"A subtração do automóvel constitui fato imprevisível, compreendido na órbita da força maior ou do caso fortuito, tornando insuscetível de qualquer responsabilidade o proprietário por perdas e danos causados por terceiro...".[65]

"O guardião de coisa perigosa, diligente na custódia e que, não obstante, é desapossado da coisa, mediante violência (roubo), não é responsável pelos danos que ele venha a produzir após o evento criminoso".[66]

"O proprietário, absolutamente diligente na guarda do veículo, não é responsável pelos danos culposos ocasionados por terceiro que dele se apoderou contra a sua vontade. Fato imprevisível, compreendido na órbita da força maior ou do caso fortuito".[67]

Os exemplos acima vêm respaldados na melhor doutrina, representada por autores clássicos, como Clóvis Beviláqua e Alvino Lima.[68]

Se o furto ou roubo acontece por culpa do guarda ou proprietário, no entanto, é inafastável a responsabilidade, afigurando-se como hipóteses o estacionamento do veículo em local isolado e desprovido de vigilância, ou o tráfego, durante o horário noturno, em áreas infestadas de marginais e assaltantes. Não é necessário que se esqueçam as chaves na ignição, ou que fiquem as portas abertas para se referendar a culpa. Nos centros urbanos maiores, o simples fato de colocar o veículo em uma via sem fiscalização por certo espaço de tempo, em tempos de desenfreada escalada da delinquência, é sinal de imprevidência ou conduta relapsa, que enseja responsabilidade por eventuais danos a terceiros causados pelos meliantes.

---

[62] *Ação de Responsabilidade Civil e Outros Estudos*, São Paulo, Editora Revista dos Tribunais, 1966, pp. 70 e 71.

[63] *Ação de Responsabilidade Civil e Outros Estudos,* ob. cit., p. 74.

[64] *Idem*, p. 74.

[65] *RT*, 463/244.

[66] *RT*, 505/41.

[67] *Julgados do Tribunal de Alçada do RS*, 27/251.

[68] *Código dos Estados Unidos do Brasil Comentado*, 4ª ed., vol. 4º, p. 222; e *A Responsabilidade Civil pelo Fato de Outrem*, 1ª ed., Rio de Janeiro, Editora Forense, 1973, p. 303, respectivamente.

Desde tempos antigos se firmou a responsabilidade em situações tais: "Quem abandona o veículo na via pública, não o trava devidamente, ou o deixa em condições de ser utilizado por outrem, pode ser responsabilizado, se, de sua negligência no cumprimento do dever de guarda, resultar acidente".[69] "É iniludível a responsabilidade do dono do veículo que, por seu descuido, permitir que o carro seja usado por terceiro".[70] Aguiar Dias vai mais longe, tendo como responsável aquele que permite o acesso ao carro, ou ao local em que o guarda, de terceiro que retirou o veículo sem autorização quando do acidente. Por ser um instrumento perigoso o automóvel, acrescenta, não pode ser deixado em situação de abandono, num local público. Cumpre se use de todas as cautelas para impedir que qualquer pessoa saia com a máquina, à revelia do dono.[71]

2. INDENIZAÇÃO POR FURTO DE VEÍCULOS EM ÁREAS DESTINADAS A ESTACIONAMENTOS

Um fenômeno frequente é o furto de veículos em estacionamentos de *shoppings*, pátios de colégios, universidades, hospitais, parque de diversões e supermercados. Especialmente os *shoppings* e supermercados de grandes dimensões são construídos em locais de fácil acesso ao público, com extensas áreas reservadas aos veículos dos clientes.

O grande problema é a responsabilidade civil na indenização. Há tempo as decisões se dividem, uns entendendo que os estabelecimentos que exploram as atividades procuradas pelos que colocam os veículos em suas dependências devem arcar com a indenização, e outros tentando justificar a inexistência do contrato de depósito, ou guarda, pois não há pagamento, e daí nada podendo ser reclamado.

Deve-se caracterizar a relação que existe nesses estacionamentos.

O veículo tornou-se de vital importância para a locomoção, no que sequer cabe discutir. Melhor é considerá-lo como uma necessidade, importando em um custo para o Poder Público, para as pessoas e todos aqueles que exploram alguma atividade, mormente relativa à produção ou ao comércio.

Inquestionavelmente, os modernos empreendimentos visam oferecer facilidades e vantagens aos clientes, como incentivo para serem procurados ou merecerem a preferência. Não há dúvida que o próprio cliente, ao final das contas, arca com a totalidade dos custos, mas resta, também, beneficiado pela comodidade que lhe é proporcionada. Assim, ele paga pelas mercadorias adquiridas e pelo estacionamento. A facilidade de estacionamento oferecida aos clientes é fator importante para que se alcance êxito na crescente procura dos *shoppings centers* e dos supermercados de grandes proporções. A construção de extensos pátios em áreas valorizadas, ou os sistemas de garagens em vários andares e pavimentos – tudo com forte aparato de segurança, guardas armados, viaturas circulando, guaritas, sistemas de comunicações internos – importam em grandes e pesadas despesas, suportadas por todos os que exploram os vários departamentos comerciais, ou proprietários de lojas. Indiretamente o custo é repassado aos clientes, sem distinção de terem ou não veículos. Cada proprietário de loja paga um valor proporcional à área alugada a título de despesa de condomínio. Ainda, o aluguel é calculado não apenas em vista do espaço

---

[69] RT, 444/130.
[70] *Julgados do Tribunal de Alçada do RS*, 27/251.
[71] *Da Responsabilidade Civil*, 4ª ed., ob. cit., vol. II, p. 481.

ocupado pela loja, mas também, e proporcionalmente, em razão da parte ideal dos espaços de estacionamento, recreação, circulação interna etc.

A atividade dos guardas, vigilantes ou garagistas, no entanto, não se dirige para cuidar cada um dos veículos que ingressa no complexo de garagens. Inexiste um controle específico e individual do veículo, com a entrega de um *ticket*, ou anotação das placas ou do nome do condutor ou proprietário. Evidente que, por mais este serviço, haveria um custo maior, com reflexos nas taxas de condomínio, e, indiretamente, nos preços das mercadorias.

Esta realidade é inquestionável. Assim, não se firma uma relação contratual entre o cliente e o *shopping* com caráter de depósito, ou de guarda, mas de mera locação de espaço, com o pagamento indireto, embutido nos preços, e cobrado do público em geral que efetua transações.

Nos supermercados, em que não há o regime condominial da atividade comercial, os serviços de estacionamento também importam em custos, que repercutem nos preços das mercadorias.

Nos estacionamentos em parques de diversões, de estabelecimentos de ensino, as despesas com a conservação e pelo simples uso podem repercutir no preço das utilidades, do proveito oferecido ou dos serviços mantidos.

Todavia, se a prestação das utilidades envolve também a segurança, com o controle de entrada e saída de veículos, e inclusive seguro contra furtos, incêndios, ou acidentes verificados nos espaços internos, há incontestavelmente a majoração dos custos, e o repasse dos preços do bem procurado – mercadorias, diversões, ensino. O adquirente ou usuário reembolsa o comerciante ou prestador de serviços qualitativamente superiores. A dimensão quantitativa das prestações e contraprestações deve fundar-se na realidade comutativa da relação contratual desenvolvida, sob pena de infringir-se um prejuízo a uma das partes.

Ademais, é perceptível a diferença, na prestação de serviços, quando o veículo é entregue para a guarda, sem outra finalidade, ou quando é simplesmente colocado em local reservado para a permanência enquanto se desenvolve uma atividade. Imprescindível distinguir a finalidade do espaço reservado: ou para a simples permanência enquanto se efetua, *v. g.*, a compra, ou para ser guardado e protegido o bem. Nesta última situação, há uma contratação objetivando a guarda. Na primeira, pactua-se unicamente um espaço para a permanência. A fim de impor a responsabilidade pela guarda e pelos danos que advierem, é necessária a entrega do veículo – que se efetua mediante a sua identificação, ou a entrega das chaves, de modo que o encarregado tenha certa disponibilidade e condições de identificação. É óbvio que aí ingressa o elemento da confiabilidade, e trava-se uma relação de depósito.

A ocupação de espaço em estacionamento é, sobretudo, vista em duas dimensões pela jurisprudência: ou gratuitamente, quando não há o contrato de depósito, ou mediante pagamento, que representa um contrato de guarda e depósito. Mas olvidando que existem contratos de depósito sem pagamento pelo serviço.

Apenas no segundo caso firmou-se um entendimento, numa primeira fase, autorizando a indenização, em ocorrendo furto. Nesta ótica revelava-se a tendência do Superior Tribunal de Justiça: "Furto de veículo automotor ocorrido em estabelecimento de *shopping center*. Inexistência de maltrato ao dispositivo de lei federal apontado. Dissenso jurisprudencial incomprovado à míngua de similitude dos aspectos fáticos".[72]

---

[72] REsp. nº 4.111/SP, de 24.09.1991, em *Revista do Superior Tribunal de Justiça* 25/348.

Em todo o julgamento foi dada ênfase ao Recurso Extraordinário nº 114.671-1-RJ, de 20.10.1987, assim ementado: "Estacionamento de veículo. Furto. Não sendo cobrado dos proprietários de veículos o estacionamento no espaço destinado a esse fim, fora do prédio do supermercado, não há cuidar do dever de vigilância, em ordem a caracterizar a preponderância civil da firma proprietária do estacionamento, em caso de furto".

Isso porque se oferece aos destinatários apenas o espaço para que estacionem seus carros.

Enfatiza-se no acórdão acima: "A tese do acórdão recorrido, de que o estacionamento é pago indiretamente pelas compras feitas pelos clientes, não tem, *data venia*, substância para confirmar a culpa do estabelecimento pelo furto do automóvel, em ordem a responsabilizá-lo pelo prejuízo sofrido pelo cliente. É que não há, na espécie, vigilância presumida, desde que o que é oferecido aos clientes é apenas espaço para que estacionem seus carros".

Efetivamente, não cabe subverter a ordem estabelecida subjacentemente no momento do contrato. Há uma relação de simples permissão para a permanência. Inadmissível a indenização pelo furto, se não identificados os veículos, através de *tickets* na entrada, ou se inexistente contrato de seguro firmado pelo estabelecimento, ou se não efetuada a entrega das chaves.

Vale lembrar este tópico de um julgamento: "Com efeito, é inequívoco que, no preâmbulo da relação contratual que se estabeleceu entre o cliente do estacionamento e seus responsáveis, existe tradição do veículo ocorrida com a entrega das chaves ao manobrista que lá está postado não apenas para estacionar os veículos. Ao contrário, tratando-se de indivíduo uniformizado e portando crachá de identificação, ele aparenta ser responsável também pela segurança do veículo."[73]

A presente ementa colocava com realismo a solução: "Inexiste responsabilidade contratual de *shopping center* pela guarda de veículos, quando se trata de estacionamento aberto, franqueado ao público, sem qualquer controle de entrada ou saída, inexistindo a figura de guardador de carro, mas de simples orientador de localização".[74]

Não se pode, de outro lado, e isto quanto a furtos ocorridos em locais de parques de diversões, ou de estacionamentos por simples tolerância, ter-se o ato gratuito de benemerência e cortesia como contrato de depósito, a ensejar a indenização. O presente aresto bem enfoca o assunto: "O furto de veículo em estacionamento de entidade filantrópica não é suficiente para caracterizar a responsabilidade da entidade pela guarda do veículo, uma vez que o estacionamento, na espécie, se destina à comodidade do público atendido pela associação e não para atrair clientes".[75]

De esclarecer, ainda, que nem sempre é fácil a prova de que efetivamente o carro esteve durante algum tempo no estacionamento. A mera prova testemunhal, além de perigosa, pode ensejar fraudes, levando a montar uma situação inexistente. No tocante a este aspecto, no entanto, tem-se entendido suficiente a certidão policial de não localização do veículo: "A alegação de que inocorreu comprovação do furto de veículo no pátio

---

[73] REsp. nº 37.363/SP, da 4ª Turma do STJ, de 13.12.1993, em *Revista do Superior Tribunal de Justiça*, 63/6.
[74] Apelação Cível nº 115/93, de 29.09.1993 do TJ de Sergipe, em *Revista dos Tribunais*, 708/166.
[75] Apel. Cível nº 128.765-6, da 2ª Câmara Cível do TJ do Paraná, j. em 19.03.2003, *in ADCOAS* 8217316, *Boletim de Jurisprudência ADCOAS*, nº 24, p. 374, jun. 2003.

884 • Responsabilidade Civil | *Arnaldo Rizzardo*

do estacionamento do supermercado cai por terra principalmente com a certidão de não localização de veículo, exarada pelo Departamento Estadual de Investigações Criminais e boletim de ocorrência, já que este último goza de presunção *juris tantum* de verdade dos atos jurídicos em geral, de forma que suas conclusões, não infirmadas por antiprova robusta, servem para estear a composição do conflito".[76]

Todavia, foi se fortalecendo a jurisprudência em sentido contrário – até corroborada em boa doutrina, como de Yussef Said Cahali,[77] e de Cláudia Lima Marques.[78] Consubstanciou-se esta inteligência na Súmula nº 130 do STJ, sem perquirir se o estacionamento é pago ou não, nos seguintes termos: "A empresa responde, perante o cliente, pela reparação de dano ou furto de veículo ocorridos em seu estabelecimento". Transcrevem-se, exemplificativamente, as seguintes ementas do STJ, que expressam a tendência que passou a dominar, atrelando a jurisprudência dos tribunais estaduais:

> "Responsabilidade civil. Furto de motocicleta. Estacionamento de banco. Ante o interesse da empresa em dispor de estacionamento para angariar clientela é de presumir-se seu dever de guarda dos veículos ali estacionados, sendo indenizável o prejuízo decorrido."[79]

> "Consoante a orientação jurisprudencial que veio a prevalecer nesta Corte, deve o estabelecimento comercial responder pelos prejuízos causados à sua clientela no interior de área própria destinada ao estacionamento de veículos."[80]

> "Nos termos do Enunciado nº 130/STJ, 'a empresa responde, perante o cliente, pela reparação de dano ou furto de veículo ocorridos em seu estacionamento'. A jurisprudência deste Tribunal não faz distinção entre o consumidor que efetua a compra e aquele que apenas vai ao local sem nada despender. Em ambos os casos, entende-se pelo cabimento da indenização em decorrência do furto de veículo. A responsabilidade pela indenização não decorre de contrato de depósito, mas da obrigação de zelar pela guarda e segurança dos veículos estacionados no local, presumivelmente seguro."[81]

A responsabilidade estende-se aos valores que saca o cliente do banco, e que é assaltado quando se dirige para o veículo estacionado – matéria já decidida pelo STJ, desenvolvida no seguinte tópico no voto da Ministra Nancy Andrighi:

> "Cinge-se a lide a determinar a responsabilidade de estacionamento de veículos por assalto sofrido pelo cliente nas dependências do estabelecimento, quando retornava de agência bancária onde havia efetuado saque de valores, com subtração do numerário e de outros pertences.

> Situação análoga foi recentemente apreciada pela 4ª Turma no julgamento do AgRg nos EDcl no REsp 844.186/RS, Rel. Min. Antônio Carlos Ferreira, *DJe* de 29.06.2012, concluindo-se pela responsabilidade solidária da instituição financeira e da administradora do estacionamento com a ressalva de que 'o roubo à mão armada realizado em pátio de estacionamento, cujo escopo é justamente o oferecimento de espaço e segurança aos usuários, não comporta a alegação de caso fortuito ou força maior para desconstituir a responsabilidade civil do estabelecimento comercial que o mantém, afastando, outrossim, as excludentes de causalidade encartadas no art. 1.058 do CC/1916 (atual 393 do CC/2002)'.

---

[76]   Apelação Cível nº 220.519-1/7, de 01.06.1994, da 1ª Câmara Civil de Férias do TJSP, em *RT*, 709/83.

[77]   *Furtos de Veículos em Estabelecimentos de Shoppings Centers – Questões Jurídicas*, São Paulo, Editora Saraiva, 1991, pp. 238 e 240.

[78]   *Contratos no Código de Defesa do Consumidor*, São Paulo, Editora Revista dos Tribunais, 1992, p. 84.

[79]   REsp. nº 14.991-0/SP, de 30.06.1992, da 3ª Turma do STJ, em *Revista do Superior Tribunal de Justiça*, 45/245. Ao longo do acórdão, apontam-se precedentes no mesmo sentido, um deles publicado no nº 36/364 da citada *Revista*.

[80]   REsp. nº 11.872/SP, da 4ª Turma, j. em 09.06.1992.

[81]   REsp. nº 437.649/SP, da 4ª Turma, *DJU* de 24.02.2003.

Cap. LXI | Responsabilidade no Furto e Roubo e na Entrega de Bens a Terceiros • **885**

No mesmo sentido, há outros julgados da 4ª Turma: REsp 686.486/RJ, Rel. Min. Luis Felipe Salomão, *DJe* de 27.04.2009; e REsp 503.208/SP, Rel. Min. Aldir Passarinho Junior, *DJe* de 23.06.2008.

Com efeito, não cabe dúvida de que a empresa que agrega ao seu negócio um serviço visando à comodidade e à segurança do cliente deve responder por eventuais defeitos ou deficiências na sua prestação.

Afinal, serviços dessa natureza não têm outro objetivo senão atrair um número maior de consumidores ao estabelecimento, incrementando o movimento e, por via de consequência, o lucro, devendo o fornecedor, portanto, suportar os ônus respectivos.

Por outro lado, a empresa que assume a administração dos referidos serviços responde solidariamente pelos danos causados aos consumidores, visto que ela integra a cadeia de fornecimento.

Acrescente-se, por oportuno, que em se tratando de estacionamento oferecido por instituição financeira, o roubo armado não caracteriza caso fortuito apto a afastar o dever de indenizar, tendo em vista a previsibilidade de ocorrência desse tipo de evento no âmbito da atividade bancária, cuidando-se, pois, de risco inerente ao seu negócio".[82]

Mesmo que o estacionamento pertença ao Poder Público incide a responsabilidade: "Administrativo. Responsabilidade civil. Furto de veículo em estacionamento de universidade pública.

1. O Poder Público deve assumir a guarda e responsabilidade do veículo quando este ingressa em área de estacionamento pertencente a estabelecimento público.

2. Em tal hipótese, a responsabilidade por dano causado ao proprietário do bem colocado sob sua guarda, não se funda no art. 37, § 6º, da Constituição, mostrando-se inadequado falar-se em responsabilidade objetiva, como, aliás, decidiu o Colendo Supremo Tribunal Federal, mas de responsabilidade subjetiva. Precedente do STF."[83]

Mesmo que gratuito o estacionamento, firmou-se a incidência de indenização, segundo o REsp. nº 107.385/RS, da 3ª Turma do STJ, j. em 4.03.1997, *DJU* de 28.04.1997:

"Civil. ação ordinária de indenização – Estacionamento. Supermercado. Furto de veículo. Responsabilidade pela guarda.

Incidência do enunciado da Súm. 130 do STJ. Comprovada a existência de depósito, ainda que não exigido por escrito, o depositário é responsável por eventuais danos à coisa.

O estabelecimento comercial que oferece estacionamento em área própria para comodidade de seus clientes, ainda que a título gratuito, assume, em princípio, a obrigação de guarda dos veículos, sendo assim responsável civilmente pelo seu furto ou danificação.

Incidência do enunciado da Súm. 130 do STJ.

Recurso conhecido e provido".

No entanto, foge do bom-senso querer aplicar a exegese acima a áreas reservadas para o estacionamento em pequenos supermercados, ou em minimercados, onde não se implantou um aparato de segurança, ou uma infraestrutura apropriada para tanto, distinção que faz Carlos Roberto Gonçalves: "Se esses estacionamentos têm um aparato de segurança com a finalidade de inspirar confiança a quem vai ao supermercado, caracterizado por grades, portões de entrada e de saída para os carros, guaritas para os guardas, não resta dúvida de que existe o dever de vigilância e a consequente responsabilidade em caso de furto,

---

[82]   REsp. nº 1.232.795/SP, da 3ª Turma, j. em 02.04.2013, *DJe* de 10.04.2013.
[83]   REsp. nº 615.282/PR, da 2ª Turma do STJ, j. em 06.04.2004, *DJU* de 28.06.2004.

886 • Responsabilidade Civil | *Arnaldo Rizzardo*

mesmo que as chaves do veículo permaneçam em poder do proprietário e o estacionamento seja gratuito. Assim tem sido decidido, como se pode verificar na *RJTJSP*, 111/401.

Quando, no entanto, não existe esse aparato e se trata de um simples estacionamento (geralmente uma área ao lado ou defronte ao estabelecimento, consistente num simples recuo da construção) cedido gratuitamente aos fregueses, não se pode dizer que foi assumido o dever de vigilância dos veículos, nem que existe responsabilidade do estabelecimento, em caso de furto".[84]

Com maior razão revela-se inconcebível a responsabilidade se a entidade presta atendimento gratuito ou público, dirigido genericamente a qualquer pessoa, sem avaliar o *status* econômico do usuário, como em hospitais que dão atendimento pelo Serviço Único de Saúde – SUS, ou em postos de saúde, escolas públicas, parques de diversões, jardins botânicos, centros zoológicos, praças de exposições, feiras populares, exposições de mercadorias, promoções municipais em locais determinados, eventos esportivos, com a reserva de extensas áreas para o estacionamento público, sem qualquer cobrança, e onde não existem seguranças. Mesmo que o aparato da instituição ou do acontecimento infunda certa sensação de segurança no usuário, não basta para imprimir certeza, ou despreocupar por inteiro no pertinente a eventuais danos ou furtos.

3. RESPONSABILIDADE E DANOS PROVOCADOS POR OFICINAS, POSTOS DE LAVAGEM, GARAGENS E OUTROS ESTABELECIMENTOS DO GÊNERO

A circunstância do titular do bem, normalmente veículo, entregá-lo a prestadores de serviços, como oficinas, garagens, postos de lavagem, hotéis, restaurantes e outros estabelecimentos do gênero acarreta responsabilidade pelos danos causados a terceiros?

Eis a exegese de ponderosa corrente da jurisprudência que se formou em torno do assunto desde tempos antigos:

"Acidente de trânsito. Veículo confiado a posto de lavagem.

Preposto deste que o dirige e provoca acidente. Responsabilidade do proprietário... O dono da garagem ou seu empregado, que dirigia o veículo do apelante por ocasião do acidente, na verdade não é o preposto da ré, mas, confiando-lhe o automóvel para lavagem, permitiu que o manobrasse, dirigindo-o, inclusive em face das peculiaridades do estabelecimento, com entrada e saída distintas, por ruas diferentes e, por isso, obviando esse inconveniente, deveria ter escolhido com melhor critério... Demais, há a considerar, ainda, a responsabilidade pelo fato da coisa, decorrente da responsabilidade do proprietário que empresta o veículo a terceiro, ou confiando-o a seus cuidados, permite que dele se utilize, criando riscos para seus semelhantes."[85]

"O proprietário que entrega o veículo a terceiro é responsável pelos danos decorrentes da culpa deste."[86]

"O dono do veículo responde sempre pelos atos culposos de terceiro a quem o entregou, seja seu preposto ou não."[87]

"Responsabilidade civil. Solidariedade do proprietário do veículo, decorrente do critério de escolha da pessoa a quem confiou o seu uso...".[88]

---

[84] *Responsabilidade Civil*, ob. cit., p. 435.
[85] *Julgados do Tribunal de Alçada do RS*, 28/229.
[86] *Revista Trimestral de Jurisprudência*, 75/605.
[87] *RT*, 381/124.
[88] *Revista Trimestral de Jurisprudência*, 66/604. No mesmo sentido, 58/906, que serviu de paradigma à jurisprudência posterior.

Em síntese, a responsabilidade resulta da solidariedade que advém da vontade das partes, pela entrega voluntária do veículo ou em condições de se permitir a utilização, assumindo, pois, o proprietário o risco do uso indevido. Permitindo-se que o estabelecimento dirija o carro, o autorizante está firmando a sua responsabilidade solidária pelas consequências que se originarem.

Este pensamento não é coerente com a realidade. Ao se entregar um veículo a um posto para a lavagem, a uma oficina mecânica ou a uma garagem, não se está pactuando com possíveis desmandos e imprudências dos funcionários ou prepostos. Mesmo nas mais categorizadas casas do gênero sucedem acidentes com veículos de terceiros, ao serem manobrados pelos empregados, sendo desarrazoado e injusto inculcar-se a culpa aos clientes.

A má escolha é que determinará a responsabilidade, segundo o fundamento de certa jurisprudência, como se não ocorressem desastres nas oficinas mais especializadas. De que maneira poderá o interessado aquilatar se a casa que presta serviços tem ou não funcionários diligentes e capazes? Não há viabilidade prática para concluirmos se ocorreu ou não culpa na escolha do estabelecimento. As mais simples oficinas, às vezes, são aquelas que oferecem maior eficiência no manuseio dos veículos.

Por isso, a tendência predominante da doutrina, de modo especial a francesa, é no sentido de isentar o proprietário, em tais casos, da culpa. Mazeaud e Tunc, acertadamente, lecionam: "Igualmente, el propietario de un automóvil, cuando le encarga al dueño de un garage que le haga una reparación, no se convierte en el comitente de este otro, ni de los obreros del mismo cuando procedan a pruebas con el coche".[89]

Louis Josserand, partidário da responsabilidade objetiva, afirma: "Los daños causados a los terceros por esos encargados, cuando obran en el ejercicio o con ocasión de sus funciones, comprometen de plano la responsabilidad del patrono, del amo, del propietario, del mandante, los cuales no tienen siquiera el recurso de probar que no pudieron oponerse al hecho dañoso: la responsabilidad civil que les incumbe es irrefragable".[90]

O próprio Leonardo A. Colombo, defensor da distinção em guarda material e guarda jurídica, põe a salvo a responsabilidade por culpa do proprietário se demonstrar "que no ha habido culpa de su parte y que aquel poder ha pasado a otros. Aceptar una conclusión diferente nos resulta no sólo chocante, sino injusto".[91]

Nem se encontra a imposição da obrigação na inteligência da antiga Súmula nº 341 do STF, com a seguinte redação: "É presumida a culpa do patrão ou comitente pelo ato culposo do empregado ou preposto".

Não se pode impor a responsabilidade com base em presunções.

No entanto, não se isenta o proprietário do bem da responsabilidade objetiva, até por aplicação do art. 933 do Código Civil: "As pessoas indicadas nos incisos I a V do artigo antecedente, ainda que não haja culpa de sua parte, responderão pelos atos praticados pelos terceiros ali referidos".

Na espécie em exame, os princípios que regem as obrigações são os mesmos que disciplinam as relações entre preponente e preposto – art. 932, inc. III.

---

[89]   *Tratado Teórico Práctico de la Responsabilidad Civil*, vol. II, tomo I, nº 896, p. 612.
[90]   *Derecho Civil*, Buenos Aires, Bosch, 1950, vol. I, tomo II, nº 508, p. 390.
[91]   *Culpa Aquiliana*, 2ª ed., Buenos Aires, Tipográfica Editora Argentina, 1947, nº 173, p. 560.

A doutrina pátria, nos exemplos que seguem, manteve a isenção de culpa do proprietário, mas não afastando sua responsabilidade indireta, incumbindo primeiramente ao proprietário do estabelecimento onde se encontra o bem o dever de ressarcir.

Wilson Melo da Silva é do sentir de que, "confiado um veículo a determinada oficina para reparos ou consertos, responsáveis pelos acidentes ocorridos a tal veículo, ou por meio dele, durante o tempo de sua permanência na dita oficina, seriam apenas os proprietários da mesma e não o dono do veículo... Entre o dono do carro e os donos da oficina existem apenas relações de natureza contratual com cláusula, ínsita, de garantia pela conservação do veículo enquanto na oficina, para os fins avençados. Toda oficina mecânica de portas abertas ao público é presumida idônea e responsável, o que exclui, quanto aos que dela se valem, a alegação de uma possível culpa *in eligendo* ou *in vigilando*. É certo que, optando-se por uma oficina qualquer, dirigida por pessoas de notória experiência no *métier,* mas de parcos recursos econômicos, correria o cliente o risco de não lograr o ressarcimento efetivo pelos danos acontecidos ao veículo quando sob os cuidados de tal oficina...".[92]

E, aprofundando o assunto, em outras situações: "Os carros, durante os trabalhos de lavagem e lubrificação, são considerados sob custódia e responsabilidade dos proprietários dos postos respectivos onde tais serviços se levam a efeito. Daí por que, pelos acidentes que venham a experimentar ou que venham a causar a terceiros (danos pessoais ou materiais) durante o momento de tais operações de lavagem ou lubrificação, a inteira responsabilidade ficaria a cargo dos proprietários dos mesmos postos. Isso em decorrência daquela presunção, já mencionada, da responsabilidade do preponente pelos atos delituais ou culposos do preposto".[93]

Alvino Lima, qualificando de indireta a responsabilidade do patrão do comitente, afirma ser ela fatal, iniludível, "não se podendo provar se houve ou não culpa de sua parte e respondendo ele pelo fato ilícito do preposto ou empregado, no exercício de suas funções".[94] O exercício da atividade deste se projeta, automaticamente, contra o dono do estabelecimento, independentemente de sua coparticipação direta na prática do ato do preposto ou do empregado. O fundamento da responsabilidade, acrescenta o autor, parte do princípio do risco, que erigiu a doutrina objetiva, considerando o patrão como 'garantidor' dos danos oriundos dos atos ilícitos dos prepostos.

Concluindo, nenhuma razão se encontra em abono dos que sustentam na culpa a responsabilidade do titular do domínio do veículo na indenização. É chamado a indenizar com fundamento a responsabilidade objetiva, o que limita consideravelmente o seu campo de defesa.

Incide a responsabilidade mesmo na eventualidade de perpetrado o furto ou roubo do bem guardado em função de hospedagem, restando o direito de regresso por força do parágrafo único do art. 649 do Código Civil.

---

[92] *Da Responsabilidade Civil Automobilística*, São Paulo, Saraiva, 1974, pp. 205 e 206.
[93] Wilson Melo da Silva, ob. cit., p. 209.
[94] *A Responsabilidade Civil pelo Fato de Outrem*, ob. cit., p. 52.

4. RESPONSABILIDADE NOS DANOS E FURTOS OCORRIDOS EM ESTACIONA-MENTOS DE RESTAURANTES, HOTÉIS, CLUBES E CASAS DE LAZER

Respondem os donos de restaurantes, hotéis, clubes e casas de lazer pelos danos que acontecerem enquanto exercem a guarda dos veículos entregues por seus clientes. Perante terceiros, porém, a responsabilidade recai no proprietário do bem, já que a relação estabelecida com o guardador não alcança os estranhos.

Revela-se comum a prática de clientes entregarem as chaves dos veículos a manobristas encarregados pelos donos dos estabelecimentos, que os colocam em locais, garagens e mesmo na própria via pública, ficando encarregados da guarda. Normalmente, o proprietário recebe um *ticket*, devolvendo-o posteriormente, quando lhe restituído o veículo.

A guarda naturalmente é transferida para o dono do estabelecimento frequentado, que assume o encargo da vigilância. Não importa que haja gratuidade nesse serviço, ou uma gentileza, já que complementar a outra utilidade oferecida, e prestado para atrair clientes. Mesmo se colocado em via pública o veículo, permanece a responsabilidade, de nada valendo anotação no *ticket* isentando de obrigação indenizatória. Desde que transferido a posse do bem para uma pessoa encarregada do restaurante ou da casa frequentada, configura-se o dever de responder pelas decorrências que acontecerem. Transfere-se por certo período de tempo a guarda, firmando-se uma relação contratual de depósito. Nesse diapasão se decidiu: "A entrega de veículo em confiança a manobrista de restaurante caracteriza contrato de depósito e, como tal, atrai a responsabilidade do estabelecimento comercial pelo furto, ainda que na via pública, impondo-lhe o dever de indenizar o proprietário pelos prejuízos daí decorrentes".[95]

Não se equipara a situação aos casos de danos verificados quando confiados os carros a guardadores de ruas, conhecidos por 'flanelinhas', sem qualquer vinculação com o dono do local frequentado, mas escolhido livremente pelo proprietário do veículo.

Quem recebe hóspedes, e recolhe o veículo em garagem ou abrigo do hotel, igualmente celebra um contrato de depósito, com todas as obrigações ou encargos de depositário. Embora se constitua de simples cortesia a permissão de colocar o bem em área do hotel, sem a interferência de prepostos, ou o deslocamento através de prepostos, mantém-se a responsabilidade por eventuais ataques e furtos, porquanto, de um lado, inerente esse favorecimento às vantagens decorrentes da hospedagem, e, de outro, submetido à custódia do hoteleiro o local, o que importa em dever de vigilância e guarda. Não descaracteriza a obrigação o fato de se inserir em avisos ou regulamentos advertências da isenção da responsabilidade. Desde que se aceite o recebimento da coisa em área sob o controle do hotel, advêm as decorrências próprias do depósito. É inerente à permissão de se acolher o veículo o de guarda, fazendo incidir o disposto no art. 627 do Código Civil. Na realidade, parece mais aplicável a regra do parágrafo único do art. 649, fazendo arcar nos hospedeiros a responsabilidade pelos furtos e roubos praticados por pessoas do hotel ou estranhas, que tiveram acesso ao hotel. Encontra essa forma de entender acolhimento no Superior Tribunal de Justiça, que proclamou: "A empresa que explora hotel é responsável pela indenização de furto de automóvel, verificado em estacionamento que mantém, ainda que não cobre por esse serviço destinado a atrair clientela, por falta ao seu dever de vigilância".[96]

---

[95]   REsp. nº 419.465/DF, da 4ª Turma do STJ, *DJU* de 05.05.2003, *in ADCOAS* 8217465, *Boletim de Jurisprudência ADCOAS*, nº 25, p. 390, jun. 2003.

[96]   REsp. nº 6.069/SP, da 3ª Turma, j. em 11.03.1991, *DJU* de 17.06.1991.

890 • Responsabilidade Civil | Arnaldo Rizzardo

5. RESPONSABILIDADE PELOS DANOS E FURTOS VERIFICADOS NOS CONDO-MÍNIOS EDILÍCIOS

Em princípio, por força do art. 22, § 1º, letra 'b', da Lei nº 4.591, de 16.12.1964, procura-se incutir a responsabilidade do condomínio pelos furtos e danos verificados no seu interior, prescrevendo que lhe compete, através do síndico, "exercer a administração interna da edificação ou do conjunto de edificações, no que respeita à sua vigilância, moralidade e segurança, bem como aos serviços que interessam a todos os condôminos". Mesmo o art. 1.348, nos incisos II e V, do Código Civil atribui ao síndico a defesa dos interesses comuns e zelar pela prestação dos serviços que interessem aos possuidores.

Na verdade, a matéria sempre se revelou polêmica, divergindo os entendimentos sobre o assunto.

Atribuir a culpa pela mera obrigação de guarda, e depreender que houve falha no zelo, na implantação do sistema de vigilância, ou na escolha de pessoas para desempenhar a guarda, enfrenta contradição na própria argumentação do alegante, eis que ele também é condômino, a ele se debitando parcela de culpa. Torna-se estranha a sua posição, posto que restaria favorecido pela participação numa conduta repreendida. Seria aceitar que ele dirigisse a ação contra si próprio, situação que não se conforma com a regularidade dos princípios de coerência.

Vê-se, pois, que se está diante de uma situação especial, não se podendo olvidar as regras do bom-senso. Manifestada a falha do condomínio, todos os condôminos são copartícipes, incidindo, inclusive, as regras da responsabilidade solidária, o que importa em admitir a ação contra somente um dos condôminos.

Nessa visão coaduna-se o seguinte aresto do STJ: "Os empregados não são prepostos apenas do condomínio, mas sim igualmente de todos e de cada um dos condôminos, ante a peculiar natureza associativa dos condomínios habitacionais. Lei nº 4.591/64. As cláu-sulas de não responsabilidade do condomínio perante os condôminos, ou as deficiências na guarda e vigilância do prédio e dos veículos estacionados em suas dependências, estão vinculadas às deliberações regularmente adotadas na convenção, e/ou às conveniências e às disponibilidades dos condôminos em contribuir para as despesas e encargos comuns. Cláusula de isenção de responsabilidade, para quando os condôminos aceitam confiar a guarda de suas chaves aos porteiros do prédio, a fim de evitar o incômodo de pessoal-mente movimentar seus veículos. Porteiro que se apodera de um carro, sai a passeio e o destrói em acidente. Incidência da cláusula. Lei nº 4.591/64, art. 9º, §§ 2º e 3º, 'c' e 'd'".[97]

De outra parte, se a causa do evento está na pessoa de quem exerceu precariamente a função de síndico, a ele somente inculca-se a responsabilidade. Na hipótese de detectar--se desídia na empresa que presta o serviço de guarda, desloca-se para esta entidade a obrigação pela indenização.

Com certeza, o dever de indenizar é próprio e inerente emanação do dever de guarda, nascendo da natureza da responsabilidade objetiva, porquanto dificilmente se depara a pessoa com algum grau de culpa. Se for procurada a responsabilidade na deficiência do sistema de guarda e vigilância, sempre se encontrará alguma falha. Difícil, senão impossível, chegar à exaustão no cumprimento de todas as precauções ou exigências para implantar um sistema perfeito de segurança. Sempre aparecem pontos frágeis, ou precariedades em

---

[97] REsp. nº 26.852-0/RJ, da 4ª Turma, *DJU* de 08.05.1993.

Cap. LXI | Responsabilidade no Furto e Roubo e na Entrega de Bens a Terceiros • **891**

um setor ou outro. Daí, pois, a rigor e por força dos ditames que regem o depósito, não se isentaria o condomínio da responsabilidade. E tal se dá em relação a bens de terceiros, que são recebidos para a guarda, demandando a completa indenização pelo dano, furto ou qualquer evento prejudicial.

Diante dessa realidade *sui generis*, tem o Superior Tribunal de Justiça exposto uma exegese de somente obrigar-se o condomínio se há previsão expressa na convenção do condomínio, e admitindo a inserção de cláusula em sentido contrário: "Lícito aos condomínios estabelecer não ser devida indenização, pelo condomínio, em virtude de danos sofridos por veículos estacionados na garagem do edifício".[98] Orientação que é seguida nos Tribunais estaduais, consoante o seguinte exemplo: "São da responsabilidade do condomínio os danos decorrentes de furtos ocorridos nas unidades autônomas que o integram se consta do Regulamento Interno a obrigação da manutenção deste serviço. Os danos morais resultantes de furto em residência estão relacionados à ofensa à privacidade dos moradores e à angústia de sofrerem violação domiciliar. Os danos materiais só podem ser reconhecidos se efetivamente comprovados, o que não se dá com a mera indicação da existência de bens, mas sem a prova de estarem na residência no momento do furto, máxime se correspondem a joias pertencentes à mulher e à filha afastadas do lar conjugal".[99]

6. FURTO DE VEÍCULO EM ESTACIONAMENTO PAGO DE LOGRADOUROS PÚBLICOS

Questão que tem trazido algum debate diz respeito à responsabilidade do Poder Público que explora o estacionamento em vias e outros logradouros públicos.

O Código de Trânsito Brasileiro (Lei nº 9.503, de 23.09.1997), no art. 24, inc. X, atribui aos Municípios "implantar, manter e operar sistema de estacionamento pago nas vias". Importa em reconhecer a legalidade de o Município selecionar áreas ou vias públicas e destiná-las para o estacionamento, cobrando tarifas dos usuários, o que se faz normalmente através de parquímetros, nos quais se introduzem determinadas moedas, que expelem um cartão ou *ticket* com a marcação do espaço de tempo de permissão, devendo ser o mesmo colocado no interior do painel do veículo, de sorte a ser percebido pelo agente fiscalizador.

Nota-se que o órgão municipal seleciona e destaca áreas para a finalidade de colocação dos veículos, cobrando, para tanto, valores escalonados de conformidade com a duração de tempo de utilização.

Uma vez ultrapassado o período de tempo autorizado, a permanência do veículo no local constitui infração de trânsito média, contemplada no art. 181, inc. XVIII (estacionamento em local proibido), sancionável com multa, sendo a aplicação da competência do Município, por força do art. 24, inc. VI, do citado Código, com alteração da Lei nº 13.281/2016.

Importa analisar, aqui, a natureza desse estacionamento.

Não envolve um dever especial de guarda ou vigilância, tanto que o próprio condutor coloca o veículo no lugar reservado e que lhe interessa, mantendo em seu poder as chaves, e decidindo o tempo de uso do local público.

---

[98] REsp. nº 10.285/SP, da 3ª Turma, j. em 05.11.1991, *DJU* de 16.12.1991.

[99] Apel. Cível nº 2003.001.15319, da 17ª Câmara Cível do Tribunal de Justiça do RJ, reg. em 25.09.2003, *in ADCOAS* 8223462, *Boletim de Jurisprudência ADCOAS*, nº 5, p. 70, fev. 2004.

892 • Responsabilidade Civil | *Arnaldo Rizzardo*

Outrossim, o poder municipal, ao instituir essa forma de uso da via ou espaço público, apenas disciplina e racionaliza a ocupação, democratizando o proveito, pois impede que uma única pessoa exerça o proveito.

Não se institui a tarifa para a guarda. A tanto está vedada a administração pública, posto prestaria um serviço particular mediante certa remuneração. A contratação para a realização de serviços a particulares fere a natureza e a finalidade do serviço público, que é oferecido indistintamente a todos os cidadãos.

Não se dá a contração do serviço de guarda e muito menos se entrega o veículo para a guarda por terceiros, salientando-se que a presença do agente de trânsito restringe-se a constatar a obediência ou não do período de tempo do estacionamento ao marcado no bilhete.

De sorte que o eventual dano ou qualquer outro dano não importa em responsabilidade indenizatória do ente público.

Esse o entendimento que vem sendo aplicado pela jurisprudência:

"Furto de veículo em área azul. Estacionamento pago. Cingindo-se o serviço prestado pelo Município demandado ao monitoramento da área destinada a estacionamento, garantindo o uso rotativo do mesmo, não há falar em dever de indenizar o furto do veículo de propriedade da autora, ocorrido na denominada área azul. Dever de guarda e conservação dos veículos nesta estacionados que não se reconhece. Precedentes jurisprudenciais. Juízo de improcedência mantido. Apelação improvida".[100]

---

[100] Apel. Cível nº 70025751736, da 10ª Câmara Cível do Tribunal de Justiça do RS, rel. Des. Paulo Roberto Lessa Franz, j. em 17.12.2009, *DJ* de 25.02.2010.

LXII
A Responsabilidade por Usurpação ou Esbulho

1. USURPAÇÃO OU ESBULHO

Os termos 'usurpação' e 'esbulho' equivalem, dizendo respeito à posse das coisas. Usurpar significa apossar-se violentamente, passando a deter ou a usufruir sem a devida justificação. Quem usurpa toma os bens que não lhe pertencem sem ter direito, utilizando para tanto a fraude, ou artifícios, ou mesmo a força. O esbulho, por sua vez, encerra o mesmo conteúdo, pois significa a privação da posse de outrem de modo violento, ou clandestino, ou com abuso de confiança.

A indenização está assegurada no art. 952 do Código Civil: "Havendo usurpação ou esbulho do alheio, além da restituição da coisa, a indenização consistirá em pagar o valor das suas deteriorações e o devido a título de lucros cessantes; faltando a coisa, dever-se-á reembolsar o seu equivalente ao prejudicado."

Importa o sentido amplo de usurpação ou esbulho, correspondendo a qualquer interferência ou intromissão em bens de outrem.

Mesmo que se verifique a mera turbação, com a efetivação de atos de incômodos, de inconveniência, de embaraço, de dificuldade no exercício da posse; ou caso suceda a recusa na entrega do bem quando instado o indivíduo pela lei ou por decreto judicial; ou nas situações de percalços, de estragos, de inconveniências, de rupturas de coisas que a obra vizinha acarreta; ou nas demandas propostas por pessoas que visam satisfazer um crédito ou satisfazer um direito, mas que atingem patrimônio de terceiros, dentre outras hipóteses, assiste buscar a indenização pelos danos e outras consequências negativas resultantes.

A regra do art. 952 do Código Civil garante a indenização, enquanto os arts. 1.210 e seguintes do mesmo diploma, e arts. 560 e seguintes do Código de Processo Civil garantem os direitos e disciplinam o seu exercício na perda, turbação, recusa de devolução, interferências estranhas da posse, de modo a retornar para a posse, ou a reavê-la, ou a usufruí-la, ou a exercê-la plenamente.

Pela interpretação literal da norma, ensejariam a indenização unicamente a usurpação ou o esbulho. Entrementes, mesmo que não fosse a previsão específica da lei, qualquer ato de indevida intromissão em bens de terceiro comporta o direito a se ressarcir pelos danos. Assim, qualquer dano motiva a competente pretensão reparatória, dado o caráter genérico e amplo dos arts. 927 e 944.

2. DECORRÊNCIAS INDENIZATÓRIAS E RESTITUIÇÃO DA COISA

As cominações por atos ilegais de usurpação ou esbulho em coisas de outros fazem redundar na indenização e na restituição.

Quanto à indenização, abrange, no primeiro passo, as deteriorações, isto é, os estragos, o desgaste, a desvalorização. Nesta ótica, se o apossamento indevido envolve um veículo, tem-se, no caso, a indenização da desvalorização provocada pelo decurso do tempo, pelo aumento de velocidade rodada, pelo desgaste do motor e de acessórios; se um imóvel é invadido ou fica retido sem amparo legal, buscam-se os valores necessários para a sua completa recomposição, a ponto de tornar ao estado anterior, com os consertos, a realização de pinturas, a restauração de partes danificadas.

Em segundo lugar, socorre ao lesado o direito em buscar o montante que corresponde àquilo que deixou de ganhar ou aproveitar pelo tempo de ocupação indevida pelo terceiro. Naturalmente, este item da reparação enseja o direito se o bem propiciava rendimentos. Sendo o veículo a coisa retirada do poder de seu proprietário, os prejuízos se verificarão caso utilizado em atividades lucrativas, ou se se deu a locação de outro veículo para atender as necessidades. No caso de incidida a restrição ilegal em imóveis, cabe demonstrar o lucro não percebido no período, ou o rendimento que se auferia se exercida a posse ou ocupação. Mormente em áreas de terras produtivas tem-se mais frequentemente o dano, posto que impedida a sua exploração ou extrair delas os frutos que traria se aproveitada.

Por último, não logrando conseguir restituir a coisa, ou faltando a mesma, a indenização alcançará a sua estimativa econômica. Deve-se encontrar o preço que tem a coisa através da cotação no mercado, ou de avaliação, ou de aferição no comércio, como amiúde acontece na hipótese de veículos. Como se torna impossível tornar a receber a coisa de volta, não resta outra alternativa senão a indenização pelo seu valor.

Coloca-se como condição para a indenização quanto às deteriorações e aos frutos e rendimentos a falta de boa-fé no exercício da posse, provando-se que, no pertinente às primeiras, não as deu causa aquele que detinha a coisa. Efetivamente, em face do art. 1.217 do diploma civil, "o possuidor de boa-fé não responde pela perda ou deterioração da coisa, a que não der causa".

Decorre da posse de boa-fé o direito a exigir a indenização pelas benfeitorias ou pelos investimentos feitos por aquele que exercia a posse, no que encontra respaldo o art. 1.219: "O possuidor de boa-fé tem direito à indenização das benfeitorias necessárias e úteis, bem como, quanto às voluptuárias, se não lhe forem pagas, a levantá-las, quando o puder sem detrimento da coisa, e poderá exercer o direito de retenção pelo valor das benfeitorias necessárias e úteis."

No entanto, se há abuso ou resistência através de usurpação ou esbulho, não parece viável que acompanhe a boa-fé durante o exercício indevido da posse.

3. ESTIMATIVA DO PREÇO NA INEXISTÊNCIA DA COISA

A inexistência da coisa pode se dar por vários fatores, sendo exemplos a sua destruição, a completa desvalorização, a exaustão de sua utilidade. Um veículo fica completamente inutilizado, dando-se a perda total, em face de uma violenta colisão; corta-se uma árvore rara de inestimável apreço; perde-se uma joia emprestada.

Sempre que se tornar impossível a restituição, procede-se o reembolso do valor, como já se infere do art. 952. Todavia, não fica aí a reparação. Paga-se, também, o preço de afeição. É o que se extrai do parágrafo único do art. 952: "Para se restituir o equivalente, quando não exista a própria coisa, estimar-se-á ela pelo seu preço ordinário e pelo de afeição, contanto que este não se avantaje àquele."

Retira-se do preceito que duas as verbas: a do preço da coisa, que constitui a indenização; e a da afeição, que corresponde a uma compensação pelo bem perdido ou não restituído.

Quanto ao preço da coisa, procede-se a avaliação, ou confere-se o preço pela comparação com uma outra idêntica na espécie, nas qualidades, na utilidade, no tempo de vida que possui, utilizando-se, em geral, o método comparativo. Já na estimativa pela afeição, revela-se em um adendo, ou um acréscimo ao preço real, um sobrevalor porque a coisa muito significava em termos de estima, de tradição, de significação familiar, de apego. Entrementes, desde que presentes esses atributos, ou se possui alguma estima diferenciadora, uma qualidade que lhe enseja um reconhecimento de apreciação. Assim acontece com uma joia que pertenceu a um antepassado ilustre, ou com um bem que remonte a uma tradição de vários familiares, ou com uma coisa que traga a presença de um artista conhecido. Deve haver um excesso que compense o dissabor da perda, ultrapassando, pois, a mera estimativa do valor material. Aparece uma conotação moral, meramente subjetiva, de apreciação por sentimentos puramente individuais. Nesta concepção, não se requer que mereça a avaliação geral, ou que se dê o reconhecimento comum. A nota que distingue a coisa é de apreciação pessoal, ou de importância única para a pessoa que foi desprovida, mesmo que por razões individuais ou não transcendentes de sua estima. Assim pode acontecer com um relógio ou uma joia de família pertencente a um antepassado, que se emprestou e se perdeu, não importando que seu material de composição não seja metal precioso, ou que não mais funcione.

No entanto, não se pode levar em conta o exagero pessoal do dono, ou uma estima exageradamente subjetiva. Fixou-se um limite, embora exageradamente elevado: não poderá essa estimativa por afeição ultrapassar a estimativa material do bem.

Naturalmente, essa afeição não abrange a valia histórica, ou artística, que se inclui na apreciação da coisa material. Tem-se na afeição o caráter puramente pessoal, familiar, sentimental que representa a coisa.

LXIII

A Responsabilidade por Injúria, Difamação ou Calúnia

1. CONCEITOS

Importante a caracterização das figuras acima, que, no âmbito penal, constituem crimes contra a honra, vindo previstas no Código Penal.

'Injúria' – art. 140 do Código Penal – define-se como a ofensa ao decoro ou à dignidade da pessoa. Não há a imputação de um fato criminoso, mas alguém manifesta a sua opinião desfavorável em relação a uma pessoa, na colocação de Celso Delmanto: "Na injúria não há a imputação de um fato, mas a opinião que o agente dá a respeito do ofendido. Ela precisa chegar ao conhecimento da vítima, ainda que por meio de terceiros (o ofendido não precisa ouvi-la pessoal ou diretamente). Pode ser praticada por qualquer forma, embora, teoricamente, possa também ser omissiva."[101]

Comum é essa figura na vida cotidiana das pessoas, verificada especialmente nas ofensas verbais ou por gestos, com o proferimento de impropérios, palavras de baixo calão, a atribuição de aspectos negativos, comentários desairosos etc., mas sempre genericamente, sem especificar um fato.

A 'difamação' – art. 139 do Código Penal – aparece na atribuição ou imputação a uma pessoa de um fato ofensivo à sua reputação. Aponta-se um fato ofensivo certo e objetivo, como na referência de uma pessoa ter sido surpreendida praticando a pederastia, no comentário de que praticou um furto, na divulgação da presença em um local comprometedor. Não se impõe que o fato certo e determinado constitua crime ou uma figura típica penal. A imputação revela-se ofensiva justamente porque encerra uma depreciação, uma qualidade negativa, ou, mais propriamente, um caráter depreciado e repulsivo na opinião comum dos seres humanos.

Segue Cezar Roberto Bitencourt: "Para que ocorra a difamação é necessário que o fato seja determinado e que essa determinação seja objetiva, pois a imputação vaga, imprecisa ou indefinida não a caracteriza, podendo, eventualmente, adequar-se ao crime de injúria. Dizer que alguém anda cometendo infrações penais não é atribuir-lhes fatos. É o mesmo que chamá-lo de infrator, é irrogar-lhe um atributo, uma qualidade depreciativa. Isso, porém, não configura difamação, mas injúria. Difamação é a imputação de fato, repetindo fato determinado, individualizado, identificado, e não de defeitos ou de qualidades negativas."[102]

---

[101] *Código Penal Comentado*, 3ª ed., Rio de Janeiro, Editora Renovar, 1991, p. 241.

[102] *Manual de Direito Penal* – parte especial, São Paulo, Editora Saraiva, 2001, vol. 2, p. 349.

A 'calúnia' – art. 138 e seu § 1º do Código Penal – corresponde à acusação ou a divulgação da prática inverídica ou falsa de um crime. Acusa-se de fato considerado delito ou conduta punível por lei penal, ou propala-se falsamente tal fato. Não se confunde com a referência a uma conduta genérica, ou a um desvio de conduta, ou a uma má qualidade, e assim quando alguém aponta um indivíduo como estelionatário, ou ladrão, ou rufião, que configuraria mais a injúria. Menciona-se um fato, como o furto praticado, com a narrativa das circunstâncias. A imputação envolverá fato não verdadeiro ou falso. A divulgação de um crime realmente cometido ensejará investigação e deve vir à tona, com a sua comunicação à autoridade policial.

O proferimento de palavras atacando a honra, a divulgação de fatos ofensivos, a atribuição de crime ensejam a competente ação de indenização.

2. DANO MATERIAL E DANO MORAL

Nos termos do art. 953, a prática de qualquer das espécies acima enseja a ação de indenização. Eis seus termos: "A indenização por injúria, difamação ou calúnia consistirá na reparação do dano que delas resulte ao ofendido."

Está-se diante da previsão do dano patrimonial. Assim, deve-se demonstrar o prejuízo econômico, não se confundindo com o dano moral. Nem sempre se consegue demonstrar ou quantificar esse dano material, razão que leva à tendência de concebê-lo como simplesmente de ordem moral.

Divulga-se uma informação sobre o caráter violento de uma pessoa, a qual mantém uma creche ou casa de estadia de crianças. É natural que a notícia provocará reações de parte dos pais das crianças internadas, retirando-as do estabelecimento.

Imputa-se a uma pessoa a prática de crimes contra o patrimônio, provocando a perda do emprego do indivíduo acusado.

Comenta-se junto ao público consumidor que os produtos de uma casa comercial são falsificados ou furtados, resultando no retraimento de consumidores-adquirentes.

É assegurada a indenização pelos reflexos negativos, em ação própria, na qual se procurará levantar o montante do dano, intento que normalmente é dificultado por falta de dados ou elementos objetivos. Procurando contornar essa dificuldade, oferece o parágrafo único do art. 953 a solução do arbitramento pelo juiz: "Se o ofendido não puder provar prejuízo material, caberá ao juiz fixar, equitativamente, o valor da indenização, na conformidade das circunstâncias do caso." Tem-se, aqui, não propriamente uma indenização por dano moral, mas por dano patrimonial presumido. Desde que venham provados fatos que importam em evidente redução de rendimentos, ou de faturamento, ou de vantagem econômica, mas não se chegando a uma cifra determinada, arbitra o juiz o montante, sendo-lhe concedido decidir por equidade, dentro do poder discricionário que a lei lhe reserva. Importante revela-se a distinção desse dano com o moral, que é de natureza diferente.

Com efeito, este último é almejado para compensar a ofensa a um valor diferente, que está na esfera íntima ou interior da pessoa, melindrada em seus brios, em seu conceito de respeito e consideração, e mesmo em sua imagem externa ou perante o meio social, ao passo que o patrimonial externa-se na redução do *status* econômico.

Conclui-se, pois, afirmando a viabilidade de ambas as indenizações, desde que atingidos valores distintos e inconfundíveis.

Cap. LXIII | A Responsabilidade por Injúria, Difamação ou Calúnia • 899

3. A REPARAÇÃO PELA LEI DE IMPRENSA

Não é incomum o surgimento de dúvida a respeito da aplicação da indenização pela lei de imprensa.

Impõe-se a análise da matéria com objetividade, de modo a restarem claros os caminhos a serem percorridos na busca da indenização.

Divulgando-se a ofensa por meio da imprensa, aplica-se a Lei nº 5.250, de 09.02.1967; antes, vinha a matéria regulada pela Lei nº 4.117, de 27.08.1962, que instituíra o Código Brasileiro de Telecomunicações.

A Lei de Imprensa traz a tarifação da indenização, em consonância com o tipo de crime contra a honra. Eis a correspondência das tarifações, constantes do art. 51, aplicáveis ao jornalista:

Inc. I: a dois salários-mínimos da região, no caso de publicação ou transmissão de notícia falsa, ou divulgação de fato verdadeiro truncado ou deturpado.

Inc. II: a cinco salários-mínimos da região, nos casos de publicação ou transmissão que ofenda a dignidade ou decoro de alguém. Tem-se, aqui, a injúria.

Inc. III: a dez salários-mínimos da região, nos casos de imputação de fato ofensivo à reputação de alguém. É a situação da difamação.

Inc. IV: a vinte salários-mínimos da região, nos casos de falsa imputação de crime a alguém, ou de imputação de crime verdadeiro, nos casos em que a lei não admita a exceção da verdade. Corresponde a ofensa à calúnia.

Para a empresa que explora o jornal ou meios de comunicação, o art. 52 limita a dez vezes as importâncias acima, se resulta a ofensa de ato culposo, o que importa na indenização equivalente em até cinquenta salários-mínimos na injúria, a cem salários-mínimos na difamação, e de duzentos salários-mínimos na calúnia.

Em atenção ao art. 53, na fixação, observará o juiz notadamente a intensidade do sofrimento do ofendido, a gravidade, a natureza e repercussão da ofensa e a posição social e política do ofendido, a intensidade do dolo ou o grau de culpa do responsável, sua situação econômica, dentre outros fatores.

A ação é movida contra o jornal, ou periódico, ou serviço de radiodifusão, ou agência noticiosa, ou canal de televisão, e outros meios de comunicação pela imprensa escrita, falada, e televisiva (§ 2º do art. 49), e contra o jornalista, e mesmo contra o diretor ou redator-chefe (art. 51, parágrafo único), nestas hipóteses dentro das limitações do art. 51. Se a violação se der mediante publicação de impresso não periódico, chamam-se à responsabilidade o autor do escrito, se nele indicado; e a pessoa natural ou jurídica que explora a oficina impressora, se no impresso não consta o nome do autor (art. 49, § 3º).

Sobre o assunto, calha o seguinte julgado: "Responsabilidade civil. Dano moral. Lei de Imprensa. ... Segundo jurisprudência sumulada pelo E. Superior Tribunal de Justiça (Súmula 221), em ação de ressarcimento de dano, decorrente de publicação pela imprensa, tanto o autor do escrito como a proprietária do jornal estão legitimados passivamente, pois que ambos são responsáveis civilmente. Decisão que assim se orienta correta."[103]

---

[103] Agravo de Instrumento nº 122.175-4, da 10ª Câmara de Direito Privado do TJ de São Paulo, j. em 15.09.1999.

900 • Responsabilidade Civil | *Arnaldo Rizzardo*

Eis os termos da Súmula nº 221 do STJ, acima mencionada: "São civilmente responsáveis pelo ressarcimento do dano, decorrente de publicação pela imprensa, tanto o autor do escrito quanto o proprietário do veículo de divulgação."

Autoriza-se, porém, que a ação venha movida somente contra a empresa jornalística ou de radiodifusão, deixando fora o autor da notícia, isto é, o jornalista, contra quem, posteriormente, cabe a ação de regresso, em consonância com o art. 50. Aponta Carlos Roberto Gonçalves precedentes jurisprudenciais do Supremo Tribunal Federal (*RTJ*, 123/781), do Superior Tribunal de Justiça (*RSTJ*, 13/262; *RT*, 664/170; REsp. nº 15.672, 3ª Turma, de 18.12.1992...), do Tribunal de Justiça de São Paulo (*EI* 129.367-2..., RJTJSP, 138/331; *RT*, 646/71), do Tribunal de Justiça do Rio de Janeiro (*RT*, 608/214), do Tribunal de Justiça do Rio Grande do Sul (transcritos na *RTJ*, 123/781), e do Tribunal de Justiça do Mato Grosso (*RT*, 659/143).[104] Reitera-se, no entanto, não haver óbice a acionar conjunta ou isoladamente o jornalista.

Há uma corrente de pensamento[105] que reputa inconstitucional a tarifação constante da Lei nº 5.250, em face do inc. X do art. 5º, que considera "invioláveis a intimidade, a vida privada, a honra e a imagem das pessoas, assegurado o direito à indenização pelo dano material ou moral decorrente de sua violação"; e do inc. V do mesmo ditame, que garante "o direito de resposta, proporcional ao agravo, além da indenização por dano material, moral ou à imagem". Existiu, inclusive, uma Ação de Arguição de Descumprimento de Preceito Fundamental – ADPF nº 130-7, julgada pelo STF, sobre a matéria, com cautelar concedida em 27.02.2008, e julgamento definitivo efetuado em 30.04.2009, suspendendo a vigência do art. 51. Isto embora os princípios da Carta Federal sejam programáticos e gerais, impondo-se a lei complementar para a sua regulamentação, que os conduz à prática e detalha a sua aplicação. Importa levar em conta, todavia, o entendimento de que está afastada a tarifação, sendo exemplos, além da ADPF nº 130-7, os arestos abaixo:

"Segundo a jurisprudência do STJ, a responsabilidade tarifada prevista na Lei de Imprensa não foi recepcionada pela Constituição de 1988, de sorte que o valor da indenização por danos morais não está sujeita aos limites nela previstos."[106]

"Inúmeros precedentes das Turmas integrantes da 2ª Seção desta Corte apontam no sentido de que, com o advento da Constituição de 1988, não mais prevalece o prazo decadencial nem a tarifação da indenização devida por dano moral, decorrente da publicação considerada ofensiva à honra e dignidade das pessoas."[107]

A interpretação ficou consolidada na Súmula nº 281 do STJ: "A indenização por dano moral não está sujeita à tarifação prevista na Lei de Imprensa."

Dever-se-ia, não fosse a ADPF nº 130-7, propor a ação em noventa dias, sob pena de decadência, em atenção ao art. 56 da Lei nº 5.250, que estatui: "A ação para haver indenização por dano moral poderá ser exercida separadamente da ação para haver reparação do dano material, e sob pena de decadência deverá ser proposta dentro de 3 (três) meses da data da publicação ou transmissão que lhe der causa". Também nessa previsão havia dissídio, pendendo uma corrente em não aceitar esse curto lapso de tempo, porquanto emana da Constituição Federal o direito, o qual não pode ficar obstado por tão reduzido

---

[104] *Responsabilidade Civil*, ob. cit., p. 43.
[105] *Revista do Superior Tribunal de Justiça*, 116/282; e Embargos Infringentes nº 219.954-1/SP, da 2ª Câmara do TJ de São Paulo, j. em 19.11.1996.
[106] AGA nº 508.537/MG, da 4ª Turma do STJ, j. em 04.11.2003, *DJ* de 19.12.2003.
[107] REsp. nº 390.594/RJ, da 4ª Turma do STJ, j. em 11.05.2004, *DJ* de 31.05.2004.

período para o exercício judicial, pois equivaleria a cerceá-lo, especialmente aos que se encontrarem ausentes, em local distante, ou doentes, quando da ofensa.

O STF, na mesma ação acima referida, suspendeu a vigência do texto "e sob pena de decadência deverá ser proposta dentro de 3 (três) meses da data da publicação ou transmissão que lhe der causa".

No pertinente ao dano moral em si, se divulgada pela imprensa a ofensa, a reparação se faz também por publicação de retratação ou da sentença na imprensa. Expondo Wilson Melo da Silva: "Se a difamação se faz publicamente pela imprensa, a condenação consistiria na retratação também pública e, às vezes, na pública divulgação, pela imprensa, da sentença condenatória do difamador ou do injuriador, e a suas expensas...

A euforia, a satisfação íntima pelo reconhecimento expresso ou implícito de sua inocência, sem dúvida que se constituem naquele elemento positivo neutralizador da negativa sensação de sofrimento de que tivesse sido vítima pela infamante dispensa. Estar-se-ia, aí, em face de valores equipolentes, de bens da mesma natureza ou da mesma essência, imateriais, de bens homogêneos, suscetíveis de redução ao mesmo denominador comum."[108]

Por derradeiro, embora enquadrada na lei de imprensa a ofensa, nada impede que a parte lesada opte pelo direito comum à indenização, dirigindo o pedido de reparação como acontece em qualquer caso que envolve dano moral. Desde que verificados danos à honra da pessoa, ou aos seus sentimentos, ou atingidas as virtudes e qualidades inerentes à personalidade, surge o legítimo interesse para a pretensão, não se obrigando que forçosamente escolhe os parâmetros da Lei de Imprensa, que se coloca unicamente como uma alternativa oferecida ao lesado.

---

[108] *O Dano Moral e sua Reparação*, 3ª ed., 1999, p. 661.

LXIV

A Responsabilidade por Ofensa à Liberdade

1. DIREITO À LIBERDADE

O direito à liberdade está assegurado pelo art. 5º da Constituição Federal, vindo reiterado em vários de seus incisos. Consagra-se a liberdade de pensamento (inc. IV), de consciência e crença (inc. VI), da expressão intelectual, artística, científica e de comunicação (IX), do exercício de qualquer trabalho (inc. XIII), de locomoção ou de ir e vir (incs. XV e LXVIII), de associação (inc. XVII). Várias as previsões constantes em outros pontos da Carta Magna e em diversos diplomas, não se restringindo o livre desempenho de profissões, a prática da religião que escolher a pessoa, o exercício do comércio em geral, a confecção de contratos sobre os mais diversos interesses lícitos, a escolha de divertimentos, a comunicação de notícias, a manifestação do pensamento, dentre outros setores.

Define-se a liberdade como o poder assegurado à pessoa de direcionar e dirigir sua vida. Age em consonância com a sua vontade nos planos da vida, dos negócios, do trabalho, das uniões. Consiste na faculdade de fazer ou não fazer aquilo que a ordem pública permite, e desde que não se encontre obrigada a realizar certos atos, especialmente aqueles que interessam ao público em geral, como recolhimento de tributos, de taxas.

É a liberdade protegida pelo Estado, tanto no plano interior como nas ações exteriores, estas desde que não afetem a liberdade de outros.

No campo do direito penal encontra-se com maior amplitude a proteção. Pune o Código Penal várias ofensas à liberdade, como o constrangimento ilegal (art. 146), o sequestro e cárcere privado (art. 148), a redução à condição análoga à de escravo (art. 149), a conduta que impede a cerimônia religiosa (art. 208), ou que atinge a liberdade sexual (arts. 213 e segs.).

Na hipótese, tem-se a proteção da liberdade física, ou de se locomover, de ir de um lugar para outro, porquanto obrigada e constrangida a pessoa a se deter em um determinado lugar contra a sua vontade. Encontra a proteção fundamento último no art. 5º da Carta Federal, em seus seguintes incisos: XV, onde está garantida a livre locomoção no território nacional em tempo de paz; LXI, pelo qual "ninguém será preso senão em flagrante delito ou por ordem escrita e fundamentada da autoridade judiciária competente"; LXV, ordenando que "a prisão ilegal será imediatamente relaxada pela autoridade judiciária"; e LXXV, impondo ao Estado indenizar "o condenado por erro judiciário, assim como o que ficar preso além do tempo fixado na sentença".

A maior frequência na ofensa ao direito de liberdade advém da ação do Estado, através de seus agentes policiais, que executam a prisão ilegal ou abusiva, isto é, sem ordem judicial; em casos mais raros, constatam-se erros judiciários, ou condenações de pessoas inocentes, descobrindo-se, posteriormente, o verdadeiro culpado pelo delito. Ocorrem, com bastante reiteração, permanências em prisões além do tempo devido.

No campo privado, aparecem os chamados 'sequestros relâmpagos', e os sequestros comuns, para extorquir vantagem indevida, efetuados por hordas de criminosos.

Igualmente no conhecido 'trabalho escravo' encontram-se situações de constrangimentos à liberdade, quando são retidos, sobretudo, trabalhadores rurais em certas zonas distantes e isoladas, em condições subumanas, sem o pagamento dos salários legais e possibilidade de seu contato com familiares e as autoridades.

Na ocorrência de situações caracterizadoras de ofensa à liberdade pessoal, incide a indenização, a teor do art. 954 do Código Civil: "A indenização por ofensa à liberdade pessoal consistirá no pagamento das perdas e danos que sobrevierem ao ofendido, e se este não puder provar prejuízos, tem aplicação o disposto no parágrafo único do artigo antecedente."

2. SITUAÇÕES CONSIDERADAS OFENSIVAS À LIBERDADE PESSOAL

O parágrafo único do art. 954 enumera três situações que tipificam ofensa à liberdade pessoal, e que comportam indenização: "Consideram-se ofensivos da liberdade pessoal:

I – o cárcere privado;

II – a prisão por queixa ou denúncia falsa e de má-fé;

III – a prisão ilegal."

Primeiramente, cumpre notar que as situações acima não esgotam os casos de ofensa à liberdade. Não constituem, pois, tais previsões *numerus clausus*, até porque encontram-se casos de maior gravidade, como no sequestro praticado por meliantes, permanecendo a vítima durante certo espaço de tempo cerceada em sua liberdade, e confinada em um reduto fechado, acorrentada, ou algemada, ou amarrada, sofrendo toda série de violências e constrangimentos. Não se confunde com o mero cárcere privado, porquanto encerra mais um elemento, que é a ameaça de morte e o intuito de conseguir alguma vantagem.

O cárcere privado enquadra-se na figura do art. 148 do Código Penal, envolvendo o sequestro, constituindo duas espécies distintas, nos seguintes termos: "Privar alguém de sua liberdade, mediante sequestro ou cárcere privado." Como se percebe, o sequestro está incluído como espécie de privação da liberdade, sendo maior a gravidade da lesão, e havendo a presença de mais elementos na sua configuração. Expõe Cezar Roberto Bitencourt: "A conduta tipificada, com efeito, é privar alguém de liberdade, sendo indiferente o meio escolhido pelo agente, que poderá ser o mais diverso: violência física ou moral, fraude etc. Os elementos constitutivos do crime de sequestro ou cárcere privado são: a detenção ou retenção de alguém em determinado lugar, dissentimento, explícito ou implícito, do sujeito passivo e a ilegitimidade objetiva da retenção ou detenção, além, é claro, do dolo, como elemento subjetivo."[109]

---

[109] *Manual de Direito Penal* – parte especial, vol. 2, p. 442.

A segunda causa de indenização está na prisão por queixa ou denúncia falsa e de má-fé. Importa que se tenha dado a prisão em face de uma queixa ou denúncia sem base ou justificativa, ou por motivação puramente vingativa. Em verdade, não cabe a prisão direta em face dessas motivações, a menos que haja motivo de prisão em flagrante, efetuando-se a decretação por despacho judicial. Lembra-se a eventualidade, inclusive, de não se homologar o flagrante e de se decretar a prisão preventiva. No entanto, torna-se viável que se registre a queixa de um crime grave ou hediondo, e que, procedidas algumas diligências, se encaminhe ao juiz o pedido de prisão preventiva, que a decreta. Ressalta a existência de manobras, influências e outros meios importaram na decretação da prisão. Em momento posterior desvenda-se a trama, com a soltura da pessoa acusada. Nessas eventualidades, florescem razões para o reconhecimento da custódia carcerária preventiva ilegal.

Cumpre se tenha em conta os requisitos para a indenização nessa previsão: a queixa ou denúncia falsa e de má-fé. Assim, surgiu falsamente a acusação, ou a queixa que culminou com a prisão. Está presente a necessidade de dolo, de voluntariedade do ato, ao se inventar um fato tipificado como crime, providenciando-se no seu encaminhamento para as autoridades policiais, que elaborarão o inquérito, remetendo-o ao juízo criminal, no qual se homologa a prisão em flagrante ou se decreta a custódia preventiva.

A terceira causa vem sintetizada no inc. III da regra acima declinada, consistindo na prisão ilegal, que é a decretada sem fundamento legal, ou sem uma ordem dada pela autoridade competente, ou por erro judiciário. Muito se vê falar em prisões injustas, mantendo-se pessoas encarceradas indevidamente, porquanto, em momento posterior, se descobre o verdadeiro culpado.

Há três casos mais comuns de prisão ilegal: a levada a efeito sem ordem legal, a por erro judiciário e a de condenados que são mantidos recolhidos depois do cumprimento da pena por falta de eficiência dos órgãos públicos.

Quanto à prisão ou ao cerceamento da liberdade sem ordem ou amparo legal, é certa a responsabilidade, assim se manifestando a jurisprudência: "O Estado está obrigado a indenizar o particular quando, por atuação de seus agentes, pratica, contra o mesmo, prisão ilegal. É ilícita a conduta do agente do Estado que, ausentes as hipóteses de flagrante e ordem escrita da autoridade competente, aborda pessoa em seu local de trabalho e a leva presa, argumentando que ela foi vista na companhia dos responsáveis por um assalto."[110]

Com mais clarividência aparece a ilegalidade na falta de configuração dos elementos da prisão em flagrante e nas agressões físicas impingidas à pessoa, no presente exemplo:

"O ordenamento jurídico pátrio acolheu a responsabilidade objetiva da administração pública, lastreada na teoria do risco administrativo, a teor do disposto no artigo 37, § 6º, da Constituição Federal.

A prisão em flagrante de cidadão, sem que restassem caracterizadas quaisquer das hipóteses legais previstas no artigo 302 do Código de Processo Penal, caracteriza ato ilícito. Prova dos autos que demonstra, outrossim, que o requerente sofrera lesões corporais enquanto se encontrava detido na cela da delegacia, por parte de pessoas que dolosamente lhe acusavam da autoria do delito que ensejara sua indevida prisão em flagrante, caracterizando-se, assim, a falha do Estado em garantir a incolumidade do preso, em flagrante

---

[110] Apel. Cível e remessa *ex officio* nº 02.000934-8, do TJ de Santa Catarina, *ADCOAS* 8219307, *Boletim de Jurisprudência ADCOAS*, nº 35, p. 548, set. 2003.

906 • Responsabilidade Civil | *Arnaldo Rizzardo*

ofensa ao art. 5º, inciso XLIX, da CF/88. Fato de terceiro ou concausa inocorrentes na espécie, dado que a injusta prisão do demandante se dera por falha exclusiva dos agentes estatais, que não se atentaram para a inexistência de circunstâncias fáticas autorizadoras da segregação cautelar.

Dano moral. *Quantum* indenizatório. O dano moral decorrente da injusta prisão em flagrante se afigura *in re ipsa*. Precedentes.

O *quantum* indenizatório deve representar para a vítima uma satisfação capaz de amenizar de alguma forma o sofrimento impingido. A eficácia da contrapartida pecuniária está na aptidão para proporcionar tal satisfação em justa medida, de modo que não signifique um enriquecimento sem causa para a vítima e produza impacto bastante no causador do mal a fim de dissuadi-lo de novo atentado. Ponderação que recomenda a majoração do *quantum* indenizatório."[111]

Merecem destaque as seguintes passagens do voto do relator, Des. Odone Sanguiné:

"Pois bem, inicialmente, cumpre destacar que o sistema jurídico brasileiro adota a responsabilidade patrimonial objetiva do Estado e das prestadoras de serviço público sob a forma da Teoria do Risco Administrativo. Tal assertiva encontra respaldo legal no art. 37, § 6º, da Constituição da República Federativa do Brasil, *in verbis*: 'As pessoas jurídicas de direito público e as de direito privado prestadoras de serviços públicos responderão pelos danos que seus agentes, nessa qualidade, causarem a terceiros, assegurado o direito de regresso contra o responsável nos casos de dolo ou culpa.'

Abordando o tema, Maria Sylvia Zanella Di Pietro elucida que 'essa doutrina baseia-se no princípio da igualdade dos ônus e encargos sociais: assim como os benefícios decorrentes da atuação estatal repartem-se por todos, também os prejuízos sofridos por alguns membros da sociedade devem ser repartidos. Quando uma pessoa sofre um ônus maior do que o suportado pelas demais, rompe-se o equilíbrio que necessariamente deve haver entre os encargos sociais; para restabelecer esse equilíbrio, o Estado deve indenizar o prejudicado, utilizando recursos do erário público' (*Direito Administrativo*. 8ª ed. São Paulo: Atlas, 1997. p. 412).

Para que incida a responsabilidade objetiva, em razão dos termos da norma constitucional em destaque, há necessidade de que o dano causado a terceiros seja provocado por agentes estatais nessa qualidade. É o que se depreende da pertinente lição de Hely Lopes Meirelles (*Direito Administrativo Brasileiro*, pp. 560/562, Editora Malheiros, 1994).

E, no caso, tenho que restou incontroverso, através da prova documental e testemunhal produzida, que a prisão do requerente se dera de forma arbitrária, sem que se configurasse adequadamente qualquer das hipóteses do artigo 302 do CPP: 'Considera-se em flagrante delito quem:

I – está cometendo a infração penal;

II – acaba de cometê-la;

III – é perseguido, logo após, pela autoridade, pelo ofendido ou por qualquer pessoa, em situação que faça presumir ser autor da infração;

IV – é encontrado, logo depois, com instrumentos, armas, objetos ou papéis que façam presumir ser ele autor da infração' (...).

(...) Não há que se cogitar de fato de terceiro, ou mesmo concausa a mitigar a responsabilidade do ente estatal, consubstanciado em eventual induzimento em erro pelos demais

---

[111] Apel. Cível nº 70028207629, da 9ª Câmara Cível do TJ do RGS, j. em 15.04.2009.

Cap. LXIV | A Responsabilidade por Ofensa à Liberdade • **907**

presos na mesma oportunidade, dado que cabia ao Estado, exclusivamente, averiguar a situação e decidir-se pela possibilidade ou não da prisão do autuado, tendo por parâmetro alguma das hipóteses do artigo 302 do CPP, que, como visto, não se faziam presentes. Assim sendo, não se verificando *in casu* os requisitos a autorizar o constrangimento do demandante em razão de flagrante, tem-se por inegável a arbitrariedade em sua prisão.

Aliás, em caso análogo, assim já se pronunciou o Tribunal Regional Federal da 4ª Região (...) 'Caracterizada a ilegalidade e arbitrariedade da prisão, bem como provado o tratamento aviltante e indigno à honra do apelado, assim como os evidentes prejuízos que sofreu na carreira militar, cabível a condenação à indenização. – Manutenção do valor fixado a título de indenização por se adequar à jurisprudência dos Tribunais Superiores, bem como às decisões deste Colegiado. – Manutenção do valor fixado a título de honorários advocatícios por se harmonizar com as decisões desta Turma' (TRF – 4ª Região, AC nº 2002.04.01.000629-9, 4ª Turma, rel. Edgard Antônio Lippmann Júnior, *DJ* de 05.11.2003) (...).

(...) Assim, reconhecida a ilicitude do agir do demandado, tanto o sendo que, ao fim e ao cabo, houvera o arquivamento do inquérito com relação ao demandante, cabe ao Estado ressarcir os prejuízos morais e materiais por este experimentados.

(...) Quanto ao dano moral, tenho que este se revela ínsito ao próprio ilícito, revelando-se *in re ipsa*. Com efeito, é de todo presumível o sofrimento desnecessário a que foi submetido o requerente, que, sem justa causa, se viu encarcerado com pessoas que de maneira leviana lhe acusavam de furto, vindo então a sofrer inclusive lesões corporais."

Também a prisão a título de depositário infiel, que não assinou o termo de depósito: "A prisão a título de depositário infiel de alguém que não assinara o termo de depósito é ilegal, devendo o Estado responder pelos danos morais ao preso ilegalmente."[112]

No pertinente à prisão indevida por tempo superior ao da condenação, decidiu o Tribunal de Justiça de São Paulo: "Indenização. Responsabilidade Civil do Estado. Erro judiciário. Apelado que, por omissão da autoridade policial, permaneceu preso por mais de trinta dias, além da condenação. Aplicabilidade do art. 5º, LXXV, da CF/88, eis que o direito à indenização nasce a partir do momento em que a permanência do apelado na prisão ultrapassar o tempo da pena imposta. Fixação do *quantum* da indenização, que não pode ser arbitrária, visto que há de se fixar um valor de acordo com as condições do condenado."[113]

A indevida prisão importa em danos materiais e morais, como serve de parâmetro o seguinte julgado, do STJ: "O Estado está obrigado a indenizar o particular quando, por atuação dos seus agentes, pratica, contra o mesmo, prisão ilegal. Em caso de prisão indevida, o fundamento indenizatório da responsabilidade do Estado deve ser enfocado sob o prisma de que a entidade estatal assume o dever de respeitar, integralmente, os direitos subjetivos constitucionais assegurados ao cidadão, especialmente o de ir e vir. O Estado, ao prender indevidamente o indivíduo, atenta contra os direitos humanos e provoca dano moral ao paciente, com reflexos em suas atividades profissionais e sociais. A indenização por danos morais é uma recompensa pelo sofrimento vivenciado pelo cidadão,

---

[112] Apel. Cível nº 185.248/PE, da 3ª Turma do TRF da 5ª Região, j. em 25.04.2002, *in ADCOAS* 8208707, *Boletim de Jurisprudência ADCOAS*, nº 33, p. 516, ago. 2002.

[113] Apelação nº 149.809-1, da 4ª Câmara do TJ de São Paulo, j. em 07.11.1991, *in Ementário de Jurisprudência Recente do TJSP*, p. 31, jan-fev. 1992.

908 • Responsabilidade Civil | *Arnaldo Rizzardo*

ao ver, publicamente, a sua honra atingida e o seu direito de locomoção sacrificado. A responsabilidade pública por prisão indevida, no direito brasileiro, está fundamentada na expressão contida na expressão contida no § 5º, LXXV, da CF."[114]

Responde o Estado por essas prisões, por força no art. 37, § 6º, da Constituição Federal, com a redação que vai transcrita: "As pessoas jurídicas de direito público e as de direito privado prestadoras de serviços públicos responderão pelos danos que seus agentes, nessa qualidade, causarem a terceiros, assegurado o direito de regresso contra o responsável nos casos de dolo ou culpa."

Por sua vez, o art. 630 do Código de Processo Penal delineia o caminho para o pedido de indenização: "O Tribunal, se o interessado o requerer, poderá reconhecer o direito a uma justa indenização pelos prejuízos sofridos.

§ 1º Por essa indenização, que será liquidada no juízo cível, responderá a União, se a condenação tiver sido proferida pela justiça do Distrito Federal ou de Territórios, ou o Estado, se o tiver sido pela respectiva justiça.

§ 2º A indenização não será devida:

a) se o erro ou a injustiça da condenação proceder de ato ou fato imputável ao próprio impetrante, como a confissão ou a ocultação de prova em seu poder;

b) se a acusação houver sido meramente privada."

Além da imperfeição das disposições acima, revelam-se assaz restritivas, afigurando-se outras situações, como quando a pessoa é mantida em prisão além do prazo da condenação.

Ressalva-se, no tocante ao § 1º, que a indenização incide sempre contra a União se a prisão ilegal decorre de ato ou responsabilidade de autoridade federal, isto é, da polícia e da justiça federal.

3. DECRETAÇÃO DA PRISÃO E POSTERIOR ABSOLVIÇÃO

Não se enquadra na figura que permite a indenização a prisão mantida por decisão do juiz, ou por ato de outra autoridade, no exercício de função legal, vindo, posteriormente, o indivíduo a ser absolvido da acusação, com a sua liberação. No caso, quando da prisão, existiam razões para a medida imposta, tanto que legal diante da obediência aos trâmites e previsões da lei. Destarte, não cabe a indenização nas prisões mantidas de réus que são, posteriormente, absolvidos. Desde que apuradas circunstâncias que impunham a prisão preventiva, se for o caso, fica afastada a ilegalidade.

Escreve, a respeito, trazendo ilustrações jurisprudenciais, Antônio Elias de Queiroga: "Assim, as limitações impostas pela Lei Maior à sua atuação do poder público, para que se possa conciliar o efetivo desempenho de suas funções com as garantias fundamentais do ser humano, só quando violadas, flagrantemente, autorizam indenizações de cunho moral ou material, sobretudo. Evidentemente que o abalo emocional, oriundo da privação de liberdade, acomete qualquer ser humano. Entretanto, a prisão preventiva ou provisória, praticada dentro dos limites da legalidade, da moralidade e da finalidade, não enseja a responsabilidade civil do Estado, sob pena de se intimidar a atuação dos titulares da persecução criminal, conjuntura que inviabilizaria a manutenção da paz no seio da sociedade. É, neste sentido, a jurisprudência pátria: 'Responsabilidade civil objetiva do Estado. Prisão

---

[114] REsp. nº 220.982/RS, j. em 02.02.2000, *DJU* de 03.04.2000.

Cap. LXIV | A Responsabilidade por Ofensa à Liberdade • **909**

processual. Posterior absolvição pelo Tribunal do Júri. Indenização por perdas e danos. Inexistindo qualquer ilegalidade nos atos que determinaram a prisão processual (temporária ou preventiva) imposta ao autor, o fato de ter ocorrido sua absolvição pelo Tribunal do Júri não gera direito a indenização por perdas e danos' (TJDF – AC nº 5158699 – rel. Des. Sérgio Bittencourt – *DJU* de 28.06.2000).

'Ordinária de indenização. Alegação de prisão injusta em processo penal. Absolvição do apelante. Responsabilidade do juiz. Inocorrência do chamado erro judiciário. Legalidade da custódia preventiva. Decisão mantida' (TJPR – AC nº 0023792100 – rel. Des. Abrahão Miguel – j. em 19.08.1997)."[115]

A seguinte síntese da jurisprudência bem reflete a inteligência a respeito: "O art. 5º, LXXV, da Carta Magna é taxativa ao prever que o Estado indenizará o condenado por erro judiciário, assim como o que ficar preso além do tempo fixado na sentença. Pode-se cogitar de erro judiciário quando a sentença condenatória afrontar expressamente a letra da lei, contrariar de forma teratológica as evidências dos autos, lastrear-se em elementos falsos, ou em face das provas de inocência supervenientes à sentença, ou que faculte a redução da pena, hipóteses elencadas no art. 621 do Estatuto Adjetivo Penal, disciplinador da revisão criminal. A simples reforma da sentença condenatória penal pela instância *ad quem*, importando absolvição, é insuficiente para caracterizar o erro judiciário, igualmente não importando tal fato em desrespeito ao princípio do *in dubio pro reo*."[116]

No entanto, há quem entende o contrário, como Augusto do Amaral Dergint, defendendo o cabimento da indenização: "Há quem argumente que o réu absolvido em razão do benefício da dúvida (sintetizado no brocardo latino *in dubio pro reo*), por insuficiência de prova, não deveria receber indenização. Mas a dúvida deve realmente aproveitar ao réu. Não se pode, assim, levar em conta suspeitas que contra ele se acumulem, para recusar-lhe indenização pelos prejuízos lhe causados. Por outro lado, seria contra a equidade criarem-se duas categorias de absolvição, uma prova de inocência e outra simples declaração de incerteza."[117]

No REsp. nº 220.982/RS, da 1ª Turma do STJ, j. em 23.02.2000, *DJU* de 05.03.2000, de relatoria do Ministro José Delgado, segue-se a inteligência:

"O Estado está obrigado a indenizar o particular quando, por atuação dos seus agentes, pratica, contra o mesmo, prisão ilegal.

Em caso de prisão indevida do indivíduo, o fundamento indenizatório da responsabilidade do Estado deve ser enfocado sob o prisma de que a entidade estatal assume o dever de respeitar, integralmente, os direitos subjetivos constitucionais assegurados ao cidadão, especialmente o ir e vir.

O Estado, ao prender indevidamente o indivíduo, atenta contra os direitos humanos e provoca dano moral ao paciente, com reflexos em suas atividades profissionais e sociais.

A indenização por danos morais é uma recompensa pelo sofrimento vivenciado pelo cidadão, ao ver, publicamente, a sua honra atingida e o seu direito de locomoção sacrificado.

A responsabilidade pública por prisão indevida, no Direito brasileiro, está fundamentada na expressão contida no art. 5º, LXXV, da CF/88."

---

[115] *Responsabilidade Civil e o Novo Código Civil*, 2ª ed., Rio de Janeiro-São Paulo, Editora Renovar, 2003, pp. 207 e 208.

[116] Apel. Cível e remessa nº 2000.04.01.137768-9/PR, da 2ª Seção do TRF da 4ª Região, *DJ* de 13.03.2002, *ADCOAS* 8207518, *Boletim de Jurisprudência ADCOAS*, nº 27, p. 420, jul. 2002.

[117] *Responsabilidade do Estado por Atos Judiciais*, São Paulo, Editora Revista dos Tribunais, 1994, p. 181.

4. ESTIMATIVA DA INDENIZAÇÃO

Na forma do texto do art. 954, são indenizáveis os danos que sobrevierem ao ofendido. Na impossibilidade de provar o prejuízo, caberá ao juiz fixar, equitativamente, o valor da indenização, sempre tendo em conta as circunstâncias do caso.

As privações ilegais da liberdade trazem prejuízos materiais e morais.

Quanto aos primeiros, equivalem às perdas e danos e às despesas que teve a pessoa. Pelo lapso de tempo de confinamento, não desempenhou sua vida profissional, ficando afastado as atividades que lhe traziam rendimentos. Ademais, é possível o desembolso de numerário para a defesa ou para suprir sua ausência nos negócios e na administração do patrimônio. O montante das perdas e dos gastos torna-se ressarcível. Verificada a perda de emprego, o ressarcimento abarcará a entrega de quantia equivalente aos salários durante um espaço de tempo não inferior a seis meses, suficiente para conseguir uma nova relação de trabalho.

Se o indivíduo, entretanto, se encontrava constantemente desempregado, nem exercia alguma atividade particular ou demonstrava alguma iniciativa para tanto, não se acata pedido de reparação por prejuízos materiais dessa ordem. Nem cabe a condenação material pelo mero fato da prisão, pois de outra natureza o dano.

Não logrando obter prova suficiente para a demonstração dos danos e sua quantificação, deve o juiz arbitrar razoavelmente a reparação. Entrementes, não se dá o caráter de reparação propriamente patrimonial, e sim moral, ou, quiçá, de presunção de dano material, na ocorrência da situação. Inadmissível arbitrar uma recomposição do prejuízo patrimonial se não ficou demonstrado.

Maior gravidade, porém, revela o dano moral. A prisão traz um profundo abalo da personalidade do indivíduo, denegrindo seu conceito e desprestigiando a credibilidade perante a sociedade. Em certas comunidades, existe a discriminação do ex-preso, não importando a sua regeneração. Mesmo que se divulgue a prisão ilegal, sempre fica uma dúvida ou desconfiança no conceito social. A prisão se prolonga como uma mancha que marca indelevelmente a vida da pessoa.

A indenização por dano moral abrangerá também a estigma ou a pecha da condenação injusta. A acusação de um crime, ou de uma situação que a sociedade abomina e que merece e reprimenda geral, igualmente fere a suscetibilidade do indivíduo e desprestigia a sua posição frente aos outros seres humanos.

A estimativa da reparação levará em conta o período do encarceramento, as acomodações, o tipo de convivência na prisão, a gravidade da imputação feita, a divulgação ou não pela imprensa, o grau de repercussão, dentre outros fatores. Normalmente, se a duração não passou de algumas horas, não excederá o montante a um salário-mínimo, mas devendo merecer relevância, no arbitramento, o estado econômico, a ascensão social e o *status* profissional. Se, porém, se prolongou por meses ou até anos a indevida restrição à liberdade, eleva-se para uma correspondência a, no mínimo, duzentos salários-mínimos por ano tal verba. Não servirá de compensação uma cifra menor, dados os nefastos efeitos negativos do cerceamento. Mesmo se não ultrapassou a um ou dois meses o período, não alcança a finalidade visada com uma condenação inferior ao correspondente a cem salários-mínimos.

LXV
Transmissão da AIDS e Responsabilidade

1. RESPONSABILIDADE NA TRANSMISSÃO DO VÍRUS

O HIV, denominação do vírus da imunodeficiência humana, é o agente causador da Síndrome de Imunodeficiência Adquirida (SIDA/AIDS), cujo tratamento médico não leva à cura, e dando-se a transmissão a doença por contágio. Trata-se de uma doença transmissível, através do aumento exagerado do número de vírus no corpo humano, que se propaga por meio de transfusões de sangue, pela utilização de drogas endovenosas introduzidas no organismo humano mediante instrumentos ou materiais contaminados, e por relações sexuais. Importa em reconhecer, contra aqueles que a transmitem, a presença do dolo eventual, justamente pelo fato de ser o resultado esperado a morte.

A doação de sangue, a relação sexual, o aleitamento materno, o transplante de órgãos e tecidos, a utilização de aparelhos infectados, como seringas ou objetos perfurocortantes, são altamente apropriados para transmitir o vírus, o qual retira as resistências do organismo humano, que fica sem defesas para todas as espécies de infecções. Vai adiante Marcos de Almeida Villaça Azevedo: "Como se tem conhecimento, esse vírus atinge, violentamente, o sistema imunológico da pessoa infectada, ou seja, toda a defesa de seu organismo, o qual, enfraquecido, fica exposto a toda sorte de bactérias e de outros vírus".[118]

Há a multiplicação desordenada de vírus, ficando o sistema imunológico da pessoa seriamente prejudicado. Para o tratamento, aplicam-se coquetéis de combinação de medicamentos, que impedem a reprodução desordenada do vírus.

Procedendo-se voluntariamente o ato capaz de levar à contaminação, leva à configuração do dolo. Mesmo que não seja o ato de vontade dirigido ao resultado, está presente o dolo eventual, posto que ciente o indivíduo portador da alta probabilidade do risco.

Daí que inadmissível coletar sangue para fins de doação a terceiros, em casos de cirurgias ou deficiências por outras razões, o que se dá nos hemofílicos ou pessoas que sofrem de hemorragias precoces, sem uma causa comum e prolongada, como em traumatismos mínimos subcutâneos.

Revela-se, pois, configurada a responsabilidade daqueles que favorecem a contaminação, devendo responder civil e criminalmente. Desde o momento em que existe consciência das consequências, e mesmo assim se corre ou é aceito o risco, apresenta-se

---

[118] *Aids e Responsabilidade Civil*, São Paulo, Editora Atlas E. A., 2002, pp. 14 e 15.

912 • Responsabilidade Civil | *Arnaldo Rizzardo*

a voluntariedade do ato, encontrando a indenização amparo na responsabilidade subjetiva por dolo eventual. Mesmo, no entanto, que o transmissor desconheça a sua situação de agente portador, pelo mero fato de aceitar uma das práticas tendentes ao contágio, importa em responsabilidade subjetiva. Acontece que, presentemente, de todos são conhecidos os perigos de atos que propiciam a propagação, não se admitindo a sua realização sem as cautelas e medidas preventivas. Diante das várias possibilidades de contágio, nunca se pode descartar a eventualidade de incluir-se entre os portadores do vírus.

Já em relação aos hospitais, aos laboratórios, às clínicas, aos bancos de sangue, cujo teste anti-HIV é obrigatório desde a Lei nº 7.649, de 25.01.1988, uma vez verificada a transmissão em razão do desempenho de suas funções profissionais, a responsabilidade é objetiva. Não se perquire a respeito da culpa. A obrigação indenizatória advém da prestação do serviço ou do fornecimento do sangue. O mínimo que se pode esperar dessas entidades é o exame do sangue colhido, a triagem clínica ou a exigência de teste prévio do fornecedor, e o uso de aparelhos descartáveis na coleta e no fornecimento. A simples constatação da relação de causa e efeito é suficiente para imputar a obrigação reparatória. É como a matéria vem sendo enfrentada pelos Tribunais: "Os presentes autos evidenciam a contaminação dos autores pelo vírus HIV, durante o tratamento de hemofilia, em hospital conveniado à rede pública de saúde. Tais elementos são suficientes para a caracterização da responsabilidade civil do Estado, tendo em vista a adoção pelo ordenamento jurídico pátrio da Teoria do Risco Administrativo, como preceitua o § 6º do art. 37 da CF/1988."[119]

2. CULPA CONCORRENTE DA VÍTIMA E INDENIZAÇÃO

O maior número de contaminações advém da falta de cuidados e precauções da vítima, ou da exposição inconsequente às condutas que favorecem a transmissão. A pessoa que frequenta prostíbulos, que se injeta substâncias entorpecentes, sabe que está num ambiente de risco e que fica propensa a adquirir o vírus. A própria falta de cautela no convívio, o uso de instrumentos ou aparelhos que pertencem a aidéticos, a submissão a trabalhos executados no corpo humano por pessoas portadoras do mal, a exposição a contatos íntimos, representam a assunção, em grau de certa probabilidade, da contaminação pela doença.

Há situações ostensivas ou reveladoras da aceitação, como na procura constante de prostitutas ou travestis, com quem são mantidas relações sexuais sem o uso de preservativos; ou na aplicação de substâncias tóxicas no corpo através de seringas não descartáveis. Nem se reconhece o direito a uma eventual pretensão indenizatória contra o parceiro ou agente portador, pois a conduta revelou um ato voluntário, soberano e perfeitamente refletido. Trata-se de uma opção de vida, não se podendo atribuir a outros a responsabilidade.

Todavia, se adquirida a imunodeficiência em contatos com pessoas insuspeitas, que não se dedicavam à atividade sexual através de remuneração ou da prostituição, ou não faziam parte de grupo de risco, mas não se precavendo através de preservativos e cuidados específicos, decorre daí a inquestionável culpa concorrente, com o compartilhamento das consequências.

Em vista de não perfeitamente isolado e identificado o vírus transmissor, todas as cautelas são exigíveis das pessoas, inclusive no contato próximo e íntimo não sexual. A

---

[119] Apel. Cível nº 2000.02.01.047541-9, da 2ª Turma do TRF da 2ª Região, *DJ* de 19.12.2000, *in* *ADCOAS* 8201603, *Boletim de Jurisprudência ADCOAS*, nº 44, p. 792, nov. 2000.

Cap. LXV | Transmissão da AIDS e Responsabilidade • **913**

própria saliva pode se constituir em agente transmissor, o que recomenda a conduta de precaução na convivência e na utilização de objetos. A prática em conjunto de atividades que provocam pequenas lesões ou ferimentos superficiais enseja providências de cuidados que não podem ser tidas como prevenção ou discriminação contra a pessoa portadora do vírus.

Já a doação de sangue e mesmo de órgãos do corpo humano sem o exame preventivo da doença caracteriza imprudência tanto do doador como do favorecido, mas, quanto a este, desde que não se proceda o recebimento em estabelecimento ou entidade hospitalar ou para tanto destinada.

A convivência com pessoas que fazem parte de grupo de risco é um forte indício da contaminação. Em decorrência, a atribuição, em tal situação, do contágio a determinada pessoa deve ser vista com extrema cautela, especialmente se a acusação é assacada contra hospitais e laboratórios, onde se colhe sangue e se fazem transfusões, seguindo-se à risca medidas de segurança.

A indenização tem em vista os custos para manter certas resistências contra a propensão de infecções, o que se consegue através de coquetéis de medicamentos ou drogas poderosas, em combinação com medicações antivirais comuns, mais de finalidade inibidora, a serem ingeridos ciclicamente, mas em constante repetição. Compreende as despesas médico-hospitalares, e as exigidas para a assistência terapêutica e psicológica. Abrange aquilo que a pessoa contaminada deixou de ganhar, se interrompida a atividade que exercia. No aspecto do dano moral, ampla é a reparação, pois envolverá múltiplos aspectos, como a discriminação e o ostracismo social, o cerceamento nas atividades sociais, o sofrimento interior, a desesperança em relação ao futuro, o isolamento a que fica a pessoa relegada, a redução de expectativa de vida, as constantes infecções e mal-estar.

3.   INDENIZAÇÃO POR RESTRIÇÕES OU DISCRIMINAÇÕES

Aspecto que merece especial atenção diz respeito às restrições e mesmo à discriminação social que normalmente sofre o aidético. Antes de tudo, observa-se que as atitudes de reserva e de inaceitação restringem-se à doença, e não propriamente ao indivíduo portador da doença. Nenhuma aversão é nutrida em relação ao ser humano em si no meio social em que vive, no ambiente de trabalho, no convívio normal com os seus conhecidos e colegas. Pela natureza da síndrome, pelas consequências que acarreta, pela irreversibilidade de sua infestação, as pessoas revelam cautela e certo temor, impulsionadas pelo instinto de conservação. Assim acontece relativamente aos portadores de doenças contagiosas em geral, não se podendo ver, no receio de aproximação, ou na recusa de intimidades, e inclusive nas restrições opostas, alguma discriminação preconceituosa, ou expressão de desprezo, ou desrespeito à condição humana.

Mesmo que muitas reações se devam à falta de esclarecimentos, ou a ideias preconcebidas e infundadas, ou à ausência de informações médicas mais precisas, parecem justificáveis as condutas que limitam o acesso do portador da doença a certas atividades que exigem o contato direto com produtos manipulados e o público. Assim o trabalho em bares e restaurantes, em consultórios médicos e odontológicos, em estabelecimentos de fabricação de alimentos, em serviços de orientação escolar, em centros de grande concentração de indivíduos, em ambientes fechados, e nas profissões que dão destaque aos que as exercem em face queda de confiabilidade e credibilidade naquilo que realizam ou defendem. Com rapidez se propaga a existência de pessoa portadora do vírus, mesmo mantendo-se oculto o fato ao conhecimento de colegas e conhecidos, causando transtornos, precauções, distanciamento e até afastamento do público. Por mais arejada que se revele a mentalidade de muitos indivíduos, e mesmo que haja um avançado grau de compreensão e entendimento médico, sempre existem pessoas receosas, que fatalmente se afastam do local onde é exercida a atividade ou se dá o atendimento por alguém contaminado. Inclusive em salões de cabeleireiros ou de tratamento do corpo, em clínicas odontológicas, os clientes podem simplesmente não mais procurar a prestação de serviços no local, trazendo considerável prejuízo ao titular do estabelecimento.

Daí se depreende que muitas situações ocorrem pela natureza do fato em si, pela tipicidade da doença, impondo reservas e determinadas condutas, que não revelam necessariamente preconceito ou discriminação. Realmente, não se ostenta fácil uma família aceitar uma empregada doméstica contaminada, à qual são atribuídas funções de preparar alimentos, atender crianças e outras atividades que obrigam o contato com objetos de uso de todos os membros. O mesmo se dá em casas de fabricação e comercialização de alimentos, onde os empregados cortam e condicionam produtos, não se afigurando inviável que, no mister, se lesionem ou se firam, com possibilidade respingar o sangue nos alimentos. Daí não se considerar discriminatória a despedida, em situações tais.

Entrementes, se a atividade não possui qualquer influência no contato manual, ou na proximidade física entre pessoas, mas desenvolvendo-se, exemplificativamente, na construção de obras materiais, na pintura, na fabricação de móveis, no conserto de bens duráveis, na execução de tarefas burocráticas ou de serviços em escritórios e repartições públicas, inadmissível a colocação de óbices, ou de recusa no emprego, acarretando, eventual atitude de afastamento, discriminação, repulsa, a competente ação indenizatória por danos materiais e morais – os primeiros abrangendo os prejuízos e lucros cessantes, e os últimos a ofensa aos direitos de personalidade e à sensação interior de desprezo, de frustração, de abandono e de injustiça sofrida. O quadro é descrito por Marcos de Almeida Villaça Azevedo: "Entretanto, por desconhecimento ou por motivos pessoais, continua havendo discriminação de pessoas, somente pelo fato de serem portadoras do vírus da AIDS. São revelados casos de pessoas que perdem seu emprego e a proteção de seu seguro, que são impedidas de frequentar escolas e determinados locais públicos ou particulares, entre muitas outras situações que devem gerar a responsabilidade civil dos ofensores, impondo-se-lhes o ressarcimento pecuniário das lesões morais sofridas.

Além do atentado à liberdade de locomoção, pela não admissão da pessoa no estabelecimento, essas práticas discriminatórias contra o portador do vírus da AIDS acabam por tolher o desenvolvimento de uma atividade que é permitida a todas as pessoas, independentemente de seu estado de saúde.

O fato de uma pessoa estar contaminada pelo vírus HIV não impede que a mesma frequente uma escola, uma biblioteca, uma faculdade, pois, como todos os demais, ela tem o direito de ampliar seus conhecimentos e de exercer uma profissão."[120]

A invasão de privacidade, com a divulgação do fato ao público, a colegas, a amigos, e outras pessoas das relações do portador, também importa em exigir a reparação por dano moral. Efetivamente, sendo do conhecimento geral os efeitos restritivos decorrentes, a repercussão negativa comporta a indenização. O estado pessoal do ser humano, os seus

---

[120] *Aids e Responsabilidade Civil*, ob. cit., pp. 113 e 114.

males e as vicissitudes dizem respeito unicamente a ele, a ninguém cabendo intrometer-se e propagá-los a terceiros, exceto no tocante àqueles que convivem com o indivíduo contaminado, podendo ser prejudicados.

A respeito do assunto, obtempera Marcos de Almeida Villaça Azevedo: "O sigilo profissional é inerente à relação médico-paciente, que existe no contrato de prestação de serviços médicos; desse modo, a quebra desse sigilo configura o descumprimento do contrato, que acarreta a responsabilidade do médico ou do profissional da saúde que violou a intimidade do paciente.

Ressalte-se, neste passo, que todos os profissionais da saúde devem guardar sigilo sobre a soropositividade de um paciente, agindo de acordo com os parâmetros de seus respectivos Códigos Deontológicos, bem como respeitando o direito à intimidade do paciente, sendo que a quebra ilegítima ou injustificada do sigilo acarretará a responsabilidade civil do profissional culpado."[121]

4. COBERTURA DA AIDS NOS PLANOS DE SAÚDE

Com o surgimento da Lei nº 9.656, de 03 de junho de 1998, inclui-se o tratamento da AIDS nos planos de saúde, especialmente se eleito o plano de referência, destacado no seu art. 10, em redação da Med. Prov. nº 2.177-44: "É instituído o plano-referência de assistência à saúde, com cobertura assistencial médico-ambulatorial e hospitalar, compreendendo partos e tratamentos, realizados exclusivamente no Brasil, com padrão de enfermaria, centro de terapia intensiva, ou similar, quando necessária a internação hospitalar, das doenças listadas na Classificação Estatística Internacional de Doenças e Problemas Relacionados com a Saúde, da Organização Mundial de Saúde, respeitadas as exigências mínimas estabelecidas no art. 12 desta Lei, exceto."

A menos que se exclua expressamente a previsão, opera-se a automática cobertura, não importando a escusa da omissão na sua declaração quando do preenchimento do formulário do contrato, se não examinado o segurado, na linha apregoada pelo STJ: "Seguro-saúde. Doença preexistente. AIDS. Omissa a seguradora no tocante à sua obrigação de efetuar o prévio exame de admissão do segurado, cabe-lhe responder pela integralidade das despesas médico-hospitalares havidas com a internação do paciente, sendo inoperante a cláusula restritiva inserta no contrato de seguro-saúde."[122]

Na verdade, há decisões que nem permitem a exclusão: "A cláusula constante do instrumento contratual que exclui expressamente a cobertura para tratamento de portadores do vírus HIV e similares é nula de pleno direito por configurar cláusula abusiva, de acordo com o art. 51, IV, e § 2º do CDC."[123]

"De acordo com o Código de Defesa do Consumidor, a cobertura securitária genérica torna insubsistente a cláusula de exclusão da assistência médica hospitalar aos portadores da Síndrome da Imunodeficiência Adquirida."[124]

---

[121] *Aids e Responsabilidade Civil*, ob. cit., p. 109.

[122] REsp. nº 234.219/SP, da 4ª Turma, rel. Min. Ruy Rosado de Aguiar, j. em 15.05.2001, *DJU* de 20.08.2001.

[123] Apel. Cível nº 70001379148, da 6ª Câmara Cível do TJ do RGS, j. em 08.08.2001, em *ADCOAS* 8202541, *Boletim de Jurisprudência ADCOAS*, nº 13, p. 201, abr. 2002.

[124] Apel. Cível nº 70001151091, da 5ª Câmara Cível do TJ do RGS, j. em 21.12.2000, em *ADCOAS* 8203764, *Boletim de Jurisprudência ADCOAS*, nº 5, p. 72, jan. 2002.

O art. 51, inc. IV, acima apontado estabelece que são nulas as cláusulas que estabeleçam obrigações consideradas iníquas, abusivas, que coloquem o consumidor em desvantagem exagerada, ou sejam incompatíveis com a boa-fé ou a equidade, enquanto o § 2º, também citado, restringe a nulidade à cláusula somente.

O entendimento encontra ressonância na doutrina de Marcos de Almeida Villaça Azevedo: "Relativamente aos contratos de seguro-saúde, não há dúvida de que a cláusula que excluía, expressamente, a cobertura de tratamento da AIDS e de doenças a ela relacionadas desnaturava o contrato, por ser contrária à sua finalidade (que é, indene de dúvida, a de preservar a saúde do segurado), razão pela qual era considerada abusiva e, consequentemente, ineficaz.

No caso, cuida-se de ineficácia, e de não de nulidade da cláusula contratual. Cumpre lembrar que a cláusula é nula quando contém vício insanável que a torna imprestável. Como a cláusula sob cogitação não contém tal vício, mas, tão somente, é contrária à norma de ordem pública, deve ser considerada ineficaz.

De repetir-se, nessa oportunidade, que, se a intenção da seguradora era a de não dar cobertura ao tratamento da AIDS, devia exigir que o candidato ao seguro-saúde se submetesse ao teste de detecção do vírus HIV, antes da celebração do contrato, que poderia não ocorrer, se o resultado do exame fosse positivo. O que não podia era a seguradora aceitar todos os pretendentes de seu plano de saúde, sem exigir tal exame, e, posteriormente, com base em cláusula contratual abusiva e ineficaz, negar cobertura ao tratamento da AIDS".[125]

---

[125] *Aids e Responsabilidade Civil*, ob. cit., p. 150.

LXVI

Responsabilidade na Usurpação de Direitos Autorais, de Programa de Computador, de Direitos de Propriedade Industrial e no Uso da Internet

1. DIREITO DE PROPRIEDADE

O direito de propriedade intelectual está regulado na Lei nº 9.610, de 19.02.1998.

O assunto que interessa, na análise que aqui se desenvolve, restringe-se a aspectos da responsabilidade. No entanto, alguns aspectos gerais precisam ser abordados.

O direito de propriedade de obra intelectual aparece no art. 22: "Pertencem ao autor os direitos morais e patrimoniais sobre a obra que criou." O art. 11 explica que é autor a pessoa física criadora de obra literária, artística ou científica. Com esta definição compreende-se que a propriedade envolve a obra literária, artística ou científica.

No art. 28 é reforçado o princípio de propriedade: "Cabe ao autor o direito exclusivo de utilizar, fruir e dispor da obra literária, artística ou científica." Acrescenta o art. 29 que "depende de autorização prévia e expressa do autor utilização da obra, por quaisquer modalidades".

Como se nota, afirmado se encontra o direito de propriedade no diploma que disciplina a matéria.

O direito em questão volta-se para a proteção do autor, máxime no que se ajusta ao resguardo da obra de engenho, da criação intelectual ou da produção do espírito.

Compõem ou realizam a propriedade os elementos 'utilizar', 'fruir' e 'dispor' da obra que nasce da atividade do intelecto. Os termos 'utilizar' e 'fruir' são redundantes, segundo Walter Moraes, porque "em direito de autor 'utilizar' é o mesmo que auferir proveito econômico, que explorar: coincide justamente com o significado do *jus fruendi*, com 'fruir'.[126]

Não se empregou o termo 'usar'.

Quanto à palavra 'dispor', envolve a transferência ou cessão dos direitos autorais, mas sempre restritivamente, eis que é impossível desvincular-se o criador ou autor da obra. Há a inalienabilidade e a irrenunciabilidade dos direitos morais, como o nome e a defesa contra o plágio e a contrafação.

---

[126] *Questões de Direito de Autor*, São Paulo, Editora Revista dos Tribunais, 1977, p. 61.

2. DIREITOS PATRIMONIAIS

São aqueles que dizem respeito aos resultados econômicos da obra, assegurados ao autor. Advêm eles da reprodução e da comunicação do trabalho intelectual ao público. Com isso, possibilita-se ao criador auferir os proventos econômicos compensatórios de seu esforço. Carlos Alberto Bittar ressalta a decorrência da comunicação ao público e da reprodução de tais direitos: "O direito patrimonial manifesta-se, positivamente, com a comunicação da obra ao público e a reprodução, que possibilitam ao seu criador auferir os proventos econômicos que lhe puder proporcionar."[127]

A matéria aparece extensamente regulada no Capítulo III da Lei nº 9.610/1998, iniciando no art. 28 e terminando no art. 45.

O art. 28 assegura ao autor o direito exclusivo de utilizar, fruir e dispor da obra literária, artística ou científica.

O elenco de direitos está no art. 29, com algumas inovações relativamente à lei anterior. Eis os direitos:

I – a reprodução parcial ou integral;

II – a edição;

III – a adaptação, o arranjo musical e quaisquer outras transformações;

IV – a tradução para qualquer idioma;

V – a inclusão em fonograma ou produção audiovisual;

VI – a distribuição, quando não intrínseca ao contrato firmado pelo autor com terceiros para uso ou exploração da obra;

VII – a distribuição para oferta de obras ou produções mediante cabo, fibra ótica, satélite, ondas ou qualquer outro sistema que permita ao usuário realizar a seleção da obra ou produção para percebê-la em um tempo e lugar previamente determinados por quem formula a demanda, e nos casos em que o acesso às obras ou produções se fará por qualquer sistema que importe em pagamento pelo usuário;

VIII – a utilização, direta ou indireta, da obra literária, artística ou científica, mediante:

a) representação, recitação ou declamação;

b) execução musical;

c) emprego de alto-falante ou de sistemas análogos;

d) radiodifusão sonora ou televisiva;

e) captação de transmissão de radiodifusão em locais de frequência coletiva;

f) sonorização ambiental;

g) a exibição audiovisual, cinematográfica ou por processo assemelhado;

h) emprego de satélites artificiais;

i) emprego de sistemas óticos, fios telefônicos ou não, cabos de qualquer tipo e meios de comunicação similares que venham a ser adotados;

j) exposição de obras de artes plásticas e figurativas;

IX – a inclusão em base de dados, o armazenamento em computador, a microfilmagem e as demais formas de arquivamento do gênero;

X – quaisquer outras modalidades de utilização existentes ou que venham a ser inventadas.

---

[127] *Direito de Autor na Obra Feita sob Encomenda*, São Paulo, Editora Revista dos Tribunais, 1977, p. 21.

Cap. LXVI | Direitos Autorais, Programa de Computador, Propriedade Industrial e Internet • 919

O principal direito está evidentemente na percepção do pagamento pelo contrato de edição ou de cessão. Uma vez não verificada uma anuência no preço, a solução encontra-se no art. 57, ordenando que o preço da retribuição será, então, arbitrado "com base nos usos e costumes". Para as situações de elevação do preço no curso da edição, quando há venda do original de obra, o art. 38 e seu parágrafo único, reproduzindo o art. 39 e seu parágrafo único da Lei nº 5.988/1973, com exceção no que se refere ao percentual, mandam que se pague o equivalente a cinco por cento do aumento ao autor, verificável em cada revenda.

Os arts. 49 e seguintes declaram transferíveis e cessíveis os direitos patrimoniais, consoante já observado.

Já quanto à sucessão, a disciplina consta do art. 24, § 1º, que expressa, relativamente aos direitos morais: "Por morte do autor, transmitem-se a seus sucessores os direitos a que se referem os incisos I a IV." De acordo com tais incisos, transmitem-se, pois: I – o direito de reivindicar, a qualquer tempo, a autoria da obra; II – o de ter seu nome, pseudônimo ou sinal convencional indicado ou anunciado, como sendo o do autor, na utilização de sua obra; III – o de conservar a obra inédita; IV – o de assegurar a integridade da obra, opondo-se a quaisquer modificações ou à prática de atos que, de qualquer forma, possam prejudicá-la ou atingi-la, em sua reputação ou honra.

Se assim rege-se a matéria quanto aos direitos morais, com maior força os de valor patrimonial, acima arrolados, desde que incluídos no lapso de proteção de setenta anos, contado a partir de 1º de janeiro do ano subsequente ao de seu falecimento. Tanto que a parte final do art. 41 manda que seja obedecida a ordem sucessória da lei civil. Jamais se pode negar que o direito de autor encerra uma relação de propriedade, da qual decorre a transmissão hereditária.

No pertinente aos deveres, têm como fonte os direitos do editor. Uma vez reconhecido um direito a seu favor, a decorrência é o nascimento de um dever do autor. A título de exemplo, ressalta o caráter de exclusividade da obra, pelo qual proíbe-se ao autor reeditar a obra enquanto não esgotada a edição. Cabe-lhe, também, aceitar o preço de venda, cuja fixação é reservado ao editor.

3. DIREITOS MORAIS

São aqueles que objetivam garantias à propriedade da obra, de sorte a manter intocável a paternidade na criação intelectual, que reflete a própria personalidade do autor.

Visam, assim, proteger a personalidade do criador, que se manifesta na obra, e dizem com o direito do inédito, o direito de reivindicar a paternidade da obra, o direito de sua integridade, de arrependimento e de retirar a obra de circulação, de destruição, de tradução e de modificação.

A discriminação desses direitos está no art. 24, havendo aqueles que tratam da paternidade da obra (incs. I e II), os que disciplinam a sua integridade (incs. IV e V), os direitos que se dirigem à publicação (incs. III e VI), e o direito concernente à preservação (inc. VII).

Eis a relação:

I – o de reivindicar, a qualquer tempo, a autoria do autor;

II – o de ter seu nome, pseudônimo ou sinal convencional indicado ou anunciado, como sendo o do autor, na utilização de sua obra;

III – o de conservar a obra inédita;

IV – o de assegurar a integridade da obra, opondo-se a quaisquer modificações ou à prática de atos que, de qualquer forma, possam prejudicá-la ou atingi-lo, como autor, em sua reputação ou honra;

V – o de modificar a obra antes ou depois de utilizada;

VI – o de retirar de circulação a obra ou de suspender qualquer forma de utilização já autorizada, quando a circulação ou utilização implicarem afronta à sua reputação e imagem;

VII – o de ter acesso a exemplar único e raro da obra, quando se encontre legitimamente em poder de outrem para o fim de, por meio de processo fotográfico ou assemelhado, ou audiovisual, preservar sua memória, de forma que cause o menor inconveniente possível a seu detentor, que, em todo caso, será indenizado de qualquer dano ou prejuízo que lhe seja causado.

Várias conotações aparecem nos parágrafos que seguem aos incisos.

A primeira é concernente à transmissão dos direitos enumerados nos incisos I a IV aos sucessores do autor, quando de seu decesso (§ 1º); a segunda atribui ao Estado a defesa da integridade e autoria da obra caída em domínio público; a terceira assegura a indenização a terceiros, quando couber, nos casos de modificação da obra antes ou depois de sua utilização, e de sua retirada de circulação em ocorrendo afronta à reputação e imagem do autor.

Já o art. 25 reserva exclusivamente ao diretor de obra audiovisual o exercício de direitos morais. Por sua vez, o art. 26 permite que o autor repudie a autoria de projeto arquitetônico alterado sem o seu consentimento, respondendo o proprietário da construção pelos danos que causar ao autor se, depois do repúdio, der como sendo dele a autoria do projeto. Finalmente, instituíram-se a inalienabilidade e a irrenunciabilidade dos direitos morais.

4. RESPONSABILIDADE POR VIOLAÇÕES DOS DIREITOS AUTORAIS

Sempre que o direito de autor é desrespeitado, surge uma violação, que possibilitará a competente ação indenizatória, ou o processo criminal competente.

No sentido amplo, violação ao direito autoral equivale a todo e qualquer descumprimento do contrato e das normas que tratam da matéria. Assim, *v. g.,* no dizer de Walter Moraes, "viola direito do autor o expositor de obra plástica ou fotográfica que a expõe mal, prejudicando-lhe a venda, e o aventureiro que reproduz ou deforma a obra figurativa; comete violação o reprodutor cinematográfico que não paga pontualmente os rendimentos ao produtor, como o diretor que inclui na fita a obra musical sem licença do compositor; o produtor cinematográfico que não expõe à venda os discos no prazo contratual, como aquele que publica gravação inconsentida".[128]

As violações envolvem ofensas basicamente ao direito de paternidade, de integridade e publicidade, atingindo os direitos morais e patrimoniais. Qualquer ação indenizatória, de restauração ou saneadora terá por fulcro um dos dispositivos relacionados aos direitos morais ou patrimoniais, seja qual for o tipo de obra de arte, como texto literário ou escrito, música, desenho, fotografia, escultura etc.[129]

---

[128] *Questões de Direito de Autor*, ob. cit., p. 22.
[129] REsp. nº 191.078/MA, da 3ª Turma do STJ, *DJU* de 09.10.2000.

O art. 102 da Lei nº 9.610/1998 versa sobre a reprodução fraudulenta, prática que atinge o direito moral (diz respeito à autoria) e patrimonial (por se referir à fruição da obra) – arts. 24 e 28. Eis a redação: "O titular cuja obra seja fraudulentamente reproduzida, divulgada ou de qualquer forma utilizada, poderá requerer a apreensão dos exemplares reproduzidos ou a suspensão da divulgação, sem prejuízo da indenização cabível."

No art. 103, igualmente nota-se a utilização indevida da obra: "Quem editar obra literária, artística ou científica, sem autorização do titular, perderá para este os exemplares que apreenderem e pagar-lhe-á o preço dos que tiver vendido."

O parágrafo único fixa a previsão de um limite de exemplares, se não for conhecido o número que consta da edição: "Não se conhecendo o número de exemplares que constituem a edição fraudulenta, pagará o transgressor o valor de três mil exemplares, além dos apreendidos."

Parece caracterizar-se, aí, a contrafação. Necessária a sua definição, para apreender as cominações no caso de se verificar. Na singela ideia do art. 5º, inc. VI, conceitua-se como a reprodução não autorizada. A Lei anterior, de nº 5.988/1973, em seu art. 64, apresentava uma conceituação mais ampla: "Considera-se contrafação, sujeitando-se o editor ao pagamento de perdas e danos, qualquer repetição de número, bem como exemplar não numerado, ou que apresente número que exceda a edição contratada."

O art. 104 da vigente lei traz a cominação na solidariedade da contrafação, quando alguém participa nos atos de propagar a obra: "Quem vender, expuser à venda, adquirir, distribuir, tiver em depósito ou utilizar obra ou fonograma reproduzidos com fraude, com a finalidade de vender, obter ganho, vantagem, proveito, lucro direto ou indireto, para si ou para outrem, será solidariamente responsável com o contrafator, nos termos dos artigos precedentes, respondendo como contrafatores o importador e o distribuidor em caso de reprodução no exterior".

Daí se extrai a ideia de reprodução ilícita da obra, ou de sua indevida utilização, que envolve inúmeros casos, como o de venda de exemplar reprografado, de publicação de tradução não autorizada, de execução ou representação de peça musical ou teatral sem a devida licença. A jurisprudência consagra o direito de indenização, estendendo-o à pessoa jurídica, exceto quanto aos danos morais: "A contrafação de obra intelectual sujeita o falsificador a reparar os danos a que deu causa, inclusive os de natureza moral. Todavia, não se pode cogitar destes últimos, quando a vítima é pessoa jurídica, a qual não se confundindo com os seus sócios, não é suscetível de sofrer danos morais ou constrangimentos".[130]

Quando se dá não apenas a falta de autorização do titular, mas também a apropriação da obra de outra pessoa como sua, a figura que se caracteriza é o plágio, que significa a apropriação indevida, ou o furto, do trabalho intelectual. Diz respeito mais à paternidade da obra, já que se funda na usurpação, atribuindo alguém a si a autoria de uma obra, ou parte dela, através da cópia pura e simples, ou disfarçadamente, com mudança de algumas palavras. Mas envolve o direito de publicidade, quando se consuma o plágio.

Pode-se dizer que o plágio não está incluído no significado de contrafação, já que envolve aquele a ideia de falsidade, enquanto a última diz mais com a verdade, ao verdadeiro.

---

[130] Apel. Cível nº 7.661/98, da 14ª Câmara Cível do TJ do Rio de Janeiro, publ. em 11.02.1999, em *ADV – Jurisprudência*, nº 17, p. 267, 1999.

922 • Responsabilidade Civil | *Arnaldo Rizzardo*

No entanto, nas duas formas estampa-se a utilização indevida de obra alheia, mais precisamente a reprodução ilícita: no plágio, pelo aproveitamento de ideias e texto, sem referir a origem ou a autoria; na contrafação, desprezando-se a autorização ou licença para publicar. No fundo, parece que em ambas as espécies há a usurpação de direitos e proveito moral ou econômico ilícito, embora mais presente a falsidade no plágio.

No art. 102 encontra-se um exemplo de contrafação e plágio, eis que há a apropriação de obra da criação de outrem, e o proveito sem a competente autorização do autor.

No art. 105, aponta-se o caminho quando verificados casos de apropriação de obras e de indevida veiculação ao público: a suspensão ou interrupção de atos de transmissão e retransmissão: "A transmissão e a retransmissão, por qualquer meio ou processo, e a comunicação ao público de obras artísticas, literárias e científicas, de interpretações e de fonogramas, realizadas mediante violação aos direitos de seus titulares, deverão ser imediatamente suspensas ou interrompidas pela autoridade judicial competente, sem prejuízo da multa diária pelo descumprimento e das demais indenizações cabíveis, independentemente das sanções penais aplicáveis; caso se comprove que o infrator é reincidente na violação aos direitos dos titulares de direitos de autor e conexos, o valor da multa poderá ser aumentado até o dobro."

Poderá a sentença condenatória a respeito de um dos fatos acima, o que pressupõe a definição do aproveitamento ilícito da obra, determinar "a destruição de todos os exemplares ilícitos, bem como as matrizes, moldes, negativos e demais elementos utilizados para praticar o ilícito civil, assim como a perda de máquinas, equipamentos e insumos destinados a tal fim ou, servindo eles unicamente para o fim ilícito, sua destruição" (art. 106). De modo que as providências de inutilização do material da contrafação ou do plágio não é requerido perante a autoridade policial, como em parte se permitia perante o regime da lei anterior.

Não apenas as providências de inutilização e perda dos equipamentos utilizados constituem consequências do ato criminoso do contrafator ou plagiador. Comina o art. 107 a responsabilidade por perdas e danos em favor do prejudicado, que nunca serão inferiores ao valor dos exemplares vendidos e dos apreendidos; não se conhecendo o número de exemplares que constituem a edição fraudulenta, computa-se, para fins de indenização, o número de três mil, alem dos apreendidos.

Os vários incisos do art. 107 apontam mais situações de perda e inutilização dos equipamentos e de perdas e danos, prevendo-as contra quem:

I – alterar, suprimir, modificar ou inutilizar, de qualquer maneira, dispositivos técnicos introduzidos nos exemplares das obras e produções protegidas para evitar ou restringir sua cópia;

II – alterar, suprimir ou inutilizar, de qualquer maneira, os sinais codificados destinados a restringir a comunicação ao público de obras, produções ou emissões protegidas ou a evitar a sua cópia;

III – suprimir ou alterar, sem autorização, qualquer informação sobre a gestão de direitos;

IV – distribuir, importar para distribuição, emitir, comunicar ou puser à disposição do público, sem autorização, obras, interpretações ou execuções, exemplares de interpretações fixadas em fonogramas e emissões, sabendo que a informação sobre a gestão de direitos, sinais codificados e dispositivos técnicos foram suprimidos ou alterados sem autorização".

Cap. LXVI | Direitos Autorais, Programa de Computador, Propriedade Industrial e Internet • **923**

Quanto ao direito de paternidade, reza o art. 108: "Quem, na utilização, por qualquer modalidade, de obra intelectual, deixar de indicar ou de anunciar, como tal, o nome, pseudônimo ou sinal convencional do autor e do intérprete, além de responder por danos morais, está obrigado a divulgar-lhes a identidade da seguinte forma:

I – tratando-se de empresa de radiodifusão, no mesmo horário em que tiver ocorrido a infração, por três dias consecutivos;

II – tratando-se de publicação gráfica ou fonográfica, mediante inclusão de errata nos exemplares ainda não distribuídos, sem prejuízo de comunicação, com destaque, por três vezes consecutivas em jornal de grande circulação, dos domicílios do autor, do intérprete e do editor ou produtor;

III – tratando-se de outra forma de utilização, por intermédio da imprensa, na forma a que se refere o inciso anterior".

Consoante o art. 109, a execução pública feita em desacordo com o art. 68 – sem prévia e expressa autorização do autor ou titular – e com os arts. 97, 98 e 99 – relativamente às normas estabelecidas pelas associações de autores de obras intelectuais ou sem o pagamento dos direitos autorais – sujeitará os responsáveis à multa de vinte vezes o valor que deveria ser originariamente pago. A Lei nº 12.853/2013 acrescentou o art. 109-A à Lei nº 9.610/1998. Introduziu mais figuras de responsabilização.

É de lembrar, porém, que foram propostas as Adis 5.062 e 5.065 relativamente à Lei nº 12.853/2013, nas quais o Escritório Central de Arrecadação e Distribuição (ECAD), conjuntamente com outras associações, e a União Brasileira de Compositores (UBC), questionavam dispositivos alterados e acrescentados à Lei de Direitos Autorais (Lei 9.610/1998). Justificou-se que as mudanças violariam diretamente princípios e regras constitucionais concernentes ao exercício de direitos eminentemente privados e à liberdade de associação. Prevaleceu, todavia, o entendimento do relator, ministro Luiz Fux, no sentido de que a liberdade de iniciativa, propriedade privada e liberdade de associação não são, por si, incompatíveis com a presença de regulação estatal. Afirmou o ministro que o objetivo da lei foi dar transparência, eficiência e modernização à gestão dos direitos autorais, reorganizando racionalmente o ECAD e as associações que o compõem. Lembrou mais que, segundo conclusões da CPI do ECAD, a falta de transparência era um problema histórico relatado pelos titulares dos direitos autorais.

O art. 109-A trata da penalidade pela prestação de informações em desacordo com os arts. 68, § 6º, e 98, § 9º: "A falta de prestação ou a prestação de informações falsas no cumprimento do disposto no § 6º do art. 68 e no § 9º do art. 98 sujeitará os responsáveis, por determinação da autoridade competente e nos termos do regulamento desta Lei, a multa de 10 (dez) a 30 (trinta) por cento do valor que deveria ser originariamente pago, sem prejuízo das perdas e danos."

O parágrafo único do art. 109-A traz uma regra genérica de responsabilidade aos usuários que descumprirem suas obrigações: "Aplicam-se as regras da legislação civil quanto ao inadimplemento das obrigações no caso de descumprimento, pelos usuários, dos seus deveres legais e contratuais junto às associações referidas neste Título".

Outrossim, violando os proprietários, diretores, gerentes, empresários e arrendatários de espetáculos e audições públicas, o art. 68, isto é, sem prévia e expressa autorização do autor ou titular dos direitos autorais, a consequência será, a responsabilidade solidária com os organizadores dos espetáculos (art. 110).

5. RESPONSABILIDADE POR VIOLAÇÃO AO DIREITO DA PRÓPRIA IMAGEM

O direito à própria imagem integra os direitos de personalidade, a teor do art. 5º, inc. X, do Texto Constitucional. A violação se processa através de fotografias, pinturas, filmes e outras formas de reprodução. A falta de autorização para o uso importa em responsabilidade. Ilustram Cristiano Chaves de Farias, Felipe Peixoto Braga Netto e Nelson Rosenvald que "a imagem corresponde à exteriorização da personalidade, englobando, a um só tempo, à reprodução fisionômica do titular e às sensações, bem assim como as características comportamentais que a tornam particular, destacado, nas relações sociais."[131]

De modo geral, permite o art. 79 da Lei nº 9.610/1998 ao autor de obra fotográfica o direito à venda, mas desde que se respeitem as restrições concernentes à exposição, à reprodução e à venda de retratos. Estes (os retratos), efetivamente, não são transferíveis, para não ofenderem o direito de privacidade das pessoas. Outrossim, quanto às fotografias de artes plásticas, prevalecem os direitos estatuídos para seu autor. Esta a letra do dispositivo: "O autor de obra fotográfica tem direito a reproduzi-la e colocá-la à venda, observadas as restrições à exposição, reprodução e venda de retratos, e sem prejuízo dos direitos de autor sobre a obra fotografada, se de artes plásticas protegidas."

Para a reprodução da fotografia, é necessária a autorização da pessoa fotografada, como já advertiu o Supremo Tribunal Federal em antiga decisão, mas cujo teor ainda tem plena aplicabilidade: "Direito à imagem. A reprodução de fotografia não autorizada pelo modelo não ofende apenas o direito do autor da obra fotográfica, mas o direito à imagem, que decorre dos direitos essenciais da personalidade. Se a imagem é reproduzida sem autorização do retratado, há locupletamento ilícito, que impõe a reparação do dano". É que, consta no voto do então Min. Carlos Madeira, apontando regras da revogada lei, mas que coincidem, em termos gerais, à nova ordem: "O art. 82 refere-se ao direito do autor da obra fotográfica... A lei considera autor de obra fotográfica quem a produziu, ou seja, o fotógrafo. Mas, a reprodução da fotografia de pessoas sofre restrições, como anota Antônio Chaves: 'Razoável, pois, que a lei consigne dispositivos de acordo com o qual o retrato de uma pessoa não possa ser publicado e posto à venda sem seu consentimento expresso ou tácito' (Direito de Autor, p. 311)."[132]

Em outro julgado: "A inserção não autorizada da imagem do autor em revista de caráter comercial de grande circulação, em sede de reportagem com nítido caráter depreciativo, evidencia, de forma irretorquível, a violação de seu direito à imagem, do que decorre o respectivo dever da ré indenizá-lo (CF, art. 5º, V e X)."[133]

Em outra decisão: "O direito à imagem, que decorre dos direitos da personalidade, protege o interesse que tem a pessoa de opor-se à divulgação de sua imagem sem autorização e para fins de satisfazer interesse predominantemente comercial da ré, o que gera locupletamento ilícito e impõe a reparação do dano, visto que não se vislumbra na espécie nenhuma das hipóteses de exceção aludidas na doutrina como limitação ao dever de indenizar em razão do simples uso não consentido da imagem, quando reproduzida em

---

[131] Novo Tratado de Responsabilidade Civil, ob. cit., p. 398.

[132] Recurso Extraordinário nº 115.838/SP, publicado em *Revista Trimestral de Jurisprudência*, vol. 125, p. 1.338.

[133] Apel. Cível nº 141.835-4/4-00, da 6ª Câmara Cível do TJ do São Paulo, j. em 13.11.2003, em *Revista dos Tribunais*, 822/236.

Cap. LXVI | Direitos Autorais, Programa de Computador, Propriedade Industrial e Internet • **925**

cenário público ou ainda de pessoa notória com o fito de informar, ensinar, esclarecer ou atender a interesses públicos e culturais.

Nesse sentido é o ensinamento consignado no v., acórdão exarado no E. STJ (REsp. nº 46.420-0, rel. Min. Ruy Rosado de Aguiar, RT 714/253), sendo pertinente transcrever o seguinte texto: 'Alegou-se a inexistência de prejuízo, indispensável para o reconhecimento da responsabilidade civil das demandas. Ocorre que o prejuízo está na própria violação, na utilização do bem que integra o patrimônio jurídico personalíssimo do titular. Só aí já está o dano moral. Além disso, também poderia ocorrer o dano patrimonial, pela perda dos lucros que tal utilização poderia acarretar, seja pela utilização feita pelas demandantes, seja por inviabilizar ou dificultar a participação em outras atividades do gênero...'".[134]

A doutrina anterior à lei vigente, mas ainda aplicável dada a semelhança entre os dispositivos da Lei nº 5.988/1973 e da Lei nº 9.610/1998 que tratavam e tratam da matéria, era unânime quanto à necessidade de consentimento.

Assim o citado Antônio Chaves, que justifica a indispensabilidade de consentimento da pessoa: "O ato de posar ou servir de modelo artístico, fotográfico, cinematográfico e de processos congêneres de captação da imagem, é ato de disposição direta da própria imagem física que reveste o corpo. Claro está que o centro de interesses que determina a ação contratual, o que vale e o que faz valer é a figura original, o modelo em si; as reproduções valem enquanto extensão do modelo, mas os interesses que possam suscitar implicam contratos de outra natureza, pelo menos outros contratos, distintos do primeiro. Na expressão de Keissner, reproduzida por Pontes de Miranda, 'sem o modelo, o artista reprodutor não logra a figura. Só o modelo é dono da figura'. E 'sem o modelo é impossível o negativo fotográfico; ao modelo fotográfico pertence, por lei, o direito do autor à cópia. O modelo é o autor, para o qual o fotógrafo está apenas como empreiteiro'. Ressalvadas as distorções conceituais de direito de autor, aí está demarcada a objetividade jurídica *per se stante* da imagem original, a sustentar o ato de dispor de um sujeito e o ato de respeito de outro, que compõe uma relação de direito de personalidade puro."[135]

Já comentando o diploma em vigor, adverte Eliane Y. Abrão: "Diante de uma fotografia, salvo se tirada pelo fotógrafo de seu próprio rosto ou corpo, aquele que desejar reproduzi-la por qualquer meio ou processo (gráfico, visual, radiodifundido, informático) deverá preocupar-se com duas ordens de autorizações escritas, no mínimo: a de quem cria a obra fotográfica e a de quem figura no retrato. Uma terceira ordem de autorizações pode partir do titular do objeto fotografado, caso seja este protegido por lei. É o caso dos projetos arquitetônicos, das ilustrações e dos objetos de artes plásticas, por exemplo.

Na primeira hipótese, a autorização deve ser dada pela pessoa física do fotógrafo criador da obra fotográfica, protegida que é por leis nacionais e convenções internacionais. Ou pelo titular dos direitos de reprodução, caso tenham sido transferidos esses direitos. A reprodução e/ou a utilização pública da foto são o fato gerador do direito autoral."[136]

Em uma decisão, citando-se a autora acima, resumem-se os casos que impõem a autorização: "Quando uma fotografia retrata a imagem total ou parcial, de uma pessoa, a

---

[134] Apel. Cível nº 141.865.4/0, da 9ª Câmara Cível do TJ de São Paulo, j. em 23.12.2003, em *Revista dos Tribunais*, 824/198.

[135] Imagem, Fotografia e Direitos Autorais, em *Revista da ABPI* (Associação Brasileira da Propriedade Intelectual), São Paulo, nº 30, p. 42, set.-out. 1997.

[136] *Direitos de Autor nos Meios Modernos de Comunicação*, São Paulo, Editora Revista dos Tribunais, p. 80, 1989.

926 • Responsabilidade Civil | *Arnaldo Rizzardo*

autorização para fotografar deve partir de quem o fotógrafo retrata. Se retrata uma modelo, ou diversos modelos que fazem da imagem meios de vida, ou, ainda, quaisquer outras pessoas, mesmo não famosas, a autorização tem de ser firmada por cada uma dessas pessoas retratadas, titulares de um bem jurídico de caráter pessoal: o seu corpo, partes dele ou o rosto. Se retrata um animal ou outro semovente, de acordo com a regra civil geral do direito de propriedade, junto ao dono, caso haja, deve ser buscada a correspondente autorização."[137]

Justamente em respeito ao direito de autor, na divulgação da fotografia, ou quando de sua utilização por terceiros, é obrigada a indicação, de forma legível, do nome do autor (§ 1º do art. 79). É vedada a reprodução de obra fotográfica que não esteja em absoluta consonância com o original, salvo prévia autorização do autor (§ 2º do art. 79), de modo que a sua modificação não prescinde do prévio consentimento.

Quanto à segunda ordem, na doutrina da autora acima citada, isto é, autorização da pessoa fotografada, sobre a sua exigibilidade foi decidido: "Capa de disco. Fotografia de artista. Falta de consentimento desta. Direito à indenização... A fotografia de artista em capa de disco dá direito à indenização, se quem assim agiu não obteve o consentimento da pessoa fotografada."[138] Mesmo, porém, que haja a autorização para a foto a fim de ser utilizada em uma finalidade, não se subentende o aproveitamento para outros fins. Antônio Chaves explica a distinção: "A empresa de publicidade não só contrata a modelo que foi aprovada e escolhida pela cliente-usuária, como também a contrata para determinado plano ou campanha de publicidade, de acordo com a autorização da cliente-usuária, e, pois, por conta e risco desta. Por aí já se vê que a ampliação da campanha publicitária, quer dizer, a utilização da imagem da autora em meios de propaganda por ela não autorizados, só pode ser imputada à apelante, a única empresa, portanto, que podia ocupar o polo passivo da relação jurídica processual... De acordo com a doutrina e jurisprudência pátrias, 'a imagem é emanação da própria pessoa e, pois, de elementos visíveis que integram a personalidade humana, de caracteres físicos que individualizam a pessoa', de modo que sua reprodução somente pode ser autorizada pela pessoa a quem pertence (*RJTJSP*, 95/74). Destarte, basta o fato da publicação não autorizada para ensejar a indenização, não cabendo sequer indagar, a rigor, se houve dano efetivo, material ou moral, ou se a publicidade foi causa de enriquecimento ilícito."[139]

Não é toda publicação de fotografia que desencadeia o direito de indenização. Para ensejar esta pretensão, há de envolver a fotografia pessoa conhecida do público, ou notável por alguns eventos ou realizações de sua vida, a ponto de se tornar a notícia justificadora da publicação. Nesta linha, decidiu-se: "Imagem própria. Direito à sua proteção. Posição da jurisprudência. Não é absoluto o direito à própria imagem, cedendo a circunstâncias especiais que envolvem cada caso. Hipótese em que o retratado não pode ser identificado visualmente, integrando a sua figura um conjunto fotográfico em que sobressai outro elemento, sendo a figura humana retratada posta em ponto secundário dentro desse conjunto."

Se todo indivíduo fotografado merecesse indenização, prossegue o acórdão, "qualquer pessoa que acidentalmente fosse fotografada em via pública, *v. g.*, em uma solenidade, e

---

[137] Apel. Cível nº 129.331-4/6-00, da 1ª Câmara Cível do TJ de São Paulo, j. em 29.10.2002, em *Revista dos Tribunais*, 812/206.

[138] Apel. Cível nº 256.354, da 2ª Câmara Cível do TJ de São Paulo, em *Revista dos Tribunais*, 497/87.

[139] "Imprensa. Captação audiovisual. Informática e os direitos de personalidade", em *Revista dos Tribunais*, nº 729, p. 19.

Cap. LXVI | Direitos Autorais, Programa de Computador, Propriedade Industrial e Internet • 927

ficasse essa fotografia publicada em órgão de divulgação, se arrogaria o direito de postular indenização, transfigurando-se o exercício regular do direito em inadmissível abuso de direito".

Em suma, exigem-se requisitos ou qualidades para suportar a indenização, como "a notoriedade da pessoa retratada, os interesses públicos e culturais, bem como a presença do sujeito em cenário público... Se a imagem, a fotografia, no caso, não concorrem direta e claramente para o êxito de propaganda na qual foi estilizada, por identificável a pessoa do retratado, quer através de sua fisionomia, não aparente, quer por meio de qualquer dado específico, como, *v. g.*, de uma indumentária especial, com característica marcante e exclusiva, não há base para postular a indenização".[140]

Finalmente, em vista do art. 46, inc. I, letra *c*, "não constitui ofensa aos direitos autorais a reprodução de retratos, ou de outra forma de representação da imagem, feitos sob encomenda, quando realizada pelo proprietário do objeto encomendado, não havendo a oposição da pessoa neles representada ou de seus herdeiros".

6. RESPONSABILIDADE NA USURPAÇÃO DE PROGRAMA DE COMPUTADOR

A palavra *software* compreende o programa de computador, ou o escrito destinado a processamento de dados, resultado que requer um conjunto de combinações para alcançar um resultado. Representa um conjunto de instruções colocadas em códigos, interpretadas também por códigos e por uma linguagem própria, o que permite codificações, operações de cálculo, gráficos etc.

Programa de computador, de acordo com o art. 1º da Lei nº 9.609, de 19.02.1998, que trata da proteção de sua proteção, "é a expressão de um conjunto organizado de instruções em linguagem natural ou codificada, contida em suporte físico de qualquer natureza, de emprego necessário em máquinas automáticas de tratamento da informação, dispositivos, instrumentos ou equipamentos periféricos, baseados em técnica digital ou análoga, para fazê-los funcionar de modo e para fins determinados".

Os criadores de programas são titulares dos direitos autorais. São eles proprietários, mas merecendo a proteção legal desde que revele a obra alguma originalidade, ou uma contribuição pessoal de realce.[141]

Portanto, quem faz o programa, ou seu autor, goza do direito de propriedade, já que o programa é um inequívoco produto intelectual, daí merecendo a proteção.

Caso uma outra pessoa ofereça uma colaboração estética, na montagem ou implantação do programa, compartilha ela na autoria, e será coautora.

Os criadores gozam de direitos morais e patrimoniais, ficando assegurada a exclusividade de exploração e dos demais direitos previstos na lei.

Assim, aqueles que falsificam, ou copiam, ou duplicam, ou pirateiam programas de computador respondem pela indenização. Estabelecem os arts. 12, 13 e 14 da Lei nº 9.609 penalidades para tais infratores, consistentes em pena privativa de liberdade, multa e indenização por perdas e danos. Está a indenização contemplada especificamente no

---

[140] Apel. Cível nº 776/86, da 3ª Câmara Cível do TJ do Rio de Janeiro, de 15.09.1987, em *Revista dos Tribunais*, 637/158.

[141] *Boletim ADV – Jurisprudência*, nº 19, expedição de 05.09.1999, p. 555.

§ 1º do art. 14: "A ação de abstenção de prática de ato poderá ser cumulada com a de perdas e danos pelos prejuízos decorrentes da infração."

Para a indenização, é necessário encontrar o preço do programa, consultando o comércio no setor. Obviamente, não se limitará o ressarcimento a um valor correspondente ao preço. Deve-se procurar o arbitramento das vantagens que trouxe o programa ao copiador ou falsificador, como a sua cessão para terceiros, e a consequente restrição da comercialização pelo titular.

O extinto Tribunal de Alçada de Minas Gerais enfrentou o assunto da indenização: "*Software*. Reprodução fraudulenta. Dano. Indenização... A reprodução ou utilização não autorizada do programa de computador constitui violação do direito autoral, sujeitando o infrator a medidas repressivas e reparatórias, nos termos dos arts. 13 e 14 da Lei nº 9.609/1998. É inadmissível a fixação do *quantum* indenizatório com base no proveito econômico supostamente obtido com a fraude, visto que, tendo sentido puramente punitivo, não se relaciona com o dano efetivamente sofrido pela vítima."[142]

O STJ, a respeito do valor indenizatório, tem admitido que equivalha a dez vezes o valor do programa: "Esta Corte Superior firmou entendimento de que 'A pena pecuniária imposta ao infrator não se encontra restrita ao valor de mercado dos programas apreendidos. Inteligência do art. 102 da Lei nº 9.610/98. A fixação do valor da indenização pela prática da contrafação deve servir, entre outras coisas, para desestimular a prática ofensiva, sem, no entanto, implicar enriquecimento sem causa do titular dos direitos autorais violados' (AgRg nos EDcl no REsp 1.375.020/SP, Rel. Min. Nancy Andrighi, Terceira Turma, DJe de 20/08/2013).

Assim, mostra-se razoável a condenação ao pagamento do equivalente a dez vezes o preço de mercado do produto violado na data do ilícito praticado."[143]

7. RESPONSABILIDADE NA USURPAÇÃO DE DIREITOS DE PROPRIEDADE INDUSTRIAL

Quem exerce algum direito de propriedade industrial, como de invenção e patente, desenho industrial e marcas, possui a proteção contra eventuais usurpadores ou plagiadores. Reveste-se de legitimidade ativa os titulares a quem se reconheceu a propriedade industrial, com o reconhecimento à pretensão indenizatória, em caso de ofensa nos interesses protegidos pelo registro no Instituto Nacional de Propriedade Industrial.

A Lei nº 9.279, de 14.05.1996, concede o direito de propor a ação indenizatória em vários de seus dispositivos.

Assim no art. 207: "Independentemente da ação criminal, o prejudicado poderá intentar as ações cíveis que considerar cabíveis na forma do Código de Processo Civil."

O art. 208: "A indenização será determinada pelos benefícios que o prejudicado teria auferido se a violação não tivesse ocorrido."

---

[142] Apel. Cível nº 306.615-1, da 6ª Câmara Cível, citação por Paulo Antônio Papini, no trabalho "Dano moral: da efetiva reparação em face do ordenamento jurídico pátrio", em *Revista Síntese de Direito Civil e Processual Civil*, Porto Alegre, Editora Síntese, nº 17, p. 105, maio-jun. 2002.

[143] AgInt no REsp 1.300.021/MS, da 4ª Turma, rel. Mn. Lázaro Guimarães (desembargador convocado), j. em 17.10.2017, DJe de 26.10.2017.

Por último, o art. 209: "Fica ressalvado ao prejudicado o direito de haver perdas e danos em ressarcimento de prejuízos causados por atos de violação de direitos de propriedade industrial e atos de concorrência desleal não previstos nesta Lei, tendentes a prejudicar a reputação ou os negócios alheios, a criar confusão entre estabelecimentos comerciais, industriais ou prestadores de serviço, ou entre produtos e serviços postos no comércio."

O Enunciado 551, da 6ª Jornada de Direito Civil, promovida pelo Conselho da Justiça Federal, que se realizou em 11 e 12 de março de 2013, bem expressou o direito à indenização: "Nas violações aos direitos relativos a marcas, patentes e desenhos industriais, será assegurada a reparação civil ao seu titular, incluídos tanto os danos patrimoniais como os danos extrapatrimoniais".

O Superior Tribunal de Justiça coloca os elementos para a busca da indenização: "Assim, desde que o autor da ação indenizatória consiga demonstrar, através da narração do pedido e da causa de pedir, que foi realmente lesionado pela imitação ou contrafação, é de se tê-lo como parte legítima para ingressar em juízo com o intuito de obter indenização pelos prejuízos sofridos com a prática ilícita...

... Vale ressaltar que, em princípio, é o proprietário do registro do desenho industrial quem sofre com o ato do contrafator, mas isso não impede que aquele que se utiliza de forma lícita do desenho também seja prejudicado."

Dentre os fatos que importam em responsabilidade está a concorrência desleal, definida no mesmo julgado: "O STJ já teve a oportunidade de se manifestar sobre o conceito de concorrência desleal. Vejam-se os seguintes precedentes:

'... A concorrência desleal supõe o objetivo e a potencialidade de criar-se confusão quanto à origem do produto, desviando-se clientela' (REsp. nº 70.015/SP, rel. Min. Eduardo Ribeiro, *DJ* de 18.08.1997).

'... A proteção da marca tem por objetivo a repressão à concorrência desleal, buscando evitar a possibilidade de confusão do consumidor que adquire determinado produto ou serviço pensando ser outro, bem como o locupletamento com esforço alheio' (REsp. 40.190/RJ, rel. Min. Sálvio de Figueiredo Teixeira, *DJ* de 29.09.1997).

Como se vê, a concorrência desleal visa a confundir os consumidores para captar a clientela do concorrente em locupletamento ilícito e com prejuízo para este (que pode ser fabricante ou comerciante), dano ensejo ao ajuizamento de ação indenizatória. Nesse sentido:

'Marca. Dano. Prova. Reconhecido o fato que a ré industrializava e comercializava produto..., marca registrada da autora, que também fabricava e vendia o mesmo produto, deve-se admitir consequentemente a existência de dano, pois a concorrência desleal significa uma diminuição do mercado' (REsp. nº 101.059/RJ, rel. Min. Ruy Rosado de Aguiar, *DJ* de 07.04.1997).

Para efeitos de indenização, tanto faz que haja contração como concorrência desleal, ou qualquer outro fato de usurpação, cuja distinção vem fornecida no acórdão: "A doutrina diferencia a ação de concorrência desleal da ação de contrafação (ou de violação da propriedade industrial), pois esta é calcada na titularidade do registro de propriedade industrial (direito real), enquanto aquela é fundamentada na existência pura e simples do prejuízo..., tratando-se de direito pessoal à indenização por perdas e danos (PAES, Tavares P. R., *Propriedade Industrial*, 2ª ed., Rio de Janeiro, Forense, 2000, p. 195)."[144]

---

[144] REsp. nº 466.360/SP, da 3ª Turma, j. em 26.08.2003, *DJU* de 20.10.2003, em *Revista dos Tribunais*, 824/170.

930 • Responsabilidade Civil | *Arnaldo Rizzardo*

8. RESPONSABILIDADE NO USO DA INTERNET

Não existia, até recentemente, uma legislação civil específica disciplinando a atividade eletrônica via Internet. A regulamentação veio com a Lei nº 12.965, de 23.04.2014, estabelecendo princípios, garantias, direitos e deveres para o uso da Internet no Brasil, com alterações da Lei nº 13.709, de 14.08.2018, as quais somente passam a valer a partir de vinte e quatro meses após a publicação, que ocorreu em 18.08.2018, exceto quanto às disposições do art. 55-A ao art. 55-K, e dos arts. 58-A e 58-B, cuja vigência iniciará em 28.12.2018.

No art. 5º da Lei nº 12.965/2014 constam várias definições, importantes para a compreensão da matéria:

"I – internet: o sistema constituído do conjunto de protocolos lógicos, estruturado em escala mundial para uso público e irrestrito, com a finalidade de possibilitar a comunicação de dados entre terminais por meio de diferentes redes;

II – terminal: o computador ou qualquer dispositivo que se conecte à internet;

III – endereço de protocolo de internet (endereço IP): o código atribuído a um terminal de uma rede para permitir sua identificação, definido segundo parâmetros internacionais;

IV – administrador de sistema autônomo: a pessoa física ou jurídica que administra blocos de endereço IP específicos e o respectivo sistema autônomo de roteamento, devidamente cadastrada no ente nacional responsável pelo registro e distribuição de endereços IP geograficamente referentes ao País;

V – conexão à internet: a habilitação de um terminal para envio e recebimento de pacotes de dados pela internet, mediante a atribuição ou autenticação de um endereço IP;

VI – registro de conexão: o conjunto de informações referentes à data e hora de início e término de uma conexão à internet, sua duração e o endereço IP utilizado pelo terminal para o envio e recebimento de pacotes de dados;

VII – aplicações de internet: o conjunto de funcionalidades que podem ser acessadas por meio de um terminal conectado à internet; e

VIII – registros de acesso a aplicações de internet: o conjunto de informações referentes à data e hora de uso de uma determinada aplicação de internet a partir de um determinado endereço IP."

O art. 2º dá os parâmetros para o uso da Internet no Brasil, com base no princípio do respeito à liberdade de expressão, bem como:

"I – o reconhecimento da escala mundial da rede;

II – os direitos humanos, o desenvolvimento da personalidade e o exercício da cidadania em meios digitais;

III – a pluralidade e a diversidade;

IV – a abertura e a colaboração;

V – a livre iniciativa, a livre concorrência e a defesa do consumidor; e

VI – a finalidade social da rede."

De realce os princípios que ditam o uso da Internet, na ordem do art. 3º:

"I – garantia da liberdade de expressão, comunicação e manifestação de pensamento, nos termos da Constituição Federal;

II – proteção da privacidade;

III – proteção dos dados pessoais, na forma da lei;

IV – preservação e garantia da neutralidade de rede;

V – preservação da estabilidade, segurança e funcionalidade da rede, por meio de medidas técnicas compatíveis com os padrões internacionais e pelo estímulo ao uso de boas práticas;

Cap. LXVI | Direitos Autorais, Programa de Computador, Propriedade Industrial e Internet • **931**

VI – responsabilização dos agentes de acordo com suas atividades, nos termos da lei;

VII – preservação da natureza participativa da rede;

VIII – liberdade dos modelos de negócios promovidos na internet, desde que não conflitem com os demais princípios estabelecidos nesta Lei."

O art. 7º assegura os seguintes direitos aos usuários:

"I – inviolabilidade da intimidade e da vida privada, sua proteção e indenização pelo dano material ou moral decorrente de sua violação;

II – inviolabilidade e sigilo do fluxo de suas comunicações pela internet, salvo por ordem judicial, na forma da lei;

III – inviolabilidade e sigilo de suas comunicações privadas armazenadas, salvo por ordem judicial;

IV – não suspensão da conexão à internet, salvo por débito diretamente decorrente de sua utilização;

V – manutenção da qualidade contratada da conexão à internet;

VI – informações claras e completas constantes dos contratos de prestação de serviços, com detalhamento sobre o regime de proteção aos registros de conexão e aos registros de acesso a aplicações de internet, bem como sobre práticas de gerenciamento da rede que possam afetar sua qualidade;

VII – não fornecimento a terceiros de seus dados pessoais, inclusive registros de conexão, e de acesso a aplicações de internet, salvo mediante consentimento livre, expresso e informado ou nas hipóteses previstas em lei;

VIII – informações claras e completas sobre coleta, uso, armazenamento, tratamento e proteção de seus dados pessoais, que somente poderão ser utilizados para finalidades que:

a) justifiquem sua coleta;

b) não sejam vedadas pela legislação; e

c) estejam especificadas nos contratos de prestação de serviços ou em termos de uso de aplicações de internet;

IX – consentimento expresso sobre coleta, uso, armazenamento e tratamento de dados pessoais, que deverá ocorrer de forma destacada das demais cláusulas contratuais;

X – exclusão definitiva dos dados pessoais que tiver fornecido a determinada aplicação de internet, a seu requerimento, ao término da relação entre as partes, ressalvadas as hipóteses de guarda obrigatória de registros previstas nesta Lei" (em 18.08.2020, em vista do art. 60 da Lei nº 13.709/2018, o inc. X passará a ter a seguinte redação: "exclusão definitiva dos dados pessoais que tiver fornecido a determinada aplicação de internet, a seu requerimento, ao término da relação entre as partes, ressalvadas as hipóteses de guarda obrigatória de registros previstas nesta Lei e na que dispõe sobre a proteção de dados pessoais");

XI – publicidade e clareza de eventuais políticas de uso dos provedores de conexão à internet e de aplicações de internet;

XII – acessibilidade, consideradas as características físico-motoras, perceptivas, sensoriais, intelectuais e mentais do usuário, nos termos da lei; e

XIII – aplicação das normas de proteção e defesa do consumidor nas relações de consumo realizadas na internet."

Merece destaque o direito à privacidade e à liberdade de expressão nas comunicações, assegurado no art. 8º e seu parágrafo único, de modo que não haja ofensa à inviolabilidade e ao sigilo das comunicações privadas.

Como há a prestação de serviço, tanto que permitidos o acesso e o uso de canal para a comunicação com terceiros, tem perfeita incidência o Código de Defesa do Consumidor no pertinente aos vícios e imperfeições.

932 • Responsabilidade Civil | *Arnaldo Rizzardo*

Vários os danos ou prejuízos que podem impor a responsabilidade entre pessoas sem envolver relação de consumo, citando-se os exemplos do envio de mensagens ofensivas, da transmissão de vírus que vêm a corromper programas dos que os recebem e inclusive a afetar o disco rígido e o *software*, da propagação de fatos íntimos e pessoais ou boatos infundados, da disseminação da pornografia infantil, da violação da propriedade intelectual, do fomento do racismo, da invasão de caixa postal ou segredos, da divulgação de situações irreais de pessoas ou produtos, do acesso de segredos ou contas bancárias de terceiros, com a transferência de valores das contas em benefício próprio. Na área penal, a prática de invasão de dispositivo informático alheio constitui crime, de acordo com o art. 154-A do Código Penal, introduzido pela Lei nº 12.737/2012, na seguinte redação: "Invadir dispositivo informático alheio, conectado ou não à rede de computadores, mediante violação indevida de mecanismo de segurança e com o fim de obter, adulterar ou destruir dados ou informações sem autorização expressa ou tácita do titular do dispositivo ou instalar vulnerabilidades para obter vantagem ilícita".

Sabe-se que o provedor constitui uma rede, à qual têm acesso os computadores, através de portais que os ligam à Internet, desde que assinantes os titulares, possibilitando a intercomunicação com outros computadores. Para tanto, cada computador tem o seu endereço, ou o *site*. Os provedores, explica Gilberto Marques Bruno, "apresentam meios de transmissão amparados nas mais diversas formas de conexão até hoje desenvolvidas, que partem desde o sistema via *modem* (dispositivo destinado a conversão de sinais digitais de telefonia, gerados pela porta serial em sinais analógicos modulados), até os sistemas de transmissão de serviços digitais de telefonia (conhecidos mundialmente como os IDN); contudo, a evolução é constante e novos meios estão surgindo e, certamente, muitos outros ainda estão por vir".[145]

Não é possível, em princípio, responsabilizar o provedor pelas veiculações feitas por titulares de *sites*, como justifica Mário Antônio Lobato de Paiva: "A maioria da doutrina, em alguns casos na Justiça norte-americana, tem se posicionado a favor da impossibilidade do provedor de acesso ser responsabilizado por crimes cometidos, pois o mesmo é apenas um mecanismo de disponibilização dos *sites*, e atentar contra o mesmo seria um golpe de morte no princípio de responsabilidade de expressão assegurada tanto pela Constituição norte-americana como pela brasileira... Se as autoridades resolvessem entender de forma contrária, estariam causando um prejuízo ainda maior, pois ao apreenderem, por exemplo, os computadores do provedor, ou ao proibirem seu funcionamento, estariam lesionando uma infinidade de clientes, que em nada contribuíram para o acontecido, causando um verdadeiro atentado ao direito de terceiros".[146]

Nessa linha igualmente a doutrina de Renato M. S. Opice Blum: "Exemplificando: identificado um *site* na Internet de conteúdo difamatório, o magistrado poderá interpretar a norma como sendo o provedor o responsável primário pelo ato ilegal, o que colocaria em risco tal atividade, caso não haja a possibilidade da responsabilização do efetivo causador do prejuízo (hóspede) no mesmo processo".[147]

---

[145] "Os E–@rquivos: instituição e obrigatoriedade no âmbito da Secretaria da Receita Federal", em *ADCOAS* 8206535, *Boletim ADCOAS – Informações Jurídicas e Empresariais*, nº 2, p. 52, fev. 2003.

[146] "Internet – o mundo fora da lei", em *ADCOAS* 8214786, *Boletim ADCOAS – Informações Jurídicas e Empresariais*, nº 6, p. 180, fev. 2003.

[147] "O Novo Código Civil e a Internet", em *ADCOAS* 8214743, *Boletim ADCOAS – Informações Jurídicas e Empresariais*, p. 92, nº 3, mar. 2003.

Cap. LXVI | Direitos Autorais, Programa de Computador, Propriedade Industrial e Internet • 933

Não cabe, pois, responsabilizar o provedor, que hospeda os *sites* de seus clientes. Somente estes podem ser responsabilizados pelas veiculações. A menos se a página seja do provedor, e vem sendo utilizada pelos assinantes, ou por aqueles que enviam as mensagens, conhecidos como *spammers*.

Há decisões que adotaram essa interpretação.

"Tratando-se de provedor de acesso à Internet com disponibilização gratuita de página virtual para pequenos anúncios, em caso de divulgação de anúncio denegridor da imagem de terceiro, a ação de exibição de documento, consistente no fornecimento do nome e dos dados da pessoa que inseriu tal anúncio, é impossível, devido à inexistência de tais documentos. Os provedores de acesso à Internet recebem milhares de acessos diários em suas páginas virtuais, e não há nada que os obrigue a manter o IP – endereço que fica registrado quando uma mensagem é enviada, sendo impossível buscar-se o seu autor – de todos os usuários da rede que acessem tais páginas."[148]

"Os provedores de conteúdo da Internet, atuando como provedores de acesso, prestando serviço de hospedagem da página ou *site*, não podem ser responsabilizados pelo seu conteúdo, concluindo-se pela inexistência de responsabilidade. No entanto, se o provedor além de fornecer o serviço de acesso, também é titular da página, isso significa que a responsabilidade do material existente em uma determinada página é do seu titular. Se o provedor de conteúdo é titular da página ou portal que oferece o serviço de classificados, assestada a ação contra o provedor que apenas hospeda a página, não tendo relação direta com o seu autor ou titular, este não tem responsabilidade com o material nela existente, que é da titularidade do primeiro. Enquanto fornecedor de serviços, o titular da página é o responsável pelo seu conteúdo, assumindo o risco da atividade ao não exigir prévio cadastro dos anunciantes."[149]

"No caso de utilização de serviço gratuito de *webmail*, cabem danos morais no envio de correspondência particular do usuário, com inserção de mensagens publicitárias com forte conotação sexual, sem o conhecimento e o consentimento do usuário. Constrangimento causado perante destinatários da correspondência."[150]

O entendimento vem secundado pelo art. 18 da Lei nº 12.965/2014: "O provedor de conexão à internet não será responsabilizado civilmente por danos decorrentes de conteúdo gerado por terceiros".

Reconhece-se a responsabilidade do provedor quando atua por ato próprio:

"A propaganda constante do *site* do provedor capaz de induzir a erro o consumidor, levando-o a acreditar na gratuidade do serviço e não possibilitando a visualização correta, clara e objetiva do valor a ser efetivamente pago pelo consumidor relativo às ligações telefônicas decorrentes da conexão e uso do serviço, é publicidade enganosa por omissão. Inteligência do § 3º do art. 37 do CDC."[151]

O art. 19 da Lei nº 12.965/2014, faz incidir a responsabilidade no provedor se não atender ordens judiciais para tornar indisponível o conteúdo ofensivo a direitos: "Com o intuito de assegurar a liberdade de expressão e impedir a censura, o provedor de aplicações de internet somente poderá ser responsabilizado civilmente por danos decorrentes de conteúdo

---

[148] Apel. Cível nº 107.704-3, da 4ª Câmara Cível do TJ do Paraná, j. em 05.09.2001, em *ADCOAS* 8205996, *Boletim de Jurisprudência ADCOAS*, nº 17, p. 264, maio 2002.

[149] Apel. Cível nº 22.496, da 18ª Câmara Cível do TJ do Rio de Janeiro, *DJ* de 27.03.2003, *in ADCOAS* 8216488, *Boletim de Jurisprudência ADCOAS*, nº 20, p. 311, maio 2003.

[150] Apel. Cível nº 2003.001.08290, da 9ª Câmara Cível do TJ do Rio de Janeiro, *DJ* de 29.01.2004, *in ADCOAS* 8225555, *Boletim de Jurisprudência ADCOAS*, nº 15, p. 231, abr. 2004.

[151] JE Cív./RJ, *Recurso* 2003.700.003574-8, da 1ª Turma Recursal, j. em 28.02.2003, *in ADCOAS* 8218291, *Boletim de Jurisprudência* nº 30, p. 471, jul. 2003.

gerado por terceiros se, após ordem judicial específica, não tomar as providências para, no âmbito e nos limites técnicos do seu serviço e dentro do prazo assinalado, tornar indisponível o conteúdo apontado como infringente, ressalvadas as disposições legais em contrário".

Havendo ofensa à honra, à reputação ou a direito de personalidade, além de outras situações, é expresso o § 3º do art. 19 em garantir o ressarcimento: "As causas que versem sobre ressarcimento por danos decorrentes de conteúdos disponibilizados na internet relacionados à honra, à reputação ou a direitos de personalidade, bem como sobre a indisponibilização desses conteúdos por provedores de aplicações de internet, poderão ser apresentadas perante os juizados especiais".

O § 4º do mesmo artigo viabiliza a tutela antecipada em demandas em que existe a ofensa aos direitos: "O juiz, inclusive no procedimento previsto no § 3º, poderá antecipar, total ou parcialmente, os efeitos da tutela pretendida no pedido inicial, existindo prova inequívoca do fato e considerado o interesse da coletividade na disponibilização do conteúdo na internet, desde que presentes os requisitos de verossimilhança da alegação do autor e de fundado receio de dano irreparável ou de difícil reparação".

O provedor que disponibilizar conteúdo ofensivo, ou mesmo que invada a intimidade das pessoas, a imagem, e outros dados, sem a autorização, responde solidariamente pela ação. A especificação está no art. 21, referindo expressamente certas imagens de vídeos que atingem cenas de nudez ou de atos sexuais: "O provedor de aplicações de internet que disponibilize conteúdo gerado por terceiros será responsabilizado subsidiariamente pela violação da intimidade decorrente da divulgação, sem autorização de seus participantes, de imagens, de vídeos ou de outros materiais contendo cenas de nudez ou de atos sexuais de caráter privado quando, após o recebimento de notificação pelo participante ou seu representante legal, deixar de promover, de forma diligente, no âmbito e nos limites técnicos do seu serviço, a indisponibilização desse conteúdo".

Os arts. 15 a 17 cuidam da guarda de registros de acesso a aplicações de Internet, sendo que, pelo último dispositivo, não está prevista a responsabilidade quando o provedor opta por não guardar os registros de acesso a aplicações de Internet, em havendo danos decorrentes dos serviços por terceiros. Pelo art. 16, há a ressalva de que, "na provisão de aplicações de internet, onerosa ou gratuita, é vedada a guarda:

I – dos registros de acesso a outras aplicações de internet sem que o titular dos dados tenha consentido previamente, respeitado o disposto no art. 7º; ou

II – de dados pessoais que sejam excessivos em relação à finalidade para a qual foi dado consentimento pelo seu titular".

Pela Lei nº 13.709/2018, art. 60, em 18.08.2020, passará a vigorar a seguinte redação do inc. II acima: "de dados pessoais que sejam excessivos em relação à finalidade para a qual foi dado consentimento pelo seu titular, exceto nas hipóteses previstas na Lei que dispõe sobre a proteção de dados pessoais".

Conforme o art. 15, o provedor está obrigado a manter os registros de acesso sob sigilo, em ambiente controlado e de segurança, pelo prazo de seis meses, sob pena de sanções administrativas. Contudo, pelos danos decorrentes do uso desses serviços por terceiros, não redunda responsabilidade ao provedor.

A contaminação de programas por vírus que passam para os computadores e se alojam nos equipamentos, provenientes de *e-mails* emitidos ou enviados, em princípio geram responsabilidade dos provedores, pois a mensagem se dá de um *e-mail* para outro *e-mail* através do portal da operadora, a quem cabe colocar em operação mecanismos de prevenção, de modo a estancar a transmissão.

A divulgação de fotografias de modelos e mesmo de qualquer pessoa em *sites* acarreta a reparação também com base na Lei dos Direitos Autorais (Lei nº 9.610, de 19.02.1998), que protege, em seu art. 7º, como direitos da pessoa "as obras fotográficas e as produzidas por qualquer processo analógico ao da fotografia".

Pode o Poder Judiciário impor a proibição da veiculação de imagens, o que se efetua através do cancelamento do canal de acesso:

"Toda vez que a veiculação de informação ou pensamento, mesmo que através de rede de comunicação Internet, afete a honra ou a imagem de terceiros, haverá a possibilidade de o Poder Judiciário coibir o abuso, inclusive com a proibição de que tais mensagens sejam lançadas, isto a teor do inc. XXXV do art. 5º da Constituição Federal de 1988, sem que fique caracterizada qualquer espécie de censura."[152]

Matéria complexa prende-se à responsabilidade na invasão de contas de clientes correntistas de bancos. Os criminosos, conhecidos como *hackers*, através de várias estratégias, monitoram os usuários, se apoderam de sua senha, e devassam as contas, efetuando transferências para contas fantasmas, que são abertas para a finalidade específica da fraude. Em seguida, efetuam-se os saques, ou são procedidos pagamentos de compras efetuadas em lojas virtuais.

No dicionário de Aurélio Buarque de Holanda, o *hacker* vem a ser "o indivíduo hábil em enganar os mecanismos de segurança de sistemas de computação e conseguir acesso não autorizado aos recursos destes, geralmente a partir de uma conexão remota em uma rede de computadores".[153]

As formas mais comuns de procederem os criminosos vêm apresentadas por Ilan Goldberg, com denominações específicas: "1) *Crackers* de servidores – *hackers* que invadem computadores ligados em rede; 2) *crackers* de programas – *hackers* que quebram a proteção de *software* cedidos a título de demonstração para usá-los por tempo indeterminado; 3) *phreakers* – *hackers* especializados em telefonia móvel ou fixa."[154]

Usa-se a Internet para conferir saldos, movimentar dinheiro, fazer aplicações e pagar títulos. Desde o momento em que se dá o conhecimento do *site* por outra pessoa, e se chegou a ela porque revelada a senha, resta evidente a responsabilidade do titular da conta. Todavia, se ingressar-se no *site* do banco, e conseguir-se copiar a tela da instituição, com os dados da conta, hospedando-a em um servidor ou provedor, devem os bancos repor as quantias indevidamente sacadas.

A questão da responsabilidade resolve-se em descobrir como se procedeu a execução do arquivo do titular da conta. Conforme observa Rodrigo Bernardes Braga, "impossíveis e improváveis a segurança total na operação, a limitação ou a cláusula de exclusão da responsabilidade, assim como evitar a fraude fiscal e manter rigidamente o seguro bancário, expondo-se, portanto, as características que compatibilizam a espécie com os danos material e moral, professou Nélson Abrão."[155] No entanto, em não se descobrindo a origem da fraude, pelo fato das instituições financeiras serem obrigadas a prestar serviços seguros, e por incumbir a elas o ônus da prova, visto envolver de relação de consumo, incumbe-lhes a obrigação de ressarcir os desfalques.

---

[152] Agravo de Instrumento nº 148322-7, da 6ª Câmara Cível do TJ do Paraná, j. em 18.02.2004, em *ADCOAS* 8225556, *Boletim de Jurisprudência ADCOAS*, nº 15, p. 232, abr. 2004.

[153] Site http://www.uol.com.br/aurelio/index result.html?stype=k&verbete=hacker, fornecido por Ilan Godberg, em 'a ação dos *hackers* – repercussões para o mercado segurador, *Boletim de Doutrina ADCOAS*, nº 13, p. 251, jul. 2004.

[154] "A ação dos hackers – repercussões para o mercado segurador", em *Boletim Doutrina ADCOAS*, nº 13, p. 250, nº 8222906, jul. 2004.

[155] *Responsabilidade Civil das Instituições Financeiras*, ob. cit., pp. 182 e 183.

Bibliografia

ABRÃO, Eliane Y. *Direitos de Autor nos Meios Modernos de Comunicação*, São Paulo, Editora Revista dos Tribunais, 1989.

ABRÃO, Nelson. *Curso de Direito Bancário*, São Paulo, Editora Revista dos Tribunais, 1982.

_____. *Da Franquia Comercial – Franchising*, São Paulo, Editora Revista dos Tribunais, 1984.

_____. *Sociedade por Quotas de Responsabilidade Limitada* (atualização por Carlos Henrique Abrão), 6ª ed., São Paulo, Editora Revista dos Tribunais, 1998.

AGUIAR DIAS, José de. *Cláusula de não indenizar*, Rio de Janeiro, Revista Forense, 1947, e 4ª ed., 1980.

_____. *Da Responsabilidade Civil*, 4ª ed., Rio de Janeiro, Forense, 1960, tomos I e II; e ed. de 1973.

AGUIAR JÚNIOR, Ruy Rosado de. "A Responsabilidade civil do Estado pelo exercício da função jurisdicional no Brasil", em 'Responsabilidade Civil', Revista *AJURIS* – Associação dos Juízes do RGS, Porto Alegre, Edição Temática.

_____. *Extinção dos Contratos por Incumprimento do Devedor* (Resolução), Rio de Janeiro, Aide Editora, 1991.

_____. *Responsabilidade Civil no Direito de Família*, em 'Direitos Fundamentais do Direito de Família', Porto Alegre, Livraria do Advogado Editora, 2004.

_____. "Responsabilidade Civil do Médico", em *Revista dos Tribunais*, nº 718.

ALBUQUERQUE, Leônidas Cabral. "Considerações sobre os juros legais no novo Código Civil", publicação no boletim *Síntese Jornal*, Porto Alegre, nº 77, p. 9, jul. 2003.

ALMEIDA, Cleber Lúcio de. "Abuso do Direito no Projeto do Código Civil", em *Revista Forense*, nº 347.

ALMEIDA COSTA, Mário Júlio de. *Direito das Obrigações*, 3ª ed., Coimbra, Livraria Almedina, 1979.

ALMEIDA FILHO, José Carlos de Araújo. *A Responsabilidade Civil do Juiz*, São Paulo, WVC Gestão Inteligente Comercial Ltda., 2000.

ALMEIDA SANTOS, Francisco Cláudio. "Os Juros Compensatórios no Mútuo Bancário", em *Revista de Direito Bancário e do Mercado de Capitais*, São Paulo, Editora Revista dos Tribunais, ano I, nº 2, maio-ago. 1998.

ALVES, João Luiz. *Código Civil da República dos Estados Unidos do Brasil Anotado*, Rio de Janeiro, F. Briguiet & Cia. – Editores e Livreiros, 1917.

938 • Responsabilidade Civil | *Arnaldo Rizzardo*

ALVIM, Agostinho. *Da Compra e Venda e da Troca*, Rio de Janeiro, Editora Forense, 1966.

_____. *Da Inexecução das Obrigações e suas Consequências*, 5ª ed., São Paulo, Editora Saraiva, 1980.

ALVIM, Arruda; ALVIM Tereza; ALVIM, Eduardo Arruda; e MARTINS, James. *Código do Consumidor Comentado*, São Paulo, Editora Revista dos Tribunais, 2ª ed., 1995.

ALVIM, Pedro. *Responsabilidade Civil e Seguro Obrigatório*, São Paulo, Editora Revista dos Tribunais, 1972.

AMORIM, Sebastião Luiz, OLIVEIRA, José de. *Responsabilidade Civil – Acidente do Trabalho*, São Paulo, Editora Saraiva, 2001.

ANDRADE, Darcy Bessone de Oliveira. *Da Compra e Venda – Promessa e Reserva de Domínio*, Belo Horizonte, Editora Bernardo Álvares S. A., 1960.

ANDRADE, Fábio Siebeneichler de. "Responsabilidade Civil do Advogado", em *Responsabilidade Civil*, edição temática; Revista da *AJURIS* – Associação dos Juízes do RGS.

ANDRADE, José Alfredo Ferreira de. *Da Alienação Fiduciária em Garantia*, São Paulo, Livraria e Editora Universitária de Direito Ltda., 1970.

ANTUNES VARELA, João de Matos. *Das Obrigações em Geral*, 3ª ed., Coimbra, Livraria Almedina, 1980, vol. I.

ARAÚJO, Francisco Fernandes. "Da responsabilidade civil por danos causados em acidentes de trânsito, quando o veículo não mais pertence a quem aparece como dono no Registro Público", *in JUSTITIA*, órgão do Ministério Público de São Paulo, vol. 152, 1990.

ASSIS, Araken. *Manual do Processo de Execução*, 3ª ed., São Paulo, Editora Revista dos Tribunais, 1996.

AUBRI, V; RAU, C. *Cours de Droit Civil Français*, 6ª ed., Paris, Librairie de la Cour de Cassation, 1948, tomo VII.

AUTUORI, Luiz; PINTO, Jorge Lopes, PINTO, Iracy Lopes. *Sutilezas em Tema de Condomínio*, Rio de Janeiro, Forense, 1978.

AZEVEDO, Marcos de Almeida Villaça. *Aids e Responsabilidade Civil*, São Paulo, Editora Atlas E. A., 2002.

BALEEIRO, Aliomar. *Direito Tributário Brasileiro*, 2ª ed., Forense, 1970.

BALBINO FILHO, Nicolau. *Registro de Imóveis – Doutrina – Prática Jurisprudência*, 9ª ed., São Paulo, Editora Saraiva, 1999.

BARBI, Celso Agrícola. *Comentários ao Código de Processo Civil*, Rio de Janeiro, Forense, 1975, vol. I, tomo II.

BARROS MONTEIRO, Washington de. *Curso de Direito Civil, Direito das Obrigações*, vols. I e II; *Direito de Família*, São Paulo, Editora Saraiva, 1962; *Parte Geral*, 15ª ed., São Paulo, Edição Saraiva, 1980.

BENJAMIN, Antônio Herman V. *Comentários ao Código de Defesa do Consumidor*, São Paulo, Editora Saraiva, 1991.

BENJÓ, Celso. "O *leasing* na Sistemática Jurídica Nacional e Internacional", *in RT* 274/18.

BEVILÁQUA, Clóvis. *Código Civil dos Estados Unidos do Brasil Comentado*, 1953, vol. IV; 5ª ed., edições de 1919, de 1926, de 1938, de 1943, vol. V; Rio de Janeiro, Livraria Francisco Alves, 1919, vol. VI.

_____. *Direito das Obrigações*, 8ª ed., Rio de Janeiro, Liv. Francisco Alves, 1954.

_____. *Direito de Família*, 8ª ed., Rio de Janeiro, Livraria Freitas Bastos S. A., 1956.

_____. *Teoria Geral do Direito Civil*, Rio de Janeiro, Livraria Francisco Alves, 1908.

BEY, El Mokhtar. *De Symbiotique dans les Leasing et Crédit-Bail Mobiliers*, Paris, Librairie Dalloz, 1970.

BITENCOURT, Cezar Roberto. *Manual de Direito Penal – parte especial*, São Paulo, Editora Saraiva, 2001, vol. 2.

BITTAR, Carlos Alberto. *Curso de Direito Civil*, Rio de Janeiro, FU – Forense Universitária, 1994, vol. I.

_____. *Direito de Autor na Obra Feita sob Encomenda*, São Paulo, Editora Revista dos Tribunais, 1977.

_____. *Reparação Civil por Danos Morais*, São Paulo, Editora Revista dos Tribunais, 1993, p. 150.

BLUM, Renato M. S. Opice. "O Novo Código Civil e a Internet", em *ADCOAS* 8214743, *Boletim ADCOAS* – Informações Jurídicas e Empresariais, nº 3, março 2003.

BORBA, José Edwaldo Tavares. *Direito Societário*, 5ª ed., Rio de Janeiro, Livraria e Editora Renovar Ltda., 1999.

BORGES, João Eunápio. *Títulos de Crédito*, 2ª ed., Rio de Janeiro, Editora Forense, 1971.

BRAGA, Rodrigo Bernardes. *Responsabilidade Civil das Instituições Financeiras*, Rio de Janeiro, Editora Lumen Juris, 2001.

BRANCO, Gerson Luiz Carlos Branco. "Responsabilidade civil por erro médico – aspectos", em *Revista Síntese de Direito Civil e Processual Civil*, Porto Alegre, nº 4, mar.-abr. 2000.

BRANDÃO COUTO, Paulo Rogério. "Indenização movida por filhos alegando morte da mãe por câncer de pulmão decorrente de tabagismo", em *Revista de Direito Mercantil*, Malheiros Editores, vol. 129, jan.-mar. 2003.

BRASIL, Ávio. *Transportes e Seguros Marítimos e Aéreos*, Rio de Janeiro, 1955.

BRIZ, Jaime Santos. *La Responsabilidad Civil*, 2ª ed., Madrid, Montecorvo, 1977.

BRUNO, Gilberto Marques. "Os E–@rquivos: instituição e obrigatoriedade no âmbito da Secretaria da Receita Federal", em *ADCOAS* 8206535, *Boletim ADCOAS – Informações Jurídicas e Empresariais*, nº 2, fev. 2003.

BULGARELLI, Waldírio. *Contratos Mercantis*, São Paulo, Editora Atlas, 1979.

BUSSADA, Wilson. *Responsabilidade Civil Interpretada pelos Tribunais*, Rio de Janeiro, Editora Liber Juris Ltda., 1984.

BYRNE, J. F. *"Leasing"*, *in Journal of the Institute of Bankers*, citado por Jorge E. Lavalle Cobo e Carlos A. Pinto, London, vol. 100, jun. 1979.

_____. *Leasing Mobiliario*, Buenos Aires, Editorial Astrea, 1982.

940 • Responsabilidade Civil | *Arnaldo Rizzardo*

CABRAL, Antônio da Silva. Leasing *no Direito Brasileiro*, Parte Especial, São Paulo, Editora Resenha Tributária, 1975, vol. II.

CAHALI, Yussef Said. *Dano e Indenização*, São Paulo, Editora Revista dos Tribunais, 1980.

_____. *Aspectos Jurisprudenciais do Seguro Obrigatório de Veículos, apud Estudos de Direito Civil*, São Paulo, Editora Revista dos Tribunais, 1979.

_____. *Furtos de Veículos em Estabelecimentos de 'Shopping Centers'. Questões Jurídicas*, São Paulo, Editora Saraiva, 1991.

_____. *Responsabilidade Civil do Estado*, 2ª ed., 2ª tiragem, São Paulo, Malheiros Editores, 1996, e ed. de 1982.

CALDAS, Gilberto. *Danos Pessoais em Seguro Obrigatório*, São Paulo, Pró-Livro, 1978.

CALMON DE PASSOS, José Joaquim. *Comentários ao Código de Processo Civil*, 1ª ed., Editora Forense, vol. III.

CAMMAROTA, Antonio. *Responsabilidad Extracontratual*, Buenos Aires, Depalma, 1947, vol. II.

CAPITANT, H. *Vocabulaire Juridique, apud* SERPA LOPES, Miguel Maria de. *Curso de Direito Civil*, 2ª ed., Freitas Bastos, 1962, vol. V.

CARVALHO DE MENDONÇA, J. X. *Tratado de Direito Comercial Brasileiro*, 4ª ed., Livraria Freitas Bastos, 1960, vol. VI, Livro IV, Parte II.

CARVALHO FILHO, José dos Santos. *Manual de Direito Administrativo*, Freitas Bastos, 1997.

CARVALHO SANTOS, J. M. *Código Civil Brasileiro Interpretado*, vols. I, VIII, XIV (8ª e 10ª eds.), XV, XX e XXI (5ª e 7ª ed.), XVII e XIX (8ª ed., 1964), XVIII (8ª ed., 1961), Freitas Bastos.

_____. *Repertório Enciclopédico do Direito Brasileiro*, Rio de Janeiro, Editor Borsoi, 1947, vol. V.

CARVALHO SILVA, Jorge Alberto Quadros de. *Código de Defesa do Consumidor Anotado*, 3ª ed., São Paulo, Editora Saraiva, 2003.

CASTELO BRANCO, Elcir. *O Seguro Obrigatório de Responsabilidade Civil*, Rio de Janeiro--São Paulo, Editora Jurídica e Universitária Ltda., 1971.

CASTILLA, Gustavo Ordoqui. *Responsabilidade Civil e sua Interpretação Jurisprudencial*, 4ª ed., São Paulo, Editora Revista dos Tribunais, 1999.

CASTRO, Amílcar de. *Comentários ao Código de Processo Civil*, São Paulo, Editora Revista dos Tribunais, 1974, vol. VII.

CAVALIERI FILHO, Sérgio. *Programa de Responsabilidade Civil*, 4ª ed., São Paulo, Malheiros Editores, 2003.

CHAVES, Antônio. "Imagem, Fotografia e Direitos Autorais", em *Revista da ABPI* (Associação Brasileira da Propriedade Intelectual), São Paulo, nº 30, set./out. 1997.

_____. "Imprensa. Captação audiovisual. Informática e os direitos de personalidade", em *RT*, nº 729.

_____. *Responsabilidade Pré-Contratual*, Rio de Janeiro, Editora Forense, 1959.

_____. "Responsabilidade do Transportador por Via Aérea", em Juriscível do STF, Repertório Autorizado da Jurisprudência do Supremo Tribunal Federal, Rio de Janeiro, Editora Legis Summa, 1982.

_____. *Tratado de Direito Civil*, 3ª ed., São Paulo, Editora Revista dos Tribunais, 1984, vol. II, tomo II.

CHAVES DE FARIAS, Cristiano; BRAGA NETTO, Fekipe Peixoto; ROSENVALD, Nelson. *Novo Tratado de Responsabilidade Civil*, São Paulo, Editora Atlas S. A., 2015.

CHIRONI, G. P. *La Colpa nel Diritto Civile Odierno, Colpa Extracontratual*, 2ª ed., Torino, Fratelli Bocca, 1906, vol. II.

COELHO, Fábio Ulhôa. *Curso de Direito Comercial*, São Paulo, Editora Saraiva, 1998, vol. 1.

COILLOT, Jacques. *Initiation au Leasing au Crédit-Bail*, Paris, Éditions J. Delmas & Cie, 1969.

COLIN (Ambrosio) y Capitant (H.). *Curso Elemental de Derecho Civil*, trad. ao espanhol da 2ª ed. francesa, Madrid, Reus, 1951, tomo III.

COLOMBO, Leonardo A. *Culpa Aquiliana*, 2ª ed., Buenos Aires, Tipografia Editora Argentina, 1947.

COMPARATO, Fábio Konder. "Contrato de *leasing*", *in RT* 389/12.

CORRÊA, Carlos Vaz Gomes. "A questão dos juros após a edição do novo Código Civil Brasileiro", publicação no Boletim *ADCOAS*, nº 5, maio 2003.

COSTA, Mário Júlio de Almeida. *Responsabilidade Civil pela Ruptura nas Negociações Preparatórias de um Contrato*, Coimbra Editora, 1984.

COUTO, Sérgio A. Frazão do. *Manual Teórico e Prático do Parcelamento Urbano*, Rio de Janeiro, Editora Forense, 1981.

COUTO E SILVA, Clóvis. *Principes Fondamentaux de la Responsabilité Civile en Droit Brasilien et Comparé*, Paris, 1988.

CRETELLA JÚNIOR, José. *O Estado e a Obrigação de Indenizar*, 2ª ed., Rio de Janeiro, Editora Forense, 2002.

_____. *Tratado de Direito Administrativo*, Rio de Janeiro, Editora Forense, 1970.

CUNHA GONÇALVES, Luís da. *Tratado de Direito Civil*, 1ª ed. brasileira, vol. VIII, tomo I; São Paulo, Max Limonad, 1957, vol. XII, tomos I e II.

CUNHA LUNA, Everardo da. *Abuso de Direito*, 2ª ed., Rio de Janeiro, Editora Forense, 1988.

DAIBERT, Jefferson. *Dos Contratos*, 3ª ed., Rio de Janeiro, Editora Forense, 1980.

_____. *Direito das Coisas*, 2ª ed., Rio de Janeiro, Editora Forense, 1979.

DAL COL, Helder Martinez. "A prescrição nas ações indenizatórias por acidente do trabalho no Código Civil de 2002", em *Revista dos Tribunais*, nº 821.

DE CUPIS, Adriano. *El Daño*, trad. ao espanhol por Angel Martínez Sarrióño, Bosch, Barcelona, 1975.

DE PLÁCIDO E SILVA. *Vocabulário Jurídico*, 1ª ed., Rio de Janeiro, Editora Forense, 1963, vol. 1.

DELGADO, José Augusto. "A caracterização do *leasing* e seus efeitos jurídicos", em *RF*, 269/88.

942 • Responsabilidade Civil | *Arnaldo Rizzardo*

DELMANTO, Celso. *Código Penal Comentado*, 3ª ed., Rio de Janeiro, Editora Renovar, 1991.

DENARI, Zelmo. *Da qualidade de produtos e serviços, da prevenção e da reparação dos danos*, em 'Código Brasileiro de Defesa do Consumidor', 6ª ed., Rio de Janeiro, Editora Forense Universitária, 1999.

DERGINT, Augusto do Amaral. *Responsabilidade do Estado por Atos Judiciais*, Editora Revista dos Tribunais, 1994.

DIAS, Adahyl Lourenço. *A Concubina e o Direito Brasileiro*, 2ª ed., São Paulo, Editora Saraiva, 1975.

DINIZ, Maria Helena. *Curso de Direito Civil Brasileiro*, 3ª ed., São Paulo, Editora Saraiva, 1993, 1º vol., Teoria Geral de Direito Civil.

_____. *Dicionário Jurídico*, São Paulo, Ed Saraiva, 1998.

ENNECCERUS, Ludwig, KIPP, Theodor, WOLFF, Martín. *Tratado de Derecho Civil*, trad. ao espanhol da 35ª ed. alemã, Barcelona, Bosch, 1950, vol. II, tomo II, *Derecho de Obligaciones*.

ESPÍNOLA, Eduardo. *Dos Contratos Nominados no Direito Civil Brasileiro*, Rio de Janeiro, Gazeta Judiciária – Editora S. A., 1953.

ESTEVES, Júlio César dos Santos. *Responsabilidade Civil do Estado por Ato Legislativo*, Belo Horizonte, Livraria Del Rey Editora Ltda., 2003.

FADEL, Sérgio Sahione. *Código de Processo Civil Comentado*, Rio de Janeiro, José Konfino, 1974, tomo IV.

FARIA, Werter Rotunno. "Limite e responsabilidade do transportador aéreo por perda de bagagem", em *AJURIS, Revista da Associação dos Juízes do RGS*, Porto Alegre, nº 2, 1981.

FERREIRA, Waldemar. "Instituições de Direito Comercial", São Paulo, Max Limonad editor, em passagem transcrita na *Revista dos Tribunais*, nº 729.

FILOMENO, José Geraldo Brito. "Dos direitos do consumidor", em *Código Brasileiro de Defesa do Consumidor*, 6ª ed., Rio de Janeiro, Editora Forense Universitária, 1999.

FLORENZANO, Zola. "*Leasing* – Arrendamento Mercantil. Lei e Regulamento Comentados", *IOB – Informações Objetivas*, São Paulo, 1976.

FORSTER, Nestor José. *Alienação Fiduciária em Garantia*, Porto Alegre, Livraria Sulina Editora, 1970.

FRADERA, Vera Maria Jacob de. "A Responsabilidade Civil dos Médicos", em *Responsabilidade Civil*, edição temática, revista *AJURIS*, Porto Alegre, p. 235, 2001.

FRANÇA, Genival Veloso de. *Direito Médico*, 6ª ed., São Paulo, Fundação Editorial BYK – Procienx, 1994.

FRANÇA, R. Limongi. *Jurisprudência da Responsabilidade Civil*, São Paulo, Editora Revista dos Tribunais, 1981.

FRANCO, J. Nascimento; e GONDO, Nisske. *Condomínio em Edifícios*, 5ª ed., São Paulo, Editora Revista dos Tribunais, 1984.

_____. *Incorporações Imobiliárias*, 2ª ed., São Paulo, Editora Revista dos Tribunais, 1984.

Bibliografia • **943**

FREITAS GOMES, Luiz Roldão de. *Curso de Direito Civil – Contratos*, Rio de Janeiro, Livraria e Editora Renovar Ltda., 1999.

GANDINI, João Agnaldo Donizeti, SALOMÃO, Diana Paola da Silva. "A responsabilidade civil do Estado por conduta omissiva", em Revista da *AJURIS – Associação dos Juízes do RGS*, Porto Alegre, nº 94, junho 2004.

GANDOLFO, Orlando. *Acidentes de Trânsito e Responsabilidade Civil. Conceitos de Jurisprudência e Acórdãos*, São Paulo, Editora Revista dos Tribunais, 1985.

GARCEZ NETO, Martinho. *Prática da Responsabilidade Civil*, 3ª ed., Editora Saraiva, 1975.

GERI, Vinicio. *Responsabilità Civile per Danni da Cose ed Animali*, Milano, Dott. A. Giuffrè, 1967.

GILMAN, A; e GOODMAN, A. G. *As Bases Farmacológicas da Terapêutica*, Rio de Janeiro, Editora Guanabara-Koogan, citação na Apel. Cível nº 70007090798, da 9ª Câmara Cível do TJ do RGS, j. em 19.11.2003.

GIORGI, Jorge. *Teoria de las Obligaciones*, trad. da 7ª ed. italiana, Madrid, publicação espanhola pela Reus, 1929, vol. 5º.

GOFF, Marcel de. *Manuel de Droit Aérien*, Paris, 1961.

GOLDBERG, Ilan. "A ação dos *hackers* – repercussões para o mercado segurador", em *Boletim Doutrina ADCOAS*, nº 13, julho de 2004.

GOMES, Orlando. *Alienação Fiduciária em Garantia*, 4ª ed., São Paulo, Editora Revista dos Tribunais, 1975.

_____. *Contratos*, 10ª ed., Rio de Janeiro, Editora Forense, 1984; e 12ª ed., 1989.

_____. *Obrigações*, 1ª ed., Editora Forense.

_____. *Transformações Gerais do Direito das Obrigações*, 1ª ed., São Paulo, Editora Revista dos Tribunais, 1967.

GONÇALVES, Carlos Roberto. *Responsabilidade Civil*, 8ª ed., São Paulo, Editora Saraiva, 2003.

GONÇALVES, Vitor Fernando. *Responsabilidade Civil por Quebra da Promessa*, Brasília, Livraria e Editora Brasília Jurídica Ltda., 1997.

GRAEFF JÚNIOR, Cristiano. "O Contrato de Concessão Comercial e a Lei nº 6.729, de 28.11.79", em *AJURIS – Revista da Associação dos Juízes do RGS*, Porto Alegre, nº 20, 1980.

GRINOVER, Ada Pellegrini. "Da desconsideração da pessoa jurídica (aspectos de direito material e processual)", em *Revista Forense*, nº 371.

HEDEMANN, Justus Wilhem. *Derecho de Obligaciones*, trad. ao espanhol por Jaime Santos Briz, Madrid, Editorial Revista de Derecho Privado, 1958, vol. III.

ITURRASPE, Jorge Mosset. *Responsabilidad por Daños*, Parte General, Buenos Aires, 1971, tomo I.

JOSSERAND, Louis. *Derecho Civil*, Buenos Aires, Bosch, 1950, vol. I, tomo II.

KHOURI, Paulo R. Roque A. *Contratos e Responsabilidade Civil no CDC*, Brasília, Editora Brasília Jurídica, 2002.

944 • Responsabilidade Civil | *Arnaldo Rizzardo*

KFOURI NETO, Miguel. *Responsabilidade Civil do Médico*, São Paulo, Editora Revista dos Tribunais, 1998.

_____. *Culpa Médica e Ônus da Prova*, Editora Revista dos Tribunais, 2002.

LACERDA, J. C. Sampaio de. *Dos Armazéns-Gerais*, seus Títulos de Crédito, Rio de Janeiro, Editora Forense, vindo as transcrições em *Revista dos Tribunais*, nº 729.

LACERDA DE ALMEIDA, Francisco de Paula. *Obrigações*, 2ª ed., Rio de Janeiro, Typographia Revista dos Tribunais, 1916.

LARENZ, Karl. *Derecho de Obligaciones*, trad. ao espanhol por Jaime Santos Briz, Editorial Revista de Derecho Privado, Madrid, 1959, tomo II.

LEITE, Eduardo de Oliveira. *Rompimento da Promessa de Casamento – Reparação dos danos Material e Moral*, em *AJURIS, Revista da Associação dos Juízes do RS*, Porto Alegre, nº 51, 1991.

LENZ, Luís Alberto Thompson Flores. "Dano Moral contra a Pessoa Jurídica", em *AJURIS, 1969, Revista da Associação dos Juízes do Rio Grande do Sul*, Porto Alegre, nº 69, mar., 1997.

LIMA, Alvino. *A Responsabilidade Civil por Fato de Outrem*, 1ª ed., Rio de Janeiro, Editora Forense, 1973.

_____. *Da Culpa ao Risco*, São Paulo, 1938; e 2ª ed., São Paulo, 1960.

LOMONACO, José Antônio, MARTORI, Flávia Vanini Martins. "Responsabilidade Civil do Estado", em *Revista Síntese de Direito Civil e Processual Civil*, Porto Alegre, ano I, nº 6, jul.-ago. 2000.

LOPES DA COSTA, Alfredo de Araújo. *Direito Processual Civil Brasileiro,* Rio de Janeiro, Forense, 1950, v. 3.

LOPES, Mauro Brandão. "Natureza jurídica do *leasing*", *in Revista de Direito Mercantil*, nova série, nº 14.

LOUREIRO FILHO, Lair da Silva. "Da responsabilidade pública por atividade judiciária no Direito brasileiro", em *Revista Forense*, nº 373.

LYRA, Afrânio. *Responsabilidade Civil*, 2ª ed., São Paulo, Livraria Jurid. Vellenich Ltda.

MACHADO, Paulo Affonso Leme. *Direito Ambiental Brasileiro*, 8ª ed., São Paulo, Malheiros Editores, 2000.

MANCUSO, Rodolfo de Camargo. *Apontamentos sobre o Contrato de Leasing*, São Paulo, Editora Revista dos Tribunais, 1978.

_____. *Ação Civil Pública*, 5ª ed., São Paulo, Editora Revista dos Tribunais, 1997.

MARINONI, LUIZ Gruilherme; ARENHART, Sérgio Cruz; MITIDIERO, Daniel. Novo Código de Processo Civil Comentado, São Paulo, Thomson Reuters – Revista dos Tribunais, 2015.

MARINS, James. *Responsabilidade da Empresa pelo Fato do Produto*, São Paulo, Editora Revista dos Tribunais, 1993.

MARMITT, Arnaldo. *Perdas e Danos*, 2ª ed., Rio de Janeiro, Editora Aide, 1992.

_____. *Seguro de Automóvel*, 1ª ed., Rio de Janeiro, Aide Editora e Comércio de Livros Ltda., 1987.

MARQUES, Cláudia Lima. *Contratos no Código de Defesa do Consumidor*, São Paulo, Editora Revista dos Tribunais, 1992; 4ª ed., 2002.

MARQUES, José Frederico. *Tratado de Direito Penal*, 2ª ed., São Paulo, Editora Saraiva, 1965, vol. II.

MARTINS, Fran. *Cartões de Crédito*, Rio de Janeiro, Editora Forense, 1976.

_____. *Contratos e Obrigações Comerciais*, 7ª ed., Rio de Janeiro, Editora Forense, 1984.

MARTINS, Pedro Baptista. *O Abuso do Direito e o Ato Ilícito*, 3ª ed., Rio de Janeiro, Editora Forense, 1997.

MARTINS COSTA, Judith. "Ação indenizatória – dever de informar do fabricante sobre os riscos do tabagismo", em *Revista dos Tribunais*, nº 812.

MARTINS DA SILVA, Américo Luís. "As agências de proteção ao crédito e o dano moral", em *Revista Forense*, nº 371.

MARTON, G. *Les Fondaments de la Responsabilité Civile*, Paris, 1958.

MATIELO, Fabrício Zamprogna. *Responsabilidade Civil do Médico*, 2ª ed., Porto Alegre, Editora Sagra Luzzato, 2001.

MAZEAUD, Henri y Léon; TUNC, André. *Tratado Teórico Y Práctico de la Responsabilidad Civil*, trad. ao espanhol, Buenos Aires, Ediciones Jurídicas Europa-América, 1963, vols. II e XX, tomo II.

_____. *Traité Théorique et Pratique de la Responsabilité Civile*, 4ª ed. francesa, Paris, Sirey, 1949, tomo II.

MEDEIROS DA FONSECA, Arnoldo. *Caso Fortuito e Teoria da Imprevisão*, 3ª ed., Rio de Janeiro, Editora Forense, 1958.

MEIRELLES, *Direito Administrativo Brasileiro*, 3ª ed., Editora Revista dos Tribunais; 18ª ed., Malheiros Editores, 1993.

_____. Hely Lopes. *Direito de Construir*, 4ª ed., 1983; 5ª ed., São Paulo, Malheiros Editores, 1987.

_____. *Direito Administrativo Brasileiro*, 15ª ed., Editora Revista dos Tribunais, 1990.

MÉLEGA, Luiz. *O Leasing e o Sistema Tributário Brasileiro*, São Paulo, Editora Saraiva, 1975.

MELO DA SILVA, Wilson. *Da Responsabilidade Civil Automobilística*, São Paulo, Editora Saraiva, 1974; 3ª ed., de 1980.

MELLO, Celso Antônio Bandeira de. *Ato Administrativo e Direitos do Administrado*, São Paulo, Editora Revista dos Tribunais, 1981.

MELLO CASTRO, Honildo Amaral. "Responsabilidade Civil do Estado: alguns aspectos", em *Revista Forense*, nº 372.

_____. *O Dano Moral e sua Reparação*, 3ª ed., Rio de Janeiro, Editora Forense, 1999.

MENDONÇA, Fernando. *Direito dos Transportes*, São Paulo, Editora Saraiva, 1984.

MENDONÇA LIMA, Alcides de. *Comentários ao Código de Processo Civil*, vol. VI, tomo II, Forense, Rio, 1.ª ed., 1974.

_____. *O Dano Moral e sua Reparação*, 3ª ed., Rio de Janeiro, Editora Forense, 1999.

946 • Responsabilidade Civil | *Arnaldo Rizzardo*

MENEGALE, Guimarães. *Direito Administrativo e Ciência Administrativa*, Rio de Janeiro, 1939.

MENEZES DIREITO, Carlos Alberto; CAVALIERI FILHO, Sérgio. *Comentários ao Novo Código Civil – da responsabilidade civil, das preferências e privilégios creditórios*, coordenação de Sálvio de Figueiredo Teixeira, Editora Forense, 2004, vol. XIII.

MONTENEGRO, Antônio Lindbergh C. *Ressarcimento de Danos*, 4ª ed., Rio de Janeiro, Âmbito Cultural Edições Ltda., 1992.

_____. *Responsabilidade Civil*, Editora Anaconda Cultural, 1985.

MONTENEGRO FILHO, Misael. *Ação de Indenização na Prática*, Recife, Edições Bagaço, 2002.

MORAES, Walter. *Questões de Direito de Autor*, São Paulo, Editora Revista dos Tribunais, 1977.

MOSCA, Tomaso. *Nuovi Studi e Nuova Dottrina sulla Colpa nel Diritto Civile, Penale ed Amministrativo*, ed. de 1982, *in Da Inexecução*, de Agostinho Alvim.

MOTA, Octanny Silveira da. *A Responsabilidade Contratual do Transportador Aéreo*, São Paulo, Editora Saraiva, 1966.

MUKAI, Toshio. "Responsabilidade civil objetiva por dano ambiental com base no risco criado", *in ADCOAS* 8208778, *Boletim ADCOAS – Informações Jurídicas e Empresariais*, nº 6, jun. 2003.

NANNI, Giovanni Ettore. *A Responsabilidade Civil do Juiz*, São Paulo, Editora Max Limonad, 1999.

NEQUETE, Lenine. *Passagem Forçada*, 2ª ed., São Paulo, Editora Saraiva, 1978.

NÉRY JÚNIOR, Nélson. *Código Brasileiro de Defesa do Consumidor*, Rio de Janeiro, Editora Forense, 1991.

NICHELE, Rafael. "A responsabilidade civil dos hospitais e o direito na prestação dos serviços médicos", em *Revista AJURIS*, da Associação dos Juízes do RGS, Porto Alegre, nº 91, setembro/2003.

NILSSON, Jurandyr. *Nova Jurisprudência do Processo Civil*, São Paulo, Max Limonad, 1976, vol. II.

NOGUEIRA, Paulo Lúcio. *Seguro Obrigatório*, série "Prática, Processo e Jurisprudência", Curitiba, Juruá, 1978, nº 32.

NORONHA, Fernando. "Nexo de causalidade na responsabilidade civil", em *Revista ESMESC* – Escola Superior da Magistratura de Santa Catarina, Florianópolis, vol. 15, jul. 2003.

NORRIS, Roberto. *Responsabilidade Civil do Fabricante pelo Fato do Produto*, Rio de Janeiro, Editora Forense, 1996.

NUNES, Antônio de Pádua – *Código de Águas*, 2ª ed., São Paulo, Editora Revista dos Tribunais, 1980, vol. I.

OLIVEIRA, Ari Brandão de. "A responsabilidade civil das pessoas jurídicas de direito", em *Revista de Direito Civil*, nº 41.

OLIVEIRA, José Lopes de. *Contratos*, Recife, Livrotécnica – Distribuidora Nacional de Livros Técnicos Ltda., 1978.

OLIVEIRA E SILVA. *Das Indenizações por Acidentes*, 2ª ed., Rio de Janeiro e São Paulo, Freitas Bastos, 1958.

ORGAZ, Alfredo. *El Daño Resarcible*, Buenos Aires, Editorial Bibliográfica Argentina, 1952.

PACHECO, José da Silva. "Alguns Aspectos Jurídicos do Transporte Aéreo", em *Revista dos Tribunais*, nº 550.

PACHECO, Paulo Henrique Cremoneze. "Do direito marítimo e da responsabilidade civil do transportador marítimo – aspectos jurídicos que interessam ao seguro de transporte de cargas", em *Revista da AJURIS*, Porto Alegre, tomo I, nº 85, mar. 2002.

PAIVA, Alfredo de Almeida. *Aspectos do Contrato de Empreitada*, 2ª ed., Rio de Janeiro, Revista Forense, 1997.

PAIVA, Mário Antônio Lobato de. "Internet – o mundo fora da lei", em *ADCOAS* 8214786, *Boletim ADCOAS – Informações Jurídicas e Empresariais*, nº 6, fev. 2003.

PAPINI, Paulo Antônio. "Dano moral: da efetiva reparação em face do ordenamento jurídico pátrio", em *Revista Síntese de Direito Civil e Processual Civil*, Porto Alegre, Editora Síntese, nº 17, maio-jun. 2002.

PASQUALOTTO, Adalberto de Souza. "A responsabilidade civil do fabricante e os riscos do desenvolvimento", em *Responsabilidade Civil*, edição temática, da *Revista AJURIS* – Associação dos Juízes do RGS, Porto Alegre.

PEÑA, Federico Puig. *Compendio de Derecho Civil Español*, 2ª ed., Pamplona, Editorial Aranzada Pamplona, 1972, tomo IV, Contratos.

PEREIRA, Caio Mário da Silva. "A Nova Tipologia Contratual no Direito Civil Brasileiro", em *Revista dos Tribunais*, nº 281.

_____. *Condomínio e Incorporações*, 5ª ed., Rio de Janeiro, Editora Forense, 1985.

_____. *Instituições de Direito Civil*, 4ª ed., Rio de Janeiro, Editora Forense, 1974, vol. I; 5ª ed., Rio de Janeiro, Editora Forense, 1978, vol. II; 3ª ed., 1975, vol. III.

_____. *Responsabilidade Civil*, 8ª ed., Rio de Janeiro, Editora Forense, 1998.

PEREIRA, Lafayette Rodrigues. *Direito de Família*, 5ª ed., Rio de Janeiro, Livraria e Editora Freitas Bastos S. A., 1956.

PEREIRA, Tânia da Silva. "Direito da Criança e do Adolescente: a convivência familiar e comunitária como um direito fundamental", em *Direito de Família Contemporâneo*, Belo Horizonte, Livraria Del Rey Editora, 1997.

PEREYRA, Virgilio Ruffino. *La propiedad Horizontal de los Inmuebles*, Buenos Aires, Librería y Editorial El Ateneo, 1947.

PINHEIRO, Geraldo de Faria Lemos, RIBEIRO, Dorival, OLIVEIRA, Juarez de. *Código de Trânsito Brasileiro Sistematizado*, 2ª ed., São Paulo, Juarez de Oliveira, 2000.

PINTO CORREIA, Maria Lúcia C. A. Amaral. *Responsabilidade do Estado e Dever de Indemnizar do Legislador*, Coimbra Editora Limitada, 1998.

_____. *Responsabilidade Civil*, 8ª ed., Rio de Janeiro, Editora Forense, 1989 e 1998.

PIRES DOS SANTOS, Ulderico. *Medidas Cautelares (Jurisprudência e Doutrina)*, São Paulo, Editora Saraiva, 1979.

PLANIOL, Marcelo, RIPERT, Jorge. *Tratado Prático de Derecho Civil Francés*, trad. ao espanhol por Mário Diaz Cruz, Havana, Editora Cultural, 1946, tomos 6º e 7º, *Las Obligaciones*, 2ª parte.

PONTES DE MIRANDA, Francisco Cavalcanti. *Comentários ao Código de Processo Civil*, Rio de Janeiro, Editora Forense, 1976, vol. IX.

_____. *Tratado de Direito Privado*, 3ª ed., 1971, vols. I, XXII, XXIII, XXIV; 3ª ed., 2ª reimpressão, São Paulo, Editora Revista dos Tribunais, 1974, vol. XIII; 2ª ed., vol. XXVI; 4ª ed., Editora Revista dos Tribunais, 1967, vols. II, LIII, LIV e LVIII; 4ª ed., Editora Revista dos Tribunais, 1974; 3ª ed., Rio de Janeiro, Editor Borsoi, 1972, vol. XLIV; 2ª ed. Editor Borsoi, 1964, vol. XLV.

PORTO, Mário Moacyr. *Ação da Responsabilidade Civil e Outros Estudos*, São Paulo, Editora Revista dos Tribunais, 1966.

PORTO, Sérgio Gilberto. "Responsabilidade civil, responsabilidade objetiva e dano nuclear", em *Revista AJURIS*, da Associação dos Juízes do RGS, edição temática.

POTHIER, *Oeuvres Complètes*, Paris, P. J. Langlois Librairie, S. A. Durand Librairie, 1944, vol. VI.

QUEIROGA, Antônio Elias de. *Responsabilidade Civil e o Novo Código Civil*, 2ª ed., Rio de Janeiro-São Paulo, Editora Renovar, 2003.

QUEIROZ, José Wilson Nogueira de. *Arrendamento Mercantil (*Leasing*)*, 2ª ed., Rio de Janeiro, Editora Forense, 1983.

REALE, Miguel. "O dano moral no direito brasileiro", em *Temas de Direito Positivo*, São Paulo, Editora Revista dos Tribunais, 1992.

REIS, Clayton. "A Responsabilidade Civil do Notário e do Registrador", em *Revista dos Tribunais*, nº 703.

REQUIÃO, Rubens. *Curso de Direito Comercial*, 18ª ed., São Paulo, Editora Saraiva, 1992, 2º vol.

_____. *Do Representante Comercial*, 2ª ed., Rio de Janeiro, Editora Forense, 1977.

RIPERT, Jorge; BOULANGER, Jean. *Tratado de Derecho Civil*, Buenos Aires, La Ley, 1965, tomo V.

RIZZATO NUNES, Luiz Antônio. *Comentários ao Código de Defesa do Consumidor*, São Paulo, Editora Saraiva, 2000.

ROCHA DE BARROS, Francisco Carlos. *Comentários à Lei do Inquilinato*, São Paulo, Editora Saraiva, 1997.

RODRIGUES, SÍLVIO. *Direito Civil – Dos Contratos e das Declarações Unilaterais da Vontade*, 3ª ed., São Paulo, Max Limonad Editor, vol. 3; 23ª ed., São Paulo, Editora Saraiva.

RUSSOMANO, Mozart Victor. *Comentários à Lei de Acidentes do Trabalho*, 3ª ed., São Paulo, Editora Revista dos Tribunais, 1970, vol. I.

SALVAT, Raymundo M.. *Tratado de Derecho Civil Argentino*, 2ª ed., Buenos Aires, Tipografia Editora Argentina, 1958, vol. IV.

SAMPAIO DE LACERDA, J. C. "Considerações acerca do leasing e sua aplicação no campo do Direito Aeronáutico", em *Revista de Direito Mercantil*, nº 5, nova série.

_____. *Curso de Direito Comercial Marítimo e Aeronáutico*, Rio de Janeiro, Edição Freitas Bastos, 1949.

SANSEVERINO, Mílton. "Renunciabilidade do direito à exoneração da fiança", em *COAD – Direito Imobiliário*, nº 17, junho de 1996.

SANTOS, Rita Maria Paulina dos. *Dos Transplantes de Órgãos à Clonagem*, Rio de Janeiro, Editora Forense, 2000.

SANTOS, Ulderico Pires dos – *Direito de Vizinhança – Doutrina e Jurisprudência*, Rio de Janeiro, Editora Forense, 1990.

SAVATIER, René. *Traité de la Responsabilité Civile*, 2ª ed., Paris, Librairie Générale du Droit et Jurisprudence, 1951, tomo II.

SERPA LOPES, José Maria de. *Curso de Direito Civil*, 2ª ed., Freitas Bastos, 1962, vols. II, IV, V, e VI.

SILVA, Dalmo. "Rompimento de noivado, responsabilidade civil, dano moral – aspecto do problema", em *Responsabilidade Civil, Revista da Associação dos Juízes do RGS – AJURIS*, edição temática, Porto Alegre.

SILVA, Luiz Cláudio. *Responsabilidade Civil – Teoria e Prática das Ações*, Rio de Janeiro, Editora Forense, 1998.

SILVEIRA, Paulo Antônio Caliendo Velloso da. "Responsabilidade civil da Administração Pública por dano ambiental", em *Revista AJURIS*, da Associação dos Juízes do RGS, edição temática.

SLAIBI, Nagib Filho. *Comentários à Nova Lei do Inquilinato*, 6ª ed., Rio de Janeiro, Editora Forense, 1993.

SOARES, Orlando. *Responsabilidade Civil no Direito Brasileiro*, 1ª e 3ª eds., Rio de Janeiro, Editora Forense, 1999.

SOUZA, Neri Tadeu Camara. *Responsabilidade Civil e Penal do Médico*, Campinas, LZN Editora, 2003.

_____. "Erro médico e prescrição", em *Boletim doutrina ADCOAS*, nº 38, mar. 2004.

SOUZA, Sebastião. *Da Compra e Venda*, 2ª ed., Rio de Janeiro.

STERMAN, Sonia. *Responsabilidade do Estado – movimentos multitudinários*, São Paulo, Editora Revista dos Tribunais, 1992.

STOCO, Rui. "Protocolo de San Luis – Responsabilidade Civil decorrente de acidentes de trânsito ocorridos nos países integrantes do Mercosul", em *Tribuna da Magistratura, Cadernos de Doutrina*, São Paulo, ago. 1997.

_____. *Responsabilidade Civil e sua Interpretação Jurisprudencial*, 4ª ed., São Paulo, Editora Revista dos Tribunais, 1999.

TADEU, Silney Alves. "Responsabilidade Civil Desportiva – Torcedor e Consumidor", em *Boletim Doutrina ADCOAS*, nº 12, jun. 2004.

TANGER JARDIM, Antônio Guilherme. "O Consumidor e o Contrato de Seguro", em *Revista de Direito do Consumidor*, São Paulo, Editora Revista dos Tribunais, nº 26, abr./jun. 1998.

TASCA, Flori Antônio. *Responsabilidade Civil – dano extrapatrimonial por abalo de crédito*, Curitiba, Juruá Editora, 1998.

TAVARES PAES, Paulo Roberto. *Leasing*, São Paulo, Editora Revista dos Tribunais, 1977.

950 • Responsabilidade Civil | *Arnaldo Rizzardo*

THEODORO JÚNIOR, Humberto. "Abuso de Direito Processual no Ordenamento Jurídico Brasileiro", em *Revista Forense*, nº 344.

_____. "Responsabilidade Civil – Danos morais e patrimoniais – Acidente de Trabalho – Ato de preposto", publicado na *Síntese Trabalhista*, Porto Alegre, nº 84, junho de 1996.

_____. *Responsabilidade Civil*, Aide Editora, 1993, vol. I.

_____. "Responsabilidade civil por erro médico – aspectos processuais da ação", em *Revista Síntese de Direito Civil e Processo Civil*, Porto Alegre, nº 4, mar.-abr. 2000.

TORNAGHI, Hélio. *Comentários ao Código de Processo Civil*, São Paulo, Editora Revista dos Tribunais, 1976, vol. I, tomo 2º.

TORTORELLO, Jayme Aparecido. *Acidentes do Trabalho*, São Paulo, Editora Saraiva, 1996.

TOURNA, René Carton, DELEERS, Charles. *Les Assurances de Groupes*, Bruxelas, Établissements Émile Bruylant, 1965.

THUR, A. Von. *Tratado de las Obligaciones*, 1ª ed., trad. ao espanhol por W. Roces, Madrid, Reus, 1934, tomo I.

VALLER, Wladimir. *Responsabilidade Civil e Criminal nos Acidentes Automobilísticos*, 1ª ed., Campinas, Julex Livros Ltda., 1981, vols. I e II.

VANCIR, Arnoldo. *Leasing of Industrial Equipment*, MacGraw Hill, 1963.

VENOSA, Sílvio de Salvo. *Direito Civil – Teoria Geral das Obrigações e Teoria Geral dos Contratos*, 3ª ed., São Paulo, Editora Atlas, 2003, vol. 2.

VIANA, Marco Aurélio S. *A Empreitada de Construção nas decisões dos Tribunais*, São Paulo, Edição Saraiva, 1980.

_____. "Esponsais ou Promessa de Casamento", *in Ajuris*, Porto Alegre, *Revista da Associação dos Juízes do RS*, nº 29, 1983.

VIANA SANTOS, Antônio Carlos. "Estado Nacional e Jurisdição Supranacional", em *Revista da Escola Paulista da Magistratura*, São Paulo, ano 1, nº 2, 1997.

VILHENA, Paulo Emílio Ribeiro de. "Relação de Emprego: A Ótica da Representação Comercial e do *Franchising*", em *Revista Ltr*, vol. 62, nº 05, maio 1998.

WALD, Arnoldo. "A introdução do *leasing* no Brasil", em *RT* 415/10.

_____. *Curso de Direito Civil Brasileiro* – Obrigações e Contratos, 3ª ed., São Paulo, Sugestões Literárias S. A., 1972.

_____. "Da licitude da inclusão da cláusula de correção cambial nas operações de arrendamento mercantil", em *RT* 591/18.

_____. "Do Regime Jurídico do Contrato de Representação Comercial", *in Revista dos Tribunais*, nº 696.

_____. "Obrigações", 8ª ed. em *Responsabilidade Civil*, de Carlos Roberto Gonçalves, São Paulo, Editora Saraiva, nº 265, 2003.

_____. "Os fundamentos da Responsabilidade Civil do Estado", em *Responsabilidade Civil*, publicação da AJURIS – Associação dos Juízes do RGS, edição temática, Porto Alegre, 2001.

ZANELLA DI PIETRO, Maria Sylvia. *Direito Administrativo*, 12ª ed., São Paulo, Editora Atlas S. A., 2000.

JURISPRUDÊNCIA E PERIÓDICOS

ADV Jurisprudência.

AJURIS – Revista da Associação dos Juízes do Rio Grande do Sul, Porto Alegre.

Boletim ADCOAS – Informações Jurídicas e Empresariais.

Boletim Doutrina ADCOAS.

Boletim Informativo ADCOAS.

Boletim de Jurisprudência ADCOAS.

Boletim de Direito Imobiliário IOB.

Boletim Síntese Jornal, Porto Alegre.

Direito Imobiliário – COAD, acórdãos selecionados.

Enciclopédia Saraiva de Direito, São Paulo, 1977, vol. 47.

Julgados do Tribunal de Alçada do Rio Grande do Sul.

Julgados dos Tribunais de Alçada Civil de São Paulo.

Juriscível do STF, Repertório Autorizado da Jurisprudência do Supremo Tribunal Federal, Rio de Janeiro, Editora Legis Summa, 1982.

JUSTITIA, órgão do Ministério Público de São Paulo, vol. 152, 1990.

LBJ – Boletim Informativo da Legislação Brasileira Juruá.

LEX – Jurisprudência do Supremo Tribunal Federal.

LEX – Jurisprudência do STJ e TRF.

Repertório de jurisprudência "Juris Síntese Millennium".

Revista da ABPI – Associação Brasileira da Propriedade Intelectual, São Paulo.

Revista da Escola Paulista da Magistratura, São Paulo, 1997.

Revista de Direito Bancário e do Mercado de Capitais, São Paulo, Editora Revista dos Tribunais, 1998.

Revista de Direito Mercantil, nova série, Editora Revista dos Tribunais.

Revista de Direito Mercantil, Malheiros Editores.

Revista de Jurisprudência do Tribunal de Justiça do RGS.

Revista de Jurisprudência do Tribunal de Justiça do Estado de São Paulo.

Revista do Superior Tribunal de Justiça.

Revista do Tribunal Regional do Trabalho da 4ª Região.

Revista dos Tribunais.

Revista ESMESC – Escola Superior da Magistratura de Santa Catarina, Florianópolis, vol. 15, julho, 2003.

Revista Forense.

Revista Síntese de Direito Civil e Processual Civil.

Revista Trimestral de Jurisprudência.

Pré-impressão, impressão e acabamento

grafica@editorasantuario.com.br
www.graficasantuario.com.br
Aparecida-SP